JPT® 최신기출

1000 제

30일완성　　　VOL.2

와이비엠
홀딩스

JPT® 최신기출

30일완성　　VOL.2

발행인　권오찬
펴낸곳　와이비엠홀딩스

기획　고성희
마케팅　정연철, 박천산, 고영노, 박찬경, 김동진, 김윤하
디자인　이미화, 박성희

초판 발행　2023년 7월 10일
3쇄 발행　2024년 6월 10일

신고일자　2012년 4월 12일
신고번호　제2012-000060호
주소　서울시 종로구 종로 104
전화　(02)2000-0154
팩스　(02)2271-0172
홈페이지　www.ybmbooks.com

ISBN 978-89-6348-184-5

1 **'출제기관이 독점 제공'한 최신기출문제 5회분 수록!**

이 책에는 JPT 정기시험 최신기출문제 5회분이 수록되어 있습니다. 실제 시험에 나온 JPT 문제로 실전 감각을 키워 시험에 확실하게 대비합시다.

2 **'정기시험 성우 음성을 QR코드'로 스캔하여 간편하게 실전 대비!**

이 책에 수록된 청해 음원은 모두 실제 시험에서 나온 정기시험 성우의 음원입니다. 다양한 실전 연습을 위해 세 가지 버전(전체, 파트별, 문항별)의 음원을 무료로 제공합니다. 또한 '전체 음원'의 경우 모바일로 교재 속 QR코드를 스캔하면 간편하게 재생하여 들을 수 있습니다.

3 **'핵심문제풀이 무료 동영상 10강'으로 궁금증 해소!**

수험자가 가장 어려워하는 'PART 2 질의응답'과 'PART 6 오문정정' 중 핵심문제를 엄선하여 동영상에 담았습니다. JPT 전문강사의 상세한 문제풀이를 통해 더욱 효과적인 학습을 할 수 있습니다. 동영상도 모바일로 교재 속 QR코드를 스캔하면 간편하게 재생하여 볼 수 있습니다.

4 **'JPT 주요 어휘 셀프 테스트'로 핵심어휘를 완벽하게 숙지!**

교재에 실린 'PART별 주요 어휘 및 표현 정리 20'을 잘 익혔는지 셀프 테스트를 통해 체크해 볼 수 있습니다. PDF로 제작하여 무료로 제공합니다. 빈칸에 읽는 법과 뜻을 직접 써 보고 헷갈리거나 틀린 어휘는 잘 체크해서 반복 학습을 통해 완벽하게 숙지합시다.

5 **'기출 포인트'에 초점을 맞춘 명쾌한 해설!**

문제집과 분리되는 형태의 해설집에는 청해 스크립트, 번역과 해설, 그리고 어휘가 일목요연하게 정리되어 있습니다. 기출 포인트에 초점을 맞춘 명쾌한 해설로, 궁금증을 해소할 수 있습니다.

6 **'JPT 빈출 어휘 및 표현' 전격 수록!**

해설집 말미에 특별 부록으로, JPT 빈출 어휘 및 표현을 엄선하여 실었습니다. 시험 보기 직전, 총정리 단계에서 유용하게 활용할 수 있습니다.

무료 제공 학습자료 사용 방법

1. 청해 고득점을 위한 다양한 버전의 음원 | 음원 무료 다운로드 www.ybmbooks.com

음원

- 정기시험 성우의 음원을 다음과 같이 제작하여 제공합니다.

	종류	청취 방법
1	전체	1) 교재 속 QR코드 2) 음원 다운로드
2	파트별	음원 다운로드
3	문항별	음원 다운로드

2. 핵심문제풀이 무료 동영상 10강

동영상

- 'PART 2 질의응답'과 'PART 6 오문정정' 중 핵심문제를 엄선하여 JPT 전문강사가 풀어 드립니다.
- 교재 속 QR코드를 스캔하면 학습 동영상으로 바로 연결됩니다.
- YBM 홈페이지(www.ybmbooks.com) 혹은 유튜브에서 'YBM Books'나 'JPT 최신기출 1000제 30일 완성 VOL.2' 검색 후 시청하세요.

3. JPT 주요 어휘 셀프 테스트 PDF | PDF 무료 다운로드 www.ybmbooks.com

- 교재에 실린 'PART별 주요 어휘 및 표현 정리 20'을 셀프 테스트가 가능하도록 PDF로 제작하여 제공합니다.
- 셀프 테스트 버전의 PDF를 다운로드하여 어휘 실력을 체크해 보세요.

[셀프 테스트 활용 방법]

1. 빈칸에 읽는 법과 뜻을 직접 써 보고 나의 어휘 실력을 점검합니다.
2. 친구들과 그룹 스터디를 하면서 함께 어휘를 암기하고 서로 채점해 주는 등 다양하게 활용해 보세요.
3. 틀린 어휘는 체크해 두었다가 시험장에 가기 전 반복 학습을 통해 완벽하게 숙지하세요.

목차

JPT 구성 및 수험 정보

1. JPT란

JPT日本語能力試驗(Japanese Proficiency Test)은 국내의 대표적인 일본어 능력 평가 시험으로, TOEIC 시험을 주관하는 YBM이 주관하고 시행·관리하고 있습니다. 학문적인 지식의 정도를 측정하기 위한 시험이 아니라, 언어 본래의 기능인 커뮤니케이션 능력을 측정하는 것을 목적으로 합니다. 급수 없이 하나의 TEST에 각 PART별로 난이도를 초급부터 고급까지 일정한 비율로 배분하여 출제함으로써 모든 수험자가 자신의 정확한 능력을 측정할 수 있게 한 국내 최초의 일본어 능력 평가 시험입니다.

2. 구성

구성	PART	PART별 내용	문항 수		시간	배점
청해	1	사진묘사	20	100	약 45분	495점
	2	질의응답	30			
	3	회화문	30			
	4	설명문	20			
독해	5	정답찾기	20	100	약 50분	495점
	6	오문정정	20			
	7	공란메우기	30			
	8	독해	30			
Total	8 PARTS		200		약 95분	990점

3. 접수

- 인터넷 접수: JPT 공식 홈페이지(https://www.jpt.co.kr)를 통해 접수
- 모바일 접수: YBM 공식 어플리케이션 또는 모바일 웹사이트(https://m.jpt.co.kr)를 통해 접수

4. 준비물

- 신분증 : 규정 신분증만 가능(주민등록증, 운전면허증, 공무원증, 기간 만료 전의 여권 등)
- 필기구 : 연필, 지우개 ※볼펜 및 사인펜 사용 불가

5. 진행 일정

09:20	입실(09:50 정각 이후에는 절대 입실 불가)
09:30~09:45	답안지 작성에 관한 오리엔테이션
09:45~09:50	수험자 휴식 시간
09:50~10:05	신분 확인 및 휴대폰 제출 ※방송 점검 실시
10:05~10:10	문제지 배부 및 파본 확인
10:10~10:55	청해(듣기평가)
10:55~11:45	독해(읽기평가)

※시험 진행 일정은 시험 당일 고사장 사정에 따라 실제 진행 시간과 다를 수 있습니다.

6. 성적 확인

1) JPT 성적은 JPT 홈페이지에 안내된 일자에 인터넷과 어플리케이션을 통해 확인 가능합니다.
2) 성적표 수령 방법(수험자 선택)
   ① 우편 수령: 성적 발표 후 일괄적으로 출력해서 우편으로 발송. 약 7~10 영업일 소요
      ※JPT 성적표 수령 주소 변경은 시험 시행일로부터 4일 이내까지 가능합니다.
   ② 온라인 수령: 인터넷 출력을 통해 성적 유효기간 내 1회 무료로 발급
      ※성적표 수령 방법은 회원, 비회원 모두 선택 가능하나, 온라인 출력의 경우는 회원만 가능합니다.

7. 新JLPT 대비 JPT 권장점수

JPT와 新JLPT 시험은 점수 채점 · 급수 합격 방식과 시험 체계 및 구성상의 차이점은 존재하나, JPT 활용에 객관적인 자료 제공을 목적으로 상관관계 분석 결과를 안내해 드립니다.

新JLPT	JPT 권장점수
N1	660점 이상
N2	525점 이상
N3	430점 이상
N4	375점 이상
N5	315점 이상

PART 1 사진묘사 | 1~20번

학습 전략 ▶ 사진에 대한 묘사로 적절한 설명을 고르는 형식으로, 청취력과 더불어 순간적인 판단력이 요구되는 파트입니다. 사진묘사는 크게 1인 등장 사진, 2인 이상 등장 사진, 사물 및 동물 등장 사진, 풍경 및 상황 묘사 사진의 4개 유형으로 나눌 수 있습니다. 그중 인물 등장 사진이 가장 많이 출제되므로, 자동사와 타동사별로 진행이나 상태를 나타내는 문법 정리가 필요합니다. 이 파트는 어휘나 표현의 숙지 여부에 따라 점수에 큰 차이가 나므로, 문법 공부보다는 유형별로 빈출 어휘나 표현을 정리해 두어야 고득점이 가능합니다.

(A) この人は本を読んでいます。	(A) 이 사람은 책을 읽고 있습니다.
(B) この人は掃除をしています。	(B) 이 사람은 청소를 하고 있습니다.
(C) この人は電話をしています。	(C) 이 사람은 전화를 하고 있습니다.
(D) この人はビールを飲んでいます。	(D) 이 사람은 맥주를 마시고 있습니다.

▶ 이 사람의 동작에 주목할 것. 전화 통화를 하고 있으므로, 「電話(でんわ)」(전화)라는 단어를 연상할 수 있다. 정답은 (C)로, 나머지 선택지의 「本(ほん)を読(よ)む」(책을 읽다), 「掃除(そうじ)をする」(청소를 하다), 「ビールを飲(の)む」(맥주를 마시다)는 사진과 관련이 없는 표현이다.

PART 2 질의응답 | 21~50번

학습 전략 ▶ 질문에 대한 적절한 응답을 찾는 형식으로, 문제지에 문제가 인쇄되어 있지 않습니다. 따라서 오로지 방송에서 나오는 성우의 음성만 듣고 풀어야 하기 때문에 응시자가 청해 파트 중 가장 어려워하는 파트입니다. 주요 출제 유형으로는 의문사형 질문, 예/아니요형 질문, 인사표현 및 정해진 문구, 일상생활 표현, 업무 및 비즈니스 표현의 5개 유형을 들 수 있습니다. 특히 40번 문제 이후에 출제되는 업무 및 비즈니스 표현은 평소 접해 보지 못한 어휘나 관용표현 등이 많이 나오므로, 고득점을 위해서는 이 부분에 대한 집중적인 학습이 필요합니다. 또한 최근 시험에서는 속도가 점점 빨라지고 있는 추세이므로, 일상적인 구어체 대화 속도에 익숙해지도록 일본 드라마나 영화를 많이 보는 노력이 필요합니다.

明日は何をしますか。	내일은 뭘 해요?
(A) 土曜日です。	(A) 토요일이에요.
(B) 朝ご飯の後にします。	(B) 아침 식사 후에 해요.
(C) 友達の家に行きます。	(C) 친구 집에 가요.
(D) テニスをしました。	(D) 테니스를 쳤어요.

▶ 「何(なに)」(무엇)라는 의문사가 나오는 의문사형 문제이다. 여기서 「何(なに)」(무엇)는 상대방의 동작을 묻고 있고 시제는 미래이므로, 과거형으로 답한 (D)는 답이 될 수 없다. 정답은 친구 집에 간다고 한 (C)가 된다.

PART 3 회화문 | 51~80번

학습 전략 ▶ 남녀 간의 대화를 듣고 문제지에 수록된 문제를 읽고 푸는 형식입니다. 짧은 대화를 듣고 바로 문제지에 있는 문제를 읽고 풀어야 하므로 속독 능력이 필요한 파트입니다. 초반부에는 숫자 청취 및 인물을 설명하는 문제가 주로 나오고, 중반부에는 성별에 따른 의견 및 행동 구분과 대화 내용에 대한 이해 문제가, 후반부에는 업무 및 비즈니스에 관한 내용을 묻는 문제가 나옵니다. 문제지에 문제가 인쇄되어 있으므로, 문제를 미리 읽고 대화를 들으면 절대적으로 유리한 파트입니다. 따라서 파본 검사나 문제와 문제 사이의 시간을 잘 활용해 문제를 미리 읽고 들으면 좀 더 쉽게 정답을 찾을 수 있습니다. 그리고 남녀의 대화는 기본적으로 4문장으로 구성되어 있는데, 앞의 대화보다 뒤의 대화에서 정답과 관련된 내용이 많이 나오므로, 뒷부분을 집중해서 듣도록 합시다.

女: すみません。この辺に本屋がありますか。	여: 죄송해요. 이 근처에 서점이 있어요?
男: はい、駅の前にありますよ。	남: 예, 역 앞에 있어요.
女: 郵便局も本屋のそばにありますか。	여: 우체국도 서점 옆에 있어요?
男: いいえ。郵便局はあのデパートのとなりです。	남: 아니요. 우체국은 저 백화점 옆이에요.

郵便局はどこにありますか。   우체국은 어디에 있습니까?

(A) 駅の前   (B) 本屋のとなり   (A) 역 앞   (B) 서점 옆

(C) 本屋の前   (D) デパートのとなり   (C) 서점 앞   (D) 백화점 옆

▶ 대화문을 듣기 전에 문제를 먼저 읽어 둔다. 문제는 「郵便局(ゆうびんきょく)」(우체국)의 위치를 묻고 있으므로, 남자의 말에 주목한다. 남자는 두 번째 대화에서 우체국은 저 백화점 옆에 있다고 했으므로, 정답은 (D)가 된다.

PART 4 설명문 | 81~100번

학습 전략 ▶ 30초 내외의 지문을 듣고 3문항 또는 4문항에 답하는 형식으로, 4문항짜리 지문이 2개, 3문항짜리 지문이 4개로 총 6개의 지문이 출제됩니다. 주요 출제 유형으로는 인물 소개 및 일상생활, 공지·안내 및 소개, 뉴스·기사 및 이슈의 3개 유형을 들 수 있는데, 다른 파트와 마찬가지로 뒷부분으로 갈수록 난이도가 높아집니다. 그리고 PART 3 회화문과 마찬가지로 문제지에 문제가 인쇄되어 있으므로, 문제를 미리 읽고 지문을 들으면 절대적으로 유리한 파트입니다. 따라서 지문에서 문제에 해당하는 내용이 들리면 지문 청취와 동시에 문제를 풀 수 있도록 합니다.

> 山田さんは、もう8年間銀行に勤めています。去年結婚してから、奥さんと2人でテニスを始めました。日曜日の朝は、いつも近くの公園で練習しています。
>
> 야마다 씨는 벌써 8년간 은행에 근무하고 있습니다. 작년에 결혼하고 나서 부인과 둘이서 테니스를 시작했습니다. 일요일 아침에는 항상 근처 공원에서 연습합니다.

(1) 山田さんは何年間銀行に勤めていますか。   (1) 야마다 씨는 몇 년간 은행에 근무하고 있습니까?

    (A) 4年間   (B) 6年間   (A) 4년간   (B) 6년간

    (C) 8年間   (D) 10年間   (C) 8년간   (D) 10년간

▶ 문제에 「何年間(なんねんかん)」(몇 년간)이라는 기간을 묻는 의문사가 있으므로, 지문을 들을 때 특히 숫자에 주의해서 들어야 한다. 첫 번째 문장에서 「8年間(はちねんかん)」(8년간)이라는 표현이 등장하므로, 정답은 (C)가 된다.

PART 5 정답찾기 | 101~120번

학습 전략 ▶ 한자의 올바른 음독과 훈독, 같은 뜻의 표현이나 동일한 용법으로 쓰인 선택지를 고르는 형식입니다. 주요 출제 유형으로는 발음 및 한자 찾기, 대체표현 찾기, 뜻 및 용법 구분의 3개 유형을 들 수 있는데, 5분 정도 이내에 문제를 풀고 다음 파트로 넘어가야 합니다. 발음 및 한자찾기의 경우 동음이의어 관련 문제 이외에는 밑줄 부분만 보고 정답을 빨리 찾고 넘어가야 시간을 단축할 수 있습니다. 대체표현 찾기는 정답을 잘 모를 경우 선택지의 내용을 밑줄 부분에 하나씩 넣어서 해석해 보고, 가장 자연스러운 표현을 고르면 정답인 경우가 많습니다. 마지막으로 뜻 및 용법 구분은 보통 형태가 동일한 선택지를 고르면 대부분 정답인 경우가 많으므로, 문제 문장을 해석하려고 하지 말고 일단은 형태가 동일한 선택지가 있는지를 찾는 것이 급선무입니다.

私の<u>趣味</u>は旅行です。　　　제 <u>취미</u>는 여행입니다.
(A) しゅみ　　　　　　　　　(A) しゅみ
(B) しゅうみ　　　　　　　　(B) しゅうみ
(C) じゅみ　　　　　　　　　(C) じゅみ
(D) じゅうみ　　　　　　　　(D) じゅうみ

▶ 2자 한자의 발음을 찾는 문제로, 밑줄 부분의 「趣味」(취미)는 (A)의 「しゅみ」라고 읽는다. 장음이 아니라는 점에 주의한다.

PART 6 오문정정 | 121~140번

학습 전략 ▶ 4개의 선택지 중 틀린 곳이나 문장의 흐름상 어색한 부분을 고르는 문제로, 독해 파트 중 응시자가 가장 어려워하는 파트입니다. 출제 유형은 크게 문법 오용과 어휘 오용으로 나눌 수 있는데, 20문항 중 15문항 이상이 문법 관련 문제이므로, 무엇보다도 문법 정리가 필요한 파트라고 할 수 있습니다. 문법표현 오용 문제는 JLPT N1이나 N2의 문법표현을 완벽하게 숙지하고 있어야 정답을 찾아낼 수 있으므로, 단기간에 고득점이 필요한 학습자는 일단 이 문법표현부터 암기해 두어야 합니다.

<u>古いで</u> <u>きたない</u>オフィス<u>より</u>、新しくてきれいな<u>方がいい</u>。
　(A)　　　　(B)　　　　　　　(C)　　　　　　　　(D)
오래되고 더러운 사무실보다 새것이고 깨끗한 쪽이 좋다.

▶ 오문 정정에서는 동사나 형용사의 활용에 대해 묻는 경우가 많으므로, 이에 주의해서 문장을 살펴봐야 한다. 정답은 (A)로, い형용사의 て형은 어미 「い」를 떼고 「くて」를 붙인다. 따라서 「古(ふる)いで」는 「古(ふる)くて」(오래되고)로 고쳐야 한다.

PART 7 공란메우기 | 141~170번

학습 전략 ▶ 공란에 들어갈 적절한 어휘나 표현을 찾는 형식으로, 표현력과 문법, 그리고 작문 능력을 간접적으로 평가하는 파트입니다. 문법 관련 문제로는 품사별 활용 및 접속 형태, 문법표현 찾기 등이 있고, 어휘 관련 문제로는 명사와 부사, 동사 찾기가 있습니다. 그 외 기타 접속사나 의성어 · 의태어 · 관용표현 등도 출제되고 있으므로, 평소 의성어 · 의태어 · 관용표현이 나올 때마다 잘 체크하여 익혀 두어야 합니다.

休みの日にはどんな_____をしますか。

(A) ところ
(B) もの
(C) こと
(D) の

쉬는 날에는 어떤 것을 합니까?

(A) 곳
(B) 것
(C) 것
(D) 것

▶ 형식명사에 관한 문제. (B), (C), (D)는 모두 '것'으로 해석할 수 있는데 「もの」는 '사물'을 대표해서 쓰고, 「こと」는 '일, 사실, 사항'을 대표해서 쓰며, 「の」는 '사람, 물건, 사항'을 대신해서 쓴다. 예를 들어 「一番(いちばん)運(うん)がいいのはたけし君(くん)です」(가장 운이 좋은 것은 다케시 군입니다)에서 「の」는 '사람'을 대신하고 있다. 정답은 (C)의 「こと」로, 여기서는 '일'을 대표해서 썼다.

PART 8 독해 | 171~200번

학습 전략 ▶ 장문의 글을 읽고 3문항 또는 4문항에 답하는 형식으로, 4문항짜리 지문이 6개, 3문항짜리 지문이 2개로 총 8개의 지문이 출제됩니다. 실제 시험에서는 난이도보다 시간 배분 실패로 다 풀지 못하는 경우가 많으므로, 앞선 파트의 시간 배분에 신경을 써야 제시간에 다 풀 수 있습니다. 주요 출제 유형으로는 밑줄 문제, 공란 문제, 내용 일치 문제의 3개 유형을 들 수 있고, 내용으로는 인물 소개 및 일상생활, 설명문, 뉴스 · 기사 및 이슈로 나눌 수 있습니다. 특히 최근 시험에서는 일본에서 이슈가 되고 있는 내용들이 자주 출제되고 있으므로, 평소에 일본 관련 뉴스나 기사 등을 꾸준히 접하는 것이 중요합니다.

「サクラホテル」はお正月の3日間と、ゴールデンウイークの間は特別料金で1泊2食付きで2万円になります。①さらに、20名以上の団体でご利用いただきますと、特別料金の20パーセント割引になります。個人でも5日以上におけてお泊まりの場合は、10パーセント割引になります。

'사쿠라 호텔'은 설 사흘간과 황금연휴 동안은 특별요금으로, 1박 2식 포함으로 2만 엔이 됩니다. ①더욱이 20명 이상 단체로 이용하시면 특별요금의 20% 할인이 됩니다. 개인이라도 닷새 이상 묵으실 경우는 10% 할인이 됩니다.

(1) ①さらにと言い換えられるのは何ですか。

(A) それで (B) そして
(C) それから (D) その上

(1) ①더욱이와 바꿔 쓸 수 있는 것은 무엇입니까?

(A) 그래서 (B) 그리고
(C) 그리고 (D) 게다가

▶ 유의어를 찾는 문제. 「さらに」는 '더욱이, 더 한층'이라는 뜻의 부사로, 이와 바꿔 쓸 수 있는 것은 (D)의 「その上(うえ)」(게다가)이다.

차근차근 <u>30일 완성</u>

1일	2일	3일	4일	5일	6일
TEST 1 PART 1~2	**TEST 1** PART 3~4	**TEST 1** PART 5~6	**TEST 1** PART 7~8	**TEST 1** 복습	**TEST 1** 총정리
7일	8일	9일	10일	11일	12일
TEST 2 PART 1~2	**TEST 2** PART 3~4	**TEST 2** PART 5~6	**TEST 2** PART 7~8	**TEST 2** 복습	**TEST 2** 총정리
13일	14일	15일	16일	17일	18일
TEST 3 PART 1~2	**TEST 3** PART 3~4	**TEST 3** PART 5~6	**TEST 3** PART 7~8	**TEST 3** 복습	**TEST 3** 총정리
19일	20일	21일	22일	23일	24일
TEST 4 PART 1~2	**TEST 4** PART 3~4	**TEST 4** PART 5~6	**TEST 4** PART 7~8	**TEST 4** 복습	**TEST 4** 총정리
25일	26일	27일	28일	29일	30일
TEST 5 PART 1~2	**TEST 5** PART 3~4	**TEST 5** PART 5~6	**TEST 5** PART 7~8	**TEST 5** 복습	**TEST 5** 총정리

속성 20일 완성

1일	2일	3일	4일	5일	6일
TEST 1 PART 1~4	**TEST 1** PART 5~8	**TEST 1** 복습	**TEST 1** 총정리	**TEST 2** PART 1~4	**TEST 2** PART 5~8

7일	8일	9일	10일	11일	12일
TEST 2 복습	**TEST 2** 총정리	**TEST 3** PART 1~4	**TEST 3** PART 5~8	**TEST 3** 복습	**TEST 3** 총정리

13일	14일	15일	16일	17일	18일
TEST 4 PART 1~4	**TEST 4** PART 5~8	**TEST 4** 복습	**TEST 4** 총정리	**TEST 5** PART 1~4	**TEST 5** PART 5~8

19일	20일
TEST 5 복습	**TEST 5** 총정리

점수 환산표

JPT 점수는 청해 점수와 독해 점수를 합한 점수가 되며 각 부분의 점수는 각각 최저 점수가 5점, 최고 점수가 495점으로, 총점은 최저 10점에서 최고 990점이 됩니다. 실제 JPT 시험에서는 총 정답 수로 채점되는 것이 아니라, 특정한 통계 처리에 의해 상대평가 방식으로 채점됩니다. 그러나 총 정답 수를 기준으로 점수 환산표를 통해 대략적인 점수를 알아볼 수는 있습니다.

1. 자신의 답안을 교재에 수록된 정답과 대조하여 채점한 후, 청해 파트와 독해 파트의 정답 수를 세어 각각의 총 정답 수를 아래의 표에 기입합니다.
2. 총 정답 수를 근거로, 점수 환산표를 이용하여 청해와 독해의 환산 점수대를 각각 알아봅니다.
3. 청해 환산 점수대와 독해 환산 점수대를 합산하여 총 환산 점수대를 산출합니다.

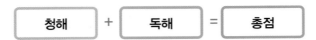

청해		독해	
총 정답 수	환산 점수대	총 정답 수	환산 점수대
96~100	480~495	96~100	480~495
91~95	450~475	91~95	450~475
86~90	420~445	86~90	420~445
81~85	390~415	81~85	390~415
76~80	360~385	76~80	360~385
71~75	330~355	71~75	330~355
66~70	300~325	66~70	300~325
61~65	270~295	61~65	270~295
56~60	240~265	56~60	240~265
51~55	220~235	51~55	220~235
46~50	190~215	46~50	190~215
41~45	160~185	41~45	160~185
36~40	130~155	36~40	130~155
31~35	110~125	31~35	110~125
26~30	90~105	26~30	90~105
21~25	70~85	21~25	70~85
16~20	50~65	16~20	50~65
11~15	30~45	11~15	30~45
6~10	10~25	6~10	10~25
1~5	5	1~5	5
0	5	0	5

JPT 최신기출 1000제 VOL.2
TEST 1 ~ 5

JPT® 日本語能力試験

Japanese Proficiency Test

TEST
1

次の質問1番から質問100番までは聞き取りの問題です。
どの問題も1回しか言いませんから、よく聞いて答えを(A)、(B)、(C)、(D)の中から一つ
選びなさい。答えを選んだら、それにあたる答案用紙の記号を黒くぬりつぶしなさい。

I. 次の写真を見て、その内容に合っている表現を(A)、(B)、(C)、(D)の中から一つ選
びなさい。

(例)

    (A) この人は本を読んでいます。
    (B) この人は掃除をしています。
    (C) この人は電話をしています。
    (D) この人はビールを飲んでいます。

■------ 答 (A)、(B)、(●)、(D)

(1)

(2)

次のページに続く

(3)

(4)

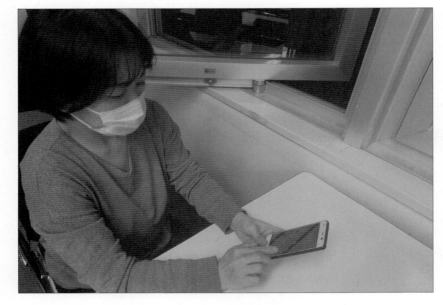

(5)

(6)

次のページに続く

(7)

(8)

(9)

(10)

次のページに続く

(11)

(12)

(13)

(14)

次のページに続く

(15)

(16)

(17)

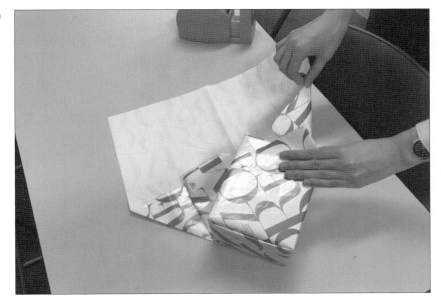

(18)

次のページに続く

(19)

(20)

II. 次の言葉の返事として、最も適したものを(A)、(B)、(C)、(D)の中から一つ選びなさい。

(例) 明日は何をしますか。
    (A) 土曜日です。
    (B) 朝ご飯の後にします。
    (C) 友達の家に行きます。
    (D) テニスをしました。

(21) 答えを答案用紙に書き入れなさい。

(22) 答えを答案用紙に書き入れなさい。

(23) 答えを答案用紙に書き入れなさい。

(24) 答えを答案用紙に書き入れなさい。

(25) 答えを答案用紙に書き入れなさい。

(26) 答えを答案用紙に書き入れなさい。

(27) 答えを答案用紙に書き入れなさい。

(28) 答えを答案用紙に書き入れなさい。

(29) 答えを答案用紙に書き入れなさい。

(30) 答えを答案用紙に書き入れなさい。

(31) 答えを答案用紙に書き入れなさい。

(32) 答えを答案用紙に書き入れなさい。

(33) 答えを答案用紙に書き入れなさい。

(34) 答えを答案用紙に書き入れなさい。

(35) 答えを答案用紙に書き入れなさい。

(36) 答えを答案用紙に書き入れなさい。

(37) 答えを答案用紙に書き入れなさい。

(38) 答えを答案用紙に書き入れなさい。

(39) 答えを答案用紙に書き入れなさい。

(40) 答えを答案用紙に書き入れなさい。

(41) 答えを答案用紙に書き入れなさい。

(42) 答えを答案用紙に書き入れなさい。

(43) 答えを答案用紙に書き入れなさい。

(44) 答えを答案用紙に書き入れなさい。

(45) 答えを答案用紙に書き入れなさい。

(46) 答えを答案用紙に書き入れなさい。

(47) 答えを答案用紙に書き入れなさい。

(48) 答えを答案用紙に書き入れなさい。

(49) 答えを答案用紙に書き入れなさい。

(50) 答えを答案用紙に書き入れなさい。

次のページに続く

III. 次の会話をよく聞いて、後の問いに最も適したものを(A)、(B)、(C)、(D)の中から一つ選びなさい。

（例）女：すみません。この辺に本屋がありますか。

男：はい。駅の前にありますよ。

女：郵便局も本屋のそばにありますか。

男：いいえ。郵便局はあのデパートのとなりです。

郵便局はどこにありますか。

(A) 駅の前

(B) 本屋のとなり

(C) 本屋の前

(D) デパートのとなり

(51) 女の人は、これから何をしますか。

(A) クッキーを作る。

(B) 北海道の話を聞く。

(C) お菓子を配る。

(D) お茶を飲む。

(52) 男の人は、どうして引っ越ししましたか。

(A) 友達と住むことになったから

(B) 物が多くなったから

(C) 会社から遠かったから

(D) 不便な場所だったから

(53) 男の人は、どんな荷物を運んでいますか。

(A) 重くて大きい荷物

(B) 軽くて大きい荷物

(C) 重くて小さい荷物

(D) 軽くて小さい荷物

(54) 2人は、いつ美術館に行きますか。

(A) 今週の金曜日

(B) 今週の日曜日

(C) 来週の金曜日

(D) 来週の土曜日

(55) 男の人は、何と言っていますか。

(A) 新聞は読まない。

(B) 課長に新聞を貸した。

(C) 昨日の新聞を持っている。

(D) 今日の新聞を持っている。

(56) 2人は、何について話していますか。

(A) 映画に誘いたい人

(B) 見たい映画

(C) 待ち合わせ場所

(D) 待ち合わせ時間

(57) 男の人は、何と言っていますか。

    (A) 明日9時半に会議室に来るように

    (B) 明日9時半に事務室に来るように

    (C) 明日10時に会議室に来るように

    (D) 明日10時に事務室に来るように

(58) 男の人は、この後何をしますか。

    (A) 女の人と郵便局へ行く。

    (B) 女の人に葉書を渡す。

    (C) 手紙を書く。

    (D) 封筒に切手を貼る。

(59) 女の人は、何と言っていますか。

    (A) ケーキに合うジュースだ。

    (B) 子供が好きな味だ。

    (C) ケーキのような味だ。

    (D) クリームがない方が美味しい。

(60) 男の人について、正しいものはどれですか。

    (A) 昨日は体の調子が良くなかった。

    (B) マナー研修の途中で帰った。

    (C) 講師の話が難しくてわからなかった。

    (D) 研修のキャンセル料がかかって残念だった。

(61) 男の人は、これから何をしますか。

    (A) 田中さんに休みを代わってもらう。

    (B) 田中さんに仕事の相談をする。

    (C) 締め切りを明後日にしてもらう。

    (D) アンケートを取る。

(62) 男の人は、資料について何と言っていますか。

    (A) もっと説明文を増やすべきだ。

    (B) 図はわかりにくいから、要らない。

    (C) 写真があると、更にわかりやすい。

    (D) 文句がない素晴らしい資料だ。

(63) 女の人は、どんなワンピースを着ていますか。

    (A) 派手過ぎないワンピース

    (B) とても地味なワンピース

    (C) 男の人が選んだワンピース

    (D) 赤とピンクのワンピース

(64) 男の人は、何と言っていますか。

    (A) 今までで最も長期の海外出張になる。

    (B) 生活は心配ないが、仕事は心配だ。

    (C) 海外出張には慣れている。

    (D) いつもより食費がかかるのは嫌だ。

(65) 男の人について、正しいものはどれですか。

    (A) 今日、仕事が終わったらテニスをする。

    (B) この頃は全くテニスをしていない。

    (C) 女の人にテニスを教えてもらう。

    (D) 時々、同僚とテニスをする。

(66) 女の人は、どうして注文が決まりませんか。

    (A) 割引券が使えるピザがわからないから

    (B) メニューの種類がたくさんあるから

    (C) チーズの量を増やすかそのままにするか考えているから

    (D) 大きいサイズにするか悩んでいるから

次のページに続く

(67) 会話の内容と合っているものは、どれですか。
- (A) 男の人は突然部長を訪ねて来た。
- (B) 男の人は今後、仕事でお世話になる客だ。
- (C) 女の人が部長の代わりに外出した。
- (D) 部長は約束を忘れて出かけた。

(68) 男の人がにこにこしているのは、なぜですか。
- (A) 好きな俳優が主役をするから
- (B) 小説の映画化に期待しているから
- (C) 映画の内容がとても良かったから
- (D) 映画の無料チケットが当たったから

(69) 午後から何の会議がありますか。
- (A) 担当者を増やすことについて
- (B) トラブル解決について
- (C) 期限を守る重要性について
- (D) 今朝、出たアイディアについて

(70) 女の人は、何をしようとしていますか。
- (A) ポイントカードの情報の修正
- (B) ポイントが無効にならない手続き
- (C) 新たなポイントカードの作成
- (D) ポイントの使用方法の確認

(71) 2人は、井上さんの演説について何と言っていますか。
- (A) 黙って聞くしかなかった。
- (B) 非常に胸を打たれた。
- (C) 相応しくないテーマだった。
- (D) 時間配分が微妙だった。

(72) 男の人は、何が厳しいと言っていますか。
- (A) 温泉付きの宿を予約すること
- (B) スキーの腕を上達させること
- (C) 今の時期に旅をすること
- (D) 今以上に仕事の計画を練ること

(73) 男の人は、どうして犬を飼うことになりましたか。
- (A) 家族が懸命に頼んできたから
- (B) 妻が娘の成長に必要だと言うから
- (C) 大型犬は賢いと思うから
- (D) 動物嫌いを治したいから

(74) 佐々木さんについて、正しいものはどれですか。
- (A) 夜10時以降も残業している。
- (B) 女の人にも男の人にも態度が悪い。
- (C) 敬語が使えず、社会人らしくない。
- (D) しょっちゅう、男の人に連絡をする。

(75) 男の人は、オンラインゲームについて何と
言っていますか。

(A) 初心者が挑戦しやすい。

(B) 近くにいない人と同時に楽しめる。

(C) 誰でも気軽に始められる。

(D) 徹夜したくなるほど面白い。

(76) 男の人は、どんなアドバイスをしましたか。

(A) 豪華な賞品を用意するように

(B) ワインの飲み比べを用意するように

(C) 参加者の好みに合わせるように

(D) 高級ワインを買っておくように

(77) 女の人は、何と言っていますか。

(A) 貴重品は金庫に入れておくべきだ。

(B) 旅先で盗難の被害に遭いやすい。

(C) クレジットカードに海外保険が付いて
いる。

(D) 旅行中、現金があれば心配無用だ。

(78) 男の人は、女の人に何とアドバイスをしま
したか。

(A) 勉強は静まり返っている深夜にすると
いい。

(B) 周りに雑音がある方が作業が捗る。

(C) 休息時間はしっかり確保した方がいい。

(D) 自分に対する褒美があると意欲を保て
る。

(79) 女の人は、何と言っていますか。

(A) 今回の台風の経路は予測しづらい。

(B) 堤防があるから、あまり心配しなくて
いい。

(C) 避難を検討するなら、早めに行動する
べきだ。

(D) 防災道具は既に備えている。

(80) 2人は、何について話していますか。

(A) 衆議院選挙と参議院選挙の投票方法の
違い

(B) 海外に居住している日本国籍の人の選
挙権

(C) 大使館で簡易に選挙に参加する方法

(D) 移住地によって選挙権の条件が異なる
こと

次のページに続く

IV. 次の文章をよく聞いて、後の問いに最も適したものを(A)、(B)、(C)、(D)の中から
一つ選びなさい。

(例) 山田さんは、もう8年間銀行に勤めています。去年結婚してから、奥さんと2人でテニスを
始めました。日曜日の朝は、いつも家の近くの公園で練習しています。

    (1) 山田さんは、何年間銀行に勤めていますか。
       (A) 4年間
       (B) 6年間
       (C) 8年間
       (D) 10年間

    (2) 山田さんは、結婚してから何を始めましたか。
       (A) テニス
       (B) サッカー
       (C) ゴルフ
       (D) 野球

(81) この人は、何が大切だと言っていますか。
    (A) たくさん食べること
    (B) 良く眠ること
    (C) 良く勉強すること
    (D) 早くベッドに入ること

(82) 良く眠らないと、どうなると言っていますか。
    (A) 忘れやすくなってしまう。
    (B) 病気になることが多くなってしまう。
    (C) 体が重くなってしまう。
    (D) 仕事を休みたくなってしまう。

(83) 一番良く眠れる時間は、いつですか。
    (A) 起きる少し前の時間
    (B) 眠ってから1時間半
    (C) 目が覚める1時間半前
    (D) 眠ってから2時間後

(84) 眠る前に携帯電話を使ってはいけないのは、どうしてですか。
    (A) すぐ眠くなるから
    (B) 頭が夜だと思わなくなるから
    (C) 面白くて寝られないから
    (D) 朝まで見てしまうから

(85) どんなイベントが行われますか。

(A) 皆で広い歩道を散歩する。

(B) 新しい高速道路を車で走る。

(C) 道路工事を見学する。

(D) いつもは歩けない場所を歩く。

(86) この高速道路のイベントは、どうして今月しか行えませんか。

(A) 来月工事が始まってしまうから

(B) 来週には道路が壊される予定だから

(C) 今週だけの特別イベントだから

(D) 今後車以外立入禁止になるから

(87) 参加する男性は、何が楽しみだと言っていますか。

(A) 道路で昼ご飯を食べること

(B) 車道で写真を撮ること

(C) 高速道路の掃除をすること

(D) マラソンコースを走ること

(88) イベントに参加したい人は、どうやって予約しますか。

(A) チケット売り場で予約する。

(B) 電話で予約する。

(C) インターネットから予約する。

(D) 事務所へ行って予約する。

(89) 今から何をするようにと言っていますか。

(A) 仕事を始めるための準備

(B) 工場内の大掃除

(C) 休憩前にする周りの整理

(D) 作業終了後の後片付け

(90) 許可をもらわなければならない人は、どんな人ですか。

(A) 休日に仕事をする人

(B) 残って仕事を続ける人

(C) 休みが欲しい人

(D) 特別な機械を使いたい人

(91) 最後にしなければならないことは、何ですか。

(A) 工場の出入り口の鍵をかける。

(B) 明日使用する物を準備しておく。

(C) 機械の電源を確かめる。

(D) 忘れ物がないか確認する。

次のページに続く

(92) 高橋さんの仕事の数が減少した理由は、何ですか。
    (A) トラブルによるイメージの悪化
    (B) つい犯してしまった刑事事件
    (C) 映画に出るための借金問題
    (D) 明らかな実力不足

(93) 高橋さんの現在は、どんな様子ですか。
    (A) 親元で休養している。
    (B) 違う分野で活躍している。
    (C) 話題になることは少ない。
    (D) 良くテレビに登場している。

(94) この本には、どんなことが書かれていますか。
    (A) 後輩の俳優に伝えたいこと
    (B) 公表されていない個人的なこと
    (C) 長年の映画人生で感じたこと
    (D) 今後の舞台でする役のこと

(95) どんなことに注意してほしいと言っていますか。
    (A) 車内の荷物を盗まれないように
    (B) 車の中に鍵を忘れないように
    (C) 車から遠く離れないように
    (D) 車の鍵を落とさないように

(96) 何を絶対にしてはいけないと言っていますか。
    (A) 子供だけで買い物させること
    (B) 子供に鍵を使用させること
    (C) 大声で子供を呼ぶこと
    (D) 子供を車内に置いて出ること

(97) この店は、駐車場で事故が起きた場合、どのような対応をしますか。
    (A) 損害に応じた金額を支払う。
    (B) 交渉の場を設ける。
    (C) 全く関わることはない。
    (D) 保険会社を呼び出す。

(98) この会社には、どんな魅力があると言って
いますか。

(A) 従業員の給与水準が高い。

(B) 大規模な繊維工場がある。

(C) 業界内で業績を伸ばしている。

(D) 最先端技術が評価されている。

(99) どんな点で会社に貢献できると言っていま
すか。

(A) 今までに鍛えてきた体力

(B) 前職から培ってきたキャリア

(C) 積極的に行動する力

(D) 粘り強く仕事をする根性

(100) 何が心配だと言っていますか。

(A) 組織の体制が変化したこと

(B) 以前と全く同じ職務に就くこと

(C) 以前と役職が変わったこと

(D) 不慣れな環境で勤務すること

これで聞き取りの問題は終わります。

それでは、次の質問101番から質問200番までの問題に答えなさい。

答案用紙に書き込む要領は聞き取りの場合と同じです。

次のページに続く

V. 下の_____線の(101)〜(110)は、漢字の読み方・書き方の正しいものを、(111)〜
(120)は、最も意味が近いものを(A)、(B)、(C)、(D)の中から一つ選びなさい。

(101) この本が読みたいなら、図書館で貸して
くれます。
(A) かして
(B) たして
(C) わたして
(D) さがして

(102) 試合に勝てたのは、彼が実力を出せたか
らです。
(A) しあう
(B) じあい
(C) しあい
(D) じごう

(103) 芸能人の周りに、握手やサインを求める
人々が集まった。
(A) きまり
(B) かわり
(C) くだり
(D) まわり

(104) 大きな事件が起こったので、警察が一斉
にやって来た。
(A) いっさん
(B) いっせい
(C) いちざい
(D) いちぜい

(105) 新人は、社長の前に出て、恐縮した様子
で頭を下げた。
(A) きゅうしゅく
(B) きょうしゅく
(C) きゅうしょく
(D) きょうしょく

(106) 趣味に没頭するあまり、家事や育児が疎
かになっていた。
(A) おろそか
(B) ひややか
(C) おごそか
(D) すこやか

(107) 報道写真は、その当時の世相を良く反映し
ている。
(A) せしょう
(B) よしょう
(C) せそう
(D) よそう

(108) 私のしょくぎょうは、レストランの料理
人です。
(A) 職業
(B) 職行
(C) 食迎
(D) 食形

(109) バスの車内で大声を出したり騒いだりすることは、マナーいはんである。

(A) 意半

(B) 違反

(C) 以判

(D) 異犯

(110) 我が社は、医薬品や衛生材料を病院や薬局におろす企業です。

(A) 託す

(B) 興す

(C) 施す

(D) 卸す

(111) 教科書の大事なところには、赤い線を引いておくと覚えやすい。

(A) 熱心

(B) 大切

(C) 大変

(D) 得意

(112) さくら動物園は、土日はもちろん平日も込んでいる。

(A) 土日以上に平日が

(B) 土日は当然平日も

(C) 平日は土日より少々

(D) 平日と比べ土日はかなり

(113) インターネットは、便利な反面、使い方を間違えると非常に危険である。

(A) 便利と見えて

(B) 便利なことから

(C) 便利というより

(D) 便利な面もあるが

(114) 腰の痛みが弱まるまで、重い物は持たない方がいい。

(A) 塞ぐ

(B) 外れる

(C) 和らぐ

(D) 漏れる

(115) 体に悪いと知りつつ、タバコが止められない。

(A) 知りながら

(B) 知りっこなく

(C) 知って以来

(D) 知ったかのようで

(116) 容疑者は、ようやく犯した罪について白状した。

(A) 言い付けた

(B) 追い込んだ

(C) 打ち明けた

(D) 引き継いだ

次のページに続く

(117) 部屋の温度が<u>下がって</u>きたので、暖房をつけましょう。

(A) ベルトをしていないから、ズボンが<u>下がって</u>きました。

(B) 薬を飲んだら、熱が<u>下がって</u>元気になりました。

(C) 壁に飾ってある絵の左側が少し<u>下がっている</u>。

(D) 白い線の内側まで<u>下がって</u>お待ちください。

(118) この魚は柔らかいので、骨<u>まで</u>食べられます。

(A) 学生の頃は、日が暮れる<u>まで</u>サッカーの練習をしました。

(B) 駅前にあるレストランは有名で、大統領<u>まで</u>来たそうです。

(C) 結婚式<u>まで</u>半年しかないので、色々と忙しいです。

(D) 仕事が落ち着いたから、月曜日から水曜日<u>まで</u>休みを取ります。

(119) あの事件の犯人なら、<u>およそ</u>の見当はついている。

(A) これは<u>およそ</u>面白くない小説だ。

(B) 政治なんて<u>およそ</u>自分とは関係のない世界だ。

(C) <u>およそ</u>日本人は働き過ぎる傾向がある。

(D) 履歴書を見れば、その人の<u>およそ</u>がわかる。

(120) スポーツは基礎を<u>固める</u>ことで上達する。

(A) このジュースは冷やして<u>固める</u>こともできる。

(B) 家を買う決意を<u>固める</u>にはまだ貯金が足りない。

(C) 総理がいるホテルの警備は厳重に<u>固める</u>べきだ。

(D) 邪魔にならないように部屋の片隅に荷物を<u>固める</u>。

VI. 下の＿＿＿＿線の(A)、(B)、(C)、(D)の中から正しくないものを一つ選びなさい。

(121) 玄関で靴が脱いだら、こちらのスリッパに 履き替えてください。
　　　　　　　(A)　　　　　　　(B)　　　　　(C)　　(D)

(122) 社員なら、会社の食堂を自由で 使っていいですよ。
　　　　(A)　　　　　(B)　　(C)　　(D)

(123) 色々な お酒を用意したのに、遠慮せず飲んでください。
　　　(A)　(B)　　　　　(C)　　　(D)

(124) 車でパーティー会場に来ていた友達が、パーティーの後ろ、私の家まで送ってくれた。
　　　　　　　　　　(A)　　(B)　　　　　　　　(C)　　　　　　(D)

(125) 今日は寒いなるから、もう一枚、服を着ておいた方がいいですよ。
　　　　(A)　　　　　(B)　　(C)　　(D)

(126) 財布をかばんに閉めた つもりだったけれど、家に忘れて来たらしい。
　　　　　　　(A)　　(B)　　　　　　　　(C)　　　(D)

(127) この公園では、サッカーや野球などボールを使った 踊りをしてはいけません。
　　　　(A)　　　　　　(B)　　　　　(C)　　(D)

(128) 台所から魚が焼いた良いにおいがして、急にお腹が減ってきた。
　　　(A)　　　　(B)　　(C)　　　(D)

(129) 日本では、外来語の多くはカタカナで書き表すが、「天ぷら」のように例題もある。
　　　　　(A)　(B)　　　　　　(C)　　　　　　(D)

(130) 農業が盛んな土地だから、果物とか野菜が突然美味しいに違いない。
　　　　(A)　　　　　　(B)　　(C)　　(D)

次のページに続く

(131) 政治家が間違った発言を取り消したとしても、世間が許すということだ。
              (A)   (B)   (C)   (D)

(132) 加藤さんは会社の同僚に何でもいらいら話してしまい、秘密を隠しておくことができない。
              (A)   (B)   (C) (D)

(133) カロリーが高いものばかり食べて運動もしなかったわりに、体重が20キロも増えてしまった。
   (A)   (B)   (C)   (D)

(134) 経験を積めば、人に信じないで自分の判断で行動できるようになるだろう。
       (A)   (B)   (C) (D)

(135) ダンスはいきなり得意じゃなかったけど、繰り返して練習したおかげで踊れるようになった。
         (A)   (B)   (C)   (D)

(136) 素直に謝らず、言い訳をして自分を平等化すると、相手に悪い印象を与える。
   (A)   (B)   (C)   (D)

(137) チームを組んで営業活動を行ったところ、会社の業績が鋭く伸びた。
       (A)   (B)   (C) (D)

(138) 歩行者がいなかったから良かったものの、危うく赤信号を見下ろすところだった。
   (A)   (B)   (C)   (D)

(139) 災害時は、可能なことに被害状況などの情報を収集し、勝手な行動をしてはいけない。
   (A)   (B)   (C)   (D)

(140) 船舶の無線には、付近で阻止した船の捜索救助の情報をはじめ気象警報などが入ってくる。
   (A)   (B)   (C)   (D)

VII. 下の＿＿＿＿線に入る最も適したものを(A)、(B)、(C)、(D)の中から一つ選びなさい。

(141) 昨日は、風邪を引いて、会社を＿＿＿＿＿ました。

    (A) 眠り

    (B) 下げ

    (C) 休み

    (D) 倒れ

(142) もう少し大きい＿＿＿＿＿の封筒はありませんか。

    (A) ガラス

    (B) クラス

    (C) インク

    (D) サイズ

(143) 天気予報によると、＿＿＿＿＿は、ずっと雨が降るそうです。

    (A) 公園

    (B) 今週

    (C) 一昨日

    (D) 動物

(144) 皆は、易しい問題だったと言うが、僕には＿＿＿＿＿かった。

    (A) 正し

    (B) 新し

    (C) 珍し

    (D) 難し

(145) 歌が＿＿＿＿＿なので、カラオケは好きじゃありません。

    (A) 危険

    (B) 邪魔

    (C) 下手

    (D) 迷惑

次のページに続く

(146) あの角を曲がる_____、銀行があります。

(A) なら

(B) だけ

(C) が

(D) と

(147) 毎朝、6時に起きてシャワーを_____。

(A) 浴びます

(B) 洗います

(C) 入れます

(D) 泳ぎます

(148) 晴れの日は、家から駅まで歩いて_____ことにしています。

(A) おく

(B) いる

(C) いく

(D) しまう

(149) 家族で_____アメリカに住みたいと思っています。

(A) いつか

(B) たぶん

(C) 独りでに

(D) 今にも

(150) 遠慮しないで、_____食べてくださいね。

(A) それほど

(B) やっぱり

(C) たくさん

(D) 大体

(151) この辞書は、本棚の一番上に＿＿＿＿＿＿おいてください。

    (A) 寄って

    (B) 囲んで

    (C) 空けて

    (D) 戻して

(152) 今日は起きてから何もしていないので、時間を＿＿＿＿＿＿にした気分だ。

    (A) 無理

    (B) 無駄

    (C) 不安

    (D) 不幸

(153) ＿＿＿＿＿＿作った料理を落としてしまい、食べられなくなった。

    (A) まもなく

    (B) せっかく

    (C) たった

    (D) もしも

(154) この車には、新しい自動運転＿＿＿＿＿＿が使われています。

    (A) 技術

    (B) 表現

    (C) 録音

    (D) 流行

(155) 虫に刺されたところが＿＿＿＿＿＿です。

    (A) 緩い

    (B) 賢い

    (C) くだらない

    (D) かゆい

次のページに続く

(156) 佐々木さんの意見＿＿＿＿＿、賛成の人は手を挙げてください。

    (A) に反して

    (B) にわたって

    (C) によって

    (D) に対して

(157) 話すのが苦手で会社の人とも＿＿＿＿＿会話が続かない。

    (A) ぎりぎり

    (B) いらいら

    (C) なかなか

    (D) がたがた

(158) いくら注意しても彼の遅刻癖は全く改善されず、＿＿＿＿＿言葉も出ない。

    (A) 呆れて

    (B) とぼけて

    (C) 欠けて

    (D) 崩して

(159) ABC会社は、常識＿＿＿＿＿の経営で5年連続利益を上げている。

    (A) 眺め

    (B) 重み

    (C) 現れ

    (D) 外れ

(160) この料理雑誌を買っているのは、＿＿＿＿＿20代から40代の主婦である。

    (A) 主に

    (B) 先に

    (C) 逆に

    (D) 単に

(161) 英会話を10年も習っていたのに、英語が話せなくて＿＿＿＿＿気持ちになった。

    (A) 貧しい

    (B) 情けない

    (C) 図々しい

    (D) 思いがけない

(162) 何か1つのことを＿＿＿＿＿抜いた経験は、大きな自信に繋がる。

    (A) やって

    (B) やった

    (C) やる

    (D) やり

(163) 彼女は＿＿＿＿＿な性格で、友達と外で遊ぶことが大好きです。

    (A) 気軽

    (B) 勝手

    (C) 活発

    (D) 確実

(164) 電車に体の不自由な人やお年寄りがいたら、席を譲る＿＿＿＿＿。

    (A) まいか

    (B) ものか

    (C) ものだ

    (D) ものがある

(165) 悪寒と頭痛＿＿＿＿＿、起き上がることすらできない。

    (A) にひきかえ

    (B) を限りに

    (C) はいざしらず

    (D) が相まって

次のページに続く

(166) 感謝の言葉は、＿＿＿＿＿な人間関係を築くのに大切である。

    (A) 内気

    (B) 頑固

    (C) 簡潔

    (D) 円滑

(167) 営業部が2年後の海外進出について、大いに＿＿＿＿＿計画を練り始めた。

    (A) 意気込んで

    (B) 受け継いで

    (C) 据え付けて

    (D) 組み込んで

(168) 彼は高級な腕時計を付けていて＿＿＿＿＿裕福そうだが、実は貧乏だ。

    (A) 一等

    (B) 一概

    (C) 一見

    (D) 一心

(169) 彼の研究発表は、論理的で＿＿＿＿＿学者らしいものだった。

    (A) 強いて

    (B) 早急に

    (C) 如何にも

    (D) 辛うじて

(170) 佐藤コーチは、選手への技術指導＿＿＿＿＿自身のトレーニングも怠らない。

    (A) をよそに

    (B) ともなると

    (C) までもなく

    (D) もさることながら

VIII. 下の文を読んで、後の問いに最も適したものを(A)、(B)、(C)、(D)の中から一つ選びなさい。

(171～173)

> 先週の土曜日の夜、家に帰った時、家の前に小さな猫がいた。その猫はお腹が空いているのか、ずっと鳴いていた。牛乳をあげたら、美味しそうに飲んだ。お腹一杯になったらどこかへ行くと思ったが、動かない。その日はとても寒い日だったので、一日だけ泊めることにした。次の日の朝、猫が鳴く声で目が覚めた。その時、なぜだかわからないが、この猫は家で飼おうと思った。そして、インターネットで猫の飼い方を調べた。動物病院に連れて行かないといけないと書いてあったので、近くの病院を探して出かけた。病院の受付で猫の名前を聞かれた時、困った。まだ名前を決めていなかったからだ。考える時間もなかった。予約した時間が午後3時だったので、「さんじ」と答えてしまった。それからこの猫は「さんじ」という名前になって、今も元気に私と生活をしている。

(171) この人は、猫に会った時、何をしましたか。
    (A) 飲み物を飲ませた。
    (B) 餌をご飯にして食べさせた。
    (C) 写真を撮った。
    (D) 頭を撫でた。

(172) この人は、いつこの猫を飼おうと決めましたか。
    (A) 夜中に猫が鳴いた時
    (B) 寝る前に猫と遊んだ時
    (C) 会った次の日の朝、起きた時
    (D) 猫のニュースを見た時

(173) 猫の名前は、どうして「さんじ」になりましたか。
    (A) 前の日に寝た時間が3時だったから
    (B) 猫に会ったのが3時だったから
    (C) 病院に行った時間が3時だったから
    (D) 猫と一緒に起きたのが3時だったから

次のページに続く

(174〜177)

私はホテルで働いています。有名な大きいホテルで、外国人の観光客がたくさん泊まります。私は英語を使って仕事をしたいと思ったので、この仕事を選びました。毎日英語を使って仕事ができるのでとても楽しいです。でも、大変なこともあります。特に大変なのは、荷物を持つことです。日本人の荷物は、泊まる日が少ないので小さくて軽いですが、外国人は荷物が大きいです。いつも30キロぐらいのスーツケースを部屋へ運びます。ホテルで働き始めてすぐに、腰が痛くなって2週間も休んでしまいました。今はあまり無理をしないように気を付けながら、仕事をしています。大変なこともありますが、文化が違う外国人と話すのはとても楽しいので、私はずっとホテルの仕事を続けるつもりです。

(174) この人は、どんなホテルで働いていますか。
    (A) 外国の客が多いホテル
    (B) 値段がとても高いホテル
    (C) 部屋が広いホテル
    (D) 外国人しか泊まらないホテル

(175) この人は、どうしてこのホテルで働きたいと思いましたか。
    (A) もらえる給料が良かったから
    (B) 有名な人に会える仕事だったから
    (C) 英語で仕事がしたかったから
    (D) 子供の時からの夢だったから

(176) この人が2週間仕事を休んだのは、どうしてですか。
    (A) ホテルの客がいなくなったから
    (B) 重い荷物で腰が痛くなったから
    (C) 働き過ぎて倒れてしまったから
    (D) 夏休みの旅行に出かけたから

(177) この人は、ホテルの仕事をどう思っていますか。
    (A) 楽しい仕事しかない。
    (B) 怪我をしやすくて危ない。
    (C) ずっとこの仕事がしたい。
    (D) 疲れない仕事が多い。

(178~180)

> 私は貿易会社で働く会社員ですが、大学では法律を勉強していました。その頃から続いている私の趣味は、裁判所に行くことです。自分が裁判をするわけではありません。他の人の裁判を見学に行くのです。有名な事件の裁判だと並んでも入れないこともありますが、それ以外だと、荷物のチェックを受ければ自由に見学ができます。私はいつも裁判所に行くとまず今日はどんな裁判が行われているかを見て、見学する裁判を選びます。私が選ぶのは、小さい裁判です。自分にも起こる可能性があることが多いので、裁判をしている人の感情がわかりやすいからです。私に関係のない事件の裁判でも、涙を流してしまうこともあります。裁判で様々な人の人生を知ると、今まで知らなかった物事を数多く知ることができます。それがとても勉強になると思うので、この趣味を続けています。

(178) 裁判所に入る時、何をしなければなりませんか。

    (A) 見学の予約

    (B) 住所と氏名の記入

    (C) 荷物の検査

    (D) 入場料の支払い

(179) この人は、なぜ小さい裁判を選びますか。

    (A) 一緒に感動して泣きたいから

    (B) 気持ちが理解できる気がするから

    (C) 小さい裁判しか行われていないから

    (D) 大きい裁判はいつでも見られるから

(180) この人は、何が勉強になると言っていますか。

    (A) 法律に詳しくなれること

    (B) 裁判官の人生を経験できること

    (C) たくさん新しいことが知れること

    (D) 裁判のやり方がわかること

次のページに続く

(181～184)

先日、私は人生で初めて1人だけで映画館へ行った。今までは家族や友人など、誰かと一緒だった。映画の宣伝の仕事をしている友人から無料のチケットを1枚もらったので、働いている店が定休日だった日に予約もせずに1人で見に行った。平日の夜だったので、観客は少なかった。怖いと噂になっている映画を見たのだが、真っ暗な中1人で見ていると、本当に怖かった。どきどきし過ぎて、始まる前に買ったお菓子は、ほとんど食べられなかった。そして、映画が終わって家へ帰ったのだが、何か寂しい。映画は面白かったのに、なぜ寂しいのかと考えて、映画の感想を話せないからだと気付いた。映画は1人で見たいと言う人もいるが、私は誰かと一緒に見ないとつまらないと思った。

(181) この人は、なぜ1人で映画館へ行きましたか。

　　(A) 1人で映画を見るのが好きだから

　　(B) 友人に約束をキャンセルされたから

　　(C) 映画をどうしても見たかったから

　　(D) 友達にチケットをもらったから

(182) この人は、いつ映画を見に行きましたか。

　　(A) 仕事が休みだった日

　　(B) 見たい映画が始まってすぐの日

　　(C) 残業がなかった日

　　(D) 以前から予約をしていた日

(183) この人がお菓子をほとんど食べられなかったのは、どうしてですか。

　　(A) 映画が怖くて緊張していたから

　　(B) 映画の途中で寝てしまったから

　　(C) ご飯を食べたばかりだったから

　　(D) 真っ暗な中でこぼすと思ったから

(184) この人は、1人で映画を見た後、どんなことに気が付きましたか。

　　(A) 映画館へは1人で行った方がいい。

　　(B) 映画についての噂は信用できない。

　　(C) 映画を見る際、お菓子は不要だ。

　　(D) 見た映画について話せないのはつまらない。

> 昨日デパートに新しい財布を買いに行ったら、財布売り場が見つからなかった。店員に聞くと、財布売り場はないと言われて驚いた。話を聞くと、どうも財布の形が変化しているらしい。お札をきれいに入れられるので人気だった大きい財布があまり売れなくなって、小さい財布の販売が伸びたそうだ。現金を使わないでカードなどで支払う人が増えたからだ。そこでデパートの売り場を変え、財布売り場を無くして、新しい売り場を作ったということだ。小さいバッグやケースなどの製品を一緒に並べた売り場だ。そこの隅に少しだけ財布が置いてあった。確かに私も現金を使わずに支払いをすることが増えた。しかし私が今使っている財布は大量に中身が入っている。お札ではなく、銀行のカードやお店のカードなど色んなカードだ。大きい財布じゃないと入り切らないので困る。まだ私のような客もいるので、大きな財布もたくさん売っていてほしいと思った。

(185) この人は、どうしてびっくりしましたか。

    (A) 財布売り場が無くなっていたから

    (B) 財布の形が変化していたから

    (C) 財布を売っていなかったから

    (D) 財布が思ったより高かったから

(186) 大きい財布が売れなくなったのは、なぜですか。

    (A) 値段が高くなったから

    (B) 現金を持たない人が増えたから

    (C) かばんに入り切らないから

    (D) お札の形が変わったから

(187) 新しい売り場には、どんな物が並んでいますか。

    (A) 小さいサイズの商品

    (B) 少し高級な品物

    (C) 様々な大きさのかばん

    (D) 新しく作られた製品

(188) この人は、どうして大きい財布がいいのですか。

    (A) 買い物で使用するお札が多いから

    (B) レシートをたくさん受け取るから

    (C) 営業で使う名刺を入れておくから

    (D) 大量のカードを入れたいから

次のページに続く

(189〜192)

　　私は大学時代、演劇サークルに参加していた。元々映画は好きだったのだが、演劇はそうでもなかった。中学生の時に見に行った演劇が私の心には響かなかったからだ。当時の私は、演劇は退屈なものだと思い込んでいた。しかし、大学に入学したばかりの頃に友達に誘われて見に行ったサークルの発表会で驚かされた。私と同年代の学生たちが生き生きと舞台の上で演技をする姿に心が動かされた。特に主役の横にいる男性に目を奪われてしまった。舞台の上の彼がとても格好良く、輝いていた。そして私も彼らと同じ舞台に立ちたいと思い、発表会を見た翌日にサークルの入会届を出した。練習初日、すぐに彼の姿を探したが、どこにもいなかった。思い切って先輩に聞いてみたら、彼はその日ゲストで参加していた他の大学の学生だった。ショックでサークルを辞めようかと思ったが、すぐに演劇の楽しさに夢中になった。卒業してからは舞台の上に立つことは無くなった。でも、俳優たちの演技を見ていると大学時代が思い出されて懐かしい気分になれるので、社会人となった今でもたまに演劇鑑賞に出かけている。

(189) この人は大学に入学する前、演劇についてどう思っていましたか。
　　　(A) 退屈な演劇もあったが、割と興味があった。
　　　(B) テレビで舞台演劇を見て俳優に憧れていた。
　　　(C) 幼い頃から演劇を見るのが楽しみだった。
　　　(D) 全く魅力を感じていなかった。

(190) この人がサークルに入会届を出した理由は、何ですか。
　　　(A) 発表会で見た演技に感動したから
　　　(B) 主役の男性と付き合いたいと思ったから
　　　(C) 大学の先輩が舞台の上で輝いていたから
　　　(D) 発表会の後、強引に友達に誘われたから

(191) 練習初日、なぜ男性の姿が見えませんでしたか。
　　　(A) たまたま発表会だけ加わったメンバーだったから
　　　(B) その日は劇場でバイトをしていたから
　　　(C) 映画や演劇の仕事で多忙な俳優だったから
　　　(D) 大学を卒業して社会人になっていたから

(192) この人が今でも演劇鑑賞に出かけているのは、なぜですか。
　　　(A) 気に入っている俳優の舞台を見るため
　　　(B) 大学時代の多くの友人が演技しているため
　　　(C) 大学時代の思い出を消さないようにするため
　　　(D) 過去の懐かしい記憶が思い出されるため

최신기출 1

　　私の故郷は漁業が盛んで、町の人のほとんどが漁業に関わる仕事をしていた。そんな環境で育った私の夢は、鮪を捕る船に乗ることだった。しかし、漁業の仕事に就くことさえ両親に反対され、私は都会の大学に進学して一般企業に就職した。そんな普通の生活を過ごしていた私は、ある雑誌の募集記事を見た瞬間に昔の夢を思い出した。その記事は鮪を捕る船で働く人を募集している記事だった。そして記事を見た後、チャンスは今だと思い、すぐに退職して1年間船の上で勤務することにした。夢が実現したと喜んだのだが、船では今まで感じたことがない厳しさで追い詰められた。一日の平均勤務時間は15時間で、平均睡眠時間は5時間。休みはほぼなかった。身体的にも、精神的にも、とにかく言葉にならないほど厳しかった。1年間の勤務が終わり地上に降りた時は、まず地面が揺れないことに感動した。そして何とも言えない解放感で、しばらくは何も考えられなかった。落ち着くと、全てが整っている生活がどれほど貴重なのかが実感できた。私が思っていた夢とは少し違ったものだったが、貴重な経験ができて良かったと思う。

(193) この人が一般企業に勤めた理由は、何ですか。
　　　(A) 大学の専攻分野に近い職業を選んだため
　　　(B) 自分の船を買うには大金が必要だったため
　　　(C) 収入が不安定な仕事を避けたため
　　　(D) 親から漁業をする許可が得られなかったため

(194) この人は、雑誌でどんな記事を見ましたか。
　　　(A) 船で働いている人の体験が載っている記事　　　(B) 船で鮪を捕る人を募っている記事
　　　(C) 船で短期間勤務する人の募集記事　　　　　　　(D) 船で自らの夢を実現させた人の記事

(195) 船の上で、この人はどんな様子でしたか。
　　　(A) 肉体的に限界を感じて休んでばかりだった。
　　　(B) 心身共に例えようもない辛さを味わった。
　　　(C) 少しでも楽をしようと必死だった。
　　　(D) 身も心も満たされていると感じていた。

(196) この人は、地上に戻ってからどんなことを感じていますか。
　　　(A) 漁業の仕事に就きたい気持ちの強さ
　　　(B) 何でも揃っていることのありがたさ
　　　(C) 現場に戻りたいという意欲
　　　(D) 一般企業に再就職したいという強い欲求

次のページに続く

(197〜200)

商品の宣伝というのは難しいものだ。宣伝というのは、商品に対して宣伝を見る側に興味を持たせ、その魅力を直接感じさせるものだ。しかし、どんなに良い商品の宣伝でも、それが不必要な消費者にとっては無意味なものになる。そこで、購買意欲の低い消費者に届けるためには、絶えず変動している社会情勢や経済動向に合わせたメッセージが必要になってくる。それが購買行動のきっかけとなり、宣伝の効果が発揮されて効率良くアピールすることができる。効率の良い有効な宣伝が商品の売り上げアップ、そして企業の魅力や評価を上げることに繋がるのだ。このように効率良く宣伝をするためには、消費者の行動を様々な側面から正しく調査しなければならない。その部分を疎かにしてしまうと、せっかく費用をかけた宣伝でも台無しになってしまう。企業の宣伝担当者は、気を付けなければならない。

(197) この人は、宣伝とはどんなものだと言っていますか。

(A) 消費者に商品の魅力を直接訴えることができるもの

(B) 購買意欲が高い消費者にだけ届けるもの

(C) 消費者との良好な関係を維持するためのもの

(D) その商品の価値や価格を上昇させられるもの

(198) 購買意欲が低い消費者の購買意欲を上げるのは、どんな宣伝ですか。

(A) 社会の変化や動きに沿っている宣伝

(B) 洗練された文句が使われている宣伝

(C) 魅力的な言葉が並んでいる宣伝

(D) 一般大衆に受け入れられる宣伝

(199) この人は、効率が良い宣伝は何に繋がると言っていますか。

(A) 商品価値が上がることによるファン獲得

(B) 宣伝に関する経費の削減

(C) 他の製品に対する関心を引くこと

(D) 売上額や企業イメージのアップ

(200) 宣伝担当者は、何をすべきだと言っていますか。

(A) あらゆる方法で宣伝費用の削減に努めること

(B) 多額の経費を使い、商品に目を向けさせること

(C) 消費者の動向を様々な角度から分析すること

(D) 企業の利益を優先的に考えること

JPT® 日本語能力試験

Japanese Proficiency Test

TEST
2

次の質問1番から質問100番までは聞き取りの問題です。

どの問題も1回しか言いませんから、よく聞いて答えを(A)、(B)、(C)、(D)の中から一つ選びなさい。答えを選んだら、それにあたる答案用紙の記号を黒くぬりつぶしなさい。

I. 次の写真を見て、その内容に合っている表現を(A)、(B)、(C)、(D)の中から一つ選びなさい。

(例)

(A) この人は本を読んでいます。

(B) この人は掃除をしています。

(C) この人は電話をしています。

(D) この人はビールを飲んでいます。

■ ------ 答 (A)、(B)、(●)、(D)

(1)

(2)

次のページに続く

(3)

(4)

(5)

(6)

次のページに続く

(7)

(8)

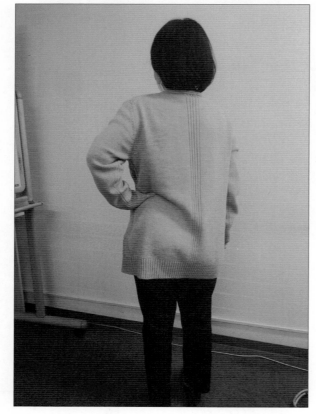

(9)

(10)

次のページに続く

(11)

(12)

(13)

(14)

次のページに続く

(15)

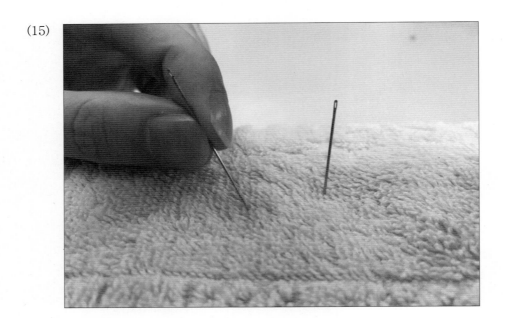

(16)

(17)

(18)

次のページに続く

(19)

(20)

II. 次の言葉の返事として、最も適したものを(A)、(B)、(C)、(D)の中から一つ選びなさい。

(例) 明日は何をしますか。
    (A) 土曜日です。
    (B) 朝ご飯の後にします。
    (C) 友達の家に行きます。
    (D) テニスをしました。

(21) 答えを答案用紙に書き入れなさい。

(22) 答えを答案用紙に書き入れなさい。

(23) 答えを答案用紙に書き入れなさい。

(24) 答えを答案用紙に書き入れなさい。

(25) 答えを答案用紙に書き入れなさい。

(26) 答えを答案用紙に書き入れなさい。

(27) 答えを答案用紙に書き入れなさい。

(28) 答えを答案用紙に書き入れなさい。

(29) 答えを答案用紙に書き入れなさい。

(30) 答えを答案用紙に書き入れなさい。

(31) 答えを答案用紙に書き入れなさい。

(32) 答えを答案用紙に書き入れなさい。

(33) 答えを答案用紙に書き入れなさい。

(34) 答えを答案用紙に書き入れなさい。

(35) 答えを答案用紙に書き入れなさい。

(36) 答えを答案用紙に書き入れなさい。

(37) 答えを答案用紙に書き入れなさい。

(38) 答えを答案用紙に書き入れなさい。

(39) 答えを答案用紙に書き入れなさい。

(40) 答えを答案用紙に書き入れなさい。

(41) 答えを答案用紙に書き入れなさい。

(42) 答えを答案用紙に書き入れなさい。

(43) 答えを答案用紙に書き入れなさい。

(44) 答えを答案用紙に書き入れなさい。

(45) 答えを答案用紙に書き入れなさい。

(46) 答えを答案用紙に書き入れなさい。

(47) 答えを答案用紙に書き入れなさい。

(48) 答えを答案用紙に書き入れなさい。

(49) 答えを答案用紙に書き入れなさい。

(50) 答えを答案用紙に書き入れなさい。

次のページに続く

III. 次の会話をよく聞いて、後の問いに最も適したものを(A)、(B)、(C)、(D)の中から
一つ選びなさい。

(例) 女：すみません。この辺に本屋がありますか。

男：はい。駅の前にありますよ。

女：郵便局も本屋のそばにありますか。

男：いいえ。郵便局はあのデパートのとなりです。

郵便局はどこにありますか。

(A) 駅の前

(B) 本屋のとなり

(C) 本屋の前

(D) デパートのとなり

(51) 女の人は、土曜日に何をしますか。

(A) 映画館へ行く。

(B) 仕事をする。

(C) 家で映画を見る。

(D) 会社を休む。

(52) 男の人は、この後何をしますか。

(A) 暖房を消す。

(B) エアコンの温度を見る。

(C) 窓を開ける。

(D) ドアを少し開ける。

(53) 女の人は、明日、何をしますか。

(A) 母とプレゼントを選ぶ。

(B) 家族で食事に出かける。

(C) 妹に料理を教える。

(D) 妹のために料理を作る。

(54) 女の人は、どうして美術館へ行きましたか。

(A) 暇だったから

(B) 友達に誘われたから

(C) 絵を見るのが好きだから

(D) チケットをもらったから

(55) 女の人は、漫画をどうしますか。

(A) 男の人に借りる。

(B) すぐに読む。

(C) 大きい本屋で買う。

(D) 友達にあげる。

(56) 男の人は、どんなコーヒーを飲みますか。

(A) 温かくて甘いコーヒー

(B) 温かくて甘くないコーヒー

(C) 冷たくて甘いコーヒー

(D) 冷たくて甘くないコーヒー

(57) 昨日のパーティーは、どうでしたか。

    (A) 音楽が良かった。

    (B) お酒を飲みながら楽しんだ。

    (C) 頭が痛くて楽しめなかった。

    (D) 時間が短かった。

(58) 男の人は、何と言っていますか。

    (A) 忘れ物は受付に預けるべきだ。

    (B) 会議室を使った人に聞くといい。

    (C) 会議室に戻した方がいい。

    (D) 伊藤さんのボールペンだ。

(59) 男の人は、この後何をしますか。

    (A) 女の人に目を見てもらう。

    (B) 目薬を買って来る。

    (C) 水道で目を洗う。

    (D) トイレの鏡で目を見る。

(60) 女の人は、この後何をしますか。

    (A) パンフレットを配る。

    (B) 資料を注文する。

    (C) 倉庫でパンフレットを探す。

    (D) 男の人を倉庫へ案内する。

(61) 2人は、何について話していますか。

    (A) 芸能人の怪我

    (B) ドラマの内容

    (C) 今注目のドラマ

    (D) 交通事故の原因

(62) 女の人は、この後何をしますか。

    (A) 資料を100部追加で印刷する。

    (B) 手伝ってくれる人を探す。

    (C) 資料を会議室へ運ぶ。

    (D) 男の人に資料を半分渡す。

(63) 男の人は、女の人に何を頼みましたか。

    (A) 子供の面倒を見ること

    (B) 絵本を持って来ること

    (C) 昔貸した本をできるだけ早く返すこと

    (D) 子供向けのイベントを計画すること

(64) 2人は、何について話していますか。

    (A) 入社式の司会

    (B) 研修の日程

    (C) 販売の仕事内容

    (D) 面接を受けた人

(65) 男の人は、この後何をしますか。

    (A) 女の人と事務所に行く。

    (B) バケツの水を捨てに行く。

    (C) 床で転ばないように周りに言う。

    (D) 掃除道具を片付ける。

(66) ハナさんについて、正しいものはどれですか。

    (A) 怒りやすい性格だ。

    (B) いつもと様子が違う。

    (C) 男の人と仲が悪い。

    (D) 仕事でミスをしたことがない。

次のページに続く

(67) 男の人は、なぜ会社に残っていますか。
    (A) 書類を作っているから
    (B) 客を待っているから
    (C) 会議をするから
    (D) テレビを見るから

(68) 男の人は、どうして英会話レッスンを受けられませんか。
    (A) 初級レベルの英語力だったから
    (B) 申し込み日が過ぎていたから
    (C) 学生向けのレッスンだったから
    (D) 予約が一杯だったから

(69) 女の人は、何と言っていますか。
    (A) 大人数の集まりは緊張する。
    (B) 幹事の仕事に苦労している。
    (C) 長い付き合いの友人に会う。
    (D) 仕方がなく、集まりに参加する。

(70) 男の人が贈り物選びで心配していることは、何ですか。
    (A) 好みに合った物か
    (B) 実用的な物か
    (C) 湯飲みだけでいいか
    (D) 渡す日までに受け取れるか

(71) 女の人は、どうしますか。
    (A) 小林さんにメッセージを残す。
    (B) 緊急会議に途中参加する。
    (C) 2時間後にまた来る。
    (D) 男の人に仕事を依頼する。

(72) 事務所を移転するのは、なぜですか。
    (A) 修理が必要な箇所があったから
    (B) 社員数が増えたから
    (C) ビルが古くなり、建て替えるから
    (D) 勤務制度が変わって今より狭くていいから

(73) 女の人について、正しいものはどれですか。
    (A) 夜明けまで起きていた。
    (B) 深い眠りにつけなかった。
    (C) 体重が増加した。
    (D) ストレスが溜まっている。

(74) 女の人は、ファイルについて何と言っていますか。
    (A) もっと整理して綴じなければ使えない。
    (B) 呑気に探している場合ではない。
    (C) 無くしたら違う物を使うといい。
    (D) 写真と個人情報は一緒にするべきだ。

(75) 防災訓練の時、2人の様子はどうでしたか。

    (A) 急な出来事に焦っていた。

    (B) 担当の人に訓練の情報を問い合わせた。

    (C) 予定通り始まらず、困っていた。

    (D) 積極的に参加していた。

(76) 男の人は、今日、何をしましたか。

    (A) 面倒な客の対応をした。

    (B) 取引先を訪ねた。

    (C) 移動時間に資料を読んだ。

    (D) ネット上で会議をした。

(77) 男の人は、何と言っていますか。

    (A) 来年は違う大会に出場する。

    (B) 今回最も良い記録を出せた。

    (C) 初めは完走できないものだ。

    (D) 体を鍛え直すつもりだ。

(78) 男の人は、この後何をしますか。

    (A) 事務処理をする。

    (B) 企画書を提出する。

    (C) 打ち合わせに出る。

    (D) 女の人と応接室へ行く。

(79) 2人は、何と言っていますか。

    (A) 現内閣についてメディアは注目していない。

    (B) 総理に同意する者が減っている。

    (C) 新内閣は元々期待されていない。

    (D) 調査方法によって支持率が変わることがある。

(80) 女の人は、増税について何と言っていますか。

    (A) 経済は冷え込むだろうが、増税に賛成だ。

    (B) 増税直後は景気が回復するだろう。

    (C) 国民の意見をもっと尊重するべきだ。

    (D) 国の借金返済とは無関係だ。

次のページに続く

IV. 次の文章をよく聞いて、後の問いに最も適したものを(A)、(B)、(C)、(D)の中から一つ選びなさい。

(例) 山田さんは、もう8年間銀行に勤めています。去年結婚してから、奥さんと2人でテニスを始めました。日曜日の朝は、いつも家の近くの公園で練習しています。

    (1) 山田さんは、何年間銀行に勤めていますか。
        (A) 4年間
        (B) 6年間
        (C) 8年間
        (D) 10年間

    (2) 山田さんは、結婚してから何を始めましたか。
        (A) テニス
        (B) サッカー
        (C) ゴルフ
        (D) 野球

(81) 電話をしている人は、どこで働いていますか。
    (A) デパート
    (B) 時計屋
    (C) 八百屋
    (D) 修理工場

(82) この人は、どうして電話をしましたか。
    (A) 新しい時計が安くなったから
    (B) 時計に大きい故障が見つかったから
    (C) 自分の古い時計が壊れたから
    (D) 預かった物の説明をしたいから

(83) 預けた物は、いつから取りに行くことができますか。
    (A) 今週の土曜日
    (B) 今週の日曜日
    (C) 来週の月曜日
    (D) 来週の週末

(84) 払わないといけないお金は、どのくらいですか。
    (A) 思ったよりも高い。
    (B) 話していたより安い。
    (C) 今はまだわからない。
    (D) お金は払わなくてもいい。

(85) どんな話題のニュースですか。

    (A) 試合で日本チームが優勝した。

    (B) 海外の選手が優勝した。

    (C) 日本の大会で日本人が勝った。

    (D) 海外の大会で日本人が勝った。

(86) 鈴木選手には、どんな噂がありましたか。

    (A) 怪我はすぐに治りそうだ。

    (B) 来年はいい成績を残すだろう。

    (C) 選手生活を終える。

    (D) 手が動かなくなってしまった。

(87) この人は、鈴木選手がどんなことを教えて
    くれたと言っていますか。

    (A) 努力はとても大切だ。

    (B) 優勝するのは大変だ。

    (C) 怪我をしても大丈夫だ。

    (D) 諦めない気持ちが重要だ。

(88) 鈴木選手は、どうして次の大会を休みます
    か。

    (A) 日本の試合に出る準備をするから

    (B) 体の調子が悪いから

    (C) 怪我をしてしまったから

    (D) 肘の具合が良くないから

(89) お酒売り場には、特にどんなお酒がたくさ
    んありますか。

    (A) 体にいいワイン

    (B) 女性が好きな日本酒

    (C) 男性に人気のビール

    (D) 色んな果物のお酒

(90) この人は、どんなお酒を試してほしいと言
    っていますか。

    (A) 日本の銘酒

    (B) あまり高くないお酒

    (C) 非常に高価なお酒

    (D) 初めて飲んでみるお酒

(91) お酒売り場には、どんなコーナーがありま
    すか。

    (A) 安くなったお酒を集めたコーナー

    (B) 体にいいお酒のコーナー

    (C) 有名メーカーのお酒のコーナー

    (D) 高いお酒が並ぶコーナー

次のページに続く

(92) この祭りは、どう言われていますか。

    (A) 日本で最も評判がいい祭りだ。

    (B) 日本最古の伝統行事だ。

    (C) 日本の祭りの中で一番激しい。

    (D) 全国各地で行われている。

(93) この人は、何が見事だと言っていますか。

    (A) たくさんのお神輿が並ぶ様子

    (B) 観衆たちがたくさん集まる様子

    (C) 人が炎と一緒に踊っている様子

    (D) 豪華なお神輿を担いでいる様子

(94) 男たちは、祭りの2日目の最後に何をしますか。

    (A) お神輿を派手に壊す。

    (B) 海や川で冷水を浴びる。

    (C) お神輿を神社に納める。

    (D) 暴れて古い家屋を破壊する。

(95) 社員に知らせている内容は、何ですか。

    (A) ごみ袋が透明の袋になったこと

    (B) ごみの収集方法が変わったこと

    (C) ごみの分別が必要になったこと

    (D) ごみ袋の種類が変更されたこと

(96) 事務室へ連絡しないといけないのは、どんな時ですか。

    (A) 水色の袋が見つからない時

    (B) ごみの出し方が不明な時

    (C) 水色の袋が置かれている時

    (D) ごみを出す依頼をする時

(97) 節約のため、何をしてほしいと言っていますか。

    (A) 安いごみ袋の購入

    (B) 経費の使い道の選択

    (C) 余分なごみを出さない努力

    (D) 値段の安い清掃会社への依頼

(98) どんな内容のニュースですか。

    (A) 新しい法案が否決された。

    (B) 即座に法律が施行された。

    (C) 議案が承認されて決まった。

    (D) 法案が討議されている。

(99) この改正法で新しく明記された内容は、何
ですか。

    (A) 事業者の罰金額

    (B) 個人情報を保護する方法

    (C) この法律の適用範囲

    (D) 企業が守るべき責務

(100) 罰則が引き上げられたのは、事業者が何
をした時ですか。

    (A) 重要な情報を外部に漏らした時

    (B) 管理システムを変えなかった時

    (C) 自主的に改革を行わなかった時

    (D) 報告が事実でないと発覚した時

これで聞き取りの問題は終わります。

それでは、次の質問101番から質問200番までの問題に答えなさい。

答案用紙に書き込む要領は聞き取りの場合と同じです。

次のページに続く

V. 下の＿＿＿＿線の(101)～(110)は、漢字の読み方・書き方の正しいものを、(111)～
(120)は、最も意味が近いものを(A)、(B)、(C)、(D)の中から一つ選びなさい。

(101) 鈴木さん、シャツのボタンが<u>取れて</u>いますよ。
(A) とれて
(B) きれて
(C) おれて
(D) われて

(102) 病院から<u>先日</u>受けた検査の結果が来ました。
(A) さきひ
(B) さきにち
(C) せんび
(D) せんじつ

(103) 昨日、仕事で<u>重大</u>なミスをしてしまった。
(A) ちょうおお
(B) ちょうたい
(C) じゅうだい
(D) じゅうたい

(104) 何か悩みがある時は、<u>身近</u>な人に相談しましょう。
(A) みきん
(B) みぢか
(C) しんきん
(D) しんちか

(105) 私にとって自分の子供は、最も<u>尊い</u>宝物である。
(A) するどい
(B) とうとい
(C) こころよい
(D) めでたい

(106) 濃い霧に<u>阻</u>まれて、山頂までたどり着くことができなかった。
(A) あわまれて
(B) ひがまれて
(C) はばまれて
(D) ひそまれて

(107) 幼児の脳は熱に敏感なので、発熱時に<u>発作</u>を起こすことがある。
(A) はつさ
(B) はっさく
(C) ほっさ
(D) ほつさく

(108) 彼は子供の頃からの親友で、とても<u>しんよう</u>できる人物です。
(A) 信用
(B) 心要
(C) 真様
(D) 親容

(109) プロ野球の渡辺選手が今年でいんたいするそうだ。
- (A) 因対
- (B) 院隊
- (C) 隠耐
- (D) 引退

(110) 後輩の山田君は、私を兄のようにしたってくれている。
- (A) 潤って
- (B) 慕って
- (C) 添って
- (D) 担って

(111) 日曜日のデパートは、込んでいます。
- (A) 人が多いです
- (B) 店がきれいです
- (C) 良い物があります
- (D) 物が安くなります

(112) 高い山は、登るにつれて気温が下がっていく。
- (A) 登ることにかかわりなく
- (B) 登るに従って
- (C) 登っているわりに
- (D) 登った通りに

(113) 日曜日は、仕事がないからリラックスして過ごすことができる。
- (A) ふらふらと
- (B) がたがたと
- (C) ぴったりと
- (D) のんびりと

(114) 警官から私の個人情報が悪用されていたと聞いて、信じられなかった。
- (A) 耳を傾けた
- (B) 耳に挟んだ
- (C) 耳を疑った
- (D) 耳が痛かった

(115) このシステムは平たく言えば、利益を計算するものです。
- (A) 普段の言葉で表現すると
- (B) 専門的な考えから言うと
- (C) 適切な手段を考えると
- (D) 平均的な結果を伝えると

(116) 低予算で制作されたが、鑑賞の価値がある映画になった。
- (A) 鑑賞するにあたらない
- (B) 鑑賞せずにはおかない
- (C) 鑑賞にたえる
- (D) 鑑賞したら最後の

次のページに続く

(117) もう少し<u>浅い</u>池なら子供でも遊べる。

   (A) 彼は夜もまだ<u>浅い</u>時刻から酒を飲んでいた。

   (B) 経験が<u>浅い</u>うちの失敗は許してあげよう。

   (C) 勤めてから日が<u>浅い</u>けど、仕事は覚えてきた。

   (D) 母に底の<u>浅い</u>鍋をプレゼントした。

(118) 毎日3時間<u>も</u>残業するなんて考えられない。

   (A) うちの家族は誰<u>も</u>小説を読みません。

   (B) 締め切りまで1週間<u>も</u>あれば、間に合うでしょう。

   (C) 彼は集中して作業していると、返事<u>も</u>しない。

   (D) 誕生日に2万円<u>も</u>するワインをもらった。

(119) 本棚は壁に<u>寄せて</u>置いた方が部屋を広く使える。

   (A) 祖父は耳が悪いので、耳へ口を<u>寄せて</u>話さないと聞こえない。

   (B) 目立つデザインに変えた看板が客を<u>寄せて</u>利益が上がった。

   (C) 彼は新入社員の花子さんに、密かに思いを<u>寄せて</u>いるそうだ。

   (D) 終電を逃したので、近くの友達の家に身を<u>寄せて</u>朝まで過ごした。

(120) 今日の会議は、誰が責任を<u>負う</u>のかを決める集まりだ。

   (A) 国民は権利に対して納税などの義務を<u>負う</u>ものである。

   (B) 私が上達できたのは先輩の指導に<u>負う</u>ところが大きいです。

   (C) 多額の借金を<u>負う</u>ことになった朝日電気は、ついに倒産した。

   (D) 重い荷物を背中に<u>負う</u>ことは容易ではない。

VI. 下の＿＿＿＿線の(A)、(B)、(C)、(D)の中から正しくないものを一つ選びなさい。

(121) みどりホテルから空港よりバスで行くことができます。
　　　　　　(A)　　　　　　(B)　　　　(C)　　　　(D)

(122) 昨日は、空に雲が必ずなくて、月と星がきれいに見えた。
　　　　　　(A)　(B)　　　　(C)　　(D)

(123) 今からちょっと出かけますが、10分ぐらいで通ります。
　　　　(A)　　　　　　　　　　　(B)　　　(C)　　(D)

(124) 私の趣味は、好きな音楽を聞くながらドライブをすることです。
　　　　　(A)　　　(B)　　　　(C)　　　　　　　　(D)

(125) 外国の涼しいお茶をいただいたので、一緒に飲みませんか。
　　　(A)　(B)　　　　(C)　　　　　　(D)

(126) 父の部屋の本棚には、仕事興味の本が一杯あります。
　　　　(A)　　　(B)　　　　　(C)　　　　(D)

(127) 毎朝、電車に 通勤をするのは疲れるから、会社の近くに住もうと思っている。
　　　　　　　　　(A)(B)　　　　　(C)　　　　　　　　　(D)

(128) 母に頼まれた買い物を忘れないようで、メモをしてから行きます。
　　　　　　　　(A)　　　　　　(B)　　(C)　　(D)

(129) 予算通り昨夜から降り始めた雪が積もり、子供たちは喜んでいる。
　　　(A)　　(B)　　　　　　　　　(C)　　　　　　(D)

(130) この地域は10月から11月にとって 紅葉が美しく、観光客がたくさん訪れます。
　　　　(A)　　　　　　　　　(B)　(C)　　　　　(D)

次のページに続く

(131) 井上なおみさんは、世界平和をテーマにした論文で国際的に素晴らしい判断をもらった。
　　　　　　　　　　　　　(A)　　　(B)　　　　　　　　(C)　　　　　　　　　(D)

(132) 私の育ち所は都会より不便ですが、海や山など自然が多くて自慢の町です。
　　　　(A)　　　(B)　　　　　　　　　　　　(C)　　　　　(D)

(133) サッカーの日本代表に選ばれたあげく、活躍して結果を出すつもりだ。
　　　　　　　　　(A)　　　　　　　(B)　　(C)　　(D)

(134) 缶コーヒーは、蓋を開ける直前に良く震えて中身を混ぜてから飲んだ方がいい。
　　　　　　　　　　　　(A)　　　(B)　　(C)　　　　(D)

(135) 大事な説明は、きらきら話すよりゆっくりとしたテンポで話した方が強調される効果がある。
　　　　　　　　　(A)　　　　　　　　　　　　(B)　　　　　(C)　　　(D)

(136) 戦後、日本の経済が発展した理由の1つは、民主化製造だろう。
　　　　(A)　　　　(B)　　(C)　　　　　　　　(D)

(137) 中古車は、とっさに故障して修理代がかかる可能性があるので、新車がお勧めだ。
　　　　(A)　　　(B)　　　　　　　　　　(C)　　　　　　　(D)

(138) 婚約したものなら、結婚式をするかどうか未定のカップルは意外と多い。
　　　　　　　(A)　　　　　　　　　(B)　(C)　　(D)

(139) 科学技術の進歩は著しく、人類に様々な恩恵を照らしてきた。
　　　　　　　　　　(A)　　(B)　　　　(C)　　(D)

(140) 開発途上国にあたらない、先進国でもこの病の感染拡大が食い止められていないのは深刻な
　　　　　　　(A)　　　(B)　　(C)　　　　　　　　　　(D)

問題である。

VII. 下の＿＿＿＿線に入る最も適したものを(A)、(B)、(C)、(D)の中から一つ選びなさい。

(141) 消しゴムを忘れてしまったので、貸して＿＿＿＿＿。
    (A) いいですか
    (B) あげましょうか
    (C) いますか
    (D) くれませんか

(142) 旅行の前＿＿＿＿＿、カメラを買いました。
    (A) と
    (B) に
    (C) で
    (D) が

(143) お腹が痛いなら、＿＿＿＿＿お茶を飲むといいですよ。
    (A) 温かい
    (B) 細かい
    (C) 易しい
    (D) 美しい

(144) 迎えに行きますから、駅に＿＿＿＿＿電話をください。
    (A) 乗ったら
    (B) 着いたら
    (C) 集めたら
    (D) 遅れたら

(145) このドアは、＿＿＿＿＿からしか鍵がかかりません。
    (A) 窓
    (B) 角
    (C) 以内
    (D) 内側

次のページに続く

(146) 先週の土曜日は、ずっと家で勉強_____。

    (A) しています

    (B) しません

    (C) していました

    (D) します

(147) 無くした財布が_____、安心しました。

    (A) 見て

    (B) 見つけて

    (C) 見せて

    (D) 見つかって

(148) ここは田舎なので、車がないと_____です。

    (A) 邪魔

    (B) 失礼

    (C) 不便

    (D) 複雑

(149) 2月の北海道は毎年寒いですが、今年の冬は_____寒いです。

    (A) いつか

    (B) すぐに

    (C) 特に

    (D) 同じ

(150) 明日、家の近くに_____新しいお店に行ってみます。

    (A) いた

    (B) できた

    (C) 生きた

    (D) 置いた

(151) 給料が入ったら、お寿司＿＿＿＿＿＿＿食べに行きたいですね。

    (A) ほど

    (B) とか

    (C) からこそ

    (D) までに

(152) ＿＿＿＿＿＿＿、時間になりましたので、会議を開始いたします。

    (A) さて

    (B) ほら

    (C) やあ

    (D) ねえ

(153) 健康のために、野菜＿＿＿＿＿＿＿の食事をしています。

    (A) 中身

    (B) 中止

    (C) 中央

    (D) 中心

(154) ご迷惑をおかけしますが、＿＿＿＿＿＿＿ご協力をお願いいたします。

    (A) どうか

    (B) もし

    (C) ただ

    (D) まるで

(155) この機械を使うと、自動で鉛筆が＿＿＿＿＿＿＿。

    (A) 映せます

    (B) 乾きます

    (C) 削れます

    (D) 加えます

次のページに続く

(156) 日本全国に_____、風邪が流行っている。

    (A) わたって

    (B) ついて

    (C) つれて

    (D) 対して

(157) もう夜中の2時だから、_____寝ないと朝起きるのが辛くなる。

    (A) いたずら

    (B) 当たり前

    (C) ぴったり

    (D) いい加減

(158) このカレーは、香辛料がたくさん入っていて辛いけど、食べられない_____。

    (A) ものだ

    (B) こともない

    (C) ものか

    (D) ことだ

(159) 営業部には、部下に_____ような先輩がいないので気が楽だ。

    (A) 傾ける

    (B) 砕ける

    (C) 威張る

    (D) 焦げる

(160) 居間から弟が_____と笑っている声が聞こえる。

    (A) しばしば

    (B) ぐずぐず

    (C) げらげら

    (D) すやすや

(161) 田中さんの暗い表情_____、取引はうまくいかなかったんだろう。

    (A) どころか

    (B) からといって

    (C) 次第で

    (D) からすると

(162) 1年間_____抜いて退職することに決めたので、後悔はありません。

    (A) 悩み

    (B) 悩んで

    (C) 悩む

    (D) 悩んだ

(163) 後輩の指導を任されてから、仕事の_____とは何かを考えることが増えた。

    (A) 引用

    (B) 意義

    (C) 永遠

    (D) 印象

(164) 大学に入ってから親_____を離れて1人暮らしをしている。

    (A) 遍

    (B) 流

    (C) 品

    (D) 元

(165) 少し時間を要したが、さくら社との_____が無事まとまった。

    (A) 演習

    (B) 運行

    (C) 商談

    (D) 応接

次のページに続く

(166) 妹は、免許を取得したばかりなので運転が＿＿＿＿＿。

    (A) ぎこちない

    (B) はかない

    (C) そっけない

    (D) あっけない

(167) 警察が事件現場である被害者宅を＿＿＿＿＿捜査している。

    (A) ろくに

    (B) くまなく

    (C) 案の定

    (D) 不意に

(168) 森田さんこそ、我が社の営業本部を任せる＿＿＿＿＿人物だ。

    (A) に至った

    (B) と相まった

    (C) を限りに

    (D) に足る

(169) 母親と何を＿＿＿＿＿ともなく話している時間が心地よい。

    (A) 話す

    (B) 話そう

    (C) 話さない

    (D) 話せる

(170) この商品は職人の手作りにつき、多少の＿＿＿＿＿が生じる場合がございます。

    (A) 遺伝

    (B) 腕前

    (C) 誤差

    (D) 改悪

VIII. 下の文を読んで、後の問いに最も適したものを(A)、(B)、(C)、(D)の中から一つ選びなさい。

(171～173)

先週、私は1人でバス旅行に行きました。ホテルに泊まるのではなく、その日の夜に帰って来る旅行です。旅行会社で探して申し込みました。1人で申し込んだので心配でしたが、私と同じ人たちが他にもいて安心しました。この旅行では、大好きなブドウがたくさん食べられると聞いていたので、とても楽しみにしていました。旅行で食べたブドウは本当に美味しくて、たくさん食べました。お土産屋さんでの買い物も楽しかったです。でも、食事の時はちょっと残念でした。家族や友達と一緒に来ている人は同じテーブルで食事をしましたが、私はテーブルに1人だけでした。美味しい料理でしたが、誰かと一緒におしゃべりしながら食べるともっと美味しかったと思います。次は、友達を誘いたいと思っています。

(171) この人は、どうして安心しましたか。
    (A) 1人でホテルの部屋に泊まれたから
    (B) 1人で来ている人が他にもいたから
    (C) 値段がとても安かったから
    (D) バスの中に友達がいたから

(172) この人は、何を楽しみにしていましたか。
    (A) 美味しい料理が食べられること
    (B) きれいな景色が見られること
    (C) 好きな果物が食べられること
    (D) お土産がたくさん買えること

(173) この人が残念だと思ったことは、何ですか。
    (A) 食事がまずかったこと
    (B) 天気が悪かったこと
    (C) ブドウを食べ過ぎたこと
    (D) 1人でご飯を食べたこと

次のページに続く

(174〜177)

皆さんは会社で毎日会議をしていると思います。もちろん私の会社でもやっていますが、時間がかかり過ぎて困っていました。他の仕事をする時間が少なくなってしまうからです。しかし、先月から新しい会議の仕方が始まって、時間がとても短くなりました。特別な会議をしているのではありません。皆に良く見えるように時計を大きくしたのです。会議の時間を見せることで、出席している人に時間を考えさせます。時計を変えてからは、会議中に関係ない話をすることもほとんど無くなって、必ず決まった時間以内で終わるようになりました。それに、皆熱心に会議をするようになりました。その結果、他の仕事ができる時間が増えたので、皆喜んでいます。長過ぎる会議で困っている会社は是非やってみてください。

(174) この人は、何に困っていましたか。
　　　(A) 会議で話す人が少ないこと
　　　(B) 会議に出席する人が多過ぎること
　　　(C) 会議室がとても狭いこと
　　　(D) 会議の時間が長過ぎること

(175) どうして時計を変えましたか。
　　　(A) 会議室の時計が古かったから
　　　(B) 大きな新しい時計をもらったから
　　　(C) 会議室の時計が動かなかったから
　　　(D) 会議中に時間を考えるようになるから

(176) どうして決まった時間で、会議が終わるようになりましたか。
　　　(A) 違う話をすることが減ったから
　　　(B) 新しいルールで決まったから
　　　(C) 会議に来る人が少なくなったから
　　　(D) 誰も話さなくなったから

(177) 社員が喜んでいるのは、なぜですか。
　　　(A) 意味がない会議が無くなったから
　　　(B) 他の仕事ができる時間が多くなったから
　　　(C) 給料が増えたから
　　　(D) 早く帰れるようになったから

　　私の趣味は占いで、毎日テレビやネットで今日の運勢を見ています。とても良く当たるのでもっと深く知りたくて専門的な本を買いましたが、難しくて良くわかりませんでした。私は占いの仕事をしたいわけではありませんが、占いのやり方を勉強したいと思って占いの学校に通うことにしました。最初は占いの仕事をしたい人たちばかりが学校に集まっていると思っていましたが、私と同じような人が他にもたくさんいました。自分の体験を基にした先生の話は、面白くて勉強になります。その中で一番心に残っているのは、占いの内容だけを話せばいいのではなく、相談する人の話をしっかり聞いて理解するのが大事だということです。そうしないと、間違った占いが行われてしまうそうです。これは占いだけでなく、生活でも大事なことだと思いました。授業は来週で終わりますが、学校に通って良かったと思っています。

(178) この人は、どうして占いの学校に通うことにしましたか。
　　　(A) テレビやネットの運勢が良く当たるから
　　　(B) 占いの勉強は学費が安いから
　　　(C) 自分でも占いをしてみたいと思ったから
　　　(D) 占いの仕事で生活したいから

(179) この人は、どんな人たちが占いの学校に通うと思っていましたか。
　　　(A) 趣味で占いをやっている人たち
　　　(B) たくさん占ってもらいたい人たち
　　　(C) テレビやネットで占いを見ている人たち
　　　(D) 占いのプロになりたいと思っている人たち

(180) 先生の話の中で、一番記憶に残っているものは、何ですか。
　　　(A) 相手が言いたいことをきちんと理解すること
　　　(B) 占いでお金をもらってはいけないこと
　　　(C) 占いの内容をわかりやすく伝えるのが重要なこと
　　　(D) 占いの経験をたくさん積まないといけないこと

次のページに続く

(181～184)

> 今年入社した新社会人に対するアンケートによると、「海外で働きたいと思わない」と答えた人が70％以上いたそうだ。私は大学生の就職についてアドバイスをする仕事をしているが、「海外での仕事に興味がある」、「いつかは海外で仕事がしたい」という学生が多かったので、この結果に(1)びっくりした。私はアメリカで2年間働いたことがある。自分で希望したわけではなかった。会社の命令だったのだが、海外で働いてみると確かに色々な面で大変だった。特に大変だったのは、英語があまり話せなかったことだ。相手が言いたいことはわかるのだが、相手に自分の気持ちがうまく伝えられないというのはストレスだった。でも海外で苦労したことは、私の人生でとても貴重な経験になっている。今は企業も世界中に支社がある時代だ。海外で働くチャンスも多いので、是非若い人たちには海外で良い経験をしてほしいと思う。

(181) この人は、なぜ(1)びっくりしたのですか。

    (A) 仕事を辞めたいと思う人が多くいたから

    (B) 新社会人と学生では意見が違っていたから

    (C) アンケートで海外就職希望が多かったから

    (D) 学生が海外で働きたいと嘘を言っていたから

(182) この人は、どうしてアメリカで働きましたか。

    (A) 会社から行くように言われたから

    (B) 自分が希望していたから

    (C) 留学経験があったから

    (D) アメリカに家があったから

(183) この人がストレスに感じたことは、何ですか。

    (A) 英語が全くわからなかったこと

    (B) 生活習慣が全然違っていたこと

    (C) 相手の話が全く理解できなかったこと

    (D) 言いたいことが表現できなかったこと

(184) この人が若い人に望んでいることは、何ですか。

    (A) 世界の様々な場所を訪問してほしい。

    (B) チャンスを自分で見つけてほしい。

    (C) 英会話をしっかり勉強してほしい。

    (D) 海外に出て貴重な経験をしてほしい。

　　私は東京駅で働いています。東京駅には売店や喫茶店など色んな場所で働いている人が
いますが、私が仕事をするのは新幹線の中です。東京駅には毎日たくさんの新幹線が到着し
ます。その新幹線の中を掃除する仕事です。時間をかけて掃除をしたいのですが、次の発車
時間までに7分以内で掃除しなければなりません。以前は座る席の灰皿を全部掃除しなけれ
ばならず、苦労していましたが、現在は全て禁煙となりましたのでとても楽になりました。
反対に、昔からずっと悩んでいるのが、席が濡れている時です。1年で約7,000回以上ありま
す。しかも最近は昔より増えています。濡れている席を見つけても、短い掃除時間の間に乾
かしたり、乾いた席に交換したりすることまではできません。濡れた席はしばらく利用でき
なくなってしまうため、鉄道会社にとっては非常に都合が悪いです。そこで、そうなった時
にチケットを持った人が必ず座れるように、代わりの席を準備しています。新幹線に乗る時
は、席を濡らさないように、きれいに利用してほしいです。

(185) この人は、どうしてゆっくり掃除ができないと言っていますか。

　　(A) 掃除をしなければならない範囲が広いから

　　(B) 席に座っている客がいる中で掃除するから

　　(C) すぐに新しい客が乗らないといけないから

　　(D) 少ない人数で掃除をしているから

(186) 以前は、何が大変でしたか。

　　(A) 席の灰皿が小さくて掃除しにくかったこと

　　(B) 全ての席を掃除しなければいけなかったこと

　　(C) 掃除をする道具が不足していたこと

　　(D) たばこの灰の掃除が必要だったこと

(187) 席が濡れていると、なぜ困りますか。

　　(A) 席をクリーニングに出さないといけないため

　　(B) 席が濡れている客が怒り出すため

　　(C) チケット代を返さなければならないため

　　(D) 短い時間では乾かないため

(188) 鉄道会社は、予約していた席が濡れていた客に対してどうしますか。

　　(A) 用意してある別の席に座ってもらう。

　　(B) 次に発車する新幹線に乗ってもらう。

　　(C) きれいになるまで待ってもらう。

　　(D) チケットを新しく買ってもらう。

次のページに続く

(189〜192)

> 　私は去年からこの会社で部長として働いているのだが、先週ぐらいから部下の様子がおかしい。部長である私を避けて何かこっそり話し合っている。注意して聞いてみると、どうやら私の誕生日を秘密で祝ってくれる打ち合わせをしているようだ。私は日頃から部下の悩みに気付き、できるだけ相談に乗るように努めている。自分が若い頃は悩みを聞いてくれる上司がおらず、とても辛かったからだ。仕事を覚えれば覚えるほど悩みは出てくるものだ。仕事や会社に関する知識が身に付くと、仕事上の自分の課題に気が付くようになる。だからこそ悩みが生まれるのであり、社会人として成長した証拠でもある。彼らの悩みを私が聞き、共に解決方法を考えてあげることで、心理的に少しでも楽になってくれればいいと思っている。そんな私を嫌がっていないか心配だったが、誕生日を皆で祝ってくれるなんて、とても嬉しい。ただ1つ、気になることがある。実は私の誕生日は先月だったのだ。この真実を話すべきかどうか、今非常に迷っている。

(189) 部下たちは、なぜ部長を避けていますか。

　　(A) ミスを上司に知られたくないから

　　(B) 進行中の仕事に関わってほしくないから

　　(C) 自分の悩みを気付かれたくないから

　　(D) 部長に内緒にしておきたいことがあるから

(190) この人が部下の相談に乗っている理由は、何ですか。

　　(A) 自分が過去、上司にいじめられていたため

　　(B) 社会人として当然のことだと思っているため

　　(C) 部下から頼られると断り切れないため

　　(D) 過去に1人で悩みを抱え込んで苦しかったため

(191) この人は、仕事に慣れてくるとどうなると言っていますか。

　　(A) 仕事上のトラブルが増えてくる。

　　(B) 知識が増えて様々な疑問を持つようになる。

　　(C) 自分が解決すべき問題を実感するようになる。

　　(D) 自分の仕事に不満を抱くようになる。

(192) この人が気になっていることは、何ですか。

　　(A) 部下たちが事実と異なる情報で動いていること

　　(B) 誕生日のお祝いに費用がかかってしまうこと

　　(C) 部下の好意に甘えてしまうことになること

　　(D) 自分が嘘つきになってしまうこと

(193〜196)

　　私の職場は、百貨店のベッドや布団、枕などを扱うコーナーだ。身体の健康を保つだけでなく、明日も頑張ろうという気にさせてくれるのは、良質な睡眠である。しかし残念ながら、眠りに悩んでいる人がとても多い。先週も、眠りに悩んでいるお客様が来た。眠りが浅く、夜中に何度も起きてしまうので、困っているそうだ。自分に合った枕に換えれば良く寝られるのではないかと相談に来たのだ。そこで私は、商品を勧める前に、まずは睡眠環境を聞いてみた。すると、良く寝られないので、毎晩寝る前にお酒を飲んでいることがわかった。私は枕を換える前に、まずは寝る直前にはお酒を飲まないようにとアドバイスをした。アルコールはいびきをかきやすくさせてしまう。いびきをかくと、体内に入る酸素の量が減ってしまって、疲れが十分に取れなくなるのだ。その話にお客様は納得したかどうかわからないが、その日は何も買わずに帰った。そして今日、「言う通りにしたらぐっすり寝られるようになった」と、わざわざ報告に来てくれた。枕は売れなかったが、お客様の笑顔は何だか嬉しかった。

(193) この人は、良質な睡眠にはどんな効果があると言っていますか。
　　　(A) やる気が湧いてくる。　　　　　　(B) 疲労が完全に抜ける。
　　　(C) 目覚めが良くなる。　　　　　　　(D) 病状が改善される。

(194) 先週、どんな客が来ましたか。
　　　(A) 夜中に周りが騒々しくて眠れない客　　(B) 睡眠中のいびきを治したい客
　　　(C) 寝室の環境があまり良くない客　　　　(D) 寝ている最中に何度も目覚めてしまう客

(195) この人は、客にどのようにアドバイスをしましたか。
　　　(A) 絶対に禁酒するように
　　　(B) 新品の枕を購入するように
　　　(C) 生活習慣を改めるように
　　　(D) 寝る前にお酒を適量飲むように

(196) 先週来た客は、なぜ再び百貨店を訪れましたか。
　　　(A) この人の提案が効果的だったと伝えたかったから
　　　(B) この人の言葉に感激したから
　　　(C) 睡眠環境がまだ改善されていないから
　　　(D) 新しい枕を購入したかったから

次のページに続く

(197〜200)

どの会社も、会社を成長させたいと思っている。大半の人がイメージする成長とは、会社の規模を大きくするということだろう。主として売り上げや利益などの財政状況を改善することだ。そして社員数や店舗数など会社の規模を成長させていく。しかし大事なのは、(1)会社の質を成長させるということだ。例えば企業価値を上げる、社員を成長させる、取引先との関係を強めるなど、内部の仕組みを強化することだ。ほとんどの経営者は質的に成長させるということを意識することはない。しかし、規模だけを追求すると、どこかで成長は停滞する。それどころか、社員が大量に辞職したり、不正を犯したり、取引先を失ったりと、成長させてきたつもりが逆に会社が衰えてしまうこともある。質を無視して規模を追求するのは良くない。会社の質的成長は、木で言えば根元を成長させることだ。根が頑丈でないと、大木を支えることはできない。会社を永遠に成長させ続ける決意はもちろんだが、経営者の一番重要な責任は、会社の質的成長を遂げる的確な将来設計を掲げることであると私は思う。

(197) 会社の成長について、一般的な考え方は、どれですか。

(A) 成長に伴い、従業員の給与水準が高くなること

(B) 名前を売り、世間の名声が上がること

(C) 企業イメージを改善し、認められること

(D) 財政面を黒字化し、事業を拡大すること

(198) (1)会社の質を成長させるとは、どういうことですか。

(A) 会社の規模拡大を追求していくこと　　(B) 組織の内部構造を増強すること

(C) 有能な人材を大量に集めること　　(D) 取引先を大幅に増やしていくこと

(199) 会社が衰えてしまうのは、どんな時ですか。

(A) 企業を支える部分を経営者が顧みていない時

(B) 社長が自分の利益のみを追求した時

(C) 優秀な新入社員が確保できなくなった時

(D) 社員の不正が発覚したのに、公表しなかった時

(200) この人が言う経営者の最も大切な責任とは、何ですか。

(A) 会社を質的に成長させる部門を設置すること

(B) 今後の事業展開の見通しを明確にすること

(C) 質的に成長するための要点を押さえた展望を示すこと

(D) 裏側から永遠に会社を支え続けていくこと

JPT® 日本語能力試験

Japanese Proficiency Test

TEST
3

次の質問1番から質問100番までは聞き取りの問題です。

どの問題も1回しか言いませんから、よく聞いて答えを(A)、(B)、(C)、(D)の中から一つ選びなさい。答えを選んだら、それにあたる答案用紙の記号を黒くぬりつぶしなさい。

I. 次の写真を見て、その内容に合っている表現を(A)、(B)、(C)、(D)の中から一つ選びなさい。

(例)

(A) この人は本を読んでいます。

(B) この人は掃除をしています。

(C) この人は電話をしています。

(D) この人はビールを飲んでいます。

■------ 答 (A)、(B)、(●)、(D)

(1)

(2)

次のページに続く

99

(3)

(4)

(5)

(6)

次のページに続く ⇨

(7)

(8)

(9)

(10)

次のページに続く ⇒

(11)

(12)

(13)

(14)

次のページに続く

(15)

(16)

(17)

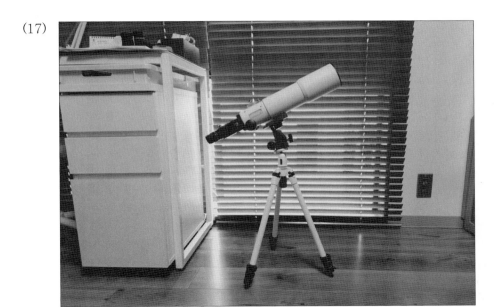

(18)

次のページに続く

(19)

(20)

II. 次の言葉の返事として、最も適したものを(A)、(B)、(C)、(D)の中から一つ選びなさい。

(例) 明日は何をしますか。
   (A) 土曜日です。
   (B) 朝ご飯の後にします。
   (C) 友達の家に行きます。
   (D) テニスをしました。

동영상 05

(21) 答えを答案用紙に書き入れなさい。

(22) 答えを答案用紙に書き入れなさい。

(23) 答えを答案用紙に書き入れなさい。

(24) 答えを答案用紙に書き入れなさい。

(25) 答えを答案用紙に書き入れなさい。

(26) 答えを答案用紙に書き入れなさい。

(27) 答えを答案用紙に書き入れなさい。

(28) 答えを答案用紙に書き入れなさい。

(29) 答えを答案用紙に書き入れなさい。

(30) 答えを答案用紙に書き入れなさい。

(31) 答えを答案用紙に書き入れなさい。

(32) 答えを答案用紙に書き入れなさい。

(33) 答えを答案用紙に書き入れなさい。

(34) 答えを答案用紙に書き入れなさい。

(35) 答えを答案用紙に書き入れなさい。

(36) 答えを答案用紙に書き入れなさい。

(37) 答えを答案用紙に書き入れなさい。

(38) 答えを答案用紙に書き入れなさい。

(39) 答えを答案用紙に書き入れなさい。

(40) 答えを答案用紙に書き入れなさい。

(41) 答えを答案用紙に書き入れなさい。

(42) 答えを答案用紙に書き入れなさい。

(43) 答えを答案用紙に書き入れなさい。

(44) 答えを答案用紙に書き入れなさい。

(45) 答えを答案用紙に書き入れなさい。

(46) 答えを答案用紙に書き入れなさい。

(47) 答えを答案用紙に書き入れなさい。

(48) 答えを答案用紙に書き入れなさい。

(49) 答えを答案用紙に書き入れなさい。

(50) 答えを答案用紙に書き入れなさい。

次のページに続く

III. 次の会話をよく聞いて、後の問いに最も適したものを(A)、(B)、(C)、(D)の中から一つ選びなさい。

(例)女：すみません。この辺に本屋がありますか。

男：はい。駅の前にありますよ。

女：郵便局も本屋のそばにありますか。

男：いいえ。郵便局はあのデパートのとなりです。

郵便局はどこにありますか。

(A) 駅の前

(B) 本屋のとなり

(C) 本屋の前

(D) デパートのとなり

(51) 男の人は、これから何をしますか。

(A) コンビニに行く。

(B) 交番に行く。

(C) 財布を買いに行く。

(D) 交番へ拾った財布を届けに行く。

(52) 女の人は、何を買いますか。

(A) 大きいサイズの白と黒の服

(B) 小さいサイズの白と黒の服

(C) 大きいサイズの白い服だけ

(D) 小さいサイズの黒い服だけ

(53) 男の人は、まずどこへ行きますか。

(A) 本屋

(B) 駅

(C) 喫茶店

(D) カラオケ

(54) 2人は、何をしていますか。

(A) テニス

(B) バレー

(C) ゴルフ

(D) ジョギング

(55) 男の人は、何時まで仕事をしますか。

(A) 8時

(B) 8時半

(C) 9時

(D) 9時半

(56) 英語のノートは、どこにありますか。

(A) 女の人のかばんの中

(B) 男の人のかばんの中

(C) 女の人の机の上

(D) 男の人の机の上

(57) 女の人は、今日、どこで昼ご飯を食べましたか。
    (A) 公園
    (B) 社員食堂
    (C) 屋上
    (D) 自分の席

(58) 男の人は、この後どこへ行きますか。
    (A) 寺
    (B) 駅
    (C) 美術館
    (D) 動物園

(59) 2人は、この後どうしますか。
    (A) タクシーに乗る。
    (B) バスに乗る。
    (C) バス乗り場に行く。
    (D) 歩いて帰る。

(60) 女の人は、いつ男の人に知らせますか。
    (A) 1時
    (B) 1時50分
    (C) 2時
    (D) 2時10分

(61) 会議の日の昼ご飯は、何ですか。
    (A) 社員食堂の1,500円のお弁当
    (B) 社員食堂の1,900円のお弁当
    (C) 駅前の和食屋の1,500円のお弁当
    (D) 駅前の和食屋の1,900円のお弁当

(62) 男の人は、どうしてパンフレットの紙を薄くしましたか。
    (A) 薄い方がきれいだから
    (B) 手に取りやすい重さだから
    (C) たくさん持って帰れるから
    (D) 値段が安いから

(63) 女の人は、これから何をしますか。
    (A) 資料をコピーする。
    (B) 男の人に資料を届ける。
    (C) 作った資料にグラフを加える。
    (D) コピーした資料を皆に配る。

(64) 女の人は、来週のデートについてどう思っていますか。
    (A) 来週から遊園地の入場料が上がるから、止めたい。
    (B) 割引があるから、映画にしたい。
    (C) 雨なら、映画を見たい。
    (D) 雨でも、遊園地に行きたい。

(65) 女の人は、どうやってバス料金を払いますか。
    (A) バスに乗る時、現金で払う。
    (B) バスを降りた後、現金で払う。
    (C) バスの中で、カードで払う。
    (D) 窓口で、カードで払う。

(66) 女の人は、何を注文しますか。
    (A) アイスコーヒーだけ
    (B) デザートとアイスコーヒー
    (C) アイスコーヒーとカレー
    (D) デザートとカレー

次のページに続く

(67) どうして、商品の数を2回確認しますか。

    (A) 山田さんが数え間違えたから

    (B) 数が増えたから

    (C) 数が減ったから

    (D) 1回目と同じ数か確かめたいから

(68) 女の人は、旅行について何と言っていますか。

    (A) 国内旅行なら、良くしている。

    (B) 外国旅行に良く行っている。

    (C) 家を買いたいから、行けない。

    (D) ペットがいるから、できない。

(69) 田中さんが読んでいる本は、どんな本ですか。

    (A) 子供の頃に読んだ絵本

    (B) 昔の有名な経営者の著書

    (C) 外国の言語で書かれた文学

    (D) 日本の伝統的な文学

(70) 男の人が飲み会に遅れるのは、どうしてですか。

    (A) 自身の体調が良くないから

    (B) 妻の様子を確認したいから

    (C) 自宅にお金を忘れて来たから

    (D) 歯の治療に行く用事があるから

(71) 喧嘩の原因は、何ですか。

    (A) 相手に嘘をつかれたこと

    (B) お互いを批判していたこと

    (C) 相手が欲張りだったこと

    (D) 対等な態度ではなかったこと

(72) 男の人の経歴として、正しいものはどれですか。

    (A) 学問を続けて博士になった。

    (B) 急病になって大学院を辞めた。

    (C) 大学院で工学を研究した。

    (D) 就職が決定するまで研究を継続した。

(73) コピー機を買うのは、どうしてですか。

    (A) 既に予算をもらったから

    (B) 動きが遅くなっていたから

    (C) 再び故障する可能性があるから

    (D) 電気屋に勧められたから

(74) 男の人は、どうして女の人をコンサートに誘いましたか。

    (A) 女の人と仲良くなりたいから

    (B) 可能な限り席を埋めたいから

    (C) 同じバンドのファンだから

    (D) 女の人からチケットをもらったから

(75) 社員旅行の目的として、正しいものはどれ
　　 ですか。
　　　 (A) 社内の問題点を議論する。
　　　 (B) 社内の友好的な関係を作る。
　　　 (C) 普段の疲労を回復させる。
　　　 (D) 皆で賃金の交渉をする。

(76) 規準を満たす場合、どんな引っ越しの支援
　　 を受けられますか。
　　　 (A) 費用の援助
　　　 (B) 休暇の延長
　　　 (C) 長期契約の保証
　　　 (D) 荷造りの手伝い

(77) この商店街について、正しいものはどれで
　　 すか。
　　　 (A) よその地域から来る人も多い。
　　　 (B) レコード制作の会社が多い。
　　　 (C) 店同士が対立している。
　　　 (D) 所々お店がある。

(78) 男の人は、なぜ教育係に立候補しましたか。
　　　 (A) 異動したばかりだから
　　　 (B) 昇進すると決まっているから
　　　 (C) 時間を費やすことができるから
　　　 (D) 役員会議で指示されたから

(79) 男の人が懸念しているのは、何ですか。
　　　 (A) 採用への応募が見込めないこと
　　　 (B) 募集要項の詳細がわからないこと
　　　 (C) 人事改革が予定されていること
　　　 (D) 新制度が導入されること

(80) 男の人は、女の人に何を頼んでいますか。
　　　 (A) 書類に不備がないか調べること
　　　 (B) 発送手順を改めること
　　　 (C) 優先すべき業務を変更すること
　　　 (D) 名簿に基づいて発送作業を行うこと

次のページに続く

IV. 次の文章をよく聞いて、後の問いに最も適したものを(A)、(B)、(C)、(D)の中から
一つ選びなさい。

(例) 山田さんは、もう8年間銀行に勤めています。去年結婚してから、奥さんと2人でテニスを
始めました。日曜日の朝は、いつも家の近くの公園で練習しています。

(1) 山田さんは、何年間銀行に勤めていますか。
   (A) 4年間
   (B) 6年間
   (C) 8年間
   (D) 10年間

(2) 山田さんは、結婚してから何を始めましたか。
   (A) テニス
   (B) サッカー
   (C) ゴルフ
   (D) 野球

(81) どんな問題がありましたか。
   (A) 駐車場が足りなくなった。
   (B) 課長が出張に行けなくなった。
   (C) 車の鍵を盗まれた。
   (D) 事務所の車が壊れた。

(82) 車で出張に行きたい人は、どうすればいい
   ですか。
   (A) 8時までに田中課長にメールを送る。
   (B) 8時までに自分で車を予約する。
   (C) 18時までに田中課長にメールを送る。
   (D) 18時までに自分で車を予約する。

(83) 電車を使ったら、何をすればいいですか。
   (A) 特急代だけ自分で払う。
   (B) 課長にメールで教える。
   (C) この人に電車代を伝える。
   (D) 課長に相談する。

(84) 修理から車が戻ってきたかどうか、どうす
   ればわかりますか。
   (A) 受付で質問する。
   (B) カレンダーをチェックする。
   (C) 廊下の案内を見る。
   (D) ホワイトボードのメモを見る。

(85) プリンターを交換するのは、どうしてです
か。
(A) 機能が便利ではないから
(B) インク代が高過ぎるから
(C) 社員から意見があったから
(D) 新しい機械なのに、不便だから

(86) プリンターの数を減らす理由は、何ですか。
(A) 印刷費用を削るため
(B) 部屋を広く使うため
(C) 印刷の機会が減ったため
(D) 社員の数が少なくなったため

(87) 交換する前の日、社員は何をしますか。
(A) 引き出しの鍵をかける。
(B) 机の上の書類を仕舞う。
(C) 5時に全員帰るようにする。
(D) 会議の資料を印刷しておく。

(88) 新しいプリンターを使用するには、どうし
ますか。
(A) システム課にメールする。
(B) 書類に個人情報を記入する。
(C) 事務課に使用の許可をもらう。
(D) パソコンに機械情報を加える。

(89) 電車の放送では、客にどんな注意をしてい
ますか。
(A) 床で滑らないように
(B) 傘の忘れ物をしないように
(C) 落し物は駅係員に渡すように
(D) 乗り換えの時は走らないように

(90) 中央病院には、どうやって行きますか。
(A) 地下鉄に乗り換える。
(B) 美術大学前駅から歩いて行く。
(C) 動物公園駅で2番線の電車に乗る。
(D) 動物公園駅から無料のバスに乗る。

(91) 停車駅の改札口には、何が置いてあります
か。
(A) 博物館の割引券
(B) 東京鉄道の企業案内
(C) 地域情報のガイドブック
(D) 動物公園のパンフレット

次のページに続く

(92) スポーツ施設は、どこにオープンしますか。

    (A) テニスコートの前

    (B) サッカー場の隣

    (C) 市民センターの前

    (D) 市民センターの隣

(93) 施設利用料について、何と言っていますか。

    (A) 60歳以上は無料で利用できる。

    (B) 未成年者は割引券が使える。

    (C) 回数券は利用できない。

    (D) 年齢によって料金が違う。

(94) 詳細を知りたい場合は、どうしますか。

    (A) スポーツ施設のサイトを見る。

    (B) 市民センターのサイトを見る。

    (C) 指導員に確認する。

    (D) 市民センターの係員に確認する。

(95) 台風の被害が一番大きかったのは、どこですか。

    (A) 関東地方の山側

    (B) 関東地方の海側

    (C) 東北地方の山側

    (D) 東北地方の海側

(96) 川沿いの地域は、どのような状況でしたか。

    (A) 全ての住民が避難した。

    (B) 多くの住居が流された。

    (C) 停電や断水が起きた。

    (D) 交通機関がストップした。

(97) 今の台風の状況について、正しいものはどれですか。

    (A) 東北地方を通過している。

    (B) 日本列島から離れ始めている。

    (C) ますます勢力が発達している。

    (D) 勢力が弱くなりつつある。

(98) スクリーンを変更したのは、どうしてです
か。

　(A) 掃除をしている最中だから

　(B) 前に上映した映画が長引いたから

　(C) 映像設備の点検が必要だったから

　(D) 音響システムに問題があったから

(99) スクリーン1は現在、どのような状況です
か。

　(A) 掃除中のため、入場できない。

　(B) 設備に問題が発生している。

　(C) 他の映画を上映している。

　(D) 新しい音響設備に入れ替えている。

(100) 急いでいる客には、どう対処しますか。

　(A) 映画鑑賞券を無料で渡す。

　(B) 飲み物の無料券を配布する。

　(C) 映画の代金を払い戻す。

　(D) 売店の割引券を進呈する。

最선기출
3

これで聞き取りの問題は終わります。

それでは、次の質問101番から質問200番までの問題に答えなさい。

答案用紙に書き込む要領は聞き取りの場合と同じです。

117

V. 下の＿＿＿線の(101)〜(110)は、漢字の読み方・書き方の正しいものを、(111)〜
(120)は、最も意味が近いものを(A)、(B)、(C)、(D)の中から一つ選びなさい。

(101) 道路に白い花が咲いている。
- (A) はくい
- (B) きいろい
- (C) しろい
- (D) しらい

(102) 人間は外見より内面が大切だ。
- (A) ないめん
- (B) うちめん
- (C) たいけん
- (D) がいけん

(103) 家が酒屋をやっているおかげで、色んな
種類の酒を飲んだことがある。
- (A) さかや
- (B) しゅうや
- (C) さかおく
- (D) しゅおく

(104) 最近は、地域を問わず車の燃料が値上が
りしている。
- (A) ざいりょう
- (B) ねんりょう
- (C) ぜんか
- (D) しょうか

(105)「敬具」とは、手紙などの最後に用いる言葉
です。
- (A) けんかい
- (B) けいかい
- (C) うやまいぐ
- (D) けいぐ

(106) 候補の中で最も多くの票を獲得した者が、
議員に選ばれます。
- (A) ひょう
- (B) みょう
- (C) しょう
- (D) びょう

(107) 兄は繊細な人だが、弟は少し大胆な性格
だ。
- (A) たいなん
- (B) だいなん
- (C) だいだん
- (D) だいたん

(108) 慣れない仕事は、先輩にたよっている。
- (A) 失って
- (B) 寄って
- (C) 建って
- (D) 頼って

(109) 雨天により、決勝戦はえんきされた。

    (A) 延期

    (B) 演黄

    (C) 塩季

    (D) 園器

(110) 彼女は議会でかくしんに迫る質問をした。

    (A) 隔心

    (B) 核心

    (C) 嚇娠

    (D) 較審

(111) 寝坊したので、待ち合わせ時間を1時間遅らせていただけませんか。

    (A) 昨日遅く寝た

    (B) 夜、全く眠れなかった

    (C) 予定の時間より遅く起きた

    (D) 気持ち良く寝られた

(112) 弟はメールを読んですぐに、泣き出した。

    (A) 読んだせいで

    (B) 読んだとしても

    (C) 読んだからか

    (D) 読んだとたん

(113) この先の突き当たりに、家があります。

    (A) 急に広がった所

    (B) 最初の曲がり角

    (C) 奥の行き止まり

    (D) 出入り口

(114) 涼介君はまだ小学生なのに、言葉遣いが大人びている。

    (A) ながらも

    (B) だけに

    (C) と同様に

    (D) ぶる

(115) あんなに自分勝手な人、君には似合わないよ。

    (A) 対応が冷たい

    (B) 釣り合わない

    (C) 逆らえない

    (D) 理想的だ

(116) 試合が盛り上がってきた時に、選手の1人が怪我をした。

    (A) 白熱してきた

    (B) 物足りなくなってきた

    (C) 優勢になってきた

    (D) 反則が頻発してきた

次のページに続く

(117) 毎日、バスで会社に行っています。

    (A) 台風で、窓が割れてしまいました。

    (B) 小さい子供が、1人で公園にいます。

    (C) 入り口で、コートを脱いでください。

    (D) 辞書で、漢字を調べています。

(118) 恋人と別れて、体中の水分が無くなるほど泣いた。

    (A) 私は、鈴木さんほど真面目ではありません。

    (B) 政治の本は、読めば読むほどわからなくなる。

    (C) 川で溺れた時は、死ぬほど怖かったです。

    (D) 優れた社長ほど、社内の様子について知っている。

(119) 学会の報告書を見た限りでは、急激な景気の悪化はなさそうだ。

    (A) 意欲が失われない限り、彼の語学力は伸び続けるだろう。

    (B) 話をした限り、彼が悪質な嘘をつく人物には思えない。

    (C) 値引きは本日限りなので、是非お買い求めください。

    (D) 食後にベランダに出ると、限りなく続く星空が見えた。

(120) 父の形見のネクタイをして行ったら、同僚に「渋いね」と言われた。

    (A) このお茶は少し渋いが、美味しい。

    (B) あの俳優は渋い演技でドラマや映画で活躍している。

    (C) いくら寄付をお願いしても、彼はお金に渋いのでしないだろう。

    (D) 海外旅行に行くと言ったら、母は渋い顔をした。

VI. 下の_____線の(A)、(B)、(C)、(D)の中から正しくないものを一つ選びなさい。

(121) とても 危険ですから、お酒を飲めた後に運転してはいけません。
　　　(A)　(B)　　　　　　　　　(C)　　　　　　　(D)

(122) 彼は毎日、一生懸命勉強しているので、是非あの大学の試験に合格するはずです。
　　　　　　　(A)　　　　　　　　　(B)　　　　　　(C)　　(D)

(123) いくら頼まれても、このカメラは家族以外には貸してあげよう。
　　　(A)　　(B)　　　　　　　(C)　　　　(D)

(124) 昨日は夜遅くまでテレビを見ていたため、会議中眠くて何度もうがいが出てしまった。
　　　　　　(A)　　　　　　　　　　　　　(B)　　(C)　　　　(D)

(125) 先週の授業に出席 しなかった学生は、作文を書かなくてならない。
　　　(A)　　(B)　(C)　　　　　　　　(D)

(126) あっちのプールに比べてこっちのプールは低いから、子供でも安全に遊べます。
　　　　　　　　(A)　　　　　　(B)　　　　　　(C)　　(D)

(127) 今日は道路が込んでいるようだから、急いでいるなら、電車のだけが早いと思うよ。
　　　　　　　　(A)　　　　　　(B)　　(C)　　　(D)

(128) 大事な物は、無くしてしまわないように、必ず机の押し入れに仕舞いましょう。
　　　　　　(A)　　　　　　　(B)　　(C)　　(D)

(129) 今度の海外旅行にがっかりなスーツケースがないので、新しく買い直すか悩んでいる。
　　　　　(A)　　　(B)　　　　　　　　　　(C)　(D)

(130) 禁煙するために様々な方法を試したが、どれも期待していたほど結果がなかった。
　　　　　　　(A)　　(B)　　　　(C)　　　　　(D)

次のページに続く⇨

121

(131) 家族で食事をしている<u>中心に</u>、<u>担当</u>の医師から<u>検査</u>の<u>日程について</u>電話があった。
       (A) (B)   (C)   (D)

(132) 弟はアルバイトを<u>たった</u>3日で<u>辞めた</u> <u>うちに</u>、貯金も<u>全て</u>使ってしまった。
       (A)   (B) (C)   (D)

(133) オフィスの<u>向かい</u>に<u>話題</u>の飲食店の新店が<u>設計</u>されていて、開店が<u>待ち切れない</u>。
     (A) (B)   (C)   (D)

(134) この靴は安かった<u>わりに</u>、<u>おしゃれ</u>で<u>疲れにくい</u>ので、とても<u>かわいがっている</u>。
        (A) (B)   (C)   (D)

(135) <u>同僚</u>が私の仕事を<u>手伝ってくれたかわりに</u>、今日は<u>残業にならずに</u> <u>済んだ</u>。
 (A)   (B)   (C)   (D)

(136) <u>薄暗い</u><u>夜</u>の<u>校舎</u>は意識が悪いので、誰も<u>近寄り</u>たがらない。
   (A)   (B) (C)   (D)

(137) 彼は職場の環境に関して<u>不満</u>ばかり言う<u>くせに</u>、自分では<u>やたら</u>改善<u>しようとしない</u>。
         (A)   (B)   (C)   (D)

(138) 教育<u>実習</u>の単位を<u>見落とし</u>、自宅周辺にある<u>私立</u>高校への<u>就職</u>が決まった。
    (A)   (B)   (C)   (D)

(139) イベントで外国人への<u>対応に困らない</u>よう、英語に<u>関して</u>複数の<u>言語</u>の通訳者を<u>雇う</u>予定だ。
       (A)   (B)   (C)   (D)

(140) 彼女は芸能活動の<u>そばから</u>、<u>慈善</u>事業への支援活動も<u>自発的</u>に行っているので<u>好感度</u>が高い。
        (A) (B)   (C)   (D)

VII. 下の＿＿＿＿線に入る最も適したものを(A)、(B)、(C)、(D)の中から一つ選びなさい。

(141) 眼鏡を＿＿＿＿＿ください。
    (A) はいて
    (B) きて
    (C) かけて
    (D) かぶって

(142) その日は、＿＿＿＿＿が悪いんです。
    (A) 都合
    (B) スケジュール
    (C) 予定
    (D) 曜日

(143) 家事がそんなに＿＿＿＿＿なら、無理にやらなくてもいいよ。
    (A) 得意
    (B) 若い
    (C) 嫌い
    (D) 好き

(144) いつか子供＿＿＿＿＿留学させたい。
    (A) で
    (B) を
    (C) へ
    (D) の

(145) これは、100年前に＿＿＿＿＿とても古いお寺です。
    (A) 建てる
    (B) 建てられた
    (C) 建ててくれた
    (D) 建てさせられた

次のページに続く

(146) 駅から家まで＿＿＿＿＿歩いて帰ります。

    (A) 大抵

    (B) 全く

    (C) ちっとも

    (D) あまり

(147) 子供が＿＿＿＿＿ことは色々させた方がいい。

    (A) させられた

    (B) したくない

    (C) したがる

    (D) する

(148) 窓を＿＿＿＿＿家を出て来てしまった。

    (A) 開けたため

    (B) 開けるように

    (C) 開けたまま

    (D) 開けるなら

(149) 12月になり、来週からもっと寒くなり＿＿＿＿＿。

    (A) ようだ

    (B) そうだ

    (C) らしい

    (D) と言っている

(150) 頑張って勉強した。＿＿＿＿＿、合格できなかった。

    (A) しかし

    (B) だから

    (C) それから

    (D) それに

(151) 来週＿＿＿＿＿＿この仕事が終わるように頑張りましょう。

    (A) 以後

    (B) 期限

    (C) までに

    (D) のち

(152) 今日来ていただいた方の中から、6＿＿＿＿＿＿様にチケットが当たります。

    (A) 番

    (B) 名

    (C) セット

    (D) 回

(153) 最近の夏の＿＿＿＿＿＿は、命の危険を感じるほどだ。

    (A) 低温

    (B) 体温

    (C) 暑さ

    (D) 涼しさ

(154) 体調が悪い友人＿＿＿＿＿＿資料をもらいに来ました。

    (A) に対して

    (B) にとって

    (C) によって

    (D) に代わって

(155) 都市化が進み、この町も＿＿＿＿＿＿変わってしまった。

    (A) ぴったり

    (B) ゆっくり

    (C) うっかり

    (D) すっかり

次のページに続く

(156) 彼女と喧嘩をしている_____同僚に見られてしまった。

    (A) ところ

    (B) ところに

    (C) ところへ

    (D) ところを

(157) このゲームをするには、_____5人は必要だ。

    (A) 少なくとも

    (B) 最善

    (C) 最高

    (D) 随分

(158) 辞めるといった社員を_____わけにはいかない。

    (A) 引き上げる

    (B) 引き離す

    (C) 引き止める

    (D) 引きずる

(159) _____お願いと知りつつ申し上げます。

    (A) 厚かましい

    (B) ありがたい

    (C) 慌ただしい

    (D) 著しい

(160) 何日も買い物に行っていないので、冷蔵庫が_____になった。

    (A) 豊富

    (B) 広大

    (C) 華やか

    (D) 空っぽ

(161) 彼女の_____と働く姿は、職場の同僚に良い影響を与えている。

    (A) しばしば

    (B) ぐずぐず

    (C) 生き生き

    (D) 代わる代わる

(162) 森教授は、この大学だけでなく複数の学校で、講義を_____いる。

    (A) 打ち上げて

    (B) 受け持って

    (C) 差し出して

    (D) 組み合わせて

(163) 残念_____現在の予算では、取引先の要望に応えることは難しい。

    (A) ながら

    (B) どころか

    (C) と共に

    (D) に先立ち

(164) この計画案には、事業の目的や意義を_____に載せる必要がある。

    (A) 詳細

    (B) 上等

    (C) 随分

    (D) 大層

(165) 将来を考えればこその勉強だ。_____、受験生は誰もが必死に頑張るのだ。

    (A) かつ

    (B) もしくは

    (C) すなわち

    (D) それゆえ

次のページに続く

(166) 彼女の著書の多くは、若い女性の間で＿＿＿＿＿を呼んでいる。

    (A) 反響

    (B) 反映

    (C) 反撃

    (D) 反乱

(167) 警察が汚職の証拠を確認したなら、我々が真偽を確認する＿＿＿＿＿。

    (A) までもない

    (B) にかたくない

    (C) に至る

    (D) 限りだ

(168) 階段から落ちた時、＿＿＿＿＿すねを打って、痛みで声すら出なかった。

    (A) やけに

    (B) もろに

    (C) もとより

    (D) あえて

(169) 寒さが緩むと、＿＿＿＿＿植物が目を覚ますのは、早春ならではの風景だ。

    (A) 一気に

    (B) 一向に

    (C) 一心に

    (D) 一概に

(170) いくら酔っていた＿＿＿＿＿、彼を百姓上がりと罵ってしまったことを後悔した。

    (A) ならいざしらず

    (B) 手前

    (C) ともなしに

    (D) とはいえ

VIII. 下の文を読んで、後の問いに最も適したものを(A)、(B)、(C)、(D)の中から一つ選びなさい。

(171〜173)

> 　私は、庭で野菜を育てています。作った野菜は、自分で料理して食べるのですが、いつも同じ食べ方になってしまいます。そこで、新しいメニューを覚えるため、料理教室に通うことにしました。教室には色々な授業があるのですが、私は季節の野菜を使った料理を教えてくれる授業を選びました。授業では、先生がまずホワイトボードを使って、皆に説明をしてくれます。料理の作り方も細かく教えてくれるので、教室で作った料理と同じ味を家でも作ることができます。また、作り方だけではなく、その料理の歴史やなぜその野菜を使うのかなども教えてくれるので、料理を深く学べて授業がとても楽しいです。

(171) この人は、どうして料理教室に通っていますか。

　　　(A) 外国の料理を知るため

　　　(B) 食事のマナーを覚えるため

　　　(C) 苦手な食べ物を無くすため

　　　(D) 知らないメニューを学ぶため

(172) この人が選んだ授業では、どんな料理が学べますか。

　　　(A) 家庭料理

　　　(B) 外国の料理

　　　(C) 季節の野菜料理

　　　(D) ダイエット料理

(173) この人が授業を楽しいと思うのは、なぜですか。

　　　(A) 色々な授業が受けられるから

　　　(B) 料理の作り方以外も学べるから

　　　(C) 習った料理を作ると家族が喜ぶから

　　　(D) 難しい料理が作れるようになるから

次のページに続く

(174～177)

私は、人の前で話すのが苦手なため、会議で説明しなければならない時は、話す練習をしてから出席するようにしていました。しかし、練習をしても会議で人の前に立つと、慌ててしまって、うまく伝えることができませんでした。そこで、どうしたら説明が上手にできるのか課長に相談すると、「まずは、ゆっくり話すようにしてみなさい」と言われました。それからは、会議でゆっくり話すようにしたところ、少しずつ伝えたいことを考えながら話せるようになり、他の人から説明が上手になったと言ってもらえるようになりました。そして今は、家族や友達との会話でも、話し方に気を付けるようにしています。そうすることで、自分の考えや気持ちを相手にうまく伝えられるようになったので、前よりも会話をすることが楽しくなりました。

(174) この人は、どうして会議前に話す練習をしていましたか。
　　(A) 他の人も練習をしていたから
　　(B) 課長に話し方を注意されたから
　　(C) 練習すれば上手に説明ができたから
　　(D) 誰かの前で話すのが得意ではないから

(175) 課長は、どんなアドバイスをしましたか。
　　(A) 話す時は早くならないように
　　(B) もっと大きな声で話すように
　　(C) 説明は長くなり過ぎないように
　　(D) 大切なことはメモをするように

(176) この人は、他の人から何と言われましたか。
　　(A) 説明が短くなった。
　　(B) 言葉が丁寧になった。
　　(C) 伝え方がうまくなった。
　　(D) 話を聞くのが上手になった。

(177) この人は、どうして会話が楽しくなりましたか。
　　(A) 考えながら話すのを止めたから
　　(B) 上手に話そうと思わなくなったから
　　(C) 相手の気持ちがわかるようになったから
　　(D) 思っていることを伝えられるようになったから

(178～180)

> 　　昨年の夏、東京の郊外に引っ越した。都会のマンション暮らしは交通が便利で、買い物も
> しやすく、不便は全くなかった。しかし、私たち夫婦に子供が生まれてからは、便利さより
> も環境の方が大事だと考えるようになった。
> 　　「自然の中で遊ばせたい」と、選んだ新しい家は、緑に囲まれていて、車を30分も走らせれ
> ば、海にも山にも出られる。電車やバスが少ないので便利とは言えないが、車があるのでス
> ーパーにも15分で行けるし、特に困ることはない。
> 　　しかし、そうは言っても、会社まで片道2時間の距離はもうすぐ40代になる体には辛く、
> 「引っ越さなければ良かった」と思う時もある。それでも、妻や子供が太陽の下で楽しそうに
> 笑っているのを見ていると、そんな気持ちはすぐに消え、心からこの選択は良かったと思う
> のだ。

(178) この人は、どうして引っ越しましたか。

    (A) 都会の生活が嫌になったから

    (B) 子供が引っ越したいと言ったから

    (C) 田舎の生活の方が便利だから

    (D) 自然の中で子供を育てたいと思ったから

(179) この人は、新しい生活環境についてどう思っていますか。

    (A) 交通も買い物も便利で、気に入っている。

    (B) 通勤時間が長いこと以外は、気に入っている。

    (C) 環境はいいが、大変なことが多くて嫌だ。

    (D) 全てが不便で、嫌だ。

(180) この人は、何が良かったと言っていますか。

    (A) 家を東京の郊外に移したこと

    (B) 家族と一緒に暮らせること

    (C) スーパーが近くにあること

    (D) 新しくて住みやすい家を建てたこと

次のページに続く

(181〜184)

先日、会社で「ビジネスと色の効果」について研修を受けました。それ以来、私は町中で使われている色に関心が向くようになり、散歩が毎日の習慣になりました。

その研修では、看板や店の中を赤いデザインに変えただけで、客の数が倍になったレストランの例が紹介されました。これは「店のイメージカラーは赤がいい」というわけではなく、イメージカラーは1つか、多くても2つにすることが大切で、その方が「あの色の店」と、人々の頭に強く残るのだそうです。それでも、食べ物関係に赤を使う会社は多いようです。それは、赤は食事したくなる効果があるからだということでした。

また、最近外国人と話していて、国によって、色を見たり聞いたりして想像することは変わることもあるということに気付きました。ビジネスで色を使う時は、対象を考えることも重要だと思います。

(181) この人は、色の効果の研修を受けた後、どう変わりましたか。

(A) 町を歩いて、色の使い方を見るようになった。

(B) 健康のために散歩するようになった。

(C) 色について、別の研修に参加するようになった。

(D) 色について、外国人と良く話すようになった。

(182) 店のイメージカラーは、どうした方がいいと言っていますか。

(A) 赤い色にする。

(B) 2種類以下の色を使う。

(C) 赤以外の色にする。

(D) 様々な色を使う。

(183) 赤が与える効果について、正しいものはどれですか。

(A) 気持ちを落ち着かせる。

(B) 何か食べたくなる。

(C) 女性客を呼び込む。

(D) お客の回転が速くなる。

(184) 本文の内容と合っているものは、どれですか。

(A) 外国人と日本人が持つ色のイメージは違うこともある。

(B) この人のレストランは、色を変えて人気が出た。

(C) 赤い色の店は、地元の客が多い。

(D) 仕事で人に会う時は、服装の色に気を付けるべきだ。

(185〜188)

> 　私には、秋子という高校時代からの親友がいる。高校に入学した年、たまたま席が近かった私たちは気が合い、仲が良くなった。次の年以降は一度も同じクラスになることはなかったが、それぞれが会社に入社してからも、ずっとその関係は続いている。
>
> 　この間、久しぶりにその秋子と会った。彼女は就職して3年目で課長になり、今とても忙しいはずだが、私よりもずっと自分の時間を楽しんでいるように見えた。休みの日には趣味の登山や旅行を楽しみ、平日の夜には英会話にも通っていると言う。
>
> 　それに比べて、私はどうだろうか。「時間がない」と文句を言っているだけだ。仕事が忙しいからと、自分の時間を作ることを諦めてしまっていた。そんな自分をとても恥ずかしく思った。自分の時間を楽しめる人とは、秋子のように(1)_____のことなのだ。

최신기출 3

(185) この人と秋子さんが高校の時、同じクラスだったのは、いつですか。
- (A) 1年生の時
- (B) 2年生の時
- (C) 3年生の時
- (D) 高校3年間

(186) 秋子さんは今、どんな生活を送っていますか。
- (A) 仕事ばかりして、休みが少ない。
- (B) 自由な時間が十分あり、旅行ばかりしている。
- (C) 仕事は忙しいが、自分の時間も楽しんでいる。
- (D) 仕事が暇で、仕事の後、英会話を習っている。

(187) この人は、久しぶりに秋子さんと会ってどんなことに気付きましたか。
- (A) 自分は、仕事の能力がない。
- (B) 自分は、時間がないのを仕事のせいにしていた。
- (C) 秋子さんは、仕事の能力がある。
- (D) 秋子さんは、努力をしたから課長になれた。

(188) (1)_____に入る最も適切なものは、どれですか。
- (A) 一生懸命働く人
- (B) 自由時間がたくさんある人
- (C) 休みの日を楽しむ人
- (D) 時間の使い方が上手な人

次のページに続く

(189〜192)

百貨店がお年寄り向けに、新サービスの提供を検討中だという報道を見た。利用者は一定額を月払いで払うという。定年退職後に豊かな老後を過ごしてもらうための企画で、生活にゆとりがあり、常に新しい何かに挑戦し続けたい意欲的なお年寄りに最適だそうだ。

生け花や俳句など月ごとに百貨店側が決めた1つの挑戦テーマがあり、必要な道具やレジャー用品が利用者の自宅に郵送される。1人で挑戦を続けるのは孤独であり継続が困難だが、共に目標を設定したり、支援してくれたりする担当者が付くから心配無用だ。加えて、定期的に連絡を取りながら利用者の健康状態についての聞き取り調査を行い、異常があれば専門家に橋渡しをするそうだ。

高齢化社会となり、どのような手段で高齢者に消費してもらうか、百貨店は頭を使って商売をする必要に迫られている。お年寄りにとっては挑戦し続けることで脳を刺激して若さを保つことに繋がる可能性があるし、単なる娯楽ではなく定期的に健康状態をチェックする機会となる。両者にとって非常に(1)価値があるサービスではないだろうか。

(189) 新サービスは、どのような料金制度ですか。

    (A) テーマ数に応じて料金が決まる。   (B) 前もって回数券を買う。

    (C) 家族単位で月謝を支払う。   (D) 毎月同じ金額を支払う。

(190) 新サービスは、どんな人を対象としていますか。

    (A) 経済的に豊かになりたい年配者

    (B) 余裕とやる気がある年配者

    (C) 引退後も技術を維持したい年配者

    (D) 孤独で心細い年配者

(191) 新サービスの内容に含まれるものは、どれですか。

    (A) 専門家による利用者宅への訪問

    (B) 健康が悪化した際の看病

    (C) 健康食品や健康器具の提供

    (D) 身体に関する異常の有無の聞き取り

(192) 百貨店側には、どのような(1)価値がありますか。

    (A) 高齢化社会に適したビジネスの実現

    (B) 資格ビジネスの仕組み作り

    (C) 商業施設の再利用による収入増加

    (D) 健康食品分野での新ビジネス開始

(193～196)

> 　長年サッカークラブで監督をしている林氏のインタビュー記事を読んだ。林氏によると、常に結果を残せるチームを作るためには、選手間で競争意識を持たせることが最重要課題だそうだ。前年までの実績の有無にかかわらず、新人も含めて公平に扱い、能力の高さを見比べる。その上で、成果を出せる見込みのある者を信頼し、本番を任せる。無論、結果が出ない場合であっても選手に責任を被せることはしないと林氏は言う。
>
> 　林氏はまた、言葉遣いにも神経を使っているとのことだ。上司として指導する立場ではあるものの、何かを指示する際には命令するのではなく、理論を提示しながら選手を説得できるよう試みているそうだ。自分自身を選手と対等な存在として位置付け、相手を尊重し、指導者でありながら、支援者でもありたいというのが林氏の思いだ。
>
> 　偶然目にした記事であったが、林氏がどのような信念や哲学を持って現場を管理しているのかが書かれており、他分野で働く我々にとっても非常に学ぶことの多い内容ではないかと感じた。

최신기출 3

(193) 林氏は、チーム強化のために何を大切にしていますか。
　　(A) ライバルクラブを意識し過ぎないこと
　　(B) 天才肌の選手を選んで契約すること
　　(C) 選手同士にライバル意識を持たせること
　　(D) チーム内の争いを素早く処理すること

(194) 林氏は、どのようなメンバーを試合に出場させますか。
　　(A) 勝負に対して責任感がある人
　　(B) 実績を残せる可能性が高い人
　　(C) 困難を乗り越えられる人
　　(D) 新人でも実績がある人

(195) 林氏は、どのような意識で選手たちに接していますか。
　　(A) お互いに平等だという意識　　　　　(B) 適度な心理的距離を保つ意識
　　(C) 見本になりたいという意識　　　　　(D) 理論に縛られたくないという意識

(196) この人は、林氏のどんな点が参考になると述べていますか。
　　(A) 新しい方針に基づいた設備管理法
　　(B) サッカーについての知識が豊富で知的な姿
　　(C) 自ら見本となって示す肉体改造法
　　(D) 指導者としての姿勢や在り方

次のページに続く

(197～200)

日本は比較的治安が良いと言われているが、本当にそうだろうか。私の携帯には良く管轄の警察署から、テレビの報道番組では取り上げられない身近な所の不審者情報や事件発生に関する通知が来る。私の近所でも事件が起こったり、不審な行動をしている人がいたりするということだから、この知らせを見ると、いつも気が引き締まる。

先日は、町内で小学生が登校中に見知らぬ男から声をかけられ、無視していたところ突然叩かれたという事件が発生したそうだ。子供は何も悪くないにもかかわらず、見ず知らずの人にいきなり狙われたのだから(1)恐怖でしかない。幸い、目撃者もいたことから男はすぐに警察に確保されたので、住民は一安心している。

事件は突如として発生するから即座に対処することが難しい。人がとっさの出来事に恐怖や不安を覚え、混乱するのも無理はない。だから私は防犯講習などに積極的に参加しようと思った。対処方法を学び、有事の際に自分だけでなく、人のことも助けられるようになれば良いと考えている。

(197) この人は、普段どのような情報を入手していますか。

(A) 地域の振興課が発信する情報　　　　(B) 防犯講習会の日程表

(C) 緊急事態に関わる情報　　　　　　(D) 警察が発信してくれる情報

(198) 最近発生した事件の概要は、どのようなものですか。

(A) 面識のない男が子供に話しかけ、暴力を振るった。

(B) 小学生が誘拐された。

(C) 不審な男が小学校に不法侵入した。

(D) 登校の見守りをしていた親が襲われた。

(199) なぜ、(1)恐怖だと言っていますか。

(A) 事件が365日、頻繁に発生しているから

(B) 突如、事件に巻き込まれることがあるから

(C) 繰り返し襲われてしまうから

(D) 事件が人格を変えてしまうから

(200) この人が自発的に取り組もうとしていることは、何ですか。

(A) 事件を未然に防ぐための情報発信をすること

(B) 犯人確保のため、常に気を引き締めること

(C) 学校区域を見守ること

(D) 事件に直面した場合の対応策を習得すること

JPT® 日本語能力試験

Japanese Proficiency Test

TEST
4

次の質問1番から質問100番までは聞き取りの問題です。

どの問題も1回しか言いませんから、よく聞いて答えを(A)、(B)、(C)、(D)の中から一つ選びなさい。答えを選んだら、それにあたる答案用紙の記号を黒くぬりつぶしなさい。

I. 次の写真を見て、その内容に合っている表現を(A)、(B)、(C)、(D)の中から一つ選びなさい。

(例)

(A) この人は本を読んでいます。

(B) この人は掃除をしています。

(C) この人は電話をしています。

(D) この人はビールを飲んでいます。

■------ 答 (A)、(B)、(●)、(D)

(1)

(2)

次のページに続く

(3)

(4)

(5)

(6)

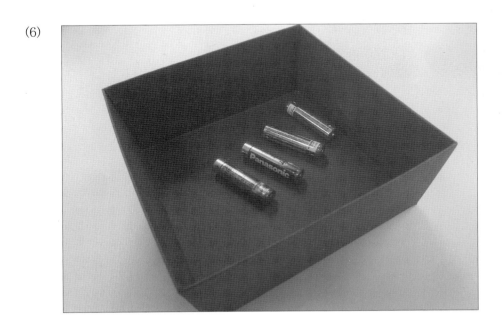

次のページに続く

(7)

(8)

(9)

(10)

次のページに続く

(11)

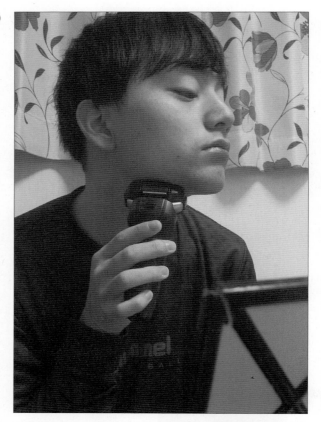

(12)

(13)

(14)

次のページに続く

(15)

(16)

(17)

(18)

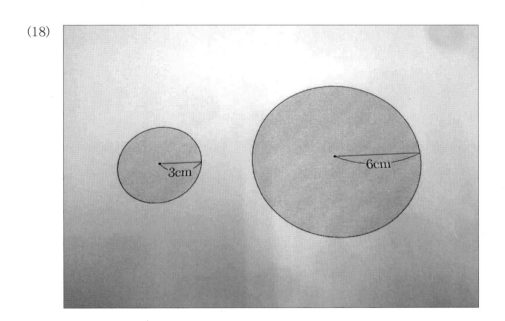

次のページに続く

(19)

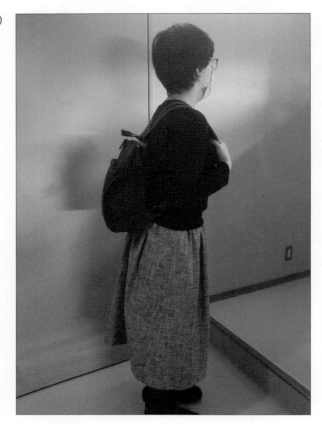

(20)

II. 次の言葉の返事として、最も適したものを(A)、(B)、(C)、(D)の中から一つ選びなさい。

（例）明日は何をしますか。　　
　　　(A) 土曜日です。
　　　(B) 朝ご飯の後にします。
　　　(C) 友達の家に行きます。
　　　(D) テニスをしました。

(21) 答えを答案用紙に書き入れなさい。

(22) 答えを答案用紙に書き入れなさい。

(23) 答えを答案用紙に書き入れなさい。

(24) 答えを答案用紙に書き入れなさい。

(25) 答えを答案用紙に書き入れなさい。

(26) 答えを答案用紙に書き入れなさい。

(27) 答えを答案用紙に書き入れなさい。

(28) 答えを答案用紙に書き入れなさい。

(29) 答えを答案用紙に書き入れなさい。

(30) 答えを答案用紙に書き入れなさい。

(31) 答えを答案用紙に書き入れなさい。

(32) 答えを答案用紙に書き入れなさい。

(33) 答えを答案用紙に書き入れなさい。

(34) 答えを答案用紙に書き入れなさい。

(35) 答えを答案用紙に書き入れなさい。

(36) 答えを答案用紙に書き入れなさい。

(37) 答えを答案用紙に書き入れなさい。

(38) 答えを答案用紙に書き入れなさい。

(39) 答えを答案用紙に書き入れなさい。

(40) 答えを答案用紙に書き入れなさい。

(41) 答えを答案用紙に書き入れなさい。

(42) 答えを答案用紙に書き入れなさい。

(43) 答えを答案用紙に書き入れなさい。

(44) 答えを答案用紙に書き入れなさい。

(45) 答えを答案用紙に書き入れなさい。

(46) 答えを答案用紙に書き入れなさい。

(47) 答えを答案用紙に書き入れなさい。

(48) 答えを答案用紙に書き入れなさい。

(49) 答えを答案用紙に書き入れなさい。

(50) 答えを答案用紙に書き入れなさい。

次のページに続く

III. 次の会話をよく聞いて、後の問いに最も適したものを(A)、(B)、(C)、(D)の中から
一つ選びなさい。

(例) 女：すみません。この辺に本屋がありますか。

男：はい。駅の前にありますよ。

女：郵便局も本屋のそばにありますか。

男：いいえ。郵便局はあのデパートのとなりです。

郵便局はどこにありますか。

(A) 駅の前

(B) 本屋のとなり

(C) 本屋の前

(D) デパートのとなり

(51) 駐車場は、どこにありますか。

(A) 駅の裏

(B) 駅の隣

(C) コンビニの前

(D) コンビニの隣

(52) 男の人は、まず何をしますか。

(A) 会議室の掃除をする。

(B) 課長の所へ行く。

(C) 女の人と会議室の用意をする。

(D) 受付に荷物をもらいに行く。

(53) 男の人は、郵便局について何と言っていま
すか。

(A) 土曜日は閉まっている。

(B) 午前中しか開いていない。

(C) 土曜日は開いている時間が違う。

(D) 何時まで開いているか知らない。

(54) 男の人について、正しいものはどれですか。

(A) 電話で宿題の答えを教える。

(B) 1人で宿題をする自信がない。

(C) 図書館で数学の本を借りる。

(D) 試験の間違いを女の人と直す。

(55) 男の人は、どうして携帯電話を変えました
か。

(A) 使いにくかったから

(B) 故障したから

(C) 電話代が安くなるから

(D) プレゼントしてもらったから

(56) 男の人は、何と言っていますか。

(A) レストランは込んでいた。

(B) 仕事の前にレストランに行った。

(C) 待たないでレストランに入れた。

(D) レストランの予約をした。

(57) 2人は、明日何時にどこで会いますか。
    (A) 10時に映画館
    (B) 10時に図書館
    (C) 12時に映画館
    (D) 12時に図書館

(58) 男の人は、女の人に何を聞いていますか。
    (A) 注文するメニュー
    (B) 食べたい果物
    (C) 昨日の晩ご飯
    (D) 好きな飲み物

(59) 女の人は、出張について何と言っていますか。
    (A) 初めて飛行機で行く。
    (B) 新幹線で行きたい。
    (C) 泊まらない予定だ。
    (D) 会議の後、東京観光をする。

(60) 男の人は、この後何をしますか。
    (A) データの確認をする。
    (B) 表をコピーする。
    (C) 会議室に資料を運ぶ。
    (D) 田中さんに仕事を頼む。

(61) 女の人は、何と言っていますか。
    (A) 費用からプランを考えたい。
    (B) 旅行は高いからできない。
    (C) 海外旅行の方が楽しめる。
    (D) 予算はまだわからない。

(62) 男の人は、どうしてチケットを持っていますか。
    (A) 友人が行けなくなったから
    (B) 友人にお願いしたから
    (C) 女の人に頼まれたから
    (D) たまたま親類にもらったから

(63) 女の人は、この後何をしますか。
    (A) 去年の資料を見る。
    (B) 説明会の会場へ行く。
    (C) 担当を増やしてもらう。
    (D) 経験のある人に相談する。

(64) 男の人は、何と言っていますか。
    (A) もうすぐ娘の結婚式がある。
    (B) 今度娘を連れて店に来る。
    (C) 機能的なデザインのかばんだ。
    (D) もう少し大きいサイズのバッグがいい。

(65) 女の人について、正しいものはどれですか。
    (A) 外国語を使ってガイドをした経験がある。
    (B) 大学時代は京都と奈良に住んでいた。
    (C) 日本の寺より中国の寺に詳しい。
    (D) ガイドブックを翻訳するアルバイトをしていた。

(66) 女の人は、この後何をしますか。
    (A) 研修内容を教える。
    (B) 資料の中を確かめる。
    (C) 机の上を整理する。
    (D) 机の中を探す。

次のページに続く

(67) 2人は、何について話していますか。
(A) 期限を延ばす方法
(B) 書類を出す場所
(C) 通勤時間と交通費
(D) 書類の締切日

(68) 木村さんについて、正しいものはどれですか。
(A) どこにいるかわからない。
(B) 会議中で電話に出られない。
(C) 家庭の用事で休んでいる。
(D) お客さんの所を訪問している。

(69) 男の人は、女優について何と言っていますか。
(A) 年齢より若々しい。
(B) 演技が役に合っていない。
(C) 賞をもらうのに相応しい。
(D) 悪い噂を聞いていない。

(70) チラシ配りは、どうでしたか。
(A) 正門で配ってから裏門へ行った。
(B) 正門より裏門の方が配れた。
(C) 裏門では配り切れなかった。
(D) 正門も裏門も人が少なかった。

(71) 女の人は、何と言っていますか。
(A) 勉強量が信じられない。
(B) 退職してほしくない。
(C) 留学時期を考えた方がいい。
(D) 留学制度を知らなかった。

(72) 商店街について、正しいものはどれですか。
(A) 多くの店に通訳者がいる。
(B) 外国人に注目を浴びている。
(C) 再開発の途中だ。
(D) 日中は静まり返っている。

(73) 男の人は、インド出張について何と言っていますか。
(A) 契約には至らなかった。
(B) 移動時間が大変だった。
(C) 暑くてたまらなかった。
(D) 文化の違いに驚いた。

(74) 2人について、正しいものはどれですか。
(A) 満月を眺めながら話している。
(B) 望遠鏡を覗いている。
(C) 三日月を鑑賞している。
(D) 明け方に帰宅している。

(75) 男の人について、正しいものはどれですか。

    (A) 初めて企画が通った。

    (B) 担当を外された。

    (C) 女の人に会議の出席を頼む。

    (D) 事情を知らずに会議に出る。

(76) 男の人は、何とアドバイスをしましたか。

    (A) 同居すれば無駄遣いは直る。

    (B) 健康のためにも自炊するべきだ。

    (C) 行き付けの美容室を変えた方がいい。

    (D) 毎月の支出を明らかにするといい。

(77) 男の人は、制服について何と言っていますか。

    (A) 勤め先にも欲しい。

    (B) 生地は変更しないでいい。

    (C) 規定された服があって助かった。

    (D) 廃止した方がいい。

(78) 男の人は、なぜ別荘を購入しましたか。

    (A) 念願だったから

    (B) 野外施設を作るから

    (C) 行楽地を巡るから

    (D) 現実から逃れたいから

(79) 女の人は、どんな助言をしましたか。

    (A) 客層の分析が必要だ。

    (B) 海外進出は見送るべきだ。

    (C) 自社商品だけの魅力を出すといい。

    (D) 部品は国外から仕入れるといい。

(80) 井上議員について、正しいものはどれですか。

    (A) 国際的な社会問題の知識が乏しい。

    (B) 無名にもかかわらず、外務大臣に就任した。

    (C) 外交に精通していて期待されている。

    (D) 成果主義を尊重し、注目を浴びている。

次のページに続く

IV. 次の文章をよく聞いて、後の問いに最も適したものを(A)、(B)、(C)、(D)の中から一つ選びなさい。

(例) 山田さんは、もう8年間銀行に勤めています。去年結婚してから、奥さんと2人でテニスを始めました。日曜日の朝は、いつも家の近くの公園で練習しています。

   (1) 山田さんは、何年間銀行に勤めていますか。
      (A) 4年間
      (B) 6年間
      (C) 8年間
      (D) 10年間

   (2) 山田さんは、結婚してから何を始めましたか。
      (A) テニス
      (B) サッカー
      (C) ゴルフ
      (D) 野球

(81) これから何をしますか。
   (A) 日本語の試験
   (B) 数学の試験
   (C) 会話のテスト
   (D) 外国語のテスト

(82) 試験が始まったら、最初に何をしますか。
   (A) 問題の数をチェックする。
   (B) 試験の注意を見る。
   (C) 自分の名前を書く。
   (D) 問題の文章を読む。

(83) 試験中に使えない物は、何ですか。
   (A) 消しゴム
   (B) 鉛筆
   (C) 腕時計
   (D) ボールペン

(84) トイレに行きたい人は、どうしますか。
   (A) 静かに部屋の外に出る。
   (B) 小さい声で人を呼ぶ。
   (C) 手を挙げて伝える。
   (D) トイレへ行きたいと言う。

(85) 電車を乗り換えるのは、どんな人ですか。
(A) 急いでいる人
(B) 特急に乗りたい人
(C) 大阪へ向かう人
(D) 神戸に用がある人

(86) この電車は、どうしてすぐに発車しますか。
(A) 雨のせいで遅れているから
(B) 乗り降りする人が少ないから
(C) 通過する電車を待たないから
(D) 次の電車がすぐに来るから

(87) 電車を降りた人に対して、どんなお願いをしていますか。
(A) ホームで話さないように
(B) 電車の近くを歩かないように
(C) 大きな声で電話をしないように
(D) 忘れ物をしないように

(88) この人は、誰に対して感謝していますか。
(A) 鉄道会社を褒めてくれた客
(B) これから電車に乗ってくる人
(C) お願いに協力してくれた人々
(D) この電車に乗っている全員

(89) 紹介されているのは、どんな店ですか。
(A) 店の中でドラマが見られる店
(B) 静かで穏やかな雰囲気の店
(C) 料理がとても美味しい店
(D) 店内が広くて落ち着く店

(90) この店には、どうして人が集まりますか。
(A) 話題のドラマに登場するから
(B) 昔のドラマで紹介されたから
(C) 美味しいケーキが有名だから
(D) 人気俳優が良く来るから

(91) この店は、どんな特別メニューを用意していますか。
(A) ドラマに何回も登場したメニュー
(B) 人気俳優が作ってくれるメニュー
(C) 俳優がアイディアを出したメニュー
(D) 放送期間だけ食べられるメニュー

次のページに続く

(92) デパートが停電するのは、なぜですか。

    (A) デパートの設備を点検するため

    (B) 電力が不足しているため

    (C) 発電所の電気が送られないため

    (D) 売り場の工事をするため

(93) 停電の際、デパートはどう対応しますか。

    (A) 普段通りに営業する。

    (B) 開店時間を早くする。

    (C) 閉店時間を遅くする。

    (D) 停電の間は店を閉める。

(94) 来週日曜日のデパートの営業について、何と言っていますか。

    (A) 区役所に許可をもらって再開する。

    (B) 4時ぴったりに開店する。

    (C) 停電が終わり次第、再び営業する。

    (D) 翌日の朝まで閉店する。

(95) 普段のコンサートと違った点は、何ですか。

    (A) 歌手と直接交流できたこと

    (B) 観客の数が制限されたこと

    (C) 複数のグループが歌ったこと

    (D) 観客の数が限られていなかったこと

(96) このコンサートは、何が心配されていましたか。

    (A) バンド演奏での楽器の故障

    (B) 雑音が入って聞こえにくいこと

    (C) インターネットへの接続の問題

    (D) 公演会場の設備のトラブル

(97) ホームページには、どんな感想が届いていますか。

    (A) 感動で涙が溢れた。

    (B) トラブルがなくて良かった。

    (C) また開催してほしい。

    (D) バンドの演奏が素晴らしかった。

(98) どんな場面での挨拶ですか。

    (A) 入社直後のオフィス

    (B) 人事異動後の職場

    (C) 担当を変更した取引先

    (D) 価格交渉をする現場

(99) この人は、なぜ皆の心が落ち着かないと言っていますか。

    (A) 課長の家庭の実情がわからないから

    (B) リストラされる恐れがあるから

    (C) 課長が辞任した理由が不明だから

    (D) 仕切る立場の人がいなくなったから

(100) 計画を実現するためには、何が必要ですか。

    (A) 従業員がまとまって取り組むこと

    (B) 特許に関する入念な調査

    (C) 手間を省く合理的なやり方

    (D) 皆が異論を唱えないこと

これで聞き取りの問題は終わります。

それでは、次の質問101番から質問200番までの問題に答えなさい。

答案用紙に書き込む要領は聞き取りの場合と同じです。

次のページに続く

V. 下の＿＿＿＿線の(101)～(110)は、漢字の読み方・書き方の正しいものを、(111)～
(120)は、最も意味が近いものを(A)、(B)、(C)、(D)の中から一つ選びなさい。

(101) 今朝、目覚まし時計が鳴りませんでした。
    (A) きのう
    (B) けさ
    (C) まいあさ
    (D) ことし

(102) 名前の読み方は、本人に聞いてください。
    (A) もとひと
    (B) もとにん
    (C) ほんじん
    (D) ほんにん

(103) 田中さんのお子さんは、行儀が良くて賢い子です。
    (A) かしこい
    (B) おさない
    (C) うまい
    (D) ゆるい

(104) あの俳優は、低く響く声で女性からの人気が高い。
    (A) ささやく
    (B) かがやく
    (C) ひびく
    (D) くだく

(105) 飲み会は、酒を飲むだけでなく社員たちの交流という狙いもある。
    (A) こうりゅう
    (B) ごうなが
    (C) まざりゅう
    (D) きょうる

(106) 山田博士の論文は、これまでの常識を覆すものとして注目された。
    (A) ひるがえす
    (B) こころざす
    (C) おびやかす
    (D) くつがえす

(107) 長期休暇中は、どうしても怠惰な生活になってしまう。
    (A) たせい
    (B) たいだ
    (C) だぜい
    (D) だいた

(108) テストの結果に不安があることは、ひていできない。
    (A) 非定
    (B) 非程
    (C) 否定
    (D) 否程

(109) オーストラリアは、国民の生活すいじゅん が高い国だ。
(A) 水準
(B) 推順
(C) 粋純
(D) 吸潤

(110) 日頃の疲れをいやすには、温泉に入るの が一番だ。
(A) 冒す
(B) 浸す
(C) 癒す
(D) 施す

(111) はさみを使ったら、引き出しの中に仕舞 っておいてください。
(A) 探して
(B) 片付けて
(C) 閉じて
(D) 見つけて

(112) 寝る前に読みかけの小説を読もうと思っ ています。
(A) 読み切った
(B) 読み終えた
(C) 読んだばかりの
(D) 読んでいる途中の

(113) 出発は、1時間後だから慌てることはない。
(A) 慌てようがない
(B) 慌てるよりほかない
(C) 慌てるに違いない
(D) 慌てる必要はない

(114) 昨夜の飛行機事故は、全く予測が不可能 なことであった。
(A) 予測し得ない
(B) 予測せざるを得ない
(C) 予測にほかならない
(D) 予測に過ぎない

(115) 明日の講演会で市長がダム開発の必要性 を述べるそうです。
(A) 争う
(B) 抱く
(C) 構う
(D) 説く

(116) 彼の作るフランス料理は、味は当然それ 以外にも見た目が美しい。
(A) 味を確認しがてら
(B) 味ときたら
(C) 味もさることながら
(D) 味なくして

次のページに続く

최신기출 4

(117) 私の兄は、東京に住んでいます。

    (A) 赤い屋根の上に猫がいます。

    (B) 私は子供に英語を教えています。

    (C) ご飯を買いにコンビニへ行きました。

    (D) 難しい漢字も書けるようになりました。

(118) テーブルの上にお皿を重ねて置いておきます。

    (A) 今日は、上着を重ねて着ると少し暑いですよ。

    (B) 人は色々な経験を重ねて大人になります。

    (C) 朝から悪いことが重ねて起こって嫌な気分です。

    (D) お世話になった方に重ねて感謝申し上げます。

(119) 波が荒いせいで船が海に出られなくなった。

    (A) 佐々木部長は、人使いが荒い。

    (B) 金遣いが荒い人を恋人にしてはいけない。

    (C) 全力で走って息が荒いから少し休もう。

    (D) 社会に出て言葉遣いが荒いと損をする。

(120) 音楽を聞くとストレスが紛れて楽になる。

    (A) 火事の騒ぎに紛れて金を盗んだ男がいたらしい。

    (B) 忙しさに紛れて友人との約束を忘れてしまった。

    (C) 仕事で気が紛れて失恋の痛みが和らいだ。

    (D) 彼女を見かけたが、人込みに紛れて見失ってしまった。

VI. 下の＿＿＿＿線の(A)、(B)、(C)、(D)の中から正しくないものを一つ選びなさい。

(121) 20<u>年</u>もアメリカに<u>住んでいた</u><u>のに</u>、英語は<u>言いません</u>。
     (A)   (B)   (C)   (D)

(122) 授業に遅刻する<u>頃</u>は、<u>必ず</u>学科の事務室<u>に</u>電話を<u>して</u>ください。
               (A)   (B)   (C)   (D)

(123) 明日、<u>雨が</u>降らなかったら、<u>家族に</u>動物園<u>へ</u>行く <u>予定</u>です。
        (A)   (B)   (C) (D)

(124) 今の季節は、海の水が<u>冷たくてから</u>、<u>泳がない</u><u>方が</u><u>いい</u>ですよ。
                        (A)   (B)   (C)   (D)

(125) 今年<u>の</u>夏は<u>涼しい</u>ので、エアコンが<u>あんなに</u><u>売れません</u>。
     (A)   (B)   (C)   (D)

(126) 先週、動物園に行く<u>時</u>、道に<u>困った</u>ので、<u>交番</u>で行き方を<u>聞きました</u>。
                   (A)   (B)   (C)   (D)

(127) 天気予報<u>になると</u>、東京に台風は<u>来ない</u> <u>そう</u>です。
          (A)   (B) (C)   (D)

(128) 明後日<u>から</u>出張ですが、<u>新幹線</u>のチケットは<u>もう</u>予約<u>していません</u>。
         (A)   (B) (C)   (D)

(129) 一日<u>で</u>100個<u>以上</u>の単語を覚えるのは、<u>無理</u> <u>に</u>決めている。
      (A)   (B)   (C)   (D)

(130) <u>ビジネス</u>チャンスを<u>掴まる</u>ために、色々な<u>情報</u>を<u>集めて</u>います。
     (A)   (B)   (C)   (D)

次のページに続く

(131) これは、パソコンを使ってゲーム感覚で学習できる小学生向きの 設計されたシステムです。
　　　　　　　　　　　　　(A)　　(B)　　　　　　　　(C)　　(D)

(132) 先日行ったアンケートの結果としては 新商品のデザインを決定しましょう。
　　　(A)　　　　　　　　　　　　(B)　(C)　　　　　　　　(D)

(133) このスマートフォンは、カメラ能力が優れていて、暗い場所でも美しい写真が撮影できる。
　　　　　　　　　　　　　　(A)　　(B)　　　　　　　　　(C)　　　(D)

(134) 手術は無事に成功したが、退院後も1か月ほどに 検査を受けなければならない。
　　　　　(A)　　(B)　　　　　(C)　　　　　(D)

(135) 経験を積んだことで、滅多に自分に自信が持てるようになった。
　　　(A)　(B)　　　　(C)　　　　(D)

(136) こっそり釣りの道具を買い込めたことは、家内には内緒にしている。
　　　(A)　　　　　　　(B)　　　　(C)　　(D)

(137) 東京で憧れの職業に就いたものの、現実は厳しくさぞ1年で帰省することになった。
　　　　(A)　　　　　(B)　(C)　　　　(D)

(138) マンションの建築に関わる計画を公開した次第で、周辺住民から理解を得る必要がある。
　　　　　　　　(A)　　　　　(B)　(C)　　　　　(D)

(139) 苦手だと感じたとしても、その人を避けずに 謎を埋める努力をしましょう。
　　　　　　(A)　　　　　　(B)　(C)　(D)

(140) 新年度から金融サービスや娯楽施設の値上げが取り次ぎ、家計の負担が増すばかりだ。
　　　　　(A)　　　　　　　　　　　　(B)　　(C)　　(D)

VII. 下の＿＿＿＿線に入る最も適したものを(A)、(B)、(C)、(D)の中から一つ選びなさい。

(141) 台所の＿＿＿＿を消しておいてください。
    (A) 窓
    (B) 電気
    (C) 部屋
    (D) ドア

(142) この本は、易し過ぎて大人には＿＿＿＿だろう。
    (A) 恥ずかしい
    (B) 悲しい
    (C) つまらない
    (D) 嬉しい

(143) 中学生に＿＿＿＿、テニスを習いたいです。
    (A) すると
    (B) すれば
    (C) なるなら
    (D) なったら

(144) 兄は、インド料理が好きで＿＿＿＿カレーを良く食べます。
    (A) 特に
    (B) 是非
    (C) ちょうど
    (D) 今にも

(145) 赤いコート＿＿＿＿着ている人が田中さんです。
    (A) の
    (B) を
    (C) に
    (D) で

최신기출 4

次のページに続く

(146) 日曜日に子供を_____動物園へ行きました。

    (A) 連れて

    (B) 見て

    (C) 遊んで

    (D) 通って

(147) 薬を_____のに、熱が下がりません。

    (A) 飲む

    (B) 飲んだ

    (C) 飲んで

    (D) 飲もう

(148) 佐々木さんは、広い庭がある_____な家に住んでいます。

    (A) 丁寧

    (B) 新鮮

    (C) 立派

    (D) 健康

(149) 来週の月曜日は、_____なので学校が休みです。

    (A) 日記

    (B) 祝日

    (C) 曜日

    (D) 半日

(150) 牛乳は、コンビニ_____スーパーの方が安いです。

    (A) でも

    (B) から

    (C) より

    (D) まで

(151) _____ができて、レストランの予約をキャンセルしました。

    (A) 人柄

    (B) 乗車

    (C) 急用

    (D) 手術

(152) 皆様からのご協力に、お礼を_____。

    (A) 申し上げます

    (B) 盛り上げます

    (C) 飛び上がります

    (D) 立ち上がります

(153) 天気がいい_____、洗濯物を干してしまいましょう。

    (A) うちに

    (B) 代わりに

    (C) さえ

    (D) ところ

(154) 弟は、応援していた野球チームが負けて、_____しています。

    (A) ぴったり

    (B) ぐっすり

    (C) しっかり

    (D) がっかり

(155) 台風10_____が沖縄に近付いている。

    (A) 巻

    (B) 号

    (C) 画

    (D) 台

次のページに続く

(156) 私は、不_____なので、編み物が苦手だ。

    (A) 可能

    (B) 注意

    (C) 器用

    (D) 規則

(157) 東京出張の_____、駅前のさくらホテルを利用しています。

    (A) ように

    (B) おかげで

    (C) 度に

    (D) せいで

(158) 友人は、何度断っても_____ゴルフに誘ってくる。

    (A) 正に

    (B) 試しに

    (C) いつの間に

    (D) 頻りに

(159) 失敗する可能性はあるが、それでもこの仕事に_____したい。

    (A) 維持

    (B) 挑戦

    (C) 応用

    (D) 延長

(160) 地域の皆様のご支援_____、イベントの成功は語れません。

    (A) に際して

    (B) に先立って

    (C) を抜きにして

    (D) を契機として

(161) 会社が組織として＿＿＿＿＿ためには、社員に共通目的が必要だ。

    (A) 申し出る

    (B) 成り立つ

    (C) 引き取る

    (D) 振り向く

(162) ご多忙の中、＿＿＿＿＿のご対応ありがとうございます。

    (A) 早速

    (B) 当分

    (C) 詳細

    (D) 対等

(163) 大好きな女優が主役の映画だから、＿＿＿＿＿。

    (A) 見るどころではない

    (B) 見ずにはいられない

    (C) 見るものではない

    (D) 見ないに相違ない

(164) ＿＿＿＿＿な社員は、周りにいい影響を与える。

    (A) 好調

    (B) 有効

    (C) 厳重

    (D) 優秀

(165) 学生時代に本気で＿＿＿＿＿ことは、サークル活動です。

    (A) 汲み取った

    (B) 受け継いだ

    (C) 打ち込んだ

    (D) 押し付けた

次のページに続く

(166) 取引先の態度_____、交渉内容を変更しなければならない。

    (A) はおろか

    (B) なくして

    (C) ときたら

    (D) いかんで

(167) 落ち込んでいたら、先輩が「_____するな」と励ましてくれた。

    (A) くよくよ

    (B) かんかん

    (C) うずうず

    (D) ずるずる

(168) 進めていた計画が中止になり、苦労が水の_____だ。

    (A) 主

    (B) 泡

    (C) 要

    (D) 粋

(169) 社会に出てから自分の知識不足を_____した。

    (A) 痛感

    (B) 墜落

    (C) 逃亡

    (D) 沈黙

(170) 一瞬_____目が離せない迫力のある映画だった。

    (A) あっての

    (B) なりに

    (C) たりとも

    (D) というものは

VIII. 下の文を読んで、後の問いに最も適したものを(A)、(B)、(C)、(D)の中から一つ選びなさい。

(171〜173)

> 最近、コンビニでコーヒーを買う会社員を良く見ます。眠い時や、少し休みたい時、コーヒーを飲んでいる人が増えていると思います。そんなコーヒーですが、自分で用意するだけではなく、会社が用意してくれる所もたくさんあります。会社が用意する場合は、専門のサービス会社に頼むことが多いです。私の会社にはまだそのサービスはありませんでした。それで、社長に頼んでみようと思って、色々調べてみました。そして、ホットコーヒーやアイスコーヒーが飲めて、掃除も要らないものを見つけました。それに、お金もそんなにかかりません。これだったら社長もいいと言ってくれると思いました。もう少し詳しく調べてから社長に話をしに行こうと思っていたら、事務所にコーヒーの機械が届いてびっくりしました。もう社長が頼んでいてくれたのです。社員の気持ちがわかる社長で良かったです。

(171) この人は、どんな人が増えていると言っていますか。

    (A) コンビニで食べ物を買う人

    (B) コンビニでコーヒーを買う会社員

    (C) 歩きながらコーヒーを飲んでいる人

    (D) 仕事で疲れている会社員

(172) この人は、何を調べていましたか。

    (A) コーヒー専門の会社の給料

    (B) コーヒーが美味しい喫茶店

    (C) 会社にコーヒーの機械を置くサービス

    (D) 安いコーヒーを売っている店

(173) この人は、どうして驚きましたか。

    (A) 社長がコーヒーの機械を頼んでいたから

    (B) 社長が自分のお願いを聞いてくれたから

    (C) 社長がコーヒーを買ってくれたから

    (D) 社長が急に変わったから

次のページに続く

(174～177)

> 　私の家では、猫を飼っています。名前はモモと言います。先週、そのモモが3日間食べ物を何も口にしなくなりました。お腹が空いていないだけなのかなと思っていましたが、元気もなかったので、急いで動物病院へ連れて行きました。でも、体に悪いところは何もないと言われました。薬もくれませんでした。私はとても心配になりました。家に帰ってからその日父が海で釣って来た新鮮な魚をモモにあげてみましたが、駄目でした。水は飲むのですが、食べ物は食べません。困った私は、私が飲んでいたスープをあげてみました。モモはそれを美味しそうに飲んでくれました。それは母が作ったもので、その日から毎日モモにあげました。そして2日後には元気になりました。病気だったかどうかはわかりませんが、母はすごいと思いました。

(174) この人は、なぜ猫を病院へ連れて行きましたか。

    (A) 水を飲まなくなったから

    (B) 動かなくなったから

    (C) 怪我をしてしまったから

    (D) 餌を食べなくなったから

(175) 病院の先生が薬をくれなかったのは、どうしてですか。

    (A) 猫に注射をしたから

    (B) もう薬を飲ませたから

    (C) 悪いところが見つからなかったから

    (D) ご飯を食べるようになったから

(176) この人は、家に帰ってから猫に何をあげましたか。

    (A) スーパーで買った魚

    (B) 母が料理した魚

    (C) 父が捕って来た魚

    (D) この人が海で釣った魚

(177) 猫が口にしたのは、どんなものですか。

    (A) この人が買って来た餌

    (B) この人が作った味噌汁

    (C) 母が料理した肉

    (D) 母が作ったスープ

この会社で働き始めてから10年が経った。毎日仕事をしてきたが、一度だけ仕事中に泣いてしまったことがある。入社したばかりの頃、仕事に慣れるのがとても大変だったのだ。色んな人と付き合わないといけない営業の担当になったのだが、当然人それぞれ性格が違う。人と付き合うのが苦手だった私は、なかなかうまく人間関係が作れなかった。そんな中、3人の違う先輩から、全く違うアドバイスをもらった。ただでさえうまくいかない上に、3人それぞれに違うことを言われて、何をすべきか全くわからない状態になってしまった。そして、部長の前で大きな声で泣いてしまった。部長は私を会議室に連れて行って、そこで「自分のやりたいようにやればいいよ」と落ち着かせてくれた。その時は恥ずかしかったが、今考えると、そこで一度感情を出して気持ちを話したからこそ、今までこの仕事を続けられたのだと思う。アドバイスをくれた先輩たちも、その後色々と話しかけてくれて非常に嬉しかったし、今も時々飲みに行っている。

(178) 入社したばかりの時、なぜ仕事が大変でしたか。

    (A) 朝早く起きるのが辛かったから

    (B) 人間関係を作るのが苦手だったから

    (C) 先輩たちがとても厳しかったから

    (D) 同じ立場の同僚がいなかったから

(179) この人は、部長の前で泣いた時、どんな状態でしたか。

    (A) 3人の先輩たちと喧嘩をしている状態

    (B) 先輩が全然助けてくれない状態

    (C) 怒られ続けてがっかりしている状態

    (D) 誰の話を信じたら良いのかわからない状態

(180) この人が仕事を続けられた理由は、何ですか。

    (A) 先輩の言葉が理解できたから

    (B) 部長に本当の気持ちを伝えたから

    (C) アドバイスが役に立ったから

    (D) 部長に仕事を教わったから

次のページに続く

(181〜184)

日本人の生活習慣を調査した結果では、朝食はパンを食べるという人がご飯を食べるという人よりも多かったそうだ。こうした生活の変化や人口が減ったことによって、国内で米があまり売れていないらしい。売れなかった米は、スーパーなどでかなり安く売られているが、それでも大量に残ることが多く、そのまま捨てられてしまうこともあるそうだ。たくさん米を作っても、売れなければ無駄になってしまうので、農家は大変だ。それでも美味しい米を食べてもらおうと頑張っている農家がたくさんある。本当に頑張ってほしいと思う。それに将来について、明るい話もある。調査の結果によると、10代、20代の年齢が低い人の方がご飯を食べている人が多くなっている。これは将来、米を食べる人が多くなる可能性が高いということなので、とても嬉しい。もう50代の若くはない私も、日本の農業を守りたいという気持ちで、若者と同じように今まで以上に米を食べようと思う。

(181) 生活や人口の変化によって、どんなことが起こっていますか。
　　　(A) 米を販売する店が少なくなった。
　　　(B) 米が売れる量が減った。
　　　(C) 米を作っている農家が無くなってきた。
　　　(D) 米を食べる人がほとんどいなくなった。

(182) この人は、どうして農家は大変だと言っていますか。
　　　(A) 米の値段を決められないから
　　　(B) 米を作るのにお金と時間がかかるから
　　　(C) 米を売る時の税金が高いから
　　　(D) 米を作っても無駄になるから

(183) この人は、どんな明るい話があると言っていますか。
　　　(A) 年齢の高い人が米を買っている。
　　　(B) 米が売れる量が多くなってきている。
　　　(C) 若い人が米をたくさん食べている。
　　　(D) 余った米を政府が全部買ってくれる。

(184) この人は、これからどうすると言っていますか。
　　　(A) 今と同じように米を食べる。
　　　(B) 農業を守る様々な方法を考える。
　　　(C) 若者と一緒に農業について学ぶ。
　　　(D) もっと多くの量の米を食べる。

今朝、たまたまテレビで人気番組を作っている人のインタビューを見たのだが、非常に勉強になった。全ての話が面白かったのだが、特に先輩からのアドバイスの話が、いつも自分の会社で受けているアドバイスでは考えられないものだったので、面白かった。通勤などで電車に乗る時、私はいつも音楽を聞いている。その人も毎日音楽を聞いていたそうだが、先輩から、イヤホンを耳に付けるなと言われたそうだ。その理由は、街の声が聞こえなくなるからだそうだ。どんな時でも、新しい番組を作るヒントを探せということらしい。それからこの人は、電車の中では他の人の会話を気付かれないように聞いたり、行動をずっと見ていたりしているそうだ。そこから、人が興味を持っているものを調べて、新しい番組を作っているそうだ。どんな時、どんな場面でもアイディアは見つけられるのだと勉強になった。私も明日は、イヤホンを付けないで人の会話を聞きながら電車に乗ってみようと思った。

(185) この人は、今朝テレビで何を見ましたか。
    (A) 番組を作る側が話をしている番組
    (B) 人気俳優がインタビューしている番組
    (C) いつも見ている面白い番組
    (D) 記者がインタビューを受ける番組

(186) この人がこの番組で面白かったのは、どんな点ですか。
    (A) 人気番組についての話が詳しく聞けた点
    (B) 色んな仲間の話をしゃべっていた点
    (C) 自分と違う種類のアドバイスを受けていた点
    (D) 人生で重要なことを話していた点

(187) 先輩がイヤホンを耳に付けない理由は、何ですか。
    (A) 新しいアイディアを探すため
    (B) 音楽を聞く趣味がないため
    (C) いいイヤホンを持っていないため
    (D) ずっと耳に付けているのが嫌なため

(188) この人は、明日何をしてみるつもりですか。
    (A) 新番組のヒントを探す。   (B) 新しいイヤホンを買うために出かける。
    (C) 音楽を聞きながら通勤する。   (D) 番組の話と同じ行動をしてみる。

次のページに続く

(189〜192)

政府の働き方に対する新しい政策により、全ての企業に労働時間を減らすことが義務付けられた。しかし中小企業では社員が出勤記録上は休暇を取ったことにしながら、実際にはいつも通りに働いていたりするケースが多い。もちろん違反なのだが、社員からの違反だとの報告がない限り、監督する政府機関も無数に存在している中小企業を全てチェックして指導を行うのは(1)不可能なのが現状だ。元々中小企業はどこも人手不足だ。社員の労働時間が短くなるのは非常に困る。つまり、中小企業にはこの指導に従う余裕がないのである。そこで考えるべきことは、社員の生産性を上げることだ。仕事の量は同じで労働時間を短くするのには、社員各人の能力を高めなければならない。そのためには、社員の教育が必要だ。自分で課題を見つけ、そして自分で解決方法を考えて実行する。うまくいかなかったら新たな改善案を出す。この方式を繰り返して自分で考え、自分で実行する習慣を身に付ければ、必ず社員の生産性が上がり、労働時間を減らすことにも繋がるだろう。

(189) 新しい政策によって、企業に何が求められていますか。

    (A) 全ての労働者の出勤時間を早くすること

    (B) 社員の通勤時間を減らす努力をすること

    (C) 雇っている社員の給料アップに努めること

    (D) 働く時間を短くするように調整すること

(190) 何が(1)不可能だと言っていますか。

    (A) 全ての企業に対して指示を出すこと

    (B) 企業の実例をまとめて報告をすること

    (C) 全ての中小企業を調査し、違反を指摘すること

    (D) 実際に存在しない会社をチェックすること

(191) 中小企業は、どんな問題を抱えていますか。

    (A) 素直に指示に従う職員が少ない問題

    (B) 社員を辞めさせたいが、法律上できない問題

    (C) 労働者の主張に対応できていない問題

    (D) 人が足りなくて労働時間が増えてしまう問題

(192) この人が中小企業にしている提案は、どのようなものですか。

    (A) 効果的な改善案を全体で考える。

    (B) 適切な社員教育を実施する。

    (C) 組織全体を変化させる。

    (D) 生産設備を定期的に点検する。

(193～196)

　　私は夫と2人で田舎で暮らしています。ずっと主婦だった私は、反対する夫に何度も話をして納得してもらい、自宅近くの土地を買いました。そして喫茶店をオープンしました。　ビジネスとしてではなく、地域の高齢者の交流の場になればいいという気持ちで経営をするつもりでした。新しくオープンした後にはたくさんお客さんが来てくれました。しかし、高齢者に喫茶店に通う文化がないといったことから、半年もすると店の経営は不安定な状態になりました。現実は厳しく、本当にお客さんが来ないので、借金が増えました。貯金も無くなり、もう無理かなと思い、夫に相談しました。すると夫は「もう少し続けろ」と言いました。そして、「もっと勉強が必要だ」と言いました。それから私は夫と共に、店で提供する食事や飲み物の勉強を始めました。高齢者の食事というものを、それまで私は全く意識していなかったのです。店で提供するものを変更してから、お客さんの数は徐々に増えてきました。今では毎日来てくれる人もいます。これからも地域の高齢者のことを第一に考えて、夫婦でこの店をやっていきたいです。

(193) この人は、喫茶店をオープンするために何をしましたか。

(A) 自宅付近の安い店を調べた。　　(B) 店の経営方法を学んだ。

(C) 土地を買うために貯金した。　　(D) 否定的な夫を説得した。

(194) 開店して半年後、店はどんな様子になりましたか。

(A) 多くの客が訪れて、儲けることができた。

(B) 悪い噂が広がり、客の数が伸びなかった。

(C) 高齢者が多く訪れて、地域の皆に喜ばれた。

(D) 文化の問題もあり、経営状況は悪化した。

(195) この人は、夫に相談した後、何を始めましたか。

(A) 高齢者向けのメニューの研究

(B) 税金などの経営に関する対策

(C) 店の中のインテリアの工事

(D) 効果的な宣伝方法の学習

(196) この人は、今後はどのようにしたいと言っていますか。

(A) 新しい食事の提供を継続する。

(B) 余計な経費を使わないように努力する。

(C) 何よりもお年寄りを大事にして経営を続ける。

(D) 高齢者に対する福祉事業を始める。

次のページに続く

(197〜200)

　　私は中堅食品会社で製品の研究開発から販売までの全てを担当している。数年前は会社全体が業績不振で、私が所属している部門も赤字の状態が続いていた。そこで社長の命令により社外の助言者も交えて、いくつかの部門が集まった新しい計画チームが立ち上がった。中堅社員である私も参加し、大規模な業務改革によって利益改善を3年で成し遂げようと必死に業務に励んだ。しかし不満に思ったのが、我々の事業の核となるべき部長クラスの自己中心的な態度だった。「他の部門のことはわからない」など、無責任な発言を頻繁にする。高い給料の上司が情けない発言をするのは納得できなかったが、まず自分で結果を残し、自分の価値をアピールすることだけを考えて、業務改革を遂行した。すると上司たちのことは気にならなくなった。それから2年が経ち、まだ利益改善という目的は完全には達成できていないが、売上額も大幅に伸び、私自身も昇進することができた。納得できないことに対しても自分の対処すべきことをきちんとしたことで、人間的に大きく成長することができたと思う。

(197) この人は、会社でどんな仕事をしていますか。

　　(A) 医薬品の開発と製造　　　　　　(B) 農作物の品種改良

　　(C) 日用品の販売経路の開拓　　　　(D) 商品に関わる業務全般

(198) 新しい計画チームが作られた理由は、何ですか。

　　(A) 利益改善のために大幅な事業改革を行うから

　　(B) 業績の悪化で借金の返済が困難になったから

　　(C) 幹部候補の発掘と育成が必要だから

　　(D) 社長が交代して就業規則が変更されたから

(199) この人は、新しいチームの中でどんなことを考えていましたか。

　　(A) 自分の昇進のために嫌なことでも何でもやる。

　　(B) 自分の成果を残すことに集中しよう。

　　(C) メンバー全員で取り組み、必ず結果を残す。

　　(D) 無責任な上司のやる気を何とか出させたい。

(200) 現在、この会社の状況はどうなっていますか。

　　(A) 目標は未達成ながら、増益している。

　　(B) 売り上げ絶好調で、社員の給与額がアップした。

　　(C) チームが役目を果たさず、利益が下がった。

　　(D) 利益が改善される見込みが全くない。

JPT® 日本語能力試験

Japanese Proficiency Test

TEST
5

次の質問1番から質問100番までは聞き取りの問題です。

どの問題も1回しか言いませんから、よく聞いて答えを(A)、(B)、(C)、(D)の中から一つ選びなさい。答えを選んだら、それにあたる答案用紙の記号を黒くぬりつぶしなさい。

I. 次の写真を見て、その内容に合っている表現を(A)、(B)、(C)、(D)の中から一つ選びなさい。

(例)

(A) この人は本を読んでいます。

(B) この人は掃除をしています。

(C) この人は電話をしています。

(D) この人はビールを飲んでいます。

■──── 答 (A)、(B)、(●)、(D)

(1)

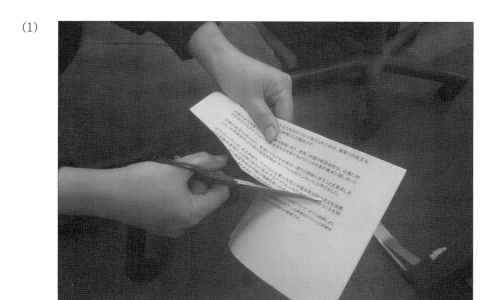

(2)

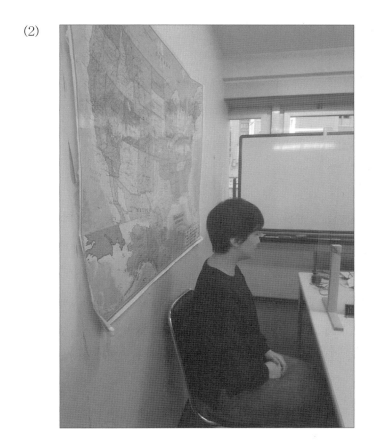

次のページに続く

(3)

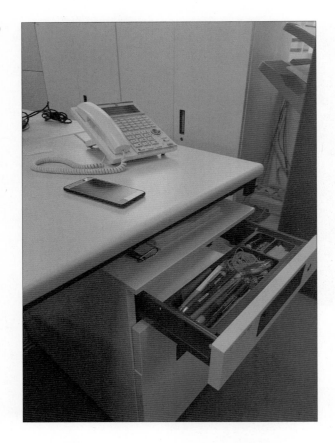

(4)

(5)

(6)

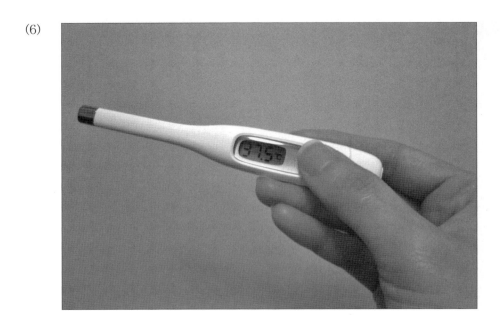

次のページに続く

최신기출 5

(7)

(8)

(9)

(10)

次のページに続く

183

(11)

(12)

(13)

(14)

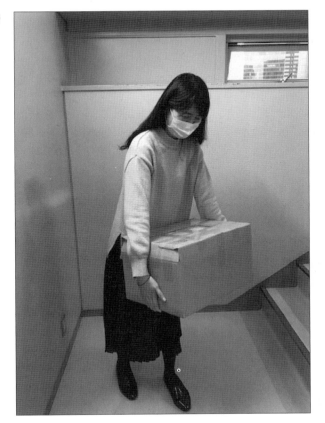

次のページに続く

(15)

(16)

(17)

(18)

次のページに続く

(19)

(20)

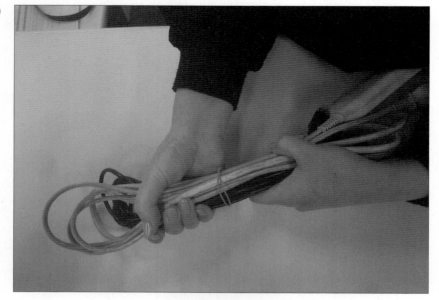

II. 次の言葉の返事として、最も適したものを(A)、(B)、(C)、(D)の中から一つ選びなさい。

(例) 明日は何をしますか。

　　(A) 土曜日です。
　　(B) 朝ご飯の後にします。
　　(C) 友達の家に行きます。
　　(D) テニスをしました。

(21) 答えを答案用紙に書き入れなさい。

(22) 答えを答案用紙に書き入れなさい。

(23) 答えを答案用紙に書き入れなさい。

(24) 答えを答案用紙に書き入れなさい。

(25) 答えを答案用紙に書き入れなさい。

(26) 答えを答案用紙に書き入れなさい。

(27) 答えを答案用紙に書き入れなさい。

(28) 答えを答案用紙に書き入れなさい。

(29) 答えを答案用紙に書き入れなさい。

(30) 答えを答案用紙に書き入れなさい。

(31) 答えを答案用紙に書き入れなさい。

(32) 答えを答案用紙に書き入れなさい。

(33) 答えを答案用紙に書き入れなさい。

(34) 答えを答案用紙に書き入れなさい。

(35) 答えを答案用紙に書き入れなさい。

(36) 答えを答案用紙に書き入れなさい。

(37) 答えを答案用紙に書き入れなさい。

(38) 答えを答案用紙に書き入れなさい。

(39) 答えを答案用紙に書き入れなさい。

(40) 答えを答案用紙に書き入れなさい。

(41) 答えを答案用紙に書き入れなさい。

(42) 答えを答案用紙に書き入れなさい。

(43) 答えを答案用紙に書き入れなさい。

(44) 答えを答案用紙に書き入れなさい。

(45) 答えを答案用紙に書き入れなさい。

(46) 答えを答案用紙に書き入れなさい。

(47) 答えを答案用紙に書き入れなさい。

(48) 答えを答案用紙に書き入れなさい。

(49) 答えを答案用紙に書き入れなさい。

(50) 答えを答案用紙に書き入れなさい。

次のページに続く

III. 次の会話をよく聞いて、後の問いに最も適したものを(A)、(B)、(C)、(D)の中から
一つ選びなさい。

(例) 女：すみません。この辺に本屋がありますか。

男：はい。駅の前にありますよ。

女：郵便局も本屋のそばにありますか。

男：いいえ。郵便局はあのデパートのとなりです。

郵便局はどこにありますか。

(A) 駅の前

(B) 本屋のとなり

(C) 本屋の前

(D) デパートのとなり

(51) 男の人は、どうして窓を閉めたいですか。

(A) 冷房を付けるから

(B) 風が強いから

(C) 寒いから

(D) 雨が降りそうだから

(52) 女の人は、この後何をしますか。

(A) 書類を作る。

(B) 食事に行く。

(C) 課長に電話をする。

(D) 課長に書類を渡す。

(53) 女の人は、昨日何をしましたか。

(A) クッキーを買った。

(B) お菓子を作った。

(C) 甘い物を食べた。

(D) お土産を選んだ。

(54) 男の人は、何と言っていますか。

(A) 山田さんに連絡をする。

(B) 山田さんを探しに行く。

(C) 待ち合わせ場所がわかりにくい。

(D) 10分ぐらい遅刻しても問題ない。

(55) いつ会議室が使えますか。

(A) 今日の午前

(B) 今日の午後

(C) 明日の午前

(D) 明日の午後

(56) 男の人は、この後何をしますか。

(A) 荷物を運ぶ。

(B) 郵便を出す。

(C) 鍵をかける。

(D) 女の人に鍵を貸す。

(57) 男の人は、どうして帰りませんか。

    (A) 女の人に仕事を頼まれたから

    (B) 仕事が少し残っているから

    (C) 書類に間違いがあったから

    (D) 今から会議に出るから

(58) 女の人は、何と言っていますか。

    (A) 郵便局の休みは日曜日だ。

    (B) コンビニの近くに郵便局がある。

    (C) 切手を買いに行く必要はない。

    (D) コンビニでも切手を売っている。

(59) 女の人は、何と言っていますか。

    (A) 出張の用意が終わっていない。

    (B) 今日なら映画を見に行ける。

    (C) 明日は予定がない。

    (D) 見たい映画は特にない。

(60) 男の人は、何を頼みましたか。

    (A) 銀行で支払いをすること

    (B) 急いで送金をすること

    (C) 郵便物を出すこと

    (D) 書類を作り直すこと

(61) 男の人は、何と言っていますか。

    (A) 昔から人気がない職業は同じだ。

    (B) 今年は入社する予定の人がいない。

    (C) 今年から社員の募集をしなくなった。

    (D) 最近働かない若者が増えた。

(62) 男の人は、この後どうしますか。

    (A) 種類の違う食器を買う。

    (B) カタログの種類を選ぶ。

    (C) 妻が店に来るのを待つ。

    (D) 2種類のカタログをもらう。

(63) 男の人は、何を教えましたか。

    (A) みどり駅に早く着く電車

    (B) みどり駅までの電車賃

    (C) 改札口の場所

    (D) 急行が停車しない駅

(64) 男の人は、スーツをどうしますか。

    (A) 今日会社の近くのクリーニング店に出す。

    (B) 今日女の人にクリーニング店に出してもらう。

    (C) 明日クリーニングできる店に行く。

    (D) 明日会社の近くのクリーニング店に出す。

(65) 昨日の研修は、どうでしたか。

    (A) 営業成績の発表があった。

    (B) システム部が中心に行った。

    (C) パソコンは各自用意してもらった。

    (D) 参加人数が今までで一番多かった。

(66) 男の人が作りたいのは、どんな物ですか。

    (A) 経験のある人には、つまらない物

    (B) 経験のない人には、向かない物

    (C) 不器用な人は作りたがらない物

    (D) 不器用な人にも作れそうな物

次のページに続く

(67) 男の人は、何と言っていますか。

    (A) 子供と受ける面接が不安だ。

    (B) 子供の力を信じている。

    (C) 就職試験の方が緊張する。

    (D) 自分の受験を思い出す。

(68) 男の人は、何と言っていますか。

    (A) 割引してほしい。

    (B) 靴のサイズを変えてほしい。

    (C) 外で運動しやすい靴に交換してほしい。

    (D) 他の商品を見せてほしい。

(69) 村田教授について、正しいものはどれですか。

    (A) 今も人間の内面の研究を続けている。

    (B) 今は自然現象を研究対象にしている。

    (C) 違う分野を同時に研究している。

    (D) 主に心理学を学んでいる。

(70) 2人は、アンケート結果について何と言っていますか。

    (A) 大変満足している。

    (B) 不満を持つ人が多くて残念だ。

    (C) 改善することは特にない。

    (D) 悪くはないが、改善が必要だ。

(71) 女の人は、何について連絡をしますか。

    (A) 資料の修正

    (B) 出席者の名簿

    (C) 資料の提出

    (D) 司会者の変更

(72) 男の人について、正しいものはどれですか。

    (A) 体調が優れない日が続いている。

    (B) 食事以外で栄養管理をしている。

    (C) 体調が回復したばかりだ。

    (D) 食品の産地に気を付けている。

(73) 男の人は、この後何を見ますか。

    (A) プログラムの表紙

    (B) 目次の内容

    (C) チームの組分け

    (D) 大会の日程表

(74) タイの旅行は、どうだったと言っていますか。

    (A) 日光が強くて皮膚が真っ赤になった。

    (B) 荒れ模様の天候だった。

    (C) 市場に様々な香辛料があった。

    (D) 独特な味が合わなかった。

(75) 男の人は、父について何と言っていますか。

(A) 誰よりも身近な存在

(B) 決して超えられない偉大な人物

(C) 何でも理解してくれる協力者

(D) 自分にとって一生のライバル

(76) 女の人は、何と言っていますか。

(A) 英語学習は自習で十分だ。

(B) 色々比較して検討したらいい。

(C) ネットで資料請求ができる。

(D) 幼児期の学習が大切だ。

(77) 2人は、時間厳守について何と言っていますか。

(A) 日本とアフリカでは許される程度に差がある。

(B) 日本では多少遅れても問題は起きない。

(C) 国ではなく個人で考えが異なる。

(D) アフリカで早く到着することは失礼になる。

(78) 男の人は、何と言っていますか。

(A) 抜け毛を放置してはいけない。

(B) 毛の生え変わりには周期がある。

(C) 皮膚トラブルを予防するのは困難だ。

(D) ブラシの交換は定期的にするべきだ。

(79) 2人は、良好な人間関係について、何と言っていますか。

(A) 自己否定的な思考はしない方がいい。

(B) 虚栄心は捨てた方がいい。

(C) 相手に達成感を与えるといい。

(D) 仕事を円滑に進める工夫をするといい。

(80) さくら商事について、正しいものはどれですか。

(A) 人手不足で業務が回っていない。

(B) 就業規則の見直しがされる予定だ。

(C) 役員が偽造の経費処理を行った。

(D) 申告漏れがあり、起訴された。

次のページに続く

IV. 次の文章をよく聞いて、後の問いに最も適したものを(A)、(B)、(C)、(D)の中から一つ選びなさい。

(例) 山田さんは、もう8年間銀行に勤めています。去年結婚してから、奥さんと2人でテニスを始めました。日曜日の朝は、いつも家の近くの公園で練習しています。

(1) 山田さんは、何年間銀行に勤めていますか。
    (A) 4年間
    (B) 6年間
    (C) 8年間
    (D) 10年間

(2) 山田さんは、結婚してから何を始めましたか。
    (A) テニス
    (B) サッカー
    (C) ゴルフ
    (D) 野球

(81) 警察は、誰にお願いをしていますか。
    (A) 会社で働いている人
    (B) 学校で教えている先生
    (C) 高校に通っている生徒
    (D) 小学校に通っている子供

(82) 交番の警官は、いつも何をしていると言っていますか。
    (A) 会社へ電話をかけている。
    (B) 色々な所に話を聞きに行っている。
    (C) ずっと交番にいる。
    (D) 夜の街を守っている。

(83) 警察は、どんなお願いをしていますか。
    (A) 警官に手紙を書いてほしい。
    (B) 挨拶をしてほしい。
    (C) 通学する時は気を付けてほしい。
    (D) 警察の仕事を見てほしい。

(84) 警察からは、何をプレゼントしますか。
    (A) お金
    (B) お菓子
    (C) ボールペン
    (D) お礼のカード

(85) 新しい歌を作ったのは、どうしてですか。

    (A) 新しい市が作られたから

    (B) 市民のリクエストがあったから

    (C) 市の誕生から20年を迎えたから

    (D) 市の名前が変わるから

(86) どんな人に作曲をお願いしましたか。

    (A) 日本で一番有名な歌手

    (B) 若い人に人気がある歌手

    (C) 九州市に住んでいる歌手

    (D) 九州市で育った歌手

(87) アヤさんは、どんな希望を出しましたか。

    (A) もっと歌を作曲したい。

    (B) 市民と一緒に歌いたい。

    (C) 歌の歌詞を考えてほしい。

    (D) 歌を宣伝してほしい。

(88) この募集には、どんな人が申し込むことができますか。

    (A) 東京で活躍している人

    (B) 以前、九州市に住んでいた人

    (C) 現在、海外に住んでいる人

    (D) 今、九州市で生活をしている人

(89) 中央広場のイベントは、なぜ中止になりましたか。

    (A) 機械が故障したから

    (B) 雨が降り続いているから

    (C) 来月同じイベントがあるから

    (D) 来る人がほとんどいないから

(90) お子様撮影会は、どうしますか。

    (A) 屋内での撮影に変えて行う。

    (B) 予定通りの会場で行う。

    (C) カメラマンを替えて行う。

    (D) 自然広場で行う。

(91) 撮影会に参加できるのは、どんな人ですか。

    (A) プロに撮影してもらいたい人

    (B) 小学生以上の子供

    (C) カメラの勉強をしている人

    (D) 5歳までの小さな子供

次のページに続く

(92) このニュースは、どんなニュースですか。

    (A) 全国の始発電車が早くなる。

    (B) 関西鉄道の営業時間が短くなる。

    (C) 関東の終電の時間が遅くなる。

    (D) 関東の最終電車が早くなる。

(93) 注意を呼びかけているのは、なぜですか。

    (A) 鉄道利用の方法が変わったから

    (B) 乗り換えの時間に影響があるから

    (C) 正式な発表ではなかったから

    (D) 料金が変更している場合もあるから

(94) 関係者は、時間変更の目的は何だと言っていますか。

    (A) 鉄道施設の整備体制の強化

    (B) 車内サービスの質を上げること

    (C) 電車利用者の拡大

    (D) 作業員の作業量を減らすこと

(95) 山本さんは、今、どんな活動をしていますか。

    (A) アナウンサーとしての司会活動

    (B) 無料で食料を提供する活動

    (C) 駅前のごみを収集する活動

    (D) 出勤中の人を励ます活動

(96) ボランティアグループで活動している人は、どんな人ですか。

    (A) 山本さんと前の職場で一緒だった人

    (B) 山本さんの踊る姿に憧れていた人

    (C) 山本さんの気持ちに感激した人

    (D) ダンスがものすごく上手な人

(97) 町の人は、何と言っていますか。

    (A) 気持ちが穏やかになってくる。

    (B) ただなので、儲けた気分になる。

    (C) 山本さんたちの支援をしたくなる。

    (D) 笑顔に勇気付けられている。

(98) この人は、今、何をしていますか。

    (A) 国会議員選挙に向けての演説

    (B) 日本の貧困世帯を救う訴え

    (C) 地域コミュニティー活動のための集会

    (D) 日常生活における満足度調査

(99) この人は、何が開く一方だと言っていますか。

    (A) 正規と非正規の雇用人数の差

    (B) 代議士と一般人の給与額の差

    (C) 都市部と郊外の最低賃金額の差

    (D) 正社員と非正社員の収入額の差

(100) この人は、何を目標に掲げていますか。

    (A) 多様な人種が共存する町作り

    (B) 皆が共感できる制度の制定

    (C) 雇用形態による差別のない世の中

    (D) 出身地による不当な扱いの撲滅

최신기출 5

これで聞き取りの問題は終わります。

それでは、次の質問101番から質問200番までの問題に答えなさい。

答案用紙に書き込む要領は聞き取りの場合と同じです。

次のページに続く

V. 下の＿＿＿＿＿線の(101)～(110)は、漢字の読み方・書き方の正しいものを、(111)～
(120)は、最も意味が近いものを(A)、(B)、(C)、(D)の中から一つ選びなさい。

(101) あそこにいる髪が長い人は、誰ですか。
  (A) たかい
  (B) ほそい
  (C) とおい
  (D) ながい

(102) 去年、土地を買って家を建てました。
  (A) とち
  (B) どち
  (C) とじ
  (D) どじ

(103) 両親に感謝の気持ちを示すのは、少し照
  れますね。
  (A) おこす
  (B) うつす
  (C) しめす
  (D) かくす

(104) さくら駅からみどり駅の間で列車の脱線
  事故が起きた。
  (A) たんぜん
  (B) だっせん
  (C) だつせん
  (D) だっぜん

(105) 風邪を引いていて全く鼻が利かない。
  (A) せかない
  (B) みかない
  (C) あかない
  (D) きかない

(106) 最近、日本の伝統に倣って、神社で行う
  スタイルの結婚式が増えているそうだ。
  (A) ならって
  (B) やしなって
  (C) いたわって
  (D) あさって

(107) 楽観的に考えた方が、何事もうまくいく
  ものだ。
  (A) がっかんてき
  (B) らっかんてき
  (C) がくけんてき
  (D) らくけんてき

(108) 最近、つうしん学習が流行っている。
  (A) 週真
  (B) 速信
  (C) 運真
  (D) 通信

(109) 店員の<u>たいど</u>が悪いと店の評判が下がる。

    (A) 胎動

    (B) 態度

    (C) 退度

    (D) 対土

(110) 財務省が日本政府の財政を<u>つかさどって</u>いる。

    (A) 募って

    (B) 反って

    (C) 司って

    (D) 図って

(111) 喫茶店でアイスコーヒーを<u>頼んだ</u>。

    (A) 作った

    (B) 注文した

    (C) もらった

    (D) 飲んだ

(112) 参加人数は、男性10人と女性8人で<u>合わせて</u>18人です。

    (A) 集合

    (B) 合計

    (C) 計画

    (D) 割合

(113) この駅には、1時間に1本しか電車が来ないので、<u>不便に違いない</u>。

    (A) 絶対に不便だ

    (B) 少々不便だろう

    (C) 不便なわけがない

    (D) 不便とは限らない

(114) 山田さんが退職を考えていると聞いて、私は<u>辞めてほしくないと説得した</u>。

    (A) 引き離した

    (B) 引き止めた

    (C) 引き抜いた

    (D) 引き上げた

(115) 仕事がうまくいかなくていらいらしている時は、<u>酒を飲みたくてたまらない</u>。

    (A) 飲めることに相違ない

    (B) 飲むどころではない

    (C) 飲めないこともない

    (D) 飲まずにはいられない

(116) 仕事をする<u>かたわら</u>趣味で小説を書いています。

    (A) 合間に

    (B) 一概に

    (C) 解消に

    (D) 無性に

次のページに続く⇒

(117) それでは皆さん、明日また会いましょう。
　　(A) 名前は、黒いペンまたは青いペンで
　　　　書いてください。
　　(B) 昨日と同じ失敗をまたしてしまいまし
　　　　た。
　　(C) 彼は医者であり、また作家でもありま
　　　　す。
　　(D) 先生は英語も中国語も、また韓国語も
　　　　話せます。

(118) 本当かどうかわからない噂を面白半分で
　　流してはいけない。
　　(A) テレビでもラジオでも台風情報を流
　　　　している。
　　(B) トイレの水をちゃんと流しておかない
　　　　と母が怒る。
　　(C) 父は私の言うことを聞き流して新聞を
　　　　読んでいた。
　　(D) タクシーが駅の周りを流していたから
　　　　それに乗ろう。

(119) 準備が整い次第すぐに出発しよう。
　　(A) 警察に昨夜起きた事件の次第を説明し
　　　　た。
　　(B) その会社に入社するかどうかは、給料
　　　　次第だ。
　　(C) 面白いと評判の漫画は、見かけ次第買
　　　　ってしまう。
　　(D) テスト勉強の時、漢字の暗記に苦労し
　　　　た次第だ。

(120) 彼は難民に食料を施すボランティア活動
　　をしている。
　　(A) 大工の父は木材などに細工を施すこ
　　　　とが得意だ。
　　(B) 国民の幸せを願って策を施すのが政治
　　　　家というものだ。
　　(C) 他人に恩恵を施す時は、感謝を期待し
　　　　てはいけない。
　　(D) 私の田舎のお祭りでは、子供に特別な
　　　　化粧を施す習慣がある。

VI. 下の_____線の(A)、(B)、(C)、(D)の中から正しくないものを一つ選びなさい。

(121) 土曜日に日曜日は、兄が 犬を連れて散歩に行きます。
　　　　　(A)　　　　　　(B)(C)　　　　　　　　(D)

(122) 長い休みがあっても、色々な国を旅行したいです。
　　　(A)　　　　(B)　　　(C)　　　(D)

(123) 東京の地下鉄は複雑で、どのに乗ったらいいのかわかりにくいです。
　　　　　(A)　　(B)　　(C)　　　　　　　　　　　(D)

(124) 会社のそばにある居酒屋は、朝11時から夜10時まで受けています。
　　　　　(A)　　　　(B)　　　　　(C)　　　　　(D)

(125) 昨日、天気が難しかったので、海で釣りができませんでした。
　　　　　　　(A)　　　　　(B)(C)　　　(D)

(126) 私は、健康の時に、毎日早く起きて運動をしています。
　　　　(A)　(B)　　　　(C)　　(D)

(127) 約束の時間を過ぎていますが、まだ待ち合わせ場所に山田さんが来ました。
　　　　(A)　　　(B)　　　　　　　(C)　　　　　　　(D)

(128) 小学生の息子は、部屋で音楽を聞きながら、学校の授業をしています。
　　　　　(A)　　　(B)　　(C)　　　　　(D)

(129) 入学した頃は不安だったが、月日が経つにしても友達が増え、楽しい学校生活になった。
　　　　　　　(A)　　　　(B)　　(C)　　　　　　　　(D)

(130) バス停でとうとう中学校の同級生に会い、懐かしい話で盛り上がった。
　　　　　(A)　　　(B)　　　　(C)　　　(D)

次のページに続く ⇒

(131) 姉は、現在ダイエット中で、バッテリーの高い物は食べないように我慢しているそうだ。
     (A)   (B)   (C)   (D)

(132) 寝る前に、弁当箱におかずを炒めとくと、朝寝坊してもすぐ用意ができて楽だよ。
     (A)   (B)   (C)   (D)

(133) 結婚式を挙がりたいが、彼女の希望に合う所がなかなか見つからない。
   (A) (B)   (C) (D)

(134) 私は、人生において 様々に経験を積むことが重要だと考える。
     (A) (B)   (C)   (D)

(135) 文字だけの資料は見にくいですから、グラフや型を入れるなど工夫をしてください。
   (A) (B)   (C)   (D)

(136) 平均寿命の上昇につけ、定年制度が見直され、定年退職の延長が可能になった。
     (A)   (B)   (C) (D)

(137) 言語能力や身体能力が著しく 発想する幼児期に受ける教育は、将来に大きな影響を与える。
     (A)   (B) (C)   (D)

(138) 普段ほとんど変化のない仕事だと、仕事内容を振り込んだり 疑問を抱く機会は滅多にない。
   (A)   (B)   (C) (D)

(139) 社会保障の維持のためとはわかっているが、増税のニュースを聞くと、辛い始末だ。
   (A) (B)   (C)   (D)

(140) 我がチームは、売上目標を達成しようにも、寝る間も惜しんで 励んでいる。
     (A)   (B)   (C)   (D)

VII. 下の_____線に入る最も適したものを(A)、(B)、(C)、(D)の中から一つ選びなさい。

(141) 今日は、台風で新幹線が_____います。
    (A) 休んで
    (B) 閉めて
    (C) 飛んで
    (D) 止まって

(142) 天気がいいので、父は_____に出かけました。
    (A) 散歩
    (B) 手紙
    (C) 洗濯
    (D) 案内

(143) 赤や黄色_____明るい色が好きです。
    (A) ずつ
    (B) しか
    (C) など
    (D) から

(144) 道路の近くでボール遊びをするのは、_____です。
    (A) 厳しい
    (B) 難しい
    (C) 少ない
    (D) 危ない

(145) 旅行の前に銀行でお金を_____ます。
    (A) 下ろし
    (B) 動かし
    (C) 探し
    (D) 押し

次のページに続く

최신기출 5

(146) さっき昼ご飯を＿＿＿＿＿、もうお腹が空きました。

    (A) 食べると

    (B) 食べれば

    (C) 食べたら

    (D) 食べたのに

(147) 私の＿＿＿＿＿は、歌手になることです。

    (A) 糸

    (B) 夢

    (C) 門

    (D) 曲

(148) 妹は、＿＿＿＿＿料理が得意ではありません。

    (A) あまり

    (B) もっと

    (C) 良く

    (D) また

(149) 日本で一番＿＿＿＿＿な山は、富士山です。

    (A) 丁寧

    (B) 便利

    (C) 必要

    (D) 有名

(150) 昨日、川で魚を10＿＿＿＿＿釣りました。

    (A) 個

    (B) 足

    (C) 匹

    (D) 員

(151) スーパーで夕食の＿＿＿＿＿＿＿を買いました。

    (A) 栄養

    (B) 市場

    (C) 材料

    (D) 薬品

(152) このゲームは、毎日していても飽きない＿＿＿＿＿＿＿面白い。

    (A) ように

    (B) くらい

    (C) こそ

    (D) まで

(153) 今日は、日が＿＿＿＿＿＿＿前に帰りましょう。

    (A) 暮れる

    (B) 過ごす

    (C) 縮める

    (D) 加える

(154) 会議中、＿＿＿＿＿＿＿意見を求められて困ってしまった。

    (A) ぐっすり

    (B) いきなり

    (C) ようやく

    (D) のんびり

(155) あのラーメン屋は、値段が安い。＿＿＿＿＿＿＿量が多いので学生に人気だ。

    (A) なぜなら

    (B) それなら

    (C) すると

    (D) しかも

次のページに続く

(156) 妻とは、友人_____出会いました。

    (A) を通じて

    (B) に反して

    (C) において

    (D) を基に

(157) 田中さんのスーツは、いつも_____です。

    (A) 穏やか

    (B) 明らか

    (C) わがまま

    (D) おしゃれ

(158) 毎年、親戚に_____を送っています。

    (A) お世辞

    (B) お中元

    (C) お参り

    (D) お祈り

(159) 考え_____全ての方法を試したが、実験は成功しなかった。

    (A) がたい

    (B) つつある

    (C) 限り

    (D) 得る

(160) 新人の中に_____な人がいるので、指導が大変だ。

    (A) 具体的

    (B) 不完全

    (C) 生意気

    (D) 全面的

(161) 犬にとって＿＿＿＿＿ことは、気持ちを表す手段である。

    (A) 吠える

    (B) うなずく

    (C) 食う

    (D) 甘やかす

(162) サングラスをかけた怪しい男が家の周辺を＿＿＿＿＿している。

    (A) ぐらぐら

    (B) ぶつぶつ

    (C) うろうろ

    (D) ぬるぬる

(163) 決勝戦で力が＿＿＿＿＿敗れてしまった。

    (A) 改めず

    (B) 及ばず

    (C) 補わず

    (D) 抱かず

(164) 伊藤さんは、専門知識に＿＿＿＿＿現場の経験もあるので頼りになる。

    (A) 加えて

    (B) 応じて

    (C) 沿って

    (D) 当たって

(165) 配偶者には、遺産を＿＿＿＿＿する権利がある。

    (A) 増進

    (B) 束縛

    (C) 待遇

    (D) 相続

次のページに続く

(166) 車の点検を＿＿＿＿＿と大変な事故を招く恐れがある。

    (A) 怠る

    (B) 討つ

    (C) 侵す

    (D) 襲う

(167) 東京へお越しの際は、是非＿＿＿＿＿宅にもお立ち寄りください。

    (A) 愚

    (B) 拙

    (C) 弊

    (D) 貴

(168) 飲み会好きの上司の誘いを断る言い訳を＿＿＿＿＿のに、いつも四苦八苦している。

    (A) 割り切る

    (B) 捻り出す

    (C) 持て余す

    (D) 振る舞う

(169) 親になり、母親のありがたみを身＿＿＿＿＿知った。

    (A) にして

    (B) にもまして

    (C) をもって

    (D) を踏まえて

(170) 私の一存ではお答えいたしかねますので、＿＿＿＿＿社内で検討させていただきます。

    (A) 堂々と

    (B) 差し当たって

    (C) 絶え間なく

    (D) 先立って

VIII. 下の文を読んで、後の問いに最も適したものを(A)、(B)、(C)、(D)の中から一つ選びなさい。

(171〜173)

夏になると、必ず思い出すことがあります。それは父との思い出です。父は昔から野球が好きでした。今はやっていませんが、高校の時は毎日野球をしていたからだそうです。私が小学生の頃は、父の会社の人が時々チケットをくれたので、父は野球を見に連れて行ってくれました。私はルールがわかりにくいので野球があまり好きではありませんでしたが、父と一緒に野球を見に行くのは好きでした。なぜなら、いつもは買ってくれないジュースや食べ物を買ってくれたからです。父が好きなチームが勝った時には、気分が良くなって、家へ帰る時に高いアイスクリームを買ってくれました。私はそのアイスクリームが大好きで、それが食べたくて父と一緒に出かけていました。大人になった今でも、季節が夏になるとそのアイスクリームの味を思い出します。

(171) この人のお父さんは、どうして野球が好きでしたか。
    (A) 野球は人気があったから
    (B) 野球の仕事をしていたから
    (C) 野球をするのが楽しかったから
    (D) 昔野球をやっていたから

(172) この人は、どうして野球が好きではありませんでしたか。
    (A) 野球のルールが難しかったから
    (B) 野球をやるのが下手だったから
    (C) 野球のチケットが高かったから
    (D) 好きな野球選手がいなかったから

(173) この人が大好きだったものは、何ですか。
    (A) 野球を見ながら食べるアイスクリーム
    (B) 新鮮なオレンジジュース
    (C) 野球をした後に食べる冷たいもの
    (D) 値段が高いアイスクリーム

次のページに続く

(174~177)

　　私は大学を卒業してからずっと家具の会社で毎日家具を売っていました。しかし来月からラーメン屋の店長になります。大学生の時、とても好きなラーメン屋があって、ほとんど毎日ラーメンを食べに行っていました。その店のラーメンがとても美味しくて、本当に毎日食べたかったのです。店長もとてもいい人で、毎日ラーメンしか食べない私を心配して、サービスで野菜をたくさん入れてくれました。大学を卒業してからも、1か月に3、4回は電車に乗って食べに行っていました。半年前、ラーメンを食べた後に店長と話をしていると、店長が「もう年だし、病気もあるし、体が無理だから店を閉める」と言いました。「店を閉めないで」とお願いしましたが、駄目でした。そこで私は、「じゃあ、私がこの店をやります」と言いました。それからこの店でアルバイトをしながら味を教えてもらいました。これからは、私が大好きだったラーメンの味を守りながら、この店を無くさないように、努力したいと思っています。

(174) この人は、大学卒業後、どんな仕事をしていましたか。
　　(A) 家具を売る仕事
　　(B) ラーメン屋
　　(C) 部屋の壁を作る仕事
　　(D) デパートのアルバイト

(175) この人は、大学生の時、どうしてこのラーメン屋へ通っていましたか。
　　(A) 野菜をサービスしてくれたから
　　(B) 一番安かったから
　　(C) 家から近かったから
　　(D) この店のラーメンの味が好きだったから

(176) 店長が店を閉めると言った理由は、何ですか。
　　(A) 店に来る客が減ったから
　　(B) 人手が足りなくなったから
　　(C) 年を取って体が大変だから
　　(D) 店が古くて汚いから

(177) この人は、これからどうしたいと思っていますか。
　　(A) 美味しいラーメンを研究したい。
　　(B) 店が大きくなるように努力したい。
　　(C) 大好きなラーメンを食べ続けたい。
　　(D) 店が続けられるように頑張りたい。

(178〜180)

> 先日、私は久しぶりに息子と公園へ行った。家から近い公園で、子供が遊ぶのにちょうどいい広さの公園だ。以前は木や花もたくさんあって、自然の中で子供を遊ばせることができた。私も子供の頃は良くこの公園で遊んでいた。しかし久しぶりに行ってみると、公園の風景が全然違っていたのでびっくりした。工事によって、ただの大きな広場になっていた。公園の人に話を聞くと、1か月前に工事をしたらしい。近くに住んでいる住民からの虫が飛んできて困るという意見や、ボランティアの人たちの木や花の世話が大変だという意見が多かったそうだ。私が子供の頃から遊びに来ていた公園なので、景色が変わってしまってとても寂しくなった。都会の中の自然がたくさんある場所が、また1つ無くなってしまった。

(178) この人は、子供の頃良く行っていた公園について、何と言っていますか。

    (A) 虫を捕まえに良く行っていた。

    (B) 虫が多くて怖かった。

    (C) 子供が遊ぶのに適当だった。

    (D) 長い期間、工事をしていた。

(179) この人は、どうして驚きましたか。

    (A) 遊んでいる子供の姿がなかったから

    (B) 公園の景色がすっかり変わっていたから

    (C) 工事をやっている最中だったから

    (D) 公園の広さが変化していたから

(180) 公園の近所の住民から、どんな意見がありましたか。

    (A) 公園の虫に悩まされている。

    (B) 子供が遊ぶ声に迷惑している。

    (C) 大量の虫の鳴き声がうるさい。

    (D) 木の葉っぱが飛んできて困る。

次のページに続く

(181〜184)

　　私は海外で営業の仕事をしています。大学時代から学んできた英語やコミュニケーション能力を使って活躍できると思ったので、この仕事を選択しました。自分の能力を使ってビジネスが成功した時の気分は最高ですし、海外で人の役に立つ製品を広められることにも喜びを感じています。しかし海外での仕事や生活は大変です。ストレスを感じて日本に帰ってしまう人もたくさんいます。そんな人たちは、うまく仕事をしようとしか考えていないのではないかと思います。私が海外営業で一番楽しいと思っているところは、日本とは違った色んな文化や生活習慣を知ることができるところです。慣れない文化の中で仕事をするので苦労することもあります。それをうまくいかない理由にする人が多いです。しかし工夫して自分から行動することで、相手の習慣や考え方が理解できるようになります。そして自分も成長できて、仕事もうまくいくようになります。このように考えると、毎日自分の世界が広がっていくようで、楽しく海外で仕事をすることができると思います。

(181) この人は、どうして今の仕事を選びましたか。

　　(A) 海外で働くのが幼い頃からの夢だったから

　　(B) 海外営業の仕事は給料がとても高いから

　　(C) 知人に今の会社の社長を紹介されたから

　　(D) 学生時代に学んだことが役立つと考えたから

(182) この人が喜びを感じているのは、どんなところですか。

　　(A) 努力すれば周りに評価されるところ

　　(B) 笑顔でお礼を言ってもらえるところ

　　(C) 難しい営業の技術を学べるところ

　　(D) 人々のためになるものを世界中に届けられるところ

(183) この人は、どんな時が一番楽しいと言っていますか。

　　(A) 外国の知らなかったことが知れた時

　　(B) 様々な国の人とおしゃべりができた時

　　(C) 自分の意見に納得してもらった時

　　(D) 日本で発売されていない商品を見つけた時

(184) この人は、どうすれば仕事がうまくいくと言っていますか。

　　(A) 自分で方法を考えて動く。

　　(B) しっかり調査をやっておく。

　　(C) 英語力を身に付ける。

　　(D) 日本のビジネスを学ぶ。

(185〜188)

> 　最近、仕事と生活のバランスを考える人が増えているそうです。昔、自分の生活よりも仕事のことを考えていたサラリーマンには、良いイメージがありました。40年前の調査では、「仕事は一生懸命にやるもの」と答えた人が、「仕事は生活のために仕方がなくやるもの」と答えた人よりもずっと多かったそうです。しかし最近の調査では、「生活のために仕方がなくやるもの」と答えた人の方が多くなりました。若い人ほどそう答えた人が多くなって、年を取れば取るほど、仕事は一生懸命やるものだと答えた人が多くなっています。確かに、今の日本は努力すれば結果が出る社会ではないかもしれません。でも、仕事を仕方がなくやっている人が大部分の会社は、すぐに無くなってしまいます。明日、私は新しい社員の前でスピーチをします。その時、仕事も自分の生活も、どちらも一生懸命にやってもらいたいと話すつもりです。

(185) 昔、どんなサラリーマンが良い印象を持たれていましたか。
　　(A) バランス良く働いている人
　　(B) 絶対に遅刻をしない人
　　(C) 生活よりも仕事を大事に考えている人
　　(D) 自分の生活をしっかり守っている人

(186) 最近の調査は、どんな結果でしたか。
　　(A) 仕事が大事だと答えた人が多かった。
　　(B) 仕事をやらなくてもいいという人が多かった。
　　(C) 一生懸命に仕事をやるべきだという人が減った。
　　(D) 生きていくために仕事をやると答えた人が減った。

(187) すぐに無くなってしまう会社は、どんな会社ですか。
　　(A) 若者ばかりを社員として集めている会社
　　(B) 一生懸命に仕事をし過ぎる会社
　　(C) 社員の働く環境が悪い会社
　　(D) ほとんどの社員が熱心に働いていない会社

(188) この人は、明日のスピーチでどんなことを話しますか。
　　(A) 会社員にとっては仕事が一番大事だ。
　　(B) 辛くても会社を辞めてはいけない。
　　(C) 先輩の意見をしっかり聞いた方がいい。
　　(D) 生活も仕事も全力でやってほしい。

次のページに続く

(189〜192)

私は子供の頃から鉄道が大好きで、良く写真を撮りに出かけていた。電車に乗ることも大好きなのだが、大人になってからは特に全国各地の鉄道に関連するものを集めるのが趣味になった。そんな私が、以前から参加したいと思っていたイベントがある。地方の鉄道会社が通常では考えられないものを販売するイベントだ。去年注目を浴びたのは、「自宅に本物の線路と踏切が置ける権利」だった。鉄道ファンにとっては、夢のようなことだ。しかし残念ながら私の住んでいるマンションの部屋の広さでは絶対に無理なので、(1)諦めた。そして先日、今年販売されるものが発表された。それは「本物の自動改札機」だ。自宅に入る際、自動改札を通り抜けて室内へ入る。思い浮かべると(2)わくわくする。値段も気になるところだし、ライバルも多そうだが、今年は休暇を取り、イベントに参加してみようと思っている。

(189) この人の大人になってからの趣味は、何ですか。

(A) 全国の鉄道写真の撮影

(B) 駅の発車メロディーを集めること

(C) 全国各地の鉄道に乗車すること

(D) 鉄道に関わる品物の収集

(190) この人は、どんなイベントに参加したいと思っていますか。

(A) 色々なものが特売されるお得なイベント

(B) 地方鉄道の車内販売が安売りになるイベント

(C) 列車の旅が当選者に贈られるイベント

(D) 普段売買されないものが売り出されるイベント

(191) この人は、なぜ(1)諦めたと言っていますか。

(A) 自宅に置けるスペースがないため

(B) 組み立てる技術が不足しているため

(C) 同居家族に認められなかったため

(D) 銀行預金の額が不足していたため

(192) この人が(2)わくわくするのは、どうしてですか。

(A) 買った後のことを想像すると楽しくなるから

(B) 自動改札機を家に置いている人はいないから

(C) どうやら安く手に入れられそうだから

(D) 休暇をもらってイベントに参加できるから

(193〜196)

> 昨日、高校の同級生と久しぶりに会った。彼の会社では来週、社員旅行があるらしい。社員旅行というと、私にはマイナスイメージしかなかった。昔は多くの企業が行っていたが、職場の人間関係が旅先でも続くとなると、気が抜けない人が多く、参加したくないのは当然だ。そのような心理的な問題に加えて、企業の経費の問題もあり、徐々に社員旅行をする企業は減った。私の会社でも自由参加の旅行になり、そして最後には社員旅行が無くなってしまった。しかし最近、社員旅行をする企業が少しずつ増加しているそうだ。友人の話では、単なる観光旅行ではなく、研修が目的の旅行だそうだ。どうやら社員全体でまとまった時間が持てる社員旅行という形で、研修を行っているようだ。しっかりと目的を設定した上での旅行であれば、社員たちも納得するだろう。是非自分の会社でも、旅行の経費は企業にとって価値がある投資になると思うので、社員旅行の復活を(1)提案してみようと思った。

(193) この人は、社員旅行についてどう思っていましたか。

    (A) 古い日本企業の習慣である。

    (B) 是非復活してほしい行事である。

    (C) 最悪な習慣で今すぐ止めるべきである。

    (D) 多くの人が参加を嫌がるものである。

(194) 社員旅行をする企業が減ったのは、どうしてですか。

    (A) 制度上の問題が明らかになったから

    (B) 社員を強制的に従わせるのは良くないから

    (C) 企業や社員の負担になるから

    (D) 日程を組むのが困難になってきたから

(195) 社員が納得するのは、どんな旅行ですか。

    (A) 豪華な食事が提供される旅行

    (B) 目的が明確で行く意義のある旅行

    (C) 上司と仲良くする必要がない旅行

    (D) 行き先が自由に選択できる旅行

(196) この人は、どうして(1)提案してみようと思ったのですか。

    (A) 旅行経費は収入利益で十分補えるから

    (B) 最近の旅行は経済的だから

    (C) 研修を行えるのがお得だから

    (D) お金をかけても無駄にならないと考えたから

次のページに続く

(197〜200)

> 　人が生涯にわたり学習活動を継続していく生涯学習という概念は、欧米諸国では19世紀には既に一般的だった。多くの一般の民衆が大学における高度な研究内容をキリスト教の教会にて学んでいた。日本でもその概念は導入されたものの、定着しないまま消滅していった。現在各国で実践されているタイプの生涯学習は、比較的新しく唱えられたものだ。日本でも、自分のキャリアアップのために何か新しいものを学んだり、学習を続けたりすることには(1)高い価値があるとされてきている。そこで日本政府も社会人の学びを推進し、多様な需要に対応する教育機会の拡大を図っている。その1つとして、大学や大学院における社会人や企業などの需要に応じた実践的かつ専門的なプログラムを「職業実践力育成プログラム」に定める制度を開始した。この制度により、定められた各種プログラムのうち一定の条件を満たす者については、学習補助金の支給対象となった。人生100年時代を念頭に置いたこうした取り組みや支援が、今後も増えていくだろうと予想されている。

(197) 19世紀の欧米諸国での生涯学習とは、どのようなものでしたか。

　　(A) 上流階級の人が教会で教えを学んでいた。

　　(B) 一般人がキリスト教の由来を研究していた。

　　(C) 誰でも大学の教室で講義が聴講できた。

　　(D) 庶民が大学と同等の内容を学んでいた。

(198) 日本では、どんなことが(1)高い価値があるとされていますか。

　　(A) 向上心を持って自ら学びを継続すること

　　(B) 名高い学者から技能を授けられること

　　(C) 順調にキャリアを形成していくこと

　　(D) 自身の趣味や娯楽に重点を置くこと

(199) 政府は、なぜ新しい制度を導入しましたか。

　　(A) 教育機会の重要性を認識したため

　　(B) 学習機関からの強い要望があったため

　　(C) 未成年者が学習できる機会を増やすため

　　(D) 様々な学びに適した場を拡充するため

(200) 今後について、どのようになると予想されていますか。

　　(A) 学習機会の需要と供給の均衡は保たれる。

　　(B) 専門的な職業に就きたい人が増加する。

　　(C) 各分野で生涯学習事業が推進されていく。

　　(D) 職業訓練校により、高齢者の就職が増える。

これでテストの問題は全部終わりました。
時間があまったらもう一度答えを確かめてみましょう。

ANSWER SHEET

JPT® Japanese Proficiency Test

JPT® 최신기출 1000제 30일 완성 VOL.2 TEST 1

수험번호

응시일자 : 20   년   월   일

성명 한글 / 한자 / 영자

좌석번호

聽解 (NO. 1–100)

NO.	ANSWER A B C D	NO.	ANSWER A B C D	NO.	ANSWER A B C D	NO.	ANSWER A B C D	NO.	ANSWER A B C D
1		21		41		61		81	
2		22		42		62		82	
3		23		43		63		83	
4		24		44		64		84	
5		25		45		65		85	
6		26		46		66		86	
7		27		47		67		87	
8		28		48		68		88	
9		29		49		69		89	
10		30		50		70		90	
11		31		51		71		91	
12		32		52		72		92	
13		33		53		73		93	
14		34		54		74		94	
15		35		55		75		95	
16		36		56		76		96	
17		37		57		77		97	
18		38		58		78		98	
19		39		59		79		99	
20		40		60		80		100	

讀解 (NO. 101–200)

NO.	ANSWER A B C D	NO.	ANSWER A B C D	NO.	ANSWER A B C D	NO.	ANSWER A B C D	NO.	ANSWER A B C D
101		121		141		161		181	
102		122		142		162		182	
103		123		143		163		183	
104		124		144		164		184	
105		125		145		165		185	
106		126		146		166		186	
107		127		147		167		187	
108		128		148		168		188	
109		129		149		169		189	
110		130		150		170		190	
111		131		151		171		191	
112		132		152		172		192	
113		133		153		173		193	
114		134		154		174		194	
115		135		155		175		195	
116		136		156		176		196	
117		137		157		177		197	
118		138		158		178		198	
119		139		159		179		199	
120		140		160		180		200	

ANSWER SHEET

JPT® 최신기출 1000제 30일 완성 VOL.2 TEST ②
Japanese Proficiency Test

수험번호

응시일자 : 20   년   월   일

성	한글
	한자
명	영자

좌석번호

聽 解

NO.	ANSWER A B C D	NO.	ANSWER A B C D	NO.	ANSWER A B C D	NO.	ANSWER A B C D
1	Ⓐ Ⓑ Ⓒ Ⓓ	21	Ⓐ Ⓑ Ⓒ Ⓓ	41	Ⓐ Ⓑ Ⓒ Ⓓ	61	Ⓐ Ⓑ Ⓒ Ⓓ
2	Ⓐ Ⓑ Ⓒ Ⓓ	22	Ⓐ Ⓑ Ⓒ Ⓓ	42	Ⓐ Ⓑ Ⓒ Ⓓ	62	Ⓐ Ⓑ Ⓒ Ⓓ
3	Ⓐ Ⓑ Ⓒ Ⓓ	23	Ⓐ Ⓑ Ⓒ Ⓓ	43	Ⓐ Ⓑ Ⓒ Ⓓ	63	Ⓐ Ⓑ Ⓒ Ⓓ
4	Ⓐ Ⓑ Ⓒ Ⓓ	24	Ⓐ Ⓑ Ⓒ Ⓓ	44	Ⓐ Ⓑ Ⓒ Ⓓ	64	Ⓐ Ⓑ Ⓒ Ⓓ
5	Ⓐ Ⓑ Ⓒ Ⓓ	25	Ⓐ Ⓑ Ⓒ Ⓓ	45	Ⓐ Ⓑ Ⓒ Ⓓ	65	Ⓐ Ⓑ Ⓒ Ⓓ
6	Ⓐ Ⓑ Ⓒ Ⓓ	26	Ⓐ Ⓑ Ⓒ Ⓓ	46	Ⓐ Ⓑ Ⓒ Ⓓ	66	Ⓐ Ⓑ Ⓒ Ⓓ
7	Ⓐ Ⓑ Ⓒ Ⓓ	27	Ⓐ Ⓑ Ⓒ Ⓓ	47	Ⓐ Ⓑ Ⓒ Ⓓ	67	Ⓐ Ⓑ Ⓒ Ⓓ
8	Ⓐ Ⓑ Ⓒ Ⓓ	28	Ⓐ Ⓑ Ⓒ Ⓓ	48	Ⓐ Ⓑ Ⓒ Ⓓ	68	Ⓐ Ⓑ Ⓒ Ⓓ
9	Ⓐ Ⓑ Ⓒ Ⓓ	29	Ⓐ Ⓑ Ⓒ Ⓓ	49	Ⓐ Ⓑ Ⓒ Ⓓ	69	Ⓐ Ⓑ Ⓒ Ⓓ
10	Ⓐ Ⓑ Ⓒ Ⓓ	30	Ⓐ Ⓑ Ⓒ Ⓓ	50	Ⓐ Ⓑ Ⓒ Ⓓ	70	Ⓐ Ⓑ Ⓒ Ⓓ
11	Ⓐ Ⓑ Ⓒ Ⓓ	31	Ⓐ Ⓑ Ⓒ Ⓓ	51	Ⓐ Ⓑ Ⓒ Ⓓ	71	Ⓐ Ⓑ Ⓒ Ⓓ
12	Ⓐ Ⓑ Ⓒ Ⓓ	32	Ⓐ Ⓑ Ⓒ Ⓓ	52	Ⓐ Ⓑ Ⓒ Ⓓ	72	Ⓐ Ⓑ Ⓒ Ⓓ
13	Ⓐ Ⓑ Ⓒ Ⓓ	33	Ⓐ Ⓑ Ⓒ Ⓓ	53	Ⓐ Ⓑ Ⓒ Ⓓ	73	Ⓐ Ⓑ Ⓒ Ⓓ
14	Ⓐ Ⓑ Ⓒ Ⓓ	34	Ⓐ Ⓑ Ⓒ Ⓓ	54	Ⓐ Ⓑ Ⓒ Ⓓ	74	Ⓐ Ⓑ Ⓒ Ⓓ
15	Ⓐ Ⓑ Ⓒ Ⓓ	35	Ⓐ Ⓑ Ⓒ Ⓓ	55	Ⓐ Ⓑ Ⓒ Ⓓ	75	Ⓐ Ⓑ Ⓒ Ⓓ
16	Ⓐ Ⓑ Ⓒ Ⓓ	36	Ⓐ Ⓑ Ⓒ Ⓓ	56	Ⓐ Ⓑ Ⓒ Ⓓ	76	Ⓐ Ⓑ Ⓒ Ⓓ
17	Ⓐ Ⓑ Ⓒ Ⓓ	37	Ⓐ Ⓑ Ⓒ Ⓓ	57	Ⓐ Ⓑ Ⓒ Ⓓ	77	Ⓐ Ⓑ Ⓒ Ⓓ
18	Ⓐ Ⓑ Ⓒ Ⓓ	38	Ⓐ Ⓑ Ⓒ Ⓓ	58	Ⓐ Ⓑ Ⓒ Ⓓ	78	Ⓐ Ⓑ Ⓒ Ⓓ
19	Ⓐ Ⓑ Ⓒ Ⓓ	39	Ⓐ Ⓑ Ⓒ Ⓓ	59	Ⓐ Ⓑ Ⓒ Ⓓ	79	Ⓐ Ⓑ Ⓒ Ⓓ
20	Ⓐ Ⓑ Ⓒ Ⓓ	40	Ⓐ Ⓑ Ⓒ Ⓓ	60	Ⓐ Ⓑ Ⓒ Ⓓ	80	Ⓐ Ⓑ Ⓒ Ⓓ

NO.	ANSWER A B C D
81	Ⓐ Ⓑ Ⓒ Ⓓ
82	Ⓐ Ⓑ Ⓒ Ⓓ
83	Ⓐ Ⓑ Ⓒ Ⓓ
84	Ⓐ Ⓑ Ⓒ Ⓓ
85	Ⓐ Ⓑ Ⓒ Ⓓ
86	Ⓐ Ⓑ Ⓒ Ⓓ
87	Ⓐ Ⓑ Ⓒ Ⓓ
88	Ⓐ Ⓑ Ⓒ Ⓓ
89	Ⓐ Ⓑ Ⓒ Ⓓ
90	Ⓐ Ⓑ Ⓒ Ⓓ
91	Ⓐ Ⓑ Ⓒ Ⓓ
92	Ⓐ Ⓑ Ⓒ Ⓓ
93	Ⓐ Ⓑ Ⓒ Ⓓ
94	Ⓐ Ⓑ Ⓒ Ⓓ
95	Ⓐ Ⓑ Ⓒ Ⓓ
96	Ⓐ Ⓑ Ⓒ Ⓓ
97	Ⓐ Ⓑ Ⓒ Ⓓ
98	Ⓐ Ⓑ Ⓒ Ⓓ
99	Ⓐ Ⓑ Ⓒ Ⓓ
100	Ⓐ Ⓑ Ⓒ Ⓓ

讀 解

NO.	ANSWER A B C D	NO.	ANSWER A B C D	NO.	ANSWER A B C D	NO.	ANSWER A B C D	NO.	ANSWER A B C D
101	Ⓐ Ⓑ Ⓒ Ⓓ	121	Ⓐ Ⓑ Ⓒ Ⓓ	141	Ⓐ Ⓑ Ⓒ Ⓓ	161	Ⓐ Ⓑ Ⓒ Ⓓ	181	Ⓐ Ⓑ Ⓒ Ⓓ
102	Ⓐ Ⓑ Ⓒ Ⓓ	122	Ⓐ Ⓑ Ⓒ Ⓓ	142	Ⓐ Ⓑ Ⓒ Ⓓ	162	Ⓐ Ⓑ Ⓒ Ⓓ	182	Ⓐ Ⓑ Ⓒ Ⓓ
103	Ⓐ Ⓑ Ⓒ Ⓓ	123	Ⓐ Ⓑ Ⓒ Ⓓ	143	Ⓐ Ⓑ Ⓒ Ⓓ	163	Ⓐ Ⓑ Ⓒ Ⓓ	183	Ⓐ Ⓑ Ⓒ Ⓓ
104	Ⓐ Ⓑ Ⓒ Ⓓ	124	Ⓐ Ⓑ Ⓒ Ⓓ	144	Ⓐ Ⓑ Ⓒ Ⓓ	164	Ⓐ Ⓑ Ⓒ Ⓓ	184	Ⓐ Ⓑ Ⓒ Ⓓ
105	Ⓐ Ⓑ Ⓒ Ⓓ	125	Ⓐ Ⓑ Ⓒ Ⓓ	145	Ⓐ Ⓑ Ⓒ Ⓓ	165	Ⓐ Ⓑ Ⓒ Ⓓ	185	Ⓐ Ⓑ Ⓒ Ⓓ
106	Ⓐ Ⓑ Ⓒ Ⓓ	126	Ⓐ Ⓑ Ⓒ Ⓓ	146	Ⓐ Ⓑ Ⓒ Ⓓ	166	Ⓐ Ⓑ Ⓒ Ⓓ	186	Ⓐ Ⓑ Ⓒ Ⓓ
107	Ⓐ Ⓑ Ⓒ Ⓓ	127	Ⓐ Ⓑ Ⓒ Ⓓ	147	Ⓐ Ⓑ Ⓒ Ⓓ	167	Ⓐ Ⓑ Ⓒ Ⓓ	187	Ⓐ Ⓑ Ⓒ Ⓓ
108	Ⓐ Ⓑ Ⓒ Ⓓ	128	Ⓐ Ⓑ Ⓒ Ⓓ	148	Ⓐ Ⓑ Ⓒ Ⓓ	168	Ⓐ Ⓑ Ⓒ Ⓓ	188	Ⓐ Ⓑ Ⓒ Ⓓ
109	Ⓐ Ⓑ Ⓒ Ⓓ	129	Ⓐ Ⓑ Ⓒ Ⓓ	149	Ⓐ Ⓑ Ⓒ Ⓓ	169	Ⓐ Ⓑ Ⓒ Ⓓ	189	Ⓐ Ⓑ Ⓒ Ⓓ
110	Ⓐ Ⓑ Ⓒ Ⓓ	130	Ⓐ Ⓑ Ⓒ Ⓓ	150	Ⓐ Ⓑ Ⓒ Ⓓ	170	Ⓐ Ⓑ Ⓒ Ⓓ	190	Ⓐ Ⓑ Ⓒ Ⓓ
111	Ⓐ Ⓑ Ⓒ Ⓓ	131	Ⓐ Ⓑ Ⓒ Ⓓ	151	Ⓐ Ⓑ Ⓒ Ⓓ	171	Ⓐ Ⓑ Ⓒ Ⓓ	191	Ⓐ Ⓑ Ⓒ Ⓓ
112	Ⓐ Ⓑ Ⓒ Ⓓ	132	Ⓐ Ⓑ Ⓒ Ⓓ	152	Ⓐ Ⓑ Ⓒ Ⓓ	172	Ⓐ Ⓑ Ⓒ Ⓓ	192	Ⓐ Ⓑ Ⓒ Ⓓ
113	Ⓐ Ⓑ Ⓒ Ⓓ	133	Ⓐ Ⓑ Ⓒ Ⓓ	153	Ⓐ Ⓑ Ⓒ Ⓓ	173	Ⓐ Ⓑ Ⓒ Ⓓ	193	Ⓐ Ⓑ Ⓒ Ⓓ
114	Ⓐ Ⓑ Ⓒ Ⓓ	134	Ⓐ Ⓑ Ⓒ Ⓓ	154	Ⓐ Ⓑ Ⓒ Ⓓ	174	Ⓐ Ⓑ Ⓒ Ⓓ	194	Ⓐ Ⓑ Ⓒ Ⓓ
115	Ⓐ Ⓑ Ⓒ Ⓓ	135	Ⓐ Ⓑ Ⓒ Ⓓ	155	Ⓐ Ⓑ Ⓒ Ⓓ	175	Ⓐ Ⓑ Ⓒ Ⓓ	195	Ⓐ Ⓑ Ⓒ Ⓓ
116	Ⓐ Ⓑ Ⓒ Ⓓ	136	Ⓐ Ⓑ Ⓒ Ⓓ	156	Ⓐ Ⓑ Ⓒ Ⓓ	176	Ⓐ Ⓑ Ⓒ Ⓓ	196	Ⓐ Ⓑ Ⓒ Ⓓ
117	Ⓐ Ⓑ Ⓒ Ⓓ	137	Ⓐ Ⓑ Ⓒ Ⓓ	157	Ⓐ Ⓑ Ⓒ Ⓓ	177	Ⓐ Ⓑ Ⓒ Ⓓ	197	Ⓐ Ⓑ Ⓒ Ⓓ
118	Ⓐ Ⓑ Ⓒ Ⓓ	138	Ⓐ Ⓑ Ⓒ Ⓓ	158	Ⓐ Ⓑ Ⓒ Ⓓ	178	Ⓐ Ⓑ Ⓒ Ⓓ	198	Ⓐ Ⓑ Ⓒ Ⓓ
119	Ⓐ Ⓑ Ⓒ Ⓓ	139	Ⓐ Ⓑ Ⓒ Ⓓ	159	Ⓐ Ⓑ Ⓒ Ⓓ	179	Ⓐ Ⓑ Ⓒ Ⓓ	199	Ⓐ Ⓑ Ⓒ Ⓓ
120	Ⓐ Ⓑ Ⓒ Ⓓ	140	Ⓐ Ⓑ Ⓒ Ⓓ	160	Ⓐ Ⓑ Ⓒ Ⓓ	180	Ⓐ Ⓑ Ⓒ Ⓓ	200	Ⓐ Ⓑ Ⓒ Ⓓ

ANSWER SHEET

JPT® Japanese Proficiency Test

최신기출 1000제 30일 완성 VOL.2 TEST ③

수험번호

응시일자 : 20 년 월 일

성0 한글 / 한자 / 영자
명0

좌석번호
Ⓐ Ⓑ Ⓒ Ⓓ Ⓔ ④ ⑤ ⑥ ⑦
① ② ③

聽 解

NO.	A	B	C	D	NO.	A	B	C	D	NO.	A	B	C	D	NO.	A	B	C	D
1	ⓐ	ⓑ	ⓒ	ⓓ	21	ⓐ	ⓑ	ⓒ	ⓓ	41	ⓐ	ⓑ	ⓒ	ⓓ	61	ⓐ	ⓑ	ⓒ	ⓓ
2	ⓐ	ⓑ	ⓒ	ⓓ	22	ⓐ	ⓑ	ⓒ	ⓓ	42	ⓐ	ⓑ	ⓒ	ⓓ	62	ⓐ	ⓑ	ⓒ	ⓓ
3	ⓐ	ⓑ	ⓒ	ⓓ	23	ⓐ	ⓑ	ⓒ	ⓓ	43	ⓐ	ⓑ	ⓒ	ⓓ	63	ⓐ	ⓑ	ⓒ	ⓓ
4	ⓐ	ⓑ	ⓒ	ⓓ	24	ⓐ	ⓑ	ⓒ	ⓓ	44	ⓐ	ⓑ	ⓒ	ⓓ	64	ⓐ	ⓑ	ⓒ	ⓓ
5	ⓐ	ⓑ	ⓒ	ⓓ	25	ⓐ	ⓑ	ⓒ	ⓓ	45	ⓐ	ⓑ	ⓒ	ⓓ	65	ⓐ	ⓑ	ⓒ	ⓓ
6	ⓐ	ⓑ	ⓒ	ⓓ	26	ⓐ	ⓑ	ⓒ	ⓓ	46	ⓐ	ⓑ	ⓒ	ⓓ	66	ⓐ	ⓑ	ⓒ	ⓓ
7	ⓐ	ⓑ	ⓒ	ⓓ	27	ⓐ	ⓑ	ⓒ	ⓓ	47	ⓐ	ⓑ	ⓒ	ⓓ	67	ⓐ	ⓑ	ⓒ	ⓓ
8	ⓐ	ⓑ	ⓒ	ⓓ	28	ⓐ	ⓑ	ⓒ	ⓓ	48	ⓐ	ⓑ	ⓒ	ⓓ	68	ⓐ	ⓑ	ⓒ	ⓓ
9	ⓐ	ⓑ	ⓒ	ⓓ	29	ⓐ	ⓑ	ⓒ	ⓓ	49	ⓐ	ⓑ	ⓒ	ⓓ	69	ⓐ	ⓑ	ⓒ	ⓓ
10	ⓐ	ⓑ	ⓒ	ⓓ	30	ⓐ	ⓑ	ⓒ	ⓓ	50	ⓐ	ⓑ	ⓒ	ⓓ	70	ⓐ	ⓑ	ⓒ	ⓓ
11	ⓐ	ⓑ	ⓒ	ⓓ	31	ⓐ	ⓑ	ⓒ	ⓓ	51	ⓐ	ⓑ	ⓒ	ⓓ	71	ⓐ	ⓑ	ⓒ	ⓓ
12	ⓐ	ⓑ	ⓒ	ⓓ	32	ⓐ	ⓑ	ⓒ	ⓓ	52	ⓐ	ⓑ	ⓒ	ⓓ	72	ⓐ	ⓑ	ⓒ	ⓓ
13	ⓐ	ⓑ	ⓒ	ⓓ	33	ⓐ	ⓑ	ⓒ	ⓓ	53	ⓐ	ⓑ	ⓒ	ⓓ	73	ⓐ	ⓑ	ⓒ	ⓓ
14	ⓐ	ⓑ	ⓒ	ⓓ	34	ⓐ	ⓑ	ⓒ	ⓓ	54	ⓐ	ⓑ	ⓒ	ⓓ	74	ⓐ	ⓑ	ⓒ	ⓓ
15	ⓐ	ⓑ	ⓒ	ⓓ	35	ⓐ	ⓑ	ⓒ	ⓓ	55	ⓐ	ⓑ	ⓒ	ⓓ	75	ⓐ	ⓑ	ⓒ	ⓓ
16	ⓐ	ⓑ	ⓒ	ⓓ	36	ⓐ	ⓑ	ⓒ	ⓓ	56	ⓐ	ⓑ	ⓒ	ⓓ	76	ⓐ	ⓑ	ⓒ	ⓓ
17	ⓐ	ⓑ	ⓒ	ⓓ	37	ⓐ	ⓑ	ⓒ	ⓓ	57	ⓐ	ⓑ	ⓒ	ⓓ	77	ⓐ	ⓑ	ⓒ	ⓓ
18	ⓐ	ⓑ	ⓒ	ⓓ	38	ⓐ	ⓑ	ⓒ	ⓓ	58	ⓐ	ⓑ	ⓒ	ⓓ	78	ⓐ	ⓑ	ⓒ	ⓓ
19	ⓐ	ⓑ	ⓒ	ⓓ	39	ⓐ	ⓑ	ⓒ	ⓓ	59	ⓐ	ⓑ	ⓒ	ⓓ	79	ⓐ	ⓑ	ⓒ	ⓓ
20	ⓐ	ⓑ	ⓒ	ⓓ	40	ⓐ	ⓑ	ⓒ	ⓓ	60	ⓐ	ⓑ	ⓒ	ⓓ	80	ⓐ	ⓑ	ⓒ	ⓓ

NO.	A	B	C	D
81	ⓐ	ⓑ	ⓒ	ⓓ
82	ⓐ	ⓑ	ⓒ	ⓓ
83	ⓐ	ⓑ	ⓒ	ⓓ
84	ⓐ	ⓑ	ⓒ	ⓓ
85	ⓐ	ⓑ	ⓒ	ⓓ
86	ⓐ	ⓑ	ⓒ	ⓓ
87	ⓐ	ⓑ	ⓒ	ⓓ
88	ⓐ	ⓑ	ⓒ	ⓓ
89	ⓐ	ⓑ	ⓒ	ⓓ
90	ⓐ	ⓑ	ⓒ	ⓓ
91	ⓐ	ⓑ	ⓒ	ⓓ
92	ⓐ	ⓑ	ⓒ	ⓓ
93	ⓐ	ⓑ	ⓒ	ⓓ
94	ⓐ	ⓑ	ⓒ	ⓓ
95	ⓐ	ⓑ	ⓒ	ⓓ
96	ⓐ	ⓑ	ⓒ	ⓓ
97	ⓐ	ⓑ	ⓒ	ⓓ
98	ⓐ	ⓑ	ⓒ	ⓓ
99	ⓐ	ⓑ	ⓒ	ⓓ
100	ⓐ	ⓑ	ⓒ	ⓓ

讀 解

NO.	A	B	C	D	NO.	A	B	C	D	NO.	A	B	C	D	NO.	A	B	C	D	NO.	A	B	C	D
101	ⓐ	ⓑ	ⓒ	ⓓ	121	ⓐ	ⓑ	ⓒ	ⓓ	141	ⓐ	ⓑ	ⓒ	ⓓ	161	ⓐ	ⓑ	ⓒ	ⓓ	181	ⓐ	ⓑ	ⓒ	ⓓ
102	ⓐ	ⓑ	ⓒ	ⓓ	122	ⓐ	ⓑ	ⓒ	ⓓ	142	ⓐ	ⓑ	ⓒ	ⓓ	162	ⓐ	ⓑ	ⓒ	ⓓ	182	ⓐ	ⓑ	ⓒ	ⓓ
103	ⓐ	ⓑ	ⓒ	ⓓ	123	ⓐ	ⓑ	ⓒ	ⓓ	143	ⓐ	ⓑ	ⓒ	ⓓ	163	ⓐ	ⓑ	ⓒ	ⓓ	183	ⓐ	ⓑ	ⓒ	ⓓ
104	ⓐ	ⓑ	ⓒ	ⓓ	124	ⓐ	ⓑ	ⓒ	ⓓ	144	ⓐ	ⓑ	ⓒ	ⓓ	164	ⓐ	ⓑ	ⓒ	ⓓ	184	ⓐ	ⓑ	ⓒ	ⓓ
105	ⓐ	ⓑ	ⓒ	ⓓ	125	ⓐ	ⓑ	ⓒ	ⓓ	145	ⓐ	ⓑ	ⓒ	ⓓ	165	ⓐ	ⓑ	ⓒ	ⓓ	185	ⓐ	ⓑ	ⓒ	ⓓ
106	ⓐ	ⓑ	ⓒ	ⓓ	126	ⓐ	ⓑ	ⓒ	ⓓ	146	ⓐ	ⓑ	ⓒ	ⓓ	166	ⓐ	ⓑ	ⓒ	ⓓ	186	ⓐ	ⓑ	ⓒ	ⓓ
107	ⓐ	ⓑ	ⓒ	ⓓ	127	ⓐ	ⓑ	ⓒ	ⓓ	147	ⓐ	ⓑ	ⓒ	ⓓ	167	ⓐ	ⓑ	ⓒ	ⓓ	187	ⓐ	ⓑ	ⓒ	ⓓ
108	ⓐ	ⓑ	ⓒ	ⓓ	128	ⓐ	ⓑ	ⓒ	ⓓ	148	ⓐ	ⓑ	ⓒ	ⓓ	168	ⓐ	ⓑ	ⓒ	ⓓ	188	ⓐ	ⓑ	ⓒ	ⓓ
109	ⓐ	ⓑ	ⓒ	ⓓ	129	ⓐ	ⓑ	ⓒ	ⓓ	149	ⓐ	ⓑ	ⓒ	ⓓ	169	ⓐ	ⓑ	ⓒ	ⓓ	189	ⓐ	ⓑ	ⓒ	ⓓ
110	ⓐ	ⓑ	ⓒ	ⓓ	130	ⓐ	ⓑ	ⓒ	ⓓ	150	ⓐ	ⓑ	ⓒ	ⓓ	170	ⓐ	ⓑ	ⓒ	ⓓ	190	ⓐ	ⓑ	ⓒ	ⓓ
111	ⓐ	ⓑ	ⓒ	ⓓ	131	ⓐ	ⓑ	ⓒ	ⓓ	151	ⓐ	ⓑ	ⓒ	ⓓ	171	ⓐ	ⓑ	ⓒ	ⓓ	191	ⓐ	ⓑ	ⓒ	ⓓ
112	ⓐ	ⓑ	ⓒ	ⓓ	132	ⓐ	ⓑ	ⓒ	ⓓ	152	ⓐ	ⓑ	ⓒ	ⓓ	172	ⓐ	ⓑ	ⓒ	ⓓ	192	ⓐ	ⓑ	ⓒ	ⓓ
113	ⓐ	ⓑ	ⓒ	ⓓ	133	ⓐ	ⓑ	ⓒ	ⓓ	153	ⓐ	ⓑ	ⓒ	ⓓ	173	ⓐ	ⓑ	ⓒ	ⓓ	193	ⓐ	ⓑ	ⓒ	ⓓ
114	ⓐ	ⓑ	ⓒ	ⓓ	134	ⓐ	ⓑ	ⓒ	ⓓ	154	ⓐ	ⓑ	ⓒ	ⓓ	174	ⓐ	ⓑ	ⓒ	ⓓ	194	ⓐ	ⓑ	ⓒ	ⓓ
115	ⓐ	ⓑ	ⓒ	ⓓ	135	ⓐ	ⓑ	ⓒ	ⓓ	155	ⓐ	ⓑ	ⓒ	ⓓ	175	ⓐ	ⓑ	ⓒ	ⓓ	195	ⓐ	ⓑ	ⓒ	ⓓ
116	ⓐ	ⓑ	ⓒ	ⓓ	136	ⓐ	ⓑ	ⓒ	ⓓ	156	ⓐ	ⓑ	ⓒ	ⓓ	176	ⓐ	ⓑ	ⓒ	ⓓ	196	ⓐ	ⓑ	ⓒ	ⓓ
117	ⓐ	ⓑ	ⓒ	ⓓ	137	ⓐ	ⓑ	ⓒ	ⓓ	157	ⓐ	ⓑ	ⓒ	ⓓ	177	ⓐ	ⓑ	ⓒ	ⓓ	197	ⓐ	ⓑ	ⓒ	ⓓ
118	ⓐ	ⓑ	ⓒ	ⓓ	138	ⓐ	ⓑ	ⓒ	ⓓ	158	ⓐ	ⓑ	ⓒ	ⓓ	178	ⓐ	ⓑ	ⓒ	ⓓ	198	ⓐ	ⓑ	ⓒ	ⓓ
119	ⓐ	ⓑ	ⓒ	ⓓ	139	ⓐ	ⓑ	ⓒ	ⓓ	159	ⓐ	ⓑ	ⓒ	ⓓ	179	ⓐ	ⓑ	ⓒ	ⓓ	199	ⓐ	ⓑ	ⓒ	ⓓ
120	ⓐ	ⓑ	ⓒ	ⓓ	140	ⓐ	ⓑ	ⓒ	ⓓ	160	ⓐ	ⓑ	ⓒ	ⓓ	180	ⓐ	ⓑ	ⓒ	ⓓ	200	ⓐ	ⓑ	ⓒ	ⓓ

JPT® 최신기출

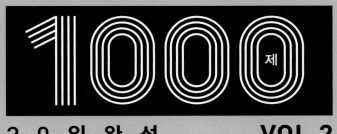

30일완성　　　VOL.2

정답 및 해설

와이비엠
홀딩스

목차

PART 1

1 (D)	2 (B)	3 (D)	4 (D)	5 (D)	6 (D)	7 (A)	8 (B)	9 (B)	10 (C)
11 (D)	12 (A)	13 (D)	14 (C)	15 (B)	16 (C)	17 (A)	18 (D)	19 (B)	20 (C)

PART 2

21 (D)	22 (C)	23 (B)	24 (A)	25 (B)	26 (A)	27 (D)	28 (D)	29 (B)	30 (C)
31 (C)	32 (A)	33 (D)	34 (A)	35 (C)	36 (D)	37 (B)	38 (C)	39 (B)	40 (B)
41 (A)	42 (D)	43 (B)	44 (A)	45 (C)	46 (D)	47 (A)	48 (B)	49 (D)	50 (D)

PART 3

51 (C)	52 (B)	53 (B)	54 (A)	55 (D)	56 (C)	57 (B)	58 (D)	59 (C)	60 (A)
61 (B)	62 (C)	63 (A)	64 (A)	65 (D)	66 (B)	67 (A)	68 (B)	69 (D)	70 (C)
71 (B)	72 (C)	73 (A)	74 (D)	75 (B)	76 (C)	77 (B)	78 (D)	79 (C)	80 (B)

PART 4

81 (B)	82 (B)	83 (B)	84 (B)	85 (D)	86 (D)	87 (B)	88 (C)	89 (D)	90 (B)
91 (C)	92 (A)	93 (D)	94 (B)	95 (B)	96 (D)	97 (C)	98 (D)	99 (B)	100 (D)

PART 5

101 (A)	102 (C)	103 (D)	104 (B)	105 (B)	106 (A)	107 (C)	108 (A)	109 (B)	110 (D)
111 (B)	112 (B)	113 (D)	114 (C)	115 (A)	116 (C)	117 (B)	118 (B)	119 (D)	120 (B)

PART 6

121 (A)	122 (C)	123 (C)	124 (C)	125 (A)	126 (A)	127 (D)	128 (B)	129 (D)	130 (C)
131 (D)	132 (B)	133 (C)	134 (B)	135 (A)	136 (C)	137 (D)	138 (D)	139 (B)	140 (B)

PART 7

141 (C)	142 (D)	143 (B)	144 (D)	145 (C)	146 (D)	147 (A)	148 (C)	149 (A)	150 (C)
151 (D)	152 (B)	153 (B)	154 (A)	155 (D)	156 (D)	157 (C)	158 (A)	159 (D)	160 (A)
161 (B)	162 (D)	163 (C)	164 (C)	165 (D)	166 (D)	167 (A)	168 (C)	169 (C)	170 (D)

PART 8

171 (A)	172 (C)	173 (C)	174 (A)	175 (C)	176 (B)	177 (C)	178 (C)	179 (B)	180 (C)
181 (D)	182 (A)	183 (A)	184 (D)	185 (A)	186 (B)	187 (A)	188 (D)	189 (D)	190 (A)
191 (A)	192 (D)	193 (D)	194 (B)	195 (B)	196 (B)	197 (A)	198 (A)	199 (D)	200 (C)

01 사물의 상태

(A) ナイフで切っています。
(B) 手を洗っています。
(C) 卵が割れています。
(D) 水が出ています。

(A) 칼로 자르고 있습니다.
(B) 손을 씻고 있습니다.
(C) 계란이 깨져 있습니다.
(D) 물이 나오고 있습니다.

해설 | 싱크대 수도꼭지에서 물이 나오고 있는 사진이므로, 정답은 (D)가 된다. 나머지 선택지의 칼이나 손, 계란은 사진에 등장하지 않는다.

어휘 | ナイフ 나이프, 칼 切(き)る 자르다 手(て) 손
洗(あら)う 씻다 卵(たまご) 계란, 달걀 割(わ)れる 깨지다
水(みず) 물 出(で)る 나오다

02 사물의 상태

(A) ベンチの上にかばんがあります。
(B) 形が違う椅子があります。
(C) 丸い机があります。
(D) スーツケースが1つあります。

(A) 벤치 위에 가방이 있습니다.
(B) 모양이 다른 의자가 있습니다.
(C) 둥근 책상이 있습니다.
(D) 여행용 가방이 하나 있습니다.

해설 | 둥근 모양의 의자가 보이고 옆에 네모난 모양의 접이식 의자 위에 가방이 하나 놓여 있다. 선택지 중 맞는 묘사는 (B)로, (A)는 「ベンチ」(벤치), (D)는 「スーツケース」(슈트케이스, 여행용 가방) 부분이 잘못되었다. 그리고 (C)는 책상이 아니라 의자라고 해야 맞는 설명이다.

어휘 | 上(うえ) 위 かばん 가방 形(かたち) 모양 違(ちが)う 다르다
椅子(いす) 의자 丸(まる)い 둥글다 机(つくえ) 책상
1(ひと)つ 하나, 한 개

03 인물의 동작 및 상태(2인 이상 등장)

(A) 傘を差しています。
(B) 1人だけ立っています。
(C) 花が咲いています。
(D) 木の下に人がいます。

(A) 우산을 쓰고 있습니다.
(B) 한 명만 서 있습니다.
(C) 꽃이 피어 있습니다.
(D) 나무 아래에 사람이 있습니다.

해설 | 나무 그늘 아래에서 쉬고 있는 사람들이 보인다. 정답은 (D)로, 사진에서 우산이나 꽃은 보이지 않고, 서 있는 사람은 한 명이 아니라 두 명이므로, 나머지 선택지는 답이 될 수 없다.

어휘 | 傘(かさ) 우산 差(さ)す (우산 등을) 쓰다, 받치다
〜だけ 〜만, 〜뿐 立(た)つ 서다 花(はな) 꽃 咲(さ)く (꽃이) 피다
木(き) 나무 下(した) 아래, 밑

04 인물의 동작 및 상태(1인 등장)

(A) ノートパソコンを使っています。
(B) ネックレスをしています。
(C) 窓から外を見ています。
(D) 携帯電話を触っています。

(A) 노트북을 사용하고 있습니다.
(B) 목걸이를 하고 있습니다.
(C) 창문으로 밖을 보고 있습니다.
(D) 휴대전화를 만지고 있습니다.

해설 | 여자의 동작에 주목해야 한다. 마스크를 쓴 여자가 휴대전화를 만지고 있으므로, 정답은 (D)가 된다. 사진에서 노트북이나 목걸이는 보이지 않고, 창문이 살짝 열려 있기는 하지만 창밖을 내다보고 있는 상황도 아니므로, 나머지 선택지는 답이 될 수 없다.

어휘 | ノートパソコン 노트북 使(つか)う 쓰다, 사용하다
ネックレス 목걸이 窓(まど) 창문 外(そと) 밖
見(み)る 보다 携帯電話(けいたいでんわ) 휴대전화
触(さわ)る (가볍게) 닿다, 손을 대다, 만지다

05 인물의 동작 및 상태(2인 이상 등장)

(A) トラックを運転しています。
(B) バイクに乗っています。
(C) タクシーが止まっています。
(D) バスから降りています。

(A) 트럭을 운전하고 있습니다.
(B) 오토바이를 타고 있습니다.
(C) 택시가 서 있습니다.
(D) 버스에서 내리고 있습니다.

해설 | 버스에서 승객이 내리고 있는 사진이므로, 정답은 (D)가 된다. 서 있는 것은 택시가 아닌 버스이고, 트럭을 운전하고 있는 사람이나 오토바이를 타고 있는 사람도 없으므로, 나머지 선택지는 답이 될 수 없다.

어휘 | トラック 트럭 運転(うんてん) 운전
バイク 바이크, 오토바이 *「モーターバイク」의 준말
乗(の)る (탈것에) 타다 タクシー 택시 止(と)まる 멈추다, 서다
バス 버스 ～から ～에서, ~로부터 降(お)りる (탈것에서) 내리다

06 사물의 상태

(A) 戸が壊れています。
(B) 小説が並んでいます。
(C) 食器が重ねられています。
(D) 棚に商品があります。

(A) 문이 고장 나 있습니다.
(B) 소설이 놓여 있습니다.
(C) 식기가 포개져 있습니다.
(D) 선반에 상품이 있습니다.

해설 | 매장 선반에 각종 소스와 양념류가 진열되어 있는 사진이므로, 정답은 (D)가 된다. 사진에 고장 난 문은 보이지 않고, 선반에 소설이나 식기도 없으므로, 나머지 선택지는 답이 될 수 없다.

어휘 | 戸(と) 문 壊(こわ)れる 고장 나다
小説(しょうせつ) 소설 並(なら)ぶ (나란히) 늘어서다, 놓여 있다
食器(しょっき) 식기 重(かさ)ねる 포개다, 쌓아 올리다
棚(たな) 선반 商品(しょうひん) 상품

07 인물의 동작 및 상태(1인 등장)

(A) 片手でグラスを持っています。
(B) 両手で茶碗を握っています。
(C) ストローで飲み物を飲んでいます。
(D) 果物を絞っています。

(A) 한 손으로 유리컵을 들고 있습니다.
(B) 양손으로 밥공기를 쥐고 있습니다.
(C) 빨대로 음료를 마시고 있습니다.
(D) 과일을 짜고 있습니다.

해설 | 여자의 동작에 주목해야 한다. 여자는 한 손으로 음료가 든 유리컵을 들고 있으므로, 정답은 (A)가 된다. 나머지 선택지의 양손, 빨대, 과일은 사진에 등장하지 않는다.

어휘 | 片手(かたて) 한 손 グラス 유리컵 持(も)つ 가지다, 들다
両手(りょうて) 양손 茶碗(ちゃわん) 밥공기
握(にぎ)る (손에) 쥐다, 잡다 ストロー 빨대 飲(の)み物(もの) 음료
飲(の)む 마시다 果物(くだもの) 과일 絞(しぼ)る 짜다, 쥐어짜다

08 풍경 및 상황 묘사

(A) 店の前に長い行列ができています。
(B) 道路に文字が書かれています。
(C) 空いている市場です。
(D) ここは公園の出入り口です。

(A) 가게 앞에 긴 줄이 생겨 있습니다.
(B) 도로에 글자가 쓰여 있습니다.
(C) 한산한 시장입니다.
(D) 여기는 공원의 출입구입니다.

해설 | 도로 한가운데에 「止(と)まれ」(일단 정지)라는 글자가 쓰여 있으므로, 정답은 (B)가 된다. 멀리 떨어진 곳에 낮은 건물이 보이는데, 건물 앞에는 아무도 없으므로 가게 앞에 줄이 생겨 있다고 한 (A)는 오답이고, 사진 속의 장소가 시장이나 공원의 출입구도 아니므로 (C), (D) 또한 답이 될 수 없다.

어휘 | 店(みせ) 가게 前(まえ) 앞 長(なが)い 길다
行列(ぎょうれつ) 행렬, 줄 できる 생기다 道路(どうろ) 도로
文字(もじ) 문자, 글자 書(か)く (글씨・글을) 쓰다
空(す)く (빈자리가) 나다, 비다, 한산해지다 市場(いちば) 시장
ここ 여기, 이곳 公園(こうえん) 공원 出入(でい)り口(ぐち) 출입구

09 사물의 상태

(A) 立入禁止の場所です。
(B) 隅に植木があります。
(C) エレベーターの横に看板があります。
(D) コピー機の前に植物があります。

(A) 출입금지인 장소입니다.
(B) 구석에 화분이 있습니다.
(C) 엘리베이터 옆에 간판이 있습니다.
(D) 복사기 앞에 식물이 있습니다.

해설 | 「隅(すみ)」(구석)와 「植木(うえき)」(화분)라는 단어를 알아듣는 것이 포인트. 엘리베이터 오른쪽 구석에 화분이 놓여 있으므로, 정답은 (B)가 된다.

어휘 | 立入禁止(たちいりきんし) 출입금지 場所(ばしょ) 장소, 곳 エレベーター 엘리베이터 横(よこ) 옆 看板(かんばん) 간판 コピー機(き) 복사기 前(まえ) 앞 植物(しょくぶつ) 식물

10 사물의 상태

(A) 服が溢れています。
(B) 服を干す所です。
(C) 洗濯機の蓋が開いています。
(D) 屋外に洗濯機を置いています。

(A) 옷이 넘치고 있습니다.
(B) 옷을 너는 곳입니다.
(C) 세탁기 뚜껑이 열려 있습니다.
(D) 옥외에 세탁기를 놓고 있습니다.

해설 | 실내에 세탁기가 뚜껑이 열린 채로 놓여 있는 사진이므로, 정답은 (C)가 된다. 세탁기 안은 비어 있으므로 옷이 넘치고 있다고 한 (A)는 답이 될 수 없고, 옷을 너는 곳 또한 아니며, 세탁기는 옥외가 아닌 실내에 있으므로, 나머지 선택지는 답이 될 수 없다.

어휘 | 服(ふく) 옷 溢(あふ)れる (가득 차서) 넘치다 干(ほ)す 말리다, 널다 所(ところ) 곳, 장소 洗濯機(せんたくき) 세탁기 蓋(ふた) 뚜껑 開(あ)く 열리다 屋外(おくがい) 옥외, 집 또는 건물의 밖 置(お)く 놓다, 두다

11 사물의 상태

(A) 箱から取り出しています。
(B) 色を塗る道具です。
(C) ケースは空です。
(D) 楽器が入っています。

(A) 상자에서 꺼내고 있습니다.
(B) 색을 칠하는 도구입니다.
(C) 케이스는 비어 있습니다.
(D) 악기가 들어 있습니다.

해설 | 「楽器(がっき)」(악기)라는 단어를 알아듣는 것이 포인트. 바이올린 케이스 안에 바이올린이 들어 있는 사진이므로, 정답은 (D)가 된다. (C)는 케이스가 비어 있다고 했으므로 답이 될 수 없다.

어휘 | 箱(はこ) 상자 取(と)り出(だ)す 꺼내다 色(いろ) 색, 색깔 塗(ぬ)る 칠하다, 바르다 道具(どうぐ) 도구 ケース 케이스 空(から) (속이) 빔 入(はい)る 들다

12 인물의 동작 및 상태(1인 등장)

(A) 足を組んでいます。
(B) 車椅子に座っています。
(C) 台に腰かけています。
(D) 裸足になっています。

(A) 다리를 꼬고 있습니다.
(B) 휠체어에 앉아 있습니다.
(C) 받침대에 걸터앉아 있습니다.
(D) 맨발이 되어 있습니다.

해설 | 「足(あし)を組(く)む」(다리를 꼬다)라는 표현을 알아듣는 것이 포인트. 여자가 다리를 꼬고 의자에 앉아 있는 사진이므로, 정답은 (A)가 된다. 여자는 의자에 앉아 있으므로 (B)와 (C)는 정답으로는 부적절하고, 신발도 신고 있는 상태이므로 (D)도 답이 될 수 없다.

어휘 | 車椅子(くるまいす) 휠체어 座(すわ)る 앉다 台(だい) 받침대 腰(こし)かける 걸터앉다 裸足(はだし) 맨발

13 사물의 상태

(A) 布団が畳んであります。
(B) 荷物が散らかっています。
(C) たくさんの雨具があります。
(D) 座布団が積まれています。

(A) 이불이 개어져 있습니다.
(B) 짐이 어질러져 있습니다.
(C) 많은 우비가 있습니다.
(D) 방석이 쌓여 있습니다.

해설 | 「座布団(ざぶとん)」(방석)이라는 단어를 알아듣는 것이 포인트. 방석이 쌓여 있는 사진이므로, 정답은 (D)가 된다. 나머지 선택지의 이불, 짐, 우비는 사진에 등장하지 않는다.

어휘 | 布団(ふとん) 이불 畳(たた)む 개다, 개키다
타동사+て[で]ある ～해져 있다 *상태표현 荷物(にもつ) 짐
散(ち)らかる 흩어지다, 어질러지다 たくさん 많음
雨具(あまぐ) 우비, 비가 올 때 사용하는 물건들의 총칭
積(つ)む (물건을) 쌓다

14 사물의 상태

(A) 水面に文字が写っています。
(B) 壁に光が反射しています。
(C) 矢印が左を指しています。
(D) ポスターが数枚貼ってあります。

(A) 수면에 글자가 비치고 있습니다.
(B) 벽에 빛이 반사되고 있습니다.
(C) 화살표가 왼쪽을 가리키고 있습니다.
(D) 포스터가 몇 장 붙여져 있습니다.

해설 | 벽에 회의실 호수를 안내하는 종이가 붙어 있다. 화살표는 왼쪽을 가리키고 있으므로, 정답은 (C)가 된다. 수면에 글자가 비치고 있다고 한 (A)는 사진과는 관계없는 내용이고, 벽에 빛이 반사되고 있다고 한 (B)나 포스터가 몇 장 붙어 있다고 한 (D)도 수험자의 착각을 불러일으키기 위한 함정이다.

어휘 | 水面(すいめん) 수면 文字(もじ) 문자, 글자
写(うつ)る 비치다 壁(かべ) 벽 光(ひかり) 빛 反射(はんしゃ) 반사
矢印(やじるし) 화살표 左(ひだり) 왼쪽
指(さ)す (사물·방향 등을) 가리키다 ポスター 포스터

数(すう)～ 수～, 몇～
～枚(まい) ～장 *종이 등 얇고 평평한 것을 세는 말
貼(は)る 붙이다 타동사+てある ～해져 있다 *상태표현

15 인물의 동작 및 상태(1인 등장)

(A) 襟を立てています。
(B) 首から名札を下げています。
(C) ファイルを広げています。
(D) 包帯を巻いています。

(A) 옷깃을 세우고 있습니다.
(B) 목에 명찰을 걸고 있습니다.
(C) 파일을 펼치고 있습니다.
(D) 붕대를 감고 있습니다.

해설 | 「山田(やまだ)」(야마다)라는 이름이 쓰인 명찰을 목에 걸고 있는 모습이므로, 정답은 (B)가 된다. 여자가 입고 있는 옷은 옷깃이 없는 라운드 스타일이고, 파일을 펼치고 있거나 붕대를 감고 있지도 않으므로 나머지 선택지는 답이 될 수 없다.

어휘 | 襟(えり) 옷깃 立(た)てる 세우다 首(くび) 목
名札(なふだ) 명찰 下(さ)げる 늘어뜨리다, 매달다, 달다
ファイル 파일 広(ひろ)げる 펴다, 펼치다 包帯(ほうたい) 붕대
巻(ま)く 감다

16 인물의 동작 및 상태(2인 이상 등장)

(A) 子供を抱き抱えています。
(B) 2人で持ち上げています。
(C) 手を繋いでいます。
(D) 肩を揉んでいます。

(A) 아이를 껴안고 있습니다.
(B) 둘이서 들어올리고 있습니다.
(C) 손을 잡고 있습니다.
(D) 어깨를 주무르고 있습니다.

해설 | 「手(て)を繋(つな)ぐ」(손을 잡다)라는 표현을 알아듣는 것이 포인트. 아이 둘이서 손을 잡고 걸어가고 있는 사진이므로, 정답은 (C)가 된다. (A)는 「子供(こども)」(아이), (B)는 「2人(ふたり)で」(둘이서)를 이용한 오답이다.

7

어휘ㅣ抱(だ)き抱(かか)える 껴안다, 끌어안다
持(も)ち上(あ)げる 들어올리다 肩(かた) 어깨
揉(も)む 주무르다, 안마하다

17 인물의 동작 및 상태(1인 등장)

(A) 包(つつ)み紙(がみ)で包装(ほうそう)しています。
(B) 透明(とうめい)の袋(ふくろ)に詰(つ)めています。
(C) 賞状(しょうじょう)を飾(かざ)っています。
(D) リボンを結(むす)んでいます。

(A) 포장지로 포장하고 있습니다.
(B) 투명한 봉지에 담고 있습니다.
(C) 상장을 장식하고 있습니다.
(D) 리본을 묶고 있습니다.

해설ㅣ뭔가를 포장지로 포장하고 있는 사진이므로, 정답은 (A)가 된다. 나머지 선택지의 봉지, 상장, 리본은 사진에 등장하지 않는다.

어휘ㅣ包(つつみ)紙(がみ) 포장지 包装(ほうそう) 포장
透明(とうめい) 투명 袋(ふくろ) 봉지
詰(つ)める (빈 곳을 잔뜩) 채워 넣다, 담다 賞状(しょうじょう) 상장
飾(かざ)る 꾸미다, 장식하다 リボン 리본 結(むす)ぶ 매다, 묶다

18 사물의 상태

(A) 花柄(はながら)の容器(ようき)が逆様(さかさま)になっています。
(B) 湯(ゆ)が注(そそ)がれています。
(C) 複数(ふくすう)の丼(どんぶり)が重(かさ)なっています。
(D) 湯飲(ゆの)みが逆(さか)さに置(お)いてあります。

(A) 꽃무늬 그릇이 거꾸로 놓여 있습니다.
(B) 뜨거운 물이 부어져 있습니다.
(C) 여러 개의 사발이 포개져 있습니다.
(D) 찻잔이 거꾸로 놓여 있습니다.

해설ㅣ「湯飲(ゆの)み」((차를 마실 때 쓰는 손잡이가 없는) 찻잔, 찻종)라는 단어를 알아듣는 것이 포인트. 큰 용기 안에 찻잔이 거꾸로 포개져 놓여 있으므로, 정답은 (D)가 된다. (A)는 「花柄(はながら)の容器(ようき)」(꽃무늬 그릇)라는 부분이, (C)는 「丼(どんぶり)」(사발, 밥그릇) 부분이 잘못되었다.

어휘ㅣ花柄(はながら) 꽃무늬 容器(ようき) 용기, 그릇
逆様(さかさま) 거꾸로 됨, 반대임 湯(ゆ) 뜨거운 물
注(そそ)ぐ 붓다, 따르다 複数(ふくすう) 복수, 둘 이상의 수
重(かさ)なる 포개지다, 겹치다

19 풍경 및 상황 묘사

(A) 縁側(えんがわ)のふすまが閉(し)まっています。
(B) 川(かわ)に鉄橋(てっきょう)が架(か)かっています。
(C) 庭園内(ていえんない)に橋(はし)があります。
(D) 木材(もくざい)でできた桟橋(さんばし)です。

(A) 툇마루의 미닫이가 닫혀 있습니다.
(B) 강에 철교가 놓여 있습니다.
(C) 정원 안에 다리가 있습니다.
(D) 목재로 만들어진 잔교입니다.

해설ㅣ「鉄橋(てっきょう)が架(か)かる」(철교가 놓이다[가설되다])라는 표현을 알아듣는 것이 포인트. 강 위에 철교가 놓여 있고 그 위로 전철이 지나가고 있으므로, 정답은 (B)가 된다. 이 표현을 몰랐다면 (C)의 「橋(はし)」(다리)나 (D)의 「桟橋(さんばし)」(잔교, 절벽과 절벽 사이에 걸쳐 놓은 다리)만 듣고 오답을 고를 수도 있으므로 주의해야 한다.

어휘ㅣ縁側(えんがわ) 툇마루 ふすま 미닫이 閉(し)まる 닫히다
川(かわ) 강 庭園(ていえん) 정원 〜内(ない) 〜내, 〜안
木材(もくざい) 목재 できる 만들어지다

20 인물의 동작 및 상태(1인 등장)

(A) 重(おも)りを取(と)り付(つ)けています。
(B) 柵(さく)にもたれています。
(C) 手(て)すりを掴(つか)んでいます。
(D) つり革(かわ)を握(にぎ)り締(し)めています。

(A) 추를 달고 있습니다.
(B) 울타리에 기대어 있습니다.
(C) 난간을 붙잡고 있습니다.
(D) 손잡이를 꽉 쥐고 있습니다.

해설ㅣ「手(て)すり」(난간)라는 단어를 알아듣는 것이 포인트. 여자가 계단 난간을 붙잡고 올라가고 있는 모습이므로, 정답은 (C)가 된다. (D)의 「つり革(かわ)」는 '(전철이나 버스 등의) 손잡이'를 가리키는 말이므로 답이 될 수 없다.

어휘ㅣ重(おも)り 추, 저울추, 분동 取(と)り付(つ)ける 설치하다, 달다
柵(さく) 목책, 울짱 *말뚝 따위를 죽 잇따라 박아 만든 울타리
もたれる 기대다, 의지하다 掴(つか)む (손으로) 쥐다, 붙잡다
握(にぎ)り締(し)める 꽉 쥐다

21 예/아니요형 질문

朝は、何か食べましたか。
(A) はい、新聞を読みました。
(B) はい、7時に起きました。
(C) いいえ、パンの方が好きです。
(D) いいえ、コーヒーだけ飲みました。

아침에는 뭔가 먹었어요?
(A) 예, 신문을 읽었어요.
(B) 예, 7시에 일어났어요.
(C) 아니요, 빵 쪽을 좋아해요.
(D) 아니요, 커피만 마셨어요.

해설 | 아침밥을 먹었는지 묻고 있는 상황이므로, 적절한 응답은 음식은 먹지 않고 커피만 마셨다고 한 (D)가 된다. (A)는 음식이 아니므로 답이 될 수 없고, 기상 시간을 말한 (B)도 오답이다. (C)는 밥과 빵 중에서 밥을 좋아하느냐와 같은 질문에 할 만한 응답이므로 이 또한 부적절하다.

어휘 | 朝(あさ) 아침 何(なに)か 무엇인가, 뭔가
新聞(しんぶん) 신문 読(よ)む 읽다 起(お)きる 일어나다, 기상하다
パン 빵 方(ほう) 편, 쪽 好(す)きだ 좋아하다 コーヒー 커피
~だけ ~만, ~뿐 飲(の)む 마시다

22 일상생활 표현

今度、一緒に映画を見に行きませんか。
(A) これは友達にもらいました。
(B) 今はあまり忙しくないんです。
(C) ええ、ゆうこさんも誘って行きましょう。
(D) そうですね。早く来てほしいです。

다음에 함께 영화를 보러 가지 않을래요?
(A) 이건 친구한테 받았어요.
(B) 지금은 별로 바쁘지 않거든요.
(C) 네, 유코 씨도 불러내서 갑시다.
(D) 그러게요, 빨리 와 줬으면 좋겠어요.

해설 | 「~ませんか」는 '~하지 않겠습니까?'라는 뜻으로, 뭔가를 의뢰·부탁·권유할 때 사용하는 표현이다. 문제는 다음에 함께 영화를 보러 가자고 권유하고 있는 내용이므로, 적절한 응답은 본인은 물론이고 유코 씨도 불러내서 같이 가자고 한 (C)가 된다.

어휘 | 今度(こんど) 이 다음 一緒(いっしょ)に 함께
映画(えいが) 영화 見(み)る 보다
동사의 ます형+に ~하러 *동작의 목적 友達(ともだち) 친구
もらう 받다 今(いま) 지금
あまり (부정어 수반) 그다지, 별로 忙(いそが)しい 바쁘다
誘(さそ)う 부르다, 불러내다 早(はや)く 빨리
~てほしい ~해 주었으면 하다, ~하길 바라다

23 일상생활 표현

どうして田中さんは会議に遅刻したんでしょうか。
(A) 会議室は隣の部屋ですよ。
(B) 事故でバスが遅れていたそうです。
(C) 社長はもう帰られました。
(D) すみません。間に合いませんでした。

어째서 다나카 씨는 회의에 지각한 걸까요?
(A) 회의실은 옆방이에요.
(B) 사고로 버스가 지연됐대요.
(C) 사장님은 벌써 돌아가셨어요.
(D) 죄송해요, 늦었어요.

해설 | 다나카 씨가 회의에 지각한 이유를 묻고 있다. 선택지 중 이유가 될 만한 것은 (B)로, 사고가 나는 바람에 버스가 지연되어서 지각했다고 말하고 있다. (A)는 「会議(かいぎ)」(회의), (D)는 「遅刻(ちこく)」(지각)라는 말만 들었을 때 고를 수 있는 오답이다.

어휘 | どうして 어째서, 왜 会議室(かいぎしつ) 회의실
隣(となり) 옆 部屋(へや) 방 事故(じこ) 사고 バス 버스
遅(おく)れる 늦다, 늦어지다, 지연되다 社長(しゃちょう) 사장
もう 이미, 벌써 帰(かえ)る 돌아가다
間(ま)に合(あ)う 시간에 맞게 대다, 늦지 않다

24 일상생활 표현

さくら病院に駐車場があるか知っていますか。
(A) 確か3台だけ止める所がありましたよ。
(B) あの角を曲がると、受付がありますよ。
(C) インターネットで予約をキャンセルしましょう。
(D) 電車だと、1時間ぐらいかかると思います。

사쿠라 병원에 주차장이 있는지 알아요?
(A) 틀림없이 세 대만 세울 데가 있었어요.
(B) 저 모퉁이를 돌면 접수처가 있어요.
(C) 인터넷으로 예약을 취소합시다.
(D) 전철이라면 1시간 정도 걸릴 것 같아요.

해설 | 병원에 주차장이 있는지 묻고 있으므로, 적절한 응답은 세 대만 세울 공간이 있었다고 한 (A)가 된다. 접수처를 묻는 것이 아니므로 (B)는 답이 될 수 없고, 예약 취소나 소요 시간에 대한 질문도 아니므로 (C)와 (D) 역시 오답이다.

어휘 | 病院(びょういん) 병원 駐車場(ちゅうしゃじょう) 주차장
知(し)る 알다 確(たし)か 아마, 틀림없이
~台(だい) ~대 *차나 기계 등을 세는 말 ~だけ ~만, ~뿐
止(と)める 세우다 所(ところ) 곳, 장소 角(かど) 모퉁이
曲(ま)がる (방향을) 돌다 受付(うけつけ) 접수(처)
インターネット 인터넷 予約(よやく) 예약 キャンセル 캔슬, 취소
電車(でんしゃ) 전철 かかる (시간이) 걸리다

25 일상생활 표현

今日(きょう)は、天気(てんき)が悪(わる)くて寒(さむ)いですね。
(A) 今年(ことし)は台風(たいふう)が少(すく)なかったですね。
(B) 夕方(ゆうがた)から雪(ゆき)が降(ふ)るそうですよ。
(C) そこの窓(まど)は閉(し)めないでください。
(D) このマフラーは去年(きょねん)買(か)いました。

오늘은 날씨가 좋지 않고 춥네요.
(A) 올해는 태풍이 적었네요.
(B) 저녁때부터 눈이 온대요.
(C) 거기 창문은 닫지 말아 주세요.
(D) 이 목도리는 작년에 샀어요.

해설 | 궂은 날씨이고 춥다는 말에 대한 적절한 응답은 저녁때부터 눈이 온다는 얘기가 있다고 한 (B)가 된다. 태풍의 빈도를 묻는 것이 아니므로 (A)는 부적절하고, (C)와 (D) 역시 「寒(さむ)い」(춥다)라는 말만 들었을 때 고를 수 있는 오답이다.

어휘 | 今日(きょう) 오늘 天気(てんき) 날씨
悪(わる)い 나쁘다, 좋지 않다 今年(ことし) 올해
台風(たいふう) 태풍 少(すく)ない 적다
夕方(ゆうがた) 해질녘, 저녁때 雪(ゆき) 눈
降(ふ)る (비·눈 등이) 내리다, 오다 そこ 거기, 그곳
窓(まど) 창문 閉(し)める 닫다
~ないでください ~하지 말아 주십시오, ~하지 마세요
マフラー 머플러, 목도리 去年(きょねん) 작년 買(か)う 사다

26 업무 및 비즈니스 표현

出張(しゅっちょう)の詳(くわ)しい予定(よてい)を教(おし)えていただけますか。
(A) はい、日程表(にっていひょう)をお持(も)ちしますね。
(B) 最近(さいきん)、作曲(さっきょく)もしているんですよ。
(C) コンテストまであと1週間(いっしゅうかん)です。
(D) キャプテンはまだ決(き)まっていないそうです。

출장의 상세한 예정을 알려 주실 수 있나요?
(A) 예, 일정표를 갖다 드릴게요.
(B) 요즘 작곡도 하고 있거든요.
(C) 콘테스트까지 앞으로 일주일이에요.
(D) 주장은 아직 정해지지 않았대요.

해설 | 「~ていただけますか」(남에게) ~해 받을 수 있습니까?, (남이) ~해 주실 수 있습니까?)는 「~てもらえますか」((남에게) ~해 받을 수 있습니까?, (남이) ~해 줄 수 있습니까?)의 겸양표현으로, 남에게 뭔가를 부탁할 때 쓴다. 상세한 출장 일정을 묻고 있는 상황이므로, 적절한 응답은 일정표를 갖다 드리겠다고 한 (A)가 된다. 나머지 선택지의 작곡, 콘테스트, 주장은 질문과는 관계없는 내용이다.

어휘 | 出張(しゅっちょう) 출장 詳(くわ)しい 상세하다, 자세하다
予定(よてい) 예정 教(おし)える 가르치다, 알려 주다
日程表(にっていひょう) 일정표
お+동사의 ます형+する ~하다, ~해 드리다 *겸양표현
持(も)つ 가지다, 들다 最近(さいきん) 최근, 요즘
作曲(さっきょく) 작곡 コンテスト 콘테스트 あと 앞으로
1週間(いっしゅうかん) 일주일 *「~週間(しゅうかん)」-~주간, ~주일 キャプテン 캡틴, 주장
決(き)まる 정해지다, 결정되다

27 일상생활 표현

品詞の보통형+そうだ ~라고 한다 *전문

食事中(しょくじちゅう)なのにずっと携帯(けいたい)ばかり見(み)て、どうしたの(?)。
(A) 店(みせ)が込(こ)んでいるのは仕方(しかた)がないよ。
(B) 先輩(せんぱい)に仕事(しごと)を手伝(てつだ)ってもらったんだ。
(C) ダイエット中(ちゅう)で、食(た)べる量(りょう)を減(へ)らしているんだ。
(D) 面接結果(めんせつけっか)がもうすぐ来(く)るはずなんだ。

식사 중인데 계속 휴대전화만 보고 왜 그래?
(A) 가게가 붐비는 건 어쩔 수 없어.
(B) 선배가 일을 도와줬어.
(C) 다이어트 중이라 먹는 양을 줄이고 있거든.
(D) 면접 결과가 이제 곧 나올 예정이거든.

해설 | 계속 휴대전화만 보는 이유를 묻고 있다. (A)와 (B)는 그 이유로는 부적절하고, (C)는 문제의 「食事中(しょくじちゅう)」(식사 중)라는 말만 들었을 때 고를 수 있는 오답이다. 적절한 응답은 (D)로, 곧 나올 면접 결과가 신경 쓰여서 라고 말하고 있다.

어휘 | 食事(しょくじ) 식사 ~中(ちゅう) ~중
~のに ~는데(도) ずっと 쭉, 계속
携帯(けいたい) 휴대전화 *「携帯電話(けいたいでんわ)」(휴대전화)의 준말 ~ばかり ~만, ~뿐 見(み)る 보다 店(みせ) 가게
込(こ)む 혼잡하다, 붐비다 仕方(しかた)がない 어쩔 수 없다
先輩(せんぱい) 선배 仕事(しごと) 일
手伝(てつだ)う 돕다, 도와주다
~てもらう (남에게) ~해 받다, (남이) ~해 주다
ダイエット 다이어트 食(た)べる 먹다
量(りょう) 양 減(へ)らす 줄이다 面接(めんせつ) 면접
結果(けっか) 결과 もうすぐ 이제 곧 ~はずだ ~할[것] 예정이다

28 일상생활 표현

あのう、新型(しんがた)パソコンのパンフレットはありますか。
(A) 申(もう)し込(こ)みはあちらのレジでお伺(うかが)いします。
(B) ええ、イベントは中止(ちゅうし)になりました。
(C) 申(もう)し訳(わけ)ありません。注意(ちゅうい)が足(た)りませんでした。
(D) どうぞ。こちらが先週発売(せんしゅうはつばい)されたモデルのものです。

저기, 신형 컴퓨터 팸플릿은 있나요?
(A) 신청은 저쪽 계산대에서 듣겠습니다.
(B) 네, 이벤트는 중지됐어요.
(C) 죄송해요. 주의가 부족했어요.
(D) 여기요. 이게 지난주에 발매된 모델의 팸플릿이에요.

해설 | 신형 컴퓨터가 소개된 팸플릿이 있는지 묻고 있다. 신청 장소를 알려 주는 (A)와 이벤트 중지 사실을 전하는 (B), 그리고 주의가 부족했다고 사과하고 있는 (C)는 모두 질문과는 거리가 먼 응답들이다. 정답은 (D)로, 이때의 「どうぞ」는 상대방에게 무언가를 권하는 의미로 쓰였다.

어휘 | 新型(しんがた) 신형

パソコン (個人用) 컴퓨터 *「パーソナルコンピューター」의 준말
パンフレット 팸플릿　申(もう)し込(こ)み 신청
レジ 계산대 *「レジスター」의 준말
お+동사의 ます형+する ～하다, ～해 드리다 *겸양표현
伺(うかが)う 듣다, 여쭙다 *「聞(き)く」(듣다, 묻다)의 겸양어
イベント 이벤트　中止(ちゅうし) 중지　注意(ちゅうい) 주의
足(た)りる 족하다, 충분하다　こちら 이것, 이 물건
先週(せんしゅう) 지난주　発売(はつばい) 발매　モデル 모델

29 일상생활 표현

ご婚約、おめでとうございます。結婚式はされるんですか。
(A) ええ、友人と海外旅行を考えているんです。
(B) ええ、来年(らいねん)、式(しき)を挙(あ)げようと思(おも)っているんです。
(C) いいえ、皆(みな)さんのご協力(きょうりょく)のおかげです。
(D) いいえ、長男(ちょうなん)はまだ独身(どくしん)なんです。

약혼 축하드려요. 결혼식은 하시는 건가요?
(A) 네, 친구와 해외여행을 생각하고 있어요.
(B) 네, 내년에 식을 올리려고 생각하고 있어요.
(C) 아니요, 여러분의 협력 덕분이에요.
(D) 아니요, 장남은 아직 미혼이거든요.

해설 | 약혼을 축하하며 결혼식을 할 거냐고 묻고 있다. 적절한 응답은 내년에 식을 올리려고 한다는 (B)가 된다.

어휘 | 婚約(こんやく) 약혼　おめでとうございます 축하합니다
結婚式(けっこんしき) 결혼식
される 하시다 *「する」(하다)의 수동형으로 여기서는 '존경'의 뜻을 나타냄　友人(ゆうじん) 친구
海外旅行(かいがいりょこう) 해외여행　考(かんが)える 생각하다
来年(らいねん) 내년　式(しき) 식　挙(あ)げる (예식 등을) 올리다
皆(みな)さん 여러분　協力(きょうりょく) 협력　おかげ 덕분
長男(ちょうなん) 장남　まだ 아직　独身(どくしん) 독신, 미혼

30 일상생활 표현

上田(うえだ)さんが川(かわ)で溺(おぼ)れていた犬(いぬ)を助(たす)けたそうよ。
(A) 注目(ちゅうもく)されるのが苦手(にがて)なんだろう。
(B) 彼(かれ)が優勝(ゆうしょう)するとは思(おも)わなかったよ。
(C) 勇気(ゆうき)のある素晴(すば)らしい行動(こうどう)だね。
(D) ちゃんと世話(せわ)をしているんだね。

우에다 씨가 강에 빠진 개를 구했대.
(A) 주목받는 게 거북스럽겠지.
(B) 그가 우승하리라고는 생각지 못했어.
(C) 용기 있는 멋진 행동이네.
(D) 제대로 돌보고 있군.

해설 | 강에 빠진 개를 구했다는 말을 듣고 보일 만한 반응을 찾는다. 적절한 응답은 용기 있는 멋진 행동이라고 칭찬하는 (C)가 된다. (A)의 주목받는 것을 거북스러워한다거나 (B)의 우승에 대한 언급은 부적절하고, (D)는 「犬(いぬ)」(개)라는 말만 들었을 때 고를 수 있는 오답이다.

어휘 | 川(かわ) 강　溺(おぼ)れる (물에) 빠지다
助(たす)ける (목숨을) 살리다, 구조하다

31 일상생활 표현

今日(きょう)もお昼(ひる)は、お弁当(べんとう)ですね。
(A) 今日(きょう)はいつもより体調(たいちょう)がいいんだ。
(B) 材料(ざいりょう)はまとめて買(か)うようにしているよ。
(C) 自炊(じすい)生活(せいかつ)してるから、節約(せつやく)しているんだ。
(D) 好(す)き嫌(きら)いしないで食(た)べた方(ほう)がいいよ。

오늘도 점심은 도시락이네요.
(A) 오늘은 평소보다 컨디션이 좋거든.
(B) 재료는 한꺼번에 사도록 하고 있어.
(C) 자취생활 하고 있으니까 절약하고 있거든.
(D) 가리지 않고 먹는 편이 좋아.

해설 | 오늘도 도시락이냐고 묻고 있는 것으로 보아, 상대방은 요즘 계속 도시락을 싸오고 있다는 것을 알 수 있다. 이에 대한 적절한 응답은 (C)로, 자취를 하고 있기 때문에 돈을 아끼기 위해서 라는 뜻이다. (A)는 도시락을 안 싸오던 사람이 웬일로 싸왔냐는 질문에 적절한 응답이고, 나머지 선택지는 문제의 「お弁当(べんとう)」(도시락)라는 표현을 이용한 오답이다.

어휘 | 今日(きょう) 오늘　お昼(ひる) 점심(식사)
いつもより 평소보다　体調(たいちょう) 몸 상태, 컨디션
材料(ざいりょう) 재료　まとめる 한데 모으다, 합치다
買(か)う 사다　～ようにする ～하도록 하다
自炊(じすい) 자취　生活(せいかつ) 생활　節約(せつやく) 절약
好(す)き嫌(きら)い (음식을) 가림
동사의 た형+方(ほう)がいい ～하는 편[쪽]이 좋다

32 일상생활 표현

先生(せんせい)、第一希望(だいいちきぼう)の大学(だいがく)に合格(ごうかく)しました。
(A) 良(よ)かったですね。君(きみ)なら受(う)かると信(しん)じていましたよ。
(B) 失敗(しっぱい)しても諦(あきら)めない気持(きも)ちが大切(たいせつ)ですよ。
(C) へえ、将来(しょうらい)は看護師(かんごし)になろうと思(おも)っているんですね。
(D) チームのメンバーに感謝(かんしゃ)しなければなりませんね。

선생님, 1지망 대학에 붙었어요.
(A) 잘됐네요. 자네라면 합격할 거라고 믿고 있었어요.
(B) 실패해도 단념하지 않는 마음이 중요해요.
(C) 허, 장래에는 간호사가 되려고 생각하고 있군요.
(D) 팀 멤버에게 감사하지 않으면 안 되겠군요.

해설 | 「合格(ごうかく)」(합격)와 「受(う)」かる(붙다, 합격하다)라는 단어를 알아듣는 것이 포인트로, 1지망 대학에 합격했다는 소식을 선생님께 전하고 있는 상황이다. 적절한 응답은 (A)로, 제자에 대한 신뢰와 함

께 축하의 마음을 전하고 있다. (B)는 불합격 소식에 대해, (C)는 간호대학에 붙었다고 한 경우에 할 수 있는 응답이다. (D)는 혼자가 아닌 팀 플레이에 대한 반응이므로 역시 답이 될 수 없다.

어휘 | 先生(せんせい) 선생님　第一希望(だいいちきぼう) 1지망
大学(だいがく) 대학(교)　良(よ)かった 잘됐다, 다행이다
君(きみ) 자네, 너　~なら ~라면　信(しん)じる 믿다
失敗(しっぱい) 실패, 실수　諦(あきら)める 단념하다, 체념하다
気持(きも)ち 기분, 마음　大切(たいせつ)だ 중요하다
へえ 허 *감탄하거나 놀랐을 때 내는 소리
将来(しょうらい) 장래　看護師(かんごし) 간호사
チーム 팀　メンバー 멤버　感謝(かんしゃ) 감사
~なければならない ~하지 않으면 안 된다, ~해야 한다

33 일상생활 표현
駅前(えきまえ)の本屋(ほんや)が来月(らいげつ)で閉店(へいてん)するみたいだよ。
(A) 乗(の)り換(か)えの電車(でんしゃ)は10分後(じゅっぷんご)に来(く)るよ。
(B) 3,000円以上(さんぜんえんいじょう)で送料(そうりょう)が無料(むりょう)だって。
(C) 昔(むかし)から読書(どくしょ)が趣味(しゅみ)で本屋(ほんや)には良(よ)く行(い)くよ。
(D) ネットで本(ほん)を買(か)う人(ひと)が増(ふ)えたからだろうね。

역 앞의 서점이 다음 달로 폐점하는 모양이야.
(A) 갈아탈 전철은 10분 후에 와.
(B) 3천 엔 이상이면 배송료가 무료래.
(C) 옛날부터 독서가 취미라 서점에는 자주 가.
(D) 인터넷에서 책을 사는 사람이 늘었기 때문이겠지.

해설 | 서점이 폐점할 예정이라는 소식을 듣고 할 만한 응답을 찾는다. 적절한 응답은 (D)로, 서점이 폐점하는 이유를 인터넷에서 책을 구매하는 사람이 늘었기 때문일 것이라고 추측하고 있다. (A)는「駅前(えきまえ)」(역 앞), (B)와 (C)는「本屋(ほんや)」(서점)라는 말만 들었을 때 고를 수 있는 오답이다.

어휘 | 来月(らいげつ) 다음 달　閉店(へいてん) 폐점
~みたいだ ~인 것 같다　乗(の)り換(か)え 갈아탐, 환승
電車(でんしゃ) 전철　~後(ご) ~후　来(く)る 오다
以上(いじょう) 이상　送料(そうりょう) 송료, 배송료
無料(むりょう) 무료　~って ~대, ~래　昔(むかし) 옛날
読書(どくしょ) 독서　趣味(しゅみ) 취미　良(よ)く 자주
ネット 인터넷 *「インターネット」의 준말　買(か)う 사다
人(ひと) 사람　増(ふ)える 늘다, 늘어나다

34 예/아니요형 질문
支払(しはら)いは別々(べつべつ)にお願(ねが)いできますか。
(A) はい、現金払(げんきんばら)いなら可能(かのう)でございます。
(B) では、2人前(ににんまえ)でご用意(ようい)いたします。
(C) いいえ、この割引券(わりびきけん)は利用(りよう)できません。
(D) それでは、窓側(まどがわ)のお席(せき)へご案内(あんない)いたします。

지불은 따로따로 해도 될까요?
(A) 예, 현금 지불이라면 가능합니다.
(B) 그럼, 2인분으로 준비하겠습니다.
(C) 아니요, 이 할인권은 이용할 수 없습니다.
(D) 그럼, 창가 좌석으로 안내해 드리겠습니다.

해설 |「支払(しはら)い」(지불)와「別々(べつべつ)」(따로따로)라는 단어가 포인트로, 손님이 지불을 각자 해도 되는지 묻고 있다. 정답은 (A)로, 현금으로 지불할 경우에는 가능하다고 말하고 있다. (B)는 음식 주문, (C)는 할인권 사용 가능 여부에 대한 응답이며, (D)는 종업원이 손님을 자리로 안내할 때의 표현이므로 역시 답이 될 수 없다.

어휘 | お+동사의 ます형+する ~하다, ~해 드리다 *겸양표현
願(ねが)う 부탁하다　現金払(げんきんばら)い 현금 지불
~なら ~라면　可能(かのう)だ 가능하다
~でございます ~입니다 *「~です」보다 정중한 표현
では 그러면, 그럼　2人前(ににんまえ) 2인분
ご+한자명사+いたす ~하다, ~해 드리다 *겸양표현
用意(ようい) 준비　割引券(わりびきけん) 할인권
利用(りよう) 이용　それでは 그렇다면, 그럼
窓側(まどがわ) 창가, 창 쪽　席(せき) 자리, 좌석
案内(あんない) 안내

35 일상생활 표현
この番組(ばんぐみ)の司会(しかい)している人(ひと)、きれいね。
(A) 誰(だれ)が担当(たんとう)だったか忘(わす)れてしまったよ。
(B) 懐(なつ)かしいなあ。どこで見(み)つけたの(?)。
(C) うん、美人(びじん)だし、スタイルもいいね。
(D) 噂(うわさ)だから、本当(ほんとう)かどうかわからないよ。

이 프로그램 사회를 보고 있는 사람, 예쁘네.
(A) 누가 담당이었는지 잊어버렸어.
(B) 반갑네. 어디에서 찾았어?
(C) 응, 미인이고 스타일도 좋네.
(D) 소문이니까, 사실인지 어떤지 몰라.

해설 | 사회자의 외모를 칭찬하고 있다. 적절한 응답은 미인이고 스타일도 좋다며 동조하고 있는 (C)가 된다. 담당자를 잊었다고 한 (A)나 과거의 무언가를 발견한 데 대한 반가움을 표시하고 있는 (B), 그리고 소문의 진위 여부에 대해 말하고 있는 (D)는 모두 부적절한 응답이다.

어휘 | 番組(ばんぐみ) (연예・방송 등의) 프로그램
司会(しかい)する 사회를 보다　きれいだ 예쁘다
誰(だれ) 누구　担当(たんとう) 담당　忘(わす)れる 잊다
懐(なつ)かしい 그립다, 반갑다　見(み)つける 찾(아내)다, 발견하다
美人(びじん) 미인　~し ~고　スタイル 스타일　いい 좋다
噂(うわさ) 소문　本当(ほんとう) 사실, 정말임
~かどうか ~일지 어떨지, ~인지 어떤지　わかる 알다, 이해하다

36 업무 및 비즈니스 표현
明日(あした)、社長(しゃちょう)から重大発表(じゅうだいはっぴょう)があるって聞(き)いた(?)。
(A) 聞(き)いたよ。時間通(じかんどお)りに開始(かいし)しなかったんだね。
(B) ビジネスマンとして当(あ)たり前(まえ)のことだよ。
(C) じゃ、きちんとした服装(ふくそう)じゃなくてもいいんだね。
(D) うん。全社員(ぜんしゃいん)が集(あつ)まるんだよね。何(なん)なんだろう。

내일 사장님으로부터 중대 발표가 있다는 얘기 들었어?
(A) 들었어. 시간대로 시작하지 않았지?
(B) 비즈니스맨으로서 당연한 일이야.

(C) そうですね。単純な服装でなくてもいいね。

(C) 그럼, 단정한 복장이 아니어도 되겠네.
(D) 응. 전 사원이 모이는 거지? 무슨 일일까?

해설 | 내일로 예정된 중대 발표 소식을 알고 있는지 묻고 있다. 적절한 응답은 (D)로, 자신이 무슨 발표가 있을지 궁금하다고 말하고 있다. (A) 는 문제의 「聞(き)いた(?)」(들었어?)라는 표현을 응용한 오답이고, (B) 의 비즈니스맨의 사명이나 (C)의 단정한 복장은 중대 발표와는 관계없 는 내용이다.

어휘 | 明日(あした) 내일 社長(しゃちょう) 사장
重大(じゅうだい) 중대 発表(はっぴょう) 발표 聞(き)く 듣다
時間(じかん) 시간 명사+通(どお)りに ~대로
開始(かいし) 개시, 시작 ビジネスマン 비즈니스맨
~として ~로서 当(あ)たり前(まえ) 당연함
きちんとした 제대로 된, 단정한 服装(ふくそう) 복장
全社員(ぜんしゃいん) 전 사원, 모든 사원 集(あつ)まる 모이다

37 일상생활 표현
もしもし、宿の予約をお願いしたいんですが。
(A) 領収書の発行ですね。宛名はどうしますか。
(B) かしこまりました。宿泊ご希望日をお教えくだ
　　さい。
(C) はい、会場へは団体でご入場ください。
(D) 申し訳ございません。既に締め切りは過ぎてい
　　ます。

여보세요, 숙소 예약을 부탁드리고 싶은데요.
(A) 영수증 발행 말이군요. 수신인명은 어떻게 하나요?
(B) 잘 알겠습니다. 숙박 희망일을 알려 주세요.
(C) 예, 행사장에는 단체로 입장해 주세요.
(D) 죄송해요. 이미 마감은 끝났어요.

해설 | 「宿(やど)の予約(よやく)」(숙소 예약)라는 말을 알아듣는 것이 포인트. 전화로 숙소를 예약하고 있는 상황이므로, 적절한 응답은 숙박 하고 싶은 날을 알려 달라고 한 (B)가 된다. (A)의 영수증 발행은 예약이 완료된 시점에서 할 수 있는 응답이고, (D)는 뭔가를 신청하려고 했을 때 할 수 있는 응답이다.

어휘 | もしもし 여보세요
お+동사의 ます형+する ~하다, ~해 드리다 *겸양표현
願(ねが)う 부탁하다 동사의 ます형+たい ~하고 싶다
領収書(りょうしゅうしょ) 영수증 発行(はっこう) 발행
宛名(あてな) 수신인명 かしこまりました 잘 알겠습니다
宿泊(しゅくはく) 숙박 希望日(きぼうび) 희망일
お+동사의 ます형+ください ~해 주십시오, ~하십시오 *존경표현
教(おし)える 가르치다, 알려 주다
会場(かいじょう) 회장, 행사장 団体(だんたい) 단체
ご+한자명사+ください ~해 주십시오, ~하십시오 *존경표현
入場(にゅうじょう) 입장
申(もう)し訳(わけ)ございません 죄송합니다 *「申(もう)し訳(わけ) ありません」보다 정중한 표현
既(すで)に 이미, 벌써 締(し)め切(き)り 마감
過(す)ぎる (정해진 기한·기간이) 넘다, 지나다, 끝나다

38 일상생활 표현
昨日のパーティー会場は、とても華やかでしたね。

(A) そうですね。彼女の経歴は立派ですよ。
(B) でも、無事に解決しそうで良かったですね。
(C) はい、それに食事も想像以上に豪華でしたね。
(D) いえ、好奇心が強くて困る時もありますよ。

어제 파티 행사장은 매우 화려했죠?
(A) 그러네요. 그녀의 경력은 훌륭해요.
(B) 그래도 무사히 해결될 것 같아 다행이네요.
(C) 예, 게다가 식사도 상상 이상으로 호화로웠죠.
(D) 아뇨, 호기심이 강해서 곤란할 때도 있어요.

해설 | 어제 파티에 대한 감상을 말하며 동의를 구하고 있다. 적절한 응 답은 파티 행사장뿐만 아니라 음식도 무척이나 호화로웠다고 한 (C)가 된다. (A)는 문제의 「華(はな)やかでしたね」(화려했죠?)라는 말만 들 었을 때 할 수 있는 오답이고, 나머지 선택지는 파티에 대한 감상과는 거리가 먼 응답들이다.

어휘 | 昨日(きのう) 어제 パーティー 파티
会場(かいじょう) 회장, 행사장 とても 아주, 매우
華(はな)やかだ 화려하다 経歴(けいれき) 경력
立派(りっぱ)だ 훌륭하다 でも 하지만 無事(ぶじ)だ 무사하다
解決(かいけつ) 해결 동사의 ます형+そうだ ~일[할] 것 같다 *양태
良(よ)かった 잘됐다, 다행이다 それに 게다가
食事(しょくじ) 식사 想像(そうぞう) 상상 以上(いじょう) 이상
豪華(ごうか)だ 호화롭다 いえ 아뇨 好奇心(こうきしん) 호기심
強(つよ)い 강하다 困(こま)る 곤란하다, 난처하다 時(とき) 때

39 일상생활 표현
昨日の飲み会、終わるの遅かったけど、終電には
間に合った(?)。
(A) うん、取り敢えず適当に時間を潰したよ。
(B) うん、ぎりぎりの時間で焦ったけど、乗れたよ。
(C) それが、途中で見失ってしまったんだ。
(D) 案外何をすればいいかわからないものだよ。

어제 회식, 끝나는 게 늦었는데 막차 시간에는 늦지 않았어?
(A) 응, 일단 적당히 시간을 때웠어.
(B) 응, 시간이 빠듯해서 애가 탔지만 탈 수 있었어.
(C) 그게 말이야, 도중에 놓쳐 버렸지 뭐야.
(D) 예상 외로 뭘 하면 좋을지 모르는 법이야.

해설 | 「終電(しゅうでん)」은 '(전철의) 막차', 「間(ま)に合(あ)う」는 '시 간에 맞게 대다, 늦지 않다'라는 뜻으로, 회식이 늦게 끝나서 막차 시간 에 늦지 않았는지 묻고 있다. 적절한 응답은 시간이 빠듯했지만 간신히 막차를 탔다고 한 (B)가 된다. (C)는 일행 등을 놓쳤을 때 할 수 있는 말 로, 「見失(みうしな)う」는 '보던 것을 시야에서 놓치다, 지금까지 보였 던 것이 보이지 않게 되다'라는 뜻이다.

어휘 | 昨日(きのう) 어제 飲(の)み会(かい) 술자리, 회식
終(お)わる 끝나다 遅(おそ)い 늦다
終電(しゅうでん) (전철의) 막차 *「終電車(しゅうでんしゃ)」의 준말
取(と)り敢(あ)えず 우선, 일단 適当(てきとう)だ 적당하다
時間(じかん) 시간 潰(つぶ)す (틈·시간 등을) 메우다, 때우다
ぎりぎり 빠듯함 *수량·시간·정도 등이 허용된 한계점에 다다른 모양
焦(あせ)る 안달하다, 애타다 乗(の)る (탈것에) 타다
途中(とちゅう) 도중 案外(あんがい) 의외로, 예상 외로

13

わかる 알다, 이해하다 ～ものだ ～인 것[법]이다 *상식 · 진리 · 본성

40 일상생활 표현

昨晩(さくばん)、近所(きんじょ)で 雷(かみなり) が落(お)ちてすごい音(おと)がしたんだ。
(A) 騒音問題(そうおんもんだい)は解決(かいけつ)が難(むずか)しいよね。
(B) 停電(ていでん)になったり大変(たいへん)だったんじゃない(?)。
(C) そうだね。苦情(くじょう)を言(い)いたい気持(きも)ちもわかるよ。
(D) 僕(ぼく)も夜中(よなか)まで残業(ざんぎょう)でくたびれちゃったよ。

어젯밤, 근처에서 벼락이 떨어져서 굉장한 소리가 났어.
(A) 소음 문제는 해결이 어렵지.
(B) 정전이 되기도 하고 큰일이었지?
(C) 그러게. 불평하고 싶은 기분도 이해하겠어.
(D) 나도 밤중까지 잔업이라서 지쳤어.

해설 | 「雷(かみなり)が落(お)ちる」(벼락이 떨어지다)라는 표현이 포인트로, 벼락 때문에 굉장한 소리가 났다고 했다. 적절한 응답은 (B)로, 벼락 때문에 정전이 되는 등 야단나지 않았느냐고 말하고 있다. (A)와 (C)는 「音(おと)がする」(소리가 나다), (D)는 「昨晩(さくばん)」(어젯밤)이라는 단어를 응용한 오답이다.

어휘 | 近所(きんじょ) 근처, 부근 すごい 굉장하다
騒音(そうおん) 소음 問題(もんだい) 문제 解決(かいけつ) 해결
難(むずか)しい 어렵다 停電(ていでん) 정전
～たりする ～하거나 하다, ～하기도 하다
大変(たいへん)だ 큰일이다 苦情(くじょう)を言(い)う 불평하다
気持(きも)ち 기분, 마음 わかる 알다, 이해하다
僕(ぼく) 나·남자의 자칭 夜中(よなか) 밤중
残業(ざんぎょう) 잔업, 야근 くたびれる 지치다
～ちゃう ～해 버리다, ～하고 말다 *「～てしまう」의 축약표현

41 일상생활 표현

あれ(?)、そのサッカーの試合(しあい)、まだ勝敗(しょうはい)がついてないの(?)。
(A) うん、今(いま)2対(たい)2で延長戦(えんちょうせん)をしているよ。
(B) ブラジルに大会最年長(たいかいさいねんちょう)の選手(せんしゅ)がいるよ。
(C) 監督(かんとく)が代(か)わってチームがまとまるといいね。
(D) まさか日本人(にほんじん)が代表選手(だいひょうせんしゅ)に選(えら)ばれるなんてね。

어? 그 축구 시합, 아직 승패가 안 났어?
(A) 응. 지금 2대 2로 연장전을 하고 있어.
(B) 브라질에 대회 최연장 선수가 있어.
(C) 감독이 교체되어서 팀이 통합되면 좋겠네.
(D) 설마 일본인이 대표선수에 뽑히다니.

해설 | 「勝敗(しょうはい)がつく」(승패가 나다)라는 표현이 포인트로, 축구 시합의 승패가 아직도 안 났느냐고 묻고 있다. 적절한 응답은 지금 연장전이 진행 중이라고 한 (A)로, 나머지 선택지도 축구과 관련 있는 내용이기는 하지만 문제에 대한 응답으로는 부적절하다.

어휘 | あれ 어 *놀라거나 의외로 여길 때 내는 소리
サッカー 축구 試合(しあい) 시합 まだ 아직 今(いま) 지금
～対(たい) (비교의) ～대 延長戦(えんちょうせん) 연장전
ブラジル 브라질 大会(たいかい) 대회
最年長(さいねんちょう) 최연장, 나이가 가장 많음

選手(せんしゅ) 선수 監督(かんとく) 감독
代(か)わる 바뀌다, 교체되다 チーム 팀
まとまる 한데 모이다, 통합되다 まさか 설마
日本人(にほんじん) 일본인 代表(だいひょう) 대표
選(えら)ぶ 뽑다, 선발하다 ～なんて ～하다니

42 일상생활 표현

近頃(ちかごろ)、インフルエンザが流行(はや)っているらしいね。
(A) うん、防犯対策(ぼうはんたいさく)を見直(みなお)さないとね。
(B) 情報(じょうほう)が外(そと)に漏(も)れないように管理(かんり)しているよ。
(C) 火災(かさい)が多(おお)いから、気(き)を付(つ)けなくちゃいけないね。
(D) 手洗(てあら)い、うがいでしっかり予防(よぼう)しなきゃね。

요즘 독감이 유행하고 있는 것 같더라고.
(A) 응. 방범대책을 재검토해야 해.
(B) 정보가 외부로 누설되지 않도록 관리하고 있어.
(C) 화재가 많으니까 조심하지 않으면 안 되겠네.
(D) 손 씻기, 양치질로 확실히 예방해야지.

해설 | 「インフルエンザ」(인플루엔자, 독감)와 「流行(はや)る」라는 단어가 포인트, 정답은 (D)로, 독감 예방을 위한 방법을 제시하고 있다. 나머지 선택지는 범죄와 정보 관리, 불조심에 대해 말하고 있으므로 답이 될 수 없다.

어휘 | 近頃(ちかごろ) 요즘, 최근
～らしい ～인 것 같다 *객관적 근거에 의한 추측 · 판단
防犯(ぼうはん) 방범 対策(たいさく) 대책
見直(みなお)す 다시 보다, 재검토하다
～ないと(いけない) ～하지 않으면 (안 된다), ～해야 (한다)
情報(じょうほう) 정보 外(そと) 밖, 외부
漏(も)れる (비밀이) 새다, 누설되다 ～ないように ～하지 않도록
管理(かんり) 관리 火災(かさい) 화재 多(おお)い 많다
気(き)を付(つ)ける 조심하다, 주의하다
～なくちゃいけない ～하지 않으면 안 된다, ～해야 한다 *「～なくちゃ」는 「～なくては」의 축약표현
手洗(てあら)い 손 씻기 うがい 양치질
しっかり 제대로, 확실히 予防(よぼう) 예방
～なきゃ(ならない·いけない) ～하지 않으면 (안 된다), ～해야 (한다) *「～なきゃ」는 「～なければ」의 축약표현

43 일상생활 표현

あの店(みせ)、常(つね)に人(ひと)が多(おお)いけど、何(なん)の店(みせ)なの(?)。
(A) 気(き)にしないで。渋滞(じゅうたい)だったら仕方(しかた)ないよ。
(B) さあ、いつも賑(にぎ)わっているから、気(き)になるよね。
(C) あんまり詳(くわ)しくないから、注文(ちゅうもん)は任(まか)せるよ。
(D) そうだね。お昼(ひる)を取(と)りながら打(う)ち合(あ)わせしよう。

저 가게, 항상 사람이 많은데 무슨 가게야?
(A) 신경 쓰지 마. (교통) 정체라면 어쩔 수 없지.
(B) 글쎄. 늘 북적거리고 있으니까 궁금하네.
(C) 그다지 잘 모르니까 주문은 맡길게.
(D) 그러네. 점심을 먹으면서 의논하자.

해설 | 늘 손님이 많은 가게에 대해 궁금해하고 있다. 적절한 응답은 가게의 정체는 잘 모르겠지만 본인도 궁금하다고 한 (B)로, 이때의 「気

（き）になる」는 '신경이 쓰이다, 궁금하다'라는 뜻으로 쓰였다. (A)는 교통 정체에 대해서 언급하고 있으므로 정답과는 거리가 멀고, (C)와 (D)는 「店(みせ)」(가게)라는 단어를 응용한 오답이다.

어휘 | 常(つね)に 늘, 항상　人(ひ) 사람　多(おお)い 많다
気(き)にする 신경을 쓰다, 걱정하다　渋滞(じゅうたい) (교통) 정체
仕方(しかた)ない 어쩔 수 없다
さあ 글쎄 *확실한 대답을 회피할 때의 소리　いつも 늘, 항상
賑(にぎ)わう 북적거리다　あんまり (부정어 수반) 그다지, 별로
詳(くわ)しい 잘 알고 있다, 정통하다, 밝다　注文(ちゅうもん) 주문
任(まか)せる 맡기다　お昼(ひる)を取(と)る 점심을 먹다
동사의 ます형+ながら ～하면서 *동시동작
打(う)ち合(あ)わせ 미리 의논함

44 업무 및 비즈니스 표현

企業訪問でぎりぎりの到着はマナー違反だから、気を付けてね。
(A) はい、余裕を持って行動するようにします。
(B) わかりました。出来上がり次第、連絡いたします。
(C) 先程、無事に完了したと連絡がありましたよ。
(D) そうですね。この時期は連休を取りにくいですね。

기업 방문에서 빠듯하게 도착하는 건 매너 위반이니까 주의해.
(A) 예, 여유를 갖고 행동하도록 하겠습니다.
(B) 알겠습니다. 완성되는 대로 연락드리겠습니다.
(C) 조금 전에 무사히 완료됐다고 연락이 있었어요.
(D) 그렇죠, 이 시기는 연휴를 받기 힘들죠.

해설 | 「ぎりぎりの到着(とうちゃく)」(빠듯한 도착)라는 표현이 포인트로, 비즈니스 상황의 약속 시간에 대한 주의 사항을 전달하고 있다. 적절한 응답은 상대방의 충고대로 미리 도착할 수 있도록 시간적 여유를 갖고 행동하겠다고 말한 (A)가 된다.

어휘 | 企業(きぎょう) 기업　訪問(ほうもん) 방문
ぎりぎり 빠듯함 *수량·시간·정도 등이 허용된 한계점에 다다른 모양
到着(とうちゃく) 도착　マナー 매너　違反(いはん) 위반
気(き)を付(つ)ける 조심하다, 주의하다　余裕(よゆう) 여유
持(も)つ 가지다　行動(こうどう) 행동　～ようにする ～하도록 하다
出来上(できあ)がる 완성되다
동사의 ます형+次第(しだい) ～하자마자, ～하는 대로 (즉시)
連絡(れんらく) 연락　いたす 하다 *「する」의 겸양어
先程(さきほど) 조금 전　無事(ぶじ)だ 무사하다
完了(かんりょう) 완료　時期(じき) 시기　連休(れんきゅう) 연휴
取(と)る 받다, 취하다　동사의 ます형+にくい ～하기 어렵다[힘들다]

45 업무 및 비즈니스 표현

送別会の幹事は、誰がすることになったんですか。
(A) 1つの手段として検討してみます。
(B) 依頼人の情報はわからないんです。
(C) 鈴木さんが快く引き受けてくれました。
(D) 誰も要望に応えられなくて残念です。

송별회 간사는 누가 하게 됐나요?
(A) 하나의 수단으로서 검토해 볼게요.
(B) 의뢰인 정보는 모르거든요.
(C) 스즈키 씨가 흔쾌히 맡아 줬어요.
(D) 아무도 요망에 부응하지 못해서 아쉬워요.

해설 | 「誰(だれ)」(누구)라는 의문사가 있는 질문이므로, 구체적인 인물을 언급한 선택지를 고르면 된다. 정답은 (C)로, (A)의 수단이나 (B)의 의뢰인은 질문과 무관한 내용이고, (D)는 「誰(だれ)」(누구)를 응용한 오답이다.

어휘 | 送別会(そうべつかい) 송별회　幹事(かんじ) 간사
동사의 보통형+ことになる ～하게 되다　手段(しゅだん) 수단
～として ～로서　検討(けんとう) 검토　依頼人(いらいにん) 의뢰인
情報(じょうほう) 정보　わかる 알다, 이해하다
快(こころよ)い 기분이 좋다　誰(だれ)も (부정어 수반) 아무도
要望(ようぼう) 요망　応(こた)える 부응하다
残念(ざんねん)だ 아쉽다, 유감스럽다

46 일상생활 표현

みどりビルの改修工事は、なぜ開始されないんでしょうか。
(A) 応用問題より基礎を固めるといいと聞きましたよ。
(B) 資源の再生が大きな課題になったからだそうです。
(C) 被害の拡大が懸念されているみたいなんです。
(D) 何でも管理会社の了解が得られていないそうなんです。

미도리빌딩의 보수 공사는 왜 시작되지 않는 걸까요?
(A) 응용문제보다 기초를 다지면 좋다고 들었어요.
(B) 자원 재생이 큰 과제가 되었기 때문이라고 해요.
(C) 피해 확대가 걱정되고 있는 것 같아요.
(D) 잘은 모르지만 관리회사의 양해를 얻지 못했다고 하거든요.

해설 | 빌딩의 보수 공사가 지연되는 이유에 대해 묻고 있다. (A)는 학습 방법에 대한 의견이므로 부적절하고, (B)와 (C)의 자원 재생이나 피해 확대에 대한 언급도 질문과는 거리가 먼 응답들이다. 정답은 (D)로, 아마도 관리회사의 양해를 얻지 못했기 때문인 것 같다고 말하고 있다. 이때의 「何(なん)でも」는 '잘은 모르지만, 아마, 어쩌면'이라는 뜻으로 쓰였다.

어휘 | ビル 빌딩 *「ビルディング」의 준말
改修(かいしゅう) 개수, 보수　工事(こうじ) 공사　なぜ 왜, 어째서
開始(かいし) 개시, 시작　応用(おうよう) 응용
問題(もんだい) 문제　～より ～보다　基礎(きそ) 기초
固(かた)める 굳히다, 단단히 하다, 다지다　聞(き)く 듣다
資源(しげん) 자원　再生(さいせい) 재생　大(おお)きな 큰
課題(かだい) 과제　품사의 보통형+そうだ ～라고 한다 *전문
被害(ひがい) 피해　拡大(かくだい) 확대　懸念(けねん) 걱정, 근심
～みたいだ ～인 것 같다　管理会社(かんりがいしゃ) 관리회사
了解(りょうかい) 양해　得(え)る 얻다

15

47 경제 표현

4月以降は、何とか景気が持ち直しそうですね。

(A) ええ、やっと経済回復の兆しが見えてきましたね。

(B) そうですか。目当ての商品があって良かったです。

(C) 契約内容は把握しているので、安心してください。

(D) 科学技術が未来の社会に変革をもたらすでしょうね。

4월 이후는 어떻게든 경기가 회복될 것 같네요.
(A) 네, 겨우 경제 회복의 조짐이 보이기 시작했네요.
(B) 그래요? 구하려던 상품이 있어서 다행이네요.
(C) 계약 내용은 파악하고 있으니까 안심하세요.
(D) 과학기술이 미래 사회에 변혁을 초래하겠죠.

해설 |「景気(けいき)が持(も)ち直(なお)す(경기가 회복되다)라는 표현이 포인트로, 경기 회복에 대한 기대감을 표시하고 있다. 적절한 응답은 경기 회복의 조짐이 보인다고 한 (A)로, (B)는 상품 구매, (C)는 계약 내용의 숙지 여부, (D)는 과학기술의 영향에 대한 내용이므로 모두 질문과는 관계없다.

어휘 | 以降(いこう) 이후   何(なん)とか 어떻게든, 그럭저럭
景気(けいき) 경기   持(も)ち直(なお)す 회복되다
동사의 ます형+そうだ ~일[할] 것 같다 *양태   やっと 겨우, 간신히
経済(けいざい) 경제   回復(かいふく) 회복   兆(きざ)し 조짐, 징조
見(み)える 보이다   ~てくる ~해 오다, ~하기 시작하다
目当(めあ)て 목적, 노림   商品(しょうひん) 상품
~て良(よ)かった ~해서 잘됐다[다행이다]   契約(けいやく) 계약
内容(ないよう) 내용   把握(はあく) 파악   安心(あんしん) 안심
科学(かがく) 과학   技術(ぎじゅつ) 기술   未来(みらい) 미래
社会(しゃかい) 사회   変革(へんかく) 변혁
もたらす 초래하다, 야기시키다

48 일상생활 표현

こちらで祖父の住民票を発行していただけますか。

(A) 支払い期限は、請求書に記載されております。

(B) 代理人の方が申請するには、委任状が必要になります。

(C) 地位を築くのは、簡単なことではありません。

(D) 知識を蓄積することは、自分のためになりますよ。

여기에서 할아버지 주민등록표를 발행해 주실 수 있나요?
(A) 지불 기한은 청구서에 기재되어 있어요.
(B) 대리인인 분이 신청하려면 위임장이 필요해요.
(C) 지위를 쌓는 건 간단한 일이 아니에요.
(D) 지식을 축적하는 건 자신에게 도움이 돼요.

해설 |「~ていただけますか」((남에게) ~해 받을 수 있습니까?, (남이) ~해 주실 수 있습니까?)는 「~てもらえますか」((남에게) ~해 받

을 수 있습니까?, (남이) ~해 줄 수 있습니까?)의 겸양표현으로, 남에게 뭔가를 부탁할 때 쓴다. 할아버지의 주민등록표를 대신 발급받으러 온 상황으로, 그것이 가능한지 묻고 있다. 적절한 응답은 (B)로, 대리인이 신청하려면 위임장이 필요하다고 했다. (A)는 지불 기한에 대한 설명이고, (C)와 (D)는 각각 지위와 지식에 대해 말하고 있으므로, 이 또한 정답과는 거리가 멀다.

어휘 | こちら 여기, 이곳   祖父(そふ) (자신의) 할아버지
住民票(じゅうみんひょう) 주민표, 주민등록표
発行(はっこう) 발행   支払(しはら)い 지불   期限(きげん) 기한
請求書(せいきゅうしょ) 청구서   記載(きさい) 기재
~ておる ~어 있다 *「~ている」의 겸양표현
代理人(だいりにん) 대리인   方(かた) 분   申請(しんせい) 신청
~には ~하려면   委任状(いにんじょう) 위임장
必要(ひつよう)だ 필요하다   地位(ちい) 지위
築(きず)く 쌓다, 쌓아 올리다, 구축하다   簡単(かんたん)だ 간단하다
知識(ちしき) 지식   蓄積(ちくせき) 축적
自分(じぶん) 자기, 자신, 나   ため 이익, 도움

49 업무 및 비즈니스 표현

さくら社の社内ネットワークに不正侵入があったみたいなんです。

(A) さすがにその勝手な振る舞いには呆れてしまいますね。

(B) 何気ない一言が人を傷付けることもあるんですよ。

(C) 社会貢献に企業の規模は関係ないと思いますよ。

(D) それは、直ちにセキュリティの強化が必要ですね。

사쿠라사의 사내 네트워크에 비인가 접근이 있었던 것 같아요.
(A) 정말이지 그 제멋대로인 행동에는 기가 막혀 버리네요.
(B) 무심한 한마디가 남을 상처 입히는 경우도 있어요.
(C) 사회 공헌에 기업 규모는 관계없다고 생각해요.
(D) 그건 당장 보안 강화가 필요하겠네요.

해설 |「不正侵入(ふせいしんにゅう)」란 '비인가 접근, 액세스 권한이 없는 사람이 네트워크 등을 통해 컴퓨터에 접속하는 것'을 말한다. 회사의 사내 네트워크에 액세스 권한이 없는 사람이 접속한 것 같다는 말을 듣고 할 만한 응답은 (D)로, 보안을 더욱 강화하는 대책이 필요하다고 했다.

어휘 | 社内(しゃない) 사내   ネットワーク 네트워크
~みたいだ ~인 것 같다   さすがに 역시, 정말이지
勝手(かって)だ 제멋대로[마음대로]이다   振(ふ)る舞(ま)い 행동
呆(あき)れる 어이[어처구니]없다, 기가 막히다, 질리다
何気(なにげ)ない 아무렇지도 않다, 무심하다
一言(ひとこと) 한마디의 말   人(ひと) 남, 타인
傷付(きず)ける 상처를 입히다   社会(しゃかい) 사회
貢献(こうけん) 공헌   企業(きぎょう) 기업   規模(きぼ) 규모
関係(かんけい)ない 관계없다   直(ただ)ちに 당장, 바로
セキュリティ 세큐리티, 보안   強化(きょうか) 강화
必要(ひつよう)だ 필요하다

50 업무 및 비즈니스 표현

どうしてあおい商事が謝罪会見をするかご存じですか。

(A) その会社に封建的な風習が残っているからですよ。

(B) 自主的な判断は避けた方がいいからですよ。

(C) 通知を受け取れば、迅速な避難ができるからだそうです。

(D) 長年、文書偽造をしていたことが発覚したからだそうです。

어째서 아오이상사가 사죄 회견을 하는지 아세요?
(A) 그 회사에 봉건적인 풍습이 남아 있기 때문이에요.
(B) 자주적인 판단은 피하는 편이 좋기 때문이에요.
(C) 통지를 받으면 신속한 피난이 가능하기 때문이래요.
(D) 여러 해 문서 위조를 하고 있던 사실이 발각되었기 때문이래요.

해설 | 「ご存(ぞん)じだ」(아시다)는 「知(し)る」(알다)의 존경어로, 아오이상사가 사죄 회견을 하는 이유를 아는지 묻고 있다. 적절한 응답은 문서 위조가 발각되었기 때문이라고 한 (D)로, (A)의 봉건적 풍습이나 (B)의 자주적인 판단, (C)의 신속한 피난은 사죄 회견을 하는 이유로는 부적절하다.

어휘 | どうして 어째서, 왜 商事(しょうじ) 상사
謝罪(しゃざい) 사죄 会見(かいけん) 회견 会社(かいしゃ) 회사
封建的(ほうけんてき)だ 봉건적이다 風習(ふうしゅう) 풍습
残(のこ)る 남다 自主的(じしゅてき)だ 자주적이다
判断(はんだん) 판단 避(さ)ける 피하다
동사의 た형+方(ほう)がいい ~하는 편[쪽]이 좋다
通知(つうち) 통지 受(う)け取(と)る 받다, 수취하다
迅速(じんそく)だ 신속하다 避難(ひなん) 피난
품사의 보통형+そうだ ~라고 한다 *전문
長年(ながねん) 오랜 세월, 여러 해 文書(ぶんしょ) 문서
偽造(ぎぞう) 위조 発覚(はっかく) 발각

PART 3 | 회화문

51 성별에 따른 의견 및 행동 구분

男 これ北海道のお土産です。皆さんでどうぞ。

女 ありがとうございます。クッキーですか。

男 ええ、北海道で有名なお土産です。

女 お茶と一緒に皆に配りますね。

남 이거 홋카이도 특산품이에요. 다 같이 드세요.
여 고마워요. 쿠키예요?
남 네, 홋카이도에서 유명한 특산품이에요.
여 차와 함께 모두에게 나눠 줄게요.

女の人は、これから何をしますか。

(A) クッキーを作る。
(B) 北海道の話を聞く。
(C) お菓子を配る。
(D) お茶を飲む。

여자는 이제부터 무엇을 합니까?
(A) 쿠키를 만든다.
(B) 홋카이도 이야기를 듣는다.
(C) 과자를 나누어 준다.
(D) 차를 마신다.

해설 | 여자의 첫 번째 대화에 나오는 「クッキー」(쿠키)와 선택지의 「お菓子(かし)」(과자)를 연결하는 것이 포인트. 남자가 홋카이도 특산품인 쿠키를 가져오자 여자는 차와 함께 모두에게 나눠 주겠다고 했으므로, 정답은 (C)가 된다.

어휘 | 北海道(ほっかいどう) 홋카이도
お土産(みやげ) 선물, (외출·여행지 등에서) 가족이나 친지를 위해 사가는 특산품 皆(みな)さんで 모두 함께, 다 같이
どうぞ 상대방에게 무언가를 권하거나 허락할 때 쓰는 말
有名(ゆうめい)だ 유명하다 お茶(ちゃ) 차 一緒(いっしょ)に 함께
皆(みんな) 모두 配(くば)る 나누어 주다, 배포하다
これから 이제부터, 앞으로 作(つく)る 만들다 話(はなし) 이야기
聞(き)く 듣다 飲(の)む 마시다

52 대화 내용에 대한 이해

女 どうして引っ越ししたんですか。

男 物が増えて広い部屋にしたかったんですよ。

女 そうなんですね。会社からは近いんですか。

男 前より少しだけ近いけど、ほとんど変わりません。

여 어째서 이사한 거예요?
남 물건이 늘어나서 넓은 방으로 하고 싶었거든요.
여 그렇군요. 회사에서는 가까운가요?
남 전보다 조금 더 가깝기는 하지만 거의 차이가 없어요.

男の人は、どうして引っ越ししましたか。

(A) 友達と住むことになったから
(B) 物が多くなったから
(C) 会社から遠かったから
(D) 不便な場所だったから

남자는 어째서 이사했습니까?
(A) 친구와 살게 되었기 때문에
(B) 물건이 많아졌기 때문에
(C) 회사에서 멀었기 때문에
(D) 불편한 곳이었기 때문에

해설 | 남자가 이사한 이유를 묻고 있으므로, 남자의 대화에 주목해야한다. 남자의 첫 번째 대화에서 물건이 늘어나서 넓은 방으로 하고 싶었다고 했으므로, 정답은 (B)가 된다.

어휘 | どうして 어째서, 왜 引(ひ)っ越(こ)し 이사 物(もの) 물건
増(ふ)える 늘다, 늘어나다 広(ひろ)い 넓다 部屋(へや) 방
~にする ~로 하다 会社(かいしゃ) 회사 近(ちか)い 가깝다
前(まえ) 전, 이전 ~より ~보다 少(すこ)し 조금
~だけ ~만, ~뿐 ほとんど 거의, 대부분
変(か)わる 양자 사이에 차이가 있다, 다르다 友達(ともだち) 친구
住(す)む 살다, 거주하다 동사의 보통형+ことになる ~하게 되다
多(おお)い 많다 遠(とお)い 멀다 不便(ふべん)だ 불편하다
場所(ばしょ) 장소, 곳

53 대화 내용에 대한 이해

男 この荷物をその棚に置いてもいいですか。
女 はい、いいですよ。大きい箱ですね。手伝いましょうか。
男 箱は大きいけど、中はタオルが5枚入っているだけだから大丈夫です。
女 重くなくても気を付けてくださいね。

남 이 짐을 그 선반에 둬도 돼요?
여 예, 좋아요. 큰 상자네요. 도와줄까요?
남 상자는 크지만 안에는 수건이 다섯 장 들어 있을 뿐이라서 괜찮아요.
여 무겁지 않아도 조심하세요.

男の人は、どんな荷物を運んでいますか。
(A) 重くて大きい荷物
(B) 軽くて大きい荷物
(C) 重くて小さい荷物
(D) 軽くて小さい荷物

남자는 어떤 짐을 옮기고 있습니까?
(A) 무겁고 큰 짐
(B) 가볍고 큰 짐
(C) 무겁고 작은 짐
(D) 가볍고 작은 짐

해설 | 남자의 두 번째 대화에 주목해야 한다. 남자는 자신을 도우려는 여자에게 상자는 크지만 수건이 다섯 장 들어 있을 뿐이라서 괜찮다며 사양하고 있다. 즉, 상자는 크기만 클 뿐 가볍다는 뜻이므로, 정답은 (B)가 된다.

어휘 | 荷物(にもつ) 짐 棚(たな) 선반 置(お)く 놓다, 두다
~てもいいですか ~해도 됩니까? *허락을 구하는 표현
大(おお)きい 크다 箱(はこ) 상자 手伝(てつだ)う 돕다, 도와주다
中(なか) 안, 속 タオル 타월, 수건

~枚(まい) ~장 *종이 등 얇고 평평한 것을 세는 말
入(はい)る 들다 大丈夫(だいじょうぶ)だ 괜찮다
重(おも)い 무겁다 気(き)を付(つ)ける 조심하다, 주의하다
どんな 어떤 運(はこ)ぶ 옮기다, 운반하다 軽(かる)い 가볍다
小(ちい)さい 작다

54 대화 내용에 대한 이해

女 美術館(びじゅつかん)のチケットがあるんだけど、行(い)かない(?)。
男 いいよ。来週(らいしゅう)の土曜日(どようび)はどう(?)。
女 これが使(つか)えるのは今週(こんしゅう)の日曜日(にちようび)までだから、金曜日(きんようび)はどう(?)。
男 じゃあ、そうしよう。

여 미술관 티켓이 있는데 가지 않을래?
남 좋아. 다음 주 토요일은 어때?
여 이걸 사용할 수 있는 건 이번 주 일요일까지니까 금요일은 어때?
남 그럼, 그렇게 하자.

2人(ふたり)は、いつ美術館(びじゅつかん)に行(い)きますか。
(A) 今週(こんしゅう)の金曜日(きんようび)
(B) 今週(こんしゅう)の日曜日(にちようび)
(C) 来週(らいしゅう)の金曜日(きんようび)
(D) 来週(らいしゅう)の土曜日(どようび)

두 사람은 언제 미술관에 갑니까?
(A) 이번 주 금요일
(B) 이번 주 일요일
(C) 다음 주 금요일
(D) 다음 주 토요일

해설 | 미술관에 언제 가는지 묻고 있다. 여자가 가지고 있는 미술관 티켓은 이번 주 일요일까지 사용할 수 있으므로, 다음 주라고 한 (C), (D)는 우선 정답에서 제외된다. 여자는 두 번째 대화에서 이번 주 금요일을 제안했고 남자도 그러자며 동의했으므로, 정답은 (A)가 된다.

어휘 | 美術館(びじゅつかん) 미술관 チケット 티켓
来週(らいしゅう) 다음 주 土曜日(どようび) 토요일
使(つか)う 쓰다, 사용하다 今週(こんしゅう) 이번 주
日曜日(にちようび) 일요일 ~まで ~까지
金曜日(きんようび) 금요일 2人(ふたり) 두 사람 いつ 언제

55 대화 내용에 대한 이해

女 佐野(さの)さん、昨日(きのう)の新聞(しんぶん)があったら、貸(か)していただけませんか。
男 今日(きょう)のはあるけど、昨日(きのう)のはもう捨(す)ててしまいました。
女 昨日(きのう)のが必要(ひつよう)なんです。誰(だれ)か持(も)っていないでしょうか。
男 課長(かちょう)だったら、持(も)っていると思(おも)いますよ。

여 사노 씨, 어제 신문이 있으면 빌려주시지 않겠어요?
남 오늘 건 있는데 어제 건 이미 버려 버렸어요.
여 어제 게 필요하거든요. 누군가 갖고 있지 않을까요?
남 과장님이라면 갖고 있을 것 같아요.

男の人は、何と言っていますか。
(A) 新聞は読まない。
(B) 課長に新聞を貸した。
(C) 昨日の新聞を持っている。
(D) 今日の新聞を持っている。

남자는 뭐라고 말하고 있습니까?
(A) 신문은 읽지 않는다.
(B) 과장에게 신문을 빌려줬다.
(C) 어제 신문을 가지고 있다.
(D) 오늘 신문을 가지고 있다.

해설 | 남자의 첫 번째 대화에 주목해야 한다. 어제 신문을 찾는 여자에게 남자는 오늘 것은 있지만 어제 것은 이미 버렸다고 했으므로, 정답은 (D)가 된다.

어휘 | 昨日(きのう) 어제 新聞(しんぶん) 신문 貸(か)す 빌려주다 ~ていただけませんか (남에게) ~해 받을 수 없습니까?, (남이) ~해 주시지 않겠습니까? *「~てもらえませんか」(남에게) ~해 받을 수 없습니까?, (남이) ~해 주지 않겠습니까?)의 겸양표현 今日(きょう) 오늘 もう 이미, 벌써 捨(す)てる 버리다 必要(ひつよう)だ 필요하다 誰(だれ)か 누군가 持(も)つ 가지다 課長(かちょう) 과장 명사+だったら ~라면 何(なん)と 뭐라고 言(い)う 말하다 読(よ)む 읽다

56 대화 내용에 대한 이해

女 来週の映画だけど、どこで待ち合わせする(?)。
男 僕はどこでも大丈夫だよ。皆にも聞いてみようか。
女 うん。あ、カナさんには今から会うから聞いておくわ。
男 ありがとう。じゃ、他の人にはメールしておくね。

여 다음 주 영화 말인데, 어디에서 만나?
남 난 어디라도 괜찮아. 모두한테도 물어볼까?
여 응. 아, 가나 씨에게는 지금부터 만날 거니까 물어봐 둘게.
남 고마워. 그럼, 다른 사람에게는 메일해 둘게.

2人は、何について話していますか。
(A) 映画に誘いたい人
(B) 見たい映画
(C) 待ち合わせ場所
(D) 待ち合わせ時間

두 사람은 무엇에 대해서 이야기하고 있습니까?
(A) 영화에 부르고 싶은 사람
(B) 보고 싶은 영화
(C) 만날 장소
(D) 만날 시간

해설 | 여자의 첫 번째 대화에 나오는 「どこ」(어디)와 「待(ま)ち合(あ)わせ」((약속하여) 만나기로 함)라는 단어가 포인트. 즉, 두 사람은 만날 장소에 대해 이야기하고 있으므로, 정답은 (C)가 된다.

어휘 | 来週(らいしゅう) 다음 주 映画(えいが) 영화 僕(ぼく) 나 *남자의 자칭 大丈夫(だいじょうぶ)だ 괜찮다 皆(みんな) 모두 聞(き)く 묻다 今(いま)から 지금부터 会(あ)う 만나다 ~ておく ~해 놓다[두다] 他(ほか) 다른 (사람) 人(ひと) 사람 メール 메일 ~について ~에 대해서 話(はな)す 말하다, 이야기하다 誘(さそ)う 부르다, 불러내다 동사의 ます형+たい ~하고 싶다 場所(ばしょ) 장소, 곳 時間(じかん) 시간

57 성별에 따른 의견 및 행동 구분

女 明日の会議は10時からですか。
男 はい。でも準備があるから、9時半に来てもらえますか。
女 わかりました。会議室に行ったらいいですか。
男 いえ、持って行ってほしいものがあるから、事務室に来てください。

여 내일 회의는 10시부터예요?
남 예. 하지만 준비가 있으니까 9시 반에 와 줄 수 있어요?
여 알겠어요. 회의실로 가면 되나요?
남 아뇨, 갖고 가 줬으면 하는 물건이 있으니까 사무실로 와 주세요.

男の人は、何と言っていますか。
(A) 明日9時半に会議室に来るように
(B) 明日9時半に事務室に来るように
(C) 明日10時に会議室に来るように
(D) 明日10時に事務室に来るように

남자는 뭐라고 말하고 있습니까?
(A) 내일 9시 반에 회의실로 오라고
(B) 내일 9시 반에 사무실로 오라고
(C) 내일 10시에 회의실로 오라고
(D) 내일 10시에 사무실로 오라고

해설 | 시간과 장소를 잘 구분해서 들어야 하는 문제. 내일 10시부터 회의냐는 여자의 질문에 남자는 그렇다고 하면서, 회의 준비를 해야 하니 9시 반에 올 수 있냐고 했고 여자는 이에 동의했다. 그리고 회의실로 바로 가면 되냐는 여자의 질문에는 회의실로 가지고 갈 물건이 있으므로 사무실로 와 달라고 했다. 남자의 말을 종합해 보면 내일 9시 반에 사무실로 오라는 말이므로, 정답은 (B)가 된다. (A)는 남자의 두 번째 대화를 놓쳤을 때, (C)와 (D)는 여자의 첫 번째 대화에 나오는 10시라는 말만 들었을 때 고를 수 있는 오답이다.

어휘 | 明日(あした) 내일 会議(かいぎ) 회의 でも 하지만 準備(じゅんび) 준비 ~時(じ) ~시 ~半(はん) ~반 来(く)る 오다 ~てもらえますか (남에게) ~해 받을 수 있습니까?, (남이) ~해 줄 수 있습니까? 会議室(かいぎしつ) 회의실 持(も)つ 가지다, 들다

~てほしい ~해 주었으면 하다, ~하길 바라다
事務室(じむしつ) 사무실 何(なん)と 뭐라고 言(い)う 말하다
~ように ~하도록, ~하라고

58 성별에 따른 의견 및 행동 구분

> 女 葉書を出しに郵便局に行ってきます。
> 男 あ、この手紙もお願いできますか。
> 女 ええ。あ、切手がありませんよ。
> 男 本当だ。すぐ貼るから、ちょっと待ってください。

여 엽서를 부치러 우체국에 갔다 올게요.
남 아, 이 편지도 부탁할 수 있어요?
여 네. 아, 우표가 없어요.
남 정말이네. 바로 붙일 테니까 잠시 기다려 주세요.

> 男の人は、この後何をしますか。
> (A) 女の人と郵便局へ行く。
> (B) 女の人に葉書を渡す。
> (C) 手紙を書く。
> (D) 封筒に切手を貼る。

남자는 이후 무엇을 합니까?
(A) 여자와 우체국에 간다.
(B) 여자에게 엽서를 건넨다.
(C) 편지를 쓴다.
(D) 봉투에 우표를 붙인다.

해설 | 우체국에 간다는 여자의 말에 남자는 자신의 편지도 부쳐 달라고 부탁하고 있으므로, 여자와 함께 우체국에 간다는 (A)와 여자에게 엽서를 건넨다고 한 (B)는 정답에서 제외된다. 또 편지는 이미 쓴 상태이므로 (C)도 답이 될 수 없다. 정답은 (D)로, 봉투에 우표가 없다는 여자의 말에 금방 붙이겠다고 말하고 있다.

어휘 | 葉書(はがき) 엽서 出(だ)す 보내다, 부치다
동사의 ます형+に ~하러 *동작의 목적
郵便局(ゆうびんきょく) 우체국 手紙(てがみ) 편지
切手(きって) 우표 本当(ほんとう)だ 정말이다
すぐ 곧, 바로 貼(は)る 붙이다 ちょっと 잠시, 잠깐
待(ま)つ 기다리다 渡(わた)す 건네다, 건네주다
書(か)く (글씨·글을) 쓰다 封筒(ふうとう) 봉투

59 대화 내용에 대한 이해

> 男 美味しそうなジュースですね。
> 女 これ、今とても人気があるんです。
> 男 へえ、どんな味ですか。
> 女 クリームが入っていてケーキみたいなんです。

남 맛있어 보이는 주스네요.
여 이거, 지금 아주 인기가 있어요.
남 허, 어떤 맛이에요?
여 크림이 들어 있어서 케이크 같아요.

> 女の人は、何と言っていますか。
> (A) ケーキに合うジュースだ。
> (B) 子供が好きな味だ。
> (C) ケーキのような味だ。
> (D) クリームがない方が美味しい。

여자는 뭐라고 말하고 있습니까?
(A) 케이크에 어울리는 주스다.
(B) 아이가 좋아하는 맛이다.
(C) 케이크와 같은 맛이다.
(D) 크림이 없는 편이 맛있다.

해설 | 여자의 두 번째 대화에 주목해야 한다. 주스가 어떤 맛이냐는 남자의 질문에 대해 크림이 들어 있어서 케이크 같다고 했으므로, 정답은 (C)가 된다. (A)와 (D)는 대화에서 일부 단어만 들었을 때 고를 수 있는 오답이다.

어휘 | 美味(おい)しい 맛있다
い형용사의 어간+そうだ ~일[할] 것 같다, ~해 보이다 *양태
ジュース 주스 今(いま) 지금
とても 아주, 매우 人気(にんき) 인기
へえ 허 *감탄하거나 놀랐을 때 내는 소리 どんな 어떤
味(あじ) 맛 クリーム 크림 入(はい)る 들다 ケーキ 케이크
~みたいだ ~인 것 같다 合(あ)う 맞다, 어울리다
子供(こども) 아이 好(す)きだ 좋아하다
~ような ~와 같은 方(ほう) 편, 쪽

60 대화 내용에 대한 이해

> 女 昨日のマナー研修に参加しましたか。
> 男 実は、体調が悪くてキャンセルしたんです。
> 女 それは、仕方がないですね。
> 男 有名な講師が来ると聞いていたから、本当に残念です。

여 어제 있었던 매너 연수에 참가했어요?
남 실은 몸 상태가 좋지 않아서 취소했거든요.
여 그건 어쩔 수 없죠.
남 유명한 강사가 온다고 들었기 때문에 정말 아쉬워요.

> 男の人について、正しいものはどれですか。
> (A) 昨日は体の調子が良くなかった。
> (B) マナー研修の途中で帰った。
> (C) 講師の話が難しくてわからなかった。
> (D) 研修のキャンセル料がかかって残念だった。

남자에 대해서 맞는 것은 어느 것입니까?
(A) 어제는 몸 상태가 좋지 않았다.
(B) 매너 연수 도중에 돌아갔다.
(C) 강사의 이야기가 어려워서 이해할 수 없었다.
(D) 연수 취소료가 들어서 아쉬웠다.

해설 | 어제 있었던 연수에 참가했느냐는 여자의 질문에 대해 남자는 몸 상태가 좋지 않아 취소했다고 했으므로, 정답은 (A)가 된다. (B)와

(C)는 연수에 참가했다는 의미이므로 부적절하고, 취소료에 대한 언급은 없으므로 (D)도 답이 될 수 없다.

어휘 | 昨日(きのう) 어제　マナー 매너　研修(けんしゅう) 연수
参加(さんか) 참가　実(じつ)は 실은
体調(たいちょう) 몸 상태, 컨디션　悪(わる)い 나쁘다, 좋지 않다
キャンセル 캔슬, 취소　仕方(しかた)がない 어쩔 수 없다
有名(ゆうめい)だ 유명하다　講師(こうし) 강사　聞(き)く 듣다
本当(ほんとう)に 정말로　残念(ざんねん)だ 아쉽다, 유감스럽다
正(ただ)しい 바르다, 맞다　体(からだ) 몸, 신체
調子(ちょうし) 상태, 컨디션　途中(とちゅう) 도중
帰(かえ)る 돌아가다　話(はなし) 이야기　難(むずか)しい 어렵다
わかる 알다, 이해하다　キャンセル料(りょう) 취소료
かかる (비용이) 들다

61 성별에 따른 의견 및 행동 구분

> 女　明日(あした)、このアンケート結果(けっか)をまとめてもらえますか。
> 男　すみません。明日(あした)はお休(やす)みをいただくことになっているんです。
> 女　じゃあ、今(いま)から誰(だれ)かと協力(きょうりょく)してできませんか。
> 男　わかりました。田中(たなか)さんに手伝(てつだ)ってもらえるか聞(き)いてみます。
>
> 여　내일, 이 앙케트 결과를 정리해 줄 수 있어요?
> 남　죄송해요. 내일은 쉬게 되어 있거든요.
> 여　그럼, 지금부터 누군가와 협력해서 할 수 없어요?
> 남　알겠어요. 다나카 씨에게 도와줄 수 있는지 물어볼게요.

男(おとこ)の人(ひと)は、これから何(なに)をしますか。
(A) 田中(たなか)さんに休(やす)みを代(か)わってもらう。
(B) 田中(たなか)さんに仕事(しごと)の相談(そうだん)をする。
(C) 締(し)め切(き)りを明後日(あさって)にしてもらう。
(D) アンケートを取(と)る。

남자는 이제부터 무엇을 합니까?
(A) 다나카 씨에게 쉬는 날을 바꿔 달라고 한다.
(B) 다나카 씨에게 업무 상담을 한다.
(C) 마감을 모레로 해 달라고 한다.
(D) 앙케트를 실시한다.

해설 | 여자가 남자에게 내일 앙케트 결과를 정리해 줄 수 있는지 물었지만, 남자는 내일은 쉬게 되어 있다며 거절했다. 그러자 여자는 지금 다른 사람과 협력해서 도와줄 수 있는지 재차 물었고, 이에 대해 남자는 다나카 씨에게 도와줄 수 있는지 물어보겠다고 했으므로, 정답은 (B)가 된다.

어휘 | 明日(あした) 내일　アンケート 앙케트
結果(けっか) 결과　まとめる 정리하다
~てもらえますか (남에게) ~해 받을 수 있습니까?, (남이) ~해 줄 수 있습니까?　休(やす)み 쉬는 날, 휴가
いただく 받다 *「もらう」의 겸양어

동사의 보통형+ことになっている ~하게 되어 있다
今(いま)から 지금부터　協力(きょうりょく) 협력
わかる 알다, 이해하다　手伝(てつだ)う 돕다, 도와주다
代(か)わる 대신하다, 바꾸다　仕事(しごと) 일, 업무
相談(そうだん) 상담, 상의, 의논　締(し)め切(き)り 마감
明後日(あさって) 모레　アンケートを取(と)る 앙케트를 실시하다

62 성별에 따른 의견 및 행동 구분

> 男　この資料(しりょう)、説明文(せつめいぶん)と図(ず)だけだと、わかりにくいですね。
> 女　写真(しゃしん)も用意(ようい)したんですが、資料(しりょう)の枚数(まいすう)が増(ふ)えてしまうんです。
> 男　枚数(まいすう)が増(ふ)えても、写真(しゃしん)があった方(ほう)がいいと思(おも)いますよ。
> 女　かしこまりました。写真(しゃしん)を付(つ)けて作(つく)り直(なお)します。
>
> 남　이 자료, 설명문과 그림뿐이라면 이해하기 힘드네요.
> 여　사진도 준비했지만, 자료 매수가 늘어나 버리거든요.
> 남　매수가 늘더라도 사진이 있는 편이 좋을 것 같아요.
> 여　잘 알겠어요. 사진을 첨가해서 다시 만들게요.

男(おとこ)の人(ひと)は、資料(しりょう)について何(なん)と言(い)っていますか。
(A) もっと説明文(せつめいぶん)を増(ふ)やすべきだ。
(B) 図(ず)はわかりにくいから、要(い)らない。
(C) 写真(しゃしん)があると、更(さら)にわかりやすい。
(D) 文句(もんく)がない素晴(すば)らしい資料(しりょう)だ。

남자는 자료에 대해서 뭐라고 말하고 있습니까?
(A) 좀 더 설명문을 늘려야 한다.
(B) 그림은 이해하기 힘드니까 필요 없다.
(C) 사진이 있으면 더욱 이해하기 쉽다.
(D) 이의가 없는 훌륭한 자료다.

해설 | 남자는 여자가 만든 자료를 보며 설명문과 그림뿐이라면 이해하기 힘들다고 하면서 자료 매수가 늘더라도 사진이 있는 편이 좋겠다고 했다. 따라서 정답은 (C)가 된다. (A)와 (B)는 대화에서 설명문과 그림이라는 단어만 들었을 때 고를 수 있는 오답이고, 또한 남자는 첫 번째 대화에서 설명문과 그림뿐이라면 이해하기 힘들다고 불만을 표시했으므로, (D)도 틀린 설명이다.

어휘 | 資料(しりょう) 자료　説明文(せつめいぶん) 설명문
図(ず) 그림　~だけ ~만, ~뿐　わかる 알다, 이해하다
동사의 ます형+にくい ~하기 어렵다[힘들다]
写真(しゃしん) 사진　用意(ようい) 준비　枚数(まいすう) 매수, 장수
増(ふ)える 늘다, 늘어나다
동사의 た형+方(ほう)がいい ~하는 편[쪽]이 좋다
かしこまりました 잘 알겠습니다　付(つ)ける 덧붙이다, 첨가하다
作(つく)る 만들다　동사의 ます형+直(なお)す 다시 ~하다
もっと 더, 좀 더　増(ふ)やす 늘리다
동사의 기본형+べきだ (마땅히) ~해야 한다　要(い)る 필요하다
更(さら)に 더욱　동사의 ます형+やすい ~하기 쉽다[편하다]
文句(もんく) 불평, 이의　素晴(すば)らしい 훌륭하다, 멋지다

21

> 女 今日着ているワンピース、ちょっと地味だったかな。
>
> 男 ピンク色だし、全然地味じゃないと思うよ。
>
> 女 良かった。真っ赤なワンピースにするか悩んだの。
>
> 男 君には、派手な色よりこっちの少し明るいくらいの色が似合うよ。

여 오늘 입은 원피스, 조금 수수했나?

남 핑크색이고 전혀 수수하지 않다고 생각해.

여 다행이야. 새빨간 원피스로 할지 고민했어.

남 너한테는 화려한 색보다 이쪽의 조금 밝은 정도의 색이 어울려.

女の人は、どんなワンピースを着ていますか。

(A) 派手過ぎないワンピース

(B) とても地味なワンピース

(C) 男の人が選んだワンピース

(D) 赤とピンクのワンピース

여자는 어떤 원피스를 입고 있습니까?

(A) 너무 화려하지 않은 원피스

(B) 아주 수수한 원피스

(C) 남자가 고른 원피스

(D) 빨강과 핑크 원피스

해설 | 「地味(じみ)だ」(수수하다)라는 단어가 포인트. 여자는 오늘 입은 원피스가 수수한지 남자에게 물었고, 이에 남자는 핑크색이라 전혀 수수하지 않다고 하면서 화려한 색보다는 지금 입고 있는 밝은 정도의 색이 어울린다고 했다. 이 말은 여자는 오늘 너무 화려하지 않은 원피스를 입고 있다는 뜻이므로, 정답은 (A)가 된다. (B)는 아주 수수하다고 했으므로 틀린 설명이고, (D)는 빨강이라는 부분이 잘못되었다. (C)도 남자에게 의견을 물었을 뿐 옷을 골라 준 것은 아니므로 답이 될 수 없다.

어휘 | 着(き)る (옷을) 입다 ワンピース 원피스
ちょっと 조금 ピンク色(いろ) 핑크색 〜し 〜하고
全然(ぜんぜん) (부정어 수반) 전혀 良(よ)かった 잘됐다, 다행이다
真(ま)っ赤(か)だ 새빨갛다 〜にする 〜로 하다
悩(なや)む 고민하다 君(きみ) 너, 자네 派手(はで)だ 화려하다
色(いろ) 색, 색깔 〜より 〜보다 少(すこ)し 조금
明(あか)るい 밝다 似合(にあ)う 어울리다
な형용사의 어간+過(す)ぎる 너무 〜하다 とても 아주, 매우
選(えら)ぶ 고르다, 선택하다 赤(あか) 빨강

> 女 出張で2か月もアメリカに行くことになったんだね。
>
> 男 ああ。こんなに長い期間、日本を離れるのは初めてだよ。

> 女 向こうの生活に慣れるまで大変だろうけど、頑張ってね。
>
> 男 ありがとう。和食が食べられないのが一番辛いよ。

여 출장으로 두 달이나 미국에 가게 되었지?

남 아-. 이렇게 오랜 기간 일본을 떠나는 건 처음이야.

여 그쪽 생활에 익숙해질 때까지 힘들겠지만 힘내.

남 고마워. 일식을 먹을 수 없는 게 제일 힘들어.

男の人は、何と言っていますか。

(A) 今までで最も長期の海外出張になる。

(B) 生活は心配ないが、仕事は心配だ。

(C) 海外出張には慣れている。

(D) いつもより食費がかかるのは嫌だ。

남자는 뭐라고 말하고 있습니까?

(A) 지금까지 중에서 가장 오랜 기간의 해외출장이 된다.

(B) 생활은 걱정 없지만 일은 걱정스럽다.

(C) 해외출장에는 익숙해져 있다.

(D) 평소보다 식비가 드는 것은 싫다.

해설 | 대화 내용에 대한 정확한 이해가 필요한 문제. 남자는 출장으로 두 달이나 미국에 가게 되었는데, 지금까지 이렇게 오랜 기간 일본을 떠나는 것은 처음이라고 했다. 따라서 정답은 가장 오랜 기간 해외출장을 가는 셈이라고 한 (A)가 된다.

어휘 | 出張(しゅっちょう) 출장 〜か月(げつ) 〜개월
〜も 〜이나 アメリカ 미국
동사의 보통형+ことになる 〜하게 되다 こんなに 이렇게(나)
長(なが)い (시간적으로) 오래다, 길다 期間(きかん) 기간
離(はな)れる (장소를) 떠나다 初(はじ)めて 처음(으로)
向(む)こう (먼 거리의) 그쪽 生活(せいかつ) 생활
慣(な)れる 익숙해지다 大変(たいへん)だ 큰일이다, 힘들다
頑張(がんば)る 열심히 하다, 노력하다, 분발하다
和食(わしょく) 일식, 일본 요리 食(た)べる 먹다
一番(いちばん) 가장, 제일 辛(つら)い 괴롭다, 힘들다
今(いま)までで 지금까지 중에서 最(もっと)も 가장, 제일
長期(ちょうき) 장기, 오랜 기간 海外(かいがい) 해외
心配(しんぱい) 걱정 仕事(しごと) 일, 업무
いつも 평소, 여느 때 〜より 〜보다 食費(しょくひ) 식비
かかる (비용이) 들다 嫌(いや)だ 싫다

> 女 上田さんは学生時代、スポーツをされていましたか。
>
> 男 はい、9年間テニスをしていました。
>
> 女 そうだったんですか。私も最近テニスを始めたんです。
>
> 男 へえ、この会社のメンバーでもたまに練習してるから、今度誘いますね。

```
여  우에다 씨는 학창 시절, 운동을 하셨어요?
남  예, 9년 동안 테니스를 쳤어요.
여  그랬어요? 저도 최근 테니스를 시작했거든요.
남  허. 이 회사 멤버끼리도 가끔 연습하니까 다음에 부를게요.
```

男の人について、正しいものはどれですか。

(A) 今日、仕事が終わったらテニスをする。
(B) この頃は全くテニスをしていない。
(C) 女の人にテニスを教えてもらう。
(D) 時々、同僚とテニスをする。

남자에 대해서 맞는 것은 어느 것입니까?
(A) 오늘 일이 끝나면 테니스를 친다.
(B) 요즘은 전혀 테니스를 치고 있지 않다.
(C) 여자에게 테니스를 배운다.
(D) 종종 동료와 테니스를 친다.

해설 | 남자는 9년 동안 테니스를 쳤으며 지금도 가끔 동료들과 연습하고 있다고 했으므로, 정답은 (D)가 된다. 오늘 테니스를 치겠다는 말은 없으므로 (A)는 답이 될 수 없고, (B)와 (C)도 남자와는 맞지 않는 설명이다.

어휘 | 学生時代(がくせいじだい) 학창 시절 スポーツ 스포츠, 운동 される 하시다 *'する'(하다)의 수동형으로 여기서는 '존경'의 뜻으로 쓰임 ～年間(ねんかん) ～년간 テニスをする 테니스를 치다 最近(さいきん) 최근, 요즘 始(はじ)める 시작하다 会社(かいしゃ) 회사 メンバー 멤버 たまに 가끔 練習(れんしゅう) 연습 今度(こんど) 이 다음 誘(さそ)う 부르다, 불러내다 終(お)わる 끝나다 この頃(ごろ) 요즘 全(まった)く (부정어 수반) 전혀 教(おし)える 가르치다, 알려 주다 ～てもらう (남에게) ～해 받다, (남이) ～해 주다 時々(ときどき) 종종, 때때로 同僚(どうりょう) 동료

66 대화 내용에 대한 이해

```
男  ピザの注文は決まった(?)。
女  まだ。こんなに種類が多かったら選べないわ。
男  チーズのピザはどう(?)。割引されてるよ。
女  うーん。それもいいけど、野菜のも気になるなあ。
```

남 피자 주문은 정해졌어?
여 아직. 이렇게 종류가 많으면 고를 수 없어.
남 치즈 피자는 어때? 할인되고 있어.
여 음…. 그것도 좋지만 채소 피자도 끌리네.

女の人は、どうして注文が決まりませんか。

(A) 割引券が使えるピザがわからないから
(B) メニューの種類がたくさんあるから
(C) チーズの量を増やすかそのままにするか考えているから
(D) 大きいサイズにするか悩んでいるから

여자는 어째서 주문이 정해지지 않습니까?
(A) 할인권을 사용할 수 있는 피자를 모르기 때문에
(B) 메뉴 종류가 많이 있기 때문에
(C) 치즈의 양을 늘릴지 그대로 할지 생각하고 있기 때문에
(D) 큰 사이즈로 할지 고민하고 있기 때문에

해설 | 여자가 주문을 정하지 못하는 이유는 여자의 첫 번째 대화에 나온다. 피자 종류가 너무 많아서 고를 수 없다고 했으므로, 정답은 (B)가 된다. 나머지 선택지의 할인권이나 치즈의 양, 사이즈 선택에 관한 언급은 없다.

어휘 | ピザ 피자 注文(ちゅうもん) 주문 決(き)まる 정해지다, 결정되다 まだ 아직 こんなに 이렇게(나) 種類(しゅるい) 종류 多(おお)い 많다 選(えら)ぶ 고르다, 선택하다 チーズ 치즈 割引(わりびき) 할인 野菜(やさい) 채소, 야채 気(き)になる 신경이 쓰이다, 마음이 끌리다 割引券(わりびきけん) 할인권 使(つか)う 쓰다, 사용하다 メニュー 메뉴 量(りょう) 양 増(ふ)やす 늘리다 そのまま 그대로 考(かんが)える 생각하다 大(おお)きい 크다 サイズ 사이즈, 크기 ～にする ～로 하다 悩(なや)む 고민하다

67 대화 내용에 대한 이해

```
男  すみません。加藤部長はいらっしゃいますか。
女  失礼ですが、お約束はいただいておりますか。
男  いえ、昔、仕事でお世話になったので、ご挨拶ができればと伺いました。
女  申し訳ありません。加藤は外出しており、本日は戻らないんです。
```

남 죄송해요. 가토 부장님 계세요?
여 실례지만 약속은 하셨나요?
남 아뇨, 옛날에 일 때문에 신세를 졌기 때문에 인사차 찾아뵈었어요.
여 죄송해요. 가토는 외출해서 오늘은 안 돌아오거든요.

会話の内容と合っているものは、どれですか。

(A) 男の人は突然部長を訪ねて来た。
(B) 男の人は今後、仕事でお世話になる客だ。
(C) 女の人が部長の代わりに外出した。
(D) 部長は約束を忘れて出かけた。

대화의 내용과 맞는 것은 어느 것입니까?
(A) 남자는 갑자기 부장을 방문했다.
(B) 남자는 앞으로 일로 신세를 질 손님이다.
(C) 여자가 부장 대신에 외출했다.
(D) 부장은 약속을 잊고 외출했다.

해설 | 가토 부장을 찾아온 남자에게 여자는 부장님과 약속을 했냐고 물었고, 남자는 아니라고 대답하면서 과거에 신세진 적이 있어서 인사차 방문했다고 했다. 즉, 가토 부장에게 신세를 진 사람으로 사전 약속 없이 방문했다는 것이므로, 정답은 (A)가 된다. 남자는 고객이 아니고, 외출한 사람은 부장이므로 (B)와 (C)는 틀린 설명이다. 또한 남자와 부장은 사전에 약속을 한 것이 아니므로, 부장이 약속을 잊고 외출했다고 한 (D)도 답이 될 수 없다.

어휘 | 部長(ぶちょう) 부장

いらっしゃる 計(けい)です *「いる」((사람이) 있다)의 존경어
失礼(しつれい) 실례　約束(やくそく) 약속
いただく 받다 *「もらう」의 겸양어
〜ておる ①〜어 있다 ②〜하고 있다 「〜ている」의 겸양표현
昔(むかし) 옛날　仕事(しごと) 일, 업무
お世話(せわ)になる 신세를 지다　挨拶(あいさつ) 인사
伺(うかが)う 찾아뵙다 *「訪(おとず)れる」(방문하다)의 겸양어
外出(がいしゅつ) 외출
本日(ほんじつ) 금일, 오늘 *「今日(きょう)」의 격식 차린 말
戻(もど)る (본래의 자리로) 돌아오다　突然(とつぜん) 돌연, 갑자기
訪(たず)ねる 방문하다　今後(こんご) 금후, 앞으로
客(きゃく) 손님　〜代(か)わりに 〜대신에　忘(わす)れる 잊다
出(で)かける (밖에) 나가다, 외출하다, 가다

68 대화 내용에 대한 이해

> 女　すごくにこにこしてるけど、どうしたの(?)。
> 男　僕の好きな小説が映画になるんだ。
> 女　そうなんだ。好きな話だと期待できるね。
> 男　うん。誰が主役になるのかすごく楽しみだよ。
>
> 여　엄청 싱글벙글하고 있는데, 무슨 일 있어?
> 남　내가 좋아하는 소설이 영화화되거든.
> 여　그렇구나. 좋아하는 이야기라면 기대되겠네.
> 남　응. 누가 주역이 될지 굉장히 기대돼.

男の人がにこにこしているのは、なぜですか。
(A) 好きな俳優が主役をするから
(B) 小説の映画化に期待しているから
(C) 映画の内容がとても良かったから
(D) 映画の無料チケットが当たったから

남자가 싱글벙글하고 있는 것은 왜입니까?
(A) 좋아하는 배우가 주역을 하기 때문에
(B) 소설의 영화화에 기대하고 있기 때문에
(C) 영화 내용이 아주 좋았기 때문에
(D) 영화의 무료 티켓이 당첨되었기 때문에

해설 | 남자가 기분이 좋은 이유는 남자의 첫 번째 대화에 나온다. 본인이 좋아하는 소설이 영화화되기 때문이므로, 정답은 (B)가 된다. 대화에서 알 수 있는 내용은 소설이 영화화된다는 것뿐이므로, 나머지 선택지는 답이 될 수 없다.

어휘 | すごく 굉장히　にこにこ 싱글벙글　僕(ぼく) 나 *남자의 자칭
好(す)きだ 좋아하다　小説(しょうせつ) 소설
映画(えいが)になる 영화가 되다, 영화화되다　期待(きたい) 기대
誰(だれ) 누구　主役(しゅやく) 주역　楽(たの)しみ 기다려짐, 고대
俳優(はいゆう) 배우　映画化(えいがか) 영화화
内容(ないよう) 내용　無料(むりょう) 무료　チケット 티켓
当(あ)たる (복권 등이) 당첨되다

69 대화 내용에 대한 이해

> 女　午後(ごご)から企画会議(きかくかいぎ)をすることになりました。

> 男　えっ(?)。前(まえ)の案(あん)で決定(けってい)したんじゃないんですか。
> 女　それが、山田さんが今朝(けさ)提出(ていしゅつ)したものに変更(へんこう)になるかもしれないそうです。
> 男　いい案でも期限(きげん)を過(す)ぎてから出(だ)されるとちょっと困(こま)りますね。
>
> 여　오후부터 기획회의를 하게 됐어요.
> 남　네? 전의 안으로 결정된 거 아니었어요?
> 여　그게, 야마다 씨가 오늘 아침에 제출한 걸로 변경이 될지도 모른대요.
> 남　좋은 안이라도 기한을 넘기고 나서 내면 좀 곤란하죠.

午後から何の会議がありますか。
(A) 担当者(たんとうしゃ)を増(ふ)やすことについて
(B) トラブル解決(かいけつ)について
(C) 期限(きげん)を守(まも)る重要性(じゅうようせい)について
(D) 今朝(けさ)、出(で)たアイディアについて

오후부터 무슨 회의가 있습니까?
(A) 담당자를 늘리는 것에 대해서
(B) 분쟁 해결에 대해서
(C) 기한을 지키는 중요성에 대해서
(D) 오늘 아침에 나온 아이디어에 대해서

해설 | 오후에 있을 회의 내용이 무엇인지 묻고 있다. 오후부터 기획회의를 하게 되었다는 여자의 말에 남자는 이미 전의 안으로 결정된 거 아니었냐며 반문했고, 이에 여자는 야마다 씨가 오늘 아침에 기획안을 제출했는데 그 기획안으로 변경될지도 모른다고 했다. 이 말은 야마다 씨의 기획안을 놓고 오후에 회의를 해서 다시 결정할지도 모른다는 것이므로, 정답은 (D)가 된다. (C)는 회의 내용이 아니라, 뒤늦게 안을 제출한 야마다 씨에게 하고 싶은 말이다.

어휘 | 午後(ごご) 오후　企画(きかく) 기획　会議(かいぎ) 회의
동사의 보통형+ことになる 〜하게 되다　案(あん) 안
決定(けってい) 결정　今朝(けさ) 오늘 아침　提出(ていしゅつ) 제출
変更(へんこう) 변경　〜かもしれない 〜일지도 모른다
품사의 보통형+そうだ 〜라고 한다 *전문　期限(きげん) 기한
過(す)ぎる (정해진 기한·기간이) 넘다, 지나다, 끝나다
〜てから 〜하고 나서, 〜한 후에　出(だ)す 내다, 제출하다
困(こま)る 곤란하다, 난처하다　担当者(たんとうしゃ) 담당자
増(ふ)やす 늘리다　〜について 〜에 대해서
トラブル 트러블, 분쟁, 문제　解決(かいけつ) 해결
守(まも)る 지키다　重要性(じゅうようせい) 중요성
アイディア 아이디어

70 성별에 따른 의견 및 행동 구분

> 女　ポイントカードを無(な)くしてしまったので、再発行(さいはっこう)していただけますか。
> 男　はい。今(いま)まで貯(た)められたポイントは無効(むこう)になりますが、よろしいですか。

女 元々、数ポイントしかなかったし、構いません。

男 では、この用紙に氏名とご住所をお書きください。

여 포인트 카드를 잃어버려서요. 재발급해 주실 수 있나요?

남 예. 지금까지 모아진 포인트는 무효가 되는데 괜찮으세요?

여 원래 몇 포인트밖에 없었고 해서 상관없어요.

남 그럼, 이 용지에 성명과 주소를 적어 주세요.

女の人は、何をしようとしていますか。

(A) ポイントカードの情報の修正

(B) ポイントが無効にならない手続き

(C) 新たなポイントカードの作成

(D) ポイントの使用方法の確認

여자는 무엇을 하려고 하고 있습니까?

(A) 포인트 카드의 정보 수정

(B) 포인트가 무효가 되지 않는 수속

(C) 새로운 포인트 카드의 작성

(D) 포인트 사용방법의 확인

해설 | 여자의 첫 번째 대화에 나오는 「再発行(さいはっこう)」(재발행, 재발급)라는 단어가 포인트로, 포인트 카드를 잃어버려서 재발급받으려는 상황이다. 남자는 재발급하게 되면 지금까지의 포인트가 무효가 된다고 알려 주는데, 여자는 「構(かま)いません」(상관없어요)이라고 했다. 즉, 기존 포인트가 무효가 되더라도 재발급을 원한다는 의미이므로, 정답은 (C)가 된다.

어휘 | ポイント 포인트 カード 카드 無(な)くす 잃다, 분실하다
〜ていただけますか (남에게) 〜해 받을 수 있습니까?, (남이) 〜해 주실 수 있습니까? *「〜てもらえますか」((남에게) 〜해 받을 수 있습니까?, (남이) 〜해 줄 수 있습니까?)의 겸양표현
今(いま)まで 지금까지 貯(た)める 모으다, 저축하다
無効(むこう) 무효 よろしい 좋다, 괜찮다 *「よい」의 공손한 표현
元々(もともと) 원래 数(すう)〜 수〜, 몇〜
〜しか (부정어 수반) 〜밖에 構(かま)わない 상관없다, 괜찮다
では 그러면, 그럼 用紙(ようし) 용지
氏名(しめい) 성명, 이름 住所(じゅうしょ) 주소
お+동사의 ます형+ください 〜해 주십시오, 〜하십시오 *존경표현
書(か)く (글씨·글을) 쓰다 情報(じょうほう) 정보
修正(しゅうせい) 수정 手続(てつづ)き 수속
新(あら)ただ 새롭다 作成(さくせい) 작성 使用(しよう) 사용
方法(ほうほう) 방법 確認(かくにん) 확인

71 대화 내용에 대한 이해

男 井上さんの演説は、8分程度と短かったですが、感動しましたね。

女 ええ、彼の差別に対する強い信念が伝わってきました。

男 重みのある言葉に気が付けば涙が出ていましたよ。

女 私もです。泣かずにはいられませんでした。

남 이노우에 씨의 연설은 8분 정도로 짧았지만 감동했네요.

여 네, 그의 차별에 대한 강한 신념이 전해졌어요.

남 무게가 있는 말에 정신을 차리고 보니 눈물이 나고 있었어요.

여 저도 그래요. 울지 않고는 배길 수 없었어요.

2人は、井上さんの演説について何と言っていますか。

(A) 黙って聞くしかなかった。

(B) 非常に胸を打たれた。

(C) 相応しくないテーマだった。

(D) 時間配分が微妙だった。

두 사람은 이노우에 씨의 연설에 대해서 뭐라고 말하고 있습니까?

(A) 잠자코 들을 수밖에 없었다.

(B) 대단히 감동했다.

(C) 어울리지 않는 주제였다.

(D) 시간 배분이 미묘했다.

해설 | 「感動(かんどう)」(감동), 「涙(なみだ)が出(で)る」(눈물이 나다), 「泣(な)かずにはいられない」(울지 않을 수 없다) 등의 표현으로 보아 두 사람 모두 이노우에 씨의 연설에 대단히 감동했다는 것을 알 수 있다. 정답은 (B)로, 「胸(むね)を打(う)たれる」는 '감동하다'라는 뜻이다.

어휘 | 演説(えんぜつ) 연설 程度(ていど) 정도 短(みじか)い 짧다
差別(さべつ) 차별 〜に対(たい)する 〜에 대한 強(つよ)い 강하다
信念(しんねん) 신념 伝(つた)わる 전해지다
重(おも)み 무게, 중요한 의미 言葉(ことば) 말
気(き)が付(つ)く 알아차리다, 정신을 차리다 泣(な)く 울다
〜ずにはいられない 〜하지 않고는 못 배기다
黙(だま)る 잠자코 있다, 입을 다물다 〜しか (부정어 수반) 〜밖에
非常(ひじょう)に 대단히, 매우
相応(ふさわ)しい 딱 알맞다, 어울리다, 적합하다 テーマ 테마, 주제
配分(はいぶん) 배분 微妙(びみょう)だ 미묘하다

72 대화 내용에 대한 이해

女 スキーツアーのチラシをもらって来たんだけど、旅行に行かない(?)。

男 今の時期は、仕事が詰まっていて旅行なんて行く余裕がないよ。

女 休みは取らなきゃ。日帰りで温泉なら行けるんじゃない(?)。

男 どうかなあ。とにかく今月は厳しいよ。

여 스키 투어의 전단지를 받아왔는데 여행하러 가지 않을래?

남 지금 시기는 일이 잔뜩 쌓여 있어서 여행 같은 거 갈 여유가 없어.

여 휴식은 취해야지. 당일치기로 온천이라면 갈 수 있지 않아?

남 글쎄. 어쨌든 이달은 힘들어.

男の人は、何が厳しいと言っていますか。

(A) 温泉付きの宿を予約すること

(B) スキーの腕を上達させること
(C) 今の時期に旅をすること
(D) 今以上に仕事の計画を練ること

남자는 무엇이 힘들다고 말하고 있습니까?
(A) 온천이 딸린 숙소를 예약하는 것
(B) 스키 실력을 향상시키는 것
(C) 지금 시기에 여행을 하는 것
(D) 지금 이상으로 업무 계획을 짜는 것

해설 | 남자의 첫 번째 대화에 주목해야 한다. 여행을 가자는 여자의 제안에 대해 남자는 지금은 일이 잔뜩 쌓여 있어서 여행을 갈 여유가 없다고 했으므로, 정답은 (C)가 된다.

어휘 | スキー 스키 ツアー 투어 チラシ 전단지
もらう 받다 旅行(りょこう)に行(い)く 여행을 가다
今(いま) 지금 時期(じき) 시기 仕事(しごと) 일, 업무
詰(つ)まる 가득 차다, 잔뜩 쌓이다 ~なんて ~따위, ~같은 것
余裕(よゆう) 여유 休(やす)み 휴식 取(と)る 취하다
~なきゃ(ならない・いけない) ~하지 않으면 (안 된다), ~해야 (한다) *「~なきゃ」는 「~なければ」의 축약표현
日帰(ひがえ)り 당일치기 温泉(おんせん) 온천 ~なら ~라면
とにかく 어쨌든 今月(こんげつ) 이달 厳(きび)しい 힘들다
명사+付(つ)き ~이 딸림 宿(やど) 숙소 予約(よやく) 예약
腕(うで) 솜씨, 실력, 기술 上達(じょうたつ) 숙달, 향상
旅(たび) 여행 以上(いじょう) 이상 計画(けいかく) 계획
練(ね)る (생각·방안 등을) 짜다, 다듬다

73 대화 내용에 대한 이해

男 娘にお願いされて大型犬を飼うことになったんですよ。
女 いいですね。あれ(?)、でも、動物が苦手じゃありませんでしたか。
男 娘と妻に必死に説得されて許してしまいました。
女 そうですか。たくさん可愛がってあげてくださいね。

남 딸이 부탁해서 대형견을 기르게 됐어요.
여 좋네요. 어? 하지만 동물을 싫어하지 않았나요?
남 딸과 아내가 필사적으로 설득해서 허락해 버렸어요.
여 그렇군요. 많이 예뻐해 주세요.

男の人は、どうして犬を飼うことになりましたか。
(A) 家族が懸命に頼んできたから
(B) 妻が娘の成長に必要だと言うから
(C) 大型犬は賢いと思うから
(D) 動物嫌いを治したいから

남자는 어째서 개를 기르게 되었습니까?
(A) 가족이 필사적으로 부탁했기 때문에
(B) 아내가 딸의 성장에 필요하다고 하기 때문에

(C) 대형견은 영리하다고 생각하기 때문에
(D) 동물을 싫어하는 것을 고치고 싶기 때문에

해설 | 남자의 두 번째 대화에 주목해야 한다. 남자는 동물을 싫어하지만, 딸과 아내가 개를 키우자고 필사적으로 설득하는 바람에 허락해 버렸다고 했으므로, 정답은 (A)가 된다.

어휘 | 娘(むすめ) (자신의) 딸 願(ねが)う 부탁하다
大型犬(おおがたけん) 대형견 飼(か)う (동물을) 기르다, 사육하다
동사의 보통형+ことになる ~하게 되다
あれ 어 *놀라거나 의외로 여길 때 내는 소리 でも 하지만
動物(どうぶつ) 동물 苦手(にがて)だ 대하기 싫은 상대다, 거북스럽다
妻(つま) (자신의) 아내 必死(ひっし)だ 필사적이다
説得(せっとく) 설득 許(ゆる)す 허락하다 たくさん 많이
可愛(かわい)がる 귀여워하다 ~てあげる (내가 남에게) ~해 주다
懸命(けんめい)だ 필사적이다, 열심이다 頼(たの)む 부탁하다
成長(せいちょう) 성장 必要(ひつよう)だ 필요하다
賢(かしこ)い 영리하다, 현명하다 명사+嫌(ぎら)い ~을 싫어함
治(なお)す 고치다, 치료하다

74 대화 내용에 대한 이해

男 佐々木さんってちょっと常識がなくて困ってるんだ。
女 私は礼儀正しいと思うけど、何かあったの(?)。
男 昼夜関係なく一日に何度も電話をかけてくるんだよ。
女 うーん、夜10時以降は、避けてほしいわね。

남 사사키 씨는 조금 상식이 없어서 곤란해.
여 나는 예의 바르다고 생각하는데 무슨 일인가 있었어?
남 밤낮 관계없이 하루에 몇 번이나 전화를 걸어오거든.
여 음…. 밤 10시 이후는 피해 줬으면 좋겠네.

佐々木さんについて、正しいものはどれですか。
(A) 夜10時以降も残業している。
(B) 女の人にも男の人にも態度が悪い。
(C) 敬語が使えず、社会人らしくない。
(D) しょっちゅう、男の人に連絡をする。

사사키 씨에 대해서 맞는 것은 어느 것입니까?
(A) 밤 10시 이후에도 잔업하고 있다.
(B) 여자에게도 남자에게도 태도가 나쁘다.
(C) 경어를 사용하지 못해서 사회인답지 않다.
(D) 노상 남자에게 연락을 한다.

해설 | 남자의 두 번째 대화에 나오는 「昼夜関係(ちゅうやかんけい)なく」(밤낮 관계없이)라는 표현이 포인트로, 시간을 가리지 않고 하루에도 몇 번씩 전화를 하는 행동을 지적하고 있다. 정답은 (D)로, 대화에 나오는 「昼夜関係(ちゅうやかんけい)なく」(밤낮 관계없이)를 선택지에서는 「しょっちゅう」(노상, 언제나)로 표현했다.

어휘 | ~って (서술 제목의) ~(이)란, ~은 ちょっと 조금
常識(じょうしき) 상식 困(こま)る 곤란하다, 난처하다
礼儀正(れいぎただ)しい 예의 바르다
何(なに)か 뭔가, 무슨 일인가 昼夜(ちゅうや) 주야, 밤낮

関係(かんけい)ない 관계없다 一日(いちにち) 하루
何度(なんど)も 몇 번이나, 여러 번
電話(でんわ)をかける 전화를 걸다 夜(よる) 밤
以降(いこう) 이후 避(さ)ける 피하다
〜てほしい 〜해 주었으면 하다, 〜길 바라다
残業(ざんぎょう) 잔업, 야근 態度(たいど) 태도
悪(わる)い 나쁘다, 좋지 않다 敬語(けいご) 경어
使(つか)う 쓰다, 사용하다 〜ず 〜하지 않아서
社会人(しゃかいじん) 사회인 〜らしい 〜답다
連絡(れんらく) 연락

何(なん)と 뭐라고 言(い)う 말하다
初心者(しょしんしゃ) 초보자 挑戦(ちょうせん) 도전
동사의 ます형+やすい 〜하기 쉽다[편하다] 近(ちか)く 근처
〜と同時(どうじ)に 〜와 동시에 楽(たの)しむ 즐기다
気軽(きがる)だ (마음이) 부담스럽지 않다, 부담 없다
徹夜(てつや) 철야, 밤샘 〜ほど 〜정도, 〜만큼

75 성별에 따른 의견 및 행동 구분

男 最近(さいきん)、オンラインゲームを始(はじ)めたんだ。
女 インターネットを使(つか)ったゲームだよね。面白(おもしろ)いの(?)。
男 離(はな)れた場所(ばしょ)にいる人(ひと)と一緒(いっしょ)にゲームしている感覚(かんかく)がたまらないね。
女 へえ、私(わたし)、普段(ふだん)はあまりゲームをしないけど、試(ため)してみようかな。

남 최근 온라인 게임을 시작했어.
여 인터넷을 사용한 게임이지? 재미있어?
남 떨어진 곳에 있는 사람과 함께 게임하고 있는 감각이 아주 그만이야.
여 허. 나, 평소에는 별로 게임을 하지 않는데 시도해 볼까?

男(おとこ)の人(ひと)は、オンラインゲームについて何(なん)と言(い)っていますか。
(A) 初心者(しょしんしゃ)が挑戦(ちょうせん)しやすい。
(B) 近(ちか)くにいない人(ひと)と同時(どうじ)に楽(たの)しめる。
(C) 誰(だれ)でも気軽(きがる)に始(はじ)められる。
(D) 徹夜(てつや)したくなるほど面白(おもしろ)い。

남자는 온라인 게임에 대해서 뭐라고 말하고 있습니까?
(A) 초보자가 도전하기 쉽다.
(B) 근처에 없는 사람과 동시에 즐길 수 있다.
(C) 누구든지 부담 없이 시작할 수 있다.
(D) 밤샘하고 싶어질 만큼 재미있다.

해설 | 남자의 두 번째 대화에 주목해야 한다. 온라인 게임이 재미있느냐는 여자의 물음에 남자는 떨어진 곳에 있는 사람과 함께 게임하고 있는 감각이 아주 그만이라고 했다. 따라서 정답은 근처에 없는 사람과 동시에 즐길 수 있다고 한 (B)가 된다.

어휘 | 最近(さいきん) 최근, 요즘 オンラインゲーム 온라인 게임
始(はじ)める 시작하다 インターネット 인터넷
使(つか)う 쓰다, 사용하다 面白(おもしろ)い 재미있다
〜の (의문·질문을 나타내는) 〜느냐?, 〜니?
離(はな)れる (사이가) 떨어지다 場所(ばしょ) 장소, 곳
一緒(いっしょ)に 함께 感覚(かんかく) 감각
たまらない 말할 수 없이 좋다
へえ 허 *감탄하거나 놀랐을 때 내는 소리 普段(ふだん) 평소, 평상시
あまり (부정어 수반) 그다지, 별로 試(ため)す 시험[시도]해 보다

76 대화 내용에 대한 이해

女 パーティーのムードを盛(も)り上(あ)げたいんだけど、どうしたらいいと思(おも)う(?)。
男 来(き)てくれる人(ひと)が喜(よろこ)ぶ要素(ようそ)があるといいんじゃないかな。
女 そうねえ。皆(みんな)ワイン好(す)きだから、ワインのクイズ大会(たいかい)とかどう(?)。
男 正解者(せいかいしゃ)には高価(こうか)じゃなくてもプレゼントがあると、更(さら)にいいかもしれないね。

여 파티 분위기를 고조시키고 싶은데 어떻게 하면 좋을 것 같아?
남 와 주는 사람이 좋아할 요소가 있으면 좋지 않을까?
여 그렇겠네. 모두 와인 좋아하니까 와인 퀴즈대회 같은 건 어때?
남 정답자에게는 고가가 아니어도 선물이 있으면 더욱 좋을지도 모르지.

男(おとこ)の人(ひと)は、どんなアドバイスをしましたか。
(A) 豪華(ごうか)な賞品(しょうひん)を用意(ようい)するように
(B) ワインの飲(の)み比(くら)べを用意(ようい)するように
(C) 参加者(さんかしゃ)の好(この)みに合(あ)わせるように
(D) 高級(こうきゅう)ワインを買(か)っておくように

남자는 어떤 조언을 했습니까?
(A) 호화로운 상품을 준비하라고
(B) 와인 시음을 준비하라고
(C) 참가자의 기호에 맞추라고
(D) 고급 와인을 사 두라고

해설 | 남자의 첫 번째 대화에 주목해야 한다. 파티 분위기를 고조시킬 방법을 묻는 여자에게 남자는 참석자가 좋아할 만한 요소가 있으면 좋을 것 같다고 했다. 즉, 파티 참석자가 좋아하는 방향으로 이벤트를 진행하라는 뜻이므로, 정답은 (C)가 된다. (A)와 (D)는 남자의 두 번째 대화에서 「高価(こうか)じゃなくても」(고가가 아니어도)라고 했으므로 정답으로는 부적절하고, (B)와 같은 내용은 나오지 않는다.

어휘 | パーティー 파티 ムード 무드, 분위기
盛(も)り上(あ)げる (기분 등을) 돋우다, 고조시키다
喜(よろこ)ぶ 기뻐하다, 좋아하다 要素(ようそ) 요소
皆(みんな) 모두 ワイン 와인 好(す)きだ 좋아하다
クイズ 퀴즈 大会(たいかい) 대회
〜とか 〜라든가, 〜라든지 正解者(せいかいしゃ) 정답자
高価(こうか)だ 고가이다, 값이 비싸다 プレゼント 선물
更(さら)に 더욱 〜かもしれない 〜일지도 모른다
アドバイス 어드바이스, 조언 豪華(ごうか)だ 호화롭다
賞品(しょうひん) 상품 用意(ようい) 준비
〜ように 〜하도록, 〜하라고 飲(の)み比(くら)べ 시음

参加者(さんかしゃ) 참가자　好(この)み 기호　合(あ)わせる 맞추다
高級(こうきゅう) 고급　～ておく ～해 놓다[두다]

男 この前の海外旅行中に人込みの中で盗難に遭ってしまったんだ。
女 スリ(?)。怖いわね。旅行保険には入っていたの(?)。
男 うん。でもクレジットカードの使用停止の手続きとか面倒だったよ。
女 旅行客は狙われやすいから、用心しないとね。

남 요전 해외여행 중에 인파 속에서 도난을 당했지 뭐야.
여 소매치기? 무섭네. 여행보험에는 가입했어?
남 응. 하지만 신용카드 사용 정지 수속이라든지 귀찮았어.
여 여행객은 표적이 되기 쉬우니까 조심해야지.

女の人は、何と言っていますか。
(A) 貴重品は金庫に入れておくべきだ。
(B) 旅先で盗難の被害に遭いやすい。
(C) クレジットカードに海外保険が付いている。
(D) 旅行中、現金があれば心配無用だ。

여자는 뭐라고 말하고 있습니까?
(A) 귀중품은 금고에 넣어 두어야 한다.
(B) 여행지에서 도난 피해를 입기 쉽다.
(C) 신용카드에 해외보험이 가입되어 있다.
(D) 여행 중 현금이 있으면 걱정할 필요 없다.

해설 | 남자가 해외 여행지에서 당한 도난 사고에 대해 이야기하자, 여자는 두 번째 대화에서 여행객은 표적이 되기 쉬우므로 조심해야 한다고 했다. 따라서 정답은 (B)가 된다.

어휘 | この前(まえ) 요전, 일전
海外旅行(かいがいりょこう) 해외여행　～中(ちゅう) ～중
人込(ひとご)み 인파, 붐빔, 북적임　中(なか) 안, 속
盗難(とうなん) 도난　遭(あ)う (어떤 일을) 당하다, 겪다
スリ 소매치기　怖(こわ)い 무섭다
旅行保険(りょこうほけん)に入(はい)る 여행보험에 들다[가입하다]
～の (의문·질문을 나타내는) ～느냐?, ～니?　うん 응
でも 하지만　クレジットカード 신용카드　使用(しよう) 사용
停止(ていし) 정지　手続(てつづ)き 수속　～とか ～라든가
面倒(めんどう)だ 귀찮다, 성가시다
旅行客(りょこうきゃく) 여행객　狙(ねら)う (목표·기회를) 노리다
동사의 ます형+やすい ～하기 쉽다[편하다]
用心(ようじん) 조심, 주의, 경계
～ないと(いけない) ～하지 않으면 (안 된다), ～해야 (한다)
貴重品(きちょうひん) 귀중품　金庫(きんこ) 금고
入(い)れる 넣다　～ておく ～해 놓다[두다]
동사의 기본형+べきだ (마땅히) ～해야 한다
旅先(たびさき) 여행지　被害(ひがい) 피해　付(つ)く 붙다, 딸리다
現金(げんきん) 현금　心配(しんぱい) 걱정
無用(むよう) 필요 없음

女 秘書の資格を取得するために勉強を始めたんだけど、捗らないの。
男 日中は忙しいだろうけど、隙間時間を見つけてするといいよ。
女 そうねえ。毎日何とか1時間は確保できるかもしれないわ。
男 あと、自分へのご褒美を考えたりすると、気持ちも維持できていいんじゃないかな。

여 비서 자격을 취득하기 위해서 공부를 시작했는데 진척되질 않아.
남 낮에는 바쁘겠지만, 틈새 시간을 찾아서 하면 좋지.
여 그러네. 매일 어떻게든 1시간은 확보할 수 있을지도 모르겠네.
남 그리고 자신에 대한 포상을 생각하거나 하면 마음도 유지할 수 있어서 좋지 않을까?

男の人は、女の人に何とアドバイスをしましたか。
(A) 勉強は静まり返っている深夜にするといい。
(B) 周りに雑音がある方が作業が捗る。
(C) 休息時間はしっかり確保した方がいい。
(D) 自分に対する褒美があると意欲を保てる。

남자는 여자에게 뭐라고 조언을 했습니까?
(A) 공부는 아주 조용한 심야에 하면 좋다.
(B) 주위에 잡음이 있는 편이 작업이 진척된다.
(C) 휴식시간은 제대로 확보하는 편이 좋다.
(D) 자신에 대한 포상이 있으면 의욕을 유지할 수 있다.

해설 | 남자의 두 번째 대화에 나오는 「褒美(ほうび)」(상, 포상)라는 단어가 포인트. 좀처럼 공부에 진척이 없다고 푸념하는 여자에게 남자가 자신에 대한 포상을 생각하면 마음가짐을 유지할 수 있다고 조언했으므로, 정답은 (D)가 된다.

어휘 | 秘書(ひしょ) 비서　資格(しかく) 자격
取得(しゅとく) 취득　～ために ～위해서　勉強(べんきょう) 공부
始(はじ)める 시작하다　捗(はかど)る 진척되다
～の (문말에 쓰여서) 가벼운 단정을 나타냄
日中(にっちゅう) 낮, 주간　忙(いそが)しい 바쁘다
隙間(すきま) 비어 있는 시간, 짬　時間(じかん) 시간
見(み)つける 찾(아내)다, 발견하다　毎日(まいにち) 매일
何(なん)とか 어떻게든, 그럭저럭　確保(かくほ) 확보
～かもしれない ～일지도 모른다　あと 그 외의 일, 나머지
自分(じぶん) 자기, 자신, 나　考(かんが)える 생각하다
～たりする ～하거나 하다, ～하기도 하다　気持(きも)ち 기분, 마음
維持(いじ) 유지　アドバイス 어드바이스, 조언
静(しず)まり返(かえ)る 아주 조용해지다　深夜(しんや) 심야
周(まわ)り 주위, 주변　雑音(ざつおん) 잡음
方(ほう) 편, 쪽　作業(さぎょう) 작업
休息(きゅうそく) 휴식　しっかり 제대로, 확실히
동사의 た형+方(ほう)がいい ～하는 편[쪽]이 좋다
～に対(たい)する ～에 대한　意欲(いよく) 의욕
保(たも)つ 유지하다

男　台風が接近してて、河川の氾濫が心配だね。

女　うん、洪水警報は頻繁に見ておいた方がいいわね。

男　明日の晩、かなり天候が荒れるそうだよ。

女　暗くなってからの避難は危険だから、避難するなら早めに判断しなきゃね。

남　태풍이 접근하고 있어서 하천 범람이 걱정스럽네.

여　응, 홍수경보는 자주 봐 두는 편이 좋겠지.

남　내일 밤 꽤 날씨가 사나워질 거야.

여　어두워진 후의 피난은 위험하니까 피난할 거면 빨리 판단해야겠네.

女の人は、何と言っていますか。

(A) 今回の台風の経路は予測しづらい。

(B) 堤防があるから、あまり心配しなくていい。

(C) 避難を検討するなら、早めに行動するべきだ。

(D) 防災道具は既に備えている。

여자는 뭐라고 말하고 있습니까?

(A) 이번 태풍의 경로는 예측하기 힘들다.

(B) 제방이 있으니까 별로 걱정하지 않아도 된다.

(C) 피난을 검토한다면 빨리 행동해야 한다.

(D) 방재 도구는 이미 갖추고 있다.

해설 | 두 사람은 다가오는 태풍으로 인한 피해를 걱정하고 있다. 여자의 두 번째 대화가 포인트로, 날이 저문 후에 피난에 나서는 것은 위험하므로 피난 여부를 빨리 결정해야 한다고 했다. 따라서 정답은 (C)가 된다.

어휘 | 台風(たいふう) 태풍　接近(せっきん) 접근
河川(かせん) 하천　氾濫(はんらん) 범람
心配(しんぱい)だ 걱정스럽다　洪水(こうずい) 홍수
警報(けいほう) 경보　頻繁(ひんぱん)だ 빈번하다
見(み)る 보다　～ておく ～해 놓다[두다]
동사의 た형+方(ほう)がいい ～하는 편[쪽]이 좋다
明日(あした) 내일　晩(ばん) 밤　かなり 꽤, 상당히
天候(てんこう) 날씨　荒(あ)れる (날씨 등이) 사나워지다
품사의 보통형+そうだ ～라고 한다 *전문　暗(くら)い 어둡다
～てから ～하고 나서, ～한 후에　避難(ひなん) 피난
危険(きけん)だ 위험하다　～なら ～라면
早(はや)めに 빨리, 일찍, 일찌감치　判断(はんだん) 판단
～なきゃ(ならない・いけない) ～하지 않으면 (안 된다), ～해야 (한다)
*「～なきゃ」는 「～なければ」의 축약표현
今回(こんかい) 이번　経路(けいろ) 경로　予測(よそく) 예측
동사의 ます형+づらい ～하기 힘들다[거북하다]
堤防(ていぼう) 제방　あまり (부정어 수반) 그다지, 별로
検討(けんとう) 검토　行動(こうどう) 행동
동사의 기본형+べきだ (마땅히) ～해야 한다 *단, 「する」(하다)는 「するべきだ」, 「すべきだ」모두 가능함　防災(ぼうさい) 방재
道具(どうぐ) 도구　既(すで)に 이미, 벌써
備(そな)える 비치하다, 갖추다

男　もうすぐ衆議院選挙があるけど、海外に住んでいる日本人でも投票はできる(?)。

女　うん、予め大使館で登録してたら、投票できるみたいよ。

男　へえ、日本国民の権利は国外でも得ることができるんだね。

女　うん、でも、海外に住所を3か月以上有しているかどうかとか、条件はあるはずよ。

남　이제 곧 중의원 선거가 있는데 해외에 거주하고 있는 일본인이라도 투표는 할 수 있어?

여　응, 미리 대사관에서 등록하면 투표할 수 있는 것 같아.

남　허, 일본 국민의 권리는 국외에서도 얻을 수 있는 거구나.

여　응, 하지만 해외에 주소를 3개월 이상 갖고 있는지 어떤지 라든가 조건은 있을 거야.

2人は、何について話していますか。

(A) 衆議院選挙と参議院選挙の投票方法の違い

(B) 海外に居住している日本国籍の人の選挙権

(C) 大使館で簡易に選挙に参加する方法

(D) 移住地によって選挙権の条件が異なること

두 사람은 무엇에 대해서 이야기하고 있습니까?

(A) 중의원 선거와 참의원 선거의 투표방법의 차이

(B) 해외에 거주하고 있는 일본 국적인 사람의 선거권

(C) 대사관에서 간단하게 선거에 참가하는 방법

(D) 이주지에 따라 선거권의 조건이 다른 것

해설 | 남자가 해외 거주 일본인의 투표권에 대해 묻자, 여자는 미리 대사관에 등록하는 절차와 3개월 이상의 해외 주소 보유라는 조건을 갖추면 투표할 수 있을 것이라고 했다. 즉, 두 사람은 해외에 거주하고 있는 일본 국적인 사람의 선거권에 대해서 이야기를 나누고 있는 것이므로, 정답은 (B)가 된다.

어휘 | もうすぐ 이제 곧　衆議院(しゅうぎいん) 중의원
選挙(せんきょ) 선거　海外(かいがい) 해외
住(す)む 살다, 거주하다　日本人(にほんじん) 일본인
投票(とうひょう) 투표　予(あらかじ)め 미리, 사전에
大使館(たいしかん) 대사관　登録(とうろく) 등록　～たら ～하면
～みたいだ ～인 것 같다　へえ 허 *감탄하거나 놀랐을 때 내는 소리
国民(こくみん) 국민　権利(けんり) 권리　国外(こくがい) 국외
得(え)る 얻다　동사의 기본형+ことができる ～할 수 있다
でも 하지만　住所(じゅうしょ) 주소　～か月(げつ) ～개월
以上(いじょう) 이상　有(ゆう)する 가지다
～かどうか ～일지 어떨지, ～인지 어떤지
～とか ～라든가, ～라든지　条件(じょうけん) 조건
～はずだ (당연히) ～할 것[터]이다　参議院(さんぎいん) 참의원
方法(ほうほう) 방법　違(ちが)い 차이　居住(きょじゅう) 거주
国籍(こくせき) 국적　選挙権(せんきょけん) 선거권
簡易(かんい)だ 간이하다, 간단하고 쉽다　参加(さんか) 참가
移住地(いじゅうち) 이주지　～によって ～에 의해서[따라서]
異(こと)なる 다르다

81~84 수면의 중요성

今日もこのラジオを聴いていただき、ありがとうございます。最後は、眠ることについての話です。81良く眠ることは、とても大切です。眠ることと体の関係の色々な研究がされています。82良く眠らないと体の中がうまく動かなくなって、病気になりやすくなります。良く眠ると、頭も休むことができて、体も元気になります。83研究している人の話では眠り始めてから90分の間が一番良く眠ることができるそうです。この時間がとても大切です。84眠る前に携帯を使うと、頭が昼と間違えて良く眠れません。皆さん、注意してください。

오늘도 이 라디오를 들어주셔서 감사합니다. 마지막으로는 자는 것[수면]에 대한 이야기입니다. 81잘 자는 것은 매우 중요합니다. 자는 것과 신체 관계의 여러 가지 연구가 이루어지고 있습니다. 82잘 자지 않으면 신체 내부가 잘 작동하지 않게 되고 병에 걸리기 쉬워집니다. 잘 자면 머리도 쉴 수 있고 몸도 건강해집니다. 83연구하고 있는 사람의 이야기로는 잠자기 시작한 후의 90분 사이가 가장 잘 잘 수 있다고 합니다. 이 시간이 매우 중요합니다. 84자기 전에 휴대전화를 사용하면 머리가 낮이라고 착각해서 잠을 잘 잘 수 없습니다. 여러분 주의해 주세요.

어휘 | 今日(きょう) 오늘 ラジオ 라디오 聴(き)く (귀기울여) 듣다
〜ていただく (남에게) 〜해 받다, (남이) 〜해 주시다 *「〜てもらう」
((남에게) 〜해 받다, (남이) 〜해 주다)의 겸양표현
最後(さいご) 최후, 마지막 眠(ねむ)る 자다, 잠자다, 잠들다
〜についての 〜에 대한 話(はなし) 이야기 良(よ)く 잘
とても 아주, 매우 大切(たいせつ)だ 중요하다
体(からだ) 몸, 신체 関係(かんけい) 관계
色々(いろいろ)だ 여러 가지다, 다양하다 研究(けんきゅう) 연구
うまく 잘, 능숙하게 動(うご)く 움직이다, (기계가) 작동하다
病気(びょうき)になる 병에 걸리다
동사의 ます형+やすい 〜하기 쉽다[편하다] 頭(あたま) 머리, 두뇌
休(やす)む 쉬다 동사의 기본형+ことができる 〜할 수 있다
元気(げんき)だ 건강하다
동사의 ます형+始(はじ)める 〜하기 시작하다
〜てから 〜하고 나서, 〜한 후에 〜間(あいだ) 〜동안
一番(いちばん) 가장, 제일
품사의 보통형+そうだ 〜라고 한다 *전문
時間(じかん) 시간 동사의 기본형+前(まえ)に 〜하기 전에
携帯(けいたい) 휴대전화 *「携帯電話(けいたいでんわ)」의 준말
使(つか)う 쓰다, 사용하다 昼(ひる) 낮
間違(まちが)える 착각하다, 잘못 알다 皆(みな)さん 여러분
注意(ちゅうい) 주의, 조심

81 この人は、何が大切だと言っていますか。
(A) たくさん食べること
(B) 良く眠ること
(C) 良く勉強すること
(D) 早くベッドに入ること

81 이 사람은 무엇이 중요하다고 말하고 있습니까?
(A) 많이 먹는 것
(B) 잘 자는 것
(C) 잘 공부하는 것
(D) 일찍 잠자리에 드는 것

해설 | 세 번째 문장에서 정답을 찾을 수 있다. 이 사람은 잘 자는 것이 매우 중요하다고 말하고 있으므로, 정답은 (B)가 된다.

어휘 | たくさん 많이 食(た)べる 먹다 勉強(べんきょう) 공부
早(はや)く 일찍, 빨리 ベッドに入(はい)る 잠자리에 들다

82 良く眠らないと、どうなると言っていますか。
(A) 忘れやすくなってしまう。
(B) 病気になることが多くなってしまう。
(C) 体が重くなってしまう。
(D) 仕事を休みたくなってしまう。

82 잘 자지 않으면 어떻게 된다고 말하고 있습니까?
(A) 쉽게 잊어버리게 된다.
(B) 병에 걸리는 경우가 많아져 버린다.
(C) 몸이 무거워져 버린다.
(D) 일을 쉬고 싶어져 버린다.

해설 | 다섯 번째 문장에서 정답을 찾을 수 있다. 잘 자지 않으면 신체가 제대로 움직이지 않아서 병에 걸리기 쉬워진다고 했다. 즉, 병에 걸리는 경우가 많아진다는 의미이므로, 정답은 (B)가 된다.

어휘 | 忘(わす)れる 잊다 多(おお)い 많다 重(おも)い 무겁다
仕事(しごと) 일 동사의 ます형+たい 〜하고 싶다

83 一番良く眠れる時間は、いつですか。
(A) 起きる少し前の時間
(B) 眠ってから1時間半
(C) 目が覚める1時間半前
(D) 眠ってから2時間後

83 가장 잘 잘 수 있는 시간은 언제입니까?
(A) 일어나기 조금 전의 시간
(B) 잠들고 나서 1시간 반
(C) 잠에서 깨기 1시간 반 전
(D) 잠들고 나서 2시간 후

해설 | 중반부에서 수면을 연구하는 사람들의 이야기에 따르면 잠들기 시작해서 90분 사이가 가장 푹 잘 수 있다고 했다. 정답은 (B)로, 본문의

「90分(きゅうじゅっぷん)」(90분)을 선택지에서는 「1時間半(いちじかんはん)」(1시간 반)으로 바꿔 표현했다.

어휘 | 起(お)きる 일어나다, 기상하다 少(すこ)し 조금
前(まえ) 전 目(め)が覚(さ)める 잠에서 깨다 後(ご) 후

84 眠(ねむ)る前(まえ)に携帯電話(けいたいでんわ)を使(つか)ってはいけないのは、どうしてですか。
(A) すぐ眠(ねむ)くなるから
(B) 頭(あたま)が夜(よる)だと思(おも)わなくなるから
(C) 面白(おもしろ)くて寝(ね)られないから
(D) 朝(あさ)まで見(み)てしまうから

84 자기 전에 휴대전화를 사용해서는 안 되는 것은 어째서입니까?
(A) 바로 졸리게 되기 때문에
(B) 머리가 밤이라고 생각하지 않게 되기 때문에
(C) 재미있어서 잘 수 없기 때문에
(D) 아침까지 봐 버리기 때문에

해설 | 마지막 부분에서 정답을 찾을 수 있다. 자기 전에 휴대전화를 사용하면 머리가 낮이라고 착각해서 숙면을 취할 수 없다고 했으므로, 정답은 (B)가 된다. 선택지에서는 낮이라고 착각하는 현상을 밤이라고 생각하지 않게 된다고 표현했다.

어휘 | すぐ 곧, 바로 眠(ねむ)い 졸리다 夜(よる) 밤
面白(おもしろ)い 재미있다 寝(ね)る 자다 朝(あさ) 아침

85~88 고속도로 걷기 이벤트

次(つぎ)のニュースです。85今週(こんしゅう)の週末(しゅうまつ)、日常(にちじょう)では歩(ある)けない高速道路(こうそくどうろ)を歩(ある)くイベントが行(おこな)われます。完成(かんせい)したばかりの道路(どうろ)の一部(いちぶ)を自分(じぶん)の足(あし)で歩(ある)けるというイベントです。86来月(らいげつ)からは車(くるま)が通(とお)るので、人(ひと)は歩(ある)いて入(はい)れません。その前(まえ)の今月(こんげつ)しかできない特別(とくべつ)イベントです。87参加(さんか)する30代(だい)の男性(だんせい)は、「高速道路(こうそくどうろ)の真(ま)ん中(なか)で撮影(さつえい)するなんて、今(いま)しかできないことだから楽(たの)しみだ」と話(はな)しています。参加費(さんかひ)は無料(むりょう)です。このイベントは来週(らいしゅう)の土日(どにち)にも行(おこな)われる予定(よてい)で、88今(いま)からでもホームページで予約(よやく)することができるそうです。

다음 뉴스입니다. 85이번 주 주말에 평소에는 걸을 수 없는 고속도로를 걷는 이벤트가 열립니다. 완성된 지 얼마 안 된 도로의 일부를 자신의 발로 걸을 수 있다는 이벤트입니다. 86다음 달부터는 자동차가 다니기 때문에 사람은 걸어서 들어갈 수 없습니다. 그 전인 이달밖에 할 수 없는 특별 이벤트입니다. 87참가하는 30대 남성은 '고속도로 한가운데에서 촬영하다니 지금밖에 할 수 없는 일이니까 기대된다'고 이야기하고 있습니다. 참가비는 무료입니다. 이 이벤트는 다음 주 토요일과 일요일에도 열릴 예정으로, 88지금부터라도 홈페이지에서 예약할 수 있다고 합니다.

어휘 | 次(つぎ) 다음 ニュース 뉴스 今週(こんしゅう) 이번 주
週末(しゅうまつ) 주말 日常(にちじょう) 일상, 평소

歩(ある)く 걷다 高速道路(こうそくどうろ) 고속도로
イベント 이벤트 行(おこな)う 하다, 행하다, 실시하다
完成(かんせい) 완성
동사의 た형+ばかり 막 ~한 참임, ~한 지 얼마 안 됨
一部(いちぶ) 일부 自分(じぶん) 자기, 자신, 나 足(あし) 다리, 발
来月(らいげつ) 다음 달 車(くるま) 자동차
通(とお)る 지나가다, 다니다 人(ひと) 사람 入(はい)る 들어가다
~しか (부정어 수반) ~밖에 特別(とくべつ) 특별
参加(さんか) 참가 ~代(だい) ~대 *나이의 범위
真(ま)ん中(なか) 한가운데 撮影(さつえい) 촬영 ~なんて ~하다니
楽(たの)しみ 기다려짐, 고대 参加費(さんかひ) 참가비
無料(むりょう) 무료 土日(どにち) 토요일과 일요일
予定(よてい) 예정 ホームページ 홈페이지 予約(よやく) 예약
동사의 기본형+ことができる ~할 수 있다
품사의 보통형+そうだ ~라고 한다 *전문

85 どんなイベントが行(おこな)われますか。
(A) 皆(みんな)で広(ひろ)い歩道(ほどう)を散歩(さんぽ)する。
(B) 新(あたら)しい高速道路(こうそくどうろ)を車(くるま)で走(はし)る。
(C) 道路工事(どうろこうじ)を見学(けんがく)する。
(D) いつもは歩(ある)けない場所(ばしょ)を歩(ある)く。

85 어떤 이벤트가 열립니까?
(A) 다 같이 넓은 보도를 산책한다.
(B) 새 고속도로를 자동차로 달린다.
(C) 도로공사를 견학한다.
(D) 평소에는 걸을 수 없는 곳을 걷는다.

해설 | 두 번째 문장에서 정답을 찾을 수 있다. 이번 주 주말에는 걸을 수 없는 고속도로를 걷는 이벤트가 열린다고 했으므로, 정답은 (D)가 된다.

어휘 | どんな 어떤 皆(みんな)で 모두 함께, 다 같이
広(ひろ)い 넓다 歩道(ほどう) 보도 散歩(さんぽ) 산책
新(あたら)しい 새롭다 走(はし)る (탈것이) 달리다
工事(こうじ) 공사 見学(けんがく) 견학 いつも 평소, 여느 때
場所(ばしょ) 장소, 곳

86 この高速道路(こうそくどうろ)のイベントは、どうして今月(こんげつ)しか行(おこな)えませんか。
(A) 来月工事(らいげつこうじ)が始(はじ)まってしまうから
(B) 来週(らいしゅう)には道路(どうろ)が壊(こわ)される予定(よてい)だから
(C) 今週(こんしゅう)だけの特別(とくべつ)イベントだから
(D) 今後車以外立入禁止(こんごくるまいがいたちいりきんし)になるから

86 이 고속도로 이벤트는 어째서 이달밖에 할 수 없습니까?
(A) 다음 달부터 공사가 시작되어 버리기 때문에
(B) 다음 주에는 도로가 헐릴 예정이기 때문에
(C) 이번 주만의 특별 이벤트이기 때문에
(D) 앞으로 자동차 이외에는 출입금지가 되기 때문에

해설 | 이 고속도로는 다음 달부터는 자동차가 다니기 때문에 사람은 걸어서 들어갈 수 없다고 했다. 즉, 다음 달부터는 다른 고속도로와 마찬가지로 자동차만 다닐 수 있게 된다는 뜻이므로, 정답은 (D)가 된다. (A), (B)와 같은 내용은 나오지 않고, (C)는 이 이벤트는 다음 주 토요일

과 일요일에도 열릴 예정이므로, 답이 될 수 없다.

어휘 | 今月(こんげつ) 이달　工事(こうじ) 공사
始(はじ)まる 시작되다　壊(こわ)す 부수다, 헐다
~だけ ~만, ~뿐　今後(こんご) 금후, 앞으로　以外(いがい) 이외
立入禁止(たちいりきんし) 출입금지

87 参加(さんか)する男性(だんせい)は、何(なに)が楽(たの)しみだと言(い)っています
か。

(A) 道路(どうろ)で昼(ひる)ご飯(はん)を食(た)べること
(B) 車道(しゃどう)で写真(しゃしん)を撮(と)ること
(C) 高速道路(こうそくどうろ)の掃除(そうじ)をすること
(D) マラソンコースを走(はし)ること

87 참가하는 남성은 무엇이 기대된다고 말하고 있습니까?
(A) 도로에서 점심을 먹는 것
(B) 차도에서 사진을 찍는 것
(C) 고속도로 청소를 하는 것
(D) 마라톤 코스를 달리는 것

해설 | 중반부에서 정답을 찾을 수 있다. 참가하는 30대 남성은 '고속도
로 한가운데에서 촬영하다니 지금밖에 할 수 없는 일이니까 기대된다'
고 이야기하고 있다고 했으므로, 정답은 차도에서 사진을 찍는 것이라
고 한 (B)가 된다.

어휘 | 昼(ひる)ご飯(はん) 점심　食(た)べる 먹다
車道(しゃどう) 차도　写真(しゃしん) 사진　撮(と)る (사진을) 찍다
掃除(そうじ) 청소　マラソン 마라톤　コース 코스
走(はし)る 달리다, 뛰다

88 イベントに参加(さんか)したい人(ひと)は、どうやって予約(よやく)し
ますか。

(A) チケット売(う)り場(ば)で予約(よやく)する。
(B) 電話(でんわ)で予約(よやく)する。
(C) インターネットから予約(よやく)する。
(D) 事務所(じむしょ)へ行(い)って予約(よやく)する。

88 이벤트에 참가하고 싶은 사람은 어떻게 예약합니까?
(A) 티켓 매표소에서 예약한다.
(B) 전화로 예약한다.
(C) 인터넷에서 예약한다.
(D) 사무소에 가서 예약한다.

해설 | 마지막 문장에서 정답을 찾을 수 있다. 지금부터라도 홈페이지
에서 예약할 수 있다고 했으므로, 정답은 (C)가 된다. 본문의 「ホーム
ページ」(홈페이지)를 선택지에서는 「インターネット」(인터넷)로 바
꿔 표현했다.

어휘 | どうやって 어떻게 (해서)　チケット 티켓
売(う)り場(ば) 매표소　事務所(じむしょ) 사무소

89~91 작업 종료 알림

工場内(こうじょうない)で働(はたら)いている皆様(みなさま)、間(ま)もなく本日(ほんじつ)の作
業終了(ぎょうしゅうりょう)の時間(じかん)です。89作業(さぎょう)の終(お)わりに、周(まわ)りの

整理(せいり)、後片付(あとかたづ)けをしっかりしてください。担当(たんとう)
の方(かた)はチェックをお願(ねが)いします。90残業(ざんぎょう)の必要(ひつよう)
がある方(かた)は、残業予定(ざんぎょうよてい)を伝(つた)えて許可(きょか)をもらって
ください。必(かなら)ず許可(きょか)をもらってから作業(さぎょう)を再開(さいかい)
するようにしてください。後片付(あとかたづ)けが終(お)わりま
したら、もう一度(いちど)周(まわ)りを確(たし)かめて、また明日(あした)も
気持(きも)ち良(よ)く働(はたら)けるようにしておきましょう。91最(さい)
後(ご)に機械(きかい)のスイッチが切(き)ってあるかどうか確認(かくにん)
してください。本日(ほんじつ)も一日(いちにち)お疲(つか)れ様(さま)でした。

공장 안에서 일하고 있는 여러분, 곧 오늘의 작업 종료 시간입니
다. 89작업 마무리로 주변 정리, 뒤처리를 제대로 해 주세요. 담당인
분은 체크를 부탁드립니다. 90잔업이 필요한 분은 잔업 예정임을
알리고 허가를 받아 주세요. 반드시 허가를 받고 나서 작업을 재개
하도록 해 주세요. 뒤처리가 끝나면 한 번 더 주변을 확인하고, 또
내일도 기분 좋게 일할 수 있도록 해 둡시다. 91마지막으로 기계 스
위치가 꺼져 있는지 어떤지 확인해 주세요. 오늘 하루도 수고하셨
습니다.

어휘 | 工場(こうじょう) 공장　~内(ない) ~내, ~안
働(はたら)く 일하다
皆様(みなさま) 여러분 *「皆(みな)さん」보다 정중한 말씨
間(ま)もなく 곧, 머지않아
本日(ほんじつ) 금일, 오늘 *「今日(きょう)」의 격식 차린 말
作業(さぎょう) 작업　終了(しゅうりょう) 종료　時間(じかん) 시간
終(お)わり 끝　周(まわ)り 주위, 주변　整理(せいり) 정리
後片付(あとかたづ)け 뒤처리　しっかり 제대로, 확실히
担当(たんとう) 담당　方(かた) 분　チェック 체크
お+동사의 ます형+する ~하다, ~해 드리다 *겸양표현
願(ねが)う 부탁하다　残業(ざんぎょう) 잔업, 야근
必要(ひつよう) 필요　予定(よてい) 예정
伝(つた)える 전하다, 알리다　許可(きょか) 허가
もらう 받다　必(かなら)ず 꼭, 반드시
~てから ~하고 나서, ~한 후에　再開(さいかい) 재개
~ようにする ~하도록 하다　終(お)わる 끝나다
もう一度(いちど) 한 번 더　確(たし)かめる 확인하다
気持(きも)ち良(よ)い 기분 좋다　~ておく ~해 놓다[두다]
最後(さいご) 최후, 마지막　機械(きかい) 기계
スイッチ 스위치　切(き)る (스위치 등을) 끄다
~かどうか ~일지 어떨지, ~인지 어떤지　確認(かくにん) 확인
一日(いちにち) 하루　お疲(つか)れ様(さま)でした 수고하셨습니다

89 今(いま)から何(なに)をするようにと言(い)っていますか。

(A) 仕事(しごと)を始(はじ)めるための準備(じゅんび)
(B) 工場内(こうじょうない)の大掃除(おおそうじ)
(C) 休憩前(きゅうけいまえ)にする周(まわ)りの整理(せいり)
(D) 作業終了後(さぎょうしゅうりょうご)の後片付(あとかたづ)け

89 지금부터 무엇을 하라고 말하고 있습니까?
(A) 일을 시작하기 위한 준비
(B) 공장 안의 대청소
(C) 휴식 전에 하는 주변 정리

(D) 작업 종료 후의 뒤처리

해설 | 공장의 작업 종료를 알리는 방송으로, 두 번째 문장에서 정답을 찾을 수 있다. 작업을 마치면서 주변 정리와 뒤처리를 제대로 해 달라고 했으므로, 정답은 (D)가 된다.

어휘 | 始(はじ)める 시작하다 ～ための ～위한
準備(じゅんび) 준비 大掃除(おおそうじ) 대청소
休憩(きゅうけい) 휴게, 휴식 前(まえ) 전 整理(せいり) 정리

90 許可をもらわなければならない人は、どんな人ですか。
(A) 休日に仕事をする人
(B) 残って仕事を続ける人
(C) 休みが欲しい人
(D) 特別な機械を使いたい人

90 허가를 받지 않으면 안 되는 사람은 어떤 사람입니까?
(A) 휴일에 일을 할 사람
(B) 남아서 일을 계속할 사람
(C) 휴가가 필요한 사람
(D) 특별한 기계를 사용하고 싶은 사람

해설 | 중반부에서 잔업이 필요한 사람은 반드시 사전에 허가를 받아야 한다고 했으므로, 정답은 (B)가 된다.

어휘 | ～なければならない ～하지 않으면 안 된다, ～해야 한다
どんな 어떤 休日(きゅうじつ) 휴일 残(のこ)る 남다
続(つづ)ける 계속하다 休(やす)み 휴가
欲(ほ)しい 갖고 싶다, 필요하다 特別(とくべつ)だ 특별하다
機械(きかい) 기계 使(つか)う 쓰다, 사용하다
동사의 ます형+たい ～하고 싶다

91 最後にしなければならないことは、何ですか。
(A) 工場の出入り口の鍵をかける。
(B) 明日使用する物を準備しておく。
(C) 機械の電源を確かめる。
(D) 忘れ物がないか確認する。

91 마지막에 해야 하는 것은 무엇입니까?
(A) 공장 출입구의 열쇠를 잠근다.
(B) 내일 사용할 물건을 준비해 둔다.
(C) 기계 전원을 확인한다.
(D) (잊고) 두고 온 물건이 없는지 확인한다.

해설 | 후반부에서 마지막으로 기계 스위치가 꺼져 있는지 어떤지 확인해 달라고 했으므로, 정답은 기계 전원을 확인한다고 한 (C)가 된다.

어휘 | 出入(でい)り口(ぐち) 출입구
鍵(かぎ)をかける 열쇠를 잠그다[채우다] 使用(しよう) 사용
物(もの) 물건 準備(じゅんび) 준비 電源(でんげん) 전원
確(たし)かめる 확인하다 忘(わす)れ物(もの) (잊고) 두고 온 물건

92~94 어느 배우의 자서전 출간

俳優の高橋次郎さんが自身の人生を語った本が発売されています。⁹²高橋さんは新人の頃か

らすぐに数多くのドラマや映画で活躍しましたが、当時の事務所とのトラブルがあって印象が悪くなり、徐々に勢いが無くなりました。そして、話題性も仕事も減りました。⁹³しかし、そこから見事に復活して、今ではテレビ画面で毎日のように元気な姿が見られるようになりました。⁹⁴この本には初めて語られる結婚や家族、生活の全てがあるがままに書かれています。高橋さんの全てが詰まった1冊を是非読んでみてください。

배우 다카하시 지로 씨가 자신의 인생을 이야기한 책이 발매되었습니다. ⁹²다카하시 씨는 신인 때부터 바로 수많은 드라마와 영화에서 활약했는데요, 당시 사무소와의 분쟁이 있어서 인상이 나빠지면서 서서히 기세가 없어졌습니다. 그리고 화제성도 일도 줄었습니다. ⁹³그러나 거기에서 멋지게 부활해 지금은 TV 화면에서 매일처럼 활기찬 모습을 볼 수 있게 되었습니다. ⁹⁴이 책에는 처음으로 언급되는 결혼과 가족, 생활의 모든 것이 있는 그대로 쓰여 있습니다. 다카하시 씨의 모든 것이 담긴 한 권을 꼭 읽어 봐 주세요.

어휘 | 俳優(はいゆう) 배우 自身(じしん) 자신, 자기
人生(じんせい) 인생 語(かた)る 말하다, 이야기하다 本(ほん) 책
発売(はつばい) 발매 新人(しんじん) 신인 頃(ころ) 때, 시절, 무렵
すぐに 곧, 바로 数多(かずおお)くの～ 수많은～ ドラマ 드라마
映画(えいが) 영화 活躍(かつやく) 활약 当時(とうじ) 당시
事務所(じむしょ) 사무소 トラブル 트러블, 분쟁, 문제
印象(いんしょう) 인상 悪(わる)い 나쁘다, 좋지 않다
徐々(じょじょ)に 서서히 勢(いきお)い 기세
無(な)くなる 없어지다 そして 그리고 話題性(わだいせい) 화제성
仕事(しごと) 일 減(へ)る 줄다, 줄어들다 しかし 그러나
見事(みごと)だ 멋지다, 훌륭하다 復活(ふっかつ) 부활
画面(がめん) 화면 毎日(まいにち) 매일
元気(げんき)だ 활기차다 姿(すがた) 모습 見(み)る 보다
～ようになる ～하게(끔) 되다 *변화 初(はじ)めて 처음(으로)
結婚(けっこん) 결혼 家族(かぞく) 가족 生活(せいかつ) 생활
全(すべ)て 모든 것 あるがまま 있는[사실] 그대로
書(か)く (글씨·글을) 쓰다 詰(つ)まる 가득 차다, 담기다
～冊(さつ) ～권 *책 등을 세는 말 是非(ぜひ) 꼭, 제발

92 高橋さんの仕事の数が減少した理由は、何ですか。
(A) トラブルによるイメージの悪化
(B) つい犯してしまった刑事事件
(C) 映画に出るための借金問題
(D) 明らかな実力不足

92 다카하시 씨의 일의 수가 감소한 이유는 무엇입니까?
(A) 분쟁에 의한 이미지 악화
(B) 무심코 저질러 버린 형사사건
(C) 영화에 출연하기 위한 빚 문제
(D) 명백한 실력 부족

33

해설 | 두 번째 문장에서 신인으로서 활약하던 다카하시 씨는 당시 사무소와의 분쟁이 원인이 되어 인상이 나빠지고 서서히 기세가 없어졌다고 했다. 즉, 사무소와의 분쟁 때문에 이미지가 악화되어 일이 줄었다는 의미이므로 정답은 (A)가 된다.

어휘 | 数(かず) 수 ～による ～에 의한[따른] イメージ 이미지
悪化(あっか) 악화 つい 그만, 무심코
犯(おか)す (범죄 등을) 저지르다, 범하다
刑事事件(けいじじけん) 형사사건, 형법의 적용을 받게 되는 사건
出(で)る 출연하다 借金(しゃっきん) 빛 明(あき)らかだ 분명하다
実力不足(じつりょくぶそく) 실력 부족

93 高橋(たかはし)さんの現在(げんざい)は、どんな様子(ようす)ですか。
　　(A) 親元(おやもと)で休養(きゅうよう)している。
　　(B) 違(ちが)う分野(ぶんや)で活躍(かつやく)している。
　　(C) 話題(わだい)になることは少(すく)ない。
　　(D) 良(よ)くテレビに登場(とうじょう)している。

93 다카하시 씨의 현재는 어떤 모습입니까?
　　(A) 부모 곁에서 휴양하고 있다.
　　(B) 다른 분야에서 활약하고 있다.
　　(C) 화제가 되는 일은 적다.
　　(D) 자주 TV에 등장하고 있다.

해설 | 중반부에서 정답을 찾을 수 있다. 한때 사무소와의 분쟁 때문에 일이 줄기도 했지만, 지금은 멋지게 부활해서 TV에서 활약하고 있다고 했으므로, 정답은 (D)가 된다.

어휘 | 現在(げんざい) 현재 様子(ようす) 모습
親元(おやもと) 부모 곁, 부모 슬하 休養(きゅうよう) 휴양
違(ちが)う 다르다 分野(ぶんや) 분야 活躍(かつやく) 활약
話題(わだい) 화제 少(すく)ない 적다 良(よ)く 자주
登場(とうじょう) 등장

94 この本(ほん)には、どんなことが書(か)かれていますか。
　　(A) 後輩(こうはい)の俳優(はいゆう)に伝(つた)えたいこと
　　(B) 公表(こうひょう)されていない個人的(こじんてき)なこと
　　(C) 長年(ながねん)の映画人生(えいがじんせい)で感(かん)じたこと
　　(D) 今後(こんご)の舞台(ぶたい)でする役(やく)のこと

94 이 책에는 어떤 것이 쓰여 있습니까?
　　(A) 후배 배우에게 전하고 싶은 것
　　(B) 공표되지 않은 개인적인 것
　　(C) 오랜 세월의 영화 인생에서 느낀 것
　　(D) 앞으로의 무대에서 할 역할에 관한 것

해설 | 이 글은 다카하시라는 배우의 자서전을 소개하고 있는데, 책 내용에 대해서는 후반부에 나온다. '처음으로 언급되는 결혼과 가족, 생활의 모든 것이 있는 그대로 쓰여 있습니다'라고 했으므로, 지금까지는 밝히지 않았던 개인사 등을 썼다는 뜻이다. 따라서 정답은 (B)가 된다.

어휘 | 後輩(こうはい) 후배 俳優(はいゆう) 배우
伝(つた)える 전하다, 알리다 公表(こうひょう) 공표
個人的(こじんてき)だ 개인적이다 長年(ながねん) 오랜 세월, 여러 해
人生(じんせい) 인생 感(かん)じる 느끼다
今後(こんご) 금후, 앞으로 舞台(ぶたい) 무대 役(やく) 역, 역할

95~97 차량 이용 고객에 대한 안내방송

お車(くるま)でお越(こ)しのお客様(きゃくさま)にご案内(あんない)いたします。95お車(くるま)を離(はな)れる際(さい)は必(かなら)ず鍵(かぎ)をかけていただき、車内(しゃない)に鍵(かぎ)を置(お)きっぱなしにしないようご注意(ちゅうい)ください。また、96お車(くるま)に小(ちい)さいお子(こ)さんを残(のこ)してのお買(か)い物(もの)は絶対(ぜったい)にお避(さ)けください。ただ今(いま)、出口付近(でぐちふきん)が大変(たいへん)込(こ)んでおります。係(かかり)の指示(しじ)に従(したが)ってお進(すす)みください。尚(なお)、97駐車場内(ちゅうしゃじょう)での事故(じこ)につきましては、当店(とうてん)は責任(せきにん)を負(お)いかねます。ご理解(りかい)くださいますようお願(ねが)いいたします。皆様(みなさま)の暖(あたた)かい思(おも)いやりとご協力(きょうりょく)をお願(ねが)い申(もう)し上(あ)げます。

　　차로 오신 손님께 안내드립니다. 95차를 떠날 때는 반드시 열쇠를 잠가 주시고 차 안에 열쇠를 둔 채로 내리지 않도록 주의해 주십시오. 또한 96차에 어린 자녀분을 남긴 상태로 하는 쇼핑은 절대로 피해 주십시오. 지금 출구 부근이 대단히 혼잡합니다. 담당자의 지시에 따라 앞으로 가 주십시오. 또한 97주차장 내에서의 사고에 대해서는 당점은 책임을 지기 어렵습니다. 이해해 주시기를 부탁드립니다. 여러분의 따뜻한 배려와 협력을 부탁드립니다.

어휘 | 車(くるま) 자동차, 차 お客様(きゃくさま) 손님, 고객
ご＋한자명사＋いたす ～하다, ～해 드리다 *겸양표현
案内(あんない) 안내 離(はな)れる (장소를) 떠나다
～際(さい) ～때 必(かなら)ず 꼭, 반드시
鍵(かぎ)をかける 열쇠를 잠그다[채우다]
～ていただく (남에게) ～해 받다, (남이) ～해 주시다 *「～てもらう」
((남에게) ～해 받다, (남이) ～해 주다)의 겸양표현
車内(しゃない) 차내, 차 안 置(お)く 놓다, 두다
동사의 ます형＋っぱなし ～한 채로, ～상태로
ご＋한자명사＋ください ～해 주십시오, ～하십시오 *존경표현
注意(ちゅうい) 주의, 조심 小(ちい)さい (나이가) 적다, 어리다
お子(こ)さん 자녀분 残(のこ)す 남기다
買(か)い物(もの) 쇼핑, 장을 봄 絶対(ぜったい)に 절대로
お＋동사의 ます형＋ください ～해 주십시오, ～하십시오 *존경표현
避(さ)ける 피하다 ただ今(いま) 지금, 현재
出口(でぐち) 출구 付近(ふきん) 부근
大変(たいへん) 대단히, 매우 込(こ)む 혼잡하다, 붐비다
～て[で]おる ～하고 있다 *「～て[で]いる」의 겸양표현
係(かかり) 담당자 指示(しじ) 지시
従(したが)う 따르다 進(すす)む 나아가다, 진행하다
尚(なお) 덧붙여 말하면, 또한 駐車場(ちゅうしゃじょう) 주차장
～内(ない) ～내, ～안 事故(じこ) 사고
～につきましては ～에 대해서는 *「～については」의 공손한 표현
当店(とうてん) 당점, 저희 가게
責任(せきにん) 책임 負(お)う (책임 등을) 지다, 떠맡다
동사의 ます형＋かねる ～하기 어렵다, ～할 수 없다
ご＋한자명사＋くださる ～하시다 *존경표현 理解(りかい) 이해
お＋동사의 ます형＋いたす ～하다, ～해 드리다 *겸양표현
願(ねが)う 부탁하다
皆様(みなさま) 여러분 *「皆(みな)さん」보다 정중한 말씨
暖(あたた)かい 따뜻하다 思(おも)いやり 배려
協力(きょうりょく) 협력

34

お+動詞のます形+申(もう)し上(あ)げる 〜하다, 〜해 드리다 *겸양 표현

95 どんなことに注意(ちゅうい)してほしいと言(い)っていますか。
(A) 車内(しゃない)の荷物(にもつ)を盗(ぬす)まれないように
(B) 車(くるま)の中(なか)に鍵(かぎ)を忘(わす)れないように
(C) 車(くるま)から遠(とお)く離(はな)れないように
(D) 車(くるま)の鍵(かぎ)を落(お)とさないように

95 어떤 점에 주의해 주었으면 좋겠다고 말하고 있습니까?
(A) 차 안의 짐을 도둑맞지 않도록
(B) 차 안에 열쇠를 잊고 두고 오지 않도록
(C) 차에서 멀리 떠나지 않도록
(D) 차 열쇠를 잃어버리지 않도록

해설 | 두 번째 문장에서 정답을 찾을 수 있다. 차를 떠날 때는 반드시 열쇠를 잠그고 차 안에 열쇠를 둔 채로 내리지 않도록 주의해 달라고 했으므로, 정답은 (B)가 된다.

어휘 | 〜てほしい 〜해 주었으면 하다, 〜하길 바라다
荷物(にもつ) 짐 盗(ぬす)む 훔치다 〜ないように 〜하지 않도록
忘(わす)れる 잊다, (물건을) 잊고 두고 오다 遠(とお)い 멀다
落(お)とす 잃어버리다, 분실하다

96 何(なに)を絶対(ぜったい)にしてはいけないと言(い)っていますか。
(A) 子供(こども)だけで買(か)い物(もの)させること
(B) 子供(こども)に鍵(かぎ)を使用(しよう)させること
(C) 大声(おおごえ)で子供(こども)を呼(よ)ぶこと
(D) 子供(こども)を車内(しゃない)に置(お)いて出(で)ること

96 무엇을 절대로 해서는 안 된다고 말하고 있습니까?
(A) 아이끼리만 쇼핑을 시키는 것
(B) 아이에게 열쇠를 사용하게 하는 것
(C) 큰 소리로 아이를 부르는 것
(D) 아이를 차 안에 두고 나가는 것

해설 | 세 번째 문장에서 차에 어린 자녀분을 남긴 상태로 하는 쇼핑은 절대 삼가 달라고 했다. 즉, 아이를 차 안에 혼자 두고 쇼핑을 해서는 안 된다는 뜻이므로, 정답은 (D)가 된다.

어휘 | 〜てはいけない 〜해서는 안 된다 子供(こども) 아이
〜だけ 〜만, 〜뿐 使用(しよう) 사용 大声(おおごえ) 큰 소리
呼(よ)ぶ (오도록) 부르다, 불러오다 出(で)る 나가다

97 この店(みせ)は、駐車場(ちゅうしゃじょう)で事故(じこ)が起(お)きた場合(ばあい)、どのような対応(たいおう)をしますか。
(A) 損害(そんがい)に応(おう)じた金額(きんがく)を支払(しはら)う。
(B) 交渉(こうしょう)の場(ば)を設(もう)ける。
(C) 全(まった)く関(かか)わることはない。
(D) 保険会社(ほけんがいしゃ)を呼(よ)び出(だ)す。

97 이 가게는 주차장에서 사고가 일어났을 경우 어떠한 대응을 합니까?
(A) 손해에 따른 금액을 지불한다.
(B) 교섭의 장을 마련한다.
(C) 전혀 상관하는 일은 없다.
(D) 보험회사를 호출한다.

해설 | 후반부의 「責任(せきにん)を負(お)いかねる」(책임을 지기 어렵다)라는 표현이 포인트로, 「동사의 ます형+かねる」는 '〜하기 어렵다, 〜할 수 없다'라는 뜻이다. 결국 책임을 지지 않는다는 말을 완곡하게 표현한 것이므로, 정답은 (C)가 된다.

어휘 | 損害(そんがい) 손해 〜に応(おう)じる 〜에 따르다[걸맞다]
金額(きんがく) 금액 支払(しはら)う 지불하다
交渉(こうしょう) 교섭 場(ば) 장 *어떤 일이 행하여지는 곳
設(もう)ける 만들다, 마련하다 全(まった)く (부정어 수반) 전혀
関(かか)わる 관계하다, 상관하다
保険会社(ほけんがいしゃ) 보험회사 呼(よ)び出(だ)す 호출하다

98~100 입사 인사

本日(ほんじつ)からお世話(せわ)になります。田中(たなか)ひろみです。前職(ぜんしょく)では同(おな)じ繊維業界(せんいぎょうかい)で営業(えいぎょう)として5年(ねん)ほど従事(じゅうじ)しておりました。98この会社(かいしゃ)は革新的(かくしんてき)な技術開発(ぎじゅつかいはつ)に成功(せいこう)し、認(みと)められている会社(かいしゃ)だと感(かん)じていたので、入社(にゅうしゃ)できて嬉(うれ)しいです。99これまで鍛(きた)えてきたお客様視点(きゃくさましてん)の営業経験(えいぎょうけいけん)を生(い)かし、会社(かいしゃ)の成長(せいちょう)に貢献(こうけん)したいと思(おも)っています。そして皆(みな)さんと共(とも)に社会(しゃかい)にも大(おお)きく貢献(こうけん)していきたいです。100新(あたら)しい職場(しょくば)で不明(ふめい)な点(てん)も多(おお)く、細(こま)かいルールなどに慣(な)れるまでは不安(ふあん)もありますが、お役(やく)に立(た)てるよう努力(どりょく)してまいります。よろしくお願(ねが)いいたします。

오늘부터 신세를 지겠습니다. 다나카 히로미입니다. 이전 직무에서는 같은 섬유업계에서 영업으로 5년 정도 종사했습니다. 98이 회사는 혁신적인 기술 개발에 성공해 인정받고 있는 회사라고 느끼고 있었기에 입사할 수 있어서 기쁩니다. 99지금까지 단련해 온 고객 시점의 영업 경험을 살려서 회사 성장에 공헌하고 싶다고 생각하고 있습니다. 그리고 여러분과 함께 사회에도 크게 공헌해 나가고 싶습니다. 100새 직장이라 분명하지 않은 점도 많고 세세한 규칙 등에 익숙해질 때까지는 불안도 있지만 도움이 될 수 있도록 노력해 나가겠습니다. 잘 부탁드립니다.

어휘 | 本日(ほんじつ) 금일, 오늘 *「今日(きょう)」의 격식 차린 말
お世話(せわ)になる 신세를 지다
前職(ぜんしょく) 전직, 이전에 일했던 직무·직업
同(おな)じだ 같다 繊維(せんい) 섬유 業界(ぎょうかい) 업계
営業(えいぎょう) 영업 〜として 〜로서 〜ほど 〜정도
従事(じゅうじ) 종사 会社(かいしゃ) 회사
革新的(かくしんてき)だ 혁신적이다 技術(ぎじゅつ) 기술
開発(かいはつ) 개발 成功(せいこう) 성공 認(みと)める 인정하다
感(かん)じる 느끼다 入社(にゅうしゃ) 입사 嬉(うれ)しい 기쁘다
これまで 지금까지 鍛(きた)える 단련하다
〜てくる 〜해 오다 お客様(きゃくさま) 손님, 고객
視点(してん) 시점 経験(けいけん) 경험
生(い)かす 살리다, 발휘하다, 활용하다 成長(せいちょう) 성장
貢献(こうけん) 공헌 そして 그리고 皆(みな)さん 여러분
〜と共(とも)に 〜와 함께 社会(しゃかい) 사회 大(おお)きい 크다

35

〜ていく 〜해 가다[나가다] 新(あたら)しい 새롭다
職場(しょくば) 직장 不明(ふめい)だ 불명하다, 분명하지 않다
点(てん) 점, 부분 多(おお)い 많다 細(こま)かい 세세하다
ルール 룰, 규칙 〜など 〜등 慣(な)れる 익숙해지다
不安(ふあん) 불안 役(やく)に立(た)つ 도움이 되다
努力(どりょく) 노력
〜てまいる 〜해 가다[나가다] *「〜ていく」의 겸양표현
よろしく 잘

98 この会社には、どんな魅力(みりょく)があると言(い)っていますか。
(A) 従業員(じゅうぎょういん)の給与水準(きゅうよすいじゅん)が高(たか)い。
(B) 大規模(だいきぼ)な繊維工場(せんいこうじょう)がある。
(C) 業界内(ぎょうかいない)で業績(ぎょうせき)を伸(の)ばしている。
(D) 最先端技術(さいせんたんぎじゅつ)が評価(ひょうか)されている。

98 이 회사에는 어떤 매력이 있다고 말하고 있습니까?
　　(A) 종업원의 급여 수준이 높다.
　　(B) 대규모인 섬유공장이 있다.
　　(C) 업계 내에서 실적을 늘리고 있다.
　　(D) 최첨단 기술이 평가받고 있다.

해설 | 새로운 직장에 이직한 후 동료들 앞에서 첫인사를 하고 있다. 이 사람이 말하는 새 직장의 매력은 네 번째 문장에 나오는데, 혁신적인 기술 개발에 성공해 인정받고 있는 회사라고 느꼈다고 했다. 선택지 중 이와 같은 뜻을 나타내는 것은 (D)로, 본문의 「革新的(かくしんてき)」(혁신적)를 「最先端(さいせんたん)」(최첨단)으로, 「認(みと)められている」(인정받고 있는)를 「評価(ひょうか)されている」(평가받고 있다)로 바꿔 표현했다.

어휘 | 魅力(みりょく) 매력 従業員(じゅうぎょういん) 종업원
給与(きゅうよ) 급여 水準(すいじゅん) 수준 高(たか)い 높다
大規模(だいきぼ)だ 대규모이다 工場(こうじょう) 공장
業績(ぎょうせき) 업적, 실적 伸(の)ばす 늘리다, 신장시키다
最先端(さいせんたん) 최첨단 技術(ぎじゅつ) 기술
評価(ひょうか) 평가

99 どんな点(てん)で会社(かいしゃ)に貢献(こうけん)できると言(い)っていますか。
(A) 今(いま)までに鍛(きた)えてきた体力(たいりょく)
(B) 前職(ぜんしょく)から培(つちか)ってきたキャリア
(C) 積極的(せっきょくてき)に行動(こうどう)する力(ちから)
(D) 粘(ねば)り強(づよ)く仕事(しごと)をする根性(こんじょう)

99 어떤 점에서 회사에 공헌할 수 있다고 말하고 있습니까?
　　(A) 지금까지 단련해 온 체력
　　(B) 이전 직무에서부터 길러 온 경력
　　(C) 적극적으로 행동하는 힘
　　(D) 끈기 있게 일을 하는 근성

해설 | 중반부에서 지금까지 단련해 온 고객 시점의 영업 경험을 살려서 회사 성장에 공헌하고 싶다고 했다. 즉, 이전 직무에서의 경험을 발판으로 삼아 회사 발전에 이바지하겠다는 뜻이므로, 정답은 (B)가 된다.

어휘 | 体力(たいりょく) 체력 培(つちか)う 기르다, 배양하다
キャリア 캐리어, 경력 積極的(せっきょくてき)だ 적극적이다
行動(こうどう) 행동 力(ちから) 힘, 능력
粘(ねば)り強(づよ)い 끈기 있다, 끈질기다 仕事(しごと) 일
根性(こんじょう) 근성

100 何(なに)が心配(しんぱい)だと言(い)っていますか。
(A) 組織(そしき)の体制(たいせい)が変化(へんか)したこと
(B) 以前(いぜん)と全(まった)く同(おな)じ職務(しょくむ)に就(つ)くこと
(C) 以前(いぜん)と役職(やくしょく)が変(か)わったこと
(D) 不慣(ふな)れな環境(かんきょう)で勤務(きんむ)すること

100 무엇이 걱정스럽다고 말하고 있습니까?
　　(A) 조직의 체제가 변화된 것
　　(B) 이전과 완전히 같은 직무에 종사하는 것
　　(C) 이전과 직무가 바뀐 것
　　(D) 익숙하지 않은 환경에서 근무하는 것

해설 | 후반부에서 정답을 찾을 수 있다. 새 직장이라 궁금한 점도 많고 세세한 규칙 등에 익숙해질 때까지는 불안도 있다고 했다. 즉, 아직은 낯선 환경이라 적응하는 시간이 필요하다는 뜻이므로, 정답은 (D)가 된다.

어휘 | 心配(しんぱい)だ 걱정스럽다 組織(そしき) 조직
体制(たいせい) 체제 変化(へんか) 변화
以前(いぜん) 전, 이전, 예전 全(まった)く 완전히, 전적으로
同(おな)じだ 같다 職務(しょくむ) 직무
就(つ)く 종사하다, 취직[취업]하다
役職(やくしょく) 담당하는 직책·직무
変(か)わる 바뀌다, 변하다 不慣(ふな)れだ 익숙하지 않다, 서투르다
環境(かんきょう) 환경 勤務(きんむ) 근무

101 동사 발음 찾기

이 책을 읽고 싶다면 도서관에서 빌려줍니다.

해설 | 「貸す」는 '빌려주다'라는 뜻의 동사로, (A)의 「かす」라고 읽는다. (B)의 「た(足)す」는 '더하다', (C)의 「わた(渡)す」는 '건네다, 건네주다', (D)의 「さが(探)す」는 '찾다'라는 뜻이다.

어휘 | 本(ほん) 책　読(よ)む 읽다　동사의 ます형+たい ～하고 싶다
～なら ～라면　図書館(としょかん) 도서관
～てくれる (남이 나에게) ～해 주다

102 2자 한자 발음 찾기

시합에 이길 수 있었던 것은 그가 실력을 발휘할 수 있었기 때문입니다.

해설 | 「試合」은 '시합'이라는 뜻의 명사로, (C)의 「しあい」라고 읽는다.

어휘 | 勝(か)つ 이기다　実力(じつりょく) 실력
出(だ)す (힘 등을) 내다, 발휘하다　しあ(合)う 같이 행하다
じあい(自愛) 자애　じごう(次号) 차호, 다음 호

103 1자 한자 발음 찾기

연예인 주위에 악수나 사인을 원하는 사람들이 모였다.

해설 | 「周り」는 '주위, 주변'이라는 뜻의 명사로, (D)의 「まわり」라고 읽는다.

어휘 | 芸能人(げいのうじん) 연예인　握手(あくしゅ) 악수
サイン 사인　求(もと)める 원하다, 요구하다
人々(ひとびと) 사람들　集(あつ)まる 모이다　き(決)まり 규칙
か(変)わり 변함, 변화　くだ(下)り 내려감

104 부사 발음 찾기

큰 사건이 발생했기 때문에 경찰이 일제히 왔다.

해설 | 「一斉に」는 '일제히'라는 뜻의 부사로, 한자 부분은 (B)의 「いっせい」라고 읽는다.

어휘 | 大(おお)きな 큰　事件(じけん) 사건
起(お)こる 일어나다, 발생하다　警察(けいさつ) 경찰
やって来(く)る 이쪽으로 향하여 오다

105 2자 한자 발음 찾기

신입은 사장님 앞에 나가 송구한 모습으로 머리를 숙였다.

해설 | 「恐縮」은 '송구함, 황송함, 죄송함'이라는 뜻의 명사로, (B)의 「きょうしゅく」라고 읽는다.

어휘 | 新人(しんじん) 신입　社長(しゃちょう) 사장
前(まえ) 앞　出(で)る 나가다　様子(ようす) 모습
頭(あたま)を下(さ)げる 머리를 숙이다　きゅうしょく(給食) 급식
きょうしょく(教職) 교직

106 な형용사 발음 찾기

취미에 몰두한 나머지 가사나 육아가 소홀해지게 되었다.

해설 | 「疎か」는 '소홀함, 등한함'이라는 뜻의 な형용사로, (A)의 「おろそか」라고 읽는다.

어휘 | 趣味(しゅみ) 취미　没頭(ぼっとう) 몰두

～あまり ～한 나머지　家事(かじ) 가사, 집안일　育児(いくじ) 육아
ひ(冷)やや 냉정함, 냉랭함　おごそ(厳)か 엄숙함
すこ(健)やか 건강함, 튼튼함, 건전함

107 2자 한자 발음 찾기

보도사진은 그 당시의 세태를 잘 반영하고 있다.

해설 | 「世相」은 '세상, 세태'라는 뜻의 명사로, (C)의 「せそう」라고 읽는다.

어휘 | 報道(ほうどう) 보도　写真(しゃしん) 사진
当時(とうじ) 당시　良(よ)く 잘　反映(はんえい) 반영
よそう(予想) 예상

108 명사 한자 찾기

제 직업은 레스토랑의 요리사입니다.

해설 | 「しょくぎょう」는 '직업'이라는 뜻의 명사로, 한자로는 (A)의 「職業」이라고 쓴다.

어휘 | レストラン 레스토랑　料理人(りょうりにん) 요리사

109 명사 한자 찾기

버스의 차내에서 큰 소리를 내거나 떠들거나 하는 것은 매너 위반이다.

해설 | 「いはん」은 '위반'이라는 뜻의 명사로, 한자로는 (B)의 「違反」이라고 쓴다.

어휘 | バス 버스　車内(しゃない) 차내, 차 안
大声(おおごえ) 큰 소리　出(だ)す 내다
～たり[だり]～たり[だり]する ～하거나 ～하거나 하다, ～하기도 하고 ～하기도 하다　騒(さわ)ぐ 떠들다　マナー 매너

110 동사 한자 찾기

우리 회사는 의약품과 위생 재료를 병원이나 약국에 도매하는 기업입니다.

해설 | 「おろす」는 '도매하다'라는 뜻의 동사로, 한자로는 (D)의 「卸す」라고 쓴다.

어휘 | 我(わ)が社(しゃ) 우리 회사　医薬品(いやくひん) 의약품
衛生(えいせい) 위생　材料(ざいりょう) 재료
病院(びょういん) 병원　薬局(やっきょく) 약국
企業(きぎょう) 기업　託(たく)す 부탁하다, 맡기다
興(おこ)す (쇠퇴한 것을) 부흥시키다, (새로) 시작하다
施(ほどこ)す 시행하다, 실시하다, 베풀다

111 대체표현 찾기

교과서의 중요한 부분에는 빨간 선을 그어 두면 외우기 쉽다.
(A) 열심
(B) 중요
(C) 큰일
(D) 잘함

해설 | 「大事(だいじ)」는 '중요함, 소중함'이라는 뜻의 な형용사로, 선택지 중 바꿔 쓸 수 있는 것은 (B)의 「大切(たいせつ)」(중요함)이다.

어휘 | 教科書(きょうかしょ) 교과서　ところ 곳, 부분

赤(あか)い 빨갛다　線(せん) 선　引(ひ)く (줄을) 긋다, 그리다
覚(おぼ)える 기억하다, 외우다
동사의 ます형+やすい ～하기 쉽다[편하다]
熱心(ねっしん) 열심임　大変(たいへん) 큰일임, 힘듦
得意(とくい) 잘함, 자신 있음

112 대체표현 찾기

사쿠라 동물원은 <u>토요일과 일요일은 물론 평일도</u> 붐빈다.

(A) 토요일과 일요일 이상으로 평일이
(B) 토요일과 일요일은 당연하고 평일도
(C) 평일은 토요일과 일요일보다 조금
(D) 평일과 비교해 토요일과 일요일은 상당히

해설 |「～はもちろん」(～은 물론)은 명사에 접속해서 그것에 대해서는 말할 것도 없고 뒤에 오는 내용에 대해서도 그러하다는 뜻을 나타내는 표현으로,「土日(どにち)はもちろん平日(へいじつ)も」는 '토요일과 일요일은 물론 평일도'라는 뜻이 된다. 선택지 중 바꿔 쓸 수 있는 것은 (B)의 '토요일과 일요일은 당연하고 평일도'로,「当然(とうぜん)」은 '당연, 당연함'이라는 뜻이다.

어휘 |動物園(どうぶつえん) 동물원
土日(どにち) 토요일과 일요일　平日(へいじつ) 평일
込(こ)む 혼잡하다, 붐비다　以上(いじょう) 이상　～より ～보다
少々(しょうしょう) 조금, 약간　～と比(くら)べ ～와 비교해
かなり 꽤, 상당히

113 대체표현 찾기

인터넷은 <u>편리한 반면</u> 사용법을 잘못하면 대단히 위험하다.

(A) 편리하게 보여
(B) 편리한 것 때문에
(C) 편리하다기보다
(D) 편리한 면도 있지만

해설 |「～反面(はんめん)」(～인 반면)은 뒤에 오는 내용이 앞의 내용과 상반됨을 나타낼 때 쓰는 표현으로,「便利(べんり)な反面(はんめん)」은 '편리한 반면'이라는 뜻이 된다. 선택지 중 바꿔 쓸 수 있는 것은 (D)의「便利(べんり)な面(めん)もあるが」(편리한 면도 있지만)로, 여기서「～が」는 '~이지만'이라는 역접의 뜻을 나타낸다.

어휘 |インターネット 인터넷　便利(べんり)だ 편리하다
使(つか)い方(かた) 사용법　間違(まちが)える 잘못하다, 틀리게 하다
非常(ひじょう)に 대단히, 매우　危険(きけん)だ 위험하다
見(み)える 보이다　～ことから ～로 인해, ～때문에
～というより ～라기보다　面(めん) 면

114 대체표현 찾기

허리 통증이 <u>누그러질</u> 때까지 무거운 물건은 들지 않는 편이 좋다.

(A) 막을
(B) 벗어날
(C) 가라앉을
(D) 누설될

해설 |「弱(よわ)まる」는 '약해지다, 누그러지다, 줄어들다'라는 뜻의 동사로, 선택지 중 바꿔 쓸 수 있는 것은 (C)의「和(やわ)らぐ」(누그러지다, (바람·통증 등이) 가라앉다, 풀리다)가 된다.

어휘 |腰(こし) 허리　痛(いた)み 통증　～まで ～까지
重(おも)い 무겁다　物(もの) 물건　持(も)つ 가지다, 들다
～ない方(ほう)がいい ～하지 않는 편[쪽]이 좋다

塞(ふさ)ぐ 막다, (구멍 등을) 메우다　外(はず)れる 벗어나다
漏(も)れる 새다, (비밀이) 새다, 누설되다

115 대체표현 찾기

몸에 나쁘다고 <u>알면서도</u> 담배를 끊을 수 없다.

(A) 알면서도
(B) 알 리가 없고
(C) 안 이래
(D) 안 듯해서

해설 |「동사의 ます형+つつ」에는 '①(동시동작을 나타내는) ～하면서'와 '②(상반된 동작을 나타내는) ～하면서(도)'의 두 가지 뜻이 있는데, 문제에서는 '②(상반된 동작을 나타내는) ～하면서(도)'의 뜻으로 쓰였다. 선택지 중 바꿔 쓸 수 있는 것은 (A)의 '동사의 ます형+ながら'(～이지만, ～이면서도)로, 이 표현도「話(はな)しながら歩(ある)く」(이야기하면서 걷다)처럼 '(동시동작을 나타내는) ～하면서'의 뜻도 가지고 있다. (B)의 '동사의 ます형+っこない'(~할 턱이 없다, ～일 리가 없다)는「あなたに私(わたし)の気持(きも)ちがわかりっこない」(당신이 내 기분을 알 턱이 없다)처럼 강한 부정을 나타내고, (C)의「～て以来(いらい)」는 '~한 이래', (D)의「～かのようだ」((실제로는 그렇지 않지만 마치) ～인 것 같다[~인 듯하다])는「もう9月(くがつ)なのに暑(あつ)い。まるで夏(なつ)に戻(もど)ったかのようだ」(벌써 9월인데 덥다. 마치 여름으로 되돌아간 것 같다)처럼 쓴다.

어휘 |体(からだ) 몸　悪(わる)い 나쁘다, 좋지 않다　タバコ 담배
止(や)める 끊다, 그만두다, 중지하다

116 대체표현 찾기

용의자는 겨우 저지른 죄에 대해서 <u>자백했다</u>.

(A) 고자질했다
(B) 몰아넣었다
(C) 털어놓았다
(D) 계승했다

해설 |「白状(はくじょう)する」는 '자백하다'라는 뜻의 동사이다. 선택지 중 바꿔 쓸 수 있는 것은 (C)의「打(う)ち明(あ)ける」로, '숨기지 않고 이야기하다, 털어놓다'라는 뜻이다.

어휘 |容疑者(ようぎしゃ) 용의자　ようやく 겨우, 간신히
犯(おか)す (범죄 등을) 저지르다, 범하다　罪(つみ) 죄
～について ～에 대해서　言(い)い付(つ)ける 고자질하다
追(お)い込(こ)む 몰아넣다
引(ひ)き継(つ)ぐ 이어[물려]받다, 계승하다

117 「下さがる」의 뜻 구분

방 온도가 <u>내려갔으니까</u> 난방을 켭시다.

(A) 벨트를 하지 않아서 바지가 흘러내렸습니다.
(B) 약을 먹었더니 열이 내려가서 몸이 나았습니다.
(C) 벽에 장식되어 있는 그림의 왼쪽이 조금 내려가 있다.
(D) 흰 선의 안쪽까지 물러서서 기다려 주십시오.

해설 |문제의「下(さ)がる」는 '(값·온도·지위·기능 등이) 내려가다, 떨어지다'라는 뜻으로, 선택지 중 이와 같은 뜻으로 쓰인 것은 (B)이다. (A)는 '(바지·양말 등이) 흘러내리다', (C)는 '(아래쪽으로) 내려가다, 늘어지다', (D)는 '(뒤로) 물러서다'라는 뜻으로 쓰였다.

어휘 |部屋(へや) 방　温度(おんど) 온도
暖房(だんぼう)をつける 난방을 켜다　ベルト 벨트　ズボン 바지
薬(くすり) 약　飲(の)む (약을) 먹다　熱(ねつ) 열

元気(げんき)になる 몸이 낫다, 건강을 회복하다　壁(かべ) 벽
飾(かざ)る 꾸미다, 장식하다　타동사+てある 〜해져 있다 *상태표현
絵(え) 그림　左側(ひだりがわ) 왼쪽　少(すこ)し 조금
白(しろ)い 희다, 하얗다　線(せん) 선　内側(うちがわ) 안쪽
お+동사의 ます형+ください 〜해 주십시오, 〜하십시오 *존경표현
待(ま)つ 기다리다

118 「まで」의 용법 구분

이 생선은 부드럽기 때문에 뼈까지 먹을 수 있습니다.

(A) 학생 때는 해가 질까지 축구 연습을 했습니다.
(B) 역 앞에 있는 레스토랑은 유명해서 대통령까지 왔다고 합니다.
(C) 결혼식까지 반년밖에 없기 때문에 여러 가지로 바쁩니다.
(D) 일이 안정되었으니까 월요일부터 수요일까지 휴가를 쓰겠습니다.

해설 | 문제의 「〜まで」는 '〜까지(도), 〜조차(도)'라는 뜻으로, 극단적인 예를 들어 다른 경우를 짐작하게 하는 뜻을 나타낸다. 선택지 중 이와 같은 뜻으로 쓰인 것은 (B)로, 나머지 선택지는 시간이나 공간의 한도를 나타내는 용법으로 쓰였다.

어휘 | 魚(さかな) 생선　柔(やわ)らかい 부드럽다　骨(ほね) 뼈
食(た)べる 먹다　学生(がくせい) 학생, (특히) 대학생
頃(ころ) 때, 시절, 무렵　日(ひ) 해
暮(く)れる (날이) 저물다, 해가 지다　サッカー 축구
練習(れんしゅう) 연습　駅前(えきまえ) 역 앞
レストラン 레스토랑　有名(ゆうめい)だ 유명하다
大統領(だいとうりょう) 대통령　来(く)る 오다
품사의 보통형+そうだ 〜라고 한다 *전문
結婚式(けっこんしき) 결혼식　半年(はんとし) 반년
〜しか (부정어 수반) 〜밖에　色々(いろいろ)と 여러 가지로
忙(いそが)しい 바쁘다　仕事(しごと) 일, 업무
落(お)ち着(つ)く 진정되다, 안정되다　月曜日(げつようび) 월요일
水曜日(すいようび) 수요일　休(やす)みを取(と)る 휴가를 받다

119 「およそ」의 뜻 구분

그 사건의 범인이라면 대충 짐작은 간다.

(A) 이것은 전혀 재미있지 않은 소설이다.
(B) 정치 따위 전혀 나와는 관계가 없는 세계다.
(C) 일반적으로 일본인은 과로하는 경향이 있다.
(D) 이력서를 보면 그 사람의 대체적인 것을 알 수 있다.

해설 | 문제의 「およそ」는 '대강, 대충, 대략적인 것'이라는 뜻의 명사로, 선택지 중 이와 같은 뜻으로 쓰인 것은 (D)이다. (A)와 (B)는 '전혀', (C)는 '일반적으로, 무릇'이라는 뜻의 부사로 쓰였다.

어휘 | あの (서로 알고 있는) 그　事件(じけん) 사건
犯人(はんにん) 범인　〜なら 〜라면
見当(けんとう) 짐작 *「見当(けんとう)がつく」- 짐작이 가다
面白(おもしろ)い 재미있다　小説(しょうせつ) 소설
政治(せいじ) 정치　〜なんて 〜따위, 〜같은 것
自分(じぶん) 자기, 자신, 나　関係(かんけい) 관계
世界(せかい) 세계　働(はたら)く 일하다
동사의 ます형+過(す)ぎる 너무 〜하다　傾向(けいこう) 경향
履歴書(りれきしょ) 이력서　わかる 알다, 이해하다

120 「固(かた)める」의 뜻 구분

스포츠는 기초를 튼튼하게 함으로써 향상된다.

(A) 이 주스는 차게 해서 굳히는 것도 가능하다.
(B) 집을 살 결의를 굳히기에는 아직 저금이 부족하다.
(C) 총리가 있는 호텔 경비는 엄중히 단단히 해야 한다.
(D) 방해가 되지 않도록 방 한쪽 구석에 짐을 모은다.

해설 | 문제의 「固(かた)める」는 '굳히다, 튼튼[확고]하게 하다'라는 뜻으로, 선택지 중 이와 같은 뜻으로 쓰인 것은 (B)이다. (A)는 '(액상의 것을) 굳히다', (C)는 '(방비·경비 등을) 단단히 하다' (D)는 '(한데) 모으다'라는 뜻으로 쓰였다.

어휘 | スポーツ 스포츠, 운동　基礎(きそ) 기초
上達(じょうたつ) 숙달, 향상　ジュース 주스
冷(ひ)やす 차게 하다, 식히다　家(いえ) 집　買(か)う 사다
決意(けつい) 결의　まだ 아직　貯金(ちょきん) 저금
足(た)りない 모자라다, 부족하다
総理(そうり) 총리 *「内閣総理大臣(ないかくそうりだいじん)」(내각 총리 대신)의 준말
ホテル 호텔　警備(けいび) 경비　厳重(げんじゅう)だ 엄중하다
동사의 기본형+べきだ (마땅히) 〜해야 한다　邪魔(じゃま) 방해
〜ないように 〜하지 않도록　部屋(へや) 방
片隅(かたすみ) 한쪽 구석　荷物(にもつ) 짐

121 조사 오용 (A) が → を

현관에서 신발을 벗으면 이쪽 슬리퍼로 갈아 신으세요.

해설 | (A) 뒤에 있는 「脱(ぬ)ぐ」는 '(옷 등을) 벗다'라는 뜻의 타동사이므로, 앞에는 목적격 조사인 「を」(을[를])가 와야 한다. 따라서 (A)의 「が」(이[가])는 「を」(을[를])로 고쳐야 한다.

어휘 | 玄関(げんかん) 현관 靴(くつ) 신, 신발, 구두
〜たら[だら] 〜하면 こちら 이쪽 スリッパ 슬리퍼
履(は)き替(か)える 갈아 신다

122 활용 오용 (C) 自由(じゆう)で → 自由(じゆう)に

사원이라면 회사 식당을 자유롭게 사용해도 돼.

해설 | な형용사의 활용을 묻는 문제. な형용사가 동사를 수식하려면 부사형인 「어간+に」(〜하게)의 형태로 바뀌어야 하므로, (C)의 「自由(じゆう)で」(자유롭고)는 「自由(じゆう)に」(자유롭게)로 고쳐야 한다.

어휘 | 社員(しゃいん) 사원 〜なら 〜라면 会社(かいしゃ) 회사
食堂(しょくどう) 식당 自由(じゆう)だ 자유롭다
使(つか)う 쓰다, 사용하다 〜ていい 〜해도 된다

123 표현 오용 (C) のに → ので

다양한 술을 준비했으니까 사양하지 말고 마시세요.

해설 | (C)의 「〜のに」는 '〜는데(도)'라는 뜻으로, 기대나 예상에 어긋난 결과가 올 때 쓰는 역접의 접속조사이다. 문맥상 (C)에는 원인이나 이유를 나타내는 접속조사가 와야 하므로, 「〜ので」(〜때문에)로 고쳐야 한다.

어휘 | 色々(いろいろ)だ 여러 가지다, 다양하다 お酒(さけ) 술
用意(ようい) 준비 遠慮(えんりょ)する 사양하다
〜ずに 〜하지 않고[말고] *「〜ずに」가 「〜する」(〜하다)에 접속할 때는 「〜せずに」가 됨
飲(の)む (술을) 마시다 〜てください 〜해 주세요, 〜하세요

124 표현 오용 (C) 後(うし)ろ → 後(あと)

차로 파티 행사장에 온 친구가 파티 후 우리집까지 바래다줬다.

해설 | (C)의 「後(うし)ろ」는 공간적인 의미의 '뒤'를 뜻하는 표현이다. 문맥상 (C)에는 시간적으로 '〜후, 〜다음'을 나타내는 표현이 와야 하므로 「後(あと)」로 고쳐야 한다.

어휘 | 車(くるま) 자동차, 차 パーティー 파티
会場(かいじょう) 회장, 행사장 友達(ともだち) 친구 家(いえ) 집
〜まで 〜까지 送(おく)る (사람을) 바래다주다
〜てくれる (남이 나에게) 〜해 주다

125 활용 오용 (A) 寒(さむ)い → 寒(さむ)く

오늘은 추워지니까 한 장 더 옷을 입어 두는 편이 좋아요.

해설 | い형용사의 활용을 묻는 문제. い형용사가 동사를 수식하려면 부사형인 「어간+く」(〜하게)의 형태로 바뀌어야 하므로, (A)의 「寒(さむ)い」(춥다)는 「寒(さむ)く」(추워)로 고쳐야 한다. 「い형용사의 어간+くなる」(〜하게 되다, 〜해지다)는 변화를 나타낸다.

어휘 | 今日(きょう) 오늘 もう 더
〜枚(まい) 〜장 *종이 등 얇고 평평한 것을 세는 말

服(ふく) 옷 着(き)る (옷을) 입다 〜ておく 〜해 놓다[두다]
동사의 た형+方(ほう)がいい 〜하는 편[쪽]이 좋다

126 동사 오용 (A) 閉(し)めた → 入(い)れた

지갑을 가방에 넣었다고 생각했는데 집에 두고 온 것 같다.

해설 | (A)의 「閉(し)める」는 '(문 등을) 닫다'라는 뜻의 동사로, 앞에 있는 「かばん」(가방)과는 어울리지 않는다. 문맥상 (A)에는 '넣다'라는 뜻의 동사가 와야 하므로, (A)는 「入(い)れる」(넣다)의 과거형인 「入(い)れた」(넣었다)로 고쳐야 한다.

어휘 | 財布(さいふ) 지갑
동사의 た형+つもりだ 〜한 셈치다, 〜했다고 생각하다
忘(わす)れる 잊다, (물건을) 잊고 두고 오다
〜らしい 〜인 것 같다 *객관적 근거에 의한 추측·판단

127 명사 오용 (D) 踊(おど)り → 遊(あそ)び

이 공원에서는 축구나 야구 등 공을 사용한 놀이를 해서는 안 됩니다.

해설 | (D)의 「踊(おど)り」는 '춤'이라는 뜻의 명사로, 앞에 나오는 「サッカー」(축구)나 「野球(やきゅう)」(야구)와는 어울리지 않는다. 문맥상 (D)에는 '놀이'라는 뜻을 지닌 명사가 와야 하므로, 「遊(あそ)び」로 고쳐야 한다.

어휘 | 公園(こうえん) 공원 ボール 공 使(つか)う 쓰다, 사용하다
〜てはいけない 〜해서는 안 된다

128 자·타동사 오용 (B) 焼(や)いた → 焼(や)けた

부엌에서 생선이 구워진 좋은 냄새가 나서 갑자기 배가 고파졌다.

해설 | (B)의 「焼(や)いた」(구웠다)는 「焼(や)く」(굽다)의 과거형으로 타동사이다. 문맥상 (B)에는 '구워지다'라는 뜻의 자동사가 와야 하므로, (B)는 「焼(や)ける」(구워지다)의 과거형인 「焼(や)けた」(구워진)로 고쳐야 한다.

어휘 | 台所(だいどころ) 부엌 魚(さかな) 생선 良(よ)い 좋다
においがする 냄새가 나다 急(きゅう)に 갑자기
お腹(なか)が減(へ)る 배가 고프다 〜てくる 〜해 오다, 〜해지다

129 명사 오용 (D) 例題(れいだい) → 例外(れいがい)

일본에서는 외래어의 대부분은 가타카나로 표기하지만, 「天(てん)ぷら」(덴푸라, 튀김)처럼 예외도 있다.

해설 | (D)의 「例題(れいだい)」(예제)는 내용의 이해를 돕기 위해 보기로 내는 연습 문제를 뜻한다. 문맥상 (D)에는 '일반적인 규칙이나 정례에서 벗어나는 일'을 뜻하는 말이 와야 하므로, '예외'라는 뜻의 「例外(れいがい)」로 고쳐야 한다.

어휘 | 外来語(がいらいご) 외래어
多(おお)く 대부분, 많음 カタカナ 가타카나
書(か)き表(あらわ)す (글로 써서) 나타내다, (글자로) 표기하다
〜ように 〜처럼

130 부사 오용 (C) 突然(とつぜん) → きっと

농업이 번성한 고장이니까 과일이라든가 채소가 분명히 맛있을 것이다.

해설 | (C)의 「突然(とつぜん)」은 '돌연, 갑자기'라는 뜻의 부사로, 강한

확신을 나타내는 「～に違(ちが)いない」(～임에 틀림없다, 분명 ～일 것이다)와 맞지 않는다. 문맥상 (C)에는 확실한 추측을 나타내는 부사가 와야 하므로, 「きっと」(분명히, 틀림없이)로 고쳐야 한다.

어휘 | 農業(のうぎょう) 농업　盛(さか)んだ 성하다, 번성[번창]하다
土地(とち) 그 지방[고장]　果物(くだもの) 과일
～とか ～라든가, ～라든지　野菜(やさい) 채소, 야채
美味(おい)しい 맛있다

131 문법표현 오용 (D) ということだ → わけがない
정치가가 잘못된 발언을 취소했다고 해도 세상이 용서할 리가 없다.

해설 | (D)의 「～ということだ」(～라고 한다)는 전해 들은 말을 나타낼 때 쓰는 표현으로, 문맥상 맞지 않는다. (D)에는 그러한 사항이 성립할 이유·가능성이 없다고 강하게 주장하는 표현이 와야 하므로, 「～わけがない」(～일 리가 없다)로 고쳐야 한다.

어휘 | 政治家(せいじか) 정치가　間違(まちが)う 틀리다, 잘못되다
発言(はつげん) 발언　取(と)り消(け)す 취소하다
～としても ～라고 해도　世間(せけん) 세상 (사람)
許(ゆる)す 용서하다

132 의태어 오용 (B) いらいら → べらべら
가토 씨는 회사 동료에게 뭐든지 나불나불 이야기해 버려서 비밀을 숨겨 둘 수가 없다.

해설 | (B)의 「いらいら」는 「思(おも)い通(どお)りにならなくて、いらいらする」(생각한 대로 되지 않아 안달하다)처럼 안달복달하는[초조한] 모양을 나타내는 말로, 뒤에 있는 「話(はな)す」(말하다, 이야기하다)와는 어울리지 않는다. 문맥상 (B)에는 말해서는 안 되는 것을 경솔하게 지껄이는 모양을 나타내는 말이 와야 하므로, 「べらべら」(나불나불)로 고쳐야 한다.

어휘 | 会社(かいしゃ) 회사　同僚(どうりょう) 동료
何(なん)でも 무엇이든지, 뭐든지　秘密(ひみつ) 비밀
隠(かく)す 숨기다　～ておく ～해 놓다[두다]

133 문법표현 오용 (C) わりに → ばかりに
칼로리가 높은 음식만 먹고 운동도 하지 않았던 탓에 체중이 20kg이나 늘어 버렸다.

해설 | (C)의 「～わりに」(～에 비해서)는 「このアルバイトは楽(らく)なわりに時給(じきゅう)がいい」(이 아르바이트는 편한 것에 비해 시급이 좋다)처럼 앞뒤로 상반된 결과가 나왔을 때 쓴다. 칼로리가 높은 음식만 먹고 운동을 하지 않았다면 체중이 느는 것은 당연한 일이므로, (C)에는 원인이나 이유를 나타내는 「～ばかりに」(～한 탓에, ～한 바람에)를 써야 하는데, 뒤에 주로 좋지 않은 결과를 나타내는 말이 온다.

어휘 | カロリー 칼로리　高(たか)い 높다　～ばかり ～만, ～뿐
食(た)べる 먹다　運動(うんどう) 운동　体重(たいじゅう) 체중
キロ 킬로그램, kg *「キログラム」의 준말　増(ふ)える 늘다, 늘어나다

134 동사 오용 (B) 信じないで → 頼らないで
경험을 쌓으면 남에게 의지하지 않고 자신의 판단으로 행동할 수 있게 될 것이다.

해설 | (B)의 「信(しん)じないで」(믿지 않고)에서 「信(しん)じる」(믿다)는 타동사로 앞에 조사 「を」(을[를])가 와야 하는데, (B) 앞에는 조사 「に」가 있으므로 「に」와 호응하는 동사가 와야 한다. 문맥상 어울리는 동사는 「頼(たよ)る」(의지하다)이므로, (B)는 「頼(たよ)らないで」(의지하지 않고)로 고쳐야 한다.

어휘 | 経験(けいけん) 경험　積(つ)む (경험 등을) 쌓다
人(ひと) 남, 타인　～ないで ～하지 않고[말고]
自分(じぶん) 자기, 자신, 나　判断(はんだん) 판단
行動(こうどう) 행동　～ようになる ～하게(끔) 되다 *변화

135 부사 오용 (A) いきなり → あまり
댄스는 그다지 잘하지 못했지만, 반복해서 연습한 덕분에 춤출 수 있게 되었다.

해설 | (A)의 「いきなり」(느닷없이, 갑자기)는 「会社(かいしゃ)から昨日(きのう)いきなり解雇(かいこ)を言(い)い渡(わた)された」(회사로부터 어제 갑자기 해고를 통보받았다)처럼 쓰는 부사로, 뒤에 있는 「得意(とくい)じゃなかったけど」(잘하지 못했지만)와 호응하지 않는다. 문맥상 (A)는 부정형과 호응하는 부사인 「あまり」(그다지, 별로)로 고쳐야 한다.

어휘 | ダンス 댄스　得意(とくい)だ 잘하다, 자신 있다
繰(く)り返(かえ)す 되풀이하다, 반복하다　練習(れんしゅう) 연습
～おかげで ～덕분에　踊(おど)る 춤추다
～ようになる ～하게(끔) 되다 *변화

136 명사 오용 (C) 平等(びょうどう) → 正当(せいとう)
솔직하게 사과하지 않고 변명을 해서 자신을 정당화하면 상대에게 좋지 않은 인상을 준다.

해설 | 솔직하게 사과하지 않고 변명을 하는 행동과 (C)의 「平等(びょうどう)」(평등)라는 말은 전혀 어울리지 않는다. 문맥상 어떤 일을 한 뒤에 자책감이나 죄책감에서 벗어나기 위해 그것을 정당화함이라는 뜻의 표현이 와야 하므로, 「正当(せいとう)」(정당)를 써서 「正当化(せいとうか)」(정당화)로 고쳐야 한다.

어휘 | 素直(すなお)だ 솔직하다　謝(あやま)る 사과하다
～ずに ～하지 않고[말고]　言(い)い訳(わけ) 변명
自分(じぶん) 자기, 자신, 나　相手(あいて) 상대
悪(わる)い 나쁘다, 좋지 않다　印象(いんしょう) 인상
与(あた)える (주의·영향 등을) 주다

137 い형용사 오용 (D) 鋭く(するど) → 著しく(いちじる)
팀을 짜서 영업 활동을 했더니 회사 실적이 현저하게 늘었다.

해설 | (C)의 「鋭(するど)い」는 '날카롭다, 예리하다'라는 뜻으로 문맥상 맞지 않는다. (C)에는 '눈에 띄게 늘었다'라는 뜻의 표현이 와야 하므로, 「著(いちじる)しい」(현저하다, 두드러지다)의 부사형인 「著(いちじる)しく」(현저하게, 두드러지게)로 고쳐야 한다.

어휘 | チーム 팀　組(く)む (조직을) 짜다, 만들다
営業(えいぎょう) 영업　活動(かつどう) 활동
行(おこな)う 하다, 행하다, 실시하다
동사의 た형+ところ ～한 결과, ～했더니
業績(ぎょうせき) 업적, 실적　伸(の)びる 늘다, 신장하다

138 복합동사 오용 (D) 見下ろす(みお) → 見落とす(みお)
보행자가 없었으니까 다행이긴 했지만 하마터면 빨간불을 놓칠 뻔했다.

해설 | (D)의 「見下(みお)ろす」는 '높은 곳에서 아래쪽을 보다, 내려다보다'라는 뜻의 동사로, 「山(やま)から見下(みお)ろす」(산에서 내려다보다)처럼 쓴다. 문맥상 (D)에는 '훑어보면서 알아차리지 못하고 지나치다, 간과하다'라는 뜻의 동사가 와야 하므로, 「見落(みお)とす」로 고쳐야 한다.

어휘 | 歩行者(ほこうしゃ) 보행자　～ものの ～이지만

41

危(あや)うく～ところだった 하마터면 ～할 뻔했다
赤信号(あかしんごう) (신호등의) 빨간 신호, 빨간불

139 문법표현 오용 (B) ことに → 限(かぎ)り
재해 시에는 가능한 한 피해상황 등의 정보를 수집하고 제멋대로인 행동을 해서는 안 된다.

해설 | (B)의 「～ことに」(～하게도)는 감정을 나타내는 い형용사나 동사에 접속해서 그 감정을 강조하는 표현으로, 「嬉(うれ)しいことに」(기쁘게도), 「困(こま)ったことに」(난처하게도)처럼 쓴다. 문맥상 (B)에는 '～하는 한, ～범위 내'처럼 한계를 나타내는 표현이 와야 하므로, 「～限(かぎ)り」로 고쳐야 한다.

어휘 | 災害時(さいがいじ) 재해 시 可能(かのう)だ 가능하다
被害(ひがい) 피해 状況(じょうきょう) 상황 ～など ～등
情報(じょうほう) 정보 収集(しゅうしゅう) 수집
勝手(かって)だ 제멋대로[마음대로]이다 行動(こうどう) 행동
～てはいけない ～해서는 안 된다

140 표현 오용 (B) 阻止(そし)した → 遭難(そうなん)した
선박 무선에는 부근에서 조난한 배의 수색 구조 정보를 비롯해 기상경보 등이 들어온다.

해설 | (B)의 「阻止(そし)する」는 '막아서 못 하게 하다, 저지하다'라는 뜻의 동사로, 「敵(てき)の侵入(しんにゅう)を阻止(そし)する」(적의 침입을 저지하다)처럼 쓴다. 문맥상 (B)에는 '항해나 등산 따위를 하는 도중에 재난을 당하다'라는 뜻의 동사가 와야 하므로, 「遭難(そうなん)する」(조난하다)의 과거형인 「遭難(そうなん)した」(조난한)로 고쳐야 한다.

어휘 | 船舶(せんぱく) 선박 無線(むせん) 무선 付近(ふきん) 부근
船(ふね) 배 捜索(そうさく) 수색 救助(きゅうじょ) 구조
情報(じょうほう) 정보 ～をはじめ ～을 비롯해
気象(きしょう) 기상 警報(けいほう) 경보 入(はい)る 들어오다

PART 7 | 공란 메우기

141 적절한 동사 찾기
어제 감기에 걸려서 회사를 쉬었습니다.

해설 | 공란 앞의 「会社(かいしゃ)」와 어울리는 동사를 찾는다. (A)의 「眠(ねむ)る」는 '자다, 잠자다, 잠들다', (B)의 「下(さ)げる」는 '(밑으로) 내리다', (C)의 「休(やす)む」는 '쉬다, 결석·결근하다', (D)의 「倒(たお)れる」는 '쓰러지다, 넘어지다'라는 뜻이므로, 정답은 (C)가 된다.

어휘 | 昨日(きのう) 어제 風邪(かぜ)を引(ひ)く 감기에 걸리다

142 적절한 가타카나어 찾기
조금 더 큰 사이즈의 봉투는 없나요?

해설 | 공란 앞의 「大(おお)きい」(크다)와 어울리는 가타카나어를 찾는다. 정답은 (D)의 「サイズ」로, '사이즈, 크기'라는 뜻이다.

어휘 | もう少(すこ)し 조금 더 封筒(ふうとう) 봉투 ガラス 유리
クラス 클래스, 반 インク 잉크

143 적절한 명사 찾기
일기예보에 의하면 이번 주는 계속 비가 내린다고 합니다.

해설 | 공란 앞의 「天気予報(てんきよほう)によると」(일기예보에 의하면)와 공란 뒤의 「雨(あめ)が降(ふ)るそうです」(비가 내린다고 합니다)라는 표현으로 볼 때, 공란에는 미래를 나타내는 표현이 들어가야 한다는 것을 알 수 있다. 정답은 (B)의 「今週(こんしゅう)」(이번 주)로, (C)의 「一昨日(おととい)」(그저께)는 과거를 가리키는 말이므로 답이 될 수 없다.

어휘 | 天気予報(てんきよほう) 일기예보
～によると ～에 의하면[따르면] ずっと 쭉, 계속 雨(あめ) 비
降(ふ)る (비·눈 등이) 내리다, 오다
품사의 보통형+そうだ ～라고 한다 *전문 公園(こうえん) 공원
動物(どうぶつ) 동물

144 적절한 い형용사 찾기
모두는 쉬운 문제였다고 말하지만 나에게는 어려웠다.

해설 | 문맥상 공란에는 앞부분의 「易(やさ)しい」(쉽다)와 대조되는 い형용사가 와야 하므로, 정답은 (D)의 「難(むずか)しかった」(어려웠다)가 된다. (A)의 「正(ただ)しい」는 '바르다, 맞다', (B)의 「新(あたら)しい」는 '새롭다', (C)의 「珍(めずら)しい」는 '희귀하다, 드물다'라는 뜻이다.

어휘 | 皆(みんな) 모두 問題(もんだい) 문제 言(い)う 말하다
僕(ぼく) 나 *남자의 자칭

145 적절한 な형용사 찾기
노래를 잘 못하기 때문에 노래방은 좋아하지 않습니다.

해설 | 뒷 문장에서 '노래방을 좋아하지 않습니다'라고 했으므로, 노래방을 싫어하는 이유가 될 만한 な형용사를 찾는다. (A)의 「危険(きけん)」은 '위험함', (B)의 「邪魔(じゃま)」는 '방해가 됨', (C)의 「下手(へた)」는 '잘 못함, 서투름', (D)의 「迷惑(めいわく)」는 '귀찮음, 성가심, 괴로움, 폐'라는 뜻이므로, 정답은 (C)가 된다.

어휘 | 歌(うた) 노래 ～ので ～때문에 カラオケ 노래방
好(す)きだ 좋아하다

146 적절한 표현 찾기
저 모퉁이를 돌면 은행이 있습니다.

해설 | 문맥상 공란에는 '～하면'이라는 뜻의 가정표현이 와야 한다. 선택지 중 (A)의 「～なら」와 (D)의 「～と」가 이에 해당하는데, (A)의 「～なら」는 동사의 기본형에 접속해 '～할 거라면, ～한다고 하면'이라는 뜻으로, 「日本(にほん)を旅行(りょこう)するなら、沖縄(おきなわ)がいいと思(おも)う」(일본을 여행할 거라면 오키나와가 좋다고 생각한다)처럼 앞의 내용이 실현된다는 것을 전제로 조언하거나 권유를 하는 경우에 쓴다. 한편 「～と」는 동사의 기본형에 접속해 '～하면 (반드시) ～한다'라는 필연적인 결과를 나타내기 때문에 「春(はる)になると花(はな)が咲(さ)く」(봄이 오면 꽃이 핀다), 「1(いち)に1(いち)を足(た)すと2(に)になる」(1에 1을 더하면 2가 된다), 「この道(みち)をまっすぐ行(い)くと

病院(びょういん)がある」(이 길을 똑바로 가면 병원이 있다)처럼 자연 현상, 수식 계산, 길 안내 등을 할 때 쓴다. 문제는 '저 모퉁이를 돌면 은행이 있다'라는 사실을 알려 주고 있으므로, 공란에는 (D)의「〜と」(〜하면)가 와야 한다.

어휘 | 角(かど) 모퉁이 曲(ま)がる (방향을) 돌다
銀行(ぎんこう) 은행 〜だけ 〜만, 〜뿐

147 적절한 동사 찾기

매일 아침 6시에 일어나서 샤워를 <u>합니다</u>.

해설 | 공란 앞의「シャワー」(샤워)와 어울리는 동사를 찾는다. '샤워를 하다'는 '(물을) 뒤집어쓰다'라는 뜻의 동사인「浴(あ)びる」를 써서「ジャワーを浴(あ)びる」라고 하므로, 정답은 (A)가 된다.

어휘 | 毎朝(まいあさ) 매일 아침 起(お)きる 일어나다, 기상하다
洗(あら)う 씻다 入(い)れる 넣다 泳(およ)ぐ 헤엄치다, 수영하다

148 적절한 동사 찾기

맑은 날은 집에서 역까지 걸어서 <u>가기</u>로 하고 있습니다.

해설 | 선택지는 모두 보조동사로 쓰이는 것으로, 공란 앞의「歩(ある)いて」(걸어서)와 뒤의「동사의 보통형+ことにする」(〜하기로 하다)라는 표현과 호응하는 것은 (C)의「いく」(가다)뿐이다. (A)의「〜ておく」는 '〜해 놓다[두다]', (B)의「〜ている」는 '〜하고 있다', (D)의「〜てしまう」는 '〜해 버리다, 〜하고 말다'라는 뜻이다.

어휘 | 晴(は)れ 맑음 日(ひ) 날 家(いえ) 집
〜から〜まで 〜부터 〜까지 駅(えき) 역 歩(ある)く 걷다

149 적절한 부사 찾기

가족끼리 <u>언젠가</u> 미국에 살고 싶다고 생각하고 있습니다.

해설 | '가족끼리 〜 미국에 살고 싶다고 생각하고 있습니다'라고 했으므로, 공란에는 미래를 나타내는 부사가 들어가야 한다. (A)의「いつか」는 '언젠가', (B)의「たぶん」은 '아마', (C)의「独(ひと)りでに」는 '저절로, 자연히', (D)의「今(いま)にも」는 '당장이라도'라는 뜻이다. 뜻만 보면 (A)의「いつか」(언젠가)와 (D)의「今(いま)にも」(당장이라도) 둘 다 답이 될 수 있을 것 같은데, (D)의「今(いま)にも」(당장이라도)는「今(いま)にも雨(あめ)が降(ふ)り出(だ)しそうだ」(당장이라도 비가 올 것 같다)처럼 긴박한 상황에서 어떤 일이 곧 발생하거나 실현하는 것을 나타낼 때 쓰는 부사로, 공란에 들어갈 말로는 부적절하다. 따라서 문맥상 어울리는 것은 (A)의「いつか」(언젠가)뿐이다.

어휘 | 家族(かぞく)で 가족끼리 アメリカ 미국
住(す)む 살다, 거주하다 동사의 ます형+たい 〜하고 싶다

150 적절한 부사 찾기

사양하지 말고 <u>많이</u> 먹으세요.

해설 | 식사 자리에서 음식을 권하는 표현이므로, 공란에는 '많이, 실컷'과 같은 의미의 부사가 와야 한다. 정답은 (C)의「たくさん」(많이)으로, (A)의「それほど」(그다지)는「今日(きょう)はそれほど寒(さむ)くない」(오늘은 그다지 춥지 않다)처럼 부정어를 수반하고, (B)의「やっぱり」는「やはり」의 힘줌말로 '역시'라는 뜻이며, (D)의「大体(だいたい)」(대강, 대부분, 대체로)는「事件(じけん)は大体(だいたい)片付(かたづ)いた」(사건은 대강 처리되었다)처럼 쓴다.

어휘 | 遠慮(えんりょ)する 사양하다 〜ないで 〜하지 않고[말고]
食(た)べる 먹다 〜てください 〜해 주세요, 〜하세요

151 적절한 동사 찾기

이 사전은 책장 맨 위로 <u>되돌려</u> 놔 주세요.

해설 | 공란 앞의「本棚(ほんだな)の一番上(いちばんうえ)に」(책장 맨 위로)라는 내용과 어울리는 동사를 찾는다. (A)의「寄(よ)る」는 '접근하다', (B)의「囲(かこ)む」는 '둘러싸다', (C)의「空(あ)ける」는 '(시간·공간 등을) 비우다', (D)의「戻(もど)す」는 '(본래의 자리로) 되돌리다'라는 뜻이므로, 정답은 (D)의「戻(もど)して」((본래의 자리로) 되돌려)가 된다.

어휘 | 辞書(じしょ) 사전 本棚(ほんだな) 책장
一番(いちばん) 가장, 제일 上(うえ) 위 〜ておく 〜해 놓다[두다]

152 적절한 な형용사 찾기

오늘은 일어나서 아무것도 하지 않고 있어서 시간을 헛되이 한 기분이다.

해설 | '오늘은 일어나서 아무것도 하지 않아서 시간을 〜한 기분이다'라고 했으므로, 공란에는 '아무 보람이나 실속이 없다'라는 뜻을 지닌 な형용사가 들어가야 한다. 정답은 (B)의「無駄(むだ)」(헛됨)로,「無駄(むだ)にする」라고 하면 '헛되이 하다'라는 뜻이다.

어휘 | 今日(きょう) 오늘 起(お)きる 일어나다, 기상하다
〜てから 〜하고 나서, 〜한 후에 何(なに)も (부정어 수반) 아무것도
時間(じかん) 시간 気分(きぶん) 기분 無理(むり) 무리
不安(ふあん) 불안 不幸(ふこう) 불행

153 적절한 부사 찾기

<u>모처럼</u> 만든 요리를 떨어뜨리고 말아서 먹을 수 없게 되었다.

해설 | 문맥상 공란에는 '일껏 오랜만에'라는 뜻을 지닌 부사가 들어가야 한다. (A)의「まもなく」는 '머지않아', (B)의「せっかく」는 '모처럼', (C)의「たった」는 '다만, 겨우, 단지', (D)의「もしも」는 '만약'이라는 뜻이므로, 정답은 (B)의「せっかく」(모처럼)가 된다.

어휘 | 作(つく)る 만들다 料理(りょうり) 요리
落(お)とす 떨어뜨리다

154 적절한 명사 찾기

이 차에는 새로운 자동 운전 기술이 사용되고 있습니다.

해설 | 공란 앞의「自動運転(じどううんてん)」(자동 운전)과 어울리는 명사를 찾는다. (A)의「技術(ぎじゅつ)」는 '기술', (B)의「表現(ひょうげん)」은 '표현', (C)의「録音(ろくおん)」은 '녹음', (D)의「流行(りゅうこう)」는 '유행'이라는 뜻이므로, 정답은 (A)의「技術(ぎじゅつ)」(기술)가 된다.

어휘 | 車(くるま) 자동차, 차 新(あたら)しい 새롭다
使(つか)う 쓰다, 사용하다

155 적절한 い형용사 찾기

벌레에 물린 곳이 <u>가렵습니다</u>.

해설 | 공란 앞의「虫(むし)に刺(さ)される」(벌레에 물리다)와 어울리는 い형용사를 찾는다. (A)의「緩(ゆる)い」는 '(끈·바지 등이) 느슨하다, 헐겁다', (B)의「賢(かしこ)い」는 '영리하다, 현명하다', (C)의「くだらない」는 '시시하다', (D)의「かゆい」는 '가렵다'라는 뜻이므로, 정답은 (D)가 된다.

어휘 | 虫(むし) 벌레 刺(さ)す (벌레가) 쏘다, 물다 ところ 곳, 부분

156 적절한 문법표현 찾기

사사키 씨 의견에 대해 찬성인 사람은 손을 들어 주십시오.

해설 | 문맥상 공란에는 관심의 대상을 나타내는 표현이 와야 한다. 정답은 (D)의 「〜に対(たい)して」로 '〜에 대해'라는 뜻이다. (A)의 「〜に反(はん)して」(〜에 반해서, 〜와는 반대로)는 「去年(きょねん)に反(はん)して今年(ことし)は雨(あめ)が多(おお)い」(작년과는 반대로 올해는 비가 많다)처럼 쓰고, (B)의 「〜にわたって」(〜에 걸쳐서)는 기간·횟수·범위 등의 단어에 붙어서 지속되는 일정 시간의 폭, 길이를 나타내는 표현으로, 「彼(かれ)は各科目(かくかもく)にわたって立派(りっぱ)な成績(せいせき)を収(おさ)めた」(그는 각 과목에 걸쳐 훌륭한 성적을 거두었다)처럼 쓴다. (C)의 「〜によって」(〜에 의해서[따라서])는 근거·의거·기준을 나타내는 표현으로, 「科学(かがく)や技術(ぎじゅつ)によって、世(よ)の中(なか)は進歩(しんぽ)する」(과학과 기술에 의해서 세상은 진보한다)처럼 쓴다.

어휘 | 意見(いけん) 의견 賛成(さんせい) 찬성 手(て) 손
挙(あ)げる 들다

157 적절한 부사 찾기

이야기하는 게 서툴러서 회사 사람과도 좀처럼 대화가 이어지지 않는다.

해설 | 공란에는 뒤에 있는 「会話(かいわ)が続(つづ)かない」(대화가 이어지지 않는다)라는 부정문과 호응하는 부사가 와야 한다. 정답은 (C)의 「なかなか」로, '좀처럼'이라는 뜻을 나타낸다. (A)의 「ぎりぎり」(빠듯함)는 수량·시간·정도 등이 허용된 한계점에 다다른 모양을, (B)의 「いらいら」는 안달복달하는[초조한] 모양을, (D)의 「がたがた」(덜커덩덜커덩)는 단단한 물건이 부딪힐 때 나는 시끄러운 소리를 가리킨다.

어휘 | 話(はな)す 말하다, 이야기하다
苦手(にがて)だ 잘 못하다, 서투르다 会社(かいしゃ) 회사
会話(かいわ) 회화, 대화 続(つづ)く 이어지다, 계속되다

158 적절한 동사 찾기

아무리 주의를 줘도 그의 지각하는 버릇은 전혀 개선되지 않아 기가 막혀서 말도 나오지 않는다.

해설 | '아무리 주의를 줘도 지각하는 버릇이 개선되지 않아 〜 말도 나오지 않는다'라고 했으므로, 공란에는 '언짢아서 어이가 없다'라는 뜻의 동사가 와야 한다. (A)의 「呆(あき)れる」는 '어이[어처구니]없다, 기가 막히다, 질리다', (B)의 「とぼける」는 '얼빠지다, 멍청해지다'라는 뜻으로, 「さっきから、何(なに)とぼけたこと言(い)ってるの」(아까부터 무슨 얼빠진 소리를 하는 거야?)처럼 쓰고, (C)의 「欠(か)ける」는 '필요한 것이 빠지다, 모자라다', (D)의 「崩(くず)す」는 '무너뜨리, 헐다'라는 뜻이므로, 정답은 (A)의 「呆(あき)れて」(기가 막혀서)가 된다.

어휘 | いくら〜ても 아무리 〜해도 注意(ちゅうい)する 주의를 주다
遅刻癖(ちこくぐせ) 지각하는 버릇 全(まった)く (부정어 수반) 전혀
改善(かいぜん) 개선 〜ず 〜하지 않아서 言葉(ことば) 말
出(で)る 나오다

159 적절한 표현 찾기

ABC회사는 상식을 벗어난 경영으로 5년 연속 이익을 올리고 있다.

해설 | 공란 앞의 「常識(じょうしき)」(상식)라는 명사와 연결 가능한 표현을 찾는다. 정답은 (D)의 「外(はず)れ」로, 「常識外(じょうしきはず)れ」(상식을 벗어남)는 '세간에서의 일반적인 사고방식에서 크게 벗어나는 것'을 말한다.

어휘 | 経営(けいえい) 경영 連続(れんぞく) 연속
利益(りえき) 이익 上(あ)げる (성과·수익 등을) 올리다, 거두다

眺(なが)め 조망, 경치 重(おも)み 무게, 중량감
現(あらわ)れ 나타남

160 적절한 부사 찾기

이 요리잡지를 사는 것은 주로 20대부터 40대의 주부이다.

해설 | 공란 뒤의 「20代(にじゅうだい)から40代(よんじゅうだい)の主婦(しゅふ)」(20대부터 40대 주부)라는 연령층을 나타내는 내용과 어울리는 부사를 찾는다. (A)의 「主(おも)に」는 '주로', (B)의 「先(さき)に」는 '먼저', (C)의 「逆(ぎゃく)に」는 '거꾸로, 반대로', (D)의 「単(たん)に」는 '단순히'라는 뜻이므로, 정답은 (A)의 「主(おも)に」(주로)가 된다.

어휘 | 料理(りょうり) 요리 雑誌(ざっし) 잡지 買(か)う 사다
〜代(だい) 〜대 *나이의 범위 主婦(しゅふ) 주부

161 적절한 い형용사 찾기

영어회화를 10년이나 배웠는데도 영어를 말할 수 없어서 한심한 기분이 들었다.

해설 | 영어회화를 10년이나 배웠지만 영어를 말할 수 없다고 했으므로, 공란에는 이에 대한 실망감을 나타내는 い형용사가 와야 한다. 정답은 (B)의 「情(なさ)けない」로, '한심하다'라는 뜻이다.

어휘 | 英会話(えいかいわ) 영어회화 〜も 〜이나
習(なら)う 배우다, 익히다 〜のに 〜는데(도) 英語(えいご) 영어
話(はな)す 말하다, 이야기하다 気持(きも)ち 기분
貧(まず)しい 가난하다 図々(ずうずう)しい 뻔뻔스럽다, 낯 두껍다
思(おも)いがけない 뜻밖이다, 예상 밖이다

162 적절한 접속 형태 찾기

뭔가 한 가지 일을 끝까지 해낸 경험은 큰 자신감으로 이어진다.

해설 | 복합동사의 접속 형태를 묻는 문제로, 공란 뒤의 「〜抜(ぬ)く」는 동사의 ます형에 접속해서 '끝까지 〜해내다'라는 뜻을 나타낸다. 따라서 정답은 「やる」((어떤 행위를) 하다)의 ます형인 (D)의 「やり」가 된다.

어휘 | 何(なに)か 무엇인가, 뭔가 1(ひと)つ 하나
経験(けいけん) 경험 大(おお)きな 큰 自信(じしん) 자신, 자신감
繋(つな)がる 이어지다, 연결되다

163 적절한 な형용사 찾기

그녀는 활발한 성격으로, 친구와 밖에서 노는 것을 아주 좋아합니다.

해설 | 뒷 문장에서 「友達(ともだち)と外(そと)で遊(あそ)ぶことが大好(だいす)きです」(친구와 밖에서 노는 것을 아주 좋아합니다)라고 했으므로, 그녀는 외향적이고 활발한 성격이라는 것을 알 수 있다. 선택지 중 이런 성격을 나타내는 な형용사는 (C)의 「活発(かっぱつ)」로, '활발함'이라는 뜻이다. (A)의 「気軽(きがる)」는 '(마음이) 부담스럽지 않음, 부담 없음', (B)의 「勝手(かって)」는 '제멋대로[마음대로]임', (D)의 「確実(かくじつ)」는 '확실함'이라는 뜻이다.

어휘 | 性格(せいかく) 성격 友達(ともだち) 친구 外(そと) 밖
遊(あそ)ぶ 놀다 大好(だいす)きだ 아주 좋아하다

164 적절한 문법표현 찾기

전철에 몸이 불편한 사람이나 노인이 있으면 자리를 양보하는 법이다.

해설 | 몸이 불편한 사람이나 노인에게 자리를 양보하는 것은 상식에 준하는 행동이다. 선택지 중 상식·본성·진리에 대해 쓰는 표현은 (C)

의「～ものだ」로, '～인 것[법]이다'라는 뜻을 나타낸다. (A)의「～まい か」(～하지 않을까?)는「～ないだろうか」의 문어체 표현으로「あの 店(みせ)はいつも行列(ぎょうれつ)ができているから、うまいので はあるまいか」(저 가게는 늘 줄이 생겨 있으니까 맛있는 건 아닐까?) 처럼 쓰고, (B)의「～ものか」(～할까 보냐)는「そんなこと知(し)るも のか」(그런 것 알까 보냐[알게 뭐냐])처럼 반문이나 부정을 나타낼 때 쓴다. (D)의「～ものがある」(～인 것이 있다, 정말 ～하다)는「この分 野(ぶんや)の研究(けんきゅう)の進歩(しんぽ)には目(め)を見張(み は)るものがある」(이 분야의 연구 진보에는 정말 눈이 휘둥그레진다) 처럼 감탄을 나타낼 때 쓴다.

어휘 | 電車(でんしゃ) 전철 体(からだ) 몸, 신체
不自由(ふじゆう)だ (신체가) 불편하다 人(ひと) 사람
お年寄(としよ)り 노인 席(せき) 자리, 좌석 譲(ゆず)る 양보하다

165 적절한 문법표현 찾기
오한과 두통이 겹쳐서 일어나는 것조차 할 수 없다.

해설 | 문맥상 공란에는 명사에서 접속해 어떤 사항에 다른 사항이 부 가됨을 나타내는 표현이 와야 한다. 정답은 (D)의「～が相(あい)まっ て」로, '～이 겹쳐서, ～와 맞물려'라는 뜻이다. (A)의「～にひきか え」(～와 달리, ～와는 반대로)는「穏(おだ)やかな性格(せいかく)の 兄(あに)にひきかえ、弟(おとうと)は気性(きしょう)が荒(あら)い」 (온화한 성격의 형과는 달리 남동생은 성미가 거칠다)처럼 역접의 의미 를 나타내고, (B)의「～を限(かぎ)りに」(～을 끝으로)는「駅前(えきま え)のレストランは、今月(こんげつ)を限(かぎ)りに閉店(へいてん) するそうだ」(역 앞의 레스토랑은 이달을 끝으로 폐업한다고 한다)처럼 한계를, (C)의「～はいざしらず」는 '～은 어떨지 모르겠지만'이라는 뜻 으로,「彼(かれ)はいざしらず、私(わたし)は不満(ふまん)だ」(그는 어떨지 모르겠지만 나는 불만이다)처럼 쓴다.

어휘 | 悪寒(おかん) 오한, 한기 頭痛(ずつう) 두통
起(お)き上(あ)がる 일어나다, 일어서다 ～すら ～조차
できない 할 수 없다, 불가능하다

166 적절한 な형용사 찾기
감사의 말은 원활한 인간관계를 쌓는 데 중요하다.

해설 | 공란 앞의「感謝(かんしゃ)の言葉(ことば)」(감사의 말)와 공란 뒤의「人間関係(にんげんかんけい)」(인간관계)를 자연스럽게 연결해 주는 な형용사를 찾는다. 정답은 (D)의「円滑(えんかつ)」로, '원활함' 이라는 뜻이다.

어휘 | 築(きず)く 쌓다, 쌓아 올리다, 구축하다
大切(たいせつ) 중요함 内気(うちき) 내성적임
頑固(がんこ) 완고함 簡潔(かんけつ) 간결함

167 적절한 복합동사 찾기
영업부가 2년 후의 해외진출에 대해서 매우 분발하며 계획을 짜기 시작 했다.

해설 | 문맥상 공란에는 '어떤 일을 하려고 분발하다, 분기하다'라는 뜻 의 동사가 와야 한다. (A)의「意気込(いきご)む」는 '(하고자) 힘을 내다, 분발하다', (B)의「受(う)け継(つ)ぐ」는 '계승하다, 이어받다', (C)의「据 (す)え付(つ)ける」는 '설치하다, 고정시켜 놓다', (D)의「組(く)み込(こ) む」는 '짜 넣다, 편성하다'라는 뜻이므로, 정답은 (A)의「意気込(いきご) んで」(분발하며)가 된다.

어휘 | 営業部(えいぎょうぶ) 영업부 ～後(ご) ～후
海外(かいがい) 해외 進出(しんしゅつ) 진출

～について ～에 대해서 大(おお)いに 크게, 매우
計画(けいかく) 계획 練(ね)る (생각・방안 등을) 짜다, 다듬다
동사의 ます형+始(はじ)める ～하기 시작하다

168 적절한 부사 찾기
그는 고급스러운 손목시계를 차고 있어서 언뜻 보기에 유복해 보이지 만, 실은 가난하다.

해설 | 그가 유복할 것이라고 생각한 이유는 고급 손목시계를 차고 있었 기 때문인데, 실상은 가난하다고 했다. 즉, 지나는 결에 잠깐 봐서 판단 의 근거가 확실하지 않았다는 것이므로, 공란에는 '언뜻 보기에는, 한 번 본 느낌으로는'이라는 뜻의 부사가 와야 한다. 따라서 정답은 (C)의「一 見(いっけん)」(언뜻 보기에)가 된다.

어휘 | 高級(こうきゅう)だ 고급이다 腕時計(うでどけい) 손목시계
付(つ)ける 차다 裕福(ゆうふく)だ 유복하다
な형용사의 어간+そうだ ～일[할] 것 같다, ～해 보이다 *양태
実(じつ)は 실은 貧乏(びんぼう)だ 가난하다 一等(いっとう) 일등
一概(いちがい) (무리하게) 자신의 의지를 끝까지 밀고 나가는 것, 또
고집이 센 모양 一心(いっしん) 일심, 한마음

169 적절한 부사 찾기
그의 연구 발표는 논리적이고 과연 학자다운 것이었다.

해설 | 공란 뒤에 있는「学者(がくしゃ)らしい」(학자답다)와 어울리는 부사를 찾는다. 정답은 (C)의「如何(いか)にも」(과연, 확실히)로「如何 (いか)にもその通(とお)りだ」(과연 그 말이 맞다)처럼 뒤에 오는 말을 강조할 때 쓴다.

어휘 | 研究(けんきゅう) 연구 発表(はっぴょう) 발표
論理的(ろんりてき)だ 논리적이다 学者(がくしゃ) 학자
명사+らしい ～답다 強(し)いて 굳이
早急(そうきゅう)に 매우 급히 辛(から)うじて 겨우, 간신히

170 적절한 문법표현 찾기
사토 코치는 선수에 대한 기술 지도는 물론이거니와 자신의 훈련도 게 을리하지 않는다.

해설 | 문맥상 공란에는 'A는 당연하고 B도'라는 뜻으로, 뒤에 오는 문장 을 강조하는 표현이 와야 한다. 정답은 (D)의「～もさることながら」로 '～은[도] 물론이거니와'라는 뜻이다. (A)의「～をよそに」(～을 아랑곳 하지 않고)는 다른 사람의 시선이나 평가를 신경 쓰지 않는다는 뜻으로, 「彼(かれ)は親(おや)の心配(しんぱい)をよそに、戦地(せんち)へ取 材(しゅざい)に行(い)った」(그는 부모의 걱정을 아랑곳하지 않고 전쟁 터로 취재하러 나갔다)처럼 쓰고, (B)의「～ともなると」(～정도[쯤] 되 면)는「中高年(ちゅうこうねん)と呼(よ)ばれる年齢(ねんれい)とも なると、体(からだ)が思(おも)うように動(うご)いてくれなくなる」 (중노년이라고 불리는 나이쯤 되면 몸이 생각처럼 움직여 주지 않게 된 다)처럼 특별한 입장이나 상황을 강조하며, (C)의「～までもなく」(～할 것까지도 없이)는「このバッグは店頭(てんとう)のものは言(い)うま でもなく、見本品(みほんひん)まで売(う)れてしまった」(이 가방은 가게 앞의 물건은 말할 것도 없이 견본품까지 팔려 버렸다)처럼 지극히 당연하다는 뜻을 나타낸다.

어휘 | コーチ 코치 選手(せんしゅ) 선수 技術(ぎじゅつ) 기술
指導(しどう) 지도 自身(じしん) 자신, 자기
トレーニング 트레이닝 怠(おこた)る 게을리하다, 태만하다

171~173 내 고양이 이름은 산지

先週の土曜日の夜、家に帰った時、家の前に小さな猫がいた。その猫はお腹が空いているのか、ずっと鳴いていた。171牛乳をあげたら、美味しそうに飲んだ。お腹一杯になったらどこかへ行くと思ったが、動かない。172その日はとても寒い日だったので、一日だけ泊めることにした。次の日の朝、猫が鳴く声で目が覚めた。その時、なぜだかわからないが、この猫は家で飼おうと思った。そして、インターネットで猫の飼い方を調べた。動物病院に連れて行かないといけないと書いてあったので、近くの病院を探して出かけた。173病院の受付で猫の名前を聞かれた時、困った。まだ名前を決めていなかったからだ。考える時間もなかった。予約した時間が午後3時だったので、「さんじ」と答えてしまった。それからこの猫は「さんじ」という名前になって、今も元気に私と生活をしている。

지난주 토요일 밤, 집에 돌아왔을 때 집 앞에 작은 고양이가 있었다. 그 고양이는 배가 고픈 것인지 계속 울고 있었다. 171우유를 줬더니 맛있게 마셨다. 배부르면 어딘가로 갈 거라고 생각했지만 움직이지 않는다. 172그날은 매우 추운 날이었기 때문에 하루만 재우기로 했다. 다음 날 아침, 고양이가 우는 소리에 잠에서 깼다. 그때 왜인지 모르겠지만 이 고양이는 집에서 길러야겠다고 생각했다. 그리고 인터넷에서 고양이 기르는 법을 조사했다. 동물병원에 데리고 가지 않으면 안 된다고 쓰여 있었기 때문에, 근처 병원을 찾아서 나갔다. 173병원 접수처에서 고양이 이름을 물었을 때 곤란했다. 아직 이름을 정하지 않았기 때문이다. 생각할 시간도 없었다. 예약한 시간이 오후 3시였기 때문에 '산지(3시)'라고 대답해 버렸다. 그 후로 이 고양이는 '산지'라는 이름이 되어 지금도 건강하게 나와 생활을 하고 있다.

어휘 | 先週(せんしゅう) 지난주 土曜日(どようび) 토요일
夜(よる) 밤 家(いえ) 집 帰(かえ)る 돌아오다 前(まえ) 앞
小(ちい)さな 작은 猫(ねこ) 고양이
お腹(なか)が空(す)く 배가 고프다 ずっと 쭉, 계속
鳴(な)く (새·짐승 등이) 울다 牛乳(ぎゅうにゅう) 우유
あげる (내가 남에게) 주다 美味(おい)しい 맛있다
い형용사의 어간+そうに ~인 듯이, (보기에) ~하게
飲(の)む 마시다 お腹一杯(なかいっぱい)だ 배부르다
動(うご)く 움직이다 とても 아주, 매우 寒(さむ)い 춥다
日(ひ) 날 ~ので ~때문에 一日(いちにち) 하루
~だけ ~만, ~뿐 泊(と)める 묵게 하다, 숙박시키다
동사의 보통형+ことにする ~하기로 하다 次(つぎ) 다음
朝(あさ) 아침 声(こえ) 소리, 목소리

目(め)が覚(さ)める 잠에서 깨다 なぜだか 왜인지, 어째서인지
わかる 알다, 이해하다 飼(か)う (동물을) 기르다, 사육하다
そして 그리고 インターネット 인터넷
동사의 ます형+方(かた) ~하는 방법[방식]
調(しら)べる 알아보다, 조사하다 動物(どうぶつ) 동물
病院(びょういん) 병원 連(つ)れる 데리고 가다
~ないといけない ~하지 않으면 안 된다, ~해야 한다
書(か)く (글씨·글을) 쓰다 타동사+てある ~해져 있다 *상태표현
近(ちか)く 근처 探(さが)す 찾다
出(で)かける (밖에) 나가다, 외출하다, 가다
受付(うけつけ) 접수(처) 名前(なまえ) 이름 聞(き)く 묻다
困(こま)る 곤란하다, 난처하다 まだ 아직
決(き)める 정하다, 결정하다 考(かんが)える 생각하다
時間(じかん) 시간 予約(よやく) 예약 午後(ごご) 오후
答(こた)える 대답하다 それから 그 후 元気(げんき)だ 건강하다
生活(せいかつ) 생활

171 この人は、猫に会った時、何をしましたか。
(A) 飲み物を飲ませた。
(B) 餌をご飯にして食べさせた。
(C) 写真を撮った。
(D) 頭を撫でた。

171 이 사람은 고양이를 만났을 때 무엇을 했습니까?
(A) 음료를 마시게 했다.
(B) 먹이를 밥으로 해서 먹였다.
(C) 사진을 찍었다.
(D) 머리를 쓰다듬었다.

해설 | 세 번째 문장에서 정답을 찾을 수 있다. '우유를 줬더니 맛있게 마셨다'라고 했으므로, 정답은 본문의 「牛乳(ぎゅうにゅう)」(우유)를 「飲(の)み物(もの)」(음료)로 바꿔 표현한 (A)가 된다.

어휘 | 飲(の)む 마시다 餌(えさ) 먹이 ご飯(はん) 밥
~にする ~로 하다 食(た)べる 먹다 写真(しゃしん) 사진
撮(と)る (사진을) 찍다 頭(あたま) 머리 撫(な)でる 쓰다듬다

172 この人は、いつこの猫を飼おうと決めましたか。
(A) 夜中に猫が鳴いた時
(B) 寝る前に猫と遊んだ時
(C) 会った次の日の朝、起きた時
(D) 猫のニュースを見た時

172 이 사람은 언제 이 고양이를 길러야겠다고 결정했습니까?
(A) 밤중에 고양이가 울었을 때
(B) 자기 전에 고양이와 놀았을 때
(C) 만난 다음 날 아침 일어났을 때
(D) 고양이 뉴스를 봤을 때

해설 | 초반부에서 고양이를 본 첫날은 추위 때문에 일단 집에서 재웠고, 다음 날 아침 고양이 우는 소리에 잠에서 깨어 왜인지 모르겠지만 고양

이를 기르기로 결심했다고 했다. 따라서 정답은 (C)가 된다.

어휘 | 夜中(よなか) 밤중　寝(ね)る 자다
동사의 기본형＋前(まえ)に ～하기 전에　遊(あそ)ぶ 놀다
ニュース 뉴스

173 猫の名前は、どうして「さんじ」になりました
か。
(A) 前の日に寝た時間が3時だったから
(B) 猫に会ったのが3時だったから
(C) 病院に行った時間が3時だったから
(D) 猫と一緒に起きたのが3時だったから

173 고양이 이름은 어째서 '산지(3시)'가 되었습니까?
(A) 전날에 잔 시간이 3시였기 때문에
(B) 고양이를 만난 것이 3시였기 때문에
(C) 병원에 간 시간이 3시였기 때문에
(D) 고양이와 함께 일어난 것이 3시였기 때문에

해설 | 고양이 이름이 '산지(3시)'가 된 이유는 후반부에 나온다. 병원 접
수처에서 고양이 이름을 물었을 때, 아직 이름을 정하지 않은 상태에서
엉겁결에 예약한 시간인 「さんじ(三時)」(3시)라고 대답해 버렸기 때문
이다. 따라서 정답은 (C)가 된다.

어휘 | 一緒(いっしょ)に 함께

174~177 내 직업은 호텔리어

私はホテルで働いています。有名な大きいホ
テルで、174外国人の観光客がたくさん泊まりま
す。175私は英語を使って仕事をしたいと思った
ので、この仕事を選びました。毎日英語を使っ
て仕事ができるので楽しいです。でも、大変な
こともあります。特に大変なのは、荷物を持つ
ことです。日本人の荷物は、泊まる日が少ない
ので小さくて軽いですが、176外国人は荷物が大
きいです。いつも30キロぐらいのスーツケー
スを部屋へ運びます。ホテルで働き始めてすぐ
に、腰が痛くなって2週間も休んでしまいまし
た。今はあまり無理をしないように気を付けな
がら、仕事をしています。177大変なこともあり
ますが、文化が違う外国人と話すのはとても楽
しいので、私はずっとホテルの仕事を続けるつ
もりです。

저는 호텔에서 일하고 있습니다. 유명한 대형 호텔로 174외국인
관광객이 많이 묵습니다. 175저는 영어를 사용해서 일을 하고 싶다고
생각했기 때문에 이 일을 선택했습니다. 매일 영어를 사용해서 일을
할 수 있기 때문에 즐겁습니다. 하지만 힘든 경우도 있습니다. 특히
힘든 것은 짐을 드는 것입니다. 일본인의 짐은 숙박하는 날이 적기

때문에 작고 가볍습니다만, 176외국인은 짐이 큽니다. 항상 30kg 정
도의 여행용 가방을 방으로 옮깁니다. 호텔에서 일하기 시작하자마
자 허리가 아파져서 2주 동안이나 쉬고 말았습니다. 지금은 너무 무
리를 하지 않도록 조심하면서 일을 하고 있습니다. 177힘든 일도 있
습니다만, 문화가 다른 외국인과 이야기하는 것은 매우 즐겁기 때문
에 저는 앞으로도 호텔 일을 계속할 생각입니다.

어휘 | ホテル 호텔　働(はたら)く 일하다
有名(ゆうめい)だ 유명하다　大(おお)きい 크다
外国人(がいこくじん) 외국인　観光客(かんこうきゃく) 관광객
たくさん 많이　泊(と)まる 묵다, 숙박하다　英語(えいご) 영어
使(つか)う 쓰다, 사용하다　仕事(しごと) 일
選(えら)ぶ 고르다, 선택하다　毎日(まいにち) 매일
できる 할 수 있다　楽(たの)しい 즐겁다　でも 하지만
大変(たいへん)だ 힘들다　特(とく)に 특히　荷物(にもつ) 짐
持(も)つ 들다　日(ひ) 날　少(すく)ない 적다
小(ちい)さい 작다　軽(かる)い 가볍다　いつも 늘, 항상
キロ 킬로그램, kg *「キログラム」의 준말
スーツケース 슈트 케이스, 여행용 가방　部屋(へや) 방
運(はこ)ぶ 옮기다, 운반하다
동사의 ます형＋始(はじ)める ～하기 시작하다
～てすぐに ～하자마자　腰(こし) 허리　痛(いた)い 아프다
～週間(しゅうかん) ～주간, ～주일　～も ～이나
休(やす)む 쉬다　今(いま) 지금　あまり 너무, 지나치게
無理(むり) 무리　～ないように ～하지 않도록
気(き)を付(つ)ける 조심하다, 주의하다
동사의 ます형＋ながら ～하면서 *동시동작　文化(ぶんか) 문화
違(ちが)う 다르다　話(はな)す 말하다, 이야기하다
とても 아주, 매우　ずっと 쭉, 계속　続(つづ)ける 계속하다
동사의 기본형＋つもりだ ～할 생각[작정]이다

174 この人は、どんなホテルで働いていますか。
(A) 外国の客が多いホテル
(B) 値段がとても高いホテル
(C) 部屋が広いホテル
(D) 外国人しか泊まらないホテル

174 이 사람은 어떤 호텔에서 일하고 있습니까?
(A) 외국 손님이 많은 호텔
(B) 가격이 매우 비싼 호텔
(C) 방이 넓은 호텔
(D) 외국인밖에 묵지 않는 호텔

해설 | 두 번째 문장에서 정답을 찾을 수 있다. '외국인 관광객이 많이
묵습니다'라고 했으므로, 정답은 본문의 「外国人(がいこくじん)の観
光客(かんこうきゃく)」(외국인 관광객)를 「外国(がいこく)の客(きゃ
く)」(외국 손님)로 바꿔 표현한 (A)가 된다.

어휘 | 客(きゃく) 손님　多(おお)い 많다　値段(ねだん) 가격
高(たか)い (값이) 비싸다　広(ひろ)い 넓다
～しか (부정어 수반) ～밖에

175 この人は、どうしてこのホテルで働きたいと思
いましたか。
(A) もらえる給料が良かったから

47

(B) 有名な人に会える仕事だったから

(C) 英語で仕事がしたかったから

(D) 子供の時からの夢だったから

175 이 사람은 어째서 이 호텔에서 일하고 싶다고 생각했습니까?

(A) 받을 수 있는 급여가 좋았기 때문에

(B) 유명한 사람과 만날 수 있는 일이었기 때문에

(C) 영어로 일을 하고 싶었기 때문에

(D) 어릴 때부터의 꿈이었기 때문에

해설 | 세 번째 문장에서 정답을 찾을 수 있다. '저는 영어를 사용해서 일을 하고 싶다고 생각했기 때문에 이 일을 선택했습니다'라고 했으므로, 정답은 (C)가 된다.

어휘 | もらう 받다 給料(きゅうりょう) 급여, 급료
会(あ)う 만나다 子供(こども) 아이 夢(ゆめ) 꿈

176 この人が2週間仕事を休んだのは、どうしてですか。

(A) ホテルの客がいなくなったから

(B) 重い荷物で腰が痛くなったから

(C) 働き過ぎて倒れてしまったから

(D) 夏休みの旅行に出かけたから

176 이 사람이 2주 동안 일을 쉰 것은 어째서입니까?

(A) 호텔 손님이 없어졌기 때문에

(B) 무거운 짐 때문에 허리가 아파졌기 때문에

(C) 과로해서 쓰러져 버렸기 때문에

(D) 여름휴가 여행을 떠났기 때문에

해설 | 중반부에서 이 사람은 무거운 짐을 드는 일이 힘들다고 하면서 호텔에서 일을 하기 시작하자마자 허리가 아파져 2주 동안이나 쉬었다고 했다. 즉, 허리 통증의 원인이 무거운 짐을 들었기 때문이라는 것을 알 수 있으므로, 정답은 (B)가 된다.

어휘 | 重(おも)い 무겁다 동사의 ます형+過(す)ぎる 너무 ~하다
倒(たお)れる 쓰러지다, 몸져눕다 夏休(なつやす)み 여름휴가
旅行(りょこう)に出(で)かける 여행을 떠나다

177 この人は、ホテルの仕事をどう思っていますか。

(A) 楽しい仕事しかない。

(B) 怪我をしやすくて危ない。

(C) ずっとこの仕事がしたい。

(D) 疲れない仕事が多い。

177 이 사람은 호텔 업무를 어떻게 생각하고 있습니까?

(A) 즐거운 업무밖에 없다.

(B) 다치기 쉬워서 위험하다.

(C) 계속 이 일을 하고 싶다.

(D) 지치지 않는 업무가 많다.

해설 | 마지막 문장에서 '힘든 일도 있지만 문화가 다른 외국인과 이야기하는 것은 매우 즐겁기 때문에 저는 앞으로도 호텔 일을 계속할 생각입니다'라고 했으므로, 정답은 (C)가 된다.

어휘 | 怪我(けが)をする 부상을 입다, 다치다
동사의 ます형+やすい ~하기 쉽다 危(あぶ)ない 위험하다
疲(つか)れる 지치다, 피로해지다 多(おお)い 많다

178~180 나의 유별난 취미

私は貿易会社で働く会社員ですが、大学では法律を勉強していました。その頃から続いている私の趣味は、裁判所に行くことです。自分が裁判をするわけではありません。他の人の裁判を見学に行くのです。178有名な事件の裁判だと並んでも入れないこともありますが、それ以外だと、荷物のチェックを受ければ自由に見学ができます。私はいつも裁判所に行くとまず今日はどんな裁判が行われているかを見て、見学する裁判を選びます。私が選ぶのは、小さい裁判です。179自分にも起こる可能性があることが多いので、裁判をしている人の感情がわかりやすいからです。私に関係のない事件の裁判でも、涙を流してしまうこともあります。180裁判で様々な人の人生を知ると、今まで知らなかった物事を数多く知ることができます。それがとても勉強になると思うので、この趣味を続けています。

저는 무역회사에서 일하는 회사원인데, 대학에서는 법률을 공부했습니다. 그때부터 이어지고 있는 제 취미는 재판소에 가는 것입니다. 제가 재판을 하는 것은 아닙니다. 다른 사람의 재판을 견학하러 가는 것입니다. 178유명한 사건의 재판이라면 줄을 서도 못 들어가는 경우도 있지만, 그 이외라면 짐 체크를 받으면 자유롭게 견학할 수 있습니다. 저는 항상 재판소에 가면 우선 오늘은 어떤 재판이 열리고 있는지를 보고 견학할 재판을 고릅니다. 제가 선택하는 것은 작은 재판입니다. 179저에게도 일어날 가능성이 있는 경우가 많기 때문에 재판을 하고 있는 사람의 감정을 이해하기 쉽기 때문입니다. 내게 관계가 없는 사건의 재판이더라도 눈물을 흘리고 마는 경우도 있습니다. 180재판으로 여러 사람의 인생을 알면 지금까지 몰랐던 여러 가지 일을 많이 알 수 있습니다. 그게 매우 공부가 된다고 생각하기 때문에 이 취미를 계속하고 있습니다.

어휘 | 貿易会社(ぼうえきがいしゃ) 무역회사
働(はたら)く 일하다 会社員(かいしゃいん) 회사원
大学(だいがく) 대학(교) 法律(ほうりつ) 법률
勉強(べんきょう) 공부 その頃(ごろ) 그때, 그 무렵
続(つづ)く 이어지다, 계속되다 趣味(しゅみ) 취미
裁判所(さいばんしょ) 재판소 自分(じぶん) 자기, 자신, 나
~わけではない (전부) ~하는 것은 아니다 他(ほか) 다른 (사람)
人(ひと) 사람 見学(けんがく) 견학
동작성 명사+に ~하러 *동작의 목적 有名(ゆうめい)だ 유명하다
事件(じけん) 사건 並(なら)ぶ (줄을) 서다 入(はい)る 들어가다
以外(いがい) 이외 荷物(にもつ) 짐 チェック 체크

48

受(う)ける (어떤 행위를) 받다　自由(じゆう)だ 자유롭다
できる 할 수 있다, 가능하다　いつも 늘, 항상　まず 우선
今日(きょう) 오늘　どんな 어떤
行(おこな)う 하다, 행하다, 실시하다　見(み)る 보다
選(えら)ぶ 고르다, 선택하다　小(ちい)さい 작다
起(お)こる 일어나다, 발생하다　可能性(かのうせい) 가능성
多(おお)い 많다　感情(かんじょう) 감정　わかる 알다, 이해하다
동사의 ます형+やすい ~하기 쉽다　関係(かんけい) 관계
涙(なみだ) 눈물　流(なが)す 흘리다
様々(さまざま)だ 다양하다, 여러 가지다　人生(じんせい) 인생
知(し)る 알다　今(いま)まで 지금까지
物事(ものごと) 물건과 일, 여러 가지 일
数多(かずおお)く 수많이
동사의 기본형+ことができる ~할 수 있다
続(つづ)ける 계속하다

178 裁判所(さいばんしょ)に入(はい)る時(とき)、何(なに)をしなければなりませんか。
　(A) 見学(けんがく)の予約(よやく)
　(B) 住所(じゅうしょ)と氏名(しめい)の記入(きにゅう)
　(C) 荷物(にもつ)の検査(けんさ)
　(D) 入場料(にゅうじょうりょう)の支払(しはら)い

178 재판소에 들어갈 때 무엇을 해야 합니까?
　(A) 견학 예약
　(B) 주소와 성명의 기입
　(C) 짐 검사
　(D) 입장료 지불

해설 | 초반부에서 유명한 재판은 줄을 서도 들어갈 수 없는 경우도 있지만, 그 이외라면 짐 체크를 받으면 자유롭게 견학할 수 있다고 했다. 정답은 본문의 「チェック」(체크)를 「検査(けんさ)」(검사)로 바꿔 표현한 (C)가 된다.

어휘 | 予約(よやく) 예약　住所(じゅうしょ) 주소
氏名(しめい) 성명, 이름　記入(きにゅう) 기입
入場料(にゅうじょうりょう) 입장료　支払(しはら)い 지불

179 この人(ひと)は、なぜ小(ちい)さい裁判(さいばん)を選(えら)びますか。
　(A) 一緒(いっしょ)に感動(かんどう)して泣(な)きたいから
　(B) 気持(きも)ちが理解(りかい)できる気(き)がするから
　(C) 小(ちい)さい裁判(さいばん)しか行(おこな)われていないから
　(D) 大(おお)きい裁判(さいばん)はいつでも見(み)られるから

179 이 사람은 왜 작은 재판을 선택합니까?
　(A) 함께 감동해서 울고 싶기 때문에
　(B) 마음을 이해할 수 있는 느낌이 들기 때문에
　(C) 작은 재판밖에 열리고 있지 않기 때문에
　(D) 큰 재판은 언제든지 볼 수 있기 때문에

해설 | 이 사람이 작은 재판을 선택하는 이유는 중반부에 나온다. '저에게도 일어날 가능성이 있는 경우가 많기 때문에 재판을 하고 있는 사람의 감정을 이해하기 쉽기 때문입니다'라고 했으므로, 정답은 (B)가 된다.

어휘 | なぜ 왜, 어째서　一緒(いっしょ)に 함께　感動(かんどう) 감동

泣(な)く 울다　気持(きも)ち 기분, 마음　理解(りかい) 이해
気(き)がする 느낌[생각]이 들다　~しか (부정어 수반) ~밖에
いつでも 언제든지

180 この人(ひと)は、何(なに)が勉強(べんきょう)になると言(い)っていますか。
　(A) 法律(ほうりつ)に詳(くわ)しくなれること
　(B) 裁判官(さいばんかん)の人生(じんせい)を経験(けいけん)できること
　(C) たくさん新(あたら)しいことが知(し)れること
　(D) 裁判(さいばん)のやり方(かた)がわかること

180 이 사람은 무엇이 공부가 된다고 말하고 있습니까?
　(A) 재판에 대해 잘 알게 되는 것
　(B) 재판관의 인생을 경험할 수 있는 것
　(C) 새로운 것을 많이 알 수 있는 것
　(D) 재판의 방식을 알 수 있는 것

해설 | 후반부에서 '재판으로 여러 사람의 인생을 알면 지금까지 몰랐던 여러 가지 일을 많이 알 수 있습니다. 그게 매우 공부가 된다고 생각하기 때문에 이 취미를 계속하고 있습니다'라고 했으므로, 정답은 (C)가 된다.

어휘 | 詳(くわ)しい 정통하다, 잘 알고 있다, 밝다
裁判官(さいばんかん) 재판관　経験(けいけん) 경험
新(あたら)しい 새롭다　やり方(かた) (하는) 방법[방식]

181~184 혼자 영화를 처음 본 날

先日(せんじつ)、私(わたし)は人生(じんせい)で初(はじ)めて1人(ひとり)だけで映画館(えいがかん)へ行(い)った。今(いま)までは家族(かぞく)や友人(ゆうじん)など、誰(だれ)かと一緒(いっしょ)だった。181映画(えいが)の宣伝(せんでん)の仕事(しごと)をしている友人(ゆうじん)から無料(むりょう)のチケットを1枚(いちまい)もらったので、182働(はたら)いている店(みせ)が定休日(ていきゅうび)だった日(ひ)に予約(よやく)もせずに1人(ひとり)で見(み)に行(い)った。平日(へいじつ)の夜(よる)だったので、観客(かんきゃく)は少(すく)なかった。183怖(こわ)いと噂(うわさ)になっている映画(えいが)を見(み)たのだが、真(ま)っ暗(くら)な中(なか)1人(ひとり)で見(み)ていると、本当(ほんとう)に怖(こわ)かった。どきどきし過(す)ぎて、始(はじ)まる前(まえ)に買(か)ったお菓子(かし)は、ほとんど食(た)べられなかった。そして、映画(えいが)が終(お)わって家(いえ)へ帰(かえ)ったのだが、何(なん)か寂(さび)しい。184映画(えいが)は面白(おもしろ)かったのに、なぜ寂(さび)しいのかと考(かんが)えて、映画(えいが)の感想(かんそう)を話(はな)せないからだと気付(きづ)いた。映画(えいが)は1人(ひとり)で見(み)たいと言(い)う人(ひと)もいるが、私(わたし)は誰(だれ)かと一緒(いっしょ)に見(み)ないとつまらないと思(おも)った。

요전에 나는 인생에서 처음 혼자서만 영화관에 갔다. 지금까지는 가족이나 친구 등 누군가와 함께였다. 181영화 홍보 일을 하고 있는 친구에게 무료 티켓을 한 장 받았기 때문에 182일하고 있는 가게가 정기휴일이었던 날에 예약도 하지 않고 혼자서 보러 갔다. 평일 밤이었기 때문에 관객은 적었다. 183무섭다고 소문이 나 있는 영화를 본 것인데 암흑 속에서 혼자서 보고 있으니 정말 무서웠다. 너무 두근거려서 시작되기 전에 산 과자는 거의 먹을 수 없었다. 그리고 영

최신기출 1

화가 끝나고 집에 돌아왔는데 뭔가 허전하다. ¹⁸⁴영화는 재미있었는데 왜 허전한 것인지 생각하다가, 영화의 소감을 말할 수 없기 때문이라고 깨달았다. 영화는 혼자서 보고 싶다고 말하는 사람도 있지만, 나는 누군가와 함께 보지 않으면 재미없다고 생각했다.

어휘 | 先日(せんじつ) 요전, 전번 人生(じんせい) 인생
初(はじ)めて 처음(으로) 1人(ひとり) 혼자 ~だけ ~만, ~뿐
映画館(えいがかん) 영화관 今(いま)まで 지금까지
家族(かぞく) 가족 友人(ゆうじん) 친구
一緒(いっしょ) (행동을) 함께함 宣伝(せんでん) 선전, 홍보
仕事(しごと) 일 無料(むりょう) 무료 チケット 티켓
~枚(まい) ~장 *종이 등 얇고 평평한 것을 세는 말
もらう 받다 働(はたら)く 일하다 店(みせ) 가게
定休日(ていきゅうび) 정기휴일 予約(よやく) 예약
~ずに ~하지 않고[말고] *「~ずに」가 「~する」(~하다)에 접속할 때는 「~せずに」가 됨 平日(へいじつ) 평일 夜(よる) 밤
観客(かんきゃく) 관객 少(すく)ない 적다 怖(こわ)い 무섭다
噂(うわさ) 소문 真(ま)っ暗(くら)だ 아주 캄캄하다, 암흑이다
本当(ほんとう)に 정말로
どきどき 두근두근 *운동·흥분·공포·불안 등으로 격심하게 가슴이 요동치는 것
동사의 ます형+過(す)ぎる 너무 ~하다 始(はじ)まる 시작되다
동사의 기본형+前(まえ)に ~하기 전에 買(か)う 사다
お菓子(かし) 과자 ほとんど 거의, 대부분 そして 그리고
終(お)わる 끝나다 何(なん)か 무엇인가, 뭔가
寂(さび)しい 허전하다, 쓸쓸하다 面白(おもしろ)い 재미있다
~のに ~는데(도) なぜ 왜, 어째서 考(かんが)える 생각하다
感想(かんそう) 감상, 소감 話(はな)す 말하다, 이야기하다
気付(きづ)く 깨닫다, 알아차리다
동사의 ます형+たい ~하고 싶다 一緒(いっしょ)に 함께
つまらない 재미없다

181 この人は、なぜ1人(ひとり)で映画館(えいがかん)へ行(い)きましたか。
(A) 1人(ひとり)で映画(えいが)を見(み)るのが好(す)きだから
(B) 友人(ゆうじん)に約束(やくそく)をキャンセルされたから
(C) 映画(えいが)をどうしても見(み)たかったから
(D) 友達(ともだち)にチケットをもらったから

181 이 사람은 왜 혼자서 영화관에 갔습니까?
(A) 혼자서 영화를 보는 것을 좋아하기 때문에
(B) 친구가 약속을 취소했기 때문에
(C) 영화를 꼭 보고 싶었기 때문에
(D) 친구에게 티켓을 받았기 때문에

해설 | 이 사람이 혼자서 영화관에 간 이유는 초반부에 나온다. 영화 홍보 일을 하고 있는 친구에게 무료 티켓을 한 장 받았기 때문이므로, 정답은 (D)가 된다. 생전 처음 혼자서 영화관에 갔다고 했고, 친구와의 약속도 없었으므로 (A)와 (B)는 틀린 설명이다. 그리고 이 영화를 선택한 이유는 단지 무료 티켓이 생겼기 때문이므로, (C)도 답이 될 수 없다.

어휘 | 好(す)きだ 좋아하다 約束(やくそく) 약속
キャンセル 캔슬, 취소 どうしても 무슨 일이 있어도, 꼭

182 この人(ひと)は、いつ映画(えいが)を見(み)に行(い)きましたか。
(A) 仕事(しごと)が休(やす)みだった日(ひ)

(B) 見(み)たい映画(えいが)が始(はじ)まってすぐの日(ひ)
(C) 残業(ざんぎょう)がなかった日(ひ)
(D) 以前(いぜん)から予約(よやく)をしていた日(ひ)

182 이 사람은 언제 영화를 보러 갔습니까?
(A) 일이 휴무였던 날
(B) 보고 싶은 영화가 시작된 바로 그날
(C) 잔업이 없었던 날
(D) 이전부터 예약을 했던 날

해설 | 초반부에서 일하고 있는 가게가 정기휴일이었던 날에 예약도 하지 않고 혼자서 보러 갔다고 했으므로, 정답은 (A)가 된다.

어휘 | 休(やす)み 휴일, 쉬는 날 残業(ざんぎょう) 잔업, 야근
以前(いぜん) 전, 이전, 예전

183 この人(ひと)がお菓子(かし)をほとんど食(た)べられなかったのは、どうしてですか。
(A) 映画(えいが)が怖(こわ)くて緊張(きんちょう)していたから
(B) 映画(えいが)の途中(とちゅう)で寝(ね)てしまったから
(C) ご飯(はん)を食(た)べたばかりだったから
(D) 真(ま)っ暗(くら)な中(なか)でこぼすと思(おも)ったから

183 이 사람이 과자를 거의 먹을 수 없었던 것은 어째서입니까?
(A) 영화가 무서워서 긴장하고 있었기 때문에
(B) 영화를 보는 도중에 자 버렸기 때문에
(C) 밥을 먹은 지 얼마 되지 않았기 때문에
(D) 암흑 속에서 흘릴 거라고 생각했기 때문에

해설 | 영화 시작 전에 산 과자를 먹지 못한 이유는 중반부에 나온다. 캄캄한 영화관에서 혼자 무서운 영화를 보려니 정말 무서워서 너무 두근거렸다고 했다. 즉, 영화가 무서워서 긴장한 나머지 과자를 먹을 수 없었다는 뜻이므로, 정답은 (A)가 된다.

어휘 | 緊張(きんちょう) 긴장 途中(とちゅう) 도중
寝(ね)る 자다 ご飯(はん) 밥 食(た)べる 먹다
동사의 た형+ばかり 막 ~한 참임, ~한 지 얼마 안 됨
こぼす 엎지르다, 흘리다

184 この人(ひと)は、1人(ひとり)で映画(えいが)を見(み)た後(あと)、どんなことに気(き)が付(つ)きましたか。
(A) 映画館(えいがかん)へは1人(ひとり)で行(い)った方(ほう)がいい。
(B) 映画(えいが)についての噂(うわさ)は信用(しんよう)できない。
(C) 映画(えいが)を見(み)る際(さい)、お菓子(かし)は不要(ふよう)だ。
(D) 見(み)た映画(えいが)について話(はな)せないのはつまらない。

184 이 사람은 혼자서 영화를 본 후 어떤 것을 깨달았습니까?
(A) 영화관에는 혼자서 가는 편이 좋다.
(B) 영화에 대한 소문은 신용할 수 없다.
(C) 영화를 볼 때 과자는 필요 없다.
(D) 본 영화에 대해서 이야기할 수 없는 것은 재미없다.

해설 | 후반부에서 영화는 재미있었는데 왜 허전한 것인지 생각해 보니 영화에 대한 소감을 말할 수 없었기 때문이었다는 것을 깨달았다고 했

다. 즉, 영화를 함께 보고 나서 소감을 나눌 사람이 없었기 때문이라는 뜻이므로, 정답은 (D)가 된다.

어휘 | ~についての ~에 대한 信用(しんよう) 신용
~際(さい) ~때 不要(ふよう)だ 필요 없다

185~188 현금 사용 감소에 따른 지갑 형태의 변화

　昨日(きのう)デパートに新(あたら)しい財布(さいふ)を買(か)いに行(い)ったら、財布(さいふ)売(う)り場(ば)が見(み)つからなかった。185店員(てんいん)に聞(き)くと、財布(さいふ)売(う)り場(ば)はないと言(い)われて驚(おどろ)いた。話(はなし)を聞(き)くと、どうも財布(さいふ)の形(かたち)が変化(へんか)しているらしい。お札(さつ)をきれいに入(い)れられるので人気(にんき)だった大(おお)きい財布(さいふ)があまり売(う)れなくなって、小(ちい)さい財布(さいふ)の販売(はんばい)が伸(の)びたそうだ。186現金(げんきん)を使(つか)わないでカードなどで支払(しはら)う人(ひと)が増(ふ)えたからだ。そこで187デパートの売(う)り場(ば)を変(か)え、財布(さいふ)売(う)り場(ば)を無(な)くして、新(あたら)しい売(う)り場(ば)を作(つく)ったということだ。小(ちい)さいバッグやケースなどの製品(せいひん)を一緒(いっしょ)に並(なら)べた売(う)り場(ば)だ。そこの隅(すみ)に少(すこ)しだけ財布(さいふ)が置(お)いてあった。確(たし)かに私(わたし)も現金(げんきん)を使(つか)わずに支払(しはら)いをすることが増(ふ)えた。しかし188私(わたし)が今(いま)使(つか)っている財布(さいふ)は大量(たいりょう)に中身(なかみ)が入(はい)っている。お札(さつ)ではなく、銀行(ぎんこう)のカードやお店(みせ)のカードなど色(いろ)んなカードだ。大(おお)きい財布(さいふ)じゃないと入(はい)り切(き)らないので困(こま)る。まだ私(わたし)のような客(きゃく)もいるので、大(おお)きな財布(さいふ)もたくさん売(う)っていてほしいと思(おも)った。

어제 백화점에 새 지갑을 사러 갔더니 지갑 매장이 보이지 않았다. 185점원에게 물으니 지갑 매장은 없다는 말을 듣고 놀랐다. 이야기를 들으니 아무래도 지갑의 형태가 변화하고 있는 것 같다. 지폐를 깨끗하게 넣을 수 있기 때문에 인기였던 큰 지갑이 별로 팔리지 않게 되었고, 작은 지갑의 판매가 늘었다고 한다. 186현금을 쓰지 않고 카드 등으로 지불하는 사람이 늘었기 때문이다. 그래서 187백화점의 매장을 바꿔 지갑 매장을 없애고 새 매장을 만들었다고 한다. 작은 백이나 케이스 등의 제품을 함께 진열한 매장이다. 거기 구석에 조금만 지갑이 놓여 있었다. 확실히 나도 현금을 쓰지 않고 지불을 하는 일이 늘었다. 그러나 188내가 지금 사용하고 있는 지갑은 대량으로 내용물이 들어 있다. 지폐가 아니라 은행 카드나 가게 카드 등 여러 가지 카드다. 큰 지갑이 아니면 다 들어가지 않기 때문에 곤란하다. 아직 나와 같은 손님도 있으니까 큰 지갑도 많이 팔아 주었으면 좋겠다고 생각했다.

어휘 | 昨日(きのう) 어제 デパート 백화점 *「デパートメントストア」의 준말 財布(さいふ) 지갑 買(か)う 사다
동사의 ます형+に ~하러 *동작의 목적 売(う)り場(ば) 매장
見(み)つかる 발견되다, 찾게 되다 店員(てんいん) 점원
驚(おどろ)く 놀라다 どうも 아무래도 形(かたち) 형태, 모양
変化(へんか) 변화 お札(さつ) 지폐 きれいだ 깨끗하다
入(い)れる 넣다 人気(にんき) 인기 大(おお)きい 크다

あまり (부정어 수반) 그다지, 별로 売(う)れる (잘) 팔리다
小(ちい)さい 작다 販売(はんばい) 판매 伸(の)びる 늘다, 신장하다
품사의 보통형+そうだ ~라고 한다 *전문 現金(げんきん) 현금
使(つか)う 쓰다, 사용하다 カード 카드 ~など ~등
支払(しはら)う 지불하다 増(ふ)える 늘다, 늘어나다
そこで 그래서 変(か)える 바꾸다 無(な)くす 없애다
作(つく)る 만들다 ~ということだ ~라고 한다 *전문
バッグ 백, 가방 ケース 케이스 製品(せいひん) 제품
一緒(いっしょ)に 함께 並(なら)べる (나란히) 늘어놓다, 진열하다
隅(すみ) 구석 少(すこ)し 조금 ~だけ ~만, ~뿐
置(お)く 놓다, 두다 타동사+てある ~해져 있다 *상태표현
確(たし)かに 확실히 ~ずに ~하지 않고[말고] しかし 그러나
大量(たいりょう) 대량, 많은 양 中身(なかみ) 내용물
入(はい)る 들다, 들어가다 銀行(ぎんこう) 은행
色(いろ)んな 여러 가지, 다양한
동사의 ます형+切(き)る 완전히[끝까지] ~하다
困(こま)る 곤란하다, 난처하다 まだ 아직 ~のような ~와 같은
客(きゃく) 손님 大(おお)きな 큰 たくさん 많이 売(う)る 팔다
~てほしい ~해 주었으면 하다, ~하길 바라다

185 この人(ひと)は、どうしてびっくりしましたか。
(A) 財布(さいふ)売(う)り場(ば)が無(な)くなっていたから
(B) 財布(さいふ)の形(かたち)が変化(へんか)していたから
(C) 財布(さいふ)を売(う)っていなかったから
(D) 財布(さいふ)が思(おも)ったより高(たか)かったから

185 이 사람은 어째서 깜짝 놀랐습니까?
(A) 지갑 매장이 없어졌기 때문에
(B) 지갑의 형태가 변화하고 있었기 때문에
(C) 지갑을 팔고 있지 않았기 때문에
(D) 지갑이 생각했던 것보다 비쌌기 때문에

해설 | 두 번째 문장에서 정답을 찾을 수 있다. 지갑을 사러 백화점을 찾았던 이 사람은 '지갑 매장은 없다는 점원의 말을 듣고 놀랐다'고 했으므로, 정답은 (A)가 된다.

어휘 | 無(な)くなる 없어지다 思(おも)ったより 생각했던 것보다
高(たか)い (값이) 비싸다

186 大(おお)きい財布(さいふ)が売(う)れなくなったのは、なぜですか。
(A) 値段(ねだん)が高(たか)くなったから
(B) 現金(げんきん)を持(も)たない人(ひと)が増(ふ)えたから
(C) かばんに入(はい)り切(き)らないから
(D) お札(さつ)の形(かたち)が変(か)わったから

186 큰 지갑이 팔리지 않게 된 것은 왜입니까?
(A) 가격이 비싸졌기 때문에
(B) 현금을 소지하지 않는 사람이 늘었기 때문에
(C) 가방에 다 들어가지 않기 때문에
(D) 지폐 모양이 바뀌었기 때문에

해설 | 중반부에서 지폐를 깨끗하게 넣을 수 있는 큰 지갑 대신 작은 지갑의 판매가 늘었다고 하면서, 그 이유로 '현금을 쓰지 않고 카드 등으로 지불하는 사람이 늘었기 때문'이라고 했다. 즉, 현금 대신 카드만 들고

다니는 사람이 늘었기 때문이라는 뜻이므로, 정답은 (B)가 된다.

어휘 | 値段(ねだん) 가격 持(も)つ 가지다, 소지하다 かばん 가방
変(か)わる 바뀌다, 변하다

187 新(あたら)しい売(う)り場(ば)には、どんな物(もの)が並(なら)んでいますか。
(A) 小(ちい)さいサイズの商品(しょうひん)
(B) 少(すこ)し高級(こうきゅう)な品物(しなもの)
(C) 様々(さまざま)な大(おお)きさのかばん
(D) 新(あたら)しく作(つく)られた製品(せいひん)

187 새 매장에는 어떤 물건이 진열되어 있습니까?
(A) 작은 사이즈의 상품
(B) 조금 고급스러운 물건
(C) 여러 가지 크기의 가방
(D) 새롭게 만들어진 제품

해설 | 중반부에서 지폐 사용 감소로 큰 지갑에 대한 수요가 줄어들자 백화점 측에서는 지갑 매장을 없애고 새로운 매장을 만들었다고 했다. 그곳은 '작은 백이나 케이스 등의 제품을 함께 진열한 매장'이라고 했으므로, 정답은 (A)가 된다.

어휘 | サイズ 사이즈, 크기 商品(しょうひん) 상품
高級(こうきゅう)だ 고급스럽다 品物(しなもの) 물건
様々(さまざま)だ 다양하다, 여러 가지다 大(おお)きさ 크기
製品(せいひん) 제품

188 この人(ひと)は、どうして大(おお)きい財布(さいふ)がいいのですか。
(A) 買(か)い物(もの)で使用(しよう)するお札(さつ)が多(おお)いから
(B) レシートをたくさん受(う)け取(と)るから
(C) 営業(えいぎょう)で使(つか)う名刺(めいし)を入(い)れておくから
(D) 大量(たいりょう)のカードを入(い)れたいから

188 이 사람은 어째서 큰 지갑이 좋은 것입니까?
(A) 쇼핑에서 사용하는 지폐가 많기 때문에
(B) 영수증을 많이 받기 때문에
(C) 영업에서 사용하는 명함을 넣어 두기 때문에
(D) 많은 양의 카드를 넣고 싶기 때문에

해설 | 이 사람이 큰 지갑을 좋아하는 이유는 후반부에 나온다. 자신의 지갑에는 은행 카드나 가게 카드 등 여러 가지 카드가 들어 있어서 큰 지갑이 아니면 다 들어가지 않기 때문에 곤란하다고 했으므로, 정답은 (D)가 된다.

어휘 | 買(か)い物(もの) 쇼핑, 장을 봄 使用(しよう) 사용
レシート 영수증(특히 금전등록기로 금액을 찍은 것)
受(う)け取(と)る 받다, 수취하다 営業(えいぎょう) 영업
名刺(めいし) 명함

189~192 연극을 좋아하게 된 계기

私(わたし)は大学時代(だいがくじだい)、演劇(えんげき)サークルに参加(さんか)していた。
189元々(もともと)映画(えいが)は好(す)きだったのだが、演劇(えんげき)はそうで

もなかった。中学生(ちゅうがくせい)の時(とき)に見(み)に行(い)った演劇(えんげき)が私(わたし)の心(こころ)には響(ひび)かなかったからだ。当時(とうじ)の私(わたし)は、演劇(えんげき)は退屈(たいくつ)なものだと思(おも)い込(こ)んでいた。しかし、大学(だいがく)に入学(にゅうがく)したばかりの頃(ころ)に友達(ともだち)に誘(さそ)われて見(み)に行(い)ったサークルの発表会(はっぴょうかい)で驚(おどろ)かされた。190私(わたし)と同年代(どうねんだい)の学生(がくせい)たちが生(い)き生(い)きと舞台(ぶたい)の上(うえ)で演技(えんぎ)をする姿(すがた)に心(こころ)が動(うご)かされた。特(とく)に主役(しゅやく)の横(よこ)にいる男性(だんせい)に目(め)を奪(うば)われてしまった。舞台(ぶたい)の上(うえ)の彼(かれ)がとても格好良(かっこうよ)く、輝(かがや)いていた。そして私(わたし)も彼(かれ)らと同(おな)じ舞台(ぶたい)に立(た)ちたいと思(おも)い、発表会(はっぴょうかい)を見(み)た翌日(よくじつ)にサークルの入会届(にゅうかいとどけ)を出(だ)した。練習初(れんしゅうしょ)日(にち)、すぐに彼(かれ)の姿(すがた)を探(さが)したが、どこにもいなかった。191思(おも)い切(き)って先輩(せんぱい)に聞(き)いてみたら、彼(かれ)はその日(ひ)ゲストで参加(さんか)していた他(ほか)の大学(だいがく)の学生(がくせい)だった。ショックでサークルを辞(や)めようかと思(おも)ったが、すぐに演劇(えんげき)の楽(たの)しさに夢中(むちゅう)になった。卒業(そつぎょう)してからは舞台(ぶたい)の上(うえ)に立(た)つことは無(な)くなった。でも、192俳優(はいゆう)たちの演技(えんぎ)を見(み)ていると大学時代(だいがくじだい)が思(おも)い出(だ)されて懐(なつ)かしい気分(きぶん)になれるので、社会人(しゃかいじん)となった今(いま)でもたまに演劇鑑賞(えんげきかんしょう)に出(で)かけている。

나는 대학 시절 연극 동아리에 참가했었다. 189원래 영화는 좋아했지만 연극은 그렇지도 않았다. 중학생 때 보러 간 연극이 내 마음에는 와닿지 않았기 때문이다. 당시의 나는 연극은 지루한 것이라고 생각하고 있었다. 그러나 대학에 막 입학했을 때 친구가 불러서 보러 간 동아리 발표회에서 놀랐다. 190나와 동년배인 학생들이 활기차게 무대 위에서 연기를 하는 모습에 마음이 움직였다. 특히 주역 옆에 있는 남성에게 시선을 빼앗겨 버렸다. 무대 위의 그가 아주 멋지게 빛나고 있었다. 그리고 나도 그들과 같은 무대에 서고 싶다고 생각하고 발표회를 본 다음 날 동아리 입회 신청서를 냈다. 연습 첫날 바로 그의 모습을 찾았지만 어디에도 없었다. 191큰맘먹고 선배에게 물어봤더니 그는 그날 게스트로 참가했던 다른 대학의 학생이었다. 충격으로 동아리를 그만둘까 싶었지만, 이내 연극의 즐거움에 몰두했다. 졸업한 후에는 무대 위에 서는 일은 없어졌다. 하지만 192배우들의 연기를 보고 있으면 대학 시절이 생각나서 그리운 기분이 되기 때문에 사회인이 된 지금도 가끔 연극을 감상하러 가고 있다.

어휘 | 大学時代(だいがくじだい) 대학 시절 演劇(えんげき) 연극
サークル 서클, 동아리, 동호회 参加(さんか) 참가
元々(もともと) 원래 映画(えいが) 영화 好(す)きだ 좋아하다
中学生(ちゅうがくせい) 중학생 見(み)る 보다
동사의 ます형+に〜하러 *동작의 목적
心(こころ) 마음 響(ひび)く 와닿다, 통하다
当時(とうじ) 당시 退屈(たいくつ)だ 지루하다
思(おも)い込(こ)む 완전히 믿어 버리다, 깊게 마음으로 생각하다
しかし 그러나 入学(にゅうがく) 입학
동사의 た형+ばかり 막 〜한 참임, 〜한 지 얼마 안 됨

誘(さそ)う 부르다, 불러내다　発表会(はっぴょうかい) 발표회
驚(おどろ)かす 놀라게 하다　同年代(どうねんだい) 같은 세대
学生(がくせい) 학생, (특히) 대학생
~たち (사람이나 생물을 나타내는 말에 붙어) ~들
生(い)き生(い)き(と) 활기찬 모양　舞台(ぶたい) 무대　上(うえ) 위
演技(えんぎ) 연기　姿(すがた) 모습　動(うご)かす 움직이(게 하)다
特(とく)に 특히　主役(しゅやく) 주역　横(よこ) 옆
男性(だんせい) 남성　目(め)を奪(うば)われる 시선을 빼앗기다
格好良(かっこうよ)い 멋지다(=格好(かっこう)いい)
輝(かがや)く 빛나다　そして 그리고
~ら (주로 사람에 관한 체언에 붙어서) ~들　同(おな)じだ 같다
立(た)つ 서다　翌日(よくじつ) 익일, 다음 날
入会届(にゅうかいとどけ) 입회 신청서　出(だ)す 내다, 제출하다
練習(れんしゅう) 연습　初日(しょにち) 첫날　すぐに 곧, 이내
探(さが)す 찾다　思(おも)い切(き)って 과감히, 큰맘먹고
先輩(せんぱい) 선배　ゲスト 게스트　ショック 쇼크, 충격
辞(や)める (일자리를) 그만두다　楽(たの)しさ 즐거움
夢中(むちゅう)になる 열중하다, 몰두하다　卒業(そつぎょう) 졸업
~てからは ~하고 나서는, ~한 후에는　無(な)くなる 없어지다
でも 하지만　俳優(はいゆう) 배우
思(おも)い出(だ)す (잊고 있던 것을) 생각해 내다, 떠올리다
懐(なつ)かしい 그립다　気分(きぶん) 기분
社会人(しゃかいじん) 사회인　たまに 가끔
鑑賞(かんしょう) 감상　동작성 명사+に ~하러 *동작의 목적
出(で)かける (밖에) 나가다, 외출하다, 가다

189 この人(ひと)は大学(だいがく)に入学(にゅうがく)する前(まえ)、演劇(えんげき)についてどう思(おも)っていましたか。
(A) 退屈(たいくつ)な演劇(えんげき)もあったが、割(わり)と興味(きょうみ)があった。
(B) テレビで舞台演劇(ぶたいえんげき)を見(み)て俳優(はいゆう)に憧(あこが)れていた。
(C) 幼(おさな)い頃(ころ)から演劇(えんげき)を見(み)るのが楽(たの)しみだった。
(D) 全(まった)く魅力(みりょく)を感(かん)じていなかった。

189 이 사람은 대학에 입학하기 전, 연극에 대해서 어떻게 생각하고 있었습니까?
(A) 지루한 연극도 있었지만, 비교적 흥미가 있었다.
(B) TV에서 무대 연극을 보고 배우를 동경하고 있었다.
(C) 어릴 때부터 연극을 보는 것이 즐거움이었다.
(D) 전혀 매력을 느끼고 있지 않았다.

해설 | 초반부에서 정답을 찾을 수 있다. 이 사람은 영화는 좋아했지만 연극은 그렇지 않았다고 하면서 그 이유로 '중학생 때 보러 간 연극이 마음에 와닿지 않았기 때문'이라고 했다. 즉, 연극에 대해서는 그다지 흥미를 느끼지 않았다는 것을 알 수 있으므로, 정답은 (D)가 된다.

어휘 | 割(わり)と 비교적　興味(きょうみ) 흥미
テレビ 텔레비전, TV *「テレビジョン」의 준말
憧(あこが)れる 동경하다　幼(おさな)い 어리다
楽(たの)しみ 즐거움　全(まった)く (부정어 수반) 전혀
魅力(みりょく) 매력　感(かん)じる 느끼다

190 この人(ひと)がサークルに入会届(にゅうかいとどけ)を出(だ)した理由(りゆう)は、何(なん)ですか。
(A) 発表会(はっぴょうかい)で見(み)た演技(えんぎ)に感動(かんどう)したから
(B) 主役(しゅやく)の男性(だんせい)と付(つ)き合(あ)いたいと思(おも)ったから

(C) 大学(だいがく)の先輩(せんぱい)が舞台(ぶたい)の上(うえ)で輝(かがや)いていたから
(D) 発表会(はっぴょうかい)の後(ご)、強引(ごういん)に友達(ともだち)に誘(さそ)われたから

190 이 사람이 동아리에 입회 신청서를 낸 이유는 무엇입니까?
(A) 발표회에서 본 연기에 감동했기 때문에
(B) 주인공 남성과 사귀고 싶다고 생각했기 때문에
(C) 대학의 선배가 무대 위에서 빛나고 있었기 때문에
(D) 발표회 후 억지로 친구에게 권유받았기 때문에

해설 | 이 사람이 스스로 입회 신청서를 낸 이유는 초반부에 나온다. 대학에 막 입학했을 무렵, 친구가 불러서 보러 간 동아리 발표회에서 동년배인 학생들이 활기차게 무대 위에서 연기를 하는 모습을 보고 마음이 움직였고, 특히 주역 옆의 남성이 아주 멋지게 빛나고 있어서 자신도 같은 무대에 서고 싶다는 생각이 들었기 때문이다. 따라서 정답은 (A)가 된다.

어휘 | 感動(かんどう) 감동　付(つ)き合(あ)う 사귀다, 교제하다
동사의 ます형+たい ~하고 싶다　強引(ごういん) 억지로 함

191 練習初日(れんしゅうしょにち)、なぜ男性(だんせい)の姿(すがた)が見(み)えませんでしたか。
(A) たまたま発表会(はっぴょうかい)だけ加(くわ)わったメンバーだったから
(B) その日(ひ)は劇場(げきじょう)でバイトをしていたから
(C) 映画(えいが)や演劇(えんげき)の仕事(しごと)で多忙(たぼう)な俳優(はいゆう)だったから
(D) 大学(だいがく)を卒業(そつぎょう)して社会人(しゃかいじん)になっていたから

191 연습 첫날, 왜 남성의 모습이 보이지 않았습니까?
(A) 우연히 발표회만 참여한 멤버였기 때문에
(B) 그날은 극장에서 아르바이트를 하고 있었기 때문에
(C) 영화나 연극 일로 매우 바쁜 배우였기 때문에
(D) 대학을 졸업하고 사회인이 되어 있었기 때문에

해설 | 연습 첫날 남성의 모습이 보이지 않은 이유는 발표회 날에만 게스트로 참가했던 다른 대학의 학생이었기 때문이다. 즉, 이 동아리의 정규 멤버가 아니라 그 공연에만 특별 출연한 것이라는 뜻이므로, 정답은 (A)가 된다.

어휘 | たまたま 우연히, 때마침　加(くわ)わる 참여하다, 참가하다
メンバー 멤버　バイト 아르바이트 *「アルバイト」의 준말
多忙(たぼう)だ 몹시 바쁘다　社会人(しゃかいじん) 사회인

192 この人(ひと)が今(いま)でも演劇鑑賞(えんげきかんしょう)に出(で)かけているのは、なぜですか。
(A) 気(き)に入(い)っている俳優(はいゆう)の舞台(ぶたい)を見(み)るため
(B) 大学時代(だいがくじだい)の多(おお)くの友人(ゆうじん)が演技(えんぎ)しているため
(C) 大学時代(だいがくじだい)の思(おも)い出(で)を消(け)さないようにするため
(D) 過去(かこ)の懐(なつ)かしい記憶(きおく)が思(おも)い出(だ)されるため

192 이 사람이 지금도 연극을 감상하러 가고 있는 것은 왜입니까?
(A) 마음에 드는 배우의 무대를 보기 위해
(B) 대학 시절의 많은 친구가 연기하고 있기 때문에
(C) 대학 시절의 추억을 지우지 않도록 하기 위해

해설 | 마지막 문장에서 배우들의 연기를 보고 있으면 대학 시절이 생각나서 그리운 기분이 되기 때문에 사회인이 된 지금도 가끔 연극을 감상하러 가고 있다고 했다. 따라서 정답은 (D)가 된다.

어휘 | 気(き)に入(い)る 마음에 들다 多(おお)く 많음
消(け)す 지우다, 없애다 ~ようにする ~하도록 하다
過去(かこ) 과거 記憶(きおく) 기억

193~196 참치잡이 배를 탄 후의 깨달음

私の故郷(こきょう)は漁業(ぎょぎょう)が盛(さか)んで、町(まち)の人(ひと)のほとんどが漁業(ぎょぎょう)に関(かか)わる仕事(しごと)をしていた。[193]そんな環境(かんきょう)で育(そだ)った私(わたし)の夢(ゆめ)は、鮪(まぐろ)を捕(と)る船(ふね)に乗(の)ることだった。しかし、漁業(ぎょぎょう)の仕事(しごと)に就(つ)くことさえ両親(りょうしん)に反対(はんたい)され、私(わたし)は都会(とかい)の大学(だいがく)に進学(しんがく)して一般企業(いっぱんきぎょう)に就職(しゅうしょく)した。[194]そんな普通(ふつう)の生活(せいかつ)を過(す)ごしていた私(わたし)は、ある雑誌(ざっし)の募集記事(ぼしゅうきじ)を見(み)た瞬間(しゅんかん)に昔(むかし)の夢(ゆめ)を思(おも)い出(だ)した。その記事(きじ)は鮪(まぐろ)を捕(と)る船(ふね)で働(はたら)く人(ひと)を募集(ぼしゅう)している記事(きじ)だった。そして記事(きじ)を見(み)た後(あと)、チャンスは今(いま)だと思(おも)い、すぐに退職(たいしょく)して1年間船(いちねんかんふね)の上(うえ)で勤務(きんむ)することにした。[195]夢(ゆめ)が実現(じつげん)したと喜(よろこ)んだのだが、船(ふね)では今(いま)まで感(かん)じたことがない厳(きび)しさで追(お)い詰(つ)められた。一日(いちにち)の平均(へいきん)勤務時間(きんむじかん)は15時間(じかん)で、平均睡眠時間(へいきんすいみんじかん)は5時間(ごじかん)。休(やす)みはほぼなかった。身体的(しんたいてき)にも、精神的(せいしんてき)にも、とにかく言葉(ことば)にならないほど厳(きび)しかった。1年間(いちねんかん)の勤務(きんむ)が終(お)わり地上(ちじょう)に降(お)りた時(とき)は、まず地面(じめん)が揺(ゆ)れないことに感動(かんどう)した。そして何(なん)とも言(い)えない解放感(かいほうかん)で、しばらくは何(なに)も考(かんが)えられなかった。落(お)ち着(つ)くと、全(すべ)てが整(ととの)っている生活(せいかつ)がどれほど貴重(きちょう)なのかが実感(じっかん)できた。私(わたし)が思(おも)っていた夢(ゆめ)とは少(すこ)し違(ちが)ったものだったが、貴重(きちょう)な経験(けいけん)ができて良(よ)かったと思(おも)う。

내 고향은 어업이 번성해서 마을 사람 대부분이 어업에 관계된 일을 하고 있었다. [193]그런 환경에서 자란 내 꿈은 참치를 잡는 배를 타는 것이었다. 그러나 어업 일에 종사하는 것조차 부모님이 반대해서 나는 도시에 있는 대학에 진학해서 일반 기업에 취직했다. [194]그런 보통의 생활을 보내고 있던 나는 어느 잡지의 모집 기사를 본 순간에 옛날의 꿈을 떠올렸다. 그 기사는 참치를 잡는 배에서 일할 사람을 모집하고 있는 기사였다. 그리고 기사를 본 후 기회는 지금이라고 생각해 바로 퇴직해서 1년간 배 위에서 근무하기로 했다. [195]꿈이 실현되었다고 기뻐했지만 배에서는 지금까지 느낀 적이 없는 혹독함으로 막다른 지경까지 내몰렸다. 하루의 평균 근무시간은 15시간으로 평균 수면시간은 5시간. 휴식은 거의 없었다. 신체적으로도

정신적으로도 어쨌든 말이 되지 않을 만큼 혹독했다. 1년간의 근무가 끝나 지상에 내렸을 때는 우선 지면이 흔들리지 않는 것에 감동했다. 그리고 뭐라 말할 수 없는 해방감으로 한동안은 아무것도 생각할 수 없었다. 안정되자 모든 것이 갖추어져 있는 생활이 얼마나 귀중한 것인지를 실감할 수 있었다. 내가 생각했던 꿈과는 조금 다른 것이었지만, 귀중한 경험을 할 수 있어서 다행이었다고 생각한다.

어휘 | 故郷(こきょう) 고향 漁業(ぎょぎょう) 어업
盛(さか)んだ 성하다, 번성[번창]하다 町(まち) 마을, 동네
ほとんど 거의, 대부분 関(かか)わる 관계되다 仕事(しごと) 일
そんな 그런 環境(かんきょう) 환경 育(そだ)つ 자라다, 성장하다
夢(ゆめ) 꿈 鮪(まぐろ) 참치 捕(と)る (동물을) 잡다 船(ふね) 배
乗(の)る (탈것에) 타다 しかし 그러나
就(つ)く 종사하다, 취직[취업]하다 ~さえ ~조차
両親(りょうしん) 양친, 부모 反対(はんたい) 반대
都会(とかい) 도회, 도시 大学(だいがく) 대학(교)
進学(しんがく) 진학 一般(いっぱん) 일반 企業(きぎょう) 기업
就職(しゅうしょく) 취직 普通(ふつう) 보통
生活(せいかつ) 생활 過(す)ごす (시간을) 보내다, 지내다
ある 어느 雑誌(ざっし) 잡지 募集(ぼしゅう) 모집
記事(きじ) 기사 瞬間(しゅんかん) 순간 昔(むかし) 옛날
思(おも)い出(だ)す (잊고 있던 것을) 생각해 내다, 떠올리다
働(はたら)く 일하다 そして 그리고
동사의 た형+後(あと) ~한 후 チャンス 찬스, 기회
すぐに 곧, 바로 退職(たいしょく) 퇴직 勤務(きんむ) 근무
동사의 보통형+ことにする ~하기로 하다 実現(じつげん) 실현
喜(よろこ)ぶ 기뻐하다 今(いま)まで 지금까지
感(かん)じる 느끼다 厳(きび)しさ 혹독함
追(お)い詰(つ)める 막다른 곳[궁지]에 몰아넣다
一日(いちにち) 하루 平均(へいきん) 평균 時間(じかん) 시간
睡眠(すいみん) 수면 休(やす)み 휴식 ほぼ 거의
身体的(しんたいてき) 신체적 精神的(せいしんてき) 정신적
とにかく 어쨌든 言葉(ことば) 말 ~ほど ~정도, ~만큼
厳(きび)しい 힘겹다, 혹독하다 終(お)わる 끝나다
地上(ちじょう) 지상, 땅 위 降(お)りる (탈것에서) 내리다
まず 우선 地面(じめん) 지면, 땅바닥 揺(ゆ)れる 흔들리다
感動(かんどう) 감동 何(なん)とも 뭐라고, 무엇인지
解放感(かいほうかん) 해방감 しばらくは 한동안은
何(なに)も (부정어 수반) 아무것도 考(かんが)える 생각하다
落(お)ち着(つ)く 진정되다, 안정되다 全(すべ)て 모든 것
整(ととの)う 갖추어지다 生活(せいかつ) 생활 どれほど 얼마나
貴重(きちょう)だ 귀중하다 実感(じっかん) 실감
少(すこ)し 조금 違(ちが)う 다르다 経験(けいけん) 경험

193 この人(ひと)が一般企業(いっぱんきぎょう)に勤(つと)めた理由(りゆう)は、何(なん)ですか。
(A) 大学(だいがく)の専攻分野(せんこうぶんや)に近(ちか)い職業(しょくぎょう)を選(えら)んだため
(B) 自分(じぶん)の船(ふね)を買(か)うには大金(たいきん)が必要(ひつよう)だったため
(C) 収入(しゅうにゅう)が不安定(ふあんてい)な仕事(しごと)を避(さ)けたため
(D) 親(おや)から漁業(ぎょぎょう)をする許可(きょか)が得(え)られなかったため

193 이 사람이 일반 기업에 근무한 이유는 무엇입니까?
(A) 대학 전공 분야에 가까운 직업을 선택했기 때문에
(B) 자신의 배를 사려면 큰돈이 필요했기 때문에

(C) 수입이 불안정한 일을 피했기 때문에
(D) 부모님에게 어업을 할 허락을 받지 못했기 때문에

해설 | 초반부에서 정답을 찾을 수 있다. 참치잡이 배를 타고 싶었던 이 사람이 일반 기업에서 일하게 된 이유는 부모님의 반대가 있었기 때문이다. 즉, 부모님이 가업을 물려받아 어업을 하는 것을 허락하지 않았다는 뜻이므로, 정답은 (D)가 된다.

어휘 | 勤(つと)める 근무하다 理由(りゆう) 이유
専攻(せんこう) 전공 分野(ぶんや) 분야 近(ちか)い 가깝다
職業(しょくぎょう) 직업 選(えら)ぶ 고르다, 선택하다
自分(じぶん) 자기, 자신, 나 買(か)う 사다 ~には ~하려면
大金(たいきん) 대금, 큰돈 必要(ひつよう)だ 필요하다
収入(しゅうにゅう) 수입 不安定(ふあんてい)だ 불안정하다
避(さ)ける 피하다 親(おや) 부모 許可(きょか) 허가, 허락
得(え)る 얻다

194 この人は、雑誌でどんな記事を見ましたか。
(A) 船(ふね)で働(はたら)いている人(ひと)の体験(たいけん)が載(の)っている記事(きじ)
(B) 船(ふね)で鮪(まぐろ)を捕(と)る人(ひと)を募(つの)っている記事(きじ)
(C) 船(ふね)で短期間勤務(たんきかんきんむ)する人(ひと)の募集記事(ぼしゅうきじ)
(D) 船(ふね)で自(みずか)らの夢(ゆめ)を実現(じつげん)させた人(ひと)の記事(きじ)

194 이 사람은 잡지에서 어떤 기사를 봤습니까?
(A) 배에서 일하고 있는 사람의 체험이 실려 있는 기사
(B) 배에서 참치를 잡는 사람을 모집하고 있는 기사
(C) 배에서 단기간 근무하는 사람의 모집 기사
(D) 배에서 스스로의 꿈을 실현시킨 사람의 기사

해설 | 초반부에서 이 사람은 참치잡이 배의 구인 기사를 보고 예전 꿈을 떠올렸다고 했다. 따라서 정답은 (B)가 된다.

어휘 | 体験(たいけん) 체험 載(の)る (신문·잡지 등에) 실리다
募(つの)る 모집하다 短期間(たんきかん) 단기간
勤務(きんむ) 근무 自(みずか)ら 몸소, 친히, 스스로
実現(じつげん) 실현

195 船(ふね)の上(うえ)で、この人はどんな様子(ようす)でしたか。
(A) 肉体的(にくたいてき)に限界(げんかい)を感(かん)じて休(やす)んでばかりだった。
(B) 心身共(しんしんとも)に例(たと)えようもない辛(つら)さを味(あじ)わった。
(C) 少(すこ)しでも楽(らく)をしようと必死(ひっし)だった。
(D) 身(み)も心(こころ)も満(み)たされていると感(かん)じていた。

195 배 위에서 이 사람은 어떤 모습이었습니까?
(A) 육체적으로 한계를 느껴서 쉬기만 했다.
(B) 심신 모두 이를 데 없는 괴로움을 맛봤다.
(C) 조금이라도 편안히 지내려고 필사적이었다.
(D) 몸도 마음도 충족되어 있다고 느끼고 있었다.

해설 | 중반부에서 배에서는 지금까지 느낀 적이 없는 혹독함으로 막다른 지경까지 내몰렸고, 신체적으로도 정신적으로도 어쨌든 말이 되지 않을 만큼 혹독했다고 했으므로, 정답은 (B)가 된다.

어휘 | 様子(ようす) 모습 肉体的(にくたいてき) 육체적
限界(げんかい) 한계 休(やす)む 쉬다
~て[で]ばかりだ ~하고만 있다, ~하기만 하다
心身(しんしん) 심신, 몸과 마음 ~共(とも)に ~모두

例(たと)えようもない 이를 데 없다 辛(つら)さ 괴로움
味(あじ)わう 맛보다, 겪다, 체험하다 少(すこ)しでも 조금이라도
楽(らく)をする 편안히[안락하게] 지내다
必死(ひっし)だ 필사적이다 身(み) 몸 心(こころ) 마음
満(み)たす 충족[만족]시키다

196 この人(ひと)は、地上(ちじょう)に戻(もど)ってからどんなことを感(かん)じていますか。
(A) 漁業(ぎょぎょう)の仕事(しごと)に就(つ)きたい気持(きも)ちの強(つよ)さ
(B) 何(なん)でも揃(そろ)っていることのありがたさ
(C) 現場(げんば)に戻(もど)りたいという意欲(いよく)
(D) 一般企業(いっぱんきぎょう)に再就職(さいしゅうしょく)したいという強(つよ)い欲求(よっきゅう)

196 이 사람은 지상으로 돌아와서 어떤 것을 느끼고 있습니까?
(A) 어업 일에 종사하고 싶은 강한 마음
(B) 뭐든지 갖추어져 있는 것의 고마움
(C) 현장으로 돌아가고 싶다는 의욕
(D) 일반기업에 재취직하고 싶다는 강한 욕구

해설 | 후반부에서 이 사람은 배에서 내려 지상으로 돌아온 후, 모든 것이 갖추어져 있는 생활이 얼마나 귀중한지를 실감했다고 했다. 즉, 평소에는 대수롭지 않아 보이던 일상이 고된 뱃일과 비교하면 얼마나 소중한지를 깨달았다는 뜻이므로, 정답은 (B)가 된다.

어휘 | 気持(きも)ち 기분, 마음 強(つよ)さ 강함
何(なん)でも 무엇이든지, 뭐든지 ありがたさ 고마움
現場(げんば) 현장 戻(もど)る (본래의 자리로) 돌아가다
意欲(いよく) 의욕 再就職(さいしゅうしょく) 재취직
欲求(よっきゅう) 욕구

197~200 상품 선전 시의 주의점

商品(しょうひん)の宣伝(せんでん)というのは難(むずか)しいものだ。**197**宣伝(せんでん)というのは、商品(しょうひん)に対(たい)して宣伝(せんでん)を見(み)る側(がわ)に興味(きょうみ)を持(も)たせ、その魅力(みりょく)を直接(ちょくせつ)感(かん)じさせるものだ。しかし、どんなに良(よ)い商品(しょうひん)の宣伝(せんでん)でも、それが不必要(ふひつよう)な消費者(しょうひしゃ)にとっては無意味(むいみ)なものになる。そこで、**198**購買意欲(こうばいいよく)の低(ひく)い消費者(しょうひしゃ)に届(とど)けるためには、絶(た)えず変動(へんどう)している社会情勢(しゃかいじょうせい)や経済動向(けいざいどうこう)に合(あ)わせたメッセージが必要(ひつよう)になってくる。それが購買行動(こうばいこうどう)のきっかけとなり、宣伝(せんでん)の効果(こうか)が発揮(はっき)されて効率良(こうりつよ)くアピールすることができる。**199**効率(こうりつ)の良(よ)い有効(ゆうこう)な宣伝(せんでん)が商品(しょうひん)の売(う)り上(あ)げアップ、そして企業(きぎょう)の魅力(みりょく)や評価(ひょうか)を上(あ)げることに繋(つな)がるのだ。**200**このように効率良(こうりつよ)く宣伝(せんでん)をするためには、消費者(しょうひしゃ)の行動(こうどう)を様々(さまざま)な側面(そくめん)から正(ただ)しく調査(ちょうさ)しなければならない。その部分(ぶぶん)を疎(おろそ)かにしてしまうと、せっかく費用(ひよう)をかけた宣伝(せんでん)でも台

無しになってしまう。企業の宣伝担当者は、気を付けなければならない。

　商品宣伝というものは難しい法だ。[197]宣伝とは商品に対して宣伝を見る側に興味を持たせてその魅力を直接感じてもらうようにすることだ。しかしどんなにいい商品宣伝でもそれが不必要な消費者にとっては無意味なものになる。そこで[198]購買意欲が低い消費者に届けるためには絶えず変動している社会情勢や経済動向に合わせたメッセージが必要になる。それが購買行動のきっかけとなって宣伝効果が発揮されて効率的にアピールできる。[199]効率が良い有効な宣伝が商品の売り上げ上昇、そして企業の魅力や評価を上げることにつながるのだ。[200]このように効率的に宣伝をするためには消費者の行動を様々な側面から正しく調査しなければならない。その部分を疎かにしてしまえばせっかく費用をかけた宣伝でも台無しになってしまう。企業の宣伝担当者は注意しなければならない。

어휘 | 商品(しょうひん) 상품 宣伝(せんでん) 선전, 홍보
難(むずか)しい 어렵다
〜ものだ 〜인 겐[법]이다 *상식·진리·본성
〜に対(たい)して 〜에 대해, 〜에게 *대상 側(がわ) 측, 쪽
興味(きょうみ) 흥미 持(も)たせる 가지게 하다
魅力(みりょく) 매력 直接(ちょくせつ) 직접
感(かん)じる 느끼다 しかし 그러나 どんなに 아무리
不必要(ふひつよう)だ 불필요하다, 필요하지 않다
消費者(しょうひしゃ) 소비자 〜にとっては 〜에게 있어서는
無意味(むいみ) 무의미 そこで 그래서 購買(こうばい) 구매
意欲(いよく) 의욕 低(ひく)い 낮다 届(とど)ける 가 닿게 하다
絶(た)えず 늘, 끊임없이 変動(へんどう) 변동 社会(しゃかい) 사회
情勢(じょうせい) 정세 経済(けいざい) 경제 動向(どうこう) 동향
合(あ)わせる 맞추다 メッセージ 메시지 必要(ひつよう) 필요
行動(こうどう) 행동 きっかけ 계기 効果(こうか) 효과
発揮(はっき) 발휘 効率(こうりつ) 효율 良(よ)い 좋다
アピール 어필, 호소 有効(ゆうこう)だ 유효하다, 효과가 있다
売(う)り上(あ)げ 매상, 매출 アップ 업, 상승 そして 그리고
企業(きぎょう) 기업 評価(ひょうか) 평가
上(あ)げる (성적·질 등을) 올리다, 높이다
繋(つな)がる 이어지다, 연결되다
様々(さまざま)だ 다양하다, 여러 가지다 側面(そくめん) 측면
正(ただ)しい 바르다 調査(ちょうさ) 조사
〜なければならない 〜하지 않으면 안 된다, 〜해야 한다
部分(ぶぶん) 부분 疎(おろそ)かだ 소홀하다 せっかく 모처럼
費用(ひよう) 비용 かける (돈·시간·수고 등을) 들이다
台無(だいな)し 아주 망그러짐, 엉망이 됨, 못쓰게 됨
担当者(たんとうしゃ) 담당자
気(き)を付(つ)ける 조심하다, 주의하다

197 この人は、宣伝とはどんなものだと言っていますか。
(A) 消費者に商品の魅力を直接訴えることができるもの
(B) 購買意欲が高い消費者にだけ届けるもの
(C) 消費者との良好な関係を維持するためのもの

(D) その商品の価値や価格を上昇させられるもの

197 이 사람은 선전이란 어떤 것이라고 말하고 있습니까?
(A) 소비자에게 상품 매력을 직접 호소할 수 있는 것
(B) 구매 의욕이 높은 소비자에게만 닿게 하는 것
(C) 소비자와의 양호한 관계를 유지하기 위한 것
(D) 그 상품의 가치나 가격을 상승시킬 수 있는 것

해설 | 두 번째 문장에서 '선전이란 상품에 대해 선전을 보는 쪽에게 흥미를 갖게 해서 그 매력을 직접 느끼도록 하는 것'이라고 했다. 「宣伝(せんでん)を見(み)る側(がわ)」(선전을 보는 쪽)는 「消費者(しょうひしゃ)」(소비자)를 말하므로, 정답은 (A)가 된다.

어휘 | 訴(うった)える 호소하다 高(たか)い 높다
良好(りょうこう)だ 양호하다 関係(かんけい) 관계
維持(いじ) 유지 価値(かち) 가치 価格(かかく) 가격
上昇(じょうしょう) 상승

198 購買意欲が低い消費者の購買意欲を上げるのは、どんな宣伝ですか。
(A) 社会の変化や動きに沿っている宣伝
(B) 洗練された文句が使われている宣伝
(C) 魅力的な言葉が並んでいる宣伝
(D) 一般大衆に受け入れられる宣伝

198 구매 의욕이 낮은 소비자의 구매 의욕을 올리는 것은 어떤 선전입니까?
(A) 사회의 변화나 움직임에 따르고 있는 선전
(B) 세련된 문구가 사용되고 있는 선전
(C) 매력적인 말이 늘어서 있는 선전
(D) 일반 대중에게 받아들여지는 선전

해설 | 네 번째 문장에서 정답을 찾을 수 있다. 앞선 문장에서 아무리 좋은 선전이라도 그것을 필요로 하지 않는 소비자에게는 무의미하다고 했다. 그러면서 그 해결책으로 '구매 의욕이 낮은 소비자에게 닿게 하기 위해서는 끊임없이 변동하고 있는 사회 정세나 경제 동향에 맞춘 메시지가 필요해진다'라고 했으므로, 정답은 (A)가 된다.

어휘 | 動(うご)き 움직임, 동태 沿(そ)う 따르다
洗練(せんれん) 세련 文句(もんく) 문구 使(つか)う 쓰다, 사용하다
言葉(ことば) 말 並(なら)ぶ (나란히) 늘어서다 一般(いっぱん) 일반
大衆(たいしゅう) 대중 受(う)け入(い)れる 받아들이다

199 この人は、効率が良い宣伝は何に繋がると言っていますか。
(A) 商品価値が上がることによるファン獲得
(B) 宣伝に関する経費の削減
(C) 他の製品に対する関心を引くこと
(D) 売上額や企業イメージのアップ

199 이 사람은 효율이 좋은 선전은 무엇으로 이어진다고 말하고 있습니까?
(A) 상품 가치가 올라가는 것에 의한 팬 획득
(B) 선전에 관한 경비 절감

(C) 다른 제품에 대한 관심을 끄는 것
(D) 매출액이나 기업 이미지 상승

해설 | 후반부에서 정답을 찾을 수 있다. 이 사람은 효율적이고 유효한 선전은 상품의 매출 상승, 기업의 매력이나 평가를 올리는 것으로 이어진다고 보고 있다. 즉, 효과적인 선전은 매출액은 물론이고 기업 이미지까지 상승시키는 효과가 있다는 뜻이므로, 정답은 (D)가 된다.

어휘 | ~による ~에 의한[따른] ファン 팬 獲得(かくとく) 획득
~に関(かん)する ~에 관한 経費(けいひ) 경비
削減(さくげん) 삭감, 줄임 他(ほか) 다른 (것) 製品(せいひん) 제품
~に対(たい)する ~에 대한 関心(かんしん) 관심
引(ひ)く (남의 마음을) 끌다 売上額(うりあげがく) 매출액

200 宣伝担当者は、何をすべきだと言っていますか。
(A) あらゆる方法で宣伝費用の削減に努めること
(B) 多額の経費を使い、商品に目を向けさせること
(C) 消費者の動向を様々な角度から分析すること
(D) 企業の利益を優先的に考えること

200 선전 담당자는 무엇을 해야 한다고 말하고 있습니까?
(A) 모든 방법으로 선전 비용의 절감에 힘쓰는 것
(B) 많은 금액의 경비를 써서 상품에 눈을 돌리도록 하는 것
(C) 소비자의 동향을 다양한 각도에서 분석하는 것
(D) 기업의 이익을 우선적으로 생각하는 것

해설 | 후반부에서 효율적인 선전을 위해서는 소비자의 행동을 여러 가지 측면에서 바르게 조사해야 한다고 했다. 그러면서 기업의 선전 담당자에게 이런 면을 소홀히 해서 기껏 들인 비용이 허사가 되는 일이 없도록 할 것을 당부하고 있으므로, 정답은 (D)가 된다.

어휘 | 동사의 기본형+べきだ (마땅히) ~해야 한다 *단, 「する」(하다)는 「するべきだ」, 「すべきだ」 모두 가능함
あらゆる 모든 方法(ほうほう) 방법 費用(ひよう) 비용
努(つと)める 힘쓰다, 노력하다, 애쓰다
多額(たがく) 다액, 많은 금액 目(め)を向(む)ける 눈[관심]을 돌리다
角度(かくど) 각도 分析(ぶんせき) 분석 利益(りえき) 이익
優先的(ゆうせんてき)だ 우선적이다

PART 1

주요 어휘 및 표현 정리 20

* 읽는 법과 뜻을 확인해 보세요.

어휘 및 표현	읽는 법	뜻
☐ 割れる	われる	깨지다
☐ 形	かたち	모양
☐ 咲く	さく	(꽃이) 피다
☐ 携帯電話	けいたいでんわ	휴대전화
☐ 触る	さわる	(가볍게) 닿다, 손을 대다, 만지다
☐ 止まる	とまる	멈추다, 서다
☐ 食器	しょっき	식기
☐ 重ねる	かさねる	포개다, 쌓아 올리다
☐ 棚	たな	선반
☐ 握る	にぎる	(손에) 쥐다, 잡다
☐ 絞る	しぼる	짜다, 쥐어짜다
☐ 行列	ぎょうれつ	행렬, 줄
☐ 出入り口	でいりぐち	출입구
☐ 溢れる	あふれる	(가득 차서) 넘치다
☐ 空	から	(속이) 빔
☐ 足を組む	あしをくむ	다리를 꼬다
☐ 散らかる	ちらかる	흩어지다, 어질러지다
☐ 矢印	やじるし	화살표
☐ 広げる	ひろげる	펴다, 펼치다
☐ 手を繋ぐ	てをつなぐ	손을 잡다

주요 어휘 및 표현 정리 20

* 읽는 법과 뜻을 확인해 보세요.

어휘 및 표현	읽는 법	뜻
☐ 誘う	さそう	부르다, 불러내다
☐ 間に合う	まにあう	시간에 맞게 대다, 늦지 않다
☐ 角	かど	모퉁이
☐ 受付	うけつけ	접수(처)
☐ 夕方	ゆうがた	해질녘, 저녁때
☐ 詳しい	くわしい	상세하다, 자세하다
☐ 手伝う	てつだう	돕다, 도와주다
☐ 挙げる	あげる	(예식 등을) 올리다
☐ 独身	どくしん	독신, 미혼
☐ 溺れる	おぼれる	(물에) 빠지다, 익사하다
☐ 好き嫌い	すききらい	(음식을) 가림
☐ 閉店	へいてん	폐점
☐ 割引券	わりびきけん	할인권
☐ 司会する	しかいする	사회를 보다
☐ 当たり前	あたりまえ	당연함
☐ 締め切り	しめきり	마감
☐ 豪華だ	ごうかだ	호화롭다
☐ 終電	しゅうでん	(전철의) 막차
☐ 案外	あんがい	의외로, 예상 외로
☐ 勝敗がつく	しょうはいがつく	승패가 나다

주요 어휘 및 표현 정리 20

* 읽는 법과 뜻을 확인해 보세요.

어휘 및 표현	읽는 법	뜻
☐ 配る	くばる	나누어 주다, 배포하다
☐ 不便だ	ふべんだ	불편하다
☐ 準備	じゅんび	준비
☐ アンケートを取る	アンケートをとる	앙케트를 실시하다
☐ 図	ず	그림
☐ 地味だ	じみだ	수수하다
☐ 似合う	にあう	어울리다
☐ 慣れる	なれる	익숙해지다
☐ 時々	ときどき	종종, 때때로
☐ 悩む	なやむ	고민하다
☐ 期限	きげん	기한
☐ 貯める	ためる	모으다, 저축하다
☐ 〜ずにはいられない	●	〜하지 않고는 못 배기다
☐ 詰まる	つまる	가득 차다, 잔뜩 쌓이다
☐ 懸命だ	けんめいだ	필사적이다, 열심이다
☐ 礼儀正しい	れいぎただしい	예의 바르다
☐ 徹夜	てつや	철야, 밤샘
☐ 盛り上げる	もりあげる	(기분 등을) 돋우다, 고조시키다
☐ 飲み比べ	のみくらべ	시음
☐ 用心	ようじん	조심, 주의, 경계

PART 4

주요 어휘 및 표현 정리 20

* 읽는 법과 뜻을 확인해 보세요.

어휘 및 표현	읽는 법	뜻
☐ 眠る	ねむる	자다, 잠자다, 잠들다
☐ 病気になる	びょうきになる	병에 걸리다
☐ 間違える	まちがえる	착각하다, 잘못 알다
☐ 目が覚める	めがさめる	잠에서 깨다
☐ 日常	にちじょう	일상, 평소
☐ 売り場	うりば	매표소
☐ 後片付け	あとかたづけ	뒤처리
☐ 残る	のこる	남다
☐ 鍵をかける	かぎをかける	열쇠를 잠그다[채우다]
☐ 犯す	おかす	(범죄 등을) 저지르다, 범하다
☐ 復活	ふっかつ	부활
☐ 明らかだ	あきらかだ	분명하다
☐ 親元	おやもと	부모 곁, 부모 슬하
☐ 伝える	つたえる	전하다, 알리다
☐ 避ける	さける	피하다
☐ 責任を負う	せきにんをおう	책임을 지다
☐ 盗む	ぬすむ	훔치다
☐ 大声	おおごえ	큰 소리
☐ 役に立つ	やくにたつ	도움이 되다
☐ 最先端	さいせんたん	최첨단

주요 어휘 및 표현 정리 20

* 읽는 법과 뜻을 확인해 보세요.

어휘 및 표현	읽는 법	뜻
☐ 貸す	かす	빌려주다
☐ 試合	しあい	시합
☐ 一斉に	いっせいに	일제히
☐ 恐縮	きょうしゅく	송구함, 황송함, 죄송함
☐ 世相	せそう	세상, 세태
☐ 騒ぐ	さわぐ	떠들다
☐ 卸す	おろす	도매하다
☐ 引く	ひく	(줄을) 긋다, 그리다
☐ ～はもちろん	●	～은 물론
☐ 塞ぐ	ふさぐ	막다, (구멍 등을) 메우다
☐ 止める	やめる	끊다, 그만두다, 중지하다
☐ 白状する	はくじょうする	자백하다
☐ 暖房をつける	だんぼうをつける	난방을 켜다
☐ 内側	うちがわ	안쪽
☐ 暮れる	くれる	(날이) 저물다, 해가 지다
☐ 見当がつく	けんとうがつく	짐작이 가다
☐ 上達	じょうたつ	숙달, 향상
☐ 厳重だ	げんじゅうだ	엄중하다
☐ 邪魔	じゃま	방해
☐ 片隅	かたすみ	한쪽 구석

주요 어휘 및 표현 정리 20

* 읽는 법과 뜻을 확인해 보세요.

어휘 및 표현	읽는 법	뜻
□ 履き替える	はきかえる	갈아 신다
□ 自由だ	じゆうだ	자유롭다
□ 用意	ようい	준비
□ 送る	おくる	(사람을) 바래다주다
□ 閉める	しめる	(문 등을) 닫다
□ お腹が減る	おなかがへる	배가 고프다
□ 例外	れいがい	예외
□ 盛んだ	さかんだ	성하다, 번성[번창]하다
□ 土地	とち	그 지방[고장]
□ 取り消す	とりけす	취소하다
□ べらべら	●	나불나불
□ 隠す	かくす	숨기다
□ 体重	たいじゅう	체중
□ 積む	つむ	(경험 등을) 쌓다
□ 繰り返す	くりかえす	되풀이하다, 반복하다
□ 踊る	おどる	춤추다
□ 素直だ	すなおだ	솔직하다
□ 言い訳	いいわけ	변명
□ 著しい	いちじるしい	현저하다, 두드러지다
□ 警報	けいほう	경보

최신기출 1

주요 어휘 및 표현 정리 20

* 읽는 법과 뜻을 확인해 보세요.

어휘 및 표현	읽는 법	뜻
☐ 風邪を引く	かぜをひく	감기에 걸리다
☐ 封筒	ふうとう	봉투
☐ 天気予報	てんきよほう	일기예보
☐ 一昨日	おととい	그저께
☐ 曲がる	まがる	(방향을) 돌다
☐ ジャワーを浴びる	シャワーをあびる	샤워를 하다
☐ 本棚	ほんだな	책장
☐ 無駄	むだ	헛됨
☐ 録音	ろくおん	녹음
☐ 虫に刺される	むしにさされる	벌레에 물리다
☐ 崩す	くずす	무너뜨리다, 헐다
☐ 常識外れ	じょうしきはずれ	상식을 벗어남
☐ 情けない	なさけない	한심하다
☐ 図々しい	ずうずうしい	뻔뻔스럽다, 낯 두껍다
☐ 譲る	ゆずる	양보하다
☐ 悪寒	おかん	오한, 한기
☐ 内気だ	うちきだ	내성적이다
☐ 意気込む	いきごむ	(하고자) 힘을 내다, 분발하다
☐ 一見	いっけん	언뜻 보기에
☐ 怠る	おこたる	게을리하다

주요 어휘 및 표현 정리 20

＊ 읽는 법과 뜻을 확인해 보세요.

어휘 및 표현	읽는 법	뜻
☐ 鳴く	なく	(새·짐승 등이) 울다
☐ お腹一杯だ	おなかいっぱいだ	배부르다
☐ 連れる	つれる	데리고 가다
☐ 夜中	よなか	밤중
☐ 泊まる	とまる	묵다, 숙박하다
☐ 腰	こし	허리
☐ 値段	ねだん	가격
☐ 倒れる	たおれる	쓰러지다, 몸져눕다
☐ 怪我をする	けがをする	부상을 입다, 다치다
☐ 裁判所	さいばんしょ	재판소
☐ 氏名	しめい	성명, 이름
☐ 気がする	きがする	느낌[생각]이 들다
☐ 感想	かんそう	감상, 소감
☐ 不要だ	ふようだ	필요 없다
☐ 伸びる	のびる	늘다, 신장하다
☐ 並べる	ならべる	(나란히) 늘어놓다, 진열하다
☐ 響く	ひびく	와닿다, 통하다
☐ 魅力	みりょく	매력
☐ 付き合う	つきあう	사귀다, 교제하다
☐ 揺れる	ゆれる	흔들리다

PART 1

1 (B)	**2** (D)	**3** (A)	**4** (B)	**5** (D)	**6** (D)	**7** (C)	**8** (A)	**9** (C)	**10** (D)
11 (A)	**12** (C)	**13** (C)	**14** (B)	**15** (C)	**16** (A)	**17** (A)	**18** (B)	**19** (A)	**20** (C)

PART 2

21 (B)	**22** (C)	**23** (B)	**24** (A)	**25** (D)	**26** (A)	**27** (B)	**28** (A)	**29** (C)	**30** (B)
31 (D)	**32** (B)	**33** (A)	**34** (D)	**35** (C)	**36** (A)	**37** (A)	**38** (C)	**39** (D)	**40** (D)
41 (A)	**42** (C)	**43** (D)	**44** (B)	**45** (C)	**46** (A)	**47** (C)	**48** (B)	**49** (C)	**50** (A)

PART 3

51 (B)	**52** (C)	**53** (D)	**54** (C)	**55** (A)	**56** (B)	**57** (B)	**58** (B)	**59** (D)	**60** (C)
61 (A)	**62** (C)	**63** (B)	**64** (D)	**65** (A)	**66** (B)	**67** (C)	**68** (B)	**69** (C)	**70** (D)
71 (A)	**72** (D)	**73** (B)	**74** (B)	**75** (A)	**76** (D)	**77** (B)	**78** (C)	**79** (B)	**80** (A)

PART 4

81 (B)	**82** (D)	**83** (C)	**84** (B)	**85** (D)	**86** (C)	**87** (D)	**88** (A)	**89** (D)	**90** (D)
91 (A)	**92** (C)	**93** (C)	**94** (A)	**95** (D)	**96** (A)	**97** (C)	**98** (C)	**99** (D)	**100** (D)

PART 5

101 (A)	**102** (D)	**103** (C)	**104** (B)	**105** (B)	**106** (C)	**107** (C)	**108** (A)	**109** (D)	**110** (B)
111 (A)	**112** (B)	**113** (D)	**114** (C)	**115** (A)	**116** (C)	**117** (D)	**118** (D)	**119** (A)	**120** (A)

PART 6

121 (B)	**122** (B)	**123** (D)	**124** (C)	**125** (B)	**126** (C)	**127** (A)	**128** (B)	**129** (A)	**130** (B)
131 (D)	**132** (A)	**133** (B)	**134** (C)	**135** (A)	**136** (D)	**137** (B)	**138** (A)	**139** (D)	**140** (A)

PART 7

141 (D)	**142** (B)	**143** (A)	**144** (B)	**145** (D)	**146** (C)	**147** (D)	**148** (C)	**149** (C)	**150** (B)
151 (B)	**152** (A)	**153** (D)	**154** (A)	**155** (C)	**156** (A)	**157** (D)	**158** (B)	**159** (C)	**160** (C)
161 (D)	**162** (A)	**163** (B)	**164** (D)	**165** (C)	**166** (A)	**167** (B)	**168** (D)	**169** (A)	**170** (C)

PART 8

171 (B)	**172** (C)	**173** (D)	**174** (D)	**175** (D)	**176** (A)	**177** (B)	**178** (C)	**179** (D)	**180** (A)
181 (B)	**182** (A)	**183** (D)	**184** (D)	**185** (C)	**186** (D)	**187** (D)	**188** (A)	**189** (D)	**190** (D)
191 (C)	**192** (A)	**193** (A)	**194** (D)	**195** (C)	**196** (A)	**197** (D)	**198** (B)	**199** (A)	**200** (C)

01 전체적인 풍경 및 상황

(A) 部屋に動物がいます。
(B) ドアの前に猫がいます。
(C) 鏡に動物が映っています。
(D) 猫が餌を食べています。

(A) 방에 동물이 있습니다.
(B) 문 앞에 고양이가 있습니다.
(C) 거울에 동물이 비치고 있습니다.
(D) 고양이가 먹이를 먹고 있습니다.

해설 | 현관문 앞에 고양이가 한 마리가 앉아 있는 사진이므로, 정답은 (B)가 된다. 고양이는 실외에 있고, 유리에 비치고 있는 것은 고양이의 모습이 아닌 바깥 풍경이며, 고양이는 먹이를 먹고 있지도 않으므로, 나머지 선택지는 답이 될 수 없다.

어휘 | 部屋(へや) 방 動物(どうぶつ) 동물
いる (사람·생물이) 있다 ドア 문 前(まえ) 앞 猫(ねこ) 고양이
鏡(かがみ) 거울 映(うつ)る 비치다 餌(えさ) 먹이 食(た)べる 먹다

02 인물의 동작 및 상태(1인 등장)

(A) 髪が短い女の人です。
(B) 箸を使っています。
(C) マフラーをしています。
(D) フォークを持っています。

(A) 머리가 짧은 여자입니다.
(B) 젓가락을 사용하고 있습니다.
(C) 목도리를 하고 있습니다.
(D) 포크를 들고 있습니다.

해설 | 여자의 외관과 동작에 주목해야 한다. 여자는 손에 든 포크를 쳐다보고 있으므로, 젓가락을 사용하고 있다고 한 (B)는 일단 제외. 여자의 머리는 길고 목도리도 하고 있지 않으므로, (A)와 (C)도 답이 될 수 없다. 따라서 정답은 포크를 들고 있다고 한 (D)가 된다.

어휘 | 髪(かみ) 머리(털) 短(みじ)い 짧다 箸(はし) 젓가락
使(つか)う 쓰다, 사용하다 マフラー 목도리 フォーク 포크
持(も)つ 가지다, 들다

03 전체적인 풍경 및 상황

(A) 木が2本あります。
(B) 花が咲いています。
(C) 池の周りに木があります。
(D) ここは森の中です。

(A) 나무가 두 그루 있습니다.
(B) 꽃이 피어 있습니다.
(C) 연못 주위에 나무가 있습니다.
(D) 여기는 숲 속입니다.

해설 | 인공적으로 조성된 화단에 나무 두 그루가 심어져 있는 사진이므로, 정답은 (A)가 된다. 꽃은 보이지 않고 장소도 연못이나 숲이 아니므로, 나머지 선택지는 답이 될 수 없다.

어휘 | 木(き) 나무 ～本(ほん) ～그루 *나무를 세는 말
花(はな) 꽃 咲(さ)く (꽃이) 피다 池(いけ) 연못
周(まわ)り 주위, 주변 ここ 여기, 이곳 森(もり) 숲 中(なか) 안, 속

04 사물의 상태

(A) バイクが倒れています。
(B) 自転車が止めてあります。
(C) 自動車とバイクがあります。
(D) 車を止める場所です。

(A) 오토바이가 넘어져 있습니다.
(B) 자전거가 세워져 있습니다.
(C) 자동차와 오토바이가 있습니다.
(D) 차를 세우는 장소입니다.

해설 | 여러 대의 자전거와 오토바이 한 대가 세워져 있는 사진이다. 정답은 (B)로, 오토바이는 똑바로 세워져 있고, 사진에서 차는 보이지 않으므로, 나머지 선택지는 답이 될 수 없다.

어휘 | バイク 바이크, 오토바이 *「モーターバイク」의 준말
倒(たお)れる 쓰러지다, 넘어지다 自転車(じてんしゃ) 자전거

止(と)める 세우다 他動詞(타동사)+てある ~해져 있다 *상태표현
自動車(じどうしゃ) 자동차 車(くるま) 차 場所(ばしょ) 장소, 곳

05 사물의 상태

(A) 同(おな)じサイズの灰皿(はいざら)があります。
(B) ごみが落(お)ちています。
(C) 丸(まる)い箱(はこ)が並(なら)んでいます。
(D) 箱(はこ)にたばこが入(はい)っています。

(A) 같은 크기의 재떨이가 있습니다.
(B) 쓰레기가 떨어져 있습니다.
(C) 둥근 상자가 놓여 있습니다.
(D) 상자에 담배가 들어 있습니다.

해설 | 사물의 크기와 상태에 주목해야 한다. 담배가 가득 들어 있는 담뱃갑과 라이터, 크기가 다른 두 개의 재떨이가 보인다. 정답은 (D)로, (A)는 같은 크기의 재떨이라고 했으므로 오답이고, 쓰레기나 둥근 상자도 보이지 않으므로 (B)와 (C) 또한 답이 될 수 없다.

어휘 | 同(おな)じだ 같다 サイズ 사이즈, 크기
灰皿(はいざら) 재떨이 ごみ 쓰레기 落(お)ちる 떨어지다
丸(まる)い 둥글다 箱(はこ) 상자
並(なら)ぶ (나란히) 늘어서다, 놓여 있다 たばこ 담배
入(はい)る 들다

06 사물의 상태

(A) 布(ぬの)でできた袋(ふくろ)です。
(B) カードケースを開(ひら)いています。
(C) 袋(ふくろ)が破(やぶ)れています。
(D) 小銭(こぜに)が入(はい)っています。

(A) 천으로 만들어진 주머니입니다.
(B) 카드 케이스를 열고 있습니다.
(C) 주머니가 찢어져 있습니다.
(D) 잔돈이 들어 있습니다.

해설 | 「小銭(こぜに)」(잔돈)라는 단어를 알아듣는 것이 포인트. 뚜껑이 열린 투명한 플라스틱 케이스 안에 잔돈이 들어 있으므로, 정답은 (D)가 된다. 사진 속 사물은 주머니도 카드 케이스도 아니므로, 나머지 선택지는 답이 될 수 없다.

어휘 | 布(ぬの) 천, 옷감 できる 만들어지다 袋(ふくろ) 주머니
カードケース 카드 케이스 開(ひら)く 열다 破(やぶ)れる 찢어지다
入(はい)る 들다

07 인물의 동작 및 상태(1인 등장)

(A) 長袖(ながそで)のシャツを着(き)ています。
(B) 蓋(ふた)を閉(し)めています。
(C) 楽器(がっき)を吹(ふ)いています。
(D) 音楽(おんがく)の雑誌(ざっし)を広(ひろ)げています。

(A) 긴소매 셔츠를 입고 있습니다.
(B) 뚜껑을 닫고 있습니다.
(C) 악기를 불고 있습니다.
(D) 음악 잡지를 펼치고 있습니다.

해설 | 반소매 옷을 입은 남자 아이가 리코더를 불고 있는 사진이므로, 정답은 (C)가 된다. (A)는 긴소매 셔츠를 입고 있다고 했으므로 답이 될 수 없고, (B)와 (D)는 사진과는 관계없는 내용이다.

어휘 | 長袖(ながそで) 긴소매 シャツ 셔츠 着(き)る (옷을) 입다
蓋(ふた) 뚜껑 閉(し)める 닫다 楽器(がっき) 악기
吹(ふ)く (악기 등을) 불다 音楽(おんがく) 음악 雑誌(ざっし) 잡지
広(ひろ)げる 펴다, 펼치다

08 인물의 동작 및 상태(1인 등장)

(A) 腰(こし)に手(て)を当(あ)てています。
(B) 拍手(はくしゅ)をしています。
(C) お辞儀(じぎ)をしています。
(D) 名刺(めいし)を出(だ)しています。

(A) 허리에 손을 대고 있습니다.
(B) 박수를 치고 있습니다.
(C) 인사를 하고 있습니다.
(D) 명함을 꺼내고 있습니다.

해설 | 여자의 뒷모습 사진으로, 여자가 어떤 동작을 취하고 있는지에 주목해야 한다. 여자는 왼손을 허리에 대고 있으므로, 정답은 (A)가 된다.

어휘 | 腰(こし) 허리 手(て) 손 当(あ)てる (가져) 대다
拍手(はくしゅ)をする 박수를 치다
お辞儀(じぎ) 머리를 숙여 인사를 함 名刺(めいし) 명함
出(だ)す 내다, 꺼내다

09 인물의 동작 및 상태(1인 등장)

(A) 氏名が載っています。
(B) アルファベットを書いています。
(C) 振り仮名を振っています。
(D) 文字を消しています。

(A) 성명이 실려 있습니다.
(B) 알파벳을 쓰고 있습니다.
(C) 후리가나를 달고 있습니다.
(D) 글자를 지우고 있습니다.

해설 | 「振(ふ)り仮名(がな)を振(ふ)る」(후리가나를 달다)라는 표현을 알아듣는 것이 포인트. 「振(ふ)り仮名(がな)」(후리가나)란 '한자에 읽는 법을 나타내기 위해 붙이는 가나'를 말한다. 「東京」(동경)이라는 한자어에 「とうきょう」(도쿄)라고 읽는 법을 달고 있으므로, 정답은 (C)가 된다. 사진에서 다른 한자어나 알파벳은 없고, 글자를 지우고 있지도 않으므로, 나머지 선택지는 답이 될 수 없다.

어휘 | 氏名(しめい) 성명, 이름 載(の)る (신문・잡지 등에) 실리다
アルファベット 알파벳 書(か)く (글씨・글을) 쓰다
文字(もじ) 문자, 글자 消(け)す 지우다, 없애다

10 인물의 동작 및 상태(1인 등장)

(A) ハンカチを干しています。
(B) 貝を集めています。
(C) 床を磨いています。
(D) タオルを絞っています。

(A) 손수건을 널고 있습니다.
(B) 조개를 모으고 있습니다.
(C) 바닥을 닦고 있습니다.
(D) 수건을 짜고 있습니다.

해설 | 「絞(しぼ)る」(짜다, 쥐어짜다)라는 동사를 알아듣는 것이 포인트. 쭈그리고 앉은 채 수건을 양손으로 짜고 있는 사진이므로, 정답은 (D)가 된다. (A)의 「干(ほ)す」는 '말리다, 널리다'라는 뜻으로 사진의 모습과는 거리가 멀다.

어휘 | ハンカチ 손수건 貝(かい) 조개 集(あつ)める 모으다
床(ゆか) 바닥 磨(みが)く (문질러) 닦다 タオル 타월, 수건

11 인물의 동작 및 상태(1인 등장)

(A) 色を塗っています。
(B) 紙を挟んでいます。
(C) リボンを巻いています。
(D) 人物の絵があります。

(A) 색을 칠하고 있습니다.
(B) 종이를 끼우고 있습니다.
(C) 리본을 감고 있습니다.
(D) 인물 그림이 있습니다.

해설 | 「色(いろ)を塗(ぬ)る」(색을 칠하다)라는 표현을 알아듣는 것이 포인트. 과일 도안에 색칠을 하고 있으므로, 정답은 (A)가 된다. (B)는 종이라는 말만 들었을 때 고를 수 있는 오답이고, (C)의 리본은 보이지 않는다. (D)는 과일이 아닌 인물 그림이 있다고 했으므로, 역시 답이 될 수 없다.

어휘 | 紙(かみ) 종이 挟(はさ)む 끼우다 リボン 리본
巻(ま)く 감다 人物(じんぶつ) 인물 絵(え) 그림

12 사물의 상태

(A) 角度を測っています。
(B) 時刻が出ています。
(C) 画面が真っ暗です。
(D) 方角を指しています。

(A) 각도를 재고 있습니다.
(B) 시각이 나와 있습니다.
(C) 화면이 새까맣습니다.
(D) 방위를 가리키고 있습니다.

해설 | 한 손에 스마트폰을 들고 있는 사진인데, 사진 속 스마트폰은 전원이 꺼져 있는지 화면이 새까맣다. 정답은 (C)로, 나머지 선택지의 각도와 시각, 방위는 모두 사진과는 거리가 먼 설명이다.

어휘 | 角度(かくど) 각도 測(はか)る 재다, 측정하다
時刻(じこく) 시각 出(で)る 나오다 画面(がめん) 화면
真(ま)っ暗(くら)だ 아주 캄캄하다, 새까맣다
方角(ほうがく) (동서남북의) 방위 指(さ)す 가리키다

13 인물의 동작 및 상태(1인 등장)

(A) シュレッダーを使用しています。
(B) 網で虫を捕まえています。
(C) ほうきで掃いています。
(D) 倉庫にちり取りを仕舞っています。

(A) 문서 절단기를 사용하고 있습니다.
(B) 그물로 벌레를 잡고 있습니다.
(C) 빗자루로 쓸고 있습니다.
(D) 창고에 쓰레받기를 넣고 있습니다.

해설 |「ほうき」(빗자루)와「掃(は)く」(쓸다)라는 동사를 알아듣는 것이 포인트. 남자는 빗자루로 바닥을 쓸고 있으므로, 정답은 (C)가 된다.

어휘 | シュレッダー 문서 절단기 使用(しよう) 사용
網(あみ) 망, 그물 虫(むし) 벌레 捕(つか)まえる 잡다, 붙잡다
倉庫(そうこ) 창고 ちり取(と)り 쓰레받기
仕舞(しま)う 넣다, 간수하다

14 인물의 동작 및 상태(1인 등장)

(A) お盆の上に食器があります。
(B) 飲み物を注いでいます。
(C) 水筒を握っています。
(D) 2種類の湯飲みがあります。

(A) 쟁반 위에 식기가 있습니다.
(B) 음료를 따르고 있습니다.
(C) 물통을 쥐고 있습니다.
(D) 두 종류의 찻잔이 있습니다.

해설 |「注(そそ)ぐ」(붓다, 따르다)라는 동사를 알아듣는 것이 포인트. 포트에 담긴 음료를 찻잔에 따르고 있는 사진이므로, 정답은 (B)가 된다. 쟁반, 식기, 물통은 보이지 않고,「湯飲(ゆの)み」는 '(차를 마실 때 쓰는 손잡이가 없는) 찻잔, 찻종'을 말하므로, (A), (C), (D)는 답이 될 수 없다.

어휘 | お盆(ぼん) 쟁반 上(うえ) 위 食器(しょっき) 식기
飲(の)み物(もの) 음료 水筒(すいとう) 물통
握(にぎ)る (손에) 쥐다, 잡다 種類(しゅるい) 종류

15 사물의 상태

(A) アンテナを立てています。
(B) 糸を解いています。
(C) 針が刺さっています。
(D) ミシンをセットしています。

(A) 안테나를 세우고 있습니다.
(B) 실을 풀고 있습니다.
(C) 바늘이 꽂혀 있습니다.
(D) 미싱을 설치하고 있습니다.

해설 |「針(はり)」(바늘)와「刺(さ)さる」(박히다, 꽂히다)라는 동사를 알아듣는 것이 포인트. 천에 바늘이 두 개 꽂혀 있는 사진이므로, 정답은 (C)가 된다. (A)의 안테나는 사진과는 거리가 먼 설명이고, (B)와 (D)는 바늘이라는 단어만 들었을 때 고를 수 있는 오답이다.

어휘 | アンテナ 안테나 立(た)てる 세우다 糸(いと) 실
解(ほど)く 풀다 ミシン 미싱, 재봉틀 セットする 설치하다

16 전체적인 풍경 및 상황

(A) 煙突から煙が出ています。
(B) でこぼこの壁です。
(C) 電柱が並んでいます。
(D) 複数の線路があります。

(A) 굴뚝에서 연기가 나오고 있습니다.
(B) 울퉁불퉁한 벽입니다.
(C) 전신주가 늘어서 있습니다.
(D) 여러 개의 선로가 있습니다.

해설 |「煙突(えんとつ)」(굴뚝)와「煙(けむり)」(연기)라는 단어를 알아듣는 것이 포인트. 굴뚝에서 연기가 나오고 있는 사진이므로, 정답은 (A)가 된다. 나머지 선택지의「でこぼこ(凸凹)/電柱(でんちゅう)/線路(せんろ)」(울퉁불퉁/전신주/선로)는 모두 사진과는 거리가 멀다.

어휘 | 出(で)る 나오다 壁(かべ) 벽 並(なら)ぶ (나란히) 늘어서다
複数(ふくすう) 복수, 둘 이상의 수

17 인물의 동작 및 상태(2인 이상 등장)

(A) 梯子を運んでいます。
(B) 袖を掴んでいます。
(C) 縄を引っ張っています。
(D) 2人とも背広を着ています。

(A) 사다리를 옮기고 있습니다.
(B) 소매를 붙잡고 있습니다.
(C) 밧줄을 잡아당기고 있습니다.
(D) 두 사람 모두 신사복을 입고 있습니다.

해설 | 「梯子(はしご)」(사다리)라는 단어를 알아듣는 것이 포인트. 두 사람이 함께 사다리를 들어서 옮기고 있는 모습이므로, 정답은 (A)가 된다. (D)는 「2人(ふたり)とも」(두 사람 모두)라는 말만 들었을 때 고를 수 있는 오답이다.

어휘 | 運(はこ)ぶ 옮기다, 운반하다 袖(そで) 소매
掴(つか)む (손으로) 쥐다, 붙잡다 縄(なわ) 밧줄
引(ひ)っ張(ぱ)る 잡아당기다 〜とも 〜모두, 〜다
背広(せびろ) 신사복 着(き)る (옷을) 입다

18 전체적인 풍경 및 상황

(A) 正方形の穴が掘られています。
(B) 地面がひび割れています。
(C) 落ち葉の山があります。
(D) 道路にペンキがこぼれています。

(A) 정사각형의 구멍이 파져 있습니다.
(B) 지면이 갈라져 있습니다.
(C) 낙엽 더미가 있습니다.
(D) 도로에 페인트가 엎질러져 있습니다.

해설 | 「ひび割(わ)れる」(금이 가다, 갈라지다)라는 동사를 알아듣는 것이 포인트. 지면의 여러 군데가 갈라져 있으므로, 정답은 (B)가 된다. 나머지 선택지의 구멍이나 낙엽 더미, 페인트 자국은 찾아볼 수 없다.

어휘 | 正方形(せいほうけい) 정방형, 정사각형 穴(あな) 구멍
掘(ほ)る (땅을) 파다 地面(じめん) 지면, 땅바닥
落(お)ち葉(ば) 낙엽 山(やま) 산더미, 무더기 道路(どうろ) 도로
ペンキ 페인트 こぼれる 엎질러지다, 넘치다, 흘러나오다

19 사물의 상태

(A) 公衆電話が設置されています。
(B) コードが絡まっています。
(C) ここで名簿が閲覧できます。
(D) スクリーンに映写する機械です。

(A) 공중전화가 설치되어 있습니다.
(B) 코드가 얽혀 있습니다.
(C) 여기에서 명부 열람이 가능합니다.
(D) 스크린에 영사하는 기계입니다.

해설 | 사진에 보이는 사물은 공중전화이므로, 정답은 (A)가 된다. 공중전화기 아래로 늘어진 코드는 전혀 얽혀 있지 않으므로 (B)는 틀린 설명이고, 명부도 보이지 않으며, 스크린 영사 기계는 공중전화와는 관련이 없으므로, (C), (D)도 답이 될 수 없다.

어휘 | 公衆電話(こうしゅうでんわ) 공중전화 設置(せっち) 설치
コード 코드, 전선 絡(から)まる 얽히다 名簿(めいぼ) 명부
閲覧(えつらん) 열람 スクリーン 스크린 映写(えいしゃ) 영사
機械(きかい) 기계

20 전체적인 풍경 및 상황

(A) 壷が展示されています。
(B) 砂利が敷き詰められています。
(C) 通路に鉢植えがあります。
(D) 雑草を刈っています。

(A) 항아리가 전시되어 있습니다.
(B) 자갈이 온통 깔려 있습니다.
(C) 통로에 화분이 있습니다.
(D) 잡초를 베고 있습니다.

해설 | 길 한쪽에 여러 개의 화분이 놓여 있는 사진이다. 정답은 (C)로, 사진에 보이는 것은 항아리가 아니라 화분이고, 길에 깔려 있는 것은 자갈이 아니라 보도블록이므로 (A)와 (B)는 오답이다. 그리고 잡초를 베고 있다는 (D)도 사진과는 거리가 먼 설명이다.

어휘 | 壷(つぼ) 항아리 展示(てんじ) 전시 砂利(じゃり) 자갈
敷(し)き詰(つ)める 온통 깔다 通路(つうろ) 통로
鉢植(はちう)え 화분 雑草(ざっそう) 잡초
刈(か)る 깎다, (초목을) 베다

21 예/아니요형 질문

この近くにコンビニは、ありますか。
(A) 私もお腹が空きました。
(B) 駅前にあったと思いますよ。
(C) はい、コンビニは便利です。
(D) いいえ、これはスーパーで買いました。

이 근처에 편의점은 있나요?
(A) 저도 배가 고파요.
(B) 역 앞에 있었던 것 같아요.
(C) 예, 편의점은 편리해요.
(D) 아니요, 이건 슈퍼에서 샀어요.

해설 | 이 근처에 편의점이 있는지 물었으므로 '~에 있다/없다'라는 두 가지 응답이 가능하다. 선택지 중 적절한 응답은 (B)로, 확실하지는 않지만 역 앞에 있는 것 같다는 뜻이다. 나머지 선택지는 모두 「コンビニ」(편의점)라는 단어를 응용한 오답이다.

어휘 | 近(ちか)く 근처 コンビニ 편의점 *「コンビニエンスストア」의 준말 お腹(なか)が空(す)く 배가 고프다
駅前(えきまえ) 역 앞 便利(べんり)だ 편리하다
スーパー 슈퍼(마켓) *「スーパーマーケット」의 준말 買(か)う 사다

22 의문사형 질문

一番好きなアニメは、何ですか。
(A) 昔は、絵を描くのが好きでした。
(B) 日本のアニメは、世界で人気ですね。
(C) アニメは、あまり見ないんです。
(D) そうですね。一緒に勉強しましょう。

가장 좋아하는 애니메이션은 뭐예요?
(A) 옛날에는 그림을 그리는 걸 좋아했어요.
(B) 일본 애니메이션은 세계에서 인기네요.
(C) 애니메이션은 별로 안 봐서요.
(D) 그러네요. 함께 공부합시다.

해설 | 가장 좋아하는 애니메이션이 무엇인지 묻고 있는데, 선택지에서 어떤 애니메이션을 좋아한다는 응답이 나오지 않아서 당황할 수도 있다. 적절한 응답은 (C)로, 애니메이션을 좋아하지 않아서 안 봤고 그래서 좋아하는 애니메이션이 없다는 뜻이다. (A)와 (B)는 「アニメ」(애니메이션)라는 단어를 응용한 오답이고, (D)는 문제와는 전혀 관계없는 내용이다.

어휘 | 一番(いちばん) 가장 好(す)きだ 좋아하다
アニメ 애니메이션 *「アニメーション」의 준말 昔(むかし) 옛날
絵(え) 그림 描(か)く (그림을) 그리다 好(す)きだ 좋아하다
世界(せかい) 세계 人気(にんき) 인기 一緒(いっしょ)に 함께
勉強(べんきょう) 공부

23 일상생활 표현

美味しそうなクッキーですね。

(A) では、コーヒーを1つください。
(B) 上田さんにもらったお土産なんです。
(C) 今日は父が料理を作ります。
(D) そんなに辛くないですよ。

맛있어 보이는 쿠키네요.
(A) 그럼, 커피를 한 잔 주세요.
(B) 우에다 씨에게 받은 선물이에요.
(C) 오늘은 아버지가 요리를 만들어요.
(D) 그렇게 맵지 않아요.

해설 | 쿠키가 맛있어 보인다는 말에 대한 적절한 응답은 우에다 씨에게 선물로 받은 것이라고 출처를 밝힌 (B)가 된다. (A)는 「クッキー」(쿠키), (D)는 「美味(おい)しそうな」(맛있어 보이는)만 들었을 때 고를 수 있는 오답이다.

어휘 | 美味(おい)しい 맛있다
い형용사의 어간+そうだ ~일[할] 것 같다, ~해 보이다 *양태
では 그러면, 그럼 コーヒー 커피 もらう 받다
お土産(みやげ) 선물, (외출 · 여행지 등에서) 가족이나 친지를 위해 사 가는 특산품 今日(きょう) 오늘 父(ちち) (자신의) 아버지
料理(りょうり) 요리 作(つく)る 만들다 そんなに 그렇게
辛(から)い 맵다

24 업무 및 비즈니스 표현

今から会議室の掃除をして来ます。
(A) この仕事が終わったら、手伝いますね。
(B) コピーは山田さんに頼みました。
(C) ここでたばこを吸ってはいけませんよ。
(D) はい、会議室で鍵を拾いました。

지금부터 회의실 청소를 하고 올게요.
(A) 이 일이 끝나면 도울게요.
(B) 복사는 야마다 씨에게 부탁했어요.
(C) 여기에서 담배를 피워서는 안 돼요.
(D) 예, 회의실에서 열쇠를 주웠어요.

해설 | 지금부터 회의실 청소를 하고 오겠다고 했으므로, 적절한 응답은 지금 하는 일이 끝나면 본인도 돕겠다고 한 (A)가 된다. (B)의 복사나 (C)의 흡연 금지는 회의실 청소와는 관련이 없고, (D)는 「会議室(かいぎしつ)」(회의실)라는 단어를 응용한 오답이다.

어휘 | 今(いま)から 지금부터 掃除(そうじ) 청소 仕事(しごと) 일
終(お)わる 끝나다 手伝(てつだ)う 돕다, 도와주다 コピー 복사
頼(たの)む 부탁하다 たばこ 담배 吸(す)う (담배를) 피우다
~てはいけない ~해서는 안 된다 鍵(かぎ) 열쇠 拾(ひろ)う 줍다

25 일상생활 표현

すみません。お手洗いを貸してください。
(A) いいですよ。ここでお預かりします。
(B) わかりました。すぐに持って来ますね。

(C) はい。日曜日までに返してくださいね。

(D) どうぞ。階段を上がった所です。

죄송해요. 화장실을 빌려주세요[쓰게 해 주세요].

(A) 좋아요. 여기에서 보관할게요.

(B) 알겠어요. 바로 갖고 올게요.

(C) 예. 일요일까지 돌려주세요.

(D) 쓰세요. 계단을 올라간 곳이에요.

해설 | 「お手洗(てあら)いを貸(か)してください」는 직역하면 '화장실을 빌려주세요'로, 화장실을 쓰게 해 달라는 말이다. 정답은 (D)로, 흔쾌히 허락하면서 화장실의 위치를 알려 주고 있다. 나머지 선택지는 모두 문제의 「貸(か)す」(빌려주다)라는 동사를 응용한 오답이다.

어휘 | すみません 죄송합니다 お手洗(てあら)い 화장실
お+동사의 ます형+する ~하다, ~해 드리다 *겸양표현
預(あず)かる 맡다, 보관하다 すぐに 곧, 바로
持(も)つ 가지다, 들다 日曜日(にちようび) 일요일
~までに ~까지 *최종 기한 返(かえ)す 돌려주다
どうぞ 상대방에게 무언가를 권하거나 허락할 때 쓰는 말
階段(かいだん) 계단 上(あ)がる 올라가다 所(ところ) 곳, 장소

26 업무 및 비즈니스 표현

申し訳ありません。私の記入ミスです。

(A) これからは何度も見直すようにしてくださいね。

(B) 結論を先に言うといいですよ。

(C) 講義の内容は私も知らないんです。

(D) 具合が悪い時は、無理をしないでくださいね。

죄송해요. 저의 기입 실수예요.

(A) 앞으로는 여러 번 다시 보도록 하세요.

(B) 결론을 먼저 말하면 좋아요.

(C) 강의 내용은 저도 모르거든요.

(D) 컨디션이 안 좋을 때는 무리를 하지 마세요.

해설 | 「記入(きにゅう)ミス」(기입 실수)라는 말이 포인트. 뭔가를 잘못 적은 것에 대해 사과하고 있으므로, 적절한 응답은 실수가 없도록 여러 번 재검토를 해 달라고 부탁한 (A)가 된다.

어휘 | 記入(きにゅう) 기입 ミス 실수, 잘못
これからは 이제부터는, 앞으로는 何度(なんど)も 몇 번이나, 여러 번
見直(みなお)す 다시 보다, 재검토하다
~ようにする ~하도록 하다 結論(けつろん) 결론
先(さき)に 먼저 言(い)う 말하다 講義(こうぎ) 강의
内容(ないよう) 내용 知(し)る 알다 具合(ぐあい) (건강) 상태
悪(わる)い 나쁘다, 좋지 않다 無理(むり) 무리
~ないでください ~하지 말아 주십시오, ~하지 마세요

27 업무 및 비즈니스 표현

部長は、何時頃本社に戻られますか。

(A) はい、本日完了いたしました。

(B) 今日は支社から直接家に帰られるそうですよ。

(C) 私から連絡したことはないですね。

(D) すみません。本社の宛先はわかりません。

이 부장님은 몇 시쯤 본사에 돌아오세요?

(A) 예, 오늘 종료했어요.

(B) 오늘은 지사에서 직접 집으로 돌아가신대요.

(C) 제가 연락한 적은 없네요.

(D) 죄송해요. 본사의 수신처는 몰라요.

해설 | 외근을 나간 부장이 몇 시쯤 본사로 돌아오는지 묻고 있다. 정답은 (B)로, 본사로 돌아오지 않고 외근지인 지사에서 바로 퇴근한다는 뜻이다. (A)와 (C)는 질문과는 전혀 관련이 없는 응답이고, (D)는 문제의 「本社(ほんしゃ)」(본사)라는 단어를 응용한 오답이다.

어휘 | 部長(ぶちょう) 부장 何時(なんじ) 몇 시 ~頃(ごろ) ~경[쯤]
本社(ほんしゃ) 본사 戻(もど)る (본래의 자리로) 돌아오다
本日(ほんじつ) 금일, 오늘 *「今日(きょう)」의 격식 차린 말
完了(かんりょう) 완료 いたす 하다 *「する」의 겸양어
支社(ししゃ) 지사 直接(ちょくせつ) 직접 帰(かえ)る 돌아가다
連絡(れんらく) 연락 동사의 た형+ことはない ~한 적은 없다
宛先(あてさき) (우편의) 수신인, 수신처

28 업무 및 비즈니스 표현

あれ、また会議の資料を印刷しているの(?)。

(A) うん、急に参加人数が増えたんだ。

(B) うん、たまたま当たって運が良かったよ。

(C) ううん、これは資源ごみじゃないよ。

(D) ううん、レッスン料は高くないよ。

어, 또 회의 자료를 인쇄하고 있어?

(A) 응. 갑자기 참가 인원수가 늘었거든.

(B) 응. 우연히 당첨돼서 운이 좋았어.

(C) 아니. 이건 자원 쓰레기가 아니야.

(D) 아니. 레슨료는 비싸지 않아.

해설 | 「また」(또)라는 표현으로 볼 때, 이미 회의 자료를 인쇄해 둔 상황에서 추가로 더 인쇄하고 있다는 것을 알 수 있다. 적절한 응답은 (A)로, 추가분을 인쇄하는 이유를 말하고 있다.

어휘 | あれ 어 *놀라거나 의외로 여길 때 내는 소리
会議(かいぎ) 회의 資料(しりょう) 자료 印刷(いんさつ) 인쇄
うん 응 急(きゅう)に 갑자기 参加(さんか) 참가
人数(にんずう) 인원수 増(ふ)える 늘다, 늘어나다
たまたま 우연히, 때마침 当(あ)たる (복권 등이) 당첨되다
運(うん) 운 良(よ)い 좋다 ううん 아니
資源(しげん)ごみ 자원 쓰레기 レッスン料(りょう) 레슨료
高(たか)い (값이) 비싸다

29 업무 및 비즈니스 표현

この住所にこれを郵送しといてくれる(?)。

(A) 今月、訪問する予定はございません。

(B) モノレールで行くのが一番早いですよ。

(C) 承知いたしました。今日中に送っておきます。

(D) 重さを量っておいた方がいいですよ。

이 주소로 이걸 우편으로 보내 놔 줄래?

(A) 이달에 방문할 예정은 없어요.

(B) 모노레일로 가는 게 제일 빨라요.

(C) 알겠어요. 오늘 중으로 보내 둘게요.

(D) 무게를 달아 두는 편이 좋아요.

해설 | 「郵送(ゆうそう)」(우송)라는 단어가 포인트로, 우편 발송을 부탁하고 있는 상황이다. 적절한 응답은 오늘 중으로 보내 두겠다고 한 (C)로, (A)는 직접 갖고 가 달라는 질문에 대한 응답이므로 부적절하다. 또 교통수단이나 무게도 질문과는 관련이 없는 응답이므로, (B)와 (D)도 답이 될 수 없다.

어휘 | 住所(じゅうしょ) 주소
~とく ~해 놓다[두다] *「~ておく」의 회화체 표현
~てくれる (남이 나에게) ~해 주다 今月(こんげつ) 이달
訪問(ほうもん) 방문 予定(よてい) 예정
ござる 있다 *「ある」의 정중어 モノレール 모노레일
一番(いちばん) 가장, 제일 早(はや)い 빠르다
承知(しょうち) 앎, 알고 있음 いたす 하다 *「する」의 겸양어
今日中(きょうじゅう) 오늘 중 送(おく)る 보내다
重(おも)さ 무게 量(はか)る (저울로) 달다
동사의 た형+方(ほう)がいい ~하는 편[쪽]이 좋다

30 일상생활 표현

私、甘いものが好きだけど、虫歯が全くないの。
(A) じゃ、僕が材料の確認をしておくね。
(B) へえ、僕、歯医者が苦手だから羨ましいよ。
(C) 子供時代にそんな貴重な体験をしたんだね。
(D) 僕の知人にも同じ手術をした人がいるよ。

나, 단 음식을 좋아하지만 충치가 전혀 없어.
(A) 그럼, 내가 재료 확인을 해 둘게.
(B) 허, 나는 치과가 질색이라서 부럽네.
(C) 어린 시절에 그런 귀중한 체험을 한 거구나.
(D) 내 지인 중에도 같은 수술을 한 사람이 있어.

해설 | 충치가 하나도 없다는 말에 대한 적절한 응답을 고른다. 정답은 (B)로, 충치가 없으면 치과에 가지 않아도 되니까 부럽다고 말하고 있다. (A)는 문제의 「全(まった)くない」(전혀 없다)라는 표현을 응용한 오답이고, (C)와 (D)는 충치가 없다는 말에 대한 반응으로는 부적절하다.

어휘 | 甘(あま)い 달다 好(す)きだ 좋아하다 虫歯(むしば) 충치
全(まった)く (부정어 수반) 전혀 ない 없다
僕(ぼく) 나 *남자의 자칭 材料(ざいりょう) 재료
確認(かくにん) 확인 ~ておく ~해 놓다[두다]
へえ 허 *감탄하거나 놀랐을 때 내는 소리
歯医者(はいしゃ) 치과, 치과의사 苦手(にがて)だ 질색이다
羨(うらや)ましい 부럽다 子供時代(こどもじだい) 어린 시절
そんな 그런 貴重(きちょう)だ 귀중하다 体験(たいけん) 체험
知人(ちじん) 지인, 아는 사람 同(おな)じだ 같다
手術(しゅじゅつ) 수술 人(ひと) 사람

31 일상생활 표현

へえ、双子の妹さんがいらっしゃるんですか。
(A) はい、良く似合っていますよ。
(B) いえ、ここは立入禁止ですよ。
(C) うちはいつも5人前注文しますよ。
(D) ええ、でもあまり似ていないんですよ。

허, 쌍둥이 여동생 분이 계신 건가요?
(A) 예, 잘 어울려요.
(B) 아뇨, 여기는 출입금지예요.
(C) 우리 집은 항상 5인분 주문해요.
(D) 네, 하지만 별로 닮지 않았어요.

해설 | 「双子(ふたご)」(쌍둥이)라는 말이 포인트. 쌍둥이 여동생이 있는지 묻고 있는 상황이므로, 적절한 응답은 쌍둥이 여동생이 있는데 별로 닮지는 않았다고 한 (D)가 된다.

어휘 | 妹(いもうと)さん (남의) 여동생
いらっしゃる 계시다 *「いる」((사람이) 있다)의 존경어 良(よ)く 잘
似合(にあ)う 어울리다 いえ 아뇨 ここ 여기, 이곳
立入禁止(たちいりきんし) 출입금지 うち 우리 집
いつも 늘, 항상 ～人前(にんまえ) ~인분 注文(ちゅうもん) 주문
でも 하지만 あまり (부정어 수반) 그다지, 별로 似(に)る 닮다

32 업무 및 비즈니스 표현

このプリンター、この頃調子が悪いわね。
(A) いや、いいミーティングだったよ。
(B) もう20年以上使っているからなあ。
(C) 前より残業が少なくなったよ。
(D) 誰でも緊張するから、仕方がないよ。

이 프린터, 요즘 상태가 좋지 않네.
(A) 아니, 좋은 회의였어.
(B) 벌써 20년 이상 사용하고 있으니까 말이야.
(C) 전보다 잔업이 적어졌어.
(D) 누구나 긴장할 테니까 어쩔 수 없어.

해설 | 「調子(ちょうし)が悪(わる)い」((몸이나 기계 등의) 상태가 좋지 않다)라는 표현이 포인트. 문제는 프린터가 제대로 작동하지 않는다는 의미이므로, 그 이유가 될 만한 응답을 고른다. 정답은 (B)로, 워낙 오랜 기간 사용했기 때문이라고 말하고 있다.

어휘 | プリンター 프린터 この頃(ごろ) 요즘 いや 아니
いい 좋다 ミーティング 미팅, 회의 もう 이미, 벌써
以上(いじょう) 이상 使(つか)う 쓰다, 사용하다 前(まえ) 전, 이전
~より ~보다 残業(ざんぎょう) 잔업, 야근 少(すく)ない 적다
誰(だれ)でも 누구든지, 누구나 緊張(きんちょう) 긴장
仕方(しかた)がない 어쩔 수 없다

33 일상생활 표현

もしもし、午前中に届く予定の荷物がまだ届かないんですが。
(A) 確認しますので、お名前をお願いします。
(B) 着席していただいて結構ですよ。
(C) 毎週月曜日が定休日となっております。
(D) ここで10分間停車いたします。

여보세요, 오전 중에 도착할 예정인 짐이 아직 도착하지 않았는데요.
(A) 확인할 테니 이름을 부탁드립니다.
(B) 착석해 주셔도[착석하셔도] 돼요.
(C) 매주 월요일이 정기휴일로 되어 있습니다.
(D) 여기에서 10분간 정차하겠습니다.

해설 | 도착했어야 할 짐이 오지 않아서 전화로 묻고 있는 상황이다. 정답은 (A)로, 배송 상태를 확인하기 위해 이름을 알려 달라고 말하고 있다.

어휘 | もしもし 여보세요　午前(ごぜん) 오전
届(とど)く (보낸 물건이) 도착하다　予定(よてい) 예정
荷物(にもつ) 짐　まだ 아직
確認(かくにん) 확인　名前(なまえ) 이름
お+동사의 ます형+する ~하다, ~해 드리다 *겸양표현
願(ねが)う 부탁하다　着席(ちゃくせき) 착석
~ていただく (남에게) ~해 받다, (남이) ~해 주시다 *「~てもらう」
((남에게) ~해 받다, (남이) ~해 주다)의 겸양표현
結構(けっこう)だ 괜찮다　毎週(まいしゅう) 매주
月曜日(げつようび) 월요일　定休日(ていきゅうび) 정기휴일
~ておる ~어 있다 *「~ている」의 겸양표현　ここ 여기, 이곳
停車(ていしゃ) 정차　いたす 하다 *「する」의 겸양어

34 일상생활 표현

今週は花粉がかなり飛ぶそうよ。
(A) ちょっと不自然なんじゃないかな。
(B) 無事に終わって安心したよ。
(C) くしゃみの音にびっくりしたね。
(D) 目がかゆくなるから、嫌だなあ。

이번 주는 꽃가루가 꽤 날릴 거래.
(A) 조금 부자연스럽지 않나?
(B) 무사히 끝나서 안심했어.
(C) 재채기 소리에 깜짝 놀랐어.
(D) 눈이 가려워져서 싫은데.

해설 | 「花粉(かふん)」(꽃가루)이라는 단어가 포인트로, 꽃가루가 많이 날릴 것이라는 소식을 듣고 할 만한 응답을 찾는다. 정답은 (D)로, 꽃가루가 날리면 눈이 가려워져서 싫다는 뜻이다. (C)의 「くしゃみ」(재채기)는 문제의 「花粉(かふん)」(꽃가루)이라는 단어를 응용한 오답이다.

어휘 | 今週(こんしゅう) 이번 주　かなり 꽤, 상당히
飛(と)ぶ 날다, 흩날(리)다 품사의 보통형+そうだ ~라고 한다 *전문
ちょっと 조금　不自然(ふしぜん)だ 부자연스럽다
無事(ぶじ)だ 무사하다　終(お)わる 끝나다　安心(あんしん) 안심
くしゃみ 재채기　音(おと) 소리　びっくりする 깜짝 놀라다
目(め) 눈　かゆい 가렵다　嫌(いや)だ 싫다

35 업무 및 비즈니스 표현

アンケート調査の結果を見せてもらえる(?)。
(A) 表現の方法は人それぞれ自由でいいんだよ。
(B) 看護師さんがどんな検査をするか教えてくれるよ。
(C) まだ一部しかまとめられていないから、待ってて。
(D) 健康診断の結果は特に問題なかったよ。

앙케트 조사 결과를 보여 줄 수 있어?
(A) 표현 방법은 사람마다 자유로워도 돼.
(B) 간호사가 어떤 검사를 할지 알려 줄 거야.

(C) 아직 일부밖에 정리되지 않았으니까 기다리고 있어.
(D) 건강진단 결과는 특별히 문제없었어.

해설 | 앙케트 조사 결과를 보여 달라고 말하고 있는 상황이다. (A)의 표현 방법의 자유는 질문과는 전혀 관계없는 내용이고, (B)와 (D)는 문제의 「結果(けっか)」(결과)라는 단어를 응용한 오답이다. 정답은 (C)로, 조사 결과가 정리될 때까지 기다리고 있으라고 말하고 있다.

어휘 | アンケート 앙케트　調査(ちょうさ) 조사
見(み)せる 보이다, 보여 주다
~てもらう (남에게) ~해 받다, (남이) ~해 주다
表現(ひょうげん) 표현　方法(ほうほう) 방법
それぞれ (제)각기, 각각, 각자　自由(じゆう)だ 자유롭다
看護師(かんごし) 간호사　どんな 어떤
検査(けんさ) 검사　教(おし)える 가르치다, 알려 주다
~てくれる (남이 나에게) ~해 주다　まだ 아직　一部(いちぶ) 일부
~しか (부정어 수반) ~밖에　まとめる 정리하다
待(ま)つ 기다리다　健康診断(けんこうしんだん) 건강진단
特(とく)に 특별히　問題(もんだい)ない 문제없다

36 일상생활 표현

昨日の佐々木選手、すごい活躍だったね。
(A) ああ、彼が一番ゴールを決めていたね。
(B) 今日は残念だったけど、次に期待だね。
(C) 昨日サッカー教室のコーチをしたんだ。
(D) やっぱり書き直して良くなったね。

어제의 사사키 선수, 굉장한 활약이었지?
(A) 아ー, 그가 첫 골을 성공시켰지.
(B) 오늘은 아쉬웠지만 다음에 기대되네.
(C) 어제 축구교실의 코치를 했었어.
(D) 역시 다시 써서 좋아졌군.

해설 | 어제 시합에서의 사사키 선수의 활약을 칭찬하고 있다. 적절한 응답은 그가 첫 골을 성공시켰다고 한 (A)로, 그의 활약이 구체적으로 어떤 것이었는지 말하고 있다. (B)는 「すごい活躍(かつやく)」(굉장한 활약)와는 반대되는 응답이고, (C)는 문제의 「選手(せんしゅ)」(선수)라는 단어를 응용한 오답이며, (D)는 문제와는 전혀 관계없는 내용이다.

어휘 | 昨日(きのう) 어제　すごい 굉장하다　活躍(かつやく) 활약
一番(いちばん) (순번의) 첫 번째　ゴール 골
決(き)める (운동 경기에서 수를 써서) 성공시키다
残念(ざんねん)だ 아쉽다, 유감스럽다
次(つぎ) 다음　期待(きたい) 기대　サッカー 축구
教室(きょうしつ) (기술 등을 가르치는) 교실　コーチ 코치
やっぱり 역시 *「やはり」의 힘줌말
書(か)き直(なお)す 고쳐 쓰다, 다시 쓰다

37 업무 및 비즈니스 표현

今日のみどり社との価格交渉はどうなりましたか。
(A) 何とか有利に進めることができました。
(B) 商品開発の担当者は不在にしております。
(C) 防犯対策はしっかりしないといけないですね。
(D) もう諦めて明日の朝に移動した方がいいですね。

오늘의 미도리사와의 가격 교섭은 어떻게 됐어요?
(A) 그럭저럭 유리하게 진행할 수 있었어요.
(B) 상품 개발 담당자는 부재중입니다.
(C) 방범 대책은 제대로 하지 않으면 안 되죠.
(D) 이제 단념하고 내일 아침에 이동하는 편이 좋겠네요.

해설 | 오늘 있었던 가격 교섭 상황에 대해 묻고 있다. 적절한 응답은 (A)로, 교섭은 우리 쪽에 유리한 방향으로 진행되었다고 말하고 있다. (B)는 상품 개발 담당자를 찾는 사람에게 할 수 있는 응답이고, (C)의 방범 대책이나 (D)의 이동 시점에 대한 내용 또한 가격 교섭과는 관련이 없다.

어휘 | 価格(かかく) 가격 交渉(こうしょう) 교섭
何(なん)とか 그럭저럭, 어떻게든 有利(ゆうり)だ 유리하다
進(すす)める 진행하다 동사의 기본형+ことができる ~할 수 있다
商品(しょうひん) 상품 開発(かいはつ) 개발
担当者(たんとうしゃ) 담당자 不在(ふざい) 부재, 자리에 없음
~ておる ~하고 있다 *「~ている」의 겸양표현
防犯(ぼうはん) 방범 対策(たいさく) 대책 しっかり 제대로, 확실히
~ないといけない ~하지 않으면 안 된다, ~해야 한다 もう 이제
諦(あきら)める 체념하다, 단념하다 明日(あした) 내일
朝(あさ) 아침 移動(いどう) 이동
동사의 た형+方(ほう)がいい ~하는 편[쪽]이 좋다

38 일상생활 표현
今朝、駅でばったり小学校の同級生に会ったんですよ。
(A) そうですか。随分思い切った行動ですね。
(B) ボランティア活動の知り合いですよね。
(C) へえ、思いがけない所で再会したんですね。
(D) 資格を持っていて前途有望な人ですね。

오늘 아침 역에서 딱 초등학교 동급생을 만났어요.
(A) 그래요? 몹시 대담한 행동이네요.
(B) 자원봉사활동으로 알게 된 지인이죠?
(C) 허, 의외의 장소에서 재회한 거군요.
(D) 자격증을 갖고 있어서 전도유망한 사람이죠.

해설 | 「ばったり」(딱)는 뜻밖에 마주치는 모양을 나타내는 부사로, 오늘 아침의 만남이 지극히 우연한 일이었다는 것을 알 수 있다. 따라서 정답은 의외의 장소에서 재회했다며 놀라움을 표시하고 있는 (C)가 된다.

어휘 | 今朝(けさ) 오늘 아침 駅(えき) 역
小学校(しょうがっこう) 초등학교 同級生(どうきゅうせい) 동급생
会(あ)う 만나다 随分(ずいぶん) 꽤, 몹시, 퍽
思(おも)い切(き)った 과감한, 대담한 行動(こうどう) 행동
ボランティア 자원봉사 活動(かつどう) 활동
知(し)り合(あ)い 지인, 아는 사람
思(おも)いがけない 뜻밖이다, 의외이다 所(ところ) 곳, 장소
再会(さいかい) 재회 資格(しかく) 자격(증)
持(も)つ 가지다, 소지하다 前途(ぜんと) 전도, 장래
有望(ゆうぼう)だ 유망하다

39 업무 및 비즈니스 표현
建築の仕事の依頼は、順調に増えそうですか。

(A) お気の毒に。気を落とさないでくださいね。
(B) おかしな噂を流さないでください。
(C) 皆で協力して乗り越えましょう。
(D) いや、不景気なので、なかなか厳しいですね。

건축 일 의뢰는 순조롭게 늘어날 것 같아요?
(A) 안됐네요. 낙담하지 마세요.
(B) 이상한 소문을 퍼뜨리지 마세요.
(C) 모두 협력해서 극복합시다.
(D) 아니, 불경기여서 상당히 혹독하네요.

해설 | 일 의뢰가 순조롭게 늘어날 것 같은지 묻고 있다. 정답은 (D)로, 불경기여서 의뢰 건수가 늘지 않는다며 고충을 토로하고 있다. (A)와 (C)는 낙담한 사람에게 격려 차원에서 할 수 있는 말이므로 부적절하고, (B)는 헛소문을 퍼뜨리는 사람에게 하는 경고성 발언이므로 답이 될 수 없다.

어휘 | 建築(けんちく) 건축 仕事(しごと) 일 依頼(いらい) 의뢰
順調(じゅんちょう)だ 순조롭다 増(ふ)える 늘다, 늘어나다
동사의 ます형+そうだ ~일[할] 것 같다 *양태
気(き)の毒(どく)だ 안됐다, 가엾다, 불쌍하다
気(き)を落(お)とす 낙담하다
~ないでください ~하지 말아 주십시오, ~하지 마세요
おかしな 이상한 噂(うわさ) 소문 流(なが)す (소문 따위를) 퍼뜨리다
皆(みんな) 모두 協力(きょうりょく) 협력
乗(の)り越(こ)える 뚫고 나아가다, 극복하다
不景気(ふけいき) 불경기 なかなか 꽤, 상당히
厳(きび)しい 혹독하다, 심하다

40 업무 및 비즈니스 표현
データの管理に新しいデジタル技術を取り入れるそうよ。
(A) じゃ、速度を出さず徐行した方がいいね。
(B) 新人を雇うのは慎重に決めないとね。
(C) 各分野の専門家が揃ったというわけだね。
(D) へえ、今までのシステムは旧式だったもんね。

데이터 관리에 새로운 디지털 기술을 도입한대.
(A) 그럼, 속도를 내지 않고 서행하는 편이 좋겠네.
(B) 신입을 고용하는 건 신중하게 결정해야지.
(C) 각 분야의 전문가가 모였다는 말이네.
(D) 허, 지금까지의 시스템은 구식이었던 거네.

해설 | 데이터 관리에 새로운 디지털 기술을 도입한다는 소식을 전하고 있다. (A)는 도로 앞에서 공사 등을 하고 있다고 했을 때 할 수 있는 응답이고, (B)와 (C)는 문제의 「取(と)り入(い)れる」(도입하다)라는 동사를 응용한 오답이다. 정답은 (D)로, 지금까지의 데이터 관리 시스템이 구식이 되어 버린 현 상황에 대해 놀라움을 표시하고 있다.

어휘 | データ 데이터 管理(かんり) 관리 新(あたら)しい 새롭다
デジタル 디지털 技術(ぎじゅつ) 기술 じゃ 그럼, 그러면
速度(そくど)を出(だ)す 속도를 내다
~ず(に) ~하지 않고[말고] 徐行(じょこう) 서행
동사의 た형+方(ほう)がいい ~하는 편[쪽]이 좋다
新人(しんじん) 신입 雇(やと)う 고용하다
慎重(しんちょう)だ 신중하다 決(き)める 정하다, 결정하다

～ないと（いけない）～하지 않으면 (안 된다), ~해야 (한다)
各(かく) 각　分野(ぶんや) 분야　専門家(せんもんか) 전문가
揃(そろ)う (모두) 모이다　～というわけだ ~라는 셈[것]이다
今(いま)まで 지금까지　システム 시스템　旧式(きゅうしき) 구식
～もん ~인 걸 *「～もの」의 회화체 표현

41 업무 및 비즈니스 표현

朝(あさ)から溜(た)め息(いき)ばかりついてるけど、どうしたんですか。

(A) 値引(ねび)き交渉(こうしょう)がうまく進(すす)んでいないんですよ。
(B) ええ、事業(じぎょう)は好調(こうちょう)な滑(すべ)り出(だ)しのようですよ。
(C) 普段(ふだん)は生意気(なまいき)ですが、かわいい後輩(こうはい)です。
(D) 感激(かんげき)して、つい泣(な)いてしまいました。

아침부터 한숨만 쉬고 있는데 왜 그래요?
(A) 가격 할인 교섭이 잘 진행되지 않고 있거든요.
(B) 네, 사업은 순조롭게 출발하는 것 같아요.
(C) 평소에는 건방지지만 귀여운 후배예요.
(D) 감격해서 그만 울고 말았어요.

해설 | 아침부터 한숨만 쉬고 있는 이유를 묻고 있다. 적절한 응답은 (A)로, 교섭이 잘 진행되지 않아서 걱정스럽다며 한숨을 쉬고 있는 이유를 말하고 있다.

어휘 | 朝(あさ) 아침
溜(た)め息(いき) 한숨 *「溜(た)め息(いき)をつく」 – 한숨을 쉬다
～ばかり ~만, ~뿐　値引(ねび)き 가격 할인
交渉(こうしょう) 교섭　うまく 잘　進(すす)む 진행되다
事業(じぎょう) 사업　好調(こうちょう)だ 호조이다
滑(すべ)り出(だ)し 시작, 출발　～ようだ ~인 것 같다, ~인 듯하다
普段(ふだん) 평소, 평상시　生意気(なまいき)だ 건방지다
かわいい 귀엽다　後輩(こうはい) 후배　感激(かんげき) 감격
つい 그만, 무심코　泣(な)く 울다

42 업무 및 비즈니스 표현

企画部(きかくぶ)の鈴木(すずき)さんが新年会(しんねんかい)の幹事(かんじ)を引(ひ)き受(う)けてくれたんですか。

(A) 時間(じかん)を引(ひ)き延(の)ばそうと判断(はんだん)したようですよ。
(B) 彼(かれ)はお世辞(せじ)ではなく本気(ほんき)で言(い)っていますよ。
(C) いや、返事(へんじ)が曖昧(あいまい)だったからわからないんですよ。
(D) ええ、賃金(ちんぎん)の改定(かいてい)を訴(うった)えているそうですよ。

기획부 스즈키 씨가 신년회 간사를 맡아 줬어요?
(A) 시간을 끌어야겠다고 판단한 것 같아요.
(B) 그는 빈말이 아니라 진심으로 말하고 있어요.
(C) 아니, 답변이 애매했기 때문에 모르겠어요.
(D) 네, 임금 개정을 호소하고 있어요.

해설 | 「引(ひ)き受(う)ける」(맡다)라는 복합동사가 포인트로, 스즈키 씨가 간사라는 직책을 맡기로 했는지 궁금해하고 있다. (A)는 시간을 끄는 행위에 대한 반응이므로 부적절하고, (B)는 발언의 진의, (D)는 임금 개정에 대해서 말하고 있으므로, 역시 답이 될 수 없다. 정답은 (C)로, 확

답을 하지 않았기 때문에 어떻게 될지 잘 모르겠다는 뜻이다.

어휘 | 企画部(きかくぶ) 기획부　新年会(しんねんかい) 신년회
幹事(かんじ) 간사　～てくれる (남이 나에게) ~해 주다
時間(じかん) 시간　引(ひ)き延(の)ばす 끌다, 지연시키다
判断(はんだん) 판단　～ようだ ~인 것 같다, ~인 듯하다
お世辞(せじ) (비위를 맞추기 위한) 빈말, 겉치레말
本気(ほんき) 본마음, 진심　返事(へんじ) 답변
曖昧(あいまい)だ 애매하다　わかる 알다, 이해하다
賃金(ちんぎん) 임금　改定(かいてい) 개정　訴(うった)える 호소하다
품사의 보통형＋そうだ ~라고 한다 *전문

43 일상생활 표현

家(いえ)を買(か)おうと思(おも)うんですが、不動産(ふどうさん)の契約(けいやく)で注意(ちゅうい)すべき点(てん)は、何(なん)でしょうか。

(A) セールスマンは商品(しょうひん)の弱点(じゃくてん)を隠(かく)しますよね。
(B) ここは高級住宅街(こうきゅうじゅうたくがい)と言(い)われていますね。
(C) 自宅(じたく)で家族(かぞく)と過(す)ごす休日(きゅうじつ)も必要(ひつよう)ですよね。
(D) 契約書類(けいやくしょるい)にはしっかり目(め)を通(とお)すことですね。

집을 사려고 생각하고 있는데, 부동산 계약에서 주의해야 할 점은 뭘까요?
(A) 세일즈맨은 상품의 약점을 숨기죠?
(B) 여기는 고급 주택가라고들 해요.
(C) 자택에서 가족과 보내는 휴일도 필요하죠?
(D) 계약 서류는 제대로 훑어보는 거죠.

해설 | 부동산 계약 시 주의점에 대해 묻고 있으므로, 적절한 응답은 계약 서류에 적혀 있는 사항을 꼼꼼히 읽어 보라고 조언하고 있는 (D)가 된다. 나머지 선택지는 문제의 「不動産(ふどうさん)」(부동산)과 「契約(けいやく)」(계약)를 응용한 오답이다.

어휘 | 家(いえ) 집　買(か)う 사다　注意(ちゅうい) 주의, 조심
동사의 기본형＋べき (마땅히) ～해야 할 *단, 「する」(하다)는 「するべき」, 「すべき」 모두 가능함　点(てん) 점
セールスマン 세일즈맨, 외판원　商品(しょうひん) 상품
弱点(じゃくてん) 약점　隠(かく)す 숨기다　高級(こうきゅう) 고급
住宅街(じゅうたくがい) 주택가
～と言(い)われている ~라고 하다, ~라고들 하다
自宅(じたく) 자택, 자기집　家族(かぞく) 가족
過(す)ごす (시간을) 보내다, 지내다　休日(きゅうじつ) 휴일
必要(ひつよう)だ 필요하다　書類(しょるい) 서류
しっかり 제대로, 확실히　目(め)を通(とお)す 훑어보다

44 업무 및 비즈니스 표현

顔色(かおいろ)が良(よ)くないわ。早退(そうたい)した方(ほう)がいいんじゃない(?)。

(A) 不満(ふまん)がないわけじゃないけど、我慢(がまん)するよ。
(B) 今朝(けさ)から寒気(さむけ)もするし、そうするよ。
(C) え(!?)。そんな騒動(そうどう)があったなんて驚(おどろ)きだよ。
(D) わかったから、もうからかわないでくれよ。

안색이 안 좋네. 조퇴하는 편이 좋지 않아?
(A) 불만이 없는 건 아니지만 참을게.

(B) 오늘 아침부터 오한도 나고 하니 그렇게 할게.
(C) 뭐!? 그런 소동이 있었다니 놀랍네.
(D) 알았으니까 이제 놀리지 말아 줘.

해설 | 안색이 나쁜 상대방에게 조퇴를 권하고 있다. 이에 대한 응답으로 적절한 것은 안색이 좋지 않은 이유를 말하며 조퇴하겠다고 한 (B)가 된다. 조퇴를 하라는 호의의 말을 고깝게 받아들이고 있는 (A)와 (D), 이미 지나간 소동에 대해 말하고 있는 (C)는 문제에 대한 응답으로는 부적절하다.

어휘 | 顔色(かおいろ) 안색, 얼굴빛 良(よ)くない 좋지 않다
早退(そうたい) 조퇴 不満(ふまん) 불만
~わけじゃない (전부) ~하는 것은 아니다, *「~わけではない」의 회화체 표현 我慢(がまん)する 참다, 견디다 今朝(けさ) 오늘 아침
寒気(さむけ) 오한, 한기 「寒気(さむけ)がする」- 오한이 나다, 한기가 들다
~し ~니, ~고 *하나의 조건만을 들고 나머지는 암시할 때의 표현
騒動(そうどう) 소동 驚(おどろ)き 놀라움 わかる 알다, 이해하다
もう 이제 からかう 조롱하다, 놀리다

45 일상생활 표현

来月(らいげつ)、かなこ先輩(せんぱい)の出産予定日(しゅっさんよていび)だったよね(?)。
(A) ああ、昼夜(ちゅうや)を問(と)わず作業(さぎょう)しているらしいよ。
(B) いや、末(すえ)っ子(こ)じゃなくて長女(ちょうじょ)だったと思(おも)う。
(C) そうだよ。落(お)ち着(つ)いたら、会(あ)いに行(い)きたいね。
(D) トラブルが起(お)きて今(いま)中断(ちゅうだん)しているんだ。

다음 달, 가나코 선배의 출산 예정일이었지?
(A) 아−, 밤낮을 불문하고 작업하고 있는 것 같더라고.
(B) 아니, 막내가 아니라 장녀였던 것 같은데.
(C) 맞아. 안정되면 만나러 가고 싶네.
(D) 문제가 발생해서 지금 중단하고 있거든.

해설 | 「出産予定日(しゅっさんよていび)」(출산 예정일)라는 단어가 포인트. 선택지에는 출산에 대한 직접적인 언급은 없으므로 내용상 적절한 응답을 찾아야 한다. 정답은 (C)로, 선배가 아기를 낳고 어느 정도 안정되면 만나러 가고 싶다는 말이다.

어휘 | 来月(らいげつ) 다음 달 先輩(せんぱい) 선배
出産(しゅっさん) 출산 予定日(よていび) 예정일
昼夜(ちゅうや) 주야, 밤낮 ~を問(と)わず ~을 불문하고
作業(さぎょう) 작업
~らしい ~인 것 같다 *객관적 근거에 의한 추측・판단
いや 아니 末(すえ)っ子(こ) 막내 長女(ちょうじょ) 장녀
落(お)ち着(つ)く 진정되다, 안정되다 会(あ)う 만나다
동사의 ます형+に ~하러 *동작의 목적
トラブル 트러블, 분쟁, 문제 起(お)きる 일어나다, 발생하다
今(いま) 지금 中断(ちゅうだん) 중단

46 일상생활 표현

そのバナナ買(か)うの(?)。こっちの方(ほう)が見(み)た目(め)がきれいよ。
(A) その青(あお)いのは、まだ未熟(みじゅく)だから、これでいいよ。
(B) うん、散髪(さんぱつ)してきれいにした方(ほう)がいいね。
(C) いい方向(ほうこう)に導(みちび)いてくれてありがとう。

(D) 確(たし)かに今年(ことし)は果実(かじつ)が豊作(ほうさく)みたいだね。

그 바나나 살 거야? 이쪽이 겉모양이 예뻐.
(A) 그 파란 건 아직 다 익지 않았으니까 이걸로 됐어.
(B) 응, 머리를 깎고 깔끔하게 하는 편이 좋겠네.
(C) 좋은 방향으로 이끌어 줘서 고마워.
(D) 확실히 올해는 과일이 풍작인 것 같네.

해설 | 본인이 사려는 바나나가 아닌 다른 바나나를 권하는 상대방에게 할 만한 응답을 고른다. 정답은 (A)로, 본인은 겉모양보다 숙성이 잘 된 바나나를 사겠다고 말하고 있다. (B)는 문제의 「きれいだ」(예쁘다), (C)는 「こっち」(이쪽), (D)는 「バナナ」(바나나)라는 단어를 응용한 오답이다.

어휘 | 買(か)う 사다 見(み)た目(め) 겉모양, 겉모양
青(あお)い 파랗다 まだ 아직 未熟(みじゅく) 미숙, 다 익지 않음
散髪(さんぱつ) 머리를 깎음
동사의 た형+方(ほう)がいい ~하는 편[쪽]이 좋다
方向(ほうこう) 방향 導(みちび)く 이끌다, 인도하다
~てくれる (남이 나에게) ~해 주다 確(たし)かに 확실히
今年(ことし) 올해 果実(かじつ) 과실, 과일 豊作(ほうさく) 풍작
~みたいだ ~인 것 같다

47 업무 및 비즈니스 표현

昨日(きのう)の森商事(もりしょうじ)の謝罪会見(しゃざいかいけん)では、誰(だれ)も納得(なっとく)しないわよね。
(A) 損失(そんしつ)は最小限(さいしょうげん)に抑(おさ)えないといけないですね。
(B) 警察(けいさつ)は人質(ひとじち)が解放(かいほう)されるまで動(うご)けませんね。
(C) はい、全(まった)く誠意(せいい)が感(かん)じられませんでしたね。
(D) はい、被告人(ひこくにん)は無罪(むざい)を主張(しゅちょう)していますね。

어제 모리상사의 사죄회견에 관해서는 아무도 납득하지 않는군.
(A) 손실은 최소한으로 막지 않으면 안 되겠네요.
(B) 경찰은 인질이 해방될 때까지 움직일 수 없겠네요.
(C) 예, 전혀 성의를 느낄 수 없었죠.
(D) 예, 피고인은 무죄를 주장하고 있죠.

해설 | 어제 있었던 사죄회견에 대해 아무도 납득하지 않는다고 했으므로, 회견 내용 등에 문제가 있었다는 것을 짐작할 수 있다. 이에 대한 적절한 응답은 (C)로, 상대방의 말에 동의하면서 성의 없는 사죄 태도에 대해 비판하고 있다.

어휘 | 昨日(きのう) 어제 商事(しょうじ) 상사
謝罪(しゃざい) 사죄 会見(かいけん) 회견
誰(だれ)も (부정어 수반) 아무도 納得(なっとく) 납득
損失(そんしつ) 손실 最小限(さいしょうげん) 최소한
抑(おさ)える (커지는 것을) 막다, 억제하다
~ないといけない ~하지 않으면 안 된다, ~해야 한다
警察(けいさつ) 경찰 人質(ひとじち) 인질 解放(かいほう) 해방
動(うご)く 움직이다, 행동하다 全(まった)く (부정어 수반) 전혀
誠意(せいい) 성의 感(かん)じる 느끼다 被告人(ひこくにん) 피고인
無罪(むざい) 무죄 主張(しゅちょう) 주장

48 업무 및 비즈니스 표현

部長(ぶちょう)、ついにあおい商事(しょうじ)から契約(けいやく)の承諾(しょうだく)を得(え)ました。

(A) それは、存続が危ぶまれる状況ですね。

(B) そうですか。合意してもらえて良かったです。

(C) 金利の仕組みは、知っておいた方がいいですよ。

(D) お互い理解し合うため、歩み寄りましょう。

부장님, 드디어 아오이상사로부터 계약 승낙을 얻었어요.
(A) 그거 참 존속이 걱정되는 상황이네요.
(B) 그래요? 합의해 줘서 다행이네요.
(C) 금리 구조는 알아 두는 편이 좋아요.
(D) 서로 이해하기 위해서 양보합시다.

해설 | 「ついに」(드디어, 마침내, 결국)라는 표현을 쓴 것으로 보아, 이 계약이 성사되기까지 상당한 시간과 노력을 들였다는 것을 알 수 있다. 적절한 응답은 (B)로, 합의가 이루어져서 다행이라며 안도하고 있다. (A)는 계약이 성사되지 않았다고 했을 때 할 수 있는 응답이므로 답이 될 수 없다.

어휘 | 部長(ぶちょう) 부장 商事(しょうじ) 상사
契約(けいやく) 계약 承諾(しょうだく) 승낙 得(え)る 얻다
存続(そんぞく) 존속 危(あや)ぶむ 걱정하다
状況(じょうきょう) 상황 合意(ごうい) 합의
~てもらう (남에게) ~해 받다, (남이) ~해 주다
~て良(よ)かった ~해서 잘됐다[다행이다] 金利(きんり) 금리
仕組(しく)み 구조 知(し)る 알다 ~ておく ~해 놓다[두다]
お互(たが)い 서로 理解(りかい) 이해
동사의 ます형+合(あ)う 서로 ~하다 歩(あゆ)み寄(よ)る 양보하다

49 일상생활 표현

彼は医学や化学の分野で華々しい成果を収めているね。

(A) 選挙に当選すれば、政界復帰となるわけだね。

(B) 彼の意志は固いので、引き止めても無駄だね。

(C) うん、関連業界から一目置かれているね。

(D) ああ、弁解の余地がない状況だよね。

그는 의학과 화학 분야에서 눈부신 성과를 거두고 있네.
(A) 선거에 당선되면 정계 복귀가 되는 셈이네.
(B) 그의 의지는 확고하니까 말려도 소용없겠네.
(C) 응, 관련 업계로부터 능력을 인정받고 있지.
(D) 아-, 변명의 여지가 없는 상황이지.

해설 | 「成果(せいか)を収(おさ)める」(성과를 거두다)라는 표현이 포인트. 특정 분야에서 눈부신 성과를 거두고 있다는 말은 그 분야에서 능력을 인정받고 있다는 의미이므로, 정답은 (C)가 된다. (A)는 선거에 출마한다는 말에 대한 반응이며, (B)는 의지가 확고한 사람에 대해, (D)는 매우 잘못된 상황을 보고 할 수 있는 말이다.

어휘 | 医学(いがく) 의학 化学(かがく) 화학 分野(ぶんや) 분야
華々(はなばな)しい 눈부시다, 훌륭하다 選挙(せんきょ) 선거
当選(とうせん) 당선 政界(せいかい) 정계 復帰(ふっき) 복귀
~わけだ ~인 셈[것]이다 *부드러운 단정을 나타냄
意志(いし) 의지
固(かた)い (의지·의리·행실 따위가) 굳다, 확고하다
引(ひ)き止(と)める 만류하다, 말리다 無駄(むだ)だ 소용없다
関連(かんれん) 관련 業界(ぎょうかい) 업계
一目置(いちもくお)く 한 수 위로 보다, 자기보다 실력이 나은 사람으

로 인정하여 경의를 표하다 弁解(べんかい) 변명
余地(よち) 여지 状況(じょうきょう) 상황

50 정치 관련 표현

あの法案が国会で満場一致で採決されるとは驚きですね。

(A) うん、賛否が分かれるもんだと思っていたよ。

(B) 道徳観は誰1人として同じじゃないからね。

(C) 間一髪で逃れることができてほっとしたね。

(D) 刑事が軒並み訪問して捜査したそうだよ。

그 법안이 국회에서 만장일치로 채결되다니 놀랐네요.
(A) 응, 찬반이 나눠질 거라고 생각했지.
(B) 도덕관은 누구도 같지 않으니까 말이야.
(C) 아슬아슬하게 피할 수 있어서 안심하네.
(D) 형사가 집집마다 방문해서 수사했대.

해설 | 「満場一致(まんじょういっち)」(만장일치)와 「~とは驚(おどろ)きですね」(~하다니 놀랐네요)라는 표현에서, 그 법안이 만장일치로 채결되리라고는 생각하지 못했다는 것을 알 수 있다. 즉, 모두가 찬성표를 던진 데 대해 놀라움을 표시하고 있으므로, 정답은 (A)가 된다.

어휘 | あの (서로 알고 있는) 그 法案(ほうあん) 법안
国会(こっかい) 국회 採決(さいけつ) 채결 ~とは ~하다니 *놀람
驚(おどろ)き 놀람, 놀라움 賛否(さんぴ) 찬부, 찬반
分(わ)かれる 갈라지다, 나누어지다 道徳観(どうとくかん) 도덕관
誰1人(だれひとり) (부정어 수반) 누구도, 아무도
同(おな)じだ 같다 間一髪(かんいっぱつ) 아슬아슬함
逃(のが)れる 벗어나다, 피하다 ほっとする 안심하다
刑事(けいじ) 형사 軒並(のきな)み 집집마다, 일제히, 모두
訪問(ほうもん) 방문 捜査(そうさ) 수사
품사의 보통형+そうだ ~라고 한다 *전문

51 성별에 따른 의견 및 행동 구분

> 男 今度の土曜に映画を見に行きませんか。
>
> 女 すみません。土曜日は仕事なんです。
>
> 男 土曜日も仕事ですか。大変ですね。
>
> 女 はい。見たい映画があったのに、残念です。

남 이번 토요일에 영화를 보러 가지 않을래요?
여 죄송해요. 토요일은 일하거든요.
남 토요일도 일해요? 힘들겠네요.
여 예. 보고 싶은 영화가 있었는데 아쉽네요.

女の人は、土曜日に何をしますか。
(A) 映画館へ行く。
(B) 仕事をする。
(C) 家で映画を見る。
(D) 会社を休む。

여자는 토요일에 무엇을 합니까?
(A) 영화관에 간다.
(B) 일을 한다.
(C) 집에서 영화를 본다.
(D) 회사를 쉰다.

해설 | 여자의 첫 번째 대화에서 정답을 찾을 수 있다. 영화를 보러 가자는 남자의 제안에 대해 죄송하다며 토요일은 일을 해야 한다고 했다. 따라서 정답은 (B)가 된다.

어휘 | 今度(こんど) 이번 土曜(どよう) 토요일(=土曜日(どようび)) 映画(えいが) 영화 見(み)る 보다
동사의 ます형+に ~하러 *동작의 목적
~ませんか ~하지 않겠습니까? *권유 仕事(しごと) 일
大変(たいへん)だ 힘들다 동사의 ます형+たい ~하고 싶다
~のに ~는데(도) 残念(ざんねん)だ 아쉽다, 유감스럽다

52 성별에 따른 의견 및 행동 구분

> 女 この部屋、ちょっと暑いですね。
>
> 男 暖房の温度を下げましょうか。
>
> 女 いえ、そこの窓を少しだけ開けておいてください。
>
> 男 はい、わかりました。

여 이 방, 조금 덥네요.
남 난방 온도를 낮출까요?
여 아뇨, 거기 창문을 조금만 열어 두세요.
남 예, 알겠어요.

男の人は、この後何をしますか。
(A) 暖房を消す。

(B) エアコンの温度を見る。
(C) 窓を開ける。
(D) ドアを少し開ける。

남자는 이후 무엇을 합니까?
(A) 난방을 끈다.
(B) 에어컨 온도를 본다.
(C) 창문을 연다.
(D) 문을 조금 연다.

해설 | 방이 조금 덥다는 여자의 말에 남자는 난방 온도를 낮출지 물었고, 이에 여자는 남자에게 그러지 말고 창문을 조금 열어 두라고 했다. 따라서 정답은 창문을 연다고 한 (C)가 된다.

어휘 | 部屋(へや) 방 ちょっと 조금 暑(あつ)い 덥다
暖房(だんぼう) 난방 温度(おんど) 온도 下(さ)げる 낮추다
そこ 거기, 그곳 窓(まど) 창문 少(すこ)し 조금 ~だけ ~만, ~뿐
開(あ)ける 열다 ~ておく ~해 놓다[두다] わかる 알다, 이해하다
消(け)す (스위치 등을) 끄다 エアコン 에어컨 ドア 문

53 성별에 따른 의견 및 행동 구분

> 女 明日は妹の誕生日なんです。
>
> 男 へえ、何かプレゼントをあげるんですか。
>
> 女 今年は、母と私でご馳走を作ってあげるんです。
>
> 男 そうですか。明日が楽しみですね。

여 내일은 여동생 생일이거든요.
남 허, 뭔가 선물을 줄 거예요?
여 올해는 어머니와 제가 함께 맛있는 음식을 만들어 줄 거예요.
남 그래요? 내일이 기대되네요.

女の人は、明日、何をしますか。
(A) 母とプレゼントを選ぶ。
(B) 家族で食事に出かける。
(C) 妹に料理を教える。
(D) 妹のために料理を作る。

여자는 내일 무엇을 합니까?
(A) 어머니와 선물을 고른다.
(B) 가족끼리 식사하러 나간다.
(C) 여동생에게 요리를 알려 준다.
(D) 여동생을 위해서 요리를 만든다.

해설 | 여자의 두 번째 대화에 주목해야 한다. 여동생의 생일에 선물이 아니라 어머니와 둘이서 맛있는 음식을 만들어 줄 것이라고 했으므로, 정답은 (D)가 된다. (B)는 함께 외식을 한다는 뜻이므로 오답이고, (C)도 요리를 만들어 주는 것이 아니라 요리법을 가르쳐 준다는 의미이므로 답이 될 수 없다.

어휘 | 明日(あした) 내일 妹(いもうと) (자신의) 여동생

81

誕生日(たんじょうび) 생일　何(なに)か 무엇인가, 뭔가
プレゼント 선물　あげる (내가 남에게) 주다　今年(ことし) 올해
母(はは) (자신의) 어머니　ご馳走(ちそう) 맛있는 음식
作(つく)る 만들다　～てあげる (내가 남에게) ～해 주다
楽(たの)しみ 기다려짐, 고대　選(えら)ぶ 고르다, 선택하다
家族(かぞく) 가족　食事(しょくじ) 식사
出(で)かける (밖에) 나가다, 외출하다, 가다
教(おし)える 가르치다, 알려 주다　명사+の+ために ～위해서

54 대화 내용에 대한 이해

男　週末は、どこかへ行きましたか。
女　友達と美術館へ行きました。
男　いいですね。良く行くんですか。
女　はい。絵が好きで、良く友達を誘って行くん
　　です。

남　주말은 어딘가에 갔었나요?
여　친구와 미술관에 갔었어요.
남　좋네요. 자주 가나요?
여　예. 그림을 좋아해서 자주 친구를 불러서 가요.

女の人は、どうして美術館へ行きましたか。
(A) 暇だったから
(B) 友達に誘われたから
(C) 絵を見るのが好きだから
(D) チケットをもらったから

여자는 어째서 미술관에 갔습니까?
(A) 한가했기 때문에
(B) 친구에게 권유받기 때문에
(C) 그림을 보는 것을 좋아하기 때문에
(D) 티켓을 받았기 때문에

해설 | 여자의 두 번째 대화에 주목해야 한다. 여자가 미술관에 자주 가
는 이유는 「絵(え)が好(す)きで」(그림을 좋아해서)라고 했으므로, 정답
은 (C)가 된다. 미술관에 가자고 권유하는 쪽은 친구가 아니라 여자이
므로 (B)는 틀린 설명이다.

어휘 | 週末(しゅうまつ) 주말　どこか 어딘가
友達(ともだち) 친구　美術館(びじゅつかん) 미술관
良(よ)く 자주　絵(え) 그림　好(す)きだ 좋아하다
誘(さそ)う ① 부르다, 불러내다 ② 권하다, 권유하다
どうして 어째서, 왜　暇(ひま)だ 한가하다　チケット 티켓
もらう 받다

55 성별에 따른 의견 및 행동 구분

男　この漫画、読んだ(?)。
女　ううん。買いに行ったけど本屋になくて、ま
　　だ読めていないの。
男　すごく人気だよね。明日で良かったら、貸そ
　　うか。

女　いいの(?)。ありがとう。
남　이 만화, 읽었어?
여　아니. 사러 갔는데 서점에 없어서 아직 못 읽었어.
남　굉장히 인기지? 내일이라도 괜찮으면 빌려줄까?
여　괜찮아? 고마워.

女の人は、漫画をどうしますか。
(A) 男の人に借りる。
(B) すぐに読む。
(C) 大きい本屋で買う。
(D) 友達にあげる。

여자는 만화를 어떻게 합니까?
(A) 남자에게 빌린다.
(B) 바로 읽는다.
(C) 큰 서점에서 산다.
(D) 친구에게 준다.

해설 | 「貸(か)す」(빌려주다)와 「借(か)りる」(빌리다) 동사를 구분하는
문제. 남자가 갖고 있는 만화책을 여자가 아직 못 읽었다고 하자, 남자
는 빌려주겠다고 했고, 여자는 고맙다고 했다. 따라서 정답은 남자에게
빌린다고 한 (A)가 된다. (B)는 내일 빌려준다고 했으므로 바로 읽을 수
없고, (D)는 남자에게 해당하는 내용이므로 답이 될 수 없다.

어휘 | 漫画(まんが) 만화　読(よ)む 읽다　ううん 아니
買(か)う 사다　동사의 ます형+に ～하러 *동작의 목적
本屋(ほんや) 서점　まだ 아직　すごく 굉장히　人気(にんき) 인기
明日(あした) 내일　すぐに 곧, 바로　大(おお)きい 크다
友達(ともだち) 친구　あげる (내가 남에게) 주다

56 성별에 따른 의견 및 행동 구분

女　コーヒーをお入れしましょうか。
男　お願いします。砂糖は無しで結構です。
女　ホットでよろしいですか。
男　ええ、今日はとても冷えますからね。

여　커피를 끓일까요?
남　부탁드려요. 설탕은 안 넣어도 돼요.
여　뜨거운 걸로 괜찮으세요?
남　네, 오늘은 너무 추워졌으니까요.

男の人は、どんなコーヒーを飲みますか。
(A) 温かくて甘いコーヒー
(B) 温かくて甘くないコーヒー
(C) 冷たくて甘いコーヒー
(D) 冷たくて甘くないコーヒー

남자는 어떤 커피를 마십니까?
(A) 따뜻하고 단 커피
(B) 따뜻하고 달지 않은 커피
(C) 차고 단 커피
(D) 차고 달지 않은 커피

해설 | 남자는 첫 번째 대화에서 설탕을 넣지 말아 달라고 부탁했으므로, 단 커피라고 한 (A)와 (C)는 틀린 설명이다. 그리고 따뜻한 것으로 괜찮냐는 여자의 질문에 대해 '네'라고 대답했으므로, 정답은 (B)가 된다.

어휘 | コーヒーを入(い)れる 커피를 끓이다
お+동사의 ます형+する ～하다, ～해 드리다 *겸양표현
願(ねが)う 부탁하다 砂糖(さとう) 설탕 無(な)し 없음
結構(けっこう)だ 괜찮다 ホット 핫, 뜨거움
よろしい 좋다, 괜찮다 *「よい」(좋다)의 공손한 표현
今日(きょう) 오늘 冷(ひ)える (날씨 등이) 차가워지다, 추워지다
どんな 어떤 飲(の)む 마시다 温(あたた)かい 따뜻하다
甘(あま)い 달다 冷(つめ)たい 차다

57 대화 내용에 대한 이해

女 昨日(きのう)のパーティーは、早(はや)く終(お)わったんですか。
男 いえ、楽(たの)しくて、時間(じかん)を忘(わす)れて騒(さわ)いでしまいましたよ。
女 じゃあ、夜中(よなか)まで飲(の)んでいたんですか。
男 はい。だから、今日(きょう)は少(すこ)し頭(あたま)が痛(いた)いです。

여 어제 파티는 일찍 끝났나요?
남 아뇨, 즐거워서 시간을 잊고 떠들어 버렸어요.
여 그럼, 밤중까지 마셨던 거예요?
남 예. 그래서 오늘은 조금 머리가 아파요.

昨日(きのう)のパーティーは、どうでしたか。
(A) 音楽(おんがく)が良(よ)かった。
(B) お酒(さけ)を飲(の)みながら楽(たの)しんだ。
(C) 頭(あたま)が痛(いた)くて楽(たの)しめなかった。
(D) 時間(じかん)が短(みじか)かった。

어제 파티는 어땠습니까?
(A) 음악이 좋았다.
(B) 술을 마시면서 즐겼다.
(C) 머리가 아파서 즐길 수 없었다.
(D) 시간이 짧았다.

해설 | 어제 파티에 대해 남자는 즐거워서 늦게까지 떠들고 놀았다고 했다. 이에 여자가 밤중까지 마셨냐고 물었고, 남자는 그렇다고 하면서 머리가 아프다고 했다. 이 내용을 종합해 보면 어제 파티는 술을 마시면서 늦게까지 이어졌다는 것을 알 수 있으므로, 정답은 (B)가 된다. (C)의 경우, 남자는 머리가 아파서 파티를 못 즐긴 게 아니고 술을 너무 마셔서 머리가 아팠던 것이므로 답이 될 수 없다.

어휘 | 昨日(きのう) 어제 パーティー 파티 早(はや)く 일찍
終(お)わる 끝나다 楽(たの)しい 즐겁다 時間(じかん) 시간
忘(わす)れる 잊다 騒(さわ)ぐ 떠들다 夜中(よなか) 밤중
飲(の)む (술을) 마시다 だから 그러니까, 그래서 今日(きょう) 오늘
少(すこ)し 조금 頭(あたま) 머리 痛(いた)い 아프다
音楽(おんがく) 음악 동사의 ます형+ながら ～하면서 *동시동작
楽(たの)しむ 즐기다 短(みじか)い 짧다

58 업무 및 비즈니스 표현

女 このボールペン、誰(だれ)のかわかる(?)。

男 どこにあった忘(わす)れ物(もの)(?)。
女 会議室(かいぎしつ)に落(お)ちていたの。
男 それなら、さっき伊藤(いとう)さんが会議室(かいぎしつ)を使(つか)っていたから、聞(き)いてみたら(?)。

여 이 볼펜, 누구 건지 알아?
남 어디에 있던 분실물이야?
여 회의실에 떨어져 있었어.
남 그렇다면 조금 전 이토 씨가 회의실을 사용하고 있었으니까, 물어보는 게 어때?

男(おとこ)の人(ひと)は、何(なん)と言(い)っていますか。
(A) 忘(わす)れ物(もの)は受付(うけつけ)に預(あず)けるべきだ。
(B) 会議室(かいぎしつ)を使(つか)った人(ひと)に聞(き)くといい。
(C) 会議室(かいぎしつ)に戻(もど)した方(ほう)がいい。
(D) 伊藤(いとう)さんのボールペンだ。

남자는 뭐라고 말하고 있습니까?
(A) 분실물은 접수처에 맡겨야 한다.
(B) 회의실을 사용한 사람에게 물으면 된다.
(C) 회의실에 돌려놓는 편이 좋다.
(D) 이토 씨의 볼펜이다.

해설 | 남자의 두 번째 대화에 주목해야 한다. 회의실에 떨어져 있던 볼펜에 대해 조금 전 회의실을 사용한 이토 씨에게 물어보라고 했으므로, 정답은 (B)가 된다. (D)의 경우, 아직 이토 씨의 볼펜인지 아닌지 확실하지 않으므로 답이 될 수 없다.

어휘 | ボールペン 볼펜 ～の ～의 것 わかる 알다, 이해하다
忘(わす)れ物(もの) 분실물 会議室(かいぎしつ) 회의실
落(お)ちる 떨어지다 それなら 그렇다면, 그러면
さっき 조금 전, 아까 使(つか)う 쓰다, 사용하다 聞(き)く 묻다
～たら ～하는 게 어때 *완곡하게 명령하거나 권고할 때 씀
受付(うけつけ) 접수(처) 預(あず)ける 맡기다
동사의 기본형+べきだ (마땅히) ～해야 한다
戻(もど)す 되돌리다, 돌려놓다
동사의 た형+方(ほう)がいい ～하는 편[쪽]이 좋다

59 성별에 따른 의견 및 행동 구분

女 鈴木(すずき)さん、目(め)が赤(あか)いわよ。どうしたの(?)。
男 ごみが入(はい)ったみたいで、痛(いた)いんだ。
女 大丈夫(だいじょうぶ)(?)。あ、そんなに手(て)で触(さわ)らない方(ほう)がいいわよ。
男 うん。ちょっとそこのお手洗(てあら)いの鏡(かがみ)で見(み)て来(く)るよ。

여 스즈키 씨, 눈에 빨개. 어떻게 된 거야?
남 티끌이 들어간 것 같은데 아파.
여 괜찮아? 아, 그렇게 손으로 만지지 않는 편이 좋아.
남 응. 잠시 거기 화장실 거울로 보고 올게.

男(おとこ)の人(ひと)は、この後(あと)何(なに)をしますか。

83

(A) 女の人に目を見てもらう。
(B) 目薬を買って来る。
(C) 水道で目を洗う。
(D) トイレの鏡で目を見る。

남자는 이후 무엇을 합니까?
(A) 여자에게 눈을 봐 달라고 한다.
(B) 안약을 사 온다.
(C) 수도에서 눈을 씻는다.
(D) 화장실의 거울로 눈을 본다.

해설 | 남자의 대화에 주목해야 한다. 남자의 눈은 빨갛게 충혈된 상태로, 잠시 화장실에 가서 거울로 보고 오겠다고 했다. 정답은 (D)로, 대화에 나오는 「お手洗(てあら)い」(화장실)를 선택지에서는 「トイレ」(화장실)로 바꿔 표현했다.

어휘 | 目(め) 눈   赤(あか)い 빨갛다   ごみ 먼지, 티끌
入(はい)る 들어가다   ~みたいだ ~인 것 같다
痛(いた)い 아프다   大丈夫(だいじょうぶ)だ 괜찮다   手(て) 손
触(さわ)る (가볍게) 닿다, 손을 대다, 만지다
トイレ 화장실 *「トイレット」의 준말
鏡(かがみ) 거울   見(み)る 보다   目薬(めぐすり) 안약
買(か)う 사다   水道(すいどう) 수도   洗(あら)う 씻다

60 성별에 따른 의견 및 행동 구분

男 会社紹介のパンフレット、どのくらい余っていますか。
女 この前の就職説明会で配ったから、少ないと思います。
男 倉庫にも残っていないんでしょうか。
女 あ、あると思います。見てきますね。

남 회사 소개 팸플릿, 얼마나 남아 있어요?
여 요전에 취업 설명회에서 나눠 줬으니까 적을 것 같아요.
남 창고에도 남아 있지 않은 걸까요?
여 아, 있을 것 같아요. 보고 올게요.

女の人は、この後何をしますか。
(A) パンフレットを配る。
(B) 資料を注文する。
(C) 倉庫でパンフレットを探す。
(D) 男の人を倉庫へ案内する。

여자는 이후 무엇을 합니까?
(A) 팸플릿을 나눠 준다.
(B) 자료를 주문한다.
(C) 창고에서 팸플릿을 찾는다.
(D) 남자를 창고로 안내한다.

해설 | 여자의 대화에 주목해야 한다. 남자는 여자에게 회사 소개 팸플릿이 창고에 남아 있을지 물었고, 이에 여자는 있을 것 같다며 보고 오겠다고 했다. 즉, 남아 있는 팸플릿이 있는지 창고에 가서 찾아보겠다는 뜻이므로, 정답은 (C)가 된다.

어휘 | 会社(かいしゃ) 회사   紹介(しょうかい) 소개
パンフレット 팸플릿   どのくらい 어느 정도, 얼마나
余(あま)る 남다   就職(しゅうしょく) 취직
説明会(せつめいかい) 설명회   配(くば)る 나누어 주다, 배포하다
少(すく)ない 적다   倉庫(そうこ) 창고   残(のこ)る 남다
資料(しりょう) 자료   注文(ちゅうもん) 주문   探(さが)す 찾다
案内(あんない) 안내

61 대화 내용에 대한 이해

男 俳優の森田一郎さんが足を骨折したらしいよ。
女 え(!?)。火曜日のドラマの主役をしている人よね(?)。
男 うん。そのドラマの撮影中の出来事だって新聞に書いてあったよ。
女 そう。早く良くなるといいわね。

남 배우 모리타 이치로 씨가 다리가 골절됐나봐.
여 뭐!? 화요일 드라마의 주역을 하고 있는 사람이지?
남 응. 그 드라마 촬영 중에 일어난 일이라고 신문에 쓰여 있었어.
여 그렇구나. 빨리 좋아지면 좋겠네.

2人は、何について話していますか。
(A) 芸能人の怪我
(B) ドラマの内容
(C) 今注目のドラマ
(D) 交通事故の原因

두 사람은 무엇에 대해서 이야기하고 있습니까?
(A) 연예인의 부상
(B) 드라마 내용
(C) 지금 주목받는 드라마
(D) 교통사고 원인

해설 | 「足(あし)を骨折(こっせつ)する」(다리가 골절되다)라는 표현이 포인트. 두 사람은 한 배우가 드라마 촬영 중에 다리가 골절되었다는 기사를 화제로 삼고 있으므로, 정답은 (A)가 된다. 선택지에서는 대화에 나오는 「俳優(はいゆう)」(배우)는 「芸能人(げいのうじん)」(연예인)으로, 「骨折(こっせつ)」(골절)는 「怪我(けが)」(부상)로 바꿔 표현했다.

어휘 | 俳優(はいゆう) 배우
~らしい ~인 것 같다 *객관적 근거에 의한 추측·판단
主役(しゅやく) 주역   撮影(さつえい) 촬영   ~中(ちゅう) ~중
出来事(できごと) 일어난 일, 사건, 사고
타동사+てある ~해져 있다 *상태표현   早(はや)く 빨리
内容(ないよう) 내용   今(いま) 지금   注目(ちゅうもく) 주목
交通事故(こうつうじこ) 교통사고   原因(げんいん) 원인

62 성별에 따른 의견 및 행동 구분

男 会議で使う資料は、もう会議室にある(?)。
女 まだ印刷中だから、できたら会議室へ持って行くね。

84

男 100部ぐらいあると思うけど、1人で大丈夫(?)。

女 うん。2回に分けて運ぶから、平気よ。

남 회의에서 쓸 자료는 벌써 회의실에 있어?

여 아직 인쇄 중이라서 다 되면 회의실에 갖고 갈게.

남 100부 정도 될 것 같은데, 혼자서 괜찮겠어?

여 응. 두 번으로 나눠서 옮길 거니까 괜찮아.

女の人は、この後何をしますか。
(A) 資料を100部追加で印刷する。
(B) 手伝ってくれる人を探す。
(C) 資料を会議室へ運ぶ。
(D) 男の人に資料を半分渡す。

여자는 이후 무엇을 합니까?
(A) 자료를 100부 추가로 인쇄한다.
(B) 도와줄 사람을 찾는다.
(C) 자료를 회의실로 옮긴다.
(D) 남자에게 자료를 절반 건네준다.

해설 | 여자의 대화에 주목해야 한다. 여자는 첫 번째 대화에서 인쇄 중인 자료가 다 되면 회의실에 가지고 가겠다고 했다. 그리고 100부 정도 되는 자료를 혼자 옮길 수 있겠냐고 염려하는 남자의 말에 대해 두 번으로 나눠서 옮길 거니까 괜찮다고 했다. 결국 자료는 여자 혼자서 회의실로 옮긴다는 의미이므로, 정답은 (C)가 된다.

어휘 | 会議(かいぎ) 회의 使(つか)う 쓰다, 사용하다
資料(しりょう) 자료 もう 이미, 벌써 会議室(かいぎしつ) 회의실
まだ 아직 印刷(いんさつ) 인쇄 ~中(ちゅう) ~중
できる 다 되다, 완성되다 持(も)つ 가지다, 들다 ~部(ぶ) ~부
~ぐらい ~정도 1人(ひとり)で 혼자서
大丈夫(だいじょうぶ)だ 괜찮다 ~回(かい) ~회, ~번
分(わ)ける 나누다 運(はこ)ぶ 옮기다, 운반하다
平気(へいき)だ 아무렇지도 않다, 끄떡없다, 괜찮다
追加(ついか) 추가 手伝(てつだ)う 돕다, 도와주다
~てくれる (남이 나에게) ~해 주다 探(さが)す 찾다
半分(はんぶん) 절반 渡(わた)す 건네다, 건네주다

63 성별에 따른 의견 및 행동 구분

女 懐かしい絵本がたくさんあるわね。これ、どうしたの(?)。

男 今度の子供向けのイベントで必要だから、集めたんだ。

女 私が子供の頃読んでいた本なら家にたくさんあるけど、持って来ようか(?)。

男 ありがとう。助かるよ。是非お願い。

여 반가운 그림책이 많이 있네. 이거, 어떻게 된 거야?

남 이번 어린이 대상 이벤트에 필요해서 모은 거야.

여 내가 어릴 때 읽었던 책이라면 집에 많이 있는데 가져올까?

남 고마워. 도움이 될 거야. 꼭 부탁해.

男の人は、女の人に何を頼みましたか。
(A) 子供の面倒を見ること
(B) 絵本を持って来ること
(C) 昔貸した本をできるだけ早く返すこと
(D) 子供向けのイベントを計画すること

남자는 여자에게 무엇을 부탁했습니까?
(A) 아이를 돌보는 것
(B) 그림책을 가져오는 것
(C) 옛날에 빌려준 책을 가능한 한 빨리 돌려주는 것
(D) 어린이 대상 이벤트를 계획하는 것

해설 | 대화 후반부에서 정답을 찾을 수 있다. 여자는 두 번째 대화에서 필요하다면 자신이 어릴 때 읽었던 그림책을 가져오겠다고 했다. 이에 남자는 고마움을 표시하며 꼭 부탁한다고 했으므로, 정답은 (B)가 된다. 나머지 선택지는 대화의 일부분만 들었을 때 고를 수 있는 오답이다.

어휘 | 懐(なつ)かしい 그립다, 반갑다 絵本(えほん) 그림책
たくさん 많이 今度(こんど) 이번 子供(こども) 아이, 어린이
~向(む)け ~대상, ~용 イベント 이벤트
必要(ひつよう)だ 필요하다 集(あつ)める 모으다
頃(ころ) 때, 시절, 무렵 読(よ)む 읽다 持(も)つ 가지다, 들다
助(たす)かる (노력·비용 등이 덜어져) 도움이 되다
是非(ぜひ) 꼭, 제발 頼(たの)む 부탁하다
面倒(めんどう)を見(み)る 돌보다 昔(むかし) 옛날
貸(か)す 빌려주다 できるだけ 가능한 한, 되도록 早(はや)く 빨리
返(かえ)す 돌려주다 計画(けいかく) 계획

64 대화 내용에 대한 이해

女 部長、今日の面接は、どうでしたか。

男 とても真面目な人だったので、来月から働いてもらうことにしました。

女 販売の仕事は、経験したことがある人ですか。

男 いいえ、経験はないそうですが、研修があるから心配ないですよ。

여 부장님, 오늘 면접은 어땠어요?

남 아주 성실한 사람이었기 때문에 다음 달부터 일해 주기로 했어요.

여 판매 일은 경험한 적 있는 사람인가요?

남 아니요, 경험은 없다고 하는데 연수가 있으니까 걱정할 필요 없어요.

2人は、何について話していますか。
(A) 入社式の司会
(B) 研修の日程
(C) 販売の仕事内容
(D) 面接を受けた人

두 사람은 무엇에 대해서 이야기하고 있습니까?
(A) 입사식 사회
(B) 연수 일정

(C) 판매 업무 내용
(D) 면접을 본 사람

해설 | 대화 전반부에서 정답을 찾을 수 있다. 여자가 남자에게 오늘 면접을 본 사람이 어땠냐고 묻자, 남자는 아주 성실한 사람이라서 다음 달부터 일하기로 했다고 했다. 이 내용으로 보아 두 사람은 오늘 면접을 본 사람에 대해 이야기를 나누고 있다는 것을 알 수 있으므로, 정답은 (D)가 된다. 입사식에 대한 내용은 나오지 않으므로 (A)는 부적절하고, (B)와 (C)는 대화 후반부에 나오는 「研修(けんしゅう)」(연수)와 「販売(はんばい)の仕事(しごと)」(판매 일)라는 단어를 응용한 오답이다.

어휘 | 部長(ぶちょう) 부장　今日(きょう) 오늘
面接(めんせつ) 면접　とても 아주, 매우
真面目(まじめ)だ 성실하다　人(ひと) 사람
来月(らいげつ) 다음 달　働(はたら)く 일하다
~てもらう (남에게) ~해 받다, (남이) ~해 주다
동사의 보통형+ことにする ~하기로 하다　経験(けいけん) 경험
동사의 た형+ことがある ~한 적이 있다
품사의 보통형+そうだ ~라고 한다 *전문
心配(しんぱい)ない 걱정 없다, 걱정할 필요 없다
入社式(にゅうしゃしき) 입사식　司会(しかい) 사회
日程(にってい) 일정　内容(ないよう) 내용
面接(めんせつ)を受(う)ける 면접을 보다

65 성별에 따른 의견 및 행동 구분

> 女 ここの床、濡れていて危ないですね。
> 男 本当ですね。泥も付いているし、掃除しましょうか。
> 女 事務所に掃除道具がありましたよね。取って来ます。
> 男 バケツとか色々必要だし、僕も行きますよ。
>
> 여 여기 바닥, 젖어서 위험하네요.
> 남 정말이네요. 진흙도 묻어 있고 하니까 청소할까요?
> 여 사무소에 청소 도구가 있었죠? 가져올게요.
> 남 양동이라든가 여러 가지 필요하고 하니까 나도 갈게요.

男の人は、この後何をしますか。
(A) 女の人と事務所に行く。
(B) バケツの水を捨てに行く。
(C) 床で転ばないように周りに言う。
(D) 掃除道具を片付ける。

남자는 이후 무엇을 합니까?
(A) 여자와 사무소로 간다.
(B) 양동이 물을 버리러 간다.
(C) 바닥에서 넘어지지 않도록 주위에 말한다.
(D) 청소 도구를 치운다.

해설 | 바닥이 젖은 데다가 진흙까지 묻어 있어서 청소를 하려는 상황이다. 후반부의 대화에서 여자가 사무소에 청소 도구가 있을 테니 가져오겠다고 하자, 남자는 여러 청소 도구가 필요할 테니 자신도 가겠다고 했다. 따라서 정답은 여자와 사무소로 간다고 한 (A)가 된다.

어휘 | ここ 여기, 이곳　床(ゆか) 바닥　濡(ぬ)れる 젖다

危(あぶ)ない 위험하다　本当(ほんとう)だ 정말이다
泥(どろ) 진흙　付(つ)く 붙다, 묻다　掃除(そうじ) 청소
事務所(じむしょ) 사무소　道具(どうぐ) 도구
取(と)る (손에) 가지다　バケツ 양동이　色々(いろいろ) 여러 가지
必要(ひつよう)だ 필요하다　僕(ぼく) 나 *남자의 자칭　水(みず) 물
捨(す)てる 버리다　동사의 ます형+に ~하러 *동작의 목적
転(ころ)ぶ 넘어지다, 자빠지다　周(まわ)り 주위, 주변
片付(かたづ)ける 치우다, 정리하다

66 대화 내용에 대한 이해

> 女 この資料、ハナさんに渡しておいてくれない(?)。
> 男 後でいい(?)。今、ハナさんいらいらしているみたいで怖いんだよ。
> 女 いつも穏やかなハナさんが(?)。何かあったのかな。
> 男 詳しくは知らないけど、仕事でミスが見つかったらしいんだ。
>
> 여 이 자료, 하나 씨에게 건네 놔 주지 않을래?
> 남 나중에라도 괜찮아? 지금 하나 씨 짜증 나 있는 것 같아서 무섭거든.
> 여 항상 온화한 하나 씨가? 무슨 일인가 있었던 걸까?
> 남 자세히는 모르겠지만, 일에서 실수가 발견된 모양이야.

ハナさんについて、正しいものはどれですか。
(A) 怒りやすい性格だ。
(B) いつもと様子が違う。
(C) 男の人と仲が悪い。
(D) 仕事でミスをしたことがない。

하나 씨에 대해서 맞는 것은 어느 것입니까?
(A) 화를 잘 내는 성격이다.
(B) 평소와 모습이 다르다.
(C) 남자와 사이가 좋지 않다.
(D) 일에서 실수한 적이 없다.

해설 | 「いらいら」(안달복달하는[초조한] 모양)와 「穏(おだ)やかだ」(온화하다)라는 단어가 포인트. 남자에게 하나 씨가 짜증 나 있는 것 같아서 무섭다는 말을 듣고 여자는 항상 온화한 하나 씨가 짜증을 내다니 무슨 일 있는 거 아니냐며 의아해하고 있다. 즉, 이 말은 하나 씨가 평소와는 다른 모습을 보이고 있다는 의미이므로, 정답은 (B)가 된다. (A)는 하나 씨의 성격과는 정반대의 내용이므로 오답이고, (D)는 남자의 마지막 대화에서 일에서 실수가 발견된 모양이라고 했으므로, 역시 답이 될 수 없다.

어휘 | 資料(しりょう) 자료　渡(わた)す 건네다, 건네주다
~ておく ~해 놓다[두다]　~てくれる (남이 나에게) ~해 주다
後(あと)で 나중에　~みたいだ ~인 것 같다　怖(こわ)い 무섭다
いつも ①늘, 항상 ②평소, 여느 때　詳(くわ)しい 상세하다, 자세하다
知(し)る 알다　仕事(しごと) 일, 업무　ミス 실수, 잘못
見(み)つかる 발견되다, 찾게 되다
~らしい ~인 것 같다 * 객관적 근거에 의한 추측 · 판단

怒(おこ)る 화를 내다　동사의 ます형+やすい ~하기 쉽다[편하다]
性格(せいかく) 성격　様子(ようす) 모습　違(ちが)う 다르다
仲(なか) 사이, 관계　悪(わる)い 나쁘다, 좋지 않다
동사의 た형+ことがない ~한 적이 없다

67 대화 내용에 대한 이해

> 女　田中(たなか)さん、今日(きょう)もまた残業(ざんぎょう)なんですか。
> 男　うん、これから本社(ほんしゃ)とテレビ会議(かいぎ)をすることになってね。
> 女　大変(たいへん)ですね。私(わたし)はこの書類(しょるい)ができたら、お先(さき)に失礼(しつれい)します。
> 男　どうぞ。こっちは始(はじ)まるまで、まだ待(ま)たされそうだよ。
>
> 여　다나카 씨, 오늘도 또 잔업인가요?
> 남　응, 이제부터 본사와 화상 회의를 하기로 되어 있어서.
> 여　힘들겠네요. 저는 이 서류가 다 되면 먼저 가 볼게요.
> 남　그렇게 해. 나는 시작될 때까지 아직 기다려야 할 것 같아.

男(おとこ)の人(ひと)は、なぜ会社(かいしゃ)に残(のこ)っていますか。
(A) 書類(しょるい)を作(つく)っているから
(B) 客(きゃく)を待(ま)っているから
(C) 会議(かいぎ)をするから
(D) テレビを見(み)るから

남자는 왜 회사에 남아 있습니까?
(A) 서류를 만들고 있기 때문에
(B) 손님을 기다리고 있기 때문에
(C) 회의를 하기 때문에
(D) TV를 보기 때문에

해설 | 남자가 회사에 남아 있는 이유를 묻고 있으므로, 남자의 대화에 주목해야 한다. 남자는 본사와 화상 회의가 있기 때문에 회의가 시작될 때까지 대기하고 있는 상황이므로, 정답은 (C)가 된다. (D)는 남자의 첫 번째 대화에 나오는 「テレビ」(텔레비전, TV)라는 말만 들었을 때 고를 수 있는 오답이다.

어휘 | また 또　残業(ざんぎょう) 잔업, 야근
これから 이제부터, 앞으로　本社(ほんしゃ) 본사
テレビ会議(かいぎ) 화상 회의
동사의 보통형+ことになる ~하게 되다　大変(たいへん)だ 힘들다
書類(しょるい) 서류　できる 다 되다, 완성되다
お先(さき)に失礼(しつれい)します 먼저 실례하겠습니다[가 보겠습니다]　どうぞ 상대방에게 무언가를 권하거나 허락할 때 쓰는 말
こっち (자신의) 이쪽, 나　始(はじ)まる 시작되다　まだ 아직
待(ま)たす 기다리게 하다
동사의 ます형+そうだ ~일[할] 것 같다 *양태
残(のこ)る 남다　作(つく)る 만들다　客(きゃく) 손님
待(ま)つ 기다리다

68 대화 내용에 대한 이해

> 男　昨日(きのう)、英会話(えいかいわ)レッスンに申(もう)し込(こ)んだんだけど、断(ことわ)られてしまったんです。
> 女　そうなんですか。レベルが違(ちが)ったんですか。
> 男　いえ、一昨日(おととい)が締(し)め切(き)りだったんですよ。
> 女　それはショックですね。
>
> 남　어제 영어회화 레슨을 신청했는데 거절당하고 말았어요.
> 여　그래요? 수준이 달랐던 건가요?
> 남　아뇨, 그저께가 마감이었거든요.
> 여　그건 충격이네요.

男(おとこ)の人(ひと)は、どうして英会話(えいかいわ)レッスンを受(う)けられませんか。
(A) 初級(しょきゅう)レベルの英語力(えいごりょく)だったから
(B) 申(もう)し込(こ)み日(び)が過(す)ぎていたから
(C) 学生向(がくせいむ)けのレッスンだったから
(D) 予約(よやく)が一杯(いっぱい)だったから

남자는 어째서 영어회화 레슨을 받을 수 없습니까?
(A) 초급 수준의 영어 실력이었기 때문에
(B) 신청일이 지나 있었기 때문에
(C) 학생 대상의 레슨이었기 때문에
(D) 예약이 꽉 찼기 때문에

해설 | 남자의 대화에 주목해야 한다. 남자는 영어회화 레슨 신청을 어제 했는데, 마감은 그저께까지였다고 했다. 즉, 신청기간이 지난 후에 신청을 해서 레슨을 못 받게 된 것이므로, 정답은 (B)가 된다. (A)와 (C)는 여자의 첫 번째 대화만 들었을 때 고를 수 있는 오답이다.

어휘 | 昨日(きのう) 어제　英会話(えいかいわ) 영어회화
レッスン 레슨　申(もう)し込(こ)む 신청하다　断(ことわ)る 거절하다
レベル 레벨, 수준　違(ちが)う 다르다　一昨日(おととい) 그저께
締(し)め切(き)り 마감　ショック 충격　どうして 어째서, 왜
受(う)ける 받다　初級(しょきゅう) 초급
英語力(えいごりょく) 영어 실력　申(もう)し込(こ)み日(び) 신청일
過(す)ぎる (정해진 기한·기간이) 지나다
学生(がくせい) 학생, 특히 대학생　~向(む)け ~대상, ~용.
予約(よやく) 예약　一杯(いっぱい)だ 가득하다, 가득 차다

69 대화 내용에 대한 이해

> 女　今晩(こんばん)、飲(の)み会(かい)があって幹事(かんじ)を任(まか)されているんですよ。
> 男　会社(かいしゃ)の飲(の)み会(かい)ですか。
> 女　いえ、小学校(しょうがっこう)の親友(しんゆうじゅうにん)10人(にん)ぐらいで集(あつ)まるんです。
> 男　大人数(おおにんずう)ですね。思(おも)い切(き)り楽(たの)しんで来(き)てくださいね。

여	오늘 밤에 회식이 있어서 간사를 맡게 되었거든요.
남	회사 회식이에요?
여	아뇨, 초등학교 때 친한 친구 열 명 정도가 모여요.
남	인원수가 많네요. 마음껏 즐기고 오세요.

女(おんな)の人(ひと)は、何(なん)と言(い)っていますか。
(A) 大人数(おおにんずう)の集(あつ)まりは緊張(きんちょう)する。
(B) 幹事(かんじ)の仕事(しごと)に苦労(くろう)している。
(C) 長(なが)い付(つ)き合(あ)いの友人(ゆうじん)に会(あ)う。
(D) 仕方(しかた)がなく、集(あつ)まりに参加(さんか)する。

여자는 뭐라고 말하고 있습니까?
(A) 많은 인원의 모임은 긴장된다.
(B) 간사 일로 고생하고 있다.
(C) 오래 알고 지낸 친구를 만난다.
(D) 어쩔 수 없이 모임에 참가한다.

해설 | 여자가 간사를 맡게 된 모임의 성격을 파악해야 한다. 남자가 회사 사람들이 모인 회식이냐고 묻자, 여자는 아니라고 하면서 친한 초등 친구들 모임이라고 했다. 따라서 정답은 오래 알고 지낸 친구를 만난다고 한 (C)가 된다. 친구들과의 모임에서 특별히 긴장한다거나, 간사 일 때문에 힘들다거나, 모임에 나가기 싫다는 말은 하지 않았으므로 나머지 선택지는 답이 될 수 없다.

어휘 | 今晩(こんばん) 오늘 밤 飲(の)み会(かい) 술자리, 회식
幹事(かんじ) 간사 任(まか)す 맡기다 会社(かいしゃ) 회사
小学校(しょうがっこう) 초등학교 親友(しんゆう) 친우, 친한 친구
集(あつ)まる 모이다 大人数(おおにんずう) 인원수가 많음, 많은 인원
思(おも)い切(き)り 마음껏, 힘껏 楽(たの)しむ 즐기다
集(あつ)まり 모임 緊張(きんちょう) 긴장 仕事(しごと) 일
苦労(くろう) 고생 長(なが)い (시간적으로) 길다, 오래다
付(つ)き合(あ)い 교제, 사귐 友人(ゆうじん) 친구 会(あ)う 만나다
仕方(しかた)がない 어쩔 수 없다 参加(さんか) 참가

70 대화 내용에 대한 이해

男	来週(らいしゅう)の部長(ぶちょう)の送別会(そうべつかい)だけど、定年退職(ていねんたいしょく)のお祝(いわ)いは、どうしよう。
女	名前入(なまえい)りの湯飲(ゆの)みはどうかしら。
男	今(いま)から注文(ちゅうもん)して、送別会(そうべつかい)に間(ま)に合(あ)うのかな(?)。
女	ぎりぎり出来上(できあ)がると思(おも)うわ。

남	다음 주 부장님 송별회 말인데, 정년퇴직 축하 선물은 어떻게 하지?
여	이름이 들어간 찻잔은 어떨까?
남	지금부터 주문해서 송별회 시간에 맞출 수 있을까?
여	빠듯하게 완성될 거라고 생각해.

男(おとこ)の人(ひと)が贈(おく)り物(もの)選(えら)びで心配(しんぱい)していることは、何(なん)ですか。
(A) 好(この)みに合(あ)った物(もの)か
(B) 実用的(じつようてき)な物(もの)か
(C) 湯飲(ゆの)みだけでいいか
(D) 渡(わた)す日(ひ)までに受(う)け取(と)れるか

남자가 선물 선택에서 걱정하고 있는 것은 무엇입니까?
(A) 기호에 맞는 물건인지
(B) 실용적인 물건인지
(C) 찻잔만으로 괜찮은지
(D) 건네줄 날까지 받을 수 있는지

해설 | 남자의 두 번째 대화에 나오는 「送別会(そうべつかい)に間(ま)に合(あ)う」(송별회 시간에 맞추다)가 포인트. 두 사람은 부장의 정년퇴직 축하 선물에 대해 의논하고 있는데, 남자는 여자가 제안한 찻잔을 지금 주문해서 송별회 시간에 맞출 수 있을지 걱정하고 있다. 따라서 정답은 (D)가 된다.

어휘 | 来週(らいしゅう) 다음 주 部長(ぶちょう) 부장
送別会(そうべつかい) 송별회 定年(ていねん) 정년
退職(たいしょく) 퇴직 お祝(いわ)い 축하, 축하 선물
名前入(なまえい)り 이름이 들어감
湯飲(ゆの)み (차를 마실 때 쓰는 손잡이가 없는) 찻잔, 찻종
今(いま)から 지금부터 注文(ちゅうもん) 주문
間(ま)に合(あ)う 시간에 맞게 대다, 늦지 않다 ぎりぎり 빠듯한 모양
出来上(できあ)がる 완성되다 贈(おく)り物(もの) 선물
選(えら)び 선택, 고름 心配(しんぱい)する 걱정하다
好(この)み 기호 合(あ)う 맞다 物(もの) 물건
実用的(じつようてき)だ 실용적이다 ~だけ ~만, ~뿐
渡(わた)す 건네다, 건네주다 ~までに ~까지 *최종 기한
受(う)け取(と)る 받다, 수취하다

71 성별에 따른 의견 및 행동 구분

女	失礼(しつれい)します。営業部(えいぎょうぶ)の小林(こばやし)さんは、いらっしゃいますか。
男	今緊急会議(いまきんきゅうかいぎ)に入(はい)っておりまして、2時間(にじかん)は戻(もど)りません。
女	では、伝言(でんごん)をお願(ねが)いしてもよろしいでしょうか。
男	はい、承(うけたまわ)ります。

여	실례합니다. 영업부 고바야시 씨는 계신가요?
남	지금 긴급회의에 들어가서 2시간은 돌아오지 않아요.
여	그럼, 전언을 부탁드려도 될까요?
남	예, 말씀하세요.

女(おんな)の人(ひと)は、どうしますか。
(A) 小林(こばやし)さんにメッセージを残(のこ)す。
(B) 緊急会議(きんきゅうかいぎ)に途中参加(とちゅうさんか)する。
(C) 2時間後(にじかんご)にまた来(く)る。
(D) 男(おとこ)の人(ひと)に仕事(しごと)を依頼(いらい)する。

여자는 어떻게 합니까?
(A) 고바야시 씨에게 메시지를 남긴다.
(B) 긴급회의에 도중에 참가한다.
(C) 2시간 후에 다시 온다.
(D) 남자에게 일을 의뢰한다.

해설 | 「伝言(でんごん)」(전언)이라는 단어가 포인트. 여자는 고바야시 씨가 긴급회의로 부재중이라서 남자에게 전언을 부탁하고 있는 상황이므로, 정답은 (A)가 된다. 선택지에서는 대화에 나오는 「伝言(でんごん)」(전언)을 「メッセージ」(메시지)로 바꿔 표현했다.

어휘 | 失礼(しつれい) 실례 営業部(えいぎょうぶ) 영업부
いらっしゃる 계시다 *「いる」((사람이) 있다)의 존경어
緊急(きんきゅう) 긴급 会議(かいぎ) 회의 入(はい)る 들어가다
戻(もど)る (본래의 자리로) 돌아오다 では 그러면, 그럼
お+동사의 ます형+する ~하다, ~해 드리다 *겸양표현
願(ねが)う 부탁하다
承(うけたまわ)る 삼가 받다, 삼가 듣다 *「受(う)ける」(받다), 「聞(き)く」(듣다)의 겸양어 残(のこ)す 남기다 途中(とちゅう) 도중
参加(さんか) 참가 また 또, (또) 다시 依頼(いらい) 의뢰

72 대화 내용에 대한 이해

> 女 4月に事務所を隣のビルに移転することになったそうですね。
> 男 はい、今朝聞いて驚きました。どうしてわざわざ隣に移転するんでしょうか。
> 女 自宅勤務の制度ができて、この広さは必要なくなるからだそうですよ。
> 男 なるほど。時代の変化ですね。
>
> 여 4월에 사무소를 옆 빌딩으로 이전하게 되었다면서요?
> 남 예, 오늘 아침에 듣고 놀랐어요. 왜 굳이 옆으로 이전하는 걸까요?
> 여 자택 근무제도가 생겨서 이 넓이는 필요 없어지기 때문이래요.
> 남 정말. 시대의 변화군요.

事務所を移転するのは、なぜですか。
(A) 修理が必要な箇所があったから
(B) 社員数が増えたから
(C) ビルが古くなり、建て替えるから
(D) 勤務制度が変わって今より狭くていいから

사무소를 이전하는 것은 왜입니까?
(A) 수리가 필요한 곳이 있었기 때문에
(B) 사원수가 늘었기 때문에
(C) 빌딩이 오래되어서 새로 짓기 때문에
(D) 근무제도가 바뀌어서 지금보다 좁아도 되기 때문에

해설 | 여자는 사무소 이전 소식을 전하면서 그 이유를 자택 근무 도입으로 지금처럼 넓은 공간이 필요하지 않게 되었기 때문이라고 했다. 정답은 (D)로, 선택지에서는 대화에 나오는 「この広(ひろ)さは必要(ひつよう)なくなるからだ」(이 넓이는 필요 없어지기 때문이다)를 「今(いま)より狭(せま)くていい」(지금보다 좁아도 된다)로 바꿔 표현했다.

어휘 | 事務所(じむしょ) 사무소 隣(となり) 옆
ビル 빌딩 *「ビルディング」의 준말 移転(いてん) 이전
동사의 보통형+ことになる ~하게 되다
今朝(けさ) 오늘 아침 驚(おどろ)く 놀라다
どうして 어째서, 왜 わざわざ 일부러, 특별히, 굳이
自宅勤務(じたくきんむ) 자택 근무 *집에 회사와 통신 회선으로 연결된 정보 통신 기기를 설치하여 놓고 집에서 회사의 업무를 보는 일

制度(せいど) 제도 できる 생기다
広(ひろ)さ 넓이 必要(ひつよう)ない 필요 없다
품사의 보통형+そうだ ~라고 한다 *전문
なるほど (남의 주장을 긍정하거나 맞장구치며) 정말, 과연
時代(じだい) 시대 変化(へんか) 변화 なぜ 왜, 어째서
修理(しゅうり) 수리 箇所(かしょ) 개소, 장소
社員数(しゃいんすう) 사원수 増(ふ)える 늘다, 늘어나다
古(ふる)い 낡다, 오래되다
建(た)て替(か)える (집 등을) 새로 짓다, 개축하다
変(か)わる 바뀌다, 변하다 ~より ~보다 狭(せま)い 좁다

73 대화 내용에 대한 이해

> 男 今日あくびが多いね。徹夜でもしたの(?)。
> 女 ううん。早く寝たんだけど、ベッドの照明を消さずに寝ちゃったの。
> 男 真っ暗じゃないとぐっすり眠れなくて、頭も体もすっきりしないよね。
> 女 うん。起きた時、体がすごく重く感じたわ。
>
> 남 오늘 하품이 많네. 밤샘이라도 한 거야?
> 여 아니. 일찍 잤는데 침대 조명을 끄지 않고 자 버렸거든.
> 남 캄캄하지 않으면 푹 잘 수 없어서 머리도 몸도 개운하지 않지.
> 여 응. 일어났을 때 몸이 굉장히 무겁게 느껴졌어.

女の人について、正しいものはどれですか。
(A) 夜明けまで起きていた。
(B) 深い眠りにつけなかった。
(C) 体重が増加した。
(D) ストレスが溜まっている。

여자에 대해서 맞는 것은 어느 것입니까?
(A) 새벽까지 일어나 있었다.
(B) 숙면할 수 없었다.
(C) 체중이 증가했다.
(D) 스트레스가 쌓이고 있다.

해설 | 연신 하품을 하는 여자를 보고 남자는 밤샘을 했냐고 물었고, 여자는 아니라고 하면서 일찍 잤는데 침대 조명을 끄지 않고 자 버렸다고 했다. 이 말을 들은 남자는 캄캄하지 않으면 푹 잘 수 없어서 몸도 마음도 개운하지 않은 법이라며 하품이 나는 이유를 말해 주고 있다. 따라서 정답은 숙면할 수 없었다고 한 (B)로, 「眠(ねむ)りにつく」는 '잠자다, 잠들다'라는 뜻이다. 여자는 밤샘을 하지 않았다고 했으므로 (A)는 오답이고, (C), (D)와 같은 내용은 나오지 않는다.

어휘 | 今日(きょう) 오늘 あくび 하품 多(おお)い 많다
徹夜(てつや) 철야, 밤샘 早(はや)く 일찍 寝(ね)る 자다
ベッド 침대 照明(しょうめい) 조명
消(け)す (스위치 등을) 끄다 ~ずに ~하지 않고[말고]
~ちゃう ~해 버리다, ~하고 말다 *「~てしまう」의 축약표현
真(ま)っ暗(くら)だ 아주 캄캄하다, 암흑이다
ぐっすり 푹 *깊이 잠든 모양 眠(ねむ)る 자다, 잠자다, 잠들다
頭(あたま) 머리 体(からだ) 몸, 신체 すっきり 개운한 모양
起(お)きる 일어나다, 기상하다 すごく 굉장히
重(おも)い (기분·마음이) 무겁다 感(かん)じる 느끼다

正(ただ)しい 바르다, 맞다　夜明(よあ)け 새벽　深(ふか)い 깊다
体重(たいじゅう) 체중　増加(ぞうか) 증가　ストレス 스트레스
溜(た)まる 쌓이다

74 대화 내용에 대한 이해

> 男　田中さん、青いファイルを見なかった(?)。
> 女　ここに写真が綴じられたのならあるけど、これ(?)。
> 男　ううん。写真じゃなくて個人情報をまとめたものなんだ。
> 女　えっ(!)。そんな大切なものなら、もっと必死に探さなきゃ(!)。
> 남　다나카 씨, 파란 파일 못 봤어?
> 여　여기에 사진이 철해진 거라면 있는데, 이거?
> 남　아니. 사진이 아니라 개인정보를 정리한 거든.
> 여　뭐! 그런 중요한 거라면 좀 더 필사적으로 찾아야지!

女(おんな)の人(ひと)は、ファイルについて何(なん)と言(い)っていますか。
(A) もっと整理(せいり)して綴(つ)じなければ使(つか)えない。
(B) 呑気(のんき)に探(さが)している場合(ばあい)ではない。
(C) 無(な)くしたら違(ちが)う物(もの)を使(つか)うといい。
(D) 写真(しゃしん)と個人情報(こじんじょうほう)は一緒(いっしょ)にするべきだ。

여자는 파일에 대해서 뭐라고 말하고 있습니까?
(A) 좀 더 정리해서 철하지 않으면 쓸 수 없다.
(B) 태평하게 찾고 있을 상황이 아니다.
(C) 분실했다면 다른 것을 쓰면 된다.
(D) 사진과 개인정보는 함께 두어야 한다.

해설 | 여자의 대화에 주목해야 한다. 남자가 찾고 있는 것이 개인정보를 정리해 둔 파일이라는 말을 들은 여자는 깜짝 놀라면서 그렇게 중요한 파일이라면 좀 더 열심히 찾아야 한다고 했다. 따라서 정답은 태평하게 찾고 있을 상황이 아니라고 한 (B)가 된다.

어휘 | 青(あお)い 파랗다　ファイル 파일　ここ 여기, 이곳
写真(しゃしん) 사진　綴(と)じる 철하다　～なら ～라면
個人(こじん) 개인　情報(じょうほう) 정보　まとめる 정리하다
大切(たいせつ)だ 중요하다　もっと 더, 좀 더
必死(ひっし)だ 필사적이다　探(さが)す 찾다
～なきゃ(ならない・いけない) ～하지 않으면 (안 된다), ～해야 (한다) *「～なきゃ」는 「～なければ」의 회화체 표현　整理(せいり) 정리
使(つか)う 쓰다, 사용하다　呑気(のんき)だ 무사태평하다
場合(ばあい) 경우, 상황　無(な)くす 잃다, 분실하다
違(ちが)う 다르다　一緒(いっしょ)に 함께
동사의 기본형+べきだ (마땅히) ～해야 한다 *단, 「する」(하다)는 「するべきだ」, 「すべきだ」 모두 가능함

75 대화 내용에 대한 이해

> 男　今日(きょう)、防災訓練(ぼうさいくんれん)があるのを知(し)らなくてびっくりしたね。

> 女　うん。急にサイレンが鳴って、本当に慌てたわ。
> 男　心臓に悪いから、先に教えておいてほしかったよね。
> 女　訓練の後、担当の人が言い忘れたって皆にぺこぺこしてたわ。
> 남　오늘 방재훈련이 있는 걸 몰라서 깜짝 놀랐지?
> 여　응. 갑자기 사이렌이 울려서 정말 당황했어.
> 남　심장에 좋지 않으니까 먼저 알려 줬으면 좋았을 텐데.
> 여　훈련 후 담당자가 말하는 걸 잊었다면서 모두한테 사과했어.

防災訓練(ぼうさいくんれん)の時(とき)、2人(ふたり)の様子(ようす)はどうでしたか。
(A) 急(きゅう)な出来事(できごと)に焦(あせ)っていた。
(B) 担当(たんとう)の人(ひと)に訓練(くんれん)の情報(じょうほう)を問(と)い合(あ)わせた。
(C) 予定通(よていどお)り始(はじ)まらず、困(こま)っていた。
(D) 積極的(せっきょくてき)に参加(さんか)していた。

방재훈련 때 두 사람의 모습은 어땠습니까?
(A) 갑작스러운 일에 안절부절못하고 있었다.
(B) 담당자에게 훈련 정보를 문의했다.
(C) 예정대로 시작되지 않아서 곤란해하고 있었다.
(D) 적극적으로 참가했다.

해설 | 「びっくりする」(깜짝 놀라다)와 「慌(あわ)てる」(당황하다)라는 단어가 포인트로, 두 사람은 사전 예고 없이 실시된 방재훈련의 사이렌 소리로 인해 깜짝 놀라고 몹시 당황했다고 했다. 따라서 정답은 갑작스러운 일에 안절부절못하고 있었다고 한 (A)가 된다.

어휘 | 今日(きょう) 오늘　防災(ぼうさい) 방재
訓練(くんれん) 훈련　知(し)る 알다　急(きゅう)に 갑자기
サイレン 사이렌　鳴(な)る 울리다　本当(ほんとう)に 정말로
心臓(しんぞう) 심장　悪(わる)い 나쁘다, 좋지 않다
先(さき)に 먼저　教(おし)える 가르치다, 알려 주다
～てほしい ～해 주었으면 하다, ～하길 바라다　～後(あと) ～후
担当(たんとう) 담당　言(い)い忘(わす)れる 말하는 것을 잊다
皆(みんな) 모두　ぺこぺこ 머리를 자꾸 조아리는 모양
様子(ようす) 모습　急(きゅう)だ 갑작스럽다
出来事(できごと) 일어난 일, 사건, 사고　焦(あせ)る 안절부절못하다
情報(じょうほう) 정보　問(と)い合(あ)わせる 문의하다
予定(よてい) 예정　名사+通(どお)り ～대로
始(はじ)まる 시작되다　～ず ～하지 않아서
困(こま)る 곤란하다, 난처하다
積極的(せっきょくてき)だ 적극적이다　参加(さんか) 참가

76 대화 내용에 대한 이해

> 女　もう取引先(とりひきさき)から戻(もど)って来(き)たの(?)。
> 男　ううん、今日(きょう)はオンラインミーティングだったんだ。
> 女　そう。移動時間(いどうじかん)が必要(ひつよう)ないから、時間(じかん)に余裕(よゆう)ができていいわね。

男 うん、でも、早めにネットに接続したり、ちょっと面倒だよ。

여 벌써 거래처에서 돌아온 거야?
남 아니, 오늘은 온라인 회의였어.
여 그렇구나. 이동 시간이 필요 없으니까 시간에 여유가 생겨서 좋네.
남 응, 하지만 조금 일찍 인터넷에 접속하거나 해야 하니까 조금 귀찮지.

男の人は、今日、何をしましたか。
(A) 面倒な客の対応をした。
(B) 取引先を訪ねた。
(C) 移動時間に資料を読んだ。
(D) ネット上で会議をした。

남자는 오늘 무엇을 했습니까?
(A) 성가신 손님 대응을 했다.
(B) 거래처를 방문했다.
(C) 이동 시간에 자료를 읽었다.
(D) 인터넷상에서 회의를 했다.

해설 | 「オンラインミーティング」(온라인 회의)라는 단어가 포인트. 거래처에서 벌써 돌아왔느냐는 여자의 질문에 남자는 아니라고 하면서 오늘은 온라인 회의였다고 했다. 즉, 오늘은 거래처를 방문하지 않고 사무실에서 온라인으로 회의를 했다는 의미이므로, 정답은 (D)가 된다.

어휘 | もう 이미, 벌써　取引先(とりひきさき) 거래처
戻(もど)る (본래의 자리로) 돌아오다　ううん 아니
移動(いどう) 이동　時間(じかん) 시간
必要(ひつよう)ない 필요 없다　余裕(よゆう) 여유
できる 생기다　でも 하지만
早(はや)めに (정해진 시간보다) 조금 일찍
ネット 인터넷 *「インターネット」의 준말　接続(せつぞく) 접속
ちょっと 조금　面倒(めんどう)だ 귀찮다, 성가시다
客(きゃく) 손님　対応(たいおう) 대응　訪(たず)ねる 방문하다
資料(しりょう) 자료　読(よ)む 읽다　会議(かいぎ) 회의

77 대화 내용에 대한 이해

女 田中さん、この前のみどり市のマラソン大会に出場したって聞いたけど、本当(?)。
男 うん。毎年参加しているんだけど、今回は自己ベストを出せたんだ。
女 すごい(!)。実は、私も出場したんだけど、完走できなかったの。
男 そんな年もあるよ。来年また挑戦したらいいよ。

여 다나카 씨, 요전의 미도리시 마라톤대회에 출전했다고 들었는데 정말이야?
남 응. 매년 참가하고 있는데 이번에는 내 최고 기록을 낼 수 있었지.

여 대단하다! 실은 나도 출전했는데 완주하지 못했거든.
남 그런 해도 있지. 내년에 또 도전하면 돼.

男の人は、何と言っていますか。
(A) 来年は違う大会に出場する。
(B) 今回最も良い記録を出せた。
(C) 初めは完走できないものだ。
(D) 体を鍛え直すつもりだ。

남자는 뭐라고 말하고 있습니까?
(A) 내년에는 다른 대회에 출전한다.
(B) 이번에 가장 좋은 기록을 낼 수 있었다.
(C) 처음에는 완주할 수 없는 법이다.
(D) 몸을 다시 단련할 생각이다.

해설 | 남자의 대화에 주목해야 한다. 두 사람은 마라톤대회 출전 경험에 대해 이야기하고 있는데, 남자는 매년 출전하는 이 대회에서 이번에 본인 최고 기록을 냈다고 했다. 따라서 정답은 (B)가 된다.

어휘 | この前(まえ) 요전, 일전　マラソン 마라톤
大会(たいかい) 대회　出場(しゅつじょう) (경기 등에) 출전함
本当(ほんとう) 정말　毎年(まいとし) 매년
参加(さんか) 참가　今回(こんかい) 이번　自己(じこ) 자기, 나
ベスト 베스트, 최고　記録(きろく) 기록　出(だ)す 내다
すごい 굉장하다　実(じつ)は 실은　完走(かんそう) 완주
そんな 그런　年(とし) 해　来年(らいねん) 내년　また 또
挑戦(ちょうせん) 도전　違(ちが)う 다르다
最(もっと)も 가장, 제일　記録(きろく) 기록　初(はじ)め 처음
～ものだ ~인 것[법]이다 *상식·진리·본성　体(からだ) 몸, 신체
鍛(きた)える 단련하다　동사의 ます형+直(なお)す 다시 ~하다
동사의 보통형+つもりだ ~할 생각[작정]이다

78 성별에 따른 의견 및 행동 구분

女 上田さん、この新商品の企画書について質問してもいいですか。
男 もちろんです。あっ、でも、今から商談ですから、午後からでもいいですか。
女 はい。今日は終日事務所にいるので、上田さんの都合がいい時間にお願いします。
男 では、戻り次第、声をかけますね。

여 우에다 씨, 이 신상품 기획서에 대해서 질문해도 돼요?
남 물론이죠. 아. 하지만 지금부터 상담(商談)이라서 오후부터라도 괜찮나요?
여 예. 오늘은 종일 사무소에 있으니까 우에다 씨 (형편이) 좋은 시간에 부탁드려요.
남 그럼, 돌아오는 대로 부를게요.

男の人は、この後何をしますか。
(A) 事務処理をする。
(B) 企画書を提出する。
(C) 打ち合わせに出る。

91

(D) 女の人と応接室へ行く。

男子는 이후 무엇을 합니까?
(A) 사무 처리를 한다.
(B) 기획서를 제출한다.
(C) 미팅하러 나간다.
(D) 여자와 응접실로 간다.

해설 |「商談(しょうだん)」(상담)이라는 한자어를 알아듣는 것이 포인트로, 이 말은 상업상의 거래를 위해 가지는 대화나 협의를 가리킨다. 남자는 첫 번째 대화에서 지금부터 상담(商談)이 있다고 했으므로, 정답은 (C)가 되는데,「打(う)ち合(あ)わせ」는 '협의, 미팅, 미리 상의함'이라는 뜻이다.

어휘 | 新商品(しんしょうひん) 신상품 企画書(きかくしょ) 기획서
~について ~에 대해서 質問(しつもん) 질문
~てもいいですか ~해도 됩니까? *허락을 구하는 표현
もちろん 물론 でも 하지만 今(いま)から 지금부터
午後(ごご) 오후 終日(しゅうじつ) 종일 事務所(じむしょ) 사무소
都合(つごう)がいい 형편[사정]이 좋다 時間(じかん) 시간
戻(もど)る (본래의 자리로) 돌아오다
동사의 ます형+次第(しだい) ~하자마자, ~하는 대로 (즉시)
声(こえ)をかける 부르다, 말을 걸다 事務(じむ) 사무
処理(しょり) 처리 提出(ていしゅつ) 제출
동작성 명사+に ~하러 *동작의 목적 出(で)る 나가다
応接室(おうせつしつ) 응접실

79 대화 내용에 대한 이해

女 新聞に今の内閣について載っていましたね。
男 はい、首相について当初の期待とかけ離れて
　 しまっていると書かれていましたね。
女 確かにそれは、支持率を見ても明白ですね。
男 このままだと、任期を終える前の政権交代も
　 あり得るかもしれないですね。

여 신문에 지금 내각에 대해서 실려 있었죠?
남 예, 수상에 대해서 당초의 기대와 동떨어졌다고 쓰여 있었죠.
여 확실히 그건 지지율을 봐도 명백하네요.
남 이대로라면 임기를 끝내기 전에 정권 교체도 있을 수 있을지도 모르겠네요.

2人は、何と言っていますか。
(A) 現内閣についてメディアは注目していない。
(B) 総理に同意する者が減っている。
(C) 新内閣は元々期待されていない。
(D) 調査方法によって支持率が変わることがある。

두 사람은 뭐라고 말하고 있습니까?
(A) 현 내각에 대해서 미디어는 주목하고 있지 않다.
(B) 총리에게 동의하는 사람이 줄고 있다.
(C) 새 내각은 원래 기대되지 않았다.
(D) 조사방법에 따라 지지율이 바뀌는 경우가 있다.

해설 | 남자는 현 내각이 당초의 기대와 동떨어져서 정권 교체마저 우려되는 상황이라고 했고, 여자 역시 지지율을 봐도 명백하다며 동의하고

있다. 즉, 내각을 지지하는 사람들이 줄어서 지지율의 하락세가 뚜렷하다는 뜻이므로, 정답은 (B)가 된다. 선택지에서는 대화에 나오는「首相(しゅしょう)」(수상)를「総理(そうり)」(총리)로 바꿔 표현했다.

어휘 | 新聞(しんぶん) 신문 今(いま) 지금 内閣(ないかく) 내각
~について ~에 대해서 載(の)る (신문・잡지 등에) 실리다
当初(とうしょ) 당초 期待(きたい) 기대
かけ離(はな)れる 동떨어지다 書(か)く (글・글씨를) 쓰다
確(たし)かに 확실히 支持率(しじりつ) 지지율
明白(めいはく)だ 명백하다 このまま 이대로 任期(にんき) 임기
終(お)える 끝내다 동사의 기본형+前(まえ) ~하기 전
政権(せいけん) 정권 交代(こうたい) 교대, 교체
あり得(え)る 그렇게 될 가능성이 있다. 있을 수 있다 (=あり得(う)る)
~かもしれない ~일지도 모른다 現(げん) 현~, 현재의, 지금의
内閣(ないかく) 내각 メディア 미디어 注目(ちゅうもく) 주목
同意(どうい) 동의 者(もの) 자, 사람 減(へ)る 줄다, 줄어들다
元々(もともと) 원래 調査(ちょうさ) 조사 方法(ほうほう) 방법
~によって ~에 의해서[따라서] 変(か)わる 바뀌다, 변하다
동사의 기본형+ことがある ~하는 일이[경우가] 있다

80 대화 내용에 대한 이해

男 消費税の引き上げに国民の過半数が反対と答
　 えているそうだね。
女 私は、これ以上国の借金を増やすわけにはい
　 かないから、増税はするべきだと思うわ。
男 買い物を控える人が増えて不景気になるとか
　 心配にならない(?)。
女 そうね。景気が後退すると予想されるけど、
　 それも一時期だと思うの。

남 소비세 인상에 국민의 과반수가 반대라고 답하고 있대.
여 나는 이 이상 나랏빚을 늘릴 수는 없으니까 증세는 해야 한다고 생각해.
남 쇼핑을 자제하는 사람이 늘어서 불경기가 된다든지 걱정되지 않아?
여 글쎄. 경기가 후퇴할 거라고 예상되지만, 그것도 한때일 것 같은데.

女の人は、増税について何と言っていますか。
(A) 経済は冷え込むだろうが、増税に賛成だ。
(B) 増税直後は景気が回復するだろう。
(C) 国民の意見をもっと尊重するべきだ。
(D) 国の借金返済とは無関係だ。

여자는 증세에 대해서 뭐라고 말하고 있습니까?
(A) 경제는 침체되겠지만 증세에 찬성이다.
(B) 증세 직후는 경기가 회복될 것이다.
(C) 국민의 의견을 좀 더 존중해야 한다.
(D) 나랏빚 변제와는 관계가 없다.

해설 | 여자의 대화에 주목해야 한다. 여자는 기본적으로 증세에는 찬성하는 입장이다. 그러면서도 불경기를 우려하는 남자의 지적에 대해서는「そうね。景気(けいき)が後退(こうたい)すると予想(よそう)される

けど」(글쎄. 경기가 후퇴할 거라고 예상되지만)라고 했으므로, 정답은 경제는 침체되겠지만 증세에 찬성이라고 한 (A)가 된다.

어휘 | 消費税(しょうひぜい) 소비세　引(ひ)き上(あ)げ 인상
国民(こくみん) 국민　過半数(かはんすう) 과반수
反対(はんたい) 반대　答(こた)える 대답하다
これ以上(いじょう) 이 이상　国(くに) 나라
借金(しゃっきん) 빚　増(ふ)やす 늘리다
~わけにはいかない (그렇게 간단히) ~할 수는 없다
増税(ぞうぜい) 증세
동사의 기본형+べきだ (마땅히) ~해야 한다 *단, 「する」(하다)는 「するべきだ」, 「すべきだ」 모두 가능함

買(か)い物(もの) 쇼핑　控(ひか)える 자제하다, 삼가다
増(ふ)える 늘다, 늘어나다　不景気(ふけいき) 불경기
心配(しんぱい) 걱정　景気(けいき) 경기　後退(こうたい) 후퇴
予想(よそう) 예상　一時期(いちじき) 한 시기, 한때
経済(けいざい) 경제　冷(ひ)え込(こ)む (활기 등이) 없어지다, 침체되다
賛成(さんせい) 찬성　直後(ちょくご) 직후　回復(かいふく) 회복
意見(いけん) 의견　もっと 더, 좀 더　尊重(そんちょう) 존중
返済(へんさい) 반제, 변제, 빚을 갚음
無関係(むかんけい) 무관계, 관계가 없음

PART 4 | 설명문

81~84 시계 수리 안내

もしもし、こんにちは。81横浜時計店(よこはまとけいてん)の木村(きむら)です。82先週(せんしゅう)の日曜日(にちようび)に修理(しゅうり)でお預(あず)かりした腕時計(うでとけい)のことで、お電話(でんわ)させていただきました。専門(せんもん)の修理工場(しゅうりこうじょう)で詳(くわ)しく見(み)させていただきましたが、大(おお)きな故障(こしょう)ではなかったようです。すぐに修理(しゅうり)ができるということでした。83修理(しゅうり)が終(お)わって今週末(こんしゅうまつ)にはこちらに届(とど)く予定(よてい)ですので、来週(らいしゅう)のご都合(つごう)がいい時(とき)に店(みせ)へいらっしゃってください。84また、修理代(しゅうりだい)はお伝(つた)えしていたよりも安(やす)くて、3,000円(えん)でした。こちらのご準備(じゅんび)もお願(ねが)いします。どうぞよろしくお願(ねが)いします。

여보세요, 안녕하세요. 81요코하마 시계점의 기무라입니다. 82지난주 일요일에 수리 때문에 (저희가) 맡은 손목시계 건으로 전화했습니다. 전문 수리공장에서 세밀하게 봤습니다만, 큰 고장은 아니었던 것 같습니다. 바로 수리가 가능하다고 했습니다. 83수리가 끝나고 이번 주말에는 이쪽에 도착할 예정이오니 다음 주 시간이 날 때 가게로 와 주십시오. 84또 수리비는 알려 드렸던 것보다도 저렴해서 3천 엔이었습니다. 이 비용 준비도 부탁드리겠습니다. 부디 잘 부탁드립니다.

어휘 | もしもし 여보세요　時計店(とけいてん) 시계점
先週(せんしゅう) 지난주　日曜日(にちようび) 일요일
修理(しゅうり) 수리
お+동사의 ます형+する ~하다, ~해 드리다 *겸양표현
預(あず)かる 맡다　腕時計(うでとけい) 손목시계
電話(でんわ) 전화　~(さ)せていただく ~(하)다 *겸양표현
専門(せんもん) 전문　工場(こうじょう) 공장
詳(くわ)しい 세밀하다　見(み)る 보다　大(おお)きな 큰
故障(こしょう) 고장　~ようだ ~인 것 같다, ~인 듯하다
すぐに 바로　~ということだ ~라고 한다 *전문
終(お)わる 끝나다　今週末(こんしゅうまつ) 이번 주말
届(とど)く (보낸 물건이) 도착하다　予定(よてい) 예정
来週(らいしゅう) 다음 주　都合(つごう)がいい 형편[사정]이 좋다

店(みせ) 가게　いらっしゃる 오시다 *「来(く)る」(오다)의 존경어
修理代(しゅうりだい) 수리비　伝(つた)える 전하다, 알리다
~よりも ~보다도　安(やす)い (값이) 싸다　準備(じゅんび) 준비
願(ねが)う 부탁하다

81 電話(でんわ)をしている人(ひと)は、どこで働(はたら)いていますか。

(A) デパート
(B) 時計屋(とけいや)
(C) 八百屋(やおや)
(D) 修理工場(しゅうりこうじょう)

81 전화를 하고 있는 사람은 어디에서 일하고 있습니까?
(A) 백화점
(B) 시계점
(C) 채소가게
(D) 수리공장

해설 | 두 번째 문장에서 자신을 요코하마 시계점의 기무라라고 소개하고 있으므로, 정답은 (B)가 된다. 선택지에서는 본문의 「時計店(とけいてん)」(시계점)을 「時計屋(とけいや)」(시계점)로 바꿔 표현했는데, 「~屋(や)」는 그 직업에 종사하는 사람이나 집을 나타내는 말이다.

어휘 | 電話(でんわ) 전화　働(はたら)く 일하다
デパート 백화점 *「デパートメントストア」의 준말
八百屋(やおや) 채소가게

82 この人(ひと)は、どうして電話(でんわ)をしましたか。

(A) 新(あたら)しい時計(とけい)が安(やす)くなったから
(B) 時計(とけい)に大(おお)きい故障(こしょう)が見(み)つかったから
(C) 自分(じぶん)の古(ふる)い時計(とけい)が壊(こわ)れたから
(D) 預(あず)かった物(もの)の説明(せつめい)をしたいから

82 이 사람은 어째서 전화를 했습니까?
(A) 새 시계가 싸졌기 때문에
(B) 시계에 큰 고장이 발견되었기 때문에
(C) 자신의 오래된 시계가 고장 났기 때문에
(D) 맡은 물건의 설명을 하고 싶기 때문에

해설 | 초반부에서 수리 때문에 맡은 손목시계 건으로 전화를 했다고 용

건을 밝히고 있으므로, 이 사람이 전화를 한 이유는 손님이 수리를 의뢰한 시계에 대해 설명하기 위해서 라는 것을 알 수 있다. 따라서 정답은 (D)가 된다.

어휘 | どうして 어째서, 왜 新(あたら)しい 새롭다
大(おお)きい 크다 見(み)つかる 발견되다, 찾게 되다
自分(じぶん) 자기, 자신, 나 古(ふる)い 낡다, 오래되다
壊(こわ)れる 고장 나다 物(もの) 물건 説明(せつめい) 설명
동사의 ます형+たい ~하고 싶다

83 預(あず)けた物(もの)は、いつから取(と)りに行(い)くことができますか。
　　(A) 今週(こんしゅう)の土曜日(どようび)
　　(B) 今週(こんしゅう)の日曜日(にちようび)
　　(C) 来週(らいしゅう)の月曜日(げつようび)
　　(D) 来週(らいしゅう)の週末(しゅうまつ)

83 맡긴 물건은 언제부터 가지러 갈 수 있습니까?
　　(A) 이번 주 토요일
　　(B) 이번 주 일요일
　　(C) 다음 주 월요일
　　(D) 다음 주 주말

해설 | 중반부에서 '수리가 끝나고 이번 주말에는 이쪽에 도착할 예정이오니 다음 주 시간이 나실 때 가게로 와 주십시오'라고 했다. 즉, 다음 주부터 가지러 갈 수 있다는 뜻이므로, 이번 주 토요일이라고 한 (A)와 이번 주 일요일이라고 한 (B)는 오답이다. 정답은 (C)와 (D) 중 하나인데, 문제는 시계를 언제부터 찾으러 갈 수 있는지 그 시작점을 물었으므로 다음 주 월요일이라고 한 (C)가 된다.

어휘 | 預(あず)ける 맡기다 いつ 언제 ~から ~부터
取(と)る 가져오다 동사의 ます형+に ~하러 *동작의 목적
月曜日(げつようび) 월요일 週末(しゅうまつ) 주말

84 払(はら)わないといけないお金(かね)は、どのくらいですか。
　　(A) 思(おも)ったよりも高(たか)い。
　　(B) 話(はな)していたより安(やす)い。
　　(C) 今(いま)はまだわからない。
　　(D) お金(かね)は払(はら)わなくてもいい。

84 지불해야 하는 돈은 어느 정도입니까?
　　(A) 생각했던 것보다도 비싸다.
　　(B) 이야기했던 것보다 싸다.
　　(C) 지금은 아직 알 수 없다.
　　(D) 돈은 지불하지 않아도 된다.

해설 | 수리비에 대한 내용은 후반부에 나온다. 수리비는 알려 드렸던 것보다 싼 3천 엔이 나왔다고 했으므로, 정답은 (B)가 된다.

어휘 | 払(はら)う (돈을) 내다, 지불하다
~ないといけない ~하지 않으면 안 된다, ~해야 한다
どのくらい 어느 정도 思(おも)ったより 생각했던 것보다
高(たか)い (값이) 비싸다 わかる 알다, 이해하다

85~88 スポ츠 뉴스

次(つぎ)はスポーツの話題(わだい)です。85アメリカで行(おこな)われているテニスの大会(たいかい)で、日本(にほん)の鈴木太郎(すずきたろう)選手(せんしゅ)が優勝(ゆうしょう)しました。86鈴木選手(すずきせんしゅ)は2年前(にねんまえ)の春(はる)に右肘(みぎひじ)に大(おお)きな怪我(けが)をして試合(しあい)に出(で)られない状態(じょうたい)が続(つづ)き、もう辞(や)めるだろうと噂(うわさ)になっていました。しかし、努力(どりょく)を続(つづ)けた結果(けっか)、今年(ことし)の夏(なつ)からまた試合(しあい)に出(で)られるようになりました。鈴木選手(すずきせんしゅ)の優勝(ゆうしょう)は初(はじ)めてなので、とても喜(よろこ)んでいるそうです。87諦(あきら)めないことの大切(たいせつ)さを私(わたし)たちに教(おし)えてくれましたね。88鈴木選手(すずきせんしゅ)は来月(らいげつ)の日本(にほん)の大会(たいかい)に出(で)る準備(じゅんび)をするために、次(つぎ)のアメリカの大会(たいかい)は休(やす)むそうです。

다음은 스포츠 화제입니다. 85미국에서 열리고 있는 테니스 대회에서 일본의 스즈키 타로 선수가 우승했습니다. 86스즈키 선수는 2년 전 봄에 오른쪽 팔꿈치에 큰 부상을 입어 시합에 나갈 수 없는 상태가 이어져, 이제 그만둘 거라고 소문이 났습니다. 그러나 노력을 계속한 결과, 올여름부터 다시 시합에 나갈 수 있게 되었습니다. 스즈키 선수의 우승은 처음이기 때문에 아주 기뻐하고 있다고 합니다. 87단념하지 않는 것의 중요함을 우리에게 가르쳐 줬네요. 88스즈키 선수는 다음 달 일본 대회에 출전할 준비를 하기 위해서 다음 미국 대회는 쉰다고 합니다.

어휘 | 次(つぎ) 다음 スポーツ 스포츠, 운동 話題(わだい) 화제
アメリカ 미국 行(おこな)う 하다, 행하다, 실시하다 テニス 테니스
大会(たいかい) 대회 選手(せんしゅ) 선수 優勝(ゆうしょう) 우승
春(はる) 봄 右肘(みぎひじ) 오른쪽 팔꿈치 大(おお)きな 큰
怪我(けが)をする 부상을 입다, 다치다 試合(しあい) 시합
出(で)る (시합 등에) 나가다, 출전하다 状態(じょうたい) 상태
続(つづ)く 이어지다, 계속되다 もう 이제
辞(や)める (일자리를) 그만두다 噂(うわさ)になる 소문이 나다
しかし 그러나 努力(どりょく) 노력 続(つづ)ける 계속하다
結果(けっか) 결과 今年(ことし) 올해 夏(なつ) 여름
~ようになる ~하게(끔) 되다 *변화 初(はじ)めて 처음(으로)
とても 아주, 매우 喜(よろこ)ぶ 기뻐하다
품사의 보통형+そうだ ~라고 한다 *전문
諦(あきら)める 단념하다, 체념하다 大切(たいせつ)さ 중요함
私(わたし)たち 우리 教(おし)える 가르치다, 알려 주다
~てくれる (남이 나에게) ~해 주다 来月(らいげつ) 다음 달
準備(じゅんび) 준비 休(やす)む 쉬다

85 どんな話題(わだい)のニュースですか。
　　(A) 試合(しあい)で日本(にほん)チームが優勝(ゆうしょう)した。
　　(B) 海外(かいがい)の選手(せんしゅ)が優勝(ゆうしょう)した。
　　(C) 日本(にほん)の大会(たいかい)で日本人(にほんじん)が勝(か)った。
　　(D) 海外(かいがい)の大会(たいかい)で日本人(にほんじん)が勝(か)った。

85 어떤 화제의 뉴스입니까?
　　(A) 시합에서 일본팀이 우승했다.

94

(B) 海外選手が優勝했다.
(C) 日本 大会에서 日本人이 이겼다.
(D) 海外 大会에서 日本人이 이겼다.

해설 | 두 번째 문장에서 미국에서 열리고 있는 테니스 대회에서 일본의 스즈키 타로 선수가 우승했다고 했으므로, 정답은 (D)가 된다.

어휘 | ニュース 뉴스　チーム 팀　海外(かいがい) 해외
勝(か)つ 이기다

86 鈴木選手_{すずきせんしゅ}には、どんな噂_{うわさ}がありましたか。
(A) 怪我_{けが}はすぐに治_{なお}りそうだ。
(B) 来年_{らいねん}はいい成績_{せいせき}を残_{のこ}すだろう。
(C) 選手生活_{せんしゅせいかつ}を終_おえる。
(D) 手_てが動_{うご}かなくなってしまった。

86 스즈키 선수에게는 어떤 소문이 있었습니까?
(A) 부상은 금방 나을 것 같다.
(B) 내년에는 좋은 성적을 남길 것이다.
(C) 선수 생활을 끝낸다.
(D) 손이 움직이지 않게 되어 버렸다.

해설 | 세 번째 문장에서 정답을 찾을 수 있다. 스즈키 선수는 2년 전 봄에 큰 부상을 입어 시합에 나갈 수 없게 되었다. 그리고 그런 상태가 지속되면서 그만둘 거라는 소문이 돌았다고 했으므로, 정답은 선수 생활을 끝낸다고 한 (C)가 된다.

어휘 | すぐに 곧, 바로　治(なお)る 낫다, 치료되다
成績(せいせき) 성적　残(のこ)す 남기다　生活(せいかつ) 생활
終(お)える 끝내다　手(て) 손　動(うご)く 움직이다

87 この人_{ひと}は、鈴木選手_{すずきせんしゅ}がどんなことを教_{おし}えてくれたと言_いっていますか。
(A) 努力_{どりょく}はとても大切_{たいせつ}だ。
(B) 優勝_{ゆうしょう}するのは大変_{たいへん}だ。
(C) 怪我_{けが}をしても大丈夫_{だいじょうぶ}だ。
(D) 諦_{あきら}めない気持_{きも}ちが重要_{じゅうよう}だ。

87 이 사람은 스즈키 선수가 어떤 것을 가르쳐 줬다고 말하고 있습니까?
(A) 노력은 아주 중요하다.
(B) 우승하는 것은 힘들다.
(C) 부상을 입어도 괜찮다.
(D) 단념하지 않는 마음이 중요하다.

해설 | 후반부의 내용 문제. 스즈키 선수는 부상으로 인해 은퇴 기로에 놓였지만, 단념하지 않고 노력한 끝에 다시 대회에 나가 우승할 수 있었다. 그런 스즈키 선수의 모습이 단념하지 않는 것의 중요함을 가르쳐 주었다고 말하고 있으므로, 정답은 (D)가 된다.

어휘 | 努力(どりょく) 노력　大切(たいせつ)だ 중요하다
大変(たいへん)だ 힘들다　大丈夫(だいじょうぶ)だ 괜찮다
気持(きも)ち 기분, 마음　重要(じゅうよう)だ 중요하다

88 鈴木選手_{すずきせんしゅ}は、どうして次_{つぎ}の大会_{たいかい}を休_{やす}みますか。
(A) 日本_{にほん}の試合_{しあい}に出_でる準備_{じゅんび}をするから

(B) 体_{からだ}の調子_{ちょうし}が悪_{わる}いから
(C) 怪我_{けが}をしてしまったから
(D) 肘_{ひじ}の具合_{ぐあい}が良_よくないから

88 스즈키 선수는 어째서 다음 대회를 쉽니까?
(A) 일본 시합에 나갈 준비를 하기 때문에
(B) 몸 상태가 좋지 않기 때문에
(C) 부상을 당해 버렸기 때문에
(D) 팔꿈치 상태가 좋지 않기 때문에

해설 | 스즈키 선수가 다음 대회를 쉬는 이유는 마지막 문장에 나온다. 다음 달 일본 대회에 출전할 준비를 하기 위해서 다음 미국 대회는 쉰다고 했으므로, 정답은 (A)가 된다. (C)와 (D)의 부상은 이미 회복된 상태이므로 답이 될 수 없다.

어휘 | 体(からだ) 몸, 신체　調子(ちょうし) 상태, 컨디션
悪(わる)い 나쁘다, 좋지 않다　具合(ぐあい) (건강) 상태
良(よ)くない 좋지 않다

89~91 슈퍼의 주류 행사 안내

いらっしゃいませ。本日_{ほんじつ}も大阪_{おおさか}スーパーにお越_こしいただき、ありがとうございます。毎週金_{まいしゅうきん}曜日_{ようび}は、大阪_{おおさか}スーパーのお酒_{さけ}の日_ひです。お酒売_{さけう}り場_ばでは、缶_{かん}ビールからワイン、健康的_{けんこうてき}な日本_{にほん}酒_{しゅ}など、色_{いろ}んなお酒_{さけ}をご用意_{ようい}しております。⁸⁹特_{とく}に女性_{じょせい}も飲_のみやすい、様々_{さまざま}な種類_{しゅるい}のフルーツを使_{つか}ったお酒_{さけ}がたくさんございます。⁹⁰世界中_{せかいじゅう}から輸入_{ゆにゅう}した珍_{めずら}しいお酒_{さけ}もございますので、たまには飲_のんだことがないお酒_{さけ}を試_{ため}してみてはいかがでしょうか。⁹¹割_わり引_びき商品_{しょうひん}のコーナーもご用_{よう}意_いしておりますので、どうぞごゆっくりお選_{えら}びください。

어서 오십시오. 오늘도 오사카 슈퍼에 와 주셔서 감사합니다. 매주 금요일은 오사카 슈퍼의 술의 날입니다. 주류 매장에서는 캔맥주부터 와인, 건강에 좋은 니혼슈 등 다양한 술을 준비해 두었습니다. ⁸⁹특히 여성도 마시기 편한 여러 종류의 과일을 사용한 술이 많이 있습니다. ⁹⁰전 세계에서 수입한 진귀한 술도 있으니 가끔은 마신 적이 없는 술을 시도해 보는 것은 어떨까요? ⁹¹할인 상품 코너도 준비되어 있으니 아무쪼록 천천히 고르십시오.

어휘 | いらっしゃいませ 어서 오세요
本日(ほんじつ) 금일, 오늘 *「今日(きょう)」의 격식 차린 말
スーパー 슈퍼(마켓) *「スーパーマーケット」의 준말
お+동사의 ます형+いただく (남에게) ~해 받다, (남이) ~해 주시다
越(こ)す 「お越(こ)し」의 꼴로) 오다 *「来(く)る」의 존경어
毎週(まいしゅう) 매주　金曜日(きんようび) 금요일　お酒(さけ) 술
日(ひ) 날　売(う)り場(ば) 매장　缶(かん)ビール 캔맥주
ワイン 와인　健康的(けんこうてき)だ 건강에 좋다
日本酒(にほんしゅ) 니혼슈, 청주　色(いろ)んな 여러 가지, 다양한
ご+한자명사+する ~하다, ~해 드리다 *겸양표현
用意(ようい) 준비　~ておる ~어 있다 *「~ている」의 겸양표현

特(とく)に 특히 女性(じょせい) 여성 飲(の)む (술을) 마시다
동사의 ます형+やすい ~하기 쉽다[편하다]
様々(さまざま)だ 다양하다, 여러 가지다 種類(しゅるい) 종류
フルーツ 과일 使(つか)う 쓰다, 사용하다
たくさん 많이 ござる 있다 *「ある」(있다)의 정중어
世界中(せかいじゅう) 전 세계 輸入(ゆにゅう) 수입
珍(めずら)しい 희귀하다, 진귀하다 たまには 가끔은
동사의 た형+ことがない ~한 적이 없다
試(ため)す 시험[시도]해 보다
いかがでしょうか 어떠실까요? *「どうですか」(어떨까요?)의 공손한
표현 割(わ)り引(び)き 할인 商品(しょうひん) 상품
コーナー 코너 どうぞ 아무쪼록, 부디 ゆっくり 천천히, 느긋하게
お+동사의 ます형+ください ~해 주십시오, ~하십시오 *존경표현
選(えら)ぶ 고르다, 선택하다

89 お酒(さけ)売(う)り場(ば)には、特(とく)にどんなお酒(さけ)がたくさんあ
りますか。
(A) 体(からだ)にいいワイン
(B) 女性(じょせい)が好(す)きな日本酒(にほんしゅ)
(C) 男性(だんせい)に人気(にんき)のビール
(D) 色(いろ)んな果物(くだもの)のお酒(さけ)

89 주류 매장에는 특히 어떤 술이 많이 있습니까?
　(A) 몸에 좋은 와인
　(B) 여성이 좋아하는 니혼슈
　(C) 남성에게 인기인 맥주
　(D) 다양한 과일 술

해설 | 초반부에서 주류 매장에는 캔맥주부터 와인, 건강에 좋은 니혼
슈가 있는데, 특히 여성도 마시기 편한 여러 종류의 과일을 사용한 술이
많이 준비되어 있다고 했다. 즉, 매장에 특히 많이 있는 술은 여러 종류
의 과일 술이므로, 본문의「フルーツ」(과일)를「果物(くだもの)」(과일)
로 바꿔 표현한 (D)가 정답이다.

어휘 | 体(からだ) 몸, 신체 好(す)きだ 좋아하다
男性(だんせい) 남성 人気(にんき) 인기 ビール 맥주

90 この人(ひと)は、どんなお酒(さけ)を試(ため)してほしいと言(い)って
いますか。
(A) 日本(にほん)の銘酒(めいしゅ)
(B) あまり高(たか)くないお酒(さけ)
(C) 非常(ひじょう)に高価(こうか)なお酒(さけ)
(D) 初(はじ)めて飲(の)んでみるお酒(さけ)

90 이 사람은 어떤 술을 시도하길 바란다고 말하고 있습니까?
　(A) 일본의 명주
　(B) 별로 비싸지 않은 술
　(C) 매우 값비싼 술
　(D) 처음 마셔 보는 술

해설 | 이 사람은 후반부에서 '전 세계에서 수입한 진귀한 술도 있으니
가끔은 마신 적이 없는 술을 시도해 보는 것은 어떠실까요?'라고 했다.
따라서 정답은 (D)가 된다.

어휘 | 銘酒(めいしゅ) 명주, 특별한 이름을 붙인 좋은 술

あまり (부정어 수반) 그다지, 별로
高(たか)い (값이) 비싸다 非常(ひじょう)に 대단히, 매우
高価(こうか)だ 고가이다, 값이 비싸다

91 お酒(さけ)売(う)り場(ば)には、どんなコーナーがありますか。
(A) 安(やす)くなったお酒(さけ)を集(あつ)めたコーナー
(B) 体(からだ)にいいお酒(さけ)のコーナー
(C) 有名(ゆうめい)メーカーのお酒(さけ)のコーナー
(D) 高(たか)いお酒(さけ)が並(なら)ぶコーナー

91 주류 매장에는 어떤 코너가 있습니까?
　(A) 저렴해진 술을 모은 코너
　(B) 몸에 좋은 주류 코너
　(C) 유명 제조회사의 주류 코너
　(D) 비싼 술이 놓여 있는 코너

해설 | 마지막 문장에서 할인 상품 코너도 준비해 놨다고 소개하고 있다.
즉, 정가보다 저렴한 상품만 모아 놓았다는 뜻이므로, 정답은 (A)가 된다.

어휘 | 安(やす)い (값이) 싸다 集(あつ)める 모으다
有名(ゆうめい) 유명 メーカー 메이커, 특히 이름난 제조회사
並(なら)ぶ (나란히) 늘어서다, 놓여 있다

92~94 축제 소개

> おはようございます。今朝(けさ)のスピーチ担当(たんとう)の
> 山本(やまもと)です。今日(きょう)は私(わたし)の故郷(こきょう)に昔(むかし)から伝(つた)わる祭(まつ)り
> を紹介(しょうかい)します。**92**この祭(まつ)りは、日本(にほん)で最(もっと)も激(はげ)しい
> 祭(まつ)りだと言(い)われていて、全国(ぜんこく)から大勢(おおぜい)の人々(ひとびと)が
> 見学(けんがく)に来(き)ます。**93**多(おお)くのお神輿(みこし)が町中(まちじゅう)を巡(めぐ)り、燃(も)
> え上(あ)がる火(ひ)と共(とも)に男(おとこ)たちが踊(おど)る光景(こうけい)は実(じつ)に見事(みごと)
> です。初日(しょにち)の夜(よる)には、鮮(あざ)やかな花火(はなび)が勢(いきお)い良(よ)く
> 打(う)ち上(あ)がります。**94**そして2日目(ふつかめ)の最後(さいご)に行(おこな)われ
> るのが、お神輿(みこし)の破壊(はかい)です。地面(じめん)に思(おも)い切(き)りぶ
> つけたり、海(うみ)や川(かわ)に投(な)げ入(い)れたり、男(おとこ)たちが暴(あば)
> れます。力強(ちからづよ)い祭(まつ)りを見(み)てみたい方(かた)は、是非一(ぜひいち)
> 度(ど)見(み)に来(き)てください。

> 안녕하세요. 오늘 아침 스피치 담당인 야마모토입니다. 오늘은 제
> 고향에 옛날부터 전해지는 축제를 소개하겠습니다. **92**이 축제는 일
> 본에서 가장 격렬한 축제라고는 해서 전국에서 많은 사람들이 견학
> 하러 옵니다. **93**많은 신여(神輿)가 온 마을을 돌고 타오르는 불과 함
> 께 남자들이 춤추는 광경은 실로 멋집니다. 첫날 밤에는 선명한 불
> 꽃놀이가 기세등등하게 쏘아 올려집니다. **94**그리고 이틀째 마지막에
> 열리는 것이 신여(神輿) 파괴입니다. 땅바닥에 힘껏 부딪치거나 바
> 다나 강에 던져 넣거나 남자들이 대담한 행동을 합니다. 힘찬 축제
> 를 봐 보고 싶은 분은 꼭 한 번 보러 오세요.

어휘 | 今朝(けさ) 오늘 아침 スピーチ 스피치, 연설
担当(たんとう) 담당 今日(きょう) 오늘
故郷(こきょう) 고향 昔(むかし) 옛날 伝(つた)わる 전해지다
祭(まつ)り 축제 紹介(しょうかい) 소개

最(もっと)も 가장, 제일　激(はげ)しい 격렬하다
〜と言(い)われている 〜라고 하다, 〜라고들 하다
全国(ぜんこく) 전국　大勢(おおぜい) 많은 사람, 여럿
人々(ひとびと) 사람들　見学(けんがく) 견학
동작성 명사·동사의 ます형+に 〜하러 *동작의 목적　多(おお)く 많음
お神輿(みこし) 신여(神輿) *제례나 축제 때 신을 모시는 가마
町中(まちじゅう) 마을 전체, 온 마을　巡(めぐ)る 돌다
燃(も)え上(あ)がる 불타오르다　火(ひ) 불　〜と共(とも)に 〜와 함께
男(おとこ) 남자　〜たち (사람이나 생물을 나타내는 말에 붙어) 〜들
踊(おど)る 춤추다　光景(こうけい) 광경
実(じつ)に 실로, 참으로, 매우　見事(みごと)だ 훌륭하다, 멋지다
初日(しょにち) (전람회·흥행의) 첫날　夜(よる) 밤
鮮(あざ)やかだ 선명하다　花火(はなび) 불꽃놀이
勢(いきお)い良(よ)い 기세등등하다
打(う)ち上(あ)がる 쏘아 올려지다　そして 그리고
2日(ふつか) 2일, 이틀　〜目(め) 〜째 *순서를 나타내는 말
最後(さいご) 최후, 마지막　行(おこな)う 하다, 행하다, 실시하다
破壊(はかい) 파괴　地面(じめん) 지면, 땅바닥
思(おも)い切(き)り 마음껏, 힘껏　ぶつける 부딪치다
海(うみ) 바다　川(かわ) 강
投(な)げ入(い)れる (아무렇게나) 던져 넣다, 처넣다
暴(あば)れる 날뛰다, 용감하고 대담한 행동을 하다
力強(ちからづよ)い 힘차다　是非(ぜひ) 꼭, 제발, 아무쪼록
一度(いちど) 한 번

92 この祭(まつ)りは、どう言(い)われていますか。
(A) 日本(にほん)で最(もっと)も評判(ひょうばん)がいい祭(まつ)りだ。
(B) 日本最古(にほんさいこ)の伝統行事(でんとうぎょうじ)だ。
(C) 日本(にほん)の祭(まつ)りの中(なか)で一番激(いちばんはげ)しい。
(D) 全国各地(ぜんこくかくち)で行(おこな)われている。

92 이 축제는 어떻게 불리고 있습니까?
(A) 일본에서 가장 평판이 좋은 축제이다.
(B) 일본에서 가장 오래된 전통 행사이다.
(C) 일본 축제 중에서 가장 격렬하다.
(D) 전국 각지에서 열리고 있다.

해설 | 초반부에서 이 축제는 일본에서 가장 격렬한 축제라고 했으므로, 정답은 (C)가 된다. (A), (B)와 같은 내용은 나오지 않고, 이 축제가 열리는 곳은 이 사람의 고향이므로 (D)도 답이 될 수 없다.

어휘 | 評判(ひょうばん) 평판　最古(さいこ) 최고, 가장 오래됨
伝統(でんとう) 전통　行事(ぎょうじ) 행사
一番(いちばん) 가장, 제일　各地(かくち) 각지

93 この人(ひと)は、何(なに)が見事(みごと)だと言(い)っていますか。
(A) たくさんのお神輿(みこし)が並(なら)ぶ様子(ようす)
(B) 観衆(かんしゅう)たちがたくさん集(あつ)まる様子(ようす)
(C) 人(ひと)が炎(ほのお)と一緒(いっしょ)に踊(おど)っている様子(ようす)
(D) 豪華(ごうか)なお神輿(みこし)を担(かつ)いでいる様子(ようす)

93 이 사람은 무엇이 멋지다고 말하고 있습니까?
(A) 많은 신여(神輿)가 늘어선 모습
(B) 관중들이 많이 모이는 모습
(C) 사람이 화염과 함께 춤추고 있는 모습

(D) 호화로운 신여(神輿)를 메고 있는 모습

해설 | 중반부에서 많은 신여(神輿)가 온 마을을 돌고 타오르는 불과 함께 남자들이 춤추는 광경은 실로 멋지다고 했다. 따라서 정답은 사람이 화염과 함께 춤추는 모습이라고 한 (C)가 된다.

어휘 | 並(なら)ぶ (나란히) 늘어서다　様子(ようす) 모습
炎(ほのお) 화염　一緒(いっしょ)に 함께　豪華(ごうか)だ 호화롭다
担(かつ)ぐ 메다, 지다

94 男(おとこ)たちは、祭(まつ)りの2日目(ふつかめ)の最後(さいご)に何(なに)をしますか。
(A) お神輿(みこし)を派手(はで)に壊(こわ)す。
(B) 海(うみ)や川(かわ)で冷水(れいすい)を浴(あ)びる。
(C) お神輿(みこし)を神社(じんじゃ)に納(おさ)める。
(D) 暴(あば)れて古(ふる)い家屋(かおく)を破壊(はかい)する。

94 남자들은 축제 이틀째 마지막에 무엇을 합니까?
(A) 신여(神輿)를 요란스럽게 부순다.
(B) 바다나 강에서 냉수를 뒤집어쓴다.
(C) 신여(神輿)를 신사에 바친다.
(D) 날뛰며 오래된 가옥을 파괴한다.

해설 | 후반부의 내용 문제. 이틀째 마지막에 열리는 것은 '신여(神輿) 파괴'라는 행사인데, 남자들은 신여(神輿)를 땅바닥에 힘껏 부딪치거나 바다나 강에 던져 넣거나 하는 대담한 행동을 한다고 했다. 따라서 정답은 신여(神輿)를 요란스럽게 부순다고 한 (A)가 된다.

어휘 | 派手(はで)だ 요란스럽다　壊(こわ)す 부수다
冷水(れいすい) 냉수　浴(あ)びる (물을) 뒤집어쓰다
神社(じんじゃ) 신사　納(おさ)める 바치다
古(ふる)い 낡다, 오래되다　家屋(かおく) 가옥

95~97 쓰레기봉투 교체 안내

社員(しゃいん)の皆(みな)さんにお知(し)らせです。今日(きょう)から普段(ふだん)使用(しよう)しているごみ袋(ぶくろ)が今(いま)までの透明(とうめい)の袋(ふくろ)から市(し)が指定(してい)する水色(みずいろ)のごみ袋(ぶくろ)に代(か)わります。今(いま)までのごみ袋(ぶくろ)では収集(しゅうしゅう)されませんので、注意(ちゅうい)してください。新(あたら)しいごみ袋(ぶくろ)は昨晩(さくばん)それぞれのオフィスに支給(しきゅう)されています。もし見当(みあ)たらない場合(あい)は、事務室(じむしつ)へ至急(しきゅう)ご連絡(れんらく)ください。そして事業(じぎょう)ごみの値段(ねだん)も少(すこ)し値上(ねあ)げされます。ちょっとでもごみを減(へ)らし、経費(けいひ)を節約(せつやく)しましょう。皆(みな)さん、ご協力(きょうりょく)、よろしくお願(ねが)いします。

사원 여러분께 알려 드립니다. 오늘부터 평소에 사용하고 있는 쓰레기봉투가 지금까지의 투명한 봉투에서 시(市)가 지정한 옥색 쓰레기봉투로 교체됩니다. 지금까지의 쓰레기봉투로는 수거되지 않으므로 주의해 주십시오. 새 쓰레기봉투는 어젯밤 각각의 사무실에 지급되어 있습니다. 만약 보이지 않을 경우에는 사무실에 서둘러 연락 주십시오. 그리고 사업 쓰레기 가격도 조금 인상됩니다. 조금이라도 쓰레기를 줄여 경비를 절약합시다. 여러분의 협력을 잘 부탁드립니다.

어휘 | 社員(しゃいん) 사원　皆(みな)さん 여러분
お知(し)らせ 알림　普段(ふだん) 평소, 평상시　使用(しよう) 사용
ごみ袋(ぶくろ) 쓰레기봉투　今(いま)まで 지금까지
透明(とうめい) 투명　市(し) 시　指定(してい) 지정
水色(みずいろ) 옅은 남빛, 옥색, 물빛　代(か)わる 바뀌다, 교체되다
収集(しゅうしゅう) 수집, 수거　注意(ちゅうい) 주의, 조심
新(あたら)しい 새롭다　昨晩(さくばん) 어젯밤
それぞれ (제)각기, 각각, 각자　オフィス 오피스, 사무실
支給(しきゅう) 지급　もし 만약
見当(みあ)たる (찾던 것이) 발견되다, 눈에 띄다, 보이다
場合(ばあい) 경우　事務室(じむしつ) 사무실　至急(しきゅう) 급히
ご+한자명사+ください ~해 주십시오, ~하십시오 *존경표현
連絡(れんらく) 연락　そして 그리고
事業(じぎょう)ごみ 사업 쓰레기 *사업 활동에 따라 나오는 쓰레기를
말하며, 일반 가정에서 나오는 생활 쓰레기 이외의 것이 해당됨
値段(ねだん) 가격　少(すこ)し 조금　値上(ねあ)げ 가격 인상
ちょっと 조금　減(へ)らす 줄이다　経費(けいひ) 경비
節約(せつやく) 절약　協力(きょうりょく) 협력

95 社員に知らせている内容は、何ですか。
　(A) ごみ袋が透明の袋になったこと
　(B) ごみの収集方法が変わったこと
　(C) ごみの分別が必要になったこと
　(D) ごみ袋の種類が変更されたこと

95 사원에게 알리고 있는 내용은 무엇입니까?
　(A) 쓰레기봉투가 투명한 봉투로 된 것
　(B) 쓰레기 수거방법이 바뀐 것
　(C) 쓰레기 분류가 필요해진 것
　(D) 쓰레기봉투의 종류가 변경된 것

해설 | 두 번째 문장에서 오늘부터 쓰레기봉투가 지금까지의 투명한 봉
투에서 시(市)가 지정한 옥색 쓰레기봉투로 바뀐다고 했다. 즉, 쓰레기
봉투의 종류가 변경되었다는 뜻이므로, 정답은 (D)가 된다. (A)는 투명
한 봉투에서 옥색 봉투로 바뀌는 것이므로 답이 될 수 없다.

어휘 | 知(し)らせる 알리다　内容(ないよう) 내용
方法(ほうほう) 방법　変(か)わる 바뀌다, 변하다
分別(ぶんべつ) 분별, 분류　必要(ひつよう) 필요
種類(しゅるい) 종류　変更(へんこう) 변경

96 事務室へ連絡しないといけないのは、どんな時
　ですか。
　(A) 水色の袋が見つからない時
　(B) ごみの出し方が不明な時
　(C) 水色の袋が置かれている時
　(D) ごみを出す依頼をする時

96 사무실에 연락하지 않으면 안 되는 것은 어떤 때입니까?
　(A) 옥색 봉투가 발견되지 않을 때
　(B) 쓰레기 배출방법이 분명하지 않을 때
　(C) 옥색 봉투가 놓여 있을 때
　(D) 쓰레기를 내놓는 의뢰를 할 때

해설 | 중반부의 내용 문제. 변경된 쓰레기봉투는 이미 어젯밤에 각각의

사무실에 지급된 상태로, 만약 옥색 쓰레기봉투가 보이지 않을 경우에
는 서둘러 사무실로 연락해 달라고 했다. 따라서 정답은 (A)가 된다.

어휘 | 見(み)つかる 발견되다, 찾게 되다　出(だ)す 내다, 내놓다
동사의 ます형+方(かた) ~하는 방법[방식]
不明(ふめい)だ 불명하다, 분명하지 않다　依頼(いらい) 의뢰

97 節約のため、何をしてほしいと言っていますか。
　(A) 安いごみ袋の購入
　(B) 経費の使い道の選択
　(C) 余分なごみを出さない努力
　(D) 値段の安い清掃会社への依頼

97 절약을 위해 무엇을 하길 바란다고 말하고 있습니까?
　(A) 저렴한 쓰레기봉투 구입
　(B) 경비 사용처 선택
　(C) 필요 이상의 쓰레기를 내놓지 않는 노력
　(D) 가격이 싼 청소회사로의 의뢰

해설 | 후반부에서 사업 쓰레기 가격도 인상되었으니 조금이라도 쓰레
기를 줄여 경비를 절약하자고 호소하고 있으므로, 정답은 필요 이상의
쓰레기를 내놓지 않는 노력이라고 한 (C)가 된다.

어휘 | ~てほしい ~해 주었으면 하다, ~하길 바라다
安(やす)い (값이) 싸다　購入(こうにゅう) 구입
経費(けいひ) 경비　使(つか)い道(みち) 사용처
選択(せんたく) 선택　余分(よぶん)だ 필요 이상이다
努力(どりょく) 노력　清掃会社(せいそうがいしゃ) 청소회사
依頼(いらい) 의뢰

98~100 법안 관련 뉴스

　次のニュースです。98以前から国会で審議され
ていた改正個人情報保護法が、昨日可決されま
した。同法は2年以内に施行される予定です。こ
の改正法では、個人データの保護に関連する規
制がより厳格化されました。99具体的には、事
業者が果たす責任と義務が新たに明記されまし
た。100そして自主的な取り組みを促すルールが
追加され、事実と異なる報告が判明した事業者
への罰則も引き上げられました。これにより、
データの管理体制を変えざるを得ない企業が出
てくることは明らかです。

　다음 뉴스입니다. 98이전부터 국회에서 심의되고 있던 개정 개인
정보보호법이 어제 가결되었습니다. 동법은 2년 이내에 시행될 예정
입니다. 이 개정법에서는 개인 데이터의 보호에 관련되는 규제가 보
다 엄격해졌습니다. 99구체적으로는 사업자가 이행할 책임과 의무가
새롭게 명기되었습니다. 100그리고 자주적인 대처를 촉구하는 규칙
이 추가되어 사실과 다른 보고가 판명된 사업자에 대한 벌칙도 강화
되었습니다. 이로 인해 데이터 관리 체제를 바꾸지 않을 수 없는 기
업이 나올 것은 분명합니다.

어휘 | 次(つぎ) 다음 ニュース 뉴스 以前(いぜん) 전, 이전, 예전
国会(こっかい) 국회 審議(しんぎ) 심의 改正(かいせい) 개정
個人情報保護法(こじんじょうほうほごほう) 개인정보보호법 *고도
정보통신사회가 진전됨에 따라, 개인정보의 적정한 취급에 관한 기본
이념을 정해 국가·지방공공단체의 책무, 개인정보를 취급하는 민간 사
업자의 준수 의무를 규정하는 법률
昨日(さくじつ) 어제 *「昨日(きのう)」보다 격식 차린 말씨
可決(かけつ) 가결 同法(どうほう) 동법, 같은 법률
以内(いない) 이내 施行(しこう) 시행 予定(よてい) 예정
データ 데이터 関連(かんれん)する 관련되다 規制(きせい) 규제
より 보다 厳格化(げんかくか) 엄격화
具体的(ぐたいてき)だ 구체적이다 事業者(じぎょうしゃ) 사업자
果(は)たす 달성하다, 완수하다, 이행하다 責任(せきにん) 책임
義務(ぎむ) 의무 新(あら)ただ 새롭다 明記(めいき) 명기
そして 그리고 自主的(じしゅてき)だ 자주적이다
取(と)り組(く)み 대처 促(うなが)す 재촉하다, 촉구하다
ルール 룰, 규칙 追加(ついか) 추가 事実(じじつ) 사실
異(こと)なる 다르다 報告(ほうこく) 보고 判明(はんめい) 판명
罰則(ばっそく) 벌칙 引(ひ)き上(あ)げる 끌어 올리다, 강화하다
~により ~에 의해[따라] 管理(かんり) 관리
体制(たいせい) 체제 変(か)える 바꾸다
동사의 ない형+ざるを得(え)ない ~하지 않을 수 없다
企業(きぎょう) 기업 出(で)る 나오다 明(あき)らかだ 분명하다

98 どんな内容のニュースですか。
(A) 新しい法案が否決された。
(B) 即座に法律が施行された。
(C) 議案が承認されて決まった。
(D) 法案が討議されている。

98 어떤 내용의 뉴스입니까?
(A) 새 법안이 부결되었다.
(B) 그 자리에서 법률이 시행되었다.
(C) 의안이 승인되어 결정되었다.
(D) 법안이 토의되고 있다.

해설 | 뉴스의 내용을 묻는 문제로, 두 번째 문장에서 정답을 찾을 수 있
다. 이전부터 국회에서 심의되고 있던 개정 개인정보보호법이 어제 가
결되었다고 했다. 즉, 국회에 상정한 의안이 통과되었다는 뜻이므로, 정
답은 (C)가 된다. (A)는 뉴스의 내용과는 정반대이고, 의안은 이제 막 국
회를 통과한 상태이며, 법안 토의는 가결 이전의 상황에 해당하므로 (B)
와 (D)도 답이 될 수 없다.

어휘 | 新(あたら)しい 새롭다 法案(ほうあん) 법안
否決(ひけつ) 부결 即座(そくざ) 즉좌, 그 자리, 즉석, 당장
法律(ほうりつ) 법률 議案(ぎあん) 의안 承認(しょうにん) 승인
決(き)まる 정해지다, 결정되다 討議(とうぎ) 토의

99 この改正法で新しく明記された内容は、何です
か。
(A) 事業者の罰金額
(B) 個人情報を保護する方法
(C) この法律の適用範囲
(D) 企業が守るべき責務

99 이 개정법에 새롭게 명기된 내용은 무엇입니까?
(A) 사업자의 벌금액
(B) 개인정보를 보호하는 방법
(C) 이 법률의 적용 범위
(D) 기업이 지켜야 할 책무

해설 | 중반부에서 개정법은 이전보다 개인 데이터 보호를 위한 규제를
강화했는데, 구체적으로는 사업자가 이를 위해 져야 할 책임과 의무가
새롭게 명기되었다고 했다. 따라서 정답은 (D)가 된다.

어휘 | 罰金額(ばっきんがく) 벌금액 保護(ほご) 보호
方法(ほうほう) 방법 適用(てきよう) 적용 範囲(はんい) 범위
守(まも)る 지키다 동사의 기본형+べき (마땅히) ~해야 할
責務(せきむ) 책무

100 罰則が引き上げられたのは、事業者が何をし
た時ですか。
(A) 重要な情報を外部に漏らした時
(B) 管理システムを変えなかった時
(C) 自主的に改革を行わなかった時
(D) 報告が事実でないと発覚した時

100 벌칙이 강화된 것은 사업자가 무엇을 했을 때입니까?
(A) 중요한 정보를 외부에 누설했을 때
(B) 관리 시스템을 바꾸지 않았을 때
(C) 자주적으로 개혁을 하지 않았을 때
(D) 보고가 사실이 아니라고 발각되었을 때

해설 | 후반부에서 자주적인 대처를 촉구하는 규칙이 추가됨으로써 사
실과 다른 보고가 판명된 사업자에 대한 벌칙도 강화되었다고 했다. 즉,
거짓 보고가 발각되었을 때 이전보다 강한 벌칙을 받게 된다는 뜻이므
로, 정답은 (D)가 된다.

어휘 | 重要(じゅうよう)だ 중요하다 外部(がいぶ) 외부
漏(も)らす (비밀 등을) 누설하다 管理(かんり) 관리
システム 시스템 改革(かいかく) 개혁 発覚(はっかく) 발각

101 동사 발음 찾기

스즈키 씨, 셔츠 단추가 떨어졌어요.

해설 | 「取れる」는 '(붙어 있던 것이) 떨어지다, 빠지다'라는 뜻의 동사로, (A)의 「とれる」라고 읽는다.

어휘 | シャツ 셔츠 ボタン 단추 き(切)れる 끊어지다
お(折)れる 접히다, 부러지다 わ(割)れる 깨지다

102 2자 한자 발음 찾기

병원에서 요전에 받은 검사 결과가 왔습니다.

해설 | 「先日」은 '요전, 일전'이라는 뜻의 명사로, (D)의 「せんじつ」라고 읽는다.

어휘 | 病院(びょういん) 병원 受(う)ける (어떤 행위를) 받다
検査(けんさ) 검사 結果(けっか) 결과 来(く)る 오다

103 な형용사 발음 찾기

어제 업무에서 중대한 실수를 하고 말았다.

해설 | 「重大」는 '중대함'이라는 뜻의 な형용사로, (C)의 「じゅうだい」라고 읽는다. 참고로 한자 「重」은 「慎重(しんちょう)」(신중), 「貴重(きちょう)」(귀중)처럼 「ちょう」라고 읽는 な형용사도 있으므로 함께 기억해 두자.

어휘 | 昨日(きのう) 어제 仕事(しごと) 일, 업무 ミス 실수, 잘못

104 な형용사 발음 찾기

뭔가 고민이 있을 때는 가까운 사람에게 상담합시다.

해설 | 「身近」은 '신변, 자기 몸에 가까운 곳'이라는 뜻의 な형용사로, (B)의 「みぢか」라고 읽는다.

어휘 | 何(なに)か 무엇인가, 뭔가 悩(なや)み 고민
相談(そうだん) 상담, 상의, 의논

105 い형용사 발음 찾기

나에게 있어 내 아이는 가장 소중한 보물이다.

해설 | 「尊い」는 '귀중하다, 소중하다'라는 뜻의 い형용사로, (B)의 「とうとい」라고 읽는다.

어휘 | ～にとって ～에게 있어서 自分(じぶん) 자기, 자신, 나
子供(こども) 아이 最(もっと)も 가장, 제일
宝物(たからもの) 보물 するど(鋭)い 날카롭다, 예리하다
こころよ(快)い 기분이 좋다, 상쾌하다 めでたい 경사스럽다

106 동사 발음 찾기

짙은 안개에 막혀 정상까지 도달할 수 없었다.

해설 | 「阻む」는 '저지하다, 막다'라는 뜻의 동사로, (C)의 「はばむ」라고 읽는다.

어휘 | 濃(こ)い 짙다, 진하다 霧(きり) 안개
山頂(さんちょう) 산정, 산꼭대기, 정상
たどり着(つ)く 고생 끝에 겨우 다다르다, 도달하다
あわ(淡)む 꺼리다, 멀리하다, 업신여기다 ひが(僻)む 비뚤어지다
ひそ(潜)む 숨다, 잠재하다

107 2자 한자 발음 찾기

유아의 뇌는 열에 민감하기 때문에 발열 시에 발작을 일으키는 경우가 있다.

해설 | 「発作」은 '발작'이라는 뜻의 명사로, (C)의 「ほっさ」라고 읽는다.

어휘 | 幼児(ようじ) 유아 脳(のう) 뇌 熱(ねつ) 열
敏感(びんかん)だ 민감하다 ～ので ～때문에
発熱(はつねつ) 발열 ～時(じ) ～시
起(お)こす (나쁜 상태를) 일으키다, 발생시키다
동사의 기본형+ことがある ～하는 일이[경우가] 있다

108 명사 한자 찾기

그는 어릴 때부터의 친한 친구로, 매우 신용할 수 있는 인물입니다.

해설 | 「しんよう」는 '신용'이라는 뜻의 명사로, 한자로는 (A)의 「信用」이라고 쓴다.

어휘 | 子供(こども) 아이 頃(ころ) 때, 시절, 무렵
親友(しんゆう) 친우, 친한 친구 とても 아주, 매우
人物(じんぶつ) 인물 必要(ひつよう) 필요

109 명사 한자 찾기

프로야구의 와타나베 선수가 올해로 은퇴한다고 한다.

해설 | 「いんたい」는 '은퇴'라는 뜻의 명사로, 한자로는 (D)의 「引退」라고 쓴다.

어휘 | プロ 프로 野球(やきゅう) 야구 選手(せんしゅ) 선수
今年(ことし) 올해 품사의 보통형+そうだ ～라고 한다 *전문

110 동사 한자 찾기

후배인 야마다 군은 나를 형처럼 따라 주고 있다.

해설 | 「したう」는 '사모하다, 따르다'라는 뜻의 동사로, 한자로는 (B)의 「慕う」라고 쓴다.

어휘 | 後輩(こうはい) 후배 兄(あに) 형, 오빠 ～ように ～처럼
～てくれる (남이 나에게) ～해 주다 潤(うるお)う 축축해지다
添(そ)う (어떤 것에) 더하다, 첨가하다
担(にな)う (책임을) 떠맡다, 짊어지다

111 대체 표현 찾기

일요일의 백화점은 붐비고 있습니다.

(A) 사람이 많습니다
(B) 가게가 깨끗합니다
(C) 좋은 물건이 있습니다
(D) 물건이 싸집니다

해설 | 「込(こ)む」는 '붐비다, 혼잡하다'라는 뜻의 동사이므로, 선택지 중 바꿔 쓸 수 있는 것은 (A)의 「人(ひと)が多(おお)いです」(사람이 많습니다)이다.

어휘 | 日曜日(にちようび) 일요일
デパート 백화점 *「デパートメントストア」의 준말
人(ひと) 사람 多(おお)い 많다 店(みせ) 가게 きれいだ 깨끗하다
良(よ)い 좋다 物(もの) 물건 安(やす)い (값이) 싸다

112 대체 표현 찾기

높은 산은 올라감에 따라서 기온이 떨어진다.

(A) 올라가는 것에 관계없이

(B) 올라감에 따라서

(C) 올라가고 있는 것에 비해서

(D) 올라갔던 대로

해설 | 「〜につれて」는 '〜함에 따라서'라는 뜻으로, 비례를 나타낼 때 쓴다. 선택지 중 바꿔 쓸 수 있는 것은 (B)의 「〜に従(したが)って」로, '〜함에 따라서'라는 뜻이다. (A)의 「〜にかかわりなく」는 '〜에 관계없이', (C)의 「〜わりに」는 '〜에 비해서', (D)의 「〜通(とお)りに」는 '〜대로'라는 뜻이다.

어휘 | 高(たか)い 높다 山(やま) 산
登(のぼ)る 높은 곳으로 올라가다 気温(きおん) 기온
下(さ)がる (값·온도·지위·기능 등이) 내려가다, 떨어지다

113 대체 표현 찾기

일요일에는 일이 없으니까 릴랙스하며 지낼 수 있다.

(A) 휘청휘청

(B) 덜덜

(C) 딱

(D) 한가로이

해설 | 「リラックス」는 '릴랙스, 긴장을 풀고 쉼'이라는 뜻으로, 선택지 중 이와 바꿔 쓸 수 있는 것은 (D)의 「のんびりと」(한가로이)이다. (A)의 「ふらふらと」(휘청휘청)는 걸을 때 다리에 힘이 없어 똑바로 걷지 못하고 흔들리는 모양을, (B)의 「がたがたと」(덜덜)는 심하게 떠는 모양을, (C)의 「ぴったりと」(꼭, 딱)는 꼭 들어맞는 모양을 나타낸다.

어휘 | 日曜日(にちようび) 일요일 仕事(しごと) 일
過(す)ごす (시간을) 보내다, 지내다
동사의 기본형+ことができる 〜할 수 있다

114 대체 표현 찾기

경찰관으로부터 내 개인정보가 악용되고 있었다고 듣고 믿기지 않았다.

(A) 경청했다

(B) 우연히 들었다

(C) 귀를 의심했다

(D) 귀가 아팠다

해설 | 「信(しん)じられなかった」(믿기지 않았다)는 「信(しん)じられる」(믿기다)의 부정형이다. 이때의 「信(しん)じられる」(믿기다)는 「信(しん)じる」(믿다)의 자발(自發: 자연스럽게 발생함) 표현으로, 어떤 사실이나 말이 그렇게 생각되어진다는 뜻이다. 선택지 중 바꿔 쓸 수 있는 것은 (C)로, 「耳(みみ)を疑(うたが)う」는 '귀를 의심하다, 들은 것을 믿을 수 없다'라는 뜻이다. (A)의 「耳(みみ)を傾(かたむ)ける」는 '귀를 기울이다', (B)의 「耳(みみ)に挟(はさ)む」는 '우연히 듣다, 언뜻 듣다', (D)의 「耳(みみ)が痛(いた)い」는 '귀가 아프다, 남의 말이 자기의 약점을 찔러서 듣기 거북하다'라는 뜻이다.

어휘 | 警官(けいかん) 경관, 경찰관 *「警察官(けいさつかん)」의 준말
個人(こじん) 개인 情報(じょうほう) 정보 悪用(あくよう) 악용
聞(き)く 듣다

115 대체 표현 찾기

이 시스템을 알기 쉽게 말하면 이익을 계산하는 것입니다.

(A) 일상 용어로 표현하면

(B) 전문적인 생각에서 말하면

(C) 적절한 수단을 생각하면

(D) 평균적인 결과를 전하면

해설 | 「平(ひら)たい」는 '알기 쉽다'라는 뜻의 い형용사로, 「平(ひら)たく言(い)えば」는 '알기 쉽게 말하면'이라는 뜻이다. 선택지 중 바꿔 쓸 수 있는 것은 (A)의 「普段(ふだん)の言葉(ことば)で表現(ひょうげん)すると」(일상 용어로 표현하면)이다.

어휘 | システム 시스템 利益(りえき) 이익 計算(けいさん) 계산
普段(ふだん) 평소, 일상 言葉(ことば) 말, 용어
表現(ひょうげん) 표현 専門的(せんもんてき)だ 전문적이다
考(かんが)え 생각 適切(てきせつ)だ 적절하다
手段(しゅだん) 수단 平均的(へいきんてき)だ 평균적이다
結果(けっか) 결과 伝(つた)える 전하다, 알리다

116 대체 표현 찾기

저예산으로 제작되었지만 감상할 가치가 있는 영화가 되었다.

(A) 감상할 필요는 없는

(B) 감상하게 되는

(C) 감상할 만한

(D) 일단 감상했다 하면

해설 | 「鑑賞(かんしょう)の価値(かち)がある」는 '감상할 가치가 있다'라는 뜻으로, 선택지 중 바꿔 쓸 수 있는 것은 (C)의 「鑑賞(かんしょう)にたえる」(감상할 만하다)이다. 「〜にたえる」는 '〜할 만하다'라는 뜻으로, 그럴 만한 가치가 있다는 뜻을 나타낸다. (A)의 「〜にあたらない」(〜할 것은 없다. 〜할 필요는 없다)는 '〜할 정도의 큰 문제는 아니다'라는 뜻으로 「そんなに驚(おどろ)くにあたらない」(그렇게 놀랄 필요는 없다)처럼 쓰고, (B)의 「〜ずにはおかない」(자연히 〜하게 되다)는 본인의 의지와 관계없이 자연히 그 감정이나 행동을 불러일으키는 것을 나타내는 표현으로, 「スポーツは見(み)る者(もの)に驚嘆(きょうたん)や感銘(かんめい)を与(あた)えずにはおかない」(스포츠는 보는 사람에게 경탄과 감명을 주게 된다[준다])처럼 쓴다. 그리고 (D)의 「〜たら最後(さいご)」(일단 〜했다 하면)는 일단 그런 상황이 발생하면 반드시 좋지 않은 결과가 된다는 것을 나타내는 표현으로, 「あのお菓子(かし)は食(た)べ始(はじ)めたら最後(さいご)、食(た)べ続(つづ)けてしまう」(저 과자는 일단 먹기 시작하면 계속 먹고 만다)처럼 쓴다.

어휘 | 低予算(ていよさん) 저예산 制作(せいさく) 제작
鑑賞(かんしょう) 감상, 예술 작품을 이해하고 음미하는 것
価値(かち) 가치 映画(えいが) 영화

117 「浅(あさ)い」의 뜻 구분

조금 더 얕은 연못이라면 아이라도 놀 수 있다.

(A) 그는 밤도 아직 얼마 되지 않은 시각부터 술을 마시고 있었다.

(B) 경험이 부족한 동안의 실수는 용서해 주자.

(C) 근무한 지 얼마 안 되지만 일은 익혔다.

(D) 어머니께 속이 깊지 않은 냄비를 선물했다.

해설 | 문제의 「浅(あさ)い」는 '얕다. (깊이·바닥이) 깊지 않다'라는 뜻으로, 선택지 중 이와 같은 뜻으로 쓰인 것은 (D)이다. (A)와 (C)는 '(시일이) 오래되지 않다', (B)는 '(생각·경험 등이) 얕다, 모자라다, 부족하다'라는 뜻으로 쓰였다.

어휘 | もう少(すこ)し 조금 더 池(いけ) 연못 子供(こども) 아이
遊(あそ)ぶ 놀다 夜(よる) 밤 まだ 아직 時刻(じこく) 시각
酒(さけ) 술 飲(の)む (술을) 마시다 経験(けいけん) 경험
〜うち 〜동안, 〜사이 失敗(しっぱい) 실패, 실수
許(ゆる)す 용서하다 〜てあげる (내가 남에게) 〜해 주다

勤(つと)める 근무하다　〜てから 〜하고 나서, 〜한 후에
日(ひ)が浅(あさ)い 아직 날이 많이 지나지 않다, 얼마 안 되다
仕事(しごと) 일　覚(おぼ)える 배우다, 익히다
母(はは) (자신의) 어머니　底(そこ) 속　鍋(なべ) 냄비
プレゼント 선물

118 「も」의 용법 구분
매일 3시간이나 잔업하다니 생각할 수 없다.

(A) 우리 가족은 아무도 소설을 읽지 않습니다.
(B) 마감까지 일주일만 있다면 시간에 맞추겠죠.
(C) 그는 집중해서 작업하고 있으면 대답도 안 한다.
(D) 생일에 2만 엔이나 하는 와인을 받았다.

해설 | 문제의 「も」는 '〜이나'라는 뜻으로, 숫자나 수량을 나타내는 말에 접속해 앞에 오는 말을 강조할 때 쓴다. 선택지 중 이와 같은 뜻으로 쓰인 것은 (D)이다. (A)와 (C)는 '〜도'라는 뜻으로 그 위에 더함을 나타내고, (B)는 '만'이라는 뜻으로 한계에 달했음을 나타낸다.

어휘 | 毎日(まいにち) 매일　時間(じかん) 시간
残業(ざんぎょう) 잔업, 야근　〜なんて 〜하다니
考(かんが)える 생각하다　うち 우리　家族(かぞく) 가족
小説(しょうせつ) 소설　読(よ)む 읽다　締(し)め切(き)り 마감
間(ま)に合(あ)う 시간에 맞게 대다, 늦지 않다
集中(しゅうちゅう) 집중　作業(さぎょう) 작업
返事(へんじ) 대답　誕生日(たんじょうび) 생일　ワイン 와인
もらう 받다

119 「寄せる」의 뜻 구분
책장은 벽에 가까이 대 두는 편이 방을 넓게 사용할 수 있다.

(A) 할아버지는 귀가 안 좋기 때문에 귀에 입을 가까이 대고 이야기하지 않으면 들리지 않는다.
(B) 눈에 띄는 디자인으로 바꾼 간판이 손님을 불러 모아 이익이 올랐다.
(C) 그는 신입사원인 하나코 씨에게 남몰래 연정을 품고 있다고 한다.
(D) 막차를 놓쳤기 때문에 근처 친구 집에 몸을 의탁해 아침까지 지냈다.

해설 | 문제의 「寄(よ)せる」는 '가까이 대다, 바싹 붙여 대다'라는 뜻으로, 선택지 중 이와 같은 뜻으로 쓰인 것은 (A)이다. (B)는 '한데 모으다, 불러 모으다', (C)는 '마음을 두다', (D)는 '의탁하다'라는 뜻으로 쓰였다.

어휘 | 本棚(ほんだな) 책장　壁(かべ) 벽　置(お)く 놓다, 두다
部屋(へや) 방　広(ひろ)い 넓다　使(つか)う 쓰다, 사용하다
祖父(そふ) (자신의) 할아버지　耳(みみ) 귀
悪(わる)い 나쁘다, 좋지 않다　口(くち) 입
話(はな)す 말하다, 이야기하다　聞(き)こえる 들리다
目立(めだ)つ 눈에 띄다　デザイン 디자인
変(か)える 바꾸다, 변경하다　看板(かんばん) 간판
客(きゃく) 손님　利益(りえき) 이익
上(あ)がる (수입 따위가) 오르다
新入社員(しんにゅうしゃいん) 신입사원
秘(ひそ)かだ 가만히[몰래] 하다
思(おも)いを寄(よ)せる 연정을 품다
품사의 보통형+そうだ 〜라고 한다 *전문
終電(しゅうでん) (전철의) 막차 *「終電車(しゅうでんしゃ)」의 준말
逃(のが)す 놓치다　近(ちか)く 근처　友達(ともだち) 친구
家(いえ) 집　身(み)を寄(よ)せる 몸을 의탁하다　朝(あさ) 아침
過(す)ごす (시간을) 지내다, 보내다

120 「負う」의 뜻 구분
오늘 회의는 누가 책임을 질 것인지를 결정하는 모임이다.

(A) 국민은 권리에 대해 납세 등의 의무를 지는 법이다.
(B) 제가 향상될 수 있었던 것은 선배의 지도에 힘입은 바가 큽니다.
(C) 거액의 빚을 지게 된 아사히전기는 결국 도산했다.
(D) 무거운 짐을 등에 지는 것은 쉬운 일이 아니다.

해설 | 문제의 「負(お)う」는 '(책임 등을) 지다, 떠맡다'라는 뜻으로, 선택지 중 이와 같은 뜻으로 쓰인 것은 (A)이다. (B)는 '힘입다, 은혜를 입다', (C)는 '채무 등을 가지다, 빚지다', (D)는 '업다, 짊어지다'라는 뜻으로 쓰였다.

어휘 | 今日(きょう) 오늘　会議(かいぎ) 회의
責任(せきにん) 책임　決(き)める 정하다, 결정하다
集(あつ)まり 모임　国民(こくみん) 국민　権利(けんり) 권리
〜に対(たい)して 〜에 대해, 〜에게 *대상　納税(のうぜい) 납세
〜など 〜등　義務(ぎむ) 의무
〜ものだ 〜인 것[법]이다 *상식 · 진리 · 본성
上達(じょうたつ) 숙달, 향상　先輩(せんぱい) 선배
指導(しどう) 지도　ところ 바　大(おお)きい 크다
多額(たがく) 큰 돈, 거액　借金(しゃっきん) 빚
동사의 보통형+ことになる 〜하게 되다　電気(でんき) 전기
ついに 드디어, 마침내, 결국　倒産(とうさん) 도산
重(おも)い 무겁다　荷物(にもつ) 짐　背中(せなか) 등
容易(ようい)だ 용이하다, 손쉽다

121 조사 오용 (B) より → まで
미도리호텔에서 공항까지 버스로 갈 수 있습니다.

해설 | (B)의「〜より」(〜에서, 〜부터)는 기점을 나타내는 조사로, 문장과는 맞지 않는다. 문맥상 (B)에는 도착점을 나타내는 조사가 와야 하므로, 「〜まで」(〜까지)로 고쳐야 한다.

어휘 | ホテル 호텔 〜から 〜에서 空港(くうこう) 공항 バス 버스
行(い)く 가다 동사의 기본형+ことができる 〜할 수 있다

122 부사 오용 (B) 必ず → 全く
어제는 하늘에 구름이 전혀 없어서 달과 별이 깨끗하게 보였다.

해설 | (B)의「必(かなら)ず」는 '꼭, 반드시'라는 뜻의 부사로, 뒤에 오는「なくて」(없어서)와 호응하지 않는다. 문맥상 (B)에는 부정의 뜻을 지닌 부사가 와야 하므로, 「全(まった)く」(전혀)로 고쳐야 한다.

어휘 | 昨日(きのう) 어제 空(そら) 하늘 雲(くも) 구름 月(つき) 달
星(ほし) 별 きれいだ 깨끗하다 見(み)える 보이다

123 동사 오용 (D) 通ります → 戻ります
지금부터 잠깐 나갈 건데 10분 정도면 돌아옵니다.

해설 | (D)의「通(とお)る」는 '통과하다, 지나가다'라는 뜻의 동사로, 문장과는 맞지 않는다. 문맥상 (D)에는 '(본래의 자리로) 돌아오다'라는 뜻의 동사가 와야 하므로, 「戻(もど)る」를 써서 「戻(もど)ります」(돌아옵니다)로 고쳐야 한다.

어휘 | 今(いま)から 지금부터 ちょっと 잠시
出(で)かける (밖에) 나가다, 외출하다, 가다 〜ぐらい 〜정도

124 접속 형태 오용 (C) 聞くながら → 聞きながら
제 취미는 좋아하는 음악을 들으면서 드라이브를 하는 것입니다.

해설 | (C)의「〜ながら」(〜하면서)는 동시동작을 나타내는 표현으로, 동사의 ます형에 접속한다. 따라서 (C)의「聞(き)く」(듣다)는 ます형인「聞(き)き」를 써서「聞(き)きながら」(들으면서)로 고쳐야 한다.

어휘 | 趣味(しゅみ) 취미 好(す)きだ 좋아하다
音楽(おんがく) 음악 ドライブ 드라이브

125 い형용사 오용 (B) 涼しい → 珍しい
외국의 진귀한 차를 받았으므로 함께 마시지 않겠습니까?

해설 | (B)의「涼(すず)しい」는 '시원하다, 선선하다'라는 뜻의 기후를 나타내는 い형용사로, 「外国(がいこく)」(외국)나「お茶(ちゃ)」(차)라는 단어와는 어울리지 않는다. 문맥상 (B)에는 '진귀하다, 드물다'라는 뜻의 い형용사가 와야 하므로, 「珍(めずら)しい」(진귀하다, 드물다)로 고쳐야 한다.

어휘 | いただく 받다 *「もらう」의 겸양어
一緒(いっしょ)に 함께 飲(の)む 마시다
〜ませんか 〜하지 않겠습니까? *권유

126 명사 오용 (C) 興味 → 関連
아버지의 방 책장에는 업무 관련 책이 가득 있습니다.

해설 | (C)의「興味(きょうみ)」는 '흥미'라는 뜻으로, 앞에 있는「仕事

(しごと)」(일, 업무)라는 명사와 어울리지 않는다. 문맥상 (C)에는 '관련'이라는 뜻을 지닌 명사가 와야 하므로, (C)는「関連(かんれん)」으로 고쳐야 한다.

어휘 | 父(ちち) (자신의) 아버지 部屋(へや) 방
本棚(ほんだな) 책장 一杯(いっぱい) 가득, 많이

127 조사 오용 (A) に → で
매일 아침 전철로 통근을 하는 것은 피곤하니까 회사 근처에 살려고 생각하고 있다.

해설 | (A)의「〜に」(〜에(서)) 앞에「電車(でんしゃ)」(전철)가 있으므로, (A)에는 '〜으로'라는 뜻의 수단을 나타내는 조사가 와야 한다. 따라서 (A)는「〜で」로 고쳐야 한다.

어휘 | 毎朝(まいあさ) 매일 아침 通勤(つうきん) 통근, 출퇴근
疲(つか)れる 지치다, 피로해지다 会社(かいしゃ) 회사
近(ちか)く 근처 住(す)む 살다, 거주하다

128 표현 오용 (B) ようで → ように
어머니에게 부탁받은 쇼핑을 잊지 않도록 메모를 한 후에 갑니다.

해설 | (B)의「〜ようで」는 '〜인 듯해서'라는 추측의 뜻으로, 문장과는 맞지 않는다. 문맥상 (B)에는 '〜하도록'이라는 행위의 목적을 나타내는 표현이 와야 하므로, (B)는「〜ように」(〜하도록)로 고쳐야 한다.

어휘 | 母(はは) (자신의) 어머니 頼(たの)む 부탁하다
買(か)い物(もの) 쇼핑, 장을 봄 忘(わす)れる 잊다
メモ 메모 〜てから 〜하고 나서, 〜한 후에

129 명사 오용 (A) 予算 → 予想
예상대로 어젯밤부터 내리기 시작한 눈이 쌓여서 아이들은 기뻐하고 있다.

해설 | (A)의「予算(よさん)」은 '예산'이라는 뜻의 명사로, 뒤에 있는「〜通(どお)り」(〜대로)라는 표현과 어울리지 않는다. 문맥상 (A)에는 '예상'이라는 뜻을 지닌 명사가 와야 하므로, (A)는「予想(よそう)」로 고쳐야 한다.

어휘 | 昨夜(さくや) 어젯밤 *「昨夜(ゆうべ)」에 비해서 정중한 말씨
降(ふ)る (비·눈 등이) 내리다, 오다
동사의 ます형+始(はじ)める 〜하기 시작하다 雪(ゆき) 눈
積(つ)もる 쌓이다 子供(こども) 아이
〜たち (사람이나 생물을 나타내는 말에 붙어) 〜들
喜(よろこ)ぶ 기뻐하다

130 문법표현 오용 (B) にとって → にかけて
이 지역은 10월부터 11월에 걸쳐 단풍이 아름다워서 관광객이 많이 방문합니다.

해설 | (B)의「〜にとって」는 '〜에게 있어서'라는 뜻으로, 판단이나 평가의 기준을 나타낼 때 쓰는 표현이다. 문맥상 (B)에는 '〜에 걸쳐서'라는 시간이나 공간적인 범위를 나타내는 표현이 와야 하므로, (B)는「〜にかけて」로 고쳐야 한다.

어휘 | 地域(ちいき) 지역 〜から 〜부터 紅葉(もみじ) 단풍
美(うつく)しい 아름답다 観光客(かんこうきゃく) 관광객
たくさん 많이 訪(おとず)れる 방문하다

최신기출 2

131 명사 오용 (D) 判断(はんだん) → 評価(ひょうか)

이노우에 나오미 씨는 세계 평화를 주제로 한 논문으로 국제적으로 훌륭한 평가를 받았다.

해설 | (D)의 「判断(はんだん)」은 '판단'이라는 뜻의 명사로, 앞에 있는 「素晴(すば)らしい」(훌륭하다)라는 い형용사와 어울리지 않는다. 문맥상 (D)에는 '평가'라는 뜻을 지닌 명사가 와야 하므로, 「評価(ひょうか)」로 고쳐야 한다.

어휘 | 世界(せかい) 세계 平和(へいわ) 평화 テーマ 테마, 주제
~にする ~로 하다 論文(ろんぶん) 논문
国際的(こくさいてき)だ 국제적이다 もらう 받다

132 접속 형태 오용 (A) 育(そだ)ち → 育(そだ)った

내가 자란 곳은 도시보다 불편합니다만, 바다와 산 등 자연이 많아서 자랑스러운 마을입니다.

해설 | (A)의 「育(そだ)ち(ます)」(자랍니다)는 「育(そだ)つ」(자라다, 성장하다)의 ます형으로 「所(ところ)」(곳, 장소)라는 명사를 수식할 수 없다. 따라서 (A)는 「育(そだ)つ」(자라다, 성장하다)의 과거형인 た형을 써서 「育(そだ)った」(자란)로 고쳐야 한다.

어휘 | 都会(とかい) 도회, 도시 ~より ~보다
不便(ふべん)だ 불편하다 海(うみ) 바다 山(やま) 산
自然(しぜん) 자연 多(おお)い 많다 自慢(じまん) 자랑
町(まち) 마을, 동네

133 문법표현 오용 (B) あげく → からには

축구 일본 대표로 뽑힌 이상은 활약해서 결과를 낼 생각이다.

해설 | (B)의 「~あげく」(~한 끝에)는 동사의 た형에 접속해 '여러 가지로 ~했지만 (결국 유감스러운 결과가 되었다)'이라는 뜻을 나타내는 표현으로 문장과는 어울리지 않는다. 문맥상 (B)에는 상황이 이렇게 된 바에는 끝까지 관철하겠다는 뜻을 나타내는 표현이 와야 하므로, (B)는 「~からには」(~한 이상은)로 고쳐야 한다.

어휘 | サッカー 축구 代表(だいひょう) 대표
選(えら)ぶ 뽑다, 선발하다 活躍(かつやく) 활약 結果(けっか) 결과
出(だ)す 내다 동사의 보통형+つもりだ ~할 생각[작정]이다

134 동사 오용 (C) 震(ふる)えて → 振(ふ)って

캔커피는 뚜껑을 열기 직전에 잘 흔들어 내용물을 섞은 후에 마시는 편이 좋다.

해설 | (C)의 「震(ふる)える」는 '흔들리다, 진동하다'라는 뜻의 동사로, 「窓(まど)ガラスが震(ふる)える」(유리창이 흔들리다)처럼 쓴다. 문맥상 (C)에는 '흔들다'라는 뜻의 동사가 와야 하므로, 「振(ふ)る」(흔들다)를 써서 「振(ふ)って」(흔들어)로 고쳐야 한다.

어휘 | 缶(かん)コーヒー 캔커피 蓋(ふた) 뚜껑 開(あ)ける 열다
直前(ちょくぜん) 직전 良(よ)く 잘 中身(なかみ) 내용물
混(ま)ぜる 섞다 ~てから ~하고 나서, ~한 후에 飲(の)む 마시다
동사의 た형+方(ほう)がいい ~하는 편[쪽]이 좋다

135 의태어 오용 (A) きらきら → すらすら

중요한 설명은 술술 이야기하는 것보다 느긋한 템포로 이야기하는 편이 강조되는 효과가 있다.

해설 | (A)의 「きらきら」(반짝반짝)는 뭔가가 빛나는 모양을 나타낼 때 쓰는 의태어이므로, 뒤에 있는 「話(はな)す」(말하다, 이야기하다)라는 동사와는 어울리지 않는다. 문맥상 (A)에는 막힘없이 일이 진행되는 모양을

나타내는 의태어가 와야 하므로, (A)의 「きらきら」(반짝반짝)는 「すらすら」(술술)로 고쳐야 한다.

어휘 | 大事(だいじ)だ 중요하다 説明(せつめい) 설명
~より ~보다 ゆっくりとした 느긋한 テンポ 템포, 박자
方(ほう) 편, 쪽 強調(きょうちょう) 강조 効果(こうか) 효과

136 명사 오용 (D) 製造(せいぞう) → 運動(うんどう)

전후(戦後) 일본 경제가 발전한 이유 중의 하나는 민주화 운동일 것이다.

해설 | (D)의 「製造(せいぞう)」는 '제조'라는 뜻의 명사로, 앞에 있는 「民主化(みんしゅか)」(민주화)라는 표현과는 어울리지 않는다. 문맥상 (D)에는 '운동'이라는 뜻을 지닌 명사가 와야 하므로, (D)는 「運動(うんどう)」로 고쳐야 한다.

어휘 | 戦後(せんご) 전후, 특히 제2차 세계 대전이 끝난 후
経済(けいざい) 경제 発展(はってん) 발전 理由(りゆう) 이유
1(ひと)つ 하나

137 부사 오용 (B) とっさに → 度々(たびたび)

중고차는 자주 고장 나서 수리비가 들 가능성이 있기 때문에 새 차를 추천한다.

해설 | (B)의 「とっさに」(순간적으로)는 「爆発音(ばくはつおん)を聞(き)いたとたん、とっさに地面(じめん)に身(み)を伏(ふ)せた」(폭발음을 듣자마자 순간적으로 땅바닥에 엎드렸다)처럼 어떤 일이 일어난 그때, 또는 두 사건의 행동이 거의 동시에 이루어지는 그때를 나타내는 부사로, 뒤에 있는 「故障(こしょう)する」(고장 나다)라는 동사와는 어울리지 않는다. 중고차는 새 차에 비해서 고장 날 우려가 많으므로, (B)는 빈도를 나타내는 부사인 「度々(たびたび)」(자주, 종종)로 고쳐야 한다.

어휘 | 中古車(ちゅうこしゃ) 중고차 修理代(しゅうりだい) 수리비
かかる (비용이) 들다 可能性(かのうせい) 가능성
新車(しんしゃ) 새 차 お勧(すす)め 추천, 권유

138 문법표현 오용 (A) ものなら → ものの

약혼했지만 결혼식을 할지 어떨지 미정인 커플은 의외로 많다.

해설 | (A)의 「~ものなら」는 동사의 가능형에 접속해 '만약 ~할 수만 있다면'이라는 뜻을 나타내는 표현으로, 「行(い)けるものなら行(い)ってみたい」(갈 수만 있다면 가 보고 싶다)처럼 실현 가능성이 희박한 어떤 사항을 가정할 때 쓴다. 문맥상 (A)에는 기대나 사실과는 상반되거나 모순된 일이 전개됨을 나타내는 표현이 와야 하므로, (A)는 「~ものの」(~이지만)로 고쳐야 한다.

어휘 | 婚約(こんやく) 약혼 結婚式(けっこんしき) 결혼식
~かどうか ~일지 어떨지, ~인지 어떤지 未定(みてい) 미정
カップル 커플 意外(いがい)と 의외로 多(おお)い 많다

139 동사 오용 (D) 照(て)らして → もたらして

과학기술의 진보는 현저해서 인류에게 다양한 혜택을 가져왔다.

해설 | 「恩恵(おんけい)」(은혜, 혜택)라는 명사와 (D)의 「照(て)らす」(빛을 비추다, 밝히다)라는 동사는 어울리지 않는다. 문맥상 (D)에는 '가져오다, 초래하다'라는 뜻의 동사인 「もたらす」가 와야 하므로, (D)는 「もたらして」(가져와)로 고쳐야 한다.

어휘 | 科学(かがく) 과학 技術(ぎじゅつ) 기술 進歩(しんぽ) 진보
著(いちじる)しい 현저하다, 두드러지다 人類(じんるい) 인류
様々(さまざま)だ 다양하다, 여러 가지다 ~てくる ~해 오다

140 문법표현 오용 (A) にあたらない → のみならず

개발도상국뿐만 아니라 선진국에서도 이 병의 감염 확대를 막지 못하고 있는 것은 심각한 문제이다.

해설 | (A)의 「〜にあたらない」(〜할 것은 없다, 〜할 필요는 없다)는 '〜할 정도의 큰 문제는 아니다'라는 뜻의 표현으로, 문장과는 맞지 않는다. 문맥상 (A)에는 그것뿐 아니라 다른 것도 더 있다는 추가의 의미를 지닌 표현이 와야 하므로, (A)는 '〜뿐만 아니라'라는 뜻의 「〜のみならず」로 고쳐야 한다.

어휘 | 開発途上国(かいはつとじょうこく) 개발도상국
先進国(せんしんこく) 선진국 病(やまい) 병 感染(かんせん) 감염
拡大(かくだい) 확대 食(く)い止(と)める 막다, 방지하다, 저지하다
深刻(しんこく)だ 심각하다 問題(もんだい) 문제

PART 7 | 공란 메우기

141 적절한 표현 찾기

지우개를 잊고 두고 와 버렸기 때문에 빌려주지 않겠습니까?

해설 | 지우개를 잊고 두고 온 것은 '나'이지만 지우개를 빌려주는 것은 타인이므로, 공란에는 남이 나에게 뭔가를 해 준다는 뜻의 표현인 「〜てくれる」가 와야 한다. 따라서 정답은 (D)의 「〜てくれませんか」((남이 나에게) 〜해 주지 않겠습니까?)가 된다.

어휘 | 消(け)しゴム 지우개
忘(わす)れる 잊다, (물건을) 잊고 두고 오다 貸(か)す 빌려주다
〜てあげる (내가 남에게) 〜해 주다

142 적절한 조사 찾기

여행 전에 카메라를 샀습니다.

해설 | 공란 앞에 「前(まえ)」((시간적 차례의) 전)라는 표현이 있으므로, 공란에는 시간을 나타내는 조사가 와야 한다. 정답은 (B)의 「〜に」로, '〜에'라는 뜻이다.

어휘 | 旅行(りょこう) 여행 カメラ 카메라 買(か)う 사다
〜と 〜와[과] 〜で 〜에서 〜が 〜이[가]

143 적절한 い형용사 찾기

배가 아프다면 따뜻한 차를 마시면 좋아요.

해설 | 「お腹(なか)が痛(いた)い」(배가 아프다)라는 표현을 전제로 한 권유표현이므로, 공란에는 차의 성질을 나타내는 표현이 들어가야 한다. 정답은 (A)의 「温(あたた)かい」로, '따뜻하다'라는 뜻이다.

어휘 | 〜なら 〜라면 お茶(ちゃ) 차 飲(の)む 마시다
いい 좋다 細(こま)かい 세세하다 易(やさ)しい 쉽다
美(うつく)しい 아름답다

144 적절한 동사 찾기

마중 나갈 테니까 역에 도착하면 전화를 주세요.

해설 | '마중 나갈 테니 역에 〜 전화를 주세요'라고 했으므로, 공란에는 '목적한 곳에 다다르다'라는 뜻의 동사가 와야 한다. (A)의 「乗(の)る」는 '(탈것에) 타다', (B)의 「着(つ)く」는 '도착하다', (C)의 「集(あつ)める」는 '모으다', (D)의 「遅(おく)れる」는 '늦다, 늦어지다, 지연되다'라는 뜻이므로, 정답은 (B)의 「着(つ)いたら」(도착하면)가 된다.

어휘 | 迎(むか)える (사람을) 맞다, 마중하다
동사의 ます형+に 〜하러 *동작의 목적 電話(でんわ) 전화
ください 주십시오

145 적절한 명사 찾기

이 문은 안쪽에서밖에 열쇠가 잠기지 않습니다.

해설 | 문맥상 공란에는 문에서 열쇠가 잠길 만한 부분을 나타내는 말이 와야 한다. (A)의 「窓(まど)」는 '창문', (B)의 「角(かど)」는 '모퉁이', (C)의 「以内(いない)」는 '이내', (D)의 「内側(うちがわ)」는 '안쪽'이라는 뜻이므로, 정답은 (D)가 된다.

어휘 | ドア 문 〜から 〜에서, 〜부터 〜しか (부정어 수반) 〜밖에
鍵(かぎ) 열쇠 かかる 잠기다, 채워지다

146 적절한 표현 찾기

지난주 토요일은 쭉 집에서 공부하고 있었습니다.

해설 | 앞부분에 「先週(せんしゅう)」(지난주)라는 과거를 나타내는 표현이 있으므로, 공란에는 과거형이 와야 한다. 따라서 정답은 (C)의 「していました」(하고 있었습니다)가 된다.

어휘 | 土曜日(どようび) 토요일 ずっと 쭉, 계속 家(いえ) 집
勉強(べんきょう) 공부

147 적절한 동사 찾기

분실한 지갑이 발견되어 안심했습니다.

해설 | 공란 뒤에 「安心(あんしん)しました」(안심했습니다)라는 표현이 있으므로, 공란에는 '발견되다, 찾게 되다'와 같은 의미의 동사가 와야 한다. 정답은 (D)의 「見(み)つかる」(발견되다, 찾게 되다)로, (B)의 「見(み)つける」(찾아내다, 발견하다)는 「無(な)くした時計(とけい)を見(み)つけた」(분실한 시계를 찾았다)처럼 조사 「を」(을/를)를 수반하는 타동사이므로 답이 될 수 없다.

어휘 | 無(な)くす 잃다, 분실하다 財布(さいふ) 지갑 見(み)る 보다
見(み)せる 보이다, 보여 주다

148 적절한 명사 찾기

여기는 시골이기 때문에 자동차가 없으면 불편합니다.

해설 | 시골에 사는데 자동차가 없으면 어떨지 생각해 본다. 정답은 (C)의 「不便(ふべん)」(불편)으로, (A)의 「邪魔(じゃま)」는 '방해', (B)의 「失礼(しつれい)」는 '실례', (D)의 「複雑(ふくざつ)」는 '복잡'이라는 뜻이다.

어휘 | ここ 여기, 이곳 田舎(いなか) 시골 〜ので 〜때문에
車(くるま) 자동차

149 적절한 부사 찾기

2月의 홋카이도는 매년 춥습니다만, 올겨울은 特히 춥습니다.

해설 | '2월의 홋카이도는 매년 추운데 올겨울은 ~ 춥다'라고 했으므로, 공란에는 '다른 것보다 더욱 두드러지게'라는 뜻을 지닌 부사가 와야 한다. (A)의 「いつか」는 '언젠가', (B)의 「すぐに」는 '곧, 바로', (C)의 「特(とく)に」는 '특히', (D)의 「同(おな)じ」는 '같음'이라는 뜻이므로, 정답은 (C)가 된다.

어휘 | 2月(にがつ) 2월 北海道(ほっかいどう) 홋카이도
毎年(まいとし) 매년 寒(さむ)い 춥다 今年(ことし) 올해
冬(ふゆ) 겨울

150 적절한 동사 찾기

내일 집 근처에 생긴 새 가게에 가 보겠습니다.

해설 | 공란 뒤의 「新(あたら)しいお店(みせ)」(새 가게)와 어울리는 동사를 찾는다. 정답은 (B)의 「できた」(생겼다)로, 이때의 「できる」는 '할 수 있다'라는 뜻이 아니라 '생기다'라는 뜻이다.

어휘 | 明日(あした) 내일 家(いえ) 집 近(ちか)く 근처
行(い)く 가다 ~てみる ~해 보다 生(い)きる (생존해서) 살다
置(お)く 놓다, 두다

151 적절한 조사 찾기

급여가 들어오면 초밥이라든가 먹으러 가고 싶네요.

해설 | '급여가 들어오면 초밥~ 먹으러 가고 싶다'라고 했으므로, 공란에는 어느 것이 선택되어도 상관없는 사물들을 열거할 때 쓰는 조사가 와야 한다. 정답은 (B)의 「~とか」(~라든가, ~라든지)로, (A)의 「~ほど」(~정도, ~만큼)는 대강의 수량이나 정도를 나타내는 표현으로, 「シチューを1時間(いちじかん)ほど弱火(よわび)で煮(に)てください」(스튜를 1시간 정도 약한 불에서 끓여 주세요)처럼 쓰고, (C)의 「~からこそ」(~이기 때문에)에는 이유나 원인을 강조하는 표현으로, 「若(わか)い時(とき)にたくさん失敗(しっぱい)したからこそ, 今(いま)の自分(じぶん)がいるんだ」(젊을 때 많이 실패했기 때문에 지금의 내가 있는 것이다)처럼 쓴다. 그리고 (D)의 「~までに」(~까지)는 최종 기한이나 마감을 나타내는 표현으로, 「この作業(さぎょう)を明日(あした)までに終(お)えてください」(이 작업을 내일까지 끝내 주세요)처럼 쓴다.

어휘 | 給料(きゅうりょう) 급여, 급료 入(はい)る 들어오다
寿司(すし) 초밥 食(た)べる 먹다
동사의 ます형+に ~하러 *동작의 목적
동사의 ます형+たい ~하고 싶다

152 적절한 표현 찾기

자, 시간이 되었으니까 회의를 시작하겠습니다.

해설 | 회의 시작을 알리고 있으므로 공란에는 무엇인가를 하려고 할 때 쓰는 말이 와야 한다. 정답은 (A)의 「さて」로, '자, 그럼'이라는 뜻이다. (B)의 「ほら」(이봐, 자)는 무언가를 가리키며 상대의 주의를 끌 때 내는 소리로, 「ほら、見(み)て」(자, 봐)처럼 쓰고, (C)의 「やあ」(야)는 놀랐을 때, (D)의 「ねえ」(응, 저기)는 다정하게 말을 걸거나 다짐하거나 할 때 하는 말이다.

어휘 | 時間(じかん) 시간 会議(かいぎ) 회의
開始(かいし) 개시, 시작 いたす 하다 *「する」의 겸양어

153 적절한 명사 찾기

건강을 위해서 채소 中心의 식사를 하고 있습니다.

해설 | 공란 앞뒤의 「野菜(やさい)」(채소, 야채), 「食事(しょくじ)」(식사)와 어울리는 말을 찾는다. (A)의 「中身(なかみ)」는 '내용물', (B)의 「中止(ちゅうし)」는 '중지', (C)의 「中央(ちゅうおう)」는 '중앙', (D)의 「中心(ちゅうしん)」는 '중심'이라는 뜻이므로, 정답은 (D)가 된다.

어휘 | 健康(けんこう) 건강 명사+の+ために ~위해서

154 적절한 부사 찾기

폐를 끼치겠습니다만, 아무쪼록 협력을 부탁드립니다.

해설 | 「お+동사의 ます형+する・いたす」(~하다, ~해 드리다)는 자신을 낮추는 겸양표현으로, 정중하게 상대방의 협력을 부탁하고 있는 상황이다. 따라서 공란에는 남에게 공손히 부탁하는 마음을 나타내는 부사가 와야 적절하므로, 정답은 (A)의 「どうか」(아무쪼록, 부디)가 된다.

어휘 | 迷惑(めいわく)をかける 폐를 끼치다
協力(きょうりょく) 협력 願(ねが)う 부탁하다 もし 만약
ただ 다만, 단지 まるで 마치, 전혀

155 적절한 동사 찾기

이 기계를 쓰면 자동으로 연필을 깎을 수 있습니다.

해설 | 공란 앞의 「鉛筆(えんぴつ)」(연필)라는 단어와 어울리는 동사를 찾는다. (A)의 「映(うつ)す」는 '비추다', (B)의 「乾(かわ)く」는 '마르다, 건조하다', (C)의 「削(けず)る」는 '깎다', (D)의 「加(くわ)える」는 '더하다, 추가하다'라는 뜻이다. 따라서 정답은 (C)의 「削(けず)れます」(깎을 수 있습니다)로, 「削(けず)る」의 정중 가능표현이다.

어휘 | 機械(きかい) 기계 使(つか)う 쓰다, 사용하다
自動(じどう) 자동

156 적절한 문법표현 찾기

일본 전국에 걸쳐서 감기가 유행하고 있다.

해설 | 공란 앞에 「日本全国(にほんぜんこく)」(일본 전국)라는 범위를 나타내는 표현이 있으므로, 공란에는 기간ㆍ횟수ㆍ범위 등의 단어에 붙어서 지속되고 있는 일정 시간의 폭, 길이를 나타내는 표현이 와야 한다. 정답은 (A)의 「~にわたって」로, '~에 걸쳐서'라는 뜻이다.

어휘 | 風邪(かぜ) 감기 流行(はや)る 유행하다
~について ~에 대해서 *내용이나 주제
~につれて ~함에 따라서 *비례
~に対(たい)して ~에 대해, ~에게 *대상

157 적절한 표현 찾기

벌써 한밤중인 2시니까 이제 슬슬 자지 않으면 아침에 일어나는 것이 힘들어진다.

해설 | 공란 뒷부분에서 '자지 않으면 아침에 일어나는 것이 힘들어진다'라고 했으므로, 공란에는 어지간한 정도를 나타내는 표현이 들어가야 한다. 정답은 (D)의 「いい加減(かげん)」으로, 부사로 쓰이면 '이제 슬슬'이라는 뜻이다. 예를 들면 「いい加減(かげん)嫌(いや)になる」(이제 슬슬 싫증이 난다)처럼 쓴다.

어휘 | もう 이미, 벌써 夜中(よなか) 밤중, 한밤중 寝(ね)る 자다
朝(あさ) 아침 起(お)きる 일어나다, 기상하다
辛(つら)い 괴롭다, 힘들다 いたずら 장난
当(あ)たり前(まえ) 당연함
ぴったり 꼭, 딱 *꼭 들어맞는 모양

106

158 적절한 문법표현 찾기

이 카레는 향신료가 많이 들어 있어서 맵지만 못 먹을 <u>것도 없다</u>.

해설 | 공란 앞에 「食(た)べられない」(먹을 수 없다, 못 먹다)가 있으므로, 공란에는 동사의 ない형에 접속하는 표현이 와야 한다. 정답은 (B)의 「～ないこともない」(~하지 않을[못할] 것도 없다)로, 완전히 불가능한 것은 아님을 나타내어 단정 지어 이야기하는 것을 피할 때 쓴다. (A)의 「～ものだ」(~인 것[법]이다)는 상식·진리·본성을 나타내는 표현으로 「冷酷(れいこく)な言葉(ことば)は人(ひと)を傷付(きずつ)けるものだ」(냉혹한 말은 사람을 상처 입히는 법이다)처럼 쓰고, (C)의 「～ものか」(~할까 보냐)는 반문이나 부정을 나타낼 때 쓰는 표현으로, 「あんな失礼(しつれい)な人(ひと)と二度(にど)と話(はな)すものか」(저런 무례한 사람과 두 번 다시 이야기할까 보냐)처럼 쓴다. (D)의 「～ことだ」(~해야 한다, ~하는 것이 좋다)는 조언이나 충고를 할 때 쓰는 표현으로 「大学(だいがく)に入(はい)りたいなら、一生懸命(いっしょうけんめい)勉強(べんきょう)することだ」(대학에 들어가고 싶으면 열심히 공부해야 한다)처럼 쓴다.

어휘 | カレー 카레 香辛料(こうしんりょう) 향신료
たくさん 많이 入(はい)る 들다 辛(から)い 맵다 食(た)べる 먹다

159 적절한 동사 찾기

영업부에는 부하에게 <u>으스대는</u> 듯한 선배가 없기 때문에 마음이 편하다.

해설 | 공란 뒷부분에 '~듯한 선배가 없어서 마음이 편하다'라고 했으므로, 공란에는 바람직하지 못한 성향을 나타내는 동사가 와야 한다. 정답은 (C)의 「威張(いば)る」로, '잘난 체하다, 뽐내다, 으스대다'라는 뜻이다.

어휘 | 営業部(えいぎょうぶ) 영업부 部下(ぶか) 부하
～ような ~인 듯한 先輩(せんぱい) 선배 気(き) 마음
楽(らく)だ 편안하다, 편하다 傾(かたむ)ける 기울이다
砕(くだ)ける 깨지다, 부서지다 焦(こ)げる 눋다, 타다

160 적절한 의태어 찾기

거실에서 남동생이 <u>껄껄</u> 웃고 있는 소리가 들린다.

해설 | 공란 뒤의 「笑(わら)う」(웃다)라는 동사와 어울리는 표현을 찾는다. 정답은 (C)의 「げらげら」(껄껄)로, 큰 소리로 웃는 모양을 나타낸다. (A)의 「しばしば」(자주, 여러 번)는 일이 발생하는 빈도를, (B)의 「ぐずぐず」(우물쭈물)는 행동이나 판단이 느리고 굼뜬 모양을, (D)의 「すやすや」(새근새근)는 아기가 곤히 자는 모양을 나타낸다.

어휘 | 居間(いま) 거실 弟(おとうと) (자신의) 남동생
声(こえ) 소리, 목소리 聞(き)こえる 들리다

161 적절한 문법표현 찾기

다나카 씨의 어두운 표정<u>으로 보면</u> 거래는 순조롭게 진행되지 않았을 것이다.

해설 | 공란 앞에는 '어두운 표정', 공란 뒤에는 '거래는 순조롭게 진행되지 않았을 것이다'라는 추측의 표현이 있으므로, 공란에는 어떤 판단의 근거를 나타내는 표현이 와야 한다. 정답은 (D)의 「～からすると」(~으로 보면)로, 「～からすれば」라고도 한다. (A)의 「～どころか」(~은커녕)는 「彼女(かのじょ)は貯金(ちょきん)するどころか借金(しゃっきん)だらけだ」(그녀는 저금하기는커녕 빚투성이다)처럼 쓰고, (B)의 「～からといって」(~라고 해서)는 「お金持(かねも)ちだからといって、幸(しあわ)せとは限(かぎ)らない」(부자라고 해서 행복하다고는 할 수 없다)처럼 쓴다. 그리고 (C)의 「～次第(しだい)で」(~에 따라서)는 명사에 접속해 「試験(しけん)の結果(けっか)次第(しだい)で進学(しんがく)できるかどうか決(き)まる」(시험 결과에 따라서 진학할 수 있을지 없을지 결정된다)처럼 쓴다.

어휘 | 暗(くら)い 어둡다 表情(ひょうじょう) 표정
取引(とりひき) 거래 うまくいく 잘되다, 순조롭게 진행되다

162 적절한 접속 형태 찾기

1년간 몹시 고민해서 퇴직하기로 결정했기 때문에 후회는 없습니다.

해설 | 「～抜(ぬ)く」는 동사의 ます형에 접속해 '몹시 ~하다'라는 뜻을 나타낸다. 따라서 정답은 「悩(なや)む」(고민하다)의 ます형인 (A)의 「悩(なや)み」가 되는데, 「悩(なや)み抜(ぬ)く」라고 하면 '몹시 고민하다'라는 뜻이다.

어휘 | 退職(たいしょく) 퇴직 決(き)める 정하다, 결정하다
後悔(こうかい) 후회

163 적절한 명사 찾기

후배의 지도를 맡고 나서 일의 <u>의의</u>란 무엇인가를 생각하는 일이 늘었다.

해설 | 공란 앞의 「仕事(しごと)」(일)와 어울리는 단어를 찾는다. (A)의 「引用(いんよう)」는 '인용', (B)의 「意義(いぎ)」는 '의의, 가치, 중요성', (C)의 「永遠(えいえん)」은 '영원', (D)의 「印象(いんしょう)」는 '인상'이라는 뜻이므로, 정답은 (B)가 된다.

어휘 | 後輩(こうはい) 후배 指導(しどう) 지도 任(まか)す 맡기다
～てから ~하고 나서, ~한 후에 考(かんが)える 생각하다
増(ふ)える 늘다, 늘어나다

164 적절한 명사 찾기

대학에 들어간 후 부모님 <u>곁</u>을 떠나 혼자서 생활하고 있다.

해설 | 공란 앞의 「親(おや)」(부모)와 연결할 수 있는 단어를 찾는다. 정답은 (D)로, 「親元(おやもと)」는 '부모 곁, 부모 슬하'라는 뜻이다.

어휘 | 大学(だいがく) 대학(교) 入(はい)る 들어가다
～てから ~하고 나서, ~한 후에 離(はな)れる (장소를) 떠나다
1人暮(ひとりぐ)らし 혼자서 삶 品(しな) 물건

165 적절한 명사 찾기

조금 시간을 필요로 했지만 사쿠라사와의 <u>상담(商談)</u>은 무사히 해결되었다.

해설 | 공란 앞의 '사쿠라사'라는 회사명과 뒤의 '무사히 해결되었다'라는 내용으로 보아, 공란에는 회사 업무와 관련된 단어가 와야 한다. 정답은 (C)의 「商談(しょうだん)」(상담)으로, 상업상의 거래를 위하여 가지는 대화나 협의를 뜻한다.

어휘 | 少(すこ)し 조금 時間(じかん) 시간
要(よう)する 요하다, 필요로 하다
無事(ぶじ) 무사, 무사히 まとまる 해결되다
演習(えんしゅう) 연습, 실지로 하는 것처럼 하면서 익힘
運行(うんこう) 운행 応接(おうせつ) 응접, 접대

166 적절한 い형용사 찾기

여동생은 막 면허를 취득했기 때문에 운전이 <u>부드럽지 않다</u>.

해설 | 여동생은 면허를 취득한 지 얼마 안 되었다고 했으므로 운전이 능숙하지 못할 것이다. 따라서 공란에는 '딱딱하다, 부드럽지 않다, 어색하다'라는 뜻의 い형용사가 들어가야 하므로, 정답은 (A)의 「ぎこちない」가 된다. (B)의 「はかない」는 '덧없다, 허무하다', (C)의 「そっけない」는 '무뚝뚝하다, 쌀쌀맞다', (D)의 「あっけない」는 '싱겁다, 어이없다'라는 뜻이다.

어휘 | 妹(いもうと) (자신의) 여동생 免許(めんきょ) 면허
取得(しゅとく) 취득
동사의 た형+ばかり 막 ~한 참임, ~한 지 얼마 안 됨
運転(うんてん) 운전

167 적절한 부사 찾기
경찰이 사건 현장인 피해자의 집을 샅샅이 수사하고 있다.

해설 | 공란 뒤의 「捜査(そうさ)」(수사)와 어울리는 부사를 찾는다. (A)의 「ろくに」(제대로, 변변히)는 부정형과 함께 쓰여 「質問(しつもん)にもろくに答(こた)えられなかった」(질문에도 제대로 답변하지 못했다)처럼 쓰고, (B)의 「くまなく」는 '구석구석까지, 샅샅이', (C)의 「案(あん)の定(じょう)」는 '아니나 다를까, 생각한 대로', (D)의 「不意(ふい)に」는 '느닷없이, 갑자기'라는 뜻이다. 따라서 정답은 (B)가 된다.

어휘 | 警察(けいさつ) 경찰 事件(じけん) 사건 現場(げんば) 현장
被害者(ひがいしゃ) 피해자 宅(たく) 댁, (사는) 집

168 적절한 문법표현 찾기
모리타 씨야말로 우리 회사의 영업 본부를 맡기기에 충분한 인물이다.

해설 | 문맥상 공란에는 그에 걸맞는 자격이나 가치가 있음을 나타내는 표현이 와야 한다. 선택지 중 이와 같은 뜻의 표현은 (D)의 「~に足(た)る」로, '~하기에 충분하다, ~할 만하다'라는 뜻이다.

어휘 | ~こそ ~야말로 我(わ)が社(しゃ) 우리 회사
営業(えいぎょう) 영업 本部(ほんぶ) 본부 任(まか)せる 맡기다
人物(じんぶつ) 인물 ~に至(いた)る ~에 이르다
~を限(かぎ)りに ~을 끝으로

169 적절한 접속 형태 찾기
어머니와 특별히 무엇을 말할 생각도 없이 이야기하고 있는 시간이 기분 좋다.

해설 | 공란 뒤의 「~ともなく」(특별히 ~할 생각도 없이)는 동사의 기본형에 접속해 특별한 목적이나 의도 없이 어떤 행위를 할 때 쓰는 표현이다. 따라서 정답은 (A)의 「話(はな)す」(말하다, 이야기하다)가 된다.

어휘 | 母親(ははおや) 모친, 어머니 時間(じかん) 시간
心地(ここち)よい 기분이 좋다

170 적절한 명사 찾기
이 상품은 장인이 손수 만든 것이기 때문에 약간의 오차가 생기는 경우가 있습니다.

해설 | 공란 앞의 「多少(たしょう)」(다소, 약간), 공란 뒤의 「生(しょう)じる」(생기다, 발생하다)와 어울리는 표현을 찾는다. 정답은 (C)의 「誤差(ごさ)」로, '오차, 차이'라는 뜻이다.

어휘 | 商品(しょうひん) 상품 職人(しょくにん) 장인(匠人)
手作(てづく)り 수제, 손수 만듦 ~につき ~이기 때문에
場合(ばあい) 경우 ござる 있다 *「ある」의 정중한 표현
遺伝(いでん) 유전 腕前(うでまえ) 솜씨
改悪(かいあく) 개악, 고치어 도리어 나빠지게 함

PART 8 | 독해

171~173 나홀로 버스 여행

先週、私は1人でバス旅行に行きました。ホテルに泊まるのではなく、その日の夜に帰って来る旅行です。旅行会社で探して申し込みました。171 1人で申し込んだので心配でしたが、私と同じ人たちが他にもいて安心しました。172 この旅行では、大好きなブドウがたくさん食べられると聞いていたので、とても楽しみにしていました。旅行で食べたブドウは本当に美味しくて、たくさん食べました。お土産屋さんでの買い物も楽しかったです。でも、食事の時はちょっと残念でした。173 家族や友達と一緒に来ている人は同じテーブルで食事をしましたが、私はテーブルに1人だけでした。美味しい料理でしたが、誰かと一緒におしゃべりしながら食べるともっと美味しかったと思います。次は、友達を誘いたいと思っています。

지난주에 저는 혼자서 버스여행을 갔습니다. 호텔에 묵는 것이 아니라 그날 밤에 돌아오는 여행입니다. 여행사에서 찾아서 신청했습니다. 171혼자서 신청했기 때문에 걱정스러웠습니다만, 저와 같은 사람들이 이 외에도 있어서 안심했습니다. 172이 여행에서는 제일 좋아하는 포도를 많이 먹을 수 있다고 들었기 때문에 아주 기대하고 있었습니다. 여행에서 먹은 포도는 아주 맛있어서 많이 먹었습니다. 선물가게에서의 쇼핑도 즐거웠습니다. 하지만 식사 때는 조금 아쉬웠습니다. 173가족이나 친구와 함께 온 사람은 같은 테이블에서 식사를 했습니다만, 저는 테이블에 혼자뿐이었습니다. 맛있는 요리였습니다만, 누군가와 함께 수다를 떨면서 먹으면 더 맛있었을 것 같습니다. 다음에는 친구를 부르고 싶다고 생각하고 있습니다.

어휘 | 先週(せんしゅう) 지난주 1人(ひとり)で 혼자서
バス 버스 旅行(りょこう) 여행 ホテル 호텔
泊(と)まる 묵다, 숙박하다 日(ひ) 날 夜(よる) 밤
帰(かえ)る 돌아오다 旅行会社(りょこうがいしゃ) 여행사
探(さが)す 찾다 申(もう)し込(こ)む 신청하다
心配(しんぱい)だ 걱정스럽다 同(おな)じだ 같다 人(ひと) 사람
~たち (사람이나 생물을 나타내는 말에 붙어) ~들
他(ほか)にも 이 외에도 安心(あんしん) 안심
大好(だいす)きだ 아주 좋아하다 ブドウ 포도 たくさん 많이

食(た)べる 먹다 聞(き)く 듣다 楽(たの)しみ 기다려짐, 고대
〜にする 〜로 하다 お土産屋(みやげや)さん 선물가게
買(か)い物(もの) 쇼핑 楽(たの)しい 즐겁다
食事(しょくじ) 식사 残念(ざんねん)だ 아쉽다, 유감스럽다
家族(かぞく) 가족 友達(ともだち) 친구 一緒(いっしょ)に 함께
テーブル 테이블 〜だけ 〜만, 〜뿐 料理(りょうり) 요리
おしゃべりする 수다를 떨다, 잡담하다
동사의 ます형+ながら 〜하면서 *동시동작 もっと 더, 더욱
次(つぎ) 다음 友達(ともだち) 친구 誘(さそ)う 부르다, 불러내다

171 この人は、どうして安心しましたか。
(A) 1人でホテルの部屋に泊まれたから
(B) 1人で来ている人が他にもいたから
(C) 値段がとても安かったから
(D) バスの中に友達がいたから

171 이 사람은 어째서 안심했습니까?
(A) 혼자서 호텔 방에 묵을 수 있었기 때문에
(B) 혼자서 온 사람이 이 외에도 있었기 때문에
(C) 가격이 아주 쌌기 때문에
(D) 버스 안에 친구가 있었기 때문에

해설 | 네 번째 문장에서 정답을 찾을 수 있다. '혼자서 신청했기 때문에 걱정스러웠습니다만, 저와 같은 사람들이 이 외에도 있어서 안심했습니다'라고 했으므로, 정답은 (B)가 된다.

어휘 | どうして 어째서, 왜 値段(ねだん) 가격 中(なか) 안

172 この人は、何を楽しみにしていましたか。
(A) 美味しい料理が食べられること
(B) きれいな景色が見られること
(C) 好きな果物が食べられること
(D) お土産がたくさん買えること

172 이 사람은 무엇을 기대하고 있었습니까?
(A) 맛있는 요리를 먹을 수 있는 것
(B) 아름다운 경치를 볼 수 있는 것
(C) 좋아하는 과일을 먹을 수 있는 것
(D) 선물을 많이 살 수 있는 것

해설 | 중반부에서 이 여행에서는 제일 좋아하는 포도를 많이 먹을 수 있다는 말을 들어서 아주 기대하고 있었다고 했다. 따라서 정답은 본문의 「ブドウ」(포도)를 「果物(くだもの)」(과일)로 바꿔 표현한 (C)가 된다.

어휘 | きれいだ 아름답다, 예쁘다 景色(けしき) 경치
お土産(みやげ) 선물, (외출・여행지 등에서) 가족이나 친지를 위해 사 가는 특산품 買(か)う 사다

173 この人が残念だと思ったことは、何ですか。
(A) 食事がまずかったこと
(B) 天気が悪かったこと
(C) ブドウを食べ過ぎたこと
(D) 1人でご飯を食べたこと

173 이 사람이 아쉽다고 생각한 것은 무엇입니까?
(A) 식사가 맛이 없었던 것
(B) 날씨가 나빴던 것
(C) 포도를 과식한 것
(D) 혼자서 밥을 먹은 것

해설 | 후반부에서 가족이나 친구와 함께 온 사람은 같은 테이블에서 식사를 했지만, 자신은 테이블에 혼자뿐이었다고 했다. 그러면서 누군가와 함께 수다를 떨면서 먹으면 더 맛있었을 것 같다고 덧붙였으므로, 정답은 (D)가 된다.

어휘 | まずい 맛없다 天気(てんき) 날씨
悪(わる)い 나쁘다, 좋지 않다 食(た)べ過(す)ぎる 과식하다

174~177 효율적인 회의 방식

皆さんは会社で毎日会議をしていると思います。もちろん私の会社でもやっていますが、時間がかかり過ぎて困っていました。他の仕事をする時間が少なくなってしまうからです。しかし、先月から新しい会議の仕方が始まって、時間がとても短くなりました。特別な会議をしているのではありません。皆に良く見えるように時計を大きくしたのです。会議の時間を見せることで、出席している人に時間を考えさせます。時計を変えてからは、会議中に関係ない話をすることもほとんど無くなって、必ず決まった時間以内で終わるようになりました。それに、皆熱心に会議をするようになりました。その結果、他の仕事ができる時間が増えたので、皆喜んでいます。長過ぎる会議で困っている会社は是非やってみてください。

여러분은 회사에서 매일 회의를 하고 있을 것이라고 생각합니다. 물론 저희 회사에서도 하고 있습니다만, 시간이 너무 걸려서 곤란했습니다. 다른 일을 할 시간이 적어져 버리기 때문입니다. 그러나 지난달부터 새 회의 방식이 시작되어 시간이 아주 짧아졌습니다. 특별한 회의를 하고 있는 것은 아닙니다. 모두에게 잘 보이도록 시계를 크게 한 것입니다. 회의 시간을 보여 줌으로써 참석한 사람에게 시간을 생각하게 합니다. 시계를 바꾼 후로는 회의 중에 관계없는 이야기를 하는 일도 거의 없어져서 반드시 정해진 시간 이내에 끝나게 되었습니다. 게다가 모두 열심히 회의를 하게 되었습니다. 그 결과, 다른 일을 할 수 있는 시간이 늘었기 때문에 모두 기뻐하고 있습니다. 너무 긴 회의 때문에 곤란한 회사는 꼭 해 보시기 바랍니다.

어휘 | 皆(みな)さん 여러분 会社(かいしゃ) 회사
毎日(まいにち) 매일 会議(かいぎ) 회의 もちろん 물론
やる 하다 時間(じかん) 시간 かかる (시간이) 걸리다
동사의 ます형・い형용사의 어간+過(す)ぎる 너무 〜하다
困(こま)る 곤란하다, 난처하다 他(ほか) 다른 (것)
仕事(しごと) 일, 업무 少(すく)ない 적다 先月(せんげつ) 지난달

최신기출 2

109

新(あたら)しい 새롭다　仕方(しかた) 방식　始(はじ)まる 시작되다
とても 아주, 매우　短(みじか)い 짧다　特別(とくべつ)だ 특별하다
良(よ)く 잘　見(み)える 보이다　～ように ～하도록
時計(とけい) 시계　大(おお)きい 크다
見(み)せる 보이다, 보여 주다　～ことで ～함으로써
出席(しゅっせき) 출석, 참석　考(かんが)える 생각하다
変(か)える 바꾸다　～てから ～하고 나서, ～한 후에
～中(ちゅう)～중　関係(かんけい)ない 관계없다
話(はなし) 이야기　ほとんど 거의, 대부분
無(な)くなる 없어지다　必(かなら)ず 꼭, 반드시
決(き)まる 정해지다, 결정되다　以内(いない) 이내
終(お)わる 끝나다　～ようになる ～하게(끔) 되다 *변화
それに 게다가　皆(みんな) 모두　熱心(ねっしん)だ 열심이다
結果(けっか) 결과　できる 할 수 있다
増(ふ)える 늘다, 늘어나다　喜(よろこ)ぶ 기뻐하다
長(なが)い 길다　是非(ぜひ) 부디, 꼭

174 この人は、何に困っていましたか。
　(A) 会議で話す人が少ないこと
　(B) 会議に出席する人が多過ぎること
　(C) 会議室がとても狭いこと
　(D) 会議の時間が長過ぎること

174 이 사람은 무엇에 곤란해하고 있었습니까?
　(A) 회의에서 이야기하는 사람이 적은 것
　(B) 회의에 참석할 사람이 너무 많은 것
　(C) 회의실이 매우 좁은 것
　(D) 회의 시간이 너무 긴 것

해설 | 두 번째 문장에서 '물론 저희 회사에서도 하고 있습니다만, 시간이 너무 걸려서 곤란했습니다'라고 했으므로, 정답은 (D)가 된다.

어휘 | 話(はな)す 말하다, 이야기하다　少(すく)ない 적다
多(おお)い 많다　会議室(かいぎしつ) 회의실　狭(せま)い 좁다

175 どうして時計を変えましたか。
　(A) 会議室の時計が古かったから
　(B) 大きな新しい時計をもらったから
　(C) 会議室の時計が動かなかったから
　(D) 会議中に時間を考えるようになるから

175 어째서 시계를 바꿨습니까?
　(A) 회의실 시계가 오래되었기 때문에
　(B) 큰 새 시계를 받았기 때문에
　(C) 회의실 시계가 작동하지 않았기 때문에
　(D) 회의 중에 시간을 생각하게 되기 때문에

해설 | 회의실 시계를 바꾼 이유는 중반부에 나온다. 회의에 참석한 사람에게 회의 시간을 보여 줌으로써 시간을 생각하게 하려는 의도였으므로, 정답은 (D)가 된다.

어휘 | 古(ふる)い 낡다, 오래되다　大(おお)きな 큰
もらう 받다　動(うご)く 움직이다, (기계가) 작동하다

176 どうして決まった時間で、会議が終わるようになりましたか。

　(A) 違う話をすることが減ったから
　(B) 新しいルールで決まったから
　(C) 会議に来る人が少なくなったから
　(D) 誰も話さなくなったから

176 어째서 정해진 시간에 회의가 끝나게 되었습니까?
　(A) 다른 이야기를 하는 일이 줄었기 때문에
　(B) 새 규칙으로 정해졌기 때문에
　(C) 회의에 오는 사람이 적어졌기 때문에
　(D) 아무도 이야기하지 않게 되었기 때문에

해설 | 중반부에서 '시계를 바꾼 후로는 회의 중에 관계없는 이야기를 하는 일도 거의 없어져서 반드시 정해진 시간 이내에 끝나게 되었습니다'라고 했으므로, 정답은 (A)가 된다.

어휘 | 違(ちが)う 다르다　減(へ)る 줄다, 줄어들다　ルール 룰, 규칙
誰(だれ)も (부정어 수반) 아무도

177 社員が喜んでいるのは、なぜですか。
　(A) 意味がない会議が無くなったから
　(B) 他の仕事ができる時間が多くなったから
　(C) 給料が増えたから
　(D) 早く帰れるようになったから

177 사원이 기뻐하고 있는 것은 왜입니까?
　(A) 의미가 없는 회의가 없어졌기 때문에
　(B) 다른 일을 할 수 있는 시간이 많아졌기 때문에
　(C) 급여가 늘었기 때문에
　(D) 일찍 돌아갈 수 있게 되었기 때문에

해설 | 후반부에서 정해진 회의 시간 내에 회의가 끝나게 되면서 다른 일을 할 수 있는 시간이 늘어 모두 기뻐하고 있다고 했다. 따라서 정답은 (B)가 된다.

어휘 | 社員(しゃいん) 사원　意味(いみ) 의미　無(な)くなる 없어지다
給料(きゅうりょう) 급여, 급료　増(ふ)える 늘다, 늘어나다
早(はや)く 일찍　帰(かえ)る 돌아가다

178~180 점술 학교에 다니는 이유

私の趣味(しゅみ)は占(うらな)いで、毎日(まいにち)テレビやネットで今日(きょう)の運勢(うんせい)を見(み)ています。とても良(よ)く当(あ)たるのでもっと深(ふか)く知(し)りたくて専門的(せんもんてき)な本(ほん)を買(か)いましたが、難(むずか)しくて良(よ)くわかりませんでした。**178**私(わたし)は占(うらな)いの仕事(しごと)をしたいわけではありませんが、占(うらな)いのやり方(かた)を勉強(べんきょう)したいと思(おも)って占(うらな)いの学校(がっこう)に通(かよ)うことにしました。**179**最初(さいしょ)は占(うらな)いの仕事(しごと)をしたい人(ひと)たちばかりが学校(がっこう)に集(あつ)まっていると思(おも)っていましたが、私(わたし)と同(おな)じような人(ひと)が他(ほか)にもたくさんいました。自分(じぶん)の体験(たいけん)を基(もと)にした先生(せんせい)の話(はなし)は、面白(おもしろ)くて勉強(べんきょう)になります。**180**その中(なか)で一番(いちばん)心(こころ)に残(のこ)っているのは、占(うらな)いの内容(ないよう)だけを話(はな)せば

いいのではなく、相談する人の話をしっかり聞いて理解するのが大事だということです。そうしないと、間違った占いが行われてしまうそうです。これは占いだけでなく、生活でも大事なことだと思いました。授業は来週で終わりますが、学校に通って良かったと思っています。

　私の趣味は占いをすることで、毎日TVやインターネットで今日の運勢を見ています。とても良く当たるため、もっと深く知りたくて専門的な本を買いましたが、難しくてよく理解できませんでした。[178]私は占いをする仕事をしたいわけではありませんが、占いの方法を勉強したいと思って学校に通うことにしました。[179]最初は占いをする仕事をしたい人たちばかりが学校に集まっているだろうと思いましたが、私のような人がこの他にもたくさんいました。自分の体験を基にした先生の話は面白いし勉強になります。[180]その中で一番心に残っているのは、占いの内容だけを話せばいいのではなく、相談する人の話をしっかり聞いて理解するのが大事だということです。そうしないと、間違った占いが行われてしまうそうです。これは占いだけでなく、生活でも重要なことだと思いました。授業は次の週で終わりますが、学校に通って良かったと思っています。

어휘 | 趣味(しゅみ) 취미　占(うらな)い 점, 점을 침
毎日(まいにち) 매일　テレビ 텔레비전, TV *「テレビジョン」의 준말
ネット 인터넷 *「インターネット」의 준말
運勢(うんせい) 운세　見(み)る 보다　良(よ)く 잘
当(あ)たる (꿈・예상이) 들어맞다, 적중하다　もっと 더, 더욱
深(ふか)い 깊다　知(し)る 알다　동사의 ます형+たい ~하고 싶다
専門的(せんもんてき)だ 전문적이다　本(ほん) 책　買(か)う 사다
難(むずか)しい 어렵다　わかる 알다, 이해하다
~わけではない (전부) ~하는 것은 아니다
やり方(かた) (하는) 방법[방식]　勉強(べんきょう) 공부
学校(がっこう) 학교　通(かよ)う 다니다
동사의 보통형+ことにする ~하기로 하다
最初(さいしょ) 최초, 맨 처음　~ばかり ~만, ~뿐
集(あつ)まる 모이다　同(おな)じだ 같다　他(ほか)にも 이 외에도
たくさん 많이　自分(じぶん) 자기, 자신, 나　体験(たいけん) 체험
~を基(もと)に ~을 바탕으로[근거로]　先生(せんせい) 선생님
話(はなし) 이야기　面白(おもしろ)い 재미있다
一番(いちばん) 가장, 제일　心(こころ) 마음
残(のこ)る 남다　内容(ないよう) 내용　~だけ ~만, ~뿐
話(はな)す 말하다, 이야기하다　相談(そうだん) 상담, 상의, 의논
しっかり 제대로, 확실히　理解(りかい) 이해
大事(だいじ)だ 중요하다　そう 그렇게
間違(まちが)う 틀리다, 잘못되다
行(おこな)う 하다, 행하다, 실시하다
품사의 보통형+そうだ ~라고 한다 *전문
~だけでなく ~뿐만 아니라　生活(せいかつ) 생활
授業(じゅぎょう) 수업　来週(らいしゅう) 다음 주
終(お)わる 끝나다

178 この人は、どうして占いの学校に通うことにしましたか。

(A) テレビやネットの運勢が良く当たるから
(B) 占いの勉強は学費が安いから
(C) 自分でも占いをしてみたいと思ったから
(D) 占いの仕事で生活したいから

178 이 사람은 어째서 점술 학교에 다니기로 했습니까?
(A) TV나 인터넷의 운세가 잘 맞아서
(B) 점술 공부는 학비가 싸기 때문에
(C) 스스로도 점을 쳐 보고 싶다고 생각했기 때문에
(D) 점치는 일로 생활하고 싶기 때문에

해설 | 이 사람이 점술 학교에 다니게 된 계기는 초반부에 나온다. TV나 인터넷의 오늘의 운세가 매우 잘 맞아서 점에 대해 더 깊이 알고 싶어서 전문 서적을 구입했다. 그러나, 혼자서 이해하기에는 너무 어려워서 점치는 방법을 공부하기 위해 점술 학교에 다니기로 했다고 했으므로, 정답은 (C)가 된다. (A)는 '점술 전문 서적을 산 계기'이고, (B)의 '학비'에 대한 언급은 없으며, (D)는 세 번째 문장의 '점치는 일을 할 생각은 없다'와 반대되는 내용이므로 답이 될 수 없다.

어휘 | 学費(がくひ) 학비　安(やす)い (값이) 싸다

179 この人は、どんな人たちが占いの学校に通うと思っていましたか。

(A) 趣味で占いをやっている人たち
(B) たくさん占ってもらいたい人たち
(C) テレビやネットで占いを見ている人たち
(D) 占いのプロになりたいと思っている人たち

179 이 사람은 어떤 사람들이 점술 학교에 다닐 것이라고 생각하고 있었습니까?
(A) 취미로 점을 치고 있는 사람들
(B) 점을 많이 보고 싶은 사람들
(C) TV나 인터넷으로 점을 보고 있는 사람들
(D) 점술의 프로가 되고 싶다고 생각하고 있는 사람들

해설 | 중반부에서 '점치는 일을 하고 싶은 사람들만 학교에 모여 있을 것이라고 생각했습니다만, 저 같은 사람이 이 외에도 많이 있었습니다'라고 했다. 즉, 점치는 일을 직업으로 삼으려는 사람들만 점술 학교에 다닐 것이라고 생각했다는 뜻이므로, 정답은 (D)가 된다.

어휘 | やる 하다　占(うらな)う 점치다
~てもらう (남에게) ~해 받다, (남이) ~해 주다　プロ 프로

180 先生の話の中で、一番記憶に残っているものは、何ですか。

(A) 相手が言いたいことをきちんと理解すること
(B) 占いでお金をもらってはいけないこと
(C) 占いの内容をわかりやすく伝えるのが重要なこと
(D) 占いの経験をたくさん積まないといけないこと

180 先生님의 이야기 중에서 가장 기억에 남아 있는 것은 무엇입니까?
　(A) 상대가 말하고 싶은 것을 제대로 이해하는 것
　(B) 점으로 돈을 받아서는 안 되는 것
　(C) 점 내용을 이해하기 쉽게 전달하는 것이 중요한 것
　(D) 점 경험을 많이 쌓지 않으면 안 되는 것

해설 | 후반부에서 선생님의 이야기 중 점의 내용만을 이야기하면 되는 것이 아니라, 상담하는 사람의 이야기를 제대로 듣고 이해하는 것이 중요하다는 말이 가장 기억에 남는다고 했다. 따라서 정답은 (A)가 된다.

어휘 | きちんと 제대로, 확실히　お金(かね) 돈
もらう 받다　〜てはいけない 〜해서는 안 된다
伝(つた)える 전하다, 전달하다　重要(じゅうよう)だ 중요하다
経験(けいけん) 경험　積(つ)む (경험 등을) 쌓다
〜ないといけない 〜하지 않으면 안 된다, 〜해야 한다

181~184 신입사원 앙케트 결과

今年入社した新社会人に対するアンケートによると、「海外で働きたいと思わない」と答えた人が70％以上いたそうだ。**181**私は大学生の就職についてアドバイスをする仕事をしているが、「海外での仕事に興味がある」、「いつかは海外で仕事がしたい」という学生が多かったので、この結果に(1)びっくりした。私はアメリカで2年間働いたことがある。**182**自分で希望したわけではなかった。会社の命令だったのだが、海外で働いてみると確かに色々な面で大変だった。特に大変だったのは、英語があまり話せなかったことだ。**183**相手が言いたいことはわかるのだが、相手に自分の気持ちがうまく伝えられないというのはストレスだった。でも海外で苦労したことは、私の人生でとても貴重な経験になっている。今は企業も世界中に支社がある時代だ。**184**海外で働くチャンスも多いので、是非若い人たちには海外で良い経験をしてほしいと思う。

올해 입사한 사회 초년생에 대한 앙케트에 따르면 '해외에서 일하고 싶다고 생각하지 않는다'고 대답한 사람이 70% 이상 있었다고 한다. **181**나는 대학생의 취직에 대해서 조언을 하는 일을 하고 있는데, '해외에서의 일에 흥미가 있다', '언젠가는 해외에서 일을 하고 싶다'는 학생이 많았기 때문에 이 결과에 (1)깜짝 놀랐다. 나는 미국에서 2년간 일한 적이 있다. **182**스스로 희망한 것은 아니었다. 회사 명령이었지만 해외에서 일해 보니 확실히 여러 가지 면에서 힘들었다. 특히 힘들었던 것은 영어를 그다지 말할 수 없었던 것이다. **183**상대가 말하고 싶은 것은 알겠는데 상대에게 내 마음을 잘 전할 수 없는 것은 스트레스였다. 하지만 해외에서 고생했던 것은 내 인생에서 매우 귀중한 경험이 되고 있다. 지금은 기업도 전 세계에 지사가 있는 시대이다. **184**해외에서 일할 기회도 많으므로 부디 젊은 사람들이 해외에서 좋은 경험을 하길 바란다고 생각한다.

어휘 | 今年(ことし) 올해　入社(にゅうしゃ) 입사
新社会人(しんしゃかいじん) 사회 초년생
〜に対(たい)する 〜에 대한　アンケート 앙케트
〜によると 〜에 의하면[따르면]　海外(かいがい) 해외
働(はたら)く 일하다　答(こた)える 대답하다　以上(いじょう) 이상
품사의 보통형+そうだ 〜라고 한다 *전문
大学生(だいがくせい) 대학생　就職(しゅうしょく) 취직
〜について 〜에 대해서　アドバイス 어드바이스, 조언
仕事(しごと) 일　興味(きょうみ) 흥미　いつかは 언젠가는
学生(がくせい) 학생, (특히) 대학생　多(おお)い 많다
結果(けっか) 결과　びっくりする 깜짝 놀라다　アメリカ 미국
동사의 た형+ことがある 〜한 적이 있다
自分(じぶん)で 직접, 스스로　希望(きぼう) 희망
〜わけではない (전부) 〜하는 것은 아니다　会社(かいしゃ) 회사
命令(めいれい) 명령　確(たし)かに 확실히
色々(いろいろ)だ 여러 가지다, 다양하다　面(めん) 면
大変(たいへん)だ 힘들다　特(とく)に 특히　英語(えいご) 영어
あまり (부정어 수반) 그다지, 별로　話(はな)す 말하다, 이야기하다
相手(あいて) 상대　わかる 알다, 이해하다
自分(じぶん) 자기, 자신, 나　気持(きも)ち 기분, 마음
うまく 잘, 능숙하게　伝(つた)える 전하다, 전달하다
ストレス 스트레스　でも 하지만　苦労(くろう) 고생
人生(じんせい) 인생　とても 아주, 매우
貴重(きちょう)だ 귀중하다　経験(けいけん) 경험　今(いま) 지금
企業(きぎょう) 기업　世界中(せかいじゅう) 전 세계
支社(ししゃ) 지사　時代(じだい) 시대　チャンス 찬스, 기회
是非(ぜひ) 부디, 꼭　若(わか)い 젊다　人(ひと) 사람
〜たち (사람이나 생물을 나타내는 말에 붙어) 〜들　良(よ)い 좋다
〜に〜てほしい 〜이[가] 〜해 주었으면 하다[하길 바라다]

181 この人は、なぜ(1)びっくりしたのですか。
　(A) 仕事を辞めたいと思う人が多くいたから
　(B) 新社会人と学生では意見が違っていたから
　(C) アンケートで海外就職希望が多かったから
　(D) 学生が海外で働きたいと嘘を言っていたから

181 이 사람은 왜 (1)깜짝 놀란 것입니까?
　(A) 일을 그만두고 싶다고 생각하는 사람이 많이 있었기 때문에
　(B) 사회 초년생과 학생에서는 의견이 달랐기 때문에
　(C) 앙케트에서 해외 취직 희망이 많았기 때문에
　(D) 학생이 해외에서 일하고 싶다고 거짓말을 했기 때문에

해설 | 이 사람이 깜짝 놀란 이유는 초반부에 나온다. 올해 입사한 사회 초년생은 해외 근무에 대해 부정적이었던 것에 반해, 예비 사회 초년생인 대학생은 해외 근무에 대해 긍정적이었다. 그래서 대학생에게 취업에 대해 조언을 하는 이 사람은 이런 상반된 결과를 보고 깜짝 놀랄 수밖에 없었다고 했다. 따라서 정답은 (B)가 된다.

어휘 | 辞(や)める (일자리를) 그만두다　意見(いけん) 의견
違(ちが)う 다르다　希望(きぼう) 희망
嘘(うそ)を言(い)う 거짓말을 하다

182 この人は、どうしてアメリカで働きましたか。
　(A) 会社から行くように言われたから

(B) 自分が希望していたから

(C) 留学経験があったから

(D) アメリカに家があったから

182 이 사람은 어째서 미국에서 일했습니까?

　(A) 회사로부터 가라는 말을 들었기 때문에

　(B) 자신이 희망하고 있었기 때문에

　(C) 유학 경험이 있었기 때문에

　(D) 미국에 집이 있었기 때문에

해설 | 중반부에서 이 사람은 미국에서 2년간 일한 적이 있다고 했다. 그러면서 '스스로 희망한 것은 아니었다. 회사 명령이었지만'이라고 그 이유를 밝히고 있으므로, 정답은 (A)가 된다.

어휘 | 留学(りゅうがく) 유학　家(いえ) 집

183 この人がストレスに感じたことは、何ですか。

　(A) 英語が全くわからなかったこと

　(B) 生活習慣が全然違っていたこと

　(C) 相手の話が全く理解できなかったこと

　(D) 言いたいことが表現できなかったこと

183 이 사람이 스트레스로 느낀 것은 무엇입니까?

　(A) 영어를 전혀 이해할 수 없었던 것

　(B) 생활습관이 전혀 달랐던 것

　(C) 상대 이야기를 전혀 이해할 수 없었던 것

　(D) 말하고 싶은 것을 표현할 수 없었던 것

해설 | 후반부에서 '상대가 말하고 싶은 것은 알겠는데 상대에게 내 마음을 잘 전할 수 없는 것은 스트레스였다'라고 했으므로, 이 사람의 경우 듣기는 어느 정도 되지만, 말하는 것이 서투르다는 것을 알 수 있다. 정답은 (D)로, (B)와 같은 내용은 나오지 않고, (A)는 듣기와 말하기가 모두 안 되는 경우, (C)는 듣기가 안 되는 경우에 해당하는 설명이므로 답이 될 수 없다.

어휘 | 感(かん)じる 느끼다　全(まった)く (부정어 수반) 전혀
生活(せいかつ) 생활　習慣(しゅうかん) 습관
全然(ぜんぜん) (부정어 수반) 전혀　話(はなし) 이야기
理解(りかい) 이해　表現(ひょうげん) 표현

184 この人が若い人に望んでいることは、何ですか。

　(A) 世界の様々な場所を訪問してほしい。

　(B) チャンスを自分で見つけてほしい。

　(C) 英会話をしっかり勉強してほしい。

　(D) 海外に出て貴重な経験をしてほしい。

184 이 사람이 젊은 사람에게 바라고 있는 것은 무엇입니까?

　(A) 세계의 여러 장소를 방문해 주었으면 한다.

　(B) 기회를 스스로 찾아내 주었으면 한다.

　(C) 영어회화를 제대로 공부해 주었으면 한다.

　(D) 해외에 나가 귀중한 경험을 해 주었으면 한다.

해설 | 마지막 문장에서 '해외에서 일할 기회도 많으므로 부디 젊은 사람들이 해외에서 좋은 경험을 하길 바란다'라고 했으므로, 정답은 (D)가 된다. (C)는 본인이 영어로 소통하는 데 어려움을 느껴 힘들었다고 했을

뿐, 영어회화를 제대로 공부했으면 좋겠다는 내용은 나오지 않으므로 답이 될 수 없다.

어휘 | 望(のぞ)む 바라다, 원하다
様々(さまざま)だ 다양하다, 여러 가지다　場所(ばしょ) 장소, 곳
訪問(ほうもん) 방문　見(み)つける 찾(아내)다, 발견하다
英会話(えいかいわ) 영어회화　しっかり 제대로, 확실히
勉強(べんきょう) 공부

185~188 신칸센 청소 시의 애로점

私は東京駅で働いています。東京駅には売店や喫茶店など色んな場所で働いている人がいますが、私が仕事をするのは新幹線の中です。東京駅には毎日たくさんの新幹線が到着します。その新幹線の中を掃除する仕事です。185時間をかけて掃除をしたいのですが、次の発車時間までに7分以内で掃除しなければなりません。186以前は座る席の灰皿を全部掃除しなければならず、苦労していましたが、現在は全て禁煙となりましたのでとても楽になりました。反対に、昔からずっと悩んでいるのが、席が濡れている時です。1年で約7,000回以上あります。しかも最近は昔より増えています。187濡れている席を見つけても、短い掃除時間の間に乾かしたり、乾いた席に交換したりすることまではできません。濡れた席はしばらく利用できなくなってしまうため、鉄道会社にとっては非常に都合が悪いです。188そこで、そうなった時にチケットを持った人が必ず座れるように、代わりの席を準備しています。新幹線に乗る時は、席を濡らさないように、きれいに利用してほしいです。

저는 도쿄역에서 일하고 있습니다. 도쿄역에는 매점과 찻집 등 여러 장소에서 일하고 있는 사람이 있습니다만, 제가 일을 하는 것은 신칸센 안입니다. 도쿄역에는 매일 많은 신칸센이 도착합니다. 그 신칸센 안을 청소하는 일입니다. 185시간을 들여 청소를 하고 싶습니다만, 다음 발차 시간까지 7분 이내에 청소를 해야 합니다. 186전에는 앉는 좌석의 재떨이를 전부 청소해야 해서 고생했습니다만, 현재는 모두 금연이 되었기 때문에 매우 편해졌습니다. 반대로 옛날부터 쭉 고민하고 있는 것이 좌석이 젖어 있을 때입니다. 1년에 약 7천 번 이상 있습니다. 게다가 최근에는 옛날보다 늘고 있습니다. 187젖어 있는 좌석을 발견해도 짧은 청소 시간 동안에 말리거나 마른 좌석으로 교환하거나 하는 것까지는 불가능합니다. 젖은 좌석은 한동안 이용할 수 없게 되어 버리기 때문에 철도회사에 있어서는 대단히 좋지 않은 일입니다. 188그래서 그렇게 되었을 때 티켓을 소지한 사람이 반드시 앉을 수 있도록 대체 좌석을 준비하고 있습니다. 신칸센을 탈 때는 좌석을 적시지 않도록 깨끗하게 이용해 주었으면 합니다.

113

어휘 | 東京駅(とうきょうえき) 도쿄역　働(はたら)く 일하다
売店(ばいてん) 매점　喫茶店(きっさてん) 찻집
色(いろ)んな 여러 가지, 갖가지　場所(ばしょ) 장소, 곳
仕事(しごと) 일　新幹線(しんかんせん) 신칸센　中(なか) 안, 속
毎日(まいにち) 매일　到着(とうちゃく) 도착　掃除(そうじ) 청소
時間(じかん) 시간　かける (돈·시간·수고 등을) 들이다
次(つぎ) 다음　発車(はっしゃ) 발차　〜までに 〜까지 *최종 기한
以内(いない) 이내
〜なければならない 〜하지 않으면 안 된다, 〜해야 한다
以前(いぜん) 전, 이전, 예전　座(すわ)る 앉다　席(せき) 자리, 좌석
灰皿(はいざら) 재떨이　全部(ぜんぶ) 전부　〜ず 〜하지 않아서
苦労(くろう) 고생　現在(げんざい) 현재　全(すべ)て 모두
禁煙(きんえん) 금연　とても 아주, 매우
楽(らく)だ 편하다, 수월하다　反対(はんたい)に 반대로
昔(むかし) 옛날　ずっと 쭉, 계속　悩(なや)む 고민하다
濡(ぬ)れる 젖다　時(とき) 때　約(やく) 약　〜回(かい) 〜회, 〜번
以上(いじょう) 이상　しかも 게다가　最近(さいきん) 최근, 요즘
〜より 〜보다　増(ふ)える 늘다, 늘어나다
見(み)つける 찾(아내)다, 발견하다　短(みじか)い 짧다
〜間(あいだ) 〜동안에　乾(かわ)かす 말리다
〜たり〜たりする 〜하거나 〜하거나 하다, 〜하기도 하고 〜하기도
하다　乾(かわ)く 마르다, 건조하다　交換(こうかん) 교환
しばらく 한동안　利用(りよう) 이용
鉄道会社(てつどうがいしゃ) 철도회사
〜にとっては 〜에게 있어서는　非常(ひじょう)に 대단히, 매우
都合(つごう)が悪(わる)い 형편[사정]이 좋지 않다　そこで 그래서
そう 그렇게　チケット 티켓　持(も)つ 가지다, 소지하다
必(かなら)ず 꼭, 반드시　〜ように 〜하도록
代(か)わり 대리, 대용, 대체　準備(じゅんび) 준비
乗(の)る (탈것에) 타다　濡(ぬ)らす 적시다　きれいだ 깨끗하다
〜てほしい 〜해 주었으면 하다, 〜하길 바라다

185 この人は、どうしてゆっくり掃除ができないと
言っていますか。
(A) 掃除をしなければならない範囲が広いから
(B) 席に座っている客がいる中で掃除するから
(C) すぐに新しい客が乗らないといけないから
(D) 少ない人数で掃除をしているから

185 이 사람은 왜 느긋하게 청소를 할 수 없다고 말하고 있습니까?
　　(A) 청소를 해야 하는 범위가 넓기 때문에
　　(B) 좌석에 앉아 있는 손님이 있는 가운데 청소하기 때문에
　　(C) 바로 새 손님이 타야 하기 때문에
　　(D) 적은 인원수로 청소를 하고 있기 때문에

해설 | 네 번째 문장에서 '시간을 들여 청소를 하고 싶습니다만, 다음 발
차 시간까지 7분 이내에 청소를 해야 합니다'라고 했다. 즉, 손님이 모두
내린 후 다음 발차 시간까지의 짧은 시간 안에 청소를 해야 하기 때문이
라는 뜻이므로, 정답은 (C)가 된다.

어휘 | ゆっくり 천천히, 느긋하게　範囲(はんい) 범위
広(ひろ)い 넓다　客(きゃく) 손님　すぐに 곧, 바로
新(あたら)しい 새롭다　少(すく)ない 적다　人数(にんずう) 인원수

186 以前は、何が大変でしたか。
(A) 席の灰皿が小さくて掃除しにくかったこと

(B) 全ての席を掃除しなければいけなかったこ
と
(C) 掃除をする道具が不足していたこと
(D) たばこの灰の掃除が必要だったこと

186 전에는 무엇이 힘들었습니까?
　　(A) 좌석 재떨이가 작아서 청소하기 힘들었던 것
　　(B) 모든 좌석을 청소해야 했던 것
　　(C) 청소를 할 도구가 부족했던 것
　　(D) 담뱃재 청소가 필요했던 것

해설 | 중반부에서 과거에는 좌석의 재떨이를 전부 청소해야 해서 힘들
었다고 했다. 즉, 지금처럼 금연이 시행되기 전, 신칸센 안에서 흡연이
허용되던 시기에 손님들이 사용한 재떨이를 청소하는 것이 힘들었다는
뜻이므로, 정답은 (D)가 된다.

어휘 | 小(ちい)さい 작다
동사의 ます형+にくい 〜하기 어렵다[힘들다]
〜なければいけない 〜하지 않으면 안 된다, 〜해야 한다
道具(どうぐ) 도구　不足(ふそく) 부족　灰(はい) 재
必要(ひつよう)だ 필요하다

187 席が濡れていると、なぜ困りますか。
(A) 席をクリーニングに出さないといけないた
め
(B) 席が濡れている客が怒り出すため
(C) チケット代を返さなければならないため
(D) 短い時間では乾かないため

187 좌석이 젖어 있으면 왜 곤란합니까?
　　(A) 좌석을 세탁을 맡겨야 하기 때문에
　　(B) 좌석이 젖어 있는 손님이 화를 내기 때문에
　　(C) 티켓비를 돌려줘야 하기 때문에
　　(D) 짧은 시간으로는 마르지 않기 때문에

해설 | 중반부에서 '젖어 있는 좌석을 발견해도 짧은 청소 시간 동안에
말리거나 마른 좌석으로 교환하거나 하는 것까지는 불가능합니다'라고
했으므로, 정답은 (D)가 된다.

어휘 | クリーニングに出(だ)す 세탁을 맡기다
〜ないといけない 〜하지 않으면 안 된다, 〜해야 한다
怒(おこ)る 화를 내다　동사의 ます형+出(だ)す 〜하기 시작하다
チケット代(だい) 티켓비　返(かえ)す 돌려주다

188 鉄道会社は、予約していた席が濡れていた客
に対してどうしますか。
(A) 用意してある別の席に座ってもらう。
(B) 次に発車する新幹線に乗ってもらう。
(C) きれいになるまで待ってもらう。
(D) チケットを新しく買ってもらう。

188 철도회사는 예약한 좌석이 젖어 있었던 손님에 대해 어떻게 합니
까?
　　(A) 준비해 둔 다른 좌석에 앉게 한다.
　　(B) 다음에 발차할 신칸센을 타게 한다.

114

(C) 깨끗해질 때까지 기다리게 한다.
(D) 티켓을 새로 사게 한다.

해설 | 후반부에서 손님이 예약한 좌석이 젖어 있을 경우에도 좌석을 말리거나 교환하는 것은 시간상 불가능하므로, 철도회사 측에서는 티켓을 소지한 사람이 반드시 앉을 수 있도록 대체 좌석을 준비하고 있다고 했다. 따라서 정답은 (A)가 된다.

어휘 | ~に対(たい)して ~에 대해, ~에게 *대상
用意(ようい) 준비 타동사+てある ~해져 있다 *상태표현
別(べつ) 다름 待(ま)つ 기다리다

189~192 깜짝 생일 파티

私は去年からこの会社で部長として働いているのだが、先週ぐらいから部下の様子がおかしい。部長である私を避けて何かこっそり話し合っている。189注意して聞いてみると、どうやら私の誕生日を秘密で祝ってくれる打ち合わせをしているようだ。私は日頃から部下の悩みに気付き、できるだけ相談に乗るように努めている。190自分が若い頃は悩みを聞いてくれる上司がおらず、とても辛かったからだ。191仕事を覚えれば覚えるほど悩みは出てくるものだ。仕事や会社に関する知識が身に付くと、仕事上の自分の課題に気が付くようになる。だからこそ悩みが生まれるのであり、社会人として成長した証拠でもある。彼らの悩みを私が聞き、共に解決方法を考えてあげることで、心理的に少しでも楽になってくれればいいと思っている。そんな私を嫌がっていないか心配だったが、誕生日を皆で祝ってくれるなんて、とても嬉しい。ただ1つ、気になることがある。192実は私の誕生日は先月だったのだ。この真実を話すべきかどうか、今非常に迷っている。

나는 작년부터 이 회사에서 부장으로 일하고 있는데, 지난주쯤부터 부하의 모습이 이상하다. 부장인 나를 피해 뭔가 몰래 서로 이야기하고 있다. 189주의해서 들어 보니, 아무래도 내 생일을 비밀로 축하해 줄 상의를 하고 있는 것 같다. 나는 평소에 부하의 고민을 알아차리고 가능한 한 상담에 응하도록 노력하고 있다. 190내가 젊었을 때는 고민을 들어줄 상사가 없어서 아주 괴로웠기 때문이다. 191일을 익히면 익힐수록 고민은 생겨나는 법이다. 일이나 회사에 관한 지식이 몸에 배면 업무상 자신의 과제를 깨닫게 된다. 그렇기 때문에 고민이 생기는 것이고 사회인으로서 성장한 증거이기도 하다. 그들의 고민을 내가 듣고 함께 해결 방법을 생각해 줌으로써 심리적으로 조금이라도 편해졌으면 좋겠다고 생각하고 있다. 그런 나를 싫어하고 있지 않을까 걱정스러웠지만, 생일을 다 같이 축하해 주다니 너무 기쁘다. 다만, 하나 신경 쓰이는 것이 있다. 192실은 내 생일은 지

난달이었던 것이다. 이 진실을 이야기해야 할지 어떨지 지금 대단히 망설이고 있다.

어휘 | 去年(きょねん) 작년 部長(ぶちょう) 부장 ~として ~로서
働(はたら)く 일하다 先週(せんしゅう) 지난주
~ぐらい ~정도, ~쯤 部下(ぶか) 부하 様子(ようす) 모습
おかしい 이상하다 避(さ)ける 피하다
こっそり 몰래 *남이 눈치채지 못하도록 행동하는 것
話(はな)し合(あ)う 서로 이야기하다 注意(ちゅうい) 주의
どうやら 아무래도 誕生日(たんじょうび) 생일 秘密(ひみつ) 비밀
祝(いわ)う 축하하다 ~てくれる (남이 나에게) ~해 주다
打(う)ち合(あ)わせ 협의, 미팅, 미리 상의함
~ようだ ~인 것 같다, ~인 듯하다 日頃(ひごろ) 평소
悩(なや)み 고민 気付(きづ)く 깨닫다, 알아차리다
できるだけ 가능한 한, 되도록
相談(そうだん)に乗(の)る 상담에 응하다 ~ように ~하도록
努(つと)める 힘쓰다, 노력하다, 애쓰다 自分(じぶん) 자기, 자신, 나
若(わか)い 젊다 頃(ころ) 때, 시절, 무렵 上司(じょうし) 상사
おる 있다 *「いる」의 겸양어 辛(つら)い 괴롭다, 힘들다
仕事(しごと) 일 覚(おぼ)える 배우다, 익히다
~ば~ほど ~하면 ~할수록 出(で)る 생기다
~ものだ ~인 것[법]이다 *상식 · 진리 · 본성
~に関(かん)する ~에 관한 知識(ちしき) 지식
身(み)に付(つ)く (지식 · 기술 등이) 몸에 배다 ~上(じょう) ~상
課題(かだい) 과제 気(き)が付(つ)く 깨닫다, 알아차리다
~ようになる ~하게(끔) 되다 *변화 だからこそ 그렇기 때문에
生(う)まれる (비유적으로) 생기다 社会人(しゃかいじん) 사회인
成長(せいちょう) 성장 証拠(しょうこ) 증거
~ら (주로 사람에 관한 체언에 붙어서) ~들 共(とも)に 함께
解決(かいけつ) 해결 方法(ほうほう) 방법
考(かんが)える 생각하다 ~てあげる (내가 남에게) ~해 주다
~ことで ~함으로써 心理的(しんりてき)だ 심리적이다
少(すこ)しでも 조금이라도 楽(らく)だ 편안하다, 편하다
そんな 그런 嫌(いや)がる 싫어하다, 꺼려하다
心配(しんぱい)だ 걱정스럽다 皆(みんな)で 모두 함께, 다 같이
~なんて ~하다니 嬉(うれ)しい 기쁘다 ただ 다만
気(き)になる 신경이 쓰이다 実(じつ)は 실은
先月(せんげつ) 지난달 真実(しんじつ) 진실
話(はな)す 말하다, 이야기하다
동사의 기본형+べき (마땅히) ~해야 할 *단, 「する」(하다)는 「するべき」,「すべき」모두 가능함
~かどうか ~일지 어떨지, ~인지 어떤지
非常(ひじょう)に 대단히, 매우 迷(まよ)う 망설이다

189 部下たちは、なぜ部長を避けていますか。
(A) ミスを上司(じょうし)に知(し)られたくないから
(B) 進行中(しんこうちゅう)の仕事(しごと)に関(かか)わってほしくないから
(C) 自分(じぶん)の悩(なや)みを気付(きづ)かれたくないから
(D) 部長(ぶちょう)に内緒(ないしょ)にしておきたいことがあるから

189 부하들은 왜 부장을 피하고 있습니까?
(A) 실수를 상사에게 들키고 싶지 않기 때문에
(B) 진행 중인 업무에 상관하길 바라지 않기 때문에
(C) 자신의 고민을 눈치채게 하고 싶지 않기 때문에
(D) 부장에게 비밀로 해 두고 싶은 일이 있기 때문에

해설 | 부하들이 이 사람을 피하는 이유는 초반부에 나온다. 지난주부터 부하들의 행동이 이상하게 느껴져서 주의해 들어 보니, 아무래도 자신의 생일 파티를 몰래 해 주려고 상의하고 있는 것 같다고 했다. 즉, 부하들은 이 사람의 생일 파티를 비밀리에 준비하고 있었다는 것이므로, 정답은 (D)가 된다.

어휘 | ミス 실수 知(し)る 알다 進行(しんこう) 진행
~中(ちゅう) ~중 関(かか)わる 관계하다, 상관하다
~てほしい ~해 주었으면 하다, ~하길 바라다
内緒(ないしょ) 비밀 ~ておく ~해 놓다[두다]

190 この人が部下の相談に乗っている理由は、何ですか。
(A) 自分が過去、上司にいじめられていたため
(B) 社会人として当然のことだと思っているため
(C) 部下から頼られると断り切れないため
(D) 過去に1人で悩みを抱え込んで苦しかったため

190 이 사람이 부하의 상담에 응하고 있는 이유는 무엇입니까?
(A) 자신이 과거 상사에게 괴롭힘을 당했기 때문에
(B) 사회인으로서 당연한 일이라고 생각하고 있기 때문에
(C) 부하가 의지해 오면 딱 잘라 거절할 수 없기 때문에
(D) 과거에 혼자서 고민을 떠안고 괴로웠기 때문에

해설 | 이 사람이 부하들의 상담에 응하고 있는 이유는 중반부에 나온다. '내가 젊었을 때는 고민을 들어줄 상사가 없어서 아주 괴로웠기 때문'이라고 했으므로, 정답은 (D)가 된다.

어휘 | 過去(かこ) 과거 いじめる 괴롭히다, 못살게 굴다
当然(とうぜん) 당연 頼(たよ)る 의지하다 断(ことわ)る 거절하다
동사의 ます형+切(き)れない 완전히[끝까지] ~할 수 없다
1人(ひとり)で 혼자서 抱(かか)え込(こ)む (많은 것을) 떠맡다, 떠안다
苦(くる)しい 괴롭다

191 この人は、仕事に慣れてくるとどうなると言っていますか。
(A) 仕事上のトラブルが増えてくる。
(B) 知識が増えて様々な疑問を持つようになる。
(C) 自分が解決すべき問題を実感するようになる。
(D) 自分の仕事に不満を抱くようになる。

191 이 사람은 일에 익숙해지면 어떻게 된다고 말하고 있습니까?
(A) 업무상 문제가 늘어난다.
(B) 지식이 늘어나서 여러 가지 의문을 가지게 된다.
(C) 자신이 해결해야 할 문제를 실감하게 된다.
(D) 자신의 일에 불만을 품게 된다.

해설 | 중반부에서 일을 익히면 익힐수록 고민은 생겨나는 법으로, 일이나 회사에 관한 지식이 몸에 배면 업무상 자신의 과제를 깨닫게 된다고 했다. 즉, 아무것도 모르는 신입 시절에는 주어진 일을 따라가기 급급하지만 업무에 익숙해질수록 스스로 해결해야 할 문제를 실감하게 된다는

뜻이므로, 정답은 (C)가 된다.

어휘 | 慣(な)れる 익숙해지다 トラブル 트러블, 분쟁, 문제
増(ふ)える 늘다, 늘어나다 知識(ちしき) 지식 疑問(ぎもん) 의문
解決(かいけつ) 해결 実感(じっかん) 실감 不満(ふまん) 불만
抱(いだ)く (마음속에) 품다

192 この人が気になっていることは、何ですか。
(A) 部下たちが事実と異なる情報で動いていること
(B) 誕生日のお祝いに費用がかかってしまうこと
(C) 部下の好意に甘えてしまうことになること
(D) 自分が嘘つきになってしまうこと

192 이 사람이 신경 쓰이는 것은 무엇입니까?
(A) 부하들이 사실과 다른 정보로 행동하고 있는 것
(B) 생일 축하에 비용이 들어 버리는 것
(C) 부하의 호의에 응석 부려 버리게 되는 것
(D) 자신이 거짓말쟁이가 되어 버리는 것

해설 | 후반부에서 '실은 내 생일은 지난달이었던 것이다. 이 진실을 이야기해야 할지 어떨지 지금 대단히 망설이고 있다'라고 했다. 즉, 부하들은 사실과는 다른 정보로 깜짝 생일 파티 준비를 하고 있는 것이므로, 정답은 (A)가 된다.

어휘 | 異(こと)なる 다르다 情報(じょうほう) 정보
動(うご)く 움직이다, 행동하다 費用(ひよう) 비용
かかる (비용이) 들다 好意(こうい) 호의 甘(あま)える 응석 부리다
嘘(うそ)つき 거짓말쟁이

193~196 침구 매장에서 일하는 보람

私の職場は、百貨店のベッドや布団、枕などを扱うコーナーだ。 **193** 身体の健康を保つだけでなく、明日も頑張ろうという気にさせてくれるのは、良質な睡眠である。しかし残念ながら、眠りに悩んでいる人がとても多い。先週も、眠りに悩んでいるお客様が来た。 **194** 眠りが浅く、夜中に何度も起きてしまうので、困っているそうだ。自分に合った枕に換えれば良く寝られるのではないかと相談に来たのだ。そこで私は、商品を勧める前に、まずは睡眠環境を聞いてみた。すると、良く寝られないので、毎晩寝る前にお酒を飲んでいることがわかった。 **195** 私は枕を換える前に、まずは寝る直前にはお酒を飲まないようにとアドバイスをした。アルコールはいびきをかきやすくさせてしまう。いびきをかくと、体内に入る酸素の量が減ってしまって、

116

疲れが十分に取れなくなるのだ。その話にお客様(さま)は納得(なっとく)したかどうかわからないが、その日は何(なに)も買(か)わずに帰(かえ)った。196そして今日(きょう)、「言う通りにしたらぐっすり寝(ね)られるようになった」と、わざわざ報告(ほうこく)に来てくれた。枕(まくら)は売れなかったが、お客様(きゃくさま)の笑顔(えがお)は何(なん)だか嬉(うれ)しかった。

내 직장은 백화점의 침대나 이불, 베개 등을 취급하는 코너다. 193신체의 건강을 유지하는 것뿐만 아니라 내일도 열심히 해야지 라는 기분이 들게 해 주는 것은 양질의 수면이다. 그러나 유감스럽게도 수면으로 고민하고 있는 사람이 매우 많다. 지난주에도 수면으로 고민하고 있는 손님이 왔다. 194잠이 얕아서 밤중에 몇 번이나 일어나 버리기 때문에 곤란하다고 한다. 자신에게 맞는 베개로 바꾸면 잘 잘 수 있지 않을까 라고 상담하러 온 것이다. 그래서 나는 상품을 권하기 전에 우선은 수면 환경을 물어봤다. 그러자 푹 잘 수 없기 때문에 매일 밤 자기 전에 술을 마시고 있다는 것을 알았다. 195나는 베개를 바꾸기 전에 우선은 자기 직전에는 술을 마시지 않도록 조언을 했다. 알코올은 코를 골기 쉽게 만들어 버린다. 코를 골면 체내에 들어가는 산소의 양이 줄어 버려서 피로가 충분히 풀리지 않게 되는 것이다. 그 이야기에 손님은 납득했는지 어떤지 모르겠지만, 그날은 아무것도 사지 않고 돌아갔다. 196그리고 오늘 '말한 대로 했더니 푹 잘 수 있게 되었다'며 일부러 보고하러 와 주었다. 베개는 팔리지 않았지만 손님의 웃는 얼굴은 왠지 기뻤다.

어휘 | 職場(しょくば) 직장 百貨店(ひゃっかてん) 백화점
ベッド 침대 布団(ふとん) 이불 枕(まくら) 베개 〜など 〜등
扱(あつか)う 다루다, 취급하다 コーナー 코너
身体(しんたい) 신체, 몸 健康(けんこう) 건강 保(たも)つ 유지하다
〜だけでなく 〜뿐만 아니라 明日(あした) 내일
頑張(がんば)る 열심히 하다, 노력하다, 분발하다 気(き) 기분, 마음
〜てくれる (남이 나에게) 〜해 주다 良質(りょうしつ)だ 양질이다
睡眠(すいみん) 수면 しかし 그러나
残念(ざんねん)ながら 유감스럽지만, 유감스럽게도
眠(ねむ)り 잠, 수면 悩(なや)む 괴로워하다 とても 아주, 매우
多(おお)い 많다 先週(せんしゅう) 지난주
お客様(きゃくさま) 손님, 고객
眠(ねむ)りが浅(あさ)い 잠이 얕다[설다]
夜中(よなか) 밤중, 한밤중 何度(なんど)も 몇 번이나, 여러 번
起(お)きる 일어나다, 기상하다 困(こま)る 곤란하다, 난처하다
품사의 보통형+そうだ 〜라고 한다 *전문
自分(じぶん) 자기, 자신, 나 合(あ)う 맞다
換(か)える (새로) 바꾸다, 갈다 良(よ)く 잘 寝(ね)る 자다
相談(そうだん) 상담, 상의, 의논
동작성 명사+に 〜하러 *동작의 목적 そこで 그래서
商品(しょうひん) 상품 勧(すす)める 권하다
동사의 기본형+前(まえ)に 〜하기 전에 まずは 우선은
環境(かんきょう) 환경 聞(き)く 묻다 すると 그러자
毎晩(まいばん) 매일 밤 お酒(さけ) 술 飲(の)む (술을) 마시다
わかる 알다, 이해하다 直前(ちょくぜん) 직전
〜ないように 〜하지 않도록 アドバイス 어드바이스, 조언
アルコール 알코올 いびきをかく 코를 골다
동사의 ます형+やすい 〜하기 쉽다[편하다] 体内(たいない) 체내
入(はい)る 들어오다 酸素(さんそ) 산소 量(りょう) 양
減(へ)る 줄다, 줄어들다 疲(つか)れ 피로

十分(じゅうぶん)に 충분히 取(と)れる 풀리다
話(はなし) 이야기 納得(なっとく) 납득
〜かどうか 〜일지 어떨지, 〜인지 어떤지
何(なに)も (부정어 수반) 아무것도 買(か)う 사다
〜ずに 〜하지 않고[말고] 帰(かえ)る 돌아가다 そして 그리고
言(い)う 말하다 〜通(とお)りに 〜대로
ぐっすり 푹 *깊이 잠이 든 모양
〜ようになる 〜하게(끔) 되다 *변화 わざわざ 일부러
報告(ほうこく) 보고 売(う)れる (잘) 팔리다
笑顔(えがお) 웃는 얼굴 何(なん)だか 왠일인지, 어쩐지
嬉(うれ)しい 기쁘다

193 この人(ひと)は、良質(りょうしつ)な睡眠(すいみん)にはどんな効果(こうか)があると言(い)っていますか。
(A) やる気(き)が湧(わ)いてくる。
(B) 疲労(ひろう)が完全(かんぜん)に抜(ぬ)ける。
(C) 目覚(めざ)めが良(よ)くなる。
(D) 病状(びょうじょう)が改善(かいぜん)される。

193 이 사람은 양질의 수면에는 어떤 효과가 있다고 말하고 있습니까?
(A) 의욕이 솟는다.
(B) 피로가 완전히 가신다.
(C) 잘 일어나게 된다.
(D) 병세가 개선된다.

해설 | 두 번째 문장에서 '신체의 건강을 유지하는 것뿐만 아니라 내일도 열심히 해야지 라는 마음을 들게 해 주는 것은 양질의 수면'이라고 했다. 정답은 (A)로, 본문의 「頑張(がんば)ろうという気(き)」(열심히 해야지 라는 마음)를 「やる気(き)」(할 마음, 의욕)로 바꿔 썼다. 나머지 선택지도 양질의 수면에 대한 효과인 것은 맞지만, 이 사람이 말한 것은 아니므로 답이 될 수 없다.

어휘 | 湧(わ)く (기운·기분이) 솟다 疲労(ひろう) 피로
完全(かんぜん)だ 완전하다 抜(ぬ)ける (피로가) 가시다
目覚(めざ)め 잠에서 깸 病状(びょうじょう) 병상, 병세
改善(かいぜん) 개선

194 先週(せんしゅう)、どんな客(きゃく)が来(き)ましたか。
(A) 夜中(よなか)に周(まわ)りが騒々(そうぞう)しくて眠(ねむ)れない客(きゃく)
(B) 睡眠中(すいみんちゅう)のいびきを治(なお)したい客(きゃく)
(C) 寝室(しんしつ)の環境(かんきょう)があまり良(よ)くない客(きゃく)
(D) 寝(ね)ている最中(さいちゅう)に何度(なんど)も目覚(めざ)めてしまう客(きゃく)

194 지난주에 어떤 손님이 왔습니까?
(A) 밤중에 주위가 시끄러워서 잘 수 없는 손님
(B) 수면 중의 코골이를 고치고 싶은 손님
(C) 침실 환경이 별로 좋지 않은 손님
(D) 한창 자고 있을 때에 여러 번 깨 버리는 손님

해설 | 지난주에 온 손님에 대한 내용은 초반부에 나온다. 그 손님은 잠이 얕아서 밤중에 몇 번이나 일어나 버리기 때문에 힘들어서 베개를 바꾸면 숙면을 취할 수 있지 않을까 해서 상담차 왔다고 했다. 따라서 정답은 (D)가 된다.

어휘 | 周(まわ)り 주위, 주변
騒々(そうぞう)しい 시끄럽다, 소란스럽다

최신기출 2

117

治(なお)す 고치다, 치료하다　寝室(しんしつ) 침실
～最中(さいちゅう)に 한창 ～중에　目覚(めざ)める (잠에서) 깨다

195 この人は、客にどのようにアドバイスをしましたか。
　(A) 絶対(ぜったい)に禁酒(きんしゅ)するように
　(B) 新品(しんぴん)の枕(まくら)を購入(こうにゅう)するように
　(C) 生活習慣(せいかつしゅうかん)を改(あらた)めるように
　(D) 寝(ね)る前(まえ)にお酒(さけ)を適量(てきりょう)飲(の)むように

195 이 사람은 손님에게 어떻게 조언을 했습니까?
　(A) 절대로 금주하도록
　(B) 신품 베개를 구입하도록
　(C) 생활습관을 고치도록
　(D) 자기 전에 술을 적당량 마시도록

해설 | 중반부에서 '나는 베개를 바꾸기 전에 우선은 자기 직전에는 술을 마시지 않도록 조언을 했다'라고 했다. 즉, 자기 전에 술을 마시는 생활습관을 고칠 것을 조언했다는 뜻이므로, 정답은 (C)가 된다. (A)는 자기 전뿐만 아니라 아예 술을 끊으라는 의미가 되므로 답이 될 수 없다.

어휘 | 絶対(ぜったい)に 절대로　禁酒(きんしゅ) 금주
～ように ～하도록　新品(しんぴん) 신품, 새것
購入(こうにゅう) 구입　生活(せいかつ) 생활
習慣(しゅうかん) 습관　改(あらた)める (좋게) 고치다, 바로잡다
適量(てきりょう) 적량, 적당량

196 先週来(せんしゅうき)た客(きゃく)は、なぜ再(ふたた)び百貨店(ひゃっかてん)を訪(おとず)れましたか。
　(A) この人(ひと)の提案(ていあん)が効果的(こうかてき)だったと伝(つた)えたかったから
　(B) この人(ひと)の言葉(ことば)に感激(かんげき)したから
　(C) 睡眠環境(すいみんかんきょう)がまだ改善(かいぜん)されていないから
　(D) 新(あたら)しい枕(まくら)を購入(こうにゅう)したかったから

196 지난주에 온 손님은 왜 다시 백화점을 방문했습니까?
　(A) 이 사람의 제안이 효과적이었다고 전하고 싶었기 때문에
　(B) 이 사람의 말에 감격했기 때문에
　(C) 수면환경이 아직 개선되지 않았기 때문에
　(D) 새 베개를 구입하고 싶었기 때문에

해설 | 지난주에 온 손님이 백화점을 재방문한 이유는 후반부에 나온다. "말한 대로 했더니 푹 잘 수 있게 되었다'며 일부러 보고하러 와 주었다'라고 했으므로, 정답은 (A)가 된다.

어휘 | 再(ふたた)び 재차, 다시　訪(おとず)れる 방문하다
提案(ていあん) 제안　効果的(こうかてき)だ 효과적이다
伝(つた)える 전하다, 알리다　言葉(ことば) 말　感激(かんげき) 감격
改善(かいぜん) 개선　新(あたら)しい 새롭다

197~200 질적 성장의 중요성

どの会社(かいしゃ)も、会社(かいしゃ)を成長(せいちょう)させたいと思(おも)っている。大半(たいはん)の人(ひと)がイメージする成長(せいちょう)とは、会社(かいしゃ)の

規模(きぼ)を大(おお)きくするということだろう。197主(しゅ)として売(う)り上(あ)げや利益(りえき)などの財政状況(ざいせいじょうきょう)を改善(かいぜん)することだ。そして社員数(しゃいんすう)や店舗数(てんぽすう)など会社(かいしゃ)の規模(きぼ)を成長(せいちょう)させていく。しかし大事(だいじ)なのは、(1)会社(かいしゃ)の質(しつ)を成長(せいちょう)させるということだ。198例(たと)えば企業価値(きぎょうかち)を上(あ)げる、社員(しゃいん)を成長(せいちょう)させる、取引先(とりひきさき)との関係(かんけい)を強(つよ)めるなど、内部(ないぶ)の仕組(しく)みを強化(きょうか)することだ。199ほとんどの経営者(けいえいしゃ)は質的(しつてき)に成長(せいちょう)させるということを意識(いしき)することはない。しかし、規模(きぼ)だけを追求(ついきゅう)すると、どこかで成長(せいちょう)は停滞(ていたい)する。それどころか、社員(しゃいん)が大量(たいりょう)に辞職(じしょく)したり、不正(ふせい)を犯(おか)したり、取引先(とりひきさき)を失(うしな)ったりと、成長(せいちょう)させてきたつもりが逆(ぎゃく)に会社(かいしゃ)が衰(おとろ)えてしまうこともある。質(しつ)を無視(むし)して規模(きぼ)を追求(ついきゅう)するのは良(よ)くない。会社(かいしゃ)の質的成長(しつてきせいちょう)は、木(き)で言(い)えば根元(ねもと)を成長(せいちょう)させることだ。根(ね)が頑丈(がんじょう)でないと、大木(たいぼく)を支(ささ)えることはできない。200会社(かいしゃ)を永遠(えいえん)に成長(せいちょう)させ続(つづ)ける決意(けつい)はもちろんだが、経営者(けいえいしゃ)の一番重要(いちばんじゅうよう)な責任(せきにん)は、会社(かいしゃ)の質的成長(しつてきせいちょう)を遂(と)げる的確(てきかく)な将来設計(しょうらいせっけい)を掲(かか)げることであると私(わたし)は思(おも)う。

어느 회사나 회사를 성장시키고 싶다고 생각하고 있다. 대부분의 사람이 떠올리는 성장이란 회사 규모를 크게 하는 것일 것이다. 197주로 매출이나 이익 등의 재정 상황을 개선하는 것이다. 그리고 사원수나 점포수 등 회사 규모를 성장시켜 간다. 그러나 중요한 것은 (1)회사의 질을 성장시킨다는 것이다. 198예를 들면 기업 가치를 높인다, 사원을 성장시킨다, 거래처와의 관계를 강화하는 등 내부 구조를 강화하는 것이다. 199대부분의 경영자는 질적으로 성장시키는 것을 의식하는 경우는 없다. 그러나 규모만을 추구하면 어딘가에서 성장은 정체된다. 뿐만 아니라 사원이 대량으로 사직하거나 부정을 저지르거나 거래처를 잃거나 하는 등 성장시켜 왔다고 생각한 것이 반대로 회사가 쇠퇴해 버리는 경우도 있다. 질을 무시하고 규모를 추구하는 것은 좋지 않다. 회사의 질적 성장은 나무로 말하면 뿌리 부분을 성장시키는 것이다. 뿌리가 튼튼하지 않으면 큰 나무를 지탱할 수는 없다. 200회사를 영원히 계속 성장시키는 결의는 물론이지만, 경영자의 가장 중요한 책임은 회사의 질적 성장을 이루는 적확한 장래 설계를 내세우는 것이라고 나는 생각한다.

어휘 | どの 어느　会社(かいしゃ) 회사　成長(せいちょう) 성장
大半(たいはん) 대부분　イメージする 이미지하다, 떠올리다
～とは ～라는 것은, ～란　規模(きぼ) 규모　大(おお)きい 크다
主(しゅ)として 주로　売(う)り上(あ)げ 매상, 매출
利益(りえき) 이익　財政(ざいせい) 재정　状況(じょうきょう) 상황
改善(かいぜん) 개선　そして 그리고　社員(しゃいん) 사원
数(すう) 수, 수효　店舗(てんぽ) 점포　しかし 그러나
大事(だいじ)だ 중요하다　質(しつ) 질　例(たと)えば 예를 들면
企業(きぎょう) 기업　価値(かち) 가치
上(あ)げる (성적・질 등을) 올리다, 높이다

118

取引先(とりひきさき) 거래처　関係(かんけい) 관계
強(つよ)める 강화하다　内部(ないぶ) 내부　仕組(しく)み 구조
強化(きょうか) 강화　ほとんど 거의, 대부분
経営者(けいえいしゃ) 경영자　質的(しつてき)だ 질적이다
意識(いしき) 의식　追求(ついきゅう) 추구　停滞(ていたい) 정체
それどころか 그뿐 아니라, 뿐만 아니라
大量(たいりょう) 대량, 많은 양　辞職(じしょく) 사직
不正(ふせい) 부정　犯(おか)す (범죄 등) 저지르다, 범하다
失(うしな)う 잃다　つもり 생각, 작정　逆(ぎゃく)に 거꾸로, 반대로
衰(おとろ)える 쇠퇴하다　無視(むし) 무시　木(き) 나무
根元(ねもと) 뿌리 부분, 뿌리둘레　根(ね) 뿌리
頑丈(がんじょう)だ 튼튼하다　大木(たいぼく) 큰 나무
支(ささ)える 지탱하다, 유지하다　永遠(えいえん)だ 영원하다
동사의 ます형+続(つづ)ける 계속 ~하다
決意(けつい) 결의　~はもちろん ~은 물론
一番(いちばん) 가장, 제일　重要(じゅうよう)だ 중요하다
責任(せきにん) 책임　遂(と)げる 이루다
的確(てきかく)だ 적확하다, 정확하게 맞아 조금도 틀리지 아니하다
将来(しょうらい) 장래　設計(せっけい) 설계
掲(かか)げる 내걸다, 내세우다

197 会社の成長について、一般的な考え方は、どれですか。
(A) 成長に伴い、従業員の給与水準が高くなること
(B) 名前を売り、世間の名声が上がること
(C) 企業イメージを改善し、認められること
(D) 財政面を黒字化し、事業を拡大すること

197 회사의 성장에 대해서 일반적인 사고방식은 어느 것입니까?
(A) 성장에 동반해 종업원의 급여 수준이 높아지는 것
(B) 이름을 떨쳐 세상의 명성이 높아지는 것
(C) 기업 이미지를 개선해 인정받는 것
(D) 재정면을 흑자화해 사업을 확대하는 것

해설 | 초반부에서 '대부분의 사람이 떠올리는 성장이란 회사 규모를 크게 하는 것'이라고 하면서 구체적인 내용으로 '주로 매출이나 이익 등의 재정 상황을 개선하는 것'이라고 했다. 즉, 사람들이 생각하는 회사의 성장이란 매출을 늘림으로써 사업의 규모 자체를 키우는 것이라는 뜻이므로, 정답은 (D)가 된다.

어휘 | 一般的(いっぱんてき)だ 일반적이다
考(かんが)え方(かた) 사고방식　~に伴(ともな)い ~에 동반해[따라]
従業員(じゅうぎょういん) 종업원　給与(きゅうよ) 급여
水準(すいじゅん) 수준　高(たか)い 높다　名前(なまえ) 이름
売(う)る (이름을) 떨치다　世間(せけん) 세상
名声(めいせい)が上(あ)がる 명성이 높아지다
認(みと)める 인정하다　財政面(ざいせいめん) 재정면
黒字化(くろじか) 흑자화　事業(じぎょう) 사업
拡大(かくだい) 확대

198 (1)会社の質を成長させるとは、どういうことですか。
(A) 会社の規模拡大を追求していくこと

(B) 組織の内部構造を増強すること
(C) 有能な人材を大量に集めること
(D) 取引先を大幅に増やしていくこと

198 (1)회사의 질을 성장시킨다 라는 것은 어떤 것입니까?
(A) 회사의 규모 확대를 추구해 가는 것
(B) 조직 내부 구조를 증강하는 것
(C) 유능한 인재를 대량으로 모으는 것
(D) 거래처를 대폭적으로 늘려가는 것

해설 | 밑줄 친 부분 뒷문장에서 '기업 가치를 올린다, 사원을 성장시킨다, 거래처와의 관계를 강화하는 등 내부 구조를 강화하는 것'이라고 구체적인 예를 들어 설명하고 있으므로, 정답은 (B)가 된다.

어휘 | 増強(ぞうきょう) 증강　有能(ゆうのう)だ 유능하다
人材(じんざい) 인재　集(あつ)める 모으다
大幅(おおはば)だ 대폭적이다　増(ふ)やす 늘리다

199 会社が衰えてしまうのは、どんな時ですか。
(A) 企業を支える部分を経営者が顧みていない時
(B) 社長が自分の利益のみを追求した時
(C) 優秀な新入社員が確保できなくなった時
(D) 社員の不正が発覚したのに、公表しなかった時

199 회사가 쇠퇴해 버리는 것은 어떤 때입니까?
(A) 기업을 지탱하는 부분을 경영자가 돌보지 않을 때
(B) 사장이 자신의 이익만을 추구했을 때
(C) 우수한 신입사원을 확보할 수 없게 되었을 때
(D) 사원의 부정이 발각되었는데도 공표하지 않았을 때

해설 | 이 글에서 특히 강조하고 있는 것은 회사의 질적인 성장이다. 그러나 '대부분의 경영자는 질적으로 성장시키는 것을 의식하는 경우는 없다'고 하면서 결국 외적인 성장만 추구하다 보면 회사가 쇠퇴하기 마련이라고 지적하고 있다. 따라서 정답은 (A)가 된다.

어휘 | 顧(かえり)みる 돌보다, 보살피다
~のみ ~만, ~뿐　優秀(ゆうしゅう)だ 우수하다
新入社員(しんにゅうしゃいん) 신입사원　確保(かくほ) 확보
発覚(はっかく) 발각　~のに ~는데(도)　公表(こうひょう) 공표

200 この人が言う経営者の最も大切な責任とは、何ですか。
(A) 会社を質的に成長させる部門を設置すること
(B) 今後の事業展開の見通しを明確にすること
(C) 質的に成長するための要点を押さえた展望を示すこと
(D) 裏側から永遠に会社を支え続けていくこと

200 이 사람이 말하는 경영자의 가장 중요한 책임이란 무엇입니까?
(A) 회사를 질적으로 성장시키는 부문을 설치하는 것

(B) 앞으로의 사업 전개 전망을 명확히 하는 것
(C) 질적으로 성장하기 위한 요점을 파악한 전망을 제시하는 것
(D) 이면에서 영원히 회사를 계속 지탱해 나가는 것

해설 | 마지막 문장에서 경영자의 가장 중요한 책임은 회사의 질적 성장을 이루는 적확한 장래 설계를 내세우는 것이라고 생각한다고 했다. 정답은 (C)로, 본문의 「的確(てきかく)な将来(しょうらい)設計(せっけい)」(적확한 장래 설계)를 「要点(ようてん)を押(お)さえた展望(てんぼう)」(요점을 파악한 전망)로 바꿔 표현했다.

어휘 | 部門(ぶもん) 부문 設置(せっち) 설치
今後(こんご) 금후, 앞으로 展開(てんかい) 전개
見通(みとお)し 전망 明確(めいかく)だ 명확하다
要点(ようてん) 요점 押(お)さえる (요점을) 파악하다
展望(てんぼう) 전망 示(しめ)す 내보이다, 제시하다
裏側(うらがわ) 뒤쪽, 이면

120

PART 1
주요 어휘 및 표현 정리 20

* 읽는 법과 뜻을 확인해 보세요.

어휘 및 표현	읽는 법	뜻
□ 餌	えさ	먹이
□ 周り	まわり	주위, 주변
□ 止める	とめる	세우다
□ 布	ぬの	천, 옷감
□ 小銭	こぜに	잔돈
□ 破れる	やぶれる	찢어지다
□ 楽器	がっき	악기
□ 吹く	ふく	(악기 등을) 불다
□ 当てる	あてる	(가져다) 대다
□ 拍手をする	はくしゅをする	박수를 치다
□ お辞儀	おじぎ	머리를 숙여 인사함
□ 名刺	めいし	명함
□ 振り仮名を振る	ふりがなをふる	후리가나를 달다
□ 貝	かい	조개
□ 塗る	ぬる	칠하다
□ シュレッダー	●	문서 절단기
□ 仕舞う	しまう	넣다, 간수하다
□ 注ぐ	そそぐ	붓다, 따르다
□ 地面	じめん	지면, 땅바닥
□ 掘る	ほる	(땅을) 파다

최신기출 2

121

주요 어휘 및 표현 정리 20

* 읽는 법과 뜻을 확인해 보세요.

어휘 및 표현	읽는 법	뜻
☐ 近く	ちかく	근처
☐ 料理	りょうり	요리
☐ 拾う	ひろう	줍다
☐ お手洗い	おてあらい	화장실
☐ 返す	かえす	돌려주다
☐ 具合	ぐあい	(건강) 상태
☐ 量る	はかる	(저울로) 달다
☐ 虫歯	むしば	충치
☐ 貴重だ	きちょうだ	귀중하다
☐ 双子	ふたご	쌍둥이
☐ 仕方がない	しかたがない	어쩔 수 없다
☐ 着席	ちゃくせき	착석
☐ 花粉	かふん	꽃가루
☐ 飛ぶ	とぶ	날다, 흩날리다
☐ 書き直す	かきなおす	고쳐 쓰다, 다시 쓰다
☐ 不在	ふざい	부재, 자리에 없음
☐ 思いがけない	おもいがけない	뜻밖이다, 의외이다
☐ 気の毒だ	きのどくだ	안됐다, 가엾다, 불쌍하다
☐ 取り入れる	とりいれる	도입하다
☐ 滑り出し	すべりだし	시작, 출발

주요 어휘 및 표현 정리 20

* 읽는 법과 뜻을 확인해 보세요.

어휘 및 표현	읽는 법	뜻
□ 残念だ	ざんねんだ	아쉽다, 유감스럽다
□ 消す	けす	(스위치 등을) 끄다
□ ご馳走	ごちそう	맛있는 음식
□ 結構だ	けっこうだ	괜찮다
□ 冷える	ひえる	(날씨 등이) 차가워지다, 추워지다
□ 預ける	あずける	맡기다
□ 目薬	めぐすり	안약
□ 出来事	できごと	일어난 일, 사건, 사고
□ 絵本	えほん	그림책
□ 面倒を見る	めんどうをみる	돌보다
□ 濡れる	ぬれる	젖다
□ 泥	どろ	진흙
□ 穏やかだ	おだやかだ	온화하다
□ ~向け	~むけ	~대상, ~용
□ 任す	まかす	맡기다
□ 付き合い	つきあい	교제, 사귐
□ 承る	うけたまわる	삼가 받다, 삼가 듣다
□ 夜明け	よあけ	새벽
□ 綴じる	とじる	철하다
□ 防災	ぼうさい	방재

주요 어휘 및 표현 정리 20

* 읽는 법과 뜻을 확인해 보세요.

어휘 및 표현	읽는 법	뜻
☐ 腕時計	うでどけい	손목시계
☐ 届く	とどく	(보낸 물건이) 도착하다
☐ 修理代	しゅうりだい	수리비
☐ 壊れる	こわれる	고장 나다
☐ 話題	わだい	화제
☐ 噂になる	うわさになる	소문이 나다
☐ 勝つ	かつ	이기다
☐ 大変だ	たいへんだ	힘들다
☐ 缶ビール	かんビール	캔맥주
☐ 力強い	ちからづよい	힘차다
☐ 評判	ひょうばん	평판
☐ 担ぐ	かつぐ	메다, 지다
☐ 壊す	こわす	부수다
☐ 収集	しゅうしゅう	수집, 수거
☐ 知らせる	しらせる	알리다
☐ 分別	ぶんべつ	분별, 분류
☐ 促す	うながす	재촉하다, 촉구하다
☐ 罰則	ばっそく	벌칙
☐ 漏らす	もらす	(비밀 등을) 누설하다
☐ 発覚	はっかく	발각

PART 5
주요 어휘 및 표현 정리 20

※ 읽는 법과 뜻을 확인해 보세요.

어휘 및 표현	읽는 법	뜻
☐ 取れる	とれる	(붙어 있던 것이) 떨어지다, 빠지다
☐ 先日	せんじつ	요전, 일전
☐ 重大	じゅうだい	중대함
☐ 身近	みぢか	신변, 자기 몸에 가까운 곳
☐ 尊い	とうとい	귀중하다, 소중하다
☐ 阻む	はばむ	저지하다, 막다
☐ 発作	ほっさ	발작
☐ 信用	しんよう	신용
☐ 引退	いんたい	은퇴
☐ 慕う	したう	사모하다, 따르다
☐ のんびりと	●	한가로이
☐ 平たい	ひらたい	알기 쉽다
☐ 鑑賞	かんしょう	감상
☐ 寄せる	よせる	가까이 대다, 바싹 붙여 대다
☐ 密かだ	ひそかだ	가만히[몰래] 하다
☐ 思いを寄せる	おもいをよせる	연정을 품다
☐ 逃す	のがす	놓치다
☐ 身を寄せる	みをよせる	몸을 의탁하다
☐ 負う	おう	(책임 등을) 지다
☐ 背中	せなか	등

최선기출 2

주요 어휘 및 표현 정리 20

* 읽는 법과 뜻을 확인해 보세요.

어휘 및 표현	읽는 법	뜻
□ 空港	くうこう	공항
□ 必ず	かならず	꼭, 반드시
□ 通る	とおる	통과하다, 지나가다
□ 戻る	もどる	(본래의 자리로) 돌아오다
□ 珍しい	めずらしい	진귀하다, 드물다
□ 関連	かんれん	관련
□ 頼む	たのむ	부탁하다
□ 積もる	つもる	쌓이다
□ 紅葉	もみじ	단풍
□ 評価	ひょうか	평가
□ 論文	ろんぶん	논문
□ 自慢	じまん	자랑
□ ～からには	●	～한 이상은
□ 選ぶ	えらぶ	뽑다, 선발하다
□ 震える	ふるえる	흔들리다, 진동하다
□ 中身	なかみ	내용물
□ 照らす	てらす	(빛을) 비추다, 밝히다
□ 進歩	しんぽ	진보
□ 病	やまい	병
□ 食い止める	くいとめる	막다, 방지하다, 저지하다

주요 어휘 및 표현 정리 20

* 읽는 법과 뜻을 확인해 보세요.

어휘 및 표현	읽는 법	뜻
☐ 消しゴム	けしゴム	지우개
☐ 迎える	むかえる	(사람을) 맞다, 마중하다
☐ 以内	いない	이내
☐ 財布	さいふ	지갑
☐ 見せる	みせる	보이다, 보여 주다
☐ 複雑	ふくざつ	복잡
☐ できる	●	생기다
☐ 給料	きゅうりょう	급여, 급료
☐ 迷惑をかける	めいわくをかける	폐를 끼치다
☐ 乾く	かわく	마르다, 건조하다
☐ 加える	くわえる	더하다, 추가하다
☐ 香辛料	こうしんりょう	향신료
☐ 辛い	からい	맵다
☐ 威張る	いばる	잘난 체하다, 뽐내다, 으스대다
☐ 居間	いま	거실
☐ ～からすると	●	～으로 보면
☐ 取引	とりひき	거래
☐ 동사의 ます형+抜く	동사의 ます형+ぬく	몹시 ～하다
☐ 要する	ようする	요하다, 필요로 하다
☐ 心地よい	ここちよい	기분이 좋다

최신기출 2

주요 어휘 및 표현 정리 20

* 읽는 법과 뜻을 확인해 보세요.

어휘 및 표현	읽는 법	뜻
☐ 夜	よる	밤
☐ 申し込む	もうしこむ	신청하다
☐ 大好きだ	だいすきだ	아주 좋아하다
☐ 食べ過ぎる	たべすぎる	과식하다
☐ 熱心だ	ねっしんだ	열심이다
☐ 動く	うごく	움직이다, (기계가) 작동하다
☐ 減る	へる	줄다, 줄어들다
☐ 占い	うらない	점, 점을 침
☐ 運勢	うんせい	운세
☐ 当たる	あたる	(꿈·예상이) 들어맞다, 적중하다
☐ 体験	たいけん	체험
☐ 間違う	まちがう	틀리다, 잘못되다
☐ 学費	がくひ	학비
☐ 望む	のぞむ	바라다, 원하다
☐ 乾かす	かわかす	말리다
☐ 非常に	ひじょうに	대단히, 매우
☐ 人数	にんずう	인원수
☐ 打ち合わせ	うちあわせ	협의, 미팅, 미리 상의함
☐ 身に付く	みにつく	(지식·기술 등이) 몸에 배다
☐ 眠りが浅い	ねむりがあさい	잠이 얕다[설다]

PART 1

1 (A)	2 (D)	3 (C)	4 (C)	5 (B)	6 (D)	7 (D)	8 (C)	9 (A)	10 (D)
11 (A)	12 (D)	13 (C)	14 (A)	15 (C)	16 (C)	17 (D)	18 (B)	19 (A)	20 (C)

PART 2

21 (A)	22 (A)	23 (B)	24 (D)	25 (B)	26 (D)	27 (C)	28 (D)	29 (A)	30 (B)
31 (A)	32 (C)	33 (A)	34 (B)	35 (C)	36 (D)	37 (C)	38 (A)	39 (C)	40 (A)
41 (B)	42 (D)	43 (C)	44 (A)	45 (D)	46 (D)	47 (A)	48 (C)	49 (B)	50 (D)

PART 3

51 (B)	52 (B)	53 (A)	54 (C)	55 (B)	56 (B)	57 (A)	58 (D)	59 (A)	60 (B)
61 (D)	62 (B)	63 (C)	64 (C)	65 (A)	66 (C)	67 (B)	68 (D)	69 (D)	70 (B)
71 (D)	72 (D)	73 (C)	74 (B)	75 (B)	76 (A)	77 (A)	78 (C)	79 (A)	80 (D)

PART 4

81 (D)	82 (C)	83 (C)	84 (D)	85 (A)	86 (C)	87 (B)	88 (D)	89 (A)	90 (D)
91 (C)	92 (C)	93 (D)	94 (B)	95 (A)	96 (C)	97 (D)	98 (D)	99 (A)	100 (C)

PART 5

101 (C)	102 (A)	103 (A)	104 (B)	105 (D)	106 (A)	107 (D)	108 (D)	109 (A)	110 (B)
111 (C)	112 (D)	113 (C)	114 (A)	115 (B)	116 (A)	117 (D)	118 (C)	119 (B)	120 (B)

PART 6

121 (C)	122 (B)	123 (D)	124 (C)	125 (D)	126 (B)	127 (D)	128 (C)	129 (B)	130 (D)
131 (A)	132 (C)	133 (C)	134 (D)	135 (B)	136 (C)	137 (D)	138 (B)	139 (B)	140 (A)

PART 7

141 (C)	142 (A)	143 (C)	144 (B)	145 (B)	146 (A)	147 (C)	148 (C)	149 (B)	150 (A)
151 (C)	152 (B)	153 (C)	154 (D)	155 (D)	156 (D)	157 (A)	158 (C)	159 (A)	160 (D)
161 (C)	162 (B)	163 (A)	164 (A)	165 (D)	166 (A)	167 (A)	168 (B)	169 (A)	170 (D)

PART 8

171 (D)	172 (C)	173 (B)	174 (D)	175 (A)	176 (C)	177 (D)	178 (D)	179 (B)	180 (A)
181 (A)	182 (B)	183 (B)	184 (A)	185 (A)	186 (C)	187 (B)	188 (D)	189 (D)	190 (B)
191 (D)	192 (A)	193 (C)	194 (B)	195 (A)	196 (D)	197 (D)	198 (A)	199 (B)	200 (D)

01 인물의 동작 및 상태(1인 등장)

(A) 消しゴムを使っています。
(B) 鉛筆を持っています。
(C) ノートを開いています。
(D) ボールペンで書いています。

(A) 지우개를 사용하고 있습니다.
(B) 연필을 쥐고 있습니다.
(C) 노트를 펴고 있습니다.
(D) 볼펜으로 쓰고 있습니다.

해설 | 지우개로 종이 위에 쓰인 글자를 지우고 있는 사진이므로, 정답은 (A)가 된다.

어휘 | 消(け)しゴム 지우개 使(つか)う 쓰다, 사용하다
鉛筆(えんぴつ) 연필 持(も)つ 쥐다, 들다 ノート 노트
開(ひら)く (닫혀 있던 것을) 열다, 펴다 ボールペン 볼펜
書(か)く (글씨·글을) 쓰다

02 사물의 상태

(A) 椅子の上にかばんが置かれています。
(B) ドアの横に鏡があります。
(C) 机にカレンダーを飾っています。
(D) 壁に時計がかかっています。

(A) 의자 위에 가방이 놓여 있습니다.
(B) 문 옆에 거울이 있습니다.
(C) 책상에 달력을 장식하고 있습니다.
(D) 벽에 시계가 걸려 있습니다.

해설 | 사물의 종류와 상태에 주목해야 한다. 의자 위에는 아무것도 없으므로 (A)는 오답이고, 또 문 옆쪽 벽에는 둥근 시계와 달력이 걸려 있으므로, (B)와 (C)도 답이 될 수 없다. 따라서 정답은 (D)가 된다.

어휘 | 椅子(いす) 의자 上(うえ) 위 かばん 가방
置(お)く 놓다, 두다 ドア 문 横(よこ) 옆 鏡(かがみ) 거울
机(つくえ) 책상 カレンダー 달력 飾(かざ)る 꾸미다, 장식하다
壁(かべ) 벽 時計(とけい) 시계 かかる (아래로) 걸리다

03 전체적인 풍경 및 상황

(A) バイクが道路の真ん中にあります。
(B) 横断歩道の前で待っている人がいます。
(C) 歩道にも車道にも人がいます。
(D) 自動車が何台も止まっています。

(A) 오토바이가 도로 한가운데에 있습니다.
(B) 횡단보도 앞에서 기다리고 있는 사람이 있습니다.
(C) 보도에도 차도에도 사람이 있습니다.
(D) 자동차가 여러 대 서 있습니다.

해설 | 사진은 차량 통행을 금지하고 보행자에게 차도를 개방하는「步行者天国(ほこうしゃてんごく)」(보행자 천국)로, 보도와 차도에는 오로지 사람만 있다. 따라서 정답은 (C)가 된다.

어휘 | バイク 바이크, 오토바이 *「モーターバイク」의 준말
道路(どうろ) 도로 真(ま)ん中(なか) 한가운데
横断歩道(おうだんほどう) 횡단보도 前(まえ) 앞
待(ま)つ 기다리다 人(ひと) 사람 歩道(ほどう) 보도
車道(しゃどう) 차도 自動車(じどうしゃ) 자동차
～台(だい) ～대 *「何台(なんだい)も」– 몇 대나, 여러 대
止(と)まる 멈추다, 서다

04 사물의 상태

(A) 大根が半分に切られています。
(B) 果物が売られています。
(C) 箱の中に野菜があります。
(D) 棚の上ににんじんがあります。

(A) 무가 절반으로 잘려 있습니다.
(B) 과일이 팔리고 있습니다.
(C) 상자 안에 채소가 있습니다.
(D) 선반 위에 당근이 있습니다.

해설 |「箱(はこ)」(상자)와「野菜(やさい)」(채소, 야채)라는 단어를 알아듣는 것이 포인트. 상자 안에는 무나 파 같은 채소가 들어 있으므로, 정답은 (C)가 된다. 상자 안의 무는 모두 온전한 상태이고, 과일이나 선반

위에 당근은 찾아볼 수 없으므로, 나머지 선택지는 답이 될 수 없다.

어휘 | 大根(だいこん) 무 半分(はんぶん) 절반
切(き)る 자르다, 절단하다 果物(くだもの) 과일 売(う)る 팔다
中(なか) 안 棚(たな) 선반 上(うえ) 위 にんじん 당근

05 사물의 상태

(A) 箸で刺身を並べています。
(B) お皿に寿司が載っています。
(C) おかずがたくさんあります。
(D) 食べ物と飲み物があります。

(A) 젓가락으로 회를 나란히 놓고 있습니다.
(B) 접시에 초밥이 놓여 있습니다.
(C) 반찬이 많이 있습니다.
(D) 음식과 음료가 있습니다.

해설 | 「載(の)る」(놓이다)라는 동사를 알아듣는 것이 포인트. 접시 위에 초밥이 가지런히 놓여 있는 사진이므로, 정답은 (B)가 된다. 나머지 선택지의 회나 반찬, 음식과 음료는 보이지 않는다.

어휘 | 箸(はし) 젓가락 刺身(さしみ) 회
並(なら)べる (물건 등을) 늘어놓다, 나란히 놓다 皿(さら) 접시
寿司(すし) 초밥 おかず 반찬 たくさん 많이
食(た)べ物(もの) 음식 飲(の)み物(もの) 음료

06 인물의 동작 및 상태(2인 이상 등장)

(A) 子供は2人とも自転車に乗っています。
(B) 男の人と子供は向かい合っています。
(C) 男の人はタイヤを運んでいます。
(D) 男の人の前後に子供がいます。

(A) 아이는 두 사람 모두 자전거를 타고 있습니다.
(B) 남자와 아이는 마주보고 있습니다.
(C) 남자는 타이어를 옮기고 있습니다.
(D) 남자의 앞뒤로 아이가 있습니다.

해설 | 남자는 남자아이가 탄 유모차를 밀면서 뒤에서 자전거를 타고 따라오는 여자아이를 곁눈으로 보고 있다. 정답은 남자의 앞뒤로 아이가 있다고 한 (D)로, 두 아이 모두 자전거를 타고 있다고 한 (A)나 남자와 아이가 마주보고 있다고 한 (B)는 부적절. 또한 남자는 타이어를 옮기고 있지도 않으므로 (C)도 틀린 설명이다.

어휘 | 子供(こども) 아이 ~とも ~모두, ~다

自転車(じてんしゃ) 자전거 乗(の)る (탈것에) 타다
向(む)かい合(あ)う 마주보다 タイヤ 타이어
運(はこ)ぶ 옮기다, 운반하다 前後(ぜんご) (공간적인) 전후, 앞뒤

07 전체적인 풍경 및 상황

(A) 道路に草が生えています。
(B) 高速道路の料金所です。
(C) 車と車がぶつかっています。
(D) 道路に枝が落ちています。

(A) 도로에 풀이 자라고 있습니다.
(B) 고속도로 요금소입니다.
(C) 자동차와 자동차가 부딪치고 있습니다.
(D) 도로에 가지가 떨어져 있습니다.

해설 | 「枝(えだ)」(가지)라는 단어를 알아듣는 것이 포인트. 자동차가 다니는 도로 위에 나뭇가지가 떨어져 있는 사진이므로, 정답은 (D)가 된다.

어휘 | 道路(どうろ) 도로 草(くさ) 풀
生(は)える (풀이나 나무가) 나다, 자라다
高速道路(こうそくどうろ) 고속도로
料金所(りょうきんじょ) 요금소 車(くるま) 자동차
ぶつかる 부딪치다 落(お)ちる 떨어지다

08 사물의 상태

(A) ジーンズが破れています。
(B) 水着が干されています。
(C) 半袖のワンピースです。
(D) 女性用の和服です。

(A) 청바지가 찢어져 있습니다.
(B) 수영복이 널려 있습니다.
(C) 반소매의 원피스입니다.
(D) 여성용 일본옷입니다.

해설 | 반소매 원피스가 옷걸이에 걸려 있는 사진이므로, 정답은 (C)가 된다. (A)의 「ジーンズ」는 '청바지', (B)의 「水着(みずぎ)」는 '수영복' (D)의 「和服(わふく)」는 일본 전통 의상인 「着物(きもの)」(기모노)를 포함한 넓은 의미의 '일본옷'을 가리키는 말이므로, 모두 답이 될 수 없다.

어휘 | 破(やぶ)れる 찢어지다 干(ほ)す 말리다, 널다

半袖(はんそで) 반소매　ワンピース 원피스
女性用(じょせいよう) 여성용

09 인물의 동작 및 상태(1인 등장)

(A) 左手で傘を差しています。
(B) マスクを畳んでいます。
(C) 両手をポケットに入れています。
(D) 地面を指しています。

(A) 왼손으로 우산을 받치고 있습니다.
(B) 마스크를 접고 있습니다.
(C) 양손을 주머니에 넣고 있습니다.
(D) 지면을 가리키고 있습니다.

해설 | 남자의 동작에 주목해야 한다. 마스크를 쓴 남자가 왼손으로 우산을 받치고 있는 모습이므로, 정답은 (A)가 된다. (C)는 오른손만 주머니에 넣고 있으므로 답이 될 수 없다.

어휘 | 左手(ひだりて) 왼손　傘(かさ) 우산
差(さ)す (우산 등을) 쓰다, 받치다　マスク 마스크
畳(たた)む 개다, 접다　両手(りょうて) 양손　ポケット 주머니
入(い)れる 넣다　地面(じめん) 지면, 땅바닥　指(さ)す 가리키다

10 사물의 상태

(A) グラスから中身がこぼれています。
(B) ペットボトルの水は少量です。
(C) 紙製のコップで乾杯しています。
(D) ストローがさしてあるグラスがあります。

(A) 유리컵에서 내용물이 넘치고 있습니다.
(B) 페트병의 물은 소량입니다.
(C) 종이로 만든 컵으로 건배하고 있습니다.
(D) 빨대가 꽂혀 있는 유리컵이 있습니다.

해설 | 음료가 든 유리컵을 부딪치며 건배하고 있는 사진이다. 빨대만 꽂혀 있는 컵, 빨대와 스푼이 함께 꽂혀 있는 컵, 그리고 아무것도 꽂혀 있지 않은 컵이 보이므로, 정답은 (D)가 된다. 사진의 컵은 모두 유리컵이고, 음료가 넘치고 있는 컵도 없으며 페트병도 보이지 않으니, 나머지 선택지는 답이 될 수 없다.

어휘 | グラス 유리컵　中身(なかみ) 내용물
こぼれる 넘치다, 흘러내리다　ペットボトル 페트병
水(みず) 물　少量(しょうりょう) 소량
紙製(かみせい) 지제, 종이로 만든 물건　コップ 컵

乾杯(かんぱい) 건배　ストロー 빨대　さす 꽂다
타동사+てある ~해져 있다 *상태표현

11 전체적인 풍경 및 상황

(A) ここは海水浴場です。
(B) 全員が立って水に入っています。
(C) 砂浜で休んでいる人がいます。
(D) 人々が集合しています。

(A) 여기는 해수욕장입니다.
(B) 전원이 서서 물에 들어가 있습니다.
(C) 모래사장에서 쉬고 있는 사람이 있습니다.
(D) 사람들이 모여 있습니다.

해설 | 한가로운 해수욕장의 풍경으로, 바다에 들어가 있는 사람도 있고 모래사장을 거닐고 있는 사람도 있다. 정답은 (A)로, 모두 선 채로 바다에 들어가 있는 것은 아니므로 (B)는 오답이고, 모래사장에 앉아서 쉬거나 모여 있는 사람들의 모습도 보이지 않으므로 (C), (D)도 답이 될 수 없다.

어휘 | ここ 여기, 이곳　海水浴場(かいすいよくじょう) 해수욕장
全員(ぜんいん) 전원　立(た)つ 서다　水(みず) 물
入(はい)る 들어가다　砂浜(すなはま) 모래사장　休(やす)む 쉬다
人々(ひとびと) 사람들　集合(しゅうごう) 집합, (한군데에) 모임

12 전체적인 풍경 및 상황

(A) 通路は混雑しています。
(B) 進行方向に矢印があります。
(C) ロッカーの扉が開いています。
(D) 施設内には歩行者がいます。

(A) 통로는 혼잡합니다.
(B) 진행 방향에 화살표가 있습니다.
(C) 로커의 문이 열려 있습니다.
(D) 시설 내에는 보행자가 있습니다.

해설 | 건물 내부의 모습으로, 넓은 통로에 한 사람이 지나가고 있다. 따라서 정답은 시설 내에는 보행자가 있다고 한 (D)가 된다. 통로는 텅 비어 있는 상태이므로 (A)는 부적절하고, 화살표와 로커도 보이지 않으므로 (B)와 (C)도 답이 될 수 없다.

어휘 | 通路(つうろ) 통로　混雑(こんざつ) 혼잡
進行(しんこう) 진행　方向(ほうこう) 방향　矢印(やじるし) 화살표
ロッカー 로커　扉(とびら) 문　開(あ)く 열리다　施設(しせつ) 시설

~内(ない) ~내, ~안　歩行者(ほこうしゃ) 보행자

13 사물의 상태

(A) 窓（まど）は開放（かいほう）されています。
(B) 入場（にゅうじょう）が制限（せいげん）されています。
(C) 作品（さくひん）が壁（かべ）に展示（てんじ）されています。
(D) 空中（くうちゅう）に作品（さくひん）がぶら下（さ）げられています。

(A) 창문은 개방되어 있습니다.
(B) 입장이 제한되어 있습니다.
(C) 작품이 벽에 전시되어 있습니다.
(D) 공중에 작품이 매달려 있습니다.

해설 | 벽면을 따라 다양한 공예품들이 매달려 있으므로, 정답은 (C)가 된다. 창문은 닫혀 있고 입장 제한에 대한 안내문은 부착되어 있지 않으며, 공예품은 벽에 매달려 있으므로, 나머지 선택지는 답이 될 수 없다.

어휘 | 窓（まど）창문　開放（かいほう）개방, 문 등을 활짝 여는 것
入場（にゅうじょう）입장　制限（せいげん）제한
作品（さくひん）작품　壁（かべ）벽　展示（てんじ）전시
空中（くうちゅう）공중　ぶら下（さ）げる 매달다

14 인물의 동작 및 상태(1인 등장)

(A) 腰（こし）をほぼ直角（ちょっかく）に曲（ま）げています。
(B) 倒（たお）れた電柱（でんちゅう）を直（なお）しています。
(C) 穴（あな）を掘（ほ）ろうとしています。
(D) 男性（だんせい）がしゃがんでいます。

(A) 허리를 거의 직각으로 구부리고 있습니다.
(B) 넘어진 전신주를 고치고 있습니다.
(C) 구멍을 파려고 하고 있습니다.
(D) 남성이 쭈그리고 앉아 있습니다.

해설 | 「直角（ちょっかく）」(직각)라는 단어를 알아듣는 것이 포인트. 안전모를 쓴 남자가 허리를 거의 직각으로 굽힌 채 작업을 하고 있는 모습이므로, 정답은 (A)가 된다.

어휘 | 腰（こし）허리　ほぼ 거의　曲（ま）げる 구부리다
倒（たお）れる 쓰러지다, 넘어지다　電柱（でんちゅう）전주, 전신주
直（なお）す 고치다　穴（あな）구멍　掘（ほ）る (땅을) 파다
男性（だんせい）남성　しゃがむ 쭈그리고 앉다

15 사물의 상태

(A) これは発電機（はつでんき）です。
(B) 屋根（やね）の上（うえ）に電灯（でんとう）があります。
(C) 建物（たてもの）にアンテナが付（つ）いています。
(D) 複数（ふくすう）の電柱（でんちゅう）があります。

(A) 이것은 발전기입니다.
(B) 지붕 위에 전등이 있습니다.
(C) 건물에 안테나가 달려 있습니다.
(D) 여러 개의 전신주가 있습니다.

해설 | 건물 지붕에 안테나가 달려 있는 사진이므로, 정답은 (C)가 된다. 나머지 선택지의 발전기, 전등, 전신주는 보이지 않는다.

어휘 | 発電機（はつでんき）발전기　屋根（やね）지붕　上（うえ）위
電灯（でんとう）전등　建物（たてもの）건물　アンテナ 안테나
付（つ）く 달리다, 가설되다　複数（ふくすう）복수, 둘 이상의 수
電柱（でんちゅう）전주, 전신주

16 전체적인 풍경 및 상황

(A) 木材（もくざい）が積（つ）まれています。
(B) 辺（あた）り一面（いちめん）が草花（くさばな）です。
(C) 地面（じめん）はほとんどが芝生（しばふ）です。
(D) 家族連（かぞくづ）れで賑（にぎ）わっています。

(A) 목재가 쌓여 있습니다.
(B) 주변 일대가 화초입니다.
(C) 지면은 대부분이 잔디밭입니다.
(D) 가족 동반으로 떠들썩합니다.

해설 | 넓게 깔려 있는 잔디밭 뒤편으로 건물과 구조물이 보이므로, 정답은 (C)가 된다. 목재와 화초는 보이지 않으므로 (A)와 (B)는 오답이고, 사진에는 두 명만 있으므로 가족 동반으로 떠들썩하다는 (D)도 정답과는 거리가 멀다.

어휘 | 木材（もくざい）목재　積（つ）む (물건을) 쌓다
辺（あた）り 주변, 주위　一面（いちめん）전체, 일대
草花（くさばな）화초　地面（じめん）지면, 땅바닥
ほとんど 거의, 대부분　芝生（しばふ）잔디밭
家族連（かぞくづ）れ 가족 동반　賑（にぎ）わう 떠들썩하다, 활기차다

17 사물의 상태

(A) 部屋に煙突があります。
(B) これは水筒です。
(C) 小さな実験器具です。
(D) 望遠鏡が置いてあります。

(A) 방에 굴뚝이 있습니다.
(B) 이것은 수통입니다.
(C) 작은 실험 기구입니다.
(D) 망원경이 놓여 있습니다.

해설 | 사물의 정확한 명칭을 알고 있어야 정답을 찾을 수 있다. 사진 속 사물은 「望遠鏡(ぼうえんきょう)」(망원경)이므로, 정답은 (D)가 된다.

어휘 | 部屋(へや) 방　煙突(えんとつ) 굴뚝　水筒(すいとう) 수통 小(ちい)さな 작은　実験(じっけん) 실험　器具(きぐ) 기구, 도구 置(お)く 놓다, 두다　타동사+てある ~해져 있다 *상태표현

18 사물의 상태

(A) 車の列は乱れています。
(B) ぎっしりと両端に車があります。
(C) 多くの車で渋滞しています。
(D) 車は道路の片側にだけ停車しています。

(A) 자동차의 줄은 흐트러져 있습니다.
(B) 빽빽이 양쪽 끝에 자동차가 있습니다.
(C) 많은 자동차로 정체되고 있습니다.
(D) 자동차는 도로 한쪽에만 정차해 있습니다.

해설 | 자동차의 상태에 주목해야 한다. 도로 양쪽으로 자동차가 줄 맞춰 빽빽이 주차되어 있는 사진이므로, 정답은 (B)가 된다. 자동차는 도로 양쪽 끝에 줄을 맞춰 주차되어 있으므로 (A)와 (D)는 오답이고, (C)의 「渋滞(じゅうたい)」(교통) 정체는 운행 중인 자동차에 대해서 쓸 수 있는 말이므로, 역시 답이 될 수 없다.

어휘 | 車(くるま) 자동차　列(れつ) 열, 줄　乱(みだ)れる 흐트러지다 ぎっしりと 가득, 잔뜩, 빽빽이　両端(りょうはし) 양쪽 끝 多(おお)く 많음　道路(どうろ) 도로　片側(かたがわ) 한쪽 ~だけ ~만, ~뿐　停車(ていしゃ) 정차

19 사물의 상태

(A) 看板は破損しています。
(B) 自動販売機の補充をしています。
(C) 埋め込まれているのは乾電池です。
(D) タイルはひどく欠けています。

(A) 간판은 파손되어 있습니다.
(B) 자동판매기의 보충을 하고 있습니다.
(C) 채워 넣어져 있는 것은 건전지입니다.
(D) 타일은 심하게 손상되어 있습니다.

해설 | 측면에 달린 간판이 깨져서 안에 있는 형광등이 드러나 있으므로, 정답은 간판이 파손되어 있다고 한 (A)가 된다. 사진에서 자동판매기에 음료를 보충하고 있는 사람이나 손상된 타일, 건전지는 찾아볼 수 없으므로, 나머지 선택지는 답이 될 수 없다.

어휘 | 看板(かんばん) 간판　破損(はそん) 파손 自動販売機(じどうはんばいき) 자동판매기　補充(ほじゅう) 보충 埋(う)め込(こ)む 채워 넣다　乾電池(かんでんち) 건전지 タイル 타일　ひどい 심하다 欠(か)ける 일부분이 망가지다, 손상되다

20 전체적인 풍경 및 상황

(A) ぽつりぽつりと住宅があります。
(B) 手すりは朽ちてぼろぼろです。
(C) 遠方に高層ビルが建っています。
(D) 上空を航空機が飛んでいます。

(A) 띄엄띄엄 주택이 있습니다.
(B) 난간은 썩어서 너덜너덜합니다.
(C) 먼 곳에 고층빌딩이 서 있습니다.
(D) 상공을 항공기가 날고 있습니다.

해설 | 밀집된 주택가 뒤쪽 멀리 고층빌딩이 서 있는 풍경이므로, 정답은 (C)가 된다. 사진 앞쪽의 주택은 빽빽하게 들어서 있으므로 (A)는 틀린 설명이고, 난간의 상태나 항공기에 대해 언급하고 있는 (B)와 (D) 역시 정답과는 거리가 멀다.

어휘 | ぽつりぽつりと 띄엄띄엄　住宅(じゅうたく) 주택 手(て)すり 난간　朽(く)ちる (나무 따위가) 썩다　ぼろぼろ 너덜너덜 遠方(えんぽう) 먼 곳　高層(こうそう)ビル 고층빌딩 建(た)つ (건물이) 서다　上空(じょうくう) 상공 航空機(こうくうき) 항공기　飛(と)ぶ 날다

21 예/아니요형 질문

東京<small>(とうきょう)</small>に住<small>(す)</small>んでいらっしゃるんですか。

(A) いいえ、今<small>(いま)</small>は出張<small>(しゅっちょう)</small>で来<small>(き)</small>ているんです。

(B) いいえ、去年<small>(きょねん)</small>、引<small>(ひ)</small>っ越<small>(こ)</small>して来<small>(き)</small>たんです。

(C) はい、新幹線<small>(しんかんせん)</small>に乗<small>(の)</small>って来<small>(き)</small>ました。

(D) はい、月<small>(つき)</small>に1回<small>(いっかい)</small>か2回<small>(にかい)</small>は来<small>(き)</small>ています。

도쿄에 살고 계시는 건가요?
(A) 아니요, 지금은 출장으로 와 있는 거예요.
(B) 아니요, 작년에 이사해 왔거든요.
(C) 예, 신칸센을 타고 왔어요.
(D) 예, 한 달에 한 번이나 두 번은 오고 있어요.

해설 | '예/아니요'에 주의하면서 들어야 실수가 없다. 도쿄에 살고 있는지 물었으므로 살고 있다면 「はい」(예), 그렇지 않다면 「いいえ」(아니요)라고 답할 것이다. 적절한 응답은 (A)로, 살고 있는 것이 아니라 출장 때문에 잠시 와 있는 것이라는 의미. (B)는 「はい」(예), (D)는 「いいえ」(아니요)라고 했다면 답이 될 수 있다.

어휘 | 東京<small>(とうきょう)</small> 도쿄 住<small>(す)</small>む 살다, 거주하다
～て[で]いらっしゃる ～하고 계시다 *「～て[で]いる」(~하고 있다)의 존경표현 今<small>(いま)</small> 지금 出張<small>(しゅっちょう)</small> 출장
来<small>(く)</small>る 오다 去年<small>(きょねん)</small> 작년 引<small>(ひ)</small>っ越<small>(こ)</small>す 이사하다
新幹線<small>(しんかんせん)</small> 신칸센 乗<small>(の)</small>る (탈것에) 타다
月<small>(つき)</small> 한 달, 월 ～回<small>(かい)</small> ~회, ~번

22 의문사형 질문

すみません。図書館<small>(としょかん)</small>はどこですか。

(A) そこの交差点<small>(こうさてん)</small>を左<small>(ひだり)</small>に行<small>(い)</small>けばいいですよ。

(B) 右<small>(みぎ)</small>から2番目<small>(にばんめ)</small>のボタンを押<small>(お)</small>してください。

(C) 1人<small>(ひとり)</small>5冊<small>(ごさつ)</small>まで借<small>(か)</small>りられると聞<small>(き)</small>きましたよ。

(D) 冷蔵庫<small>(れいぞうこ)</small>の中<small>(なか)</small>にあるから、取<small>(と)</small>ってください。

죄송해요. 도서관은 어디예요?
(A) 거기 교차로를 왼쪽으로 가면 돼요.
(B) 오른쪽에서 두 번째 버튼을 눌러 주세요.
(C) 한 사람이 다섯 권까지 빌릴 수 있다고 들었어요.
(D) 냉장고 안에 있으니까 가져오세요.

해설 | 「どこ」(어디)라는 장소를 나타내는 의문사로 물었으므로, 이에 대한 응답도 장소나 방향에 관한 것이어야 한다. 정답은 (A)로, 도서관으로 가는 방향을 알려 주고 있다. (C)는 「図書館<small>(としょかん)</small>」(도서관)이라는 말만 들었을 때 고를 수 있는 오답이다.

어휘 | 交差点<small>(こうさてん)</small> 교차로
左<small>(ひだり)</small> 왼쪽 右<small>(みぎ)</small> 오른쪽 ～番目<small>(ばんめ)</small> ~번째
ボタン 버튼 押<small>(お)</small>す 누르다 ～冊<small>(さつ)</small> ~권 *책 등을 세는 말
～まで ~까지 借<small>(か)</small>りる 빌리다 聞<small>(き)</small>く 듣다
冷蔵庫<small>(れいぞうこ)</small> 냉장고 中<small>(なか)</small> 안, 속
取<small>(と)</small>る 가져오다, 집어오다

23 일상생활 표현

昨日<small>(きのう)</small>、雨<small>(あめ)</small>に濡<small>(ぬ)</small>れて風邪<small>(かぜ)</small>を引<small>(ひ)</small>いちゃったんです。

(A) わあ、ひどい怪我<small>(けが)</small>ですね。大丈夫<small>(だいじょうぶ)</small>ですか。

(B) そうなんですか、大変<small>(たいへん)</small>ですね。お大事<small>(だいじ)</small>に。

(C) 良<small>(よ)</small>かったですね。おめでとうございます。

(D) お元気<small>(げんき)</small>そうで、とても安心<small>(あんしん)</small>しました。

어제 비에 젖어서 감기에 걸려 버렸어요.
(A) 어이구, 심한 부상이네요. 괜찮아요?
(B) 그래요? 힘들겠네요. 몸조리 잘하세요.
(C) 잘됐네요. 축하해요.
(D) 건강해 보여서 매우 안심했어요.

해설 | 「風邪<small>(かぜ)</small>を引<small>(ひ)</small>く」(감기에 걸리다)라는 표현이 포인트. 어제 비를 맞아 감기에 걸렸다는 사람에게 할 만한 응답을 찾는다. 정답은 힘들겠다며 몸조리 잘하라고 위로하고 있는 (B)가 된다.

어휘 | 昨日<small>(きのう)</small> 어제 雨<small>(あめ)</small> 비 濡<small>(ぬ)</small>れる 젖다
～ちゃう ~해 버리다, ~하고 말다 *「～てしまう」의 축약표현
わあ 와, 어이구 *뜻밖의 경우 또는 기쁘거나 놀란 경우에 내는 소리
ひどい 심하다 怪我<small>(けが)</small> 부상 大丈夫<small>(だいじょうぶ)</small>だ 괜찮다
大変<small>(たいへん)</small>だ 힘들다 お大事<small>(だいじ)</small>に 몸조리 잘하세요
おめでとうございます 축하합니다 元気<small>(げんき)</small>だ 건강하다
な형용사의 어간+そうだ ~일[할] 것 같다, ~해 보이다 *양태
安心<small>(あんしん)</small> 안심

24 일상생활 표현

最近<small>(さいきん)</small>は大分<small>(だいぶ)</small>暖<small>(あたた)</small>かくなってきましたね。

(A) ええ、もうコートが必要<small>(ひつよう)</small>な季節<small>(きせつ)</small>ですね。

(B) ええ、風<small>(かぜ)</small>が冷<small>(つめ)</small>たいから、中<small>(なか)</small>に入<small>(はい)</small>りましょう。

(C) そうですね。夏<small>(なつ)</small>が終<small>(お)</small>わって寂<small>(さび)</small>しいです。

(D) そうですね。もう春<small>(はる)</small>が近<small>(ちか)</small>いんですね。

최근에는 상당히 따뜻해졌네요.
(A) 네, 이제 코트가 필요한 계절이네요.
(B) 네, 바람이 차가우니까 안에 들어갑시다.
(C) 그러네요. 여름이 끝나 아쉽네요.
(D) 그러네요. 이제 봄이 가깝네요.

해설 | 「暖<small>(あたた)</small>かい」(따뜻하다)라는 い형용사가 포인트. 최근에 상당히 따뜻해졌다는 말에서, 겨울에서 봄으로 넘어가는 시기라는 것을 알 수 있다. 따라서 정답은 (D)가 된다. 나머지 선택지는 날씨가 추워지는 상황에서 할 만한 말이므로 답이 될 수 없다.

어휘 | 最近<small>(さいきん)</small> 최근, 요즘 大分<small>(だいぶ)</small> 꽤, 상당히
～てくる ~해 오다, ~해지다 もう 이제 コート 코트
必要<small>(ひつよう)</small>だ 필요하다 季節<small>(きせつ)</small> 계절 風<small>(かぜ)</small> 바람
冷<small>(つめ)</small>たい 차갑다 中<small>(なか)</small> 안 入<small>(はい)</small>る 들어가다
夏<small>(なつ)</small> 여름 終<small>(お)</small>わる 끝나다 寂<small>(さび)</small>しい 아쉽다, 섭섭하다
春<small>(はる)</small> 봄 近<small>(ちか)</small>い 가깝다, 시간적으로 멀지 않다

25 일상생활 표현

あの時計、かなり遅れていますね。
(A) ええ、まだ皆さん来ていませんね。
(B) ええ、新しい電池を入れましょう。
(C) いいえ、私は遅刻していませんよ。
(D) いいえ、電車に間に合いましたよ。

저 시계, 상당히 늦네요.
(A) 네, 아직 모두들 오지 않았네요.
(B) 네, 새 전지를 넣읍시다.
(C) 아니요, 저는 지각하지 않았어요.
(D) 아니요, 전철 시간에 늦지 않았어요.

해설 | 시계가 느리다고 했다. 적절한 응답은 (B)로, 건전지 수명이 다 돼서 시계가 늦게 가는 것 같으니 새것으로 갈자고 말하고 있다. 나머지 선택지는 모두 문제의 「遅(おく)れる」(시계가) 늦다, 늦게 가다)를 응용한 오답이다.

어휘 | 時計(とけい) 시계 かなり 꽤, 상당히 まだ 아직
皆(みな)さん 여러분 新(あたら)しい 새롭다 電池(でんち) 전지
入(い)れる 넣다 遅刻(ちこく) 지각 電車(でんしゃ) 전철
間(ま)に合(あ)う 시간에 맞게 대다, 늦지 않다

26 업무 및 비즈니스 표현

佐藤部長の手術、どうだったんですか。
(A) 優勝できなかったと悔しがっていました。
(B) 皆来て随分と盛り上がったらしいです。
(C) お客様も気に入ってくださったそうですよ。
(D) 無事終了したと奥様から電話がありました。

사토 부장님 수술, 어땠어요?
(A) 우승 못했다고 아쉬워하고 있었어요.
(B) 모두 와서 꽤 분위기가 고조되었던 것 같아요.
(C) 손님도 마음에 들어해 주셨대요.
(D) 무사히 끝났다고 사모님한테서 전화가 있었어요.

해설 | 사토 부장의 수술이 잘 되었는지 묻고 있다. (A)는 시합에 졌을 때, (B)와 (C)는 모임의 분위기나 손님의 반응 여부를 물었을 때 할 수 있는 응답이므로 답이 될 수 없다. 정답은 사모님께 수술이 잘 끝났다는 전화를 받았다는 (D)가 된다.

어휘 | 部長(ぶちょう) 부장 手術(しゅじゅつ) 수술
優勝(ゆうしょう) 우승 悔(くや)しがる 분해하다, 아쉬워하다
皆(みんな) 모두 随分(ずいぶん)と 꽤, 상당히
盛(も)り上(あ)がる (기세·분위기 등이) 고조되다
~らしい ~인 것 같다 *객관적 근거에 의한 추측·판단
お客様(きゃくさま) 손님, 고객 気(き)に入(い)る 마음에 들다
~てくださる (남이 나에게) ~해 주시다 *「~てくれる」(남이 나에게) ~해 주다)의 존경표현
無事(ぶじ) 무사, 무사히 終了(しゅうりょう) 종료, 끝남
奥様(おくさま) 부인, 사모님 *남의 아내의 높임말
電話(でんわ) 전화

27 업무 및 비즈니스 표현

何の設計図をご覧になっているんですか。

(A) 全国のお客様から集まった意見です。
(B) 近頃流行っているアイドルの歌です。
(C) 現在、建設が進んでいる大阪支社のです。
(D) うちの家内が良く作る焼きそばです。

무슨 설계도를 보고 계신 거예요?
(A) 전국의 손님한테서 모인 의견이에요.
(B) 요즘 유행하고 있는 아이돌 노래예요.
(C) 현재 건설이 진행되고 있는 오사카 지사 거예요.
(D) 우리 집사람이 자주 만드는 야키소바예요.

해설 | 「設計図(せっけいず)」(설계도)라는 단어가 포인트. 무슨 설계도를 보고 있는지 물었으므로, 정답은 현재 건설 중인 오사카 지사 것이라고 한 (C)가 된다. 이때의 「~の」(~의 것)는 「~の設計図(せっけいず)」(~의 설계도)라는 뜻으로 쓰인 것이다.

어휘 | ご覧(らん)になる 보시다 *「見(み)る」(보다)의 존경어
全国(ぜんこく) 전국 お客様(きゃくさま) 손님, 고객
集(あつ)まる 모이다 意見(いけん) 의견 近頃(ちかごろ) 요즘, 최근
流行(はや)る 유행하다 アイドル 아이돌 歌(うた) 노래
現在(げんざい) 현재 建設(けんせつ) 건설
進(すす)む 나아가다, 진행되다 大阪(おおさか) 오사카
支社(ししゃ) 지사 うち 우리 家内(かない) (자신의) 아내, 집사람
良(よ)く 자주 作(つく)る 만들다 焼(や)きそば 야키소바

28 업무 및 비즈니스 표현

田村さんは後輩からとても頼られてるよね。
(A) やっぱりいい加減な人なんだね。
(B) 結構わがままな人だからね。
(C) すごく不親切な人だって聞いたよ。
(D) 本当にしっかりした人だよね。

다무라 씨는 후배가 아주 의지하고 있지.
(A) 역시 무책임한 사람이네.
(B) 상당히 이기적인 사람이니까 말이야.
(C) 굉장히 불친절한 사람이라고 들었어.
(D) 정말 견실한 사람이지.

해설 | 「頼(たよ)る」(의지하다)라는 동사가 포인트로, 후배가 아주 의지할 정도라면 상당히 믿음직한 사람일 것이다. 정답은 (D)로, 이때의 「しっかりした」(견실한)는 생각 등이 견실한 모양을 나타내는 부사이다. 나머지 선택지는 부정적인 평가를 했을 때 할 수 있는 응답이므로 답이 될 수 없다.

어휘 | 後輩(こうはい) 후배 とても 아주, 매우
やっぱり 역시 *「やはり」의 힘줌말
いい加減(かげん)だ 무책임하다 結構(けっこう) 꽤, 상당히
わがままだ 제멋대로 굴다, 이기적이다 すごく 굉장히
不親切(ふしんせつ)だ 불친절하다 ~って ~라고 聞(き)く 듣다
本当(ほんとう)に 정말로

29 업무 및 비즈니스 표현

研修に参加した日付を覚えていますか。
(A) ええ、確か2月1日でした。
(B) ええ、確か1階の研修室でした。

(C) いいえ、人数(にんずう)まではわかりません。
(D) いいえ、日数(にっすう)まではわかりません。

연수에 참가한 날짜를 기억하고 있나요?
(A) 네, 틀림없이 2월 1일이었어요.
(B) 네, 틀림없이 1층 연수실이었어요.
(C) 아니요, 인원수까지는 몰라요.
(D) 아니요, 일수까지는 몰라요.

해설 | 「日付(ひづけ)」(날짜)라는 단어가 포인트. 연수에 참가한 날짜를 묻고 있으므로, 정답은 2월 1일이라고 대답한 (A)가 된다. (D)의 「日数(にっすう)」(일수, 날수)는 '일정한 일을 하는 데 걸리는 날의 수'를 가리키는 말이므로 답이 될 수 없다.

어휘 | 研修(けんしゅう) 연수 参加(さんか) 참가
覚(おぼ)える 기억하다 確(たし)か 아마, 틀림없이 ～月(がつ) ～월
1日(ついたち) 1일 1階(いっかい) 1층 *「～階(かい)」- ～층
研修室(けんしゅうしつ) 연수실 人数(にんずう) 인원수
わかる 알다, 이해하다

30 일상생활 표현
この小包(こづつみ)は船便(ふなびん)でお願(ねが)いします。
(A) では、定期券(ていきけん)をお見(み)せ願(ねが)えますか。
(B) では、重(おも)さをお量(はか)りいたしますね。
(C) それでは、中身(なかみ)をお目(め)にかけましょう。
(D) それでは、代金(だいきん)をお支払(しはら)いします。

이 소포는 배편으로 부탁드려요.
(A) 그럼, 정기권을 보여 주시겠어요?
(B) 그럼, 무게를 달게요.
(C) 그럼, 내용물을 보여 드리죠.
(D) 그럼, 대금을 지불할게요.

해설 | 소포를 배편으로 부치려고 하는 상황이므로, 정답은 요금 확인을 위해 무게를 달겠다고 한 (B)가 된다. (A)는 전철 탑승에 대한 내용이고, (C)와 (D)는 문제의 「小包(こづつみ)」(소포)라는 단어를 응용한 오답이다.

어휘 | 船便(ふなびん) 배편
お+동사의 ます형+する ～하다, ～해 드리다 *겸양표현
願(ねが)う 부탁하다 では 그럼 定期券(ていきけん) 정기권
お+동사의 ます형+願(ねが)う ～하는 것을 부탁드리다 *겸양표현
見(み)せる 보이다, 보여 주다 重(おも)さ 무게
お+동사의 ます형+いたす ～하다, ～해 드리다 *겸양표현
量(はか)る (저울로) 달다
それでは 그렇다면, 그럼 中身(なかみ) 내용물
お目(め)にかける 보여 드리다 *「見(み)せる」(보이다, 보여 주다)의 겸양어 代金(だいきん) 대금 支払(しはら)う 지불하다

31 일상생활 표현
あの車(くるま)では荷物(にもつ)全(すべ)てを積(つ)み切(き)れませんね。
(A) もう1台(いちだい)追加(ついか)するよう連絡(れんらく)しましょう。
(B) 構(かま)いませんよ。お代(か)わりできますから。
(C) 本当(ほんとう)だ。包丁(ほうちょう)でもさっぱり切(き)れませんね。
(D) あんまり重(かさ)ねなくても全部(ぜんぶ)置(お)けましたね。

저 자동차로는 짐 전부를 다 실을 수 없겠네요.
(A) 한 대 더 추가하라고 연락합시다.
(B) 괜찮아요. 한 그릇 더 먹을 수 있으니까요.
(C) 정말이네. 식칼로도 깔끔하게 잘라지지 않네요.
(D) 너무 포개지 않아도 전부 둘 수 있었네요.

해설 | 문제의 「積(つ)む」는 '(짐을) 싣다', 「동사의 ます형+切(き)れない」는 '완전히[끝까지] ～할 수 없다'라는 뜻의 표현으로, 「積(つ)み切(き)れない」는 '다 실을 수 없다'라는 뜻이다. 따라서 적절한 응답은 짐을 실을 차를 한 대 더 추가하라고 연락하자는 (A)가 된다. (D)는 문제의 「積(つ)む」((짐을) 싣다)를 '(물건을) 쌓다'로 이해했을 때 고를 수 있는 오답이다.

어휘 | 車(くるま) 자동차 荷物(にもつ) 짐 全(すべ)て 모두, 전부
もう 더 追加(ついか) 추가 ～よう(に) ～하도록, ～하라고
連絡(れんらく) 연락 構(かま)わない 상관하다, 괜찮다
お代(か)わり (같은 음식을) 한 그릇 더 먹음
できる 할 수 있다, 가능하다 本当(ほんとう)だ 정말이다
包丁(ほうちょう) 식칼 さっぱり 깔끔하게 *말끔한 모양
切(き)れる 잘라지다 あんまり 너무
重(かさ)ねる 포개다, 쌓아 올리다 全部(ぜんぶ) 전부
置(お)く 놓다, 두다

32 일상생활 표현
ねえ、聞(き)いてよ。好(す)きな俳優(はいゆう)が結婚(けっこん)したの。
(A) だからきょろきょろしていたの(?)。
(B) そんなの、たまたまじゃないかな。
(C) それでがっかりしているんだね。
(D) そんなに面倒(めんどう)くさがらなくてもいいのに。

저기, 들어봐. 좋아하는 배우가 결혼했거든.
(A) 그래서 두리번두리번거리고 있었던 거야?
(B) 그런 거, 우연이지 않을까?
(C) 그래서 실망하고 있는 거구나.
(D) 그렇게 귀찮아하지 않아도 될 텐데.

해설 | 좋아하는 배우가 결혼했다는 소식을 들었을 때 어떤 기분일지 생각해 본다. 적절한 응답은 (C)로, 「がっかり」는 실망하거나 낙담하는 모양을 나타내는 부사이다. (A)의 「きょろきょろ」는 '두리번두리번', (B)의 「たまたま」는 '우연히, 때마침', (D)의 「面倒(めんどう)くさがる」((아주) 귀찮아하다)는 「面倒(めんどう)くさい」((아주) 귀찮다, 번거롭다)의 어간에 「～がる」(～(해)하다, ～(하게) 여기다)가 접속한 표현이다.

어휘 | ねえ 저기, 있잖아 *상대를 부를 때 하는 말 聞(き)く 듣다
好(す)きだ 좋아하다 俳優(はいゆう) 배우 結婚(けっこん) 결혼
だから 그러니까, 그래서 そんなに 그렇게(나)
～のに (유감의 뜻을 나타내는 말로) ～텐데

33 일상생활 표현
そちらはバーゲンの対象商品(たいしょうしょうひん)なんですよ。
(A) へえ、割引(わりびき)されているんですね。
(B) とうとう販売中止(はんばいちゅうし)になったんですか。
(C) じゃあ、新発売(しんはつばい)ということですね。
(D) だから、値上(ねあ)げしたんでしょう。

そのうは バーゲンセール 대상 상품이에요.
(A) 허, 할인이 되어 있는 거군요.
(B) 결국 판매 중지가 되었나요?
(C) 그럼, 신발매라는 말이군요.
(D) 그러니까 값을 올렸겠죠.

해설 | 「バーゲン」(바겐세일)이라는 단어가 포인트. 상대가 보고 있는 상품을 가리키며 바겐세일 상품이라고 했으므로, 적절한 응답은 할인이 되어 있는 거냐며 놀라고 있는 (A)가 된다. (D)는 「値上(ねあ)げ」(가격 인상)가 아니라 「値下(ねさ)げ」(가격 인하)라고 해야 맞는 응답이 된다.

어휘 | そちら 그것, 그쪽 것 対象(たいしょう) 대상
商品(しょうひん) 상품 へえ 허 *감탄하거나 놀랐을 때 내는 소리
とうとう 드디어, 결국, 마침내 販売(はんばい) 판매
中止(ちゅうし) 중지 新発売(しんはつばい) 신발매

34 일상생활 표현
この翻訳、あちこちが不自然じゃない(?)。
(A) そうだね。表現が非常に論理的だね。
(B) うん、どうも内容が伝わってこないね。
(C) 本物の植物じゃないから、仕方がないよ。
(D) もう少し全体を地味にしてみたら(?)。

이 번역, 여기저기가 부자연스럽지 않아?
(A) 그러네. 표현이 대단히 논리적이네.
(B) 응, 도무지 내용이 전달되지 않네.
(C) 진짜 식물이 아니니까 어쩔 수 없어.
(D) 조금 더 전체를 수수하게 해 보는 게 어때?

해설 | 번역이 부자연스럽다는 불평에 대한 적절한 응답은 (B)로, 부자연스러운 번역 때문에 원문의 내용이 정확하게 전달되지 않는다며 공감하고 있다. (A)는 번역이 아주 자연스럽다고 했을 때 할 수 있는 응답이므로 답이 될 수 없다.

어휘 | 翻訳(ほんやく) 번역 あちこち 여기저기
不自然(ふしぜん)だ 부자연스럽다 表現(ひょうげん) 표현
非常(ひじょう)に 대단히, 매우 論理的(ろんりてき)だ 논리적이다
どうも (부정어 수반) 아무래도, 도무지 内容(ないよう) 내용
伝(つた)わる 전해지다, 전달되다 本物(ほんもの) 진짜
植物(しょくぶつ) 식물 仕方(しかた)がない 어쩔 수 없다
もう少(すこ)し 조금 더 全体(ぜんたい) 전체 地味(じみ)だ 수수하다
~たら ~하는 게 어때? *완곡하게 명령하거나 권고할 때 씀

35 일상생활 표현
一昨日行った展覧会、がらがらだったね。
(A) 込んでたから、落ち着いて見られなかったよ。
(B) テレビでも何度も宣伝していたからだよ。
(C) 国内ではまだ知られていない画家だからね。
(D) 最終日だからか、行列ができていたね。

그저께 갔던 전람회, 텅텅 비어 있었지.
(A) 붐벼서 차분히 볼 수 없었어.
(B) TV에서도 여러 번 선전하고 있었기 때문이야.
(C) 국내에서는 아직 알려지지 않은 화가니까 말이야.
(D) 마지막 날이어서 그런지 줄이 생겨 있었지.

해설 | 「がらがら」(텅텅 비어 있는 모양)라는 단어가 포인트로, 전람회에 관람객이 없어 한산했다는 뜻이다. 정답은 (C)로, 전람회를 보러 온 사람이 적은 이유에 대해 말하고 있다. 나머지 선택지는 모두 전람회에 관람객이 많이 온 상황에 대한 응답이므로 답이 될 수 없다.

어휘 | 一昨日(おととい) 그저께 展覧会(てんらんかい) 전람회
込(こ)む 붐비다, 혼잡하다
落(お)ち着(つ)く (빛깔·분위기 등이) 차분하다 見(み)る 보다
テレビ 텔레비전, TV *「テレビジョン」의 준말
何度(なんど)も 몇 번이나, 여러 번 宣伝(せんでん) 선전
国内(こくない) 국내 まだ 아직 知(し)られる 유명하다, 알려지다
画家(がか) 화가 最終日(さいしゅうび) 최종일, 마지막 날
行列(ぎょうれつ) 행렬, 줄 できる 생기다

36 업무 및 비즈니스 표현
さくら銀行、経営が苦しいって噂よ。
(A) 新しく来た社長が優れているからね。
(B) 景気が徐々に良くなっているおかげだよ。
(C) これからますます成長するだろうね。
(D) だから新入社員を募集していないのかな。

사쿠라은행, 경영이 힘들다는 소문이야.
(A) 새로 온 사장님이 뛰어나니까 말이야.
(B) 경기가 서서히 좋아지고 있는 덕분이야.
(C) 앞으로 점점 성장하겠지.
(D) 그래서 신입사원을 모집하고 있지 않는 걸까?

해설 | 사쿠라은행의 경영이 힘들다는 소문을 듣고 할 만한 응답을 찾는다. 정답은 (D)로, 경영난의 여파로 신입사원 모집까지 중단한 것인지 궁금해하고 있다. 나머지 선택지는 모두 경영이 호조를 보일 때 할 수 있는 응답이므로 답이 될 수 없다.

어휘 | 銀行(ぎんこう) 은행 経営(けいえい) 경영
苦(くる)しい 힘들다, 괴롭다 ~って ~라고 하는, ~라는
噂(うわさ) 소문 新(あたら)しい 새롭다 来(く)る 오다
社長(しゃちょう) 사장 優(すぐ)れる 뛰어나다, 우수하다, 훌륭하다
景気(けいき) 경기 徐々(じょじょ)に 서서히
~おかげ ~덕분 これから 이제부터, 앞으로 ますます 점점
成長(せいちょう) 성장 だから 그러니까, 그래서
新入社員(しんにゅうしゃいん) 신입사원 募集(ぼしゅう) 모집

37 일상생활 표현
最近、眠りが浅いんだけど、どうしたらいいかな。
(A) 寝過ごして遅刻したら、大変だからね。
(B) 芝生で寝転ぶのは気持ちがいいからね。
(C) 日中は活発に動いて疲れるのがいいよ。
(D) 思い切って薄着で外出してみたら(?)。

요즘 잠이 얕은데, 어떻게 하면 좋을까?
(A) 늦잠 자서 지각하면 큰일이니까.
(B) 잔디에서 드러눕는 건 기분이 좋으니까.
(C) 낮에는 활발하게 활동해서 지치는 게 좋아.
(D) 과감히 얇게 입고 외출해 보는 게 어때?

해설 | 「眠(ねむ)りが浅(あさ)い」(잠이 얕다[설다])라는 표현이 포인트로, 숙면을 취하지 못한다면서 조언을 구하고 있다. (A)는 늦잠을 잤다고

138

했을 때 할 수 있는 응답이고, (B)와 (D)는 각각 「眠(ねむ)り」(수면)와 「浅(あさ)い」(얕다)만 들었을 때 고를 수 있는 오답이다. 정답은 (C)로, 낮에 활동량을 늘려서 피곤해지면 푹 잘 수 있을 것이라는 뜻이다.

어휘 | 最近(さいきん) 최근, 요즘　寝過(ねす)ごす 늦잠 자다
遅刻(ちこく) 지각　大変(たいへん)だ 큰일이다
芝生(しばふ) 잔디밭　寝転(ねころ)ぶ 아무렇게나 드러눕다
気持(きも)ち 기분　日中(にっちゅう) 낮, 주간
活発(かっぱつ)だ 활발하다　動(うご)く 움직이다, 활동하다
疲(つか)れる 지치다, 피로해지다
思(おも)い切(き)って 큰맘 먹고, 과감히
薄着(うすぎ) (옷을) 얇게 입음　外出(がいしゅつ) 외출
~たら ~하는 게 어때? *완곡하게 명령하거나 권고할 때 씀

38 업무 및 비즈니스 표현
昨日(きのう)の会議(かいぎ)での彼(かれ)のユーモアのある発言(はつげん)には助(たす)けられたわ。
(A) 張(は)り詰(つ)めた空気(くうき)が和(やわ)らいだよね。
(B) 慰(なぐさ)めようのないくらい落(お)ち込(こ)んでいたね。
(C) 彼(かれ)は余計(よけい)なことばかり言(い)うからね。
(D) 彼(かれ)は礼儀正(れいぎただ)しいところが長所(ちょうしょ)だからね。

어제 회의에서의 그의 유머 있는 발언에는 도움을 받았어.
(A) 긴장된 분위기가 누그러졌지.
(B) 위로할 수가 없을 정도로 침울해져 있었어.
(C) 그는 쓸데없는 것만 말하니까.
(D) 그는 예의 바른 점이 장점이니까.

해설 | 「助(たす)けられる」는 「助(たす)ける」(돕다)의 수동형으로, '도움을 받다'라는 뜻이다. 즉, 그의 유머러스한 발언이 도움이 되었다고 했으므로, 적절한 응답은 덕분에 긴장된 분위기가 부드러워졌다며 부연 설명을 하고 있는 (A)가 된다.

어휘 | 昨日(きのう) 어제　会議(かいぎ) 회의　ユーモア 유머
発言(はつげん) 발언　張(は)り詰(つ)める 긴장되다
空気(くうき) 공기, 분위기　和(やわ)らぐ 누그러지다, 부드러워지다
慰(なぐさ)める 위로하다
동사의 ます형+ようがない ~할 수가[방법이] 없다
落(お)ち込(こ)む (기분이) 침울해지다　余計(よけい)だ 쓸데없다
礼儀正(れいぎただ)しい 예의 바르다　ところ 점, 부분
長所(ちょうしょ) 장점

39 업무 및 비즈니스 표현
山田部長(やまだぶちょう)って、いつも厳(きび)しい印象(いんしょう)ですね。
(A) 元々(もともと)が和(なご)やかな性格(せいかく)だからね。
(B) 図々(ずうずう)しい性格(せいかく)は得(とく)をすることもあるよね。
(C) ああ見(み)えて、家(いえ)では朗(ほが)らからしいよ。
(D) ともかく、仲直(なかなお)りするのが肝心(かんじん)だよ。

야마다 부장님은 항상 엄한 인상이네요.
(A) 원래가 온화한 성격이니까.
(B) 뻔뻔스러운 성격은 이득을 보는 경우도 있지.
(C) 그렇게 보여도 집에서는 명랑한 것 같아.
(D) 어쨌든 화해하는 게 중요해.

해설 | 야마다 부장은 항상 엄한 인상이라는 말에 대한 적절한 응답은 (C)로, 겉보기와는 다르게 집에서는 명랑한 것 같다는 뜻이다. (A)의 온화한 성격이나 (B)의 뻔뻔한 성격은 엄한 인상과는 관련이 없고, (D)는 화해의 중요성에 대해 말하고 있으므로 역시 정답과는 거리가 멀다.

어휘 | 部長(ぶちょう) 부장　いつも 늘, 항상
厳(きび)しい 엄하다, 엄격하다　印象(いんしょう) 인상
元々(もともと) 원래
和(なご)やかだ (기색·공기가) 부드럽다, 온화하다
図々(ずうずう)しい 뻔뻔스럽다, 낯 두껍다
得(とく)をする 이득을 보다
동사의 기본형+こともある ~할 때도 있다, ~하는 경우도 있다
ああ (서로 알고 있는) 그렇게　見(み)える 보이다
朗(ほが)らかだ 명랑하다
~らしい ~인 것 같다 *객관적 근거에 의한 추측·판단
ともかく 어쨌든　仲直(なかなお)り 화해
肝心(かんじん)だ 중요하다

40 업무 및 비즈니스 표현
うちの会社(かいしゃ)の木材(もくざい)は、品質(ひんしつ)がいいと評判(ひょうばん)なんですよ。
(A) 継続(けいぞく)して注文(ちゅうもん)が多(おお)いのが、何(なに)よりの証拠(しょうこ)ですね。
(B) 詳細(しょうさい)について、改(あらた)めて検討(けんとう)しますね。
(C) 品質(ひんしつ)がかなり劣(おと)っていますよね。
(D) きっと評判(ひょうばん)がいいと思(おも)い込(こ)んでいるんですね。

우리 회사 목재는 품질이 좋다는 평판이에요.
(A) 계속해서 주문이 많은 것이 바로 그 증거겠네요.
(B) 상세한 내용에 대해서 재차 검토할게요.
(C) 품질이 상당히 떨어져 있죠.
(D) 틀림없이 평판이 좋다고 믿고 있겠군요.

해설 | 「評判(ひょうばん)」(평판)이라는 단어가 포인트로, 본인 회사의 목재가 품질이 좋다는 평판이라고 했다. 적절한 응답은 계속 주문이 많은 것이 품질이 좋다는 평판을 뒷받침하는 증거라고 한 (A)로, (B)는 전혀 관련 없는 응답이고, (C)도 평판이 나쁘다고 했을 때 할 수 있는 응답이므로 답이 될 수 없다. (D)는 「評判(ひょうばん)」(평판)이라는 단어만 들었을 때 고를 수 있는 오답이다.

어휘 | うち 우리　会社(かいしゃ) 회사　木材(もくざい) 목재
品質(ひんしつ) 품질　継続(けいぞく) 계속　注文(ちゅうもん) 주문
多(おお)い 많다　何(なに)より 무엇보다　証拠(しょうこ) 증거
詳細(しょうさい) 상세, 상세한 내용　~について ~에 대해서
改(あらた)めて 재차, 다시　検討(けんとう) 검토　かなり 꽤, 상당히
劣(おと)る (딴것만) 못하다, 떨어지다　きっと 분명히, 틀림없이
思(おも)い込(こ)む 꼭 (그렇다고) 믿다, 믿어 버리다

41 업무 및 비즈니스 표현
誰(だれ)かABC社(エービーシーしゃ)の中村(なかむら)さんの直通(ちょくつう)電話番号(でんわばんごう)知(し)らないかな。
(A) ABC社(エービーシーしゃ)への払(はら)い込(こ)みは、1日(ついたち)までですよ。
(B) あ、中村(なかむら)さんは代表電話(だいひょうでんわ)からじゃないと、繋(つな)がりませんよ。
(C) ABC社(エービーシーしゃ)には、速達(そくたつ)でいつも出(だ)していますよ。

139

(D) あ、今手が塞がっているので、できないんです。

누군가 ABC사의 나카무라 씨 직통 전화번호 모를까?
(A) ABC사에 대한 납부는 1일까지예요.
(B) 아, 나카무라 씨는 대표전화가 아니면 연결되지 않아요.
(C) ABC사에는 속달로 항상 부치고 있어요.
(D) 아, 지금 다른 일을 할 여유가 없기 때문에 불가능하거든요.

해설 | 거래처 사원의 직통 전화번호를 묻고 있다. (A)는 '납부 기일', (C)는 '우송 방법'에 대해 물었을 때 할 수 있는 응답이고, (D)는 질문과는 전혀 관련 없는 응답이다. 정답은 (B)로, 거래처 사원은 직통 전화가 없어서 대표번호로 걸어야 연결된다는 뜻이다.

어휘 | 誰(だれ)か 누군가　直通(ちょくつう) 직통
電話番号(でんわばんごう) 전화번호　知(し)る 알다
払(はら)い込(こ)み 불입, 납입, 납부　1日(ついたち) 1일
代表(だいひょう) 대표　繋(つな)がる 이어지다, 연결되다
速達(そくたつ) 속달　いつも 늘, 항상　出(だ)す 보내다, 부치다
手(て)が塞(ふさ)がる 다른 일에 손댈 수 없다, 어떤 일을 한창 하고 있어서 다른 일을 할 여유가 없다　できる 할 수 있다, 가능하다

42 업무 및 비즈니스 표현
今度の新入社員は学生時代、優秀だったらしいわよ。
(A) いつの間にか一人前になっていたね。
(B) 入社式が延期になって良かったよ。
(C) 日頃の行いがいいからだよ。
(D) だからといって、優れた社員になるとは限らないよ。

이번 신입사원은 학창 시절 우수했던 것 같아.
(A) 어느샌가 어른이 됐네.
(B) 입사식이 연기가 되어서 다행이야.
(C) 평소 행실이 좋기 때문이야.
(D) 그렇다고 해서 (반드시) 우수한 사원이 된다고는 할 수 없지.

해설 | 신입사원의 자질에 대해 이야기하고 있다. 적절한 응답은 (D)로, 학창 시절에 우수했다고 해서 반드시 회사에서도 우수한 사원이 되는 것은 아니라는 뜻이다. 이때의 '~とは限(かぎ)らない'는 '(반드시) ~하다고는 할 수 없다, ~하는 것은 아니다'라는 뜻으로, 반드시 그렇다고는 할 수 없다는 예외적인 상황을 나타내는 표현이다.

어휘 | 今度(こんど) 이번　新入社員(しんにゅうしゃいん) 신입사원
学生時代(がくせいじだい) 학창 시절
優秀(ゆうしゅう)だ 우수하다
~らしい ~인 것 같다 *객관적 근거에 의한 추측 · 판단
いつの間(ま)にか 어느샌가
一人前(いちにんまえ) 어른, 어른다움 *「一人前(いちにんまえ)になる」- 어른이 되다　入社式(にゅうしゃしき) 입사식
延期(えんき) 연기　日頃(ひごろ) 평소
行(おこな)い 행위, 행실, 행동　だからといって 그렇다고 해서
優(すぐ)れる 뛰어나다, 우수하다, 훌륭하다

43 일상생활 표현
あの受付の人、いつも感じがいいわよね。
(A) もっとはきはき答えてくれればいいのにね。

(B) あの人は上司にはぺこぺこしない主義らしいよ。
(C) いつもにっこり挨拶してくれるしね。
(D) へえ、それは随分欲張りだね。

저 접수처 사람, 항상 느낌이 좋네.
(A) 좀 더 시원시원하게 대답해 주면 좋을 텐데.
(B) 저 사람은 상사에게는 굽실거리지 않는 주의인 것 같아.
(C) 항상 방긋 인사해 주고 말이야.
(D) 허, 그것 참 아주 욕심쟁이네.

해설 | 접수처 사람에 대해 칭찬하고 있으므로, 응답으로는 이에 동의하거나 반대하는 내용이 와야 한다. 정답은 (C)로, 항상 웃으며 인사를 해 줘서 좋다고 동의하고 있다. 나머지 선택지는 느낌이 좋다는 칭찬과는 거리가 먼 응답들이다.

어휘 | 受付(うけつけ) 접수(처)　いつも 늘, 항상　感(かん)じ 느낌
もっと 더, 좀 더　はきはき 시원시원, 또랑또랑
答(こた)える 대답하다　~てくれる (남이 나에게) ~해 주다
~のに (유감의 뜻을 나타내는 말로) ~텐데　上司(じょうし) 상사
ぺこぺこ (머리를) 굽실굽실 *비굴하게 아첨하는 모양
主義(しゅぎ) 주의
~らしい ~인 것 같다 *객관적 근거에 의한 추측 · 판단
にっこり 생긋, 방긋　挨拶(あいさつ) 인사　~し ~고
随分(ずいぶん) 아주, 매우　欲張(よくば)り 욕심쟁이

44 업무 및 비즈니스 표현
先輩に言葉遣いについて、注意されちゃった。
(A) あの先輩には気軽に話しかけない方がいいよ。
(B) それは先輩が気の毒だね。
(C) 先輩は、随分穏やかな人なんだね。
(D) 先輩は、内心ほっとしているかもね。

선배한테 말투에 대해서 주의를 받았지 뭐야.
(A) 그 선배한테는 가볍게 말을 걸지 않는 편이 좋아.
(B) 그건 선배가 불쌍하네.
(C) 선배는 아주 온화한 사람이지.
(D) 선배는 내심 안심하고 있을지도.

해설 | 선배에게 말투에 대한 지적을 받았다고 했으므로, 선배라는 사람은 꽤 엄격한 성격의 소유자임을 알 수 있다. 적절한 응답은 섣불리 말을 걸지 않는 편이 좋다고 조언하고 있는 (A)로, (B)와 (C)는 말투에 대해 지적하는 선배와는 어울리지 않는 성향이며, (D)의 안심하고 있다는 내용 역시 질문과는 동떨어진 응답이다.

어휘 | 先輩(せんぱい) 선배　言葉遣(ことばづか)い 말씨, 말투
~について ~에 대해서　注意(ちゅうい)する 주의를 주다
~ちゃう ~해 버리다, ~하고 말다 *「~てしまう」의 축약표현
あの (서로 알고 있는) 그
気軽(きがる)だ 가볍게 행동하다, 깊이 생각하지 않다
話(はな)しかける 말을 걸다
気(き)の毒(どく)だ 안됐다, 가엾다, 불쌍하다
随分(ずいぶん) 아주, 매우　穏(おだ)やかだ 온화하다
内心(ないしん) 내심　ほっとする 안심하다
~かも (「~しれない」의 꼴로) ~일지도 (모른다)

140

45 업무 및 비즈니스 표현

会議室にある置物はすごく高価なものらしいです
よ。
(A) 会議に出席する時は、前もって準備をしっかり
しないとね。
(B) 今度の会議には、部下も出席させて勉強させよ
う。
(C) 会議室のテーブルや椅子は、豪華に見えるね。
(D) え(?)。そうは見えないけど、意外だね。

회의실에 있는 장식품은 굉장히 고가의 물건인 것 같더라고요.
(A) 회의에 참석할 때는 미리 준비를 제대로 해야지.
(B) 이번 회의에는 부하도 참석시켜서 공부하게 하자.
(C) 회의실 테이블이랑 의자는 호화롭게 보이네.
(D) 뭐? 그렇게는 보이지 않는데 의외네.

해설 | 회의실의 장식품이 상당히 비싼 물건인 것 같다고 했다. 적절한
응답은 (D)로, 그렇게 비싸 보이지 않는데 고가의 물건이라니 의외라며
놀라고 있다. (C)는 장식품이 아니라 가구에 대해 언급하고 있으므로 답
이 될 수 없다.

어휘 | 会議室(かいぎしつ) 회의실 置物(おきもの) 장식품
すごく 굉장히 高価(こうか)だ 고가이다, 값이 비싸다
~らしい ~인 것 같다 *객관적 근거에 의한 추측·판단
出席(しゅっせき) 출석, 참석 前(まえ)もって 미리, 사전에
準備(じゅんび) 준비 しっかり 제대로, 확실히
~ないと(いけない) ~하지 않으면 (안 된다), ~해야 (한다)
今度(こんど) 이번 部下(ぶか) 부하 勉強(べんきょう) 공부
テーブル 테이블 椅子(いす) 의자 豪華(ごうか)だ 호화롭다
そう 그렇게 見(み)える 보이다 意外(いがい)だ 의외이다

46 업무 및 비즈니스 표현

お手元に、本日の資料は行き渡りましたでしょう
か。
(A) 余りは速やかにお戻しください。
(B) 皆さん、静粛にお願いいたします。
(C) 円滑な進行にご協力ください。
(D) あの・・・、私の資料は2部重複していますが・・・。

자리에 오늘 자료는 다 배포되었나요?
(A) 여분은 신속하게 되돌려 주세요.
(B) 여러분, 정숙해 주시기 바랍니다.
(C) 원활한 진행에 협력해 주세요.
(D) 저기…, 제 자료는 2부가 중복되어 있는데요….

해설 | 「行(ゆ)き渡(わた)る」(골고루 미치다, 배포되어 어떤 범위 전체
에 닿다)라는 동사가 포인트로, 자료를 다 받았는지 묻고 있다. (A)는 자
료를 돌리고 남은 것을 되돌려 주고 있지 않을 때 할 수 있는 응답이고,
(B)와 (C)는 자료와는 관련 없는 회의 진행에 협조를 구하고 있는 내용
이므로, 질문에 대한 응답으로는 부적절하다. 정답은 (D)로, 같은 자료를
2부나 받았다고 말하고 있다.

어휘 | 手元(てもと) 손이 미치는 범위, 자기 주위, 수중
本日(ほんじつ) 금일, 오늘 *「今日(きょう)」의 격식 차린 말

資料(しりょう) 자료 余(あま)り 나머지, 여분
速(すみ)やかだ 신속하다
お+동사의 ます형+ください ~해 주십시오, ~하십시오 *존경표현
戻(もど)す 되돌리다 静粛(せいしゅく)だ 정숙하다
円滑(えんかつ)だ 원활하다 進行(しんこう) 진행
ご+한자명사+ください ~해 주십시오, ~하십시오 *존경표현
協力(きょうりょく) 협력 ~部(ぶ) ~부 重複(ちょうふく) 중복

47 일상생활 표현

佐藤さん、定年後は毎日どうお過ごしですか。
(A) 毎日家で専ら畑いじりですよ。
(B) 一向に残業が減らないんですよ。
(C) 大方、回復に向かっているんですけどね。
(D) 気持ちを引き締めて、しっかり働いています。

사토 씨, 정년 후에는 매일 어떻게 지내세요?
(A) 매일 집에서 오로지 밭만 가꾸고 있어요.
(B) 전혀 잔업이 줄지 않거든요.
(C) 대체로 회복되고 있지만요.
(D) 마음을 다잡고 제대로 일하고 있어요.

해설 | 정년 후의 일상에 대해 묻고 있다. (B)와 (D)는 아직 현역에서 열
심히 일하고 있다는 의미가 되므로 답이 될 수 없고, (C)도 건강이나 경
기 등이 회복되고 있다는 뜻으로, 질문과는 거리가 먼 응답이다. 따라서
정답은 대부분의 시간을 밭을 가꾸면서 보낸다고 한 (A)가 된다.

어휘 | 定年(ていねん) 정년 ~後(ご) ~후 毎日(まいにち) 매일
どう 어떻게 お+동사의 ます형+ですか ~하십니까? *존경표현
過(す)ごす (시간을) 보내다, 지내다
専(もっぱ)ら 오로지 畑(はたけ) 밭
いじり (주로 접미어적으로 사용하여) 주무르는 것, 만지작거리는 것,
취미 삼아 손질하는 것
一向(いっこう)に (부정어 수반) 전혀, 조금도
残業(ざんぎょう) 잔업, 야근 減(へ)る 줄다, 줄어들다
大方(おおかた) 대충, 대개, 거의, 대체로 回復(かいふく) 회복
向(む)かう 향하다 気持(きも)ちを引(ひ)き締(し)める 마음을 다잡다
しっかり 제대로, 확실히 働(はたら)く 일하다

48 일상생활 표현

急に降られちゃったから、ずぶ濡れだわ。
(A) 天気予報が外れるはずがないよ。
(B) 変な言いがかりをつけないでほしいな。
(C) どこかで雨宿りして来れば良かったのに。
(D) どこが雨漏りしてるか、確かめて来るよ。

갑자기 비를 맞아 버려서 흠뻑 젖었어.
(A) 일기예보가 안 맞을 리가 없어.
(B) 이상한 트집을 잡지 말아 주었으면 하는데.
(C) 어딘가에서 비를 피하고 왔더라면 좋았을 텐데.
(D) 어디가 비가 새고 있는지 확인하고 올게.

해설 | 「降(ふ)られる」(비를 맞다)와 「ずぶ濡(ぬ)れ」(흠뻑 젖음)라는
단어가 포인트로, 비가 갑자기 오는 바람에 흠뻑 젖어 버렸다고 했다.
적절한 응답은 (C)로, 「~ば良(よ)かった(のに)」(~하면 좋았을 텐데)
는 그렇게 하지 않은 것을 아쉽게 생각할 때 쓰는 표현이다. (D)의 「雨

141

漏(あまも)り」는 '비가 샘'이라는 뜻으로, 문제의 상황과는 거리가 먼 응답이다.

어휘 | 急(きゅう)に 갑자기 降(ふ)る (비·눈 등이) 내리다, 오다
~ちゃう ~해 버리다, ~하고 말다 *「~てしまう」의 축약표현
天気予報(てんきよほう) 일기예보
外(はず)れる (예상 등이) 빗나가다 ~はずがない ~일 리가 없다
変(へん)だ 이상하다 言(い)いがかりをつける 트집을 잡다
~ないでほしい ~하지 말아 주었으면 하다
雨宿(あまやど)り 비를 피함 確(たし)かめる 확인하다

49 일상생활 표현
今日(きょう)は絶好(ぜっこう)の洗濯日和(せんたくびより)だから、たくさん干(ほ)さなくちゃ。
(A) たまには庭(にわ)でゆっくり寛(くつろ)ぐのもいいね。
(B) 明日(あした)は崩(くず)れるみたいだから、今日(きょう)のうちにね。
(C) そうかな。思(おも)い止(とど)まった方(ほう)がいいよ。
(D) 僕(ぼく)にばかり押(お)し付(つ)けないでほしいよ。

오늘은 빨래하기 딱 좋은 날씨니까 많이 널어야지.
(A) 가끔은 정원에서 느긋하게 쉬는 것도 좋네.
(B) 내일은 나빠질 것 같으니까 오늘 안으로 해.
(C) 그런가? 단념하는 편이 좋아.
(D) 나에게만 떠맡기지 말아 주었으면 해.

해설 | 「명사＋日和(びより)」는 '~하기 좋은 날씨'라는 뜻으로, 「洗濯日和(せんたくびより)」라고 하면 '빨래하기 딱 좋은 날씨'라는 뜻이다. 오늘은 빨래가 마르기 좋은 날씨라면서 작정하고 세탁을 하려는 사람에게 할 만한 응답을 찾는다. 적절한 응답은 내일은 날씨가 나빠질 것 같으니까 오늘 안으로 빨래를 마치라고 조언하고 있는 (B)가 된다.

어휘 | 絶好(ぜっこう) 절호 洗濯(せんたく) 세탁, 빨래
たくさん 많이 干(ほ)す 말리다, 널다
~なくちゃ(いけない·ならない) ~하지 않으면 (안 된다), ~해야 (한다) *「~なくちゃ」는 「~なくては」의 축약표현
たまには 가끔은 庭(にわ) 정원 ゆっくり 느긋하게
寛(くつろ)ぐ 편히 쉬다, 휴식하다 明日(あした) 내일
崩(くず)れる (날씨가) 나빠지다
~みたいだ ~인 것 같다 うち 안, 이내
思(おも)い止(とど)まる (하려고 생각했던 일을) 그만두다, 단념하다
동사의 た형＋方(ほう)がいい *~하는 편[쪽]이 좋다
僕(ぼく) 나 *남자의 자칭 ~ばかり ~만, ~뿐
押(お)し付(つ)ける 떠맡기다
~ないでほしい ~하지 말아 주었으면 하다

50 업무 및 비즈니스 표현
昨夜(さくや)のお酒(さけ)の席(せき)では、酔(よ)った勢(いきお)いでつい愚痴(ぐち)を吐(は)いてしまいました。
(A) 蓄(たくわ)えが十分(じゅうぶん)なら、これ以上(いじょう)必要(ひつよう)ないね。
(B) 早急(さっきゅう)に測量士(そくりょうし)を呼(よ)んで見積(みつ)もらせるといいよ。
(C) むかむかが続(つづ)いているなら、もしかして食中毒(しょくちゅうどく)かもよ。
(D) いつも冷静(れいせい)な君(きみ)の愚痴(ぐち)が聞(き)けるなんて、まんざらでもなかったよ。

어젯밤 술자리에서는 취한 기운에 그만 푸념하고 말았어요.
(A) 저축이 충분하다면 이 이상 필요 없겠네.
(B) 급히 측량사를 불러서 견적하게 하면 좋아.
(C) 메슥거림이 계속되고 있다면 혹시 식중독일지도.
(D) 항상 냉정한 너의 푸념을 들을 수 있다니, 아주 나쁜 것만도 아니었어.

해설 | 어젯밤에 있었던 술자리에서의 실수를 미안해하고 있다. 적절한 응답은 (D)로, 항상 냉정한 사람이 술에 취해 푸념을 늘어놓는 모습이 인간적으로 보여서 그리 나쁘지만은 않았다는 의미이다. 이때의 「まんざらでもない」는 '아주 나쁜 것만은 아니다'라는 뜻으로, '오히려 좋은 점도 있다'라는 긍정의 뜻을 나타낸다.

어휘 | 昨夜(さくや) 어젯밤 お酒(さけ)の席(せき) 술자리
酔(よ)う 술에 취하다 勢(いきお)い 여세, 기운
つい 그만, 무심코 愚痴(ぐち) 푸념 吐(は)く (생각·감정을) 토로하다, 말하다 *「愚痴(ぐち)を吐(は)く」- 푸념하다
蓄(たくわ)え 저축 十分(じゅうぶん)だ 충분하다
これ以上(いじょう) 이 이상 必要(ひつよう)ない 필요 없다
早急(さっきゅう)に 급히, 조속하게 測量士(そくりょうし) 측량사
呼(よ)ぶ (오도록) 부르다, 불러오다 見積(みつ)もる 견적하다
むかむか 메슥메슥 続(つづ)く 이어지다, 계속되다
もしかして 혹시 食中毒(しょくちゅうどく) 식중독
~かも (「~しれない」의 꼴로) ~일지도 (모른다) いつも 늘, 항상
冷静(れいせい)だ 냉정하다 君(きみ) 너, 자네 聞(き)く 듣다
~なんて ~하다니

51 성별에 따른 의견 및 행동 구분

男 すみません。近くに交番はありますか。

女 すぐそこのコンビニの隣ですよ。どうしたんですか。

男 財布を無くしたんです。

女 そうですか。それは大変ですね。

남 죄송해요. 근처에 파출소는 있나요?
여 바로 거기 편의점 옆이에요. 무슨 일 있어요?
남 지갑을 분실했거든요.
여 그래요? 그거 큰일이네요.

男の人は、これから何をしますか。
(A) コンビニに行く。
(B) 交番に行く。
(C) 財布を買いに行く。
(D) 交番へ拾った財布を届けに行く。

남자는 이제부터 무엇을 합니까?
(A) 편의점에 간다.
(B) 파출소에 간다.
(C) 지갑을 사러 간다.
(D) 파출소에 주운 지갑을 신고하러 간다.

해설 | 남자의 대화에 주목해야 한다. 지갑을 분실해서 신고를 하기 위해 파출소 위치를 묻고 있는 것이므로, 정답은 파출소에 간다고 한 (B)가 된다. (D)는 지갑을 분실한 것이 아니라, 다른 사람이 분실한 지갑을 주워서 신고하러 간다는 뜻이므로 답이 될 수 없다.

어휘 | 近(ちか)く 근처 交番(こうばん) 파출소
すぐ (거리상으로) 바로 コンビニ 편의점 *「コンビニエンスストア」의 준말 隣(となり) 옆 財布(さいふ) 지갑
無(な)くす 잃다, 분실하다 大変(たいへん)だ 큰일이다
買(か)う 사다 동사의 ます형+に ～하러 *동작의 목적
拾(ひろ)う 줍다, 습득하다 届(とど)ける (관청 등에) 신고하다

52 성별에 따른 의견 및 행동 구분

女 あのう、この服の小さいサイズはありますか。

男 小さいサイズでしたら、白いのと黒いのがございますが。

女 じゃ、両方ください。いくらですか。

男 どちらも2千円です。

여 저기, 이 옷 작은 사이즈는 있나요?
남 작은 사이즈라면 흰 것과 검은 것이 있는데요.
여 그럼, 둘 다 주세요. 얼마예요?
남 둘 다 2천 엔이에요.

女の人は、何を買いますか。
(A) 大きいサイズの白と黒の服
(B) 小さいサイズの白と黒の服
(C) 大きいサイズの白い服だけ
(D) 小さいサイズの黒い服だけ

여자는 무엇을 삽니까?
(A) 큰 사이즈의 흰색과 검정색 옷
(B) 작은 사이즈의 흰색과 검정색 옷
(C) 큰 사이즈의 흰 옷만
(D) 작은 사이즈의 검은 옷만

해설 | 여자가 작은 사이즈의 옷이 있는지 물었고, 남자는 흰 것과 검은 것이 있다고 했다. 이에 여자는 양쪽 모두 달라고 했으므로, 정답은 작은 사이즈로 흰색과 검정색 옷을 다 산다고 한 (B)가 된다.

어휘 | 服(ふく) 옷 小(ちい)さい 작다 サイズ 사이즈, 크기
白(しろ)い 희다, 하얗다 黒(くろ)い 검다 両方(りょうほう) 양쪽
ください 주세요 いくら 얼마 どちらも 어느 쪽이나, 모두
大(おお)きい 크다 白(しろ) 흰색 黒(くろ) 검정색
～だけ ～만, ～뿐

53 성별에 따른 의견 및 행동 구분

女 この後、皆でカラオケにでも行きませんか。

男 いいですね。でも、この近くにあるんですか。

女 駅前のビルにありますよ。1階が本屋になっている、あのビルです。

男 ああ、あそこにあるんですね。じゃあ、僕は先に本を買ってから行きます。

여 이따 다 같이 노래방에라도 가지 않을래요?
남 좋죠. 하지만 이 근처에 있나요?
여 역 앞 빌딩에 있어요. 1층이 서점으로 되어 있는 그 빌딩이요.
남 아-, 거기에 있는 거군요. 그럼, 나는 먼저 책을 산 후에 갈게요.

男の人は、まずどこへ行きますか。
(A) 本屋
(B) 駅
(C) 喫茶店
(D) カラオケ

남자는 우선 어디에 갑니까?
(A) 서점
(B) 역
(C) 찻집
(D) 노래방

해설 | 남자의 두 번째 대화에 주목해야 한다. 노래방에 가자는 여자의 제안에 대해 남자는 일단 동의하면서도 두 번째 대화에서는 서점에 가

서 책을 산 다음에 가겠다고 했으므로, 정답은 (A)가 된다. 전반부의 대화만 들으면 (D)를 정답으로 고를 수도 있으므로 주의해야 한다.

어휘 | この後(あと) 이후 皆(みんな)で 모두 함께, 다 같이
カラオケ 노래방 ～ませんか ～하지 않겠습니까? *권유
でも 하지만 近(ちか)く 근처 駅前(えきまえ) 역 앞
ビル 빌딩 *「ビルディング」의 준말
1階(いっかい) 1층 *「～階(かい)」– –층 本屋(ほんや) 서점
僕(ぼく) 나 *남자의 자칭 先(さき)に 먼저 本(ほん) 책
買(か)う 사다 ～てから ～하고 나서, ～한 후에

54 대화 내용에 대한 이해

男 佐藤さん、ゴルフ習っていたんですか。結構
上手ですね。
女 今日が初めてなんですけど、昔からスポーツ
が好きで。
男 そうですか。前は、どんなスポーツをしてい
たんですか。
女 テニスとかバレーとか。でも、全然うまくな
いんですよ。

남 사토 씨, 골프를 배우고 있었던 거예요? 꽤 잘 치네요.
여 오늘이 처음인데 옛날부터 운동을 좋아해서요.
남 그래요? 전에는 어떤 운동을 했었나요?
여 테니스라든가 배구라든가. 하지만 전혀 잘하지 않아요.

2人は、何をしていますか。
(A) テニス
(B) バレー
(C) ゴルフ
(D) ジョギング

두 사람은 무엇을 하고 있습니까?
(A) 테니스
(B) 배구
(C) 골프
(D) 조깅

해설 | 전반부의 대화에서 남자가 여자의 골프 실력을 칭찬하자, 여자는 오늘이 처음이라고 했으므로, 정답은 (C)가 된다. 후반부에 나오는 테니스와 배구는 여자가 과거에 했던 종목이고, 조깅에 대한 언급은 없으므로 (A), (B), (D)는 모두 답이 될 수 없다.

어휘 | ゴルフ 골프 習(なら)う 배우다 結構(けっこう) 꽤, 상당히
上手(じょうず)だ 능숙하다, 잘하다 今日(きょう) 오늘
初(はじ)めて 처음(으로) 昔(むかし) 옛날 スポーツ 스포츠, 운동
好(す)きだ 좋아하다 前(まえ) 전, 이전
どんな 어떤 テニス 테니스 ～とか ～라든가, ～라든지
バレー 배구 *「バレーボール」의 준말 でも 하지만
全然(ぜんぜん) (부정어 수반) 전혀 うまい 잘하다, 능숙하다

55 시간 청취

女 山田さん、まだお仕事ですか。もう8時です
よ。
男 うん、今日までに終わらせないといけないん
だ。
女 そうですか。でも、9時には電気を消すこと
になっているんですよ。
男 わかったよ。あと30分だけやって帰るよ。

여 야마다 씨, 아직 일하세요? 벌써 8시예요.
남 응, 오늘까지 끝내지 않으면 안 되거든.
여 그래요? 하지만 9시에는 전등을 끄기로 되어 있거든요.
남 알았어. 앞으로 30분만 하고 돌아갈게.

男の人は、何時まで仕事をしますか。
(A) 8時
(B) 8時半
(C) 9時
(D) 9時半

남자는 몇 시까지 일을 합니까?
(A) 8시
(B) 8시 반
(C) 9시
(D) 9시 반

해설 | 시간 청취 문제. 두 사람의 대화를 종합해 보면 지금 시각은 8시이고, 9시에는 소등을 해야 하는 상황이다. 이에 남자는 지금부터 30분만 더 일을 하겠다고 했으므로, 정답은 (B)가 된다. 대화에 나오는 「30분(さんじゅっぷん)」(30분)을 「半(はん)」(반)으로 바꿔 표현했다.

어휘 | まだ 아직 仕事(しごと) 일
もう 이미, 벌써 今日(きょう) 오늘
～までに ～까지 *최종 기한 終(お)わる 끝나다
～ないといけない ～하지 않으면 안 된다, ～해야 한다
でも 하지만 電気(でんき) 전등 消(け)す (스위치 등을) 끄다
동사의 보통형＋ことになっている ～하기로 되어 있다
わかる 알다, 이해하다 あと 앞으로 やる 하다
帰(かえ)る 돌아가다

56 대화 내용에 대한 이해

女 あれ(?)。私のノート、どこにあるか知らない
(?)。
男 さっき、かばんに入れただろう。
女 あれは数学のノート。私が探しているのは、
英語のノートなんだ。
男 それなら、昨日貸してくれただろう。僕のか
ばんに入っているよ。

여 어? 내 노트, 어디에 있는지 몰라?
남 조금 전에 가방에 넣었잖아?
여 그건 수학 노트. 내가 찾고 있는 건 영어 노트야.
남 그거라면 어제 빌려줬잖아? 내 가방에 들어 있어.

英語のノートは、どこにありますか。
(A) 女の人のかばんの中
(B) 男の人のかばんの中
(C) 女の人の机の上
(D) 男の人の机の上

영어 노트는 어디에 있습니까?
(A) 여자의 가방 안
(B) 남자의 가방 안
(C) 여자의 책상 위
(D) 남자의 책상 위

해설 | 후반부의 대화에 주목해야 한다. 여자가 찾고 있는 것은 영어 노트로, 남자의 두 번째 대화에서 어제 여자가 빌려줬기 때문에 자신의 가방 안에 있다고 했다. 따라서 정답은 남자의 가방 안이라고 한 (B)가 된다. 여자의 가방 안에 있는 것은 수학 노트이므로 (A)는 답이 될 수 없다.

어휘 | ノート 노트 知(し)る 알다 さっき 조금 전, 아까
かばん 가방 入(い)れる 넣다 数学(すうがく) 수학
探(さが)す 찾다 英語(えいご) 영어 昨日(きのう) 어제
貸(か)す 빌려주다 ～てくれる (남이 나에게)~해 주다
僕(ぼく) 나 *남자의 자칭 入(はい)る 들다 中(なか) 안, 속
机(つくえ) 책상 上(うえ) 위

57 대화 내용에 대한 이해

男 昼休みは、いつもどこで食事しているんですか。
女 大体社員食堂です。でも、今日は天気が良かったから、近くの公園で食べました。
男 いいですね。僕は仕事しながら、席で食べています。最近忙しくて。
女 そうですか。毎日、大変ですね。

남 점심시간에는 항상 어디에서 식사하고 있는 거예요?
여 대개 사원식당이에요. 하지만 오늘은 날씨가 좋아서 근처 공원에서 먹었어요.
남 좋네요. 난 일을 하면서 자리에서 먹고 있어요. 요즘 바빠서.
여 그래요? 매일 힘들겠네요.

女の人は、今日、どこで昼ご飯を食べましたか。
(A) 公園
(B) 社員食堂
(C) 屋上
(D) 自分の席

여자는 오늘 어디에서 점심을 먹었습니까?

(A) 공원
(B) 사원식당
(C) 옥상
(D) 자기 자리

해설 | 여자의 첫 번째 대화에 주목해야 한다. 여자는 원래는 사원식당에서 점심을 먹지만, 오늘은 날씨가 좋아서 근처 공원에서 먹었다고 했으므로, 정답은 (A)가 된다. (D)는 남자에게 해당하는 내용이므로 답이 될 수 없다.

어휘 | 昼休(ひるやす)み 점심시간 いつも 늘, 항상
食事(しょくじ) 식사 大体(だいたい) 대개, 대략
社員食堂(しゃいんしょくどう) 사원식당 でも 하지만
今日(きょう) 오늘 天気(てんき) 날씨 良(よ)い 좋다
近(ちか)く 근처 公園(こうえん) 공원 食(た)べる 먹다
僕(ぼく) 나 *남자의 자칭 仕事(しごと) 일
동사의 ます형+ながら ~하면서 *동시동작 席(せき) 자리
最近(さいきん) 최근, 요즘 忙(いそが)しい 바쁘다
毎日(まいにち) 매일 大変(たいへん)だ 힘들다
屋上(おくじょう) 옥상 自分(じぶん) 자기, 자신, 나

58 성별에 따른 의견 및 행동 구분

男 すみません。このホテルの近くに、観光できる場所はありますか。
女 はい。この近くでしたら、有名なお寺や、動物園、美術館などがありますよ。
男 子供も一緒だから、お寺や絵より動物が見たいですね。どうやって行きますか。
女 ここから歩いて10分ぐらいですよ。

남 죄송해요. 이 호텔 근처에 관광할 수 있는 장소는 있나요?
여 예. 이 근처라면 유명한 절이랑 동물원, 미술관 등이 있어요.
남 아이도 함께니까 절이나 그림보다 동물을 보고 싶네요. 어떻게 가나요?
여 여기에서 걸어서 10분 정도예요.

男の人は、この後どこへ行きますか。
(A) 寺
(B) 駅
(C) 美術館
(D) 動物園

남자는 이후 어디에 갑니까?
(A) 절
(B) 역
(C) 미술관
(D) 동물원

해설 | 남자의 두 번째 대화에 주목해야 한다. 근처에 관광할 만한 곳이 있는지를 묻는 남자에게 여자는 유명한 절과 동물원, 미술관을 추천했다. 이에 남자는 아이도 함께이기 때문에 동물을 보고 싶다고 했으므로, 동물원에 간다고 한 (D)가 정답이 된다.

어휘 | ホテル 호텔 近(ちか)く 근처 観光(かんこう) 관광

できる 할 수 있다　場所(ばしょ) 장소, 곳
有名(ゆうめい)だ 유명하다　寺(てら) 절
動物園(どうぶつえん) 동물원　美術館(びじゅつかん) 미술관
～など ～등　子供(こども) 아이　一緒(いっしょ) 함께함
絵(え) 그림　～より ～보다　どうやって 어떻게 (해서)
歩(ある)く 걷다

59 대화 내용에 대한 이해

> 女　あっ、バスが来(き)た(!)。でも、すごく込んでいるね。
> 男　早(はや)く帰(かえ)って休(やす)みたいから、大変(たいへん)そうだけど乗(の)ろうよ。
> 女　でも、荷物(にもつ)も多(おお)いから、やっぱり空(す)いている方(ほう)がいいわ。
> 男　そうだね。じゃ、バスは止(や)めて、タクシーにしよう。
>
> 여　앗, 버스가 왔어! 하지만 굉장히 붐비네.
> 남　빨리 돌아가서 쉬고 싶으니까 힘들 것 같지만 타자.
> 여　하지만 짐도 많으니까 역시 한산한 쪽이 좋겠어.
> 남　그러네. 그럼. 버스는 관두고 택시로 하자.

2人(ふたり)は、この後(あと)どうしますか。
(A) タクシーに乗(の)る。
(B) バスに乗(の)る。
(C) バス乗(の)り場(ば)に行(い)く。
(D) 歩(ある)いて帰(かえ)る。

두 사람은 이후 어떻게 합니까?
(A) 택시를 탄다.
(B) 버스를 탄다.
(C) 버스 승차장에 간다.
(D) 걸어서 돌아간다.

해설 | 대화를 끝까지 들어야 하는 문제. 전반부의 대화만 들으면 두 사람은 버스를 탈 것으로 생각된다. 그러나 후반부에서 여자가 짐이 많다며 주저하자, 남자는 버스는 그만두고 택시로 하자고 했다. 결국 두 사람은 택시를 타기로 한 것이므로, 정답은 (A)가 된다.

어휘 | バス 버스　でも 하지만　すごく 굉장히
込(こ)む 붐비다, 혼잡하다　早(はや)く 일찍, 빨리
帰(かえ)る 돌아가다　休(やす)む 쉬다
동사의 ます형+たい ～하고 싶다　大変(たいへん)だ 힘들다
な형용사의 어간+そうだ ～일[할] 것 같다, ～해 보이다 *양태
乗(の)る (탈것에) 타다　荷物(にもつ) 짐　多(おお)い 많다
やっぱり 역시 *「やはり」의 힘줌말
空(す)く (빈자리가) 나다, 비다, 한산해지다　じゃ 그럼, 그러면
止(や)める 끊다, 그만두다, 중지하다　タクシー 택시
乗(の)り場(ば) 승차장　歩(ある)く 걷다

60 시간 청취

> 女　先輩(せんぱい)、会議室(かいぎしつ)の予約(よやく)の仕方(しかた)を教(おし)えてもらえませんか。
> 男　わかった。今(いま)忙(いそが)しいから午後(ごご)になるけど、いい(?)。
> 女　はい。何時頃(なんじごろ)でしょうか。
> 男　2時(じ)かな。10分前(じゅっぷんまえ)になったら知(し)らせてね。
>
> 여　선배. 회의실 예약 방법을 가르쳐 주지 않겠어요?
> 남　알았어. 지금 바쁘니까 오후가 되는데 괜찮아?
> 여　예. 몇 시쯤일까요?
> 남　2시쯤일까? 10분 전이 되면 알려 줘.

女(おんな)の人(ひと)は、いつ男(おとこ)の人(ひと)に知(し)らせますか。
(A) 1時(いちじ)
(B) 1時(いちじ)50分(ごじゅっぷん)
(C) 2時(にじ)
(D) 2時(にじ)10分(じゅっぷん)

여자는 언제 남자에게 알립니까?
(A) 1시
(B) 1시 50분
(C) 2시
(D) 2시 10분

해설 | 시간 청취 문제. 회의실 예약 방법을 가르쳐 달라고 도움을 요청하는 여자에게 남자는 지금은 바빠서 오후에 시간이 된다고 했다. 그러면서 오후 2시쯤이 될 것 같으니까, 10분 전에 알려 달려고 부탁했다. 따라서 정답은 2시 10분 전, 즉 1시 50분이라고 한 (B)가 된다.

어휘 | 先輩(せんぱい) 선배　会議室(かいぎしつ) 회의실
予約(よやく) 예약　仕方(しかた) 방법, 방식
教(おし)える 가르치다, 알려 주다
～てもらえませんか (남에게) ～해 받을 수 없습니까?, (남이) ～해 주지 않겠습니까?　知(し)らせる 알리다

61 대화 내용에 대한 이해

> 女　会議用(かいぎよう)のお昼(ひる)、駅前(えきまえ)の和食屋(わしょくや)のお弁当(べんとう)でいいですか。
> 男　いいね。社員食堂(しゃいんしょくどう)より美味(おい)しいし。
> 女　ええ、1,500円(せんごひゃくえん)のお弁当(べんとう)を人数分(にんずうぶん)注文(ちゅうもん)しますね。
> 男　いや、お客様(きゃくさま)も来(く)るから、1,900円(せんきゅうひゃくえん)のにして。
>
> 여　회의용 점심, 역 앞의 일식집 도시락으로 괜찮나요?
> 남　좋네. 사원식당보다 맛있으니까.
> 여　네, 1,500엔짜리 도시락을 인원수대로 주문할게요.
> 남　아니, 손님도 오니까 1,900엔인 걸로 해.

会議(かいぎ)の日(ひ)の昼(ひる)ご飯(はん)は、何(なん)ですか。

(A) 社員食堂の1,500円のお弁当

(B) 社員食堂の1,900円のお弁当

(C) 駅前の和食屋の1,500円のお弁当

(D) 駅前の和食屋の1,900円のお弁当

회의 날의 점심은 무엇입니까?
(A) 사원식당의 1,500엔짜리 도시락
(B) 사원식당의 1,900엔짜리 도시락
(C) 역 앞 일식집의 1,500엔짜리 도시락
(D) 역 앞 일식집의 1,900엔짜리 도시락

해설 | 회의 날 먹을 점심이 무엇인지 묻고 있다. 회의용 점심은 역 앞에 있는 일식집에서 도시락을 주문하기로 했으므로, 사원식당이라고 한 (A) 와 (B)는 제외. 그리고 남자의 두 번째 대화에서 손님도 올 예정이니까 1,500엔짜리 말고 좀 더 비싼 1,900엔짜리 도시락으로 하라고 했으므로, 정답은 (D)가 된다.

어휘 | 会議(かいぎ) 회의 ～用(よう) ～용 お昼(ひる) 점심(식사)
駅前(えきまえ) 역 앞 和食屋(わしょくや) 일식집
弁当(べんとう) 도시락 社員食堂(しゃいんしょくどう) 사원식당
～より ～보다 美味(おい)しい 맛있다 人数(にんずう) 인원수
～分(ぶん) ～분, ～분량 注文(ちゅうもん) 주문
お客様(きゃくさま) 손님, 고객 来(く)る 오다 ～にする ～로 하다
昼(ひる)ご飯(はん) 점심(식사)

62 대화 내용에 대한 이해

男 課長、パンフレットのチェックお願いします。
女 はい。あら、この紙だと少し薄いんじゃない
　 かしら。
男 ええ、でも軽いので、手に取りやすいと思い
　 ます。
女 そうね。知ってもらうにはまず見てもらわな
　 いとね。

남 과장님, 팸플릿 체크 부탁드려요.
여 예. 어? 이 종이라면 조금 얇은 거 아닌가?
남 네, 하지만 가벼우니까 손에 들기 편할 것 같아요.
여 그러네. (사람들이) 알아주려면 우선 봐 줘야지.

男の人は、どうしてパンフレットの紙を薄くしましたか。
(A) 薄い方がきれいだから
(B) 手に取りやすい重さだから
(C) たくさん持って帰れるから
(D) 値段が安いから

남자는 어째서 팸플릿 종이를 얇게 했습니까?
(A) 얇은 쪽이 예쁘기 때문에
(B) 손에 들기 편한 무게이기 때문에
(C) 많이 가지고 돌아갈 수 있기 때문에
(D) 가격이 싸기 때문에

해설 | 남자의 두 번째 대화에 주목해야 한다. 팸플릿 종이가 조금 얇지 않느냐는 여자의 지적에 대해 남자는 종이가 얇으면 가벼워서 손에 들기 편하기 때문이라고 했다. 따라서 정답은 손에 들기 편한 무게이기 때문이라고 한 (B)가 된다.

어휘 | 課長(かちょう) 과장 パンフレット 팸플릿 チェック 체크
お+동사의 ます형+する ～하다, ～해 드리다 *겸양표현
願(ねが)う 부탁하다 紙(かみ) 종이 薄(うす)い 얇다
～かしら ～일까? *의문의 뜻을 나타냄 でも 하지만
軽(かる)い 가볍다 手(て)に取(と)る 손에 잡다[들다]
동사의 ます형+やすい ～하기 쉽다[편하다] 知(し)る 알다
～てもらう (남에게) ～해 받다, (남이) ～해 주다 ～には ～하려면
まず 우선 きれいだ 예쁘다 重(おも)さ 무게 たくさん 많이
持(も)つ 가지다, 들다 帰(かえ)る 돌아가다 値段(ねだん) 가격
安(やす)い (값이) 싸다

63 성별에 따른 의견 및 행동 구분

男 野口さん、昨日頼んだ資料はもうできた(?)。
女 はい。今コピーしてお届けしようとしていた
　 ところです。
男 そうか。悪いんだけど、このグラフを追加し
　 てもらえないかな。
女 わかりました。すぐやりますね。

남 노구치 씨, 어제 부탁한 자료는 이제 다 됐어?
여 예. 지금 복사해서 막 갖다 드리려고 하고 있던 참이에요.
남 그래? 미안한데 이 그래프를 추가해 줄 수 없을까?
여 알겠습니다. 바로 할게요.

女の人は、これから何をしますか。
(A) 資料をコピーする。
(B) 男の人に資料を届ける。
(C) 作った資料にグラフを加える。
(D) コピーした資料を皆に配る。

여자는 이제부터 무엇을 합니까?
(A) 자료를 복사한다.
(B) 남자에게 자료를 갖다 준다.
(C) 만든 자료에 그래프를 추가한다.
(D) 복사한 자료를 모두에게 나눠 준다.

해설 | 전반부의 대화만 들으면 (A)나 (B)를 정답으로 고를 수도 있으므로 주의해야 한다. 포인트가 되는 것은 후반부의 대화로, 자료가 완성되었다는 여자의 말에 남자는 그래프를 추가해 줄 수 없냐고 했다. 이에 여자는 바로 하겠다고 대답했으므로, 정답은 (C)가 된다.

어휘 | 昨日(きのう) 어제 頼(たの)む 부탁하다 資料(しりょう) 자료
もう 이제 できる 다 되다, 완성되다 今(いま) 지금 コピー 복사
お+동사의 ます형+する ～하다, ～해 드리다 *겸양표현
届(とど)ける 물건을) 전하다, 갖다 주다
동사의 た형+ところだ 막 ～한 참이다 悪(わる)い 미안하다
グラフ 그래프 追加(ついか) 추가
～てもらう (남에게) ～해 받다, (남이) ～해 주다
わかる 알다, 이해하다 すぐ 곧, 바로 やる 하다

作(つく)る 만들다 加(くわ)える 더하다, 추가하다
皆(みんな) 모두 配(くば)る 나누어 주다, 배포하다

64 대화 내용에 대한 이해

> 女 来週のデート、遊園地に行くの、止めない
> (?)。雨らしいわよ。
> 男 え、どうして(?)。屋内で遊べばいいよ。
> 女 でも、それじゃ入場料がもったいないわよ。
> 映画でも見ようよ。
> 男 確かに。雨の日は割引があればいいのにね。
>
> 여 다음 주 데이트, 유원지에 가는 거 그만두지 않을래? 비 올 것
> 같더라.
> 남 뭐? 왜? 실내에서 놀면 돼.
> 여 하지만 그래서는 입장료가 아까워. 영화라도 보자.
> 남 확실히. 비가 오는 날은 할인이 있으면 좋을 텐데.

女の人は、来週のデートについてどう思っていますか。
(A) 来週から遊園地の入場料が上がるから、止め
たい。
(B) 割引があるから、映画にしたい。
(C) 雨なら、映画を見たい。
(D) 雨でも、遊園地に行きたい。

여자는 다음 주 데이트에 대해서 어떻게 생각하고 있습니까?
(A) 다음 주부터 유원지의 입장료가 오르니까 그만두고 싶다.
(B) 할인이 있으니까 영화로 하고 싶다.
(C) 비라면 영화를 보고 싶다.
(D) 비라도 유원지에 가고 싶다.

해설 | 두 사람은 원래 다음 주에 데이트로 유원지에 가기로 한 상황이
다. 그러나 비가 온다는 예보에 여자는 유원지에 가지 말자고 했고, 이에
남자는 실내에서 놀면 된다고 했다. 이 말에 여자는 실내에만 있을 거면
입장료가 아까우니까 영화라도 보자고 했고, 이에 남자는 우천시에는
할인이 있으면 좋을 텐데 라며 유원지에 못 가게 되는 것을 못내 아쉬
워했다. 문제는 여자의 생각을 묻고 있으므로, 정답은 비라면 영화를 보
고 싶다고 한 (C)가 된다.

어휘 | 来週(らいしゅう) 다음 주 デート 데이트
遊園地(ゆうえんち) 유원지 止(や)める 끊다, 그만두다, 중지하다
雨(あめ) 비 ~らしい ~인 것 같다 *객관적 근거에 의한 추측・판단
どうして 어째서, 왜 屋内(おくない) 옥내, 실내 遊(あそ)ぶ 놀다
入場料(にゅうじょうりょう) 입장료 もったいない 아깝다
映画(えいが) 영화 確(たし)かに 확실히 割引(わりびき) 할인
~のに (유감의 뜻을 나타내는 말로) ~텐데 上(あ)がる (값이) 오르다

65 대화 내용에 대한 이해

> 女 すみません。10時発のバスの券は、この窓口
> で買えますか。

> 男 いえ、もう出発10分前ですので、ご乗車の
> 時、運転手にお支払いください。
> 女 そうですか。カードは使えますか。
> 男 カードは窓口だけです。現金でお願いいたし
> ます。
>
> 여 죄송해요. 10시 출발인 버스표는 이 창구에서 살 수 있나요?
> 남 아뇨, 이미 출발 10분 전이니까 승차할 때 운전기사에게 지불
> 해 주세요.
> 여 그래요? 카드 사용할 수 있나요?
> 남 카드는 창구에서만 돼요. 현금으로 부탁드려요.

女の人は、どうやってバス料金を払いますか。
(A) バスに乗る時、現金で払う。
(B) バスを降りた後、現金で払う。
(C) バスの中で、カードで払う。
(D) 窓口で、カードで払う。

여자는 어떻게 버스 요금을 지불합니까?
(A) 버스를 탈 때 현금으로 지불한다.
(B) 버스를 내린 후 현금으로 지불한다.
(C) 버스 안에서 카드로 지불한다.
(D) 창구에서 카드로 지불한다.

해설 | 버스표를 사려는 여자에게 남자는 이미 출발 10분 전이라서 창
구에서는 살 수 없기 때문에 운전기사에게 직접 지불하라고 했다. 그리
고 카드가 가능하느냐는 질문에 대해서는 카드는 창구에서만 사용 가능
하다고 하면서 현금으로 부탁한다고 했으므로, 정답은 (A)가 된다.

어휘 | ~発(はつ) (출발・발신) ~발 バス 버스 券(けん) 표
窓口(まどぐち) 창구 買(か)う 사다 もう 이미, 벌써
出発(しゅっぱつ) 출발 前(まえ) 전 乗車(じょうしゃ) 승차
運転手(うんてんしゅ) 운전사, 운전기사
お+동사의 ます형+ください ~해 주십시오, ~하십시오 *존경표현
支払(しはら)う 지불하다 カード 카드 使(つか)う 쓰다, 사용하다
~だけ ~만, ~뿐 現金(げんきん) 현금
お+동사의 ます형+いたす ~하다, ~해 드리다 *겸양표현
願(ねが)う 부탁하다 どうやって 어떻게 (해서)
料金(りょうきん) 요금 払(はら)う (돈을) 내다, 지불하다
降(お)りる (탈것에서) 내리다 동사의 た형+後(あと) ~한 후

66 대화 내용에 대한 이해

> 男 注文、何にするか決まった(?)。
> 女 うーん、カレーセットにしたいけど、デザー
> トは要らないなあ。
> 男 あ、デザート無しの、飲み物だけのセットに
> もできるみたいだよ。
> 女 え、そうなの(?)。じゃ、そうしよう。飲み物
> はアイスコーヒーがいいわ。
>
> 남 주문, 뭘로 할지 정했어?

여 음…, 카레 세트로 하고 싶은데 디저트는 필요 없거든.

남 아, 디저트 없는 음료만의 세트도 가능한 것 같아.

여 뭐? 그래? 그럼, 그렇게 하자. 음료는 아이스 커피가 좋아.

女の人は、何を注文しますか。

(A) アイスコーヒーだけ

(B) デザートとアイスコーヒー

(C) アイスコーヒーとカレー

(D) デザートとカレー

여자는 무엇을 주문합니까?

(A) 아이스 커피만

(B) 디저트와 아이스 커피

(C) 아이스 커피와 카레

(D) 디저트와 카레

해설 | 여자의 대화에 주목해야 한다. 여자는 첫 번째 대화에서 카레 세트로 하고 싶은데 디저트는 필요 없다고 했다. 이에 남자가 디저트 없이 음료만 있는 세트도 있다고 하자, 여자는 그것으로 하고 음료는 아이스 커피가 좋다고 했다. 즉, 여자는 음료만 있는 카레 세트를 시키되 음료는 아이스 커피로 주문한다는 것을 알 수 있다. 따라서 정답은 (C)가 된다.

어휘 | 注文(ちゅうもん) 주문 決(き)まる 정해지다, 결정되다
カレー 카레 セット 세트 ~にする ~로 하다 デザート 디저트
要(い)る 필요하다 無(な)し 없음 飲(の)み物(もの) 음료
~だけ ~만, ~뿐 できる 가능하다 ~みたいだ ~인 것 같다
アイスコーヒー 아이스 커피

67 대화 내용에 대한 이해

女 倉庫にある、この商品の数を確認してくれる
(?)。

男 あ、先ほど山田さんが確認してましたよ。

女 そうなんだけど、今、また同じ商品が追加で
入ってきちゃったのよ。

男 え、そうなんですか。じゃ、すぐやります。

여 창고에 있는 이 상품 수를 확인해 줄래?

남 아, 조금 전에 야마다 씨가 확인하고 있었어요.

여 그렇긴 한데 지금 또 같은 상품이 추가로 들어와 버렸어.

남 네? 그래요? 그럼, 바로 할게요.

どうして、商品の数を2回確認しますか。

(A) 山田さんが数え間違えたから

(B) 数が増えたから

(C) 数が減ったから

(D) 1回目と同じ数か確かめたいから

어째서 상품 수를 두 번 확인합니까?

(A) 야마다 씨가 잘못 세었기 때문에

(B) 수가 늘었기 때문에

(C) 수가 줄었기 때문에

(D) 첫 번째와 같은 수인지 확인하고 싶기 때문에

해설 | 여자의 두 번째 대화에 주목해야 한다. 상품 수를 두 번 확인하는 이유는 지금 또 같은 상품이 추가로 들어와 버렸기 때문이다. 따라서 정답은 수가 늘었기 때문이라고 한 (B)가 된다.

어휘 | 倉庫(そうこ) 창고 商品(しょうひん) 상품 数(かず) 수
確認(かくにん) 확인 ~てくれる (남이 나에게) ~해 주다
先(さき)ほど 조금 전 今(いま) 지금 また 또
同(おな)じだ 같다 追加(ついか) 추가 すぐ 곧, 바로
やる 하다 数(かぞ)える 세다, 헤아리다
동사의 ます형+間違(まちが)える 잘못 ~하다
増(ふ)える 늘다, 늘어나다 減(へ)る 줄다, 줄어들다
~回(かい) ~회, ~번 ~目(め) ~째 *순서를 나타내는 말
確(たし)かめる 확인하다 동사의 ます형+たい ~하고 싶다

68 대화 내용에 대한 이해

男 先輩、海外旅行は良くされるんですか。

女 以前はね。でも、犬を飼い始めてから、なか
なか難しくなっちゃったわ。

男 長く家を空けられないですからね。近くの温
泉にでも行ったらどうですか。

女 そうね。来年は、ペットを連れて行ける旅館
にでも行ってみようかな。

남 선배, 해외여행은 자주 하시나요?

여 예전에는 그랬지. 하지만 개를 기르기 시작한 후로 상당히 어려워져 버렸어.

남 오래 집을 비울 수 없으니까요, 근처 온천에라도 가는 건 어때요?

여 그러게. 내년에는 반려동물을 데리고 갈 수 있는 여관에라도 가 볼까?

女の人は、旅行について何と言っていますか。

(A) 国内旅行なら、良くしている。

(B) 外国旅行に良く行っている。

(C) 家を買いたいから、行けない。

(D) ペットがいるから、できない。

여자는 여행에 대해서 뭐라고 말하고 있습니까?

(A) 국내여행이라면 자주 하고 있다.

(B) 외국여행을 자주 가고 있다.

(C) 집을 사고 싶으니까 갈 수 없다.

(D) 반려동물이 있기 때문에 할 수 없다.

해설 | 여자의 첫 번째 대화에 주목해야 한다. 여자는 이전에는 해외여행을 자주 했지만, 개를 기르기 시작한 후로 상당히 어려워져 버렸다고 했다. 즉, 개를 돌보느라 해외여행을 가기 힘들어졌다는 뜻이므로, 정답은 반려동물이 있기 때문에 할 수 없다고 한 (D)가 된다. (A), (C)와 같은 내용은 나오지 않고, (B)는 개를 키우기 전에 해당하는 내용이므로 답이 될 수 없다.

어휘 | 先輩(せんぱい) 선배 海外旅行(かいがいりょこう) 해외여행
良(よ)く 자주 以前(いぜん) 전, 이전, 예전
犬(いぬ) 개 飼(か)う (동물을) 기르다, 사육하다
동사의 ます형+始(はじ)める ~하기 시작하다

なかなか 꽤, 상당히　難(むずか)しい 어렵다
長(なが)い (시간적으로) 오래다　空(あ)ける (집 등을) 비우다
近(ちか)く 근처　温泉(おんせん) 온천　来年(らいねん) 내년
ペット 애완동물, 반려동물　連(つ)れる 데리고 가다
旅館(りょかん) 여관　国内(こくない) 국내　外国(がいこく) 외국
買(か)う 사다　できない 할 수 없다, 불가능하다

69 대화 내용에 대한 이해

女　田中さん、そんなに熱中して何を読んでいる
　　んですか。
男　最近は改めて日本の古典文学を読んでいるん
　　ですよ。
女　すごいですね。わからない言葉だらけで、恐
　　らく私には読めないと思います。
男　古典といっても最近出たこの本は現代語に訳
　　してあるので、読みやすいですよ。

여　다나카 씨, 그렇게 열중해서 뭘 읽고 있는 거예요?
남　최근에는 다시 일본 고전문학을 읽고 있거든요.
여　광장하네요. 모르는 말투성이라 아마 저는 읽을 수 없을 것 같아
　　요.
남　고전이라고 해도 요즘 나온 이 책은 현대어로 번역되어 있기 때
　　문에 읽기 쉬워요.

田中さんが読んでいる本は、どんな本ですか。
(A) 子供の頃に読んだ絵本
(B) 昔の有名な経営者の著書
(C) 外国の言語で書かれた文学
(D) 日本の伝統的な文学

다나카 씨가 읽고 있는 책은 어떤 책입니까?
(A) 어릴 때 읽은 그림책
(B) 옛날의 유명한 경영자의 저서
(C) 외국 언어로 쓰인 문학
(D) 일본의 전통적인 문학

해설 | 다나카 씨는 대화 중인 남자를 말한다. 남자는 첫 번째 대화에서
최근에 다시 일본 고전문학을 읽고 있다고 했으므로, 정답은 대화에 나
오는 「日本(にほん)の古典文学(こてんぶんがく)」(일본 고전문학)를
「日本(にほん)の伝統的(でんとうてき)な文学(ぶんがく)」(일본의 전
통적인 문학)라고 풀어 쓴 (D)가 된다.

어휘 | そんなに 그렇게(나)　熱中(ねっちゅう) 열중　読(よ)む 읽다
最近(さいきん) 최근, 요즘　改(あらた)めて 재차, 다시
古典(こてん) 고전　文学(ぶんがく) 문학　すごい 광장하다
わかる 알다, 이해하다　言葉(ことば) 말　～だらけ ~투성이
恐(おそ)らく 아마, 필시　～といっても ~라고 해도
出(で)る (책이) 나오다, 출판되다　本(ほん) 책
現代語(げんだいご) 현대어　訳(やく)する 번역하다
타동사+てある ~해져 있다 *상태표현
동사의 ます형+やすい ~하기 쉽다[편하다]　子供(こども) 아이
頃(ころ) 때, 시절, 무렵　絵本(えほん) 그림책　昔(むかし) 옛날
有名(ゆうめい)だ 유명하다　経営者(けいえいしゃ) 경영자

著書(ちょしょ) 저서　外国(がいこく) 외국　言語(げんご) 언어
書(か)く (글씨·글을) 쓰다　伝統的(でんとうてき)だ 전통적이다

70 대화 내용에 대한 이해

男　すみません。会社が終わったら一旦帰宅する
　　ので、飲み会にはちょっと遅れます。
女　どうしたんですか。
男　実は妻が朝ちょっと風邪気味だったので、一
　　度様子が見たいんです。
女　心配ですね。早く回復するといいですね。

남　죄송해요. 회사가 끝나면 일단 귀가하니까 회식에는 조금 늦겠
　　어요.
여　무슨 일 있나요?
남　실은 아내가 아침에 조금 감기 기운이 있었기 때문에 한 번 상
　　태를 보고 싶거든요.
여　걱정스럽겠네요. 빨리 회복되면 좋겠네요.

男の人が飲み会に遅れるのは、どうしてですか。
(A) 自身の体調が良くないから
(B) 妻の様子を確認したいから
(C) 自宅にお金を忘れて来たから
(D) 歯の治療に行く用事があるから

남자가 회식에 늦는 것은 어째서입니까?
(A) 자신의 몸 상태가 좋지 않기 때문에
(B) 아내의 상태를 확인하고 싶기 때문에
(C) 자택에 돈을 잊고 두고 왔기 때문에
(D) 치아 치료를 하러 갈 용무가 있기 때문에

해설 | 남자의 대화에 주목해야 한다. 남자는 퇴근 후 일단 귀가해서 감
기 기운이 있는 아내의 상태가 어떤지 살펴보고 오고 싶다고 했다. 따라
서 정답은 (B)가 된다.

어휘 | 会社(かいしゃ) 회사　終(お)わる 끝나다
一旦(いったん) 일단　帰宅(きたく) 귀가
飲(の)み会(かい) 술자리, 회식　ちょっと 조금
遅(おく)れる 늦다, 늦어지다　実(じつ)は 실은
妻(つま) (자신의) 아내　朝(あさ) 아침
風邪気味(かぜぎみ) 감기 기운　一度(いちど) 한 번
様子(ようす) 상태, 상황　心配(しんぱい)だ 걱정스럽다
早(はや)く 빨리　回復(かいふく) 회복
自身(じしん) 자신, 자기　体調(たいちょう) 몸 상태, 컨디션
良(よ)くない 좋지 않다　確認(かくにん) 확인
自宅(じたく) 자택, 자기집　お金(かね) 돈
忘(わす)れる 잊다, (물건을) 잊고 두고 오다　歯(は) 치아
治療(ちりょう) 치료　동작성 명사+に ~하러 *동작의 목적
用事(ようじ) 볼일, 용무

71 대화 내용에 대한 이해

女　お互いに無視してるみたいだけど、もしかし
　　て最近鈴木さんと喧嘩したの(?)。

(D) 新制度(しんせいど)が導入(どうにゅう)されること

남자가 걱정하고 있는 것은 무엇입니까?
(A) 채용에 대한 응모를 전망할 수 없는 것
(B) 모집 요강의 상세한 내용을 알 수 없는 것
(C) 인사 개혁이 예정되어 있는 것
(D) 새로운 제도가 도입되는 것

해설 | 남자는 두 번째 대화에서 「この初任給(しょにんきゅう)の低(ひ
く)さじゃね」(이렇게 초봉이 낮아서는)라고 했으므로, 초봉이 너무 낮아
서 응모하는 사람이 없을까 봐 걱정하고 있다는 것을 알 수 있다. 따라서
정답은 채용에 대한 불안감을 표시하는 내용인 (A)가 된다.

어휘 | 人事部(じんじぶ) 인사부 大変(たいへん)だ 힘들다
求人(きゅうじん) 구인 条件(じょうけん) 조건 応募(おうぼ) 응모
残業(ざんぎょう) 잔업, 야근 何(なに)よりも 무엇보다도
魅力的(みりょくてき)だ 매력적이다 でも 하지만
初任給(しょにんきゅう) 초임급, 초봉 低(ひく)さ 낮음
まあ 뭐 *상대의 말을 가볍게 제지할 때 쓰는 말
休暇(きゅうか) 휴가 制度(せいど) 제도 充実(じゅうじつ) 충실
給料(きゅうりょう) 급여, 급료 余暇(よか) 여가 どちら 어느 쪽
取(と)る 택하다, 선택하다 よる 의하다, 따르다
あまり 너무, 지나치게 気(き)にする 신경을 쓰다, 걱정하다
懸念(けねん) 걱정, 염려 採用(さいよう) 채용
見込(みこ)む 전망하다, 예상하다 募集(ぼしゅう) 모집
要項(ようこう) 요항, 요강 詳細(しょうさい) 상세, 상세한 내용
わかる 알다, 이해하다 人事(じんじ) 인사 改革(かいかく) 개혁
予定(よてい) 예정 新(しん)~ 신~, 새로운
導入(どうにゅう) 도입

80 대화 내용에 대한 이해

女 佐藤先輩(さとうせんぱい)から、得意先(とくいさき)へ在庫(ざいこ)の発送(はっそう)を頼(たの)まれ
ていたけど、もう直(じき)終(お)わりそう(?)。
男 あ、いや。実(じつ)は、あの後(あと)、課長(かちょう)からも書類(しょるい)の
確認業務(かくにんぎょうむ)を依頼(いらい)されまして。
女 え(?)。課題山積(かだいやまづ)みじゃない。どっちかの仕事(しごと)、
手伝(てつだ)おうか。
男 じゃ、これが取引先(とりひきさき)リストなので、在庫発送(ざいこはっそう)
の方(ほう)をお願(ねが)いします。

여 사토 선배한테 단골 거래처에 재고 발송을 부탁받았는데, 이제
곧 끝날 것 같아?
남 아, 아니. 실은 그 후에 과장님한테도 서류 확인 업무를 의뢰받
아서요.
여 뭐? 과제가 산적해 있잖아. 어느 쪽인가의 일, 도와줄까?
남 그럼, 이게 단골 거래처 리스트니까 재고 발송 쪽을 부탁드려요.

男(おとこ)の人(ひと)は、女(おんな)の人(ひと)に何(なに)を頼(たの)んでいますか。
(A) 書類(しょるい)に不備(ふび)がないか調(しら)べること
(B) 発送手順(はっそうてじゅん)を改(あらた)めること
(C) 優先(ゆうせん)すべき業務(ぎょうむ)を変更(へんこう)すること
(D) 名簿(めいぼ)に基(もと)づいて発送作業(はっそうさぎょう)を行(おこな)うこと

남자는 여자에게 무엇을 부탁하고 있습니까?
(A) 서류에 미비한 점이 없는지 조사하는 것
(B) 발송 순서를 변경하는 것
(C) 우선해야 할 업무를 변경하는 것
(D) 명부에 근거해서 발송 작업을 하는 것

해설 | 남자의 두 번째 대화에 주목해야 한다. 여자가 가져온 것은 거래
처로 재고 발송을 하는 일이고, 남자는 지금 하고 있는 일을 끝내고 과장
이 시킨 서류 확인 업무를 해야 하는 상황이다. 남자의 일이 너무 많다고
생각한 여자가 도와주겠다고 하자, 남자는 단골 거래처 리스트를 여자에
게 건네주며 재고 발송 쪽을 부탁한다고 했으므로, 정답은 (D)가 된다.

어휘 | 先輩(せんぱい) 선배 得意先(とくいさき) 단골 거래처
在庫(ざいこ) 재고 発送(はっそう) 발송 頼(たの)む 부탁하다
もう 이제 直(じき) 곧, 바로 *시간・거리가 가까움을 나타내는 말
終(お)わる 끝나다 동사의 ます형+そうだ ~일[할] 것 같다 *양태
実(じつ)は 실은 あの (서로 알고 있는) 그
後(あと) (시간적으로) 후, 뒤 課長(かちょう) 과장
書類(しょるい) 서류 確認(かくにん) 확인 業務(ぎょうむ) 업무
依頼(いらい) 의뢰 課題(かだい) 과제
山積(やまづ)み 산적, 일 따위가 많이 밀림
どっち 어느 쪽 *「どちら」의 스스럼없는 말 仕事(しごと) 일
手伝(てつだ)う 돕다, 도와주다 リスト 리스트
不備(ふび) 불비, 미비 調(しら)べる 알아보다, 조사하다
手順(てじゅん) 순서, 절차 改(あらた)める 고치다, 바꾸다, 변경하다
優先(ゆうせん) 우선
동사의 기본형+べき (마땅히) ~해야 할 *단, 「する」(하다)는 「するべ
き」, 「すべき」 모두 가능함
変更(へんこう) 변경 名簿(めいぼ) 명부
~に基(もと)づいて ~에 근거해서 作業(さぎょう) 작업
行(おこな)う 하다, 행하다, 실시하다

81~84 회사 차량 수리 안내

社員の皆さん、ちょっと手を止めて聞いてください。⁸¹事務所の車が故障し、今朝、修理に出しました。来週の週末までには戻ってくるそうですが、⁸²それまでに出張などで車を使う予定がある人には他の車を準備しますので、今日の18時までに田中課長にメールを送ってください。⁸³車ではなく電車やバスを使う場合には、いくらかかったのかを今月中に私に教えてください。⁸⁴車が直ったら玄関にあるホワイトボードに書いておきますので、時々チェックをお願いします。

사원 여러분, 잠시 일손을 멈추고 들어 주십시오. ⁸¹사무소 자동차가 고장 나서 오늘 아침에 수리를 맡겼습니다. 다음 주 주말까지는 돌아온다고 합니다만, ⁸²그때까지 출장 등으로 자동차를 사용할 예정이 있는 사람에게는 다른 차를 준비했으니, 오늘 18시까지 다나카 과장에게 메일을 보내 주십시오. ⁸³자동차가 아닌 전철이나 버스를 이용할 경우에는 얼마 들었는지를 이달 중으로 저에게 알려 주십시오. ⁸⁴자동차가 수리되면 현관에 있는 화이트보드에 적어 둘 테니 종종 체크를 부탁드립니다.

어휘 | 社員(しゃいん) 사원 皆(みな)さん 여러분 ちょっと 잠시
手(て)を止(と)める 일손을 멈추다 聞(き)く 듣다
事務所(じむしょ) 사무소 車(くるま) 자동차
故障(こしょう)する 고장 나다 今朝(けさ) 오늘 아침
修理(しゅうり)に出(だ)す 수리를 맡기다 来週(らいしゅう) 다음 주
週末(しゅうまつ) 주말 戻(もど)る (수중으로) 되돌아오다
出張(しゅっちょう) 출장 使(つか)う 쓰다, 사용하다
予定(よてい) 예정 他(ほか) 다른 (것) 準備(じゅんび) 준비
今日(きょう) 오늘 課長(かちょう) 과장 メール 메일
送(おく)る 보내다 電車(でんしゃ) 전철 バス 버스
場合(ばあい) 경우 いくら 얼마 かかる (비용이) 들다
今月(こんげつ) 이달 〜中(ちゅう) 〜중
教(おし)える 가르치다, 알려 주다 直(なお)る 고쳐지다, 수리되다
玄関(げんかん) 현관 ホワイトボード 화이트보드
書(か)く (글씨·글을) 쓰다 〜ておく 〜해 놓다[두다]
時々(ときどき) 종종, 때때로 チェック 체크
お+동사의 ます형+する 〜하다, 〜해 드리다 *겸양표현
願(ねが)う 부탁하다

81 どんな問題がありましたか。
　(A) 駐車場が足りなくなった。
　(B) 課長が出張に行けなくなった。
　(C) 車の鍵を盗まれた。
　(D) 事務所の車が壊れた。

81 어떤 문제가 있었습니까?
　(A) 주차장이 부족해졌다.
　(B) 과장이 출장을 갈 수 없게 되었다.
　(C) 자동차 열쇠를 도둑맞았다.
　(D) 사무소 자동차가 고장 났다.

해설 | 두 번째 문장에서 사무소 자동차가 고장 나서 오늘 아침에 수리를 맡겼다고 했으므로, 정답은 (D)가 된다.

어휘 | 問題(もんだい) 문제 駐車場(ちゅうしゃじょう) 주차장
足(た)りない 모자라다, 부족하다 鍵(かぎ) 열쇠
盗(ぬす)む 훔치다 壊(こわ)れる 고장 나다

82 車で出張に行きたい人は、どうすればいいですか。
　(A) 8時までに田中課長にメールを送る。
　(B) 8時までに自分で車を予約する。
　(C) 18時までに田中課長にメールを送る。
　(D) 18時までに自分で車を予約する。

82 자동차로 출장을 가고 싶은 사람은 어떻게 하면 됩니까?
　(A) 8시까지 다나카 과장에게 메일을 보낸다.
　(B) 8시까지 직접 자동차를 예약한다.
　(C) 18시까지 다나카 과장에게 메일을 보낸다.
　(D) 18시까지 직접 자동차를 예약한다.

해설 | 시간을 정확하게 청취해야 하는 문제. 중반부에서 출장 시 자동차를 사용하는 사람을 위해 다른 차를 준비해 두었으니, 오늘 18시까지 다나카 과장에게 메일을 보내 달라고 했다. 따라서 정답은 (C)가 된다.

어휘 | 自分(じぶん)で 직접, 스스로 予約(よやく) 예약

83 電車を使ったら、何をすればいいですか。
　(A) 特急代だけ自分で払う。
　(B) 課長にメールで教える。
　(C) この人に電車代を伝える。
　(D) 課長に相談する。

83 전철을 이용하면 무엇을 하면 됩니까?
　(A) 특급 전철비만 직접 지불한다.
　(B) 과장에게 메일로 알려 준다.
　(C) 이 사람에게 전철비를 알린다.
　(D) 과장에게 상담한다.

해설 | 후반부에서 '자동차가 아닌 전철이나 버스를 이용할 경우에는 얼마 들었는지를 이달 중으로 저에게 알려 주십시오'라고 했다. 따라서 정답은 이 사람에게 전철비를 알린다고 한 (C)가 된다.

어휘 | 特急代(とっきゅうだい) 특급 전철비 〜だけ 〜만, 〜뿐
払(はら)う (돈을) 내다, 지불하다 電車代(でんしゃだい) 전철비
伝(つた)える 전하다, 알리다 相談(そうだん) 상담, 상의, 의논

84 修理から車が戻ってきたかどうか、どうすれば

わかりますか。
(A) 受付で質問する。
(B) カレンダーをチェックする。
(C) 廊下の案内を見る。
(D) ホワイトボードのメモを見る。

84 수리에서 자동차가 돌아왔는지 어떤지 어떻게 하면 알 수 있습니까?
(A) 접수처에서 질문한다.
(B) 달력을 체크한다.
(C) 복도의 안내를 본다.
(D) 화이트보드의 메모를 본다.

해설 | 마지막 문장에서 자동차 수리가 완료되면 현관에 있는 화이트보드에 적어 둘 테니 종종 체크해 달라고 했다. 따라서 정답은 (D)가 된다.

어휘 | ~かどうか ~일지 어떨지, ~인지 어떤지
受付(うけつけ) 접수(처) 質問(しつもん) 질문 カレンダー 달력
廊下(ろうか) 복도 案内(あんない) 안내 メモ 메모

85~88 프린터 교체

事務課から連絡です。85現在使用中のプリンターは、機能が古くて不便なので、今週の土曜日に新しいものに交換します。86また、資料を配って会議することが少なくなって、印刷回数も減ったため、機械の数も今より減らすことになりました。87交換の当日は、オフィスに社員以外の人が出入りするため、机の上の書類は、前の日に引き出しに仕舞って帰るようにしてください。88また、新しい機械でプリントするには、パソコンに機械情報を追加する必要があります。追加の方法は、メールで案内しますので、各自で作業をお願いします。

사무과에서 연락드립니다. 85현재 사용 중인 프린터는 기능이 오래돼서 불편하기 때문에 이번 주 토요일에 새것으로 교환합니다. 86또한 자료를 배포해서 회의하는 일이 적어져서 인쇄 횟수도 줄었기 때문에 기계 수도 지금보다 줄이게 되었습니다. 87교환 당일은 사무실에 사원 이외의 사람이 출입하니까, 책상 위의 서류는 전날 서랍 안에 넣고 돌아가도록 해 주십시오. 88또한 새 기계로 프린트하려면 컴퓨터에 기계 정보를 추가할 필요가 있습니다. 추가 방법은 메일로 안내하겠으니 각자 작업을 부탁드립니다.

어휘 | 事務課(じむか) 사무과 連絡(れんらく) 연락
現在(げんざい) 현재 使用(しよう) 사용 ~中(ちゅう) ~중
プリンター 프린터, 인쇄기 機能(きのう) 기능
古(ふる)い 낡다, 오래되다 不便(ふべん)だ 불편하다
今週(こんしゅう) 이번 주 土曜日(どようび) 토요일
新(あたら)しい 새롭다 交換(こうかん) 교환 また 또, 또한
資料(しりょう) 자료 配(くば)る 나누어 주다, 배포하다
会議(かいぎ) 회의 少(すく)ない 적다 印刷(いんさつ) 인쇄
回数(かいすう) 횟수 減(へ)る 줄다, 줄어들다

~ため ~때문에 機械(きかい) 기계 数(かず) 수
今(いま) 지금 ~より ~보다 減(へ)らす 줄이다
동사의 보통형+ことになる ~하게 되다 当日(とうじつ) 당일
オフィス 오피스, 사무실 社員(しゃいん) 사원
以外(いがい) 이외 出入(でい)り 출입 机(つくえ) 책상
上(うえ) 위 書類(しょるい) 서류 前(まえ) (어느 시점의) 전
日(ひ) 날 引(ひ)き出(だ)し 서랍 仕舞(しま)う 넣다, 간수하다
帰(かえ)る 돌아가다 ~ように ~하도록
プリント 프린트 ~には ~하려면
パソコン (개인용) 컴퓨터 *「パーソナルコンピューター」(퍼스널 컴퓨터)의 준말 情報(じょうほう) 정보 追加(ついか) 추가
必要(ひつよう) 필요 方法(ほうほう) 방법 メール 메일
案内(あんない) 안내 各自(かくじ) 각자 作業(さぎょう) 작업
お+동사의 ます형+する ~하다, ~해 드리다 *겸양표현
願(ねが)う 부탁하다

85 プリンターを交換するのは、どうしてですか。
(A) 機能が便利ではないから
(B) インク代が高過ぎるから
(C) 社員から意見があったから
(D) 新しい機械なのに、不便だから

85 프린터를 교환하는 것은 어째서입니까?
(A) 기능이 편리하지 않기 때문에
(B) 잉크값이 너무 비싸기 때문에
(C) 사원으로부터 의견이 있었기 때문에
(D) 새 기계인데도 불편하기 때문에

해설 | 두 번째 문장에서 현재 사용 중인 프린터는 기능이 오래돼서 불편하기 때문에 새것으로 교체한다고 했다. 따라서 정답은 기능이 편리하지 않기 때문이라고 한 (A)가 된다. (B), (C)와 같은 내용은 나오지 않고, 현재 사용 중인 프린터는 새 기계가 아니므로 (D)도 답이 될 수 없다.

어휘 | 便利(べんり)だ 편리하다 インク 잉크 ~代(だい) ~값
高(たか)い (값이) 비싸다 い형용사의 어간+過(す)ぎる 너무 ~하다
社員(しゃいん) 사원 意見(いけん) 의견 ~のに ~는데(도)

86 プリンターの数を減らす理由は、何ですか。
(A) 印刷費用を削るため
(B) 部屋を広く使うため
(C) 印刷の機会が減ったため
(D) 社員の数が少なくなったため

86 프린터 수를 줄이는 이유는 무엇입니까?
(A) 인쇄 비용을 삭감하기 위해
(B) 방을 넓게 사용하기 위해
(C) 인쇄할 기회가 줄었기 때문에
(D) 사원 수가 적어졌기 때문에

해설 | 세 번째 문장에서 자료를 배포해서 회의하는 일이 적어져서 인쇄 횟수도 줄었기 때문에 기계 수도 지금보다 줄이게 되었다고 했다. 즉, 프린터를 예전처럼 많이 사용하지 않아서 대수를 줄이기로 했다는 의미이므로, 정답은 (C)가 된다.

어휘 | 理由(りゆう) 이유 費用(ひよう) 비용
削(けず)る (예산 등을) 깎다, 삭감하다 部屋(へや) 방

広(ひろ)い 넓다　使(つか)う 쓰다, 사용하다　機会(きかい) 기회

87 交換する前の日、社員は何をしますか。
(A) 引き出しの鍵をかける。
(B) 机の上の書類を仕舞う。
(C) 5時に全員帰るようにする。
(D) 会議の資料を印刷しておく。

87 교환하기 전날, 사원은 무엇을 합니까?
(A) 서랍 열쇠를 채운다.
(B) 책상 위의 서류를 치운다.
(C) 5시에 전원 돌아가도록 한다.
(D) 회의 자료를 인쇄해 둔다.

해설 | 후반부에서 '교환 당일은 사무실에 사원 이외의 사람이 출입하니까, 책상 위의 서류는 전날 서랍 안에 넣고 돌아가도록 해 주십시오'라고 당부하고 있다. 즉, 외부인에게 회사의 내부 자료가 눈에 띄지 않도록 미리 치워 달라는 의미이므로, 정답은 (B)가 된다.

어휘 | 鍵(かぎ)をかける 열쇠를 잠그다[채우다]
仕舞(しま)う 치우다, 챙기다　全員(ぜんいん) 전원
〜ようにする 〜하도록 하다　〜ておく 〜해 놓다[두다]

88 新しいプリンターを使用するには、どうしますか。
(A) システム課にメールする。
(B) 書類に個人情報を記入する。
(C) 事務課に使用の許可をもらう。
(D) パソコンに機械情報を加える。

88 새 프린터를 사용하려면 어떻게 합니까?
(A) 시스템과에 메일을 보낸다.
(B) 서류에 개인정보를 기입한다.
(C) 사무과에 사용 허가를 받는다.
(D) 컴퓨터에 기계 정보를 추가한다.

해설 | 후반부에서 새 프린터를 사용하기 위해서는 사전에 컴퓨터에 기계 정보를 추가할 필요가 있다고 했으므로, 정답은 (D)가 된다. 또한 마지막 문장에서 추가 방법에 대한 메일을 보내는 것은 사용자가 아니라 사무측이라는 것을 알 수 있으므로, (A)는 답이 될 수 없다.

어휘 | 使用(しよう) 사용　システム 시스템
〜課(か) (관청·회사 등의 사무 조직상 소구분의) 〜과
個人(こじん) 개인　記入(きにゅう) 기입　許可(きょか) 허가
加(くわ)える 더하다, 추가하다

89~91 전철 안내 방송

東京鉄道をご利用いただきましてありがとうございます。**89**本日は、雨で足元が滑りやすくなっておりますので、ご注意ください。ご乗車の電車は美術大学前駅行きです。国立博物館にお越しの方は、次の動物公園駅で向かいの2番線の電車にお乗り換えください。**90**中央病院へ

お越しの方は動物公園駅から無料のバスが出ておりますので、そちらをご利用ください。**91**また、停車駅の改札口には、暮らしに役立つ地域ガイドが置いてありますので、どうぞご自由にお持ちください。

도쿄철도를 이용해 주셔서 감사합니다. **89**오늘은 비 때문에 발밑이 미끄러지기 쉽게 되어 있으니 주의해 주십시오. 승차하신 전철은 미술대학앞역 행입니다. 국립박물관에 가시는 분은 다음 동물공원역에서 맞은편 2번선 전철로 갈아타 주십시오. **90**중앙병원으로 가시는 분은 동물공원역에서 무료 버스가 나와 있으니 그 버스를 이용해 주십시오. **91**또한 정차역 개찰구에는 생활에 도움이 되는 지역 가이드가 놓여 있으니 아무쪼록 자유롭게 가져가십시오.

어휘 | 東京(とうきょう) 도쿄　鉄道(てつどう) 철도
ご+한자명사+いただく (남에게) 〜해 받다, (남이) 〜해 주다 *겸양표현　利用(りよう) 이용
本日(ほんじつ) 금일, 오늘 *「今日(きょう)」의 격식 차린 말
雨(あめ) 비　足元(あしもと) 발밑　滑(すべ)る 미끄러지다
동사의 ます형+やすい 〜하기 쉽다[편하다]
〜ておる 〜어 있다 *「〜ている」의 겸양표현
ご+한자명사+ください 〜해 주십시오, 〜하십시오 *존경표현
注意(ちゅうい) 주의, 조심　乗車(じょうしゃ) 승차
電車(でんしゃ) 전철　美術(びじゅつ) 미술
大学(だいがく)(교) 대학　前(まえ) 앞　駅(えき) 역　〜行(ゆ)き 〜행
国立(こくりつ) 국립　博物館(はくぶつかん) 박물관
お越(こ)し 가심, 오심 *「行(い)くこと」(가는 것), 「来(く)ること」(오는 것)의 존경어　次(つぎ) 다음
動物(どうぶつ) 동물　公園(こうえん) 공원　向(む)かい 맞은편
〜番線(ばんせん) 〜번선 *역의 번호를 붙인 플랫폼 쪽의 선로
お+동사의 ます형+ください 〜해 주십시오, 〜하십시오 *존경표현
乗(の)り換(か)える 갈아타다, 환승하다　中央(ちゅうおう) 중앙
病院(びょういん) 병원　無料(むりょう) 무료　バス 버스
出(で)る 나오다　そちら 그것, 그쪽 것
停車駅(ていしゃえき) 정차역　改札口(かいさつぐち) 개찰구
暮(く)らし 생활　役立(やくだ)つ 도움이 되다
地域(ちいき) 지역　ガイド 가이드　置(お)く 놓다, 두다
타동사+てある 〜어 있다 *상태표현　どうぞ 아무쪼록, 부디
自由(じゆう)だ 자유롭다　持(も)つ 가지다, 들다

89 電車の放送では、客にどんな注意をしていますか。
(A) 床で滑らないように
(B) 傘の忘れ物をしないように
(C) 落し物は駅係員に渡すように
(D) 乗り換えの時は走らないように

89 전철 방송에서는 손님에게 어떤 주의를 하고 있습니까?
(A) 바닥에서 미끄러지지 않도록
(B) 우산을 두고 내리지 않도록
(C) 분실물은 역무원에게 건네주도록
(D) 갈아탈 때는 뛰지 않도록

해설 | 두 번째 문장에서 오늘은 비 때문에 발밑이 미끄러지기 쉽게 되

어 있으니 주의해 달라고 했으므로, 정답은 (A)가 된다.

어휘 | 放送(ほうそう) 방송　客(きゃく) 손님　床(ゆか) 바닥
～ないように ～하지 않도록　傘(かさ) 우산
忘(わす)れ物(もの) (잊고) 두고 온 물건 *「忘(わす)れ物(もの)をする」- 물건을 두고 내리다
落(お)とし物(もの) 분실물　駅係員(えきかかりいん) 역무원
渡(わた)す 건네다, 건네주다　乗(の)り換(か)え 갈아탐, 환승
走(はし)る 달리다, 뛰다

90 中央病院には、どうやって行きますか。
(A) 地下鉄に乗り換える。
(B) 美術大学前駅から歩いて行く。
(C) 動物公園駅で2番線の電車に乗る。
(D) 動物公園駅から無料のバスに乗る。

90 중앙병원에는 어떻게 갑니까?
(A) 지하철로 갈아탄다.
(B) 미술대학앞역에서 걸어서 간다.
(C) 동물공원역에서 2번선 전철을 탄다.
(D) 동물공원역에서 무료 버스를 탄다.

해설 | 중반부에서 '중앙병원으로 가시는 분은 동물공원역에서 무료 버스가 나와 있으니 그 버스를 이용해 주십시오'라고 했다. 따라서 정답은 (D)가 된다.

어휘 | どうやって 어떻게 (해서)　地下鉄(ちかてつ) 지하철
歩(ある)く 걷다　乗(の)る (탈것에) 타다

91 停車駅の改札口には、何が置いてありますか。
(A) 博物館の割引券
(B) 東京鉄道の企業案内
(C) 地域情報のガイドブック
(D) 動物公園のパンフレット

91 정차역 개찰구에는 무엇이 놓여 있습니까?
(A) 박물관 할인권
(B) 도쿄철도의 기업 안내
(C) 지역 정보의 가이드북
(D) 동물공원의 팸플릿

해설 | 마지막 문장에서 정차역 개찰구에는 생활에 도움이 되는 지역 가이드가 놓여 있다고 했다. 따라서 정답은 지역 정보의 가이드북이라고 한 (C)가 된다.

어휘 | 割引券(わりびきけん) 할인권　企業(きぎょう) 기업
案内(あんない) 안내　ガイドブック 가이드북
パンフレット 팸플릿

92~94 스포츠 시설 개장

92来月、市民センターの正面に、市民の皆さんが利用できるスポーツ施設がオープンします。施設内には、様々な運動器具があり、屋外には広々とした芝生のサッカー場や、テニスコート

もあります。93施設利用料は、大人500円、未成年の方は250円となっております。また、60歳以上の皆さんには、年齢に応じて割引が適用されます。更に、お得な回数券もあります。94詳しくは市民センターのホームページをご覧ください。

92다음 달에 시민센터 정면에 시민 여러분이 이용할 수 있는 스포츠 시설이 오픈합니다. 시설 안에는 여러 가지 운동기구가 있고 옥외에는 널찍한 잔디밭의 축구장과 테니스 코트도 있습니다. 93시설 이용료는 어른 500엔, 미성년인 분은 250엔입니다. 또한 60세 이상의 여러분에게는 연령에 따라 할인이 적용됩니다. 또한 이득인 회수권도 있습니다. 94상세한 것은 시민센터 홈페이지를 봐 주십시오.

어휘 | 来月(らいげつ) 다음 달　市民(しみん) 시민
センター 센터　正面(しょうめん) 정면　皆(みな)さん 여러분
利用(りよう) 이용　スポーツ 스포츠　施設(しせつ) 시설
オープン 오픈　～内(ない) ~안, ~내
様々(さまざま)だ 다양하다, 여러 가지다　運動(うんどう) 운동
器具(きぐ) 기구　屋外(おくがい) 옥외, 집 또는 건물의 밖
広々(ひろびろ)とした 널찍한　芝生(しばふ) 잔디밭
サッカー場(じょう) 축구장　テニスコート 테니스 코트
利用料(りようりょう) 이용료　大人(おとな) 어른
未成年(みせいねん) 미성년　～歳(さい) ~세, ~살
以上(いじょう) 이상　年齢(ねんれい) 연령, 나이
～に応(おう)じて ~에 응해, ~에 따라, ~에 적합하게
割引(わりびき) 할인　適用(てきよう) 적용
更(さら)に 그에 덧붙여서, 또한　得(とく)だ 이득이다
回数券(かいすうけん) 회수권　詳(くわ)しい 상세하다, 자세하다
ホームページ 홈페이지
ご覧(らん) 보심 *「見(み)ること」(보는 것)의 존경어

92 スポーツ施設は、どこにオープンしますか。
(A) テニスコートの前
(B) サッカー場の隣
(C) 市民センターの前
(D) 市民センターの隣

92 스포츠 시설은 어디에 오픈합니까?
(A) 테니스 코트 앞
(B) 축구장 옆
(C) 시민센터 앞
(D) 시민센터 옆

해설 | 첫 번째 문장에서 다음 달에 시민센터 정면에 스포츠 시설이 오픈한다고 했으므로, 정답은 (C)가 된다.

어휘 | 前(まえ) 앞　隣(となり) 옆

93 施設利用料について、何と言っていますか。
(A) 60歳以上は無料で利用できる。
(B) 未成年者は割引券が使える。
(C) 回数券は利用できない。

159

(D) 年齢(ねんれい)によって料金(りょうきん)が違(ちが)う。

93 시설 이용료에 대해서 뭐라고 말하고 있습니까?
(A) 60세 이상은 무료로 이용할 수 있다.
(B) 미성년자는 할인권을 사용할 수 있다.
(C) 회수권은 이용할 수 없다.
(D) 연령에 따라 요금이 다르다.

해설 | 시설 이용료는 어른 500엔, 미성년자는 250엔, 60세 이상은 연령에 따라 다른 할인율이 적용된다고 했다. 즉, 연령에 따라 요금에 차이가 있다는 것을 알 수 있으므로, 정답은 (D)가 된다. 60세 이상은 할인을 해 주기는 하지만 무료 입장은 아니므로 (A)는 틀린 설명이다. 또한 할인권에 대한 내용은 나오지 않고, 이득이 되는 회수권도 있다고 안내하고 있으므로, (B)와 (C) 역시 답이 될 수 없다.

어휘 | 割引券(わりびきけん) 할인권
〜によって 〜에 의해서[따라서] 違(ちが)う 다르다

94 詳細(しょうさい)を知(し)りたい場合(ばあい)は、どうしますか。
(A) スポーツ施設(しせつ)のサイトを見(み)る。
(B) 市民(しみん)センターのサイトを見(み)る。
(C) 指導員(しどういん)に確認(かくにん)する。
(D) 市民(しみん)センターの係員(かかりいん)に確認(かくにん)する。

94 자세한 내용을 알고 싶은 경우에는 어떻게 합니까?
(A) 스포츠 시설 사이트를 본다.
(B) 시민센터 사이트를 본다.
(C) 지도원에게 확인한다.
(D) 시민센터 담당자에게 확인한다.

해설 | 마지막 문장에서 '상세한 것은 시민센터 홈페이지를 봐 주십시오'라고 안내하고 있으므로, 정답은 (B)가 된다.

어휘 | 詳細(しょうさい) 상세, 자세한 내용 サイト 사이트
指導員(しどういん) 지도원 確認(かくにん) 확인
係員(かかりいん) 담당자 確認(かくにん) 확인

95~97 태풍 피해 상황 및 경로

次(つぎ)のニュースです。昨日(きのう)、大型(おおがた)の台風(たいふう)の影響(えいきょう)で、日本各地(にほんかくち)に被害(ひがい)がありました。95特(とく)に関東(かんとう)地方(ちほう)では山側(やまがわ)の地域(ちいき)を中心(ちゅうしん)に、昨晩(さくばん)から明(あ)け方(がた)まで雨(あめ)が激(はげ)しく降(ふ)り続(つづ)き、川(かわ)から水(みず)が溢(あふ)れました。この影響(えいきょう)で多(おお)くの家屋(かおく)が損害(そんがい)を受(う)け、家具(かぐ)や日用品(にちようひん)、車(くるま)などが流(なが)されました。96川沿(かわぞ)いの地域(ちいき)では、電気(でんき)や水道(すいどう)が利用(りよう)できず、現在(げんざい)も一部(いちぶ)の住民(じゅうみん)が避難(ひなん)せざるを得(え)ない状況(じょうきょう)です。97台風(たいふう)の勢(いきお)いは弱(よわ)まってきているものの、今(いま)も強(つよ)い雨(あめ)や風(かぜ)を伴(ともな)って東北(とうほく)地方(ちほう)に接近(せっきん)しており、海側(うみがわ)の地域(ちいき)では今夜(こんや)から明日(あす)にかけて、水害(すいがい)などが発生(はっせい)する恐(おそ)れがあります。

다음 뉴스입니다. 어제 대형 태풍의 영향으로 일본 각지에서 피해가 있었습니다. 95특히 간토 지방에서는 산 쪽 지역을 중심으로 어젯밤부터 새벽까지 비가 세차게 오랫동안 계속 내려 강에서 물이 범람했습니다. 이 영향으로 많은 가옥이 손상을 입어, 가구와 일용품, 자동차 등이 떠내려갔습니다. 96강가 지역에서는 전기나 수도를 이용할 수 없고, 현재도 일부 주민이 피난하지 않을 수 없는 상황입니다. 97태풍의 기세는 약해지고 있지만, 지금도 강한 비와 바람을 동반해 도호쿠 지방으로 접근하고 있으니, 바다 쪽 지역에서는 오늘 밤부터 새벽에 걸쳐서 수해 등이 발생할 우려가 있습니다.

어휘 | 次(つぎ) 다음 ニュース 뉴스 昨日(きのう) 어제
大型(おおがた) 대형 台風(たいふう) 태풍 影響(えいきょう) 영향
各地(かくち) 각지 被害(ひがい) 피해 特(とく)に 특히
関東地方(かんとうちほう) 간토 지방 *도쿄, 요코하마를 중심으로 한 지방 山側(やまがわ) 산 쪽 地域(ちいき) 지역
〜を中心(ちゅうしん)に 〜을 중심으로
昨晩(さくばん) 어젯밤 *「昨夜(ゆうべ)」보다 공손한 말씨
〜から〜まで 〜부터 〜까지 明(あ)け方(がた) 새벽
雨(あめ) 비 激(はげ)しい 심하다, 격심하다
降(ふ)り続(つづ)く 오랫동안 계속 내리다 川(かわ) 강
水(みず) 물 溢(あふ)れる (물이) 넘쳐흐르다 多(おお)く 많음
家屋(かおく) 가옥 損害(そんがい) 손상, 파손
受(う)ける 받다, 입다 家具(かぐ) 가구
日用品(にちようひん) 일용품 車(くるま) 자동차
流(なが)す 떠내려 보내다, 유실시키다 川沿(かわぞ)い 강가
電気(でんき) 전기 水道(すいどう) 수도 利用(りよう) 이용
〜ず(に) 〜하지 않고[말고] 現在(げんざい) 현재
一部(いちぶ) 일부 住民(じゅうみん) 주민 避難(ひなん) 피난
동사의 ない형+ざるを得(え)ない 〜하지 않을 수 없다 *「〜する」의 경우에는 「〜せざるを得(え)ない」의 형태로 씀
状況(じょうきょう) 상황 勢(いきお)い 기세
弱(よわ)まる 약해지다 〜ものの 〜이지만 強(つよ)い 강하다
風(かぜ) 바람 伴(ともな)う 동반하다
東北地方(とうほくちほう) 도호쿠 지방 *일본 혼슈 동북부에 있는 아오모리현, 이와테현, 미야기현, 아키타현, 야마가타현, 후쿠시마현의 6현을 말함 接近(せっきん) 접근 海側(うみがわ) 바다 쪽
今夜(こんや) 오늘 밤 〜から〜にかけて 〜부터 〜에 걸쳐서
明日(あす) 내일 (=明日(あした)) 水害(すいがい) 수해
発生(はっせい) 발생 〜恐(おそ)れがある 〜할 우려가 있다

95 台風(たいふう)の被害(ひがい)が一番(いちばん)大(おお)きかったのは、どこですか。
(A) 関東(かんとう)地方(ちほう)の山側(やまがわ)
(B) 関東(かんとう)地方(ちほう)の海側(うみがわ)
(C) 東北(とうほく)地方(ちほう)の山側(やまがわ)
(D) 東北(とうほく)地方(ちほう)の海側(うみがわ)

95 태풍 피해가 가장 컸던 것은 어디입니까?
(A) 간토 지방 산 쪽
(B) 간토 지방 바다 쪽
(C) 도호쿠 지방 산 쪽
(D) 도호쿠 지방 바다 쪽

해설 | 뉴스에서 태풍 피해 소식을 알리고 있다. 두 번째 문장에서 특히 간토 지방의 산 쪽 지역을 중심으로 가옥과 자동차 등에 큰 피해가 있었다고 했으므로, 정답은 (A)가 된다. (B)는 '바다 쪽' 부분이 잘못되었고,

(C)와 (D)의 '도호쿠 지방'은 앞으로의 피해가 우려되는 지역이므로 답이 될 수 없다.

어휘 | 一番(いちばん) 가장 大(おお)きい 크다

96 川沿(かわぞ)いの地域(ちいき)は、どのような状況(じょうきょう)でしたか。
(A) 全(すべ)ての住民(じゅうみん)が避難(ひなん)した。
(B) 多(おお)くの住居(じゅうきょ)が流(なが)された。
(C) 停電(ていでん)や断水(だんすい)が起(お)きた。
(D) 交通機関(こうつうきかん)がストップした。

96 강가 지역은 어떠한 상황이었습니까?
(A) 모든 주민이 피난했다.
(B) 많은 집이 떠내려갔다.
(C) 정전이나 단수가 발생했다.
(D) 교통기관이 멈췄다.

해설 | 중반부에서 강가 지역에서는 전기나 수도를 이용할 수 없고, 현재도 일부 주민이 피난하지 않을 수 없는 상황이라고 했다. 따라서 정답은 (C)로, 본문의 「電気(でんき)や水道(すいどう)が利用(りよう)できず」(전기나 수도를 이용할 수 없고) 부분을 「停電(ていでん)」(정전), 「断水(だんすい)」(단수)로 바꿔 표현했다.

어휘 | 全(すべ)て 모두 住民(じゅうみん) 주민
住居(じゅうきょ) 주거, 집 起(お)きる 일어나다, 발생하다
交通機関(こうつうきかん) 교통기관 ストップ 스톱, 멈춤

97 今(いま)の台風(たいふう)の状況(じょうきょう)について、正(ただ)しいものはどれですか。
(A) 東北地方(とうほくちほう)を通過(つうか)している。
(B) 日本列島(にほんれっとう)から離(はな)れ始(はじ)めている。
(C) ますます勢力(せいりょく)が発達(はったつ)している。
(D) 勢力(せいりょく)が弱(よわ)くなりつつある。

97 지금의 태풍 상황에 대해서 맞는 것은 어느 것입니까?
(A) 도호쿠 지방을 통과하고 있다.
(B) 일본 열도로부터 벗어나기 시작하고 있다.
(C) 점점 세력이 발달하고 있다.
(D) 세력이 약해지고 있다.

해설 | 마지막 문장에서 태풍의 기세는 약해지고 있지만, 지금도 강한 비와 바람을 동반해 도호쿠 지방으로 접근하고 있다면서 주의를 당부하고 있다. 선택지 중 이와 맞는 것은 세력이 계속 약해지고 있다고 한 (D) 뿐이다.

어휘 | 通過(つうか) 통과 列島(れっとう) 열도
離(はな)れる (장소를) 떠나다, 벗어나다
동사의 ます형+始(はじ)める ~하기 시작하다 ますます 점점
勢力(せいりょく) 세력 発達(はったつ) 발달 弱(よわ)い 약하다
동사의 ます형+つつある ~하고 있다

98~100 영화 상영관 변경 안내

14時開始(じゅうよじかいし)予定(よてい)の映画(えいが)「星(ほし)の街(まち)」のチケットをご購入(こうにゅう)の方(かた)にご案内(あんない)いたします。98現在(げんざい)、上映予

定(てい)のスクリーン3にて、音響設備(おんきょうせつび)に不具合(ふぐあい)が生(しょう)じており、復旧(ふっきゅう)までに時間(じかん)がかかる見込(みこ)みです。そのため誠(まこと)に勝手(かって)ながら、スクリーン1に変更(へんこう)させていただきます。99なお、スクリーン1は只今(ただいま)清掃中(せいそうちゅう)のため、入場(にゅうじょう)までもう少(すこ)しお時間(じかん)がかかります。100お急(いそ)ぎの方(かた)はチケット代(だい)を返還(へんかん)させていただきますので、フロントにお尋(たず)ねください。引(ひ)き続(つづ)きお待(ま)ちいただける方(かた)には、お飲(の)み物(もの)のサービス券(けん)を進呈(しんてい)いたします。ご希望(きぼう)の方(かた)は、従業員(じゅうぎょういん)までお申(もう)し出(で)ください。

14시 시작 예정인 영화 '별의 거리' 티켓을 구입하신 분께 안내드립니다. 98현재 상영 예정인 스크린 3에서 음향 설비에 결함이 생겨 복구까지 시간이 걸릴 전망입니다. 그래서 참으로 외람되오나, 스크린 1로 변경합니다. 99또한 스크린 1은 현재 청소 중이기 때문에 입장까지 조금 더 시간이 걸립니다. 100급한 분은 티켓비를 반환하겠사오니 프런트에 문의해 주십시오. 계속해서 기다려 주실 수 있는 분께는 음료 서비스권을 드립니다. 희망하시는 분은 종업원에게 말씀해 주십시오.

어휘 | 開始(かいし) 개시, 시작 予定(よてい) 예정
映画(えいが) 영화 星(ほし) 별 街(まち) 거리
チケット 티켓 購入(こうにゅう) 구입
ご+한자명사+いたす ~하다, ~해 드리다 *겸양표현
案内(あんない) 안내 現在(げんざい) 현재 上映(じょうえい) 상영
スクリーン 스크린 ~にて ~에서 音響(おんきょう) 음향
設備(せつび) 설비 不具合(ふぐあい) 상태가 안 좋음, 결함
生(しょう)じる 일어나다, 발생하다, 생기다
復旧(ふっきゅう) 복구 時間(じかん) 시간 かかる (시간이) 걸리다
見込(みこ)み 전망, 예상 誠(まこと)に 참으로, 대단히
勝手(かって)だ 제멋대로[마음대로]이다 変更(へんこう) 변경
~(さ)せていただく ~(하)다 *겸양표현 なお 덧붙여 말하면, 또한
只今(ただいま) (바로) 지금, 현재 清掃(せいそう) 청소
~中(ちゅう) ~중 入場(にゅうじょう) 입장
もう少(すこ)し 조금 더 急(いそ)ぎ 급함 方(かた) 분
チケット代(だい) 티켓비 返還(へんかん) 반환 フロント 프런트
お+동사의 ます형+ください ~해 주십시오, ~하십시오 *존경표현
尋(たず)ねる 묻다 引(ひ)き続(つづ)き 계속해서
お+동사의 ます형+いただく (남에게) ~해 받다, (남이) ~해 주시다
*「~てもらう」((남에게) ~해 받다, (남이) ~해 주다)의 겸양표현
待(ま)つ 기다리다 飲(の)み物(もの) 음료
サービス券(けん) 서비스권 進呈(しんてい) 진정, 증정, 드림
希望(きぼう) 희망 従業員(じゅうぎょういん) 종업원
~まで ~에게 申(もう)し出(で)る 자청해서 말하다

98 スクリーンを変更(へんこう)したのは、どうしてですか。
(A) 掃除(そうじ)をしている最中(さいちゅう)だから
(B) 前(まえ)に上映(じょうえい)した映画(えいが)が長引(ながび)いたから
(C) 映像設備(えいぞうせつび)の点検(てんけん)が必要(ひつよう)だったから
(D) 音響(おんきょう)システムに問題(もんだい)があったから

98 스크린을 변경한 것은 어째서입니까?
    (A) 한창 청소를 하고 있는 중이기 때문에
    (B) 앞에 상영한 영화가 길어졌기 때문에
    (C) 영상 설비의 점검이 필요했기 때문에
    (D) 음향 시스템에 문제가 있었기 때문에

해설 | 초반부에서 상영 예정이었던 스크린 3에서 음향 설비에 문제가 생겨 상영관을 스크린 1로 변경한다고 했다. 따라서 정답은 음향 시스템에 문제가 있었기 때문이라고 한 (D)가 된다.

어휘 | ~最中(さいちゅう) 한창 ~중
前(まえ) (시간적인) 앞, (이)전 長引(ながび)く 오래 끌다, 지연되다
点検(てんけん) 점검 必要(ひつよう)だ 필요하다
問題(もんだい) 문제

99 スクリーン1は現在、どのような状況ですか。
    (A) 掃除中のため、入場できない。
    (B) 設備に問題が発生している。
    (C) 他の映画を上映している。
    (D) 新しい音響設備に入れ替えている。

99 스크린 1은 현재 어떠한 상황입니까?
    (A) 청소 중이기 때문에 입장할 수 없다.
    (B) 설비에 문제가 발생했다.
    (C) 다른 영화를 상영하고 있다.
    (D) 새 음향 설비로 교체하고 있다.

해설 | 중반부에서 스크린 1은 현재 청소 중이므로 입장까지 조금 더 시간이 걸린다고 했다. 따라서 정답은 본문의 「清掃(せいそう)」(청소)를 「掃除(そうじ)」(청소)로 바꿔 표현한 (A)가 된다.

어휘 | 現在(げんざい) 현재 発生(はっせい) 발생
新(あたら)しい 새롭다 入(い)れ替(か)える 교체하다, 갈아 넣다

100 急いでいる客には、どう対処しますか。
    (A) 映画鑑賞券を無料で渡す。
    (B) 飲み物の無料券を配布する。
    (C) 映画の代金を払い戻す。
    (D) 売店の割引券を進呈する。

100 급한 손님에게는 어떻게 대처합니까?
    (A) 영화 감상권을 무료로 건네준다.
    (B) 음료 무료권을 배포한다.
    (C) 영화값을 환불한다.
    (D) 매점 할인권을 증정한다.

해설 | 음향 설비 고장으로 급하게 스크린 1로 상영관을 교체했지만, 공교롭게도 지금 청소 중이라 제시간에 영화를 관람할 수 없게 된 상황이다. 그래서 급한 용무가 있어서 기다릴 수 없는 사람에게는 티켓비를 반환해 주겠다고 했으므로, 정답은 (C)가 된다.

어휘 | 鑑賞券(かんしょうけん) 감상권 無料(むりょう) 무료
渡(わた)す 건네다, 건네주다 無料券(むりょうけん) 무료권
配布(はいふ) 배포 代金(だいきん) 대금, 값
払(はら)い戻(もど)す 환불하다 売店(ばいてん) 매점
割引券(わりびきけん) 할인권

101 い형용사 발음 찾기

도로에 흰 꽃이 피어 있다.

해설 | 「白い」는 '희다, 하얗다'라는 뜻의 い형용사로, (C)의 「しろい」라고 읽는다.

어휘 | 道路(どうろ) 도로 花(はな) 꽃 咲(さ)く (꽃이) 피다
きいろ(黄色)い 노랗다

102 2자 한자 발음 찾기

인간은 외견보다 내면이 중요하다.

해설 | 「内面」은 '내면'이라는 뜻의 명사로, (A)의 「ないめん」이라고 읽는다.

어휘 | 人間(にんげん) 인간 外見(がいけん) 외견, 외관, 겉보기
~より ~보다 大切(たいせつ)だ 중요하다 たいけん(体験) 체험

103 2자 한자 발음 찾기

집이 술집을 하고 있는 덕분에 여러 가지 종류의 술을 마신 적이 있다.

해설 | 「酒屋」은 '술집'이라는 뜻의 명사로, (A)의 「さかや」라고 읽는다.

어휘 | 家(いえ) 집 やる 하다 ~おかげで ~덕분에
色(いろ)んな 여러 가지, 갖가지 種類(しゅるい) 종류
酒(さけ) 술 飲(の)む (술을) 마시다
동사의 た형+ことがある ~한 적이 있다

104 2자 한자 발음 찾기

최근에는 지역을 불문하고 자동차 연료가 값이 오르고 있다.

해설 | 「燃料」는 '연료'라는 뜻의 명사로, (B)의 「ねんりょう」라고 읽는다.

어휘 | 最近(さいきん) 최근, 요즘 地域(ちいき) 지역
~を問(と)わず ~을 불문하고 車(くるま) 자동차
値上(ねあ)がり 가격 인상, 값이 오름 ざいりょう(材料) 재료
ぜんか(前科) (법률) 전과 しょうか(消化) 소화

105 2자 한자 발음 찾기

'경구(敬具)'란 편지 등의 마지막에 쓰는 말입니다.

해설 | 「敬具」는 '경구('삼가 아뢴다'라는 뜻으로 한문 투의 편지 끝에 쓰는 말)'라는 뜻의 명사로, (D)의 「けいぐ」라고 읽는다.

어휘 | ~とは ~라고 하는 것은, ~란 *정의 手紙(てがみ) 편지
~など ~등 最後(さいご) 최후, 마지막
用(もち)いる 쓰다, 사용하다 言葉(ことば) 말
けんかい(見解) 견해 けいかい(警戒) 경계

106 1자 한자 발음 찾기

후보 중에서 가장 많은 표를 획득한 사람이 의원으로 뽑힙니다.

해설 | 「票」는 '표'라는 뜻의 명사로, (A)의 「ひょう」라고 읽는다.

어휘 | 候補(こうほ) 후보 ~中(なか) ~중 最(もっと)も 가장, 제일
多(おお)い 많음 獲得(かくとく) 획득 者(もの) 자, 사람
議員(ぎいん) 의원 選(えら)ぶ 뽑다, 선발하다
みょう(妙) 묘함, 이상함 しょう(賞) 상 びょう(秒) 초 *시간의 단위

107 な형용사 발음 찾기

형은 섬세한 사람이지만 남동생은 조금 대담한 성격이다.

해설 | 「大胆」은 '대담함'이라는 뜻의 な형용사로, (D)의 「だいたん」이라고 읽는다.

어휘 | 兄(あに) 형, 오빠 繊細(せんさい)だ 섬세하다
弟(おとうと) 남동생 少(すこ)し 조금 性格(せいかく) 성격
たいなん(台南) 타이난 *대만 남서연안에 있는 가장 오래된 도시
だいなん(大難) 대난, 큰 재난

108 동사 한자 찾기

익숙하지 않은 일은 선배에게 의지하고 있다.

해설 | 「たよる」는 '의지하다'라는 뜻의 동사로, 한자로는 (D)의 「頼る」라고 쓴다.

어휘 | 慣(な)れる 익숙해지다 仕事(しごと) 일
先輩(せんぱい) 선배 失(うしな)う 잃다
寄(よ)る 접근하다, 다가가다 建(た)つ (건물이) 서다

109 명사 한자 찾기

우천에 의해 결승전은 연기되었다.

해설 | 「えんき」는 '연기, 예정 기일을 뒤로 미룸'이라는 뜻의 명사로, 한자로는 (A)의 「延期」라고 쓴다.

어휘 | 雨天(うてん) 우천, 비가 내리는 날씨
~により ~에 의해[따라] 決勝戦(けっしょうせん) 결승전
演技(えんぎ) (배우의) 연기

110 명사 한자 찾기

그녀는 의회에서 핵심에 다가가는 질문을 했다.

해설 | 선택지에는 「かくしん」이라고 읽는 명사가 두 개 있다. (A)의 「隔心」(격심, 격의)과 (B)의 「核心」(핵심)인데, 문맥상 '사물의 가장 중심이 되는 부분'이라는 뜻을 지닌 한자어가 와야 하므로, 정답은 (B)가 된다.

어휘 | 議会(ぎかい) 의회 迫(せま)る 다가오다, 다가가다
質問(しつもん) 질문

111 대체표현 찾기

늦잠을 잤기 때문에 약속 시간을 1시간 늦춰 주시지 않겠어요?
(A) 어제 늦게 잤기
(B) 밤에 전혀 잘 수 없었기
(C) 예정 시간보다 늦게 일어났기
(D) 기분 좋게 잘 수 있었기

해설 | 「寝坊(ねぼう)する」는 '늦잠을 자다'라는 뜻으로, 선택지 중 바꿔 쓸 수 있는 것은 (C)의 「予定(よてい)の時間(じかん)より遅(おそ)く起(お)きた」(예정 시간보다 늦게 일어났기)이다.

어휘 | 待(ま)ち合(あ)わせ (약속하여) 만나기로 함
時間(じかん) 시간 遅(おく)らせる 늦추다
~ていただけませんか (남에게) ~해 받을 수 없습니까?, (남이) ~해 주시지 않겠습니까? *「~てもらえませんか」((남에게) ~해 받을 수 없습니까?, (남이) ~해 주지 않겠습니까?)의 겸양표현
昨日(きのう) 어제 遅(おそ)い (밤이) 늦다 寝(ね)る 자다

夜(よる) 밤　全(まった)く (부정어 수반) 전혀
眠(ねむ)る 자다, 잠자다, 잠들다　予定(よてい) 예정
起(お)きる 일어나다, 기상하다　気持(きも)ち良(よ)い 기분 좋다

112 대체표현 찾기
남동생은 메일을 읽자마자 울기 시작했다.
(A) 읽었던 탓에
(B) 읽었다고 해도
(C) 읽었기 때문인지
(D) 읽자마자

해설 | 「〜てすぐに」는 '〜하고 바로, 〜하자마자'라는 뜻으로, 앞의 동작이 끝나고 거의 동시에 다음 동작이 일어남을 나타내는 표현이다. 선택지 중 바꿔 쓸 수 있는 것은 (D)의 「동사의 た형+とたん」(〜하자마자)으로, (A)의 「〜せいで」는 '〜탓에', (B)의 「〜としても」는 '〜라고 해도', (C)의 「〜だからか」는 '〜이어서 그런지'라는 뜻이다.

어휘 | 弟(おとうと) (자신의) 남동생　メール 메일　読(よ)む 읽다
泣(な)く 울다　동사의 ます형+出(だ)す 〜하기 시작하다

113 대체표현 찾기
이 앞의 막다른 곳에 집이 있습니다.
(A) 갑자기 넓어진 곳
(B) 맨 처음의 길모퉁이
(C) 안쪽의 막다른 곳
(D) 출입구

해설 | 「突(つ)き当(あ)たり」는 '막다른 곳'이라는 뜻으로, 선택지 중 바꿔 쓸 수 있는 것은 (C)의 「奥(おく)の行(ゆ)き止(ど)まり」(안쪽의 막다른 곳)이다. 「奥(おく)」는 '(깊숙한) 속, 안', 「行(ゆ)き止(ど)まり」는 '막다름, 또는 그런 곳'이라는 뜻이다.

어휘 | 先(さき) 앞, 전방　家(いえ) 집　急(きゅう)に 갑자기
広(ひろ)がる 넓어지다　所(ところ) 곳, 장소
最初(さいしょ) 최초, 맨 처음　曲(ま)がり角(かど) 길모퉁이
出入(でい)り口(ぐち) 출입구

114 대체표현 찾기
료스케 군은 아직 초등학생인데도 말투가 어른스럽다.
(A) 이지만
(B) 인 만큼
(C) 과 마찬가지로
(D) 인 체하는

해설 | 「〜のに」는 '〜는데(도)'라는 역접의 뜻을 나타내는 접속조사이다. 선택지 중 바꿔 쓸 수 있는 것은 (A)의 「〜ながらも」로, '〜이지만, 〜이면서도'라는 뜻이다. 참고로, 「〜のに」(〜는데(도))가 명사에 접속할 때는 「명사+な+のに」의 형태를 취한다.

어휘 | 〜君(くん) 〜군　まだ 아직
小学生(しょうがくせい) 초등학생
言葉遣(ことばづか)い 말씨, 말투
大人(おとな)びる 어른스러워지다　〜だけに 〜인 만큼
〜と同様(どうよう)に 〜와 마찬가지로　〜ぶる 〜인 체하다

115 대체표현 찾기
저렇게 제멋대로 구는 사람, 너에게는 어울리지 않아.
(A) 대응이 냉담해
(B) 어울리지 않아
(C) 거역할 수 없어

(D) 이상적이야

해설 | 「似合(にあ)わない」는 '어울리다'라는 뜻의 동사 「似合(にあ)う」의 부정형으로, '어울리지 않다'라는 뜻이다. 선택지 중 바꿔 쓸 수 있는 것은 (B)의 「釣(つ)り合(あ)わない」(어울리지 않다)로, 「釣(つ)り合(あ)う」(어울리다)의 부정형이다.

어휘 | あんなに 저렇게(나), 그렇게(나)　自分勝手(じぶんかって)だ 제멋대로이다
君(きみ) 너, 자네　対応(たいおう) 대응
冷(つめ)たい 차다, 냉정[냉담]하다　逆(さか)らう 거역하다, 거스르다
理想的(りそうてき)だ 이상적이다

116 대체표현 찾기
시합이 고조되었을 때에 선수 한 명이 다쳤다.
(A) 몹시 격렬해졌을
(B) 뭔가가 부족해졌을
(C) 우세해졌을
(D) 반칙이 빈발해졌을

해설 | 「盛(も)り上(あ)がってきた」(고조되었을)에서 「盛(も)り上(あ)がる」는 '(기세·분위기 등이) 고조되다'라는 뜻의 동사이다. 선택지 중 바꿔 쓸 수 있는 것은 (A)의 「白熱(はくねつ)してきた」(몹시 격렬해졌을)로, 「白熱(はくねつ)」는 '격렬'이라는 뜻이다.

어휘 | 試合(しあい) 시합　選手(せんしゅ) 선수
1人(ひとり) 한 사람, 한 명　怪我(けが)をする 부상을 입다, 다치다
物足(ものた)りない 약간 부족하다　優勢(ゆうせい) 우세
反則(はんそく) 반칙　頻発(ひんぱつ) 빈발

117 「で」의 용법 구분
매일 버스로 회사에 가고 있습니다.
(A) 태풍으로 창문이 깨져 버렸습니다.
(B) 어린 아이가 혼자서 공원에 있습니다.
(C) 입구에서 코트를 벗어 주십시오.
(D) 사전으로 한자를 찾고 있습니다.

해설 | 문제의 「で」는 '〜(으)로'라는 뜻으로, 수단이나 방법을 나타내는 용법으로 쓰였다. 선택지 중 이와 같은 뜻으로 쓰인 것은 (D)로, (A)는 '원인', (B)는 '한정', (C)는 '〜에서'라는 뜻으로 동작이 이루어지는 장소를 나타내는 용법으로 쓰였다.

어휘 | 毎日(まいにち) 매일　バス 버스　会社(かいしゃ) 회사
台風(たいふう) 태풍　窓(まど) 창문　割(わ)れる 깨지다
小(ちい)さい (나이가) 적다, 어리다　子供(こども) 아이
1人(ひとり)で 혼자서　公園(こうえん) 공원　入(い)り口(ぐち) 입구
コート 코트　脱(ぬ)ぐ (옷 등을) 벗다　辞書(じしょ) 사전
漢字(かんじ) 한자　調(しら)べる 조사하다, (뒤져) 찾다

118 「ほど」의 용법 구분
애인과 헤어지고 온 몸의 수분이 없어질 만큼 울었다.
(A) 나는 스즈키 씨만큼 성실하지는 않습니다.
(B) 정치에 관한 책은 읽으면 읽을수록 알 수 없게 된다.
(C) 강에 빠졌을 때는 죽을 만큼 무서웠습니다.
(D) 훌륭한 사장일수록 사내 상황에 대해서 알고 있다.

해설 | 문제의 「〜ほど」는 '〜정도, 〜만큼'이라는 뜻으로, '극한의 정도'를 나타낸다. 선택지 중 이와 같은 뜻으로 쓰인 것은 (C)로, (A)는 '같은 정도', (B)와 (D)는 '비례'의 용법으로 쓰였다.

어휘 | 恋人(こいびと) 연인, 애인　別(わか)れる 헤어지다

体中(からだじゅう) 온 몸　水分(すいぶん) 수분
無(な)くなる 없어지다　泣(な)く 울다　真面目(まじめ)だ 성실하다
政治(せいじ) 정치　本(ほん) 책　〜ば〜ほど 〜하면 〜할수록 *비례
わかる 알다, 이해하다　川(かわ) 강　溺(おぼ)れる (물에) 빠지다
死(し)ぬ 죽다　怖(こわ)い 무섭다
優(すぐ)れる 뛰어나다, 우수하다, 훌륭하다　社長(しゃちょう) 사장
社内(しゃない) 사내　様子(ようす) 형편, 상황
〜について 〜에 대해서　知(し)る 알다

119 「限(かぎ)り」의 뜻 구분

학회 보고서를 본 바로는 급격한 경기 악화는 없을 것 같다.
(A) 의욕을 잃지 않는 한, 그의 어학력은 계속 신장할 것이다.
(B) 이야기를 한 바로는 그가 악질적인 거짓말을 할 인물로는 생각되지 않는다.
(C) 할인은 오늘까지이므로 꼭 구입해 주십시오.
(D) 식후에 베란다에 나가니 끝없이 이어진 별이 총총한 밤하늘이 보였다.

해설 | 문제의 「〜限(かぎ)り」는 주로 「〜限(かぎ)りでは」의 형태로 쓰여, '〜한 바로는, 〜의 범위에 한해서 말하면'이라는 의미의 범위의 한정을 나타낸다. 선택지 중 이와 같은 뜻으로 쓰인 것은 (B)로, (A)는 「〜ない限(かぎ)り」의 형태로 '〜하지 않는 한', (C)는 시간이나 장소 등을 나타내는 명사에 접속해 '〜까지'라는 뜻을 나타내고, (D)는 い형용사인 「限(かぎ)りない」(끝없다, 무한하다)의 부사형으로 쓰인 것이다.

어휘 | 学会(がっかい) 학회　報告書(ほうこくしょ) 보고서
急激(きゅうげき)だ 급격하다　景気(けいき) 경기
悪化(あっか) 악화　意欲(いよく) 의욕　失(うしな)う 잃다
語学力(ごがくりょく) 어학력, 어학 실력
伸(の)びる 늘다, 신장하다
동사의 ます형+続(つづ)ける 계속 〜하다
話(はなし) 이야기　悪質(あくしつ)だ 악질적이다

嘘(うそ)をつく 거짓말을 하다　人物(じんぶつ) 인물
思(おも)える 생각되다, 여겨지다　値引(ねび)き 할인
本日(ほんじつ) 금일, 오늘 *「今日(きょう)」의 격식 차린 말
是非(ぜひ) 부디, 꼭
お+동사의 ます형+ください 〜해 주십시오, 〜하십시오 *존경표현
買(か)い求(もと)める 구입하다　食後(しょくご) 식후
ベランダ 베란다　出(で)る (밖으로) 나가다
〜と 〜하니, 〜했더니　続(つづ)く 이어지다
星空(ほしぞら) 별이 총총한 밤하늘　見(み)える 보이다

120 「渋(しぶ)い」의 뜻 구분

아버지의 유품인 넥타이를 하고 갔더니 동료에게 '차분하네'라는 말을 들었다.
(A) 이 차는 조금 떫지만 맛있다.
(B) 저 배우는 차분한 연기로 드라마와 영화에서 활약하고 있다.
(C) 아무리 기부를 부탁드려도 그는 돈에 인색하기 때문에 하지 않을 것이다.
(D) 해외여행을 간다고 말했더니 어머니는 떨떠름한 얼굴을 했다.

해설 | 문제의 「渋(しぶ)い」는 '(화려하지 않고) 차분한 멋이 있다'라는 뜻으로, 선택지 중 이와 같은 뜻으로 쓰인 것은 (B)이다. (A)는 '떫다', (C)는 '인색하다, 짜다', (D)는 '(표정이) 떨떠름하다'라는 뜻으로 쓰였다.

어휘 | 父(ちち) (자신의) 아버지　形見(かたみ) 유품
ネクタイ 넥타이　同僚(どうりょう) 동료　お茶(ちゃ) 차
少(すこ)し 조금　美味(おい)しい 맛있다　俳優(はいゆう) 배우
演技(えんぎ) 연기　ドラマ 드라마　映画(えいが) 영화
活躍(かつやく) 활약　いくら〜ても 아무리 〜해도　寄付(きふ) 기부
お+동사의 ます형+する 〜하다, 〜해 드리다 *겸양표현
願(ねが)う 부탁하다　海外旅行(かいがいりょこう) 해외여행
母(はは) (자신의) 어머니　顔(かお) 얼굴, 표정

PART 6 | 오문 정정

121 의미 오용 (C) 飲(の)めた → 飲(の)んだ

매우 위험하니까 술을 <u>마신</u> 후에 운전해서는 안 됩니다.

해설 | (C)의 「飲(の)めた」(술을) 마실 수 있었다)는 「飲(の)む」(술을) 마시다)의 가능과거형으로, 문장과는 맞지 않는다. 문맥상 (C)에는 '술을 마셨다'라는 과거형이 와야 하므로, 「飲(の)んだ」로 고쳐야 한다.

어휘 | とても 아주, 매우　危険(きけん)だ 위험하다　お酒(さけ) 술
동사의 た형+後(あと)に 〜한 후에　運転(うんてん) 운전
〜てはいけない 〜해서는 안 된다

122 부사 오용 (B) 是非(ぜひ) → きっと

그는 매일 열심히 공부하고 있기 때문에 <u>틀림없이</u> 그 대학 시험에 합격할 것입니다.

해설 | (B)의 「是非(ぜひ)」는 '부디, 아무쪼록, 제발'이라는 뜻의 부사로, 말하는 사람의 희망을 나타낼 때 쓴다. 문맥상 (B)에는 확신을 나타내는 부사가 와야 하므로, 「きっと」(분명히, 틀림없이)로 고쳐야 한다.

어휘 | 毎日(まいにち) 매일
一生懸命(いっしょうけんめい) 열심히　勉強(べんきょう) 공부

あの (서로 알고 있는) 그　大学(だいがく) 대학(교)
試験(しけん) 시험　合格(ごうかく) 합격
〜はずだ (당연히) 〜할 것[터]이다

123 의미 오용 (D) あげよう → あげられない

아무리 부탁을 받아도 이 카메라는 가족 이외에는 <u>빌려줄 수 없다</u>.

해설 | (D)의 「〜てあげよう」((내가 남에게) 〜해 주자)는 「〜てあげる」((내가 남에게) 〜해 주다)의 의지형으로, 문장과는 맞지 않는다. 문맥상 (D)에는 '빌려줄 수 없다'라는 표현이 와야 하므로, 「〜てあげられない」((내가 남에게) 〜해 줄 수 없다)로 고쳐야 한다.

어휘 | いくら〜ても 아무리 〜해도　頼(たの)む 부탁하다
カメラ 카메라　家族(かぞく) 가족　以外(いがい) 이외
貸(か)す 빌려주다

124 명사 오용 (C) うがい → あくび

어제는 밤늦게까지 TV를 보고 있었기 때문에 회의 중에 졸려서 몇 번이나 <u>하품</u>이 나와 버렸다.

해설 | (C)의 「うがい」는 '양치질'이라는 뜻으로, 문장과는 맞지 않는다. 앞에 「眠(ねむ)くて」(졸려서)와 뒤에 「出(で)る」(나오다)가 있으므로, (C)는 '하품'이라는 뜻의 「あくび」로 고쳐야 한다.

어휘 | 夜(よる) 밤 遅(おそ)く 늦게, 느지막이 ～まで ～까지
テレビ 텔레비전, TV *「テレビジョン」의 준말
会議(かいぎ) 회의 ～中(ちゅう) ～중 眠(ねむ)い 졸리다
何度(なんど)も 몇 번이나, 여러 번

125 표현 오용 (D) 書かなくて → 書かなければ
지난주 수업에 출석하지 않았던 학생은 작문을 쓰지 않으면 안 된다.

해설 | (D)의 「書(か)かなくて」(쓰지 않아서)는 뒤에 있는 「ならない」(안 된다)와 호응하지 않는다. 문맥상 후반부에는 '반드시 작문을 써야 한다'라는 강한 의무를 나타내는 표현이 와야 하므로, 「～なければならない」(～하지 않으면 안 된다, ～해야 한다) 문형을 써서 「書(か)かなければ」(쓰지 않으면)로 고쳐야 한다.

어휘 | 先週(せんしゅう) 지난주 授業(じゅぎょう) 수업
出席(しゅっせき) 출석 学生(がくせい) 학생, (특히) 대학생
作文(さくぶん) 작문 書(か)く (글씨·글을) 쓰다

126 い형용사 오용 (B) 低い → 浅い
저쪽 수영장에 비해서 이쪽 수영장은 얕기 때문에 아이라도 안전하게 놀 수 있습니다.

해설 | (B)의 「低(ひく)い」는 '(높이가) 낮다'라는 의미의 い형용사로, 문장과는 맞지 않는다. (B)에는 깊이의 정도를 나타내는 い형용사가 와야 하므로, 「浅(あさ)い」(얕다, (깊이·바닥이) 깊지 않다)로 고쳐야 한다.

어휘 | あっち 저쪽 プール 수영장 ～に比(くら)べて ～에 비해서
こっち 이쪽 子供(こども) 아이 安全(あんぜん)だ 안전하다
遊(あそ)ぶ 놀다

127 표현 오용 (D) だけ → 方
오늘은 도로가 붐비고 있는 것 같으니까 서두르고 있다면 전철 쪽이 빠르다고 생각해.

해설 | (D)의 「～だけ」(～만, ～뿐)는 사물이나 대상을 한정할 때 쓰는 표현으로 문장과는 맞지 않는다. 문제는 '도로가 붐비니까 급하면 (차보다는) 전철 쪽이 빠를 것'이라는 의미가 되어야 하므로, (D)는 나열해서 몇 가지 생각할 수 있는 것 중의 하나를 나타내는 「方(ほう)」(편, 쪽)로 고쳐야 한다.

어휘 | 道路(どうろ) 도로 込(こ)む 붐비다, 혼잡하다
～ようだ ～인 것 같다, ～인 듯하다 急(いそ)ぐ 서두르다
～なら ～라면 電車(でんしゃ) 전철 早(はや)い 빠르다

128 표현 오용 (C) 押し入れ → 引き出し
중요한 물건은 분실하지 않도록 반드시 책상 서랍에 넣어 둡시다.

해설 | (C)의 「押(お)し入(い)れ」는 '벽장'이라는 뜻으로, 앞에 있는 「机(つくえ)」(책상)와 어울리지 않는다. 문맥상 (C)에는 '서랍'이라는 뜻의 표현이 와야 하므로, 「引(ひ)き出(だ)し」로 고쳐야 한다.

어휘 | 大事(だいじ)だ 중요하다 物(もの) 것, 물건
無(な)くす 잃다, 분실하다 ～ないように ～하지 않도록
必(かなら)ず 꼭, 반드시 仕舞(しま)う 넣다, 간수하다

129 표현 오용 (B) がっかり → ぴったり
이번 해외여행에 딱 맞는 여행용 가방이 없기 때문에 새로 다시 살지 고

민하고 있다.

해설 | (B)의 「がっかり」(실망[낙담]하는 모양)는 「がっかりする」(실망하다)의 형태로 쓰이는 표현으로, 뒤에 있는 「な」로 활용하지 않을 뿐더러 「スーツケース」(슈트케이스, 여행용 가방)와 어울리지 않는다. (B) 뒤에 「な」가 있으므로, '딱 맞다'라는 뜻의 「ぴったりだ」를 써서 「ぴったり」(딱 맞는)로 고쳐야 한다.

어휘 | 今度(こんど) 이번 海外(かいがい) 해외
旅行(りょこう) 여행 新(あたら)しい 새롭다 買(か)う 사다
동사의 ます형+直(なお)す 다시 ～하다 悩(なや)む 고민하다

130 표현 오용 (D) 結果 → 効果
금연하기 위해서 여러 가지 방법을 시도해 봤지만, 어느 것이나 다 기대하고 있던 만큼 효과가 없었다.

해설 | (D)의 「結果(けっか)」(결과)는 「研究(けんきゅう)の結果(けっか)」(연구 결과)처럼 어떤 원인으로 말미암아 이루어진 일의 상황이나 상태를 나타내는 표현으로, 문장과는 맞지 않는다. 문맥상 (D)에는 어떤 행위에 의해 얻어진 기대만큼의 좋은 결과를 나타내는 표현이 와야 하므로, 「効果(こうか)」(효과)로 고쳐야 한다.

어휘 | 禁煙(きんえん) 금연 ～ために ～위해서
様々(さまざま)だ 다양하다, 여러 가지다 方法(ほうほう) 방법
試(ため)す 시험[시도]해 보다 どれも 어느 것이나 다
期待(きたい) 기대 ～ほど ～만큼

131 문법표현 오용 (A) 中心に → 最中に
한창 가족끼리 식사를 하고 있는 중에 담당 의사로부터 검사 일정에 대해서 전화가 있었다.

해설 | (A)의 「中心(ちゅうしん)に」는 '중심으로'라는 뜻으로, 문장과는 맞지 않는다. 문맥상 (A)에는 '한창 ～중에'라는 동작의 계속성을 나타내는 표현이 와야 하므로, 「最中(さいちゅう)に」로 고쳐야 한다.

어휘 | 家族(かぞく)で 가족끼리 食事(しょくじ) 식사
担当(たんとう) 담당 医師(いし) 의사 検査(けんさ) 검사
日程(にってい) 일정 ～について ～에 대해서 電話(でんわ) 전화

132 문법표현 오용 (C) うちに → 上に
남동생은 아르바이트를 고작 사흘 만에 그만둔 데다가 저금도 전부 써 버렸다.

해설 | (C)의 「～うちに」(～동안에, ～사이에)는 어떤 상태가 지속되는 동안을 나타내는 표현으로, 문장과는 맞지 않는다. 문제는 '아르바이트를 그만두고, 거기에다가 저금도 다 써 버렸다'처럼 앞의 조건보다 더한 상황이 추가되었다는 의미가 되어야 하므로, (C)는 '～인 데다가, ～에 더해'라는 뜻의 「～上(うえ)に」로 고쳐야 한다.

어휘 | 弟(おとうと) (자신의) 남동생 アルバイト 아르바이트
たった 고작 3日(みっか) 3일, 사흘
辞(や)める (일자리를) 그만두다 貯金(ちょきん) 저금
全(すべ)て 모두, 전부 使(つか)う 쓰다, 사용하다

133 표현 오용 (C) 設計 → 建設
사무실 맞은편에 화제가 되고 있는 음식점의 새 점포가 건설되고 있어서 개점을 못 기다리겠다.

해설 | 사무실 맞은편에 화제가 되고 있는 음식점의 새 점포가 조만간 오픈할 것임을 알고 있는 상황이므로, (C)의 「設計(せっけい)」(설계)는 맞지 않는다. 문맥상 (C)에는 점포가 지어지고 있는 상황을 나타내는 표현

이 와야 하므로,「建設(けんせつ)」(건설)로 고쳐야 한다.

어휘 | オフィス 오피스, 사무실　向(む)かい 맞은편
話題(わだい) 화제　飲食店(いんしょくてん) 음식점
新店(しんみせ) 새 점포, 새 가게　開店(かいてん) 개점
待(ま)つ 기다리다
동사의 ます형+切(き)れない 완전히[끝까지] ~할 수 없다

134 표현 오용 (D) かわいがって → 気(き)に入(い)って
이 구두는 썼던 것에 비해 멋지고 쉽게 피로해지지 않기 때문에 아주 마음에 든다.

해설 | (D)의「かわいがる」는 '귀여워하다, 애지중지하다'라는 뜻의 동사로, 사물에는 쓰지 않는다. 문장상 (D)에는 '자신의 취향이나 기대에 맞다'라는 뜻의 표현이 와야 하므로,「気(き)に入(い)る」(마음에 들다)를 써서「気(き)に入(い)って」(마음에 든)로 고쳐야 한다.

어휘 | 靴(くつ) 신, 신발, 구두　安(やす)い (값이) 싸다
~わりに ~에 비해서　おしゃれ(洒落)だ 멋지다, 세련되다
疲(つか)れる 지치다, 피로해지다
동사의 ます형+にくい ~하기 어렵다[힘들다]　とても 아주, 매우

135 문법표현 오용 (B) かわりに → おかげで
동료가 내 일을 도와준 덕분에 오늘은 잔업을 하지 않고 끝났다.

해설 | (B)의「~かわりに」는 '~대신에'라는 뜻으로, 문장과는 맞지 않는다. 문맥상 (B)에는 '남으로부터 받은 도움'을 뜻하는 표현이 와야 하므로, '~덕분에'라는 뜻의「~おかげで」로 고쳐야 한다.

어휘 | 同僚(どうりょう) 동료　仕事(しごと) 일, 업무
手伝(てつだ)う 돕다, 도와주다　~てくれる (남이 나에게) ~해 주다
残業(ざんぎょう) 잔업, 야근
~ずに済(す)む ~하지 않고 (문제 등이) 해결되다[끝나다]

136 표현 오용 (C) 意識(いしき) → 気味(きみ)
어두컴컴한 밤의 학교 건물은 어쩐지 기분이 나쁘기 때문에 아무도 다가가고 싶어하지 않는다.

해설 | (C)의「意識(いしき)」는 '의식'이라는 뜻으로, 문장과는 맞지 않는다. 문맥상 (C)에는 '기분, 느낌'이라는 뜻의 표현이 와야 하므로,「気味(きみ)」로 고쳐야 한다.「気味(きみ)が悪(わる)い」라고 하면 '어쩐지 기분이 나쁘다'라는 뜻이 된다.

어휘 | 薄暗(うすぐら)い 어두컴컴하다　夜(よる) 밤
校舎(こうしゃ) 교사, 학교 건물　誰(だれ)も (부정어 수반) 아무도
近寄(ちかよ)る 다가가다, 접근하다
동사의 ます형+たがる (제삼자가) ~하고 싶어하다

137 부사 오용 (D) やたら → 進(すす)んで
그는 직장 환경에 관해서 불만만 말하는 주제에 스스로는 자진해서 개선하려고 하지 않는다.

해설 | (D)의「やたら」(무턱대고, 몹시)는 근거·절도가 없거나 이치가 맞지 않는 모양을 나타내는 부사로, 뒤에 있는「改善(かいぜん)しようとしない」(개선하려 하지 않는다)와 맞지 않는다. 문맥상 (D)에는 '스스로 나서서 적극적으로 일을 하는 모양'을 나타내는 부사가 와야 하므로,「進(すす)んで」(자진해서, 적극적으로)로 고쳐야 한다.

어휘 | 職場(しょくば) 직장　環境(かんきょう) 환경
~に関(かん)して ~에 관해서　不満(ふまん) 불만
~ばかり ~만, ~뿐　~くせに ~인 주제에, ~이면서도
自分(じぶん)では 스스로는　改善(かいぜん) 개선
~(よ)うとしない ~하려고 하지 않다

138 표현 오용 (B) 見落(みお)とし → 履修(りしゅう)し
교육 실습의 학점을 이수해서 자택 주변에 있는 사립 고등학교로의 취직이 결정되었다.

해설 | (B)의「見落(みお)とす」는 '간과하다, 빠뜨리고 보다'라는 뜻의 동사로 앞에 있는「単位(たんい)」(학점)라는 단어와 어울리지 않는다. 뒷문장에서 사립 고등학교로의 취직이 결정되었다고 했으므로, (B)에는 '정해진 학과나 과정을 마치다'라는 뜻의「履修(りしゅう)する」(이수하다)를 써서「履修(りしゅう)し」(이수해서)라고 고쳐야 한다.

어휘 | 教育(きょういく) 교육　実習(じっしゅう) 실습
自宅(じたく) 자택, 자기집　周辺(しゅうへん) 주변
私立(しりつ) 사립　高校(こうこう) 고교, 고등학교 *「高等学校(こうとうがっこう)」의 준말　就職(しゅうしょく) 취직
決(き)まる 정해지다, 결정되다

139 문법표현 오용 (B) に関(かん)して → はもとより
이벤트에서 외국인에 대한 대응에 곤란해지지 않도록 영어는 물론이고 복수의 언어 통역자를 고용할 예정이다.

해설 | (B)의「~に関(かん)して」(~에 관해서)는 화제가 되는 내용에 대해 말할 때 쓰는 표현이므로 문장과는 맞지 않는다. 문맥상 (B)에는 'A는 당연하고 B도'라는 뜻으로 뒤에 오는 문장을 강조하는 표현이 와야 하므로 '~은 물론이고'라는 뜻의「~はもとより」로 고쳐야 한다.

어휘 | イベント 이벤트　外国人(がいこくじん) 외국인
対応(たいおう) 대응　困(こま)る 곤란하다, 난처하다
英語(えいご) 영어　複数(ふくすう) 복수　言語(げんご) 언어
通訳者(つうやくしゃ) 통역자　雇(やと)う 고용하다
予定(よてい) 예정

140 문법표현 오용 (A) そばから → かたわら
그녀는 예능활동을 하는 한편 자선사업에 대한 지원활동도 자발적으로 하고 있기 때문에 호감도가 높다.

해설 | (A)의「~そばから」(~하자마자 바로, ~하는 족족)는「メールに返信(へんしん)したそばから、またメールが届(とど)いた」(메일에 회신하자마자 또 메일이 도착했다)처럼 시간적 간격 없이 바로 어떤 일이 발생한다는 뜻으로, 반복적이거나 규칙적인 일을 나타낼 때 쓴다. 문맥상 (A)에는 두 가지 일을 병행하는 표현이 와야 하므로, '~하는 한편, 주로 ~을 하면서 그 한편으로'라는 뜻의「~かたわら」로 고쳐야 한다.

어휘 | 芸能(げいのう) 예능　活動(かつどう) 활동
慈善(じぜん) 자선　事業(じぎょう) 사업　支援(しえん) 지원
自発的(じはつてき)だ 자발적이다
行(おこな)う 하다, 행하다, 실시하다　好感度(こうかんど) 호감도
高(たか)い 높다

141 적절한 동사 찾기

안경을 써 주십시오.

해설 | 공란 앞의 「眼鏡(めがね)」(안경)와 어울리는 동사를 찾는다. (A)의 「はく(履)く」는 '(신·양말 등을) 신다', (B)의 「き(着)る」는 '(옷을) 입다', (C)의 「かける」는 '(몸에) 쓰다, 끼다', (D)의 「かぶ(被)る」는 '(머리·얼굴에) 뒤집어쓰다'라는 뜻이므로, 정답은 (C)가 된다.

어휘 | ～てください ～해 주십시오, ～하세요

142 적절한 표현 찾기

그날은 사정이 좋지 않거든요.

해설 | 공란 뒤의 「悪(わる)い」(나쁘다, 좋지 않다)와 어울리는 단어를 찾는다. 정답은 (A)의 「都合(つごう)」(형편, 사정)로, 「都合(つごう)が悪(わる)い」(형편[사정]이 좋지 않다)는 시간이나 상황 등이 맞지 않아 상대방의 제안을 거절할 때 쓰는 관용표현이다.

어휘 | 日(ひ) 날 スケジュール 스케줄 予定(よてい) 예정
曜日(ようび) 요일

143 적절한 な형용사 찾기

집안일이 그렇게 싫으면 억지로 하지 않아도 돼.

해설 | 공란 뒤에 「無理(むり)にやらなくてもいいよ」(억지로 하지 않아도 돼)라는 내용이 있으므로, 공란에는 '싫음, 싫어함, 꺼림'을 나타내는 な형용사가 와야 한다. 따라서 정답은 (C)의 「嫌(きら)い」가 된다.

어휘 | 家事(かじ) 가사, 집안일 そんなに 그렇게(나)
～なら ～라면 無理(むり)に 억지로 やる 하다
～なくてもいい ～하지 않아도 된다
得意(とくい)だ 잘하다, 자신 있다 若(わか)い 젊다
好(す)きだ 좋아하다

144 적절한 조사 찾기

언젠가 아이를 유학시키고 싶다.

해설 | 공란 앞에 「子供(こども)」(아이)라는 단어가 있으므로, 공란에는 대상을 나타내는 조사가 와야 한다. 따라서 정답은 (B)의 「を」(을[를])가 된다.

어휘 | いつか 언젠가 留学(りゅうがく) 유학

145 적절한 표현 찾기

이것은 100년 전에 지어진 아주 오래된 절입니다.

해설 | 공란 앞에 「100年(ひゃくねん)前(まえ)に」(100년 전에)라는 내용이 있으므로, 공란에는 과거형이 와야 한다. 따라서 (A)의 「建(た)てる」((집을) 짓다, 세우다)는 우선 정답에서 제외된다. (B)의 「建(た)てられた」(지어졌다)는 「建(た)てる」의 수동형인 「建(た)てられる」(지어지다)의 과거형이고, (C)의 「建(た)てててくれた」(지어 주었다)에서 「～てくれる」는 '(남이 나에게) ～해 주다'라는 뜻이며, (D)의 「建(た)てさせられた」(억지로 지었다)에서 「～させられる」는 '～하게 함을 당하다, 억지로 ～하다'라는 뜻의 사역수동형이다. 선택지 중 공란에 들어갈 적절한 표현은 (B)로, (C)는 절을 누군가가 지었다는 주체가 있어야 하는데 없고, (D) 또한 절을 짓게 한 주체가 있어야 하는데 없으므로 답이 될 수 없다.

어휘 | これ 이것 前(まえ) 전, 이전 とても 아주, 매우
古(ふる)い 낡다, 오래되다 寺(てら) 절

146 적절한 부사 찾기

역에서 집까지 대개 걸어서 돌아갑니다.

해설 | 문맥상 공란에는 '전체 중에서 대부분'이라는 높은 빈도를 나타내는 부사가 들어가야 한다. (A)의 「大抵(たいてい)」는 '대개, 보통', (B)의 「全(まった)く」는 '완전히, (부정어 수반) 전혀', (C)의 「ちっとも」는 '(부정어 수반) 조금도, 전혀', (D)의 「あまり」는 '너무, (부정어 수반) 그다지, 별로'라는 뜻이므로, 정답은 (A)가 된다.

어휘 | 駅(えき) 역 ～から～まで ～부터 ～까지 家(いえ) 집
歩(ある)く 걷다 帰(かえ)る 돌아가다

147 적절한 표현 찾기

아이가 하고 싶어하는 일은 여러 가지 시키는 편이 좋다.

해설 | 「子供(こども)が～ことは色々(いろいろ)させた方(ほう)がいい」(아이가 ～ 일은 여러 가지 시키는 편이 좋다)라고 했으므로, 공란에는 제삼자의 행위를 나타내는 표현이 와야 한다. 정답은 (C)의 「したがる」(하고 싶어하다)로, 「동사의 ます형+たがる」(～하고 싶어하다)는 제삼자의 희망을 나타낸다. (B)의 「したくない」(하고 싶지 않다)는 본인이 하고 싶지 않을 경우에 쓰는 표현인 데다가 문장과도 맞지 않으므로 답이 될 수 없다.

어휘 | 子供(こども) 아이 色々(いろいろ) 여러 가지
동사의 た형+方(ほう)がいい ～하는 편[쪽]이 좋다
동사의 ます형+たい ～하고 싶다

148 적절한 표현 찾기

창문을 열어 놓은 채 집을 나와 버렸다.

해설 | 공란 뒤의 「～てしまう」(～해 버리다, ～하고 말다)는 의도하지 않은 행위를 한 데 대한 유감이나 후회를 나타내는 표현이다. 따라서 공란에는 이와 호응하는 내용이 와야 하므로, 정답은 (C)의 「開(あ)けたまま」(열어 놓은 채로)가 된다. 「동사의 た형+まま」는 '～한 채, ～상태로'라는 뜻으로, 그 상태가 계속 되고 있음을 나타낸다.

어휘 | 窓(まど) 창문 開(あ)ける 열다 家(いえ) 집
出(で)る 나오다 ～ため ～때문에 ～ように ～하도록
～なら ～라면

149 적절한 표현 찾기

12월이 되어 다음 주부터 더욱 추워질 것 같다.

해설 | 다음 주 날씨에 대해 이야기하고 있으므로, 공란에는 추측을 나타내는 표현이 와야 한다. 선택지 중 (A)의 「～ようだ」(～인 것 같다, ～인 듯하다), (B)의 「동사의 ます형+そうだ」(～일[할] 것 같다), (C)의 「～らしい」(～인 것 같다)가 이에 해당하는데, 공란 앞에 「寒(さむ)くなり」(추워질)라는 「동사의 ます형」이므로, 정답은 (B)가 된다. (A)의 「～ようだ」(～인 것 같다, ～인 듯하다)와 (C)의 「～らしい」(～인 것 같다)가 정답이 되려면 공란 앞이 「寒(さむ)くなる」(추워지다)라는 보통형이어야 한다.

어휘 | 12月(じゅうにがつ) 12월 来週(らいしゅう) 다음 주
もっと 더, 더욱 寒(さむ)い 춥다

150 적절한 접속사 찾기
분발해서 공부했다. 그러나 합격할 수 없었다.

해설 | 공란 앞의 「頑張(がんば)って勉強(べんきょう)した」(분발해서 공부했다)와 공란 뒤의 「合格(ごうかく)できなかった」(합격할 수 없었다)의 두 문장은 상반되는 내용이므로, 공란에는 역접의 의미를 나타내는 접속사가 와야 한다. 따라서 정답은 (A)의 「しかし」(그러나)가 된다.

어휘 | 頑張(がんば)る 열심히 하다, 노력하다, 분발하다
勉強(べんきょう) 공부 合格(ごうかく) 합격
だから 그러니까, 그래서 それから 그러고 나서 それに 게다가

151 적절한 표현 찾기
다음 주까지 이 일이 끝나도록 분발합시다.

해설 | 문맥상 공란에는 '(늦어도) ~까지'라는 최종 기한을 나타내는 표현이 와야 하므로, 정답은 (C)의 「~までに」가 된다. 참고로 「~までに」(~까지)가 마감과 완료의 의미로 쓰이는 데 비해, 「~まで」(~까지)는 「図書館(としょかん)で朝(あさ)7時(しちじ)から9時(くじ)まで勉強(べんきょう)した」(도서관에서 아침 7시부터 9시까지 공부했다)처럼 '어떤 동작이나 상태가 계속됨'을 나타낸다.

어휘 | 来週(らいしゅう) 다음 주 仕事(しごと) 일
終(お)わる 끝나다 ~ように ~하도록 以後(いご) 이후
期限(きげん) 기한 ~のち (시간적으로) ~뒤, ~후

152 적절한 표현 찾기
오늘 와 주신 분 중에서 여섯 분께 티켓이 당첨됩니다.

해설 | 공란 뒤의 「~様(さま)」(~님)는 사람 뒤에 붙이는 경어이므로, 공란에는 사람을 나타내는 단어가 와야 한다. 정답은 (B)의 「~名(めい)」(~명)로, 숫자 뒤에 붙여서 인원수를 나타낸다.

어휘 | 今日(きょう) 오늘 来(く)る 오다
~ていただく (남에게) ~해 받다, (남이) ~해 주시다 *「~てもらう」((남에게) ~해 받다, (남이) ~해 주다)의 겸양표현
チケット 티켓 当(あ)たる (복권 등이) 당첨되다
~番(ばん) ~번 ~セット ~세트 ~回(かい) ~회, ~번

153 적절한 표현 찾기
최근의 여름 더위는 생명의 위험을 느낄 정도이다.

해설 | 「最近(さいきん)の夏(なつ)の~は、命(いのち)の危険(きけん)を感(かん)じるほどだ」(최근의 여름 ~는 생명의 위험을 느낄 정도이다)라고 했으므로, 공란에는 「夏(なつ)」(여름)와 관련이 있고 생명에도 영향을 줄 만한 단어가 와야 한다. 정답은 (C)의 「暑(あつ)さ」(더위)로, 「暑(あつ)い」(덥다)의 명사형이다.

어휘 | 最近(さいきん) 최근, 요즘 命(いのち) 목숨, 생명
危険(きけん) 위험 感(かん)じる 느끼다 ~ほど ~정도
低温(ていおん) 저온 体温(たいおん) 체온 涼(すず)しさ 시원함

154 적절한 문법표현 찾기
몸 상태가 좋지 않은 친구를 대신해 자료를 받으러 왔습니다.

해설 | 문제는 몸이 좋지 않은 친구는 자료를 받으러 갈 수 없어서 내가 대신 왔다는 의미다. 따라서 공란에는 '~을 대신해'라는 뜻의 표현이 와야 하므로, 정답은 (D)의 「~に代(か)わって」가 된다.

어휘 | 体調(たいちょう) 몸 상태, 컨디션
悪(わる)い 나쁘다, 좋지 않다 友人(ゆうじん) 친구
資料(しりょう) 자료 もらう 받다

동사의 ます형+に ~하러 *동작의 목적
~に対(たい)して ~에 대해, ~에게 *대상
~にとって ~에게 있어서 ~によって ~에 의해서[따라서]

155 적절한 부사 찾기
도시화가 진행되어 이 마을도 완전히 변해 버렸다.

해설 | 도시화가 진행되었다면 마을은 180도로 바뀌었을 것이다. (A)의 「ぴったり」(꼭, 딱)는 꼭 들어맞는 모양을 나타내어 「天気予報(てんきよほう)がぴったり当(あ)たった」(일기예보가 꼭 들어맞았다)처럼 쓰고, (B)의 「ゆっくり」(천천히, 느긋하게)는 시간적으로 여유가 있는 모양을, (C)의 「うっかり」(무심코, 깜빡)는 어떤 일을 알아차리지 못하고 부주의한 모양을 나타내며, (D)의 「すっかり」(완전히)는 원래 상태에서 완전히 변한 모양을 나타낸다. 따라서 정답은 (D)가 된다.

어휘 | 都市化(としか) 도시화 進(すす)む 진행되다
町(まち) 마을, 동네 変(か)わる 바뀌다, 변하다

156 적절한 문법표현 찾기
여자친구와 싸움을 하고 있는 장면을 동료에게 보이고 말았다.

해설 | 공란 뒤에 「同僚(どうりょう)に見(み)られてしまった」(동료에게 보이고 말았다)라는 내용이 있으므로, 공란에는 목적격에 해당하는 표현이 와야 한다. 정답은 (D)의 「ところを」(장면[현장]을)로, 문제에서 「ところ」는 '장면, 현장'이라는 뜻으로 쓰였다.

어휘 | 彼女(かのじょ) 여자친구 喧嘩(けんか) 싸움
同僚(どうりょう) 동료 見(み)る 보다

157 적절한 부사 찾기
이 게임을 하려면 적어도 다섯 명은 필요하다.

해설 | 문맥상 공란에는 '최소한, 아무리 적게 잡아도'라는 뜻을 지닌 부사가 와야 한다. 선택지 중 이에 해당하는 부사는 (A)의 「少(すく)なくとも」로, '적어도'라는 뜻이다.

어휘 | ゲーム 게임 ~には ~하려면 必要(ひつよう)だ 필요하다
最善(さいぜん) 최선 最高(さいこう) 최고
随分(ずいぶん) 몹시, 아주

158 적절한 복합동사 찾기
그만두겠다고 하는 사원을 만류할 수는 없다.

해설 | 공란 뒤의 「~わけにはいかない」(그렇게 간단히 ~할 수는 없다)라는 불가능을 나타내는 표현과 어울리는 복합동사를 찾는다. (A)의 「引(ひ)き上(あ)げる」는 '끌어올리다', (B)의 「引(ひ)き離(はな)す」는 '떼어놓다, 갈라놓다', (C)의 「引(ひ)き止(と)める」는 '만류하다, 말리다', (D)의 「引(ひ)きずる」는 '(땅에) 질질 끌다, (억지로) 끌고 가다'라는 뜻을 나타내는 동사이므로, 정답은 (C)가 된다.

어휘 | 辞(や)める (일자리를) 그만두다 ~といった ~라고 하는
社員(しゃいん) 사원

159 적절한 い형용사 찾기
염치없는 부탁이라고 알면서도 말씀드립니다.

해설 | 공란 뒤에 「お願(ねが)いと知(し)りつつ申(もう)し上(あ)げます」(부탁이라고 알면서도 말씀드립니다)라는 내용이 있으므로, 공란에는 '염치가 없고 뻔뻔하다'라는 뜻을 지닌 い형용사가 와야 한다. (A)의 「厚(あつ)かましい」는 '뻔뻔스럽다, 염치없다', (B)의 「ありがたい」는 '고맙다', (C)의 「慌(あわ)ただしい」는 '어수선하다, 부산하다', (D)의 「著

(いちじる)しい」는 '현저하다, 두드러지다'라는 뜻이므로, 정답은 (A)가 된다.

어휘 | 知(し)る 알다
동사의 ます형+つつ (상반된 동작을 나타내는) ~하면서(도)
申(もう)し上(あ)げる 말씀드리다 *「言(い)う」(말하다)의 겸양어로, 「申(もう)す」(말하다)보다 공손한 말씨

160 적절한 な형용사 찾기
며칠이나 장을 보러 가지 않았기 때문에 냉장고가 텅 비게 되었다.

해설 | 며칠이나 장을 보지 않았다면 냉장고는 먹을 것이 없어서 텅 비어 있을 것이다. 따라서 공란에는 '텅 빔'이라는 뜻의 형용사가 와야 하므로, 정답은 (D)의 「空(から)っぽ」가 된다.

어휘 | 何日(なんにち) 며칠 ~も ~이나
買(か)い物(もの) 쇼핑, 장을 봄
동작성 명사+に ~하러 *동작의 목적 冷蔵庫(れいぞうこ) 냉장고
豊富(ほうふ) 풍부 広大(こうだい) 광대, 넓고 큼
華(はな)やか 화려함

161 적절한 의태어 찾기
그녀의 활기차게 일하는 모습은 직장 동료에게 좋은 영향을 주고 있다.

해설 | '그녀의 ~ 일하는 모습이 직장 동료에게 좋은 영향을 주고 있다'라고 했으므로, 공란에는 긍정적인 내용을 나타내는 표현이 와야 한다. 정답은 (C)의 「生(い)き生(い)き(と)」(활기차게)로, 활기찬 모양을 나타낸다.

어휘 | 働(はたら)く 일하다 姿(すがた) 모습 職場(しょくば) 직장
同僚(どうりょう) 동료 良(よ)い 좋다 影響(えいきょう) 영향
与(あた)える (주의·영향 등을) 주다 しばしば 자주
ぐずぐず 우물쭈물 代(か)わる代(か)わる 교대로, 번갈아

162 적절한 복합동사 찾기
모리 교수는 이 대학뿐만 아니라 복수의 학교에서 강의를 맡고 있다.

해설 | 공란 앞의 「講義(こうぎ)」(강의)와 어울리는 복합동사를 찾는다. (A)의 「打(う)ち上(あ)げる」는 '쏘아 올리다, 쳐올리다', (B)의 「受(う)け持(も)つ」는 '맡다, 담당하다', (C)의 「差(さ)し出(だ)す」는 '내밀다, 제출하다', (D)의 「組(く)み合(あ)わせる」는 '짜맞추다, 편성하다'라는 뜻이므로, 정답은 (B)가 된다.

어휘 | 教授(きょうじゅ) 교수 大学(だいがく) 대학(교)
~だけでなく ~뿐만 아니라 複数(ふくすう) 복수, 둘 이상의 수
学校(がっこう) 학교

163 적절한 표현 찾기
유감스럽게도 현재의 예산으로는 거래처 요망에 부응하는 것은 어렵다.

해설 | 공란 앞의 「残念(ざんねん)」은 '아쉬움, 유감스러움'이라는 な형용사이다. 뒷문장에 「要望(ようぼう)に応(こた)えることは難(むずか)しい」(요망에 부응하는 것은 어렵다)라는 부정적인 내용이 있으므로, 공란에는 역접의 의미를 나타내는 조사가 와야 한다. 정답은 (A)의 「~ながら」(~이지만, ~이면서도)로, (B)의 「~どころか」(~은커녕)는 「ボーナスどころか給料(きゅうりょう)さえもらっていない」(보너스는커녕 급여조차 안 받았다)처럼 쓰고, (C)의 「~と共(とも)に」(~와 함께)는 「風(かぜ)と共(とも)に去(さ)りぬ」(바람과 함께 사라지다)처럼 쓰며, (D)의 「~に先立(さきだ)ち」(~에 앞서)는 「試合(しあい)に先立(さきだ)ち、選手(せんしゅ)たちをご紹介(しょうかい)します」(시합에 앞서 선수들을 소개하겠습니다)처럼 쓴다.

어휘 | 現在(げんざい) 현재 予算(よさん) 예산
取引先(とりひきさき) 거래처 要望(ようぼう) 요망
応(こた)える 부응하다 難(むずか)しい 어렵다

164 적절한 표현 찾기
이 계획안에는 사업의 목적이나 의의를 상세하게 게재할 필요가 있다.

해설 | 공란 뒤의 「に」와 접속이 가능하고 문맥상 자연스럽게 연결되는 표현을 찾는다. 정답은 (A)의 「詳細(しょうさい)」로 '상세함, 자세함'이라는 뜻이다. (B)의 「上等(じょうとう)」(훌륭함)와 (D)의 「大層(たいそう)」(어마어마함)는 문맥상 맞지 않고, (C)의 「随分(ずいぶん)」(몹시, 아주)도 「に」와 접속하지 않는 부사이므로 답이 될 수 없다.

어휘 | 計画案(けいかくあん) 계획안 事業(じぎょう) 사업
目的(もくてき) 목적 意義(いぎ) 의의
載(の)せる (잡지 등에) 싣다, 게재하다 必要(ひつよう) 필요

165 적절한 접속사 찾기
장래를 생각하기에 하는 공부이다. 그러므로 수험생은 누구나가 필사적으로 노력하는 것이다.

해설 | 전반부의 내용이 후반부의 이유 내지는 근거에 해당하므로, 공란에는 (D)의 「それゆえ」(그러므로, 그런 까닭으로)가 와야 한다. 참고로 「~ばこそ」는 '~이기에, ~이기 때문에'라는 뜻으로, 앞에 오는 내용을 강조할 때 쓴다.

어휘 | 将来(しょうらい) 장래 勉強(べんきょう) 공부
受験生(じゅけんせい) 수험생 誰(だれ)もが 누구나가
必死(ひっし)だ 필사적이다
頑張(がんば)る 열심히 하다, 노력하다, 분발하다 かつ 게다가, 또
もしくは 혹은, 또는 すなわち 즉

166 적절한 표현 찾기
그녀의 저서 대부분은 젊은 여성 사이에서 반향을 불러일으키고 있다.

해설 | 공란 뒤의 「呼(よ)ぶ」(불러일으키다, 야기시키다)라는 동사와 호응하는 명사를 찾는다. 정답은 (A)의 「反響(はんきょう)」(반향)로, 「反響(はんきょう)を呼(よ)ぶ」라고 하면 '반향을 불러일으키다'라는 뜻이다.

어휘 | 著書(ちょしょ) 저서 多(おお)く 대부분 若(わか)い 젊다
女性(じょせい) 여성 間(あいだ) (사람과 사람) 사이
反映(はんえい) 반영 反撃(はんげき) 반격 反乱(はんらん) 반란

167 적절한 문법표현 찾기
경찰이 오직(汚職) 증거를 확인했다면 우리가 진위를 확인할 것까지도 없다.

해설 | 문제는 '경찰이 이미 확인했다면 우리는 확인하지 않아도 된다'라는 의미이므로, 공란에는 '~할 필요도 없다'라는 뜻의 표현이 와야 한다. 정답은 (A)의 「~までもない」(~할 것까지도 없다)로 동사의 기본형에 접속한다. (B)의 「~にかたくない」(~하기에 어렵지 않다)는 「このまま放置(ほうち)していると失敗(しっぱい)に終(お)わることは想像(そうぞう)にかたくない」(이대로 방치하고 있으면 실패로 끝날 것은 상상하기 어렵지 않다)처럼 쓰고, (C)의 「~に至(いた)る」(~에 이르다)는 「現在(げんざい)に至(いた)るまで何(なん)の手(て)がかりもつかめていない」(현재에 이르기까지 어떤 단서도 잡지 못하고 있다)처럼 쓰며, (D)의 「~限(かぎ)りだ」(~일 따름이다)는 현재 자신이 매우 그렇게 느끼고 있다는 마음의 상태를 나타내는 표현으로 「1(いっ)か月間(げつかん)のヨーロッパ旅行(りょこう)なんて羨(うらや)ましい限

(かぎ)りだ」(한 달간의 유럽 여행이라니 부러울 따름이다)처럼 쓴다.

어휘 | 警察(けいさつ) 경찰
汚職(おしょく) 오직, 독직, 공직자의 부정 証拠(しょうこ) 증거
確認(かくにん) 확인 我々(われわれ) 우리 真偽(しんぎ) 진위

168 적절한 부사 찾기

계단에서 떨어졌을 때 정면으로 정강이를 부딪쳐 통증으로 소리조차 나오지 않았다.

해설 | 공란 뒤의 「すねを打(う)って」(정강이를 부딪쳐)를 수식하는 부사로 적절한 것을 찾는다. 정답은 (B)의 「もろに」로, '정면으로, 직접'이라는 뜻이다. (A)의 「やけに」(몹시, 무척)는 「今日(きょう)はやけに暑(あつ)いな」(오늘은 몹시 덥군)처럼 쓰고, (C)의 「もとより」(처음부터, 원래)는 「叱(しか)られることはもとより覚悟(かくご)していた」(야단맞을 것은 처음부터 각오하고 있었다)처럼 쓰며, (D)의 「あ(敢)えて」(감히, 굳이)는 「あえてお話(はな)しします」(감히 말씀드리겠습니다)처럼 쓴다.

어휘 | 階段(かいだん) 계단 落(お)ちる 떨어지다 すね 정강이
打(う)つ 부딪치다 痛(いた)み 통증 声(こえ) 소리, 목소리
~すら ~조차 出(で)る 나오다

169 적절한 부사 찾기

추위가 풀리면 단숨에 식물이 잠에서 깨는 것은 초봄만의 풍경이다.

해설 | 추위가 풀리는 초봄이 되면 식물은 단번에 잠에서 깨어난다. 따라서 문맥상 공란에는 한꺼번에 모든 일이 벌어짐을 나타내는 부사가 와야 하므로, 정답은 (A)의 「一気(いっき)に」(단숨에, 단번에)가 된다. (B)의 「一向(いっこう)に」는 '(부정어 수반) 전혀, 조금도', (C)의 「一心(いっしん)に」는 '열심히', (D)의 「一概(いちがい)に」는 '일률적으로'라는 뜻이다.

어휘 | 寒(さむ)さ 추위 緩(ゆる)む (추위가) 누그러지다, 풀리다
植物(しょくぶつ) 식물 目(め)を覚(さ)ます 잠에서 깨다
早春(そうしゅん) 초봄
~ならでは(の) ~만의, ~이 아니고는 할 수 없는
風景(ふうけい) 풍경

170 적절한 문법표현 찾기

아무리 취해 있었다고 해도 그를 농민 출신이라고 매도해 버린 것을 후회했다.

해설 | 문맥상 공란에는 앞의 내용을 인정하면서 뒤에 문제점이나 설명을 덧붙이는 표현이 와야 한다. 정답은 (D)의 「~とはいえ」로, '~라고 해도'라는 뜻이다. (A)의 「~ならいざしらず」(~은 어떤지 모르겠지만)는 「彼(かれ)ならいざしらず、私(わたし)は不満(ふまん)だ」(그는 어떤지 모르겠지만 나는 불만이다)처럼 쓰고, (B)의 「~手前(てまえ)」(~했기 때문에, ~한 체면상)는 「約束(やくそく)した手前(てまえ)、行(い)かざるを得(え)ない」(약속한 체면상 가지 않을 수 없다)처럼 쓰며, (C)의 「~ともなしに」(특별히 ~할 생각 없이)는 「見(み)るともなしにテレビを見(み)ていたら、知(し)り合(あ)いが出(で)てきてびっくりした」(특별히 볼 생각 없이 TV를 보고 있었는데 아는 사람이 나와서 깜짝 놀랐다)처럼 쓴다.

어휘 | いくら 아무리 酔(よ)う (술에) 취하다
百姓上(ひゃくしょう) 농민, 농사꾼 上(あ)がり 출신
罵(ののし)る 욕하다, 매도하다 後悔(こうかい) 후회

171~173 요리교실 수업

私は、庭で野菜を育てています。作った野菜は、自分で料理して食べるのですが、いつも同じ食べ方になってしまいます。171そこで、新しいメニューを覚えるため、料理教室に通うことにしました。172教室には色々な授業があるのですが、私は季節の野菜を使った料理を教えてくれる授業を選びました。授業では、先生がまずホワイトボードを使って、皆に説明をしてくれます。料理の作り方も細かく教えてくれるので、教室で作った料理と同じ味を家でも作ることができます。173また、作り方だけではなく、その料理の歴史やなぜその野菜を使うのかなども教えてくれるので、料理を深く学べて授業がとても楽しいです。

저는 정원에서 채소를 키우고 있습니다. 재배한 채소는 직접 요리해서 먹는데, 항상 같은 먹는 방식이 되어 버립니다. 171그래서 새로운 메뉴를 익히기 위해 요리교실에 다니기로 했습니다. 172교실에는 다양한 수업이 있지만, 저는 계절 채소를 사용한 요리를 가르쳐 주는 수업을 선택했습니다. 수업에서는 선생님이 우선 화이트보드를 사용해 모두에게 설명을 해 줍니다. 요리 만드는 법도 상세히 가르쳐 주기 때문에 교실에서 만든 요리와 같은 맛을 집에서도 만들 수 있습니다. 173또한 만드는 법뿐만 아니라, 그 요리의 역사나 왜 그 채소를 사용하는지 등도 가르쳐 주기 때문에 요리를 깊이 배울 수 있어서 수업이 아주 즐겁습니다.

어휘 | 庭(にわ) 정원 野菜(やさい) 채소, 야채 育(そだ)てる 키우다 作(つく)る ①가꾸다, 재배하다 ②만들다 自分(じぶん)で 직접, 스스로 料理(りょうり) 요리 食(た)べる 먹다 いつも 늘, 항상 同(おな)じだ 같다 동사의 ます형+方(かた) ~하는 방법[방식] そこで 그래서 新(あたら)しい 새롭다 メニュー 메뉴 覚(おぼ)える 익히다 ~ため ~위해 教室(きょうしつ) (기술 등을 가르치는) 교실 通(かよ)う 다니다 동사의 보통형+ことにする ~하기로 하다 色々(いろいろ)だ 여러 가지다, 다양하다 授業(じゅぎょう) 수업 季節(きせつ) 계절 使(つか)う 쓰다, 사용하다 教(おし)える 가르치다, 알려 주다 ~てくれる (남이 나에게) ~해 주다 選(えら)ぶ 고르다, 선택하다 先生(せんせい) 선생님 まず 우선 ホワイトボード 화이트보드 皆(みんな) 모두 説明(せつめい) 설명 細(こま)かい 상세하다 味(あじ) 맛 家(いえ) 집 ~だけではなく ~뿐만 아니라 歴史(れきし) 역사 なぜ 왜, 어째서 深(ふか)い 깊다 学(まな)ぶ 배우다 とても 아주, 매우 楽(たの)しい 즐겁다

171 この人は、どうして料理教室に通っていますか。

(A) 外国の料理を知るため
(B) 食事のマナーを覚えるため
(C) 苦手な食べ物を無くすため
(D) 知らないメニューを学ぶため

171 이 사람은 어째서 요리교실에 다니고 있습니까?

(A) 외국 요리를 알기 위해
(B) 식사 매너를 익히기 위해
(C) 꺼리는 음식을 없애기 위해
(D) 모르는 메뉴를 배우기 위해

해설 | 세 번째 문장에서 '새로운 메뉴를 익히기 위해 요리교실에 다니기로 했습니다'라고 했으므로, 정답은 (D)가 된다.

어휘 | 外国(がいこく) 외국 知(し)る 알다 マナー 매너 苦手(にがて)だ 거북스럽다, 꺼리다 食(た)べ物(もの) 음식 無(な)くす 없애다

172 この人が選んだ授業では、どんな料理が学べますか。
(A) 家庭料理
(B) 外国の料理
(C) 季節の野菜料理
(D) ダイエット料理

172 이 사람이 선택한 수업에서는 어떤 요리를 배울 수 있습니까?
(A) 가정 요리
(B) 외국 요리
(C) 계절 채소 요리
(D) 다이어트 요리

해설 | 네 번째 문장에서 정답을 찾을 수 있다. 교실에는 다양한 수업이 있지만, 이 사람은 계절 채소를 사용한 요리를 가르쳐 주는 수업을 선택했다고 했으므로, 정답은 (C)가 된다.

어휘 | 家庭(かてい) 가정 ダイエット 다이어트

173 この人が授業を楽しいと思うのは、なぜですか。
(A) 色々な授業が受けられるから
(B) 料理の作り方以外も学べるから
(C) 習った料理を作ると家族が喜ぶから
(D) 難しい料理が作れるようになるから

173 이 사람이 수업을 즐겁다고 생각하는 것은 왜입니까?
(A) 다양한 수업을 받을 수 있기 때문에
(B) 요리 만드는 법 이외에도 배울 수 있기 때문에
(C) 배운 요리를 만들면 가족이 좋아하기 때문에
(D) 어려운 요리를 만들 수 있게 되기 때문에

해설 | 마지막 문장에서 요리의 역사나 왜 그 채소를 사용하는지 등 다

양한 내용을 가르쳐 주기 때문에 요리를 깊이 배울 수 있어서 수업이 즐겁다고 했다. 따라서 정답은 (B)가 된다.

어휘 | 受(う)ける 받다　以外(いがい) 이외
習(なら)う 배우다, 익히다　家族(かぞく) 가족
喜(よろこ)ぶ 기뻐하다, 좋아하다　難(むずか)しい 어렵다
～ようになる ～하게(끔) 되다 *변화

174~177 화술 연습

174 私は、人の前で話すのが苦手なため、会議で説明しなければならない時は、話す練習をしてから出席するようにしていました。しかし、練習をしても会議で人の前に立つと、慌ててしまって、うまく伝えることができませんでした。175そこで、どうしたら説明が上手にできるのか課長に相談すると、「まずは、ゆっくり話すようにしてみなさい」と言われました。176それからは、会議でゆっくり話すようにしたところ、少しずつ伝えたいことを考えながら話せるようになり、他の人から説明が上手になったと言ってもらえるようになりました。そして今は、家族や友達との会話でも、話し方に気を付けるようにしています。177そうすることで、自分の考えや気持ちを相手にうまく伝えられるようになったので、前よりも会話をすることが楽しくなりました。

174저는 사람들 앞에서 이야기하는 것이 서툴기 때문에 회의에서 설명해야 할 때는 이야기하는 연습을 한 다음에 참석하도록 하고 있었습니다. 그러나 연습을 해도 회의에서 사람들 앞에 서면 당황해 버려서 잘 전달할 수 없었습니다. 175그래서 어떻게 하면 설명을 능숙하게 할 수 있을지 과장님께 상의했더니 "우선은 천천히 이야기하도록 해 봐요"라는 말을 들었습니다. 176그다음부터는 회의에서 천천히 이야기하도록 했더니 조금씩 전하고 싶은 것을 생각하면서 이야기할 수 있게 되어, 다른 사람으로부터 설명이 능숙해졌다는 말을 들을 수 있게 되었습니다. 그리고 지금은 가족이나 친구와의 대화에서도 말투에 신경을 쓰도록 하고 있습니다. 177그렇게 함으로써 내 생각이나 기분을 상대에게 잘 전달할 수 있게 되었기 때문에 전보다도 대화를 하는 것이 즐거워졌습니다.

어휘 | 人(ひと) 사람　前(まえ) 앞　話(はな)す 말하다, 이야기하다
苦手(にがて)だ 서투르다, 잘 못하다
会議(かいぎ) 회의　説明(せつめい) 설명
～なければならない ～하지 않으면 안 된다, ～해야 한다
練習(れんしゅう) 연습　～てから ～하고 나서, ～한 후에
出席(しゅっせき) 출석, 참석　～ようにする ～하도록 하다
立(た)つ 서다　慌(あわ)てる 당황하다, 허둥대다
うまく 잘, 목적한 대로　伝(つた)える 전하다, 전달하다
そこで 그래서　上手(じょうず)だ 능숙하다, 잘하다
課長(かちょう) 과장　相談(そうだん) 상담, 상의, 의논

まずは 우선은　ゆっくり 천천히
～と言(い)われる ～라는 말을 듣다, ～라고 하다
それから 그다음에, 그러고 나서　동사의 た형+ところ ～했더니
少(すこ)し 조금　～ずつ ～씩　동사의 ます형+たい ～하고 싶다
考(かんが)える 생각하다
동사의 ます형+ながら ～하면서 *동시동작
～ようになる ～하게(끔) 되다 *변화　他(ほか) 다른 (사람)
～てもらう (남에게) ～해 받다, (남이) ～해 주다
そして 그리고　家族(かぞく) 가족　友達(ともだち) 친구
話(はな)し方(かた) 말투　気(き)を付(つ)ける 조심하다, 주의하다
考(かんが)え 생각　気持(きも)ち 기분, 마음　相手(あいて) 상대
会話(かいわ) 회화, 대화　楽(たの)しい 즐겁다

174 この人は、どうして会議前に話す練習をしていましたか。
(A) 他の人も練習をしていたから
(B) 課長に話し方を注意されたから
(C) 練習すれば上手に説明ができたから
(D) 誰かの前で話すのが得意ではないから

174 이 사람은 어째서 회의 전에 이야기하는 연습을 하고 있었습니까?
(A) 다른 사람도 연습을 하고 있었기 때문에
(B) 과장에게 말투를 주의받았기 때문에
(C) 연습하면 능숙하게 설명을 할 수 있었기 때문에
(D) 누군가의 앞에서 이야기하는 것을 잘 못하기 때문에

해설 | 첫 번째 문장에서 '저는 사람들 앞에서 이야기하는 것이 서툴기 때문에 회의에서 설명해야 할 때는 이야기하는 연습을 한 다음에 참석하도록 하고 있습니다'라고 했으므로, 정답은 (D)가 된다.

어휘 | 注意(ちゅうい)する 주의를 주다
得意(とくい)だ 잘하다, 자신 있다

175 課長は、どんなアドバイスをしましたか。
(A) 話す時は早くならないように
(B) もっと大きな声で話すように
(C) 説明は長くなり過ぎないように
(D) 大切なことはメモをするように

175 과장은 어떤 조언을 했습니까?
(A) 이야기할 때는 빨라지지 않도록
(B) 좀 더 큰 목소리로 이야기하도록
(C) 설명은 너무 길어지지 않도록
(D) 중요한 것은 메모를 하도록

해설 | 중반부에서 이 사람이 과장에게 어떻게 하면 설명을 잘할 수 있는지 조언을 구하자, 과장은 '우선은 천천히 이야기하도록 해 볼 것'이라고 말해 주었다고 했다. 즉, 이야기할 때 속도가 너무 빨라지지 않도록 주의하라는 의미이므로, 정답은 (A)가 된다.

어휘 | 早(はや)い 빠르다　もっと 더, 좀 더
大(おお)きな 큰　声(こえ) 소리, 목소리　長(なが)い 길다
동사의 ます형+過(す)ぎる 너무 ～하다
大切(たいせつ)だ 중요하다　メモ 메모

176 この人は、他の人から何と言われましたか。
(A) 説明が短くなった。
(B) 言葉が丁寧になった。
(C) 伝え方がうまくなった。
(D) 話を聞くのが上手になった。

176 이 사람은 다른 사람으로부터 뭐라고 말을 들었습니까?
(A) 설명이 짧아졌다.
(B) 말이 공손해졌다.
(C) 전달 방식이 능숙해졌다.
(D) 이야기를 듣는 것이 능숙해졌다.

해설 | 이 사람은 과장의 조언에 따라 천천히 말하는 연습을 했다. 그랬더니 조금씩 전달하고자 하는 것을 생각하면서 말할 수 있게 되었고 점차 다른 사람으로부터 설명이 능숙해졌다는 말을 들을 수 있게 되었다고 했다. 즉, 상대방에게 내가 말하고자 하는 내용을 능숙하게 전달할 수 있게 되었다는 뜻이므로, 정답은 (C)가 된다.

어휘 | 短(みじか)い 짧다 丁寧(ていねい)だ 공손하다
うまい 잘하다, 능숙하다 聞(き)く 듣다

177 この人は、どうして会話が楽しくなりましたか。
(A) 考えながら話すのを止めたから
(B) 上手に話そうと思わなくなったから
(C) 相手の気持ちがわかるようになったから
(D) 思っていることを伝えられるようになったから

177 이 사람은 어째서 대화가 즐거워졌습니까?
(A) 생각하면서 이야기하는 것을 그만뒀기 때문에
(B) 능숙하게 이야기하려고 생각하지 않게 되었기 때문에
(C) 상대의 기분을 알 수 있게 되었기 때문에
(D) 생각하고 있는 것을 전달할 수 있게 되었기 때문에

해설 | 마지막 문장에서 '내 생각이나 기분을 상대에게 잘 전달할 수 있게 되었기 때문에 전보다도 대화를 하는 것이 즐거워졌습니다'라고 했다. 따라서 정답은 (D)가 된다.

어휘 | 止(や)める 끊다, 그만두다, 중지하다 わかる 알다, 이해하다

178~180 교외 이사의 장점

昨年の夏、東京の郊外に引っ越した。都会のマンション暮らしは交通が便利で、買い物もしやすく、不便は全くなかった。[178]しかし、私たち夫婦に子供が生まれてからは、便利さよりも環境の方が大事だと考えるようになった。
「自然の中で遊ばせたい」と、選んだ新しい家は、緑に囲まれていて、車を30分も走らせれば、海にも山にも出られる。[179]電車やバスが少ないので便利とは言えないが、車があるのでス

ーパーにも15分で行けるし、特に困ることはない。
　しかし、そうは言っても、会社まで片道2時間の距離はもうすぐ40代になる体には辛く、「引っ越さなければ良かった」と思う時もある。[180]それでも、妻や子供が太陽の下で楽しそうに笑っているのを見ていると、そんな気持ちはすぐに消え、心からこの選択は良かったと思うのだ。

작년 여름에 도쿄 교외로 이사했다. 도시의 (중·고층) 아파트 생활은 교통이 편리하고 쇼핑도 하기 편해서 불편은 전혀 없었다. [178]그러나 우리 부부에게 아이가 태어난 후로는 편리함보다도 환경 쪽이 중요하다고 생각하게 되었다.
'자연 속에서 놀게 하고 싶다'고 선택한 새집은 녹음에 둘러싸여 있고 자동차로 30분 정도만 달리면 바다로도 산으로도 갈 수 있다. [179]전철이나 버스가 적기 때문에 편리하다고는 할 수 없지만, 자동차가 있기 때문에 슈퍼에도 15분이면 갈 수 있고 특별히 곤란한 점은 없다.
그러나 그렇게는 말해도 회사까지 편도 2시간 거리는 이제 곧 40대가 되는 몸에는 힘들어서 '이사하지 않았으면 좋았을 텐데'하고 생각할 때도 있다. [180]그래도 아내랑 아이가 태양 아래에서 즐거운 듯이 웃고 있는 것을 보고 있으면 그런 마음은 바로 사라지고 진심으로 이 선택은 좋았다고 생각한다.

어휘 | 昨年(さくねん) 작년 *「去年(きょねん)」의 격식 차린 말씨
夏(なつ) 여름 郊外(こうがい) 교외 引(ひ)っ越(こ)す 이사하다
都会(とかい) 도회, 도시 マンション 맨션, (중·고층) 아파트
~暮(ぐ)らし ~생활 交通(こうつう) 교통
便利(べんり)だ 편리하다 買(か)い物(もの) 쇼핑, 장을 봄
동사의 ます형+やすい ~하기 쉽다[편하다] 不便(ふべん) 불편
全(まった)く (부정어 수반) 전혀 しかし 그러나
私(わたし)たち 우리 夫婦(ふうふ) 부부 子供(こども) 아이
生(う)まれる 태어나다 ~てからは ~하고 나서는, ~한 후에는
便利(べんり)さ 편리함 ~よりも ~보다도
環境(かんきょう) 환경 大事(だいじ)だ 중요하다
~ようになる ~하게(끔) 되다 *변화 自然(しぜん) 자연
遊(あそ)ぶ 놀다 選(えら)ぶ 고르다, 선택하다
新(あたら)しい 새롭다 家(いえ) 집 緑(みどり) 녹색, 녹음
囲(かこ)む 둘러싸다 車(くるま) 자동차
~も ~이면, ~정도만 *대략의 정도를 나타냄
走(はし)る (탈것이) 달리다 海(うみ) 바다
山(やま) 산 出(で)る 가다, 빠지다
電車(でんしゃ) 전철 バス 버스 少(すく)ない 적다
~とは言(い)えない ~라고는 할 수 없다
スーパー 슈퍼(마켓) *「スーパーマーケット」의 준말
特(とく)に 특별히 困(こま)る 곤란하다, 난처하다
会社(かいしゃ) 회사 片道(かたみち) 편도 距離(きょり) 거리
もうすぐ 이제 곧 体(からだ) 몸, 신체 辛(つら)い 괴롭다, 힘들다
~ば良(よ)かった ~했으면 좋았을 텐데 それでも 그래도
妻(つま) (자신의) 아내 太陽(たいよう) 태양
下(した) 아래, 밑 楽(たの)しい 즐겁다 笑(わら)う 웃다
気持(きも)ち 기분, 마음 すぐに 곧, 바로 消(き)える 사라지다
心(こころ)から 마음으로부터, 진심으로 選択(せんたく) 선택

178 この人は、どうして引っ越しましたか。

(A) 都会(とかい)の生活(せいかつ)が嫌(いや)になったから
(B) 子供(こども)が引(ひ)っ越(こ)したいと言(い)ったから
(C) 田舎(いなか)の生活(せいかつ)の方(ほう)が便利(べんり)だから
(D) 自然(しぜん)の中(なか)で子供(こども)を育(そだ)てたいと思(おも)ったから

178 이 사람은 어째서 이사했습니까?
(A) 도시 생활이 싫어졌기 때문에
(B) 아이가 이사하고 싶다고 말했기 때문에
(C) 시골 생활 쪽이 편리하기 때문에
(D) 자연 속에서 아이를 키우고 싶다고 생각했기 때문에

해설 | 첫 번째 단락에서 그 이유를 찾을 수 있다. 원래 도시의 아파트에서 아무 불만 없이 생활하던 부부는 아이가 태어난 후로는 편리함보다 환경 쪽을 중요하게 여기게 되었다고 했다. 그리고 아이를 자연 속에서 놀게 하고 싶다는 생각으로 교외의 이사를 선택했다고 했으므로, 정답은 (D)가 된다.

어휘 | 嫌(いや)だ 싫다 田舎(いなか) 시골 生活(せいかつ) 생활
育(そだ)てる 키우다, 양육하다

179 この人(ひと)は、新(あたら)しい生活環境(せいかつかんきょう)についてどう思(おも)っていますか。
(A) 交通(こうつう)も買(か)い物(もの)も便利(べんり)で、気(き)に入(い)っている。
(B) 通勤時間(つうきんじかん)が長(なが)いこと以外(いがい)は、気(き)に入(い)っている。
(C) 環境(かんきょう)はいいが、大変(たいへん)なことが多(おお)くて嫌(いや)だ。
(D) 全(すべ)てが不便(ふべん)で、嫌(いや)だ。

179 이 사람은 새로운 생활환경에 대해서 어떻게 생각하고 있습니까?
(A) 교통도 장보는 것도 편리해서 마음에 든다.
(B) 통근시간이 긴 것 이외에는 마음에 든다.
(C) 환경은 좋지만 힘든 일이 많아서 싫다.
(D) 모든 것이 불편해서 싫다.

해설 | 전반적인 내용을 파악해야 하는 문제. (A)는 교외 생활이 아니라 도심에 살 때의 장점에 해당하는 내용이고, (C)와 (D)는 몇몇 단점에도 불구하고 이 선택에 만족하고 있다는 말과 반대되는 내용이므로 역시 답이 될 수 없다. 정답은 (B)로, 두 번째 단락과 일치하는 내용이다.

어휘 | 気(き)に入(い)る 마음에 들다 通勤(つうきん) 통근, 출퇴근
時間(じかん) 시간 長(なが)い (시간적으로) 길다. 오래다
以外(いがい) 이외 大変(たいへん)だ 힘들다 多(おお)い 많다

180 この人(ひと)は、何(なに)が良(よ)かったと言(い)っていますか。
(A) 家(いえ)を東京(とうきょう)の郊外(こうがい)に移(うつ)したこと
(B) 家族(かぞく)と一緒(いっしょ)に暮(く)らせること
(C) スーパーが近(ちか)くにあること
(D) 新(あたら)しくて住(す)みやすい家(いえ)を建(た)てたこと

180 이 사람은 무엇이 좋았다고 말하고 있습니까?
(A) 집을 도쿄 교외로 옮긴 것
(B) 가족과 함께 살 수 있는 것
(C) 슈퍼가 근처에 있는 것
(D) 새롭고 살기 편한 집을 지은 것

해설 | 중후반부의 내용을 통해서 이 사람은 집을 도심에서 도쿄 교외로 이사하면서 불편한 점이 없지는 않았지만, 아내와 아이가 좋아하는 모습을 보며 만족스러워하고 있다는 것을 알 수 있다. 따라서 정답은 (A)가 된다. 원래 가족과 떨어져 살았던 것은 아니고, 슈퍼까지는 차로 15분이 걸린다고 했다. 또한 교외에 있는 집으로 이사했지만 그 집을 직접 지었다는 내용은 없으므로, 나머지 선택지는 모두 틀린 설명이다.

어휘 | 移(うつ)す 옮기다 一緒(いっしょ)に 함께
暮(く)らす 살다, 생활하다 近(ちか)く 근처
建(た)てる (집을) 짓다, 세우다

181~184 비즈니스와 색의 효과

先日(せんじつ)、会社(かいしゃ)で「ビジネスと色(いろ)の効果(こうか)」について研修(けんしゅう)を受(う)けました。**181**それ以来(いらい)、私(わたし)は町中(まちじゅう)で使(つか)われている色(いろ)に関心(かんしん)が向(む)くようになり、散歩(さんぽ)が毎日(まいにち)の習慣(しゅうかん)になりました。

その研修(けんしゅう)では、看板(かんばん)や店(みせ)の中(なか)を赤(あか)いデザインに変(か)えただけで、客(きゃく)の数(かず)が倍(ばい)になったレストランの例(れい)が紹介(しょうかい)されました。**182**これは「店(みせ)のイメージカラーは赤(あか)がいい」というわけではなく、イメージカラーは1(ひと)つか、多(おお)くても2(ふた)つにすることが大切(たいせつ)で、その方(ほう)が「あの色(いろ)の店(みせ)」と、人々(ひとびと)の頭(あたま)に強(つよ)く残(のこ)るのだそうです。それでも、食(た)べ物(もの)関係(かんけい)に赤(あか)を使(つか)う会社(かいしゃ)は多(おお)いようです。**183**それは、赤(あか)は食事(しょくじ)したくなる効果(こうか)があるからだということでした。

184また、最近(さいきん)外国人(がいこくじん)と話(はな)していて、国(くに)によって、色(いろ)を見(み)たり聞(き)いたりして想像(そうぞう)することは変(か)わることもあるということに気付(きづ)きました。ビジネスで色(いろ)を使(つか)う時(とき)は、対象(たいしょう)を考(かんが)えることも重要(じゅうよう)だと思(おも)います。

요전에 회사에서 '비즈니스와 색의 효과'에 대해서 연수를 받았습니다. **181**그 이후 저는 마을 전체에서 사용되고 있는 색에 관심이 가게 되어 산책이 매일의 습관이 되었습니다.

그 연수에서는 간판이나 가게 안을 빨간 디자인으로 바꾼 것만으로 손님 수가 배가 된 레스토랑의 예가 소개되었습니다. **182**이것은 '가게의 이미지 컬러는 빨강이 좋다'라는 것은 아니고, 이미지 컬러는 하나나 많아도 두 개로 하는 것이 중요하고, 그쪽이 '그 색의 가게'라고 사람들의 머리에 강하게 남는다고 합니다. 그래도 음식 관계에 빨강을 사용하는 회사는 많은 것 같습니다. **183**그것은 빨강은 식사를 하고 싶어지는 효과가 있기 때문이라는 것이었습니다.

184또한 최근 외국인과 이야기하다가 나라에 따라 색을 보거나 듣거나 해서 상상하는 것은 바뀔 수도 있다는 것을 깨달았습니다. 비즈니스에서 색을 쓸 때는 대상을 생각하는 것도 중요하다고 생각합니다.

어휘 | 先日(せんじつ) 요전, 일전 会社(かいしゃ) 회사
ビジネス 비즈니스 色(いろ) 색 効果(こうか) 효과

～について ～에 대해서 研修(けんしゅう) 연수
受(う)ける 받다 それ以来(いらい) 그때 이후, 그 후
町中(まちじゅう) 마을 전체, 온 마을 使(つか)う 쓰다, 사용하다
関心(かんしん) 관심 向(む)く 향하다, (마음이) 쏠리다
～ようになる ～하게(끔) 되다 *변화 散歩(さんぽ) 산책
毎日(まいにち) 매일 習慣(しゅうかん) 습관
看板(かんばん) 간판 店(みせ) 가게 赤(あか)い 빨갛다
デザイン 디자인 変(か)える 바꾸다 客(きゃく) 손님
数(かず) 수 倍(ばい) 배, 2배 レストラン 레스토랑
例(れい) 예 紹介(しょうかい) 소개
イメージカラー 이미지 컬러 *사물이나 인물이 갖는 이미지를 색으로 표현한 것 赤(あか) 빨강
～わけではない (전부) ～하는 것은 아니다 多(おお)い 많다
大切(たいせつ)だ 중요하다 人々(ひとびと) 사람들
頭(あたま) 머리 強(つよ)い 강하다 残(のこ)る 남다
품사의 보통형+そうだ ～라고 한다 *전문 それでも 그래도
食(た)べ物(もの) 음식 関係(かんけい) 관계
～ようだ ～인 것 같다, ～인 듯하다 食事(しょくじ) 식사
동사의 ます형+たい ～하고 싶다 最近(さいきん) 최근, 요즘
外国人(がいこくじん) 외국인 国(くに) 나라
～によって ～에 의해서[따라서] 想像(そうぞう) 상상
変(か)わる 바뀌다, 변하다 気付(きづ)く 깨닫다, 알아차리다
対象(たいしょう) 대상 考(かんが)える 생각하다
重要(じゅうよう)だ 중요하다

181 この人は、色の効果の研修を受けた後、どう変わりましたか。
(A) 町を歩いて、色の使い方を見るようになった。
(B) 健康のために散歩するようになった。
(C) 色について、別の研修に参加するようになった。
(D) 色について、外国人と良く話すようになった。

181 이 사람은 색의 효과 연수를 받은 후 어떻게 변했습니까?
(A) 마을을 걸으며 색 사용법을 보게 되었다.
(B) 건강을 위해서 산책하게 되었다.
(C) 색에 대해서 다른 연수에 참가하게 되었다.
(D) 색에 대해서 외국인과 자주 이야기하게 되었다.

해설 | 두 번째 문장에서 '그 이후 저는 마을 전체에서 사용되고 있는 색에 관심이 가게 되어 산책이 매일의 습관이 되었습니다'라고 했다. 즉, 산책을 하면서 마을 곳곳에 사용된 색을 살펴보게 되었다는 의미이므로, 정답은 (A)가 된다.

어휘 | 町(まち) 마을, 동네 歩(ある)く 걷다
동사의 ます형+方(かた) ～하는 방법[방식] 健康(けんこう) 건강
別(べつ) 다름 参加(さんか) 참가 良(よ)く 자주

182 店のイメージカラーは、どうした方がいいと言っていますか。
(A) 赤い色にする。
(B) 2種類以下の色を使う。
(C) 赤以外の色にする。
(D) 様々な色を使う。

182 가게의 이미지 컬러는 어떻게 하는 편이 좋다고 말하고 있습니까?
(A) 빨간색으로 한다.
(B) 두 종류 이하의 색을 쓴다.
(C) 빨강 이외의 색으로 한다.
(D) 여러 가지 색을 쓴다.

해설 | 중반부에서 "가게의 이미지 컬러는 빨강이 좋다'라는 것은 아니고, 이미지 컬러는 하나나 많아도 두 개로 하는 것이 중요하고, 그쪽이 '그 색의 가게'라고 사람들의 머리에 강하게 남는다'라고 했다. 즉, 이미지 컬러는 최대 두 개 이하로 제한해야 한다는 뜻이므로, 정답은 (B)가 된다. (A)의 경우 '가게의 이미지 컬러는 빨강이 좋다'라는 것은 아니라고 했으므로 정답으로는 부적절하고, 그렇다고 해서 빨강으로 해서는 안 된다는 내용도 없으므로 (C) 또한 답이 될 수 없다.

어휘 | 種類(しゅるい) 종류 以下(いか) 이하
様々(さまざま)だ 다양하다, 여러 가지다

183 赤が与える効果について、正しいものはどれですか。
(A) 気持ちを落ち着かせる。
(B) 何か食べたくなる。
(C) 女性客を呼び込む。
(D) お客の回転が速くなる。

183 빨강이 주는 효과에 대해서 맞는 것은 어느 것입니까?
(A) 마음을 안정시킨다.
(B) 뭔가 먹고 싶어진다.
(C) 여성 손님을 불러들인다.
(D) 손님 회전이 빨라진다.

해설 | 빨강이 주는 효과에 대해서는 후반부에 나온다. '음식 관계에 빨강을 사용하는 회사가 많은 이유는 빨강은 식사를 하고 싶어지는 효과가 있기 때문'이라고 했다. 즉, 빨간색이 식욕을 자극하는 효과가 있다는 뜻이므로, 정답은 (B)가 된다.

어휘 | 与(あた)える (주의 · 영향 등을) 주다 気持(きも)ち 기분, 마음
落(お)ち着(つ)く 진정되다, 안정되다
女性客(じょせいきゃく) 여성 손님 呼(よ)び込(こ)む 불러들이다
回転(かいてん) (자금 등의) 회전 速(はや)い (속도가) 빠르다

184 本文の内容と合っているものは、どれですか。
(A) 外国人と日本人が持つ色のイメージは違うこともある。
(B) この人のレストランは、色を変えて人気が出た。
(C) 赤い色の店は、地元の客が多い。
(D) 仕事で人に会う時は、服装の色に気を付けるべきだ。

184 본문의 내용과 맞는 것은 어느 것입니까?

(A) 외국인과 일본인이 가진 색 이미지는 다른 경우도 있다.
(B) 이 사람의 레스토랑은 색을 바꿔서 인기가 생겼다.
(C) 빨간색 가게는 그 지역 손님이 많다.
(D) 업무로 사람을 만날 때는 복장 색깔에 주의해야 한다.

해설 | 후반부에서 최근 외국인과 이야기를 나누면서 나라에 따라 색을 보거나 듣거나 해서 상상하는 것은 바뀔 수도 있다는 것을 깨달았다고 했다. 즉, 색에 대한 이미지는 고정되어 있는 것이 아니라 경험에 따라 얼마든지 변할 수 있다는 뜻이므로, 정답은 (A)가 된다. (B)는 이 사람이 직접 레스토랑을 운영하고 있는 것은 아니므로 답이 될 수 없고, (C), (D) 와 같은 내용은 나오지 않는다.

어휘 | 持(も)つ 가지다 違(ちが)う 다르다 変(か)える 바꾸다
人気(にんき) 인기 出(で)る 나오다, 생기다
地元(じもと) 그 고장[지방] 会(あ)う 만나다
服装(ふくそう) 복장 気(き)を付(つ)ける 조심하다, 주의하다
동사의 기본형+べきだ (마땅히) ~해야 한다

185~188 친구와 나

私には、秋子という高校時代からの親友がい
る。185高校に入学した年、たまたま席が近かっ
た私たちは気が合い、仲が良くなった。次の年
以降は一度も同じクラスになることはなかった
が、それぞれが会社に入社してからも、ずっと
その関係は続いている。
　この間、久しぶりにその秋子と会った。186彼女
は就職して3年目で課長になり、今とても忙し
いはずだが、私よりもずっと自分の時間を楽し
んでいるように見えた。休みの日には趣味の登
山や旅行を楽しみ、平日の夜には英会話にも通
っていると言う。
　それに比べて、私はどうだろうか。「時間がな
い」と文句を言っているだけだ。187仕事が忙しい
からと、自分の時間を作ることを諦めてしまっ
ていた。そんな自分をとても恥ずかしく思った。
188自分の時間を楽しめる人とは、秋子のように
(1)_____のことなのだ。

내게는 아키코라고 하는 고등학교 시절부터 친한 친구가 있다. 185고등학교에 입학한 해, 우연히 자리가 가까웠던 우리는 마음이 맞아서 사이가 좋아졌다. 이듬해 이후는 한 번도 같은 반이 되는 일은 없었지만 각자가 회사에 입사한 후에도 계속 그 관계는 이어지고 있다.
요전에 오랜만에 그 아키코와 만났다. 186그녀는 취직한 지 3년째에 과장이 되어 지금 매우 바쁠 텐데, 나보다도 훨씬 자신의 시간을 즐기고 있는 것처럼 보였다. 휴일에는 취미인 등산이나 여행을 즐기고 평일 밤에는 영어회화도 다니고 있다고 말한다.
그에 비해 나는 어떨까? '시간이 없다'고 불평하고 있을 뿐이다. 187일이 바쁘니까 라며 내 시간을 만드는 것을 단념해 버리고 있었다. 그런 자신을 아주 부끄럽게 생각했다. 188자신의 시간을 즐길 수

있는 사람이란 아키코처럼 (1)시간 사용법이 능숙한 사람을 말하는 것이다.

어휘 | 高校(こうこう) 고교, 고등학교 *「高等学校(こうとうがっこう)」의 준말 時代(じだい) 시대, 시절
親友(しんゆう) 친우, 친한 친구 入学(にゅうがく) 입학
年(とし) 연, 해 たまたま 우연히, 때마침 席(せき) 자리, 좌석
近(ちか)い 가깝다 私(わたし)たち 우리
気(き)が合(あ)う 마음[뜻]이 맞다 仲(なか) 사이, 관계 次(つぎ) 다음
以降(いこう) 이후 一度(いちど)も (부정어 수반) 한 번도
同(おな)じだ 같다 クラス 클래스, 반
それぞれ (제)각기, 각각, 각자 入社(にゅうしゃ) 입사
~てからも ~하고 나서도, ~한 후에도 ずっと 쭉, 계속
関係(かんけい) 관계 続(つづ)く 이어지다, 계속되다
この間(あいだ) 요전, 지난번 久(ひさ)しぶりだ 오랜만이다
その (바로 전에 말한) 그 会(あ)う 만나다
就職(しゅうしょく) 취직 ~目(め)~째 *순서를 나타내는 말
課長(かちょう) 과장 今(いま) 지금 とても 아주, 매우
忙(いそが)しい 바쁘다 ~はずだ (당연히) ~할 것[터]이다
~よりも ~보다도 自分(じぶん) 자기, 자신, 나 時間(じかん) 시간
楽(たの)しむ 즐기다 ~ように ~처럼 見(み)える 보이다
休(やす)みの日(ひ) 휴일, 쉬는 날 趣味(しゅみ) 취미
登山(とざん) 등산 旅行(りょこう) 여행 平日(へいじつ) 평일
夜(よる) 밤 英会話(えいかいわ) 영어회화 通(かよ)う 다니다
~に比(くら)べて ~에 비해서 文句(もんく)を言(い)う 불평하다
仕事(しごと) 일 作(つく)る 만들다
諦(あきら)める 단념하다, 체념하다 そんな 그런
恥(は)ずかしい 부끄럽다 ~とは ~라고 하는 것은, ~란 *정의

185 この人と秋子さんが高校の時、同じクラスだったのは、いつですか。
(A) 1年生の時
(B) 2年生の時
(C) 3年生の時
(D) 高校3年間

185 이 사람과 아키코 씨가 고등학교 때 같은 반이었던 것은 언제입니까?
(A) 1학년 때
(B) 2학년 때
(C) 3학년 때
(D) 고등학교 3년간

해설 | 첫 번째 단락에서 이 사람과 아키코 씨는 고등학교에 입학한 해, 우연히 자리가 가까워서 사이가 좋아졌는데, 이듬해 이후는 한 번도 같은 반이 된 적이 없다고 했다. 즉, 고등학교 1학년 때를 제외하고는 계속 다른 반이었다는 뜻이므로, 정답은 (A)가 된다.

어휘 | ~年生(ねんせい) ~학년 ~年間(ねんかん) ~년간

186 秋子さんは今、どんな生活を送っていますか。
(A) 仕事ばかりして、休みが少ない。
(B) 自由な時間が十分あり、旅行ばかりしている。

최신기출 3

177

(C) 仕事は忙しいが、自分の時間も楽しんでいる。

(D) 仕事が暇で、仕事の後、英会話を習っている。

186 아키코 씨는 지금 어떤 생활을 보내고 있습니까?
(A) 일만 하고 휴식이 적다.
(B) 자유로운 시간이 충분히 있어서 여행만 하고 있다.
(C) 일은 바쁘지만 자신의 시간도 즐기고 있다.
(D) 일이 한가해서 업무 후에 영어회화를 배우고 있다.

해설 | 두 번째 단락에서 '아키코 씨는 과장으로 승진해서 바쁜 와중에도 휴일에는 등산과 여행을 즐기고, 평일 밤에는 영어회화를 배우는 등 나보다도 훨씬 자신의 시간을 즐기고 있는 것처럼 보였다'라고 했다. 따라서 정답은 (C)가 된다.

어휘 | ~ばかり ~만, ~뿐 休(やす)み 휴식 少(すく)ない 적다
自由(じゆう)だ 자유롭다 十分(じゅうぶん) 충분히
旅行(りょこう) 여행 暇(ひま)だ 한가하다

187 この人は、久しぶりに秋子さんと会ってどんなことに気付きましたか。
(A) 自分は、仕事の能力がない。
(B) 自分は、時間がないのを仕事のせいにしていた。
(C) 秋子さんは、仕事の能力がある。
(D) 秋子さんは、努力をしたから課長になれた。

187 이 사람은 오랜만에 아키코 씨와 만나서 어떤 것을 깨달았습니까?
(A) 자신은 일하는 능력이 없다.
(B) 자신은 시간이 없는 것을 일 탓으로 하고 있었다.
(C) 아키코 씨는 일하는 능력이 있다.
(D) 아키코 씨는 노력을 했기 때문에 과장이 될 수 있었다.

해설 | 세 번째 단락에서 오랜 친구인 아키코 씨가 바쁜 와중에도 자신만의 시간을 알차게 보내는 것을 보면서 이 사람은 일이 바쁘다는 핑계로 자신의 시간을 만드는 것을 단념해 버리고 있었다고 후회하고 있다. 따라서 정답은 (B)가 된다.

어휘 | 能力(のうりょく) 능력 ~せい ~탓 努力(どりょく) 노력

188 (1)_____に入る最も適切なものは、どれですか。
(A) 一生懸命働く人
(B) 自由時間がたくさんある人
(C) 休みの日を楽しむ人
(D) 時間の使い方が上手な人

188 (1)_____ 에 들어갈 가장 적절한 것은 어느 것입니까?
(A) 열심히 일하는 사람
(B) 자유시간이 많이 있는 사람
(C) 휴일을 즐기는 사람
(D) 시간 사용법이 능숙한 사람

해설 | 공란 앞에 '아키코처럼'이라는 말이 있으므로, 본문에서 아키코 씨가 시간을 어떤 식으로 보내는지에 주목해야 한다. 아키코 씨는 바쁜 일과 중에도 자신만의 시간을 만들면서 취미와 자기계발에 힘쓰고 있다. 따라서 자신의 시간을 즐기는 사람이란 결국 자신의 시간을 잘 이용할 수 있는 사람이라는 뜻이므로, 정답은 (D)가 된다.

어휘 | 一生懸命(いっしょうけんめい) 열심히
働(はたら)く 일하다 たくさん 많이 使(つか)う 쓰다, 사용하다
동사의 ます형+方(かた) ~하는 방법[방식]
上手(じょうず)だ 능숙하다, 잘하다

189~192 백화점의 고령자 대상 서비스

百貨店がお年寄り向けに、新サービスの提供を検討中だという報道を見た。189利用者は一定額を月払いで払うという。190定年退職後に豊かな老後を過ごしてもらうための企画で、生活にゆとりがあり、常に新しい何かに挑戦し続けたい意欲的なお年寄りに最適だそうだ。
生け花や俳句など191月ごとに百貨店側が決めた1つの挑戦テーマがあり、必要な道具やレジャー用品が利用者の自宅に郵送される。1人で挑戦を続けるのは孤独であり継続が困難だが、共に目標を設定したり、支援してくれたりする担当者が付くから心配無用だ。加えて、定期的に連絡を取りながら利用者の健康状態についての聞き取り調査を行い、異常があれば専門家に橋渡しをするそうだ。
192高齢化社会となり、どのような手段で高齢者に消費してもらうか、百貨店は頭を使って商売をする必要に迫られている。お年寄りにとっては挑戦し続けることで脳を刺激して若さを保つことに繋がる可能性があるし、単なる娯楽ではなく定期的に健康状態をチェックする機会となる。両者にとって非常に(1)価値があるサービスではないだろうか。

백화점이 노인을 위해 새로운 서비스를 제공할 것을 검토 중이라는 보도를 봤다. 189이용자는 일정액을 월부로 지불한다고 한다. 190정년퇴직 후에 풍요로운 노후를 보내기 위한 기획으로, 생활에 여유가 있고 항상 새로운 뭔가에 계속 도전하고 싶은 의욕적인 노인에게 최적이라고 한다.
꽃꽂이나 하이쿠(俳句) 등 191달마다 백화점 측이 정한 하나의 도전 주제가 있고, 필요한 도구나 레저 용품이 이용자의 자택으로 우송된다. 혼자서 도전을 계속하는 것은 고독하고 계속하는 것이 힘들지만, 함께 목표를 설정하거나 지원해 주거나 하는 담당자가 함께 있으므로 걱정할 필요 없다. 덧붙여 정기적으로 연락을 취하면서 이용자의 건강 상태에 대한 청취조사를 실시해서 이상이 있으면 전문가에게 중개를 한다고 한다.

¹⁹²고령화사회가 되어 어떠한 수단으로 고령자에게 소비를 하도록 할지, 백화점은 머리를 써서 장사를 할 필요를 강요받고 있다. 노인에게 있어서는 계속 도전함으로써 뇌를 자극해서 젊음을 유지하는 것으로 이어질 가능성이 있고, 단순한 오락이 아니라 정기적으로 건강 상태를 체크할 기회가 된다. 양자에게 있어 대단히 (1)가치가 있는 서비스이지 않을까?

어휘 | 百貨店(ひゃっかてん) 백화점　お年寄(としよ)り 노인
～向(む)けに ～을 위해, ～을 대상으로, ～용으로
新(しん)～ 신～, 새로운　サービス 서비스　提供(ていきょう) 제공
検討(けんとう) 검토　～中(ちゅう) ～중　報道(ほうどう) 보도
見(み)る 보다　利用者(りようしゃ) 이용자
一定額(いっていがく) 일정액　月払(つきばら)い 월부
払(はら)う (돈을) 내다, 지불하다
定年退職(ていねんたいしょく) 정년퇴직　～後(ご) ～후
豊(ゆた)かだ 풍족하다　老後(ろうご) 노후
過(す)ごす (시간을) 보내다, 지내다
～てもらう (남에게) ～해 받다, (남이) ～해 주다　企画(きかく) 기획
生活(せいかつ) 생활　ゆとり 여유　常(つね)に 늘, 항상
新(あたら)しい 새롭다　何(なに)かに 무엇인가에, 뭔가에
挑戦(ちょうせん) 도전　동사의 ます형+続(つづ)ける 계속 ～하다
동사의 ます형+たい ～하고 싶다
意欲的(いよくてき)だ 의욕적이다　最適(さいてき)だ 최적이다
품사의 보통형+そうだ ～라고 한다 *전문　生(い)け花(ばな) 꽃꽂이
俳句(はいく) 하이쿠 *5・7・5의 3구 17음절로 된 일본 고유의 단시
月(つき) 달　～ごとに ～마다　側(がわ) 측, 쪽
決(き)める 정하다, 결정하다　テーマ 테마, 주제
必要(ひつよう)だ 필요하다　道具(どうぐ) 도구　レジャー 레저
用品(ようひん) 용품　自宅(じたく) 자택, 자기집
郵送(ゆうそう) 우송　1人(ひとり)で 혼자서
孤独(こどく)だ 고독하다　継続(けいぞく) 계속
困難(こんなん)だ 곤란하다　共(とも)に 함께
目標(もくひょう) 목표　設定(せってい) 설정　支援(しえん) 지원
～てくれる (남이 나에게) ～해 주다　担当者(たんとうしゃ) 담당자
付(つ)く 붙다　心配(しんぱい) 걱정, 염려　無用(むよう) 필요 없음
加(くわ)えて 덧붙여　定期的(ていきてき)だ 정기적이다
連絡(れんらく)を取(と)る 연락을 취하다
동사의 ます형+ながら ～하면서 *동시동작　健康(けんこう) 건강
状態(じょうたい) 상태　～についての ～에 대한
聞(き)き取(と)り 청취　調査(ちょうさ) 조사
行(おこな)う 하다, 행하다, 실시하다　異常(いじょう) 이상
専門家(せんもんか) 전문가　橋渡(はしわた)し 중개
高齢者(こうれいしゃ) 고령자　社会(しゃかい) 사회
手段(しゅだん) 수단　消費(しょうひ) 소비　頭(あたま) 머리
使(つか)う 쓰다, 사용하다　商売(しょうばい) 장사
迫(せま)る 강요하다　～にとっては ～에게 있어서는
～ことで ～함으로써　脳(のう) 뇌　刺激(しげき) 자극
若(わか)さ 젊음　保(たも)つ 유지하다
繋(つな)がる 이어지다, 연결되다　可能性(かのうせい) 가능성
～し ～고　単(たん)なる 단순한　娯楽(ごらく) 오락
定期的(ていきてき)だ 정기적이다　チェック 체크
機会(きかい) 기회　両者(りょうしゃ) 양자
非常(ひじょう)に 대단히, 매우　価値(かち) 가치　サービス 서비스

189 新サービスは、どのような料金制度ですか。
(A) テーマ数に応じて料金が決まる。
(B) 前もって回数券を買う。
(C) 家族単位で月謝を支払う。
(D) 毎月同じ金額を支払う。

189 새로운 서비스는 어떠한 요금 제도입니까?
(A) 테마 수에 따라 요금이 정해진다.
(B) 미리 회수권을 산다.
(C) 가족 단위로 수업료를 지불한다.
(D) 매달 같은 금액을 지불한다.

해설 | 첫 번째 단락의 두 번째 문장에서 '이용자는 일정액을 월부로 지불한다고 한다'라고 했으므로, 정답은 매달 같은 금액을 지불한다고 한 (D)가 된다.

어휘 | 料金(りょうきん) 요금　制度(せいど) 제도　数(すう) 수
～に応(おう)じて ～에 응해, ～에 따라, ～에 적합하게
決(き)まる 정해지다, 결정되다　前(まえ)もって 미리, 사전에
回数券(かいすうけん) 회수권　買(か)う 사다　家族(かぞく) 가족
単位(たんい) 단위　月謝(げっしゃ) 월사금, 수업료
支払(しはら)う 지불하다　毎月(まいつき) 매달
同(おな)じだ 같다　金額(きんがく) 금액

190 新サービスは、どんな人を対象としていますか。
(A) 経済的に豊かになりたい年配者
(B) 余裕とやる気がある年配者
(C) 引退後も技術を維持したい年配者
(D) 孤独で心細い年配者

190 새로운 서비스는 어떤 사람을 대상으로 하고 있습니까?
(A) 경제적으로 풍족해지고 싶은 연장자
(B) 여유와 의욕이 있는 연장자
(C) 은퇴 후에도 기술을 유지하고 싶은 연장자
(D) 고독하고 허전한 연장자

해설 | 첫 번째 단락의 세 번째 문장에서 새로운 서비스는 '정년퇴직 후에 풍요로운 노후를 보내기 위한 기획으로, 생활에 여유가 있고 항상 새로운 뭔가에 계속 도전하고 싶은 의욕적인 노인에게 최적'이라고 했다. 즉, 경제적으로나 시간적으로 여유가 있고 의욕에 넘치는 노년층을 대상으로 한다는 뜻이므로, 정답은 (B)가 된다.

어휘 | 対象(たいしょう) 대상　経済的(けいざいてき)だ 경제적이다
年配者(ねんぱいしゃ) 연장자　余裕(よゆう) 여유　やる気(き) 의욕
引退(いんたい) 은퇴　技術(ぎじゅつ) 기술　維持(いじ) 유지
心細(こころぼそ)い 불안하다, 허전하다

191 新サービスの内容に含まれるものは、どれですか。
(A) 専門家による利用者宅への訪問
(B) 健康が悪化した際の看病
(C) 健康食品や健康器具の提供
(D) 身体に関する異常の有無の聞き取り

191 새로운 서비스의 내용에 포함되는 것은 어느 것입니까?
(A) 전문가에 의한 이용자 댁으로의 방문

(B) 건강이 악화되었을 때의 간병
(C) 건강식품이나 건강기구의 제공
(D) 신체에 관한 이상 유무의 청취

해설 | 새로운 서비스에 대한 구체적인 내용은 두 번째 단락에 나온다. 달마다 하나의 도전 주제를 정하고 필요한 도구를 우송해 주거나 정기적으로 연락을 취하면서 이용자의 건강 상태에 대한 청취조사를 실시해서 이상이 있으면 전문가에게 중개를 한다고 했다. 선택지 중 새로운 서비스에 해당하는 것은 (D)로, (A)는 이용자의 건강에 이상이 있을 경우 전문가에게 중개를 한다고만 했으므로, 답이 될 수 없다.

어휘 | 内容(ないよう) 내용　含(ふく)まれる 포함되다
~による ~에 의한[따른]　宅(たく) 댁, (사는) 집
訪問(ほうもん) 방문　悪化(あっか) 악화　~際(さい) ~때
看病(かんびょう) 간병　食品(しょくひん) 식품　器具(きぐ) 기구
提供(ていきょう) 제공　身体(しんたい) 신체
~に関(かん)する ~에 관한　有無(うむ) 유무

192 百貨店側には、どのような(1)価値がありますか。
(A) 高齢化社会に適したビジネスの実現
(B) 資格ビジネスの仕組み作り
(C) 商業施設の再利用による収入増加
(D) 健康食品分野での新ビジネス開始

192 백화점 측에는 어떠한 (1)가치가 있습니까?
(A) 고령자사회에 적합한 비즈니스의 실현
(B) 자격 비즈니스의 구조 만들기
(C) 상업 시설의 재이용에 의한 수입 증가
(D) 건강식품 분야에서의 새로운 비즈니스 개시

해설 | 세 번째 단락의 첫 번째 문장에서 고령화사회를 맞아 백화점 측은 고령자에게 어떤 소비를 유도하게 할지를 고민해야 한다고 했다. 따라서 정답은 (A)가 된다.

어휘 | 適(てき)する 적합하다　実現(じつげん) 실현
資格(しかく) 자격　仕組(しく)み 구조, 짜임
명사+作(づく)り ~만들기　商業(しょうぎょう) 상업
施設(しせつ) 시설　再利用(さいりよう) 재이용
収入(しゅうにゅう) 수입　増加(ぞうか) 증가
分野(ぶんや) 분야　開始(かいし) 개시, 시작

193~196 축구감독의 인터뷰에서 느낀 점

長年サッカークラブで監督をしている林氏のインタビュー記事を読んだ。[193]林氏によると、常に結果を残せるチームを作るためには、選手間で競争意識を持たせることが最重要課題だそうだ。前年までの実績の有無にかかわらず、新人も含めて公平に扱い、能力の高さを見比べる。[194]その上で、成果を出せる見込みのある者を信頼し、本番を任せる。無論、結果が出ない場合であっても選手に責任を被せることはしないと林氏は言う。

林氏はまた、言葉遣いにも神経を使っているとのことだ。上司として指導する立場ではあるものの、何かを指示する際には命令するのではなく、理論を提示しながら選手を説得できるよう試みているそうだ。[195]自分自身を選手と対等な存在として位置付け、相手を尊重し、指導者でありながら、支援者でもありたいというのが林氏の思いだ。
[196]偶然目にした記事であったが、林氏がどのような信念や哲学を持って現場を管理しているのかが書かれており、他分野で働く我々にとっても非常に学ぶことの多い内容ではないかと感じた。

여러 해 축구클럽에서 감독을 하고 있는 하야시 씨의 인터뷰 기사를 읽었다. [193]하야시 씨에 따르면 항상 결과를 남길 수 있는 팀을 만들기 위해서는 선수 사이에 경쟁 의식을 갖게 하는 것이 가장 중요한 과제라고 한다. 전년까지의 실적 유무에 관계없이 신인도 포함해서 공평하게 대우하고 능력의 높이를 비교한다. [194]그것을 전제로 성과를 낼 수 있는 전망이 있는 사람을 신뢰하고 본경기를 맡긴다. 물론 결과가 나오지 않는 경우라도 선수에게 책임을 뒤집어씌우는 짓은 하지 않는다고 하야시 씨는 말한다.
하야시 씨는 또 말투에도 신경을 쓰고 있다고 한다. 상사로서 지도하는 입장이기는 하지만, 뭔가를 지시할 때에는 명령하는 것이 아니라 이론을 제시하면서 선수를 설득할 수 있도록 시도하고 있다고 한다. [195]자기 자신을 선수와 대등한 존재로서 평가하고, 상대를 존중하고 지도자이면서 지원자이고 싶기도 하다는 것이 하야시 씨의 생각이다.
[196]우연히 본 기사였지만 하야시 씨가 어떠한 신념과 철학을 가지고 현장을 관리하고 있는 것인지가 쓰여 있어서, 타 분야에서 일하는 우리에게 있어서도 대단히 배울 점이 많은 내용이 아닐까 라고 느꼈다.

어휘 | 長年(ながねん) 오랜 세월, 여러 해　サッカークラブ 축구클럽
監督(かんとく) 감독　インタビュー 인터뷰　記事(きじ) 기사
読(よ)む 읽다　~によると ~에 의하면[따르면]
常(つね)に 늘, 항상　結果(けっか) 결과　残(のこ)す 남기다
チーム 팀　作(つく)る 만들다　~ためには ~위해서는
選手(せんしゅ) 선수　~間(かん) ~간, ~(사람과 사람) 사이
競争(きょうそう) 경쟁　意識(いしき) 의식
持(も)たせる 가지게 하다　最(さい)~ 가장~
重要(じゅうよう) 중요　課題(かだい) 과제
품사의 보통형+そうだ ~라고 한다 *전문
前年(ぜんねん) 전년　実績(じっせき) 실적　有無(うむ) 유무
~にかかわらず ~에 관계없이　新人(しんじん) 신인
含(ふく)める 포함하다　公平(こうへい)だ 공평하다
扱(あつか)う 대접하다, 대우하다　能力(のうりょく) 능력
高(たか)さ 높음　見比(みくら)べる (두 개 이상을) 비교하다
その上(うえ)で 그것을 전제로　成果(せいか) 성과　出(だ)す 내다
見込(みこ)み 전망, 예상　者(もの) 자, 사람　信頼(しんらい) 신뢰
本番(ほんばん) (영화・TV 등에서 연습이 아닌) 정식 촬영・방송
任(まか)せる 맡기다　無論(むろん) 물론　出(で)る 나오다

場合(ばあい) 경우　責任(せきにん) 책임
被(かぶ)せる (죄・책임 등을) 덮어씌우다, 뒤집어씌우다
言葉遣(ことばづか)い 말씨, 말투　神経(しんけい) 신경
使(つか)う (정신 등을) 쓰다　~とのことだ ~라고 한다 *전문
上司(じょうし) 상사　~として ~로서　指導(しどう) 지도
立場(たちば) 입장　~ものの ~이지만　指示(しじ) 지시
~際(さい) ~때　命令(めいれい) 명령
理論(りろん) 이론　提示(ていじ) 제시
동사의 ます형+ながら ①~하면서 ②~이지만, ~이면서도
説得(せっとく) 설득　試(こころ)みる 시도하다
自分自身(じぶんじしん) 자기 자신　対等(たいとう)だ 대등하다
存在(そんざい) 존재　位置付(いちづ)ける ~으로 평가하다
相手(あいて) 상대　尊重(そんちょう) 존중
指導者(しどうしゃ) 지도자　支援者(しえんしゃ) 지원자
思(おも)い 생각　偶然(ぐうぜん) 우연히　目(め)にする 보다
信念(しんねん) 신념　哲学(てつがく) 철학　現場(げんば) 현장
管理(かんり) 관리　書(か)く (글씨・글을) 쓰다
~ておる ~어 있다 *「~ている」의 겸양표현　他(た)~ 타~, 다른 것
分野(ぶんや) 분야　働(はたら)く 일하다　我々(われわれ) 우리
~にとっても ~에게 있어서도　非常(ひじょう)に 대단히, 매우
学(まな)ぶ 배우다　多(おお)い 많다　内容(ないよう) 내용
感(かん)じる 느끼다

193 林氏(はやしし)は、チーム強化(きょうか)のために何(なに)を大切(たいせつ)にしていますか。
(A) ライバルクラブを意識(いしき)し過(す)ぎないこと
(B) 天才肌(てんさいはだ)の選手(せんしゅ)を選(えら)んで契約(けいやく)すること
(C) 選手同士(せんしゅどうし)にライバル意識(いしき)を持(も)たせること
(D) チーム内(ない)の争(あらそ)いを素早(すばや)く処理(しょり)すること

193 하야시 씨는 팀 강화를 위해서 무엇을 중요하게 여기고 있습니까?
(A) 라이벌 클럽을 너무 의식하지 않는 것
(B) 천재 기질의 선수를 선발해서 계약하는 것
(C) 선수끼리 라이벌 의식을 갖게 하는 것
(D) 팀 내 분쟁을 재빠르게 처리하는 것

해설 | 첫 번째 단락의 두 번째 문장에서 하야시 씨는 항상 결과를 남길 수 있는 팀을 만들기 위해서는 선수 사이에 경쟁 의식을 갖게 하는 것이 중요한 과제라고 했다. 즉, 선수들의 경쟁 의식을 자극해서 능력을 최대치로 끌어올림으로써 팀의 전력을 강화한다는 뜻이므로, 정답은 (C)가 된다.

어휘 | ライバル 라이벌　意識(いしき) 의식
동사의 ます형+過(す)ぎる 너무 ~하다　天才(てんさい) 천재
~肌(はだ) ~기질, ~성미　選(えら)ぶ 뽑다, 선발하다
契約(けいやく) 계약　~同士(どうし) ~끼리
争(あらそ)い 다툼, 싸움, 분쟁　素早(すばや)い 재빠르다, 민첩하다
処理(しょり) 처리

194 林氏(はやしし)は、どのようなメンバーを試合(しあい)に出場(しゅつじょう)させますか。
(A) 勝負(しょうぶ)に対(たい)して責任感(せきにんかん)がある人(ひと)
(B) 実績(じっせき)を残(のこ)せる可能性(かのうせい)が高(たか)い人(ひと)
(C) 困難(こんなん)を乗(の)り越(こ)えられる人(ひと)

(D) 新人(しんじん)でも実績(じっせき)がある人(ひと)

194 하야시 씨는 어떠한 멤버를 시합에 출전시킵니까?
(A) 승부에 대해서 책임감이 있는 사람
(B) 실적을 남길 수 있을 가능성이 높은 사람
(C) 곤란을 극복할 수 있는 사람
(D) 신인이라도 실적이 있는 사람

해설 | 첫 번째 단락의 후반부에서 '성과를 낼 수 있을 전망이 있는 사람을 신뢰하고 본경기를 맡긴다'라고 했다. 따라서 정답은 (B)가 된다.

어휘 | メンバー 멤버　出場(しゅつじょう) (경기 등에) 출전함
勝負(しょうぶ) 승부　~に対(たい)して ~에 대해, ~에게 *대상
責任感(せきにんかん) 책임감　実績(じっせき) 실적
困難(こんなん) 곤란　乗(の)り越(こ)える 뚫고 나아가다, 극복하다

195 林氏(はやしし)は、どのような意識(いしき)で選手(せんしゅ)たちに接(せっ)していますか。
(A) お互(たが)いに平等(びょうどう)だという意識(いしき)
(B) 適度(てきど)な心理的(しんりてき)距離(きょり)を保(たも)つ意識(いしき)
(C) 見本(みほん)になりたいという意識(いしき)
(D) 理論(りろん)に縛(しば)られたくないという意識(いしき)

195 하야시 씨는 어떠한 의식으로 선수들을 대하고 있습니까?
(A) 서로 평등하다는 의식
(B) 적당한 심리적 거리를 유지하는 의식
(C) 본보기가 되고 싶다는 의식
(D) 이론에 얽매이고 싶지 않다는 의식

해설 | 두 번째 단락에서 '자기 자신을 선수와 대등한 존재로서 평가하고, 상대를 존중하고 지도자이면서 지원자이고 싶기도 하다는 것이 하야시 씨의 생각이다'라고 했으므로, 정답은 (A)가 된다.

어휘 | お互(たが)いに 서로　平等(びょうどう)だ 평등하다
適度(てきど) 적도, 적당한[알맞은] 정도
心理的(しんりてき) 심리적　距離(きょり) 거리
見本(みほん) 본보기, 좋은 예　縛(しば)る 속박하다, 매다

196 この人(ひと)は、林氏(はやしし)のどんな点(てん)が参考(さんこう)になると述(の)べていますか。
(A) 新(あたら)しい方針(ほうしん)に基(もと)づいた設備管理法(せつびかんりほう)
(B) サッカーについての知識(ちしき)が豊富(ほうふ)で知的(ちてき)な姿(すがた)
(C) 自(みずか)ら見本(みほん)となって示(しめ)す肉体改造法(にくたいかいぞうほう)
(D) 指導者(しどうしゃ)としての姿勢(しせい)や在(あ)り方(かた)

196 이 사람은 하야시 씨의 어떤 점이 참고가 된다고 말하고 있습니까?
(A) 새로운 방침에 입각한 설비 관리법
(B) 축구에 대한 지식이 풍부하고 지적인 모습
(C) 몸소 본보기가 되어 보이는 육체 개조법
(D) 지도자로서의 자세와 바람직한 모습

해설 | 이 사람은 마지막 문장에서 축구클럽에서 감독을 하고 있는 하야시 씨의 신념과 철학에 대해 깊은 감명을 받았다고 했다. 그의 신념과 철학이란 축구 지도자로서 팀을 운영하고 선수를 다루는 자세나 태도를 말하므로, 정답은 (D)가 된다.

어휘 | 方針(ほうしん) 방침　基(もと)づく 입각하다

設備(せつび) 설비　管理法(かんりほう) 관리법
~についての ~에 대한　知識(ちしき) 지식
豊富(ほうふ)だ 풍부하다　知的(ちてき)だ 지적이다
姿(すがた) 모습　自(みずか)ら 몸소, 친히, 스스로
示(しめ)す (모범 등을) 보이다, 나타내다　肉体(にくたい) 육체
改造法(かいぞうほう) 개조법　姿勢(しせい) 자세
在(あ)り方(かた) 본연의 자세, 바람직한 모습

197~200 치안과 안전

日本は比較的治安が良いと言われているが、本当にそうだろうか。197私の携帯には良く管轄の警察署から、テレビの報道番組では取り上げられない身近な所の不審者情報や事件発生に関する通知が来る。私の近所でも事件が起こったり、不審な行動をしている人がいたりするということだから、この知らせを見ると、いつも気が引き締まる。

198先日は、町内で小学生が登校中に見知らぬ男から声をかけられ、無視していたところ突然叩かれたという事件が発生したそうだ。199子供は何も悪くないにもかかわらず、見ず知らずの人にいきなり狙われたのだから(1)恐怖でしかない。幸い、目撃者もいたことから男はすぐに警察に確保されたので、住民は一安心している。

事件は突如として発生するから即座に対処することが難しい。人がとっさの出来事に恐怖や不安を覚え、混乱するのも無理はない。だから私は防犯講習などに積極的に参加しようと思った。200対処方法を学び、有事の際に自分だけでなく、人のことも助けられるようになれば良いと考えている。

일본은 비교적 치안이 좋다고들 하는데 정말 그럴까? 197내 휴대전화에는 자주 관할 경찰서로부터 TV 보도 프로그램에서는 거론되지 않는 가까운 곳의 수상한 사람 정보나 사건 발생에 관한 통지가 온다. 내 근처에서도 사건이 일어나거나 수상한 행동을 하고 있는 사람이 있거나 한다는 얘기니까. 이 알림을 보면 항상 마음이 긴장된다.

198요전에는 동네에서 초등학생이 등교 중에 낯선 남자가 말을 걸어서 무시했더니 갑자기 맞았다는 사건이 발생했다고 한다. 199아이는 아무것도 잘못한 것이 없음에도 불구하고 생면부지인 사람에게 갑자기 표적이 되었기 때문에 (1)공포일 수밖에 없다. 다행히 목격자도 있어서 남자는 바로 경찰에 확보되었기 때문에 주민은 일단 안심하고 있다.

사건은 갑작스럽게 발생하기 때문에 그 자리에서 대처하는 것이 어렵다. 사람이 순간의 사건에 공포나 불안을 느끼고 혼란스러워 하

는 것도 무리는 아니다. 따라서 나는 방범 강습 등에 적극적으로 참가하려고 생각했다. 200대처 방법을 배워서 유사시에 나뿐만 아니라 다른 사람도 도울 수 있도록 되었으면 좋겠다고 생각하고 있다.

어휘 | 比較的(ひかくてき) 비교적　治安(ちあん) 치안
~と言(い)われている ~라고 하다, ~라고들 하다
本当(ほんとう)に 정말로
携帯(けいたい) 휴대전화 *「携帯電話(けいたいでんわ)」의 준말
良(よ)く 자주　管轄(かんかつ) 관할　警察署(けいさつしょ) 경찰서
テレビ 텔레비전, TV *「テレビジョン」의 준말
報道(ほうどう) 보도　番組(ばんぐみ) (연예・방송 등의) 프로그램
取(と)り上(あ)げる (문제 삼아) 거론하다
身近(みぢか)だ 자기 몸에 가깝다　所(ところ) 곳, 장소
不審者(ふしんしゃ) 수상한 사람　情報(じょうほう) 정보
事件(じけん) 사건　発生(はっせい) 발생
~に関(かん)する ~에 관한　通知(つうち) 통지
近所(きんじょ) 근처, 부근　起(お)こる 일어나다, 발생하다
不審(ふしん)だ 수상하다　行動(こうどう) 행동
知(し)らせ 알림　いつも 늘, 항상　気(き) 마음
引(ひ)き締(し)まる (마음이) 긴장되다　先日(せんじつ) 요전, 일전
町内(ちょうない) (시가지의) 동네 (안)
小学生(しょうがくせい) 초등학생　登校(とうこう) 등교
~中(ちゅう) ~중　見知(みし)らぬ 알지 못하는, 낯선
男(おとこ) 남자　声(こえ)をかける 부르다, 말을 걸다
無視(むし) 무시　동사의 た형+ところ ~한 결과, ~했더니
突然(とつぜん) 돌연, 갑자기　叩(たた)く 때리다
품사의 보통형+そうだ ~라고 한다 *전문　子供(こども) 아이
何(なに)も (부정어 수반) 아무것도　悪(わる)い 나쁘다, 잘못하다
~にもかかわらず ~임에도 불구하고
見(み)ず知(し)らず 일면식도 없음, 생면부지　いきなり 갑자기
狙(ねら)う (목표・기회를) 노리다　恐怖(きょうふ) 공포
~でしかない ~일 수밖에 없다, ~일 뿐이다　幸(さいわ)い 다행히
目撃者(もくげきしゃ) 목격자　~ことから ~로 인해, ~때문에
すぐに 곧, 바로　確保(かくほ) 확보　住民(じゅうみん) 주민
一安心(ひとあんしん) 한시름 놓음, 일단 안심함
突如(とつじょ)として 갑자기, 별안간
即座(そくざ) 즉좌, 그 자리, 즉석, 당장　対処(たいしょ) 대처
難(むずか)しい 어렵다　とっさ 순간, 순식간
出来事(できごと) 일어난 일, 사건　不安(ふあん) 불안
覚(おぼ)える 느끼다　混乱(こんらん) 혼란　無理(むり) 무리
だから 그러니까, 그래서　防犯(ぼうはん) 방범
講習(こうしゅう) 강습　~など ~등
積極的(せっきょくてき)だ 적극적이다　参加(さんか) 참가
方法(ほうほう) 방법　学(まな)ぶ 배우다
有事(ゆうじ)の際(さい) 유사시　自分(じぶん) 자기, 자신, 나
~だけでなく ~뿐만 아니라　助(たす)ける 돕다
~ようになる ~하게(끔) 되다 *변화　考(かんが)える 생각하다

197 この人(ひと)は、普段(ふだん)どのような情報(じょうほう)を入手(にゅうしゅ)していますか。
(A) 地域(ちいき)の振興課(しんこうか)が発信(はっしん)する情報(じょうほう)
(B) 防犯講習会(ぼうはんこうしゅうかい)の日程表(にっていひょう)
(C) 緊急事態(きんきゅうじたい)に関(かか)わる情報(じょうほう)
(D) 警察(けいさつ)が発信(はっしん)してくれる情報(じょうほう)

197 이 사람은 평소에 어떠한 정보를 입수하고 있습니까?
    (A) 지역의 진흥과가 발신하는 정보
    (B) 방범 강습회의 일정표
    (C) 긴급 사태에 관계되는 정보
    (D) 경찰이 발신해 주는 정보

해설 | 첫 번째 단락의 두 번째 문장에서 이 사람의 휴대전화에는 관할 경찰서에서 가까운 곳의 수상한 사람에 관한 정보나 사건 발생에 관한 통지가 온다고 했으므로, 정답은 (D)가 된다.

어휘 | 普段(ふだん) 평소, 평상시 入手(にゅうしゅ) 입수
地域(ちいき) 지역 振興課(しんこうか) 진흥과
発信(はっしん) 발신 講習会(こうしゅうかい) 강습회
日程表(にっていひょう) 일정표 緊急(きんきゅう) 긴급
事態(じたい) 사태 関(かか)わる 관계되다, 관계하다
~てくれる (남이 나에게) ~해 주다

198 最近発生した事件の概要は、どのようなものですか。
    (A) 面識のない男が子供に話しかけ、暴力を振るった。
    (B) 小学生が誘拐された。
    (C) 不審な男が小学校に不法侵入した。
    (D) 登校の見守りをしていた親が襲われた。

198 최근 발생한 사건의 개요는 어떠한 것입니까?
    (A) 안면이 없는 남자가 아이에게 말을 걸고 폭력을 휘둘렀다.
    (B) 초등학생이 유괴되었다.
    (C) 수상한 남자가 초등학교에 불법 침입했다.
    (D) 등교를 지켜보고 있던 부모가 습격을 받았다.

해설 | 두 번째 단락의 첫 번째 문장에서 동네에서 등교 중이던 초등학생이 낯선 남자가 말을 걸어서 무시했더니 갑자기 맞는 사건이 발생했다고 했다. 정답은 (A)로, 본문의 「見知(みしら)ぬ男(おとこ)」(낯선 남자)는 「面識(めんしき)のない男(おとこ)」(안면이 없는 남자)로, 「叩(たた)かれた」(맞았다)는 「暴力(ぼうりょく)を振(ふ)るった」(폭력을 휘둘렀다)로 바꿔 표현했다.

어휘 | 面識(めんしき) 면식, 안면 話(はな)しかける 말을 걸다
暴力(ぼうりょく) 폭력 振(ふ)るう (마음껏) 휘두르다
誘拐(ゆうかい) 유괴 不法(ふほう) 불법 侵入(しんにゅう) 침입
見守(みまも)り 지켜봄 親(おや) 부모 襲(おそ)う 습격하다

199 なぜ、(1)恐怖だと言っていますか。
    (A) 事件が３６５日、頻繁に発生しているから
    (B) 突如、事件に巻き込まれることがあるから
    (C) 繰り返し襲われてしまうから
    (D) 事件が人格を変えてしまうから

199 왜 (1)공포라고 말하고 있습니까?
    (A) 사건이 365일 빈번하게 발생하고 있기 때문에
    (B) 갑자기 사건에 말려드는 경우가 있기 때문에
    (C) 반복해서 습격을 받아 버리기 때문에
    (D) 사건이 인격을 바꿔 버리기 때문에

해설 | 두 번째 단락에서 아무 잘못도 없는데 생면부지인 사람에게 갑자기 공격을 당하는 것이 공포라고 했다. 즉, 어떤 인과관계도 없이 사건의 피해자가 되는 것에 대한 두려움을 표시하고 있으므로, 정답은 (B)가 된다.

어휘 | 頻繁(ひんぱん)だ 빈번하다 巻(ま)き込(こ)む 말려들게 하다
繰(く)り返(かえ)し 반복함, 되풀이함 人格(じんかく) 인격
変(か)える 바꾸다

200 この人が自発的に取り組もうとしていることは、何ですか。
    (A) 事件を未然に防ぐための情報発信をすること
    (B) 犯人確保のため、常に気を引き締めること
    (C) 学校区域を見守ること
    (D) 事件に直面した場合の対応策を習得すること

200 이 사람이 자발적으로 대처하려고 하고 있는 것은 무엇입니까?
    (A) 사건을 미연에 방지하기 위한 정보 발신을 하는 것
    (B) 범인 확보를 위해 항상 정신을 바짝 차리는 것
    (C) 학교 구역을 지켜보는 것
    (D) 사건에 직면했을 경우의 대응책을 습득하는 것

해설 | 세 번째 단락 마지막 문장에서 방범 강습에 참가해 대처 방법을 배워서 유사시에 자신뿐만 아니라 다른 사람도 도울 수 있기를 희망하고 있다고 했다. 즉, 갑작스럽게 사건에 휘말렸을 때 당황하지 않고 대처할 수 있도록 미리 준비하겠다는 의미이므로, 정답은 (D)가 된다.

어휘 | 自発的(じはつてき)だ 자발적이다 取(と)り組(く)む 대처하다
未然(みぜん) 미연 防(ふせ)ぐ 막다, 방지하다 常(つね)に 늘, 항상
気(き)を引(ひ)き締(し)める 정신을 바짝 차리다 区域(くいき) 구역
見守(みまも)る 지켜보다 直面(ちょくめん) 직면
対応策(たいおうさく) 대응책 習得(しゅうとく) 습득

주요 어휘 및 표현 정리 20

* 읽는 법과 뜻을 확인해 보세요.

어휘 및 표현	읽는 법	뜻
☐ 開く	ひらく	(닫혀 있던 것을) 열다, 펴다
☐ 鏡	かがみ	거울
☐ 半分	はんぶん	절반
☐ 載る	のる	놓이다
☐ 向かい合う	むかいあう	마주보다
☐ 草	くさ	풀
☐ 生える	はえる	(풀이나 나무가) 나다, 자라다
☐ 水着	みずぎ	수영복
☐ 差す	さす	(우산 등을) 쓰다, 받치다
☐ 紙製	かみせい	지제, 종이로 만든 물건
☐ 砂浜	すなはま	모래사장
☐ ぶら下げる	ぶらさげる	매달다
☐ 直角	ちょっかく	직각
☐ 曲げる	まげる	구부리다
☐ しゃがむ	●	쭈그리고 앉다
☐ 屋根	やね	지붕
☐ 乱れる	みだれる	흐트러지다
☐ 片側	かたがわ	한쪽
☐ 埋め込む	うめこむ	채워 넣다
☐ ぽつりぽつりと	●	띄엄띄엄

PART 2
주요 어휘 및 표현 정리 20

* 읽는 법과 뜻을 확인해 보세요.

어휘 및 표현	읽는 법	뜻
☐ 冷蔵庫	れいぞうこ	냉장고
☐ 押す	おす	누르다
☐ お大事に	おだいじに	몸조리 잘하세요
☐ 大分	だいぶ	꽤, 상당히
☐ 盛り上がる	もりあがる	(기세·분위기 등이) 고조되다
☐ 設計図	せっけいず	설계도
☐ ご覧になる	ごらんになる	보시다
☐ いい加減だ	いいかげんだ	무책임하다
☐ 日付	ひづけ	날짜
☐ 値上げ	ねあげ	가격 인상
☐ がらがら	●	텅텅 비어 있는 모양
☐ 優れる	すぐれる	뛰어나다, 우수하다, 훌륭하다
☐ 寝過ごす	ねすごす	늦잠 자다
☐ 張り詰める	はりつめる	긴장되다
☐ 肝心だ	かんじんだ	중요하다
☐ 払い込み	はらいこみ	불입, 납입, 납부
☐ 欲張り	よくばり	욕심쟁이
☐ 話しかける	はなしかける	말을 걸다
☐ 手元	てもと	손이 미치는 범위, 자기 주위, 수중
☐ 言いがかりをつける	いいがかりをつける	트집을 잡다

최신기출 3

185

PART 3
주요 어휘 및 표현 정리 20

※ 읽는 법과 뜻을 확인해 보세요.

어휘 및 표현	읽는 법	뜻
☐ 交番	こうばん	파출소
☐ 届ける	とどける	(관청 등에) 신고하다
☐ 本屋	ほんや	서점
☐ 初めて	はじめて	최초, 처음
☐ 入れる	いれる	넣다
☐ 重さ	おもさ	무게
☐ 資料	しりょう	자료
☐ 決まる	きまる	정해지다, 결정되다
☐ 確かめる	たしかめる	확인하다
☐ 恐らく	おそらく	아마, 필시
☐ 著書	ちょしょ	저서
☐ 許す	ゆるす	용서하다
☐ 対等だ	たいとうだ	대등하다
☐ 客席	きゃくせき	객석
☐ 傷付く	きずつく	(마음의) 상처를 입다
☐ 〜限り	〜かぎり	〜하는 한, 〜범위 내
☐ 賃金	ちんぎん	임금
☐ 勤める	つとめる	근무하다
☐ 所々	ところどころ	군데군데
☐ 引き受ける	ひきうける	(책임지고) 맡다

주요 어휘 및 표현 정리 20

* 읽는 법과 뜻을 확인해 보세요.

어휘 및 표현	읽는 법	뜻
☐ 手を止める	てをとめる	일손을 멈추다
☐ 駐車場	ちゅうしゃじょう	주차장
☐ 足りない	たりない	모자라다, 부족하다
☐ 自分で	じぶんで	직접, 스스로
☐ 機能	きのう	기능
☐ 出入り	でいり	출입
☐ 作業	さぎょう	작업
☐ 削る	けずる	(예산 등을) 깎다, 삭감하다
☐ 足元	あしもと	발밑
☐ 滑る	すべる	미끄러지다
☐ 乗り換える	のりかえる	갈아타다, 환승하다
☐ 落とし物	おとしもの	분실물
☐ 正面	しょうめん	정면
☐ 違う	ちがう	다르다
☐ 明け方	あけがた	새벽
☐ 家屋	かおく	가옥
☐ 流す	ながす	떠내려 보내다, 유실시키다
☐ 〜恐れがある	〜おそれがある	〜할 우려가 있다
☐ 不具合	ふぐあい	상태가 안 좋음, 결함
☐ 申し出る	もうしでる	자청해서 말하다

최신기출 3

주요 어휘 및 표현 정리 20

* 읽는 법과 뜻을 확인해 보세요.

어휘 및 표현	읽는 법	뜻
☐ 白い	しろい	희다, 하얗다
☐ 内面	ないめん	내면
☐ 酒屋	さかや	술집
☐ 燃料	ねんりょう	연료
☐ 敬具	けいぐ	경구
☐ 票	ひょう	표
☐ 大胆	だいたん	대담함
☐ 頼る	たよる	의지하다
☐ 延期	えんき	연기
☐ 核心	かくしん	핵심
☐ 寝坊する	ねぼうする	늦잠을 자다
☐ 突き当たり	つきあたり	막다른 곳
☐ 大人びる	おとなびる	어른스러워지다
☐ 釣り合う	つりあう	어울리다
☐ 逆らう	さからう	거역하다, 거스르다
☐ 白熱	はくねつ	격렬
☐ 調べる	しらべる	조사하다, (뒤져) 찾다
☐ 限りない	かぎりない	끝없다, 무한하다
☐ 形見	かたみ	유품
☐ 渋い	しぶい	(화려하지 않고) 차분한 멋이 있다

주요 어휘 및 표현 정리 20

* 읽는 법과 뜻을 확인해 보세요.

어휘 및 표현	읽는 법	뜻
☐ 危険だ	きけんだ	위험하다
☐ 一生懸命	いっしょうけんめい	열심히
☐ うがい	●	양치질
☐ あくび	●	하품
☐ 浅い	あさい	얕다, (깊이·바닥이) 깊지 않다
☐ 丈夫だ	じょうぶだ	견고하다, 튼튼하다
☐ ～上に	～うえに	～인 데다가, ～에 더해
☐ 新店	しんみせ	새 점포, 새 가게
☐ かわいがる	●	귀여워하다, 애지중지하다
☐ 気に入る	きにいる	마음에 들다
☐ 薄暗い	うすぐらい	어두컴컴하다
☐ 校舎	こうしゃ	교사, 학교 건물
☐ 近寄る	ちかよる	다가가다, 접근하다
☐ 進んで	すすんで	자진해서, 적극적으로
☐ 単位	たんい	학점
☐ 見落とす	みおとす	간과하다, 빠뜨리고 보다
☐ 履修する	りしゅうする	이수하다
☐ 雇う	やとう	고용하다
☐ 芸能	げいのう	예능
☐ 慈善	じぜん	자선

최신기출 3

189

주요 어휘 및 표현 정리 20

* 읽는 법과 뜻을 확인해 보세요.

어휘 및 표현	읽는 법	뜻
☐ 眼鏡をかける	めがねをかける	안경을 쓰다
☐ 都合	つごう	형편, 사정
☐ 家事	かじ	가사, 집안일
☐ 古い	ふるい	낡다, 오래되다
☐ 頑張る	がんばる	열심히 하다, 노력하다, 분발하다
☐ 合格	ごうかく	합격
☐ 命	いのち	목숨, 생명
☐ 体調	たいちょう	몸 상태, 컨디션
☐ 少なくとも	すくなくとも	적어도
☐ 引き止める	ひきとめる	만류하다, 말리다
☐ 厚かましい	あつかましい	뻔뻔스럽다, 염치없다
☐ 申し上げる	もうしあげる	말씀드리다
☐ 広大	こうだい	광대함, 넓고 큼
☐ 生き生きと	いきいきと	활기차게
☐ 受け持つ	うけもつ	맡다, 담당하다
☐ 複数	ふくすう	복수, 둘 이상의 수
☐ ～に先立って	～にさきだって	～에 앞서
☐ 反響を呼ぶ	はんきょうをよぶ	반향을 불러일으키다
☐ 汚職	おしょく	오직, 독직, 공직자의 부정
☐ 緩む	ゆるむ	(추위가) 누그러지다, 풀리다

주요 어휘 및 표현 정리 20

＊ 읽는 법과 뜻을 확인해 보세요.

어휘 및 표현	읽는 법	뜻
☐ 庭	にわ	정원
☐ 慌てる	あわてる	당황하다, 허둥대다
☐ 話し方	はなしかた	말투
☐ 丁寧だ	ていねいだ	공손하다
☐ 引っ越す	ひっこす	이사하다
☐ 消える	きえる	사라지다
☐ 移す	うつす	옮기다
☐ 看板	かんばん	간판
☐ 与える	あたえる	(주의 · 영향 등을) 주다
☐ 呼び込む	よびこむ	불러들이다
☐ 地元	じもと	그 고장[지방]
☐ 親友	しんゆう	친우, 친한 친구
☐ 気が合う	きがあう	마음[뜻]이 맞다
☐ 月払い	つきばらい	월부
☐ 無用	むよう	필요 없음
☐ 単なる	たんなる	단순한
☐ 見比べる	みくらべる	(두 개 이상을) 비교하다
☐ 素早い	すばやい	재빠르다, 민첩하다
☐ 乗り越える	のりこえる	뚫고 나아가다, 극복하다
☐ 見本	みほん	본보기, 좋은 예

최신기출 3

191

PART 1

1 (A)	2 (A)	3 (B)	4 (B)	5 (C)	6 (C)	7 (C)	8 (A)	9 (B)	10 (A)
11 (B)	12 (B)	13 (C)	14 (C)	15 (A)	16 (C)	17 (D)	18 (C)	19 (B)	20 (B)

PART 2

21 (A)	22 (B)	23 (B)	24 (B)	25 (D)	26 (B)	27 (B)	28 (D)	29 (C)	30 (A)
31 (B)	32 (A)	33 (B)	34 (D)	35 (A)	36 (D)	37 (D)	38 (C)	39 (B)	40 (B)
41 (A)	42 (A)	43 (C)	44 (D)	45 (B)	46 (C)	47 (C)	48 (A)	49 (B)	50 (C)

PART 3

51 (D)	52 (B)	53 (C)	54 (B)	55 (B)	56 (C)	57 (B)	58 (A)	59 (C)	60 (B)
61 (A)	62 (B)	63 (D)	64 (C)	65 (A)	66 (B)	67 (D)	68 (D)	69 (C)	70 (B)
71 (A)	72 (B)	73 (C)	74 (A)	75 (D)	76 (D)	77 (C)	78 (A)	79 (C)	80 (C)

PART 4

81 (D)	82 (C)	83 (D)	84 (C)	85 (C)	86 (A)	87 (B)	88 (D)	89 (B)	90 (A)
91 (C)	92 (C)	93 (D)	94 (C)	95 (D)	96 (C)	97 (A)	98 (B)	99 (D)	100 (A)

PART 5

101 (B)	102 (D)	103 (A)	104 (C)	105 (A)	106 (D)	107 (B)	108 (C)	109 (A)	110 (C)
111 (B)	112 (D)	113 (D)	114 (A)	115 (D)	116 (C)	117 (A)	118 (A)	119 (C)	120 (C)

PART 6

121 (D)	122 (A)	123 (B)	124 (A)	125 (D)	126 (B)	127 (A)	128 (D)	129 (D)	130 (B)
131 (C)	132 (B)	133 (A)	134 (C)	135 (C)	136 (B)	137 (D)	138 (B)	139 (C)	140 (B)

PART 7

141 (B)	142 (C)	143 (D)	144 (A)	145 (B)	146 (A)	147 (B)	148 (C)	149 (B)	150 (C)
151 (C)	152 (A)	153 (A)	154 (D)	155 (B)	156 (C)	157 (C)	158 (D)	159 (B)	160 (C)
161 (B)	162 (A)	163 (B)	164 (D)	165 (C)	166 (D)	167 (A)	168 (B)	169 (A)	170 (C)

PART 8

171 (B)	172 (C)	173 (A)	174 (D)	175 (C)	176 (C)	177 (D)	178 (B)	179 (D)	180 (B)
181 (B)	182 (D)	183 (C)	184 (D)	185 (A)	186 (C)	187 (A)	188 (D)	189 (D)	190 (C)
191 (D)	192 (B)	193 (D)	194 (D)	195 (A)	196 (C)	197 (D)	198 (A)	199 (B)	200 (A)

01 사물의 상태

(A) メニューがあります。
(B) 料理の本があります。
(C) アルバムと雑誌があります。
(D) 新聞と本があります。

(A) 메뉴가 있습니다.
(B) 요리책이 있습니다.
(C) 앨범과 잡지가 있습니다.
(D) 신문과 책이 있습니다.

해설 | 음식점의 메뉴판이 펼쳐져 있는 사진이므로, 정답은 (A)가 된다.

어휘 | メニュー 메뉴 料理(りょうり) 요리 本(ほん) 책
アルバム 앨범 雑誌(ざっし) 잡지 新聞(しんぶん) 신문

02 사물의 상태

(A) 丸い椅子があります。
(B) 机が倒れています。
(C) ドアが開いています。
(D) 地図が貼ってあります。

(A) 둥근 의자가 있습니다.
(B) 책상이 넘어져 있습니다.
(C) 문이 열려 있습니다.
(D) 지도가 붙여져 있습니다.

해설 | 닫힌 문 옆에 둥근 의자가 놓여 있으므로, 정답은 (A)가 된다. (B)와 (D)의 책상과 지도는 보이지 않고, (C)는 문이 닫혀 있는 상태이므로 틀린 설명이다.

어휘 | 丸(まる)い 둥글다 椅子(いす) 의자 机(つくえ) 책상
倒(たお)れる 쓰러지다, 넘어지다 ドア 문 開(あ)く 열리다
地図(ちず) 지도 貼(は)る 붙이다
타동사+てある ~해져 있다 *상태표현

03 인물의 동작 및 상태(1인 등장)

(A) 水道から水が出ています。
(B) 皿を洗っています。
(C) 茶碗が割れています。
(D) ハンカチを持っています。

(A) 수도에서 물이 나오고 있습니다.
(B) 접시를 닦고 있습니다.
(C) 밥공기가 깨져 있습니다.
(D) 손수건을 들고 있습니다.

해설 | 인물의 손동작에 주목해야 한다. 싱크대에서 접시를 닦고 있는 사진이므로, 정답은 (B)가 된다. 싱크대의 수도는 잠긴 상태이고, 깨진 밥공기나 손수건은 보이지 않으므로 나머지 선택지는 답이 될 수 없다.

어휘 | 水道(すいどう) 수도 水(みず) 물 出(で)る 나오다
皿(さら) 접시 洗(あら)う 씻다 茶碗(ちゃわん) 밥공기
割(わ)れる 깨지다 ハンカチ 손수건 持(も)つ 가지다, 들다

04 인물의 동작 및 상태(1인 등장)

(A) スーツを着ています。
(B) マスクをしています。
(C) 眼鏡を売っています。
(D) 目を閉じています。

(A) 정장을 입고 있습니다.
(B) 마스크를 하고 있습니다.
(C) 안경을 팔고 있습니다.
(D) 눈을 감고 있습니다.

해설 | 사진 속 여성은 스웨터 차림에 안경과 마스크를 쓰고 있으므로, 정답은 (B)가 된다. (A)는 「スーツ」(슈트, 정장) 부분이 잘못되었고, (C)는 「眼鏡(めがね)をかける」(안경을 쓰다)로 잘못 들었을 때 고를 수 있는 오답이며, 여자는 눈을 뜨고 있으므로 (D)도 답이 될 수 없다.

어휘 | 着(き)る (옷을) 입다　マスク 마스크
売(う)る 팔다　目(め) 눈　閉(と)じる (눈을) 감다

05 사물의 상태

(A) はさみとペンがあります。
(B) カーテンが閉まっています。
(C) セロテープがあります。
(D) カレンダーがかかっています。

(A) 가위와 펜이 있습니다.
(B) 커튼이 닫혀 있습니다.
(C) 셀로판테이프가 있습니다.
(D) 달력이 걸려 있습니다.

해설 | 책상 위에 탁상용 달력과 셀로판테이프, 가위가 놓여 있는 사진이므로, 정답은 (C)가 된다. 펜은 보이지 않고 커튼도 쳐져 있지 않으며 달력은 탁상용으로 책상 위에 놓여 있으므로, 나머지 선택지는 답이 될 수 없다.

어휘 | はさみ 가위　ペン 펜　カーテン 커튼　閉(し)まる 닫히다
セロテープ 셀로판테이프　カレンダー 달력　かかる (아래로) 걸리다

06 사물의 상태

(A) 入(い)れ物(もの)の中(なか)は空(から)です。
(B) 同(おな)じサイズの電球(でんきゅう)です。
(C) 箱(はこ)の中(なか)に電池(でんち)があります。
(D) 色々(いろいろ)な楽器(がっき)があります。

(A) 용기 안은 비었습니다.
(B) 같은 크기의 전구입니다.
(C) 상자 안에 전지가 있습니다.
(D) 여러 가지 악기가 있습니다.

해설 | 「電池(でんち)」(전지)라는 단어를 알아듣는 것이 포인트. 네모안 상자 안에 전지가 네 개 들어 있으므로, 정답은 (C)가 된다. (B)는 「電球(でんきゅう)」(전구)라는 비슷한 발음의 단어를 사용한 오답이다.

어휘 | 入(い)れ物(もの) 용기, 그릇　中(なか) 안, 속
空(から) (속이) 빔　同(おな)じだ 같다　サイズ 사이즈, 크기
箱(はこ) 상자　色々(いろいろ)だ 여러 가지다, 다양하다
楽器(がっき) 악기

07 사물의 상태

(A) 商品(しょうひん)が並(なら)んでいます。
(B) 宛先(あてさき)が書(か)いてあります。
(C) 1万円札(いちまんえんさつ)と小銭(こぜに)があります。
(D) 通帳(つうちょう)が2冊(にさつ)あります。

(A) 상품이 늘어서 있습니다.
(B) 수신인이 쓰여 있습니다.
(C) 만 엔 지폐와 잔돈이 있습니다.
(D) 통장이 두 개 있습니다.

해설 | 은행 창구 등에서 볼 수 있는 현금 수납용 접시 위에 만 엔짜리 지폐와 잔돈이 몇 개 보이고, 그 옆에 통장 하나가 펼쳐져 있다. 정답은 (C)로, (A), (B)는 사진과는 전혀 관계없는 내용이고, 통장은 하나만 있으므로 (D)도 답이 될 수 없다.

어휘 | 商品(しょうひん) 상품　並(なら)ぶ (나란히) 늘어서다
宛先(あてさき) (우편의) 수신인, 수신처　書(か)く (글씨·글을) 쓰다
타동사+てある ~해져 있다 *상태표현　札(さつ) 지폐
小銭(こぜに) 잔돈　通帳(つうちょう) 통장
~冊(さつ) ~권 *책 등을 세는 말

08 사물의 상태

(A) 本(ほん)が積(つ)まれています。
(B) 週刊誌(しゅうかんし)が販売(はんばい)されています。
(C) 絵本(えほん)が広(ひろ)げてあります。
(D) 採点(さいてん)が済(す)んだ試験用紙(しけんようし)です。

(A) 책이 쌓여 있습니다.
(B) 주간지가 판매되고 있습니다.
(C) 그림책이 펼쳐져 있습니다.
(D) 채점이 끝난 시험용지입니다.

해설 | 여러 권의 책이 쌓여 있는 사진이므로, 정답은 (A)가 된다. (B)와 (C)는 「週刊誌(しゅうかんし)」(주간지), 「絵本(えほん)」(그림책)이라는 단어로 오답을 유도하고 있으나 주간지가 판매되고 있지도, 그림책이 펼쳐져 있지도 않으므로 답이 될 수 없다. 그리고 (D)의 「試験用紙(しけんようし)」(시험용지) 역시 사진과는 거리가 먼 설명이다.

어휘 | 本(ほん) 책　積(つ)む (물건을) 쌓다
販売(はんばい) 판매　広(ひろ)げる 펴다, 펼치다

採点(さいてん) 채점 済(す)む 끝나다
試験(しけん) 시험 用紙(ようし) 용지

09 전체적인 풍경 및 상황

(A) 人(ひと)がいない遊園地(ゆうえんち)です。
(B) トンネルの入(い)り口(ぐち)です。
(C) 工事中(こうじちゅう)の場所(ばしょ)です。
(D) 看板(かんばん)が立(た)てられています。

(A) 사람이 없는 유원지입니다.
(B) 터널 입구입니다.
(C) 공사 중인 곳입니다.
(D) 간판이 세워져 있습니다.

해설 | 「トンネル」(터널)라는 단어를 알아듣는 것이 포인트. 터널 입구를 찍은 사진이므로, 정답은 (B)가 된다. (A)와 (C)는 장소 자체가 틀렸고, 간판도 보이지 않으므로 (D) 역시 정답과는 거리가 멀다.

어휘 | 人(ひと) 사람 遊園地(ゆうえんち) 유원지
入(い)り口(ぐち) 입구 工事(こうじ) 공사 ~中(ちゅう) ~중
場所(ばしょ) 장소, 곳 看板(かんばん) 간판 立(た)てる 세우다

10 사물의 상태

(A) 棚(たな)の中(なか)に食器(しょっき)があります。
(B) 小包(こづつみ)が置(お)いてあります。
(C) 缶(かん)と瓶(びん)があります。
(D) 掃除道具(そうじどうぐ)が仕舞(しま)ってあります。

(A) 선반 안에 식기가 있습니다.
(B) 소포가 놓여 있습니다.
(C) 캔과 병이 있습니다.
(D) 청소 도구가 넣어져 있습니다.

해설 | 선반 안에 식기가 놓여 있는 사진이므로, 정답은 (A)가 된다. 나머지 선택지의 소포와 캔이나 병, 청소 도구는 보이지 않으므로 답이 될 수 없다.

어휘 | 棚(たな) 선반 中(なか) 안, 속 食器(しょっき) 식기
小包(こづつみ) 소포 置(お)く 놓다, 두다
타동사+てある ~해져 있다 *상태표현 缶(かん) 캔 瓶(びん) 병
掃除(そうじ) 청소 道具(どうぐ) 도구 仕舞(しま)う 넣다, 간수하다

11 인물의 동작 및 상태(1인 등장)

(A) 髪(かみ)を乾(かわ)かしています。
(B) 髭(ひげ)を剃(そ)っています。
(C) 手洗(てあら)いをしています。
(D) くしを使(つか)っています。

(A) 머리를 말리고 있습니다.
(B) 면도를 하고 있습니다.
(C) 손을 씻고 있습니다.
(D) 빗을 사용하고 있습니다.

해설 | 사진 속 사물과 남자의 동작에 주목해야 한다. 남자는 면도기로 면도를 하고 있으므로, 정답은 (B)의 「髭(ひげ)を剃(そ)る」(면도를 하다)가 된다.

어휘 | 髪(かみ) 머리(털) 乾(かわ)かす 말리다
手洗(てあら)い 손을 씻음 くし 빗 使(つか)う 쓰다, 사용하다

12 사물의 상태

(A) 値引(ねび)きされています。
(B) 消印(けしいん)が押(お)されています。
(C) 三角形(さんかくけい)の切手(きって)です。
(D) 鶴(つる)の絵(え)が印刷(いんさつ)されています。

(A) 할인되어 있습니다.
(B) 소인이 찍혀 있습니다.
(C) 삼각형 우표입니다.
(D) 학 그림이 인쇄되어 있습니다.

해설 | 「消印(けしいん)」(소인)이라는 단어를 알아듣는 것이 포인트. 우편봉투 상단의 우표에 소인이 찍혀 있으므로, 정답은 (B)가 된다. (A)는 전혀 엉뚱한 설명이고, 꽃 그림이 인쇄된 사각형 모양의 우표이므로 (C)와 (D)도 답이 될 수 없다.

어휘 | 値引(ねび)き 할인 押(お)す (도장을) 누르다, 찍다
三角形(さんかくけい) 삼각형 切手(きって) 우표
鶴(つる) 학 絵(え) 그림 印刷(いんさつ) 인쇄

13 인물의 동작 및 상태(1인 등장)

(A) 包帯を巻いています。
(B) 手で額を押さえています。
(C) 受話器を耳に当てています。
(D) 腕を組んでいます。

(A) 붕대를 감고 있습니다.
(B) 손으로 이마를 누르고 있습니다.
(C) 수화기를 귀에 대고 있습니다.
(D) 팔짱을 끼고 있습니다.

해설 | 사진 속 사물과 여자의 동작에 주목해야 한다. 여자는 왼손에 수화기를 들고 귀에 대고 통화하고 있으므로, 정답은 (C)가 된다.

어휘 | 包帯(ほうたい) 붕대 巻(ま)く 감다 手(て) 손
額(ひたい) 이마 押(お)さえる (위에서) 누르다
受話器(じゅわき) 수화기 耳(みみ) 귀 当(あ)てる (가져다) 대다
腕(うで)を組(く)む 팔짱을 끼다

14 전체적인 풍경 및 상황

(A) 賑わうビーチです。
(B) 並木道が続いています。
(C) 電柱が立っています。
(D) ダムが建設されています。

(A) 떠들썩한 해변입니다.
(B) 가로수길이 이어져 있습니다.
(C) 전신주가 서 있습니다.
(D) 댐이 건설되어 있습니다.

해설 | 완만하게 굽어 있는 해안도로 오른편에 전신주가 줄지어 있는 사진이므로, 정답은 (C)가 된다. 사람의 모습은 보이지 않고, 길가에 늘어선 것은 가로수가 아니라 전신주이며, 사진에 보이는 것은 댐이 아니라 도로이므로, 나머지 선택지는 답이 될 수 없다.

어휘 | 賑(にぎ)わう 떠들썩하다, 활기차다 ビーチ 비치, 해변
並木道(なみきみち) 가로수길 続(つづ)く 이어지다, 계속되다
電柱(でんちゅう) 전신, 전신주 立(た)つ (초목·깃발 등이) 서다
ダム 댐 建設(けんせつ) 건설

15 인물의 동작 및 상태(1인 등장)

(A) 土を掘っています。
(B) 種を蒔いています。
(C) ほうきを握っています。
(D) 革靴を磨いています。

(A) 땅을 파고 있습니다.
(B) 씨를 뿌리고 있습니다.
(C) 빗자루를 쥐고 있습니다.
(D) 가죽구두를 닦고 있습니다.

해설 | 삽으로 땅을 파고 있는 사진이므로, 정답은 (A)가 된다. 씨를 뿌리고 있지 않고 인물이 쥐고 있는 것은 빗자루가 아닌 삽이므로 (B), (C)는 답이 될 수 없고, (D)는 사진과는 전혀 관계없는 내용이다.

어휘 | 土(つち) 땅 掘(ほ)る (땅을) 파다 種(たね) 씨
蒔(ま)く (씨를) 뿌리다 ほうき 빗자루 握(にぎ)る (손에) 쥐다, 잡다
革靴(かわぐつ) 가죽구두 磨(みが)く (문질러) 닦다

16 인물의 동작 및 상태(1인 등장)

(A) 窓に腰かけています。
(B) 畳の部屋で寝転んでいます。
(C) ふすまの前に人がいます。
(D) 胡坐をかいています。

(A) 창문에 걸터앉아 있습니다.
(B) 다다미방에서 드러누워 있습니다.
(C) 장지 앞에 사람이 있습니다.
(D) 책상다리를 하고 앉아 있습니다.

해설 | 「ふすま」(장지, 방과 방 사이 또는 방과 마루 사이에 칸을 막아 끼우는 문)라는 단어를 알아듣는 것이 포인트. 장지 앞에 아이가 서 있는 사진이므로, 정답은 (C)가 된다. 나머지 선택지는 앉거나 누워 있는 모습에 대한 설명이므로 답이 될 수 없다.

어휘 | 窓(まど) 창문 腰(こし)かける 걸터앉다 畳(たたみ) 다다미
部屋(へや) 방 寝転(ねころ)ぶ 아무렇게나 드러눕다 前(まえ) 앞
胡坐(あぐら)をかく 책상다리를 하고 앉다

17 사물의 상태

(A) 重量を量っています。
(B) 物が詰まっています。
(C) 蓋がずれています。
(D) 透明のケースがあります。

(A) 중량을 달고 있습니다.
(B) 물건이 가득 차 있습니다.
(C) 뚜껑이 어긋나 있습니다.
(D) 투명한 케이스가 있습니다.

해설 | 사진 속 사물은 투명한 플라스틱 수납 케이스로, 테이블 위에 아무것도 들어 있지 않은 상태로 뚜껑이 잘 닫힌 채로 놓여 있다. 따라서 정답은 (D)가 된다.

어휘 | 重量(じゅうりょう) 중량, 무게 量(はか)る (저울로) 달다
物(もの) 물건 詰(つ)まる 가득 차다, 담기다 蓋(ふた) 뚜껑
ずれる 어긋나다, 벗어나다 透明(とうめい) 투명 ケース 케이스

18 사물의 상태

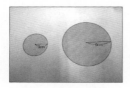

(A) 列が揃っています。
(B) 同じ種類の判子です。
(C) 半径の長さが違います。
(D) 線がでこぼこです。

(A) 줄이 가지런합니다.
(B) 같은 종류의 도장입니다.
(C) 반지름의 길이가 다릅니다.
(D) 선이 들쑥날쑥합니다.

해설 | 크기가 다른 두 개의 원이 그려져 있다. 두 원의 반지름은 각각 3cm, 6cm로 다르므로, 정답은 (C)가 된다. (A)는 원과는 관계없는 내용이고, (B)의 도장이나 (D)의 들쑥날쑥한 선도 찾아볼 수 없다.

어휘 | 列(れつ) 열, 줄 揃(そろ)う 가지런하게 늘어서다
同(おな)じだ 같다 種類(しゅるい) 종류 判子(はんこ) 도장
半径(はんけい) 반경, 반지름 長(なが)さ 길이 違(ちが)う 다르다
線(せん) 선 でこぼこ(凸凹) 울통불퉁, 들쑥날쑥 *표면에 기복이 있어 편편하지 않은 것

19 인물의 동작 및 상태(1인 등장)

(A) 荷物を風呂敷に包んでいます。
(B) リュックサックを背負っています。
(C) 杖を突いています。
(D) 吊革を掴んでいます。

(A) 짐을 보자기에 싸고 있습니다.
(B) 배낭을 메고 있습니다.
(C) 지팡이를 짚고 있습니다.
(D) 손잡이를 붙잡고 있습니다.

해설 | 「リュックサック」(배낭)라는 단어를 알아듣는 것이 포인트. 사진 속 여성은 배낭을 메고 있으므로, 정답은 (B)가 된다. 나머지 선택지의 보자기나 지팡이, 손잡이는 보이지 않는다.

어휘 | 荷物(にもつ) 짐 風呂敷(ふろしき) 보자기
包(つつ)む 싸다, 포장하다 背負(せお)う (등에) 메다
杖(つえ)を突(つ)く 지팡이를 짚다
吊革(つりかわ) (전철이나 버스 등의) 손잡이
掴(つか)む (손으로) 쥐다, 붙잡다

20 전체적인 풍경 및 상황

(A) 換気扇が設置されています。
(B) 柵で囲まれています。
(C) 塀が崩れています。
(D) 落ち葉で覆われています。

(A) 환기팬이 설치되어 있습니다.
(B) 울타리로 둘러싸여 있습니다.
(C) 담이 무너져 있습니다.
(D) 낙엽으로 덮여 있습니다.

해설 | 「柵(さく)」(울타리)라는 명사와 「囲(かこ)む」(둘러싸다)라는 동사를 알아듣는 것이 포인트. 일부 공간을 철책으로 둘러막아 놓은 사진이므로, 정답은 (B)가 된다.

어휘 | 換気扇(かんきせん) 환기팬 設置(せっち) 설치
塀(へい) 담, 담장 崩(くず)れる 무너지다, 허물어지다
落(お)ち葉(ば) 낙엽 覆(おお)う 덮다, 씌우다

21 예/아니요형 질문

この椅子を片付けてもいいですか。

(A) まだ使うので置いておいてください。

(B) 机は、隣の部屋にありますよ。

(C) きれいになって良かったですね。

(D) いいえ、鍵はかけないでください。

이 의자를 치워도 되나요?
(A) 아직 쓸 거니까 놔 두세요.
(B) 책상은 옆방에 있어요.
(C) 깨끗해져서 잘됐네요.
(D) 아니요, 열쇠는 잠그지 말아 주세요.

해설 | 눈앞에 보이는 의자를 치워도 되는지 묻고 있으므로, '치워도 된다/안 된다'로 응답한 선택지를 고르면 된다. 적절한 응답은 아직 써야 하므로 그대로 두라고 한 (A)가 된다. (B)는 「椅子(いす)」(의자), (C)는 「片付(かたづ)ける」(치우다, 정리하다)라는 말만 들었을 때 고를 수 있는 오답이고, (D)는 전혀 엉뚱한 응답이므로 답이 될 수 없다.

어휘 | ~てもいいですか ~해도 됩니까? *허락을 구하는 표현
まだ 아직 使(つか)う 쓰다, 사용하다 置(お)く 놓다, 두다
~ておく ~해 놓다[두다] 机(つくえ) 책상
隣(となり) 옆 部屋(へや) 방 きれいだ 깨끗하다
~て良(よ)かった ~해서 잘됐다[다행이다]
鍵(かぎ)をかける 열쇠를 잠그다[채우다]

22 일상생활 표현

伊藤さん、週末にどこかへ行きませんか。

(A) 私の趣味は野球を見ることです。

(B) いいですね。土曜日なら、暇ですよ。

(C) 先週はどこへも行きませんでした。

(D) ええ、毎朝公園を散歩しています。

이토 씨, 주말에 어딘가에 가지 않을래요?
(A) 제 취미는 야구를 보는 거예요.
(B) 좋아요. 토요일이라면 한가해요.
(C) 지난주에는 아무데도 가지 않았어요.
(D) 네, 매일 아침 공원을 산책하고 있어요.

해설 | '~ませんか'는 '~하지 않겠습니까?'라는 뜻으로, 뭔가를 의뢰·부탁·권유할 때 사용하는 표현이다. 문제는 주말에 함께 어딘가 가자고 권유하고 있는 내용이므로, 적절한 응답은 좋다고 수락한 (B)가 된다. (A)는 취미를 묻는 질문에 대한 응답이고, (C)는 과거의 일상, (D)는 매일 아침의 루틴에 대해 말하고 있으므로 답이 될 수 없다.

어휘 | 週末(しゅうまつ) 주말 どこかへ 어딘가에
趣味(しゅみ) 취미 野球(やきゅう) 야구 見(み)る 보다
土曜日(どようび) 토요일 ~なら ~라면 暇(ひま)だ 한가하다
先週(せんしゅう) 지난주 毎朝(まいあさ) 매일 아침
公園(こうえん) 공원 散歩(さんぽ) 산책

23 일상생활 표현

今日は、朝から風が強いですね。

(A) ええ、暑くなりましたね。

(B) ええ、それに雨も降りそうですね。

(C) どうぞ。冷たいジュースです。

(D) ちょっと都合が悪いんです。

오늘은 아침부터 바람이 강하네요.
(A) 네, 더워졌네요.
(B) 네, 게다가 비도 내릴 것 같네요.
(C) 드세요, 차가운 주스예요.
(D) 조금 사정이 안 좋거든요.

해설 | 오늘은 아침부터 바람이 강하다면서 날씨에 대해 이야기하고 있으므로, 적절한 응답은 그렇다고 긍정하면서 거기에 더해 비도 내릴 것 같다고 한 (B)가 된다. (A)도 날씨에 대해 이야기하고 있지만 바람이 세게 불면 온도가 내려가므로 더워졌다는 것은 내용상 맞지 않는다. 또한 음료를 권하거나 자신의 사정이 나쁘다고 한 (C)와 (D)는 문제와는 전혀 관계없는 응답이다.

어휘 | 今日(きょう) 오늘 朝(あさ) 아침 ~から ~부터
風(かぜ) 바람 強(つよ)い 강하다 暑(あつ)い 덥다 それに 게다가
雨(あめ) 비 降(ふ)る (비·눈 등이) 내리다, 오다
동사의 ます형+そうだ ~일[할] 것 같다 *양태
どうぞ 상대방에게 무언가를 권하거나 허락할 때 쓰는 말
冷(つめ)たい 차갑다 ジュース 주스 ちょっと 조금
都合(つごう)が悪(わる)い 형편[사정]이 좋지 않다

24 업무 및 비즈니스 표현

午後2時から会議室を使ってもいいですか。

(A) では、2時にタクシーをお呼びしますね。

(B) 他の予約がなかったらいいですよ。

(C) 昼休みにうどんを食べました。

(D) じゃあ、仕事が終わったら行きましょう。

오후 2시부터 회의실을 써도 되나요?
(A) 그럼, 2시에 택시를 불러 드리죠.
(B) 다른 예약이 없으면 괜찮아요.
(C) 점심시간에 우동을 먹었어요.
(D) 그럼, 일이 끝나면 갑시다.

해설 | 오후 2시부터 회의실을 사용할 수 있는지 묻고 있다. 이에 대해 택시를 부르겠다고 한 (A)나 점심에 먹은 메뉴에 대해 말하고 있는 (C), 그리고 일이 끝나면 가자고 한 (D)는 적절한 응답이 될 수 없다. 정답은 (B)로, 미리 그 시간에 회의실 예약을 한 사람이 없다면 사용해도 좋다는 뜻이다.

어휘 | 午後(ごご) 오후 会議室(かいぎしつ) 회의실
使(つか)う 쓰다, 사용하다
~てもいいですか ~해도 됩니까? *허락을 구하는 표현
では 그러면, 그럼 タクシー 택시
お+동사의 ます형+する ~하다, ~해 드리다 *겸양표현

呼(よ)ぶ (오도록) 부르다, 불러오다 他(ほか) 다른 (것)
予約(よやく) 예약 昼休(ひるやす)み 점심시간 うどん 우동
食(た)べる 먹다 仕事(しごと) 일 終(お)わる 끝나다

詳(くわ)しい 잘 알고 있다, 정통하다, 밝다
へえ 허 *감탄하거나 놀랐을 때 내는 소리
早朝(そうちょう) 이른 아침 並(なら)ぶ (줄을) 서다

25 일상생활 표현

すみません。この近くに銀行はありますか。
(A) 店の中にお手洗いはないんです。
(B) あまり高くないと思いますよ。
(C) 午前9時から午後4時までですよ。
(D) あの橋を渡って右に曲がるとありますよ。

죄송해요. 이 근처에 은행은 있나요?
(A) 가게 안에 화장실은 없거든요.
(B) 별로 비싸지 않다고 생각해요.
(C) 오전 9시부터 오후 4시까지예요.
(D) 저 다리를 건너서 오른쪽으로 돌면 있어요.

해설 | 은행이 어디 있는지 묻고 있으므로, 위치를 알려 주고 있는 선택지를 고르면 된다. 적절한 응답은 (D)로, (A)는 가게 안에 화장실이 있느냐고 물었을 때, (C)는 은행의 영업시간을 물었을 때 할 수 있는 응답이고, (B)는 문제와는 전혀 관계없는 내용이므로 모두 답이 될 수 없다.

어휘 | 近(ちか)く 근처 銀行(ぎんこう) 은행 店(みせ) 가게
中(なか) 안, 속 お手洗(てあら)い 화장실
あまり (부정어 수반) 그다지, 별로 高(たか)い (값이) 비싸다
午前(ごぜん) 오전 ～から～まで ～부터 ～까지
午後(ごご) 오후 橋(はし) 다리
渡(わた)る (길을) 지나다, 건너다 右(みぎ) 오른쪽
曲(ま)がる (방향을) 돌다

26 예/아니요형 질문

音楽イベントには、お1人で参加されたんですか。
(A) 知人の紹介で会うことになったんです。
(B) いえ、家内と一緒に行きました。
(C) 海外の曲は、あまり詳しくありません。
(D) へえ、早朝から並ばれたんですね。

음악 이벤트에는 혼자서 참가하신 거예요?
(A) 지인 소개로 만나게 됐거든요.
(B) 아뇨, 아내와 함께 갔어요.
(C) 해외 곡은 그다지 잘 몰라요.
(D) 허, 이른 아침부터 줄을 서셨군요.

해설 | 이벤트에 혼자서 참가했는지 묻고 있으므로, 적절한 응답은 혼자가 아니라 아내와 함께 갔다고 한 (B)가 된다. (A)는 누군가를 만나게 된 경위에 대해 말하고 있고, (C)와 (D)는 「音楽(おんがく)イベント」(음악이벤트)라는 말만 들었을 때 고를 수 있는 오답이다.

어휘 | 音楽(おんがく) 음악 イベント 이벤트
1人(ひとり)で 혼자서 参加(さんか) 참가
知人(ちじん) 지인, 아는 사람 紹介(しょうかい) 소개
会(あ)う 만나다 동사의 보통형+ことになる ～하게 되다
いえ 아뇨 家内(かない) (자신의) 아내, 집사람
一緒(いっしょ)に 함께 海外(かいがい) 해외
曲(きょく) 곡 あまり (부정어 수반) 그다지, 별로

27 일상생활 표현

この近所で昨日事件が起きたらしいわよ。
(A) 僕も来たばかりだから、気にしないで。
(B) うん、犯人はまだ捕まっていないみたいだね。
(C) 大丈夫。落ち着いて発表できたよ。
(D) 事故で到着が遅れていると聞いたよ。

이 근처에서 어제 사건이 일어난 것 같아.
(A) 나도 막 온 참이니까 신경 쓰지 마.
(B) 응, 범인은 아직 잡히지 않은 것 같지?
(C) 괜찮아. 침착하게 발표할 수 있었어.
(D) 사고로 도착이 늦어지고 있다고 들었어.

해설 | 어제 근처에서 사건이 일어난 것 같다고 말하고 있으므로, 적절한 응답은 그렇다면서 아직 범인이 잡히지 않은 것 같다고 한 (B)가 된다. 나머지 선택지는 사건과는 관련 없는 내용들이므로 답이 될 수 없다.

어휘 | 近所(きんじょ) 근처, 부근 昨日(きのう) 어제
事件(じけん) 사건 起(お)きる 일어나다, 발생하다
～らしい ～인 것 같다 *객관적 근거에 의한 추측·판단
僕(ぼく) 나 *남자의 자칭
동사의 た형+ばかりだ 막 ～한 참이다, ～한 지 얼마 안 되다
気(き)にする 신경을 쓰다, 걱정하다 犯人(はんにん) 범인
捕(つか)まる 잡히다, 붙잡히다 ～みたいだ ～인 것 같다
大丈夫(だいじょうぶ)だ 괜찮다 落(お)ち着(つ)く (언동이) 침착하다
発表(はっぴょう) 발표 事故(じこ) 사고 到着(とうちゃく) 도착
遅(おく)れる 늦다, 늦어지다, 지연되다 聞(き)く 듣다

28 업무 및 비즈니스 표현

皆で協力したら、この仕事はすぐ片付きそうですね。
(A) すぐ理解するのは難しいと思います。
(B) そうですか。まだ自信がないんですね。
(C) 私はいつまでも信じていますよ。
(D) はい、力を合わせて終わらせましょう。

다 같이 협력하면 이 일은 바로 처리될 것 같네요.
(A) 바로 이해하는 건 어렵다고 생각해요.
(B) 그래요? 아직 자신이 없는 거군요.
(C) 저는 언제까지나 믿고 있어요.
(D) 예, 힘을 합쳐서 끝냅시다.

해설 | 다 같이 협력하면 일은 금방 처리될 것이라는 희망적인 의견을 밝혔다. 적절한 응답은 그 의견에 동의하면서 힘을 합쳐서 끝내자고 한 (D)가 된다.

어휘 | 皆(みんな)で 모두 함께, 다 같이 協力(きょうりょく) 협력
仕事(しごと) 일, 업무 すぐ 곧, 바로 片付(かたづ)く 처리되다
동사의 ます형+そうだ ～일[할] 것 같다 *양태
理解(りかい) 이해 難(むずか)しい 어렵다 まだ 아직
自信(じしん) 자신, 자신감 いつまでも 언제까지나

信(しん)じる 믿다 力(ちから) 힘
合(あ)わせる (하나로) 모으다, 합치다 終(お)わる 끝나다

29 예/아니요형 질문

昨日のドラマの最終回、見た(?)。
(A) ううん、結論は出なかったんだ。
(B) いや、昨日は残業していないよ。
(C) もちろん。すごく感動したね。
(D) ちゃんと部長に直接出したよ。

어제 드라마 마지막회, 봤어?
(A) 아니, 결론은 나오지 않았거든.
(B) 아니, 어제는 잔업하지 않았어.
(C) 물론. 굉장히 감동했지.
(D) 제대로 부장님에게 직접 제출했어.

해설 | 어제 드라마의 마지막회를 봤는지 묻고 있다. 적절한 응답은 마지막회를 보고 큰 감동을 받았다고 한 (C)로, 이런 질문에 대한 응답은 보통 '예/아니요'로 시작하는 경우가 대부분인데, 여기서는 「もちろん」(물론)이라는 말로 긍정의 뜻을 대신하고 있다.

어휘 | 昨日(きのう) 어제 ドラマ 드라마
最終回(さいしゅうかい) 최종회, 마지막회 ううん 아니
結論(けつろん) 결론 出(で)る 나오다 残業(ざんぎょう) 잔업, 야근
すごく 굉장히 感動(かんどう) 감동 ちゃんと 제대로, 확실히
部長(ぶちょう) 부장 直接(ちょくせつ) 직접
出(だ)す 내다, 제출하다

30 업무 및 비즈니스 표현

今年の社員旅行は海外だそうですよ。
(A) へえ、今からわくわくしますね。
(B) それは仕方がないですね。また機会がありますよ。
(C) 航空券の時間を確認した方がいいですよ。
(D) 諦めないでもう少し探しましょう。

올해 사원여행은 해외래요.
(A) 허, 지금부터 설레네요.
(B) 그건 어쩔 수 없죠. 또 기회가 있을 거예요.
(C) 항공권 시간을 확인하는 편이 좋을 거예요.
(D) 단념하지 말고 조금 더 찾읍시다.

해설 | 올해 사원여행은 해외로 간다는 소식을 전하고 있으므로, 적절한 응답은 지금부터 설렌다고 한 (A)가 된다. 「わくわくする」는 '설레다'라는 뜻으로, 「わくわく」((가슴이) 두근두근)는 기쁨이나 기대 따위로 가슴이 설레는 모양을 나타내는 표현이다.

어휘 | 今年(ことし) 올해 社員(しゃいん) 사원
旅行(りょこう) 여행 海外(かいがい) 해외
품사의 보통형+そうだ ~라고 한다 *전문 今(いま)から 지금부터
仕方(しかた)がない 어쩔 수 없다 また 또
機会(きかい) 기회 航空券(こうくうけん) 항공권
時間(じかん) 시간 確認(かくにん) 확인
동사의 た형+方(ほう)がいい ~하는 편[쪽]이 좋다
諦(あきら)める 단념하다, 체념하다 もう少(すこ)し 조금 더

探(さが)す 찾다

31 일상생활 표현

将来性のある仕事って何かしら(?)。
(A) 両親は北海道で農業をしているんだ。
(B) コンピューター関係は安定して働けると思うよ。
(C) 去年から建設会社で営業をしているんだ。
(D) 目標は高ければいいわけじゃないよ。

장래성이 있는 일이란 뭘까?
(A) 부모님은 홋카이도에서 농업을 하고 있거든.
(B) 컴퓨터 관계는 안정되게 일할 수 있다고 생각해.
(C) 작년부터 건설회사에서 영업을 하고 있거든.
(D) 목표는 높으면 된다는 건 아니지.

해설 | 「将来性(しょうらいせい)のある仕事(しごと)」(장래성이 있는 일)란, 안정적이면서도 앞으로의 발전 가능성이 있는 일을 말한다. (A)는 부모님의 직업, (C)는 현재 하고 있는 일, (D)는 목표에 관해서 물었을 때 할 수 있는 응답이므로 부적절하다. 따라서 정답은 컴퓨터 관련 업종을 추천하고 있는 (B)가 된다.

어휘 | 将来性(しょうらいせい) 장래성 仕事(しごと) 일
~かしら ~일까? *의문의 뜻을 나타냄
~って (서술 제목의) ~(이)란, ~은 両親(りょうしん) 양친, 부모
北海道(ほっかいどう) 홋카이도 農業(のうぎょう) 농업
コンピューター 컴퓨터 関係(かんけい) 관계
安定(あんてい)する 안정되다 働(はたら)く 일하다
去年(きょねん) 작년 建設会社(けんせつがいしゃ) 건설회사
営業(えいぎょう) 영업 目標(もくひょう) 목표 高(たか)い 높다
~わけじゃない (전부) ~하는 것은 아니다 *「~わけでない」의 회화체 표현

32 일상생활 표현

この前テレビ番組のインタビューを受けたんですよ。
(A) では、全国で放送されるかもしれませんね。
(B) 後で記入するので、空けておいてくださいね。
(C) あちらの応接間で待っていてください。
(D) いいえ、女性の会費は5,000円ですよ。

일전에 TV 프로그램의 인터뷰에 응했거든요.
(A) 그럼, 전국에서 방송될지도 모르겠군요.
(B) 나중에 기입할 테니까 비워 놔 주세요.
(C) 저쪽 응접실에서 기다리고 있으세요.
(D) 아니요, 여성 회비는 5천 엔이에요.

해설 | 「インタビューを受(う)ける」(인터뷰에 응하다)라는 표현이 포인트. 얼마 전에 TV 프로그램의 인터뷰에 응했다고 했으므로, 적절한 응답은 그렇다면 전국에서 방송될지도 모르겠다고 한 (A)가 된다. 나머지 선택지는 문제와는 전혀 관계없는 응답들이다.

어휘 | この前(まえ) 요전, 일전
テレビ 텔레비전, TV *「テレビジョン」의 준말
番組(ばんぐみ) (연예·방송 등의) 프로그램 では 그러면, 그럼
全国(ぜんこく) 전국 放送(ほうそう) 방송

~かもしれない ~일지도 모른다 後(あと)で 나중에
記入(きにゅう) 기입 空(あ)ける (시간・공간 등을) 비우다
~ておく ~해 놓다[두다] あちら 저쪽 応接間(おうせつま) 응접실
待(ま)つ 기다리다 女性(じょせい) 여성 会費(かいひ) 회비

33 업무 및 비즈니스 표현

私(わたし)たちが入社(にゅうしゃ)してもう5年(ねん)も経(た)ったんだね。
(A) え(!?)、また日程(にってい)が変(か)わったんだ。
(B) そうだね。ここに就職(しゅうしょく)できて良(よ)かったよ。
(C) ううん、娘(むすめ)の卒業式(そつぎょうしき)は来年(らいねん)だよ。
(D) じゃ、集団面接(しゅうだんめんせつ)でいいんじゃないかな。

우리가 입사한 지 벌써 5년이나 지난 거네.
(A) 뭐!? 또 일정이 바뀌었구나.
(B) 그러게. 여기에 취직할 수 있어서 다행이야.
(C) 아니, 딸의 졸업식은 내년이야.
(D) 그럼, 집단 면접으로 괜찮지 않을까?

해설 | 입사 동기끼리 나누는 대화이다. 입사한 지 5년이 지났다는 말에 대한 적절한 응답은 (B)로, 현재의 직장에 만족하고 있다는 뜻이다. (A)는 일정이 또 변경되었다고 했을 때, (C)와 (D)는 상대방 딸의 졸업 시기나 면접 방식을 물었을 때 할 수 있는 응답이다.

어휘 | 私(わたし)たち 우리 入社(にゅうしゃ) 입사
もう 벌써 ~も ~이나 経(た)つ (시간이) 지나다, 경과하다
また 또 日程(にってい) 일정 変(か)わる 바뀌다, 변하다
ここ 여기, 이곳 就職(しゅうしょく) 취직
~て良(よ)かった ~해서 잘됐다[다행이다] ううん 아니
娘(むすめ) (자신의) 딸 卒業式(そつぎょうしき) 졸업식
来年(らいねん) 내년 集団(しゅうだん) 집단 面接(めんせつ) 면접

34 일상생활 표현

今日(きょう)の昼食(ちゅうしょく)は、駅前(えきまえ)のラーメン屋(や)にしない(?)。
(A) 送料(そうりょう)は別(べつ)だったと思(おも)うよ。
(B) 夕食(ゆうしょく)は家族(かぞく)で食(た)べる予定(よてい)だよ。
(C) 朝(あさ)の支度(したく)は30分(さんじゅっぷん)ぐらいかかるんだ。
(D) 確(たし)か、そこは今日(きょう)定休日(ていきゅうび)だよ。

오늘 점심은 역 앞의 라면가게로 하지 않을래?
(A) 배송료는 별도였다고 생각해.
(B) 저녁은 가족끼리 먹을 예정이야.
(C) 아침 준비는 30분 정도 걸리거든.
(D) 틀림없이 거기는 오늘 정기휴일이야.

해설 | 점심을 먹으러 갈 식당을 정하고 있다. 역 앞의 라면가게에 가자는 말에 대한 적절한 응답은 (D)로, 그 가게는 오늘 쉬는 날이므로 갈 수 없다는 뜻이다. (A)의 「送料(そうりょう)」(송료, 배송료)는 점심과는 전혀 관계없는 내용이고, 저녁식사나 아침식사에 대해 말하고 있는 (B)와 (C) 역시 정답과는 거리가 멀다.

어휘 | 今日(きょう) 오늘 昼食(ちゅうしょく) 중식, 점심
駅前(えきまえ) 역 앞
ラーメン屋(や) 라면가게 *「~屋(や)」- 그 직업을 가진 집[사람]
別(べつ) 별도, 따로 夕食(ゆうしょく) 저녁, 저녁식사
家族(かぞく) 가족 食(た)べる 먹다 予定(よてい) 예정

35 일상생활 표현

レポートの締(し)め切(き)りに間(ま)に合(あ)わないかもしれないんだ。
(A) 今回(こんかい)は遅(おく)れたら、受(う)け取(と)ってくれないらしいよ。
(B) これ以上(いじょう)商品(しょうひん)の値下(ねさ)げはできないよ。
(C) 税金(ぜいきん)はどんどん高(たか)くなっていくんだろうね。
(D) ううん、ここは立入禁止(たちいりきんし)だよ。

보고서 마감에 맞추지 못할지도 몰라.
(A) 이번에는 늦으면 받아 주지 않을 것 같아.
(B) 이 이상 상품의 가격 인하는 불가능해.
(C) 세금은 점점 비싸지겠지.
(D) 아니, 여기는 출입금지야.

해설 | 「締(し)め切(き)り」(마감)와 「間(ま)に合(あ)う」(시간에 맞게 대다, 늦지 않다)라는 표현이 포인트로, 보고서를 마감에 맞추지 못할까 봐 걱정하고 있다. 적절한 응답은 (A)로, 「今回(こんかい)は」(이번에는)라는 표현을 쓴 것으로 보아, 전에도 마감에 맞추지 못한 적이 있다는 것을 알 수 있고, 그렇기 때문에 또 늦으면 받아 주지 않을 것이라고 우려하는 내용이다. 나머지 선택지는 문제와는 거리가 먼 응답들이다.

어휘 | レポート 보고서 締(し)め切(き)り 마감
~かもしれない ~일지도 모른다 今回(こんかい) 이번
遅(おく)れる 늦다, 늦어지다, 지연되다
受(う)け取(と)る 받다, 수취하다
~てくれる (남이 나에게) ~해 주다
~らしい ~인 것 같다 *객관적 근거에 의한 추측・판단
これ以上(いじょう) 이 이상 商品(しょうひん) 상품
値下(ねさ)げ 가격 인하 税金(ぜいきん) 세금 どんどん 점점
高(たか)い (값이) 비싸다 ううん 아니
立入禁止(たちいりきんし) 출입금지

36 업무 및 비즈니스 표현

やっと事務所(じむしょ)の大掃除(おおそうじ)が終了(しゅうりょう)したね。
(A) 今(いま)まで我慢(がまん)していたんだ。
(B) レンタルしていたのを忘(わす)れていたんだ。
(C) 良(よ)く見直(みなお)してから出(だ)してほしいね。
(D) こんなにごみが出(で)ると思(おも)わなかったよ。

겨우 사무소 대청소가 종료되었네.
(A) 지금까지 참고 있었어.
(B) 임대하고 있었던 걸 잊고 있었어.
(C) 잘 재검토한 후에 제출해 줬으면 좋겠어.
(D) 이렇게 쓰레기가 나오리라고는 생각지 못했어.

해설 | 「大掃除(おおそうじ)」(대청소)라는 단어가 포인트. 겨우 사무소 대청소를 마쳤다는 말을 듣고 할 만한 응답은 (D)로, 생각한 것보다 쓰레기가 너무 많이 나와서 놀랐다는 뜻이다.

어휘 | やっと 겨우, 간신히 事務所(じむしょ) 사무소
終了(しゅうりょう) 종료 今(いま)まで 지금까지

202

我慢(がまん)する 참다, 견디다   レンタル 렌털, 임대
忘(わす)れる 잊다, 잊어버리다   良(よ)く 잘
見直(みなお)す 다시 보다, 재검토하다
~てから ~하고 나서, ~한 후에   出(だ)す 내다, 제출하다
~てほしい ~해 주었으면 하다, ~하길 바라다
こんなに 이렇게(나)   ごみ 쓰레기   出(で)る 나오다

37 일상생활 표현

踏切事故(ふみきりじこ)の影響(えいきょう)で、みどり線(せん)が動(うご)いていないようです。
(A) 経費(けいひ)について話(はな)し合(あ)った方(ほう)がいいですね。
(B) うっかり落(お)としてしまって動(うご)かなくなったんです。
(C) ええ、今日(きょう)から工事(こうじ)があって通行止(つうこうど)めなんですよ。
(D) それで改札(かいさつ)がこんなに混雑(こんざつ)しているんですね。

건널목 사고의 영향으로 미도리선이 움직이지 않고 있는 것 같아요.
(A) 경비에 대해서 서로 이야기하는 편이 좋겠네요.
(B) 무심코 떨어뜨려 버려서 작동하지 않게 되었어요.
(C) 네, 오늘부터 공사가 있어서 통행금지거든요.
(D) 그래서 개찰구가 이렇게 혼잡한 거군요.

해설 | 건널목 사고의 여파로 전철 운행이 중단되고 있는 상황이다. 적절한 응답은 (D)로, 그 때문에 개찰구가 이렇게 혼잡한 것이었냐며 납득하고 있다. (A)의 「経費(けいひ)」(경비)는 문제와는 전혀 관계없는 내용이고, (B)와 (C)는 문제의 「動(うご)く」(움직이다, (기계가) 작동하다)라는 동사만 들었을 때 고를 수 있는 오답이다.

어휘 | 踏切(ふみきり) (철로의) 건널목   事故(じこ) 사고
影響(えいきょう) 영향   ~について ~에 대해서
話(はな)し合(あ)う 서로 이야기하다
동사의 た형+方(ほう)がいい ~하는 편[쪽]이 좋다
うっかり 무심코   落(お)とす 떨어뜨리다   今日(きょう) 오늘
工事(こうじ) 공사   通行止(つうこうど)め 통행금지   それで 그래서
改札(かいさつ) 개찰구   *「改札口(かいさつぐち)」(개찰구)의 준말
こんなに 이렇게(나)   混雑(こんざつ) 혼잡

38 일상생활 표현

ずっと耐(た)えていたんだけど、実(じつ)は、膝(ひざ)の関節(かんせつ)が痛(いた)むんだ。
(A) インフルエンザの予防注射(よぼうちゅうしゃ)は痛(いた)くないよ。
(B) 息(いき)が整(ととの)うまで待(ま)っているよ。
(C) 我慢(がまん)しないで診察(しんさつ)してもらうといいよ。
(D) トレーニングの成果(せいか)が現(あらわ)れてきたね。

쭉 참고 있었는데 실은 무릎 관절이 아프거든.
(A) 독감 예방주사는 아프지 않아.
(B) 호흡이 정돈될 때까지 기다리고 있을게.
(C) 참지 말고 진찰받으면 좋아.
(D) 훈련 성과가 나타났군.

해설 | 더 이상 무릎 통증을 참지 못하겠다고 호소하고 있는 상황이다.

적절한 응답은 참지 말고 진찰을 받으라고 권유하고 있는 (C)로, 문제의 「耐(た)える」(참다, 견디다)를 「我慢(がまん)する」(참다, 견디다)로 바꿔 표현했다.

어휘 | ずっと 쭉, 계속   実(じつ)は 실은   膝(ひざ) 무릎
関節(かんせつ) 관절   痛(いた)む 아프다
インフルエンザ 인플루엔자, 독감   予防(よぼう) 예방
注射(ちゅうしゃ) 주사   痛(いた)い 아프다   息(いき) 숨, 호흡
整(ととの)う 정돈되다, 조절되다   待(ま)つ 기다리다
診察(しんさつ) 진찰
~てもらう (남에게) ~해 받다. (남이) ~해 주다
トレーニング 트레이닝, 훈련   成果(せいか) 성과
現(あらわ)れる 나타나다

39 업무 및 비즈니스 표현

部長(ぶちょう)、どうやって人手不足(ひとでぶそく)の課題(かだい)を解決(かいけつ)しましょうか。
(A) 最低賃金(さいていちんぎん)は、地域(ちいき)によって異(こと)なるんですね。
(B) まずは職場環境(しょくばかんきょう)を改善(かいぜん)していきましょう。
(C) いいえ、上司(じょうし)も部下(ぶか)も関係(かんけい)ないと思(おも)いますよ。
(D) はい、午前中(ごぜんちゅう)にさっさと済(す)ませましょう。

부장님, 어떻게 일손부족 과제를 해결할까요?
(A) 최저 임금은 지역에 따라 다르군요.
(B) 우선은 직장 환경을 개선해 나갑시다.
(C) 아니요, 상사도 부하도 관계없다고 생각해요.
(D) 예, 오전 중에 빨리 끝냅시다.

해설 | 일손부족을 어떻게 해결할 것인지 그 방법에 대해 묻고 있다. 선택지 중 이에 해당하는 것은 (B)로, 직장 환경을 개선함으로써 좀 더 많은 사람이 지원할 수 있도록 하자는 의미다. 나머지 선택지는 모두 일손부족의 해결책과는 거리가 먼 내용들이다.

어휘 | 部長(ぶちょう) 부장   どうやって 어떻게 (해서)
人手不足(ひとでぶそく) 일손부족   課題(かだい) 과제
解決(かいけつ) 해결   最低(さいてい) 최저
賃金(ちんぎん) 임금   地域(ちいき) 지역
~によって ~에 의해서[따라서]
異(こと)なる 다르다   まずは 우선은   職場(しょくば) 직장
環境(かんきょう) 환경   改善(かいぜん) 개선   上司(じょうし) 상사
部下(ぶか) 부하   関係(かんけい) 관계
午前(ごぜん) 오전   ~中(ちゅう) ~중
さっさと 재빠르게, 빨리, 냉큼 *망설이지 않고 재빠르게 행동하는 모양
済(す)ませる 끝내다, 마치다

40 업무 및 비즈니스 표현

去年(きょねん)よりボーナスの支給額(しきゅうがく)が増(ふ)えていたんだ。
(A) あの大企業(だいきぎょう)が倒産(とうさん)するなんてね。
(B) 業績(ぎょうせき)や努力(どりょく)が認(みと)められたんだね。
(C) 今年(ことし)は不景気(ふけいき)だから、厳(きび)しいんじゃないかな。
(D) 正確(せいかく)な判断(はんだん)が求(もと)められているんだね。

작년보다 보너스 지급액이 늘어나 있었어.
(A) 그 대기업이 도산하다니 말이야.

최신기출 4

(B) 실적과 노력이 인정받은 거네.
(C) 올해는 불경기니까 힘겹지 않을까?
(D) 정확한 판단이 요구되어지고 있지.

해설 | 작년보다 보너스 지급액이 늘어났다고 했으므로, 회사에서 그만큼 성과를 인정받았다는 것을 알 수 있다. 따라서 적절한 응답은 실적과 노력이 인정을 받았기 때문이라고 한 (B)가 된다. (C)는 보너스 지급액이 줄었다고 했을 때 할 수 있는 응답이다.

어휘 | 去年(きょねん) 작년 ～より ～보다 ボーナス 보너스
支給額(しきゅうがく) 지급액 増(ふ)える 늘다, 늘어나다
あの (서로 알고 있는) 그 大企業(だいきぎょう) 대기업
倒産(とうさん) 도산 ～なんて ～하다니
業績(ぎょうせき) 업적, 실적 努力(どりょく) 노력
認(みと)める 인정하다 今年(ことし) 올해
不景気(ふけいき) 불경기 厳(きび)しい 힘겹다, 혹독하다
正確(せいかく)だ 정확하다 判断(はんだん) 판단
求(もと)める 요구하다

41 일상생활 표현
女優として世界的スターのリンが日本で握手会をするそうなの。
(A) きっと厳重な警備の下で行うんだろうね。
(B) そうなんだ。とうとう引退するんだね。
(C) 世界記録に挑戦となると皆が注目するね。
(D) あいにくその日は留守にしているんだ。

여배우로서 세계적 스타인 린이 일본에서 악수회를 한다.
(A) 틀림없이 엄중한 경비 하에서 하겠네.
(B) 그렇구나. 결국 은퇴하는 거구나.
(C) 세계 기록에 도전하게 되면 모두가 주목하겠네.
(D) 공교롭게도 그날은 집에 없을 거거든.

해설 | 「握手会(あくしゅかい)」(악수회, (팬클럽 모임 등에서) 인기인이 줄 선 팬들과 일일이 악수하는 이벤트)는 우리의 팬 미팅에 해당하는 행사로, 세계적으로 유명한 여배우가 악수회를 한다는 소식을 전하고 있다. 적절한 응답은 (A)로, 세계적인 스타인 만큼 엄중한 경비 하에 행사가 열릴 것이라고 말하고 있다. (B)는 「女優(じょゆう)」(여배우), (C)는 「世界的(せかいてき)」(세계적)라는 말만 들었을 때 고를 수 있는 오답이다.

어휘 | ～として ～로서 世界的(せかいてき) 세계적
スター 스타 품사의 보통형+そうだ ～라고 한다 *전문
きっと 분명히, 틀림없이 厳重(げんじゅう)だ 엄중하다
警備(けいび) 경비 명사+の+下(もと)で ～하에서 *지배·영향이 미치는 것을 나타냄 行(おこな)う 하다, 행하다, 실시하다
とうとう 드디어, 결국, 마침내 引退(いんたい) 은퇴
記録(きろく) 기록 挑戦(ちょうせん) 도전 皆(みんな) 모두
注目(ちゅうもく) 주목 あいにく 공교롭게도 日(ひ) 날
留守(るす) 부재중, 집을 비움

42 일상생활 표현
昨晩、停電があったそうですね。
(A) はい、雷が落ちたことが原因みたいです。
(B) そうですね。移動させましょう。

(C) 昔から立ち直るのは早いんですよ。
(D) ええ、すっかり枯れてしまいましたね。

어젯밤 정전이 있었다면서요?
(A) 예, 벼락이 떨어진 게 원인인 것 같아요.
(B) 그러네요. 이동시킵시다.
(C) 옛날부터 회복하는 건 빠르거든요.
(D) 네, 완전히 시들어 버렸네요.

해설 | 「停電(ていでん)」(정전)이라는 단어가 포인트. 어젯밤 정전이 됐었냐고 묻는 말에 대한 적절한 응답은 (A)로, 벼락이 떨어진 것이 정전의 원인인 것 같다고 말하고 있다.

어휘 | 昨晩(さくばん) 어젯밤 *「昨夜(ゆうべ)」보다 공손한 말씨
품사의 보통형+そうだ ～라고 한다 *전문 雷(かみなり) 벼락
落(お)ちる 떨어지다 原因(げんいん) 원인 移動(いどう) 이동
昔(むかし) 옛날 立(た)ち直(なお)る 다시 일어서다, 회복하다
早(はや)い 빠르다 すっかり 완전히
枯(か)れる (초목이) 시들다, 마르다

43 일상생활 표현
昼に食べた定食、ボリュームがすごかったね。
(A) うん。交渉がうまくいって良かったね。
(B) 確かにかなり騒々しかったね。
(C) お腹が空いていたから、大満足だよ。
(D) 食べ物を粗末にするなんて信じられないよ。

낮에 먹은 정식, 양이 굉장했지.
(A) 응. 교섭이 잘돼서 다행이네.
(B) 확실히 상당히 소란스러웠지.
(C) 배가 고팠으니까 대만족이야.
(D) 음식을 소홀히 하다니 믿을 수 없어.

해설 | 「ボリューム」(볼륨, 양)라는 단어가 포인트. 즉, 낮에 먹은 정식의 양이 많았다는 뜻이므로, 적절한 응답은 배가 고팠는데 양이 많아서 매우 만족스러웠다고 말하고 있는 (C)가 된다. (A)는 교섭, (B)는 소음에 대해서 말하고 있으므로 답이 될 수 없고, (D)는 「食(た)べる」(먹다)와 「定食(ていしょく)」(정식)만 들었을 때 고를 수 있는 오답이다.

어휘 | 昼(ひる) 낮 すごい 굉장하다 交渉(こうしょう) 교섭
うまくいく 잘되다, 순조롭게 진행되다
～て良(よ)かった ～해서 잘됐다[다행이다] 確(たし)かに 확실히
かなり 꽤, 상당히 騒々(そうぞう)しい 시끄럽다, 소란스럽다
お腹(なか)が空(す)く 배가 고프다 大満足(だいまんぞく) 대만족
食(た)べ物(もの) 음식 粗末(そまつ)にする 소홀히 하다
～なんて ～하다니 信(しん)じる 믿다

44 일상생활 표현
電気代を節約するために何かしていますか。
(A) 訂正箇所には、判子を押すんですよ。
(B) 無駄な抵抗はしない方がいいと思いますよ。
(C) 疲労の回復には睡眠が一番です。
(D) 明るいうちは照明を付けずに過ごしています。

전기요금을 절약하기 위해서 뭔가 하고 있나요?

(A) 정정 부분에는 도장을 찍는 거예요.
(B) 쓸데없는 저항은 하지 않는 편이 좋다고 생각해요.
(C) 피로 회복에는 수면이 제일이에요.
(D) 밝을 때는 조명을 켜지 않고 지내고 있어요.

해설 | 전기요금을 절약하기 위해서 무엇을 하고 있는지 묻고 있으므로, 구체적인 실천 방법을 말한 선택지를 찾는다. 적절한 응답은 (D)로, 밝을 때는 조명을 켜지 않는 방법으로 전기요금을 절약하고 있다는 뜻이다.

어휘 | 電気代(でんきだい) 전기요금 節約(せつやく) 절약
～ために ～위해서 何(なに)か 무엇인가, 뭔가
訂正(ていせい) 정정 箇所(かしょ) 개소, 부분
判子(はんこ) 도장 押(お)す (도장을) 누르다, 찍다
無駄(むだ)だ 쓸데없다 抵抗(ていこう) 저항
～ない方(ほう)がいい ～하지 않는 편[쪽]이 좋다
疲労(ひろう) 피로 回復(かいふく) 회복 睡眠(すいみん) 수면
一番(いちばん) 가장, 제일 明(あか)るい 밝다 ～うちは ～동안은
照明(しょうめい) 조명 付(つ)ける 켜다 ～ずに ～하지 않고[말고]
過(す)ごす (시간을) 보내다, 지내다

45 일상생활 표현
検査結果は、自宅に送っていただけますか。
(A) はい、実例を用いてご説明いたします。
(B) 申し訳ありませんが、郵送は出来かねます。
(C) 作戦はわかりましたが、本当に可能でしょうか。
(D) 印鑑がなければ、サインで結構ですよ。

검사 결과는 자택으로 보내 주실 수 있나요?
(A) 예, 실례를 이용해서 설명드리겠습니다.
(B) 죄송하지만, 우송은 할 수 없습니다.
(C) 작전은 이해했는데 정말 가능할까요?
(D) 인감이 없으면 사인으로 괜찮아요.

해설 | 「～ていただけますか」((남에게) ～해 받을 수 있습니까?, (남이) ～해 주실 수 있습니까?)는 「～てもらえますか」((남에게) ～해 받을 수 있습니까?, (남이) ～해 줄 수 있습니까?)의 겸양표현으로, 남에게 뭔가를 부탁할 때 쓴다. 문제는 검사 결과를 자기집으로 보내 줄 수 있는지 묻고 있으므로, 적절한 응답은 우편으로 보내 줄 수는 없다고 정중하게 거절한 (B)가 된다. 「동사의 ます형+かねる」(～하기 어렵다, ～할 수 없다)는 부정의 의미를 나타내는 표현인데, 「出来(でき)かねます」(할 수 없습니다)라고 하면 「出来(でき)ません」(할 수 없습니다)의 정중한 표현으로, 윗사람이나 고객에게 말할 때 쓴다.

어휘 | 検査(けんさ) 검사 結果(けっか) 결과
自宅(じたく) 자택, 자기집 送(おく)る 보내다
実例(じつれい) 실례, 실제 예 用(もち)いる 이용하다
ご+한자명사+いたす ～하다, ～해 드리다 *겸양표현
説明(せつめい) 설명 申(もう)し訳(わけ)ありません 죄송합니다
郵送(ゆうそう) 우송, 우편으로 보냄
出来(でき)る 할 수 있다, 가능하다 作戦(さくせん) 작전
わかる 알다, 이해하다 本当(ほんとう)に 정말로
可能(かのう)だ 가능하다 印鑑(いんかん) 인감 サイン 사인
結構(けっこう)だ 괜찮다

46 일상생활 표현
最近そのゲームを良くしてるけど、はまっている

の(?)。
(A) 良質な成分のみで作られたものらしいんだ。
(B) 残念だけど、もう品切れになっているみたいだよ。
(C) うん、暇つぶしに始めたら夢中になってしまったんだ。
(D) ああ、ゲームを開発する仕事に就きたいよ。

최근 그 게임을 자주 하고 있는데 빠져 있는 거야?
(A) 양질의 성분만으로 만들어진 물건인 것 같아.
(B) 아쉽지만 이미 품절이 된 것 같아.
(C) 응, 심심풀이로 시작했더니 푹 빠져 버렸어.
(D) 아-, 게임을 개발하는 일에 종사하고 싶어.

해설 | 「はまる」는 '(나쁜 일에) 열중하다, 빠지다'라는 뜻의 동사로, 최근 게임에 빠져 있는지 묻고 있다. 적절한 응답은 심심풀이로 시작했다가 열중해 버렸다는 (C)로, 「暇(ひま)つぶし」는 '심심풀이'라는 뜻이다. (A)와 (B)는 문제와는 전혀 관계없는 응답이고, (D)는 게임 개발을 직업으로 삼고 싶다는 뜻이므로 역시 답이 될 수 없다.

어휘 | 最近(さいきん) 최근, 요즘 ゲーム 게임 良(よ)く 자주
良質(りょうしつ)だ 양질이다 成分(せいぶん) 성분
～のみ ～만, ～뿐 作(つく)る 만들다
～らしい ～인 것 같다 *객관적 근거에 의한 추측·판단
残念(ざんねん)だ 아쉽다, 유감스럽다 もう 이미, 벌써
品切(しなぎ)れ 품절 ～みたいだ ～인 것 같다
始(はじ)める 시작하다 夢中(むちゅう)になる 열중하다, 몰두하다
開発(かいはつ) 개발 仕事(しごと) 일, 직업
就(つ)く 종사하다, 취직[취업]하다 동사의 ます형+たい ～하고 싶다

47 업무 및 비즈니스 표현
新入社員の配属先はどうやって決めていますか。
(A) 今は苦しいですが、もう少しの辛抱ですよ。
(B) 設立当初は必死で仕事をこなしていました。
(C) 研修を通して適性を見極めています。
(D) 親密な関係になれるといいですね。

신입사원의 배속처는 어떻게 정하고 있나요?
(A) 지금은 괴롭겠지만 조금 더 참아요.
(B) 설립 초기에는 필사적으로 일을 해치웠어요.
(C) 연수를 통해서 적성을 확인하고 있어요.
(D) 친밀한 관계가 될 수 있으면 좋겠네요.

해설 | 「配属先(はいぞくさき)」(배속처)라는 단어가 포인트로, 신입사원이 근무할 부서를 어떤 방식으로 정하는지 묻고 있다. 적절한 응답은 (C)로, 연수를 통해서 적성을 확인한 후 그에 맞는 부서에 배치하고 있다는 뜻이다.

어휘 | 新入社員(しんにゅうしゃいん) 신입사원
決(き)める 정하다, 결정하다 今(いま) 지금
苦(くる)しい 괴롭다 もう少(すこ)し 조금 더
辛抱(しんぼう) 참음, 참고 견딤 設立(せつりつ) 설립
当初(とうしょ) 당초, 최초 必死(ひっし)だ 필사적이다
仕事(しごと) 일, 업무 こなす 해치우다, 처리하다
研修(けんしゅう) 연수 ～を通(とお)して ～을 통해서

205

適性(てきせい) 적성　見極(みきわ)める 끝까지 지켜보다, 확인하다
親密(しんみつ)だ 친밀하다　関係(かんけい) 관계

48 업무 및 비즈니스 표현

先日発売された新型車の売れ行きは、どうですか。
(A) 海外での需要が高く、好調です。
(B) トラックの免許を所有しております。
(C) 再現するのは困難でしょうね。
(D) 取扱説明書に手順が書いてあります。

요전에 발매된 신형차의 팔림새는 어떤가요?
(A) 해외에서의 수요가 높아서 호조예요.
(B) 트럭 면허를 소유하고 있어요.
(C) 재현하는 것은 곤란하겠죠.
(D) 취급설명서에 순서가 쓰여 있어요.

해설 | 「売(う)れ行(ゆ)き」(팔림새, 물건이 팔리는 상태)라는 단어가 포인트로, 요전에 발매된 신형차가 잘 팔리고 있는지 묻고 있다. 적절한 응답은 해외에서의 수요가 높아서 호조라고 한 (A)가 된다. 나머지 선택지는 판매 동향과는 관계없는 내용들이다.

어휘 | 先日(せんじつ) 요전, 일전　発売(はつばい) 발매
新型車(しんがたしゃ) 신형차　海外(かいがい) 해외
需要(じゅよう) 수요　高(たか)い 높다　好調(こうちょう) 호조
トラック 트럭　免許(めんきょ) 면허　所有(しょゆう) 소유
～ておる ～하고 있다 *「～ている」의 겸양표현
再現(さいげん) 재현　困難(こんなん)だ 곤란하다
取扱説明書(とりあつかいせつめいしょ) 취급설명서
手順(てじゅん) 순서　書(か)く (글씨・글을) 쓰다
타동사+てある ～해져 있다 *상태표현

49 업무 및 비즈니스 표현

本社の山田さんが幹部候補になっているそうね。
(A) 現場を離れても感覚が鈍らないようにしないとね。
(B) 彼なら将来の企業経営を担う人材になるだろうね。
(C) 何でも間一髪、追突を免れたそうだね。
(D) 正体を隠し通せるはずがなかったんだよ。

본사의 야마다 씨가 간부 후보가 되었대.
(A) 현장을 떠나도 감각이 무뎌지지 않도록 해야지.
(B) 그러면 장래에 기업 경영을 짊어질 인재가 될 거야.
(C) 여하튼 아슬아슬하게 추돌을 면했대.
(D) 정체를 끝까지 숨길 수 있을 리가 없었던 거야.

해설 | 본사의 야마다 씨가 간부 후보가 되었다는 소식을 전하고 있다. 적절한 응답은 그에 대한 기대감을 표시하고 있는 (B)로, 현장 감각이나 추돌에 대해서 언급한 (A)와 (C), 정체가 들통났다는 내용의 (D)는 문제와는 전혀 관계없는 내용이다.

어휘 | 本社(ほんしゃ) 본사　幹部(かんぶ) 간부
候補(こうほ) 후보　품사의 보통형+そうだ ～라고 한다 *전문
現場(げんば) 현장　離(はな)れる (장소를) 떠나다
感覚(かんかく) 감각　鈍(にぶ)る 둔해지다, 무디어지다
～ないように ～하지 않도록
～ないと(いけない) ～하지 않으면 (안 된다), ～해야 (한다)
将来(しょうらい) 장래(에)　企業(きぎょう) 기업
経営(けいえい) 경영　担(にな)う (책임을) 떠맡다, 짊어지다
人材(じんざい) 인재　何(なん)でも 여하튼, 어떻든
間一髪(かんいっぱつ) 아슬아슬함　追突(ついとつ) 추돌
免(まぬか)れる 면하다, 모면하다　正体(しょうたい) 정체
隠(かく)す 숨기다
동사의 ます형+通(とお)す (끝까지 계속해서) ～하다
～はずがない ～일 리가 없다

50 업무 및 비즈니스 표현

今朝、工場で大量に不良品が発見されたようなんです。
(A) 遅れを取り返せてほっとしました。
(B) 無記名だと個人を特定できませんね。
(C) それで部長たちが渋い顔をしているんですね。
(D) 最後まで成し遂げることができたんですね。

오늘 아침 공장에서 대량으로 불량품이 발견된 것 같아요.
(A) 뒤떨어진 것을 만회할 수 있어서 안심했어요.
(B) 무기명이라면 개인을 특정할 수 없겠네요.
(C) 그래서 부장들이 떨떠름한 얼굴을 하고 있는 거군요.
(D) 끝까지 완수할 수 있었네요.

해설 | 공장에서 대량으로 불량품이 발견되었다면 이를 반길 사람은 아무도 없을 것이다. 적절한 응답은 (C)로, 이때의 「渋(しぶ)い」는 '(표정이) 떨떠름하다'라는 뜻으로 쓰였다. (A)와 (D)는 긍정적으로 마무리된 일에 대한 반응이고, (B)의 「無記名(むきめい)」(무기명, 성명을 기입하지 않음) 역시 불량품에 대한 응답과는 거리가 먼 내용이다.

어휘 | 今朝(けさ) 오늘 아침　工場(こうじょう) 공장
大量(たいりょう) 대량, 많은 양　不良品(ふりょうひん) 불량품
発見(はっけん) 발견　～ようだ ～인 것 같다, ～인 듯하다
遅(おく)れ 뒤짐, 뒤떨어짐
取(と)り返(かえ)す 되돌리다, 돌이키다, 만회하다
ほっとする 안심하다　個人(こじん) 개인　特定(とくてい) 특정
それで 그래서　部長(ぶちょう) 부장
～たち (사람이나 생물을 나타내는 말에 붙어) ～들
顔(かお) 얼굴, 표정　最後(さいご) 최후, 마지막
成(な)し遂(と)げる 완수하다, 이룩하다

51 대화 내용에 대한 이해

> 男 すみません。この近くにコンビニはあります
> か。
> 女 みどり駅の前にありますよ。
> 男 そこに駐車場はありますか。
> 女 はい。コンビニの横に1台だけ止められます
> よ。

남 죄송해요. 이 근처에 편의점은 있나요?
여 미도리역 앞에 있어요.
남 거기에 주차장은 있나요?
여 예. 편의점 옆에 한 대만 세울 수 있어요.

駐車場は、どこにありますか。
(A) 駅の裏
(B) 駅の隣
(C) コンビニの前
(D) コンビニの隣

주차장은 어디에 있습니까?
(A) 역 뒤
(B) 역 옆
(C) 편의점 앞
(D) 편의점 옆

해설 | 대화 후반부에서 남자가 주차장의 위치를 묻자, 여자는 편의점 옆에 한 대만 세울 수 있다고 했다. 따라서 정답은 (D)가 되는데, 대화에 나오는 「横(よこ)」(옆)를 「隣(となり)」(옆)로 바꿔 표현했다.

어휘 | 近(ちか)く 근처
コンビニ 편의점 *「コンビニエンスストア」의 준말 前(まえ) 앞
そこ 거기, 그곳 駐車場(ちゅうしゃじょう) 주차장
~台(だい) ~대 *차나 기계 등을 세는 말 ~だけ ~만, ~뿐
止(と)める 세우다 裏(うら) 뒤, 뒤쪽

52 성별에 따른 의견 및 행동 구분

> 女 佐藤さん、会議室の掃除をしていただけます
> か。
> 男 はい。あ、でも今から課長にこの荷物を届け
> るんです。
> 女 では、戻って来てからお願いします。
> 男 はい。10分ぐらいで戻って来られると思いま
> す。

여 사토 씨, 회의실 청소를 해 주실 수 있나요?
남 예. 아, 하지만 지금부터 과장님께 이 짐을 갖다 줄 건데요.

여 그럼, 돌아온 후에 부탁드려요.
남 예. 10분 정도면 돌아올 수 있을 것 같아요.

男の人は、まず何をしますか。
(A) 会議室の掃除をする。
(B) 課長の所へ行く。
(C) 女の人と会議室の用意をする。
(D) 受付に荷物をもらいに行く。

남자는 우선 무엇을 합니까?
(A) 회의실 청소를 한다.
(B) 과장이 있는 곳으로 간다.
(C) 여자와 회의실 준비를 한다.
(D) 접수처에 짐을 받으러 간다.

해설 | 남자의 첫 번째 대화에 주목해야 한다. 남자는 회의실 청소를 부탁하는 여자에게 우선 과장에게 짐을 갖다 줘야 한다고 했으므로, 정답은 과장이 있는 곳으로 간다고 한 (B)가 된다. (A)는 짐을 갖다 준 후 돌아와서 해야 할 일이므로 답이 될 수 없고, (C)와 (D)는 대화의 일부만 들었을 때 고를 수 있는 오답이다.

어휘 | 会議室(かいぎしつ) 회의실 掃除(そうじ) 청소
~ていただけますか (남에게) ~해 받을 수 있습니까?, (남이) ~해 주실 수 있습니까? *「~てもらえますか」((남에게) ~해 받을 수 있습니까?, (남이) ~해 줄 수 있습니까?)의 겸양표현
でも 하지만 今(いま)から 지금부터 課長(かちょう) 과장
荷物(にもつ) 짐 届(とど)ける (물건을) 전하다, 갖다 주다
では 그러면, 그럼 戻(もど)る (본래의 자리로) 돌아오다
お+동사의 ます형+する ~하다, ~해 드리다 *겸양표현
願(ねが)う 부탁하다 ~ぐらい ~정도 まず 우선
所(ところ) 곳, 장소 用意(ようい) 준비 受付(うけつけ) 접수(처)
もらう 받다 동사의 ます형+に ~하러 *동작의 목적

53 대화 내용에 대한 이해

> 女 郵便局が何時まで開いているか知っています
> か。
> 男 5時まで開いていたと思いますよ。
> 女 土曜日も同じでしょうか。
> 男 土曜日は午前9時から午後3時までのはずで
> す。

여 우체국이 몇 시까지 열려 있는지 알아요?
남 5시까지 열려 있었던 것 같아요.
여 토요일도 같을까요?
남 토요일은 오전 9시부터 오후 3시까지일 거예요.

男の人は、郵便局について何と言っていますか。
(A) 土曜日は閉まっている。
(B) 午前中しか開いていない。

최신기출 4

(C) 土曜日(どようび)は開(あ)いている時間(じかん)が違(ちが)う。

(D) 何時(なんじ)まで開(あ)いているか知(し)らない。

남자는 우체국에 대해서 뭐라고 말하고 있습니까?

(A) 토요일은 닫혀 있다.

(B) 오전 중밖에 열려 있지 않다.

(C) 토요일은 열려 있는 시간이 다르다.

(D) 몇 시까지 열려 있는지 모른다.

해설 | 남자의 대화에 주목해야 한다. 우체국이 몇 시까지 열려 있는지 아느냐는 여자에 물음에 남자는 평일은 5시까지, 토요일은 오전 9시부터 오후 3시까지라고 했다. 선택지 중 이와 맞는 것은 (C)로, 우체국 영업시간이 평일은 5시까지, 토요일은 3시까지로 다르다는 뜻이다.

어휘 | 郵便局(ゆうびんきょく) 우체국 何時(なんじ) 몇 시
開(あ)く (가게문이) 열리다 知(し)る 알다
土曜日(どようび) 토요일 同(おな)じだ 같다
午前(ごぜん) 오전 ～から～まで ～부터 ～까지
～はずだ (당연히) ～할 것[터]이다 ～について ～에 대해서
閉(し)まる 닫히다 ～しか (부정어 수반) ～밖에
時間(じかん) 시간 違(ちが)う 다르다

54 대화 내용에 대한 이해

女 数学(すうがく)の授業(じゅぎょう)で5ページも宿題(しゅくだい)が出(だ)されたね。

男 うん。今日(きょう)の内容(ないよう)すごく難(むずか)しかったし、1人(ひとり)でできるか不安(ふあん)だよ。

女 私(わたし)も心配(しんぱい)だわ。わからないところがあったら、電話(でんわ)してもいい(?)。

男 それなら、学校(がっこう)が終(お)わってから図書館(としょかん)で一緒(いっしょ)にやろうよ。

여 수학 수업에서 5페이지나 숙제가 나왔네.

남 응. 오늘 내용 굉장히 어려웠고 혼자서 할 수 있을지 불안.

여 나도 걱정스러워. 모르는 데가 있으면 전화해도 돼?

남 그러면 학교가 끝난 후에 도서관에서 같이 하자.

男(おとこ)の人(ひと)について、正(ただ)しいものはどれですか。

(A) 電話(でんわ)で宿題(しゅくだい)の答(こた)えを教(おし)える。

(B) 1人(ひとり)で宿題(しゅくだい)をする自信(じしん)がない。

(C) 図書館(としょかん)で数学(すうがく)の本(ほん)を借(か)りる。

(D) 試験(しけん)の間違(まちが)いを女(おんな)の人(ひと)と直(なお)す。

남자에 대해서 맞는 것은 어느 것입니까?

(A) 전화로 숙제의 답을 알려 준다.

(B) 혼자서 숙제를 할 자신이 없다.

(C) 도서관에서 수학책을 빌린다.

(D) 시험에서 틀린 데를 여자와 고친다.

해설 | 남자의 첫 번째 대화에 주목해야 한다. 남자는 오늘 배운 수학 내용이 너무 어려웠고 숙제도 5페이지나 돼서 혼자서 할 수 있을지 불안하다고 했으므로, 정답은 (B)가 된다. (A)는 여자의 두 번째 대화 내용을 응용한 오답이고, (C)의 도서관은 남자가 함께 숙제를 하자고 한 장소이며, 대화의 주제는 시험에 관한 것이 아니므로 (D)도 답이 될 수 없다.

어휘 | 数学(すうがく) 수학 授業(じゅぎょう) 수업
ページ 페이지 宿題(しゅくだい) 숙제 出(だ)す 내다
今日(きょう) 오늘 内容(ないよう) 내용 すごく 굉장히
難(むずか)しい 어렵다 ～し ～고 1人(ひとり)で 혼자서
できる 할 수 있다, 가능하다 不安(ふあん)だ 불안하다
心配(しんぱい)だ 걱정스럽다 わかる 알다, 이해하다
ところ 부분, 데 電話(でんわ) 전화
～てもいい(?) ～해도 돼? *허락을 구하는 표현
それなら 그렇다면, 그러면 学校(がっこう) 학교
終(お)わる 끝나다 ～てから ～하고 나서, ～한 후에
図書館(としょかん) 도서관 一緒(いっしょ)に 함께 やる 하다
正(ただ)しい 바르다, 맞다 答(こた)え (문제의) 답
教(おし)える 가르치다, 알려 주다 自信(じしん) 자신, 자신감
本(ほん) 책 借(か)りる 빌리다 試験(しけん) 시험
間違(まちが)い 틀림, 잘못 直(なお)す 고치다

55 대화 내용에 대한 이해

女 新(あたら)しい携帯電話(けいたいでんわ)に変(か)えたんですか。

男 はい。前(まえ)のものは写真(しゃしん)が撮(と)れなくなってしまったんです。

女 そうなんですね。新(あたら)しいのはどうですか。

男 とても使(つか)いやすいですよ。

여 새 휴대전화로 바꿨나요?

남 예. 전의 건 사진을 찍을 수 없게 되어 버렸거든요.

여 그렇군요. 새건 어때요?

남 아주 사용하기 편해요.

男(おとこ)の人(ひと)は、どうして携帯電話(けいたいでんわ)を変(か)えましたか。

(A) 使(つか)いにくかったから

(B) 故障(こしょう)したから

(C) 電話代(でんわだい)が安(やす)くなるから

(D) プレゼントしてもらったから

남자는 어째서 휴대전화를 바꿨습니까?

(A) 사용하기 힘들었기 때문에

(B) 고장 났기 때문에

(C) 전화 요금이 싸지기 때문에

(D) 선물로 받았기 때문에

해설 | 남자의 첫 번째 대화에 주목해야 한다. 남자가 휴대전화를 바꾼 이유는 전의 것은 사진을 찍을 수 없게 되어 버렸기 때문이다. 즉, 휴대전화의 카메라 기능이 고장 났기 때문이라는 뜻이므로, 정답은 (B)가 된다.

어휘 | 新(あたら)しい 새롭다 携帯電話(けいたいでんわ) 휴대전화
変(か)える 바꾸다 前(まえ) 전, 이전
写真(しゃしん) 사진 撮(と)る (사진을) 찍다
とても 아주, 매우 使(つか)う 쓰다, 사용하다
동사의 ます형+やすい ～하기 쉽다[편하다] どうして 어째서, 왜
동사의 ます형+にくい ～하기 어렵다[힘들다]
電話代(でんわだい) 전화 요금 安(やす)い (값이) 싸다
プレゼント 선물 ～てもらう (남에게) ～해 받다, (남이) ～해 주다

208

56 대화 내용에 대한 이해

> 男 昨日の昼にさくらレストランに行ったんだ。
>
> 女 あそこ美味しいよね。昼だと並んだんじゃない(?)。
>
> 男 ううん。1時過ぎに行ったら、すぐ入れたよ。
>
> 女 へえ、私が前に行った時は20分ぐらい並んだわ。

남 어제 낮에 사쿠라레스토랑에 갔었거든.
여 거기 맛있지. 낮이라면 줄 서지 않았어?
남 아니. 1시 지나서 갔더니 바로 들어갈 수 있었어.
여 허, 내가 전에 갔을 때는 20분 정도 줄 섰어.

男の人は、何と言っていますか。
(A) レストランは込んでいた。
(B) 仕事の前にレストランに行った。
(C) 待たないでレストランに入れた。
(D) レストランの予約をした。

남자는 뭐라고 말하고 있습니까?
(A) 레스토랑은 붐비고 있었다.
(B) 일하기 전에 레스토랑에 갔다.
(C) 기다리지 않고 레스토랑에 들어갈 수 있었다.
(D) 레스토랑 예약을 했다.

해설 | 늘 손님이 많아서 줄을 서야 하는 레스토랑에 대해 이야기를 나누고 있다. 대화 후반부에서 여자는 전에 갔을 때 20분 정도 줄을 섰는데, 남자는 1시 지나서 갔더니 바로 들어갈 수 있었다고 했다. 따라서 정답은 대기 없이 바로 입장이 가능했다고 한 (C)가 된다. (A)는 여자가 레스토랑에 갔을 때의 상황이고, (B)와 (D)는 대화에 나오지 않는 내용이다.

어휘 | 昨日(きのう) 어제 昼(ひる) 낮 レストラン 레스토랑
あそこ (서로 알고 있는) 거기, 그곳 美味(おい)しい 맛있다
並(なら)ぶ (줄을) 서다 ううん 아니
~過(す)ぎ (시간·나이 등을 나타내는 명사에 붙어서) 때가 지나감
すぐ 곧, 바로 入(はい)る 들어가다 前(まえ) 전, 이전
~ぐらい ~정도 込(こ)む 붐비다, 혼잡하다 仕事(しごと) 일
待(ま)つ 기다리다 予約(よやく) 예약

57 대화 내용에 대한 이해

> 女 明日の待ち合わせは10時で良かった(?)。
>
> 男 うん。映画は12時からだから、問題ないよ。
>
> 女 近くの図書館にも行きたいんだけど、いい(?)。
>
> 男 いいよ。じゃ、図書館で待ち合わせにしよう。

여 내일 약속은 10시로 괜찮아?
남 응. 영화는 12시부터니까 문제없어.
여 근처 도서관에도 가고 싶은데 괜찮아?
남 좋아. 그럼, 도서관에서 만나기로 하자.

2人は、明日何時にどこで会いますか。
(A) 10時に映画館
(B) 10時に図書館
(C) 12時に映画館
(D) 12時に図書館

두 사람은 내일 몇 시에 어디에서 만납니까?
(A) 10시에 영화관
(B) 10시에 도서관
(C) 12시에 영화관
(D) 12시에 도서관

해설 | 두 사람의 대화를 통해 약속 시간은 10시이고, 약속 장소는 근처 도서관에 가고 싶다고 하는 여자를 배려해서 도서관으로 정했다는 것을 알 수 있다. 따라서 정답은 10시에 도서관에서 만난다고 한 (B)가 된다. (C)와 (D)는 대화에 나오는 「12時(じゅうじ)」(12시)라는 말만 들었을 때 고를 수 있는 오답이다.

어휘 | 明日(あした) 내일 待(ま)ち合(あ)わせ (약속하여) 만나기로 함
映画(えいが) 영화 問題(もんだい)ない 문제없다
近(ちか)く 근처 図書館(としょかん) 도서관 じゃ 그럼, 그러면
映画館(えいがかん) 영화관

58 대화 내용에 대한 이해

> 男 何を頼むか決まった(?)。
>
> 女 ハンバーグとサラダにするわ。
>
> 男 飲み物は要らないの(?)。
>
> 女 えーと、オレンジジュースにしようかな。

남 뭘 주문할지 정했어?
여 햄버거와 샐러드로 할게.
남 음료는 필요 없어?
여 음…. 오렌지주스로 할까?

男の人は、女の人に何を聞いていますか。
(A) 注文するメニュー
(B) 食べたい果物
(C) 昨日の晩ご飯
(D) 好きな飲み物

남자는 여자에게 무엇을 묻고 있습니까?
(A) 주문할 메뉴
(B) 먹고 싶은 과일
(C) 어제의 저녁식사
(D) 좋아하는 음료

해설 | 무엇을 주문할지 정했느냐는 남자의 질문에 여자는 햄버거와 샐러드, 그리고 음료는 오렌지주스로 하겠다고 했다. 즉, 두 사람은 레스토랑에서 주문할 메뉴를 고르고 있는 것이므로, 정답은 (A)가 된다. 과일이나 음료에 대한 기호를 묻고 있는 것은 아니므로 (B)와 (D)는 오답이고, (C)는 이미 먹은 식사 메뉴를 뜻하므로 이 또한 답이 될 수 없다.

어휘 | 頼(たの)む 부탁하다, 의뢰하다 決(き)まる 정해지다, 결정되다
ハンバーグ 햄버그 *「ハンバーグステーキ」(햄버그 스테이크: 쇠고

최신기출 **4**

기·돼지고기에 양파 등을 섞어 동글납작하게 구운 요리)의 준말
サラダ 샐러드 ~にする ~로 하다
飲(の)み物(もの) 음료 要(い)る 필요하다
えーと 음… *어떤 생각이나 말이 얼른 떠오르지 않아 좀 생각할 때 쓰는 말 オレンジジュース 오렌지주스 注文(ちゅうもん) 주문
メニュー 메뉴 食(た)べる 먹다
동사의 ます형+たい ~하고 싶다 果物(くだもの) 과일
昨日(きのう) 어제 晩(ばん)ご飯(はん) 저녁식사
好(す)きだ 좋아하다

59 대화 내용에 대한 이해

男 明日は東京出張ですか。
女 ええ、でも朝の会議に出て夕方には帰って来るんです。
男 大変ですね。新幹線で行くんですか。
女 いいえ、飛行機で行こうと思っています。

남 내일은 도쿄 출장인가요?
여 네, 하지만 아침 회의에 참석하고 저녁때에는 돌아와요.
남 힘들겠네요. 신칸센으로 가는 거예요?
여 아니요, 비행기로 가려고 생각하고 있어요.

女の人は、出張について何と言っていますか。
(A) 初めて飛行機で行く。
(B) 新幹線で行きたい。
(C) 泊まらない予定だ。
(D) 会議の後、東京観光をする。

여자는 출장에 대해서 뭐라고 말하고 있습니까?
(A) 처음으로 비행기로 간다.
(B) 신칸센으로 가고 싶다.
(C) 숙박하지 않을 예정이다.
(D) 회의 후 도쿄 관광을 한다.

해설 | 여자의 대화에 주목해야 한다. 여자는 비행기로 도쿄에 가서 아침 회의에 참석하고 저녁때에는 돌아올 예정이다. 즉, 일박하지 않고 당일치기로 다녀올 예정이라는 뜻이므로, 정답은 (C)가 된다. (A)의 경우 출장을 비행기로 가는 것은 맞지만, 「初(はじ)めて」(처음(으로))라고는 하지 않았으므로, 답이 될 수 없다.

어휘 | 明日(あした) 내일 出張(しゅっちょう) 출장
でも 하지만 朝(あさ) 아침 会議(かいぎ) 회의
出(で)る (모임 등에) 나가다, 출석하다, 참석하다
夕方(ゆうがた) 해질녘, 저녁때 帰(かえ)る 돌아오다
大変(たいへん)だ 힘들다 新幹線(しんかんせん) 신칸센
飛行機(ひこうき) 비행기 泊(と)まる 묵다, 숙박하다
後(あと) (시간적으로) 후, 뒤 観光(かんこう) 관광

60 성별에 따른 의견 및 행동 구분

女 会議で使う資料は、どこにありますか。
男 さっきコピーして、田中さんに会議室に持って行ってもらいました。

女 そうですか。追加でこの表も人数分準備しておいてくれますか。
男 わかりました。すぐ用意します。

여 회의에서 사용할 자료는 어디에 있나요?
남 조금 전에 복사해서 다나카 씨가 회의실로 가지고 갔어요.
여 그래요? 추가로 이 표도 인원수만큼 준비해 둬 주겠어요?
남 알겠어요. 바로 준비할게요.

男の人は、この後何をしますか。
(A) データの確認をする。
(B) 表をコピーする。
(C) 会議室に資料を運ぶ。
(D) 田中さんに仕事を頼む。

남자는 이후 무엇을 합니까?
(A) 데이터 확인을 한다.
(B) 표를 복사한다.
(C) 회의실로 자료를 옮긴다.
(D) 다나카 씨에게 일을 부탁한다.

해설 | 남자의 대화에 주목해야 한다. 여자는 남자에게 회의에서 쓸 자료가 어디 있는지 물었고, 남자는 조금 전에 다나카 씨가 회의실로 가져갔다고 했다. 이 말을 들은 여자는 추가로 이 표도 인원수만큼 준비해 달라고 부탁했고, 남자는 바로 준비하겠다고 했다. 따라서 정답은 표를 복사한다고 한 (B)가 된다.

어휘 | 会議(かいぎ) 회의 使(つか)う 쓰다, 사용하다
資料(しりょう) 자료 さっき 조금 전, 아까 コピー 복사
会議室(かいぎしつ) 회의실 持(も)つ 가지다, 들다
~てもらう (남에게) ~해 받다, (남이) ~해 주다 追加(ついか) 추가
表(ひょう) 표 人数(にんずう) 인원수 ~分(ぶん) ~분, ~분량
準備(じゅんび) 준비 ~ておく ~해 놓대[두다]
~てくれる (남이 나에게) ~해 주다 わかる 알다, 이해하다
すぐ 곧, 바로 用意(ようい) 준비 データ 데이터
確認(かくにん) 확인 運(はこ)ぶ 옮기다, 운반하다
仕事(しごと) 일, 업무 頼(たの)む 부탁하다

61 대화 내용에 대한 이해

男 今年の夏は国内と海外、どっちの旅行にしようか。
女 私は3日しか休めないから、国内がいいわ。
男 そうだね。予算は1人5万円ぐらいかな。
女 そうね。5万円でできることを考えてみよう。

남 올여름은 국내와 해외, 어느 쪽 여행으로 할까?
여 나는 사흘밖에 쉴 수 없으니까 국내가 좋아.
남 그렇군. 예산은 한 사람에 5만 엔 정도면 될까?
여 응. 5만 엔으로 가능한 걸 생각해 보자.

女の人は、何と言っていますか。
(A) 費用からプランを考えたい。

(B) 旅行は高いからできない。
(C) 海外旅行の方が楽しめる。
(D) 予算はまだわからない。

여자는 뭐라고 말하고 있습니까?
(A) 비용에서부터 계획을 생각하고 싶다.
(B) 여행은 비싸니까 할 수 없다.
(C) 해외여행 쪽을 즐길 수 있다.
(D) 예산은 아직 알 수 없다.

해설 | 여자의 대화에 주목해야 한다. 여자는 사흘밖에 쉴 수 없기 때문에 해외보다는 국내여행을 원한다고 하면서 5만 엔으로 가능한 여행을 생각해 보자고 했다. 정답은 (A)로, 5만 엔으로 가능한 여행 계획을 세우고 싶어하는 여자의 의견과 일치한다.

어휘 | 今年(ことし) 올해 夏(なつ) 여름 国内(こくない) 국내
海外(かいがい) 해외 どっち 어느 쪽 旅行(りょこう) 여행
~にする ~로 하다 3日(みっか) 3일, 사흘
~しか (부정어 수반) ~밖에 休(やす)む 쉬다
予算(よさん) 예산 1人(ひとり) 한 사람, 한 명 ~ぐらい ~정도
できる 할 수 있다, 가능하다 考(かんが)える 생각하다
費用(ひよう) 비용 プラン 플랜, 계획 高(たか)い (값이) 비싸다
まだ 아직 わかる 알다, 이해하다

62 대화 내용에 대한 이해

男 かなこさんのピアノコンサートのチケットが
　あるんだけど、行かない(?)。
女 行きたい(!)。それなかなか取れないチケット
　だよね。どうしたの(?)。
男 実は、友人がコンサート関係の仕事をしてい
　て用意してもらったんだ。
女 そうなんだ。ご友人に感謝しなきゃね。

남 가나코 씨의 피아노 콘서트 티켓이 있는데 가지 않을래?
여 가고 싶어! 그거 좀처럼 구할 수 없는 티켓 맞지? 어떻게 된 거
　야?
남 실은 친구가 콘서트에 관계된 일을 하고 있어서 준비해 달라고
　했거든.
여 그렇구나. 친구분께 감사해야겠네.

男の人は、どうしてチケットを持っていますか。
(A) 友人が行けなくなったから
(B) 友人にお願いしたから
(C) 女の人に頼まれたから
(D) たまたま親類にもらったから

남자는 어째서 티켓을 갖고 있습니까?
(A) 친구가 갈 수 없게 되었기 때문에
(B) 친구에게 부탁했기 때문에
(C) 여자에게 의뢰받았기 때문에
(D) 때마침 친척에게 받았기 때문에

해설 | 남자의 두 번째 대화에 주목해야 한다. 여자가 좀처럼 구할 수 없

는 귀한 콘서트 티켓을 어떻게 구했느냐고 묻자, 실은 콘서트 관련 일을 하는 친구가 있어서 준비해 달라고 했다고 했다. 따라서 정답은 (B)가 된다.

어휘 | ピアノ 피아노 コンサート 콘서트 チケット 티켓
なかなか (부정어 수반) 좀처럼 取(と)る 취하다, 얻다
友人(ゆうじん) 친구 関係(かんけい) 관계 仕事(しごと) 일
用意(ようい) 준비 ~てもらう (남에게) ~해 받다, (남이) ~해 주다
感謝(かんしゃ) 감사 ~なきゃ(ならない・いけない) ~하지 않으면
(안 된다), ~해야 (한다) *「~なきゃ」는 「~なければ」의 축약표현
お+동사의 ます형+する ~하다, ~해 드리다 *겸양표현
願(ねが)う 부탁하다 頼(たの)む 부탁하다, 의뢰하다
たまたま 우연히, 때마침 親類(しんるい) 친척 もらう 받다

63 성별에 따른 의견 및 행동 구분

女 会社説明会の担当になったんですが、初めて
　なので不安です。
男 加藤さんが何度も経験していますから、わか
　らないことは聞いてみるといいですよ。
女 はい。資料作りでわからないことがあったの
　で、聞いてみます。
男 大変だと思いますが、頑張ってくださいね。

여 회사 설명회 담당이 되었는데 처음이라 불안해요.
남 가토 씨가 여러 번 경험했으니까 모르는 건 물어보면 좋을 거예
　요.
여 예. 자료 작성에서 모르는 게 있었으니까 물어볼게요.
남 힘들겠지만 힘내세요.

女の人は、この後何をしますか。
(A) 去年の資料を見る。
(B) 説明会の会場へ行く。
(C) 担当を増やしてもらう。
(D) 経験のある人に相談する。

여자는 이후 무엇을 합니까?
(A) 작년 자료를 본다.
(B) 설명회장으로 간다.
(C) 담당을 늘려 달라고 한다.
(D) 경험이 있는 사람에게 상담한다.

해설 | 여자가 처음 맡게 된 업무에 불안감을 느낀다고 하자, 남자는 유경험자인 가토 씨에게 모르는 것이 있으면 물어보라고 권했다. 이에 여자는 그렇게 하겠다고 말했으므로, 정답은 경험이 있는 사람에게 상담한다고 한 (D)가 된다.

어휘 | 会社(かいしゃ) 회사 説明会(せつめいかい) 설명회
担当(たんとう) 담당 初(はじ)めて 처음(으로) 不安(ふあん) 불안
何度(なんど)も 몇 번이나, 여러 번 経験(けいけん) 경험
わかる 알다, 이해하다 聞(き)く 묻다 資料(しりょう) 자료
~作(づく)り ~만들기 大変(たいへん)だ 힘들다
頑張(がんば)ってください 힘내세요 去年(きょねん) 작년
会場(かいじょう) 회장, 행사장 増(ふ)やす 늘리다
~てもらう (남에게) ~해 받다, (남이) ~해 주다

相談(そうだん) 상담, 상의, 의논

64 대화 내용에 대한 이해

> 女 いらっしゃいませ。何かお探しですか。
>
> 男 娘の就職が決まったので、かばんを贈ろうと思っているんです。
>
> 女 こちらのデザインはどうですか。働く女性に人気ですよ。
>
> 男 なるほど。サイズもいいしポケットも多いので、使いやすそうですね。
>
> 여 어서 오세요, 뭐가 찾으세요?
> 남 딸의 취직이 결정돼서 가방을 선물하려고 생각하고 있거든요.
> 여 이 디자인은 어때요? 일하는 여성에게 인기예요.
> 남 과연, 사이즈도 좋고 주머니도 많아서 쓰기 편할 것 같네요.

男の人は、何と言っていますか。
(A) もうすぐ娘の結婚式がある。
(B) 今度娘を連れて店に来る。
(C) 機能的なデザインのかばんだ。
(D) もう少し大きいサイズのバッグがいい。

남자는 뭐라고 말하고 있습니까?
(A) 이제 곧 딸의 결혼식이 있다.
(B) 다음에 딸을 데리고 가게에 오겠다.
(C) 기능인 디자인의 가방이다.
(D) 조금 더 큰 사이즈의 가방이 좋겠다.

해설 | 남자의 대화에 주목해야 한다. 남자는 딸의 취업 선물로 가방을 구입하려 하고 있는 상황으로, 여자가 권해 준 디자인에 대해 사이즈도 좋고 주머니도 많아서 쓰기 편할 것 같다고 했다. 정답은 (C)로, 남자의 마지막 대화에 나오는 「サイズもいいしポケットも多(おお)いので、使(つか)いやすそうですね」(사이즈도 좋고 주머니도 많아서 쓰기 편할 것 같네요) 부분을 「機能的(きのうてき)なデザイン」(기능인 디자인)으로 바꿔 표현했다. 딸은 결혼이 아니라 취업 예정이고, 남자는 여자가 권하는 가방을 마음에 들어했으므로, (A), (D)는 답이 될 수 없다.

어휘 | いらっしゃいませ 어서 오세요 何(なに)か 무엇인가, 뭔가
お+동사의 ます형+ですか ~하십니까? *존경표현 探(さが)す 찾다
娘(むすめ) (자신의) 딸 就職(しゅうしょく) 취직
決(き)まる 정해지다, 결정되다 かばん 가방
贈(おく)る 선물하다 こちら 이것, 이 물건 デザイン 디자인
働(はたら)く 일하다 女性(じょせい) 여성 人気(にんき) 인기
なるほど (남의 주장을 긍정하거나 맞장구치며) 정말, 과연
サイズ 사이즈, 크기 ~し ~하고 ポケット 주머니
多(おお)い 많다 使(つか)う 쓰다, 사용하다
동사의 ます형+やすい ~하기 쉽다[편하다]
い형용사의 어간+そうだ ~일[할] 것 같다 *양태
もうすぐ 이제 곧 結婚式(けっこんしき) 결혼식
今度(こんど) 이 다음 連(つ)れる 데리고 오다 店(みせ) 가게
来(く)る 오다 機能的(きのうてき)だ 기능적이다
もう少(すこ)し 조금 더 大(おお)きい 크다 バッグ 백, 가방

65 대화 내용에 대한 이해

> 男 佐々木さん、中国語が話せると聞いたけど、本当(?)。
>
> 女 うん。大学時代に通訳ガイドのアルバイトをしていたの。
>
> 男 すごいね。じゃあ、観光地のことも詳しいんだ。
>
> 女 そうね。京都や奈良のお寺のことはたくさん勉強したわ。
>
> 남 사사키 씨, 중국어를 말할 수 있다고 들었는데 정말이야?
> 여 응. 대학 시절에 통역 가이드 아르바이트를 했었어.
> 남 굉장하네. 그럼, 관광지에 대해서도 잘 알겠네.
> 여 응. 교토나 나라의 절에 관한 건 많이 공부했어.

女の人について、正しいものはどれですか。
(A) 外国語を使ってガイドをした経験がある。
(B) 大学時代は京都と奈良に住んでいた。
(C) 日本の寺より中国の寺に詳しい。
(D) ガイドブックを翻訳するアルバイトをしていた。

여자에 대해서 맞는 것은 어느 것입니까?
(A) 외국어를 사용해서 가이드를 한 경험이 있다.
(B) 대학 시절에는 교토와 나라에 살았었다.
(C) 일본의 절보다 중국의 절에 대해서 잘 안다.
(D) 가이드북을 번역하는 아르바이트를 했었다.

해설 | 여자의 대화에 주목해야 한다. 여자는 대학 시절 통역 가이드 아르바이트를 했었는데, 그 때문에 교토나 나라의 절에 관해 많은 공부를 했다고 했으므로, 정답은 (A)가 된다. 나머지 선택지는 모두 대화의 일부분만 들었을 때 고를 수 있는 오답이다.

어휘 | 中国語(ちゅうごくご) 중국어 話(はな)す 말하다, 이야기하다
聞(き)く 듣다 本当(ほんとう) 정말 大学(だいがく) 대학(교)
時代(じだい) 시대, 시절 通訳(つうやく) 통역
ガイド 가이드 アルバイト 아르바이트
すごい 굉장하다 観光地(かんこうち) 관광지
詳(くわ)しい 잘 알고 있다, 정통하다, 밝다
京都(きょうと) 교토 奈良(なら) 나라 寺(てら) 절
たくさん 많이 勉強(べんきょう) 공부
外国語(がいこくご) 외국어 使(つか)う 쓰다, 사용하다
経験(けいけん) 경험 住(す)む 살다, 거주하다
ガイドブック 가이드북 翻訳(ほんやく) 번역

66 성별에 따른 의견 및 행동 구분

> 男 ここにあった研修会の案内を知りませんか。
> 女 いいえ、机の上は誰も触っていないと思いますよ。

男 おかしいな。じゃ、さっき渡した資料の中に入っていませんか。

女 この中ですか。見てみますね。

남 여기에 있던 연수회 안내를 몰라요?

여 아니요, 책상 위는 아무도 만지지 않은 것 같은데요.

남 이상하네. 그럼, 조금 전 건네준 자료 안에 들어 있지 않나요?

여 이 안이요? 봐 볼게요.

女の人は、この後何をしますか。

(A) 研修内容を教える。
(B) 資料の中を確かめる。
(C) 机の上を整理する。
(D) 机の中を探す。

여자는 이후 무엇을 합니까?

(A) 연수 내용을 알려 준다.
(B) 자료 안을 확인한다.
(C) 책상 위를 정리한다.
(D) 책상 안을 찾는다.

해설 | 남자는 책상 위에 두었던 연수회 안내 자료를 찾고 있는데 좀처럼 눈에 띄지 않는 상황이다. 그래서 남자는 조금 전 여자에게 건네준 자료 안에 들어 있는 것은 아닌지 확인을 부탁했고 여자는 봐 보겠다고 했으므로, 정답은 (B)가 된다.

어휘 | ここ 여기, 이곳 研修会(けんしゅうかい) 연수회
案内(あんない) 안내 知(し)る 알다 机(つくえ) 책상
上(うえ) 위 誰(だれ)も (부정어 수반) 아무도
触(さわ)る (가볍게) 닿다, 손을 대다, 만지다 おかしい 이상하다
じゃ 그럼, 그러면 さっき 조금 전, 아까
渡(わた)す 건네다, 건네주다 資料(しりょう) 자료 中(なか) 안, 속
入(はい)る 들다 見(み)る 보다 ～てみる ～해 보다
内容(ないよう) 내용 教(おし)える 가르치다, 알려 주다
確(たし)かめる 확인하다 整理(せいり) 정리 探(さが)す 찾다

67 대화 내용에 대한 이해

女 今月の交通費の書類は出しましたか。

男 すっかり忘れていました。今日までですか。

女 明後日の30日までだったと思いますよ。

男 良かった。ぎりぎりになっちゃうけど、明後日に出します。

여 이달 교통비 서류는 제출했어요?

남 완전히 잊고 있었어요. 오늘까지인가요?

여 모레 30일까지였던 것 같아요.

남 다행이다. 빠듯해지긴 하는데 모레 제출할게요.

2人は、何について話していますか。

(A) 期限を延ばす方法
(B) 書類を出す場所

(C) 通勤時間と交通費
(D) 書類の締切日

두 사람은 무엇에 대해서 이야기하고 있습니까?

(A) 기한을 연장하는 방법
(B) 서류를 제출할 장소
(C) 통근시간과 교통비
(D) 서류 마감일

해설 | 여자는 이달 교통비 서류 제출을 잊고 있던 남자에게 마감일을 알려 주고 있다. 따라서 정답은 서류 마감일이라고 한 (D)로, 「締切日(しめきりび)」는 '마감일'이라는 뜻이다. 나머지 선택지는 모두 대화의 일부분만 들었을 때 고를 수 있는 오답이다.

어휘 | 今月(こんげつ) 이달 交通費(こうつうひ) 교통비
書類(しょるい) 서류 出(だ)す 내다, 제출하다 すっかり 완전히
忘(わす)れる 잊다 今日(きょう) 오늘 ～まで ～까지
明後日(あさって) 모레 良(よ)かった 잘됐다, 다행이다
ぎりぎり 빠듯함 *수량·시간·정도 등이 허용된 한계점에 다다른 모양
～ちゃう ～해 버리다, ～하고 말다 *「～てしまう」의 축약표현
期限(きげん) 기한 延(の)ばす 연장하다 方法(ほうほう) 방법
場所(ばしょ) 장소, 곳 通勤(つうきん) 통근, 출퇴근
時間(じかん) 시간

68 대화 내용에 대한 이해

男 木村さんの姿が見えないんですが、今日はお休みでしょうか。

女 いえ、今朝お客さんから届いた商品が違うと電話があって謝りに行かれています。

男 そうですか。では、今日は事務所に戻って来ないんでしょうか。

女 夕方に会議があるので、あと1時間ほどで戻られるはずですよ。

남 기무라 씨 모습이 안 보이는데, 오늘은 쉬시는 날인가요?

여 아뇨, 오늘 아침에 손님한테 도착한 상품이 다르다고 전화가 있어서 사과하러 가셨어요.

남 그래요? 그럼, 오늘은 사무소에 돌아오지 않는 건가요?

여 저녁때 회의가 있으니까 앞으로 1시간 정도면 돌아오실 거예요.

木村さんについて、正しいものはどれですか。

(A) どこにいるかわからない。
(B) 会議中で電話に出られない。
(C) 家庭の用事で休んでいる。
(D) お客さんの所を訪問している。

기무라 씨에 대해서 맞는 것은 어느 것입니까?

(A) 어디에 있는지 알 수 없다.
(B) 회의 중이라 전화를 받을 수 없다.
(C) 집안의 볼일로 쉬고 있다.
(D) 손님이 있는 곳을 방문하고 있다.

해설 | 여자의 첫 번째 대화를 통해 기무라 씨는 오늘 아침에 손님한테

도착한 상품이 다르다는 전화를 받고 사과하러 외출한 상태라는 것을 알 수 있다. 즉, 오배송 건을 사과하기 위해 손님을 직접 찾아갔다는 뜻이므로, 정답은 (D)가 된다.

어휘 | 姿(すがた) 모습 見(み)える 보이다 今日(きょう) 오늘
休(やす)み 휴일, 쉬는 날 今朝(けさ) 오늘 아침
お客(きゃく)さん 손님 届(とど)く (보낸 물건이) 도착하다
商品(しょうひん) 상품 違(ちが)う 다르다 電話(でんわ) 전화
謝(あやま)る 사과하다 동사의 ます형+に ~하러 *동작의 목적
行(い)く 가다 では 그러면, 그럼 事務所(じむしょ) 사무소
戻(もど)る (본래의 자리로) 돌아오다
夕方(ゆうがた) 해질녘, 저녁때 会議(かいぎ) 회의
あと 앞으로 時間(じかん) 시간 ~ほど ~정도
~はずだ (당연히) ~할 것[터]이다 どこ 어디
わかる 알다, 이해하다 ~中(ちゅう) ~중
電話(でんわ)に出(で)る 전화를 받다 家庭(かてい) 가정, 집안
用事(ようじ) 볼일, 용무 休(やす)む 쉬다 所(ところ) 곳, 장소
訪問(ほうもん) 방문

69 대화 내용에 대한 이해

女 毎週土曜日の学園ドラマを見ていますか。
男 はい。教師役の女優さんの演技が素晴らしいですね。
女 彼女、今年の新人賞候補だそうですよ。
男 そうなんですね。是非彼女に取ってほしいですね。

여 매주 토요일의 학원 드라마를 보고 있어요?
남 예. 교사역의 여배우 연기가 훌륭하죠.
여 그녀, 올해 신인상 후보래요.
남 그렇군요. 꼭 그녀가 받았으면 좋겠네요.

男の人は、女優について何と言っていますか。
(A) 年齢より若々しい。
(B) 演技が役に合っていない。
(C) 賞をもらうのに相応しい。
(D) 悪い噂を聞いていない。

남자는 여배우에 대해서 뭐라고 말하고 있습니까?
(A) 나이보다 아주 젊어 보인다.
(B) 연기가 역에 맞지 않는다.
(C) 상을 받기에 적합하다.
(D) 나쁜 소문을 듣지 못했다.

해설 | 남자의 대화에 주목해야 한다. 토요일에 방영하는 학원 드라마를 보느냐는 여자의 말에 남자는 그렇다고 하면서 교사역을 맡은 여배우의 연기가 훌륭하다며 칭찬했고, 이 말을 들은 여자는 그녀가 올해 신인상 후보에 올랐다는 소식을 전했다. 이에 남자는 그녀가 신인상을 받았으면 좋겠다고 했으므로, 정답은 (C)가 된다. (B)는 남자의 생각과는 상반된 내용이고, (A)의 외모나 (D)의 소문에 관한 내용은 나오지 않는다.

어휘 | 毎週(まいしゅう) 매주 土曜日(どようび) 토요일
学園(がくえん) 학원, 학교(특히, 초급에서 상급 과정에 이르는 몇 개 학교를 갖춘 사립학교를 가리킴) ドラマ 드라마

教師(きょうし) 교사 役(やく) (연극 등에서의) 역, 배역
女優(じょゆう) 여배우 演技(えんぎ) 연기
素晴(すば)らしい 훌륭하다 今年(ことし) 올해
新人賞(しんじんしょう) 신인상 候補(こうほ) 후보
是非(ぜひ) 부디, 꼭 取(と)る 받다
~てほしい ~해 주었으면 하다, ~길 바라다
年齢(ねんれい) 연령, 나이 ~より ~보다
若々(わかわか)しい 아주 젊어 보이다, 젊디젊다
合(あ)う 맞다, 어울리다 賞(しょう) 상 もらう 받다
相応(ふさわ)しい 딱 알맞다, 어울리다, 적합하다
悪(わる)い 나쁘다, 좋지 않다 噂(うわさ) 소문 聞(き)く 듣다

70 대화 내용에 대한 이해

男 正門前でのチラシ配りは、どうだった(?)。
女 人通りが少なくて80枚ぐらいしか配れなかったわ。裏門はどうだった(?)。
男 こっちは逆に人が多くて、予定より早く200枚配り終えたよ。
女 そう。正門を利用する人が少ないなんて、思わなかったわね。

남 정문 앞에서의 전단지 배포는 어땠어?
여 사람의 왕래가 적어서 80장 정도밖에 못 나눠 줬어. 후문은 어땠어?
남 이쪽은 반대로 사람이 많아서 예정보다 일찍 200장 다 배포했어.
여 그렇구나. 정문을 이용하는 사람이 적으리라고는 생각지 못했어.

チラシ配りは、どうでしたか。
(A) 正門で配ってから裏門へ行った。
(B) 正門より裏門の方が配れた。
(C) 裏門では配り切れなかった。
(D) 正門も裏門も人が少なかった。

전단지 배포는 어땠습니까?
(A) 정문에서 배포한 후에 후문으로 갔다.
(B) 정문보다 후문 쪽을 배포할 수 있었다.
(C) 후문에서는 다 배포할 수 없었다.
(D) 정문도 후문도 사람이 적었다.

해설 | 두 사람은 각각 정문과 후문에서 전단지를 배포했는데, 정문을 담당한 여자는 의외로 사람의 왕래가 적어서 80부밖에 나눠 주지 못했지만, 후문을 맡았던 남자는 사람이 많아서 예정보다 일찍 200장 다 배포했다고 했다. 따라서 정답은 정문보다 후문 쪽을 배포할 수 있었다고 한 (B)가 된다.

어휘 | 正門(せいもん) 정문 前(まえ) 앞
チラシ 전단지 配(くば)り 나누어 줌, 배포
人通(ひとどお)り 사람의 왕래 少(すく)ない 적다
~枚(まい) ~장 *종이 등 얇고 평평한 것을 세는 말
~ぐらい ~정도 ~しか (부정어 수반) ~밖에
配(くば)る 나누어 주다, 배포하다 裏門(うらもん) 뒷문, 후문
こっち 이쪽 逆(ぎゃく)に 거꾸로, 반대로 多(おお)い 많다
予定(よてい) 예정 ~より ~보다 早(はや)く 일찍, 빨리

214

동사의 ます형+終(お)える 다 ~끝내다 利用(りよう) 이용
~なんて ~라고는 ~てから ~하고 나서, ~한 후에
동사의 ます형+切(き)れない 완전히[끝까지] ~할 수 없다

71 대화 내용에 대한 이해

男 上田さんが1か月だけ語学留学をするらしい
よ。
女 そんな短期間で語学力が伸びるのかしら(?)。
男 何でも毎日6時間、1対1で教えてくれる学校
に行くらしいよ。
女 え(!?)。そんなに詰め込んで勉強するなんて、
考えられないわ。

남 우에다 씨가 한 달만 어학 유학을 하는 것 같아.
여 그런 단기간에 어학 실력이 늘까?
남 잘은 모르지만, 매일 6시간 1대 1로 가르쳐 주는 학교로 갈 모양
이야.
여 뭐? 그렇게 주입식으로 공부한다는 건, 생각할 수 없어.

女の人は、何と言っていますか。
(A) 勉強量が信じられない。
(B) 退職してほしくない。
(C) 留学時期を考えた方がいい。
(D) 留学制度を知らなかった。

여자는 뭐라고 말하고 있습니까?
(A) 공부량을 믿을 수 없다.
(B) 퇴직하지 말아 주었으면 한다.
(C) 유학 시기를 생각하는 편이 좋다.
(D) 유학제도를 몰랐다.

해설 | 여자의 두 번째 대화에 나오는 「詰(つ)め込(こ)む」(가득 채우다, 집어넣다)라는 단어가 포인트로, 여기서는 '지식을 무턱대고 외다, 주입하다'라는 뜻으로 쓰였다. 즉, 여자는 우에다 씨가 받게 될 매일 6시간의 주입식 교육에 대해 의구심을 나타내고 있는 상황이므로, 정답은 (A)가 된다.

어휘 | ~か月(げつ) ~개월 ~だけ ~만, ~뿐
語学(ごがく) 어학 留学(りゅうがく) 유학
~らしい ~인 것 같다 *객관적 근거에 의한 추측·판단
短期間(たんきかん) 단기간
語学力(ごがくりょく) 어학력, 어학 실력
伸(の)びる 늘다, 신장하다 ~かしら ~일까? *의문의 뜻을 나타냄
何(なん)でも 잘은 모르지만, 아마, 어쩌면 毎日(まいにち) 매일
時間(じかん) 시간 ~対(たい) (비교의) ~대
教(おし)える 가르치다, 알려 주다
~てくれる (남이 나에게) ~해 주다 学校(がっこう) 학교
そんなに 그렇게(나) 勉強(べんきょう) 공부 ~なんて ~하다니
考(かんが)える 생각하다 勉強量(べんきょうりょう) 공부량
信(しん)じる 믿다 退職(たいしょく) 퇴직
~てほしい ~해 주었으면 하다, ~하길 바라다 時期(じき) 시기
동사의 た형+方(ほう)がいい ~하는 편[쪽]이 좋다
制度(せいど) 제도 知(し)る 알다

72 대화 내용에 대한 이해

女 市長、この町の商店街はすごく賑わっていま
すね。
男 ええ、外国人観光客が多く訪れてくれるよう
になったおかげです。
女 それで多言語で書かれている看板が多いんで
すね。
男 はい、他にも日本文化体験コーナーがあった
りしますよ。

여 시장님, 이 마을의 상점가는 굉장히 활기차네요.
남 네, 외국인 관광객이 많이 방문해 주게 된 덕분이에요.
여 그래서 여러 언어로 쓰여 있는 간판이 많은 거군요.
남 예, 그 외에도 일본문화 체험코너가 있기도 해요.

商店街について、正しいものはどれですか。
(A) 多くの店に通訳者がいる。
(B) 外国人に注目を浴びている。
(C) 再開発の途中だ。
(D) 日中は静まり返っている。

상점가에 대해서 맞는 것은 어느 것입니까?
(A) 많은 가게에 통역자가 있다.
(B) 외국인에게 주목을 받고 있다.
(C) 재개발하는 도중이다.
(D) 낮에는 아주 조용해진다.

해설 | 상점가에 대해 맞는 것을 묻고 있으므로, 상점가의 특징에 주목해야 한다. 여자가 이 마을의 상점가는 굉장히 활기차다고 하자 남자는 외국인 관광객이 많이 방문해 준 덕분이라고 했다. 이 말을 들은 여자는 그래서 여러 언어로 쓰인 간판이 많은 것이라고 납득했고, 남자는 그렇다고 하면서 그 외에 일본문화를 체험할 수 있는 코너도 있다고 했다. 선택지 중 이와 맞는 것은 (B)로, (A), (C)와 같은 내용은 나오지 않고, (D)는 여자의 첫 번째 대화와 상반되는 내용이므로 답이 될 수 없다.

어휘 | 市長(しちょう) 시장 町(まち) 마을, 동네
商店街(しょうてんがい) 상점가 すごい 굉장하다
賑(にぎ)わう 떠들썩하다, 활기차다 外国人(がいこくじん) 외국인
観光客(かんこうきゃく) 관광객 多(おお)い 많다
訪(おとず)れる 방문하다 ~てくれる (남이 나에게) ~해 주다
~ようになる ~하게(끔) 되다 *변화 ~おかげ ~덕분
それで 그래서 多言語(たげんご) 다언어, 여러 언어
書(か)く (글씨·글을) 쓰다 看板(かんばん) 간판
他(ほか) 그 외 文化(ぶんか) 문화 体験(たいけん) 체험
コーナー 코너 店(みせ) 가게 通訳者(つうやくしゃ) 통역자
注目(ちゅうもく)を浴(あ)びる 주목을 받다
再開発(さいかいはつ) 재개발 途中(とちゅう) 도중
日中(にっちゅう) 낮, 주간 静(しず)まり返(かえ)る 아주 조용해지다

男 インド出張のお土産です。どうぞ。

女 ありがとうございます。契約が取れたそうですね。

男 はい、順調に交渉できました。ただ、焼け付くような暑さで大変でした。

女 熱帯地方ですからね。ご苦労様です。

남 인도 출장 선물이에요. 받으세요.

여 고마워요. 계약을 따낼 수 있었다면요?

남 예, 순조롭게 교섭할 수 있었어요. 다만 타는 듯한 더위 때문에 힘들었어요.

여 열대지방이니까요. 수고했어요.

男の人は、インド出張について何と言っていますか。
(A) 契約には至らなかった。
(B) 移動時間が大変だった。
(C) 暑くてたまらなかった。
(D) 文化の違いに驚いた。

남자는 인도 출장에 대해서 뭐라고 말하고 있습니까?
(A) 계약에는 이르지 못했다.
(B) 이동시간이 힘들었다.
(C) 더워서 견딜 수 없었다.
(D) 문화 차이에 놀랐다.

해설 | 남자의 대화에 주목해야 한다. 남자는 인도 출장에서 계약은 순조롭게 진행되어 좋았는데, 타는 듯한 더위 때문에 힘들었다고 했다. 따라서 정답은 더워서 견딜 수 없었다고 한 (C)로, 「~てたまらない」는 '~해서 견딜 수 없다, 너무 ~하다'라는 뜻의 표현이다.

어휘 | インド 인도 出張(しゅっちょう) 출장
お土産(みやげ) 선물, (외출・여행지 등에서) 가족이나 친지를 위해 사 가는 특산품 どうぞ 상대방에게 무언가를 권하거나 허락할 때 쓰는 말
契約(けいやく)を取(と)る 계약을 따내다[성사시키다]
품사의 보통형+そうだ ~라고 한다 *전문
順調(じゅんちょう)だ 순조롭다 交渉(こうしょう) 교섭
ただ 다만, 단지 焼(や)け付(つ)く 타다, 타서 눌어붙다
~ような ~인 듯한 暑(あつ)さ 더위 大変(たいへん)だ 힘들다
熱帯(ねったい) 열대 地方(ちほう) 지방
ご苦労様(くろうさま)です 고생했습니다, 수고했습니다
至(いた)る 이르다 移動(いどう) 이동 時間(じかん) 시간
暑(あつ)い 덥다 文化(ぶんか) 문화 違(ちが)い 차이
驚(おどろ)く 놀라다

女 わあ(!)。今夜は月が真ん丸ですね。

男 本当だ。きれいな満月ですね。

女 私、望遠鏡を持っているので、今度、月の観測をしませんか。

男 いいですね。職場のメンバーで行きましょう。

여 와! 오늘 밤은 달이 아주 동그랗네요.

남 정말이네. 예쁜 보름달이네요.

여 저, 망원경을 갖고 있으니까 다음에 달 관측을 하지 않을래요?

남 좋네요. 직장 멤버끼리 갑시다.

2人について、正しいものはどれですか。
(A) 満月を眺めながら話している。
(B) 望遠鏡を覗いている。
(C) 三日月を鑑賞している。
(D) 明け方に帰宅している。

두 사람에 대해서 맞는 것은 어느 것입니까?
(A) 보름달을 바라보면서 이야기하고 있다.
(B) 망원경을 들여다보고 있다.
(C) 초승달을 감상하고 있다.
(D) 새벽녘에 귀가하고 있다.

해설 | 「月(つき)」(달), 「真(ま)ん丸(まる)」(아주 동그람), 「満月(まんげつ)」(보름달)라는 단어 등을 통해 두 사람은 보름달을 보며 이야기하고 있다는 것을 알 수 있다. 따라서 정답은 보름달을 바라보면서 이야기하고 있다는 (A)가 된다. (B)는 지금이 아닌 다음에 달 관측을 할 때의 내용이므로, 답이 될 수 없다.

어휘 | 今夜(こんや) 오늘 밤 本当(ほんとう)だ 정말이다
きれいだ 예쁘다 望遠鏡(ぼうえんきょう) 망원경
今度(こんど) 이 다음 観測(かんそく) 관측 職場(しょくば) 직장
メンバー 멤버 眺(なが)める 바라보다
동사의 ます형+ながら ~하면서 *동시동작
話(はな)す 말하다, 이야기하다 覗(のぞ)く 들여다보다
三日月(みかづき) 초승달 鑑賞(かんしょう) 감상
明(あ)け方(がた) 새벽녘 帰宅(きたく) 귀가

男 伊藤さん、企画部の緊急会議に呼ばれた(?)。

女 ううん、私は担当じゃないから、何も聞いてないよ。

男 僕もそうなんだけど、出席してくれって言われたんだ。

女 何かトラブルじゃなきゃいいわね。

남 이토 씨, 기획부 긴급회의에 호출받았어?

여 아니, 나는 담당이 아니어서 아무것도 못 들었어.

남 나도 그런데, 참석해 달라고 하던 걸.

여 뭔가 문제가 아니면 좋겠네.

男の人について、正しいものはどれですか。
(A) 初めて企画が通った。
(B) 担当を外された。
(C) 女の人に会議の出席を頼む。
(D) 事情を知らずに会議に出る。

남자에 대해서 맞는 것은 어느 것입니까?
(A) 처음으로 기획이 채택되었다.
(B) 담당에서 제외되었다.
(C) 여자에게 회의 참석을 부탁한다.
(D) 사정을 모르고 회의에 참석한다.

해설 | 기획부의 긴급회의에 호출된 남자는 여자에게 사정을 물었지만, 여자는 담당이 아니라서 아무것도 못 들었다고 했다. 이에 남자는 자신도 마찬가지인데 참석해 달라는 말을 들었다고 했으므로, 남자 역시 자초지종을 모르는 상태에서 회의에 참석한다는 것을 알 수 있다. 따라서 정답은 (D)가 된다.

어휘 | 企画部(きかくぶ) 기획부 緊急(きんきゅう) 긴급
会議(かいぎ) 회의 呼(よ)ぶ (오도록) 부르다, 불러오다
担当(たんとう) 담당 何(なに)も (부정어 수반) 아무것도
聞(き)く 듣다 僕(ぼく) 나 *남자의 자칭
出席(しゅっせき) 출석, 참석 何(なに)か 무엇인가, 뭔가
トラブル 트러블, 분쟁, 문제 初(はじ)めて 처음(으로)
通(とお)る 채택되다, 합격하다 外(はず)す 빼다, 제외하다
頼(たの)む 부탁하다 事情(じじょう) 사정 知(し)る 알다
~ずに ~하지 않고[말고] 出(で)る 나가다, 출석하다, 참석하다

76 대화 내용에 대한 이해

女 ねえ、普段(ふだん)から何(なに)か節約(せつやく)している(?)。私(わたし)、なかなか節約(せつやく)ができないの。
男 1人暮(ひとりぐ)らしだと難(むずか)しいよね。何(なに)に良(よ)く使(つか)っているの(?)。
女 自炊(じすい)はしてるし、毎月(まいつき)の美容代(びようだい)かしら。
男 出費(しゅっぴ)を知(し)ることが節約(せつやく)の第一歩(だいいっぽ)だよ。

여 저기, 평소에 뭔가 절약하고 있어? 나, 좀처럼 절약을 못하겠어.
남 혼자서 살면 어렵겠지. 뭐에 자주 쓰고 있어?
여 직접 밥은 해 먹고 있고, 매달 미용비일까?
남 지출을 아는 게 절약의 첫걸음이야.

男(おとこ)の人(ひと)は、何(なん)とアドバイスをしましたか。
(A) 同居(どうきょ)すれば無駄遣(むだづか)いは直(なお)る。
(B) 健康(けんこう)のためにも自炊(じすい)するべきだ。
(C) 行(い)き付(つ)けの美容室(びようしつ)を変(か)えた方(ほう)がいい。
(D) 毎月(まいつき)の支出(ししゅつ)を明(あき)らかにするといい。

남자는 뭐라고 조언을 했습니까?
(A) 가족과 한집에서 같이 살면 낭비는 고쳐진다.
(B) 건강을 위해서라도 직접 밥은 해 먹어야 한다.
(C) 단골 미용실을 바꾸는 편이 좋다.
(D) 매달의 지출을 명확하게 하면 좋다.

해설 | 남자의 두 번째 대화에 주목해야 한다. 좀처럼 절약을 못하겠다며 조언을 구하고 있는 여자에게 남자는 지출을 아는 것이 절약의 첫걸음이라고 했다. 즉, 절약을 하기 위해서는 돈이 어디로 새 나가는지를 아는 것이 먼저라는 뜻이므로, 정답은 (D)가 된다. 나머지 선택지는 대화의 일부분만 들었을 때 고를 수 있는 오답이다.

어휘 | 普段(ふだん) 평소, 평상시 節約(せつやく) 절약
なかなか (부정어 수반) 좀처럼 1人暮(ひとりぐ)らし 혼자서 삶

難(むずか)しい 어렵다 良(よ)く 자주 使(つか)う 쓰다, 사용하다
自炊(じすい) 자취, 직접 식사를 만드는 것 毎月(まいつき) 매달
美容代(びようだい) 미용비 出費(しゅっぴ) 지출 知(し)る 알다
第一歩(だいいっぽ) 첫걸음 アドバイス 어드바이스, 조언
同居(どうきょ) 동거, (가족이 한집에서) 같이 삶
無駄遣(むだづか)い 낭비 直(なお)る 고쳐지다
健康(けんこう) 건강 명사+の+ためにも ~위해서라도
동사의 기본형+べきだ (마땅히) ~해야 한다 *단, 「する」(하다)는 「するべきだ」, 「すべきだ」 모두 가능함
行(い)き付(つ)け 단골 美容室(びようしつ) 미용실
変(か)える 바꾸다 支出(ししゅつ) 지출 明(あき)らかだ 분명하다

77 대화 내용에 대한 이해

女 美咲(みさき)の学校(がっこう)で制服(せいふく)の廃止(はいし)が検討(けんとう)されているそうなの。
男 そうなんだ。美咲(みさき)は嫌(いや)がっているの(?)。
女 それがおしゃれが楽(たの)しめるって喜(よろこ)んでいるわ。
男 へえ、僕(ぼく)はファッションセンスがないから、制服(せいふく)がありがたかったなあ。

여 미사키네 학교에서 교복 폐지가 검토되고 있대.
남 그렇구나. 미사키는 싫어해?
여 그게 멋을 즐길 수 있다고 좋아하고 있어.
남 허, 나는 패션 센스가 없어서 교복이 고마웠지.

男(おとこ)の人(ひと)は、制服(せいふく)について何(なん)と言(い)っていますか。
(A) 勤(つと)め先(さき)にも欲(ほ)しい。
(B) 生地(きじ)は変更(へんこう)しないでいい。
(C) 規定(きてい)された服(ふく)があって助(たす)かった。
(D) 廃止(はいし)した方(ほう)がいい。

남자는 교복에 대해서 뭐라고 말하고 있습니까?
(A) 직장에도 (유니폼이) 있었으면 한다.
(B) 옷감은 변경하지 않아도 된다.
(C) 규정된 옷이 있어서 도움이 되었다.
(D) 폐지하는 편이 좋다.

해설 | 남자의 두 번째 대화에 주목해야 한다. 남자의 딸인 미사키는 멋을 낼 수 있어서 교복 폐지를 환영하고 있지만, 자신은 패션 센스가 없어서 교복이 고마웠다고 했다. 즉, 패션 감각이 없어서 일일이 옷을 골라 입기보다는 항상 정해진 교복을 입는 것이 편했다는 뜻이므로, 정답은 (C)가 된다.

어휘 | 学校(がっこう) 학교 制服(せいふく) 교복, 제복, 유니폼
廃止(はいし) 폐지 検討(けんとう) 검토
품사의 보통형+そうだ ~라고 한다 *전문
嫌(いや)がる 싫어하다, 꺼려하다 おしゃれ 멋
楽(たの)しむ 즐기다 喜(よろこ)ぶ 기뻐하다, 좋아하다
僕(ぼく) 나 *남자의 자칭 ファッション 패션 センス 센스
ありがたい 고맙다 勤(つと)め先(さき) 근무처, 직장
欲(ほ)しい 있었으면 좋겠다 生地(きじ) 옷감, 천
変更(へんこう) 변경 規定(きてい) 규정 服(ふく) 옷
助(たす)かる (노력·비용 등이 덜어져) 도움이 되다
동사의 た형+方(ほう)がいい ~하는 편[쪽]이 좋다

> 男 北海道に別荘を購入したんだ。
>
> 女 へえ、昔から別荘を持つのが夢だって言っていたものね。
>
> 男 ああ、避暑地に最適だし、最高の買い物ができたよ。
>
> 女 日頃の疲れを癒せる場所ができて良かったわね。
>
> 남 홋카이도에 별장을 구입했어.
>
> 여 허, 옛날부터 별장을 가지는 게 꿈이라고 했었지.
>
> 남 아―, 피서지로 최적이고 최고의 쇼핑을 할 수 있었어.
>
> 여 일상의 피로를 풀 수 있는 곳이 생겨서 다행이네.

男の人は、なぜ別荘を購入しましたか。
(A) 念願だったから
(B) 野外施設を作るから
(C) 行楽地を巡るから
(D) 現実から逃れたいから

남자는 왜 별장을 구입했습니까?
(A) 소원이었기 때문에
(B) 야외 시설을 만들기 때문에
(C) 행락지를 돌기 때문에
(D) 현실에서 벗어나고 싶기 때문에

해설 | 남자가 별장을 구입한 이유는 여자의 첫 번째 대화를 통해 알 수 있다. 별장을 구입했다는 남자의 말에 여자는 「昔(むかし)から別荘(べっそう)を持(も)つのが夢(ゆめ)だって言(い)っていたものね」(옛날부터 별장을 갖는 게 꿈이라고 했었지)라고 했으므로, 남자는 옛날부터 별장을 갖는 것이 꿈이었기 때문에 구입했다는 것을 알 수 있다. 정답은 (A)로, 대화에 나오는 「夢(ゆめ)」(꿈)를 「念願(ねんがん)」(염원, 소원)으로 바꿔 표현했다.

어휘 | 北海道(ほっかいどう) 홋카이도 別荘(べっそう) 별장
購入(こうにゅう) 구입 昔(むかし) 옛날
持(も)つ 가지다, 소유하다 避暑地(ひしょち) 피서지
最適(さいてき)だ 최적이다 最高(さいこう) 최고
買(か)い物(もの) 쇼핑, 장을 봄
日頃(ひごろ) 평소, 일상 疲(つか)れ 피로
癒(いや)す (상처・병 따위를) 고치다, (고민 따위를) 풀다
できる 생기다 ~て良(よ)かった ~해서 잘됐다[다행이다]
野外(やがい) 야외 施設(しせつ) 시설 作(つく)る 만들다
行楽地(こうらくち) 행락지 巡(めぐ)る 돌다, 여기저기 들르다
現実(げんじつ) 현실 逃(のが)れる 벗어나다

> 男 アジア諸国に我が社のエコ商品をどう売り込めばいいでしょうか。

> 女 類似商品と違って自然保護に繋がる商品だという点をアピールしていきましょう。
>
> 男 ライバル店との差別化を図るということですね。
>
> 女 ええ、我が社のエコ商品ならではの利点をしっかり発信していきましょう。
>
> 남 아시아 여러 나라에 우리 회사의 친환경 상품을 어떻게 팔면 좋을까요?
>
> 여 유사 상품과 달리 자연보호로 이어지는 상품이라는 점을 어필해 나갑시다.
>
> 남 라이벌 가게와의 차별화를 꾀한다는 말이군요.
>
> 여 네, 우리 회사의 친환경 상품만의 이점을 확실히 알려 나갑시다.

女の人は、どんな助言をしましたか。
(A) 客層の分析が必要だ。
(B) 海外進出は見送るべきだ。
(C) 自社商品だけの魅力を出すといい。
(D) 部品は国外から仕入れるといい。

여자는 어떤 조언을 했습니까?
(A) 고객층의 분석이 필요하다.
(B) 해외진출은 보류해야 한다.
(C) 자사 상품만의 매력을 발산하면 된다.
(D) 부품은 국외에서 사들이면 된다.

해설 | 여자의 대화에 주목해야 한다. 자사 상품의 해외 판매전략에 대해 조언을 구하고 있는 남자에게 여자는 타사의 유사 상품과 달리 자연보호로 이어지는 상품이라는 점을 어필해 나감으로써, 자사 상품만의 이점을 확실히 알려야 한다고 했다. 따라서 정답은 (C)가 된다.

어휘 | アジア 아시아 諸国(しょこく) 제국, 여러 나라
我(わ)が社(しゃ) 우리 회사 エコ商品(しょうひん) 친환경 상품
売(う)り込(こ)む 팔다, (상대로 하여금) 사게 하다
類似(るいじ) 유사, 비슷함 違(ちが)う 다르다 自然(しぜん) 자연
保護(ほご) 보호 繋(つな)がる 이어지다, 연결되다
点(てん) 점 アピール 어필, 호소 ~ていく ~해 가다[나가다]
ライバル店(てん) 라이벌 가게 差別化(さべつか) 차별화
図(はか)る 꾀하다, 도모하다
~ならでは(の) ~만의, ~이 아니고는 할 수 없는
利点(りてん) 이점 しっかり 제대로, 확실히
発信(はっしん) 발신, 정보 등을 알리는 것
客層(きゃくそう) 객층, 손님층 分析(ぶんせき) 분석
必要(ひつよう)だ 필요하다 海外(かいがい) 해외
進出(しんしゅつ) 진출 見送(みおく)る 보류하다, 연기하다
동사의 기본형+べきだ (마땅히) ~해야 한다 自社(じしゃ) 자사
魅力(みりょく) 매력 出(だ)す (힘 등을) 내다, 발산하다
部品(ぶひん) 부품 国外(こくがい) 국외
仕入(しい)れる 사들이다, 매입하다

女 井上議員が外務大臣に就任したと新聞の一面
に載っていましたね。

男 はい。彼は長年外交委員会の委員長も務めて
いましたから、期待できますね。

女 ええ。彼なら責任感と使命感を持って国際社
会の問題に取り組んでくれるでしょう。

男 そうですね。これからの政策については各国
の閣僚も注目しているようですよ。

여 이노우에 의원이 외무장관으로 취임했다고 신문 일면에 실려 있
었어요.

남 예. 그는 오랜 세월 외교위원회의 위원장도 맡고 있었으니까 기
대할 수 있겠네요.

여 네. 그러면 책임감과 사명감을 가지고 국제사회 문제에 대처해
주겠죠.

남 그렇죠. 앞으로의 정책에 대해서는 각국의 각료도 주목하고 있
는 것 같아요.

井上議員について、正しいものはどれですか。
(A) 国際的な社会問題の知識が乏しい。
(B) 無名にもかかわらず、外務大臣に就任した。
(C) 外交に精通していて期待されている。
(D) 成果主義を尊重し、注目を浴びている。

이노우에 의원에 대해서 맞는 것은 어느 것입니까?
(A) 국제적인 사회문제의 지식이 부족하다.
(B) 무명임에도 불구하고 외무장관에 취임했다.
(C) 외교에 정통해서 기대를 받고 있다.
(D) 성과주의를 존중해서 주목을 받고 있다.

해설 | 남자가 이노우에 의원이 오랜 세월 외교위원회의 위원장을 맡는
등 경력이 있으므로 기대가 된다고 하자, 여자도 그러면 국제사회 문제
에 잘 대처해 줄 것이라며 동의하고 있다. 즉, 이노우에 의원이 이미 상
당한 외교 경력을 쌓은 인물이라는 것을 알 수 있으므로, 정답은 (C)가
된다.

어휘 | 議員(ぎいん) 의원
外務大臣(がいむだいじん) 외무대신, 외무장관
就任(しゅうにん) 취임 新聞(しんぶん) 신문
一面(いちめん) (신문의) 일면 載(の)る (신문·잡지 등에) 실리다
長年(ながねん) 오랜 세월, 여러 해 外交(がいこう) 외교
委員会(いいんかい) 위원회 委員長(いいんちょう) 위원장
務(つと)める (임무를) 맡다 期待(きたい) 기대
責任感(せきにんかん) 책임감 使命感(しめいかん) 사명감
持(も)つ 가지다 国際(こくさい) 국제 社会(しゃかい) 사회
問題(もんだい) 문제 取(と)り組(く)む 대처하다
これから 이제부터, 앞으로 政策(せいさく) 정책
〜について 〜에 대해서 各国(かっこく) 각국
閣僚(かくりょう) 각료 注目(ちゅうもく) 주목
〜ようだ 〜인 것 같다, 〜인 듯하다
国際的(こくさいてき)だ 국제적이다 知識(ちしき) 지식
乏(とぼ)しい 모자라다, 부족하다
無名(むめい) 무명, 세상에 이름이 알려져 있지 않음
〜にもかかわらず 〜임에도 불구하고 精通(せいつう) 정통
成果主義(せいかしゅぎ) 성과주의 尊重(そんちょう) 존중
注目(ちゅうもく)を浴(あ)びる 주목을 받다

81~84 시험 전 주의사항

> ⁸¹これから英語の試験を始めます。始める前に、試験の注意をもう一度見てください。⁸²試験が始まったら、まず忘れずに名前を書いてください。そして答えを書く時は、必ず鉛筆で書いてください。⁸³ボールペンは使えません。答えは読みやすい丁寧な字で書いてください。間違えた場合は、消しゴムできれいに消してください。机の上には、腕時計以外の物を置かないでください。試験中に部屋の外には出られません。⁸⁴トイレに行きたい場合は、手を挙げてください。それでは、試験を始めます。

⁸¹이제부터 영어 시험을 시작하겠습니다. 시작하기 전에 시험의 주의(사항)를 한 번 더 보십시오. ⁸²시험이 시작되면 우선 잊지 말고 이름을 적어 주십시오. 그리고 답을 쓸 때는 반드시 연필로 써 주십시오. ⁸³볼펜은 사용할 수 없습니다. 답은 읽기 쉬운 정성스러운 글자로 써 주십시오. 틀렸을 경우에는 지우개로 깨끗하게 지워 주십시오. 책상 위에는 손목시계 이외의 물건을 두지 말아 주십시오. 시험 중에 방 밖으로는 나갈 수 없습니다. ⁸⁴화장실에 가고 싶을 경우에는 손을 들어 주십시오. 그럼, 시험을 시작하겠습니다.

어휘 | これから 이제부터, 앞으로　英語(えいご) 영어
試験(しけん) 시험　始(はじ)める 시작하다
동사의 기본형+前(まえ)に ~하기 전에　注意(ちゅうい) 주의
もう一度(いちど) 한 번 더　始(はじ)まる 시작되다　まず 우선
忘(わす)れる 잊다　~ずに ~하지 않고[말고]　名前(なまえ) 이름
書(か)く (글씨·글을) 쓰다　そして 그리고　答(こた)え (문제의) 답
必(かなら)ず 꼭, 반드시　鉛筆(えんぴつ) 연필　ボールペン 볼펜
使(つか)う 쓰다, 사용하다　読(よ)む 읽다
동사의 ます형+やすい ~하기 쉽대[편하다]
丁寧(ていねい)だ 정성스럽다　字(じ) 글자
間違(まちが)える 틀리다　消(け)しゴム 지우개
きれいだ 깨끗하다　消(け)す 지우다, 없애다　机(つくえ) 책상
上(うえ) 위　腕時計(うでどけい) 손목시계　以外(いがい) 이외
物(もの) 물건　置(お)く 놓다, 두다　~中(ちゅう) ~중
部屋(へや) 방　外(そと) 밖　出(で)る 나가다
トイレ 화장실 *「トイレット」의 준말　場合(ばあい) 경우
手(て) 손　挙(あ)げる 들다　それでは 그렇다면, 그럼

81 これから何(なに)をしますか。
(A) 日本語(にほんご)の試験(しけん)
(B) 数学(すうがく)の試験(しけん)
(C) 会話(かいわ)のテスト
(D) 外国語(がいこくご)のテスト

81 이제부터 무엇을 합니까?
(A) 일본어 시험
(B) 수학 시험
(C) 회화 테스트
(D) 외국어 테스트

해설 | 첫 번째 문장에서 지금부터 영어 시험을 시작하겠다고 했으므로, 정답은 (D)가 된다.

어휘 | 日本語(にほんご) 일본어　数学(すうがく) 수학
会話(かいわ) 회화　テスト 테스트, 시험
外国語(がいこくご) 외국어

82 試験(しけん)が始(はじ)まったら、最初(さいしょ)に何(なに)をしますか。
(A) 問題(もんだい)の数(かず)をチェックする。
(B) 試験(しけん)の注意(ちゅうい)を見(み)る。
(C) 自分(じぶん)の名前(なまえ)を書(か)く。
(D) 問題(もんだい)の文章(ぶんしょう)を読(よ)む。

82 시험이 시작되면 처음에 무엇을 합니까?
(A) 문제 수를 체크한다.
(B) 시험의 주의(사항)를 본다.
(C) 자신의 이름을 쓴다.
(D) 문제 문장을 읽는다.

해설 | 세 번째 문장에서 시험이 시작되면 우선 잊지 말고 이름을 적어 달라고 했으므로, 정답은 자신의 이름을 쓴다고 한 (C)가 된다.

어휘 | 最初(さいしょ) 최초, 맨 처음　数(かず) 수　チェック 체크
文章(ぶんしょう) 문장, 글　読(よ)む 읽다

83 試験中(しけんちゅう)に使(つか)えない物(もの)は、何(なん)ですか。
(A) 消(け)しゴム
(B) 鉛筆(えんぴつ)
(C) 腕時計(うでどけい)
(D) ボールペン

83 시험 중에 사용할 수 없는 물건은 무엇입니까?
(A) 지우개
(B) 연필
(C) 손목시계
(D) 볼펜

해설 | 중반부에서 답은 연필로 쓰고 틀렸을 경우 지우개로 지울 수 있지만 볼펜은 사용할 수 없다고 했으므로, 정답은 (D)가 된다. (C)의 경우 책상 위에는 손목시계 이외의 물건을 두지 말라고 했다. 즉, 손목시계는 시험 중에 사용할 수 있는 것이므로, 답이 될 수 없다.

어휘 | 何(なん) 무엇

84 トイレに行(い)きたい人(ひと)は、どうしますか。
(A) 静(しず)かに部屋(へや)の外(そと)に出(で)る。
(B) 小(ちい)さい声(こえ)で人(ひと)を呼(よ)ぶ。

(C) 手を挙げて伝える。

(D) トイレへ行きたいと言う。

84 화장실에 가고 싶은 사람은 어떻게 합니까?

   (A) 조용히 방 밖으로 나간다.

   (B) 작은 목소리로 사람을 부른다.

   (C) 손을 들어 알린다.

   (D) 화장실에 가고 싶다고 말한다.

해설 | 후반부에서 화장실에 가고 싶을 경우에는 손을 들어 달라고 했으므로, 정답은 손을 들어 알린다고 한 (C)가 된다. 시험이 시작되면 방에서 나갈 수 없으므로 (A)는 틀린 설명이고, (C)나 (D)와 같은 내용은 나오지 않는다.

어휘 | 静(しず)かだ 조용하다 小(ちい)さい 작다
声(こえ) 소리, 목소리 呼(よ)ぶ (오도록) 부르다, 불러오다
伝(つた)える 전하다, 알리다

85~88 전철 안내 방송

> 次は神戸、神戸です。右側のドアが開きます。
> ⁸⁵大阪方面へは、この駅でお乗り換えです。お降りの方はドアの近くまでお進みください。⁸⁶大雨のため、電車が少々遅れております。そのため、この電車はホーム到着後、すぐの発車となります。⁸⁷降りられたお客様は、できるだけ電車から離れてお歩きくださいますよう、お願いいたします。⁸⁸今日も、関西鉄道にご乗車いただきまして、ありがとうございました。お急ぎのところ、電車の到着が遅くなり申し訳ありません。まもなく神戸、神戸です。
>
> 다음은 고베, 고베입니다. 오른쪽 문이 열립니다. ⁸⁵오사카 방면은 이 역에서 환승입니다. 내리실 분은 문 근처로 나아가 주십시오. ⁸⁶큰비 때문에 전철이 조금 지연되고 있습니다. 그 때문에 이 전철은 플랫폼 도착 후 바로 발차하게 됩니다. ⁸⁷내리신 손님은 가능한 한 전철에서 떨어져 걸어 주시도록 부탁드립니다. ⁸⁸오늘도 간사이 철도에 승차해 주셔서 감사했습니다. 바쁘신 와중에 전철 도착이 늦어져 죄송합니다. 곧 고베, 고베입니다.

어휘 | 次(つぎ) 다음 神戸(こうべ) 고베 右側(みぎがわ) 오른쪽
ドア 문 開(ひら)く (닫혀 있던 것이) 열리다
大阪(おおさか) 오사카 方面(ほうめん) 방면 駅(えき) 역
乗(の)り換(か)え 갈아탐, 환승 降(お)り (탈것에서) 내림
方(かた) 분 近(ちか)く 근처 ～まで ～까지, ～로
お+동사의 ます형+ください ～해 주십시오, ～하십시오 *존경표현
進(すす)む 나아가다, 진행하다 大雨(おおあめ) 큰비
명사+の+ため ～때문에 電車(でんしゃ) 전철
少々(しょうしょう) 조금, 약간
遅(おく)れる 늦다, 늦어지다, 지연되다
～ておる ～하고 있다 *「～ている」의 겸양표현
そのため 그 때문에 ホーム 플랫폼 *「プラットホーム」의 준말
到着(とうちゃく) 도착 ～後(ご) ～후 すぐ 곧, 바로
発車(はっしゃ) 발차 降(お)りる (탈것에서) 내리다

お客様(きゃくさま) 손님, 고객 できるだけ 가능한 한, 되도록
離(はな)れる (사이가) 떨어지다
お+동사의 ます형+くださる ～하시다 *존경표현
歩(ある)く 걷다 ～よう(に) ～하도록
お+동사의 ます형+いたす ～하다, ～해 드리다 *겸양표현
願(ねが)う 부탁하다 今日(きょう) 오늘 鉄道(てつどう) 철도
ご+한자명사+いただく (남에게) ～해 받다, (남이) ～해 주시다 *겸양표현 乗車(じょうしゃ) 승차 急(いそ)ぎ 급함
ところ 때, 처지 遅(おそ)い 늦다
申(もう)し訳(わけ)ありません 죄송합니다 まもなく 곧, 머지않아

85 電車を乗り換えるのは、どんな人ですか。

   (A) 急いでいる人

   (B) 特急に乗りたい人

   (C) 大阪へ向かう人

   (D) 神戸に用がある人

85 전철을 갈아타는 것은 어떤 사람입니까?

   (A) 서두르고 있는 사람

   (B) 특급을 타고 싶은 사람

   (C) 오사카로 가는 사람

   (D) 고베에 용무가 있는 사람

해설 | 세 번째 문장에서 오사카 방면은 이 역에서 환승하라고 안내했다. 따라서 정답은 (C)가 된다.

어휘 | 急(いそ)ぐ 서두르다 特急(とっきゅう) 특급 *「特別急行列車(とくべつきゅうこうれっしゃ)」(특별 급행 열차)의 준말
向(む)かう 향하다, (향해) 가다 用(よう) 용무, 용건, 볼일

86 この電車は、どうしてすぐに発車しますか。

   (A) 雨のせいで遅れているから

   (B) 乗り降りする人が少ないから

   (C) 通過する電車を待たないから

   (D) 次の電車がすぐに来るから

86 이 전철은 어째서 바로 발차합니까?

   (A) 비 탓에 늦어지고 있기 때문에

   (B) 타고 내리는 사람이 적기 때문에

   (C) 통과하는 전철을 기다리지 않기 때문에

   (D) 다음 전철이 바로 오기 때문에

해설 | 초반부에서 '큰비 때문에 전철이 조금 지연되고 있습니다. 그 때문에 이 전철은 플랫폼 도착 후 바로 발차하게 됩니다'라고 했으므로, 정답은 (A)가 된다.

어휘 | ～せいで ～탓에 乗(の)り降(お)り 타고 내림
少(すく)ない 적다 通過(つう)か 통과 待(ま)つ 기다리다

87 電車を降りた人に対して、どんなお願いをしていますか。

   (A) ホームで話さないように

   (B) 電車の近くを歩かないように

   (C) 大きな声で電話をしないように

(D) 忘(わす)れ物(もの)をしないように

87 전철을 내린 사람에게 어떤 부탁을 하고 있습니까?
(A) 플랫폼에서 이야기하지 않도록
(B) 전철 근처를 걷지 않도록
(C) 큰 소리로 전화를 하지 않도록
(D) 물건을 두고 내리지 않도록

해설 | 중반부에서 지연된 전철은 플랫폼에 도착 직후 바로 출발할 예정이기 때문에, 하차한 손님은 가능한 한 전철에서 떨어져서 걸어 달라고 부탁하고 있다. 즉, 승객의 안전을 위해 전철과 거리를 두어 달라는 뜻이므로, 정답은 (B)가 된다.

어휘 | ~に対(たい)して ~에 대해, ~에게 *대상
~ないように ~하지 않도록 大(おお)きな 큰
声(こえ) 소리, 목소리 電話(でんわ) 전화
忘(わす)れ物(もの) (잊고) 두고 온 물건 *「忘(わす)れ物(もの)をする」
- 물건을 두고 내리다

88 この人(ひと)は、誰(だれ)に対(たい)して感謝(かんしゃ)していますか。
(A) 鉄道会社(てつどうがいしゃ)を褒(ほ)めてくれた客(きゃく)
(B) これから電車(でんしゃ)に乗(の)ってくる人(ひと)
(C) お願(ねが)いに協力(きょうりょく)してくれた人々(ひとびと)
(D) この電車(でんしゃ)に乗(の)っている全員(ぜんいん)

88 이 사람은 누구에게 감사하고 있습니까?
(A) 철도회사를 칭찬해 준 손님
(B) 이제부터 전철을 탈 사람
(C) 부탁에 협력해 준 사람들
(D) 이 전철을 타고 있는 전원

해설 | 이 사람은 전철을 운전하면서 승객에게 안내 방송을 하고 있다. 열차 지연과 승객에 대한 당부의 말 끝에 오늘도 간사이철도에 승차해 주셔서 감사했다고 했으므로, 정답은 (D)가 된다.

어휘 | 褒(ほ)める 칭찬하다 客(きゃく) 손님
これから 이제부터, 앞으로 協力(きょうりょく) 협력
全員(ぜんいん) 전원

89~91 화제가 된 찻집

それでは次(つぎ)のニュースです。89東京(とうきょう)の郊外(こうがい)にある落(お)ち着(つ)いた雰囲気(ふんいき)の小(ちい)さな喫茶店(きっさてん)が話題(わだい)になっています。週末(しゅうまつ)だけではなく、平日(へいじつ)も行列(ぎょうれつ)ができるほどの人気(にんき)です。90人気(にんき)の理由(りゆう)は、現在放送中(げんざいほうそうちゅう)のドラマの重要(じゅうよう)な場面(ばめん)が、ここで撮影(さつえい)されたからです。このドラマは若(わか)い人(ひと)にとても人気(にんき)で、その撮影(さつえい)された場所(ばしょ)を見(み)たいという人(ひと)が集(あつ)まるようになったようです。91また店内(てんない)では、このドラマに出(で)ている俳優(はいゆう)が考(かんが)えた特別(とくべつ)な料理(りょうり)も食(た)べられるそうです。ドラマの放送(ほうそう)は今月(こんげつ)で終了(しゅうりょう)しますが、興味(きょうみ)がある方(かた)は是非(ぜひ)行(い)ってみてください。

それでは、다음 뉴스입니다. 89도쿄 교외에 있는 차분한 분위기의 작은 찻집이 화제가 되고 있습니다. 주말뿐만 아니라 평일에도 줄이 생길 정도의 인기입니다. 90인기의 이유는 현재 방송 중인 드라마의 중요한 장면이 이곳에서 촬영되었기 때문입니다. 이 드라마는 젊은 사람에게 아주 인기로, 그 촬영된 장소를 보고 싶다는 사람이 모이게 된 것 같습니다. 91또한 가게 안에서는 이 드라마에 나오는 배우가 고안한 특별한 요리도 먹을 수 있다고 합니다. 드라마 방송은 이달로 끝납니다만, 흥미가 있는 분은 꼭 가 보세요.

어휘 | それでは 그렇다면, 그럼 次(つぎ) 다음 ニュース 뉴스
東京(とうきょう) 도쿄 郊外(こうがい) 교외
落(お)ち着(つ)く (빛깔·분위기 등이) 차분하다
雰囲気(ふんいき) 분위기 小(ちい)さな 작은
喫茶店(きっさてん) 찻집 話題(わだい) 화제
週末(しゅうまつ) 주말 ~だけではなく ~뿐만 아니라
平日(へいじつ) 평일 行列(ぎょうれつ) 행렬, 줄 できる 생기다
~ほど ~정도, ~만큼 人気(にんき) 인기 理由(りゆう) 이유
現在(げんざい) 현재 放送(ほうそう) 방송 ~中(ちゅう) ~중
ドラマ 드라마 重要(じゅうよう)だ 중요하다 場面(ばめん) 장면
ここ 여기, 이곳 撮影(さつえい) 촬영 若(わか)い 젊다
とても 아주, 매우 場所(ばしょ) 장소, 곳 集(あつ)まる 모이다
~ようだ ~인 것 같다, ~인 듯하다 また 또, 또한
店内(てんない) 가게 안 俳優(はいゆう) 배우
考(かんが)える 생각하다, 고안하다 特別(とくべつ)だ 특별하다
料理(りょうり) 요리 食(た)べる 먹다
품사의 보통형+そうだ ~라고 한다 *전문 今月(こんげつ) 이달
終了(しゅうりょう) 종료, 끝남 興味(きょうみ) 흥미 方(かた) 분
是非(ぜひ) 꼭, 부디 ~てみる ~해 보다

89 紹介(しょうかい)されているのは、どんな店(みせ)ですか。
(A) 店(みせ)の中(なか)でドラマが見(み)られる店(みせ)
(B) 静(しず)かで穏(おだ)やかな雰囲気(ふんいき)の店(みせ)
(C) 料理(りょうり)がとても美味(おい)しい店(みせ)
(D) 店内(てんない)が広(ひろ)くて落(お)ち着(つ)く店(みせ)

89 소개되고 있는 것은 어떤 가게입니까?
(A) 가게 안에서 드라마를 볼 수 있는 가게
(B) 조용하고 온화한 분위기의 가게
(C) 요리가 아주 맛있는 가게
(D) 가게 안이 넓고 차분한 가게

해설 | 두 번째 문장에서 도쿄 교외에 있는 차분한 분위기의 작은 찻집이 화제가 되고 있다고 했다. 따라서 정답은 조용하고 온화한 분위기의 가게라고 한 (B)가 된다.

어휘 | 静(しず)かだ 조용하다 穏(おだ)やかだ 온화하다
美味(おい)しい 맛있다 広(ひろ)い 넓다

90 この店(みせ)には、どうして人(ひと)が集(あつ)まりますか。
(A) 話題(わだい)のドラマに登場(とうじょう)するから
(B) 昔(むかし)のドラマで紹介(しょうかい)されたから
(C) 美味(おい)しいケーキが有名(ゆうめい)だから
(D) 人気俳優(にんきはいゆう)が良(よ)く来(く)るから

90 이 가게에는 어째서 사람이 모입니까?

(A) 화제의 드라마에 등장하기 때문에

(B) 옛날 드라마에서 소개되었기 때문에

(C) 맛있는 케이크가 유명하기 때문에

(D) 인기 배우가 자주 오기 때문에

해설 | 이 가게에 사람들이 모이는 이유는 초반부에 나온다. 현재 방송 중인 드라마의 중요한 장면이 이 가게에서 촬영되었기 때문이라고 했으므로, 정답은 (A)가 된다. (B)는 옛날 드라마라고 했으므로 답이 될 수 없다.

어휘 | 登場(とうじょう) 등장 昔(むかし) 옛날 ケーキ 케이크 有名(ゆうめい)だ 유명하다 良(よ)く 자주

91 この店は、どんな特別メニューを用意していますか。

(A) ドラマに何回も登場したメニュー

(B) 人気俳優が作ってくれるメニュー

(C) 俳優がアイディアを出したメニュー

(D) 放送時間だけ食べられるメニュー

91 이 가게는 어떤 특별 메뉴를 준비하고 있습니까?

(A) 드라마에 여러 번 등장한 메뉴

(B) 인기 배우가 만들어 주는 메뉴

(C) 배우가 아이디어를 낸 메뉴

(D) 방송 시간만 먹을 수 있는 메뉴

해설 | 후반부에서 이 가게에서는 드라마에 나오는 배우가 고안한 특별 요리도 먹을 수 있다고 했다. 따라서 정답은 배우가 아이디어를 낸 메뉴라고 한 (C)가 된다. (B)의 경우 배우가 직접 요리를 해 준다는 의미이므로 답이 될 수 없다.

어휘 | 何回(なんかい)も 몇 번이나, 여러 번 作(つく)る 만들다 ～てくれる (남이 나에게) ～해 주다 アイディア 아이디어 出(だ)す 내다 時間(じかん) 시간 ～だけ ～만, ～뿐

92~94 백화점의 정전 안내 방송

本日も横浜デパートにご来店いただきまして誠にありがとうございます。ご来店中のお客様に、来週日曜日の計画停電に伴う営業時間についてのご案内を申し上げます。⁹²横浜発電所内における工事の影響により、来週日曜日の午後2時から4時までの間、横浜市南区では計画停電が予定されております。⁹³予定通り実施された場合は、その時間を一時休業とさせていただきます。⁹⁴計画停電終了後は、直ちに営業を再開いたします。お客様にはご不便をおかけいたしますが、ご理解いただきますようよろしくお願い申し上げます。

오늘도 요코하마 백화점을 찾아 주셔서 정말로 감사합니다. 내점 중이신 손님께 다음 주 일요일 계획 정전에 따른 영업시간에 대한 안내 말씀을 드립니다. ⁹²요코하마 발전소 내의 공사 영향으로 다음

주 일요일 오후 2시부터 4시까지 사이에 요코하마시 미나미구에서는 계획 정전이 예정되어 있습니다. ⁹³예정대로 실시된 경우에는 그 시간을 일시 휴업하도록 하겠습니다. ⁹⁴계획 정전 종료 후에는 즉시 영업을 재개하겠습니다. 손님께는 불편을 끼쳐 드립니다만, 이해해 주시도록 잘 부탁드립니다.

어휘 | 本日(ほんじつ) 금일, 오늘 *「今日(きょう)」의 격식 차린 말 デパート 백화점 *「デパートメントストア」의 준말 ご+한자명사+いただく (남에게) ～해 받다, (남이) ～해 주시다 *겸양표현 来店(らいてん) 내점, 가게에 옴 誠(まこと)に 실로, 정말로 お客様(きゃくさま) 손님, 고객 来週(らいしゅう) 다음 주 日曜日(にちようび) 일요일 計画(けいかく) 계획 停電(ていでん) 정전 ～に伴(ともな)う ～에 동반하다[따르다] 営業(えいぎょう) 영업 時間(じかん) 시간 ～についての ～에 대한 案内(あんない) 안내 申(もう)し上(あ)げる 말씀드리다 *「言(い)う」(말하다)의 겸양어로, 「申(もう)す」(말하다)보다 공손한 말씨 発電所(はつでんしょ) 발전소 ～内(ない) ～내, ～안 ～における ～(에서)의 *동작·작용이 행해지는 곳·때를 나타냄 工事(こうじ) 공사 影響(えいきょう) 영향 ～により ～에 의해[따라] 午後(ごご) 오후 ～から～まで ～부터 ～까지 間(あいだ) 동안, 사이 予定(よてい) 예정 명사+通(どお)り ～대로 実施(じっし) 실시 場合(ばあい) 경우 一時(いちじ) 일시 休業(きゅうぎょう) 휴업 ～(さ)せていただく ～(하)다 *겸양표현 終了(しゅうりょう) 종료 ～後(ご) ～후 直(ただ)ちに 곧, 즉시 再開(さいかい) 재개 いたす 하다 *「する」의 겸양어 不便(ふべん) 불편 お+동사의 ます형+いたす ～하다, ～해 드리다 *겸양표현 かける 끼치다 理解(りかい) 이해 よろしく 잘 お+동사의 ます형+申(もう)し上(あ)げる ～하다, ～해 드리다 *겸양표현

92 デパートが停電するのは、なぜですか。

(A) デパートの設備を点検するため

(B) 電力が不足しているため

(C) 発電所の電気が送られないため

(D) 売り場の工事をするため

92 백화점이 정전하는 것은 어째서입니까?

(A) 백화점 설비를 점검하기 때문에

(B) 전력이 부족하기 때문에

(C) 발전소의 전기가 보내지지 않기 때문에

(D) 매장 공사를 하기 때문에

해설 | 백화점이 정전하는 이유는 중반부에 나온다. 요코하마 발전소 내의 공사 영향으로 다음 주 일요일 오후 2시부터 4시까지 사이에 백화점이 있는 지역인 요코하마시 미나미구에서 계획 정전이 예정되어 있다고 했다. 즉, 발전소 공사 때문에 미리 시간을 고지한 후 전기를 끊을 예정이라는 뜻이므로, 정답은 (C)가 된다.

어휘 | 設備(せつび) 설비 点検(てんけん) 점검 電力(でんりょく) 전력 不足(ふそく) 부족 送(おく)る 보내다 売(う)り場(ば) 매장 工事(こうじ) 공사

93 停電の際、デパートはどう対応しますか。

(A) 普段通りに営業する。

(B) 開店時間を早くする。

(C) 閉店時間を遅くする。

(D) 停電の間は店を閉める。

93 정전일 때 백화점은 어떻게 대응합니까?

(A) 평소대로 영업한다.

(B) 개점 시간을 일찍 한다.

(C) 폐점 시간을 늦게 한다.

(D) 정전인 동안은 문을 닫는다.

해설 | 후반부에서 계획 정전이 예정대로 실시된 경우에는 그 시간을 일시 휴업하도록 하겠다고 했다. 따라서 정답은 정전인 동안은 문을 닫는다고 한 (D)가 된다.

어휘 | ~際(さい) ~때 対応(たいおう) 대응
普段(ふだん) 평소, 평상시 開店(かいてん) 개점
早(はや)く 일찍, 빨리 閉店(へいてん) 폐점 遅(おそ)い 늦다
店(みせ)を閉(し)める 가게문을 닫다

94 来週日曜日のデパートの営業について、何と言っていますか。

(A) 区役所に許可をもらって再開する。

(B) 4時ぴったりに開店する。

(C) 停電が終わり次第、再び営業する。

(D) 翌日の朝まで閉店する。

94 다음 주 일요일의 백화점 영업에 대해서 뭐라고 말하고 있습니까?

(A) 구청에 허가를 받아서 재개한다.

(B) 4시 정각에 개점한다.

(C) 정전이 끝나는 대로 다시 영업한다.

(D) 다음 날 아침까지 폐점한다.

해설 | 후반부에서 계획 정전 종료 후에는 즉시 영업을 재개하겠다고 했으므로, 정답은 (C)가 된다. (B)의 경우 2시에서 4시까지 일시 휴업할 예정이라고 했으므로, 이미 영업 중임을 알 수 있다. 따라서 4시 정각에 개점한다는 (B)는 답이 될 수 없다.

어휘 | 区役所(くやくしょ) 구청
許可(きょか) 허가 もらう 받다
ぴったり 꼭, 딱 *꼭 들어맞는 모양 終(お)わる 끝나다
동사의 ます형+次第(しだい) ~하자마자, ~하는 대로 (즉시)
再(ふたた)び 재차, 다시 翌日(よくじつ) 익일, 이튿날, 다음 날
朝(あさ) 아침

95~97 온라인 콘서트 개최

先週この番組で紹介した人気コーラスグループ「花」のスペシャルコンサートが、今日の夕方、オンラインで開催されました。95普段とは違うオンラインでの開催ということで人数制限もなく、多くの人にその歌声が届けられました。96心配されていたネット接続のトラブルもありませんでした。97コンサートの評判は良く、「胸に響いて

涙が止まらなくなった」、「本当に会場にいる感じがした」など、ホームページには多くの声が寄せられています。このコンサートの様子は、今後ネットで一部無料公開されるそうです。

지난주 이 프로그램에서 소개한 인기 코러스그룹 '하나'의 스페셜 콘서트가 오늘 저녁 온라인으로 개최되었습니다. 95평소와는 다른 온라인에서의 개최라는 점에서 인원수 제한도 없어서 많은 사람에게 그 노랫소리가 전해졌습니다. 96염려되었던 인터넷 접속 문제도 없었습니다. 97콘서트 평판은 좋아서 '찡하게 가슴에 와 닿아서 눈물이 멈추지 않았다', '정말 콘서트장에 있는 느낌이 들었다' 등 홈페이지에는 많은 의견이 올라오고 있습니다. 이 콘서트의 모습은 앞으로 인터넷에서 일부 무료 공개된다고 합니다.

어휘 | 先週(せんしゅう) 지난주
番組(ばんぐみ) (연예·방송 등의) 프로그램 紹介(しょうかい) 소개
人気(にんき) 인기 コーラス 코러스 グループ 그룹
スペシャル 스페셜 コンサート 콘서트 今日(きょう) 오늘
夕方(ゆうがた) 해질녘, 저녁때 オンライン 온라인
開催(かいさい) 개최 普段(ふだん) 평소, 평상시
違(ちが)う 다르다 オンライン 온라인 人数(にんずう) 인원수
制限(せいげん) 제한 多(おお)く 많음 歌声(うたごえ) 노랫소리
届(とど)ける 전하다 心配(しんぱい) 걱정, 염려
ネット 인터넷 *「インターネット」의 준말 接続(せつぞく) 접속
トラブル 트러블, 분쟁, 문제 評判(ひょうばん) 평판
胸(むね)に響(ひび)く (강한 호소력으로) 가슴을 찌르다, (찡하게) 가슴에 와 닿다 涙(なみだ) 눈물 止(と)まる 멈추다
本当(ほんとう)に 정말로 会場(かいじょう) 회장, 행사장
感(かん)じがする 느낌이 들다 ホームページ 홈페이지
声(こえ) 소리, 목소리 寄(よ)せる 밀려오다, 몰려들다, 밀어닥치다
様子(ようす) 모습 今後(こんご) 금후, 앞으로 一部(いちぶ) 일부
無料(むりょう) 무료 公開(こうかい) 공개
품사의 보통형+そうだ ~라고 한다 *전문

95 普段のコンサートと違った点は、何ですか。

(A) 歌手と直接交流できたこと

(B) 観客の数が制限されたこと

(C) 複数のグループが歌ったこと

(D) 観客の数が限られていなかったこと

95 평소의 콘서트와 다른 점은 무엇입니까?

(A) 가수와 직접 교류할 수 있었던 것

(B) 관객수가 제한되었던 것

(C) 복수의 그룹이 노래를 불렀던 것

(D) 관객수가 제한되어 있지 않았던 것

해설 | 초반부에서 평소와는 달리 온라인으로 개최되어 인원수 제한 없이 많은 사람이 즐길 수 있었다고 했다. 즉, 공간의 제한이 없는 온라인 콘서트였기 때문에 접속하면 누구든 볼 수 있었다는 뜻이므로, 정답은 (D)가 된다.

어휘 | 歌手(かしゅ) 가수 直接(ちょくせつ) 직접
交流(こうりゅう) 교류 観客(かんきゃく) 관객 数(かず) 수
複数(ふくすう) 복수, 둘 이상의 수 歌(うた)う (노래를) 부르다
限(かぎ)る 제한하다, 한정하다

224

96 このコンサートは、何<ruby>なに</ruby>が心配<ruby>しんぱい</ruby>されていましたか。
　　(A) バンド演奏<ruby>えんそう</ruby>での楽器<ruby>がっき</ruby>の故障<ruby>こしょう</ruby>
　　(B) 雑音<ruby>ざつおん</ruby>が入<ruby>はい</ruby>って聞<ruby>き</ruby>こえにくいこと
　　(C) インターネットへの接続<ruby>こうえんかいじょう</ruby>の問題
　　(D) 公演会場<ruby>こうえんかいじょう</ruby>の設備<ruby>せつび</ruby>のトラブル

96 이 콘서트는 무엇이 염려되고 있었습니까?
　　(A) 밴드 연주에서의 악기 고장
　　(B) 잡음이 들어가서 잘 들리지 않는 것
　　(C) 인터넷으로의 접속 문제
　　(D) 공연장의 설비 문제

해설 | 중반부에서 온라인으로 개최되기 때문에 인터넷 접속 문제가 생기지 않을까 염려했지만 문제는 없었다고 했으므로, 정답은 (C)가 된다.

어휘 | 演奏(えんそう) 연주　楽器(がっき) 악기
故障(こしょう) 고장　雑音(ざつおん) 잡음　入(はい)る 들어가다
聞(き)こえる 들리다　동사의 ます형+にくい ~하기 어렵다[힘들다]
問題(もんだい) 문제　公演(こうえん) 공연　設備(せつび) 설비
トラブル 트러블, 분쟁, 문제

97 ホームページには、どんな感想<ruby>かんそう</ruby>が届<ruby>とど</ruby>いていますか。
　　(A) 感動<ruby>かんどう</ruby>で涙<ruby>なみだ</ruby>が溢<ruby>あふ</ruby>れた。
　　(B) トラブルがなくて良<ruby>よ</ruby>かった。
　　(C) また開催<ruby>かいさい</ruby>してほしい。
　　(D) バンドの演奏<ruby>えんそう</ruby>が素<ruby>す</ruby>晴<ruby>ば</ruby>らしかった。

97 홈페이지에는 어떤 소감이 도착해 있습니까?
　　(A) 감동으로 눈물이 쏟아졌다.
　　(B) 문제가 없어서 다행이었다.
　　(C) 또 개최해 주었으면 좋겠다.
　　(D) 밴드 연주가 훌륭했다.

해설 | 후반부에서 '찡하게 가슴에 와 닿아서 눈물이 멈추지 않았다'거나 '정말 콘서트장에 있는 느낌이 들었다'와 같은 평이 홈페이지에 올라오고 있다고 했으므로, 정답은 (A)가 된다.

어휘 | 感想(かんそう) 감상, 소감　感動(かんどう) 감동
溢(あふ)れる 흘러넘치다
~てほしい ~해 주었으면 하다, ~하길 바라다
素晴(すば)らしい 훌륭하다, 멋지다

98~100 부임 인사

<ruby>98</ruby>この度<ruby>たび</ruby>、突然<ruby>とつぜん</ruby>の任命<ruby>にんめい</ruby>により、営業課<ruby>えいぎょうか</ruby>から研究開発課<ruby>けんきゅうかいはつか</ruby>に配属<ruby>はいぞく</ruby>が決<ruby>き</ruby>まりました田中<ruby>たなか</ruby>です。<ruby>99</ruby>現場責任者<ruby>げんばせきにんしゃ</ruby>だった山本課長<ruby>やまもとかちょう</ruby>は、ご家庭<ruby>かてい</ruby>の事情<ruby>じじょう</ruby>での急<ruby>きゅう</ruby>な辞任<ruby>じにん</ruby>ということでしたので、皆<ruby>みな</ruby>さんも動揺<ruby>どうよう</ruby>されているかと思<ruby>おも</ruby>います。私<ruby>わたし</ruby>も同<ruby>おな</ruby>じです。しかし山本課長<ruby>やまもとかちょう</ruby>を引<ruby>ひ</ruby>き継<ruby>つ</ruby>ぐ形<ruby>かたち</ruby>で、皆<ruby>みな</ruby>さんが開発<ruby>かいはつ</ruby>に成功<ruby>せいこう</ruby>した特許<ruby>とっきょ</ruby>の実用化<ruby>じつようか</ruby>に全力<ruby>ぜんりょく</ruby>を注<ruby>そそ</ruby>いでいきます。

そのためには、皆<ruby>みな</ruby>さんのご協力<ruby>きょうりょく</ruby>が不可欠<ruby>ふかけつ</ruby>です。<ruby>100</ruby>実用化<ruby>じつようか</ruby>に向<ruby>む</ruby>けて一致団結<ruby>いっちだんけつ</ruby>して全力<ruby>ぜんりょく</ruby>で取<ruby>と</ruby>り組<ruby>く</ruby>み、必<ruby>かなら</ruby>ずこの計画<ruby>けいかく</ruby>を実現<ruby>じつげん</ruby>させましょう。皆<ruby>みな</ruby>さんご協力<ruby>きょうりょく</ruby>の程<ruby>ほど</ruby>、よろしくお願<ruby>ねが</ruby>いいたします。

98 이번에 갑작스런 임명에 의해 영업과에서 연구개발과로 배속이 결정된 다나카입니다. **99** 현장 책임자였던 야마모토 과장님은 가정 사정으로 갑작스럽게 사임하셨기 때문에 여러분도 동요하셨으리라 생각합니다. 저도 마찬가지입니다. 그러나 야마모토 과장님을 잇는 형태로 여러분이 개발에 성공한 특허의 실용화에 전력을 쏟아 가겠습니다. 그러기 위해서는 여러분의 협력이 불가결합니다. **100** 실용화를 목표로 일치단결해 전력으로 대처하여 반드시 이 계획을 실현시킵시다. 여러분의 협력을 잘 부탁드리겠습니다.

어휘 | この度(たび) 이번　突然(とつぜん) 돌연, 갑자기
任命(にんめい) 임명　~により ~에 의해[따라]
営業課(えいぎょうか) 영업과　研究(けんきゅう) 연구
開発課(かいはつか) 개발과　配属(はいぞく) 배속
決(き)まる 정해지다, 결정되다　現場(げんば) 현장
責任者(せきにんしゃ) 책임자　課長(かちょう) 과장
家庭(かてい) 가정　事情(じじょう) 사정　急(きゅう)だ 갑작스럽다
辞任(じにん) 사임　皆(みな)さん 여러분　動揺(どうよう) 동요
同(おな)じだ 같다　しかし 그러나
引(ひ)き継(つ)ぐ (뒤를) 잇다, 이어받다　形(かたち) 형태
成功(せいこう) 성공　特許(とっきょ) 특허
実用化(じつようか) 실용화　全力(ぜんりょく) 전력
注(そそ)ぐ 집중시키다, 쏟다, 기울이다　協力(きょうりょく) 협력
不可欠(ふかけつ) 불가결　~に向(む)けて ~을 목표로
一致(いっち) 일치　団結(だんけつ) 단결　取(と)り組(く)む 대처하다
必(かなら)ず 꼭, 반드시　計画(けいかく) 계획　実現(じつげん) 실현
ご+한자명사+の程(ほど) ~을 *단정을 피하고 표현을 부드럽게 하는 데 사용　よろしく 잘
お+동사의 ます형+いたす ~하다, ~해 드리다 *겸양표현
願(ねが)う 부탁하다

98 どんな場面<ruby>ばめん</ruby>での挨拶<ruby>あいさつ</ruby>ですか。
　　(A) 入社直後<ruby>にゅうしゃちょくご</ruby>のオフィス
　　(B) 人事異動後<ruby>じんじいどうご</ruby>の職場<ruby>しょくば</ruby>
　　(C) 担当<ruby>たんとう</ruby>を変更<ruby>へんこう</ruby>した取引先<ruby>とりひきさき</ruby>
　　(D) 価格交渉<ruby>かかくこうしょう</ruby>をする現場<ruby>げんば</ruby>

98 어떤 장면에서의 인사입니까?
　　(A) 입사 직후의 사무실
　　(B) 인사이동 후의 직장
　　(C) 담당을 변경한 거래처
　　(D) 가격 교섭을 하는 현장

해설 | 첫 번째 문장에서 '이번에 갑작스런 임명에 의해 영업과에서 연구개발과로 배속이 결정된 다나카입니다'라고 했으므로, 정답은 인사이동 후의 직장이라고 한 (B)가 된다.

어휘 | 入社(にゅうしゃ) 입사　直後(ちょくご) 직후
オフィス 사무실　人事(じんじ) 인사
異動(いどう) (직장·근무처 따위의) 이동
職場(しょくば) 직장　担当(たんとう) 담당　変更(へんこう) 변경

225

取引先(とりひきさき) 거래처　価格(かかく) 가격
交渉(こうしょう) 교섭　現場(げんば) 현장

99 この人は、なぜ皆の心が落ち着かないと言っていますか。
(A) 課長の家庭の実情がわからないから
(B) リストラされる恐れがあるから
(C) 課長が辞任した理由が不明だから
(D) 仕切る立場の人がいなくなったから

99 이 사람은 왜 모두의 마음이 진정되지 않는다고 말하고 있습니까?
(A) 과장의 가정 실정을 알 수 없기 때문에
(B) 구조조정될 우려가 있기 때문에
(C) 과장이 사임한 이유가 분명하지 않기 때문에
(D) 책임을 전담하는 입장의 사람이 없어졌기 때문에

해설 | 두 번째 문장에서 '현장 책임자였던 야마모토 과장님은 가정 사정으로 갑작스럽게 사임하셨기 때문에 여러분도 동요하셨으리라 생각합니다'라고 했다. 즉, 그동안 현장을 이끌던 책임자가 갑자기 회사를 그만둬 버렸기 때문에 직원들도 동요하게 되었다는 뜻이므로, 정답은 (D)가 된다. 이때의 「仕切(しき)る」는 '(책임을) 전담하다'라는 뜻으로 쓰였다.

어휘 | 実情(じつじょう) 실정　わかる 알다, 이해하다
リストラ 구조조정 *「리스트럭추어링」의 준말
~恐(おそ)れがある ~할 우려가 있다　理由(りゆう) 이유
不明(ふめい)だ 불명하다, 분명하지 않다

立場(たちば) 입장, 그 사람이 놓여 있는 위치나 상황

100 計画を実現するためには、何が必要ですか。
(A) 従業員がまとまって取り組むこと
(B) 特許に関する入念な調査
(C) 手間を省く合理的なやり方
(D) 皆が異論を唱えないこと

100 계획을 실현하기 위해서는 무엇이 필요합니까?
(A) 종업원이 하나로 뭉쳐 대처하는 것
(B) 특허에 관한 꼼꼼한 조사
(C) 수고를 줄인 합리적인 방식
(D) 모두가 이의를 제기하지 않는 것

해설 | 이 사람은 후반부에서 특허의 실용화를 목표로 일치단결해서 이 계획을 실현시키자면서 직원들을 독려하고 있다. 따라서 정답은 (A)가 된다.

어휘 | 従業員(じゅうぎょういん) 종업원
まとまる 하나로 뭉치다[합치다], 한 덩어리가 되다
入念(にゅうねん)だ 꼼꼼히 하다, 정성들이다
調査(ちょうさ) 조사　手間(てま) (일을 하는 데 드는) 품, 수고, 시간
省(はぶ)く 덜다, 줄이다　合理的(ごうりてき)だ 합리적이다
やり方(かた) (하는) 방법[방식]　異論(いろん) 이론, 이의
唱(とな)える 제기하다, 주장하다

PART 5 | 정답 찾기

101 2자 한자 발음 찾기
오늘 아침 자명종이 울리지 않았습니다.

해설 | 「今朝」는 '오늘 아침'이라는 뜻의 명사로, (B)의 「けさ」라고 읽는다.

어휘 | 目覚(めざ)まし時計(どけい) 자명종　鳴(な)る 울리다
きのう(昨日) 어제　まいあさ(毎朝) 매일 아침　ことし(今年) 올해

102 2자 한자 발음 찾기
이름 읽는 법은 본인에게 물으세요.

해설 | 「本人」은 '본인'이라는 뜻의 명사로, (D)의 「ほんにん」이라고 읽는다.

어휘 | 名前(なまえ) 이름　読(よ)み方(かた) 읽는 법　聞(き)く 묻다

103 い형용사 발음 찾기
다나카 씨의 자녀분은 예절이 바르고 영리한 아이입니다.

해설 | 「賢い」는 '영리하다, 현명하다'라는 뜻의 い형용사로, (A)의 「かしこい」라고 읽는다.

어휘 | お子(こ)さん 자녀분　行儀(ぎょうぎ)が良(よ)い 예절이 바르다
子(こ) 아이　おさな(幼)い 어리다　うま(旨)い 맛있다

ゆる(緩)い 느슨하다, 헐겁다

104 동사 발음 찾기
저 배우는 낮게 울리는 목소리로 여성으로부터의 인기가 높다.

해설 | 「響く」는 '울리다'라는 뜻의 동사로, (C)의 「ひびく」라고 읽는다.

어휘 | 俳優(はいゆう) 배우　低(ひく)い 낮다　声(こえ) 소리, 목소리
女性(じょせい) 여성　~から ~로부터　人気(にんき) 인기
高(たか)い 높다　ささや(囁)く 속삭이다　かがや(輝)く 빛나다
くだ(砕)く 부수다, 깨뜨리다

105 2자 한자 발음 찾기
회식은 술을 마시는 것뿐만 아니라, 사원들의 교류라는 목적도 있다.

해설 | 「交流」는 '교류'라는 뜻의 명사로, (A)의 「こうりゅう」라고 읽는다.

어휘 | 飲(の)み会(かい) 술자리, 회식　酒(さけ) 술
飲(の)む (술을) 마시다　~だけでなく ~뿐만 아니라
社員(しゃいん) 사원
~たち (사람이나 생물을 나타내는 말에 붙어) ~들
狙(ねら)い 노리는 바, 목적

106 동사 발음 찾기

야마다 박사의 논문은 지금까지의 상식을 <u>뒤집는</u> 것으로서 주목받았다.

해설 | 「覆す」는 '뒤집다'라는 뜻의 동사로, (D)의 「くつがえす」라고 읽는다.

어휘 | 博士(はかせ) 박사 論文(ろんぶん) 논문
これまで 지금까지 常識(じょうしき) 상식
~として ~로서 注目(ちゅうもく) 주목
ひるがえ(翻)す 뒤집다, (태도·생각 등을) 번복하다, 바꾸다
こころざ(志)す 뜻을 두다, 지향하다 おびや(脅)かす 위협하다

107 な형용사 발음 찾기

장기 휴가 중에는 아무래도 <u>나태한</u> 생활이 되어 버린다.

해설 | 「怠惰」는 '나태, 태만, 게으름'이라는 뜻의 な형용사로, (B)의 「たいだ」라고 읽는다.

어휘 | 長期(ちょうき) 장기 休暇(きゅうか) 휴가
~中(ちゅう) ~중 どうしても 아무리 해도, 아무래도
生活(せいかつ) 생활 たせい(他姓) 타성, 남의 성

108 명사 한자 찾기

테스트 결과에 불안이 있는 것은 <u>부정</u>할 수 없다.

해설 | 「ひてい」는 '부정'이라는 뜻의 명사로, 한자로는 (C)의 「否定」이라고 쓴다.

어휘 | テスト 테스트, 시험 結果(けっか) 결과 不安(ふあん) 불안

109 명사 한자 찾기

호주는 국민의 생활 <u>수준</u>이 높은 나라이다.

해설 | 「すいじゅん」은 '수준'이라는 뜻의 명사로, 한자로는 (A)의 「水準」이라고 쓴다.

어휘 | オーストラリア 오스트레일리아, 호주 国民(こくみん) 국민
生活(せいかつ) 생활 高(たか)い 높다 国(くに) 나라

110 동사 한자 찾기

일상의 피로를 풀려면 온천욕을 하는 것이 제일이다.

해설 | 「いやす」는 '(상처·병 따위를) 고치다, (고민 따위를) 풀다'라는 뜻의 동사로, 한자로는 (C)의 「癒す」라고 쓴다.

어휘 | 日頃(ひごろ) 평소, 일상 疲(つか)れ 피로 ~には ~하려면
温泉(おんせん)に入(はい)る 온천욕을 하다
一番(いちばん) 가장, 제일 冒(おか)す 무릅쓰다
浸(ひた)す (물이나 액체에) 담그다 施(ほどこ)す 베풀다

111 대체 표현 찾기

가위를 썼으면 서랍 안에 넣어 두세요.
(A) 찾아
(B) 치워
(C) 닫아
(D) 발견해

해설 | 「仕舞(しま)う」는 '넣다, 간수하다, 치우다, 챙기다'라는 뜻의 동사로, 선택지 중 바꿔 쓸 수 있는 것은 (B)의 「片付(かたづ)ける」(치우다, 정리하다)이다.

어휘 | はさみ 가위 使(つか)う 쓰다, 사용하다
引(ひ)き出(だ)し 서랍 中(なか) 안, 속 探(さが)す 찾다

閉(と)じる 닫다, 덮다, (눈을) 감다 見(み)つける 찾(아내)다, 발견하다

112 대체 표현 찾기

자기 전에 <u>읽다 만</u> 소설을 읽으려고 생각하고 있습니다.
(A) 다 읽은
(B) 다 읽은
(C) 막 읽은
(D) 읽고 있는 도중인

해설 | 「동사의 ます형+かけの」는 '~하다 만, ~하는 도중인'이라는 뜻의 표현으로, 「読(よ)みかけの」는 '읽다 만, 읽는 도중인'이라는 뜻이 된다. 선택지 중 바꿔 쓸 수 있는 것은 (D)의 「読(よ)んでいる途中(とちゅう)の」(읽고 있는 도중인)이다.

어휘 | 寝(ね)る 자다 동사의 기본형+前(まえ)に ~하기 전에
読(よ)む 읽다 小説(しょうせつ) 소설
동사의 ます형+切(き)る 완전히[끝까지] ~하다
동사의 ます형+終(お)える 다 ~하다
동사의 た형+ばかり 막 ~한 참임, ~한 지 얼마 안 됨

113 대체 표현 찾기

출발은 1시간 후니까 <u>허둥댈 필요는 없다.</u>
(A) 허둥댈 수가 없다
(B) 허둥댈 수밖에 없다
(C) 허둥댈 것임에 틀림없다
(D) 허둥댈 필요는 없다

해설 | 「~ことはない」는 '~할 것은[필요는] 없다'라는 뜻의 표현으로, 「慌(あわ)てることはない」는 '허둥댈 필요는 없다'라는 뜻이 된다. 선택지 중 바꿔 쓸 수 있는 것은 (D)의 「慌(あわ)てる必要(ひつよう)はない」(허둥댈 필요는 없다)이다. (A)의 「동사의 ます형+ようがない」는 '~할 수개[방법이] 없다'라는 뜻으로, 「電話番号(でんわばんごう)がわからないことには連絡(れんらく)しようがない」(전화번호를 몰라서는 연락할 방법이 없다)처럼 쓰고, (B)의 「~よりほかない」는 '~하는[할] 수밖에 없다'라는 뜻으로 「試合(しあい)に勝(か)つためには一生懸命(いっしょうけんめい)練習(れんしゅう)するよりほかない」(시합에서 이기려면 열심히 연습하는 수밖에 없다)처럼 쓰며, (C)의 「~に違(ちが)いない」는 '~임에 틀림없다'라는 뜻으로 「犯人(はんにん)はこの辺(あた)りに隠(かく)れているに違(ちが)いない」(범인은 이 근처에 숨어 있음에 틀림없다)처럼 쓴다.

어휘 | 出発(しゅっぱつ) 출발 時間(じかん) 시간 ~後(ご) ~후
慌(あわ)てる 허둥대다, 당황하다 必要(ひつよう) 필요

114 대체 표현 찾기

어젯밤의 비행기 사고는 전혀 <u>예측이 불가능한</u> 일이었다.
(A) 예측할 수 없는
(B) 예측하지 않을 수 없는
(C) 바로 예측하는
(D) 예측에 지나지 않는

해설 | 「予測(よそく)が不可能(ふかのう)な」는 '예측이 불가능한'이라는 뜻이다. 선택지 중 바꿔 쓸 수 있는 것은 (A)의 「予測(よそく)し得(え)ない」(예측할 수 없는)로, 「동사의 ます형+得(え)ない」는 '~할 수 없다'라는 뜻이다. (B)의 「동사의 ない형+ざるを得(え)ない」는 '~하지 않을 수 없다'라는 뜻으로 「行(い)かざるを得(え)ない」(가지 않을 수 없다)처럼 쓰는데, 단 「~する」(~하다)에 접속할 경우에는 예외적으로 「~せざるを得(え)ない」(~하지 않을 수 없다)의 형태로 쓴다. (C)의 「~にほかならない」(바로[다름 아닌] ~이다)는 앞에 오는 내용을 단정적으로

서술할 때 쓰는 표현으로 「イベントの失敗(しっぱい)の原因(げんいん)は準備不足(じゅんびぶそく)にほかならない」(이벤트 실패의 원인은 다름 아닌 준비부족이다)처럼 쓰고, (D)의 「～に過(す)ぎない」(～에 지나지 않다)는 「これはあくまでも個人的(こじんてき)な推測(すいそく)に過(す)ぎないですが」(이것은 어디까지나 개인적인 추측에 지나지 않습니다만)처럼 쓴다.

어휘 | 昨夜(ゆうべ) 어젯밤　飛行機(ひこうき) 비행기
事故(じこ) 사고　全(まった)く (부정어 수반) 전혀
予測(よそく) 예측　不可能(ふかのう)だ 불가능하다

115 대체 표현 찾기
내일 강연회에서 시장이 댐 개발의 필요성을 <u>말한다</u>고 합니다.
(A) 다툰다
(B) 안는다
(C) 상관한다
(D) 말한다

해설 | 「述(の)べる」는 '말하다, 진술하다'라는 뜻이므로, 선택지 중 바꿔 쓸 수 있는 것은 (D)의 「説(と)く」(말하다, 설득하다)이다.

어휘 | 明日(あした) 내일　講演会(こうえんかい) 강연회
市長(しちょう) 시장　ダム 댐　開発(かいはつ) 개발
必要性(ひつようせい) 필요성
품사의 보통형+そうだ ～라고 한다 *전문
争(あらそ)う 다투다, 경쟁하다　抱(だ)く 안다
構(かま)う 관계하다, 상관하다

116 대체 표현 찾기
그가 만드는 프랑스 요리는 <u>맛은 당연하고 그 이외에도</u> 겉모양이 아름답다.
(A) 맛을 확인하는 김에
(B) 맛이라고 하면
(C) 맛은 물론이거니와
(D) 맛 없이

해설 | 「味(あじ)は当然(とうぜん)それ以外(いがい)にも」는 '맛은 당연하고 그 이외에도'라는 뜻으로, '맛은 말할 것도 없고 나머지도'라는 뜻이다. 선택지 중 바꿔 쓸 수 있는 것은 (C)의 「味(あじ)もさることながら」(맛은 물론이거니와)로, 「～もさることながら」는 '～은[도] 물론이거니와'라는 뜻으로 뒤에 오는 말을 강조하는 표현이다. (A)의 「동사의 ます형+がてら」(～하는 김에, ～을 겸해)는 한 가지 일을 할 때 추가적으로 다른 일도 함을 나타내는 표현으로 「買(か)い物(もの)がてら、インサドンへ行(い)って展覧会(てんらんかい)も見(み)て来(こ)よう」(쇼핑하는 김에 인사동에 가서 전람회도 보고 오자)처럼 쓰고, (B)의 「명사+ときたら」(～로 말하자면)는 화자의 불만이나 비난의 기분을 말할 때 자주 쓰는 표현으로 「うちの子(こ)ときたら、毎日(まいにち)ゲームばかりで全然(ぜんぜん)勉強(べんきょう)しない」(우리 애로 말하자면 매일 게임만 하고 전혀 공부하지 않는다)처럼 쓰며, (D)의 「명사+なくして」(～없이는)는 「努力(どりょく)なくして成功(せいこう)できないだろう」(노력 없이 성공할 수 없을 것이다)처럼 쓴다.

어휘 | 作(つく)る 만들다　フランス 프랑스　料理(りょうり) 요리
味(あじ) 맛　当然(とうぜん) 당연　それ 그것　以外(いがい) 이외
見(み)た目(め) 겉보기, 겉모양　美(うつく)しい 아름답다
確認(かくにん) 확인

117 「に」의 용법 구분
제 형은 도쿄<u>에</u> 살고 있습니다.

(A) 빨간 지붕 위<u>에</u> 고양이가 있습니다.
(B) 저는 아이<u>에게</u> 영어를 가르치고 있습니다.
(C) 밥을 사<u>러</u> 편의점에 갔습니다.
(D) 어려운 한자도 쓸 수 있<u>도록</u> 되었습니다.

해설 | 문제의 「に」는 '～에'라는 뜻으로, 위치를 나타내는 용법으로 쓰였다. 선택지 중 이와 같은 뜻으로 쓰인 것은 (A)로, (B)는 '～에게'라는 뜻으로 대상을 나타내고, (C)는 '동사의 ます형+に」의 형태로 '～하러'라는 동작의 목적을, (D)는 '～(하)게, ～(하)도록'이라는 뜻으로 변화를 나타낸다.

어휘 | 兄(あに) (자신의) 형, 오빠　東京(とうきょう) 도쿄
住(す)む 살다, 거주하다　赤(あか)い 빨갛다　屋根(やね) 지붕
上(うえ) 위　猫(ねこ) 고양이　いる (사람·생물이) 있다
子供(こども) 아이　英語(えいご) 영어
教(おし)える 가르치다, 교육하다　ご飯(はん) 밥
コンビニ 편의점 *「コンビニエンスストア」의 준말
難(むずか)しい 어렵다　漢字(かんじ) 한자
書(か)く (글씨·글을) 쓰다

118 「重ねる」의 의미 구분
테이블 위에 접시를 포개어 놓아 둡니다.
(A) 오늘은 겉옷을 겹쳐서 입으면 조금 더워요.
(B) 사람은 여러 가지 경험을 거듭해서 어른이 됩니다.
(C) 아침부터 나쁜 일이 거듭해서 일어나 꺼림칙한 기분입니다.
(D) 신세를 진 분에게 거듭해서 감사 말씀드립니다.

해설 | 문제의 「重(かさ)ねる」는 '겹치다, 포개다'라는 뜻으로, 선택지 중 이와 같은 뜻으로 쓰인 것은 (A)이다. 나머지 선택지는 '되풀이하다, 거듭하다'라는 뜻으로 쓰였다.

어휘 | テーブル 테이블　上(うえ) 위　皿(さら) 접시
置(お)く 놓다, 두다　～ておく ～해 놓다[두다]　今日(きょう) 오늘
上着(うわぎ) 겉옷　着(き)る (옷을) 입다　少(すこ)し 조금
暑(あつ)い 덥다　色々(いろいろ)だ 여러 가지다, 다양하다
経験(けいけん) 경험　大人(おとな) 어른　朝(あさ) 아침
悪(わる)い 나쁘다, 좋지 않다　起(お)こる 일어나다, 발생하다
嫌(いや)だ 싫다, 꺼림칙하다　気分(きぶん) 기분
お世話(せわ)になる 신세를 지다　方(かた) 분　感謝(かんしゃ) 감사
申(もう)し上(あ)げる 말씀드리다 *「言(い)う」(말하다)의 겸양어로, 「申(もう)す」(말하다)보다 공손한 말씨

119 「荒い」의 의미 구분
파도가 <u>거친</u> 탓에 배가 바다에 나갈 수 없게 되었다.
(A) 사사키 부장은 사람 다루는 법이 <u>거칠다</u>.
(B) 돈 씀씀이가 <u>헤픈</u> 사람을 연인으로 삼아서는 안 된다.
(C) 전력으로 달려서 숨이 <u>거치니까</u> 조금 쉬자.
(D) 사회에 나와 말씨가 <u>거칠면</u> 손해를 본다.

해설 | 문제의 「荒(あら)い」는 '(파도·바람 등이) 거칠다, 거세다'라는 뜻으로, 선택지 중 이와 같은 뜻으로 쓰인 것은 (C)이다. (A)와 (D)는 '(언행이) 거칠다, 난폭하다, 험하다', (B)는 '(씀씀이가) 헤프다'라는 뜻으로 쓰였다.

어휘 | 波(なみ) 파도　～せいで ～탓에　船(ふね) 배
海(うみ) 바다　出(で)る 나가다　部長(ぶちょう) 부장
人使(ひとづか)い 사람 다루는 법　金遣(かねづか)い 돈의 씀씀이
恋人(こいびと) 연인, 애인　～にする ～로 하다
～てはいけない ～해서는 안 된다　全力(ぜんりょく) 전력
走(はし)る 달리다, 뛰다　息(いき) 숨, 호흡

少(すこ)し 조금　休(やす)む 쉬다　社会(しゃかい) 사회
言葉遣(ことばづか)い 말투, 말씨　損(そん)をする 손해를 보다

120 「紛(まぎ)れる」의 의미 구분
음악을 들으면 스트레스가 잊혀지고 편안해진다.
(A) 화재 소동을 틈타 돈을 훔친 남자가 있었던 것 같다.
(B) 바쁜 것에 정신이 팔려 친구와의 약속을 잊어버렸다.
(C) 일 때문에 시름이 잊혀져 실연의 아픔이 누그러졌다.
(D) 여자친구를 봤지만 인파에 뒤섞여 놓쳐 버렸다.

해설 | 문제의 「紛(まぎ)れる」는 '딴것에 마음을 빼앗겨서 시름을 잊다'
라는 뜻으로, 선택지 중 이와 같은 뜻으로 쓰인 것은 (C)이다. 「気(き)가
紛(まぎ)れる」라고 하면 '딴것에 마음을 빼앗겨서) 우울한 기분이나 시
름 등이 잊혀지다'라는 뜻을 나타낸다. (A)는 '(혼란 등을) 틈타다', (B)는
'(정신이) 팔리다', (D)는 '뒤섞이다, 헷갈리다'라는 뜻으로 쓰였다.

어휘 | 音楽(おんがく) 음악　聞(き)く 듣다　ストレス 스트레스
楽(らく)だ 편안하다, 편하다　火事(かじ) 화재
騒(さわ)ぎ 소동　盗(ぬす)む 훔치다
~らしい ~인 것 같다 *객관적 근거에 의한 추측·판단
忙(いそが)しさ 바쁨　友人(ゆうじん) 친구
約束(やくそく) 약속　忘(わす)れる 잊다　仕事(しごと) 일
失恋(しつれん) 실연　痛(いた)み 아픔, (심적) 괴로움, 고통
和(やわ)らぐ 누그러지다, (바람·통증 등이) 가라앉다, 풀리다
見(み)かける (가끔) 만나다, 보다
人込(ひとご)み 인파, 붐빔, 북적임
見失(みうしな)う 보던 것을 시야에서 놓치다. 지금까지 보였던 것이
보이지 않게 되다

PART 6 | 오문 정정

121 표현 오용 (D) 言(い)いません → 話(はな)せません
20년이나 미국에 살았는데도 영어는 말할 수 없습니다.

해설 | 문맥상 후반부에는 '영어는 말할 수 없다, 의사소통이 안 된다'라
는 표현이 와야 한다. (D)의 「言(い)う」는 단순히 '소리 내서 말하다'라
는 뜻의 동사이므로, 이 경우에는 '(상대방과) 대화하다, 이야기하다'라
는 뜻의 「話(はな)す」(말하다, 이야기하다)를 써야 한다. 따라서 (D)는
「話(はな)す」의 가능형인 「話(はな)せる」(말할 수 있다, 이야기할 수
있다)를 써서 「話(はな)せません」(말할 수 없습니다)으로 고쳐야 한다.

어휘 | ~も ~이나　アメリカ 미국　住(す)む 살다, 거주하다
~のに ~는데(도)　英語(えいご) 영어

122 표현 오용 (A) 頃(ごろ) → 場合(ばあい)
수업에 지각할 경우에는 반드시 학과 사무실에 전화를 해 주십시오.

해설 | (A)의 「~頃(ごろ)」(~경[쯤])는 「朝刊(ちょうかん)は5時半頃
(ごじはんごろ)配達(はいたつ)される」(조간은 5시 반쯤 배달된다)처
럼 때를 나타내는 말에 붙어 그 전후를 막연하게 나타내는 표현으로, 문
장과는 맞지 않는다. 문맥상 (A)에는 '그 상황이 되었을 때'를 나타내는
표현이 와야 하므로, 「場合(ばあい)」(경우, 때)로 고쳐야 한다.

어휘 | 授業(じゅぎょう) 수업　遅刻(ちこく) 지각
必(かなら)ず 꼭, 반드시　学科(がっか) 학과
事務室(じむしつ) 사무실　電話(でんわ) 전화

123 조사 오용 (B) に → と
내일 비가 내리지 않으면 가족과 동물원에 갈 예정입니다.

해설 | (B)의 「~に」(~에)는 장소나 방향, 시간 등을 나타내는 조사로,
문장과는 맞지 않는다. 문맥상 (B)에는 동반을 뜻하는 조사가 와야 하므
로, 「~と」(~와[과])로 고쳐야 한다.

어휘 | 明日(あした) 내일　雨(あめ) 비
降(ふ)る (비·눈 등이) 내리다, 오다　家族(かぞく) 가족
動物園(どうぶつえん) 동물원　行(い)く 가다　予定(よてい) 예정

124 접속 오용 (A) 冷(つめ)たくて → 冷(つめ)たい
지금 계절은 바닷물이 차가우니까 수영하지 않는 편이 좋아요.

해설 | (A) 뒤에 있는 「~から」(~이기 때문에, ~니까)는 원인이나 이유
를 나타내는 조사로, い형용사의 기본형에 접속한다. 따라서 (A)의 「冷
(つめ)たくて」(차가워서)는 기본형인 「冷(つめ)たい」(차갑다)로 고쳐야
한다.

어휘 | 今(いま) 지금　季節(きせつ) 계절　海(うみ) 바다
水(みず) 물　泳(およ)ぐ 헤엄치다, 수영하다
~ない方(ほう)がいい ~하지 않는 편[쪽]이 좋다

125 부사 오용 (D) あんなに → あまり
올여름은 선선하기 때문에 에어컨이 별로 팔리지 않습니다.

해설 | (D)의 「あんなに」는 '저렇게(나), 그렇게(나)'라는 뜻으로, 문장과
는 맞지 않는다. 문맥상 뒤에 있는 「売(う)れません」(팔리지 않습니다)
이라는 부정문과 호응하는 부사가 와야 하므로, (D)는 「あまり」(그다지,
별로)로 고쳐야 한다.

어휘 | 今年(ことし) 올해　夏(なつ) 여름
涼(すず)しい 시원하다, 선선하다　~ので ~때문에
エアコン 에어컨　売(う)れる (잘) 팔리다

126 동사 오용 (B) 困(こま)った → 迷(まよ)った
지난주에 동물원에 갈 때 길을 헤맸기 때문에 파출소에서 가는 법을 물
었습니다.

해설 | (B)의 「困(こま)る」는 '곤란하다, 난처하다'라는 뜻의 동사로, 앞
에 있는 「道(みち)」(길)와 어울리지 않는다. 문맥상 (B)에는 '길을 잃다,
헤매다'라는 뜻의 동사가 와야 하므로, 「迷(まよ)う」의 과거형인 「迷
(まよ)った」(헤맸다)로 고쳐야 한다.

어휘 | 先週(せんしゅう) 지난주　動物園(どうぶつえん) 동물원
交番(こうばん) 파출소　行(い)き方(かた) 가는 법　聞(き)く 묻다

127 표현 오용 (A) になると → によると
일기예보에 의하면 도쿄에 태풍은 오지 않는다고 합니다.

해설 | (A)의 「~になると」(~이[가] 되면)는 「8月(はちがつ)になると、
もっと暑(あつ)くなる」(8월이 되면 더 더워진다)처럼 변화를 나타내는
표현으로, 문장과는 맞지 않는다. 앞에 「天気予報(てんきよほう)」(일기

229

예보)가 있으므로, (A)는 정보나 판단의 출처를 나타내는 「~によると」(~에 의하면[따르면])로 고쳐야 한다.

어휘 | 東京(とうきょう) 도쿄　台風(たいふう) 태풍
来(く)る 오다　품사의 보통형+そうだ ~라고 한다 *전문

128 부사 오용 (D) もう → まだ
모레부터 출장입니다만, 신칸센 티켓은 <u>아직</u> 예약하지 않았습니다.

해설 | (D)의 「もう」(이미, 벌써)는 다 끝나거나 지난 일을 이를 때 쓰는 말로, 뒤에 있는 「予約(よやく)していません」(예약하지 않았습니다)와 맞지 않는다. 문맥상 (D)에는 '여태까지, 지금까지도'라는 뜻을 나타내는 표현이 와야 하므로, 「まだ」(아직(도))로 고쳐야 한다.

어휘 | 明後日(あさって) 모레　出張(しゅっちょう) 출장
新幹線(しんかんせん) 신칸센　チケット 티켓　予約(よやく) 예약

129 문법표현 오용 (D) に決めている → に決まっている
하루만에 100개 이상의 단어를 외우는 것은 무리임에 <u>틀림없다</u>.

해설 | 문맥상 후반부에는 '분명히 무리일 것이다, 무리임에 틀림없다'처럼 강한 확신을 나타내는 표현이 와야 한다. 이와 같은 의미를 나타내는 것은 「~に決(き)まっている」(분명히 ~일 것이다, ~임에 틀림없다)이므로, (D)의 「に決(き)めている」는 「に決(き)まっている」로 고쳐야 한다.

어휘 | 一日(いちにち) 하루　~で (기준·수량)~에　~個(こ) ~개
以上(いじょう) 이상　単語(たんご) 단어　覚(おぼ)える 외우다
無理(むり)だ 무리이다

130 동사 오용 (B) 掴まる → 掴む
비즈니스 기회를 잡기 위해서 여러 가지 정보를 모으고 있습니다.

해설 | (B)의 「掴(つか)まる」는 '(손잡이나 가지 등을) 꽉 잡다, 붙잡다'라는 뜻의 자동사로, 「電車(でんしゃ)の吊革(つりかわ)に掴(つか)まる」(전철의 손잡이를 붙잡다)처럼 조사 「に」가 앞에 온다. (B) 앞에는 조사 「を」(을[를])가 있고 문맥상 '(기회 등을) 잡다, 포착하다'라는 뜻의 동사가 와야 하므로, 「掴(つか)む」라는 타동사를 써야 한다. 따라서 (B)의 「掴(つか)まる」는 「掴(つか)む」로 고쳐야 한다.

어휘 | ビジネス 비즈니스　チャンス 찬스, 기회
~ために ~위해서　色々(いろいろ)だ 여러 가지다, 다양하다
情報(じょうほう) 정보　集(あつ)める 모으다

131 접속 형태 오용 (C) 向きの → 向きに
이것은 컴퓨터를 사용해 게임 감각으로 학습할 수 있는 초등학생에게 <u>적합하게</u> 설계된 시스템입니다.

해설 | (C)의 「~向(む)きの」(~에 적합한)는 명사를 수식하는 형태이므로, 뒤에 있는 「設計(せっけい)された」(설계된)를 수식할 수 없다. 동사를 수식하기 위해서는 「~向(む)きに」(적합하게)의 형태가 되어야 하므로, (C)는 「~向(む)きに」로 고쳐야 한다.

어휘 | これ 이것　パソコン (개인용) 컴퓨터 *「パーソナルコンピューター」의 준말　使(つか)う 쓰다, 사용하다　ゲーム 게임
感覚(かんかく) 감각　学習(がくしゅう) 학습
小学生(しょうがくせい) 초등학생　設計(せっけい) 설계
システム 시스템

132 문법표현 오용 (B) としては → を基にして
일전에 실시한 앙케트 결과를 <u>바탕으로 해서</u> 신상품의 디자인을 결정합

시다.

해설 | (B)의 「~としては」(~로서는)는 「私(わたし)としては彼女(かのじょ)の意見(いけん)に賛成(さんせい)できません」(저로서는 그녀의 의견에 찬성할 수 없습니다)처럼 입장이나 자격을 나타내는 표현으로, 문장과는 맞지 않는다. 문맥상 (B)에는 '구체적인 것을 근거로 해서 말하다'와 같은 뜻의 표현이 와야 하므로 「~を基(もと)にして」(~을 바탕으로[근거로] 해서)로 고쳐야 한다.

어휘 | 先日(せんじつ) 요전, 일전
行(おこな)う 하다, 행하다, 실시하다　アンケート 앙케트
結果(けっか) 결과　新商品(しんしょうひん) 신상품
デザイン 디자인　決定(けってい) 결정

133 표현 오용 (A) 能力 → 機能
이 스마트폰은 카메라 <u>기능</u>이 뛰어나서 어두운 곳에서도 아름다운 사진을 촬영할 수 있다.

해설 | (A)의 「能力(のうりょく)」(능력)는 '일을 감당해 낼 수 있는 힘'을 뜻하는 말로, 사람에 대해서 쓴다. 앞에 「カメラ」(카메라)라는 기계가 있으므로, (A)는 사물의 작용을 나타내는 「機能(きのう)」(기능)를 써야 한다.

어휘 | スマートフォン 스마트폰　優(すぐ)れる 뛰어나다, 우수하다
暗(くら)い 어둡다　場所(ばしょ) 장소, 곳　美(うつく)しい 아름답다
写真(しゃしん) 사진　撮影(さつえい) 촬영

134 문법표현 오용 (C) ほどに → ごとに
수술은 무사히 성공했지만 퇴원 후에도 1개월<u>마다</u> 검사를 받지 않으면 안 된다.

해설 | (C)의 「~ほどに」(~(할)수록)는 「読(よ)むほどに面白(おもしろ)い」(읽을수록 재미있다)처럼 '~함에 따라 더욱더'라는 뜻을 나타내는 표현으로, 문장과는 맞지 않는다. 문맥상 (C)에는 일정한 주기나 단위가 반복됨을 나타내는 표현이 와야 하므로, 「~ごとに」(~마다)로 고쳐야 한다.

어휘 | 手術(しゅじゅつ) 수술　無事(ぶじ)だ 무사하다
成功(せいこう) 성공　退院(たいいん) 퇴원　~後(ご) ~후
~か月(げつ) ~개월　検査(けんさ) 검사
受(う)ける (어떤 행위를) 받다
~なければならない ~하지 않으면 안 된다, ~해야 한다

135 부사 오용 (C) 滅多に → 徐々に
경험을 쌓음으로써 <u>서서히</u> 스스로에게 자신감을 가질 수 있게 되었다.

해설 | (C)의 「滅多(めった)に」(좀처럼)는 「こんな機会(きかい)は滅多(めった)にない」(이런 기회는 좀처럼 없다)처럼 부정어를 수반하는 부사이므로, 문장과는 맞지 않는다. 뒷부분에 「~ようになった」(~하게(끔) 되었다)라는 변화를 나타내는 표현이 있으므로, (C)에는 조금씩 변화하는 모양을 나타내는 부사가 와야 한다. 따라서 (C)는 「徐々(じょじょ)に」(서서히)로 고쳐야 한다.

어휘 | 経験(けいけん) 경험　積(つ)む (경험 등을) 쌓다
~ことで ~함으로써　自分(じぶん) 자기, 자신, 나
自信(じしん) 자신, 자신감　持(も)つ 가지다

136 활용 오용 (B) 買い込めた → 買い込んだ
몰래 낚시 도구를 <u>사들인</u> 것은 아내에게는 비밀로 하고 있다.

해설 | (B)의 「買(か)い込(こ)めた」((많이) 사들일 수 있었던)는 「買(か)

い込(こ)む((많이) 사들이다)의 가능과거형으로 문장과는 맞지 않는다. 문맥상 (B)에는 과거형이 와야 하므로,「買(か)い込(こ)んだ」((많이) 사들인)로 고쳐야 한다.

어휘 | こっそり 살짝, 몰래 釣(つ)り 낚시 道具(どうぐ) 도구
家内(かない) (자신의) 아내, 집사람 内緒(ないしょ) 비밀
～にする ～로 하다

137 활용 오용 (D) さぞ → わずか
도쿄에서 동경하던 일에 취업했지만, 현실은 혹독해서 불과 1년만에 귀성하게 되었다.

해설 | (D)의 「さぞ」는 '틀림없이, 아마, 필시'라는 뜻이므로, 문장과는 맞지 않는다. 문맥상 (D)에는 수량・정도・가치・시간 따위가 아주 적은 모양을 나타내는 표현이 와야 하므로,「わずか」(불과)로 고쳐야 한다.

어휘 | 東京(とうきょう) 도쿄 憧(あこが)れ 동경
職業(しょくぎょう)に就(つ)く 취직[취업]하다, 직업에 종사하다
～ものの ～이지만 現実(げんじつ) 현실
厳(きび)しい 혹독하다, 심하다 帰省(きせい) 귀성
동사의 보통형+ことになる ～하게 되다

138 문법표현 오용 (B) 次第で → 以上は
(중・고층) 아파트 건축에 관계된 계획을 공개한 이상은 주변 주민으로부터 이해를 얻을 필요가 있다.

해설 | (B)의 「～次第(しだい)で」(～에 따라, ～나름으로)는 명사에 접속하여 일이 되어 가는 형편을 나타내는 표현으로, 접속과 의미 모두 맞지 않는다. 문제는 '계획을 공개했다면 당연히 주민의 이해를 얻어야 한다'라는 의미가 되어야 하므로, (B)에는 앞에 오는 내용을 조건으로 뒤에는 당연히 그래야 한다는 뜻을 나타내는 「동사의 보통형+以上(いじょう)は」(～한 이상은)를 써야 한다.

어휘 | マンション 맨션, (중・고층) 아파트 建築(けんちく) 건축
関(かか)わる 관계되다 計画(けいかく) 계획
公開(こうかい) 공개 周辺(しゅうへん) 주변
住民(じゅうみん) 주민 理解(りかい) 이해 得(え)る 얻다
必要(ひつよう) 필요

139 표현 오용 (C) 謎(なぞ) → 溝(みぞ)
거북스러운 상대라고 느꼈다고 해도 그 사람을 피하지 말고 틈을 메우는 노력을 합시다.

해설 | (C)의 「謎(なぞ)」는 '수수께끼'라는 뜻으로, 문장과는 맞지 않는다. 문맥상 (C)에는 '사람 사이를 떼어놓는 감정적 거리'를 나타내는 말이 와야 하므로,「溝(みぞ)」((인간 관계의) 틈, 간격)로 고쳐야 한다.

어휘 | 苦手(にがて)だ 대하기 싫은 상대다, 거북스럽다
感(かん)じる 느끼다 避(さ)ける 피하다
～ずに ～하지 않고[말고]
埋(う)める 메우다, 채우다 努力(どりょく) 노력

140 표현 오용 (B) 取(と)り次(つ)ぎ → 相次(あいつ)ぎ
신년도부터 금융 서비스나 오락시설의 가격 인상이 잇따라서 가계 부담이 늘기만 한다.

해설 | (B)의 「取(と)り次(つ)ぐ」는 '(중간에서) 전하다, 응대하다'라는 뜻의 동사로, 문장과는 맞지 않는다. 문맥상 (B)에는 '어떤 사건이나 행동 따위가 이어 발생하다'라는 의미의 동사가 와야 하므로,「相次(あいつ)ぐ」(잇따르다)를 써서「相次(あいつ)ぎ」(잇따라)로 고쳐야 한다.

어휘 | 新年度(しんねんど) 신년도 金融(きんゆう) 금융
サービス 서비스 娯楽(ごらく) 오락 施設(しせつ) 시설
値上(ねあ)げ 가격 인상 家計(かけい) 가계 負担(ふたん) 부담
増(ま)す (수량・양・정도가) 커지다, 많아지다, 늘다
～ばかりだ ～할 뿐이다, ～하기만 한다 *변화

PART 7 | 공란 메우기

141 적절한 표현 찾기
부엌의 전등을 꺼 두세요.

해설 | 공란 뒤의 「消(け)す」((스위치 등을) 끄다)라는 동사와 어울리는 명사를 찾는다. 정답은 (B)의 「電気(でんき)」(전등)로,「電気(でんき)를 消(け)す/付(つ)ける」(전등을 끄다/켜다)와 같이 쓴다.

어휘 | 台所(だいどころ) 부엌 ～ておく ～해 놓다[두다]
窓(まど) 창문 部屋(へや) 방 ドア 문

142 적절한 い형용사 찾기
이 책은 너무 쉬워서 어른에게는 재미없을 것이다.

해설 | 「い형용사의 어간+過(す)ぎる」는 '너무 ～하다'라는 뜻의 표현으로, 공란 앞의 「易(やさ)し過(す)ぎる」는 '너무 쉽다'라는 뜻이다. 즉, 너무 쉬운 책이라면 어른에게는 재미없을 것이므로, 정답은 (C)의 「つまらない」(재미없다)가 된다.

어휘 | 本(ほん) 책 大人(おとな) 어른
～だろう ～일[할] 것이다, ～겠지 *추측 恥(は)ずかしい 부끄럽다
悲(かな)しい 슬프다 嬉(うれ)しい 기쁘다

143 적절한 표현 찾기
중학생이 되면 테니스를 배우고 싶습니다.

해설 | 문제는 '중학생이 되면 그 다음에'라는 뜻이 되어야 하므로, 공란에는 변화와 가정조건 중 완료를 강조하는 표현이 와야 한다. 선택지 중 변화를 나타내는 표현은 「～になる」(～이[가] 되다)인데, 문맥상 '～하면 그 다음에, ～하면 그 결과'라는 뜻의 완료를 강조해야 하는 표현이 되어야 하므로, 「～たら」(～하면)를 쓴 (D)의 「なったら」(되면)가 정답이 된다. (C)의 「～なら」(～할 거라면, ～한다고 하면)는 동사의 기본형에 접속해 앞의 내용이 실현된다는 것을 전제로 말하는 표현으로, 뒤에는 주로 조언이나 권유표현이 온다. 「日本(にほん)へ行(い)くなら、北海道(ほっかいどう)に行(い)ってみてください」(일본에 갈 거라면 홋카이도에 가 보세요)처럼 쓰므로, (C)는 답이 될 수 없다.

어휘 | 中学生(ちゅうがくせい) 중학생 テニス 테니스
習(なら)う 배우다, 익히다 동사의 ます형+たい ～하고 싶다

144 적절한 부사 찾기
형은 인도 요리를 좋아해서 특히 카레를 자주 먹습니다.

해설 | '형은 인도 요리를 좋아해서 ～ 카레를 자주 먹는다'라고 했으므

231

로, 공란에는 '다른 것보다 더욱 두드러지게'라는 뜻을 지닌 부사가 와야 한다. (A)의 「特(とく)に」는 '특히', (B)의 「是非(ぜひ)」는 '꼭, 제발, 부디', (C)의 「ちょうど」는 '정확히, 마침, 딱', (D)의 「今(いま)にも」는 '당장이라도'라는 뜻이므로, 정답은 (A)가 된다.

어휘 | 兄(あに) (자신의) 형, 오빠 インド 인도 料理(りょうり) 요리 好(す)きだ 좋아하다 カレー 카레 良(よ)く 자주 食(た)べる 먹다

145 적절한 조사 찾기
빨간 코트를 입고 있는 사람이 다나카 씨입니다.

해설 | 공란 뒤의 「着(き)る」는 '(옷을) 입다'라는 뜻의 타동사이므로, 앞에는 목적격 조사가 와야 한다. 따라서 정답은 (B)의 「を」(을[를])가 된다.

어휘 | 赤(あか)い 빨갛다 コート 코트

146 적절한 동사 찾기
일요일에 아이를 데리고 동물원에 갔습니다.

해설 | 공란 앞뒤의 「子供(こども)を」(아이를), 「動物園(どうぶつえん)へ行(い)きました」(동물원에 갔습니다)와 어울리는 동사를 찾는다. (A)의 「連(つ)れる」는 '데리고 개[오]다', (B)의 「見(み)る」는 '보다', (C)의 「遊(あそ)ぶ」는 '놀다', (D)의 「通(かよ)う」는 '다니다'라는 뜻이므로, 정답은 (A)가 된다.

어휘 | 日曜日(にちようび) 일요일 子供(こども) 아이 動物園(どうぶつえん) 동물원

147 적절한 접속 형태 찾기
약을 먹었는데도 열이 내려가지 않습니다.

해설 | 「薬(くすり)を飲(の)む」는 '약을 먹다'라는 뜻이고, 공란 뒤의 「～のに」(～는데[도])는 기대나 예상에 어긋나는 결과가 올 때 쓰는 접속조사이다. 즉, 문제는 약을 먹었음에도 불구하고 열이 내려가지 않는다는 의미이므로, 공란에는 「飲(の)む」((약을) 먹다)의 과거형인 「飲(の)んだ」((약을) 먹었다)가 와야 한다. 따라서 정답은 (B)가 된다.

어휘 | 熱(ねつ) 열 下(さ)がる (기온·온도·열 등이) 내려가다

148 적절한 な형용사 찾기
사사키 씨는 넓은 정원이 있는 훌륭한 집에 살고 있습니다.

해설 | 공란 뒤의 「家(いえ)」(집)라는 단어와 어울리는 な형용사를 찾는다. (A)의 「丁寧(ていねい)」는 '공손함, 정중함', (B)의 「新鮮(しんせん)」은 '신선함', (C)의 「立派(りっぱ)」는 '훌륭함', (D)의 「健康(けんこう)」는 '건강함'이라는 뜻이므로, 정답은 (C)가 된다.

어휘 | 広(ひろ)い 넓다 庭(にわ) 정원 住(す)む 살다, 거주하다

149 적절한 표현 찾기
다음 주 월요일은 경축일이기 때문에 학교가 쉽니다.

해설 | '다음 주 월요일은 ～이기 때문에 학교가 쉽니다'라고 했으므로, 공란에는 그 이유에 해당하는 말이 와야 한다. 정답은 (B)의 「祝日(しゅくじつ)」로, '경축일'이라는 뜻이다.

어휘 | 来週(らいしゅう) 다음 주 月曜日(げつようび) 월요일 学校(がっこう) 학교 休(やす)み 쉼, 휴일 日記(にっき) 일기 曜日(ようび) 요일 半日(はんにち) 반일, 하루의 반

150 적절한 조사 찾기
우유는 편의점보다 슈퍼 쪽이 쌉니다.

해설 | '우유는 편의점～ 슈퍼 쪽이 쌉니다'라고 했으므로, 공란에는 비교의 기준을 나타내는 조사가 와야 한다. 정답은 (C)의 「～より」(～보다)로, (A)의 「～でも」(～에서도)는 장소를 뜻하는 말에 접속하여 쓰이고, (B)의 「～から」(～로부터)는 시작이나 원인을, (D)의 「～まで」(～까지)는 종착점을 말할 때 쓴다.

어휘 | 牛乳(ぎゅうにゅう) 우유
コンビニ 편의점 *「コンビニエンスストア」의 준말
スーパー 슈퍼(마켓) *「スーパーマーケット」의 준말
方(ほう) 편, 쪽 安(やす)い (값이) 싸다

151 적절한 표현 찾기
급한 용무가 생겨서 레스토랑 예약을 취소했습니다.

해설 | 공란에는 「できる」(생기다)라는 동사와 호응하면서 레스토랑 예약을 취소한 이유가 될 만한 말이 와야 한다. (A)의 「人柄(ひとがら)」는 '인품', (B)의 「乗車(じょうしゃ)」는 '승차', (C)의 「急用(きゅうよう)」는 '급한 용무', (D)의 「手術(しゅじゅつ)」는 '수술'이라는 뜻이므로, 정답은 (C)가 된다.

어휘 | レストラン 레스토랑 予約(よやく) 예약
キャンセル 캔슬, 취소

152 적절한 복합동사 찾기
여러분으로부터의 협력에 감사 말씀드립니다.

해설 | 공란 앞의 「お礼(れい)」(감사(의 말))와 어울리는 동사를 찾는다. (A)의 「申(もう)し上(あ)げる」는 '말씀드리다'라는 뜻으로 「言(い)う」(말하다)의 겸양어이고, (B)의 「盛(も)り上(あ)げる」는 '(기분 등을) 돋우다, 고조시키다', (C)의 「飛(と)び上(あ)がる」는 '날아오르다', (D)의 「立(た)ち上(あ)がる」는 '일어서다'라는 뜻이므로, 정답은 (A)가 된다.

어휘 | 皆様(みなさま) 여러분 *「皆(みな)さん」보다 정중한 말씨
協力(きょうりょく) 협력

153 적절한 문법표현 찾기
날씨가 좋은 동안에 빨래를 널어 버립시다.

해설 | 빨래를 너는 것을 날씨가 좋을 때로 한정하고 있으므로, 공란에는 '(어떤 상태가 지속되는) 동안에'라는 뜻의 표현이 와야 한다. 정답은 (A)의 「～うちに」로, '～동안에, ～사이에'라는 뜻이다. (B)의 「～代(か)わりに」(～하는 대신에)는 「授業料(じゅぎょうりょう)を免除(めんじょ)される代(か)わりに、日本語学校(にほんごがっこう)でバイトをすることにした」(수업료를 면제받는 대신에 일본어학교에서 아르바이트를 하기로 했다)처럼 쓰고, (C)의 「～さえ」(～조차)는 「就職(しゅうしょく)してからは、忙(いそが)しくて映画(えいが)を見(み)る暇(ひま)さえない」(취직하고 나서는 바빠서 영화를 볼 틈조차 없다)처럼 쓰며, (D)의 「ところ(所)」는 '곳, 장소'라는 뜻이다.

어휘 | 天気(てんき) 날씨 いい 좋다
洗濯物(せんたくもの) 세탁물, 빨래 干(ほ)す 말리다, 널다
～てしまう ～해 버리다, ～하고 말다

154 적절한 부사 찾기
남동생은 응원하고 있던 야구팀이 져서 실망하고 있습니다.

해설 | 공란 앞의 「負(ま)ける」는 '지다, 패하다'라는 뜻의 동사로, 응원하던 야구팀이 졌을 때의 감정으로 어울리는 부사를 찾는다. 정답은 (D)

의 「がっかり」(실망[낙담]하는 모양)로, 「がっかりする」라고 하면 '실망하다'라는 뜻이다. (A)의 「ぴったり」(꼭, 딱)는 꼭 들어맞는 모양을, (B)의 「ぐっすり」(푹)는 깊이 잠든 모양을, (C)의 「しっかり」(제대로, 확실히)는 견고한 모양을 나타낸다.

어휘 | 弟(おとうと) (자신의) 남동생　応援(おうえん) 응원
野球(やきゅう) 야구　チーム 팀

155 적절한 표현 찾기
태풍 10호가 오키나와에 접근하고 있다.

해설 | 공란 앞에 「台風(たいふう)」(태풍)가 있으므로, 공란에는 태풍을 세는 말이 와야 한다. 정답은 (B)의 「~号(ごう)」로, '~호'라는 뜻이다.

어휘 | 沖縄(おきなわ) 오키나와　近付(ちかづ)く 접근하다, 다가오다
~巻(かん) ~권 *책 등을 세는 말
~画(かく) ~획 *(글씨나 그림에서) 붓 등을 한 번 그은 줄이나 점을 세는 말　~台(だい) ~대 *차나 기계 등을 세는 말

156 적절한 표현 찾기
나는 손재주가 없기 때문에 뜨개질이 서투르다.

해설 | 공란 앞의 「不(ふ・ぶ)」(부정의 뜻을 나타내는 말)와 접속이 가능하고, 뒤에 있는 「編(あ)み物(もの)が苦手(にがて)だ」(뜨개질이 서투르다)와 어울리는 표현을 찾는다. 정답은 (C)의 「器用(きよう)」(손재주가 있음)로, 「不器用(ぶきよう)」라고 하면 '손재주가 없음'이라는 뜻이다. 나머지 선택지도 「不可能(ふかのう)/可能(かのう)」(불가능/가능), 「不注意(ふちゅうい)/注意(ちゅうい)」(부주의/주의), 「不規則(ふきそく)/規則(きそく)」(불규칙/규칙)처럼 쓴다.

어휘 | 編(あ)み物(もの) 뜨개질　苦手(にがて)だ 서투르다, 잘 못하다

157 적절한 문법표현 찾기
도쿄 출장 때마다 역 앞의 사쿠라호텔을 이용하고 있습니다.

해설 | 문맥상 공란에는 일회성이 아닌 반복적으로 같은 상황이 되는 경우를 나타내는 표현이 와야 한다. 정답은 (C)의 「~度(たび)に」로, '~할 때마다'라는 뜻이다.

어휘 | 東京(とうきょう) 도쿄　出張(しゅっちょう) 출장
駅前(えきまえ) 역 앞　ホテル 호텔　利用(りよう) 이용
~ように ~하도록, ~처럼　~おかげで ~덕분에
~せいで ~탓에

158 적절한 부사 찾기
친구는 몇 번 거절해도 계속 골프를 권해 온다.

해설 | 문제는 몇 번 거절했는데도 골프를 권한다는 의미이므로, 공란에는 같은 일이 반복적으로 일어난다는 뜻의 부사가 와야 한다. 정답은 (D)의 「頻(しき)りに」로, '계속, 줄곧, 끊임없이'라는 뜻이다.

어휘 | 友人(ゆうじん) 친구　何度(なんど) 몇 번
断(ことわ)る 거절하다　ゴルフ 골프　誘(さそ)う 권하다, 권유하다
正(まさ)に 바로, 틀림없이　試(ため)しに 시험 삼아
いつの間(ま)に 어느새

159 적절한 표현 찾기
실패할 가능성은 있지만 그래도 이 일에 도전하고 싶다.

해설 | 공란 앞에 「それでも」(그래도)라는 역접의 의미를 나타내는 접속사가 있으므로, 공란에는 실패할 가능성은 있지만 정면으로 맞서 보겠다는 의지의 뜻을 지닌 단어가 와야 한다. (A)의 「維持(いじ)」는 '유

지', (B)의 「挑戦(ちょうせん)」은 '도전', (C)의 「応用(おうよう)」는 '응용', (D)의 「延長(えんちょう)」는 '연장'이라는 뜻으로, 이 중 문맥상 어울리는 것은 (B)이다.

어휘 | 失敗(しっぱい) 실패　可能性(かのうせい) 가능성
仕事(しごと) 일

160 적절한 문법표현 찾기
지역 여러분의 지원을 빼고 이벤트 성공은 말할 수 없습니다.

해설 | 문제는 이벤트 성공을 위해서는 여러분의 지원이 꼭 필요하다는 의미이므로, 공란에는 '~없이는, ~을 생각하지 않고'라는 뜻을 나타내는 표현이 와야 한다. 정답은 (C)의 「~を抜(ぬ)きにして」로, '~을 빼고[제외하고]'라는 뜻이다. (A)의 「~に際(さい)して」(~에 즈음하여, ~할 때)는 「交渉(こうしょう)に際(さい)して、妥協点(だきょうてん)を見出(みいだ)すことが最(もっと)も大事(だいじ)だ」(교섭할 때 타협점을 찾아내는 것이 가장 중요하다)처럼 쓰고, (B)의 「~に先立(さきだ)って」(~에 앞서)는 「引(ひ)っ越(こ)しに先立(さきだ)って、古(ふる)い家具(かぐ)を捨(す)てることにした」(이사에 앞서 오래된 가구를 버리기로 했다)처럼 쓰며, (D)의 「~を契機(けいき)として」(~을 계기로 해서)는 「就職(しゅうしょく)を契機(けいき)として、1人暮(ひとりぐ)らしを始(はじ)めた」(취직을 계기로 해서 혼자 살기 시작했다)처럼 쓴다.

어휘 | 地域(ちいき) 지역
皆様(みなさま) 여러분 *「皆(みな)さん」보다 정중한 말씨
支援(しえん) 지원　イベント 이벤트　成功(せいこう) 성공
語(かた)る 말하다, 이야기하다

161 적절한 복합동사 찾기
회사가 조직으로서 성립되기 위해서는 사원에게 공통 목적이 필요하다.

해설 | 공란 앞의 「組織(そしき)」(조직)라는 단어와 어울리는 복합동사를 찾는다. (A)의 「申(もう)し出(で)る」는 '(희망·요구 등을) 자청해서 말하다, 신청하다', (B)의 「成(な)り立(た)つ」는 '성립되다, 이루어지다', (C)의 「引(ひ)き取(と)る」는 '인수하다, 맡다', (D)의 「振(ふ)り向(む)く」는 '(뒤)돌아보다'라는 뜻이므로, 정답은 (B)가 된다.

어휘 | 会社(かいしゃ) 회사　~として ~로서
~ためには ~위해서는　社員(しゃいん) 사원
共通(きょうつう) 공통　目的(もくてき) 목적
必要(ひつよう)だ 필요하다

162 적절한 표현 찾기
매우 바쁜 와중에 재빠른 대응 감사합니다.

해설 | 공란 뒤의 「対応(たいおう)」(대응)라는 단어와 어울리는 표현을 찾는다. 정답은 (A)의 「早速(さっそく)」로, '재빠른 것, 바로 행하는 것'을 뜻한다.

어휘 | 多忙(たぼう) 다망, 매우 바쁨　当分(とうぶん) 당분간
詳細(しょうさい) 상세　対等(たいとう) 대등

163 적절한 문법표현 찾기
아주 좋아하는 여배우가 주역인 영화니까 보지 않고는 못 배긴다.

해설 | 아주 좋아하는 여배우가 주역인 영화라고 했으므로, 문맥상 공란에는 아무리 참으려고 해도 결국 하고 싶어지거나 행동을 하게 되는 상황을 나타내는 표현이 와야 한다. 정답은 (B)의 「~ずにはいられない」로, '~하지 않고는 못 배기다'라는 뜻이다. (A)의 「~どころではない」(~할

상황이 아니다)는 어떤 이유가 있어서 그것을 할 상황이 아님을 나타내는 표현으로 「仕事(しごと)が忙(いそが)しくて旅行(りょこう)どころではない」(일이 바빠서 여행할 상황이 아니다)처럼 쓰고, (C)의 「~ものではない」(~하는 것이 아니다, ~해서는 안 된다)는 남에게 주의나 조언을 할 때 쓰는 표현으로 「人(ひと)の悪口(わるぐち)を言(い)うものではない」(타인의 욕을 해서는 안 된다)처럼 쓰며, (D)의 「~に相違(そうい)ない」(~임에 틀림없다)는 말하는 이의 확신을 나타내는 표현으로 「彼(かれ)が犯人(はんにん)に相違(そうい)ない」(그가 범인임에 틀림없다)처럼 쓴다.

어휘 | 大好(だいす)きだ 아주 좋아하다 女優(じょゆう) 여배우
主役(しゅやく) 주역 映画(えいが) 영화 見(み)る 보다

164 적절한 な형용사 찾기
<u>우수</u>한 사원은 주위에 좋은 영향을 준다.

해설 | 어떤 사원이 주위에 좋은 영향을 줄지 생각해 본다. (A)의 「好調(こうちょう)」는 '호조, 순조로움', (B)의 「有効(ゆうこう)」는 '유효', (C)의 「厳重(げんじゅう)」는 '엄중', (D)의 「優秀(ゆうしゅう)」는 '우수'라는 뜻으로, 이 중 문맥상 어울리는 것은 (D)이다.

어휘 | 社員(しゃいん) 사원 周(まわ)り 주위, 주변 いい 좋다
影響(えいきょう) 영향 与(あた)える (주의·영향 등을) 주다

165 적절한 복합동사 찾기
학창 시절에 진심으로 <u>몰두</u>한 것은 동아리 활동입니다.

해설 | 공란 앞의 「本気(ほんき)」(본심, 진심)와 어울리는 복합동사를 찾는다. (A)의 「汲(く)み取(と)る」는 '(액체를) 퍼내다, (미루어) 헤아리다', (B)의 「受(う)け継(つ)ぐ」는 '계승하다, 이어받다', (C)의 「打(う)ち込(こ)む」는 '몰두하다, 열중하다', (D)의 「押(お)し付(つ)ける」는 '밀어붙이다, 떠맡기다'라는 뜻이므로, 정답은 (C)가 된다.

어휘 | 学生時代(がくせいじだい) 학창 시절
サークル 서클, 동아리, 동호회 活動(かつどう) 활동

166 적절한 문법표현 찾기
거래처의 태도 <u>여하에 따라</u> 교섭 내용을 변경하지 않으면 안 된다.

해설 | 거래처의 태도가 어떤지에 따라 교섭 내용도 달라진다는 의미이므로, 공란에는 앞의 조건에 따라 뒤에 오는 결과가 달라짐을 나타내는 표현이 와야 한다. 정답은 (D)의 「~いかんで」로, '~여하에 따라'라는 뜻이다.

어휘 | 取引先(とりひきさき) 거래처 態度(たいど) 태도
交渉(こうしょう) 교섭 内容(ないよう) 내용 変更(へんこう) 변경
~なければならない ~하지 않으면 안 된다, ~해야 한다
~はおろか ~은커녕 ~なくして ~없이
~ときたら ~로 말하자면

167 적절한 의태어 찾기
침울해져 있었더니, 선배가 '끙끙거리지 마'라고 격려해 주었다.

해설 | 공란 뒤에 「~するな」と励(はげ)ましてくれた」('~하지 마'라고 격려해 주었다)라는 내용이 있으므로, 공란에는 구체적인 격려의 내용을 나타내는 의태어가 와야 한다. 정답은 (A)의 「くよくよ」(끙끙)로, 사소한 일을 늘 걱정하는 모양을 나타내는데, 「くよくよするな」(끙끙거리지 마)의 형태로 많이 쓴다. (B)의 「かんかん」(쨍쨍)은 햇볕이 강하게 내리쬐는 모양을, (C)의 「うずうず」(근질근질)는 어떤 일을 하고 싶어서 좀이 쑤시는 모양을, (D)의 「ずるずる」(질질)는 질질 끌거나 끌리는 모양을 나타낸다.

어휘 | 落(お)ち込(こ)む (기분이) 침울해지다 先輩(せんぱい) 선배
励(はげ)ます 격려하다. 북돋다 ~てくれる (남이 나에게) ~해 주다

168 적절한 표현 찾기
진행하고 있던 계획이 중지가 되어 고생이 물거품이다.

해설 | 문맥상 공란에는 '노력 등이 허사가 됨'이라는 뜻의 표현이 와야 한다. 선택지 중 이와 같은 뜻을 나타내는 것은 (B)의 「泡(あわ)」(거품)로, 「水(みず)の泡(あわ)」라고 하면 '물거품, 수포'라는 뜻이다.

어휘 | 進(すす)める 진행하다 計画(けいかく) 계획
中止(ちゅうし) 중지 苦労(くろう) 고생 主(おも) 주됨, 주요함
要(かなめ) 가장 중요한 대목, 요점 粋(いき) 멋짐, 세련됨

169 적절한 표현 찾기
사회에 나온 후로 나의 지식부족을 통감했다.

해설 | 공란 앞의 「知識不足(ちしきぶそく)」(지식부족)라는 표현과 어울리는 단어를 찾는다. (A)의 「痛感(つうかん)」은 '통감', (B)의 「墜落(ついらく)」은 '추락', (C)의 「逃亡(とうぼう)」은 '도망', (D)의 「沈黙(ちんもく)」는 '침묵'이라는 뜻이므로, 정답은 (A)가 된다.

어휘 | 社会(しゃかい) 사회 出(で)る 나오다
自分(じぶん) 자기, 자신, 나

170 적절한 문법표현 찾기
한순간이라도 눈을 뗄 수 없는 박력 있는 영화였다.

해설 | 공란 앞의 「一瞬(いっしゅん)」(한순간)과 어울리는 표현을 찾는다. 정답은 (C)의 「~たりとも」(~이라도)로, 최소 단위의 예를 들어 그것조차도 예외가 아님을 나타내는 표현이다. (A)의 「~あっての」(~이 있어야 성립하는)는 「健康(けんこう)あっての幸(しあわ)せだ」(건강이 있어야 행복도 있다)처럼 쓰고, (B)의 「~なりに」(~나름대로)는 「とにかく、自分(じぶん)なりに最善(さいぜん)を尽(つ)くします」(어쨌든 제 나름대로 최선을 다하겠습니다)처럼 쓰며, (D)의 「~というものは」(~라는 것은, ~란)는 「戦争(せんそう)というものは、残酷(ざんこく)なものだ」(전쟁이라는 것은 잔혹한 것이다)처럼 쓴다.

어휘 | 目(め)が離(はな)せない 눈을 뗄 수 없다
迫力(はくりょく) 박력 映画(えいが) 영화

171~173 회사의 커피 기계

　171最近、コンビニでコーヒーを買う会社員を良く見ます。眠い時や、少し休みたい時、コーヒーを飲んでいる人が増えていると思います。そんなコーヒーですが、自分で用意するだけではなく、会社が用意してくれる所もたくさんあります。会社が用意する場合は、専門のサービス会社に頼むことが多いです。172私の会社にはまだそのサービスはありませんでした。それで、社長に頼んでみようと思って、色々調べてみました。そして、ホットコーヒーやアイスコーヒーが飲めて、掃除も要らないものを見つけました。それに、お金もそんなにかかりません。これだったら社長もいいと言ってくれると思いました。173もう少し詳しく調べてから社長に話をしに行こうと思っていたら、事務所にコーヒーの機械が届いてびっくりしました。もう社長が頼んでいてくれたのです。社員の気持ちがわかる社長で良かったです。

171최근 편의점에서 커피를 사는 회사원을 자주 봅니다. 졸릴 때나 조금 쉬고 싶을 때 커피를 마시고 있는 사람이 늘고 있다고 생각합니다. 그런 커피입니다만, 직접 준비할 뿐만 아니라 회사가 준비해 주는 곳도 많이 있습니다. 회사가 준비할 경우에는 전문 서비스 회사에 의뢰하는 경우가 많습니다. 172저희 회사에는 아직 그 서비스는 없습니다. 그래서 사장님께 부탁해 보려고 생각해서 여러 가지로 조사해 봤습니다. 그리고 뜨거운 커피나 아이스 커피를 마실 수 있고 청소도 필요 없는 것을 발견했습니다. 게다가 돈도 그렇게 들지 않습니다. 이것이라면 사장님도 좋다고 말해 줄 것 같았습니다. 173조금 더 자세하게 알아본 후에 사장님께 이야기하러 가려고 했더니, 사무소에 커피 기계가 도착해서 깜짝 놀랐습니다. 이미 사장님께 의뢰해 주었던 것입니다. 사원의 마음을 이해하는 사장님이어서 다행이었습니다.

어휘 | 最近(さいきん) 최근, 요즘
コンビニ 편의점 *「コンビニエンスストア」의 준말
コーヒー 커피 買(か)う 사다 会社員(かいしゃいん) 회사원
良(よ)く 자주 見(み)る 보다 眠(ねむ)い 졸리다
時(とき) 때 少(すこ)し 조금 休(やす)む 쉬다
동사의 ます형+たい ~하고 싶다 飲(の)む 마시다
増(ふ)える 늘다, 늘어나다 そんな 그런
自分(じぶん)で 직접, 스스로 用意(ようい) 준비
~だけではなく ~뿐만 아니라 ~てくれる (남이 나에게) ~해 주다
所(ところ) 곳, 데 たくさん 많이 場合(ばあい) 경우
専門(せんもん) 전문 サービス会社(がいしゃ) 서비스 회사

頼(たの)む 부탁하다, 의뢰하다 まだ 아직 それで 그래서
社長(しゃちょう) 사장 色々(いろいろ) 여러 가지
調(しら)べる 조사하다, 알아보다 ~てみる ~해 보다
そして 그리고 ホットコーヒー 뜨거운 커피
アイスコーヒー 아이스 커피 掃除(そうじ) 청소
要(い)る 필요하다 見(み)つける 찾(아내)다, 발견하다
それに 게다가 お金(かね) 돈 そんなに 그렇게(나)
かかる (비용이) 들다 もう少(すこ)し 조금 더
詳(くわ)しい 상세하다, 자세하다 ~てから ~하고 나서, ~한 후에
話(はなし) 이야기 동사의 ます형+に ~하러 *동작의 목적
事務所(じむしょ) 사무소 機械(きかい) 기계
届(とど)く 도착하다 びっくりする 깜짝 놀라다
もう 이미, 벌써 気持(きも)ち 기분, 마음 わかる 알다, 이해하다

171 この人は、どんな人が増えていると言っていますか。
(A) コンビニで食べ物を買う人
(B) コンビニでコーヒーを買う会社員
(C) 歩きながらコーヒーを飲んでいる人
(D) 仕事で疲れている会社員

171 이 사람은 어떤 사람이 늘고 있다고 말하고 있습니까?
(A) 편의점에서 음식을 사는 사람
(B) 편의점에서 커피를 사는 회사원
(C) 걸으면서 커피를 마시고 있는 사람
(D) 일 때문에 지쳐 있는 회사원

해설 | 첫 번째 문장에서 '최근 편의점에서 커피를 사는 회사원을 자주 봅니다'라고 했으므로, 정답은 (B)가 된다.

어휘 | 食(た)べ物(もの) 음식 歩(ある)く 걷다
동사의 ます형+ながら ~하면서 *동시동작 仕事(しごと) 일, 업무
疲(つか)れる 지치다, 피로해지다

172 この人は、何を調べていましたか。
(A) コーヒー専門の会社の給料
(B) コーヒーが美味しい喫茶店
(C) 会社にコーヒーの機械を置くサービス
(D) 安いコーヒーを売っている店

172 이 사람은 무엇을 조사했습니까?
(A) 커피 전문 회사의 급여
(B) 커피가 맛있는 찻집
(C) 회사에 커피 기계를 두는 서비스
(D) 싼 커피를 팔고 있는 가게

해설 | 중반부에서 이 사람은 자신이 다니는 회사에는 아직 커피 기계가 준비되어 있지 않기 때문에 사장에게 건의하기 위해 여러 모로 조사했다고 했으므로, 정답은 (C)가 된다.

어휘 | 給料(きゅうりょう) 급여, 급료 美味(おい)しい 맛있다
喫茶店(きっさてん) 찻집 置(お)く 놓다, 두다

安(やす)い (値(ね)い) 싸다　売(う)る 팔다　店(みせ) 가게

173 この人は、どうして驚きましたか。
    (A) 社長がコーヒーの機械を頼んでいたから
    (B) 社長が自分のお願いを聞いてくれたから
    (C) 社長がコーヒーを買ってくれたから
    (D) 社長が急に変わったから

173 이 사람은 어째서 놀랐습니까?
    (A) 사장이 커피 기계를 의뢰했기 때문에
    (B) 사장이 자신의 부탁을 들어주었기 때문에
    (C) 사장이 커피를 사 주었기 때문에
    (D) 사장이 갑자기 변했기 때문에

해설 | 이 사람이 놀란 이유는 후반부에 나온다. 이 사람이 그동안 조사한 내용을 보고하기도 전에 사장이 주문한 커피 기계가 회사에 도착했기 때문이다. 따라서 정답은 사장이 커피 기계를 의뢰했기 때문이라고 한 (A)가 된다.

어휘 | 驚(おどろ)く 놀라다　お願(ねが)い 부탁
聞(き)く (충고 등을) 듣다, 받아들이다, 들어주다
急(きゅう)に 갑자기　変(か)わる 바뀌다, 변하다

174~177 아픈 고양이 돌보기

私の家では、猫を飼っています。名前はモモと言います。 ¹⁷⁴先週、そのモモが3日間食べ物を何も口にしなくなりました。お腹が空いていないだけなのかなと思っていましたが、元気もなかったので、急いで動物病院へ連れて行きました。 ¹⁷⁵でも、体に悪いところは何もないと言われました。薬もくれませんでした。私はとても心配になりました。 ¹⁷⁶家に帰ってからその日父が海で釣って来た新鮮な魚をモモにあげてみましたが、駄目でした。水は飲むのですが、食べ物は食べません。 ¹⁷⁷困った私は、私が飲んでいたスープをあげてみました。モモはそれを美味しそうに飲んでくれました。それは母が作ったもので、その日から毎日モモにあげました。そして2日後には元気になりました。病気だったかどうかはわかりませんが、母はすごいと思いました。

저희 집에서는 고양이를 기르고 있습니다. 이름은 모모라고 합니다. ¹⁷⁴지난주에 그 모모가 사흘간 음식을 아무것도 먹지 않게 되었습니다. 배가 고프지 않은 것뿐인가 라고 생각했는데, 기운도 없어서 서둘러 동물병원에 데리고 갔습니다. ¹⁷⁵하지만 몸에 나쁜 데는 전혀 없다는 말을 들었습니다. 약도 주지 않았습니다. 저는 매우 걱정이 되었습니다. ¹⁷⁶집에 돌아온 후에 그날 아버지가 바다에서 낚아 온 신선한 생선을 모모에게 줘 봤습니다만 소용없었습니다. 물은

마십니다만, 음식은 먹지 않습니다. ¹⁷⁷곤란했던 저는 제가 먹고 있던 국을 줘 봤습니다. 모모는 그것을 맛있게 먹어 줬습니다. 그것은 어머니가 만든 것으로 그날부터 매일 모모에게 줬습니다. 그리고 이틀 후에는 건강해졌습니다. 병이었는지 어떤지는 모르겠습니다만, 어머니는 굉장하다고 생각했습니다.

어휘 | 家(いえ) 집　猫(ねこ) 고양이
飼(か)う (동물을) 기르다, 사육하다　名前(なまえ) 이름
~と言(い)う ~라고 하다　先週(せんしゅう) 지난주
3日(みっか) 사흘　~間(かん) ~간, ~동안　食(た)べ物(もの) 음식
何(なに)も (부정어 수반) 조금도, 전혀　口(くち)にする 먹다
お腹(なか)が空(す)く 배가 고프다　元気(げんき) 기운
急(いそ)ぐ 서두르다　動物(どうぶつ) 동물　病院(びょういん) 병원
連(つ)れる 데리고 가다　でも 하지만　体(からだ) 몸
悪(わる)い 나쁘다, 좋지 않다　ところ 곳, 부분　薬(くすり) 약
くれる (남이 나에게) 주다　とても 아주, 매우　心配(しんぱい) 걱정
帰(かえ)る 돌아가다　~てから ~하고 나서, ~한 후에　日(ひ) 날
父(ちち) (자신의) 아버지　海(うみ) 바다　釣(つ)る 낚다
新鮮(しんせん)だ 신선하다　魚(さかな) 생선
あげる (내가 남에게) 주다　駄目(だめ)だ 소용없다　水(みず) 물
飲(の)む 마시다　食(た)べる 먹다　困(こま)る 곤란하다, 난처하다
スープ 수프, 국　美味(おい)しい 맛있다
い형용사의 어간+そうに ~듯이, ~하게　母(はは) (자신의) 어머니
作(つく)る 만들다　毎日(まいにち) 매일　そして 그리고
2日(ふつか) 2일, 이틀　~後(ご) ~후　元気(げんき)だ 건강하다
病気(びょうき) 병　~かどうか ~일지 어떨지, ~인지 어떤지
すごい 굉장하다

174 この人は、なぜ猫を病院へ連れて行きましたか。
    (A) 水を飲まなくなったから
    (B) 動かなくなったから
    (C) 怪我をしてしまったから
    (D) 餌を食べなくなったから

174 이 사람은 왜 고양이를 병원에 데리고 갔습니까?
    (A) 물을 마시지 않게 되었기 때문에
    (B) 움직이지 않게 되었기 때문에
    (C) 다쳐 버렸기 때문에
    (D) 먹이를 먹지 않게 되었기 때문에

해설 | 초반부에서 기르는 고양이가 사흘간 음식을 먹지 않게 되어서 병원에 데리고 갔다고 했다. 따라서 정답은 (D)로, 본문의 「食(た)べ物(もの)」(먹이)를 「餌(えさ)」(먹이)로 바꿔 표현했다.

어휘 | なぜ 왜, 어째서　動(うご)く 움직이다
怪我(けが)をする 부상을 입다, 다치다

175 病院の先生が薬をくれなかったのは、どうしてですか。
    (A) 猫に注射をしたから
    (B) もう薬を飲ませたから
    (C) 悪いところが見つからなかったから

(D) ご飯を食べるようになったから

175 病院 先生님이 약을 주지 않은 것은 어째서입니까?
(A) 고양이에게 주사를 놓았기 때문에
(B) 이미 약을 먹었기 때문에
(C) 좋지 않은 곳이 발견되지 않았기 때문에
(D) 밥을 먹게 되었기 때문에

해설 | 초반부에서 몸에 나쁜 데는 전혀 없다는 말을 들었고, 약도 주지 않았다고 했다. 따라서 정답은 좋지 않은 곳이 발견되지 않았기 때문이라고 한 (C)가 된다.
어휘 | 注射(ちゅうしゃ)をする 주사를 놓다 もう 이미, 벌써
見(み)つかる 발견되다, 찾게 되다
~ようになる ~하게(끔) 되다 *변화

176 この人は、家に帰ってから猫に何をあげましたか。
(A) スーパーで買った魚
(B) 母が料理した魚
(C) 父が捕って来た魚
(D) この人が海で釣った魚

176 이 사람은 집에 돌아온 후에 고양이에게 무엇을 주었습니까?
(A) 슈퍼에서 산 생선
(B) 어머니가 요리한 생선
(C) 아버지가 잡아 온 생선
(D) 이 사람이 바다에서 낚은 생선

해설 | 중반부에서 '집에 돌아온 후에 그날 아버지가 바다에서 낚아 온 신선한 생선을 모모에게 줘 봤습니다만 소용없었습니다'라고 했으므로, 정답은 본문의 「釣(つ)る」(낚다)를 「捕(と)る」((동물을) 잡다)로 바꿔 표현한 (C)가 된다.
어휘 | スーパー 슈퍼(마켓) *「スーパーマーケット」의 준말
料理(りょうり) 요리

177 猫が口にしたのは、どんなものですか。
(A) この人が買って来た餌
(B) この人が作った味噌汁
(C) 母が料理した肉
(D) 母が作ったスープ

177 고양이가 먹은 것은 어떤 것입니까?
(A) 이 사람이 사 온 먹이
(B) 이 사람이 만든 된장국
(C) 어머니가 요리한 고기
(D) 어머니가 만든 국

해설 | 후반부에서 '곤란했던 저는 제가 먹고 있던 국을 줘 봤습니다. 모모는 그것을 맛있게 먹어 줬습니다. 그것은 어머니가 만든 것으로 그날부터 매일 모모에게 줬습니다'라고 했다. 따라서 정답은 (D)가 된다.

어휘 | 味噌汁(みそしる) 된장국 肉(にく) 고기

178~180 힘이 된 조언

この会社で働き始めてから10年が経った。毎日仕事をしてきたが、一度だけ仕事中に泣いてしまったことがある。入社したばかりの頃、仕事に慣れるのがとても大変だったのだ。[178]色んな人と付き合わないといけない営業の担当になったのだが、当然人それぞれ性格が違う。人と付き合うのが苦手だった私は、なかなかうまく人間関係が作れなかった。そんな中、3人の違う先輩から、全く違うアドバイスをもらった。[179]ただでさえうまくいかない上に、3人それぞれに違うことを言われて、何をすべきか全くわからない状態になってしまった。そして、部長の前で大きな声で泣いてしまった。部長は私を会議室に連れて行って、そこで「自分のやりたいようにやればいいよ」と落ち着かせてくれた。[180]その時は恥ずかしかったが、今考えると、そこで一度感情を出して気持ちを話したからこそ、今までこの仕事を続けられたのだと思う。アドバイスをくれた先輩たちも、その後色々と話しかけてくれて非常に嬉しかったし、今も時々飲みに行っている。

이 회사에서 일하기 시작한 지 10년이 지났다. 매일 일을 해 왔지만, 딱 한 번 일하는 중에 울어 버린 적이 있다. 막 입사했을 무렵, 일에 익숙해지는 것이 너무 힘들었던 것이다. [178]여러 사람과 사귀지 않으면 안 되는 영업 담당이 되었지만, 당연히 사람마다 성격이 다르다. 사람과 사귀는 것이 서툴렀던 나는 좀처럼 원만한 인간관계를 만들 수 없었다. 그런 와중에 세 명의 다른 선배로부터 전혀 다른 조언을 받았다. [179]그렇지 않아도 잘되지 않는 데다가 세 사람한테 각각 다른 말을 들어서 무엇을 해야 할 것인지 전혀 알 수 없는 상태가 되어 버렸다. 그리고 부장님 앞에서 큰 소리로 울고 말았다. 부장님은 나를 회의실로 데리고 가서 그곳에서 '자신이 하고 싶은 대로 하면 돼'라고 진정시켜 주었다. [180]그때는 부끄러웠지만 지금 생각하니 그곳에서 감정을 드러내고 마음을 이야기했기 때문에 지금까지 이 일을 계속할 수 있었던 것이라고 생각한다. 조언을 준 선배들도 그 후 여러 가지로 말을 걸어 주어서 대단히 기뻤고, 지금도 종종 술을 마시러 가고 있다.

어휘 | 会社(かいしゃ) 회사 働(はたら)く 일하다
동사의 ます형+始(はじ)める ~하기 시작하다
~てから ~하고 나서, ~한 후에 経(た)つ (시간이) 지나다, 경과하다
毎日(まいにち) 매일 仕事(しごと) 일 一度(いちど) 한 번
~だけ ~만, ~뿐 ~中(ちゅう) ~중 泣(な)く 울다
동사의 た형+ことがある ~한 적이 있다 入社(にゅうしゃ) 입사
동사의 た형+ばかり 막 ~한 참임, ~한 지 얼마 안 됨
頃(ころ) 때, 시절, 무렵 慣(な)れる 익숙해지다 とても 아주, 매우

237

大変(たいへん)だ 힘들다　色(いろ)んな 여러 가지, 다양한
付(つ)き合(あ)う 사귀다, 교제하다
〜ないといけない 〜하지 않으면 안 된다, 〜해야 한다
営業(えいぎょう) 영업　担当(たんとう) 담당
当然(とうぜん) 당연, 당연히　それぞれ (제)각기, 각각, 각자
性格(せいかく) 성격　違(ちが)う 다르다
苦手(にがて)だ 서투르다, 잘 못하다　なかなか (부정어 수반) 좀처럼
うまく 잘, 원만하게　人間関係(にんげんかんけい) 인간관계
作(つく)る 만들다　先輩(せんぱい) 선배　全(まった)く 아주, 전혀
アドバイス 어드바이스, 조언　もらう 받다
ただでさえ 그렇지 않아도　うまくいく 잘되다, 순조롭게 진행되다
〜上(うえ)に 〜인 데다가, 〜에 더해
동사의 기본형+べきか 〜해야 할 것인가 *단, 「する」(하다)는 「する
べきか」, 「すべきか」 모두 가능함
わかる 알다, 이해하다　状態(じょうたい) 상태　そして 그리고
部長(ぶちょう) 부장　前(まえ) 앞　大(おお)きな 큰
声(こえ) 소리, 목소리　会議室(かいぎしつ) 회의실
連(つ)れる 데리고 가다　自分(じぶん) 자기, 자신, 나
やる 하다　落(お)ち着(つ)く 진정되다, 안정되다
〜てくれる (남이 나에게) 〜해 주다　恥(は)ずかしい 부끄럽다
今(いま) 지금　考(かんが)える 생각하다　感情(かんじょう) 감정
出(だ)す 내다, 드러내다　気持(きも)ち 기분, 마음
話(はな)す 말하다, 이야기하다　〜からこそ 〜이기 때문에
続(つづ)ける 계속하다　くれる (남이 나에게) 주다
色々(いろいろ)と 여러 가지로　話(はな)しかける 말을 걸다
非常(ひじょう)に 대단히, 매우　嬉(うれ)しい 기쁘다
時々(ときどき) 종종, 때때로　飲(の)む (술을) 마시다
동사의 ます형+に 〜하러 *동작의 목적

178 入社(にゅうしゃ)したばかりの時(とき)、なぜ仕事(しごと)が大変(たいへん)でしたか。
(A) 朝(あさ)早(はや)く起(お)きるのが辛(つら)かったから
(B) 人間関係(にんげんかんけい)を作(つく)るのが苦手(にがて)だったから
(C) 先輩(せんぱい)たちがとても厳(きび)しかったから
(D) 同(おな)じ立場(たちば)の同僚(どうりょう)がいなかったから

178 막 입사했을 때 왜 일이 힘들었습니까?
(A) 아침 일찍 일어나는 것이 힘들었기 때문에
(B) 인간관계를 만드는 것이 서툴렀기 때문에
(C) 선배들이 아주 엄했기 때문에
(D) 같은 입장의 동료가 없었기 때문에

해설 | 초반부에서 이 사람은 일에 익숙해지는 것이 매우 힘들었던 이유로, 사람과 사귀는 것이 서툴러서 좀처럼 원만한 인간관계를 만들 수 없었기 때문이라고 했다. 따라서 정답은 (B)가 된다.

어휘 | 朝(あさ) 아침　早(はや)く 일찍
起(お)きる 일어나다, 기상하다　辛(つら)い 괴롭다, 힘들다
厳(きび)しい 엄하다　同(おな)じだ 같다　立場(たちば) 입장
同僚(どうりょう) 동료

179 この人(ひと)は、部長(ぶちょう)の前(まえ)で泣(な)いた時(とき)、どんな状態(じょうたい)でしたか。
(A) 3人(さんにん)の先輩(せんぱい)たちと喧嘩(けんか)をしている状態(じょうたい)
(B) 先輩(せんぱい)が全然(ぜんぜん)助(たす)けてくれない状態(じょうたい)

(C) 怒(おこ)られ続(つづ)けてがっかりしている状態(じょうたい)
(D) 誰(だれ)の話(はなし)を信(しん)じたら良(よ)いのかわからない状態(じょうたい)

179 이 사람은 부장 앞에서 울었을 때 어떤 상태였습니까?
(A) 세 명의 선배들과 싸움을 하고 있는 상태
(B) 선배가 전혀 도와주지 않는 상태
(C) 계속 야단맞아 실망한 상태
(D) 누구의 이야기를 믿으면 좋을지 모르는 상태

해설 | 중반부에서 이 사람은 세 명의 다른 선배로부터 전혀 다른 조언을 받고 오히려 무엇을 해야 좋을지 모르는 상태가 됐다고 했다. 즉, 세 선배의 조언이 각각 달랐기 때문에 누구의 말을 따라야 할지 당황스러웠다는 뜻이므로, 정답은 (D)가 된다.

어휘 | 喧嘩(けんか)をする 싸우다　助(たす)ける (일을) 돕다, 거들다
怒(おこ)る 화를 내다　がっかりする 실망하다　信(しん)じる 믿다

180 この人(ひと)が仕事(しごと)を続(つづ)けられた理由(りゆう)は、何(なん)ですか。
(A) 先輩(せんぱい)の言葉(ことば)が理解(りかい)できたから
(B) 部長(ぶちょう)に本当(ほんとう)の気持(きも)ちを伝(つた)えたから
(C) アドバイスが役(やく)に立(た)ったから
(D) 部長(ぶちょう)に仕事(しごと)を教(おそ)わったから

180 이 사람이 일을 계속할 수 있었던 이유는 무엇입니까?
(A) 선배의 말을 이해할 수 있었기 때문에
(B) 부장에게 진심을 전했기 때문에
(C) 조언이 도움이 되었기 때문에
(D) 부장에게 일을 배웠기 때문에

해설 | 후반부에서 이 사람은 부장 앞에서 자신의 감정을 드러내고 마음을 이야기했기 때문에 지금까지 이 일을 계속할 수 있었던 것이라고 생각한다고 했다. 따라서 정답은 (B)가 된다.

어휘 | 理解(りかい) 이해　本当(ほんとう) 진짜, 정말임
伝(つた)える 전하다, 알리다　役(やく)に立(た)つ 도움이 되다
教(おそ)わる 배우다, 가르침을 받다

181~184 쌀 소비 늘리기

日本人(にほんじん)の生活習慣(せいかつしゅうかん)を調査(ちょうさ)した結果(けっか)では、朝食(ちょうしょく)はパンを食(た)べるという人(ひと)がご飯(はん)を食(た)べるという人(ひと)よりも多(おお)かったそうだ。181こうした生活(せいかつ)の変化(へんか)や人口(じんこう)が減(へ)ったことによって、国内(こくない)で米(こめ)があまり売(う)れていないらしい。売(う)れなかった米(こめ)は、スーパーなどでかなり安(やす)く売(う)られているが、それでも大量(たいりょう)に残(のこ)ることが多(おお)く、そのまま捨(す)てられてしまうこともあるそうだ。182たくさん米(こめ)を作(つく)っても、売(う)れなければ無駄(むだ)になってしまうので、農家(のうか)は大変(たいへん)だ。それでも美味(おい)しい米(こめ)を食(た)べてもらおうと頑張(がんば)っている農家(のうか)がたくさんある。本当(ほんとう)に頑張(がんば)ってほしいと思(おも)う。それに将来(しょうらい)について、明(あか)るい話(はなし)もある。183調査(ちょうさ)の結果(けっか)によ

ると、10代、20代の年齢が低い人の方がご飯を食べている人が多くなっている。これは将来、米を食べる人が多くなる可能性が高いということなので、とても嬉しい。184もう50代の若くはない私も、日本の農業を守りたいという気持ちで、若者と同じように今まで以上に米を食べようと思う。

　日本人の生活習慣を調査した結果では、朝食はパンを食べるという人が飯を食べるという人よりも多かったそうだ。181こうした生活の変化や人口が減ることによって国内で米があまり売れていないらしい。売れない米はスーパーなどでかなり安く売れているが、それでも大量に残る場合が多くそのまま捨てられてしまう場合もあるそうだ。182いくら米を作っても売れなければ無駄になってしまうため農家は大変だ。それでも美味しい米を食べてもらおうと頑張っている農家が多い。本当に頑張ってほしい。それに将来について明るい話もある。183調査結果によると10代、20代の年齢が低い人の方がご飯を食べている人が多くなっている。

어휘 | 日本人(にほんじん) 일본인　生活(せいかつ) 생활
習慣(しゅうかん) 습관　調査(ちょうさ) 조사　結果(けっか) 결과
朝食(ちょうしょく) 조식, 아침(식사)　パン 빵　食(た)べる 먹다
ご飯(はん) 밥　～よりも ～보다도　多(おお)い 많다
품사의 보통형+そうだ ～라고 한다 *전문
こうした 이러한, 이(와) 같은　変化(へんか) 변화
人口(じんこう) 인구　減(へ)る 줄다, 줄어들다
～によって ～에 의해서[따라서]　国内(こくない) 국내
米(こめ) 쌀 *「米(こめ)を作(つく)る」→ 벼농사를 짓다
あまり (부정어 수반) 그다지, 별로　売(う)れる (잘) 팔리다
～らしい ～인 것 같다 *객관적 근거에 의한 추측·판단
スーパー 슈퍼(마켓) *「スーパーマーケット」의 준말
かなり 꽤, 상당히　安(やす)い (값이) 싸다　それでも 그래도
大量(たいりょう) 대량, 많은 양　残(のこ)る 남다
そのまま 그대로　捨(す)てる 버리다　～なければ ～하지 않으면
無駄(むだ)だ 소용없다　農家(のうか) 농가
大変(たいへん)だ 힘들다　美味(おい)しい 맛있다
～てもらう (남에게) ～해 받다, (남이) ～해 주다
頑張(がんば)る 열심히 하다, 노력하다, 분발하다
本当(ほんとう)に 정말로
～てほしい ～해 주었으면 하다, ～하길 바라다　それに 게다가
将来(しょうらい) 장래(에)　～について ～에 대해서
明(あか)るい 밝다, 전망이 좋다　話(はなし) 이야기
～代(だい) ～대 *나이의 범위　年齢(ねんれい) 연령, 나이
低(ひく)い 낮다　可能性(かのうせい) 가능성　高(たか)い 높다
とても 아주, 매우　嬉(うれ)しい 기쁘다　もう 이미, 벌써
若(わか)い 젊다　農業(のうぎょう) 농업　守(まも)る 지키다
気持(きも)ち 기분, 마음　若者(わかもの) 젊은이
～と同(おな)じように ～와 마찬가지로　今(いま)まで 지금까지
以上(いじょう) 이상

181 生活や人口の変化によって、どんなことが起こっていますか。
(A) 米を販売する店が少なくなった。
(B) 米が売れる量が減った。
(C) 米を作っている農家が無くなってきた。
(D) 米を食べる人がほとんどいなくなった。

181 생활이나 인구의 변화에 의해서 어떤 일이 일어나고 있습니까?
(A) 쌀을 판매하는 가게가 적어졌다.
(B) 쌀이 팔리는 양이 줄었다.
(C) 벼농사를 짓고 있는 농가가 없어졌다.
(D) 쌀을 먹는 사람이 거의 없어졌다.

해설 | 두 번째 문장에서 '생활의 변화나 인구가 감소함에 따라 국내에서 쌀이 별로 팔리지 않고 있는 것 같다'라고 했으므로, 정답은 (B)가 된다.

어휘 | 販売(はんばい) 판매　店(みせ) 가게　少(すく)ない 적다
量(りょう) 양　無(な)くなる 없어지다　ほとんど 거의, 대부분

182 この人は、どうして農家は大変だと言っていますか。
(A) 米の値段を決められないから
(B) 米を作るのにお金と時間がかかるから
(C) 米を売る時の税金が高いから
(D) 米を作っても無駄になるから

182 이 사람은 어째서 농가는 힘들다고 말하고 있습니까?
(A) 쌀값을 정할 수 없기 때문에
(B) 벼농사를 짓는 데 돈과 시간이 들기 때문에
(C) 쌀을 팔 때의 세금이 비싸기 때문에
(D) 벼농사를 지어도 소용없어지기 때문에

해설 | 중반부에서 '많이 벼농사를 지어도 팔리지 않으면 소용없게 되어 버리기 때문에 농가는 힘들다'라고 했으므로, 정답은 (D)가 된다.

어휘 | 値段(ねだん) 가격　決(き)める 정하다, 결정하다
お金(かね) 돈　時間(じかん) 시간　かかる (비용이) 들다
売(う)る 팔다　税金(ぜいきん) 세금　高(たか)い (값이) 비싸다

183 この人は、どんな明るい話があると言っていますか。
(A) 年齢の高い人が米を買っている。
(B) 米が売れる量が多くなってきている。
(C) 若い人が米をたくさん食べている。
(D) 余った米を政府が全部買ってくれる。

183 이 사람은 어떤 밝은 이야기가 있다고 말하고 있습니까?
(A) 연령이 높은 사람이 쌀을 사고 있다.
(B) 쌀이 팔리는 양이 많아지고 있다.
(C) 젊은 사람이 쌀을 많이 먹고 있다.
(D) 남은 쌀을 정부가 전부 사 준다.

해설 | 후반부에서 10대, 20대의 낮은 연령대에서 밥을 먹는 비율이 늘

고 있다고 하면서 이는 곧 '쌀을 먹는 사람이 많아질 가능성이 높다는 것'이라고 희망적인 견해를 밝히고 있다. 따라서 정답은 (C)가 된다.

어휘 | 買(か)う 사다 余(あま)る 남다 政府(せいふ) 정부
全部(ぜんぶ) 전부

184 この人は、これからどうすると言っていますか。
(A) 今と同じように米を食べる。
(B) 農業を守る様々な方法を考える。
(C) 若者と一緒に農業について学ぶ。
(D) もっと多くの量の米を食べる。

184 이 사람은 앞으로 어떻게 한다고 말하고 있습니까?
(A) 지금과 마찬가지로 쌀을 먹는다.
(B) 농업을 지키는 여러 가지 방법을 생각한다.
(C) 젊은이와 함께 농업에 대해서 배운다.
(D) 더 많은 양의 쌀을 먹는다.

해설 | 마지막 문장에서 이 사람은 일본의 농업을 지키겠다는 마음에서 쌀 소비를 늘리고 있는 젊은층처럼 지금까지 이상으로 쌀을 먹겠다는 결심을 했다. 따라서 정답은 더 많은 양의 쌀을 먹는다고 한 (D)가 된다.

어휘 | 様々(さまざま)だ 다양하다, 여러 가지다
方法(ほうほう) 방법 考(かんが)える 생각하다
一緒(いっしょ)に 함께 学(まな)ぶ 배우다 もっと 더, 더욱

185~188 일상 속 아이디어 찾기

185今朝、たまたまテレビで人気番組を作っている人のインタビューを見たのだが、非常に勉強になった。186全ての話が面白かったのだが、特に先輩からのアドバイスの話が、いつも自分の会社で受けているアドバイスでは考えられないものだったので、面白かった。通勤などで電車に乗る時、私はいつも音楽を聞いている。187その人も毎日音楽を聞いていたそうだが、先輩から、イヤホンを耳に付けるなと言われたそうだ。その理由は、街の声が聞こえなくなるからだそうだ。どんな時でも、新しい番組を作るヒントを探せということらしい。それからこの人は、電車の中では他の人の会話を気付かれないように聞いたり、行動をずっと見ていたりしているそうだ。そこから、人が興味を持っているものを調べて、新しい番組を作っているそうだ。どんな時、どんな場面でもアイディアは見つけられるのだと勉強になった。188私も明日は、イヤホンを付けないで人の会話を聞きながら電車に乗

ってみようと思った。

185오늘 아침에 우연히 TV에서 인기 프로그램을 만들고 있는 사람의 인터뷰를 봤는데, 대단히 공부가 되었다. 186모든 이야기가 재미있었지만, 특히 선배로부터의 조언에 관한 이야기가 평소에 우리 회사에서 받고 있는 조언에서는 생각할 수 없는 것이었기 때문에 재미있었다. 통근 등으로 전철을 탈 때 나는 항상 음악을 듣고 있다. 187그 사람도 매일 음악을 들었다는데, 선배로부터 이어폰을 귀에 끼지 말라는 말을 들었다고 한다. 그 이유는 거리의 소리가 들리지 않게 되기 때문이라고 한다. 어떤 때라도 새 프로그램을 만들 힌트를 찾으라는 얘기인 듯하다. 그 후로 이 사람은 전철 안에서는 다른 사람의 대화를 (다른 사람이) 눈치채지 못하도록 듣거나 행동을 계속 보고 있거나 한다고 한다. 거기에서 다른 사람이 흥미를 갖고 있는 것을 조사해 새 프로그램을 만들고 있다고 한다. 어떤 때, 어떤 장면이라도 아이디어는 찾을 수 있는 거구나 라고 공부가 되었다. 188나도 내일은 이어폰을 끼지 말고 다른 사람의 이야기를 들으면서 전철을 타 봐야겠다고 생각했다.

어휘 | 今朝(けさ) 오늘 아침 たまたま 우연히, 때마침
テレビ 텔레비전, TV *「テレビジョン」의 준말 人気(にんき) 인기
番組(ばんぐみ) (연예·방송 등의) 프로그램 作(つく)る 만들다
人(ひと) ①사람 ②남, 타인 インタビュー 인터뷰
非常(ひじょう)に 대단히, 매우 勉強(べんきょう) 공부
全(すべ)て 모두 話(はなし) 이야기 面白(おもしろ)い 재미있다
特(とく)に 특히 先輩(せんぱい) 선배 アドバイス 어드바이스, 조언
いつも 늘, 항상 自分(じぶん) 자기, 자신, 나
会社(かいしゃ) 회사 受(う)ける 받다 考(かんが)える 생각하다
通勤(つうきん) 통근, 출퇴근 電車(でんしゃ) 전철
乗(の)る (탈것에) 타다 音楽(おんがく) 음악 聞(き)く 듣다
毎日(まいにち) 매일 품사의 보통형+そうだ ～라고 한다 *전문
イヤホン 이어폰 耳(みみ) 귀 付(つ)ける (이어폰 등을) 끼다
동사의 기본형+な ～하지 마라 *금지
～と言(い)われる ～라는 말을 듣다, ～라고 하다
理由(りゆう) 이유 街(まち) 거리 声(こえ) 소리, 목소리
聞(き)こえる 들리다 新(あたら)しい 새롭다
ヒント 힌트 探(さが)す 찾다
～らしい ～인 것 같다 *객관적 근거에 의한 추측·판단
それから 그 후로 他(ほか) 다른 (사람) 会話(かいわ) 회화, 대화
気付(きづ)く 깨닫다, 알아차리다 ～ないように ～하지 않도록
行動(こうどう) 행동 ずっと 쭉, 계속 興味(きょうみ) 흥미
持(も)つ 가지다 調(しら)べる 조사하다 場面(ばめん) 장면
アイディア 아이디어 見(み)つける 찾(아내)다, 발견하다
明日(あした) 내일 ～ないで ～하지 않고[말고]
동사의 ます형+ながら ～하면서 *동시동작

185 この人は、今朝テレビで何を見ましたか。
(A) 番組を作る側が話をしている番組
(B) 人気俳優がインタビューしている番組
(C) いつも見ている面白い番組
(D) 記者がインタビューを受ける番組

185 이 사람은 오늘 아침에 TV에서 무엇을 봤습니까?
(A) 프로그램을 만드는 측이 이야기를 하고 있는 프로그램
(B) 인기 배우가 인터뷰하고 있는 프로그램
(C) 항상 보고 있는 재미있는 프로그램

(D) 기자가 인터뷰에 응하는 프로그램

해설 | 첫 번째 문장에서 인기 프로그램을 만들고 있는 사람의 인터뷰를 봤다고 했으므로, 정답은 (A)가 된다.

어휘 | 側(がわ) 측, 쪽 俳優(はいゆう) 배우 記者(きしゃ) 기자 インタビューを受(う)ける 인터뷰에 응하다

186 この人がこの番組で面白かったのは、どんな点ですか。
(A) 人気番組についての話が詳しく聞けた点
(B) 色んな仲間の話をしゃべっていた点
(C) 自分と違う種類のアドバイスを受けていた点
(D) 人生で重要なことを話していた点

186 이 사람이 이 프로그램에서 재미있었던 것은 어떤 점입니까?
(A) 인기 프로그램에 대한 이야기를 상세하게 들을 수 있었던 점
(B) 여러 동료의 이야기를 하고 있었던 점
(C) 자신과 다른 종류의 조언을 받고 있었던 점
(D) 인생에서 중요한 것을 이야기하고 있었던 점

해설 | 두 번째 문장에서 특히 선배에게 받은 조언에 관한 이야기가 재미있었다고 했는데, 그 이유는 이 사람이 회사에서 항상 듣는 조언과는 전혀 다른 내용이기 때문이라고 했다. 따라서 정답은 (C)가 된다.

어휘 | 〜についての 〜에 대한 詳(くわ)しい 상세하다, 자세하다 色(いろ)んな 여러 가지, 다양한 仲間(なかま) 동료 しゃべる 말하다, 이야기하다 種類(しゅるい) 종류 人生(じんせい) 인생 重要(じゅうよう)だ 중요하다

187 先輩がイヤホンを耳に付けない理由は、何ですか。
(A) 新しいアイディアを探すため
(B) 音楽を聞く趣味がないため
(C) いいイヤホンを持っていないため
(D) ずっと耳に付けているのが嫌なため

187 선배가 이어폰을 귀에 끼지 않는 이유는 무엇입니까?
(A) 새로운 아이디어를 찾기 위해서
(B) 음악을 듣는 취미가 없기 때문에
(C) 좋은 이어폰을 갖고 있지 않기 때문에
(D) 계속 귀에 끼고 있는 것이 싫기 때문에

해설 | 중반부에서 조언을 했던 선배는 언제 어디서든 주변의 이야기에 귀를 기울이기 위해 이어폰을 끼지 않는데, 그 이유는 새로운 프로그램을 만들 힌트를 찾기 위해서라고 했다. 따라서 정답은 새로운 아이디어를 찾기 위해서라고 한 (A)가 된다.

어휘 | 趣味(しゅみ) 취미 嫌(いや)だ 싫다

188 この人は、明日何をしてみるつもりですか。
(A) 新番組のヒントを探す。
(B) 新しいイヤホンを買うために出かける。
(C) 音楽を聞きながら通勤する。

(D) 番組の話と同じ行動をしてみる。

188 이 사람은 내일 무엇을 해 볼 생각입니까?
(A) 새 프로그램의 힌트를 찾는다.
(B) 새 이어폰을 사기 위해서 외출한다.
(C) 음악을 들으면서 통근한다.
(D) 프로그램의 이야기와 같은 행동을 해 본다.

해설 | 마지막 문장에서 이 사람은 '나도 내일은 이어폰을 끼지 말고 다른 사람의 이야기를 들으면서 전철을 타 봐야겠다고 생각했다'라고 했다. 즉, 프로그램에서 들은 이야기와 같은 행동을 해 본다는 것이므로, 정답은 (D)가 된다. (A)는 TV에 나왔던 사람의 이야기이므로, 답이 될 수 없다.

어휘 | 동사의 보통형+つもりだ 〜할 생각[작정]이다 買(か)う 사다 〜ために 〜위해서 出(で)かける (밖에) 나가다, 외출하다, 가다 同(おな)じだ 같다 行動(こうどう) 행동

189~192 중소기업의 노동시간 단축

189政府の働き方に対する新しい政策により、全ての企業に労働時間を減らすことが義務付けられた。しかし中小企業では社員が出勤記録上は休暇を取ったことにしながら、実際にはいつも通りに働いていたりするケースが多い。190もちろん違反なのだが、社員からの違反だとの報告がない限り、監督する政府機関も無数に存在している中小企業を全てチェックして指導を行うのは(1)不可能なのが現状だ。191元々中小企業はどこも人手不足だ。社員の労働時間が短くなるのは非常に困る。つまり、中小企業にはこの指導に従う余裕がないのである。そこで考えるべきことは、社員の生産性を上げることだ。192仕事の量は同じで労働時間を短くするのには、社員各人の能力を高めなければならない。そのためには、社員の教育が必要だ。自分で課題を見つけ、そして自分で解決方法を考えて実行する。うまくいかなかったら新たな改善案を出す。この方式を繰り返して自分で考え、自分で実行する習慣を身に付ければ、必ず社員の生産性が上がり、労働時間を減らすことにも繋がるだろう。

189정부의 근로 방식에 대한 새 정책에 의해 모든 기업에 노동시간을 줄이는 것이 의무화되었다. 그러나 중소기업에서는 사원이 출근 기록상은 휴가를 받은 것으로 하면서 실제로는 평소대로 일하고 있거나 하는 경우가 많다. 190물론 위반이지만, 사원에게서 위반이라는 보고가 없는 한 감독하는 정부기관도 무수히 존재하고 있는 중소기업을 모두 체크해서 지도를 하는 것은 (1)불가능한 것이 현재 상태다. 191원래 중소기업은 어디나 다 일손부족이다. 사원의 노동시간이 짧아지는 것은 대단히 곤란하다. 요컨대 중소기업에는 이

지도에 따를 여유가 없는 것이다. 그래서 생각해야 할 것은 사원의 생산성을 높이는 일이다. [192]업무량은 같고 노동시간을 짧게 하려면 사원 한 사람 한 사람의 능력을 높이지 않으면 안 된다. 그렇게 하기 위해서는 사원 교육이 필요하다. 스스로 과제를 찾아내고, 그리고 스스로 해결 방법을 생각해 실행한다. 잘되지 않으면 개선안을 낸다. 이 방식을 반복해서 스스로 생각하고 스스로 실행하는 습관을 몸에 익히면 반드시 사원의 생산성이 높아지고 노동시간을 줄이는 것으로도 이어질 것이다.

어휘 | 政府(せいふ) 정부　働(はたら)き方(かた) 일하는 모양[방식]
～に対(たい)する ～에 대한　新(あたら)しい 새롭다
政策(せいさく) 정책　～により ～에 의해[따라]　全(すべ)て 모두
企業(きぎょう) 기업　労働(ろうどう) 노동　時間(じかん) 시간
減(へ)らす 줄이다　義務付(ぎむづ)ける 의무화하다
しかし 그러나　中小企業(ちゅうしょうきぎょう) 중소기업
社員(しゃいん) 사원　出勤(しゅっきん) 출근　記録(きろく) 기록
～上(じょう) ～상　休暇(きゅうか)を取(と)る 휴가를 받다
동사의 ます형+ながら ～하면서(도)　実際(じっさい)には 실제로는
いつも通(どお)りに 여느 때처럼, 평소대로　働(はたら)く 일하다
ケース 케이스, 경우, 사례　多(おお)い 많다　もちろん 물론
違反(いはん) 위반　～との ～라는(=～という)
報告(ほうこく) 보고　～限(かぎ)り ～하는 한, ～범위 내
監督(かんとく) 감독　機関(きかん) 기관　無数(むすう) 무수
存在(そんざい) 존재　チェック 체크　指導(しどう) 지도
行(おこな)う 하다, 행하다, 실시하다　不可能(ふかのう)だ 불가능하다
現状(げんじょう) 현상, 현재 상태　元々(もともと) 원래
人手不足(ひとでぶそく) 일손부족　短(みじか)い 짧다
非常(ひじょう)に 대단히, 매우　困(こま)る 곤란하다, 난처하다
つまり 결국, 요컨대, 즉　従(したが)う 따르다
余裕(よゆう) 여유　동사의 기본형+べき (마땅히) ～해야 할
生産性(せいさんせい) 생산성
上(あ)げる (성적·질 등을) 올리다, 높이다
仕事(しごと) 일　量(りょう) 양　同(おな)じだ 같다
各人(かくじん) 각자, 한 사람 한 사람
能力(のうりょく) 능력　高(たか)める 높이다
～なければならない ～하지 않으면 안 된다, ～해야 한다
教育(きょういく) 교육　必要(ひつよう)だ 필요하다
自分(じぶん)で 스스로　課題(かだい) 과제
見(み)つける 찾아내다, 발견하다　そして 그리고
解決(かいけつ) 해결　方法(ほうほう) 방법　実行(じっこう) 실행
うまくいく 잘되다, 순조롭게 진행되다　新(あら)ただ 새롭다
改善案(かいぜんあん) 개선안　出(だ)す 내다　方式(ほうしき) 방식
繰(く)り返(かえ)す 되풀이하다, 반복하다　新(あら)ただ 새롭다
身(み)に付(つ)ける (지식·기술 등을) 몸에 익히다
必(かなら)ず 꼭, 반드시　上(あ)がる 올라가다, 높아지다
繋(つな)がる 이어지다, 연결되다

189 新(あたら)しい政策(せいさく)によって、企業(きぎょう)に何(なに)が求(もと)められていますか。
(A) 全(すべ)ての労働者(ろうどうしゃ)の出勤時間(しゅっきんじかん)を早(はや)くすること
(B) 社員(しゃいん)の通勤時間(つうきんじかん)を減(へ)らす努力(どりょく)をすること
(C) 雇(やと)っている社員(しゃいん)の給料(きゅうりょう)アップに努(つと)めること
(D) 働(はたら)く時間(じかん)を短(みじか)いように調整(ちょうせい)すること

189 새 정책에 따라 기업에 무엇이 요구되고 있습니까?

(A) 모든 노동자의 출근시간을 앞당기는 것
(B) 사원의 통근시간을 줄이는 노력을 하는 것
(C) 고용한 사원의 급여 인상에 힘쓰는 것
(D) 일하는 시간을 짧게 하도록 조정하는 것

해설 | 첫 번째 문장에서 모든 기업에서 노동시간을 줄이는 것이 의무화되었다고 했으므로, 정답은 일하는 시간을 짧게 하도록 조정하는 것이라고 한 (D)가 된다.

어휘 | 努力(どりょく) 노력　雇(やと)う (사람을) 고용하다
給料(きゅうりょう) 급여, 급료　アップ 업, 인상
努(つと)める 힘쓰다, 노력하다, 애쓰다　調整(ちょうせい) 조정

190 何(なに)が(1)不可能(ふかのう)だと言(い)っていますか。
(A) 全(すべ)ての企業(きぎょう)に対(たい)して指示(しじ)を出(だ)すこと
(B) 企業(きぎょう)の実例(じつれい)をまとめて報告(ほうこく)をすること
(C) 全(すべ)ての中小企業(ちゅうしょうきぎょう)を調査(ちょうさ)し、違反(いはん)を指摘(してき)すること
(D) 実際(じっさい)に存在(そんざい)しない会社(かいしゃ)をチェックすること

190 무엇이 (1)불가능하다고 말하고 있습니까?
(A) 모든 기업에 대해 지시를 내리는 것
(B) 기업의 실례를 정리해서 보고를 하는 것
(C) 모든 중소기업을 조사해서 위반을 지적하는 것
(D) 실제로 존재하지 않는 회사를 체크하는 것

해설 | 밑줄 친 부분의 앞문장에서 노동시간 축소가 의무화되면서 중소기업도 그 대상에 들어가게 되었지만, 늘 일손이 부족한 중소기업에서는 편법을 써서 노동시간을 늘리고 있다. 이는 법을 위반하는 일이지만, 사원에게서 위반이라는 보고가 없는 한 정부에서 모든 중소기업의 실태를 일일이 체크하는 것은 불가능하다고 했다. 따라서 정답은 (C)가 된다.

어휘 | 指示(しじ)を出(だ)す 지시를 내리다
実例(じつれい) 실례, 실제 예　まとめる 정리하다
指摘(してき) 지적　存在(そんざい) 존재

191 中小企業(ちゅうしょうきぎょう)は、どんな問題(もんだい)を抱(かか)えていますか。
(A) 素直(すなお)に指示(しじ)に従(したが)う職員(しょくいん)が少(すく)ない問題(もんだい)
(B) 社員(しゃいん)を辞(や)めさせたいが、法律上(ほうりつじょう)できない問題(もんだい)
(C) 労働者(ろうどうしゃ)の主張(しゅちょう)に対応(たいおう)できていない問題(もんだい)
(D) 人(ひと)が足(た)りなくて労働時間(ろうどうじかん)が増(ふ)えてしまう問題(もんだい)

191 중소기업은 어떤 문제를 안고 있습니까?
(A) 순순히 지시를 따르는 직원이 적은 문제
(B) 사원을 그만두게 하고 싶지만 법률상 할 수 없는 문제
(C) 노동자의 주장에 대응하지 못하고 있는 문제
(D) 사람이 부족해서 노동시간이 늘어나 버리는 문제

해설 | 중반부에 나오는 「人手不足(ひとでぶそく)」(일손부족)라는 단어가 포인트. 중소기업이 안고 있는 문제는 일손부족으로 인해 기존 노동자들의 노동시간이 늘어나 버리는 것이다. 따라서 정답은 (D)가 된다.

어휘 | 素直(すなお) 고분고분함　職員(しょくいん) 직원

少(すく)ない 적다　辞(や)める (일자리를) 그만두다
法律(ほうりつ) 법률　労働者(ろうどうしゃ) 노동자
主張(しゅちょう) 주장　対応(たいおう) 대응
足(た)りない 모자라다, 부족하다　増(ふ)える 늘다, 늘어나다

192 この人が中小企業にしている提案は、どのようなものですか。
(A) 効果的な改善案を全体で考える。
(B) 適切な社員教育を実施する。
(C) 組織全体を変化させる。
(D) 生産設備を定期的に点検する。

192 이 사람이 중소기업에 하고 있는 제안은 어떠한 것입니까?
(A) 효과적인 개선안을 전체적으로 생각한다.
(B) 적절한 사원교육을 실시한다.
(C) 조직 전체를 변화시킨다.
(D) 생산 설비를 정기적으로 점검한다.

해설 | 후반부의 내용 문제. 이 사람은 중소기업의 일손부족 문제를 해결하기 위해서는 기존 사원의 생산성을 향상해야 한다고 주장하고 있다. 그러기 위해서는 사원 스스로 문제를 해결해 나갈 수 있도록 교육하는 것이 필요하다고 했으므로, 정답은 (B)가 된다.

어휘 | 効果的(こうかてき)だ 효과적이다　全体(ぜんたい) 전체
適切(てきせつ)だ 적절하다　組織(そしき) 조직
変化(へんか) 변화　生産(せいさん) 생산　設備(せつび) 설비
定期的(ていてき)だ 정기적이다　点検(てんけん) 점검

193~196 고령자를 위한 찻집

私は夫と2人で田舎で暮らしています。[193]ずっと主婦だった私は、反対する夫に何度も話をして納得してもらい、自宅近くの土地を買いました。そして喫茶店をオープンしました。ビジネスとしてではなく、地域の高齢者の交流の場になればいいという気持ちで経営をするつもりでした。新しくオープンした後にはたくさんお客さんが来てくれました。[194]しかし、高齢者に喫茶店に通う文化がないといったことから、半年もすると店の経営は不安定な状態になりました。現実は厳しく、本当にお客さんが来ないので、借金が増えました。貯金も無くなり、もう無理かなと思い、夫に相談しました。すると夫は「もう少し続けろ」と言いました。そして、「もっと勉強が必要だ」と言いました。[195]それから私は夫と共に、店で提供する食事や飲み物の勉強を始めました。高齢者の食事というものを、それまで私は全く意識していなかったのです。店

で提供するものを変更してから、お客さんの数は徐々に増えてきました。今では毎日来てくれる人もいます。[196]これからも地域の高齢者のことを第一に考えて、夫婦でこの店をやっていきたいです。

저는 남편과 둘이서 시골에서 살고 있습니다. [193]계속 주부였던 저는 반대하는 남편에게 여러 번 이야기를 해서 납득시켜서 자택 근처의 땅을 샀습니다. 그리고 찻집을 오픈했습니다. 비즈니스로써가 아니라 지역 고령자의 교류의 장이 되었으면 좋겠다는 마음으로 경영을 할 생각이었습니다. 새롭게 오픈한 후에는 많은 손님이 와 주었습니다. [194]그러나 고령자에게 찻집에 다니는 문화가 없어서 반년 정도 지나자 가게 경영은 불안정한 상태가 되었습니다. 현실은 혹독해서 정말로 손님이 오지 않기 때문에 빚이 늘어났습니다. 저금도 다 떨어지고 이제 무리인가 싶어서 남편에게 의논했습니다. 그러자 남편은 '조금 더 계속하라'라고 했습니다. 그리고 '공부가 더 필요해'라고 했습니다. [195]그 후로 저는 남편과 함께 가게에서 제공하는 식사와 음료 공부를 시작했습니다. 고령자의 식사라는 것을 그때까지 저는 전혀 의식하고 있지 않았던 것입니다. 가게에서 제공하는 것을 변경하고 나서 손님 수는 서서히 늘어났습니다. 지금은 매일 와 주는 사람도 있습니다. [196]앞으로도 지역 고령자를 우선으로 생각해 부부가 함께 이 가게를 해 나가고 싶습니다.

어휘 | 夫(おっと) (자신의) 남편　田舎(いなか) 시골
暮(く)らす 살다, 생활하다　ずっと 쭉, 계속　主婦(しゅふ) 주부
反対(はんたい) 반대　何度(なんど)も 몇 번이나, 여러 번
話(はなし) 이야기　納得(なっとく) 납득
~てもらう (남에게) ~해 받다, (남이) ~해 주다
自宅(じたく) 자택, 자기집　近(ちか)く 근처　土地(とち) 토지, 땅
買(か)う 사다　そして 그리고　喫茶店(きっさてん) 찻집
オープン 오픈　ビジネス 비즈니스　地域(ちいき) 지역
高齢者(こうれいしゃ) 고령자　交流(こうりゅう) 교류
場(ば) 장 *어떤 일이 행하여 지는 곳　気持(きも)ち 기분, 마음
経営(けいえい) 경영　동사의 기본형+つもりだ ~할 생각[작정]이다
新(あたら)しい 새롭다　동사의 た형+後(あと)に ~한 후에
たくさん 많이　お客(きゃく)さん 손님　しかし 그러나
通(かよ)う 다니다　文化(ぶんか) 문화　半年(はんとし) 반년
店(みせ) 가게　不安定(ふあんてい)だ 불안정하다
状態(じょうたい) 상태　現実(げんじつ) 현실
厳(きび)しい 혹독하다, 심하다　本当(ほんとう)に 정말로
借金(しゃっきん) 빚　増(ふ)える 늘다, 늘어나다
貯金(ちょきん) 저금　無(な)くなる 다 떨어지다, 다하다
もう 이제　無理(むり) 무리　相談(そうだん) 상담, 상의, 의논
すると 그러자　もう少(すこ)し 조금 더　続(つづ)ける 계속하다
もっと 더, 더욱　勉強(べんきょう) 공부
必要(ひつよう)だ 필요하다　それから 그 후, 그 이래
~と共(とも)に ~와 함께　提供(ていきょう) 제공
食事(しょくじ) 식사　飲(の)み物(もの) 음료　始(はじ)める 시작하다
それまで 그때까지　全(まった)く (부정어 수반) 전혀
意識(いしき) 의식　変更(へんこう) 변경　数(かず) 수
徐々(じょじょ)に 서서히　毎日(まいにち) 매일
~てくれる (남이 나에게) ~해 주다　これからも 앞으로도
第一(だいいち) 무엇보다도, 우선　考(かんが)える 생각하다
やる 하다

193 この人は、喫茶店をオープンするために何をしましたか。
(A) 自宅付近の安い店を調べた。
(B) 店の経営方法を学んだ。
(C) 土地を買うために貯金した。
(D) 否定的な夫を説得した。

193 이 사람은 찻집을 오픈하기 위해서 무엇을 했습니까?
(A) 자택 부근의 싼 가게를 알아봤다.
(B) 가게 경영 방법을 배웠다.
(C) 토지를 사기 위해서 저금했다.
(D) 부정적인 남편을 설득했다.

해설 | 두 번째 문장에서 '계속 주부였던 저는 반대하는 남편에게 여러 번 이야기를 해서 납득시켜서 자택 근처의 땅을 샀습니다. 그리고 찻집을 오픈했습니다'라고 했으므로, 이 사람은 찻집 오픈을 위해 먼저 반대하는 남편을 설득해야 했다는 것을 알 수 있다. 따라서 정답은 (D)가 된다.

어휘 | 付近(ふきん) 부근 安(やす)い (값이) 싸다
調(しら)べる 조사하다, 알아보다 方法(ほうほう) 방법
学(まな)ぶ 배우다 否定的(ひていてき)だ 부정적이다
説得(せっとく) 설득

194 開店して半年後、店はどんな様子になりましたか。
(A) 多くの客が訪れて、儲けることができた。
(B) 悪い噂が広がり、客の数が伸びなかった。
(C) 高齢者が多く訪れて、地域の皆に喜ばれた。
(D) 文化の問題もあり、経営状況は悪化した。

194 개점하고 반년 후 가게는 어떤 상황이 되었습니까?
(A) 많은 손님이 방문해서 돈을 벌 수 있었다.
(B) 나쁜 소문이 퍼져서 손님 수가 늘지 않았다.
(C) 고령자가 많이 방문해서 지역의 모두가 기뻐했다.
(D) 문화 문제도 있어서 경영 상황은 악화되었다.

해설 | 반년 후의 경영 상황에 대해서는 중반부에 나온다. '고령자에게 찻집에 다니는 문화가 없어서 반년 정도 지나자 가게 경영은 불안정한 상태가 되었습니다. 현실은 혹독해서 정말로 손님이 오지 않기 때문에 빚이 늘어났습니다'라고 했으므로, 정답은 (D)가 된다.

어휘 | 開店(かいてん) 개점 様子(ようす) 상태, 상황
訪(おとず)れる 방문하다 儲(もう)ける (돈을) 벌다, 이익을 보다
悪(わる)い 나쁘다, 좋지 않다 噂(うわさ) 소문
広(ひろ)がる 퍼지다, 번지다 伸(の)びる 늘다, 신장하다
皆(みんな) 모두 喜(よろこ)ぶ 기뻐하다, 좋아하다
状況(じょうきょう) 상황 悪化(あっか) 악화

195 この人は、夫に相談した後、何を始めましたか。
(A) 高齢者向けのメニューの研究
(B) 税金などの経営に関する対策
(C) 店の中のインテリアの工事

(D) 効果的な宣伝方法の学習

195 이 사람은 남편에게 의논한 후 무엇을 시작했습니까?
(A) 고령자 대상의 메뉴 연구
(B) 세금 등의 경영에 관한 대책
(C) 가게 안의 인테리어 공사
(D) 효과적인 선전 방법 학습

해설 | 이 사람은 폐업을 고민하며 남편과 의논한 결과, 더 공부를 해서 가게를 계속해 나가기로 결정했다. 이후 남편과 함께 가게에서 제공하는 식사나 음료 공부를 해서 고령자 손님에게 제공하면서 손님이 늘게 되었으므로, 정답은 고령자 대상의 메뉴 연구라고 한 (A)가 된다.

어휘 | ～向(む)け ～대상, ～용 メニュー 메뉴
研究(けんきゅう) 연구 税金(ぜいきん) 세금 ～など ～등
～に関(かん)する ～에 관한 対策(たいさく) 대책
インテリア 인테리어 工事(こうじ) 공사
効果的(こうかてき)だ 효과적이다 宣伝(せんでん) 선전
学習(がくしゅう) 학습

196 この人は、今後はどのようにしたいと言っていますか。
(A) 新しい食事の提供を継続する。
(B) 余計な経費を使わないように努力する。
(C) 何よりもお年寄りを大事にして経営を続ける。
(D) 高齢者に対する福祉事業を始める。

196 이 사람은 앞으로는 어떻게 하고 싶다고 말하고 있습니까?
(A) 새로운 식사 제공을 계속한다.
(B) 쓸데없는 경비를 쓰지 않도록 노력한다.
(C) 무엇보다도 노인을 소중히 여겨서 경영을 계속한다.
(D) 고령자에 대한 복지사업을 시작한다.

해설 | 마지막 문장에서 '앞으로도 지역 고령자를 우선으로 생각해 부부가 함께 이 가게를 해 나가고 싶습니다'라고 포부를 밝히고 있으므로, 정답은 (C)가 된다.

어휘 | 継続(けいぞく) 계속 余計(よけい)だ 쓸데없다
経費(けいひ) 경비 使(つか)う 쓰다, 사용하다
努力(どりょく) 노력 何(なに)よりも 무엇보다도
お年寄(としよ)り 노인 大事(だいじ)だ 소중하다
続(つづ)ける 계속하다 福祉(ふくし) 복지 始(はじ)める 시작하다

197~200 업무 개혁에서 느낀 점

197 私は中堅食品会社で製品の研究開発から販売までの全てを担当している。198 数年前は会社全体が業績不振で、私が所属している部門も赤字の状態が続いていた。そこで社長の命令により社外の助言者も交えて、いくつかの部門が集まった新しい計画チームが立ち上がった。中堅社員である私も参加し、大規模な業務改革によって利益改善を3年で成し遂げようと必死に業

244

務に励んだ。しかし不満に思ったのが、我々の事業の核となるべき部長クラスの自己中心的な態度だった。「他の部門のことはわからない」など、無責任な発言を頻繁にする。[199]高い給料の上司が情けない発言をするのは納得できなかったが、まず自分で結果を残し、自分の価値をアピールすることだけを考えて、業務改革を遂行した。すると上司たちのことは気にならなくなった。[200]それから2年が経ち、まだ利益改善という目的は完全には達成できていないが、売上額も大幅に伸び、私自身も昇進することができた。納得できないことに対しても自分の対処すべきことをきちんとしたことで、人間的に大きく成長することができたと思う。

[197]나는 중견 식품회사에서 제품 연구 개발부터 판매까지의 모든 것을 담당하고 있다. [198]몇 년 전에는 회사 전체가 실적 부진으로 내가 소속되어 있는 부문도 적자 상태가 이어지고 있었다. 그래서 사장님 명령에 의해 사외 조언자도 참여시켜 몇 개인가의 부문이 모인 새로운 계획팀이 출범했다. 중견사원인 나도 참가해 대규모의 업무 개혁에 의해 이익 개선을 3년 안에 완수하려고 필사적으로 업무에 매진했다. 그러나 불만으로 생각했던 것이 우리 사업의 핵심이 되어야 할 부장급의 자기중심적인 태도였다. '다른 부문은 모르겠다' 등 무책임한 발언을 빈번하게 한다. [199]높은 급여를 받는 상사가 한심한 발언을 하는 것은 납득할 수 없었지만, 우선 스스로 결과를 남겨서 나의 가치를 어필하는 것만을 생각하고 업무 개혁을 수행했다. 그러자 상사들은 신경 쓰이지 않게 되었다. [200]그리고 나서 2년이 지나 아직 이익 개선이라는 목적은 완전히는 달성 못 하고 있지만, 매출액도 대폭적으로 늘었고 나 자신도 승진할 수 있었다. 납득할 수 없는 일에 대해서도 내가 대처해야 하는 것을 제대로 함으로써 인간적으로 크게 성장할 수 있었다고 생각한다.

어휘 | 中堅(ちゅうけん) 중견
食品会社(しょくひんがいしゃ) 식품회사 製品(せいひん) 제품
研究(けんきゅう) 연구 開発(かいはつ) 개발
～から～まで ~부터 ~까지 販売(はんばい) 판매
全(すべ)て 모든 것 担当(たんとう) 담당 数年(すうねん) 몇 년
前(まえ) 전, 이전 全体(ぜんたい) 전체
業績(ぎょうせき) 업적, 실적 不振(ふしん) 부진
所属(しょぞく) 소속 部門(ぶもん) 부문 赤字(あかじ) 적자
状態(じょうたい) 상태 続(つづ)く 이어지다, 계속되다
そこで 그래서 社長(しゃちょう) 사장 命令(めいれい) 명령
～により ~에 의해[따라] 社外(しゃがい) 사외
助言者(じょげんしゃ) 조언자 交(まじ)える 섞다, 끼게 하다
いくつか 몇 개인가 集(あつ)まる 모이다 新(あたら)しい 새롭다
計画(けいかく) 계획 チーム 팀
立(た)ち上(あ)がる 행동을 일으키다, 시작하다 社員(しゃいん) 사원
参加(さんか) 참가 大規模(だいきぼ)だ 대규모이다
業務(ぎょうむ) 업무 改革(かいかく) 개혁 利益(りえき) 이익
改善(かいぜん) 개선 成(な)し遂(と)げる 완수하다, 달성하다
必死(ひっし)だ 필사적이다 励(はげ)む 힘쓰다, 노력하다, 매진하다
しかし 그러나 不満(ふまん) 불만 我々(われわれ) 우리
事業(じぎょう) 사업 核(かく) 핵심
동사의 기본형+べき (마땅히) ~해야 할 部長(ぶちょう) 부장
クラス 급 自己中心的(じこちゅうしんてき) 자기중심적
態度(たいど) 태도 他(ほか) 다른 (것) わかる 알다, 이해하다
無責任(むせきにん)だ 무책임하다 発言(はつげん) 발언
頻繁(ひんぱん)だ 빈번하다 高(たか)い 높다
給料(きゅうりょう) 급여, 급료 上司(じょうし) 상사
情(なさ)けない 한심하다 納得(なっとく) 납득 まず 우선
自分(じぶん)で 직접, 스스로 結果(けっか) 결과 残(のこ)す 남기다
自分(じぶん) 자기, 자신, 나 価値(かち) 가치 アピール 어필, 호소
遂行(すいこう) 수행 すると 그러자 気(き)になる 신경이 쓰이다
経(た)つ (시간이) 지나다, 경과하다 まだ 아직
目的(もくてき) 목적 完全(かんぜん)だ 완전하다
達成(たっせい) 달성 売上額(うりあげがく) 매출액
大幅(おおはば)だ 대폭적이다 伸(の)びる 늘다, 신장하다
명사+自身(じしん) ~자신 *명사에 접속하여 그 말을 강조함
昇進(しょうしん) 승진
～に対(たい)しても ~에 대해서도, ~에게도 *대상
対処(たいしょ) 대처 きちんと 제대로, 확실히
～ことで ~함으로써 人間的(にんげんてき)だ 인간적이다
大(おお)きい 크다 成長(せいちょう) 성장

197 この人は、会社でどんな仕事をしていますか。
(A) 医薬品の開発と製造
(B) 農作物の品種改良
(C) 日用品の販売経路の開拓
(D) 商品に関わる業務全般

197 이 사람은 회사에서 어떤 일을 하고 있습니까?
(A) 의약품 개발과 제조
(B) 농작물의 품종 개량
(C) 일용품의 판매 경로 개척
(D) 상품에 관계된 업무 전반

해설 | 첫 번째 문장에서 이 사람은 중견 식품회사에서 제품 연구 개발부터 판매까지의 모든 것을 담당하고 있다고 했다. 즉, 식품회사에서 상품에 관계된 모든 일에 관여하고 있다는 뜻이므로, 정답은 (D)가 된다.

어휘 | 医薬品(いやくひん) 의약품 製造(せいぞう) 제조
農作物(のうさくぶつ) 농작물 品種(ひんしゅ) 품종
改良(かいりょう) 개량 日用品(にちようひん) 일용품
販売(はんばい) 판매 経路(けいろ) 경로 開拓(かいたく) 개척
商品(しょうひん) 상품 関(かか)わる 관계되다
全般(ぜんぱん) 전반

198 新しい計画チームが作られた理由は、何ですか。
(A) 利益改善のために大幅な事業改革を行うから
(B) 業績の悪化で借金の返済が困難になったから
(C) 幹部候補の発掘と育成が必要だから

(D) 社長が交代して就業規則が変更されたから

198 새로운 계획팀이 만들어진 이유는 무엇입니까?
(A) 이익 개선을 위해서 대폭적인 사업 개혁을 실시하기 때문에
(B) 실적 악화로 빚의 변제가 곤란해졌기 때문에
(C) 간부 후보의 발굴과 육성이 필요하기 때문에
(D) 사장이 교체되어 취업 규칙이 변경되었기 때문에

해설 | 새로운 계획팀이 만들어진 이유는 초반부에 나온다. 회사 전체가 실적 부진으로 적자 상태가 이어졌기 때문에 사장님 명령으로 사외 조언자까지 참여시켜 새로운 계획팀이 출범했다고 했다. 따라서 정답은 이익 개선을 위해서 대폭적인 사업 계획을 실시하기 때문이라고 한 (A)가 된다.

어휘 | 行(おこな)う 하다, 행하다, 실시하다 借金(しゃっきん) 빚
返済(へんさい) 반제, 변제, 빚을 갚음 困難(こんなん)だ 곤란하다
幹部(かんぶ) 간부 候補(こうほ) 후보 発掘(はっくつ) 발굴
育成(いくせい) 육성 必要(ひつよう)だ 필요하다
交代(こうたい) 교체 就業(しゅうぎょう) 취업
規則(きそく) 규칙 変更(へんこう) 변경

199 この人は、新しいチームの中でどんなことを考えていましたか。
(A) 自分の昇進のために嫌なことでも何でもやる。
(B) 自分の成果を残すことに集中しよう。
(C) メンバー全員で取り組み、必ず結果を残す。
(D) 無責任な上司のやる気を何とか出させたい。

199 이 사람은 새로운 팀 안에서 어떤 것을 생각하고 있었습니까?
(A) 자신의 승진을 위해서 싫은 일이더라도 뭐든지 한다.
(B) 자신의 성과를 남기는 것에 집중하자.
(C) 멤버 전원이 대처해서 반드시 결과를 남긴다.
(D) 무책임한 상사의 의욕을 어떻게든 내게 하고 싶다.

해설 | 중반부에서 이 사람은 '높은 급여를 받는 상사가 한심한 발언을 하는 것은 납득할 수 없었지만, 우선 스스로 결과를 남겨서 나의 가치를 어필하는 것만을 생각하고 업무 개혁을 수행했다'라고 했다. 따라서 정답은 (B)가 된다.

어휘 | 嫌(いや)だ 싫다 成果(せいか) 성과
集中(しゅうちゅう) 집중 メンバー 멤버 全員(ぜんいん) 전원
取(と)り組(く)む 대처하다 必(かなら)ず 꼭, 반드시
やる気(き) 의욕 何(なん)とか 어떻게든, 그럭저럭
出(だ)す (힘 등을) 내다

200 現在、この会社の状況はどうなっていますか。
(A) 目標は未達成ながら、増益している。
(B) 売り上げ絶好調で、社員の給与額がアップした。
(C) チームが役目を果たさず、利益が下がった。
(D) 利益が改善される見込みが全くない。

200 현재 이 회사의 상황은 어떻게 되어 있습니까?
(A) 목표는 미달성이지만 이익이 늘어나고 있다.
(B) 매출이 더할 나위 없이 호조로 사원의 급여액이 인상되었다.
(C) 팀이 직무를 완수하지 못해서 이익이 떨어졌다.
(D) 이익이 개선될 가망이 전혀 없다.

해설 | 현재 이 회사의 상황에 대해서는 후반부에 나온다. 새로운 계획팀이 꾸려진 지 2년이 지난 후 아직 이익 개선이라는 목적을 완전히는 달성 못하고 있지만, 매출액도 대폭적으로 늘었다고 했다. 즉, 목표에는 이르지 못했지만 매출은 확연하게 늘고 있다는 뜻이므로, 정답은 (A)가 된다.

어휘 | 目標(もくひょう) 목표 未達成(みたっせい) 미달성
~ながら ~이지만 ~이면서도
増益(ぞうえき) 증익, 이익이 늘어나는 것
絶好調(ぜっこうちょう) 더할 나위 없이 호조를 보이는 것
給与額(きゅうよがく) 급여액 アップ 업, 인상
役目(やくめ) 임무, 직무, 역할
果(は)たす 달성하다, 완수하다, 이행하다 ~ず ~하지 않아서
下(さ)がる (값·온도·지위·기능 등이) 내려가다, 떨어지다
見込(みこ)み 장래성, 가망, 희망 全(まった)く (부정어 수반) 전혀

주요 어휘 및 표현 정리 20

* 읽는 법과 뜻을 확인해 보세요.

어휘 및 표현	읽는 법	뜻
☐ 貼る	はる	붙이다
☐ 茶碗	ちゃわん	밥공기
☐ 閉じる	とじる	(눈을) 감다
☐ 閉まる	しまる	닫히다
☐ 入れ物	いれもの	용기, 그릇
☐ 宛先	あてさき	(우편의) 수신인, 수신처
☐ 遊園地	ゆうえんち	유원지
☐ 立てる	たてる	세우다
☐ 髭を剃る	ひげをそる	면도를 하다
☐ 消印	けしいん	소인
☐ 押す	おす	(도장을) 누르다, 찍다
☐ 受話器	じゅわき	수화기
☐ 土	つち	땅
☐ 寝転ぶ	ねころぶ	아무렇게나 드러눕다
☐ 重量	じゅうりょう	중량, 무게
☐ ずれる	●	어긋나다, 벗어나다
☐ 半径	はんけい	반경, 반지름
☐ 風呂敷	ふろしき	보자기
☐ リュックサック	●	배낭
☐ 背負う	せおう	(등에) 메다

최신기출 4

주요 어휘 및 표현 정리 20

* 읽는 법과 뜻을 확인해 보세요.

어휘 및 표현	읽는 법	뜻
☐ 片付ける	かたづける	치우다, 정리하다
☐ 毎朝	まいあさ	매일 아침
☐ 渡る	わたる	(길을) 지나다, 건너다
☐ 早朝	そうちょう	이른 아침
☐ 気にする	きにする	신경을 쓰다, 걱정하다
☐ 捕まる	つかまる	잡히다, 붙잡히다
☐ 片付く	かたづく	처리되다
☐ 最終回	さいしゅうかい	최종회, 마지막회
☐ 諦める	あきらめる	단념하다, 체념하다
☐ 送料	そうりょう	송료, 배송료
☐ 定休日	ていきゅうび	정기휴일
☐ 受け取る	うけとる	받다, 수취하다
☐ 踏切	ふみきり	(철로의) 건널목
☐ 耐える	たえる	참다, 견디다
☐ 関節	かんせつ	관절
☐ 人手不足	ひとでぶそく	일손부족
☐ 異なる	ことなる	다르다
☐ 留守	るす	부재중, 집을 비움
☐ 騒々しい	そうぞうしい	시끄럽다, 소란스럽다
☐ 동사의 **ます**형+**かねる**	●	～하기 어렵다, ～할 수 없다

주요 어휘 및 표현 정리 20

* 읽는 법과 뜻을 확인해 보세요.

어휘 및 표현	읽는 법	뜻
☐ 裏	うら	뒤, 뒤쪽
☐ 間違い	まちがい	틀림, 잘못
☐ 待ち合わせ	まちあわせ	(약속하여) 만나기로 함
☐ 知人	ちじん	지인, 아는 사람
☐ 増やす	ふやす	늘리다
☐ 案内	あんない	안내
☐ 探す	さがす	찾다
☐ ぎりぎり	●	빠듯함
☐ 延ばす	のばす	연장하다
☐ 電話に出る	でんわにでる	전화를 받다
☐ 用事	ようじ	볼일, 용무
☐ 若々しい	わかわかしい	아주 젊어 보이다, 젊디젊다
☐ 正門	せいもん	정문
☐ 人通り	ひとどおり	사람의 왕래
☐ 裏門	うらもん	뒷문, 후문
☐ 注目を浴びる	ちゅうもくをあびる	주목을 받다
☐ 順調だ	じゅんちょうだ	순조롭다
☐ 眺める	ながめる	바라보다
☐ 別荘	べっそう	별장
☐ 逃れる	のがれる	벗어나다

최신기출 4

249

주요 어휘 및 표현 정리 20

＊ 읽는 법과 뜻을 확인해 보세요.

어휘 및 표현	읽는 법	뜻
☐ 始まる	はじまる	시작되다
☐ 答え	こたえ	(문제의) 답
☐ 数学	すうがく	수학
☐ 大雨	おおあめ	큰비
☐ 遅れる	おくれる	늦다, 늦어지다, 지연되다
☐ できるだけ	●	가능한 한, 되도록
☐ 乗車	じょうしゃ	승차
☐ 離れる	はなれる	(사이가) 떨어지다
☐ 特急	とっきゅう	특급
☐ 向かう	むかう	향하다, (향해) 가다
☐ 乗り降り	のりおり	타고 내림
☐ 褒める	ほめる	칭찬하다
☐ 郊外	こうがい	교외
☐ 〜に伴う	〜にともなう	〜에 동반하다[따르다]
☐ 直ちに	ただちに	곧, 즉시
☐ 電力	でんりょく	전력
☐ 동사의 **ます**형+**次第**	동사의 **ます**형+しだい	〜하자마자, 〜하는 대로 (즉시)
☐ 歌声	うたごえ	노랫소리
☐ 限る	かぎる	제한하다, 한정하다
☐ 動揺	どうよう	동요

주요 어휘 및 표현 정리 20

* 읽는 법과 뜻을 확인해 보세요.

어휘 및 표현	읽는 법	뜻
☐ 今朝	けさ	오늘 아침
☐ 本人	ほんにん	본인
☐ 賢い	かしこい	영리하다, 현명하다
☐ 砕く	くだく	부수다, 깨뜨리다
☐ 交流	こうりゅう	교류
☐ 狙い	ねらい	노리는 바, 목적
☐ 覆す	くつがえす	뒤집다
☐ 怠惰	たいだ	나태, 태만, 게으름
☐ 否定	ひてい	부정
☐ 水準	すいじゅん	수준
☐ 癒す	いやす	(상처·병 따위를) 고치다, (고민 따위를) 풀다
☐ 見つける	みつける	찾(아내)다, 발견하다
☐ 동사의 ます형+かけの	●	~하다 만, ~하는 도중인
☐ 述べる	のべる	말하다, 진술하다
☐ 説く	とく	말하다, 설득하다
☐ 見た目	みため	겉보기, 겉모양
☐ お世話になる	おせわになる	신세를 지다
☐ 荒い	あらい	(파도·바람 등이) 거칠다, 거세다
☐ 人使い	ひとづかい	사람 다루는 법
☐ 紛れる	まぎれる	딴것에 마음을 빼앗겨서 시름을 잊다

최신기출 4

251

주요 어휘 및 표현 정리 20

＊ 읽는 법과 뜻을 확인해 보세요.

어휘 및 표현	읽는 법	뜻
☐ 遅刻	ちこく	지각
☐ 冷たい	つめたい	차갑다
☐ 売れる	うれる	(잘) 팔리다
☐ 迷う	まよう	길을 잃다, 헤매다
☐ 行き方	いきかた	가는 법
☐ 台風	たいふう	태풍
☐ ～に決まっている	～にきまっている	분명히 ～일 것이다, ～임에 틀림없다
☐ 一日	いちにち	하루
☐ 覚える	おぼえる	외우다
☐ 小学生	しょうがくせい	초등학생
☐ 行う	おこなう	하다, 행하다, 실시하다
☐ 撮影	さつえい	촬영
☐ 無事だ	ぶじだ	무사하다
☐ 滅多に	めったに	(부정어 수반) 좀처럼
☐ 買い込む	かいこむ	(많이) 사들이다
☐ 内緒	ないしょ	비밀
☐ 得る	える	얻다
☐ 溝	みぞ	(인간 관계의) 틈, 간격
☐ 負担	ふたん	부담
☐ 増す	ます	(수량·양·정도가) 커지다, 많아지다, 늘다

주요 어휘 및 표현 정리 20

※ 읽는 법과 뜻을 확인해 보세요.

어휘 및 표현	읽는 법	뜻
☐ 易しい	やさしい	쉽다
☐ 通う	かよう	다니다
☐ 薬を飲む	くすりをのむ	약을 먹다
☐ 立派だ	りっぱだ	훌륭하다
☐ 半日	はんにち	반일, 하루의 반
☐ 牛乳	ぎゅうにゅう	우유
☐ 急用	きゅうよう	급한 용무
☐ できる	●	생기다
☐ お礼	おれい	감사(의 말)
☐ 飛び上がる	とびあがる	날아오르다
☐ 洗濯物	せんたくもの	세탁물, 빨래
☐ 不器用	ぶきよう	손재주가 없음
☐ ～度に	～たびに	～할 때마다
☐ ～を抜きにして	～をぬきにして	～을 빼고[제외하고]
☐ 成り立つ	なりたつ	성립되다, 이루어지다
☐ 励ます	はげます	격려하다, 북돋다
☐ 水の泡	みずのあわ	물거품, 수포
☐ 要	かなめ	가장 중요한 대목, 요점
☐ 痛感	つうかん	통감
☐ 目が離せない	めがはなせない	눈을 뗄 수 없다

주요 어휘 및 표현 정리 20

* 읽는 법과 뜻을 확인해 보세요.

어휘 및 표현	읽는 법	뜻
☐ 眠い	ねむい	졸리다
☐ 食べ物	たべもの	음식
☐ 口にする	くちにする	먹다
☐ 海	うみ	바다
☐ 釣る	つる	낚다
☐ 新鮮だ	しんせんだ	신선하다
☐ 注射をする	ちゅうしゃをする	주사를 놓다
☐ 立場	たちば	입장
☐ 助ける	たすける	(일을) 돕다, 거들다
☐ 朝食	ちょうしょく	조식, 아침(식사)
☐ 売れる	うれる	(잘) 팔리다
☐ 税金	ぜいきん	세금
☐ 余る	あまる	남다
☐ 働き方	はたらきかた	일하는 모양[방식]
☐ 減らす	へらす	줄이다
☐ 身に付ける	みにつける	(지식·기술 등을) 몸에 익히다
☐ 調整	ちょうせい	조정
☐ 実例	じつれい	실례, 실제 예
☐ 適切だ	てきせつだ	적절하다
☐ 交える	まじえる	섞다, 끼게 하다

PART 1

1 (D)	2 (B)	3 (C)	4 (D)	5 (A)	6 (B)	7 (A)	8 (B)	9 (A)	10 (D)
11 (A)	12 (D)	13 (A)	14 (A)	15 (D)	16 (C)	17 (C)	18 (C)	19 (A)	20 (D)

PART 2

21 (D)	22 (B)	23 (A)	24 (B)	25 (A)	26 (C)	27 (A)	28 (B)	29 (D)	30 (C)
31 (D)	32 (D)	33 (A)	34 (D)	35 (C)	36 (C)	37 (A)	38 (B)	39 (B)	40 (D)
41 (B)	42 (D)	43 (C)	44 (B)	45 (C)	46 (C)	47 (A)	48 (B)	49 (D)	50 (C)

PART 3

51 (A)	52 (D)	53 (B)	54 (A)	55 (D)	56 (A)	57 (B)	58 (D)	59 (A)	60 (C)
61 (B)	62 (D)	63 (A)	64 (C)	65 (D)	66 (B)	67 (A)	68 (B)	69 (B)	70 (D)
71 (C)	72 (B)	73 (C)	74 (A)	75 (D)	76 (B)	77 (A)	78 (A)	79 (B)	80 (C)

PART 4

81 (D)	82 (B)	83 (A)	84 (D)	85 (C)	86 (D)	87 (B)	88 (D)	89 (B)	90 (A)
91 (D)	92 (D)	93 (B)	94 (A)	95 (D)	96 (C)	97 (D)	98 (A)	99 (D)	100 (C)

PART 5

101 (D)	102 (A)	103 (C)	104 (B)	105 (D)	106 (A)	107 (B)	108 (D)	109 (B)	110 (C)
111 (B)	112 (B)	113 (A)	114 (B)	115 (D)	116 (A)	117 (B)	118 (A)	119 (C)	120 (C)

PART 6

121 (A)	122 (B)	123 (C)	124 (D)	125 (A)	126 (B)	127 (D)	128 (D)	129 (C)	130 (A)
131 (C)	132 (B)	133 (B)	134 (B)	135 (C)	136 (A)	137 (C)	138 (B)	139 (D)	140 (B)

PART 7

141 (D)	142 (A)	143 (C)	144 (D)	145 (A)	146 (D)	147 (B)	148 (A)	149 (D)	150 (C)
151 (C)	152 (B)	153 (A)	154 (B)	155 (D)	156 (A)	157 (B)	158 (B)	159 (D)	160 (C)
161 (A)	162 (C)	163 (B)	164 (A)	165 (D)	166 (A)	167 (B)	168 (B)	169 (C)	170 (B)

PART 8

171 (D)	172 (A)	173 (D)	174 (A)	175 (D)	176 (C)	177 (D)	178 (C)	179 (B)	180 (A)
181 (D)	182 (D)	183 (A)	184 (A)	185 (C)	186 (C)	187 (D)	188 (D)	189 (D)	190 (D)
191 (A)	192 (A)	193 (D)	194 (C)	195 (B)	196 (D)	197 (D)	198 (A)	199 (D)	200 (C)

01 인물의 동작 및 상태(1인 등장)

(A) 手を洗っています。
(B) 字を消しています。
(C) 住所を書いています。
(D) 紙を切っています。

(A) 손을 씻고 있습니다.
(B) 글자를 지우고 있습니다.
(C) 주소를 쓰고 있습니다.
(D) 종이를 자르고 있습니다.

해설 | 한 손에 글자가 인쇄된 종이를 들고 다른 한 손으로 종이를 자르고 있는 사진이므로, 정답은 (D)가 된다.

어휘 | 手(て) 손 洗(あら)う 씻다 字(じ) 글자
消(け)す 지우다, 없애다 住所(じゅうしょ) 주소
書(か)く (글씨·글을) 쓰다 紙(かみ) 종이 切(き)る 자르다

02 사물의 상태

(A) 時計がかかっています。
(B) 地図が貼ってあります。
(C) カレンダーを見ています。
(D) 女の人が立っています。

(A) 시계가 걸려 있습니다.
(B) 지도가 붙여져 있습니다.
(C) 달력을 보고 있습니다.
(D) 여자가 서 있습니다.

해설 | 의자에 앉아 있는 여자 뒤쪽 벽에 커다란 지도가 붙여져 있으므로, 정답은 (B)가 된다. 여자는 의자에 앉아 정면을 응시하고 있고, 시계도 보이지 않으므로 나머지 선택지는 답이 될 수 없다.

어휘 | 時計(とけい) 시계 かかる (아래로) 걸리다 地図(ちず) 지도
貼(は)る 붙이다 타동사+てある ~해져 있다 *상태표현
カレンダー 달력 見(み)る 보다 立(た)つ 서다

03 사물의 상태

(A) 机の上に本があります。
(B) 写真が飾ってあります。
(C) 引き出しが開いています。
(D) 携帯電話が2台あります。

(A) 책상 위에 책이 있습니다.
(B) 사진이 장식되어 있습니다.
(C) 서랍이 열려 있습니다.
(D) 휴대전화가 두 대 있습니다.

해설 | 사물의 종류와 상태에 주목해야 한다. 책상 서랍이 열려 있는 상태이므로, 정답은 (C)가 된다. 책상 위에 책은 없고, 일반 전화기와 휴대전화기는 각 한 대씩 놓여 있으므로, (A)와 (D)는 부적절. 또한 장식되어 있는 사진도 찾아볼 수 없으므로, (B)도 틀린 설명이다.

어휘 | 机(つくえ) 책상 上(うえ) 위 本(ほん) 책
写真(しゃしん) 사진 飾(かざ)る 꾸미다, 장식하다
引(ひ)き出(だ)し 서랍 開(あ)く 열리다
携帯電話(けいたいでんわ) 휴대전화
~台(だい) ~대 *차나 기계 등을 세는 말

04 사물의 상태

(A) バス停が込んでいます。
(B) ここはバイク置き場です。
(C) 家の前に自転車があります。
(D) トラックが止まっています。

(A) 버스 정류장이 붐비고 있습니다.
(B) 여기는 오토바이 두는 곳입니다.
(C) 집 앞에 자전거가 있습니다.
(D) 트럭이 서 있습니다.

해설 | 선이 그어진 주차공간에 트럭 한 대가 서 있는 사진이므로, 정답은 (D)가 된다.

어휘 | バス停(てい) 버스 정류장 込(こ)む 붐비다, 혼잡하다
ここ 여기, 이곳 バイク 바이크, 오토바이 *「モーターバイク」의 준말

置(お)き場(ば) 물건 따위를 두는 곳   家(いえ) 집   前(まえ) 앞
自転車(じてんしゃ) 자전거   トラック 트럭
止(と)まる 멈추다, 서다

05 인물의 동작 및 상태(1인 동작)

(A) ネクタイをしています。
(B) 新聞(しんぶん)を読(よ)んでいます。
(C) 水(みず)を飲(の)んでいます。
(D) 料理(りょうり)をしています。

(A) 넥타이를 하고 있습니다.
(B) 신문을 읽고 있습니다.
(C) 물을 마시고 있습니다.
(D) 요리를 하고 있습니다.

해설 | 남자의 옷차림에 주목해야 한다. 남자는 양복 차림에 넥타이를 하고 있으므로, 정답은 (A)가 된다. 남자가 보고 있는 것은 신문이 아니고, 물을 마시거나 요리를 하고 있지도 않으므로, 나머지 선택지는 모두 틀린 설명이다.

어휘 | ネクタイ 넥타이   新聞(しんぶん) 신문   読(よ)む 읽다
水(みず) 물   飲(の)む 마시다   料理(りょうり) 요리

06 사물의 상태

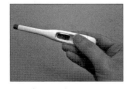

(A) 日時(にちじ)を知(し)らせるものです。
(B) 体温(たいおん)を測(はか)るものです。
(C) 楽器(がっき)を持(も)っています。
(D) 定期券(ていきけん)が入(はい)っています。

(A) 날짜와 시간을 알리는 물건입니다.
(B) 체온을 재는 물건입니다.
(C) 악기를 들고 있습니다.
(D) 정기권이 들어 있습니다.

해설 | 「体温(たいおん)」(체온)이라는 단어를 알아듣는 것이 포인트. 사진 속 사물은 체온을 측정하는 체온계이므로, 정답은 (B)가 된다.

어휘 | 日時(にちじ) 일시, 날짜와 시간   知(し)らせる 알리다
もの 물건   測(はか)る 재다, 측정하다   楽器(がっき) 악기
持(も)つ 가지다, 들다   定期券(ていきけん) 정기권   入(はい)る 들다

07 인물의 동작 및 상태(1인 등장)

(A) コピー機(き)を使(つか)っています。
(B) ブーツを履(は)いています。
(C) ケースを運(はこ)んでいます。
(D) 洗濯機(せんたくき)の蓋(ふた)を開(あ)けています。

(A) 복사기를 사용하고 있습니다.
(B) 부츠를 신고 있습니다.
(C) 케이스를 옮기고 있습니다.
(D) 세탁기 뚜껑을 열고 있습니다.

해설 | 마스크를 쓴 여자가 복사기 앞에서 복사를 하고 있는 모습이므로, 정답은 (A)가 된다. 나머지 선택지는 여자의 행동과는 전혀 관계없는 내용이다.

어휘 | コピー機(き) 복사기   使(つか)う 쓰다, 사용하다   ブーツ 부츠
履(は)く (신을) 신다   ケース 케이스   運(はこ)ぶ 옮기다, 운반하다
洗濯機(せんたくき) 세탁기   蓋(ふた) 뚜껑   開(あ)ける 열다

08 사물의 상태

(A) 洋服(ようふく)が溢(あふ)れています。
(B) シャツが干(ほ)してあります。
(C) 服(ふく)にアイロンをかけています。
(D) 布(ぬの)の売(う)り場(ば)です。

(A) 옷이 넘치고 있습니다.
(B) 셔츠가 널려 있습니다.
(C) 옷에 다림질을 하고 있습니다.
(D) 천 매장입니다.

해설 | 「干(ほ)す」(말리다, 널다)라는 동사를 알아듣는 것이 포인트. 여러 장의 셔츠가 옷걸이에 걸린 채 널려 있으므로, 정답은 (B)가 된다.

어휘 | 洋服(ようふく) (서양식) 옷   溢(あふ)れる (가득 차서) 넘치다
シャツ 셔츠   服(ふく) 옷   アイロンをかける 다림질을 하다
布(ぬの) 천, 옷감   売(う)り場(ば) 매장

09 전체적인 풍경 및 상황

(A) 着板(かんばん)が立(た)っています。
(B) 商品(しょうひん)が飾(かざ)ってあります。
(C) 道順(みちじゅん)が書(か)かれています。
(D) 絵葉書(えはがき)が並(なら)べてあります。

(A) 간판이 서 있습니다.
(B) 상품이 장식되어 있습니다.
(C) 목적지로 가는 순서가 쓰여 있습니다.
(D) 그림엽서가 나란히 놓여 있습니다.

해설 | 「看板(かんばん)」(간판)이라는 단어를 알아듣는 것이 포인트. 「注意(ちゅうい)! 横断歩道(おうだんほどう)に止(と)まらないで。子(こ)どもが渡(わた)るよ!」(주의! 횡단보도에 서지 마시오. 어린이가 건넌다!), 「注意(ちゅうい)、横断者(おうだんしゃ)事故(じこ)発生(はっせい)場所(ばしょ)」(주의. 횡단 사고 발생 장소)라는 입간판이 보도에 서 있으므로, 정답은 (A)가 된다. (C)의 「道順(みちじゅん)」은 '(목적지로 가는) 길[순서]'이라는 뜻으로, 입간판의 내용과 다르므로 답이 될 수 없다.

어휘 | 立(た)つ 서다　商品(しょうひん) 상품
飾(かざ)る 꾸미다, 장식하다　타동사+てある ~해져 있다 *상태표현
書(か)く (글씨·글을) 쓰다　絵葉書(えはがき) 그림엽서
並(なら)べる (물건 등을) 늘어놓다, 나란히 놓다

10 인물의 동작 및 자세(1인 등장)

(A) 肘(ひじ)を曲(ま)げています。
(B) 両手(りょうて)を広(ひろ)げています。
(C) 頭(あたま)を押(お)さえています。
(D) 腕(うで)を伸(の)ばしています。

(A) 팔꿈치를 구부리고 있습니다.
(B) 양손을 벌리고 있습니다.
(C) 머리를 누르고 있습니다.
(D) 팔을 뻗고 있습니다.

해설 | 신체 부위의 명칭을 정확하게 알고 있어야 정답을 찾을 수 있다. 사진 속 여자는 두 손을 깍지 낀 채 위를 향해 쭉 뻗고 있으므로, 정답은 (D)가 된다. (B)는 양손을 벌린 모습에 대한 설명이므로 답이 될 수 없다.

어휘 | 肘(ひじ) 팔꿈치　曲(ま)げる 구부리다　両手(りょうて) 양손
広(ひろ)げる 펴다, 펼치다, 벌리다　頭(あたま) 머리

押(お)さえる (위에서) 누르다　伸(の)ばす 펴다, 곧바르게 하다, 뻗다

11 인물의 동작 및 상태(2인 이상 등장)

(A) 向(む)かい合(あ)わせで座(すわ)っています。
(B) 屋外(おくがい)で作業(さぎょう)をしています。
(C) 2人(ふたり)はお辞儀(じぎ)をしています。
(D) 地面(じめん)にかばんを置(お)いています。

(A) 마주보고 앉아 있습니다.
(B) 옥외에서 작업을 하고 있습니다.
(C) 두 사람은 절을 하고 있습니다.
(D) 땅바닥에 가방을 놓고 있습니다.

해설 | 두 사람이 긴 테이블을 사이에 둔 채 마주 앉아 있는 모습이므로, 정답은 (A)가 된다. 사진의 장소는 옥외가 아니라 실내이고, 두 사람은 인사를 하고 있지 않으며, 바닥에 내려둔 가방도 보이지 않으므로, 나머지 선택지는 답이 될 수 없다.

어휘 | 向(む)かい合(あ)わせ 마주보고 있음　座(すわ)る 앉다
屋外(おくがい) 옥외, 집 또는 건물의 밖　作業(さぎょう) 작업
2人(ふたり) 두 사람　お辞儀(じぎ) 머리를 숙여 인사함
地面(じめん) 지면, 땅바닥　かばん 가방　置(お)く 놓다, 두다

12 전체적인 풍경 및 상황

(A) 盆踊(ぼんおど)りをしています。
(B) 噴水(ふんすい)の周(まわ)りに人(ひと)がいます。
(C) 牧場(ぼくじょう)の様子(ようす)です。
(D) 植物(しょくぶつ)が吊(つ)されています。

(A) 백중맞이 춤을 추고 있습니다.
(B) 분수 주위에 사람이 있습니다.
(C) 목장 모습입니다.
(D) 식물이 매달려 있습니다.

해설 | 「吊(つ)る す」(매달다)라는 동사를 알아듣는 것이 포인트. 사진 속 장소는 층고가 높은 식물카페로, 손님들로 북적이고 있고 천장에는 많은 식물이 매달려 있다. 정답은 (D)로, (A)의 「盆踊(ぼんおど)り」(백중맞이 춤: 음력 7월 15일 백중 기간 밤에 마을 주민들이 모여 추는 춤), (B)의 「噴水(ふんすい)」(분수), (C)의 「牧場(ぼくじょう)」(목장)는 사진과는 전혀 관계가 없다.

어휘 | 周(まわ)り 주위, 주변 様子(ようす) 모습
植物(しょくぶつ) 식물

13 사물의 상태

(A) 動物の置物があります。
(B) 鶴が描かれています。
(C) これは動物の図鑑です。
(D) 鳥の巣があります。

(A) 동물 장식품이 있습니다.
(B) 학이 그려져 있습니다.
(C) 이것은 동물도감입니다.
(D) 새 둥지가 있습니다.

해설 | 테이블 위에 동물 모양의 장식품 세 개가 놓여 있으므로, 정답은 (A)가 된다. 학 그림이나 동물도감, 새 둥지는 모두 사진과는 거리가 먼 설명이다.

어휘 | 動物(どうぶつ) 동물 置物(おきもの) 장식품 鶴(つる) 학 描(えが)く (그림을) 그리다(=描(か)く) 図鑑(ずかん) 도감 鳥(とり) 새 巣(す) 둥지

14 인물의 동작 및 상태(1인 등장)

(A) 荷物を抱えています。
(B) 袋をぶら下げています。
(C) かごを持ち上げています。
(D) 箱を包装しています。

(A) 짐을 안고 있습니다.
(B) 봉지를 손에 들고 있습니다.
(C) 바구니를 들어 올리고 있습니다.
(D) 상자를 포장하고 있습니다.

해설 | 마스크를 쓴 여자가 양손으로 짐을 안고 있는 모습이므로, 정답은 (A)가 된다. (B)와 (C)는 봉지와 바구니라는 사물이, (D)는 포장하고 있다고 한 행위가 잘못되었다.

어휘 | 荷物(にもつ) 짐 抱(かか)える (팔에) 안다, 부둥켜 들다 袋(ふくろ) 봉지 ぶら下(さ)げる (손에) 들다 かご 바구니 持(も)ち上(あ)げる 들어 올리다 箱(はこ) 상자 包装(ほうそう) 포장

15 사물의 상태

(A) 器が逆さになっています。
(B) 容器が欠けています。
(C) 水筒の中は空です。
(D) お盆と湯飲みがあります。

(A) 그릇이 거꾸로 되어 있습니다.
(B) 그릇의 이가 빠져 있습니다.
(C) 수통 안은 비어 있습니다.
(D) 쟁반과 찻잔이 있습니다.

해설 | 「お盆(ぼん)」(쟁반)과 「湯飲(ゆの)み」((차를 마실 때 쓰는 손잡이 없는) 찻잔, 찻종)라는 단어를 알아듣는 것이 포인트. 쟁반 위에 손잡이가 없는 찻잔이 올려져 있으므로, 정답은 (D)가 된다.

어휘 | 器(うつわ) 그릇 逆(さか)さ 거꾸로 됨, 반대임 容器(ようき) 용기, 그릇 欠(か)ける (밥공기 등의) 이가 빠지다 水筒(すいとう) 수통 中(なか) 안 空(から) (속이) 빔

16 전체적인 풍경 및 상황

(A) 寝室に照明があります。
(B) 座席が埋まっています。
(C) 扉が閉まっています。
(D) 通路が塞がれています。

(A) 침실에 조명이 있습니다.
(B) 좌석이 가득 차 있습니다.
(C) 문이 닫혀 있습니다.
(D) 통로가 막혀 있습니다.

해설 | 사진 속 장소를 파악해야 하는 문제. 우선 이곳은 침실이나 통로가 아니므로, (A)와 (D)는 부적절. 또한 의자에는 아무도 앉아 있지 않으므로 좌석이 가득 차 있다고 한 (B)도 답이 될 수 없다. 정답은 (C)로, 정면에 보이는 미닫이문은 닫혀 있는 상태이다.

어휘 | 寝室(しんしつ) 침실 照明(しょうめい) 조명 座席(ざせき) 좌석 埋(う)まる 메워지다, 가득 차다 扉(とびら) 문 閉(し)まる 닫히다 通路(つうろ) 통로 塞(ふさ)ぐ 막다

최신기출 5

259

17 인물의 동작 및 상태(1인 등장)

(A) 水道から水が漏れています。
(B) 手を繋いでいます。
(C) 蛇口を掴んでいます。
(D) 取っ手を握っています。

(A) 수도에서 물이 새고 있습니다.
(B) 손을 잡고 있습니다.
(C) 수도꼭지를 잡고 있습니다.
(D) 손잡이를 잡고 있습니다.

해설 | 「蛇口(じゃぐち)」(수도꼭지)와 「掴(つか)む」((손으로) 쥐다, 붙잡다)라는 동사를 알아듣는 것이 포인트. 손으로 수도꼭지를 잡고 있는 사진이므로, 정답은 (C)가 된다. 수도에서 물이 새고 있지는 않으므로 (A)는 틀린 설명이고, (B)는 사진과는 전혀 관계없는 내용이며, (D)는 「取(と)っ手(て)」(손잡이) 부분이 잘못되었다.

어휘 | 水道(すいどう) 수도 水(みず) 물 漏(も)れる 새다
手(て)を繋(つな)ぐ 손을 잡다 握(にぎ)る (손에) 쥐다, 잡다

18 사물의 상태

(A) 紐が結ばれています。
(B) シーツが折り畳まれています。
(C) 和室に座布団が置いてあります。
(D) 障子が外れています。

(A) 끈이 묶여 있습니다.
(B) 시트가 개켜져 있습니다.
(C) 다다미방에 방석이 놓여 있습니다.
(D) 미닫이문이 빠져 있습니다.

해설 | 다다미방에 방석이 하나 놓여 있는 사진이므로, 정답은 (C)가 된다. 끈과 시트는 보이지 않고 미닫이문은 제대로 끼워져 있는 상태이므로, 나머지 선택지는 답이 될 수 없다.

어휘 | 紐(ひも) 끈 結(むす)ぶ 매다, 묶다
シーツ 시트, 요 위에 까는 천
折(お)り畳(たた)む 접어 개다, 개키다, 접다
和室(わしつ) 다다미방, 일본식 방 座布団(ざぶとん) 방석

置(お)く 놓다, 두다 障子(しょうじ) 장지, 미닫이문
外(はず)れる 빠지다, 벗겨지다

19 인물의 동작 및 상태(2인 이상 등장)

(A) 幼児を抱っこしています。
(B) 少女をおんぶしています。
(C) うつ伏せになっています。
(D) 部屋で逆立ちをしています。

(A) 유아를 안고 있습니다.
(B) 소녀를 등에 업고 있습니다.
(C) 엎드려 있습니다.
(D) 방에서 물구나무서기를 하고 있습니다.

해설 | 남자가 여자아이를 안고 있는 사진이다. 정답은 (A)로, 「抱(だ)っこ」(안음, 안김)는 유아어이다. (B)의 「おんぶ」는 '등에 업음', (C)의 「うつ伏(ぶ)せ」는 '엎드림', (D)의 「逆立(さかだ)ち」는 '물구나무서기'라는 뜻이다.

어휘 | 幼児(ようじ) 유아 少女(しょうじょ) 소녀 部屋(へや) 방

20 인물의 동작 및 상태(1인 등장)

(A) 部品のラベルが剥がされています。
(B) 両手の腕力を測定しています。
(C) ドライバーでねじを回しています。
(D) 数本のコードが束ねられています。

(A) 부품 라벨이 벗겨져 있습니다.
(B) 양손의 팔심을 측정하고 있습니다.
(C) 드라이버로 나사를 돌리고 있습니다.
(D) 몇 줄의 코드가 묶여 있습니다.

해설 | 「束(たば)ねる」(다발로 묶다)라는 동사를 알아듣는 것이 포인트. 전선줄을 여러 개 겹쳐서 묶어 놓은 것을 양손으로 쥐고 있는 사진이므로, 정답은 몇 줄의 코드가 묶여 있다고 한 (D)가 된다.

어휘 | 部品(ぶひん) 부품 ラベル 라벨 剥(は)がす 벗기다, 떼다
両手(りょうて) 양손 腕力(わんりょく) 완력, 팔심
測定(そくてい) 측정 ドライバー 드라이버 ねじ 나사
回(まわ)す 돌리다, 회전시키다 数(すう)~ 수~, 몇~
本(ほん) 줄 *길고 가는 것을 세는 말 コード 코드

21 의문사형 질문

毎日どのくらい運動をしていますか。
(A) サッカーが得意です。
(B) テニスを習っていました。
(C) 野菜を食べるようにしています。
(D) 30分のジョギングをしています。

매일 어느 정도 운동을 하고 있나요?
(A) 축구를 잘해요.
(B) 테니스를 배웠어요.
(C) 채소를 먹도록 하고 있어요.
(D) 30분의 조깅을 하고 있어요.

해설 | 「どのくらい」(어느 정도)라는 의문사와 「運動(うんどう)」(운동)라는 단어가 포인트. 매일 하는 운동의 수준이나 강도를 묻고 있으므로, 정답은 30분이라는 시간과 조깅이라는 종목으로 응답한 (D)가 된다. (A)는 잘하는 운동, (B)는 과거에 배운 운동, (C)는 식습관에 대해 물었을 때 할 수 있는 응답이다.

어휘 | 毎日(まいにち) 매일　サッカー 축구
得意(とくい)だ 잘하다, 자신 있다　テニス 테니스
習(なら)う 배우다, 익히다　野菜(やさい) 채소, 야채
食(た)べる 먹다　~ように ~하도록　ジョギング 조깅

22 일상생활 표현

ご注文は、お決まりですか。
(A) はい、美味しかったです。
(B) はい、コーヒーをお願いします。
(C) いいえ、2人です。
(D) いいえ、私のじゃありません。

주문하시겠어요?
(A) 예, 맛있었어요.
(B) 예, 커피를 부탁해요.
(C) 아니요, 두 사람이에요.
(D) 아니요, 제 게 아니에요.

해설 | 「ご注文(ちゅうもん)は、お決(き)まりですか」는 직역하면 '주문은 정해지셨어요?'인데, 음식점 등에서 종업원이 손님에게 주문받을 때 쓰는 말로, '주문하시겠어요?'에 해당하는 표현이다. 주문할 메뉴를 정했는지 묻고 있으므로, 정답은 커피를 달라고 한 (B)가 된다. 「お+동사의 ます형+ですか」(~하십니까?)는 「お+동사의 ます형+になる」(~하시다)와 마찬가지로 동사의 존경표현 중 하나다. 「お+동사의 ます형+になる」(~하시다)가 광범위한 동사와 함께 쓰이는 데 비해, 「お+동사의 ます형+ですか」(~하십니까?)는 「決(き)まる」(정해지다, 결정되다), 「泊(と)まる」(묵다, 숙박하다), 「持(も)つ」(가지다, 들다), 「過(す)ごす」(시간을 보내다, 지내다), 「出(で)かける」(밖에 나가다, 외출하다) 등과 같이 쓸 수 있는 동사가 제한적이라는 차이가 있다. (A)는 식사를 마친 상황에서, (C)는 자리를 안내받기에 앞서 인원수를 확인하는 상황에서 할 수 있는 응답이고, (D)는 본인의 물건이냐고 물었을 때 할 수 있는 응답이므로, 답이 될 수 없다.

어휘 | 注文(ちゅうもん) 주문　美味(おい)しい 맛있다
コーヒー 커피
お+동사의 ます형+する ~하다, ~해 드리다 *겸양표현
願(ねが)う 부탁하다　2人(ふたり) 두 사람　~の ~의 것

23 일상생활 표현

もうすぐ退院できるそうで良かったですね。
(A) ええ、早く家へ帰りたいです。
(B) 病院で騒いではいけませんよ。
(C) 家族が空港まで迎えに来てくれるんです。
(D) 事故で電車が遅れていたそうですね。

이제 곧 퇴원할 수 있다고 하니 다행이네요.
(A) 네, 빨리 집에 돌아가고 싶어요.
(B) 병원에서 떠들어서는 안 돼요.
(C) 가족이 공항까지 마중 나와 줄 거거든요.
(D) 사고로 전철이 늦어지고 있었대요.

해설 | 문제는 병원에 입원했다가 곧 퇴원을 앞둔 사람에게 하는 인사말로, 적절한 응답은 빨리 퇴원해서 집에 돌아가고 싶다고 한 (A)가 된다. (B)는 「退院(たいいん)」(퇴원)이라는 말을 응용한 오답이며, (C)와 (D)의 공항과 전철도 문제와는 전혀 관계없는 내용이다.

어휘 | もうすぐ 이제 곧　退院(たいいん) 퇴원
良(よ)かった 잘됐다, 다행이다　早(はや)く 빨리　家(いえ) 집
帰(かえ)る 돌아가다　病院(びょういん) 병원　騒(さわ)ぐ 떠들다
~ては[では]いけない ~해서는 안 된다　家族(かぞく) 가족
空港(くうこう) 공항　迎(むか)える (사람을) 맞다, 맞이하다
동사의 ます형+に ~하러 *동작의 목적　来(く)る 오다
事故(じこ) 사고　電車(でんしゃ) 전철
遅(おく)れる 늦다, 늦어지다, 지연되다
품사의 보통형+そうだ ~라고 한다 *전문

24 일상생활 표현

すみません。傘を貸していただけませんか。
(A) 隣の部屋にいらっしゃいますよ。
(B) 事務所の入り口にあるのを使ってください。
(C) 明日までに雨が止むといいですね。
(D) はい、昨日返してもらいましたよ。

죄송해요. 우산을 빌려주시지 않겠어요?
(A) 옆방에 계세요.
(B) 사무소 입구에 있는 걸 쓰세요.
(C) 내일까지 비가 그치면 좋겠네요.
(D) 예, 어제 돌려받았어요.

해설 | 우산을 빌려줄 수 있는지 묻고 있는 상황이다. 적절한 응답은 사무소 입구에 있는 것을 쓰라고 한 (B)로, (A)는 사람이 어디에 있는지 물었을 때 할 수 있는 응답이고, (C)와 (D)는 「傘(かさ)」(우산)와 「貸(か)す」(빌려주다)라는 단어를 응용한 오답이다.

최신기출 5

261

어휘 | すみません 죄송합니다
~ていただけませんか (남에게) ~해 받을 수 없습니까?, (남이) ~해 주시지 않겠습니까? *「~てもらえませんか」((남에게) ~해 받을 수 없습니까?, (남이) ~해 주지 않겠습니까?)의 겸양표현
隣(となり) 옆 部屋(へや) 방
いらっしゃる 계시다 *「いる」((사람이) 있다)의 존경어
事務所(じむしょ) 사무소 入(い)り口(ぐち) 입구
使(つか)う 쓰다, 사용하다 明日(あした) 내일
~までに ~까지 *최종 기한 雨(あめ) 비 止(や)む 그치다, 멎다
昨日(きのう) 어제 返(かえ)す 돌려주다
~てもらう (남에게) ~해 받다, (남이) ~해 주다

25 업무 및 비즈니스 표현
そろそろ昼休みが終わりますね。
(A) そうですね。午後からも頑張りましょう。
(B) はい、早く変わってほしいですね。
(C) お弁当はたまに自分で作りますよ。
(D) じゃ、鈴木さんも誘いましょう。

이제 슬슬 점심시간이 끝나네요.
(A) 그러네요. 오후부터도 분발합시다.
(B) 예, 빨리 바뀌었으면 좋겠어요.
(C) 도시락은 가끔 직접 만들어요.
(D) 그럼, 스즈키 씨도 불러냅시다.

해설 | 이제 슬슬 점심시간이 끝나가고 있다고 했으므로, 적절한 응답은 오후부터도 분발하자고 한 (A)가 된다. (B)는 문제와는 전혀 관계없는 대답이고, (C)와 (D)는 「昼休(ひるやす)み」(점심시간)라는 단어를 응용한 오답이다.

어휘 | そろそろ 이제 슬슬 午後(ごご) 오후
頑張(がんば)る 열심히 하다, 노력하다, 분발하다
早(はや)く 빨리 変(か)わる 바뀌다, 변하다
~てほしい ~해 주었으면 하다, ~하길 바라다
弁当(べんとう) 도시락 たまに 가끔
自分(じぶん)で 직접, 스스로 作(つく)る 만들다
誘(さそ)う 부르다, 불러내다

26 의문사형 질문
今度の野球大会は、誰が出場するんですか。
(A) 田中さんは残業すると聞きましたよ。
(B) チャンスが来ると信じましょう。
(C) 営業部の全員が参加するそうですよ。
(D) 親友と呼べるのは1人だけです。

이번 야구대회에는 누가 출전하나요?
(A) 다나카 씨는 야근한다고 들었어요.
(B) 기회가 올 거라고 믿자고요.
(C) 영업부 전원이 참가한대요.
(D) 친한 친구라고 부를 수 있는 것은 한 사람뿐이에요.

해설 | 「誰(だれ)が」(누가)라는 의문사가 포인트. 이번 야구대회에 출전하는 사람에 대해 물었으므로, 참가하는 사람이나 인원으로 응답한 선택지를 고르면 된다. 적절한 응답은 영업부 전원이 참가한다고 한 (C)가 된다.

어휘 | 今度(こんど) 이번 野球(やきゅう) 야구
大会(たいかい) 대회 出場(しゅつじょう) 출장, (경기 등에) 출전함
残業(ざんぎょう) 잔업, 야근 聞(き)く 듣다 チャンス 찬스, 기회
来(く)る 오다 信(しん)じる 믿다 営業部(えいぎょうぶ) 영업부
全員(ぜんいん) 전원 参加(さんか) 참가
품사의 보통형+そうだ ~라고 한다 *전문
親友(しんゆう) 친우, 친한 친구 呼(よ)ぶ (이름지어) 부르다, 일컫다
1人(ひとり) 한 사람, 한 명 ~だけ ~만, ~뿐

27 업무 및 비즈니스 표현
田中さん、アンケート調査の結果は今日中に出そうですか。
(A) ええ、今チームでまとめているところです。
(B) そうですね。近頃風邪が流行っていますね。
(C) ええ、今日のミーティングは4人です。
(D) ミスをしてしまい、申し訳ありません。

다나카 씨, 앙케트 조사 결과는 오늘 중으로 나올 것 같나요?
(A) 네, 지금 팀에서 정리하고 있는 중이에요.
(B) 그러게요. 최근 감기가 유행하고 있네요.
(C) 네, 오늘 회의는 네 명이에요.
(D) 실수를 하고 말아서 죄송해요.

해설 | 앙케트 조사 결과가 오늘 중으로 나올 것 같냐며 궁금해하고 있는 상황이다. 적절한 응답은 (A)로, 지금 팀에서 정리하고 있는 중이므로 곧 결과가 나올 것이라는 의미이다. 이때의 '~ているところだ'는 '~하는 중이다'라는 의미를 나타낸다. 감기 유행에 대해서 말하고 있는 (B)나 회의 참석 인원, 실수에 대한 사과를 하고 있는 (C)와 (D)는 문제에 대한 응답으로는 부적절하다.

어휘 | アンケート 앙케트 調査(ちょうさ) 조사
結果(けっか) 결과 出(で)る 나오다
동사의 ます형+そうだ ~일[할]것 같다 *양태
今(いま) 지금 チーム 팀 まとめる 정리하다
近頃(ちかごろ) 요즘, 최근 風邪(かぜ) 감기
流行(はや)る 유행하다 ミーティング 미팅, 회의
ミス 실수, 잘못 申(もう)し訳(わけ)ありません 죄송합니다

28 일상생활 표현
名前と住所の記入は、これでよろしいでしょうか。
(A) 個人情報なので、教えられないんです。
(B) あ、振り仮名も振っておいてくださいね。
(C) はい、徐々に慣れていけばいいですよ。
(D) ええ、住民の皆様にお知らせしましょう。

이름과 주소 기입은 이걸로 괜찮으실까요?
(A) 개인정보이기 때문에 알려 드릴 수 없거든요.
(B) 아, 후리가나도 달아 두세요.
(C) 예, 서서히 익숙해져 가면 돼요.
(D) 네, 주민 여러분께 알려 드릴게요.

해설 | 「振(ふ)り仮名(がな)を振(ふ)る」(후리가나를 달다, 한자에 읽는 법을 나타내기 위해 가나를 붙이다)라는 표현이 포인트로, 이름과 주소를 기입한 후 이걸로 됐냐며 담당자에게 확인받고 있는 상황이다. 적절

한 응답은 한자로 적은 이름 위에 후리가나도 달아 달라고 말하고 있는 (B)로, (A)는 「名前(なまえ)と住所(じゅうしょ)」(이름과 주소), (C)와 (D)는 「よろしい」(괜찮다)라는 말을 응용한 오답이다.

어휘 | 記入(きにゅう) 기입　個人(こじん) 개인
情報(じょうほう) 정보　教(おし)える 가르치다, 알려 주다
〜ておく 〜해 놓다[두다]　徐々(じょじょ)に 서서히
慣(な)れる 익숙해지다　住民(じゅうみん) 주민
皆様(みなさま) 여러분 *「皆(みな)さん」보다 정중한 말씨
お+동사의 ます형+する 〜하다, 〜해 드리다 *겸양표현
知(し)らせる 알리다

29 일상생활 표현
今日(きょう)の最高(さいこう)気温(きおん)をご存(ぞん)じですか。
(A) それなら夕食(ゆうしょく)は冷(つめ)たい物(もの)にしましょう。
(B) 猫(ねこ)は暑(あつ)さに弱(よわ)い生(い)き物(もの)です。
(C) 点数(てんすう)はだんだん上(あ)がっています。
(D) 予報(よほう)では３５度(ど)だそうですよ。

오늘 최고 기온을 아세요?
(A) 그러면 저녁은 차가운 걸로 합시다.
(B) 고양이는 더위에 약한 동물이에요.
(C) 점수는 점점 오르고 있어요.
(D) 예보로는 35도래요.

해설 | 「ご存(ぞん)じだ」(아시다)는 「知(し)る」(알다)의 존경어로, 오늘의 최고 기온을 알고 있는지 묻고 있다. (A)는 '저녁식사 메뉴', (B)는 '고양이', (C)는 '점수'에 대해서 말하고 있으므로, 문제에 대한 응답으로는 부적절하다. 정답은 예보에서 35도라고 했다고 한 (D)가 된다.

어휘 | 今日(きょう) 오늘　最高(さいこう) 최고　気温(きおん) 기온
それなら 그렇다면, 그러면　夕食(ゆうしょく) 저녁, 저녁식사
冷(つめ)たい 차갑다　猫(ねこ) 고양이　暑(あつ)さ 더위
弱(よわ)い 약하다　生(い)き物(もの) (살아 있는) 짐승, 동물
点数(てんすう) 점수　だんだん 점점　上(あ)がる 늘다, 오르다
予報(よほう) 예보　度(ど) 〜도
품사의 보통형+そうだ 〜라고 한다 *전문

30 일상생활 표현
北海道(ほっかいどう)に旅行(りょこう)したいけど、どのプランも高(たか)いね。
(A) 2人(ふたり)だし、この部屋(へや)の広(ひろ)さでいいと思(おも)うよ。
(B) ああ、仕事(しごと)の量(りょう)を調整(ちょうせい)してみるよ。
(C) 本当(ほんとう)だ。平日(へいじつ)もあんまり料金(りょうきん)が変(か)わらないね。
(D) うん、全科目(ぜんかもく)で満点(まんてん)を取(と)るのは無理(むり)だね。

홋카이도에 여행하고 싶은데 어느 플랜이나 비싸네.
(A) 두 사람이니, 이 방 넓이면 괜찮다고 생각해.
(B) 아ー, 업무량을 조정해 볼게.
(C) 정말이네. 평일도 별로 요금이 다르지 않네.
(D) 응, 전 과목에서 만점을 받는 건 무리지.

해설 | 홋카이도 여행 상품이 모두 비싸다고 말하고 있으므로, 가격에 대해 언급한 선택지를 고른다. 적절한 응답은 (C)로, 평일이라고 해서 특별히 싸지도 않다면서 가격이 비싸다는 말에 대해 동의하는 내용이다. 방 넓이에 대해서 말하고 있는 (A)는 여행 상품이 얼추 정해졌을 때

할 수 있는 응답이고, 업무량과 과목의 만점 가능 여부에 대해 언급한 (B)와 (D)는 문제와는 전혀 관계없는 응답이다.

어휘 | 北海道(ほっかいどう) 홋카이도　旅行(りょこう) 여행
プラン 플랜, 계획　高(たか)い (값이) 비싸다
〜し 〜니, 〜고 *하나의 조건만을 들고 나머지는 암시할 때의 표현
部屋(へや) 방　広(ひろ)さ 넓이　仕事(しごと) 일, 업무
量(りょう) 양　調整(ちょうせい) 조정　本当(ほんとう)だ 정말이다
平日(へいじつ) 평일　あんまり (부정어 수반) 그다지, 별로
料金(りょうきん) 요금　変(か)わる 양자 사이에 차이가 있다, 다르다
全(ぜん)〜 전〜, 모든〜　科目(かもく) 과목　満点(まんてん) 만점
取(と)る 받다　無理(むり) 무리

31 업무 및 비즈니스 표현
大阪支社(おおさかししゃ)の山田(やまだ)さんが辞(や)めちゃうんだって。
(A) 僕(ぼく)も今回(こんかい)はパスさせてもらうよ。
(B) そんなに残(のこ)したら、もったいないよ。
(C) 店(みせ)の営業成績(えいぎょうせいせき)は毎月(まいつき)比(くら)べられるよ。
(D) 成長(せいちょう)を期待(きたい)されていたのに、残念(ざんねん)だね。

오사카 지사의 야마다 씨가 그만둬 버린대.
(A) 나도 이번에는 패스할게.
(B) 그렇게 남기면 아까워.
(C) 가게 영업 실적은 매달 비교당해.
(D) 성장이 기대됐는데 아쉽네.

해설 | 한 직원이 회사를 그만둔다는 소식을 전하고 있다. 적절한 응답은 (D)로, 성장이 기대되는 유망한 사원이었는데 그만둔다니 유감스럽다는 뜻이다. (A)는 상대방의 제안을 거절할 때, (B)는 더 이상 못 먹겠다며 음식을 많이 남겼을 때, (C)는 왜 직장을 그만두는지 물었을 때 할 수 있는 응답이다.

어휘 | 大阪(おおさか) 오사카　支社(ししゃ) 지사
辞(や)める (일자리를) 그만두다
〜ちゃう 〜해 버리다, 〜하고 말다 *「〜てしまう」의 축약표현
僕(ぼく) 나 *남자의 자칭　今回(こんかい) 이번
パス 패스, 자기의 순번·일을 회피함
〜(さ)せてもらう 〜하다 *겸양표현　そんなに 그렇게(나)
残(のこ)す 남기다　もったいない 아깝다　店(みせ) 가게
営業(えいぎょう) 영업　成績(せいせき) 성적, 실적
毎月(まいつき) 매달　比(くら)べる 비교하다
成長(せいちょう) 성장　期待(きたい) 기대　〜のに 〜는데(도)
残念(ざんねん)だ 아쉽다, 유감스럽다

32 일상생활 표현
あのう、この割引券(わりびきけん)は使(つか)えますか。
(A) 補助金(ほじょきん)はホームページからお申(もう)し込(こ)みください。
(B) それは貯金(ちょきん)した方(ほう)がいいですよ。
(C) コックに調味料(ちょうみりょう)を聞(き)いて来(き)ますね。
(D) いえ、期限(きげん)が切(き)れているので、使用(しよう)できません。

저기, 이 할인권은 쓸 수 있나요?
(A) 보조금은 홈페이지에서 신청해 주세요.
(B) 그건 저금하는 편이 좋을 거예요.
(C) 요리사에게 조미료를 물어보고 올게요.

263

(D) 아뇨, 기한이 다 되어서 쓸 수 없어요.

해설 | 「切(き)れる」((기한 등이) 끝나다, 다 되다, 마감되다)라는 동사가 포인트. 할인권 사용이 가능한지 물었으므로, 이에 대한 응답으로는 '쓸 수 있다/없다'와 같은 내용이 와야 한다. 적절한 응답은 (D)로, 기한이 다 되어서 사용할 수 없다고 말하고 있다.

어휘 | 割引券(わりびきけん) 할인권　使(つか)う 쓰다, 사용하다
補助金(ほじょきん) 보조금　ホームページ 홈페이지
お+동사의 ます형+ください ~해 주십시오, ~하십시오 *존경표현
申(もう)し込(こ)む 신청하다　貯金(ちょきん) 저금
동사의 た형+方(ほう)がいい ~하는 편[쪽]이 좋다
コック 요리사　調味料(ちょうみりょう) 조미료　聞(き)く 묻다
期限(きげん) 기한　使用(しよう) 사용

33 일상생활 표현

今度初(こんどはじ)めて海外(かいがい)のボランティアに参加(さんか)するの。
(A) へえ、貴重(きちょう)な体験(たいけん)になるだろうね。
(B) じゃ、本人(ほんにん)に確認(かくにん)してみよう。
(C) 学生(がくせい)の会員(かいいん)は無料(むりょう)だよ。
(D) 僕(ぼく)も英会話教室(えいかいわきょうしつ)に通(かよ)いたいよ。

이번에 처음으로 해외 자원봉사에 참가해.
(A) 허, 귀중한 체험이 되겠네.
(B) 그럼, 본인에게 확인해 보자.
(C) 학생 회원은 무료야.
(D) 나도 영어회화교실에 다니고 싶어.

해설 | 처음으로 해외 자원봉사에 참가한다는 사람에게 할 만한 응답을 찾는다. 적절한 응답은 귀중한 체험이 될 것이라면서 격려하고 있는 (A)로, 「貴重(きちょう)だ」는 '귀중하다'라는 뜻이다. 나머지 선택지의 본인 확인이나 학생 회원, 영어회화교실은 모두 자원봉사와는 전혀 관계없는 내용이다.

어휘 | 今度(こんど) 이번　初(はじ)めて 처음(으로)
海外(かいがい) 해외　ボランティア 자원봉사　参加(さんか) 참가
体験(たいけん) 체험　じゃ 그럼, 그러면　本人(ほんにん) 본인
確認(かくにん) 확인　学生(がくせい) 학생, 특히 대학생
会員(かいいん) 회원　無料(むりょう) 무료
僕(ぼく) 나 *남자의 자칭　英会話(えいかいわ) 영어회화
教室(きょうしつ) (기술 등을 가르치는) 교실　通(かよ)う 다니다
동사의 ます형+たい ~하고 싶다

34 예/아니요형 질문

遠藤(えんどう)さん、次回(じかい)の会議(かいぎ)で発表(はっぴょう)されるんですか。
(A) ええ、若者(わかもの)の間(あいだ)で話題(わだい)になっていますね。
(B) そうですね。訳(わけ)を教(おし)えてほしいですね。
(C) 録音(ろくおん)してもいいと思(おも)いますよ。
(D) はい、部長(ぶちょう)に代(か)わって担当(たんとう)する予定(よてい)です。

엔도 씨, 다음 회의에서 발표하시는 거예요?
(A) 네, 젊은이 사이에서 화제가 되고 있죠.
(B) 그러게요. 이유를 알려 줬으면 좋겠네요.
(C) 녹음해도 좋다고 생각해요.
(D) 예, 부장님을 대신해서 담당할 예정이에요.

해설 | 다음 회의에서 발표하는지 묻고 있는 상황이다. 적절한 응답은 '예'라고 대답하면서 부장을 대신해서 발표할 예정이라고 한 (D)가 된다.

어휘 | 次回(じかい) 다음 번　会議(かいぎ) 회의
発表(はっぴょう) 발표　若者(わかもの) 젊은이　間(あいだ) 사이
話題(わだい) 화제　訳(わけ) 까닭, 이유, 사정
教(おし)える 가르치다, 알려 주다
~てほしい ~해 주었으면 하다, ~하길 바라다
録音(ろくおん) 녹음　部長(ぶちょう) 부장
~に代(か)わって ~을 대신해　担当(たんとう) 담당
予定(よてい) 예정

35 일상생활 표현

佐々木(ささき)さんは、さくら大学出身(だいがくしゅっしん)でしたよね(?)。
(A) 方言(ほうげん)が出(で)ないようにしているんだ。
(B) 飛行機(ひこうき)で片道(かたみち)2時間(じかん)ぐらいだったよ。
(C) うん、そこに希望(きぼう)の学部(がくぶ)があったんだ。
(D) ああ、家(いえ)の事情(じじょう)で進学(しんがく)は諦(あきら)めたんだ。

사사키 씨는 사쿠라대학 출신이었죠?
(A) 사투리가 나오지 않도록 하고 있거든.
(B) 비행기로 편도 2시간 정도였어.
(C) 응. 거기에 희망하는 학부가 있었거든.
(D) 아-, 집안 사정으로 진학은 단념했거든.

해설 | 문제의 「出身(しゅっしん)」은 '출신'이라는 뜻으로, 태어난 곳, 졸업한 학교, 속해 있는 신분 등을 나타내는 말이다. 사쿠라대학을 졸업했는지 묻고 있는 상황이므로, 적절한 응답은 그곳에 희망하는 학부가 있어서 그 대학으로 갔다고 한 (C)가 된다. (A)와 (B)는 「出身(しゅっしん)」(출신), (D)는 「大学(だいがく)」(대학(교))라는 말을 응용한 오답이다.

어휘 | 方言(ほうげん) 방언, 사투리　出(で)る 나오다
~ないように ~하지 않도록　飛行機(ひこうき) 비행기
片道(かたみち) 편도　希望(きぼう) 희망　学部(がくぶ) 학부
家(いえ) 집　事情(じじょう) 사정　進学(しんがく) 진학
諦(あきら)める 단념하다, 체념하다

36 일상생활 표현

夏(なつ)に登山(とざん)をするなら、どんな服装(ふくそう)がいい(?)。
(A) 発売当日(はつばいとうじつ)は予約分(よやくぶん)の販売(はんばい)しかしていないよ。
(B) 準備運動(じゅんびうんどう)はしっかりするんだよ。
(C) 薄(うす)い長袖(ながそで)と着替(きが)えがあるといいよ。
(D) スーツを着(き)て、髪(かみ)はまとめておくといいよ。

여름에 등산을 할 거라면 어떤 복장이 좋아?
(A) 발매 당일은 예약분 판매밖에 하고 있지 않아.
(B) 준비운동은 제대로 해야지.
(C) 얇은 긴소매와 갈아입을 옷이 있으면 좋아.
(D) 정장을 입고 머리는 묶어 두면 좋아.

해설 | 여름 등산 복장에 대한 조언을 구하고 있다. 적절한 응답은 얇은 긴소매와 갈아입을 옷이 있으면 좋다고 말한 (C)로, 여름 등산에 적합한 복장을 추천하고 있다. 판매 방식이나 준비운동에 대해 이야기하고 있는 (A)와 (B), 등산 복장으로 정장을 권유하고 있는 (D)는 문제와는 거리가 먼 응답이다.

어휘 | 夏(なつ) 여름 登山(とざん) 등산 どんな 어떤
服装(ふくそう) 복장 発売(はつばい) 발매 当日(とうじつ) 당일
予約(よやく) 예약 ～分(ぶん) ～분, ～분량 販売(はんばい) 판매
～しか (부정어 수반) ～밖에 準備(じゅんび) 준비
運動(うんどう) 운동 しっかり 제대로, 확실히
薄(うす)い 얇다 長袖(ながそで) 긴소매
着替(きが)え (옷을) 갈아입음, 갈아입을 옷 スーツ 슈트, 정장
着(き)る (옷을) 입다 髪(かみ) 머리(털)
まとめる 한데 모으다, 합치다 ～ておく ～해 놓다[두다]

37 예/아니요형 질문
医療事務(いりょうじむ)の資格(しかく)をお持(も)ちなんですか。
(A) はい、1年前(いちねんまえ)に取得(しゅとく)しました。
(B) はい、医療機関(いりょうきかん)に問(と)い合(あ)わせてみましょう。
(C) もちろん保険(ほけん)に入(はい)っていますよ。
(D) ええ、父(ちち)の仕事(しごと)は兄(あに)が継(つ)ぐんです。

의료사무 자격을 가지고 계신가요?
(A) 예. 1년 전에 취득했어요.
(B) 예, 의료기관에 문의해 봅시다.
(C) 물론 보험에 들어 있어요.
(D) 예, 아버지 일은 형이 뒤를 이을 건데요.

해설 | 자격 보유 유무를 묻고 있으므로, 적절한 응답은 1년 전에 자격을 취득했다고 답한 (A)가 된다. 나머지 선택지는 문제와는 거리가 먼 응답들이다.

어휘 | 医療(いりょう) 의료 事務(じむ) 사무 資格(しかく) 자격
お+동사의 ます형+ですか ～하십니까? *존경표현
持(も)つ 가지다, 소지하다 機関(きかん) 기관
問(と)い合(あ)わせる 문의하다 ～てみる ～해 보다
もちろん 물론 保険(ほけん) 보험 入(はい)る 들다, 가입하다
父(ちち) (자신의) 아버지 仕事(しごと) 일 兄(あに) 형, 오빠
継(つ)ぐ (뒤를) 잇다, 이어받다

38 일상생활 표현
通帳(つうちょう)の再発行(さいはっこう)をしていただけないでしょうか。
(A) これ以上(いじょう)の値引(ねび)きはできないんです。
(B) 手続(てつづ)きに費用(ひよう)が発生(はっせい)しますが、可能(かのう)ですよ。
(C) 依頼者(いらいしゃ)の情報(じょうほう)は公開(こうかい)しておりません。
(D) そうですね。責任(せきにん)を取(と)るべきだと思(おも)いますよ。

통장 재발행을 해 주실 수 없을까요?
(A) 이 이상의 가격 할인은 불가능하거든요.
(B) 수속에 비용이 발생하지만 가능해요.
(C) 의뢰자 정보는 공개하고 있지 않아요.
(D) 맞아요. 책임을 져야 한다고 생각해요.

해설 | 통장을 재발행해 줄 수 있는지 묻고 있다. 적절한 응답은 수속에 비용이 발생하기는 하지만 재발행이 가능하다고 한 (B)로, 가격 할인, 의뢰자 정보 공개 여부, 책임 소재에 대해서 말한 (A), (C), (D)는 문제와는 거리가 먼 응답들이다.

어휘 | 通帳(つうちょう) 통장 再発行(さいはっこう) 재발행
以上(いじょう) 이상 値引(ねび)き 가격 할인 手続(てつづ)き 수속

費用(ひよう) 비용 発生(はっせい) 발생 可能(かのう) 가능
依頼者(いらいしゃ) 의뢰자 情報(じょうほう) 정보
公開(こうかい) 공개 ～ておる ～하고 있다 *「～ている」의 겸양표현
責任(せきにん) 책임 取(と)る (책임 등을) 지다, 맡다
동사의 기본형+べきだ (마땅히) ～해야 한다

39 업무 및 비즈니스 표현
今朝(けさ)起(お)きたトラブルは、解決(かいけつ)しそう(?)。
(A) 有名人(ゆうめいじん)に影響(えいきょう)されたんだ。
(B) うん。見通(みとお)しは立(た)ったよ。
(C) 滞在期間(たいざいきかん)はまだ未定(みてい)なんだ。
(D) 不在(ふざい)かもしれないらしいよ。

오늘 아침에 일어난 문제는 해결될 것 같아?
(A) 유명인에게 영향을 받았거든.
(B) 응. 전망은 섰어.
(C) 체류기간은 아직 미정이야.
(D) 부재일지도 모를 것 같아.

해설 | 발생한 문제가 해결될 것 같은지 묻고 있다. 적절한 응답은 (B)로, 「見通(みとお)しが立(た)つ」는 '전망이 서다'라는 뜻이다. 즉, 앞으로 어떻게 할 것인지 해결책을 찾았다는 의미에서 한 말이다.

어휘 | 今朝(けさ) 오늘 아침 起(お)きる 일어나다, 발생하다
トラブル 트러블, 분쟁, 문제 解決(かいけつ)する 해결되다
동사의 ます형+そうだ ～일[할] 것 같다 *양태
有名人(ゆうめいじん) 유명인 影響(えいきょう) 영향
滞在(たいざい) 체재, 체류 期間(きかん) 기간 まだ 아직
未定(みてい) 미정 不在(ふざい) 부재, 그곳에 없음
～かもしれない ～일지도 모른다
～らしい ～인 것 같다 *객관적 근거에 의한 추측·판단

40 일상생활 표현
高木君(たかぎくん)、眠(ねむ)そうだけど、睡眠時間(すいみんじかん)は取(と)れていますか。
(A) はい。3時間(さんじかん)なら時間(じかん)の延長(えんちょう)ができますよ。
(B) 眠(ねむ)りにつく1時間前(いちじかんまえ)は携帯電話(けいたいでんわ)を触(さわ)りません。
(C) 別(べつ)に機嫌(きげん)が悪(わる)いわけじゃありませんよ。
(D) それが昨日(きのう)、夜更(よふ)かしをしてしまったんです。

다카기 군, 졸린 것 같은데 수면시간은 제대로 취하고 있어?
(A) 예. 3시간이라면 시간 연장이 가능해요.
(B) 잠자기 1시간 전에는 휴대전화를 만지지 않아요.
(C) 특별히 기분이 나쁜 건 아니에요.
(D) 그게 어제 밤늦게까지 안 잤거든요.

해설 | 「眠(ねむ)そうだ」(졸린 것 같다)라고 했으므로, 그 이유가 될 만한 선택지를 고르면 된다. 정답은 밤늦게까지 자지 않아서 그렇다는 (D)로, 「夜更(よふ)かし」는 '밤늦게까지 자지 않음'이라는 의미다. (A)와 (B)는 「時間(じかん)」(시간)이라는 말을 응용한 오답이고, (C)는 기분을 묻는 질문에 대한 응답이므로 답이 될 수 없다.

어휘 | 眠(ねむ)い 졸리다
い형용사의 어간+そうだ ～일[할] 것 같다, ～해 보이다 *양태
睡眠(すいみん) 수면 時間(じかん) 시간 取(と)る 취하다

265

延長(えんちょう) 연장　眠(ねむ)りにつく 잠자다, 잠들다
前(まえ) (시간적 차례의) 전　携帯電話(けいたいでんわ) 휴대전화
触(さわ)る (가볍게) 닿다, 손을 대다, 만지다　別(べつ)に 별로, 특별히
機嫌(きげん)が悪(わる)い 기분이 좋지 않다[언짢다]
～わけじゃない (전부) ～인 것은 아니다　昨日(きのう) 어제

41 일상생활 표현
この商品、どうして製造中止になるんでしょうか。
(A) はい、部品は既に注文しています。
(B) 他に比べて利益が出ていないからでしょうね。
(C) 進行表によると、3時に終了するようです。
(D) 不平等は無くさなければなりませんね。

이 상품, 어째서 제조 중지가 되는 걸까요?
(A) 예, 부품은 이미 주문했어요.
(B) 다른 것에 비해서 이익이 나지 않기 때문이겠죠.
(C) 진행표에 따르면 3시에 종료하는 것 같아요.
(D) 불평등은 없어지지 않으면 안 되죠.

해설 | 상품의 제조가 중지되는 이유를 묻고 있다. 적절한 응답은 다른 상
품에 비해서 이익이 나지 않기 때문이라고 그 이유를 말한 (B)로, 「～に
比(くら)べて」는 '～에 비해서'라는 뜻의 표현이다.

어휘 | 商品(しょうひん) 상품　どうして 어째서, 왜
製造(せいぞう) 제조　中止(ちゅうし) 중지　部品(ぶひん) 부품
既(すで)に 이미, 벌써　注文(ちゅうもん) 주문
他(ほか) 다른 (것)　利益(りえき) 이익　出(で)る 나다
進行表(しんこうひょう) 진행표　～によると ～에 의하면[따르면]
終了(しゅうりょう) 종료　～ようだ ～인 것 같다, ～인 듯하다
不平等(ふびょうどう) 불평등　無(な)くす 없애다
～なければならない ～하지 않으면 안 된다, ～해야 한다

42 일상생활 표현
近所に焼肉屋がオープンするの、知ってる(?)。
(A) 期待を裏切られた感じだよ。
(B) 牧場の仕事も決して楽じゃないと思うよ。
(C) ああ、そろそろ生まれる時期だろうね。
(D) うん、開店が待ち遠しいね。

근처에 불고기집이 오픈하는 거, 알아?
(A) 기대를 배신당한 느낌이야.
(B) 목장 일도 결코 수월하지 않다고 생각해.
(C) 아-, 이제 슬슬 태어날 시기겠군.
(D) 응, 개점이 몹시 기다려지네.

해설 | 근처에 새로운 음식점이 문을 여는 것을 알고 있는지 묻고 있다.
적절한 응답은 (D)로, 문제의 「オープン」(오픈, 개업, 개점)을 「開店(か
いてん)」(개점)으로 바꿔 표현했다.

어휘 | 近所(きんじょ) 근처, 부근　焼肉屋(やきにくや) 불고기집
知(し)る 알다　期待(きたい) 기대
裏切(うらぎ)る 배신하다, 배반하다　感(かん)じ 느낌
牧場(ぼくじょう) 목장　仕事(しごと) 일
決(けっ)して (부정어 수반) 결코　楽(らく)だ 편하다, 수월하다
そろそろ 이제 슬슬　生(う)まれる 태어나다　時期(じき) 시기

待(ま)ち遠(どお)しい 몹시 기다려지다

43 업무 및 비즈니스 표현
昨日の午後、事務所にいなかったけど、早退した
の(?)。
(A) 定年するまでは頑張るつもりだよ。
(B) 投票日は明日までだから、問題ないよ。
(C) 違うよ。得意先を回っていたんだ。
(D) 大丈夫。病状は悪化していないよ。

어제 오후 사무소에 없었는데 조퇴한 거야?
(A) 정년퇴직할 때까지는 분발할 생각이야.
(B) 투표일은 내일까지니까 문제없어.
(C) 아니야. 단골 거래처를 돌고 있었거든.
(D) 괜찮아. 병 상태는 악화되지 않았어.

해설 | 어제 오후 사무소에 없었던 이유가 조퇴 때문인지 묻고 있다. 정
답은 (C)로, 조퇴한 것이 아니라 단골 거래처에 외근중이었다는 뜻이다.
이때의 「違(ちが)う」(틀리다)는 강한 부정의 의미로 쓰인 것이다.

어휘 | 昨日(きのう) 어제　午後(ごご) 오후　事務所(じむしょ) 사무소
早退(そうたい) 조퇴　定年(ていねん) 정년　～まで ～까지
頑張(がんば)る 열심히 하다, 노력하다, 분발하다
동사의 기본형+つもりだ ～할 생각[작정]이다
投票日(とうひょうび) 투표일　明日(あした) 내일
問題(もんだい) 문제　ない 없다　得意先(とくいさき) 단골 거래처
回(まわ)る (여기저기) 돌다, 돌아다니다
大丈夫(だいじょうぶ)だ 괜찮다　病状(びょうじょう) 병상, 병세
悪化(あっか) 악화

44 일상생활 표현
雑誌で見たけど、多くの女性が国際結婚に憧れを
持っているそうよ。
(A) へえ、恋愛経験が豊富なんだね。
(B) でも、言語が違うと、苦労することも多いと思
うんだけどな。
(C) お互いの意見を尊重してこそ夫婦だね。
(D) 付き合って半年で結婚は早いね。

잡지에서 봤는데 많은 여성이 국제결혼에 동경을 갖고 있대.
(A) 허, 연애경험이 풍부하구나.
(B) 하지만 언어가 다르면 고생할 일도 많을 것 같은데 말이야.
(C) 서로의 의견을 존중해야 비로소 부부지.
(D) 사귄지 반년 만에 결혼은 이르네.

해설 | 「품사의 보통형+そうだ」는 '～라고 한다'라는 전문의 뜻을 나타
내는 표현으로, 많은 여성이 국제결혼을 동경하고 있다는 기사에 대해
이야기하고 있다. 적절한 응답은 (B)로, 기사의 내용과는 반대로 국제결
혼의 애로점에 대해 지적하고 있다. 나머지 선택지는 「結婚(けっこん)」
(결혼)이라는 말을 응용한 오답이다.

어휘 | 雑誌(ざっし) 잡지　見(み)る 보다　多(おお)く 많음
女性(じょせい) 여성　国際(こくさい) 국제　結婚(けっこん) 결혼
憧(あこが)れ 동경　持(も)つ 가지다

へえ 허 *감탄하거나 놀랐을 때 내는 소리　恋愛(れんあい) 연애
経験(けいけん) 경험　豊富(ほうふ)だ 풍부하다　言語(げんご) 언어
違(ちが)う 다르다　苦労(くろう) 고생　多(おお)い 많다
お互(たが)い 서로　意見(いけん) 의견　尊重(そんちょう) 존중
〜てこそ 〜해야 비로소　夫婦(ふうふ) 부부
付(つ)き合(あ)う 사귀다, 교제하다　半年(はんとし) 반년
早(はや)い 빠르다, 이르다

45 업무 및 비즈니스 표현

伊藤社長(いとうしゃちょう)は、働(はたら)き方(かた)の改善(かいぜん)に力(ちから)を入(い)れているんですね。
(A) はい、実用性(じつようせい)の高(たか)い商品(しょうひん)を揃(そろ)えています。
(B) 上司(じょうし)として無責任(むせきにん)だったと反省(はんせい)しています。
(C) ええ、社員(しゃいん)にはいい環境(かんきょう)の下(もと)で働(はたら)いてほしいですからね。
(D) では、後輩(こうはい)からの報告(ほうこく)を待(ま)ってみましょう。

이토 사장님은 근로 방식의 개선에 힘을 쏟고 있군요.
(A) 예, 실용성이 높은 상품을 갖추고 있어요.
(B) 상사로서 무책임했다고 반성하고 있어요.
(C) 네, 사원이 좋은 환경 하에서 일하기를 바라니까요.
(D) 그럼, 후배로부터의 보고를 기다려 봅시다.

해설 | 사장이 근로 방식 개선에 힘을 쏟는 것은 누가 보더라도 바람직한 행동이다. (A)는 상품 구색에 대해서 이야기하고 있으므로 답이 될 수 없고, 상사로서 무책임함을 반성하고 있다는 (B)와 후배의 보고를 기다려 보자는 (D) 또한 근로 방식 개선과는 거리가 먼 응답이다. 정답은 (C)로, 사장이 근로 방식을 개선하려 하는 이유는 사원들이 좋은 환경에서 일하기를 바라기 때문이라는 뜻이다.

어휘 | 社長(しゃちょう) 사장
働(はたら)き方(かた) 일하는 모양[방식]　改善(かいぜん) 개선
力(ちから)を入(い)れる (하는 일에) 힘을 쏟다
実用性(じつようせい) 실용성　高(たか)い 높다
商品(しょうひん) 상품　揃(そろ)える 갖추다　上司(じょうし) 상사
〜として 〜로서　無責任(むせきにん) 무책임　反省(はんせい) 반성
社員(しゃいん) 사원　いい 좋다　環境(かんきょう) 환경
명사+の+下(もと)で 〜하에서 *지배·영향이 미치는 것을 나타냄
働(はたら)く 일하다　〜てほしい 〜해 주었으면 하다, 〜하길 바라다
では 그렇다면, 그럼　後輩(こうはい) 후배　報告(ほうこく) 보고
待(ま)つ 기다리다

46 일상생활 표현

車(くるま)の追突事故(ついとつじこ)に巻(ま)き込(こ)まれたって聞(き)いたけど、大丈夫(だいじょうぶ)(!?)。
(A) うぬぼれることは決(けっ)して悪(わる)いことじゃないよ。
(B) 無闇(むやみ)に人(ひと)を疑(うたが)うのは良(よ)くないよ。
(C) 僕(ぼく)は無傷(むきず)なんだけど、とんだ災難(さいなん)だったよ。
(D) 真実(しんじつ)を打(う)ち明(あ)けるのに時間(じかん)がかかったんだ。

자동차 추돌사고에 말려들었다고 들었는데 괜찮아!?
(A) 자만하는 건 결코 나쁜 게 아니야.
(B) 무턱대고 사람을 의심하는 건 좋지 않아.
(C) 나는 상처를 안 입었지만, 뜻밖의 재난이었어.
(D) 진실을 고백하는 데에 시간이 걸렸거든.

해설 | 자동차 추돌사고를 당했다는 사람에게 괜찮은지 안부를 묻고 있다. 적절한 응답은 (C)로,「無傷(むきず)」은 '상처가 없음',「とんだ災難(さいなん)」은 '뜻밖의 재난'이라는 뜻이다. 나머지 선택지는 모두 추돌사고와는 관계없는 응답이다.

어휘 | 車(くるま) 자동차　追突(ついとつ) 추돌
事故(じこ) 사고　巻(ま)き込(こ)む 말려들게 하다
聞(き)く 듣다　大丈夫(だいじょうぶ)だ 괜찮다
うぬぼれる (실력 이상으로) 자부하다, 자만하다
決(けっ)して (부정어 수반) 결코　悪(わる)い 나쁘다, 좋지 않다
無闇(むやみ)に 무턱대고　疑(うたが)う 의심하다
僕(ぼく) 나 *남자의 자칭　とんだ 뜻밖의　災難(さいなん) 재난
真実(しんじつ) 진실　打(う)ち明(あ)ける 고백하다
時間(じかん) 시간　かかる (시간이) 걸리다

47 일상생활 표현

今度(こんど)のパーティーのドレスをネットで購入(こうにゅう)しても大丈夫(だいじょうぶ)かしら(?)。
(A) 店舗(てんぽ)に行(い)く時間(じかん)があるなら、実物(じつぶつ)を見(み)てからがいいと思(おも)うよ。
(B) 手間(てま)は省(はぶ)けるけど、衛生的(えいせいてき)にお勧(すす)めはできないよ。
(C) 実質通信料(じっしつつうしんりょう)は無料(むりょう)ということだから、安心(あんしん)していいよ。
(D) 電波状況(でんぱじょうきょう)の事前確認(じぜんかくにん)はちゃんとするんだよ。

이번 파티 드레스를 인터넷에서 구입해도 괜찮을까?
(A) 점포에 갈 시간이 있다면 실물을 보고 나서가 좋을 것 같아.
(B) 수고는 덜 수 있겠지만 위생적으로 권할 순 없어.
(C) 실질 통신료는 무료라고 하니까 안심해도 좋아.
(D) 전파 상황의 사전 확인은 제대로 하는 거야.

해설 | 파티에 입고 갈 드레스를 인터넷에서 구입해도 좋을지 망설이고 있다. 적절한 응답은 (A)로, 시간적으로 여유가 있다면 직접 실물을 보고 사는 편이 좋다고 말하고 있다. (B)는「衛生的(えいせいてき)」(위생적)라는 말 때문에 답이 될 수 없고, (C)와 (D)는「ネット」(인터넷)라는 말을 응용한 오답이다.

어휘 | 今度(こんど) 이번　パーティー 파티　ドレス 드레스
ネット 인터넷 *「インターネット」의 준말　購入(こうにゅう) 구입
大丈夫(だいじょうぶ)だ 괜찮다　店舗(てんぽ) 점포
行(い)く 가다　時間(じかん) 시간　実物(じつぶつ) 실물
〜てから 〜하고 나서, 〜한 후에　手間(てま) 수고, 노력
省(はぶ)く 줄이다, 생략하다　勧(すす)め 권유
実質(じっしつ) 실질, 실제 내용　通信料(つうしんりょう) 통신료
無料(むりょう) 무료　〜ということだ 〜라고 한다 *전문
安心(あんしん) 안심　電波(でんぱ) 전파　状況(じょうきょう) 상황
事前(じぜん) 사전　確認(かくにん) 확인　ちゃんと 제대로, 확실히

48 일상생활 표현

井上(いのうえ)さんは予備校(よびこう)に通(かよ)わずに、司法試験(しほうしけん)に合格(ごうかく)したそうです。

(A) 彼女には優美さがありますからね。

(B) 独学で突破するなんて、さすがですね。

(C) それは経営者として致命的ですね。

(D) 独裁国家に向かいつつありますね。

이노우에 씨는 학원에 다니지 않고 사법시험에 합격했대요.
(A) 그녀에게는 우아함이 있으니까요.
(B) 독학으로 돌파하다니 역시 대단하네요.
(C) 그건 경영자로서 치명적이네요.
(D) 독재 국가로 향하고 있네요.

해설 | 문제의 요지는 학원에도 다니지 않고 사법시험에 합격한 것이 대단하다는 것이다. 이에 대한 응답으로 적당한 것은 상대방의 말에 동조하고 있는 (B)로, 문제의 「予備校(よびこう)に通(かよ)わずに」(학원에 다니지 않고)를 「独学(どくがく)で突破(とっぱ)する」(독학으로 돌파하다)로 바꿔 표현했다. 나머지 우아한 아름다움에 대해서 언급한 (A)나 경영자로서 치명적이라고 한 (C), 독재 국가로 계속 향하고 있다고 한 (D)는 모두 거리가 먼 내용이다.

어휘 | 予備校(よびこう) (영리 목적의) 학원 通(かよ)う 다니다
~ずに ~하지 않고[말고] 司法試験(しほうしけん) 사법시험
合格(ごうかく) 합격 품사의 보통형+そうだ ~라고 한다 *전문
優美(ゆうび)さ 우미, 우아함 独学(どくがく) 독학
突破(とっぱ) 돌파 ~なんて ~하다니
さすが (예상・평판대로) 과연, 역시 経営者(けいえいしゃ) 경영자
致命的(ちめいてき) 치명적 独裁(どくさい) 독재
国家(こっか) 국가 向(む)かう 향하다
동사의 ます형+つつある ~하고 있다

49 업무 및 비즈니스 표현

部長、みどり社との売買希望価格の交渉が難航しているんです。

(A) 専門家からも好評を得ているんですね。

(B) 中古商品の取り扱いはないですからね。

(C) 事業を再建させる絶好の機会ですね。

(D) 利害を一致させることから始めましょう。

부장님, 미도리사와의 매매 희망가격 교섭이 난항을 겪고 있어요.
(A) 전문가로부터도 호평을 받고 있군요.
(B) 중고 상품 취급은 없으니까요.
(C) 사업을 재건시킬 절호의 기회네요.
(D) 이해를 일치시키는 것부터 시작합시다.

해설 | 거래처와의 가격 교섭이 난항을 겪고 있다고 했으므로, 이에 대한 응답으로는 그 어려움을 해결할 대책을 제시하는 것이 적절하다. 따라서 정답은 교섭을 성사시키기 위해서는 두 회사간의 이해를 일치시키는 것부터 시작하자고 한 (D)가 된다.

어휘 | 部長(ぶちょう) 부장 売買(ばいばい) 매매
希望(きぼう) 희망 価格(かかく) 가격 交渉(こうしょう) 교섭
難航(なんこう) 난항 専門家(せんもんか) 전문가
好評(こうひょう) 호평 得(え)る 얻다, 받다 中古(ちゅうこ) 중고
商品(しょうひん) 상품 取(と)り扱(あつか)い 취급
事業(じぎょう) 사업 再建(さいけん) 재건 絶好(ぜっこう) 절호
機会(きかい) 기회 利害(りがい) 이해, 이익과 손해
一致(いっち) 일치 始(はじ)める 시작하다

50 업무 및 비즈니스 표현

経済の悪化による正社員の解雇が社会問題になっていますね。

(A) 投資家と実業家には共通点がありますね。

(B) では、有権者の選挙意識の動向を探ってください。

(C) はい、失業者が生活を立て直すための支援が必要ですね。

(D) 小規模企業向けの融資制度を検討しましょう。

경제 악화에 의한 정사원 해고가 사회문제가 되고 있죠.
(A) 투자가와 실업가는 공통점이 있네요.
(B) 그럼, 유권자의 선거의식 동향을 살펴 주세요.
(C) 예, 실업자가 생활을 재정비하기 위한 지원이 필요하겠네요.
(D) 소규모 기업용 융자제도를 검토합시다.

해설 | 경제 악화로 인한 정사원 해고가 사회문제가 되고 있다고 했다. 이에 대해 투자가와 실업가의 공통점에 대해서 말한 (A), 유권자의 선거의식 동향이나 기업용 융자제도에 대해서 언급한 (B)와 (D)는 모두 문제에 대한 응답으로는 부적절하다. 정답은 (C)로, 회사에서 해고된 실업자에 대한 지원책이 필요하다는 뜻이다.

어휘 | 経済(けいざい) 경제 悪化(あっか) 악화
~による ~에 의한[따른] 正社員(せいしゃいん) 정사원
解雇(かいこ) 해고 社会問題(しゃかいもんだい) 사회문제
投資家(とうしか) 투자가 実業家(じつぎょうか) 실업가
共通点(きょうつうてん) 공통점 では 그렇다면, 그럼
有権者(ゆうけんしゃ) 유권자 選挙(せんきょ) 선거
意識(いしき) 의식 動向(どうこう) 동향
探(さぐ)る 살피다, 탐색하다 失業者(しつぎょうしゃ) 실업자
生活(せいかつ) 생활 建(た)て直(なお)す 재정비하다
~ための ~위한 支援(しえん) 지원 必要(ひつよう) 필요
小規模(しょうきぼ) 소규모 企業(きぎょう) 기업
~向(む)け ~대상, ~용 融資(ゆうし) 융자 制度(せいど) 제도
検討(けんとう) 검토

51 대화 내용에 대한 이해

> 男 廊下の窓を閉めてもいいですか。
>
> 女 いいですよ。エアコンを付けるんですか。
>
> 男 ええ、今日は暑いですからね。
>
> 女 そうですね。でも、夕方から雨が降るそうで
>   すよ。
>
> 남 복도 창문을 닫아도 돼요?
> 여 좋아요. 에어컨을 켤 건가요?
> 남 네, 오늘은 더우니까요.
> 여 그렇죠. 하지만 저녁때부터 비가 내린대요.

男の人は、どうして窓を閉めたいですか。

(A) 冷房を付けるから

(B) 風が強いから

(C) 寒いから

(D) 雨が降りそうだから

남자는 어째서 창문을 닫고 싶습니까?

(A) 냉방을 켜기 때문에
(B) 바람이 강하기 때문에
(C) 춥기 때문에
(D) 비가 내릴 것 같기 때문에

해설 | 남자가 창문을 닫아도 되느냐고 묻자 여자는 에어컨을 켤 것이냐고 물었고, 이에 남자는 '네'라고 대답했다. 따라서 정답은 냉방을 켜기 때문이라고 한 (A)가 된다. (D)는 여자의 마지막 대화에 나오는 「夕方(ゆうがた)から雨(あめ)が降(ふ)るそうですよ」(저녁때부터 비가 내린대요)만 들었을 때 고를 수 있는 오답이다.

어휘 | 廊下(ろうか) 복도 窓(まど) 창문 閉(し)める 닫다
~てもいいですか ~해도 됩니까? *허락을 구하는 표현
エアコン 에어컨 付(つ)ける 켜다 今日(きょう) 오늘
暑(あつ)い 덥다 でも 하지만 夕方(ゆうがた) 해질녘, 저녁때
雨(あめ) 비 降(ふ)る (비·눈 등이) 내리다, 오다
품사의 보통형+そうだ ~라고 한다 *전문 どうして 어째서, 왜
冷房(れいぼう) 냉방 風(かぜ) 바람 強(つよ)い 강하다
寒(さむ)い 춥다 동사의 ます형+そうだ ~일[할] 것 같다 *양태

52 성별에 따른 의견 및 행동 구분

> 男 すみません、鈴木課長はいらっしゃいますか。
>
> 女 今は、食事に出ています。
>
> 男 そうですか。戻られたら、この書類を渡して
>   いただけますか。
>
> 女 はい、わかりました。
>
> 남 저기, 스즈키 과장님은 계신가요?
> 여 지금은 식사하러 나갔어요.

남 그래요? 돌아오시면 이 서류를 건네주실 수 있을까요?
여 예, 알겠어요.

女の人は、この後何をしますか。

(A) 書類を作る。

(B) 食事に行く。

(C) 課長に電話をする。

(D) 課長に書類を渡す。

여자는 이후 무엇을 합니까?

(A) 서류를 작성한다.
(B) 식사하러 간다.
(C) 과장에게 전화를 한다.
(D) 과장에게 서류를 건넨다.

해설 | 여자가 앞으로 할 행동에 대해 묻고 있지만, 구체적인 내용은 남자의 두 번째 대화에 나온다. 남자는 스즈키 과장이 돌아오면 이 서류를 건네줄 수 있는지 물었고, 이에 여자는 알겠다고 했다. 따라서 정답은 과장에게 서류를 건넨다고 한 (D)가 된다.

어휘 | 課長(かちょう) 과장
いらっしゃる 계시다 *「いる」((사람이) 있다)의 존경어
今(いま) 지금 食事(しょくじ) 식사
동작성 명사+に ~하러 *동작의 목적 出(で)る 나가다
戻(もど)る (본래의 자리로) 돌아오다
書類(しょるい) 서류 渡(わた)す 건네다, 건네주다
~ていただけますか (남에게) ~해 받을 수 있습니까?, (남이) ~해 주실 수 있습니까? *「~てもらえますか」((남에게) ~해 받을 수 있습니까?, (남이) ~해 줄 수 있습니까?)의 겸양표현
わかる 알다, 이해하다 作(つく)る 만들다, 작성하다
電話(でんわ) 전화

53 대화 내용에 대한 이해

> 女 田中さん、お菓子はお好きですか。
>
> 男 はい。甘い物は良く食べますよ。
>
> 女 昨日、たくさんクッキーを作ったんですが、
>   いかがですか。
>
> 男 ありがとうございます。いただきます。
>
> 여 다나카 씨, 과자는 좋아하세요?
> 남 예. 단건 잘 먹어요.
> 여 어제 많이 쿠키를 만들었는데, 어떠세요?
> 남 고마워요. 잘 먹을게요.

女の人は、昨日何をしましたか。

(A) クッキーを買った。

(B) お菓子を作った。

(C) 甘い物を食べた。

(D) お土産を選んだ。

여자는 어제 무엇을 했습니까?
(A) 쿠키를 샀다.
(B) 과자를 만들었다.
(C) 단것을 먹었다.
(D) 선물을 골랐다.

해설 | 여자의 두 번째 대화에 주목해야 한다. 어제 과자를 많이 만들어서 다나카 씨에게 나눠 주려는 상황이라는 것을 알 수 있으므로, 정답은 (B)가 된다.

어휘 | お菓子(かし) 과자　好(す)きだ 좋아하다　甘(あま)い 달다　良(よ)く 잘　食(た)べる 먹다　昨日(きのう) 어제　たくさん 많이　クッキー 쿠키　作(つく)る 만들다　いかがですか 어떠십니까? *「どうですか」(어떻습니까?)의 공손한 표현　いただきます 잘 먹겠습니다　買(か)う 사다　お土産(みやげ) 선물, (외출·여행지 등에서) 가족이나 친지를 위해 사가는 특산품　選(えら)ぶ 고르다, 선택하다

54 대화 내용에 대한 이해

女 山田さん、遅いですね。遅刻の連絡はありましたか。
男 いいえ。約束の時間から10分も過ぎていますね。
女 はい。道に迷っているんでしょうか。
男 心配ですから、電話してみましょうか。

여 야마다 씨, 늦네요. 지각 연락은 있었나요?
남 아니요. 약속시간에서 10분이나 지났네요.
여 예. 길을 헤매고 있는 걸까요?
남 걱정되니까 전화해 볼까요?

男の人は、何と言っていますか。
(A) 山田さんに連絡をする。
(B) 山田さんを探しに行く。
(C) 待ち合わせ場所がわかりにくい。
(D) 10分ぐらい遅刻しても問題ない。

남자는 뭐라고 말하고 있습니까?
(A) 야마다 씨에게 연락을 한다.
(B) 야마다 씨를 찾으러 간다.
(C) 약속 장소를 알기 힘들다.
(D) 10분 정도 지각해도 문제없다.

해설 | 남자의 대화에 주목해야 한다. 약속시간이 10분이나 지났는데 오지 않는 야마다 씨에 대해 남자는 두 번째 대화에서 '걱정되니까 전화해 볼까요?'라고 묻고 있다. 따라서 정답은 야마다 씨에게 연락을 한다고 한 (A)가 된다.

어휘 | 遅(おそ)い 늦다　遅刻(ちこく) 지각　連絡(れんらく) 연락　約束(やくそく) 약속　時間(じかん) 시간　숫자+も ~이나　過(す)ぎる (시간·세월이) 지나다, 지나가다　道(みち) 길　迷(まよ)う 길을 잃다, 헤매다　心配(しんぱい) 걱정　電話(でんわ) 전화　探(さが)す 찾다　동사의 ます형+に ~하러 *동작의 목적　待(ま)ち合(あ)わせ (약속하여) 만나기로 함　場所(ばしょ) 장소, 곳

わかる 알다, 이해하다
동사의 ます형+にくい ~하기 힘들다[어렵다]
問題(もんだい) 문제　ない 없다

55 대화 내용에 대한 이해

女 これから会議室を使ってもいい(?)。
男 今日は予約が一杯で無理だよ。
女 明日の予約も一杯かしら。
男 ううん。昼12時からなら、使えるよ。

여 이제부터 회의실을 사용해도 돼?
남 오늘은 예약이 꽉 차서 무리야.
여 내일 예약도 다 차 있어?
남 아니. 낮 12시부터라면 사용할 수 있어.

いつ会議室が使えますか。
(A) 今日の午前
(B) 今日の午後
(C) 明日の午前
(D) 明日の午後

언제 회의실을 사용할 수 있습니까?
(A) 오늘 오전
(B) 오늘 오후
(C) 내일 오전
(D) 내일 오후

해설 | 지금부터 회의실을 쓸 수 있는지를 묻는 여자에게 남자는 오늘은 예약이 꽉 차서 무리라고 했으므로, 오늘 사용이 가능하다고 한 (A)와 (B)는 일단 제외. 그리고 내일 상황을 묻는 여자의 질문에는 낮 12시부터라면 사용할 수 있다고 했으므로, 정답은 (D)가 된다.

어휘 | これから 이제부터, 앞으로　会議室(かいぎしつ) 회의실　使(つか)う 쓰다, 사용하다　~てもいい? ~해도 돼? *허락을 구하는 표현　今日(きょう) 오늘　予約(よやく) 예약　一杯(いっぱい)だ 가득하다, 가득 차다　無理(むり) 무리　明日(あした) 내일　昼(ひる) 낮　~から ~부터　午前(ごぜん) 오전　午後(ごご) 오후

56 성별에 따른 의견 및 행동 구분

男 この、届いた荷物、どこに置きますか。
女 隣の部屋に運んでください。
男 僕、隣の部屋の鍵を持っていないんです。
女 鍵は私が持っていますから、開けますね。

남 이 도착한 짐, 어디에 둘까요?
여 옆방으로 옮겨 주세요.
남 나, 옆방 열쇠를 안 가지고 있거든요.
여 열쇠는 제가 가지고 있으니까 열게요.

男の人は、この後何をしますか。
(A) 荷物を運ぶ。

270

(B) 郵便を出す。

(C) 鍵をかける。

(D) 女の人に鍵を貸す。

남자는 이후 무엇을 합니까?

(A) 짐을 옮긴다.

(B) 우편물을 부친다.

(C) 열쇠를 잠근다.

(D) 여자에게 열쇠를 빌려준다.

해설 | 전반부 대화에서 여자는 남자에게 도착한 짐을 옆방으로 옮겨 달라고 부탁하고 있으므로, 정답은 (A)가 된다. (B)는 「荷物(にもつ)」(짐), (C)와 (D)는 「鍵(かぎ)」(열쇠)라는 단어를 응용한 오답이다.

어휘 | 届(とど)く (보낸 물건이) 도착하다 荷物(にもつ) 짐
どこ 어디 置(お)く 놓다, 두다 隣(となり) 옆 部屋(へや) 방
運(はこ)ぶ 옮기다, 운반하다 僕(ぼく) 나 *남자의 자칭
鍵(かぎ) 열쇠 *「鍵(かぎ)をかける」- 열쇠를 잠그다[채우다]
持(も)つ 가지다 開(あ)ける 열다
郵便(ゆうびん) 우편물 *「郵便物(ゆうびんぶつ)」의 준말
出(だ)す 보내다, 부치다 貸(か)す 빌려주다

57 대화 내용에 대한 이해

> 女 伊藤君、まだ帰らないの(?)。
> 男 うん。会議の用意を終わらせたいんだ。
> 女 何か手伝おうか。
> 男 後はコピーするだけだから、大丈夫だよ。

> 여 이토 군, 아직 돌아가지 않은 거야?
> 남 응. 회의 준비를 끝내고 싶거든.
> 여 뭔가 도울까?
> 남 남은 건 복사하는 것뿐이니까 괜찮아.

男の人は、どうして帰りませんか。

(A) 女の人に仕事を頼まれたから

(B) 仕事が少し残っているから

(C) 書類に間違いがあったから

(D) 今から会議に出るから

남자는 어째서 돌아가지 않습니까?

(A) 여자에게 일을 부탁받았기 때문에

(B) 일이 조금 남아 있기 때문에

(C) 서류에 오류가 있었기 때문에

(D) 지금부터 회의에 참석하기 때문에

해설 | 남자의 첫 번째 대화에 주목해야 한다. 왜 아직 퇴근을 안 했냐는 여자의 물음에 남자는 회의 준비를 끝내고 싶어서 라고 했다. 즉, 근무시간에 끝내지 못한 회의 준비를 다하고 가려는 것이므로, 정답은 (B)가 된다.

어휘 | まだ 아직 帰(かえ)る 돌아가다 会議(かいぎ) 회의
用意(ようい) 준비 終(お)わらせる 끝내다
동사의 ます형+たい ~하고 싶다 何(なに)か 무엇인가, 뭔가
手伝(てつだ)う 돕다, 도와주다 後(あと) 그 외의 일, 나머지
コピー 복사 ～だけ ~만, ~뿐 大丈夫(だいじょうぶ)だ 괜찮다

頼(たの)む 부탁하다 仕事(しごと) 일 少(すこ)し 조금
書類(しょるい) 서류 間違(まちが)い 잘못, 틀림
今(いま)から 지금부터
出(で)る (모임 등에) 나가다, 출석하다, 참석하다

58 대화 내용에 대한 이해

> 男 駅前の郵便局で切手を買ってきますね。
> 女 もう5時ですから、閉まっているはずですよ。
> 男 そうですか。コンビニでも120円の切手が買えますか。
> 女 ええ、買えますよ。

> 남 역 앞의 우체국에서 우표를 사 올게요.
> 여 이미 5시니까 닫았을 거예요.
> 남 그래요? 편의점에서도 120엔짜리 우표를 살 수 있나요?
> 여 네, 살 수 있어요.

女の人は、何と言っていますか。

(A) 郵便局の休みは日曜日だ。

(B) コンビニの近くに郵便局がある。

(C) 切手を買いに行く必要はない。

(D) コンビニでも切手を売っている。

여자는 뭐라고 말하고 있습니까?

(A) 우체국이 쉬는 날은 일요일이다.

(B) 편의점 근처에 우체국이 있다.

(C) 우표를 사러 갈 필요는 없다.

(D) 편의점에서도 우표를 팔고 있다.

해설 | 여자의 대화에 주목해야 한다. 여자는 역 앞의 우체국은 이미 5시이기 때문에 닫았겠지만, 남자가 사려고 하는 우표는 편의점에서도 살 수 있다고 말하고 있다. 따라서 정답은 (D)가 된다.

어휘 | 駅前(えきまえ) 역 앞 郵便局(ゆうびんきょく) 우체국
切手(きって) 우표 買(か)う 사다 もう 이미, 벌써
閉(し)まる 닫히다 ～はずだ (당연히) ~할 것[터]이다
コンビニ 편의점 *「コンビニエンスストア」의 준말
休(やす)み 휴일, 쉬는 날 近(ちか)く 근처
동사의 ます형+に ~하러 *동작의 목적 必要(ひつよう) 필요
売(う)る 팔다

59 대화 내용에 대한 이해

> 男 今日、仕事が終わってから何か予定がある(?)。
> 女 ううん。特にないけど、明日から出張なの。
> 男 映画を見に行くんだけど、時間が大丈夫なら、一緒にどう(?)。
> 女 ごめんなさい。出張の準備もあるし、止めとくわ。

남 오늘 일이 끝난 후에 뭔가 예정이 있어?
여 아니. 특별히 없는데 내일부터 출장이야.
남 영화를 보러 가는데 시간이 괜찮다면 함께 어때?
여 미안해. 출장 준비도 있고 관둘래.

女の人は、何と言っていますか。
(A) 出張の用意が終わっていない。
(B) 今日なら映画を見に行ける。
(C) 明日は予定がない。
(D) 見たい映画は特にない。

여자는 뭐라고 말하고 있습니까?
(A) 출장 준비가 끝나지 않았다.
(B) 오늘이라면 영화를 보러 갈 수 있다.
(C) 내일은 예정이 없다.
(D) 보고 싶은 영화는 특별히 없다.

해설 | 여자의 두 번째 대화에 주목해야 한다. 영화를 보러 가자는 남자의 제안에 대해 여자는 출장 준비를 해야 한다면서 거절하고 있으므로, 정답은 (A)가 된다.

어휘 | 今日(きょう) 오늘 仕事(しごと) 일 終(お)わる 끝나다
何(なに)か 무엇인가, 뭔가 予定(よてい) 예정 ううん 아니
特(とく)に 특별히 明日(あした) 내일 出張(しゅっちょう) 출장
映画(えいが) 영화 동사의 ます형+に ~하러 *동작의 목적
時間(じかん) 시간 大丈夫(だいじょうぶ)だ 괜찮다
一緒(いっしょ)に 함께 ごめんなさい 미안합니다. 죄송합니다
準備(じゅんび) 준비 ~し ~고
止(や)める 끊다, 그만두다, 중지하다
~とく ~해 놓다[두다] *「~ておく」의 축약표현
用意(ようい) 준비

60 대화 내용에 대한 이해

女 今から送金しに銀行へ行って来ます。
男 あ、ついでに郵便局に寄ってこの書類を出して来てくれませんか。
女 はい。銀行から近いから、いいですよ。
男 助かります。では、お願いします。

여 지금부터 송금하러 은행에 갔다 올게요.
남 아, 가는 김에 우체국에 들러서 이 서류를 부치고 와 주지 않을래요?
여 예. 은행에서 가까우니까 좋아요.
남 고마워요. 그럼, 부탁드려요.

男の人は、何を頼みましたか。
(A) 銀行で支払いをすること
(B) 急いで送金をすること
(C) 郵便物を出すこと
(D) 書類を作り直すこと

남자는 무엇을 부탁했습니까?
(A) 은행에서 지불을 하는 것
(B) 서둘러 송금을 하는 것
(C) 우편물을 부치는 것
(D) 서류를 다시 작성하는 것

해설 | 남자의 첫 번째 대화에 주목해야 한다. 남자는 은행에 간다는 여자에게 가는 김에 우체국에 들러서 서류를 부쳐 달라고 부탁하고 있다. 정답은 (C)로, 대화에 나오는 「この書類(しょるい)」(이 서류)를 「郵便物(ゆうびんぶつ)」(우편물)로 바꿔 표현했다.

어휘 | 今(いま)から 지금부터 送金(そうきん) 송금
銀行(ぎんこう) 은행 ついでに 하는[내친] 김에
郵便局(ゆうびんきょく) 우체국 寄(よ)る 들르다
書類(しょるい) 서류 出(だ)す 보내다, 부치다
~てくれる (남이 나에게) ~해 주다 近(ちか)い 가깝다
助(たす)かる (노력·비용 등이 덜어져) 도움이 되다
では 그렇다면, 그럼
お+동사의 ます형+する ~하다, ~해 드리다 *겸양표현
願(ねが)う 부탁하다 支払(しはら)い 지불 急(いそ)ぐ 서두르다
作(つく)り直(なお)す (좋지 않은 것을) 고쳐 만들다, 다시 만들다

61 대화 내용에 대한 이해

女 今年は新入社員の募集はしなかったの(?)。
男 ううん、したけど、全く集まらなかったんだ。
女 私たちの時代は、50人以上も入社したのにね。
男 もう若い人に人気がない職業になってしまったのかもしれないね。

여 올해는 신입사원 모집은 안 했던 거야?
남 아니, 했는데 전혀 모이지 않았어.
여 우리 시절에는 50명 이상이나 입사했는데 말이야.
남 이제 젊은 사람에게 인기가 없는 직업이 되어 버린 건지도 모르겠네.

男の人は、何と言っていますか。
(A) 昔から人気がない職業は同じだ。
(B) 今年は入社する予定の人がいない。
(C) 今年から社員の募集をしなくなった。
(D) 最近働かない若者が増えた。

남자는 뭐라고 말하고 있습니까?
(A) 옛날부터 인기가 없는 직업은 같다.
(B) 올해는 입사할 예정인 사람이 없다.
(C) 올해부터 사원 모집을 하지 않게 되었다.
(D) 최근 일하지 않는 젊은이가 늘었다.

해설 | 남자의 대화에 주목해야 한다. 여자가 올해는 신입사원 모집을 하지 않은 것인지 묻자 남자는 '했는데 전혀 모이지 않았다'라고 했다. 즉, 모집을 했지만 응모한 사람 자체가 없었다는 뜻이므로, 정답은 (B)가 된다. 후반부 대화에서 '50명 이상이나 입사했다', '이제 젊은 사람에게 인기가 없는 직업이 되어 버린 건지도 모르겠다'라고 했다. 즉, 과거에는 인기가 있었지만 지금은 그렇지 않다는 것을 알 수 있으므로, (A)는 틀린

272

설명이다. 그리고 (C)는 남자의 첫 번째 대화와 반대되는 내용이고, (D)와 같은 내용은 나오지 않으므로 답이 될 수 없다.

어휘 | 今年(ことし) 올해 新入社員(しんにゅうしゃいん) 신입사원
募集(ぼしゅう) 모집 全(まった)く (부정어 수반) 전혀
集(あつ)まる 모이다 私(わたし)たち 우리 時代(じだい) 시대, 시절
以上(いじょう) 이상 ~も ~이나 入社(にゅうしゃ) 입사
~のに ~는데(도) もう 이제 若(わか)い 젊다 人気(にんき) 인기
職業(しょくぎょう) 직업 ~かもしれない ~일지도 모른다
昔(むかし) 옛날 同(おな)じだ 같다 予定(よてい) 예정
最近(さいきん) 최근, 요즘 働(はたら)く 일하다
若者(わかもの) 젊은이 増(ふ)える 늘다, 늘어나다

62 성별에 따른 의견 및 행동 구분

男 あのう、食器(しょっき)のカタログをいただけますか。
女 はい。和食用(わしょくよう)と洋食用(ようしょくよう)がございますが、どちらでしょうか。
男 妻(つま)からもらって来(き)てほしいと頼(たの)まれたんですが、2種類(にしゅるい)あるんですね。
女 そうなんです。では、両方(りょうほう)お持(も)ち帰(かえ)りください。

남 저기, 식기 카탈로그를 받을 수 있을까요?
여 예. 일식용과 양식용이 있는데 어느 쪽인가요?
남 아내한테 받아 와 주면 좋겠다고 부탁받았는데, 두 종류가 있는 거군요.
여 맞아요. 그럼, 둘 다 가지고 가세요.

男(おとこ)の人(ひと)は、この後(あと)どうしますか。
(A) 種類(しゅるい)の違(ちが)う食器(しょっき)を買(か)う。
(B) カタログの種類(しゅるい)を選(えら)ぶ。
(C) 妻(つま)が店(みせ)に来(く)るのを待(ま)つ。
(D) 2種類(にしゅるい)のカタログをもらう。

남자는 이후 어떻게 합니까?
(A) 종류가 다른 식기를 산다.
(B) 카탈로그 종류를 고른다.
(C) 아내가 가게에 오는 것을 기다린다.
(D) 두 종류의 카탈로그를 받는다.

해설 | 남자는 아내의 부탁으로 식기 카탈로그를 받으러 왔는데, 일식용과 양식용의 두 종류가 있어 당황하고 있는 상황이다. 이런 남자의 모습을 보고 여자는 '그럼, 둘 다 가지고 가세요'라고 했으므로, 정답은 두 종류를 다 받는다고 한 (D)가 된다. 남자는 카탈로그를 받으러 온 것이므로 (A)는 답이 될 수 없고, 아내는 카탈로그를 받아 와 달라고 부탁한 것이므로 아내가 가게로 온다고 한 (C)도 틀린 설명이다.

어휘 | 食器(しょっき) 식기 カタログ 카탈로그
いただく 받다 *「もらう」의 겸양어
和食(わしょく) 일식, 일본 요리 ~用(よう) ~용
洋食(ようしょく) 양식, 서양 요리 ござる 있다 *「ある」의 정중어
どちら 어느 쪽 妻(つま) (자신의) 아내 もらう 받다
~てほしい ~해 주었으면 하다, ~하길 바라다

頼(たの)む 부탁하다 種類(しゅるい) 종류 両方(りょうほう) 양쪽
お+동사의 ます형+ください ~해 주십시오, ~하십시오 *존경표현
持(も)ち帰(かえ)る 가지고 돌아가다 違(ちが)う 다르다
買(か)う 사다 選(えら)ぶ 고르다, 선택하다 店(みせ) 가게
待(ま)つ 기다리다

63 대화 내용에 대한 이해

女 すみません。この電車(でんしゃ)はみどり駅(えき)に停車(ていしゃ)しますか。
男 はい。でも、あと10分後(じゅっぷんご)に来(く)る急行(きゅうこう)の方(ほう)が早(はや)く着(つ)きますよ。
女 そうなんですね。ホームはここですか。
男 いいえ、2番線(にばんせん)です。そこの階段(かいだん)を降(お)りると近(ちか)いですよ。

여 죄송해요. 이 전철은 미도리역에 정차하나요?
남 예. 하지만 앞으로 10분 후에 오는 급행 쪽이 빨리 도착해요.
여 그렇군요. 플랫폼은 여기인가요?
남 아니요. 2번선이에요. 거기 계단을 내려가면 가까워요.

男(おとこ)の人(ひと)は、何(なに)を教(おし)えましたか。
(A) みどり駅(えき)に早(はや)く着(つ)く電車(でんしゃ)
(B) みどり駅(えき)までの電車賃(でんしゃちん)
(C) 改札口(かいさつぐち)の場所(ばしょ)
(D) 急行(きゅうこう)が停車(ていしゃ)しない駅(えき)

남자는 무엇을 알려 줬습니까?
(A) 미도리역에 빨리 도착하는 전철
(B) 미도리역까지의 전철 요금
(C) 개찰구 장소
(D) 급행이 정차하지 않는 역

해설 | 남자의 첫 번째 대화에 주목해야 한다. 미도리역에 서는 전철을 묻는 여자에게 남자는 이 전철도 미도리역에 정차하지만, 그보다 10분 뒤에 오는 급행을 타는 편이 더 빨리 도착한다고 알려 주고 있다. 따라서 정답은 (A)가 된다.

어휘 | 電車(でんしゃ) 전철 停車(ていしゃ) 정차 ~駅(えき) ~역
でも 하지만 あと 앞으로 ~後(ご) ~후
来(く)る 오다 急行(きゅうこう) 급행
早(はや)い 빠르다, 이르다 着(つ)く 도착하다
ホーム 플랫폼 *「プラットホーム」의 준말 ここ 여기, 이곳
~番線(ばんせん) ~번선 *역의 번호를 붙인 플랫폼 쪽의 선로
そこ 거기, 그곳 階段(かいだん) 계단
降(お)りる (아래로) 내려가다 近(ちか)い 가깝다
電車賃(でんしゃちん) 전철 요금 改札口(かいさつぐち) 개찰구
場所(ばしょ) 장소, 곳

> 女 来週、結婚式に出席するんでしょう(?)。スーツはちゃんとあるの(?)。
> 男 ああ、明日会社の近くの店にクリーニングに出す予定だよ。
> 女 その店、明日は定休日よ。今日出さなきゃ。
> 男 今日は行く時間がないんだ。仕方ないから、違う店に行くことにするよ。

> 여 다음 주에 결혼식에 참석하지? 정장은 제대로 있어?
> 남 아ー, 내일 회사 근처 가게에 세탁을 맡길 예정이야.
> 여 그 가게, 내일은 정기 휴일이야. 오늘 맡겨야 해.
> 남 오늘은 갈 시간이 없거든. 어쩔 수 없으니까 다른 가게에 가는 걸로 할게.

男の人は、スーツをどうしますか。
(A) 今日会社の近くのクリーニング店に出す。
(B) 今日女の人にクリーニング店に出してもらう。
(C) 明日クリーニングできる店に行く。
(D) 明日会社の近くのクリーニング店に出す。

남자는 정장을 어떻게 합니까?
(A) 오늘 회사 근처의 세탁소에 맡긴다.
(B) 오늘 여자가 세탁소에 맡긴다.
(C) 내일 세탁할 수 있는 가게에 간다.
(D) 내일 회사 근처의 세탁소에 맡긴다.

해설 | 대화를 끝까지 잘 듣고 풀어야 하는 문제. 남자는 다음 주 결혼식에 입고 갈 정장을 내일 회사 근처에 있는 세탁소에 맡길 예정이었으나, 여자가 내일 그곳은 정기 휴일이라 오늘 맡겨야 한다고 했다. 이 말을 들은 남자는 오늘은 갈 시간이 없어서 어쩔 수 없이 다른 가게에 맡기겠다고 했으므로, 정답은 (C)가 된다. 남자의 첫 번째 대화만 들으면 (D)를, 여자의 두 번째 대화까지만 들으면 (A)를 답으로 고를 수 있으므로 주의하자.

어휘 | 来週(らいしゅう) 다음 주 結婚式(けっこんしき) 결혼식
出席(しゅっせき) 출석, 참석 スーツ 슈트, 정장
ちゃんと 제대로, 확실히 会社(かいしゃ) 회사 近(ちか)く 근처
店(みせ) 가게 クリーニングに出(だ)す 세탁을 맡기다
予定(よてい) 예정 定休日(ていきゅうび) 정기 휴일
〜なきゃ(ならない・いけない) 〜하지 않으면 (안 된다), 〜해야 (한다) *「〜なきゃ」는「〜なければ」의 축약표현
今日(きょう) 오늘 時間(じかん) 시간
仕方(しかた)ない 어쩔 수 없다 違(ちが)う 다르다
동사의 보통형+ことにする 〜하기로 하다
クリーニング店(てん) 세탁소
〜てもらう (남에게) 〜해 받다, (남이) 〜해 주다

> 女 昨日の営業研修は、参加人数が過去最高だったそうですね。
> 男 はい。会場の準備は大変でしたが、無事に終了しました。
> 女 使用するパソコンは、各自持って来てもらったんですか。
> 男 いえ、システム部から人数分貸してもらいました。

> 여 어제 영업 연수는 참가 인원수가 과거 최고였다면서요.
> 남 예. 회장 준비는 힘들었지만 무사히 종료했어요.
> 여 사용할 컴퓨터는 각자 가지고 왔던 건가요?
> 남 아뇨, 시스템부에서 인원수만큼 빌렸어요.

昨日の研修は、どうでしたか。
(A) 営業成績の発表があった。
(B) システム部が中心に行った。
(C) パソコンは各自用意してもらった。
(D) 参加人数が今までで一番多かった。

어제 연수는 어땠습니까?
(A) 영업 성적 발표가 있었다.
(B) 시스템부가 중심으로 실시했다.
(C) 컴퓨터는 각자 준비해 주었다.
(D) 참가 인원수가 지금까지 중에서 가장 많았다.

해설 | 여자의 첫 번째 대화에 주목해야 한다. 어제 열린 영업 연수는 참가 인원수가 과거 최고였다고 했으므로, 정답은 (D)가 된다. 영업 성적 발표에 대한 언급은 없고, 컴퓨터는 시스템부에서 인원수만큼 빌렸으며, 시스템부는 연수의 주체가 아니라 컴퓨터를 대여해 준 부서이므로, 나머지 선택지는 답이 될 수 없다.

어휘 | 昨日(きのう) 어제 営業(えいぎょう) 영업
研修(けんしゅう) 연수 参加(さんか) 참가 人数(にんずう) 인원수
過去(かこ) 과거 最高(さいこう) 최고
会場(かいじょう) 회장, 행사장 準備(じゅんび) 준비
大変(たいへん)だ 힘들다 無事(ぶじ)だ 무사하다
終了(しゅうりょう) 종료 使用(しよう) 사용
パソコン (개인용) 컴퓨터 *「パーソナルコンピューター」의 준말
各自(かくじ) 각자 持(も)つ 가지다, 들다
〜てもらう (남에게) 〜해 받다, (남이) 〜해 주다 いえ 아뇨
システム 시스템 〜部(ぶ) (관청・회사 등의) 〜부
〜分(ぶん) 〜분, 〜분량 貸(か)す 빌려주다
成績(せいせき) 성적 発表(はっぴょう) 발표
中心(ちゅうしん) 중심 用意(ようい) 준비 今(いま)まで 지금까지
一番(いちばん) 가장, 제일 多(おお)い 많다

> 男 体験教室の申し込みをしたいんですけど、初めてでも大丈夫ですか。
> 女 はい。こちらのお皿でしたら、簡単にできますよ。

男 あの、その横の花瓶がいいなと思っているんですが。

女 これは、いくつか簡単な物を作ってからの方がいいと思います。

남 체험교실 신청을 하고 싶은데요, 처음이라도 괜찮은가요?

여 예. 이쪽 접시라면 간단히 할 수 있어요.

남 저기, 그 옆에 있는 꽃병이 좋겠다고 생각하고 있는데요.

여 이건 몇 개인가 간단한 걸 만든 후에 하는 편이 좋다고 생각해요.

男の人が作りたいのは、どんな物ですか。
(A) 経験のある人には、つまらない物
(B) 経験のない人には、向かない物
(C) 不器用な人は作りたがらない物
(D) 不器用な人にも作れそうな物

남자가 만들고 싶은 것은 어떤 것입니까?
(A) 경험이 있는 사람에게는 시시한 것
(B) 경험이 없는 사람에게는 적합하지 않은 것
(C) 손재주가 없는 사람은 만들고 싶어하지 않는 것
(D) 손재주가 없는 사람에게도 만들 수 있을 것 같은 것

해설 | 후반부의 대화에 주목해야 한다. 남자가 만들고 싶어하는 꽃병에 대해 여자는 간단한 것을 몇 개 정도 만든 후에 하는 편이 좋다고 했다. 즉, 초보자가 하기에는 어렵기 때문에 어느 정도 경험을 쌓은 후에 만들 것을 권하고 있으므로, 정답은 경험이 없는 사람에게는 적합하지 않은 것이라고 한 (B)가 된다. 이때의 「向(む)く」는 '적합하다, 어울리다'라는 뜻으로 쓰였다.

어휘 | 体験(たいけん) 체험
教室(きょうしつ) (기술 등을 가르치는) 교실
申(もう)し込(こ)み 신청 初(はじ)めて 처음(으로)
大丈夫(だいじょうぶ)だ 괜찮다 こちら 이쪽 皿(さら) 접시
簡単(かんたん)だ 간단하다 横(よこ) 옆 花瓶(かびん) 꽃병
いくつか 몇 개인가 作(つく)る 만들다 経験(けいけん) 경험
つまらない 시시하다 物(もの) 것, 물건
不器用(ぶきよう)だ 손재주가 없다
동사의 ます형+たがる (제삼자가) ~하고 싶어하다

67 대화 내용에 대한 이해

男 明日、娘の受験の日なんですよ。

女 娘さん、6歳でしたよね。小学校受験ですか。

男 はい。親子面接のことを考えると、今から心配です。

女 確かに自分の就職試験より緊張しそうですね。

남 내일 딸의 受験의 日이거든요.

여 따님, 여섯 살이었죠? 초등학교 입시인가요?

남 예. 부모와 아이 면접을 생각하니 지금부터 걱정스러워요.

여 확실히 본인 취직시험보다 긴장될 것 같네요.

男の人は、何と言っていますか。

(A) 子供と受ける面接が不安だ。
(B) 子供の力を信じている。
(C) 就職試験の方が緊張する。
(D) 自分の受験を思い出す。

남자는 뭐라고 말하고 있습니까?
(A) 아이와 볼 면접이 불안하다.
(B) 아이의 능력을 믿고 있다.
(C) 취직시험 쪽이 긴장된다.
(D) 자신의 입시를 떠올린다.

해설 | 남자의 두 번째 대화에 주목해야 한다. 남자는 딸의 초등학교 입학을 위해 아이와 함께 보는 면접을 앞두고 있다. 그러면서 '지금부터 걱정스럽다'라며 불안함을 표시하고 있으므로, 정답은 (A)가 된다. (C)와 (D)는 여자의 두 번째 대화를 응용한 오답이다.

어휘 | 明日(あした) 내일 娘(むすめ) (자신의) 딸
受験(じゅけん) 수험, 입시, 시험을 치름 日(ひ) 날
娘(むすめ)さん (남의) 딸, 따님 ~歳(さい) ~세, ~살
小学校(しょうがっこう) 초등학교 親子(おやこ) 부모와 자식
面接(めんせつ) 면접 考(かんが)える 생각하다
今(いま)から 지금부터 心配(しんぱい)だ 걱정스럽다
確(たし)かに 확실히 自分(じぶん) 자기, 자신, 나
就職(しゅうしょく) 취직 試験(しけん) 시험 ~より ~보다
緊張(きんちょう) 긴장
동사의 ます형+そうだ ~일[할] 것 같다 *양태
受(う)ける (시험·면접 등을) 보다, 치르다
不安(ふあん)だ 불안하다 力(ちから) 힘, 능력 信(しん)じる 믿다
思(おも)い出(だ)す (잊고 있던 것을) 생각해 내다

68 대화 내용에 대한 이해

男 あのう、先週買ったこの靴、交換したいんですが。

女 外で使用されてなければ可能ですよ。レシートはお持ちでしょうか。

男 はい。これがレシートです。25センチだと、少しきつかったんです。

女 では、1つ大きいサイズをお持ちしますね。

남 저기, 지난주에 산 이 구두, 교환하고 싶은데요.

여 밖에서 사용되지 않았다면 가능해요. 영수증은 가지고 계신가요?

남 예. 이게 영수증이에요. 25cm면 조금 꽉 끼었거든요.

여 그럼, 하나 큰 사이즈를 가져올게요.

男の人は、何と言っていますか。

(A) 割引してほしい。
(B) 靴のサイズを変えてほしい。
(C) 外で運動しやすい靴に交換してほしい。
(D) 他の商品を見せてほしい。

남자는 뭐라고 말하고 있습니까?
(A) 할인해 주었으면 한다.

(B) 구두 사이즈를 바꿔 주었으면 한다.
(C) 밖에서 운동하기 편한 구두로 교환해 주었으면 한다.
(D) 다른 상품을 보여 주었으면 한다.

해설 | 남자의 대화에 주목해야 한다. 남자는 여자에게 지난주에 산 구두를 교환하고 싶다고 하면서 25cm가 조금 꽉 끼었다고 했다. 이 말을 통해 남자는 구두 사이즈를 조금 더 큰 것으로 교환하려 하고 있다는 것을 알 수 있으므로, 정답은 (B)가 된다.

어휘 | 先週(せんしゅう) 지난주 買(か)う 사다
靴(くつ) 신, 신발, 구두 交換(こうかん) 교환
동사의 ます형+たい ~하고 싶다 外(そと) 밖 使用(しよう) 사용
可能(かのう)だ 가능하다 レシート 영수증
お+동사의 ます형+でしょうか ~하실까요? *존경표현
持(も)つ 가지다 センチ 센티미터, cm *「センチメートル」의 준말
少(すこ)し 조금 きつい 꽉 끼다 では 그렇다면, 그럼
1(ひと)つ 하나 大(おお)きい 크다 サイズ 사이즈, 크기
割引(わりびき) 할인 ~てほしい ~해 주었으면 하다, ~하길 바라다
変(か)える 바꾸다 運動(うんどう) 운동
동사의 ます형+やすい ~하기 쉽다[편하다] 他(ほか) 다른 (것)
商品(しょうひん) 상품 見(み)せる 보이다, 보여 주다

69 대화 내용에 대한 이해

女 村田教授の研究分野について教えていただけますか。
男 昔は人文科学でしたが、今は自然科学の研究をしております。
女 具体的にどんな学問なのでしょうか。
男 私は主に自然界に関わる現象や発見を扱っています。

여 무라타 교수님의 연구 분야에 대해서 알려 주실 수 있을까요?
남 옛날에는 인문과학이었는데, 지금은 자연과학 연구를 하고 있어요.
여 구체적으로 어떤 학문인가요?
남 저는 주로 자연계에 관계되는 현상이나 발견을 다루고 있어요.

村田教授について、正しいものはどれですか。
(A) 今も人間の内面の研究を続けている。
(B) 今は自然現象を研究対象にしている。
(C) 違う分野を同時に研究している。
(D) 主に心理学を学んでいる。

무라타 교수에 대해서 맞는 것은 어느 것입니까?
(A) 지금도 인간 내면 연구를 계속하고 있다.
(B) 지금은 자연현상을 연구 대상으로 하고 있다.
(C) 다른 분야를 동시에 연구하고 있다.
(D) 주로 심리학을 배우고 있다.

해설 | 남자의 대화에 주목해야 한다. 남자는 과거에는 인문과학을 연구했지만, 지금은 자연과학을 연구하고 있다고 하면서 주로 자연계에 관련된 현상이나 발견을 다루고 있다고 구체적인 내용을 밝히고 있다. 따라서 정답은 지금은 자연현상을 연구 대상으로 하고 있다고 한 (B)가 된다.

어휘 | 教授(きょうじゅ) 교수 研究(けんきゅう) 연구
分野(ぶんや) 분야 ~について ~에 대해서
教(おし)える 가르치다, 알려 주다
~ていただく (남에게) ~해 받다, (남이) ~해 주시다 *「~てもらう」
((남에게) ~해 받다, (남이) ~해 주다)의 겸양표현
昔(むかし) 옛날 人文(じんぶん) 인문 科学(かがく) 과학
自然(しぜん) 자연 ~ておる ~하고 있다 *「~ている」의 겸양표현
具体的(ぐたいてき)だ 구체적이다 どんな 어떤
学問(がくもん) 학문 主(おも)に 주로 自然界(しぜんかい) 자연계
関(かか)わる 관계되다 現象(げんしょう) 현상
発見(はっけん) 발견 扱(あつか)う 다루다, 취급하다
正(ただ)しい 바르다, 맞다 人間(にんげん) 인간
内面(ないめん) 내면 続(つづ)ける 계속하다
対象(たいしょう) 대상 違(ちが)う 다르다 同時(どうじ)に 동시에
心理学(しんりがく) 심리학 学(まな)ぶ 배우다

70 대화 내용에 대한 이해

男 先週のマナー研修のアンケート結果はありますか。
女 はい。こちらです。今回は一定の評価をもらえているようです。
男 良かったです。ですが、まだまだ改善の余地はありますね。
女 そうですね。来月はもっと満足していただけるように頑張りましょう。

남 지난주 매너 연수 앙케트 결과는 있나요?
여 예. 여기 있어요. 이번에는 일정한 평가를 받을 수 있었던 것 같아요.
남 잘됐네요. 하지만 아직도 개선의 여지는 있네요.
여 그렇죠. 다음 달에는 더 만족하실 수 있도록 분발하자고요.

2人は、アンケート結果について何と言っていますか。
(A) 大変満足している。
(B) 不満を持つ人が多くて残念だ。
(C) 改善することは特にない。
(D) 悪くはないが、改善が必要だ。

두 사람은 앙케트 결과에 대해서 뭐라고 말하고 있습니까?
(A) 대단히 만족하고 있다.
(B) 불만을 가진 사람이 많아 아쉽다.
(C) 개선할 것은 특별히 없다.
(D) 나쁘지는 않지만 개선이 필요하다.

해설 | 후반부의 대화에 주목해야 한다. 두 사람은 앙케트 결과에 대해서 일정한 평가를 받아 다행이지만, 아직 개선의 여지가 있으므로 더 노력해야 한다고 말하고 있다. 따라서 정답은 나쁘지는 않지만 개선이 필요하다고 한 (D)가 된다.

어휘 | 先週(せんしゅう) 지난주 マナー 매너
研修(けんしゅう) 연수 アンケート 앙케트 結果(けっか) 결과

今回(こんかい) 이번　一定(いってい) 일정　評価(ひょうか) 평가
もらう 받다　まだまだ 아직도　改善(かいぜん) 개선
余地(よち) 여지　来月(らいげつ) 다음 달
もっと 더, 더욱　満足(まんぞく) 만족
〜ていただく (남에게) 〜해 받다, (남이) 〜해 주시다 *「〜てもらう」
((남에게) 〜해 받다, (남이) 〜해 주다)의 겸양표현
頑張(がんば)る 열심히 하다, 노력하다, 분발하다
大変(たいへん) 대단히, 매우　不満(ふまん) 불만　持(も)つ 가지다
多(おお)い 많다　残念(ざんねん)だ 아쉽다, 유감스럽다
特(とく)に 특별히　悪(わる)い 나쁘다, 좋지 않다
必要(ひつよう)だ 필요하다

71 대화 내용에 대한 이해

男 明日(あした)の会議(かいぎ)の司会進行(しかいしんこう)は、誰(だれ)がすることになりましたか。
女 企画部(きかくぶ)の田中(たなか)さんに任(まか)せることにしました。
男 そうですか。田中(たなか)さんに前(まえ)もって資料(しりょう)を出(だ)すように伝(つた)えてもらえますか。
女 承知(しょうち)いたしました。連絡(れんらく)しておきます。

남 내일 회의의 사회 진행은 누가 하게 됐어요?
여 기획부 다나카 씨에게 맡기기로 했습니다.
남 그래요? 다나카 씨에게 미리 자료를 제출하도록 전해 줄 수 있어요?
여 알겠습니다. 연락해 두겠습니다.

女(おんな)の人(ひと)は、何(なに)について連絡(れんらく)をしますか。
(A) 資料(しりょう)の修正(しゅうせい)
(B) 出席者(しゅっせきしゃ)の名簿(めいぼ)
(C) 資料(しりょう)の提出(ていしゅつ)
(D) 司会者(しかいしゃ)の変更(へんこう)

여자는 무엇에 대해서 연락을 합니까?
(A) 자료 수정
(B) 참석자 명부
(C) 자료 제출
(D) 사회자 변경

해설 | 다나카라는 사람에게 연락을 하는 것은 여자이지만, 연락의 구체적인 내용은 남자의 두 번째 대화에 나온다. 남자는 여자에게 다나카 씨에게 미리 자료를 제출하라는 말을 전해 달라고 했으므로, 정답은 자료 제출을 위한 연락을 한다는 (C)가 된다.

어휘 | 明日(あした) 내일　会議(かいぎ) 회의　司会(しかい) 사회
進行(しんこう) 진행　誰(だれ) 누구
동사의 보통형+ことになる 〜하게 되다
企画部(きかくぶ) 기획부　任(まか)せる 맡기다
동사의 보통형+ことにする 〜하기로 하다
前(まえ)もって 미리, 사전에　資料(しりょう) 자료
出(だ)す 내다, 제출하다　〜ように 〜하도록
伝(つた)える 전하다, 알리다
〜てもらう (남에게) 〜해 받다, (남이) 〜해 주다
承知(しょうち) 앎, 알고 있음　連絡(れんらく) 연락

〜ておく 〜해 놓다[두다]　修正(しゅうせい) 수정
出席者(しゅっせきしゃ) 출석자, 참석자　名簿(めいぼ) 명부
提出(ていしゅつ) 제출　司会者(しかいしゃ) 사회자
変更(へんこう) 변경

72 대화 내용에 대한 이해

女 その薬(くすり)、どうしたの(?)。具合(ぐあい)が悪(わる)いの(?)。
男 ううん。栄養(えいよう)が偏(かたよ)らないように食後(しょくご)に飲(の)んでいるんだ。
女 へえ、健康管理(けんこうかんり)をしっかりしているのね。
男 風邪予防(かぜよぼう)にもなるし、お勧(すす)めだよ。

여 그 약, 어떻게 된 거야!? 컨디션이 안 좋아?
남 아니. 영양이 치우치지 않도록 식후에 먹고 있는 거야.
여 허, 건강 관리를 제대로 하고 있구나.
남 감기 예방도 되고 하니까 추천해.

男(おとこ)の人(ひと)について、正(ただ)しいものはどれですか。
(A) 体調(たいちょう)が優(すぐ)れない日(ひ)が続(つづ)いている。
(B) 食事以外(しょくじいがい)で栄養管理(えいようかんり)をしている。
(C) 体調(たいちょう)が回復(かいふく)したばかりだ。
(D) 食品(しょくひん)の産地(さんち)に気(き)を付(つ)けている。

남자에 대해서 맞는 것은 어느 것입니까?
(A) 몸 상태가 좋지 않은 날이 이어지고 있다.
(B) 식사 이외에 영양 관리를 하고 있다.
(C) 몸 상태가 막 회복된 참이다.
(D) 식품의 산지에 주의하고 있다.

해설 | 약을 먹는 남자를 걱정하고 있는 여자의 첫 번째 대화만 들으면 (A)나 (C)를 답으로 고를 수도 있으므로 주의한다. 포인트가 되는 것은 남자의 첫 번째 대화로, 몸이 아파서가 아닌 건강을 위해 따로 영양제를 챙겨 먹고 있다는 것을 알 수 있다. 따라서 정답은 식사 이외에 영양 관리를 하고 있다고 한 (B)가 된다.

어휘 | 薬(くすり) 약　具合(ぐあい) (건강) 상태
悪(わる)い 나쁘다, 좋지 않다　ううん 아니　栄養(えいよう) 영양
偏(かたよ)る (한군데로) 쏠리다, 치우치다
〜ないように 〜하지 않도록　食後(しょくご) 식후
飲(の)む (약을) 먹다　健康(けんこう) 건강　管理(かんり) 관리
しっかり 제대로, 확실히　風邪(かぜ) 감기　予防(よぼう) 예방
お勧(すす)め 추천　体調(たいちょう) 몸 상태
優(すぐ)れる (「〜れない」의 꼴로) 좋지 않다　日(ひ) 날
続(つづ)く 이어지다, 계속되다　食事(しょくじ) 식사
以外(いがい) 이외　回復(かいふく) 회복
동사의 た형+ばかりだ 막 〜한 참이다, 〜한 지 얼마 안 되다
食品(しょくひん) 식품　産地(さんち) 산지
気(き)を付(つ)ける 조심하다, 주의하다

277

73 성별에 따른 의견 및 행동 구분

女 今度の社内スポーツ大会のプログラムができ
たわよ。

男 へえ、班分けはどうなったの(?)。

女 目次の次のページに載っていたわよ。

男 誰が同じ班か気になっていたんだ。早速見て
みるよ。

여 이번 사내 운동대회 프로그램이 완성됐어.

남 허, 조 배정 어떻게 되었어?

여 목차 다음 페이지에 실려 있어.

남 누가 같은 조일지 신경이 쓰였거든. 당장 봐 볼게.

男の人は、この後何を見ますか。

(A) プログラムの表紙

(B) 目次の内容

(C) チームの組分け

(D) 大会の日程表

남자는 이후 무엇을 봅니까?

(A) 프로그램 표지

(B) 목차의 내용

(C) 팀의 조 편성

(D) 대회 일정표

해설 | 「班分(はんわ)け」(조 배정)라는 말이 포인트. 남자는 사내 운동대회에서 누구와 같은 조가 되었는지 궁금해하면서 완성된 프로그램에서 조 편성 결과가 실려 있는 페이지를 빨리 보겠다고 했다. 따라서 정답은 (C)가 되는데, 대화에 나오는 「班(はん)」(반, 조)을 「組(くみ)」(조)로 바꿔 표현했다. 나머지 선택지는 모두 대화의 일부분만 들었을 때 고를 수 있는 오답이다.

어휘 | 今度(こんど) 이번 社内(しゃない) 사내
スポーツ 스포츠 大会(たいかい) 대회
プログラム 프로그램, 연극이나 방송 따위의 진행 차례나 진행 목록
できる 다 되다, 완성되다 分(わ)け 나눔
目次(もくじ) 목차 次(つぎ) 다음 ページ 페이지
載(の)る (신문·잡지 등에) 실리다 同(おな)じだ 같다
気(き)になる 신경이 쓰이다, 궁금하다 早速(さっそく) 당장, 즉시
表紙(ひょうし) 표지 内容(ないよう) 내용 チーム 팀
日程表(にっていひょう) 일정표

74 대화 내용에 대한 이해

女 夏休みに1人でタイへ旅行に行ったんだって
ね。

男 うん。3日間だけだったけど、肌が真っ赤に
なったよ。

女 日差しが強かったのね。食事はどうだった
(?)。

男 香辛料が効いていて美味しかったよ。

여 여름휴가 때 혼자서 태국에 여행을 갔었다면서?

남 응. 사흘간뿐이었지만 피부가 새빨개졌어.

여 햇살이 강했구나. 식사는 어땠어?

남 향신료가 잘 어우러져서 맛있었어.

タイの旅行は、どうだったと言っていますか。

(A) 日光が強くて皮膚が真っ赤になった。

(B) 荒れ模様の天候だった。

(C) 市場に様々な香辛料があった。

(D) 独特な味が合わなかった。

태국 여행은 어땠다고 말하고 있습니까?

(A) 햇빛이 강해서 피부가 새빨개졌다.

(B) 거칠어질 듯한 날씨였다.

(C) 시장에 여러 가지 향신료가 있었다.

(D) 독특한 맛이 맞지 않았다.

해설 | 남자의 첫 번째 대화에 나오는 「肌(はだ)」(피부)와 「真(ま)っ赤(か)」(새빨감)라는 말에서, 남자는 태국 여행에서 피부가 햇볕에 새빨개졌다는 것을 알 수 있다. 따라서 정답은 (A)가 된다. 날씨에 대한 언급은 없고, 남자가 말하는 향신료는 시장에 있었던 것이 아니라 음식에 첨가된 것이며, 또한 그 향신료가 입맛에 맞았다고 했으므로, 나머지 선택지는 모두 답이 될 수 없다.

어휘 | 夏休(なつやす)み 여름휴가 1人(ひとり)で 혼자서
タイ 태국 旅行(りょこう) 여행 3日(みっか) 사흘
〜間(かん) 〜간, 〜동안 〜だけ 〜만, 〜뿐 日差(ひざ)し 햇살
強(つよ)い 강하다 食事(しょくじ) 식사
香辛料(こうしんりょう) 향신료 効(き)く 잘 듣다, 효력이 있다
美味(おい)しい 맛있다 日光(にっこう) 일광, 햇빛
荒(あ)れ模様(もよう) (날씨 등이) 거칠어질 듯함, 사나워질 듯함
天候(てんこう) 날씨 市場(いちば) 시장
様々(さまざま)だ 다양하다, 여러 가지다
独特(どくとく)だ 독특하다 味(あじ) 맛 合(あ)う 맞다

75 대화 내용에 대한 이해

女 どうしてお父様の仕事を継がれなかったんで
すか。

男 父の真似をしていては父を超えることはでき
ないと思ったからです。

女 負けたくない存在なんですね。

男 ええ、良き理解者であり、永遠の競争相手な
んです。

여 어째서 아버님 일을 이어받지 않으신 거예요?

남 아버지 흉내를 내고 있어서는 아버지를 뛰어넘을 수 없다고 생각했기 때문이에요.

여 지고 싶지 않은 존재군요.

남 네, 좋은 이해자이며 영원한 경쟁 상대예요.

男の人は、父について何と言っていますか。

(A) 誰より身近な存在

278

(B) 決(けっ)して超(こ)えられない偉大(いだい)な人物(じんぶつ)
(C) 何(なん)でも理解(りかい)してくれる協力者(きょうりょくしゃ)
(D) 自分(じぶん)にとって一生(いっしょう)のライバル

남자는 아버지에 대해서 뭐라고 말하고 있습니까?
(A) 누구보다 가까운 존재
(B) 결코 뛰어넘을 수 없는 위대한 인물
(C) 뭐든지 이해해 주는 협력자
(D) 자신에게 있어서 평생의 라이벌

해설 | 남자의 두 번째 대화에 주목해야 한다. 남자는 자신의 아버지를 좋은 이해자이며 영원한 경쟁 상대라고 생각하고 있으므로, 정답은 (D)가 된다. (A)와 같은 내용은 나오지 않고, 남자는 아버지를 영원한 경쟁 상대라고 생각하고 있으므로 (B)는 틀린 설명이며, (C)는 「良(よ)き理解者(りかいしゃ)」(좋은 이해자) 부분을 응용한 오답이다.

어휘 | どうして 어째서, 왜
お父様(とうさま) (남의) 아버님 *「お父(とう)さん」((남의) 아버지)보다 공손한 말 仕事(しごと) 일 継(つ)ぐ (뒤를) 잇다, 이어받다
父(ちち) (자신의) 아버지 真似(まね)をする 흉내를 내다
超(こ)える 뛰어넘다 負(ま)ける 지다, 패하다
存在(そんざい) 존재 良(よ)き 좋은 理解者(りかいしゃ) 이해자
永遠(えいえん) 영원 競争(きょうそう) 경쟁 相手(あいて) 상대
誰(だれ) 누구 ～より ～보다 身近(みぢか)だ 자기와 관계가 깊다
決(けっ)して (부정어 수반) 결코 偉大(いだい)だ 위대하다
人物(じんぶつ) 인물 何(なん)でも 무엇이든지, 뭐든지
～てくれる (남이 나에게) ～해 주다
協力者(きょうりょくしゃ) 협력자 ～にとって ～에게 있어서
一生(いっしょう) 일생, 평생 ライバル 라이벌

76 대화 내용에 대한 이해

男 伊藤(いとう)さんは息子(むすこ)さんに何(なに)か英語学習(えいごがくしゅう)をさせていますか。
女 高学年(こうがくねん)になってからですが、英会話(えいかいわ)スクールに通(かよ)わせていますよ。
男 そうですか。娘(むすめ)をどのスクールに通(かよ)わせるか悩(なや)んでいるんですよ。
女 いくつか資料請求(しりょうせいきゅう)をして、見学(けんがく)にも行(い)ってみるといいですよ。

남 이토 씨는 아드님에게 뭔가 영어 학습을 시키고 있나요?
여 고학년이 된 후부터인데 영어회화 스쿨에 다니게 하고 있어요.
남 그래요? 딸을 어느 스쿨에 다니게 할지 고민하고 있거든요.
여 몇 가지인가 자료 청구를 하고 견학하러도 가 보면 좋아요.

女(おんな)の人(ひと)は、何(なん)と言(い)っていますか。
(A) 英語学習(えいごがくしゅう)は自習(じしゅう)で十分(じゅうぶん)だ。
(B) 色々(いろいろ)比較(ひかく)して検討(けんとう)したらいい。
(C) ネットで資料請求(しりょうせいきゅう)ができる。
(D) 幼児期(ようじき)の学習(がくしゅう)が大切(たいせつ)だ。

여자는 뭐라고 말하고 있습니까?

(A) 영어 학습은 자습으로 충분하다.
(B) 여러 가지 비교해서 검토하면 좋다.
(C) 인터넷에서 자료 청구를 할 수 있다.
(D) 유아기의 학습이 중요하다.

해설 | 여자의 두 번째 대화에 주목해야 한다. 남자는 여자에게 딸의 영어 학습에 대한 조언을 구했고, 이 말을 들은 여자는 자신의 경험을 바탕으로, 학원 측에 자료를 청구하고 직접 견학갈 것을 권하고 있다. 따라서 정답은 여러 가지 비교해서 검토하면 좋다고 한 (B)가 된다.

어휘 | 息子(むすこ)さん (남의) 아들, 아드님
英語(えいご) 영어 学習(がくしゅう) 학습
させる 시키다 *「する」(하다)의 사역형
高学年(こうがくねん) 고학년 ～てから ～하고 나서, ～한 후에
英会話(えいかいわ) 영어회화 スクール 스쿨 通(かよ)う 다니다
娘(むすめ) (자신의) 딸 悩(なや)む 고민하다 いくつか 몇 개인가
資料(しりょう) 자료 請求(せいきゅう) 청구 見学(けんがく) 견학
自習(じしゅう) 자습 十分(じゅうぶん)だ 충분하다
色々(いろいろ) 여러 가지 比較(ひかく) 비교 検討(けんとう) 검토
ネット 인터넷 *「インターネット」의 준말
幼児期(ようじき) 유아기 大切(たいせつ)だ 중요하다

77 대화 내용에 대한 이해

女 時間厳守(じかんげんしゅ)の考(かんが)え方(かた)は、国(くに)によって違(ちが)うのかしら。
男 アフリカでは予定(よてい)より1時間(いちじかん)遅(おく)れて集(あつ)まっても、誰(だれ)も困(こま)らないそうだよ。
女 それは日本(にほん)とかかなり異(こと)なるわね。
男 うん。日本(にほん)だと5分前(ごふんまえ)に到着(とうちゃく)が常識(じょうしき)だもんね。

여 시간 엄수에 대한 사고방식은 나라에 따라 다른 걸까?
남 아프리카에서는 예정보다 1시간 늦게 모여도 아무도 곤란하지 않대.
여 그건 일본과 상당히 다르네.
남 응. 일본이라면 5분 전에 도착이 상식이지.

2人(ふたり)は、時間厳守(じかんげんしゅ)について何(なん)と言(い)っていますか。
(A) 日本(にほん)とアフリカでは許(ゆる)される程度(ていど)に差(さ)がある。
(B) 日本(にほん)では多少(たしょう)遅(おく)れても問題(もんだい)は起(お)きない。
(C) 国(くに)ではなく個人(こじん)で考(かんが)えが異(こと)なる。
(D) アフリカで早(はや)く到着(とうちゃく)することは失礼(しつれい)になる。

두 사람은 시간 엄수에 대해서 뭐라고 말하고 있습니까?
(A) 일본과 아프리카는 허용되는 정도에 차이가 있다.
(B) 일본에서는 다소 늦어도 문제는 발생하지 않는다.
(C) 나라가 아니라 개인의 생각이 다르다.
(D) 아프리카에서 일찍 도착하는 것은 실례가 된다.

해설 | 두 사람의 대화를 통해 아프리카는 예정보다 1시간이 늦어도 별 상관이 없지만, 일본은 시간 약속에 대해 엄격하다는 것을 알 수 있다. 따라서 정답은 (A)가 된다. (B)는 일본이 아니라 아프리카에 대한 설명이므로 답이 될 수 없다.

어휘 | 時間(じかん) 시간 厳守(げんしゅ) 엄수
考(かんが)え方(かた) 사고방식 国(くに) 나라

~によって ~에 따라서　違(ちが)う 다르다
~かしら ~일까? *의문의 뜻을 나타냄　アフリカ 아프리카
予定(よてい) 예정　遅(おく)れる 늦다, 늦어지다
集(あつ)まる 모이다　困(こま)る 곤란하다, 난처하다
품사의 보통형+そうだ ~라고 한다 *전문　かなり 꽤, 상당히
異(こと)なる 다르다　到着(とうちゃく) 도착
常識(じょうしき) 상식　許(ゆる)す 허가하다, 허용하다
程度(ていど) 정도　差(さ) 차이　多少(たしょう) 다소
問題(もんだい) 문제　起(お)きる 일어나다, 발생하다
個人(こじん) 개인　早(はや)く 일찍, 빨리　失礼(しつれい) 실례

予防(よぼう) 예방　困難(こんなん)だ 곤란하다
交換(こうかん) 교환　定期的(ていきてき)だ 정기적이다
동사의 기본형+べきだ (마땅히) ~해야 한다

78 대화 내용에 대한 이해

女 最近、飼っている犬の毛がすごく抜けるの。
男 抜け毛を放っておくと皮膚トラブルに繋がるから、気を付けてね。
女 衛生的にも良くないものね。何をしたらいいのかしら。
男 犬の体に絡まっている毛をブラシでしっかり取り除いてあげるといいよ。

여 요즘 기르고 있는 개의 털이 엄청 빠져.
남 빠진 털을 방치해 두면 피부 트러블로 이어지니까 조심해.
여 위생적으로도 좋지 않겠네. 뭘 하면 좋을까?
남 개 몸에 얽혀 있는 털을 브러시로 잘 제거해 주면 좋아.

男の人は、何と言っていますか。
(A) 抜け毛を放置してはいけない。
(B) 毛の生え変わりには周期がある。
(C) 皮膚トラブルを予防するのは困難だ。
(D) ブラシの交換は定期的にするべきだ。

남자는 뭐라고 말하고 있습니까?
(A) 빠진 털을 방치해서는 안 된다.
(B) 털갈이에는 주기가 있다.
(C) 피부 트러블을 예방하는 것은 곤란하다.
(D) 브러시 교환은 정기적으로 해야 한다.

해설 | 대화 전반부에서 정답을 찾을 수 있다. 개털이 빠져서 걱정하는 여자에게 남자는 빠진 털을 방치해 두면 피부 트러블로 이어지니까 조심하라고 했으므로, 정답은 (A)가 된다. 나머지 선택지는 대화의 일부분만 들었을 때 고를 수 있는 오답이다.

어휘 | 最近(さいきん) 최근, 요즘　飼(か)う (동물을) 기르다, 사육하다
犬(いぬ) 개　毛(け) 털　すごく 굉장히　抜(ぬ)ける 빠지다
抜(ぬ)け毛(げ) 빠진 털　放(ほう)る 방치하다　皮膚(ひふ) 피부
トラブル 트러블, 문제　繋(つな)がる 이어지다, 연결되다
気(き)を付(つ)ける 조심하다, 주의하다
衛生的(えいせいてき)だ 위생적이다　良(よ)くない 좋지 않다
体(からだ) 몸　絡(から)まる 얽히다, 휘감기다　ブラシ 브러시, 솔
しっかり 제대로, 확실히　取(と)り除(のぞ)く 제거하다, 없애다
~てあげる (내가 남에게) ~해 주다　放置(ほうち) 방치
~てはいけない ~해서는 안 된다
生(は)え変(か)わり (이·털을) 갊　周期(しゅうき) 주기

79 대화 내용에 대한 이해

男 良好な人間関係が築ける人とは、どんな人でしょうか。
女 誠実な言葉で話せる人は好感度が高いと思いますね。
男 なるほど。私は見栄を張ったりしない人だと思うんです。
女 そうですね。ありのままの自分でいることも大切ですね。

남 양호한 인간관계를 쌓을 수 있는 사람이란 어떤 사람일까요?
여 성실한 말로 이야기할 수 있는 사람은 호감도가 높다고 생각해요.
남 과연. 저는 허세를 부리거나 하지 않는 사람이라고 생각해요.
여 그렇군요. 있는 그대로의 자신으로 있는 것도 중요하죠.

2人は、良好な人間関係について、何と言っていますか。
(A) 自己否定的な思考はしない方がいい。
(B) 虚栄心は捨てた方がいい。
(C) 相手に達成感を与えるといい。
(D) 仕事を円滑に進める工夫をするといい。

두 사람은 양호한 인간관계에 대해서 뭐라고 말하고 있습니까?
(A) 자기 부정적인 사고는 하지 않는 편이 좋다.
(B) 허영심은 버리는 편이 좋다.
(C) 상대에게 달성감을 주면 좋다.
(D) 일을 원활하게 진행시킬 궁리를 하면 좋다.

해설 | 양호한 인간관계를 쌓을 수 있는 사람에 대해서 여자는 성실한 말로 이야기할 수 있는 사람이라고 했고, 남자는 허세를 부리거나 하지 않는 사람이라고 했다. 선택지 중 이에 해당하는 것은 (B)로, 대화에 나오는 「見栄(みえ)を張(は)る」(허세를 부리다)라는 표현을 「虚栄心(きょえいしん)」(허영심)이라는 말로 바꿔 표현했다.

어휘 | 良好(りょうこう)だ 양호하다
人間関係(にんげんかんけい) 인간관계
築(きず)く 쌓다, 쌓아 올리다, 구축하다
誠実(せいじつ)だ 성실하다　言葉(ことば) 말
好感度(こうかんど) 호감도　高(たか)い 높다
なるほど (남의 주장을 긍정하거나 맞장구치며) 정말, 과연
ありのまま 있는 그대로　自分(じぶん) 자기, 자신, 나
大切(たいせつ)だ 중요하다　自己(じこ) 자기
否定的(ひていてき)だ 부정적이다　思考(しこう) 사고
捨(す)てる 버리다　相手(あいて) 상대
達成感(たっせいかん) 달성감　与(あた)える 주다
仕事(しごと) 일　円滑(えんかつ)だ 원활하다
進(すす)める 진척시키다, 진행시키다

工夫(くふう) 궁리, 생각을 짜냄

80 대화 내용에 대한 이해

女 さくら商事(しょうじ)の役員(やくいん)が出張(しゅっちょう)に関(かん)する経費(けいひ)を不正(ふせい)請求(せいきゅう)していたと解雇(かいこ)されましたね。

男 ええ、長年(ながねん)、架空(かくう)の交通費(こうつうひ)や宿泊費(しゅくはくひ)を会社(かいしゃ)に申請(しんせい)していたようですね。

女 旅費(りょひ)精算(せいさん)のチェック体制(たいせい)はどうなっていたんでしょうね。

男 これからは違反(いはん)の見逃(みのが)しがないよう規定(きてい)を厳(きび)しくするんじゃないでしょうか。

여 사쿠라상사의 임원이 출장에 관한 경비를 부정 청구하고 있었다고 해고되었네요.

남 네, 오랜 세월 가공의 교통비와 숙박비를 회사에 신청하고 있었던 것 같네요.

여 여비 정산의 확인 체제는 어떻게 되어 있었던 걸까요?

남 앞으로는 위반을 놓치는 일이 없도록 규정을 엄하게 하지 않을까요?

さくら商事(しょうじ)について、正(ただ)しいものはどれですか。
(A) 人手不足(ひとでぶそく)で業務(ぎょうむ)が回(まわ)っていない。
(B) 就業(しゅうぎょう)規則(きそく)の見直(みなお)しがされる予定(よてい)だ。
(C) 役員(やくいん)が偽造(ぎぞう)の経費(けいひ)処理(しょり)を行(おこな)った。
(D) 申告漏(しんこくも)れがあり、起訴(きそ)された。

사쿠라상사에 대해서 맞는 것은 어느 것입니까?
(A) 일손부족으로 업무가 잘 돌아가고 있지 않다.
(B) 취업 규칙이 재검토될 예정이다.
(C) 임원이 위조 경비 처리를 했다.
(D) 신고 누락이 있어 기소되었다.

해설 | 여자의 첫 번째 대화에서 사쿠라상사의 임원이 출장 경비를 부정 청구한 것이 발각되어 해고되었다는 것을 알 수 있다. 또한 남자의 첫 번째 대화에서도 오랜 기간 가공의 교통비나 숙박비를 회사에 청구한 것 같다는 구체적인 내용이 나오므로, 이를 종합해 보면 정답은 임원이 위조 경비 처리를 했다고 한 (C)가 된다.

어휘 | 商事(しょうじ) 상사 役員(やくいん) 임원
出張(しゅっちょう) 출장 〜に関(かん)する 〜에 관한
経費(けいひ) 경비 不正(ふせい) 부정 請求(せいきゅう) 청구
解雇(かいこ) 해고 長年(ながねん) 오랜 세월, 여러 해
架空(かくう) 가공 交通費(こうつうひ) 교통비
宿泊費(しゅくはくひ) 숙박비 会社(かいしゃ) 회사
申請(しんせい) 신청 〜ようだ 〜인 것 같다, 〜인 듯하다
旅費(りょひ) 여비 精算(せいさん) 정산 チェック 체크, 확인
体制(たいせい) 체제 これから 앞으로 違反(いはん) 위반
見逃(みのが)し (보고도) 놓침 〜よう(に) 〜하도록
規定(きてい) 규정 厳(きび)しい 엄하다, 엄격하다
人手不足(ひとでぶそく) 일손부족 業務(ぎょうむ) 업무
回(まわ)る (기능이) 잘 돌아가다, 잘 움직이다
就業(しゅうぎょう) 취업 規則(きそく) 규칙
見直(みなお)し 다시 봄, 재검토 予定(よてい) 예정
偽造(ぎぞう) 위조 処理(しょり) 처리
行(おこな)う 하다, 행하다, 실시하다 申告(しんこく) 신고
漏(も)れ 누락 起訴(きそ) 〈법률〉 기소

PART 4 | 설명문

81~84 경찰관에게 편지 보내기

[81]京都小学校(きょうとしょうがっこう)の皆(みな)さん、こんにちは。京都警察(きょうとけいさつ)から皆(みな)さんにお願(ねが)いです。[82]人々(ひとびと)が安心(あんしん)して生活(せいかつ)できるように、交番(こうばん)の警官(けいかん)は、いつも皆(みな)さんの家庭(かてい)や会社(かいしゃ)へ行(い)って、困(こま)っていることがないかお話(はなし)を聞(き)いています。皆(みな)さんも安全(あんぜん)で明(あか)るい社会(しゃかい)を作(つく)るために働(はたら)いている警官(けいかん)を見(み)たことがあると思(おも)います。[83]そんな警官(けいかん)への手紙(てがみ)を書(か)いて送(おく)ってくれませんか。こんな警官(けいかん)がいたらいいなと思(おも)うことでもいいですので、自由(じゆう)に書(か)いて送(おく)ってください。[84]手紙(てがみ)を送(おく)ってくれた人(ひと)には、警官(けいかん)からお礼(れい)のカードが届(とど)きます。是非(ぜひ)たくさん送(おく)ってくださいね。

[81]교토 초등학교의 여러분, 안녕하세요. 교토 경찰에서 여러분께 부탁드립니다. [82]사람들이 안심하고 생활할 수 있도록 파출소의 경찰관은 항상 여러분의 가정이나 회사에 가서 곤란한 일이 없는지 이야기를 듣고 있습니다. 여러분도 안전하고 밝은 사회를 만들기 위해서 일하고 있는 경찰관을 본 적이 있을 거라고 생각합니다. [83]그런 경찰관에게 편지를 써서 보내 주지 않겠습니까? 이런 경찰관이 있으면 좋겠다고 생각하는 것도 좋으니까 자유롭게 써서 보내 주세요. [84]편지를 보내 준 사람에게는 경찰관으로부터 감사 카드가 도착합니다. 꼭 많이 보내 주십시오.

어휘 | 京都(きょうと) 교토 小学校(しょうがっこう) 초등학교
皆(みな)さん 여러분 警察(けいさつ) 경찰 お願(ねが)い 부탁
人々(ひとびと) 사람들 安心(あんしん) 안심 生活(せいかつ) 생활
〜ように 〜하도록 交番(こうばん) 파출소
警官(けいかん) 경관, 경찰관 *「警察官(けいさつかん)」의 준말
いつも 늘, 항상 家庭(かてい) 가정 会社(かいしゃ) 회사
困(こま)る 곤란하다, 난처하다 話(はなし) 이야기 聞(き)く 듣다
安全(あんぜん)だ 안전하다 明(あか)るい 밝다
社会(しゃかい) 사회 作(つく)る 만들다 〜ために 〜위해서

281

働(はたら)く 일하다 動詞의 た형+ことがある ~한 적이 있다
手紙(てがみ) 편지 書(か)く (글씨·글을) 쓰다 送(おく)る 보내다
~てくれる (남이 나에게) ~해 주다 自由(じゆう)だ 자유롭다
お礼(れい) 감사(의 말) カード 카드
届(とど)く (보낸 물건이) 도착하다 是非(ぜひ) 부디, 꼭
たくさん 많이

81 警察(けいさつ)は、誰(だれ)にお願(ねが)いをしていますか。
　　(A) 会社(かいしゃ)で働(はたら)いている人(ひと)
　　(B) 学校(がっこう)で教(おし)えている先生(せんせい)
　　(C) 高校(こうこう)に通(かよ)っている生徒(せいと)
　　(D) 小学校(しょうがっこう)に通(かよ)っている子供(こども)

81 경찰은 누구에게 부탁을 하고 있습니까?
　　(A) 회사에서 일하고 있는 사람
　　(B) 학교에서 가르치고 있는 선생님
　　(C) 고등학교에 다니고 있는 학생
　　(D) 초등학교에 다니고 있는 아이

해설 | 첫 번째 문장에서 교토 초등학교의 여러분이라고 대상을 지칭하고 있으므로, 정답은 (D)가 된다.

어휘 | 働(はたら)く 일하다 教(おし)える 가르치다, 교육하다
高校(こうこう) 교고, 고등학교 *「高等学校(こうとうがっこう)」의
준말 通(かよ)う 다니다 生徒(せいと) (중·고교) 학생
子供(こども) 아이

82 交番(こうばん)の警官(けいかん)は、いつも何(なに)をしていると言(い)っていますか。
　　(A) 会社(かいしゃ)へ電話(でんわ)をかけている。
　　(B) 色々(いろいろ)な所(ところ)に話(はなし)を聞(き)きに行(い)っている。
　　(C) ずっと交番(こうばん)にいる。
　　(D) 夜(よる)の街(まち)を守(まも)っている。

82 파출소 경찰관은 항상 무엇을 하고 있다고 말하고 있습니까?
　　(A) 회사에 전화를 걸고 있다.
　　(B) 여러 곳에 이야기를 들으러 가고 있다.
　　(C) 쭉 파출소에 있다.
　　(D) 밤거리를 지키고 있다.

해설 | 초반부에서 사람들이 안심하고 생활할 수 있도록 파출소의 경찰관은 항상 여러분의 가정이나 회사에 가서 곤란한 일이 없는지 이야기를 듣고 있다고 했다. 따라서 정답은 (B)가 된다.

어휘 | 電話(でんわ)をかける 전화를 걸다
色々(いろいろ)だ 여러 가지다, 다양하다 所(ところ) 곳, 장소
動詞의 ます형+に ~하러 *동작의 목적 ずっと 쭉, 계속
夜(よる) 밤 街(まち) 거리 守(まも)る 지키다

83 警察(けいさつ)は、どんなお願(ねが)いをしていますか。
　　(A) 警官(けいかん)に手紙(てがみ)を書(か)いてほしい。
　　(B) 挨拶(あいさつ)をしてほしい。
　　(C) 通学(つうがく)する時(とき)は気(き)を付(つ)けてほしい。
　　(D) 警察(けいさつ)の仕事(しごと)を見(み)てほしい。

83 경찰은 어떤 부탁을 하고 있습니까?
　　(A) 경찰관에게 편지를 써 주었으면 한다.
　　(B) 인사를 해 주었으면 한다.
　　(C) 통학할 때는 주의를 해 주었으면 한다.
　　(D) 경찰 업무를 봐 주었으면 한다.

해설 | 중반부에서 경찰관에게 편지를 써 달라고 하면서 어떤 내용이든 좋으니 많이 보내 달라고 거듭 부탁하고 있다. 따라서 정답은 (A)가 된다.

어휘 | 挨拶(あいさつ) 인사 通学(つうがく) 통학
気(き)を付(つ)ける 조심하다, 주의하다 仕事(しごと) 일, 업무

84 警察(けいさつ)からは、何(なに)をプレゼントしますか。
　　(A) お金(かね)
　　(B) お菓子(かし)
　　(C) ボールペン
　　(D) お礼(れい)のカード

84 경찰에서는 무엇을 선물합니까?
　　(A) 돈
　　(B) 과자
　　(C) 볼펜
　　(D) 감사 카드

해설 | 후반부에서 편지를 보내 준 사람에게는 경찰관이 감사 카드를 보낼 것이라고 했으므로, 정답은 (D)가 된다.

어휘 | プレゼント 선물 お菓子(かし) 과자 ボールペン 볼펜

85~88 시가(市歌) 단원 모집

九州市(きゅうしゅうし)からのお知(し)らせです。85今年(ことし)、市(し)になって20年(にじゅうねん)を記念(きねん)して新(あたら)しく市(し)の歌(うた)を作(つく)ることになり、86東京(とうきょう)で活躍(かつやく)している九州市(きゅうしゅうし)出身(しゅっしん)の歌手(かしゅ)のアヤさんに作曲(さっきょく)をお願(ねが)いしておりましたが、先日(せんじつ)、素敵(すてき)な歌(うた)が完成(かんせい)しました。87その歌(うた)をアヤさんに歌(うた)ってもらう予定(よてい)でしたが、是非(ぜひ)市民(しみん)から愛(あい)される歌(うた)になってほしいというアヤさんの希望(きぼう)で、市民(しみん)の皆(みな)さんも一緒(いっしょ)に歌(うた)ってもらうことになりました。そこで、一緒(いっしょ)にこの歌(うた)を歌(うた)ってくれる人(ひと)を募集(ぼしゅう)いたします。88現在(げんざい)九州市(きゅうしゅうし)に住(す)んでいる人(ひと)ならどなたでも結構(けっこう)です。皆様(みなさま)のお申(もう)し込(こ)みをお待(ま)ちしております。

규슈시에서 알려 드립니다. 85올해 시(市)가 된 지 20주년을 기념해 새롭게 시가(市歌)를 만들게 되어 86도쿄에서 활약하고 있는 규슈 출신 가수인 아야 씨에게 작곡을 부탁드렸는데요, 일전에 멋진 노래가 완성되었습니다. 87그 노래를 아야 씨가 불러 줄 예정이었는데요. 꼭 시민들로부터 사랑받는 노래가 되어 주었으면 좋겠다는 아야 씨의 희망으로 시민 여러분도 함께 부르게 되었습니다. 그래서 함께 이 노래를 불러 줄 사람을 모집합니다. 88현재 규슈시에 살고 있는 사람이라면 어느 분이든지 괜찮습니다. 여러분의 신청을 기다리고 있겠습니다.

어휘 | 九州市(きゅうしゅうし) 규슈시 お知(し)らせ 알림
今年(ことし) 올해 記念(きねん) 기념 新(あたら)しい 새롭다
市(し) 시 歌(うた) 노래 作(つく)る 만들다
동사의 보통형+ことになる ~하게 되다 東京(とうきょう) 도쿄
活躍(かつやく) 활약 出身(しゅっしん) 출신
歌手(かしゅ) 가수 作曲(さっきょく) 작곡
お+동사의 ます형+する ~하다, ~해 드리다 *겸양표현
願(ねが)う 부탁하다 ~ておる ~하고 있다 *「~ている」의 겸양표현
先日(せんじつ) 요전, 일전 素敵(すてき)だ 멋지다, 훌륭하다
完成(かんせい) 완성 歌(うた)う 부르다
~てもらう (남에게) ~해 받다, (남이) ~해 주다
予定(よてい) 예정 是非(ぜひ) 부디, 꼭 市民(しみん) 시민
愛(あい)する 사랑하다 ~てほしい ~해 주었으면 하다, ~하길 바라다
希望(きぼう) 희망 皆(みな)さん 여러분 一緒(いっしょ)に 함께
そこで 그래서 ~てくれる (남이 나에게) ~해 주다
募集(ぼしゅう) 모집 いたす 하다 *「する」의 겸양어
現在(げんざい) 현재 住(す)む 살다, 거주하다 どなた 어느 분
結構(けっこう)だ 괜찮다 申(もう)し込(こ)み 신청
待(ま)つ 기다리다

85 新(あたら)しい歌(うた)を作(つく)ったのは、どうしてですか。
　(A) 新(あたら)しい市(し)が作(つく)られたから
　(B) 市民(しみん)のリクエストがあったから
　(C) 市(し)の誕生(たんじょう)から20年(にじゅうねん)を迎(むか)えたから
　(D) 市(し)の名前(なまえ)が変(か)わるから

85 새로운 노래를 만든 것은 왜입니까?
　(A) 새로운 시가 만들어졌기 때문에
　(B) 시민의 요청이 있었기 때문에
　(C) 시의 탄생으로부터 20년을 맞이했기 때문에
　(D) 시의 이름이 바뀌기 때문에

해설 | 두 번째 문장에서 올해 시(市)가 된 지 20주년을 기념해 새롭게 시가(市歌)를 만들게 되었다고 했으므로, 정답은 (C)가 된다.

어휘 | リクエスト 리퀘스트, 요청 誕生(たんじょう) 탄생
迎(むか)える (때를) 맞다, 맞이하다 名前(なまえ) 이름
変(か)わる 바뀌다

86 どんな人(ひと)に作曲(さっきょく)をお願(ねが)いしましたか。
　(A) 日本(にほん)で一番(いちばん)有名(ゆうめい)な歌手(かしゅ)
　(B) 若(わか)い人(ひと)に人気(にんき)がある歌手(かしゅ)
　(C) 九州市(きゅうしゅうし)に住(す)んでいる歌手(かしゅ)
　(D) 九州市(きゅうしゅうし)で育(そだ)った歌手(かしゅ)

86 어떤 사람에게 작곡을 부탁했습니까?
　(A) 일본에서 가장 유명한 가수
　(B) 젊은 사람에게 인기가 있는 가수
　(C) 규슈시에 살고 있는 가수
　(D) 규슈시에서 자란 가수

해설 | 규슈가 시가 된 지 20주년을 기념한 노래인 만큼, 시에서는 그 의미를 살리기 위해 특별히 규슈시 출신 가수에게 작곡을 부탁했다고 했다. 즉, 규슈시에서 나고 자란 가수라는 뜻이므로, 정답은 (D)가 된다.

어휘 | 一番(いちばん) 가장, 제일 有名(ゆうめい)だ 유명하다

若(わか)い 젊다 人(ひと) 사람 人気(にんき) 인가
育(そだ)つ 자라다, 성장하다

87 アヤさんは、どんな希望(きぼう)を出(だ)しましたか。
　(A) もっと歌(うた)を作曲(さっきょく)したい。
　(B) 市民(しみん)と一緒(いっしょ)に歌(うた)いたい。
　(C) 歌(うた)の歌詞(かし)を考(かんが)えてほしい。
　(D) 歌(うた)を宣伝(せんでん)してほしい。

87 아야 씨는 어떤 희망을 내놓았습니까?
　(A) 좀 더 노래를 작곡하고 싶다.
　(B) 시민과 함께 부르고 싶다.
　(C) 노래 가사를 생각해 주었으면 한다.
　(D) 노래를 선전해 주었으면 한다.

해설 | 중반부의 내용 문제. 이 노래는 원래 작곡을 한 아야 씨가 부르기로 되어 있었다. 하지만 시민들에게 사랑받는 노래가 되기를 바라는 아야 씨의 희망으로 모두 함께 부르게 된 것이므로, 정답은 (B)가 된다.

어휘 | 出(だ)す 드러내다, 나타내다 もっと 더, 좀 더
동사의 ます형+たい ~하고 싶다 歌詞(かし) 가사
考(かんが)える 생각하다 宣伝(せんでん) 선전

88 この募集(ぼしゅう)には、どんな人(ひと)が申(もう)し込(こ)むことができますか。
　(A) 東京(とうきょう)で活躍(かつやく)している人(ひと)
　(B) 以前(いぜん)、九州市(きゅうしゅうし)に住(す)んでいた人(ひと)
　(C) 現在(げんざい)、海外(かいがい)に住(す)んでいる人(ひと)
　(D) 今(いま)、九州市(きゅうしゅうし)で生活(せいかつ)をしている人(ひと)

88 이 모집에는 어떤 사람이 신청할 수 있습니까?
　(A) 도쿄에서 활약하고 있는 사람
　(B) 예전에 규슈시에 살았던 사람
　(C) 현재 해외에 살고 있는 사람
　(D) 지금 규슈시에서 생활을 하고 있는 사람

해설 | 후반부에서 현재 규슈시에 살고 있는 사람이라면 어느 분이든지 괜찮다고 했으므로, 정답은 (D)가 된다. (B)는 현재가 아니라 과거에 규슈시에 살았던 경험이 있다는 뜻이므로 답이 될 수 없다.

어휘 | 活躍(かつやく) 활약 以前(いぜん) 전, 이전, 예전
海外(かいがい) 해외 今(いま) 지금 生活(せいかつ) 생활

89~91 공원의 행사 변경 안내

京都公園(きょうとこうえん)へお越(こ)しの皆様(みなさま)へのご連絡(れんらく)です。**89**本日(ほんじつ)、中央広場(ちゅうおうひろば)で予定(よてい)していましたミニ遊園地(ゆうえんち)ですが、残念(ざんねん)ながら昨日(きのう)からの雨(あめ)のため、中止(ちゅうし)となりました。次回(じかい)は来月(らいげつ)の5日(いつか)に予定(よてい)しております。**90**また、本日午後(ほんじつごご)2時(じ)からのプロのカメラマンによるお子様撮影会(こさまさつえいかい)は、予定通(よていどお)り行(おこな)われますが、自然広場(しぜんひろば)ではなく、第2体育館(だいにたいいくかん)へと場所(ばしょ)を

283

変えて行います。⁹¹天気を気にせず、お楽しみいただけますので、5歳以下のお子様をお連れの方は、是非ご参加ください。

教토 공원에 오신 여러분께 연락드립니다. ⁸⁹오늘 중앙 광장에서 예정되어 있던 미니 유원지입니다만, 유감스럽게도 어제부터 내리고 있는 비 때문에 중지가 되었습니다. 다음은 다음 달 5일로 예정되어 있습니다. ⁹⁰또한 오늘 오후 2시부터의 프로 카메라맨에 의한 자녀분 촬영회는 예정대로 실시됩니다만, 자연 광장이 아니라 제2체육관으로 장소를 바꿔서 실시합니다. ⁹¹날씨를 신경 쓰지 않고 즐기실 수 있사오니, 다섯 살 이하의 자녀분을 동반하신 분은 꼭 참가해 주십시오.

89 中央広場のイベントは、なぜ中止になりましたか。
(A) 機械が故障したから
(B) 雨が降り続いているから
(C) 来月同じイベントがあるから
(D) 来る人がほとんどいないから

89 중앙 광장 이벤트는 왜 중지가 되었습니까?
(A) 기계가 고장 났기 때문에
(B) 비가 오랫동안 계속 내리고 있기 때문에
(C) 다음 달 같은 이벤트가 있기 때문에
(D) 오는 사람이 거의 없기 때문에

해설 | 두 번째 문장에서 중앙 광장에서 예정되어 있던 미니 유원지는 어제부터 내리고 있는 비 때문에 중지가 되었다고 했으므로, 정답은 (B)가 된다.

90 お子様撮影会は、どうしますか。
(A) 屋内での撮影に変えて行う。
(B) 予定通りの会場で行う。
(C) カメラマンを替えて行う。
(D) 自然広場で行う。

90 자녀분 촬영회는 어떻게 합니까?
(A) 실내에서의 촬영으로 바꿔서 실시한다.
(B) 예정대로의 행사장에서 실시한다.
(C) 카메라맨을 교체해서 실시한다.
(D) 자연 광장에서 실시한다.

해설 | 어제부터 내린 비 때문에 많은 행사의 시기나 장소가 변경되고 있는 상황이다. 후반부에서 자녀분 촬영회의 경우 자연 광장에서 제2체육관으로 장소를 바꿔서 실시한다고 했으므로, 정답은 (A)가 된다.

91 撮影会に参加できるのは、どんな人ですか。
(A) プロに撮影してもらいたい人
(B) 小学生以上の子供
(C) カメラの勉強をしている人
(D) 5歳までの小さな子供

91 촬영회에 참가할 수 있는 것은 어떤 사람입니까?
(A) 프로가 촬영해 주기를 바라는 사람
(B) 초등학생 이상인 아이
(C) 카메라 공부를 하고 있는 사람
(D) 다섯 살까지의 어린 아이

해설 | 마지막 문장에서 다섯 살 이하의 자녀분을 동반하신 분은 꼭 참가해 달라고 했으므로, 정답은 (D)가 된다.

92~94 막차시간 변경

次のニュースです。関東地方を走る鉄道各社は、再来月から終電の時間を変更すると正式に発表しました。⁹²各社とも終電の時間が10分から30分程度早まる見込みです。⁹³それに伴い、各駅での乗り換え時間なども変更となることから、利用の際には前もって確認するよう注意を呼びかけています。⁹⁴鉄道会社の関係者は、線路や設備の点検と修理の時間を拡大し、より安全に鉄道が利用できるようにするのが狙いだと

話しています。

　　次のニュースです。간토 지방을 달리는 철도 각 사는 다다음 달부터 막차 시간을 변경한다고 정식으로 발표했습니다. 92각 사 모두 막차 시간이 10분에서 30분 정도 앞당겨질 전망입니다. 93그에 따라 각 역에서의 환승 시간 등도 변경되니, 이용하실 때는 미리 확인하도록 주의를 호소하고 있습니다. 94철도회사의 관계자는 선로나 설비 점검과 수리 시간을 확대해, 보다 안전하게 철도를 이용할 수 있도록 하는 것이 목적이라고 이야기하고 있습니다.

어휘 | 次(つぎ) 다음　ニュース 뉴스
関東地方(かんとうちほう) 간토 지방 *도쿄, 요코하마를 중심으로 한 지방　地方(ちほう) 지방　走(はし)る (달것이) 달리다
鉄道(てつどう) 철도　各社(かくしゃ) 각 사
再来月(さらいげつ) 다다음 달
終電(しゅうでん) (전철의) 막차 *「終電車(しゅうでんしゃ)」의 준말
時間(じかん) 시간　変更(へんこう) 변경
正式(せいしき)だ 정식이다　発表(はっぴょう) 발표
~とも ~모두, ~다　程度(ていど) 정도
早(はや)まる (시간이) 빨라지다, 앞당겨지다　見込(みこ)み 전망
~に伴(ともな)い ~에 동반해[따라]　各駅(かくえき) 각 역
乗(の)り換(か)え 갈아탐, 환승　利用(りよう) 이용　~際(さい) ~때
前(まえ)もって 미리, 사전에　確認(かくにん) 확인
~よう(に) ~하도록　注意(ちゅうい) 주의
呼(よ)びかける 호소하다　鉄道会社(てつどうがいしゃ) 철도회사
関係者(かんけいしゃ) 관계자　線路(せんろ) 선로
設備(せつび) 설비　点検(てんけん) 점검　修理(しゅうり) 수리
拡大(かくだい) 확대　より 보다　安全(あんぜん)だ 안전하다
狙(ねら)い 노리는 바, 목적　話(はな)す 말하다, 이야기하다

92 このニュースは、どんなニュースですか。
　　(A) 全国の始発電車が早くなる。
　　(B) 関西鉄道の営業時間が短くなる。
　　(C) 関東の終電の時間が遅くなる。
　　(D) 関東の最終電車が早くなる。

92 이 뉴스는 어떤 뉴스입니까?
　　(A) 전국의 첫 전철이 빨라진다.
　　(B) 간사이 철도의 영업시간이 짧아진다.
　　(C) 간토의 막차 시간이 늦어진다.
　　(D) 간토의 막차가 빨라진다.

해설 | 뉴스는 간토 지방을 달리는 철도 회사들의 막차 시간 변경에 대한 소식을 알리고 있다. 상세한 내용은 세 번째 문장에 나오는데, 막차 시간이 10분에서 30분 정도 앞당겨질 전망이라고 했으므로, 정답은 (D)가 된다.

어휘 | 全国(ぜんこく) 전국
始発(しはつ) 시발, 차 따위가 맨 처음 떠남
早(はや)い 빠르다, 이르다
関西(かんさい) 간사이 *「関西地方(かんさいちほう)」(간사이 지방)의 준말로, 교토, 오사카를 중심으로 한 지방
営業(えいぎょう) 영업　短(みじか)い 짧다　遅(おそ)い 늦다
最終(さいしゅう) 최종, 마지막

93 注意を呼(よ)びかけているのは、なぜですか。

　　(A) 鉄道利用の方法が変わったから
　　(B) 乗り換えの時間に影響があるから
　　(C) 正式な発表ではなかったから
　　(D) 料金が変更している場合もあるから

93 주의를 호소하고 있는 것은 왜입니까?
　　(A) 철도 이용 방법이 바뀌었기 때문에
　　(B) 환승 시간에 영향이 있기 때문에
　　(C) 정식 발표가 아니었기 때문에
　　(D) 요금이 변경되어 있는 경우도 있기 때문에

해설 | 중반부에서 막차 시간이 10분에서 30분 정도 앞당겨짐에 따라, 각 역에서의 환승 시간도 변경될 예정이니 이용 시 미리 확인해 달라고 주의를 당부하고 있다. 따라서 정답은 (B)가 된다.

어휘 | 方法(ほうほう) 방법　変(か)わる 바뀌다, 변하다
影響(えいきょう) 영향　料金(りょうきん) 요금　場合(ばあい) 경우

94 関係者は、時間変更の目的は何だと言っていますか。
　　(A) 鉄道施設の整備体制の強化
　　(B) 車内サービスの質を上げること
　　(C) 電車利用者の拡大
　　(D) 作業員の作業量を減らすこと

94 관계자는 시간 변경의 목적은 뭐라고 말하고 있습니까?
　　(A) 철도 시설의 정비 체제 강화
　　(B) 차내 서비스의 질을 높이는 것
　　(C) 전철 이용자의 확대
　　(D) 작업원의 작업량을 줄이는 것

해설 | 마지막 문장에서 막차 시간을 앞당기는 것은 선로와 설비 점검 등에 필요한 시간을 확보하기 위함으로, 이를 통해 보다 안전한 철도를 만드는 것이 목적이라고 했다. 즉, 철도시설의 정비 체제를 강화함으로써 안전성을 높이는 것이 목적이라는 뜻이므로, 정답은 (A)가 된다.

어휘 | 施設(しせつ) 시설　整備(せいび) 정비　体制(たいせい) 체제
強化(きょうか) 강화　車内(しゃない) 차내, 차 안　サービス 서비스
質(しつ) 질　上(あ)げる (성적·질 등을) 올리다, 높이다
拡大(かくだい) 확대　作業員(さぎょういん) 작업원
作業量(さぎょうりょう) 작업량　減(へ)らす 줄이다

95~97 댄스 응원 자원봉사

95都心の駅前で通勤客をダンスで応援しているボランティアグループが話題になっています。元々地方局のアナウンサーだった山本さんが、活動の場を東京に移した際に仕事が無くなり、気持ちが落ち込んだ自分を変えようと友人と2人で思い切って始めたそうです。96その後、自分を変えたいという思いに感動した主婦や会社員が集まり、参加人数が増え、今では集団で駅を

285

최신기출 5

利用する人たちを励ましています。⁹⁷いつもその様子を眺めているという町の人は、「彼女たちの笑顔を見ると、明日も頑張ろうという気になる」と話しています。

⁹⁵도심의 역 앞에서 통근객을 댄스로 응원하고 있는 자원봉사 그룹이 화제가 되고 있습니다. 원래 지방 방송국의 아나운서였던 야마모토 씨가 활동의 장을 도쿄로 옮겼을 때, 일이 없어져서 기분이 침울한 자신을 바꾸려고 친구와 둘이서 큰맘먹고 시작했다고 합니다. ⁹⁶그 후 자신을 바꾸고 싶다는 마음에 감동한 주부나 회사원이 모여 참가 인원수가 늘어나, 지금은 집단으로 역을 이용하는 사람들을 격려하고 있습니다. ⁹⁷항상 그 모습을 바라보고 있다는 동네 사람은 '그녀들의 웃는 얼굴을 보니 내일도 분발해야지 라는 마음이 든다'라고 이야기하고 있습니다.

어휘 | 都心(としん) 도심 駅前(えきまえ) 역 앞
通勤客(つうきんきゃく) 통근객 ダンス 댄스, 춤
応援(おうえん) 응원 ボランティア 자원봉사 グループ 그룹
話題(わだい) 화제 元々(もともと) 원래
地方局(ちほうきょく) 지방 방송국 アナウンサー 아나운서
活動(かつどう) 활동 場(ば) 장 *어떤 일이 행하여 지는 곳
東京(とうきょう) 도쿄 移(うつ)す 옮기다 ~際(さい) ~때
仕事(しごと) 일 無(な)くなる 없어지다 気持(きも)ち 기분
落(お)ち込(こ)む (기분이) 침울해지다 自分(じぶん) 자기, 자신, 나
変(か)える 바꾸다 友人(ゆうじん) 친구
思(おも)い切(き)って 과감히, 큰맘먹고 始(はじ)める 시작하다
품사의 보통형+そうだ ~라고 한다 *전문 思(おも)い 생각, 마음
感動(かんどう) 감동 主婦(しゅふ) 주부
会社員(かいしゃいん) 회사원 集(あつ)まる 모이다
参加(さんか) 참가 人数(にんずう) 인원수 増(ふ)える 늘다, 늘어나다
集団(しゅうだん) 집단 利用(りよう) 이용 励(はげ)ます 격려하다
いつも 늘, 항상 様子(ようす) 모습 眺(なが)める 바라보다
町(まち) 마을, 동네 笑顔(えがお) 웃는 얼굴 ~と ~하니, ~했더니
明日(あした) 내일 頑張(がんば)る 열심히 하다, 노력하다, 분발하다
気(き) 마음 話(はな)す 말하다, 이야기하다

95 山本さんは、今、どんな活動をしていますか。
(A) アナウンサーとしての司会活動
(B) 無料で食料を提供する活動
(C) 駅前のごみを収集する活動
(D) 出勤中の人を励ます活動

95 야마모토 씨는 지금 어떤 활동을 하고 있습니까?
(A) 아나운서로서의 사회 활동
(B) 무료로 식품을 제공하는 활동
(C) 역 앞의 쓰레기를 수집하는 활동
(D) 출근 중인 사람을 격려하는 활동

해설 | 첫 번째 문장에서 도심의 역 앞에서 통근객을 댄스로 응원하고 있는 자원봉사 그룹이 화제가 되고 있다고 했다. 이것은 야마모토 씨가 친구와 둘이서 처음 시작한 일로, 지금은 다른 사람들까지 동참해서 집단으로 이루어지고 있다고 했으므로, 정답은 (D)가 된다.

어휘 | 活動(かつどう) 활동 ~として ~로서 司会(しかい) 사회
無料(むりょう) 무료 食料(しょくりょう) 식료, (주식 이외의) 식품

提供(ていきょう) 제공 ごみ 쓰레기 収集(しゅうしゅう) 수집
出勤(しゅっきん) 출근 ~中(ちゅう) ~중

96 ボランティアグループで活動している人は、どんな人ですか。
(A) 山本さんと前の職場で一緒だった人
(B) 山本さんの踊る姿に憧れていた人
(C) 山本さんの気持ちに感激した人
(D) ダンスがものすごく上手な人

96 자원봉사 그룹에서 활동하고 있는 사람은 어떤 사람입니까?
(A) 야마모토 씨와 이전 직장에서 함께였던 사람
(B) 야마모토 씨가 춤추는 모습을 동경하고 있던 사람
(C) 야마모토 씨의 마음에 감격한 사람
(D) 춤을 굉장히 잘 추는 사람

해설 | 중반부에서 야마모토 씨의 자신을 바꾸고 싶다는 마음에 감동한 주부나 회사원이 모여 참가 인원수가 늘어났다고 했다. 즉, 야마모토 씨의 진심에 감동을 받았다는 의미이므로, 정답은 (C)가 된다.

어휘 | 前(まえ) 전, 이전, 예전 職場(しょくば) 직장
一緒(いっしょ) 함께함 踊(おど)る 춤추다 姿(すがた) 모습
憧(あこが)れる 동경하다 感激(かんげき) 감격
ものすごい 굉장하다, 대단하다 上手(じょうず)だ 능숙하다, 잘하다

97 町の人は、何と言っていますか。
(A) 気持ちが穏やかになってくる。
(B) ただなので、儲けた気分になる。
(C) 山本さんたちの支援をしたくなる。
(D) 笑顔に勇気付けられている。

97 동네 사람은 뭐라고 말하고 있습니까?
(A) 마음이 온화해진다.
(B) 공짜이기 때문에 돈을 번 기분이 든다.
(C) 야마모토 씨 일행의 지원을 하고 싶어진다.
(D) 웃는 얼굴에 용기를 얻고 있다.

해설 | 동네 사람의 이야기는 마지막 문장에 나온다. 역 앞에서 통근객을 응원하기 위해 열심히 춤을 추는 모습을 본 동네 사람은 '그녀들의 웃는 얼굴을 보니 내일도 분발해야지 라는 마음이 든다'라고 말하고 있다고 했다. 따라서 정답은 (D)가 된다.

어휘 | 穏(おだ)やかだ 온화하다 ただ 공짜
儲(もう)ける (돈을) 벌다 気分(きぶん) 기분 支援(しえん) 지원
勇気付(ゆうきづ)ける 용기를 북돋우다

98~100 선거 운동

皆様、こんにちは。⁹⁸私は参議院議員選挙に立候補しました木村さくらです。皆様は今の生活に満足していますか。⁹⁹非正規やフリーで働く多くの人の社会的地位は不安定です。今の政治では正規雇用者との所得格差は開く一方です。

私は暮らし、家計第一の政治を行ってまいります。具体的には、働く制度を見直し、最低賃金を1,500円まで引き上げます。100そして多様な働き方でも国民が公平に暮らせる社会の実現を目指します。共感していただける方は、是非応援をお願いいたします。

여러분, 안녕하세요. 98저는 참의원 의원 선거에 입후보한 기무라 사쿠라입니다. 여러분은 지금의 생활에 만족하고 있습니까? 99비정규나 프리로 일하는 많은 사람의 사회적 지위는 불안정합니다. 지금의 정치로는 정규 고용자와의 소득 격차는 벌어지기만 합니다. 저는 생활, 가계 제일의 정치를 해 나가겠습니다. 구체적으로는 근로 제도를 재검토해 최저임금을 1,500엔까지 끌어올리겠습니다. 100그리고 다양한 근로 방식으로도 국민이 공평하게 생활할 수 있는 사회의 실현을 목표로 하겠습니다. 공감해 주실 수 있는 분은 부디 응원을 부탁드립니다.

어휘 | 皆様(みなさま) 여러분 *「皆(みな)さん」보다 정중한 말씨
参議院(さんぎいん) 참의원 議員(ぎいん) 의원
選挙(せんきょ) 선거 立候補(りっこうほ) 입후보 今(いま) 지금
生活(せいかつ) 생활 満足(まんぞく) 만족
非正規(ひせいき) 비정규 フリー 프리 働(はたら)く 일하다
多(おお)く 많음 社会的(しゃかいてき) 사회적 地位(ちい) 지위
不安定(ふあんてい) 불안정 政治(せいじ) 정치 正規(せいき) 정규
雇用者(こようしゃ) 고용자 所得(しょとく) 소득
格差(かくさ) 격차 開(ひら)く 벌어지다, 차이가 생기다
동사의 기본형+一方(いっぽう)だ ~할 뿐이다, ~하기만 하다
暮(く)らし 삶, 생활 家計(かけい) 가계 第一(だいいち) 제일
行(おこな)う 하다, 행하다, 실시하다
~てまいる ~해 가다[나가다] *「~ていく」의 겸양표현
具体的(ぐたいてき)だ 구체적이다 制度(せいど) 제도
見直(みなお)す 다시 보다, 재검토하다 最低(さいてい) 최저
賃金(ちんぎん) 임금 引(ひ)き上(あ)げる 끌어올리다, 인상하다
そして 그리고 多様(たよう)だ 다양하다
働(はたら)き方(かた) 일하는 방식 国民(こくみん) 국민
公平(こうへい)だ 공평하다 暮(く)らす 살다, 생활하다
実現(じつげん) 실현 目指(めざ)す 목표로 하다, 지향하다
共感(きょうかん) 공감
~ていただく (남에게) ~해 받다, (남이) ~해 주시다 *「~てもらう」
((남에게) ~해 받다, (남이) ~해 주다)의 겸양표현
是非(ぜひ) 부디, 꼭 応援(おうえん) 응원
お+동사의 ます형+いたす ~하다, ~해 드리다 *겸양표현
願(ねが)う 부탁하다

98 この人は、今、何をしていますか。
(A) 国会議員選挙に向けての演説
(B) 日本の貧困世帯を救う訴え
(C) 地域コミュニティー活動のための集会
(D) 日常生活における満足度調査

98 이 사람은 지금 무엇을 하고 있습니까?
(A) 국회의원 선거를 목표로 한 연설
(B) 일본의 빈곤 세대를 구할 호소

(C) 지역 커뮤니티를 활동을 위한 집회
(D) 일상생활에서의 만족도 조사

해설 | 두 번째 문장에서 참의원 의원 선거에 입후보한 기무라 사쿠라라고 밝혔으므로, 정답은 (A)가 된다.

어휘 | 国会議員(こっかいぎいん) 국회의원
~に向(む)けての ~을 향한[목표로 한] 演説(えんぜつ) 연설
貧困(ひんこん) 빈곤 世帯(せたい) 세대 救(すく)う 구하다
訴(うった)え 호소 地域(ちいき) 지역
コミュニティー 커뮤니티, 공동체 명사+の+ための ~위한
集会(しゅうかい) 집회 日常生活(にちじょうせいかつ) 일상생활
~における ~(에서)의 *동작・작용이 행해지는 곳・때를 나타냄
満足度(まんぞくど) 만족도 調査(ちょうさ) 조사

99 この人は、何が開く一方だと言っていますか。
(A) 正規と非正規の雇用人数の差
(B) 代議士と一般人の給与額の差
(C) 都市部と郊外の最低賃金額の差
(D) 正社員と非正社員の収入額の差

99 이 사람은 무엇이 벌어지기만 한다고 말하고 있습니까?
(A) 정규와 비정규의 고용 인원수 차
(B) 국회의원과 일반인의 급여액 차
(C) 도심부와 교외의 최저 임금액 차
(D) 정사원과 비정규직의 수입액 차

해설 | 중반부에서 '비정규나 프리로 일하는 많은 사람의 사회적 지위는 불안정합니다. 지금의 정치로는 정규 고용자와의 소득 격차는 벌어지기만 합니다'라고 했다. 즉, 현 정치 상황에서는 정규 고용자와의 소득 격차는 벌어지기만 한다고 주장하고 있으므로, 정답은 (D)가 된다.

어휘 | 人数(にんずう) 인원수 差(さ) 차, 차이
代議士(だいぎし) 대의원, 국회의원 *「衆議院議員(しゅうぎいんぎいん)」(중의원 의원)의 속칭 一般人(いっぱんじん) 일반인
給与額(きゅうよがく) 급여액 都心部(としんぶ) 도심부
郊外(こうがい) 교외 正社員(せいしゃいん) 정사원
非正社員(ひせいしゃいん) 비정규직
収入額(しゅうにゅうがく) 수입액

100 この人は、何を目標に掲げていますか。
(A) 多様な人種が共存する町作り
(B) 皆が共感できる制度の制定
(C) 雇用形態による差別のない世の中
(D) 出身地による不当な扱いの撲滅

100 이 사람은 무엇을 목표로 내걸고 있습니까?
(A) 다양한 인종이 공존하는 마을 만들기
(B) 모두가 공감할 수 있는 제도 제정
(C) 고용 형태에 따른 차별 없는 세상
(D) 출신지에 따른 부당한 취급 근절

해설 | 후반부에서 '다양한 근로 방식으로도 국민이 공평하게 생활할 수 있는 사회의 실현을 목표로 하겠습니다'라고 했다. 즉, 정규직이든 비정규직이든 고용 형태에 상관없는 공정사회 실현을 목표로 하고 있다는 뜻이므로, 정답은 (C)가 된다.

최신기출 5

287

어휘 | 多様(たよう)だ 다양하다 人種(じんしゅ) 인종
共存(きょうぞん) 공존 町(まち) 마을, 동네
명사+作(づく)り ~만들기 制定(せいてい) 제정
形態(けいたい) 형태 ~による ~에 의한[따른]

差別(さべつ) 차별 世(よ)の中(なか) 세상
出身地(しゅっしんち) 출신지 不当(ふとう)だ 부당하다
扱(あつか)い 취급 撲滅(ぼくめつ) 박멸, 근절

PART 5 | 정답 찾기

101 い형용사 발음 찾기
저기에 있는 머리가 긴 사람은 누구입니까?

해설 | 「長い」는 '길다'라는 뜻의 い형용사로, (D)의 「ながい」라고 읽는다.

어휘 | あそこ 저기, 저곳 髪(かみ) 머리(털) 人(ひと) 사람
誰(だれ) 누구 たか(高)い 높다 (値)い 비싸다 ほそ(細)い 가늘다
とお(遠)い 멀다

102 2자 한자 발음 찾기
작년에 땅을 사서 집을 지었습니다.

해설 | 「土地」는 '토지, 땅'이라는 뜻의 명사로, (A)의 「とち」라고 읽는다.

어휘 | 去年(きょねん) 작년 買(か)う 사다 家(いえ) 집
建(た)てる (집을) 짓다, 세우다

103 동사 발음 찾기
부모님께 감사의 마음을 나타내는 것은 조금 쑥스럽네요.

해설 | 「示す」는 '(모범 등을) 보이다, 나타내다'라는 뜻의 동사로, (C)의 「しめす」라고 읽는다.

어휘 | 両親(りょうしん) 양친, 부모 感謝(かんしゃ) 감사
気持(きも)ち 기분, 마음 少(すこ)し 조금
照(て)れる 쑥스러워하다, 수줍어하다
お(起)こす (나쁜 상태를) 일으키다, 발생시키다
うつ(移)す 옮기다 かく(隠)す 숨기다

104 2자 한자 발음 찾기
사쿠라역에서 미도리역 사이에서 열차 탈선 사고가 일어났다.

해설 | 「脱線」은 '탈선'이라는 뜻의 명사로, (B)의 「だっせん」이라고 읽는다.

어휘 | ~から ~에서 間(あいだ) (공간적인) 사이
列車(れっしゃ) 열차 事故(じこ) 사고 起(お)きる 일어나다
たんぜん(端然) 단연, 바르고 단정함

105 동사 발음 찾기
감기에 걸려 있어서 전혀 냄새를 맡을 수 없다.

해설 | 「利かない」는 동사 「利(き)く」((몸이) 잘 듣다, 기능을 발휘하다)의 부정형으로, (D)의 「きかない」라고 읽는다. 「鼻(はな)が利(き)く」는 '냄새를 잘 맡다'라는 뜻의 관용표현이다.

어휘 | 風邪(かぜ)を引(ひ)く 감기에 걸리다
全(まった)く (부정어 수반) 전혀
せ(急)く 조급해지다, (숨이) 가빠지다

あ(空)く (시간・공간 등이) 비다

106 동사 발음 찾기
최근 일본의 전통을 따라서 신사에서 거행하는 스타일의 결혼식이 늘고 있다고 한다.

해설 | 「倣う」(따르다, 모방하다)는 (A)의 「ならう」라고 읽는 동사로, 반드시 조사 「に」를 취해서 「~に倣(なら)う」(~을 따르다)의 형태로 쓴다.

어휘 | 最近(さいきん) 최근, 요즘 伝統(でんとう) 전통
神社(じんじゃ) 신사 行(おこな)う 하다, 행하다, 실시하다
スタイル 스타일 結婚式(けっこんしき) 결혼식
増(ふ)える 늘다, 늘어나다
품사의 보통형+そうだ ~라고 한다 *전문
やしな(養)う 기르다, 양육하다
いたわ(労)る 돌보다, 노고를 위로하다
あさ(漁)る (먹이를) 뒤지다, 찾아다니다

107 な형용사 발음 찾기
낙관적으로 생각하는 편이 무슨 일이든지 잘되는 법이다.

해설 | 「楽観的」은 '낙관적'이라는 뜻의 な형용사로, (B)의 「らっかんてき」라고 읽는다.

어휘 | 考(かんが)える 생각하다 方(ほう) 쪽, 편
何事(なにごと) 어떤 일, 무슨 일
うまくいく 잘되다, 순조롭게 진행되다
~ものだ ~인 것[법]이다 *상식・진리・본성

108 명사 한자 찾기
최근 통신학습이 유행하고 있다.

해설 | 「つうしん」은 '통신'이라는 뜻의 명사로, 한자로는 (D)의 「通信」이라고 쓴다.

어휘 | 最近(さいきん) 최근, 요즘 学習(がくしゅう) 학습
流行(はや)る 유행하다

109 명사 한자 찾기
점원의 태도가 나쁘면 가게의 평판이 떨어진다.

해설 | 「たいど」는 '태도'라는 뜻의 명사로, 한자로는 (B)의 「態度」라고 쓴다.

어휘 | 店員(てんいん) 점원 悪(わる)い 나쁘다, 좋지 않다
店(みせ) 가게 評判(ひょうばん) 평판
下(さ)がる (값・온도・지위・기능 등이) 내려가다, 떨어지다
胎動(たいどう) 태동

110 동사 한자 찾기

재무성이 일본 정부의 재정을 <u>담당하고</u> 있다.

해설 | 「つかさどる」는 '관장하다, 담당하다'라는 뜻의 동사로, 한자로는 (C)의 「司る」라고 쓴다.

어휘 | 財務省(ざいむしょう) 재무성 *재정 확보, 세제 실현, 국고 관리, 통화와 외환 관리 업무 등을 담당하는 일본의 행정 기관 政府(せいふ) 정부 財政(ざいせい) 재정 募(つの)る 모집하다 反(そ)る (몸이) 뒤로 젖혀지다 図(はか)る 꾀하다, 도모하다

111 대체표현 찾기

찻집에서 아이스 커피를 <u>부탁했다.</u>
(A) 만들었다
(B) 주문했다
(C) 받았다
(D) 마셨다

해설 | 「頼(たの)んだ」(부탁했다, 의뢰했다)는 「頼(たの)む」(부탁하다, 의뢰하다)의 과거형이다. 따라서 선택지 중 바꿔 쓸 수 있는 것은 (B)의 「注文(ちゅうもん)した」(주문했다)가 된다.

어휘 | 喫茶店(きっさてん) 찻집 アイスコーヒー 아이스 커피 作(つく)る 만들다 もらう 받다 飲(の)む 마시다

112 대체표현 찾기

참가 인원수는 남성 10명과 여성 8명으로 <u>모두</u> 18명입니다.
(A) 집합
(B) 합계
(C) 계획
(D) 비율

해설 | 「合(あ)わせて」는 '합해서, 모두'라는 뜻으로, 선택지 중 바꿔 쓸 수 있는 것은 (B)의 「合計(ごうけい)」(합계)이다.

어휘 | 参加(さんか) 참가 人数(にんずう) 인원수 男性(だんせい) 남성 女性(じょせい) 여성 集合(しゅうごう) 집합 計画(けいかく) 계획 割合(わりあい) 비율

113 대체표현 찾기

이 역에는 1시간에 한 대밖에 전철이 오지 않기 때문에 <u>불편함에 틀림없다.</u>
(A) 단연코 불편하다
(B) 조금 불편할 것이다
(C) 불편할 리가 없다
(D) 불편하다고 할 수 없다

해설 | 「~に違(ちが)いない」(~임에 틀림없다)는 강한 확신을 나타낼 때 쓰는 표현으로, 「不便(ふべん)に違(ちが)いない」(불편함에 틀림없다)는 '매우 불편하다'라는 의미이다. 따라서 선택지 중 바꿔 쓸 수 있는 것은 (A)의 「絶対(ぜったい)に不便(ふべん)だ」(단연코 불편하다)가 된다.

어휘 | 駅(えき) 역 ~本(ほん) ~대 *전철을 세는 말 ~しか (부정어 수반) ~밖에 電車(でんしゃ) 전철 不便(ふべん)だ 불편하다 絶対(ぜったい)に 절대로, 단연코 少々(しょうしょう) 조금 ~わけがない ~일 리가 없다 ~とは限(かぎ)らない (반드시) ~하다고는 할 수 없다, ~하는 것은 아니다

114 대체표현 찾기

야마다 씨가 퇴직을 생각하고 있다고 듣고 나는 <u>그만두지 않았으면 한</u>다고 설득했다.
(A) 떼어놓았다
(B) 말렸다
(C) 뽑았다
(D) 끌어올렸다

해설 | 「辞(や)める」는 '(일자리를) 그만두다', 「~てほしくない」는 '~하지 말아 주었으면 하다'라는 뜻으로 「~てほしい」(~해 주었으면 하다, ~하길 바라다)의 부정형이고, 「説得(せっとく)する」는 '설득하다'라는 뜻이다. 즉, 야마다 씨가 회사를 그만두는 것을 막으려 했다는 의미이므로, 선택지 중 바꿔 쓸 수 있는 것은 (B)의 「引(ひ)き止(と)めた」(만류했다, 말렸다)가 된다.

어휘 | 退職(たいしょく) 퇴직 考(かんが)える 생각하다 聞(き)く 듣다 引(ひ)き離(はな)す 떼어놓다, 갈라놓다 引(ひ)き止(と)める 만류하다, 말리다 引(ひ)き抜(ぬ)く 뽑다, 뽑아내다 引(ひ)き上(あ)げる 끌어올리다, 인상하다

115 대체표현 찾기

일이 잘되지 않아서 초조해하고 있을 때는 술을 <u>마시고 싶어서 견딜 수 없다.</u>
(A) 마실 수 있는 것임에 틀림없다
(B) 마실 상황이 아니다
(C) 못 마실 것도 없다
(D) 마시지 않고는 못 배긴다

해설 | 「い형용사의 어간+くてたまらない」(~해서 견딜 수 없다, 너무 ~하다)는 현재 자신이 매우 그렇게 느끼고 있다는 마음 상태를 나타낸다. 「飲(の)みたくてたまらない」(마시고 싶어서 견딜 수 없다)는 '술이 너무 마시고 싶다'라는 의미이므로, 선택지 중 바꿔 쓸 수 있는 것은 (D)의 「飲(の)まずにはいられない」(마시지 않고는 못 배긴다)로, 「~ずにはいられない」(~하지 않고는 못 배기다)는 아무리 참으려고 해도 결국 하고 싶어지거나 행동을 하게 되는 상황을 나타낸다.

어휘 | 仕事(しごと) 일 うまくいく 잘되다, 순조롭게 진행되다 いらいら 안달복달하는[초조한] 모양 酒(さけ) 술 飲(の)む (술을) 마시다 ~に相違(そうい)ない ~임에 틀림없다 ~どころではない ~할 상황이 아니다 ~ないこともない ~하지 않을[못할] 것도 없다

116 대체 표현 찾기

일을 하는 <u>한편</u> 취미로 소설을 쓰고 있습니다.
(A) 짬짬이
(B) 일률적으로
(C) 해소에
(D) 공연히

해설 | 「~かたわら」는 '~하는 한편, 주로 ~일을 하면서 그 한편으로'라는 뜻으로, 주로 어떤 일을 하면서 그 한편으로 다른 일도 병행하는 상황에서 쓴다. 즉, 문제는 일을 하면서 짬이 나는 대로 소설을 쓰고 있다는 의미이므로, 선택지 중 바꿔 쓸 수 있는 것은 (A)의 「合間(あいま)に」로, '짬짬이'라는 뜻이다.

어휘 | 仕事(しごと) 일 趣味(しゅみ) 취미 小説(しょうせつ) 소설 書(か)く (글씨·글을) 쓰다 一概(いちがい)に 일률적으로 解消(かいしょう) 해소 無性(むしょう)に 공연히, 까닭없이

117 「また」의 뜻 구분

그럼, 여러분 내일 <u>또</u> 만납시다.
(A) 이름은 검은 펜 <u>또는</u> 파란 펜으로 써 주십시오.
(B) 어제와 같은 실수를 <u>또</u> 해 버렸습니다.
(C) 그는 의사이고 <u>또한</u> 작가이기도 합니다.
(D) 선생님은 영어도 중국어도 <u>또한</u> 한국어도 말할 수 있습니다.

해설 | 문제의 「また」는 '또, 또다시, 재차'라는 뜻으로, 앞에서 일어난 일이 한 번 더 반복될 때 쓴다. 선택지 중 이와 같은 뜻으로 쓰인 것은 (B)이다. 나머지 (A), (C), (D)는 '또는, 또한'이라는 뜻으로, 동등한 조건의 사항을 나열하거나 열거할 때 쓴다.

어휘 | それでは 그렇다면, 그럼 皆(みな)さん 여러분
明日(あした) 내일 会(あ)う 만나다 名前(なまえ) 이름
黒(くろ)い 검다 ペン 펜 青(あお)い 파랗다
書(か)く(글씨·글을) 쓰다 昨日(きのう) 어제 同(おな)じだ 같다
失敗(しっぱい) 실패, 실수 医者(いしゃ) 의사
作家(さっか) 작가 先生(せんせい) 선생님 英語(えいご) 영어
中国語(ちゅうごくご) 중국어 韓国語(かんこくご) 한국어
話(はな)す 말하다, 이야기하다

118 「流す」의 뜻 구분

정말인지 어떤지 모르는 소문을 반쯤은 장난치는 기분으로 <u>퍼뜨려서는</u> 안 된다.
(A) TV에서도 라디오에서도 태풍 정보를 널리 알리고 있다.
(B) 화장실 물을 제대로 내려 두지 않는다고 어머니가 화를 낸다.
(C) 아버지는 내가 말하는 것을 건성으로 듣고 신문을 읽고 있었다.
(D) 택시가 역 주위를 돌아다니고 있었으니까 그것을 타자.

해설 | 문제의 「流(なが)す」는 '(소문 따위를) 퍼뜨리다, 보고·통지 등을 퍼지게 하다'라는 뜻으로, 선택지 중 같은 뜻으로 쓰인 것은 (A)이다. (B)는 '(물로) 씻어내다', (C)는 '동사의 ます형+流(なが)す'의 형태로 써서 '건성으로 ~하다', (D)는 '(택시 등이) 손님을 찾아 돌아다니다'라는 뜻으로 쓰인 것이다.

어휘 | 本当(ほんとう) 사실, 정말임
~かどうか ~일지 어떨지, ~인지 어떤지
わかる 알다, 이해하다 噂(うわさ) 소문
面白半分(おもしろはんぶん) 반쯤은 장난치는 기분으로 진지하지 않은 것 テレビ 텔레비전, TV *「テレビジョン」의 준말
ラジオ 라디오 台風(たいふう) 태풍 情報(じょうほう) 정보
トイレ 화장실 *「トイレット」의 준말 水(みず) 물
ちゃんと 제대로, 확실히 ~ておく ~해 놓다[두다]
母(はは) (자신의) 어머니 怒(おこ)る 화를 내다 タクシー 택시
駅(えき) 역 周(まわ)り 주위, 주변 乗(の)る (탈것에) 타다

119 「次第」의 용법 구분

준비가 갖추어지는 <u>대로</u> 바로 출발하자.
(A) 경찰에게 어젯밤 일어난 사건의 <u>경위</u>를 설명했다.
(B) 그 회사에 입사할지 어떤지는 급여<u>에</u> 달려 있다.
(C) 재미있다고 평판인 만화는 보는 <u>대로</u> 사 버린다.
(D) 시험공부 때 한자 암기에 고생한 <u>결과이다</u>[고생했다].

해설 | 「동사의 ます형+次第(しだい)」(~하자마자, ~하는 대로 (즉시))는 뭔가가 동시에 일어남을 나타낼 때 쓰는 표현으로, 「整(ととの)い次第(しだい)」는 '갖추어지는 대로'라는 뜻이 된다. 선택지 중 이와 같은 뜻으로 쓰인 것은 (C)이다. (A)는 '경과, 되어 가는 형편, 사정, 경위', (B)는 「명사+次第(しだい)だ」의 형태로 '~에 달려 있다, ~나름이다', (D)는 「동사의 기본형·た형+次第(しだい)だ」의 형태로 '~라는 결과이다, 결과적으로 ~이다'라는 뜻으로 쓰였다.

어휘 | 準備(じゅんび) 준비 整(ととの)う 갖추어지다
すぐに 곧, 바로 出発(しゅっぱつ) 출발 警察(けいさつ) 경찰
昨夜(さくや) 어젯밤 *「昨夜(ゆうべ)」에 비해서 정중한 말씨
起(お)きる 일어나다, 발생하다 事件(じけん) 사건
説明(せつめい) 설명 会社(かいしゃ) 회사
入社(にゅうしゃ) 입사 ~かどうか ~일지 어떨지, ~인지 어떤지
給料(きゅうりょう) 급여, 급료 面白(おもしろ)い 재미있다
評判(ひょうばん) 평판 漫画(まんが) 만화
見(み)かける (가끔) 만나다, 보다 買(か)う 사다
テスト 테스트, 시험 勉強(べんきょう) 공부 漢字(かんじ) 한자
暗記(あんき) 암기 苦労(くろう) 고생

120 「施す」의 뜻 구분

그는 난민에게 식품을 <u>베푸는</u> 자원봉사 활동을 하고 있다.
(A) 목수인 아버지는 목재 등에 세공을 <u>하는</u> 것을 잘한다.
(B) 국민의 행복을 바라며 대책을 <u>세우는</u> 것이 정치가라는 것이다.
(C) 타인에게 은혜를 <u>베풀</u> 때는 감사를 기대해서는 안 된다.
(D) 내 고향 축제에서는 아이에게 특별한 화장을 <u>하는</u> 습관이 있다.

해설 | 문제의 「施(ほどこ)す」는 '베풀다'라는 뜻으로, 선택지 중 이와 같은 뜻으로 쓰인 것은 (C)이다. (A)와 (D)는 '(장식 등을) 하다', (B)는 '(대책을) 세우다, 강구하다'라는 뜻으로 쓰였다.

어휘 | 難民(なんみん) 난민
食料(しょくりょう) 식료, (주식 이외의) 식품
ボランティア 자원봉사 活動(かつどう) 활동 大工(だいく) 목수
父(ちち) (자신의) 아버지 木材(もくざい) 목재 細工(さいく) 세공
得意(とくい)だ 잘하다, 자신 있다 国民(こくみん) 국민
幸(しあわ)せ 행복 願(ねが)う 바라다, 빌다 策(さく) 대책
政治家(せいじか) 정치가 ~というものだ ~라는 것이다
他人(たにん) 타인, 남 恩恵(おんけい) 은혜 感謝(かんしゃ) 감사
期待(きたい) 기대 ~てはいけない ~해서는 안 된다
田舎(いなか) 시골, 고향 お祭(まつ)り 축제 子供(こども) 아이
特別(とくべつ)だ 특별하다 化粧(けしょう) 화장
習慣(しゅうかん) 습관

121 조사 오용 (A) に → と
토요일과 일요일에는 형이 개를 데리고 산책하러 갑니다.

해설 | 문맥상 (A)에는 열거를 나타내는 조사가 와야 하므로, (A)의 「~に」(~에)는 「~と」(~와[과])로 고쳐야 한다.

어휘 | 土曜日(どようび) 토요일 日曜日(にちようび) 일요일
兄(あに) (자신의) 형, 오빠 犬(いぬ) 개 連(つ)れる 데리고 가다
散歩(さんぽ) 산책 동작성 명사+に ~하러 *동작의 목적

122 표현 오용 (B) あっても → あったら
긴 휴가가 있으면 여러 나라를 여행하고 싶습니다.

해설 | (B)의 「あっても」(있어도)는 역접의 의미를 나타내는 조사이므로, 뒤에 있는 「~たい」(~하고 싶다)와는 맞지 않는다. 따라서 (B)는 희망을 나타내는 「~たい」(~하고 싶다)와 호응할 수 있는 「あったら」(있으면)로 고쳐야 한다.

어휘 | 長(なが)い (시간적으로) 길다, 오래다 休(やす)み 휴가
色々(いろいろ)だ 여러 가지다, 다양하다 国(くに) 나라, 국가
旅行(りょこう) 여행

123 지시대명사 오용 (C) どの → どれ
도쿄 지하철은 복잡해서 어느 것을 타면 좋을지 알기 힘듭니다.

해설 | (C)의 「どの」(어느)는 명사를 수식하는 지시대명사로, 「四季(しき)のうち、どの季節(きせつ)が一番(いちばん)好(す)きですか」(사계절 중에서 어느 계절을 가장 좋아합니까?)처럼 쓴다. 따라서 「~に乗(の)ったら」(~을 타면)를 수식하기 위해서는 여러 가지 중에서 하나라는 뜻의 의문사인 「どれ」(어느 것)로 고쳐야 한다.

어휘 | 東京(とうきょう) 도쿄 地下鉄(ちかてつ) 지하철
複雑(ふくざつ)だ 복잡하다 乗(の)る (탈것에) 타다
わかる 알다, 이해하다
동사의 ます형+にくい ~하기 어렵다[힘들다]

124 동사 오용 (D) 受けて → 開いて
회사 옆에 있는 선술집은 아침 11시부터 밤 10시까지 열려 있습니다.

해설 | (D)의 「受(う)ける」는 '받다'라는 뜻의 동사로, 앞에 있는 「居酒屋(いざかや)は朝(あさ)11時(じゅういちじ)から夜(よる)10時(じゅうじ)まで」(선술집은 아침 11시부터 밤 10시까지)라는 내용과 어울리지 않는다. 문맥상 (D)에는 '(가게문이) 열리다'라는 뜻의 동사가 와야 하므로, 「開(あ)く」((가게문이) 열리다)의 て형인 「開(あ)いて」((가게문이) 열려)로 고쳐야 한다.

어휘 | 会社(かいしゃ) 회사 そば 옆 居酒屋(いざかや) 선술집
朝(あさ) 아침 ~から~まで ~부터 ~까지 夜(よる) 밤

125 い형용사 오용 (A) 難しかった → 悪かった
어제 날씨가 나빴기 때문에 바다에서 낚시를 할 수 없었습니다.

해설 | (A)의 「難(むずか)しい」는 '어렵다'라는 뜻의 い형용사로, 앞에 있는 「天気(てんき)」(날씨)와 어울리지 않는다. 문맥상 (A)에는 '나쁘다, 좋지 않다'라는 의미의 い형용사가 와야 하므로, 「悪(わる)い」(나쁘다, 좋지 않다)의 과거형인 「悪(わる)かった」(나빴다)로 고쳐야 한다.

어휘 | 昨日(きのう) 어제 海(うみ) 바다 釣(つ)り 낚시

できる 할 수 있다

126 표현 오용 (B) 時(とき)に → ために
저는 건강을 위해서 매일 일찍 일어나서 운동을 하고 있습니다.

해설 | (B)의 「時(とき)に」(때(에))는 「彼(かれ)は不幸(ふこう)にも3歳(さんさい)の時(とき)に母(はは)を亡(な)くした」(그는 불행하게도 세 살 때 어머니를 여의었다)처럼 때를 나타내는 표현이므로, 문장과는 맞지 않는다. 매일 일찍 일어나 운동을 하는 것은 건강해지기 위해서이므로, (B)에는 목적을 나타내는 표현이 와야 한다. 따라서 (B)는 '~을[를] 위해서'라는 의미의 「~ために」로 고쳐야 한다.

어휘 | 健康(けんこう) 건강 毎日(まいにち) 매일
早(はや)い 빠르다, 이르다 起(お)きる 일어나다, 기상하다
運動(うんどう) 운동

127 의미 오용 (D) 来(き)ました → 来(き)ていません
약속 시간이 지났습니다만, 아직 약속 장소에 야마다 씨가 오지 않고 있습니다.

해설 | (C)의 「来(き)ました」는 '왔습니다'라는 뜻으로, 문장과는 맞지 않는다. 앞에 「まだ」(아직)라는 부사가 있으므로, (D)에는 '오지 않고 있습니다'라는 부정 표현이 와야 한다. 따라서 (D)의 「来(き)ました」(왔습니다)는 「来(き)ていません」(오지 않고 있습니다)로 고쳐야 한다.

어휘 | 約束(やくそく) 약속 時間(じかん) 시간
過(す)ぎる (시간이) 지나다, 지나가다
待(ま)ち合(あ)わせ (약속하여) 만나기로 함 場所(ばしょ) 장소, 곳
来(く)る 오다

128 명사 오용 (D) 授業(じゅぎょう) → 宿題(しゅくだい)
초등학생인 아들은 방에서 음악을 들으면서 학교 숙제를 하고 있습니다.

해설 | (D)의 「授業(じゅぎょう)」는 '수업'이라는 뜻의 명사로, 방에서 음악을 들으면서 수업을 받을 수는 없다. 앞에 「学校(がっこう)」(학교)가 있으므로, (D)에는 '숙제'라는 뜻을 지닌 「宿題(しゅくだい)」로 고쳐야 한다.

어휘 | 小学生(しょうがくせい) 초등학생
息子(むすこ) (자신의) 아들 部屋(へや) 방 音楽(おんがく) 음악

129 문법표현 오용 (C) にしても → につれて
입학했을 때는 불안했는데 세월이 지남에 따라서 친구가 늘어나 즐거운 학교 생활이 되었다.

해설 | (C)의 「~にしても」(~라고 해도)는 「それは私(わたし)にしても困(こま)る」(그것은 나라고 해도 곤란하다)처럼 그 경우도 예외가 아님을 나타내는 표현으로, 문장과는 맞지 않는다. 문맥상 (C)에는 앞의 조건이 변함에 따라 뒤의 조건도 변한다는 의미의 표현이 와야 하므로, (C)는 「~につれて」(~함에 따라서)로 고쳐야 한다.

어휘 | 入学(にゅうがく) 입학 頃(ころ) 때, 시절, 무렵
不安(ふあん)だ 불안하다 月日(つきひ) 세월
経(た)つ (시간이) 지나다, 경과하다 友達(ともだち) 친구
増(ふ)える 늘다, 늘어나다 楽(たの)しい 즐겁다
学校(がっこう) 학교 生活(せいかつ) 생활

최신기출 5

291

130 부사 오용 (A) とうとう → 偶然(ぐうぜん)

버스 정류장에서 <u>우연히</u> 중학교 때의 동급생을 만나 그리운 이야기로 분위기가 고조되었다.

해설 | (A)의 「とうとう」(드디어, 마침내, 결국)는 「健康(けんこう)だった彼(かれ)も、残業(ざんぎょう)の連続(れんぞく)でとうとう病気(びょうき)になってしまった」(건강했던 그도 잔업의 연속으로 결국 병이 나고 말았다)처럼 결론을 강조할 때 쓰는 부사로 문장과는 맞지 않는다. 버스 정류장에서 동급생을 만난 것은 계획한 일이 아니라 뜻하지 않게 일어난 일이므로, (A)는 '우연히'라는 뜻의 「偶然(ぐうぜん)」으로 고쳐야 한다.

어휘 | バス停(てい) 버스 정류장 中学校(ちゅうがっこう) 중학교
同級生(どうきゅうせい) 동급생 会(あ)う 만나다
懐(なつ)かしい 그립다, 반갑다 話(はなし) 이야기
盛(も)り上(あ)がる (기세·분위기 등이) 고조되다

131 표현 오용 (C) バッテリー → カロリー

언니는 현재 다이어트 중으로 <u>칼로리</u>가 높은 것은 먹지 않도록 참고 있다고 한다.

해설 | (C)의 「バッテリー」는 '배터리'라는 뜻으로, 문장과는 맞지 않는다. 「ダイエット」(다이어트)와 「~が高(たか)い物(もの)は食(た)べないように」(~이 높은 것은 먹지 않도록)라는 표현으로 볼 때 (C)에는 '칼로리, 열량'과 같은 표현이 와야 하므로, (C)는 「カロリー」로 고쳐야 한다.

어휘 | 姉(あね) (자신의) 언니, 누나 現在(げんざい) 현재
~中(ちゅう) ~중 高(たか)い (눈금·숫자 따위가) 높다, 크다
物(もの) 것, 물질 食(た)べる 먹다 ~ないように ~하지 않도록
我慢(がまん)する 참다, 견디다
품사의 보통형+そうだ ~라고 한다 *전문

132 동사 오용 (B) 炒(いた)め → 詰(つ)め

자기 전에 도시락통에 반찬을 <u>채워</u> 두면 늦잠을 자도 바로 준비할 수 있어서 편해.

해설 | (B)의 「炒(いた)める」는 '기름에 볶다'라는 뜻의 동사로, 문장과는 맞지 않는다. 문맥상 (B)에는 앞에 있는 「弁当箱(べんとうばこ)」(도시락통)와 호응하는 동사가 와야 하므로, 「詰(つ)める」((빈틈없이) 채우다, 채워 넣다)가 적절하다. 따라서 (B)는 「詰(つ)め」((빈틈없이) 채워)로 고쳐야 한다.

어휘 | 寝(ね)る 자다 동사의 기본형+前(まえ)에 ~하기 전에
おかず 반찬 朝寝坊(あさねぼう)する 늦잠을 자다 すぐ 곧, 바로
用意(ようい)だ 준비 できる 할 수 있다 楽(らく)だ 편하다, 수월하다

133 자·타동사 오용 (B) 挙(あ)がりたい → 挙(あ)げたい

결혼식을 올리고 싶은데 여자친구의 희망에 맞는 장소가 좀처럼 발견되지 않는다.

해설 | (B)의 「挙(あ)がる」는 '오르다, 올라가다'라는 뜻의 자동사로, 목적격 조사 「を」(을[를])와 함께 쓸 수 없다. 문맥상 '(예식 등을) 올리다'라는 의미의 타동사 「挙(あ)げる」를 써야 하므로, (B)는 희망을 나타내는 조동사 「~たい」(~하고 싶다)가 결합한 형태인 「挙(あ)げたい」(올리고 싶다)로 고쳐야 한다.

어휘 | 結婚式(けっこんしき) 결혼식 彼女(かのじょ) 여자친구
希望(きぼう) 희망 合(あ)う 맞다 所(ところ) 곳, 장소
なかなか (부정어 수반) 좀처럼 見(み)つかる 발견되다, 찾게 되다

134 접속 형태 오용 (B) 様々(さまざま)に → 様々(さまざま)な

나는 인생에 있어서 <u>다양한</u> 경험을 쌓는 것이 중요하다고 생각한다.

해설 | な형용사의 명사 수식 형태를 묻는 문제로, な형용사가 바로 뒤에 오는 명사를 수식할 때는 「~な」의 형태로 수식한다. 따라서 (B)의 「様々(さまざま)に」(다양하게, 여러 가지로)는 「様々(さまざま)な」(다양한, 여러 가지)로 고쳐야 한다.

어휘 | 人生(じんせい) 인생 ~において ~에 있어서, ~에서
経験(けいけん) 경험 積(つ)む (경험을) 쌓다
重要(じゅうよう)だ 중요하다 考(かんが)える 생각하다

135 표현 오용 (C) 型(かた) → 表(ひょう)

글자뿐인 자료는 보기 힘드니까 그래프나 <u>표</u>를 넣는 등 궁리를 하십시오.

해설 | (C)의 「型(かた)」는 '형, 본, 틀'이라는 뜻으로, 무언가를 만들 때 그 바탕이 되는 형태를 말하므로 문장과는 맞지 않는다. 문맥상 (C)에는 「グラフ」(그래프)처럼 자료를 일정한 형식과 순서에 따라 보기 쉽게 나타낸 것이 와야 하므로, 「表(ひょう)」(표)로 고쳐야 한다.

어휘 | 文字(もじ) 문자, 글자 ~だけ ~만, ~뿐
資料(しりょう) 자료
동사의 ます형+にくい ~하기 어렵다[힘들다] グラフ 그래프
入(い)れる 넣다 ~など ~등 工夫(くふう) 궁리, 생각을 짜냄

136 문법표현 오용 (A) につけ → に伴(ともな)い

평균수명의 상승<u>에 따라</u> 정년제도가 재검토되어 정년퇴직의 연장이 가능해졌다.

해설 | (A)의 「~につけ」(~할 때마다)는 동사의 기본형에 접속해 '~할 때마다 저절로 ~된다'라는 의미를 나타낸다. 「噂(うわさ)を聞(き)くにつけ心配(しんぱい)が増(ま)す」(소문을 들을 때마다 걱정이 커져 간다)처럼 쓰이므로, 접속과 내용 모두 맞지 않는다. 뒷 문장은 평균수명의 상승이라는 변화에 따른 것이므로, (A)는 '~에 동반해[따라]'라는 뜻의 「~に伴(ともな)い」로 고쳐야 한다.

어휘 | 平均(へいきん) 평균 寿命(じゅみょう) 수명
上昇(じょうしょう) 상승 定年(ていねん) 정년 制度(せいど) 제도
見直(みなお)す 다시 보다, 재검토하다 退職(たいしょく) 퇴직
延長(えんちょう) 연장 可能(かのう) 가능

137 표현 오용 (C) 発想(はっそう)する → 発達(はったつ)する

언어 능력이나 신체 능력이 현저하게 <u>발달하는</u> 유아기에 받는 교육은 장래에 큰 영향을 준다.

해설 | (C)의 「発想(はっそう)する」는 '발상하다'라는 뜻의 동사로, 문장과는 맞지 않는다. 문맥상 (C)에는 '발달하다'라는 뜻의 동사가 와야 하므로, (C)는 「発達(はったつ)する」로 고쳐야 한다.

어휘 | 言語(げんご) 언어 能力(のうりょく) 능력
身体(しんたい) 신체 著(いちじる)しい 현저하다, 두드러지다
幼児期(ようじき) 유아기 受(う)ける 받다 教育(きょういく) 교육
将来(しょうらい) 장래 大(おお)きな 큰 影響(えいきょう) 영향
与(あた)える (주의·영향 등을) 주다

138 복합동사 오용 (B) 振(ふ)り込(こ)んだり → 振(ふ)り返(かえ)ったり

평소에 거의 변화가 없는 업무라면 업무 내용을 <u>돌아보거나</u> 의문을 가질 기회는 좀처럼 없다.

해설 | (B)의 「振(ふ)り込(こ)む」는 '(대체 계좌 등에) 불입하다, 이체하

다'라는 뜻으로, 문장과는 맞지 않는다. 문맥상 (B)에는 '(과거를) 되돌아보다. 회고하다'라는 뜻을 지닌 동사가 와야 하므로, 「振(ふ)り返(かえ)る」((과거를) 되돌아보다. 회고하다)의 활용형인 「振(ふ)り返(かえ)ったり」(돌아보거나)로 고쳐야 한다.

어휘 | 普段(ふだん) 평소, 평상시 ほとんど 거의, 대부분
変化(へんか) 변화 仕事(しごと) 일 内容(ないよう) 내용
疑問(ぎもん) 의문 抱(いだ)く (마음속에) 품다
機会(きかい) 기회 滅多(めった)に (부정어 수반) 좀처럼

139 문법표현 오용 (D) 始末(しまつ)だ → 限(かぎ)りだ
사회보장 유지를 위해서라고는 알고 있지만, 증세 뉴스를 들으면 괴로울 따름이다.

해설 | (D)의 「~始末(しまつ)だ」(~형편[꼴]이다)는 「何(なに)をさせてもあの始末(しまつ)だ」(무엇을 시켜도 저 모양이다)처럼 비꼬는 투로 말할 때 쓰는 표현으로, 문장과는 맞지 않는다. 문맥상 (D)에는 현재 자신이 매우 그렇게 느끼고 있다는 마음의 상태를 나타내는 표현이 와야 하므로, 「~限(かぎ)りだ」(~일 따름이다)로 고쳐야 한다.

어휘 | 社会(しゃかい) 사회 保障(ほしょう) 보장
維持(いじ) 유지 명사+の+ため ~을 위해서 ~とは ~라고는
わかる 알다, 이해하다 増税(ぞうぜい) 증세 ニュース 뉴스
聞(き)く 듣다 辛(つら)い 괴롭다, 힘들다

140 표현 오용 (B) しようにも → しようと
우리 팀은 매출 목표를 달성하려고 자는 시간도 아끼며 노력하고 있다.

해설 | (B)의 「~ようにも」는 「~ようにも~ない」(~하려 해도 ~할 수 없다)의 꼴로 쓰여 「外(そと)があまりにもうるさくて寝(ね)ようにも寝(ね)られない」(밖이 너무나도 시끄러워서 자려 해도 잘 수 없다)처럼 쓰는 표현으로 문장과는 맞지 않는다. 문맥상 (B)에는 뭔가를 하고자 하는 의지를 나타내는 표현이 와야 하므로, (B)의 「~しようにも」(~하려 해도)는 「~しようと」(~하려고)로 고쳐야 한다.

어휘 | 我(わ)が~ 나의~, 우리의~ チーム 팀
売上(うりあげ) 매상, 매출 目標(もくひょう) 목표
達成(たっせい) 달성 寝(ね)る 자다 間(ま) 겨를, 짬
惜(お)しむ 아끼다 励(はげ)む 힘쓰다, 노력하다, 매진하다

PART 7 | 공란 메우기

141 적절한 동사 찾기
오늘은 태풍으로 신칸센이 서 있습니다.

해설 | 공란 앞의 「台風(たいふう)で新幹線(しんかんせん)が~」(태풍으로 신칸센이~)라는 표현으로 볼 때, 태풍의 영향으로 신칸센 운행이 중단되고 있다는 것을 알 수 있다. 따라서 정답은 (D)의 「止(と)まる」(멈추다, 서다)가 된다. (A)의 「休(やす)む」는 '(일이나 활동을 중단하고) 쉬다, 휴식하다'라는 뜻으로, 사람이 주체인 경우에 쓰는 동사이므로 답이 될 수 없다.

어휘 | 今日(きょう) 오늘 台風(たいふう) 태풍
新幹線(しんかんせん) 신칸센 閉(し)める 닫다 飛(と)ぶ 날다

142 적절한 표현 찾기
날씨가 좋기 때문에 아버지는 산책하러 나갔습니다.

해설 | 문제는 '날씨가 좋기 때문에 아버지는 ~하러 나갔습니다'라는 내용이므로, 공란에는 날씨가 좋을 때 할 수 있는 단어가 와야 한다. 정답은 (A)의 「散歩(さんぽ)」(산책)로, 「동작성 명사+に」(~하러)는 동작의 목적을 나타내는 표현이다.

어휘 | 天気(てんき) 날씨 いい 좋다 父(ちち) (자신의) 아버지
出(で)かける (밖에) 나가다, 외출하다, 가다 手紙(てがみ) 편지
洗濯(せんたく) 세탁 案内(あんない) 안내

143 적절한 표현 찾기
빨강이나 노랑 등 밝은 색을 좋아합니다.

해설 | 공란 앞의 「~や」(~이나)는 같은 종류의 것들을 열거할 때 쓰는 표현이므로, 뒤에도 이와 호응하는 표현이 와야 한다. 정답은 (C)의 「~など」(~등, ~따위)로, 보통 「~や~など」(~이나 ~등)의 형태로 써서 여러 개의 것을 나열하고 그 가운데 대표적인 것을 예로 들 때 쓴다.

어휘 | 赤(あか) 빨강 黄色(きいろ) 노랑 明(あか)るい 밝다
色(いろ) 색, 색깔 好(す)きだ 좋아하다 ~ずつ ~씩
~しか (부정어 수반) ~밖에 ~から ~부터

144 적절한 い형용사 찾기
도로 근처에서 공놀이를 하는 것은 위험합니다.

해설 | 도로 근처에서 공놀이를 하는 것은 위험하기 짝이 없는 행동이다. 따라서 공란에는 '위험하다'라는 뜻의 い형용사가 들어가야 하므로, 정답은 (D)의 「危(あぶ)ない」(위험하다)가 된다. (A)의 「厳(きび)しい」는 '엄하다, 엄격하다', (B)의 「難(むずか)しい」는 '어렵다', (C)의 「少(すく)ない」는 '적다'라는 뜻이다.

어휘 | 道路(どうろ) 도로 近(ちか)く 근처
ボール遊(あそ)び 공놀이

145 적절한 동사 찾기
여행 전에 은행에서 돈을 찾습니다.

해설 | 공란 앞의 「お金(かね)」(돈)와 어울리는 동사를 찾는다. (A)의 「下(お)ろす」는 '(돈 따위를) 찾다', (B)의 「動(うご)かす」는 '움직이(게 하)다', (C)의 「探(さが)す」는 '찾다, 사람·물건·장소 등을 찾아내기 위해 이리저리 다니다', (D)의 「押(お)す」는 '밀다, 누르다'라는 뜻이므로, 정답은 (A)가 된다.

어휘 | 旅行(りょこう) 여행 前(まえ) (시간적 차례의) 전

146 적절한 표현 찾기

조금 전에 점심을 먹었는데도 벌써 배가 고픕니다.

해설 | '조금 전에 점심을 먹었다'와 '벌써 배가 고프다'는 보통 예상하는 것과 반대되는 내용이다. 따라서 공란에는 기대나 예상에 어긋나는 결과를 나타내는 조사 「~のに」(~는데(도))를 써야 하므로, 정답은 (D)의 「食(た)べたのに」(먹었는데도)가 된다.

어휘 | さっき 조금 전, 아까 昼(ひる)ご飯(はん) 점심, 점심식사 食(た)べる 먹다 もう 이미, 벌써 お腹(なか)が空(す)く 배가 고프다

147 적절한 표현 찾기

제 꿈은 가수가 되는 것입니다.

해설 | 공란 뒤의 「歌手(かしゅ)になることです」(가수가 되는 것입니다)라는 표현과 어울리는 명사를 찾는다. (A)의 「糸(いと)」는 '실', (B)의 「夢(ゆめ)」는 '꿈', (C)의 「門(もん)」은 '문', (D)의 「曲(きょく)」는 '곡'이라는 뜻이므로, 정답은 (B)가 된다.

어휘 | 歌手(かしゅ) 가수 ~になる ~이 되다

148 적절한 부사 찾기

여동생은 그다지 요리를 잘하지 못합니다.

해설 | 공란 뒤에 「料理(りょうり)が得意(とくい)ではありません」(요리를 잘하지 못합니다)라는 부정문이 있으므로, 부정어를 수반하는 부사가 와야 한다. 정답은 (A)의 「あまり」로, '그다지, 별로'라는 뜻이다.

어휘 | 妹(いもうと) (자신의) 여동생 料理(りょうり) 요리 得意(とくい)だ 잘하다, 자신 있다 もっと 더, 더욱, 좀 더 良(よ)く 잘, 자주 また 또

149 적절한 な형용사 찾기

일본에서 가장 유명한 산은 후지산입니다.

해설 | 공란 뒤의 「山(やま)」(산)라는 단어와 어울리는 な형용사를 찾는다. (A)의 「丁寧(ていねい)」는 '공손함, 정성스러움', (B)의 「便利(べんり)」는 '편리', (C)의 「必要(ひつよう)」는 '필요', (D)의 「有名(ゆうめい)」는 '유명'이라는 뜻이므로, 정답은 (D)가 된다.

어휘 | 一番(いちばん) 가장, 제일 富士山(ふじさん) 후지산

150 적절한 조수사 찾기

어제 강에서 물고기를 열 마리 낚았습니다.

해설 | 「魚(さかな)」(물고기)를 세는 조수사는 「~匹(ひき)」(~마리)이므로, 정답은 (C)가 된다. (A)의 「~個(こ)」(~개)는 물건, (B)의 「~足(そく)」(~켤레)는 신발이나 양말을 세는 말이고, (D)의 「~員(いん)」은 「銀行員(ぎんこういん)」(은행원)처럼 명사에 접속하여 어떤 조직에 속한 사람을 나타낼 때 쓰는 말이다.

어휘 | 昨日(きのう) 어제 川(かわ) 강 釣(つ)る 낚다

151 적절한 표현 찾기

슈퍼에서 저녁식사 재료를 샀습니다.

해설 | 공란 앞뒤의 「夕食(ゆうしょく)」(저녁, 저녁식사)라는 명사와 「買(か)う」(사다)라는 동사에 어울리는 단어를 찾는다. 정답은 (C)의 「材料(ざいりょう)」로, '재료'라는 뜻이다.

어휘 | スーパー 슈퍼(마켓) *「スーパーマーケット」의 준말 栄養(えいよう) 영양 市場(いちば) 시장 薬品(やくひん) 약품

152 적절한 표현 찾기

이 게임은 매일 하고 있어도 질리지 않을 만큼 재미있다.

해설 | 문맥상 공란에는 '그러할 정도로'라는 뜻의 대략적인 기준이 되는 사항을 나타내는 표현이 와야 한다. 선택지 중 이와 같은 뜻을 지닌 말은 (B)의 「~くらい」로, '~정도, ~만큼'이라는 뜻이다.

어휘 | ゲーム 게임 毎日(まいにち) 매일 飽(あ)きる 질리다 面白(おもしろ)い 재미있다 ~ように ~하도록, ~처럼 ~こそ ~야말로 ~まで ~까지

153 적절한 동사 찾기

오늘은 해가 지기 전에 돌아갑시다.

해설 | 공란 앞의 「日(ひ)」(해)와 어울리는 동사를 찾는다. (A)의 「暮(く)れる」는 '(날이) 저물다, 해가 지다', (B)의 「過(す)ごす」는 '(시간을) 보내다, 지내다', (C)의 「縮(ちぢ)める」는 '(시간을) 단축시키다, (길이·넓이를) 줄이다', (D)의 「加(くわ)える」는 '더하다, 추가하다'라는 뜻이므로, 정답은 (A)가 된다.

어휘 | 今日(きょう) 오늘 동사의 기본형+前(まえ)에 ~하기 전에 帰(かえ)る 돌아가다

154 적절한 부사 찾기

회의 중에 갑자기 의견을 요구받고 난처해져 버렸다.

해설 | 문제는 회의 중에 준비되지 않은 상태에서 질문을 받아 당황했다는 뜻이므로, 공란에는 '미처 생각할 겨를도 없이 급히'라는 뜻을 지닌 부사가 와야 한다. 정답은 (B)의 「いきなり」로, '느닷없이, 갑자기'라는 뜻이다.

어휘 | 会議(かいぎ) 회의 ~中(ちゅう) ~중 意見(いけん) 의견 求(もと)める 요구하다 困(こま)る 곤란하다, 난처하다 ぐっすり 푹 *깊이 잠든 모양 ようやく 겨우, 간신히 のんびり 한가로이, 느긋하게

155 적절한 접속사 찾기

저 라면가게는 가격이 싸다. 게다가 양이 많아서 학생에게 인기다.

해설 | 문맥상 공란에는 뒤 내용에서 앞 내용보다 한층 더한 사실을 덧붙일 때 쓰는 접속사가 와야 하므로, 정답은 (D)의 「しかも」(게다가)가 된다.

어휘 | ラーメン屋(や) 라면가게 値段(ねだん) 가격 安(やす)い (값이) 싸다 量(りょう) 양 多(おお)い 많다 学生(がくせい) 학생, (특히) 대학생 人気(にんき) 인기 なぜなら 왜냐하면 それなら 그렇다면, 그러면 すると 그러자

156 적절한 문법표현 찾기

아내와는 친구를 통해서 만났습니다.

해설 | 문제는 친구가 아내를 소개해 주었다는 뜻이므로, 공란에는 둘 사이에서 중개 역할을 한다는 의미의 표현이 와야 한다. 정답은 (A)의 「~を通(つう)じて」(~을 통해서)로, (B)의 「~に反(はん)して」는 '~에 반해서, ~와는 반대로', (C)의 「~において」(~에 있어서, ~에서)는 장소나 시대·상황을 나타내는 말을 받아 어떤 사건·상황·상태의 배경을 나타내는 표현으로 「総会(そうかい)は東京(とうきょう)において行(おこな)われる」(총회는 도쿄에서 열린다)처럼 쓰고, (D)의 「~を基(もと)に」는 '~을 바탕으로[근거로]'라는 뜻이다.

어휘 | 妻(つま) (자신의) 아내 友人(ゆうじん) 친구 出会(であ)う 만나다, 마주치다

157 적절한 な형용사 찾기

다나카 씨의 정장은 항상 멋집니다.

해설 | 공란 앞의 「スーツ」(슈트, 정장)와 어울리는 な형용사를 찾는다. (A)의 「穏(おだ)やか」은 '온화함', (B)의 「明(あき)らか」은 '분명함', (C)의 「わがまま」은 '제멋대로 굶', (D)의 「おしゃれ」는 '멋짐'이라는 뜻이므로, 정답은 (D)가 된다.

어휘 | いつも 늘, 항상

158 적절한 표현 찾기

매년 친척에게 백중 선물을 보내고 있습니다.

해설 | 문제는 매년 친척에게 물건을 보내고 있다는 뜻이므로, 선택지 중 그렇게 할 수 있는 것을 찾는다. 정답은 (B)의 「お中元(ちゅうげん)」(백중 선물)으로, '음력 7월 15일 백중날 신세를 진 사람들에게 보내는 선물'을 말한다.

어휘 | 毎年(まいとし) 매년 親戚(しんせき) 친척
お世辞(せじ) (비위를 맞추기 위한) 빈말, 겉치렛말
お参(まい)り (신사·절·무덤에) 참배하러 감
お祈(いの)り 기도, 기원

159 적절한 문법표현 찾기

생각할 수 있는 모든 방법을 시도해 봤지만 실험은 성공하지 않았다.

해설 | 문맥상 공란에는 '~할 수 있다'라는 뜻을 나타내는 표현이 와야 한다. 선택지 중 이와 같은 뜻의 표현은 (D)의 「~得(う·え)る」(~할 수 있다)로 동사의 ます형에 접속한다.

어휘 | 全(すべ)て 모두 方法(ほうほう) 방법
試(ため)す 시험[시도]해 보다 実験(じっけん) 실험
成功(せいこう) 성공 동사의 ます형+がたい ~하기 어렵다
동사의 ます형+つつある ~하고 있다
~限(かぎ)り ~하는 한, ~범위 내

160 적절한 な형용사 찾기

신입 중에 건방진 사람이 있어서 지도가 힘들다.

해설 | 공란 뒤에 「指導(しどう)が大変(たいへん)だ」(지도가 힘들다)라는 내용이 있으므로, 공란에는 부정적인 성품을 나타내는 표현이 와야 한다. 정답은 (C)의 「生意気(なまいき)」로, '건방짐'이라는 뜻이다.

어휘 | 新人(しんじん) 신입, 신참 指導(しどう) 지도
大変(たいへん)だ 힘들다 具体的(ぐたいてき) 구체적
不完全(ふかんぜん) 불완전 全面的(ぜんめんてき) 전면적

161 적절한 동사 찾기

개에게 있어서 짖는 것은 기분을 표현하는 수단이다.

해설 | 공란 앞의 「犬(いぬ)」(개)와 어울리는 동사를 찾는다. 정답은 (A)의 「吠(ほ)える」로, '(개·짐승 등이) 짖다'라는 뜻이다.

어휘 | ~にとって ~에게 있어서 気持(きも)ち 기분, 마음
表(あらわ)す 나타내다, 표현하다 手段(しゅだん) 수단
うなず(頷)く 고개를 끄덕이다, 수긍하다 食(く)う 먹다
甘(あま)やかす 응석을 받아 주다

162 적절한 의태어 찾기

선글라스를 쓴 수상한 남자가 집 주변을 얼쩡거리고 있다.

해설 | 공란 앞의 「怪(あや)しい男(おとこ)」(수상한 남자)와 어울리는

의태어를 찾는다. (A)의 「ぐらぐら」(흔들흔들)는 크게 흔들려 움직이는 모양을, (B)의 「ぶつぶつ」(투덜투덜)는 불평불만을 늘어놓는 모양을, (C)의 「うろうろ」(얼쩡얼쩡)는 하는 일도 없이 이리저리 돌아다니거나 빙빙 도는 모양을, (D)의 「ぬるぬる」(미끈미끈)는 미끄러운 모양을 나타내는 표현이므로, 정답은 (C)가 된다.

어휘 | サングラス 선글라스 かける (몸에) 쓰다, 끼다 家(いえ) 집
周辺(しゅうへん) 주변

163 적절한 동사 찾기

결승전에서 힘이 미치지 못해서 패하고 말았다.

해설 | 문제는 '결승전에서 힘이 ~ 패하고 말았다'라는 내용이므로, 공란에는 「力(ちから)が」(힘[능력]이)와 호응하면서 '모자라다, 부족하다'에 해당하는 표현이 들어가야 한다. (A)의 「改(あらた)める」은 '(좋게) 고치다, 바로잡다', (B)의 「及(およ)ぶ」은 '미치다', (C)의 「補(おぎな)う」는 '보충하다', (D)의 「抱(いだ)く」는 '(마음속에) 품다'라는 뜻이다. 따라서 정답은 (B)의 「及(およ)ばず」(미치지 못해서)가 되는데, 「~ず」(~하지 않아서)는 원인·이유를 나타내는 표현으로, 「~なくて」와 같은 뜻이다.

어휘 | 決勝戦(けっしょうせん) 결승전 力(ちから) 힘, 능력 敗(や)ぶ)れる 지다, 패배하다

164 적절한 문법표현 찾기

이토 씨는 전문지식에 더해 현장 경험도 있기 때문에 의지가 된다.

해설 | 이토 씨라는 사람은 전문지식에다가 현장 경험도 있어서 의지가 된다는 것이므로, 공란에는 첨가나 추가를 나타내는 표현이 와야 한다. 정답은 (A)의 「~に加(くわ)えて」(~에 더해)로, 첨가나 추가의 뜻을 나타낸다. (B)의 「~に応(おう)じて」(~에 응해. ~에 따라, ~에 적합하게)는 어떤 사항을 가리키고 그것도 연동해서 상황이 변화하는 모습을 나타내고, (C)의 「~に沿(そ)って」(~에 따라)는 '어떠한 방침, 기준에 따라'라는 뜻이며, (D)의 「~に当(あ)たって」(~에 즈음하여)는 신학기, 입학, 졸업 등 특별한 장면이나 중요한 장면에서 쓰는 격식 차린 말씨로, 「開会(かいかい)に当(あ)たって一言(ひとこと)ご挨拶(あいさつ)申(もう)し上(あ)げます」(개회에 즈음하여 한마디 인사 말씀드립니다)처럼 쓴다.

어휘 | 専門(せんもん) 전문 知識(ちしき) 지식 現場(げんば) 현장
経験(けいけん) 경험 頼(たよ)り 의지

165 적절한 표현 찾기

배우자에게는 유산을 상속받을 권리가 있다.

해설 | 공란 앞의 「遺産(いさん)」(유산)과 어울리는 표현을 찾는다. 정답은 (D)의 「相続(そうぞく)」로, '상속'이라는 뜻이다.

어휘 | 配偶者(はいぐうしゃ) 배우자 権利(けんり) 권리
増進(ぞうしん) 증진 束縛(そくばく) 속박 待遇(たいぐう) 대우

166 적절한 동사 찾기

자동차 점검을 소홀히 하면 엄청난 사고를 초래할 우려가 있다.

해설 | 문맥상 공란에는 '해야 할 일을 하지 않고 두다'라는 뜻의 동사가 들어가야 한다. (A)의 「怠(おこた)る」는 '게을리하다, 소홀히 하다', (B)의 「討(う)つ」는 '치다, 무찌르다', (C)의 「侵(おか)す」는 '침범하다, 침해하다', (D)의 「襲(おそ)う」는 '(달갑지 않은 것이) 덮치다'라는 뜻이므로, 정답은 (A)가 된다.

어휘 | 車(くるま) 자동차 点検(てんけん) 점검

大変(たいへん)だ 대단하다, 굉장하다, 중대하다 事故(じこ) 사고
招(まね)く 초래하다 ~恐(おそ)れがある ~할 우려가 있다

167 적절한 표현 찾기
도쿄에 오실 때는 꼭 <u>저희</u> 집에도 들러 주십시오.

해설 | 접두어를 묻는 문제로, 문맥상 공란에는 '저희 집'이라는 뜻의 자기 집을 낮출 수 있는 말이 와야 한다. 정답은 (B)의 「拙(せつ)」로, 「拙宅(せったく)」라고 하면 '저희 집'이라는 뜻이다. 이외에 「拙(せつ)」가 붙는 주요 어휘로는 「拙作(せっさく)」(졸작), 「拙著(せっちょ)」(졸저), 「拙文(せつぶん)」(졸문) 등이 있다. (A)의 「愚(ぐ)」는 '저'라는 뜻의 자기의 겸양어로 「愚(ぐ)の見(み)ますところでは」(제가 보는 바로는)처럼 쓰고, (C)의 「弊(へい)」는 「拙(せつ)」처럼 자기를 낮추는 접두어이지만, 「弊宅」라고는 쓰지 않는다. 「弊社(へいしゃ)」(폐사, 자기 회사의 겸양어), 「弊店(へいてん)」(폐점, 자기 상점의 겸양어)과 같이 쓴다. 마지막으로 (D)의 「貴(き)」(귀)는 상대에 관한 말에 붙여 존경을 나타내는 말로, 문장과는 맞지 않는다. 「貴社(きしゃ)」(귀사, (주로 편지글에서) 상대편 회사를 높여 이르는 말), 「貴校(きこう)」(귀교, (주로 편지글에서) 상대편 학교를 높여 이르는 말)와 같이 쓴다.

어휘 | 東京(とうきょう) 도쿄
お越(こ)し 가심, 오심 *「行(い)くこと」(가는 것), 「来(く)ること」(오는 것)의 존경어 ~際(さい) ~할 때 是非(ぜひ) 꼭, 부디
お+동사의 ます형+ください ~해 주십시오, ~하십시오 *존경표현
立(た)ち寄(よ)る 들르다

168 적절한 복합동사 찾기
회식을 좋아하는 상사의 권유를 거절할 변명을 <u>짜내는</u> 데에 늘 애를 먹고 있다.

해설 | 공란 앞의 「言(い)い訳(わけ)」와 어울리는 복합동사를 찾는다. (A)의 「割(わ)り切(き)る」는 '딱 잘라 결론을 내다'라는 뜻으로, 「これは理屈(りくつ)で割(わ)り切(き)ることはできない」(이것은 이치만으로 딱 잘라 결론을 내릴 수 없다)처럼 쓰고, (B)의 「捻(ひね)り出(だ)す」는 '짜내다, 궁리해서 생각해 내다', (C)의 「持(も)て余(あま)す」는 '주체못하다', (D)의 「振(ふ)る舞(ま)う」는 '행동하다'라는 뜻이므로, 정답은 (B)가 된다.

어휘 | 飲(の)み会(かい) 회식, 술자리 모임 ~好(ず)き ~을 좋아함
上司(じょうし) 상사 誘(さそ)い 권유
断(ことわ)る 거절하다 いつも 늘, 항상
四苦八苦(しくはっく)する 온갖 고통을 겪다, 애를 먹다

169 적절한 문법표현 찾기
부모가 되어서 어머니의 고마움을 몸<u>으로써[몸소]</u> 알았다.

해설 | 문맥상 공란에는 수단이나 방법을 나타내는 표현이 와야 한다. 정답은 (C)의 「~をもって」(~로써)로, 「身(み)をもって」라고 하면 '몸소'라는 뜻이다. (A)의 「~にして」(~이자, ~이면서)는 「学者(がくしゃ)にして詩人(しじん)」(학자이자 시인)처럼 쓰고, (B)의 「~にもまして」(~보다 더, ~이상으로)는 「彼(かれ)は以前(いぜん)にもまして、仕事(しごと)に励(はげ)むようになった」(그는 전보다 더 일에 매진하게 되었다)처럼 쓰며, (D)의 「~を踏(ふ)まえて」(~에 입각해서)는 「原則(げんそく)に踏(ふ)まえて、判断(はんだん)することにした」(원칙에 입각해서 판단하기로 했다)처럼 쓴다.

어휘 | 親(おや) 부모 母親(ははおや) 모친, 어머니
ありがたみ 고마움 知(し)る 알다

170 적절한 표현 찾기
저 혼자만의 생각으로는 대답해 드리기 어려워서 <u>우선</u> 사내에서 검토하겠습니다.

해설 | 문제는 혼자만의 판단으로 대답하기는 어려워서 일단 사내에서 검토를 먼저 하겠다는 의미이다. 따라서 공란에는 '어떤 일에 앞서서'라는 뜻을 지닌 부사가 와야 한다. 정답은 (B)의 「差(さ)し当(あ)たって」로, '우선, 당장'이라는 뜻이다.

어휘 | 一存(いちぞん) 혼자만의 생각
お+동사의 ます형+いたす ~하다, ~해 드리다 *겸양표현
答(こた)える 대답하다
동사의 ます형+かねる ~하기 어렵다, ~할 수 없다
社内(しゃない) 사내 検討(けんとう) 검토
~(さ)せていただく ~(하)다 *겸양표현
堂々(どうどう)と 당당하게 絶(た)え間(ま)なく 끊임없이
先立(さきだ)って 아까, 전에

171~173 아버지와의 추억

夏になると、必ず思い出すことがあります。それは父との思い出です。父は昔から野球が好きでした。171今はやっていませんが、高校の時は毎日野球をしていたからだそうです。私が小学生の頃は、父の会社の人が時々チケットをくれたので、父は野球を見に連れて行ってくれました。172私はルールがわかりにくいので野球があまり好きではありませんでしたが、父と一緒に野球を見に行くのは好きでした。なぜなら、いつもは買ってくれないジュースや食べ物を買ってくれたからです。173父が好きなチームが勝った時には、気分が良くなって、家へ帰る時に高いアイスクリームを買ってくれました。私はそのアイスクリームが大好きで、それが食べたくて父と一緒に出かけていました。大人になった今でも、季節が夏になるとそのアイスクリームの味を思い出します。

여름이 되면 꼭 생각나는 일이 있습니다. 그것은 아버지와의 추억입니다. 아버지는 옛날부터 야구를 좋아했습니다. 171지금은 하지 않지만 고등학교 때는 매일 야구를 했기 때문이라고 합니다. 제가 초등학생일 때는 아버지의 회사 사람이 종종 티켓을 주었기 때문에 아버지는 야구를 보러 데리고 가 주었습니다. 172저는 규칙을 이해하기 어려워서 야구를 별로 좋아하지 않았지만 아버지와 함께 야구를 보러 가는 것은 좋아했습니다. 왜냐하면 평소에는 사 주지 않는 주스나 음식을 사 주었기 때문입니다. 173아버지가 좋아하는 팀이 이겼을 때는 기분이 좋아져서 집에 돌아올 때 비싼 아이스크림을 사 주었습니다. 나는 그 아이스크림을 아주 좋아해서 그것이 먹고 싶어서 아버지와 함께 외출했습니다. 어른이 된 지금도 계절이 여름이 되면 그 아이스크림 맛이 생각납니다.

어휘 | 夏(なつ) 여름　必(かなら)ず 꼭, 반드시
思(おも)い出(だ)す (잊었던 것을) 생각해 내다, 떠올리다
父(ちち) (자신의) 아버지　思(おも)い出(で) 추억
昔(むかし) 옛날　野球(やきゅう) 야구　好(す)きだ 좋아하다
今(いま) 지금　やる 하다
高校(こうこう) 고등학교 *「高等学校(こうとうがっこう)」의 준말
時(とき) 때　毎日(まいにち) 매일
품사의 보통형+そうだ ~라고 한다 *전문
小学生(しょうがくせい) 초등학생　頃(ころ) 때, 시절, 무렵
会社(かいしゃ) 회사　時々(ときどき) 종종, 때때로
チケット 티켓　くれる (남이 나에게) 주다　見(み)る 보다
동사의 ます형+に ~하러 *동작의 목적　連(つ)れる 데리고 가다
~てくれる (남이 나에게) ~해 주다　ルール 룰, 규칙

わかる 알다, 이해하다　동사의 ます형+にくい ~하기 힘들다[어렵다]
あまり (부정어 수반) 그다지, 별로　一緒(いっしょ)に 함께
なぜなら 왜냐하면　いつも 평소, 여느 때　ジュース 주스
食(た)べ物(もの) 음식　買(か)う 사다　チーム 팀　勝(か)つ 이기다
気分(きぶん) 기분　帰(かえ)る 돌아가다　高(たか)い (값이) 비싸다
アイスクリーム 아이스크림　大好(だいす)きだ 아주 좋아하다
出(で)かける (밖에) 나가다, 외출하다, 가다　大人(おとな) 어른
季節(きせつ) 계절　味(あじ) 맛

171 この人のお父さんは、どうして野球が好きでしたか。
(A) 野球は人気があったから
(B) 野球の仕事をしていたから
(C) 野球をするのが楽しかったから
(D) 昔野球をやっていたから

171 이 사람의 아버지는 어째서 야구를 좋아했습니까?
(A) 야구는 인기가 있었기 때문에
(B) 야구에 관한 일을 하고 있었기 때문에
(C) 야구를 하는 것이 즐거웠기 때문에
(D) 옛날에 야구를 했었기 때문에

해설 | 이 사람의 아버지가 옛날부터 야구를 좋아하는 이유는 초반부에 나온다. '지금은 하지 않지만 고등학교 때는 매일 야구를 했기 때문이라고 합니다'라고 했으므로, 정답은 (D)가 된다.

어휘 | どうして 어째서, 왜　人気(にんき) 인기　仕事(しごと) 일
楽(たの)しい 즐겁다

172 この人は、どうして野球が好きではありませんでしたか。
(A) 野球のルールが難しかったから
(B) 野球をやるのが下手だったから
(C) 野球のチケットが高かったから
(D) 好きな野球選手がいなかったから

172 이 사람은 어째서 야구를 좋아하지 않았습니까?
(A) 야구 규칙이 어려웠기 때문에
(B) 야구를 하는 것이 서툴렀기 때문에
(C) 야구 티켓이 비쌌기 때문에
(D) 좋아하는 야구 선수가 없었기 때문에

해설 | 이 사람이 야구를 좋아하지 않은 이유는 중반부에 나온다. '저는 규칙을 이해하기 어려워서 야구를 별로 좋아하지 않았지만'이라고 했으므로, 정답은 (A)가 된다.

어휘 | 難(むずか)しい 어렵다　下手(へた)だ 서투르다, 잘 못하다
選手(せんしゅ) 선수

173 この人が大好きだったものは、何ですか。
(A) 野球を見ながら食べるアイスクリーム

(B) 新鮮なオレンジジュース
(C) 野球をした後に食べる冷たいもの
(D) 値段が高いアイスクリーム

173 이 사람이 아주 좋아했던 것은 무엇입니까?
(A) 야구를 보면서 먹는 아이스크림
(B) 신선한 오렌지주스
(C) 야구를 한 후에 먹는 차가운 음식
(D) 값이 비싼 아이스크림

해설 | 후반부의 내용 문제. 이 사람은 야구를 별로 좋아하지 않았음에도 불구하고, 아버지와 함께 야구장에 가는 것을 좋아했다. 그 이유는 아버지가 좋아하는 팀이 이기면 기분이 좋아져서 비싼 아이스크림을 사주었기 때문이다. 따라서 정답은 (D)가 된다.

어휘 | 동사의 ます형+ながら ~하면서 *동시동작
新鮮(しんせん)だ 신선하다 オレンジ 오렌지
동사의 た형+後(あと)に ~한 후에 冷(つめ)たい 차갑다
値段(ねだん) 가격

174~177 새로운 도전

174私は大学を卒業してからずっと家具の会社で毎日家具を売っていました。しかし来月からラーメン屋の店長になります。大学生の時、とても好きなラーメン屋があって、ほとんど毎日ラーメンを食べに行っていました。175その店のラーメンがとても美味しくて、本当に毎日食べたかったのです。店長もとてもいい人で、毎日ラーメンしか食べない私を心配して、サービスで野菜をたくさん入れてくれました。大学を卒業してからも、1か月に3、4回は電車に乗って食べに行っていました。176半年前、ラーメンを食べた後に店長と話をしていると、店長が「もう年だし、病気もあるし、体が無理だから店を閉める」と言いました。「店を閉めないで」とお願いしましたが、駄目でした。そこで私は、「じゃあ、私がこの店をやります」と言いました。それからこの店でアルバイトをしながら味を教えてもらいました。177これからは、私が大好きだったラーメンの味を守りながら、この店を無くさないように、努力したいと思っています。

174저는 대학을 졸업하고 나서 계속 가구회사에서 매일 가구를 팔고 있었습니다. 그러나 다음 달부터 라면가게의 점장이 됩니다. 대학생 때 아주 좋아하는 라면가게가 있어서 거의 매일 라면을 먹으러 갔습니다. 175그 가게의 라면이 아주 맛있어서 정말로 매일 먹고 싶었습니다. 점장도 아주 좋은 사람이어서 매일 라면밖에 먹지 않는 저를 걱정해 서비스로 채소를 많이 넣어 주었습니다. 대학을

졸업한 후로도 한 달에 서너 번은 전철을 타고 먹으러 갔었습니다. 176반년 전 라면을 먹은 후에 점장과 이야기를 했더니 점장이 "이제 나이도 많고 병도 있고, 몸이 무리라서 가게를 닫는다"고 말했습니다. "가게를 닫지 마세요"라고 부탁드렸는데 소용없었습니다. 그래서 저는 "그럼, 제가 이 가게를 할게요"라고 말했습니다. 그러고 나서 이 가게에서 아르바이트를 하면서 맛을 배웠습니다. 177앞으로는 제가 아주 좋아했던 라면의 맛을 지키면서 이 가게를 없애지 않도록 노력하고 싶습니다.

어휘 | 大学(だいがく) 대학(교) 卒業(そつぎょう) 졸업
~てから ~하고 나서, ~한 후에 ずっと 쭉, 계속
家具(かぐ) 가구 会社(かいしゃ) 회사 毎日(まいにち) 매일
売(う)る 팔다 しかし 그러나 来月(らいげつ) 다음 달
ラーメン屋(や) 라면가게 店長(てんちょう) 점장
大学生(だいがくせい) 대학생 とても 아주, 매우
好(す)きだ 좋아하다 ほとんど 거의, 대부분 食(た)べる 먹다
동사의 ます형+に ~하러 *동작의 목적 店(みせ) 가게
美味(おい)しい 맛있다 本当(ほんとう)に 정말로
동사의 ます형+たい ~하고 싶다 ~しか (부정어 수반) ~밖에
心配(しんぱい) 걱정 サービス 서비스
野菜(やさい) 채소, 야채 入(い)れる 넣다 電車(でんしゃ) 전철
乗(の)る (탈것에) 타다 半年(はんとし) 반년 前(まえ) 전
동사의 た형+後(あと)に ~한 후에 話(はなし) 이야기
もう 이제 年(とし) 노령, 고령 ~し ~고 病気(びょうき) 병
体(からだ) 몸, 신체 無理(むり)だ 무리이다
閉(し)める (「店(みせ)を~」의 꼴로) 가게문을 닫다, 폐업하다
~ないで (문말에 쓰여) ~하지 말아 주세요, ~하지 마세요
お+동사의 ます형+する ~하다, ~해 드리다 *겸양표현
願(ねが)う 부탁하다 駄目(だめ)だ 소용없다 そこで 그래서
やる 하다 それから 그러고 나서 アルバイト 아르바이트
동사의 ます형+ながら ~하면서 *동시동작
教(おし)える 가르치다, 알려 주다
~てもらう (남에게) ~해 받다, (남이) ~해 주다
これからは 이제부터는, 앞으로는 大好(だいす)きだ 아주 좋아하다
守(まも)る 지키다 無(な)くす 없애다 ~ように ~하도록
努力(どりょく) 노력

174 この人は、大学卒業後、どんな仕事をしていましたか。
(A) 家具を売る仕事
(B) ラーメン屋
(C) 部屋の壁を作る仕事
(D) デパートのアルバイト

174 이 사람은 대학 졸업 후 어떤 일을 하고 있었습니까?
(A) 가구를 파는 일
(B) 라면가게
(C) 방의 벽을 만드는 일
(D) 백화점 아르바이트

해설 | 첫 번째 문장에서 '저는 대학을 졸업하고 나서 계속 가구회사에서 매일 가구를 팔고 있었습니다'라고 했으므로, 정답은 (A)가 된다.

어휘 | 仕事(しごと) 일 部屋(へや) 방 壁(かべ) 벽
作(つく)る 만들다 デパート 백화점 *「デパートメントストア」의 준말

175 この人は、大学生の時、どうしてこのラーメン屋へ通っていましたか。
- (A) 野菜をサービスしてくれたから
- (B) 一番安かったから
- (C) 家から近かったから
- (D) この店のラーメンの味が好きだったから

175 이 사람은 대학생 때 어째서 이 라면가게에 다니고 있었습니까?
- (A) 채소를 서비스로 주었기 때문에
- (B) 가장 쌌기 때문에
- (C) 집에서 가까웠기 때문에
- (D) 이 가게의 라면 맛을 좋아했기 때문에

해설 | 초반부에서 대학생 때 아주 좋아하는 라면가게가 있어서 거의 매일 라면을 먹으러 갔었는데, 이유는 그 집의 라면이 아주 맛있어서 매일 먹고 싶었기 때문이라고 했다. 따라서 정답은 (D)가 된다. (A)는 이 사람을 걱정한 점장의 서비스로, 라면가게에 가는 주된 이유라고는 볼 수 없다.

어휘 | 一番(いちばん) 가장, 제일 安(やす)い (값이) 싸다
家(いえ) 집 近(ちか)い 가깝다 味(あじ) 맛

176 店長が店を閉めると言った理由は、何ですか。
- (A) 店に来る客が減ったから
- (B) 人手が足りなくなったから
- (C) 年を取って体が大変だから
- (D) 店が古くて汚いから

176 점장이 가게를 닫는다고 한 이유는 무엇입니까?
- (A) 가게에 오는 손님이 줄었기 때문에
- (B) 일손이 부족해졌기 때문에
- (C) 나이를 먹어서 몸이 힘들기 때문에
- (D) 가게가 오래돼서 지저분하기 때문에

해설 | 후반부에서 점장은 '이제 나이도 많고 병도 있고, 몸이 무리라서 가게를 닫는다'라고 그 이유를 밝히고 있다. 따라서 정답은 나이를 먹어서 몸이 힘들기 때문이라고 한 (C)가 된다.

어휘 | 客(きゃく) 손님 減(へ)る 줄다, 줄어들다
人手(ひとで) 일손 足(た)りない 모자라다, 부족하다
年(とし)を取(と)る 나이를 먹다 大変(たいへん)だ 힘들다
古(ふる)い 낡다, 오래되다 汚(きたな)い 더럽다, 지저분하다

177 この人は、これからどうしたいと思っていますか。
- (A) 美味しいラーメンを研究したい。
- (B) 店が大きくなるように努力したい。
- (C) 大好きなラーメンを食べ続けたい。
- (D) 店が続けられるように頑張りたい。

177 이 사람은 앞으로 어떻게 하고 싶다고 생각하고 있습니까?
- (A) 맛있는 라면을 연구하고 싶다.
- (B) 가게가 커지도록 노력하고 싶다.
- (C) 아주 좋아하는 라면을 계속 먹고 싶다.
- (D) 가게를 계속할 수 있도록 분발하고 싶다.

해설 | 대학 시절부터 단골이었던 라면가게가 문을 닫게 될 지경에 이르자, 이 사람은 직접 가게를 인수해서 가게의 점장이 되기로 결심했다. 그리고 마지막 문장에서 '앞으로는 제가 아주 좋아했던 라면의 맛을 지키면서 이 가게를 없어지지 않도록 노력하고 싶습니다'라고 했으므로, 정답은 (D)가 된다.

어휘 | 研究(けんきゅう) 연구 大(おお)きい 크다
동사의 ます형+続(つづ)ける 계속 ～하다 ～ように ～하도록
頑張(がんば)る 열심히 하다, 노력하다, 분발하다

178~180 변해 버린 공원

先日、私は久しぶりに息子と公園へ行った。¹⁷⁸家から近い公園で、子供が遊ぶのにちょうどいい広さの公園だ。以前は木や花もたくさんあって、自然の中で子供を遊ばせることができた。私も子供の頃は良くこの公園で遊んでいた。¹⁷⁹しかし久しぶりに行ってみると、公園の風景が全然違っていたのでびっくりした。工事によって、ただの大きな広場になっていた。公園の人に話を聞くと、1か月前に工事をしたらしい。¹⁸⁰近くに住んでいる住民からの虫が飛んできて困るという意見や、ボランティアの人たちの木や花の世話が大変だという意見が多かったそうだ。私が子供の頃から遊びに来ていた公園なので、景色が変わってしまってとても寂しくなった。都会の中の自然がたくさんある場所が、また1つ無くなってしまった。

일전에 나는 오랜만에 아들과 공원에 갔다. ¹⁷⁸집에서 가까운 공원으로 아이가 놀기에 딱 좋은 넓이의 공원이다. 예전에는 나무나 꽃도 많이 있어서 자연 속에서 아이를 놀게 할 수 있었다. 나도 어릴 때는 자주 이 공원에서 놀았다. ¹⁷⁹그러나 오랜만에 가 봤더니 공원 풍경이 전혀 달라져서 깜짝 놀랐다. 공사에 의해서 평범한 큰 광장이 되어 있었다. 공원 사람에게 이야기를 들으니 한 달 전에 공사를 한 모양이다. ¹⁸⁰근처에 살고 있는 주민으로부터의 벌레가 날아와서 곤란하다는 의견이나 자원봉사자들의 나무나 꽃 돌보는 게 힘들다는 의견이 많았다고 한다. 내가 어릴 때부터 놀러 왔던 공원이기 때문에 경치가 변해 버려서 아주 섭섭했다. 도시 안의 자연이 많이 있는 장소가 또 하나 없어져 버렸다.

어휘 | 先日(せんじつ) 요전, 일전 久(ひさ)しぶりだ 오랜만이다
息子(むすこ) (자신의) 아들 公園(こうえん) 공원 家(いえ) 집
近(ちか)い 가깝다 子供(こども) 아이 遊(あそ)ぶ 놀다
～のに ～하기에 ちょうど 딱, 정확히 いい 좋다
広(ひろ)さ 넓이 以前(いぜん) 전, 이전, 예전 木(き) 나무
花(はな) 꽃 たくさん 많이 自然(しぜん) 자연 良(よ)く 자주
しかし 그러나 ～と ～하니, ～했더니 風景(ふうけい) 풍경
全然(ぜんぜん) 전혀 違(ちが)う 다르다
びっくりする 깜짝 놀라다 工事(こうじ) 공사

~によって ~에 의해서 ただ 보통, 평범함 大(おお)きな 큰
広場(ひろば) 광장 話(はなし) 이야기 聞(き)く 듣다
~らしい ~인 것 같다 *객관적 근거에 의한 추측·판단
近(ちか)く 근처 住(す)む 살다, 거주하다 住民(じゅうみん) 주민
虫(むし) 벌레 飛(と)ぶ 날다 困(こま)る 곤란하다, 난처하다
意見(いけん) 의견 ボランティア 자원봉사 人(ひと) 사람
~たち (사람이나 생물을 나타내는 말에 붙어) ~들
世話(せわ) 돌봄 大変(たいへん)だ 힘들다 多(おお)い 많다
품사의 보통형+そうだ ~라고 한다 *전문 景色(けしき) 경치
変(か)わる 바뀌다, 변하다 とても 아주, 매우
寂(さび)しい 섭섭하다 都会(とかい) 도회, 도시
場所(ばしょ) 장소, 곳 また 또 1(ひと)つ 하나
無(な)くなる 없어지다

178 この人は、子供の頃良く行っていた公園について、何と言っていますか。
(A) 虫を捕まえに良く行っていた。
(B) 虫が多くて怖かった。
(C) 子供が遊ぶのに適当だった。
(D) 長い期間、工事をしていた。

178 이 사람은 어릴 때 자주 갔던 공원에 대해서 뭐라고 말하고 있습니까?
(A) 벌레를 잡으러 자주 갔었다.
(B) 벌레가 많아서 무서웠다.
(C) 아이가 놀기에 적당했다.
(D) 오랜 기간 공사를 하고 있었다.

해설 | 이 사람이 어릴 때 자주 놀러 갔던 공원에 관한 이야기는 두 번째 문장에 나온다. 집에서 가깝고 아이가 놀기에 딱 좋은 넓이의 공원이라고 했으므로, 정답은 (C)가 된다. (A)와 (B)는 후반부에 나오는 「虫(むし)」(벌레)라는 말을 응용한 오답이고, (D)의 '공사'는 한 달 전에 이미 끝난 상태이므로 역시 답이 될 수 없다.

어휘 | 捕(つか)まえる 잡다, 붙잡다
동사의 ます형+に ~하러 *동작의 목적 怖(こわ)い 무섭다
適当(てきとう)だ 적당하다 長(なが)い (시간적으로) 길다, 오래다
期間(きかん) 기간

179 この人は、どうして驚きましたか。
(A) 遊んでいる子供の姿がなかったから
(B) 公園の景色がすっかり変わっていたから
(C) 工事をやっている最中だったから
(D) 公園の広さが変化していたから

179 이 사람은 어째서 놀랐습니까?
(A) 놀고 있는 아이의 모습이 없었기 때문에
(B) 공원 경치가 완전히 변해 있었기 때문에
(C) 한창 공사를 하고 있는 중이었기 때문에
(D) 공원 넓이가 변화했기 때문에

해설 | 중반부에서 '오랜만에 가 봤더니 공원 풍경이 전혀 달라서 깜짝 놀랐다'라고 했으므로, 정답은 (B)가 된다.

어휘 | 姿(すがた) 모습 すっかり 완전히
~最中(さいちゅう) 한창 ~중

180 公園の近所の住民から、どんな意見がありましたか。
(A) 公園の虫に悩まされている。
(B) 子供が遊ぶ声に迷惑している。
(C) 大量の虫の鳴き声がうるさい。
(D) 木の葉っぱが飛んできて困る。

180 공원 근처 주민으로부터 어떤 의견이 있었습니까?
(A) 공원의 벌레에 시달리고 있다.
(B) 아이가 노는 소리에 짜증난다.
(C) 대량의 벌레 울음소리가 시끄럽다.
(D) 나뭇잎이 날아와서 곤란하다.

해설 | 후반부에서 근처에 살고 있는 주민으로부터의 벌레가 날아와서 곤란하다는 의견이 있었다고 했으므로, 정답은 공원의 벌레에 시달리고 있다고 한 (A)가 된다. (C)도 벌레로 인한 고충에 해당하지만, 울음소리가 시끄럽다는 내용은 나오지 않으므로 답이 될 수 없다.

어휘 | 悩(なや)ます 괴롭히다 声(こえ) 소리, 목소리
迷惑(めいわく) 괴로움, 폐 大量(たいりょう) 대량, 많은 양
鳴(な)き声(ごえ) (새·벌레·짐승 등의) 울음소리
うるさい 시끄럽다 葉(は)っぱ 잎, 잎사귀

181~184 해외 영업의 보람

私は海外で営業の仕事をしています。181大学時代から学んできた英語やコミュニケーション能力を使って活躍できると思ったので、この仕事を選択しました。182自分の能力を使ってビジネスが成功した時の気分は最高ですし、海外で人の役に立つ製品を広められることにも喜びを感じています。しかし海外での仕事や生活は大変です。ストレスを感じて日本に帰ってしまう人もたくさんいます。そんな人たちは、うまく仕事をしようとしか考えていないのではないかと思います。183私が海外営業で一番楽しいと思っているところは、日本とは違った色んな文化や生活習慣を知ることができるところです。慣れない文化の中で仕事をするので苦労することもあります。それをうまくいかない理由にする人が多いです。184しかし工夫して自分から行動することで、相手の習慣や考え方が理解できるようになります。そして自分も成長できて、仕事もうまくいくようになります。このように考えると、毎日自分の世界が広がっていくようで、楽しく海外で仕事をすることができると思います。

저는 해외에서 영업 업무를 하고 있습니다. ¹⁸¹대학 시절부터 배워 온 영어나 커뮤니케이션 능력을 사용해 활약할 수 있다고 생각했기 때문에 이 일을 선택했습니다. ¹⁸²자신의 능력을 사용해 비즈니스가 성공했을 때의 기분은 최고이고, 해외에서 다른 사람에게 유용한 제품을 널리 알릴 수 있는 것에도 기쁨을 느끼고 있습니다. 그러나 해외에서의 업무나 생활은 힘듭니다. 스트레스를 느끼고 일본에 돌아가 버리는 사람도 많이 있습니다. 그런 사람들은 일을 잘하려고 밖에 생각하지 않은 것은 아닐까 싶습니다. ¹⁸³제가 해외 영업에서 가장 즐겁다고 생각하고 있는 점은 일본과는 다른 다양한 문화나 생활습관을 알 수 있는 부분입니다. 익숙하지 않은 문화 속에서 일을 하기 때문에 고생하는 경우도 있습니다. 그것을 잘되지 않는 이유로 삼는 사람이 많습니다. ¹⁸⁴그러나 궁리해서 스스로 행동함으로써 상대의 습관이나 사고방식을 이해할 수 있게 됩니다. 그리고 자신도 성장할 수 있고 일도 잘 풀려 나가게 됩니다. 이처럼 생각하면 매일 자신의 세계가 넓어져 가는 것 같아서 즐겁게 해외에서 일할 수 있을 것이라고 생각합니다.

어휘 | 海外(かいがい) 해외 営業(えいぎょう) 영업
仕事(しごと) 일, 업무 大学(だいがく) 대학(교)
学(まな)ぶ 배우다 英語(えいご) 영어
コミュニケーション 커뮤니케이션, 의사소통
能力(のうりょく) 능력 使(つか)う 쓰다, 사용하다
活躍(かつやく) 활약 選択(せんたく) 선택
自分(じぶん) 자기, 자신, 나 ビジネス 비즈니스
成功(せいこう) 성공 気分(きぶん) 기분 最高(さいこう) 최고
海外(かいがい) 해외 役(やく)に立(た)つ 도움이 되다, 유용하다
製品(せいひん) 제품 広(ひろ)める 널리 알리다
喜(よろこ)び 기쁨 感(かん)じる 느끼다 しかし 그러나
生活(せいかつ) 생활 大変(たいへん)だ 힘들다
ストレス 스트레스 帰(かえ)る 돌아가다 たくさん 많이
うまく 잘, 능숙하게 ~しか (부정어 수반) ~밖에
一番(いちばん) 가장, 제일 楽(たの)しい 즐겁다 違(ちが)う 다르다
色(いろ)んな 여러 가지, 다양한 文化(ぶんか) 문화
習慣(しゅうかん) 습관 知(し)る 알다 ところ 점, 부분
慣(な)れる 익숙해지다 苦労(くろう) 고생
うまくいく 잘되다, 순조롭게 진행되다 理由(りゆう) 이유
多(おお)い 많다 工夫(くふう) 궁리, 생각을 짜냄
行動(こうどう) 행동 相手(あいて) 상대
考(かんが)え方(かた) 사고방식 理解(りかい) 이해
~ようになる ~하게(끔) 되다 *변화 そして 그리고
成長(せいちょう) 성장 毎日(まいにち) 매일 世界(せかい) 세계
広(ひろ)がる 넓어지다

181 この人は、どうして今の仕事を選びましたか。
(A) 海外で働くのが幼い頃からの夢だったから
(B) 海外営業の仕事は給料がとても高いから
(C) 知人に今の会社の社長を紹介されたから
(D) 学生時代に学んだことが役立つと考えたから

181 이 사람은 어째서 지금의 일을 선택했습니까?
(A) 해외에서 일하는 것이 어릴 때부터의 꿈이었기 때문에
(B) 해외영업 일은 급여가 아주 높기 때문에
(C) 지인에게 지금 회사 사장을 소개받았기 때문에
(D) 학창 시절에 배운 것이 도움이 된다고 생각했거 때문에

해설 | 이 사람이 지금의 일을 선택한 이유는 두 번째 문장에 나온다. '대학 시절부터 배워 온 영어나 커뮤니케이션 능력을 사용해 활약할 수 있다고 생각했기 때문에 이 일을 선택했습니다'라고 했으므로, 정답은 (D)가 된다.

어휘 | 働(はたら)く 일하다 幼(おさな)い 어리다
頃(ころ) 때, 시절, 무렵 夢(ゆめ) 꿈 給料(きゅうりょう) 급여, 급료
とても 아주, 매우 高(たか)い 높다 知人(ちじん) 지인, 아는 사람
社長(しゃちょう) 사장 紹介(しょうかい) 소개
学生時代(がくせいじだい) 학창 시절
役立(やくだ)つ 도움이 되다, 유용하다 考(かんが)える 생각하다

182 この人が喜びを感じているのは、どんなところですか。
(A) 努力すれば周りに評価されるところ
(B) 笑顔でお礼を言ってもらえるところ
(C) 難しい営業の技術を学べるところ
(D) 人々のためになるものを世界中に届けられるところ

182 이 사람이 기쁨을 느끼고 있는 것은 어떤 점입니까?
(A) 노력하면 주위에게 평가받는 점
(B) 웃는 얼굴로 감사의 말을 들을 수 있는 점
(C) 어려운 영업 기술을 배울 수 있는 점
(D) 사람들에게 도움이 되는 것을 전 세계에 전할 수 있는 점

해설 | 초반부에서 '자신의 능력을 사용해 비즈니스가 성공했을 때의 기분은 최고이고, 해외에서 다른 사람에게 유용한 제품을 널리 알릴 수 있는 것에도 기쁨을 느끼고 있습니다'라고 했다. 즉, 비즈니스에서 성공을 거두었을 때뿐만 아니라, 자신이 판매한 제품이 해외에 사는 사람들에게 도움이 되었을 때 무척이나 기뻤다는 뜻이므로, 정답은 (D)가 된다.

어휘 | 努力(どりょく) 노력 周(まわ)り 주위, 주변
評価(ひょうか) 평가 ところ 점, 부분 笑顔(えがお) 웃는 얼굴
お礼(れい)を言(い)う 감사의 말을 하다
~てもらう (남에게) ~해 받다, (남이) ~해 주다
難(むずか)しい 어렵다 技術(ぎじゅつ) 기술
ためになる 도움이 되다 世界中(せかいじゅう) 전 세계
届(とど)ける 전하다

183 この人は、どんな時が一番楽しいと言っていますか。
(A) 外国の知らなかったことが知れた時
(B) 様々な国の人とおしゃべりができた時
(C) 自分の意見に納得してもらった時
(D) 日本で発売されていない商品を見つけた時

183 이 사람은 어떤 때가 가장 즐겁다고 말하고 있습니까?
(A) 외국의 몰랐던 것을 알 수 있었을 때
(B) 다양한 나라 사람과 이야기를 할 수 있었을 때
(C) 자신의 의견을 (남들이) 납득해 주었을 때
(D) 일본에서 발매되고 있지 않은 상품을 찾아냈을 때

해설 | 이 사람이 해외 영업에서 가장 즐겁다고 생각하고 있는 점은 중반부에 나온다. '일본과는 다른 다양한 문화나 생활습관을 알 수 있는 부

301

분'이라고 했으므로, 정답은 (A)가 된다.

어휘 | 外国(がいこく) 외국 様々(さまざま)だ 다양하다, 여러 가지다
国(くに) 나라 おしゃべりをする 이야기하다. 수다를 떨다
納得(なっとく) 납득 発売(はつばい) 발매 商品(しょうひん) 상품
見(み)つける 찾(아내)다. 발견하다

184 この人は、どうすれば仕事がうまくいくと言っ
ていますか。
(A) 自分で方法を考えて動く。
(B) しっかり調査をやっておく。
(C) 英語力を身に付ける。
(D) 日本のビジネスを学ぶ。

184 이 사람은 어떻게 하면 일이 잘된다고 말하고 있습니까?
(A) 스스로 방법을 생각하고 움직인다.
(B) 제대로 조사를 해 둔다.
(C) 영어 실력을 몸에 익힌다.
(D) 일본의 비즈니스를 배운다.

해설 | 후반부의 내용 문제. 해외에서 영업을 하다 보면 비즈니스뿐만
아니라 문화적으로 적응하는 데도 애를 먹기 마련이다. 어떤 사람은 그
런 문화적 차이를 핑계 삼아 자신의 실패를 합리화하기도 하지만, 이 사
람은 궁리해서 스스로 행동함으로써 다른 사고방식을 이해할 수 있고
일도 순조롭게 진행될 수 있다고 했다. 즉, 해외에서 비즈니스에 성공하
기 위해서는 결국 스스로 생각해서 해결책을 찾아나가야 한다는 뜻이므
로, 정답은 (A)가 된다.

어휘 | 自分(じぶん)で 직접, 스스로 動(うご)く 움직이다, 행동하다
しっかり 제대로, 확실히 調査(ちょうさ) 조사 やる 하다
~ておく ~해 놓다[두다] 英語力(えいごりょく) 영어 실력
身(み)に付(つ)ける (지식·기술 등을) 몸에 익히다

185~188 워라벨에 대한 인식 변화

　　最近、仕事と生活のバランスを考える人が増え
ているそうです。185昔、自分の生活よりも仕事の
ことを考えていたサラリーマンには、良いイメ
ージがありました。40年前の調査では、「仕事は
一生懸命にやるもの」と答えた人が、「仕事は生活
のために仕方がなくやるもの」と答えた人よりも
ずっと多かったそうです。186しかし最近の調査
では、「生活のために仕方がなくやるもの」と答
えた人の方が多くなりました。若い人ほどそう
答えた人が多くなって、年を取れば取るほど、
仕事は一生懸命やるものだと答えた人が多くな
っています。確かに、今の日本は努力すれば
結果が出る社会ではないかもしれません。187で
も、仕事を仕方がなくやっている人が大部分の
会社は、すぐに無くなってしまいます。明日、

私は新しい社員の前でスピーチをします。188そ
の時、仕事も自分の生活も、どちらも一生懸命
にやってもらいたいと話すつもりです。

　　最近에 일과 생활의 균형을 생각하는 사람이 늘고 있다고 합니다.
185옛날에 자신의 생활보다도 일을 생각했던 샐러리맨에게는 좋은
이미지가 있었습니다. 40년 전의 조사에서는 '일은 열심히 하는 것'
이라고 대답한 사람이 '일은 생활을 위해서 어쩔 수 없이 하는 것'이
라고 대답한 사람보다도 훨씬 많았다고 합니다. 186그러나 최근의 조
사에서는 '생활을 위해서 어쩔 수 없이 하는 것'이라고 대답한 사람
쪽이 많아졌습니다. 젊은 사람일수록 그렇게 대답한 사람이 많아지
고 나이를 먹으면 먹을수록 일은 열심히 하는 것이라고 대답한 사람
이 많아졌습니다. 확실히 지금의 일본은 노력하면 결과가 나오는 사
회가 아닐지도 모릅니다. 187하지만 일을 어쩔 수 없이 하고 있는 사
람이 대부분인 회사는 바로 없어져 버립니다. 내일 저는 새로운 사
원 앞에서 스피치를 합니다. 188그 때 일도 자신의 생활도 모두 열심
히 해 주었으면 좋겠다고 이야기할 생각입니다.

어휘 | 最近(さいきん) 최근, 요즘 仕事(しごと) 일
生活(せいかつ) 생활 バランス 밸런스, 균형
考(かんが)える 생각하다 増(ふ)える 늘다, 늘어나다
품사의 보통형+そうだ ~라고 한다 *전문 昔(むかし) 옛날
自分(じぶん) 자기, 자신, 나
~よりも ~보다도 サラリーマン 샐러리맨 いい 좋다
イメージ 이미지 調査(ちょうさ) 조사
一生懸命(いっしょうけんめい)(に) 열심히 やる 하다
答(こた)える 대답하다 仕方(しかた)がない 어쩔 수 없다
ずっと 훨씬 多(おお)い 많다 しかし 그러나
若(わか)い 젊다 ~ほど ~일수록
年(とし)を取(と)る 나이를 먹다 ~ば~ほど ~하면 ~할수록
確(たし)かに 확실히 努力(どりょく) 노력 結果(けっか) 결과
出(で)る 나오다 社会(しゃかい) 사회
~かもしれない ~일지도 모른다 でも 하지만
大部分(だいぶぶん) 대부분 会社(かいしゃ) 회사
無(な)くなる 없어지다 明日(あした) 내일
新(あたら)しい 새롭다 社員(しゃいん) 사원 前(まえ) 앞
スピーチ 스피치, 연설 どちらも 어느 쪽이나, 모두
~てもらいたい (남에게) ~해 받고 싶다, (남이) ~해 주었으면 좋겠다
동사의 보통형+つもりだ ~할 생각[작정]이다

185 昔、どんなサラリーマンが良い印象を持たれ
ていましたか。
(A) バランス良く働いている人
(B) 絶対に遅刻をしない人
(C) 生活よりも仕事を大事に考えている人
(D) 自分の生活をしっかり守っている人

185 옛날에 어떤 샐러리맨이 좋은 인상을 받았습니까?
(A) 균형 좋게 일하고 있는 사람
(B) 절대로 지각을 하지 않는 사람
(C) 생활보다도 일을 중요하게 생각하고 있는 사람
(D) 자신의 생활을 제대로 지키고 있는 사람

해설 | 두 번째 문장에서 '옛날에 자신의 생활보다도 일을 생각했던 샐

러리맨에게는 좋은 이미지가 있었습니다'라고 했다. 따라서 정답은 (C)
가 된다.

어휘 | 持(も)つ 가지다 働(はたら)く 일하다
絶対(ぜったい)に 절대로 遅刻(ちこく) 지각
大事(だいじ)だ 중요하다 しっかり 제대로, 확실히
守(まも)る 지키다

186 最近(さいきん)の調査(ちょうさ)は、どんな結果(けっか)でしたか。
(A) 仕事(しごと)が大事(だいじ)だと答(こた)えた人(ひと)が多(おお)かった。
(B) 仕事(しごと)をやらなくてもいいという人(ひと)が多(おお)かった。
(C) 一生懸命(いっしょうけんめい)に仕事(しごと)をやるべきだという人(ひと)が減(へ)った。
(D) 生(い)きていくために仕事(しごと)をやると答(こた)えた人(ひと)が減(へ)った。

186 최근의 조사는 어떤 결과였습니까?
(A) 일이 중요하다고 대답한 사람이 많았다.
(B) 일을 하지 않아도 된다는 사람이 많았다.
(C) 열심히 일을 해야 한다는 사람이 줄었다.
(D) 살아가기 위해서 일을 한다고 대답한 사람이 줄었다.

해설 | 중반부에서 최근의 조사에서는 일은 생활을 위해서 어쩔 수 없이 하는 것이라고 대답한 사람 쪽이 많아졌다고 했다. 즉, 과거에는 자신의 생활보다 일을 중요하게 여기는 사람들이 많았고, 또 좋은 평가를 받았지만, 최근에는 일은 생활을 하기 위한 방편일 뿐 최우선은 아니라는 뜻이므로, 정답은 열심히 일을 해야 한다는 사람이 줄었다고 한 (C)가 된다.

어휘 | 동사의 기본형+べきだ (마땅히) ~해야 한다
減(へ)る 줄다, 줄어들다 生(い)きる 살다, 생활하다

187 すぐに無(な)くなってしまう会社(かいしゃ)は、どんな会社(かいしゃ)ですか。
(A) 若者(わかもの)ばかりを社員(しゃいん)として集(あつ)めている会社(かいしゃ)
(B) 一生懸命(いっしょうけんめい)に仕事(しごと)をし過(す)ぎる会社(かいしゃ)
(C) 社員(しゃいん)の働(はたら)く環境(かんきょう)が悪(わる)い会社(かいしゃ)
(D) ほとんどの社員(しゃいん)が熱心(ねっしん)に働(はたら)いていない会社(かいしゃ)

187 바로 없어져 버리는 회사는 어떤 회사입니까?
(A) 젊은이만을 사원으로 모으고 있는 회사
(B) 열심히 일을 너무 하는 회사
(C) 사원의 일하는 환경이 나쁜 회사
(D) 대부분의 사원이 열심히 일하고 있지 않은 회사

해설 | 이 사람은 최근 일보다 자신의 생활을 중요하게 생각하는 젊은 층이 늘어나는 현상을 노력한 만큼 결과를 얻을 수 없는 사회 분위기 때문일지도 모른다고 하면서도, 일을 어쩔 수 없이 하고 있는 사람이 대부분인 회사는 바로 없어져 버린다고 걱정하고 있다. 따라서 정답은 (D)가 된다.

어휘 | 若者(わかもの) 젊은이 ~ばかり ~만, ~뿐
集(あつ)める 모으다 동사의 ます형+過(す)ぎる 너무 ~하다

環境(かんきょう) 환경 悪(わる)い 나쁘다. 좋지 않다
ほとんど 거의, 대부분 熱心(ねっしん)だ 열심이다

188 この人(ひと)は、明日(あした)のスピーチでどんなことを話(はな)しますか。
(A) 会社員(かいしゃいん)にとっては仕事(しごと)が一番(いちばん)大事(だいじ)だ。
(B) 辛(つら)くても会社(かいしゃ)を辞(や)めてはいけない。
(C) 先輩(せんぱい)の意見(いけん)をしっかり聞(き)いた方(ほう)がいい。
(D) 生活(せいかつ)も仕事(しごと)も全力(ぜんりょく)でやってほしい。

188 이 사람은 내일 스피치에서 어떤 것을 이야기합니까?
(A) 회사원에게 있어서는 일이 가장 중요하다.
(B) 괴로워도 회사를 그만두어서는 안 된다.
(C) 선배의 의견을 제대로 듣는 편이 좋다.
(D) 생활도 일도 전력으로 할 바란다.

해설 | 마지막 문장에서 일과 자신의 생활 모두 열심히 해 주길 바란다고 이야기할 생각이라고 했으므로, 정답은 (D)가 된다.

어휘 | ~にとっては ~에게 있어서는 一番(いちばん) 가장, 제일
辛(つら)い 괴롭다. 힘들다 辞(や)める (일자리를) 그만두다
~てはいけない ~해서는 안 된다 先輩(せんぱい) 선배
意見(いけん) 의견 しっかり 제대로, 확실히
동사의 た형+方(ほう)がいい ~하는 편[쪽] 좋다
全力(ぜんりょく) 전력. 모든 힘
~てほしい ~해 주었으면 하다, ~하길 바라다

189~192 철도 관련 이색 이벤트

私(わたし)は子供(こども)の頃(ころ)から鉄道(てつどう)が大好(だいす)きで、良(よ)く写真(しゃしん)を撮(と)りに出(で)かけていた。189電車(でんしゃ)に乗(の)ることも大好(だいす)きなのだが、大人(おとな)になってからは特(とく)に全国各地(ぜんこくかくち)の鉄道(てつどう)に関連(かんれん)するものを集(あつ)めるのが趣味(しゅみ)になった。そんな私(わたし)が、以前(いぜん)から参加(さんか)したいと思(おも)っていたイベントがある。190地方(ちほう)の鉄道会社(てつどうがいしゃ)が通常(つうじょう)では考(かんが)えられないものを販売(はんばい)するイベントだ。去年注目(きょねんちゅうもく)を浴(あ)びたのは、「自宅(じたく)に本物(ほんもの)の線路(せんろ)と踏切(ふみきり)が置(お)ける権利(けんり)」だった。鉄道(てつどう)ファンにとっては、夢(ゆめ)のようなことだ。191しかし残念(ざんねん)ながら私(わたし)の住(す)んでいるマンションの部屋(へや)の広(ひろ)さでは絶対(ぜったい)に無理(むり)なので、(1)諦(あきら)めた。そして先日(せんじつ)、今年販売(ことしはんばい)されるものが発表(はっぴょう)された。192それは「本物(ほんもの)の自動改札機(じどうかいさつき)」だ。自宅(じたく)に入(はい)る際(さい)、自動改札(じどうかいさつ)を通(とお)り抜(ぬ)けて室内(しつない)へ入(はい)る。思(おも)い浮(う)かべると(2)わくわくする。値段(ねだん)も気(き)になるところだし、ライバルも多(おお)そうだが、今年(ことし)は休暇(きゅうか)を取(と)り、イベントに参加(さんか)してみようと思(おも)っている。

303

나는 어릴 때부터 철도를 아주 좋아해서 자주 사진을 찍으러 나갔다. 189전철을 타는 것도 아주 좋아하지만 어른이 된 후로는 특히 전국 각지의 철도에 관련된 것을 모으는 게 취미가 되었다. 그런 내가 예전부터 참가하고 싶다고 생각했던 이벤트가 있다. 190지방의 철도회사가 통상은 생각할 수 없는 것을 판매하는 이벤트이다. 작년에 주목을 받았던 것은 '자택에 진짜 노선과 건널목을 둘 수 있는 권리'였다. 철도 팬에게 있어서는 꿈같은 일이다. 191그러나 유감스럽게도 내가 살고 있는 (중·고층) 아파트 방 넓이로는 절대로 무리이기 때문에 (1)단념했다. 그리고 일전에 올해 판매되는 것이 발표되었다. 192그것은 '진짜 자동개찰기'이다. 자택에 들어갈 때 자동개찰을 통과해 실내로 들어간다. 마음속에 그려보니 (2)설렌다. 가격도 신경 쓰이는 부분이고 라이벌도 많을 것 같지만 올해는 휴가를 받아서 이벤트에 참가해 보려고 생각하고 있다.

어휘 | 子供(こども) 아이 頃(ころ) 때, 시절, 무렵
鉄道(てつどう) 철도 大好(だいす)きだ 아주 좋아하다
良(よ)く 자주 写真(しゃしん) 사진 撮(と)る (사진을) 찍다
出(で)かける (밖에) 나가다, 외출하다, 가다 電車(でんしゃ) 전철
乗(の)る (탈것에) 타다 大人(おとな) 어른
~てから ~하고 나서, ~한 후에 特(とく)に 특히
全国(ぜんこく) 전국 各地(かくち) 각지
関連(かんれん)する 관련되다 集(あつ)める 모으다.
趣味(しゅみ) 취미 以前(いぜん) 전, 이전, 예전
参加(さんか) 참가 イベント 이벤트 地方(ちほう) 지방
鉄道会社(てつどうがいしゃ) 철도회사
通常(つうじょう) 통상, 보통 考(かんが)える 생각하다
販売(はんばい) 판매 去年(きょねん) 작년
注目(ちゅうもく)を浴(あ)びる 주목을 받다 自宅(じたく) 자택
本物(ほんもの) 진짜 線路(せんろ) 선로 踏切(ふみきり) 건널목
置(お)く 놓다, 두다 権利(けんり) 권리 ファン 팬
~にとっては ~에게 있어서는 夢(ゆめ) 꿈
명사+の+ような ~와 같은 しかし 그러나
残念(ざんねん)だ 아쉽다, 유감스럽다
な형용사의 어간+ながら ~지만 住(す)む 살다, 거주하다
マンション 맨션, (중·고층) 아파트 部屋(へや) 방
広(ひろ)さ 넓이 絶対(ぜったい)に 절대로 無理(むり) 무리
諦(あきら)める 단념하다, 체념하다 そして 그리고
先日(せんじつ) 요전, 일전 今年(ことし) 올해
発表(はっぴょう) 발표 自動(じどう) 자동
改札機(かいさつき) 개찰기 入(はい)る 들어가다 ~際(さい) ~때
通(とお)り抜(ぬ)ける (한쪽에서 다른 한쪽으로) 빠져나가다, 통과하다
室内(しつない) 실내 思(おも)い浮(う)かべる 마음속에 그려보다
わくわくする 설레다 *「わくわく」- (가슴이) 두근두근
値段(ねだん) 가격 気(き)になる 신경이 쓰이다 ところ 곳, 부분
~し ~고 ライバル 라이벌 多(おお)い 많다
い형용사 어간+そうだ ~일[할] 것 같다 *양태
休暇(きゅうか)を取(と)る 휴가를 받다 ~てみる ~해 보다

189 この人の大人になってからの趣味は、何ですか。
(A) 全国の鉄道写真の撮影
(B) 駅の発車メロディーを集めること
(C) 全国各地の鉄道に乗車すること
(D) 鉄道に関わる品物の収集

---

189 이 사람의 어른이 된 후의 취미는 무엇입니까?
(A) 전국의 철도사진 촬영
(B) 역의 발차 멜로디를 모으는 것
(C) 전국 각지의 철도에 승차하는 것
(D) 철도에 관계된 물건 수집

해설 | 이 사람의 어른이 된 후의 취미에 대해서는 두 번째 문장에 나오는데, 어른이 된 후로는 특히 전국 각지의 철도에 관련된 것을 모으는 것이 취미가 되었다고 했다. 따라서 정답은 (D)로, 본문의「関連(かんれん)する」(관련되다)를「関(かか)わる」(관계되다)로 바꿔 표현했다.

어휘 | 撮影(さつえい) 촬영 駅(えき) 역 発車(はっしゃ) 발차
メロディー 멜로디 乗車(じょうしゃ) 승차 品物(しなもの) 물건
収集(しゅうしゅう) 수집

190 この人は、どんなイベントに参加したいと思っていますか。
(A) 色々なものが特売されるお得なイベント
(B) 地方鉄道の車内販売が安売りになるイベント
(C) 列車の旅が当選者に贈られるイベント
(D) 普段売買されないものが売り出されるイベント

---

190 이 사람은 어떤 이벤트에 참가하고 싶다고 생각하고 있습니까?
(A) 여러 가지 물건이 특매되는 이득이 되는 이벤트
(B) 지방 철도의 차내 판매가 싸게 판매되는 이벤트
(C) 열차 여행이 당첨자에게 주어지는 이벤트
(D) 평소 매매되지 않는 것이 대대적으로 판매되는 이벤트

해설 | 중반부에서 이 사람이 예전부터 참가하고 싶다고 생각한 것은 '지방의 철도회사가 통상은 생각할 수 없는 것을 판매하는 이벤트'라고 했다. 즉, 평소에는 판매하지 않는 특이한 철도 관련 물품을 판매하는 이벤트라는 뜻이므로, 정답은 (D)가 된다.

어휘 | 色々(いろいろ)だ 다양하다, 여러 가지다
特売(とくばい) 특매, 특별히 싸게 판매함 得(とく) 이득, 이익
地方(ちほう) 지방 車内(しゃない) 차내, 차 안
安売(やすう)り 싸게 팖, 염가 판매 列車(れっしゃ) 열차
旅(たび) 여행 当選者(とうせんしゃ) 당첨자
贈(おく)る 선물하다, 보내다, 주다 普段(ふだん) 평소, 평상시
売買(ばいばい) 매매
売(う)り出(だ)す (선전·할인 혹은 경품을 붙여) 대대적으로 팔다

191 この人は、なぜ(1)諦めたと言っていますか。
(A) 自宅に置けるスペースがないため
(B) 組み立てる技術が不足しているため
(C) 同居家族に認められなかったため
(D) 銀行預金の額が不足していたため

---

191 이 사람은 왜 (1)단념했다고 말하고 있습니까?
(A) 자택에 둘 수 있는 공간이 없기 때문에
(B) 조립할 기술이 부족하기 때문에
(C) 동거 가족에게 인정받을 수 없었기 때문에
(D) 은행 예금액이 부족했기 때문에

해설 | 밑줄 친 부분의 앞 문장에서 정답을 찾을 수 있다. 이 사람이 갖고 싶었던 것은 작년에 있었던 이벤트로, '자택에 진짜 노선과 건널목을 둘 수 있는 권리'였다. 그러나 유감스럽게도 이 사람이 살고 있는 집에는 들여 놓을 수 없을 만큼 너무 커서 단념할 수밖에 없었다고 했으므로, 정답은 (A)가 된다.

어휘 | スペース 스페이스, 공간　組(く)み立(た)てる 조립하다
技術(ぎじゅつ) 기술　不足(ふそく) 부족
同居(どうきょ) 동거, (가족이 한집에서) 같이 삶　家族(かぞく) 가족
認(みと)める 인정하다　銀行(ぎんこう) 은행　預金(よきん) 예금
額(がく) 액, 액수

192 この人が(2)わくわくするのは、どうしてですか。

　(A) 買った後のことを想像すると楽しくなるから

　(B) 自動改札機を家に置いている人はいないから

　(C) どうやら安く手に入れられそうだから

　(D) 休暇をもらってイベントに参加できるから

192 이 사람이 (2)설레는 것은 어째서입니까?
　(A) 산 후의 일을 상상하면 즐거워지기 때문에
　(B) 자동개찰기를 집에 두고 있는 사람은 없기 때문에
　(C) 아무래도 싸게 손에 넣을 수 있을 것 같기 때문에
　(D) 휴가를 받아서 이벤트에 참가할 수 있기 때문에

해설 | 이 사람이 설레는 이유는 후반부에 나온다. 이 사람은 올해 발매 예정인 '진짜 자동개찰기'에 대해서 집에 들어갈 때 자동개찰을 통과해 실내로 들어가는 상상을 하면 설렌다고 했다. 즉, 자동개찰기를 구입한 후 집에 놓고 실제처럼 사용할 생각을 하는 것만으로도 즐거워진다는 뜻이므로, 정답은 (A)가 된다.

어휘 | 想像(そうぞう) 상상　楽(たの)しい 즐겁다
どうやら 아무래도　安(やす)い (값이) 싸다
手(て)に入(い)れる 손에 넣다

193~196 사원여행의 부활

昨日、高校の同級生と久しぶりに会った。彼の会社では来週、社員旅行があるらしい。社員旅行というと、私にはマイナスイメージしかなかった。193昔は多くの企業が行っていたが、職場の人間関係が旅先でも続くとなると、気が抜けない人が多く、参加したくないのは当然だ。194そのような心理的な問題に加えて、企業の経費の問題もあり、徐々に社員旅行をする企業は減った。私の会社でも自由参加の旅行になり、そして最後には社員旅行が無くなってしまった。しかし最近、社員旅行をする企業が少しずつ増加しているそうだ。友人の話では、単なる観光旅行ではなく、研修が目的の旅行だそうだ。どうやら社員全体でまとまった時間が持てる社員旅行という形で、研修を行っているようだ。195しっかりと目的を設定した上での旅行であれば、社員たちも納得するだろう。196是非自分の会社でも、旅行の経費は企業にとって価値がある投資になると思うので、社員旅行の復活を(1)提案してみようと思った。

어제 고등학교 동급생과 오랜만에 만났다. 그의 회사에서는 다음 주에 사원여행이 있는 것 같다. 사원여행이라고 하면 나에게는 부정적인 이미지밖에 없었다. 193옛날에는 많은 기업이 실시했지만 직장의 인간관계가 여행지에서도 이어지게 되면 긴장을 늦출 수 없는 사람이 많아서 참가하고 싶지 않은 것은 당연하다. 194그와 같은 심리적인 문제에 더해 기업의 경비 문제도 있어 서서히 사원여행을 하는 기업은 줄었다. 우리 회사에서도 자유 참가 여행이 되고 그리고 마지막에는 사원여행이 없어져 버렸다. 그러나 최근 사원여행을 하는 기업이 조금씩 증가하고 있다고 한다. 친구 이야기로는 단순한 관광여행이 아니라 연수가 목적인 여행이라고 한다. 아무래도 사원 전체로 통합된 시간을 가질 수 있는 사원여행이라는 형태로 연수를 실시하고 있는 것 같다. 195제대로 목적을 설정한 후의 여행이라면 사원들도 납득할 것이다. 196꼭 내가 다니는 회사에서도 여행 경비는 기업에게 있어서 가치가 있는 투자가 될 것이라고 생각하기에 사원여행의 부활을 (1)제안해 보려고 생각했다.

어휘 | 昨日(きのう) 어제
高校(こうこう) 고등학교 *『高等学校(こうとうがっこう)』의 준말
同級生(どうきゅうせい) 동급생　久(ひさ)しぶりだ 오랜만이다
会(あ)う 만나다　会社(かいしゃ) 회사　来週(らいしゅう) 다음 주
社員(しゃいん) 사원　旅行(りょこう) 여행
マイナス 마이너스, 부정적임　イメージ 이미지
~しか (부정어 수반) ~밖에　昔(むかし) 옛날　多(おお)く 많음
企業(きぎょう) 기업　行(おこな)う 하다, 행하다, 실시하다
職場(しょくば) 직장　人間(にんげん) 인간　関係(かんけい) 관계
旅先(たびさき) 여행지　続(つづ)く 이어지다, 계속되다
気(き)が抜(ぬ)ける 긴장이 풀려서 얼이 빠지다　参加(さんか) 참가
当然(とうぜん)だ 당연하다　心理的(しんりてき)だ 심리적이다
問題(もんだい) 문제　加(くわ)える 더하다　経費(けいひ) 경비
徐々(じょじょ)に 서서히　減(へ)る 줄다, 줄어들다
自由(じゆう) 자유　そして 그리고　最後(さいご) 최후, 마지막
無(な)くなる 없어지다　しかし 그러나　最近(さいきん) 최근, 요즘
少(すこ)し 조금　~ずつ ~씩　増加(ぞうか) 증가
품사의 보통형+そうだ ~라고 한다 *전문　友人(ゆうじん) 친구
話(はなし) 이야기　単(たん)なる 단순한　観光(かんこう) 관광
研修(けんしゅう) 연수　目的(もくてき) 목적　どうやら 아무래도
全体(ぜんたい) 전체　まとまる 한데 모이다, 통합되다
時間(じかん) 시간　持(も)つ 가지다　形(かたち) 형태
~ようだ ~인 것 같다, ~인 듯하다　しっかりと 제대로, 확실히
設定(せってい) 설정　동사의 た형+上(うえ)で ~한 후에, ~한 다음에
~たち (사람이나 생물을 나타내는 말에 붙어) ~들
納得(なっとく) 납득　是非(ぜひ) 꼭, 제발, 아무쪼록
~にとって ~에게 있어서　価値(かち) 가치　投資(とうし) 투자
復活(ふっかつ) 부활　提案(ていあん) 제안

193 この人は、社員旅行についてどう思っていましたか。
- (A) 古い日本企業の習慣である。
- (B) 是非復活してほしい行事である。
- (C) 最悪な習慣で今すぐ止めるべきである。
- (D) 多くの人が参加を嫌がるものである。

193 이 사람은 사원여행에 대해서 어떻게 생각하고 있었습니까?
- (A) 오래된 일본 기업의 습관이다.
- (B) 꼭 부활했으면 하는 행사이다.
- (C) 최악의 습관으로 지금 바로 그만둬야 한다.
- (D) 많은 사람이 참가를 꺼려하는 것이다.

해설 | 이 사람은 사원여행에 대해서 부정적인 생각을 갖고 있는데, 네 번째 문장에서 직장의 인간관계가 여행지에서도 이어지게 되면 긴장을 늦출 수 없는 사람이 많아서 참가하고 싶지 않은 것은 당연하다고 그 이유를 밝히고 있다. 즉, 즐거워야 할 여행지에서도 회사의 인간관계가 이어지기 때문에 사원들이 참가를 꺼린다는 뜻이므로, 정답은 (D)가 된다.

어휘 | 古(ふる)い 오래다, 오래되다 習慣(しゅうかん) 습관
~てほしい ~해 주었으면 하다, ~하길 바라다
行事(ぎょうじ) 행사 最悪(さいあく)だ 최악이다
止(や)める 끊다, 그만두다, 중지하다
동사의 기본형+べきだ (마땅히) ~해야 한다
嫌(いや)がる 싫어하다, 꺼려하다

194 社員旅行をする企業が減ったのは、どうしてですか。
- (A) 制度上の問題が明らかになったから
- (B) 社員を強制的に従わせるのは良くないから
- (C) 企業や社員の負担になるから
- (D) 日程を組むのが困難になってきたから

194 사원여행을 하는 기업이 줄어든 것은 어째서입니까?
- (A) 제도상의 문제가 밝혀졌기 때문에
- (B) 사원을 강제적으로 따르게 하는 것은 좋지 않기 때문에
- (C) 기업이나 사원의 부담이 되기 때문에
- (D) 일정을 짜는 것이 곤란해졌기 때문에

해설 | 중반부에서 사원의 '심리적인 문제에 더해 기업의 경비 문제도 있어 서서히 사원여행을 하는 기업이 줄었다'라고 했다. 즉, 사원이나 회사에 모두 부담이 되는 행사가 되어 버렸다는 의미이므로, 정답은 (C)가 된다.

어휘 | 制度(せいど) 제도 ~上(じょう) (추상적인 위치의) ~상
明(あき)らかだ 분명하다 *「明(あき)らかになる」- 밝혀지다
強制的(きょうせいてき)だ 강제적이다 従(したが)う 따르다
良(よ)くない 좋지 않다 負担(ふたん) 부담 日程(にってい) 일정
組(く)む 짜다, 편성하다 困難(こんなん)だ 곤란하다

195 社員が納得するのは、どんな旅行ですか。
- (A) 豪華な食事が提供される旅行
- (B) 目的が明確で行く意義のある旅行
- (C) 上司と仲良くする必要がない旅行

195 (D) 行き先が自由に選択できる旅行

195 사원이 납득하는 것은 어떤 여행입니까?
- (A) 호화로운 식사가 제공되는 여행
- (B) 목적이 명확하고 가는 의의가 있는 여행
- (C) 상사와 사이좋게 지낼 필요가 없는 여행
- (D) 행선지를 자유롭게 선택할 수 있는 여행

해설 | 중반부에서 이 사람은 최근 들어 다시 늘기 시작한 사원여행은 단순한 여행이 아니라 사원 모두가 통합된 시간을 가질 수 있는 연수 형태로 이루어지고 있다고 하면서, 이렇게 뚜렷한 목적을 가진 사원여행이라면 그동안 기피해 왔던 사원들도 충분히 납득할 수 있을 것이라고 했다. 따라서 정답은 목적이 명확하고 가는 의의가 있는 여행이라고 한 (B)가 된다.

어휘 | 豪華(ごうか)だ 호화롭다 食事(しょくじ) 식사
提供(ていきょう) 제공 明確(めいかく)だ 명확하다
意義(いぎ) 의의 上司(じょうし) 상사 仲良(なかよ)い 사이좋다
必要(ひつよう) 필요 行(い)き先(さき) 행선지 選択(せんたく) 선택

196 この人は、どうして(1)提案してみようと思ったのですか。
- (A) 旅行経費は収入利益で十分補えるから
- (B) 最近の旅行は経済的だから
- (C) 研修を行えるのがお得だから
- (D) お金をかけても無駄にならないと考えたから

196 이 사람은 어째서 (1)제안해 보려고 생각했습니까?
- (A) 여행경비는 수입 이익으로 충분히 보충할 수 있기 때문에
- (B) 최근의 여행은 경제적이기 때문에
- (C) 연수를 실시할 수 있는 것이 이득이기 때문에
- (D) 돈을 들여도 헛되지 않는다고 생각했기 때문에

해설 | 마지막 문장에서 이 사람은 여행 경비가 기업에 있어 가치 있는 투자가 될 것이라고 생각한다고 했다. 즉, 사원들을 하나로 통합하는 연수 목적의 여행이라면 사측에서도 여행 경비로 드는 돈이 아깝지 않을 것이라는 뜻이므로, 정답은 (D)가 된다.

어휘 | 収入(しゅうにゅう) 수입 利益(りえき) 이익
十分(じゅうぶん) 충분히 補(おぎな)う 보충하다
最近(さいきん) 최근, 요즘 経済的(けいざいてき) 경제적
お金(かね) 돈 かける (비용을) 들이다 無駄(むだ)だ 헛되다

197~200 평생학습의 확대

人が生涯にわたり学習活動を継続していく生涯学習という概念は、欧米諸国では19世紀には既に一般的だった。¹⁹⁷多くの一般の民衆が大学における高度な研究内容をキリスト教の教会にて学んでいた。日本でもその概念は導入されたものの、定着しないまま消滅していった。現在各国で実践されているタイプの生涯学習は、比

較的新しく唱えられたものだ。198日本でも、自分のキャリアアップのために何か新しいものを学んだり、学習を続けたりすることには(1)高い価値があるとされてきている。199そこで日本政府も社会人の学びを推進し、多様な需要に対応する教育機会の拡大を図っている。その1つとして、大学や大学院における社会人や企業などの需要に応じた実践的かつ専門的なプログラムを「職業実践力育成プログラム」に定める制度を開始した。この制度により、定められた各種プログラムのうち一定の条件を満たす者については、学習補助金の支給対象となった。200人生100年時代を念頭に置いたこうした取り組みや支援が、今後も増えていくだろうと予想されている。

인간이 평생에 걸쳐 학습활동을 계속해 가는 평생학습이라는 개념은 유럽과 미국 여러 나라에서는 19세기에는 이미 일반적이었다. 197많은 일반 민중이 대학에서의 고도의 연구 내용을 기독교 교회에서 배웠다. 일본에서도 그 개념은 도입되긴 했지만 정착되지 않은 채 소멸되어 갔다. 현재 각국에서 실천되고 있는 타입의 평생학습은 비교적 새롭게 제기된 것이다. 198일본에서도 자신의 경력 향상을 위해서 뭔가 새로운 것을 배우거나 학습을 계속하거나 하는 것에는 (1)높은 가치가 있다고 여겨져 오고 있다. 199그래서 일본 정부도 사회인의 배움을 추진하고 다양한 수요에 대응할 교육 기회의 확대를 도모하고 있다. 그 하나로써 대학이나 대학원에서의 사회인이나 기업 등의 수요에 맞는 실천적이고 전문적인 프로그램을 '직업 실천력 육성 프로그램'으로 정하는 제도를 개시했다. 이 제도에 의해 정해진 각종 프로그램 중 일정의 조건을 충족시키는 사람에 대해서는 학습 보조금의 지급 대상이 되었다. 200인생 100년 시대를 염두에 둔 이러한 대처나 지원이 앞으로도 늘어갈 것이라고 예상되고 있다.

어휘 | 人(ひと) 사람, 인간 生涯(しょうがい) 생애, 평생, 일생
〜にわたり 〜에 걸쳐서 学習(がくしゅう) 학습
活動(かつどう) 활동 継続(けいぞく) 계속
〜という 〜라고 하는, 〜라는 概念(がいねん) 개념
欧米(おうべい) 구미, 유럽과 미국 諸国(しょこく) 제국, 여러 나라
世紀(せいき) 세기 既(すで)に 이미, 벌써
一般的(いっぱんてき)だ 일반적이다 多(おお)く 많음
一般(いっぱん) 일반 民衆(みんしゅう) 민중 大学(だいがく) 대학(교)
〜における 〜(에서)의 *동작·작용이 행해지는 곳·때를 나타냄
高度(こうど)だ 고도이다, 정도가 높다 研究(けんきゅう) 연구
内容(ないよう) 내용 キリスト教(きょう) 기독교
教会(きょうかい) 교회 〜にて 〜에서 学(まな)ぶ 배우다
導入(どうにゅう) 도입 〜ものの 〜이지만
定着(ていちゃく) 정착 〜まま 〜채 消滅(しょうめつ) 소멸
現在(げんざい) 현재 各国(かっこく) 각국 実践(じっせん) 실천
タイプ 타입 比較的(ひかくてき) 비교적 新(あたら)しい 새롭다
唱(とな)える 제기하다, 주창하다 自分(じぶん) 자기, 자신, 나
キャリアアップ 커리어 업, 경력을 높임

명사+の+ために 〜위해서 何(なに)か 무엇인가, 무언가
続(つづ)ける 계속하다
〜たり[だり]〜たり[だり]する 〜하거나 〜하거나 하다
高(たか)い 높다 価値(かち) 가치 そこで 그래서
政府(せいふ) 정부 社会人(しゃかいじん) 사회인
学(まな)び 배움 推進(すいしん) 추진 多様(たよう)だ 다양하다
需要(じゅよう) 수요 対応(たいおう) 대응
教育(きょういく) 교육 機会(きかい) 기회 拡大(かくだい) 확대
図(はか)る 도모하다, 꾀하다 1(ひと)つ 하나
大学院(だいがくいん) 대학원 企業(きぎょう) 기업
応(おう)じる 적합하다, 따르다, 대응하다
実践的(じっせんてき)だ 실천적 かつ 또한
専門的(せんもんてき)だ 전문적이다 プログラム 프로그램
職業(しょくぎょう) 직업 実践力(じっせんりょく) 실천력
育成(いくせい) 육성 定(さだ)める 정하다, 결정하다
開始(かいし) 개시, 시작 〜により 〜에 의해[따라]
各種(かくしゅ) 각종 〜うち 〜중 一定(いってい) 일정
条件(じょうけん) 조건 満(み)たす 충족[만족]시키다
者(もの) 자, 사람 〜については 〜에 대해서는
補助金(ほじょきん) 보조금 支給(しきゅう) 지급
対象(たいしょう) 대상 人生(じんせい) 인생 時代(じだい) 시대
念頭(ねんとう)に置(お)く 염두에 두다
こうした 이러한, 이(와) 같은 取(と)り組(く)み 대처
支援(しえん) 지원 今後(こんご) 금후, 앞으로
増(ふ)える 늘다, 늘어나다 予想(よそう) 예상

197 19世紀の欧米諸国での生涯学習とは、どのようなものでしたか。
(A) 上流階級の人が教会で教えを学んでいた。
(B) 一般人がキリスト教の由来を研究していた。
(C) 誰でも大学の教室で講義が聴講できた。
(D) 庶民が大学と同等の内容を学んでいた。

197 19세기의 유럽과 미국 여러 나라에서의 평생학습이란 어떠한 것이었습니까?
(A) 상류 계급의 사람이 교회에서 가르침을 배우고 있었다.
(B) 일반인이 기독교의 유래를 연구하고 있었다.
(C) 누구든지 대학의 교실에서 강의를 청강할 수 있었다.
(D) 서민이 대학과 동등한 내용을 배우고 있었다.

해설 | 초반부에서 유럽과 미국 등에서는 평생학습은 이미 19세기부터 일반적인 개념이었으며, '많은 일반 민중이 대학에서의 고도의 연구 내용을 기독교 교회에서 배웠다'라고 했다. 즉, 대학에 다니지 않더라도 일반 민중도 교회에 다니면서 대학 수준의 교육을 받을 수 있었다는 의미이므로, 정답은 (D)가 된다.

어휘 | 上流(じょうりゅう) 상류 階級(かいきゅう) 계급
教(おし)え 가르침 一般人(いっぱんじん) 일반인 由来(ゆらい) 유래
誰(だれ)でも 누구든지 教室(きょうしつ) 교실 講義(こうぎ) 강의
聴講(ちょうこう) 청강 庶民(しょみん) 서민 同等(どうとう) 동등
内容(ないよう) 내용

198 日本では、どんなことが(1)高い価値があるとされていますか。
(A) 向上心を持って自ら学びを継続すること

(B) 名高い学者から技能を授けられること
(C) 順調にキャリアを形成していくこと
(D) 自身の趣味や娯楽に重点を置くこと

198 일본에서는 어떤 것이 (1)높은 가치가 있다고 여겨지고 있습니까?
   (A) 향상심을 가지고 스스로 배움을 계속하는 것
   (B) 유명한 학자로부터 기능을 전수받는 것
   (C) 순조롭게 경력을 형성해 가는 것
   (D) 자신의 취미나 오락에 중점을 두는 것

해설 | 높은 가치가 있다고 여겨지는 것은 바로 앞에 나오는 '일본에서도 자신의 경력 향상을 위해서 뭔가 새로운 것을 배우거나 학습을 계속하거나 하는 것'을 말한다. 즉, 현재에 안주하지 않고 계속해서 뭔가 새로운 것을 배워 나가는 자세를 높게 평가한다는 뜻이므로, 정답은 (A)가 된다.

어휘 | 向上心(こうじょうしん) 향상심 持(も)つ 가지다
自(みずか)ら 몸소, 친히, 스스로 名高(なだか)い 유명하다
学者(がくしゃ) 학자 技能(ぎのう) 기능 授(さず)ける 전수하다
順調(じゅんちょう)だ 순조롭다 形成(けいせい) 형성
自身(じしん) 자신, 자기 趣味(しゅみ) 취미 娯楽(ごらく) 오락
重点(じゅうてん) 중점 置(お)く 놓다, 두다

199 政府は、なぜ新しい制度を導入しましたか。
   (A) 教育機会の重要性を認識したため
   (B) 学習機関からの強い要望があったため
   (C) 未成年者が学習できる機会を増やすため
   (D) 様々な学びに適した場を拡充するため

199 정부는 왜 새로운 제도를 도입했습니까?
   (A) 교육 기회의 중요성을 인식했기 때문에
   (B) 학습기관으로부터의 강한 요망이 있었기 때문에
   (C) 미성년자가 학습할 수 있는 기회를 늘리기 위해서
   (D) 여러 가지 배움에 적합한 장을 확충하기 위해서

해설 | 후반부에서 일본 정부는 사회인의 배움을 추진하고 다양한 수요에 대응할 교육 기회 확대를 도모하기 위해 대학이나 대학원 등에서 사회인이나 기업 등의 수요에 따른 전문적인 프로그램을 '직업 실천력 육성 프로그램'으로 정하는 제도를 개시했다고 했다. 즉, 평생교육을 받을 수 있는 다양한 기회의 장을 마련하고 있다는 뜻이므로, 정답은 (D)가 된다.

어휘 | 機会(きかい) 기회 重要性(じゅうようせい) 중요성
認識(にんしき) 인식 機関(きかん) 기관 強(つよ)い 강하다
要望(ようぼう) 요망 未成年者(みせいねんしゃ) 미성년자
増(ふ)やす 늘리다 様々(さまざま)だ 다양하다, 여러 가지다
適(てき)する 적합하다 場(ば) 장 *어떤 일이 행하여 지는 곳
拡充(かくじゅう) 확충

200 今後について、どのようになると予想されていますか。
   (A) 学習機会の需要と供給の均衡は保たれる。
   (B) 専門的な職業に就きたい人が増加する。
   (C) 各分野で生涯学習事業が推進されていく。
   (D) 職業訓練校により、高齢者の就職が増える。

200 앞으로에 대해서 어떻게 될 것이라고 예상되고 있습니까?
   (A) 학습 기회의 수요와 공급의 균형은 유지된다.
   (B) 전문적인 직업에 종사하고 싶은 사람이 증가한다.
   (C) 각 분야에서 평생학습 사업이 추진되어 간다.
   (D) 직업훈련학교에 의해 고령자의 취직이 늘어난다.

해설 | 마지막 문장에서 '인생 100년 시대를 염두에 둔 이러한 대처나 지원이 앞으로도 늘어갈 것이라고 예상되고 있다'라고 했다. 따라서 정답은 (C)가 된다.

어휘 | 需要(じゅよう) 수요 供給(きょうきゅう) 공급
均衡(きんこう) 균형 保(たも)つ 유지하다
職業(しょくぎょう)に就(つ)く 취직[취업]하다, 직업에 종사하다
増加(ぞうか) 증가 各(かく) 각 分野(ぶんや) 분야
事業(じぎょう) 사업 訓練校(くんれんこう) 훈련학교
高齢者(こうれいしゃ) 고령자 就職(しゅうしょく) 취직

* 읽는 법과 뜻을 확인해 보세요.

어휘 및 표현	읽는 법	뜻
☐ 字	じ	글자
☐ 住所	じゅうしょ	주소
☐ 切る	きる	자르다
☐ 机	つくえ	책상
☐ 飾る	かざる	꾸미다, 장식하다
☐ 置き場	おきば	물건 따위를 두는 곳
☐ 体温	たいおん	체온
☐ 履く	はく	(신을) 신다
☐ アイロンをかける	●	다림질을 하다
☐ 道順	みちじゅん	(목적지로 가는) 길[순서]
☐ 押さえる	おさえる	(위에서) 누르다
☐ 噴水	ふんすい	분수
☐ 吊るす	つるす	매달다
☐ 図鑑	ずかん	도감
☐ 抱える	かかえる	안다, 껴안다
☐ 袋	ふくろ	봉지
☐ 持ち上げる	もちあげる	들어 올리다
☐ 照明	しょうめい	조명
☐ 塞ぐ	ふさぐ	막다
☐ 障子	しょうじ	장지, 미닫이문

최신기출 5

주요 어휘 및 표현 정리 20

* 읽는 법과 뜻을 확인해 보세요.

어휘 및 표현	읽는 법	뜻
□ 野菜	やさい	채소, 야채
□ 退院	たいいん	퇴원
□ 止む	やむ	그치다, 멎다
□ 近頃	ちかごろ	요즘, 최근
□ 流行る	はやる	유행하다
□ 記入	きにゅう	기입
□ 生き物	いきもの	(살아 있는) 짐승, 동물
□ 切れる	きれる	(기한 등이) 끝나다, 다 되다, 마감되다
□ 英会話	えいかいわ	영어회화
□ 訳	わけ	까닭, 이유, 사정
□ 着替え	きがえ	(옷을) 갈아입음, 갈아입을 옷
□ 保険	ほけん	보험
□ 継ぐ	つぐ	잇다, 이어받다
□ 夜更かし	よふかし	밤늦게까지 자지 않음
□ 不平等	ふびょうどう	불평등
□ 裏切る	うらぎる	배신하다, 배반하다
□ 待ち遠しい	まちどおしい	몹시 기다려지다
□ 得意先	とくいさき	단골 거래처
□ 力を入れる	ちからをいれる	(하는 일에) 힘을 쏟다
□ 実物	じつぶつ	실물

주요 어휘 및 표현 정리 20

＊ 읽는 법과 뜻을 확인해 보세요.

어휘 및 표현	읽는 법	뜻
☐ 廊下	ろうか	복도
☐ 渡す	わたす	건네다, 건네주다
☐ 郵便	ゆうびん	우편
☐ 出す	だす	보내다, 부치다
☐ 切手	きって	우표
☐ 送金	そうきん	송금
☐ 寄る	よる	들르다
☐ 募集	ぼしゅう	모집
☐ 持ち帰る	もちかえる	가지고 돌아가다
☐ 急行	きゅうこう	급행
☐ 電車賃	でんしゃちん	전철 요금
☐ 向く	むく	적합하다, 어울리다
☐ 受験	じゅけん	수험, 입시, 시험을 치름
☐ 思い出す	おもいだす	(잊고 있던 것을) 생각해 내다, 떠올리다
☐ 現象	げんしょう	현상
☐ 任せる	まかせる	맡기다
☐ 栄養	えいよう	영양
☐ 偏る	かたよる	(한군데로) 쏠리다, 치우치다
☐ 表紙	ひょうし	표지
☐ 真似をする	まねをする	흉내를 내다

최신기출 5

311

주요 어휘 및 표현 정리 20

＊ 읽는 법과 뜻을 확인해 보세요.

어휘 및 표현	읽는 법	뜻
□ 小学校	しょうがっこう	초등학교
□ 愛する	あいする	사랑하다
□ 希望	きぼう	희망
□ 育つ	そだつ	자라다, 성장하다
□ 活躍	かつやく	활약
□ 屋内	おくない	옥내, 실내
□ 早まる	はやまる	(시간이) 빨라지다, 앞당겨지다
□ 前もって	まえもって	미리, 사전에
□ 設備	せつび	설비
□ 元々	もともと	원래
□ 落ち込む	おちこむ	(기분이) 침울해지다
□ 思い切って	おもいきって	과감히, 큰맘먹고
□ 集団	しゅうだん	집단
□ 笑顔	えがお	웃는 얼굴
□ 憧れる	あこがれる	동경하다
□ ものすごい	●	굉장하다, 대단하다
□ 儲ける	もうける	(돈을) 벌다
□ 立候補	りっこうほ	입후보
□ 公平だ	こうへいだ	공평하다
□ 共感	きょうかん	공감

주요 어휘 및 표현 정리 20

＊읽는 법과 뜻을 확인해 보세요.

어휘 및 표현	읽는 법	뜻
☐ 髪	かみ	머리(털)
☐ 示す	しめす	(모범 등을) 보이다, 나타내다
☐ 照れる	てれる	쑥스러워하다, 수줍어하다
☐ 脱線	だっせん	탈선
☐ 鼻が利く	はながきく	냄새를 잘 맡다
☐ 倣う	ならう	따르다, 모방하다
☐ 伝統	でんとう	전통
☐ 楽観的	らっかんてき	낙관적
☐ 通信	つうしん	통신
☐ 態度	たいど	태도
☐ 司る	つかさどる	관장하다, 담당하다
☐ 合わせて	あわせて	합해서, 모두
☐ 合計	ごうけい	합계
☐ 引き離す	ひきはなす	떼어놓다, 갈라놓다
☐ 合間に	あいまに	짬짬이
☐ 面白半分	おもしろはんぶん	반쯤은 장난치는 기분으로 진지하지 않은 것
☐ 暗記	あんき	암기
☐ 施す	ほどこす	베풀다
☐ 大工	だいく	목수
☐ 幸せ	しあわせ	행복

최신기출 5

＊ 읽는 법과 뜻을 확인해 보세요.

어휘 및 표현	읽는 법	뜻
☐ 国	くに	국가, 나라
☐ 地下鉄	ちかてつ	지하철
☐ 天気	てんき	날씨
☐ 起きる	おきる	일어나다, 기상하다
☐ 月日	つきひ	세월
☐ 経つ	たつ	(시간이) 지나다, 경과하다
☐ 偶然	ぐうぜん	우연히
☐ 炒める	いためる	기름에 볶다
☐ 朝寝坊する	あさねぼうする	늦잠을 자다
☐ 人生	じんせい	인생
☐ 工夫	くふう	궁리, 생각을 짜냄
☐ 寿命	じゅみょう	수명
☐ 見直す	みなおす	다시 보다, 재검토하다
☐ 疑問	ぎもん	의문
☐ 抱く	いだく	(마음속에) 품다
☐ ～始末だ	～しまつだ	～형편[꼴]이다
☐ 保障	ほしょう	보장
☐ 増税	ぞうぜい	증세
☐ 達成	たっせい	달성
☐ 惜しむ	おしむ	아끼다

주요 어휘 및 표현 정리 20

* 읽는 법과 뜻을 확인해 보세요.

어휘 및 표현	읽는 법	뜻
□ 黄色	きいろ	노랑
□ 危ない	あぶない	위험하다
□ 動かす	うごかす	움직이(게 하)다
□ 夕食	ゆうしょく	저녁, 저녁식사
□ 材料	ざいりょう	재료
□ 飽きる	あきる	질리다
□ ぐっすり	●	푹 *깊이 잠든 모양
□ 妻	つま	(자신의) 아내
□ ～を通じて	～をつうじて	～을 통해서
□ 親戚	しんせき	친척
□ お中元	おちゅうげん	백중 선물
□ 生意気	なまいき	건방짐
□ 吠える	ほえる	(개·짐승 등이) 짖다
□ うろうろ	●	얼쩡얼쩡
□ ～に加えて	～にくわえて	～에 더해
□ 待遇	たいぐう	대우
□ 打ち込む	うちこむ	몰두하다
□ 身をもって	みをもって	몸소
□ 一存	いちぞん	혼자만의 생각
□ 差し当って	さきあたって	우선, 당장

주요 어휘 및 표현 정리 20

＊ 읽는 법과 뜻을 확인해 보세요.

어휘 및 표현	읽는 법	뜻
☐ 思い出	おもいで	추억
☐ 家具	かぐ	가구
☐ 無くす	なくす	없애다
☐ 壁	かべ	벽
☐ 年を取る	としをとる	나이를 먹다
☐ 汚い	きたない	지저분하다, 더럽다
☐ 広場	ひろば	광장
☐ 捕まえる	つかまえる	잡다, 붙잡다
☐ 鳴き声	なきごえ	(새·벌레·짐승 등의) 울음소리
☐ 広める	ひろめる	널리 알리다
☐ ためになる	●	도움이 되다
☐ 納得	なっとく	납득
☐ 本物	ほんもの	진짜
☐ 思い浮かべる	おもいうかべる	마음속에 그려보다
☐ 品物	しなもの	물건
☐ 組み立てる	くみたてる	조립하다
☐ 旅先	たびさき	여행지
☐ 復活	ふっかつ	부활
☐ 嫌がる	いやがる	싫어하다, 꺼려하다
☐ 名高い	なだかい	유명하다

JPT 빈출 어휘 및 표현 1580

□ 証 (あかし) 증명, 증거
□ 暁 (あかつき) 새벽
□ 汗 (あせ) 땀
□ 値 (あたい) 값어치
□ 跡 (あと) 자국, 흔적
□ 穴 (あな) 구멍
□ 油 (あぶら) 기름
□ 脂 (あぶら) 지방
□ 過ち (あやま) 잘못
□ 嵐 (あらし) 폭풍우
□ 泡 (あわ) 거품
□ 息 (いき) 숨, 호흡
□ 勢い (いきお) 기세
□ 池 (いけ) 연못
□ 命 (いのち) 생명
□ 岩 (いわ) 바위
□ 渦 (うず) 소용돌이
□ 器 (うつわ) 그릇
□ 腕 (うで) 팔, 솜씨
□ 噂 (うわさ) 소문

□ 枝 (えだ) 가지
□ 公 (おおやけ) 공적, 공공
□ 趣 (おもむき) 멋, 풍취
□ 賭 (かけ) 내기
□ 陰 (かげ) 그림자
□ 潟 (かた) 개펄, 석호, 간석지
□ 形 (かたち) 모양, 형태
□ 塊 (かたまり) 덩어리
□ 糧 (かて) 양식, 식량
□ 角 (かど) 모퉁이
□ 鐘 (かね) 종
□ 株 (かぶ) 주식
□ 紙 (かみ) 종이
□ 殻 (から) 껍질
□ 兆し (きざ) 조짐, 징조
□ 岸 (きし) 물가
□ 傷 (きず) 상처
□ 北 (きた) 북쪽
□ 絹 (きぬ) 비단
□ 草 (くさ) 풀

□ 鎖 (くさり) 쇠사슬
□ 癖 (くせ) 버릇
□ 管 (くだ) 관
□ 倉 (くら) 창고
□ 煙 (けむり) 연기
□ 骨 (こつ) 요령
□ 粉 (こな) 가루, 분말
□ 拳 (こぶし) 주먹
□ 幸い (さいわ) 다행
□ 境 (さかい) 경계
□ 杯 (さかずき) 술잔
□ 里 (さと) 마을
□ 幸せ (しあわ) 행복
□ 塩 (しお) 소금
□ 滴 (しずく) 물방울
□ 霜 (しも) 서리
□ 印 (しるし) 표시
□ 城 (しろ) 성
□ 姿 (すがた) 모습
□ 筋 (すじ) 힘줄

- [ ] <ruby>砂<rt>すな</rt></ruby> 모래
- [ ] <ruby>隅<rt>すみ</rt></ruby> 구석
- [ ] <ruby>底<rt>そこ</rt></ruby> 바닥
- [ ] <ruby>滝<rt>たき</rt></ruby> 폭포
- [ ] <ruby>匠<rt>たくみ</rt></ruby> 장인
- [ ] <ruby>盾<rt>たて</rt></ruby> 방패
- [ ] <ruby>谷<rt>たに</rt></ruby> 계곡
- [ ] <ruby>旅<rt>たび</rt></ruby> 여행
- [ ] <ruby>罪<rt>つみ</rt></ruby> 죄
- [ ] <ruby>爪<rt>つめ</rt></ruby> 손톱
- [ ] <ruby>剣<rt>つるぎ</rt></ruby> 검
- [ ] <ruby>峠<rt>とうげ</rt></ruby> 고개
- [ ] <ruby>仲<rt>なか</rt></ruby> 사이, 관계
- [ ] <ruby>情<rt>なさ</rt></ruby>け 정
- [ ] <ruby>斜<rt>なな</rt></ruby>め 비스듬함
- [ ] <ruby>鉛<rt>なまり</rt></ruby> 납
- [ ] <ruby>涙<rt>なみだ</rt></ruby> 눈물
- [ ] <ruby>根<rt>ね</rt></ruby> 뿌리
- [ ] <ruby>灰<rt>はい</rt></ruby> 재
- [ ] <ruby>墓<rt>はか</rt></ruby> 무덤

- [ ] <ruby>箱<rt>はこ</rt></ruby> 상자
- [ ] <ruby>橋<rt>はし</rt></ruby> 다리
- [ ] <ruby>恥<rt>はじ</rt></ruby> 수치
- [ ] <ruby>旗<rt>はた</rt></ruby> 깃발
- [ ] <ruby>柱<rt>はしら</rt></ruby> 기둥
- [ ] <ruby>裸<rt>はだか</rt></ruby> 알몸
- [ ] <ruby>羽<rt>はね</rt></ruby> 날개
- [ ] <ruby>林<rt>はやし</rt></ruby> 숲
- [ ] <ruby>肘<rt>ひじ</rt></ruby> 팔꿈치
- [ ] <ruby>額<rt>ひたい</rt></ruby> 이마
- [ ] <ruby>節<rt>ふし</rt></ruby> (대나무 등의) 마디
- [ ] <ruby>札<rt>ふだ</rt></ruby> 표, 팻말
- [ ] <ruby>縁<rt>ふち</rt></ruby> 테두리
- [ ] <ruby>筆<rt>ふで</rt></ruby> 붓
- [ ] <ruby>懐<rt>ふところ</rt></ruby> 품
- [ ] <ruby>船<rt>ふね</rt></ruby> 배
- [ ] <ruby>星<rt>ほし</rt></ruby> 별
- [ ] <ruby>炎<rt>ほのお</rt></ruby> 불길, 불꽃
- [ ] <ruby>枕<rt>まくら</rt></ruby> 베개
- [ ] <ruby>幻<rt>まぼろし</rt></ruby> 환상

- [ ] <ruby>幹<rt>みき</rt></ruby> 줄기
- [ ] <ruby>湖<rt>みずうみ</rt></ruby> 호수
- [ ] <ruby>自<rt>みずか</rt></ruby>ら 스스로
- [ ] <ruby>溝<rt>みぞ</rt></ruby> 도랑, (인간관계의) 틈, 간격
- [ ] <ruby>港<rt>みなと</rt></ruby> 항구
- [ ] <ruby>源<rt>みなもと</rt></ruby> 수원, 강물이 흘러나오는 근원
- [ ] <ruby>嶺<rt>みね</rt></ruby> 산봉우리
- [ ] <ruby>宮<rt>みや</rt></ruby> 궁, 궁궐
- [ ] <ruby>都<rt>みやこ</rt></ruby> 수도
- [ ] <ruby>昔<rt>むかし</rt></ruby> 옛날
- [ ] <ruby>虫<rt>むし</rt></ruby> 벌레
- [ ] <ruby>旨<rt>むね</rt></ruby> 취지, 뜻
- [ ] <ruby>棟<rt>むね</rt></ruby> 용마루
- [ ] <ruby>病<rt>やまい</rt></ruby> 병
- [ ] <ruby>闇<rt>やみ</rt></ruby> 어둠, 암거래
- [ ] <ruby>湯<rt>ゆ</rt></ruby> 뜨거운 물
- [ ] <ruby>横<rt>よこ</rt></ruby> 옆
- [ ] <ruby>技<rt>わざ</rt></ruby> 기술
- [ ] <ruby>災<rt>わざわ</rt></ruby>い 재앙
- [ ] <ruby>綿<rt>わた</rt></ruby> 솜

빈출 어휘 · 표현

319

□ 曖昧 (あいまい) 애매　　□ 傾斜 (けいしゃ) 경사　　□ 収穫 (しゅうかく) 수확

□ 依存 (いぞん) 의존　　□ 控除 (こうじょ) 공제　　□ 宗教 (しゅうきょう) 종교

□ 逸脱 (いつだつ) 일탈　　□ 継続 (けいぞく) 계속　　□ 首脳 (しゅのう) 수뇌

□ 煙突 (えんとつ) 굴뚝　　□ 更迭 (こうてつ) 경질　　□ 寿命 (じゅみょう) 수명

□ 往来 (おうらい) 왕래　　□ 固執 (こしつ) 고집　　□ 上下 (じょうげ) 상하

□ 思惑 (おもわく) 생각　　□ 誇張 (こちょう) 과장　　□ 証拠 (しょうこ) 증거

□ 眼球 (がんきゅう) 안구　　□ 栽培 (さいばい) 재배　　□ 常識 (じょうしき) 상식

□ 帰省 (きせい) 귀성　　□ 指図 (さしず) 지시　　□ 承諾 (しょうだく) 승낙

□ 犠牲 (ぎせい) 희생　　□ 挫折 (ざせつ) 좌절　　□ 衝突 (しょうとつ) 충돌

□ 貴重 (きちょう) 귀중　　□ 殺到 (さっとう) 쇄도　　□ 徐行 (じょこう) 서행

□ 規模 (きぼ) 규모　　□ 左右 (さゆう) 좌우　　□ 新型 (しんがた) 신형

□ 恐怖 (きょうふ) 공포　　□ 斬新 (ざんしん) 참신　　□ 信仰 (しんこう) 신앙

□ 拒絶 (きょぜつ) 거절　　□ 参拝 (さんぱい) 참배　　□ 親睦 (しんぼく) 친목

□ 拒否 (きょひ) 거부　　□ 色彩 (しきさい) 색채　　□ 遂行 (すいこう) 수행

□ 吟味 (ぎんみ) 음미　　□ 始終 (しじゅう) 시종　　□ 衰退 (すいたい) 쇠퇴

□ 苦渋 (くじゅう) 고뇌, 괴로움　　□ 湿気 (しっけ) 습기　　□ 摂取 (せっしゅ) 섭취

□ 工夫 (くふう) 궁리, 생각을 짜냄　　□ 地盤 (じばん) 지반　　□ 折衝 (せっしょう) 절충

□ 供養 (くよう) 공양　　□ 諮問 (しもん) 자문　　□ 贈答 (ぞうとう) 증답, 주고받음

□ 掲示 (けいじ) 게시　　□ 謝罪 (しゃざい) 사죄　　□ 崇拝 (すうはい) 숭배

□ 下落 (げらく) 하락　　□ 遮断 (しゃだん) 차단　　□ 頭痛 (ずつう) 두통

□ そくしん 促進 촉진

□ ばいきゃく 売却 매각

□ ま ひ 麻痺 마비

□ そ し 阻止 저지

□ はっこう 発酵 발효

□ まんえん 蔓延 만연

□ そつぎょう 卒業 졸업

□ は もん 波紋 파문

□ みんぞく 民俗 민속

□ たい じ 退治 퇴치

□ はんじょう 繁盛 번성

□ みんぞく 民族 민족

□ だいしょう 大小 대소

□ はんせい 反省 반성

□ む ごん 無言 무언

□ たいとう 台頭 대두

□ はんのう 反応 반응

□ め かた 目方 무게

□ たいぼう 待望 대망

□ ひ きょう 卑怯 비겁

□ もうじゅう 猛獣 맹수

□ ち じょく 恥辱 치욕

□ ひ さん 悲惨 비참

□ も ほう 模倣 모방

□ ちゅうちょ 躊躇 주저

□ ひとがら 人柄 인품

□ や けい 夜景 야경

□ ちょうせん 挑戦 도전

□ ひと で 人手 일손

□ や ちん 家賃 집세

□ ちんもく 沈黙 침묵

□ びょうどう 平等 평등

□ や ね 屋根 지붕

□ ていさい 体裁 외관, 체면

□ びんかん 敏感 민감

□ ゆいごん 遺言 유언

□ てきかく 的確 적확, 정확

□ ひんこん 貧困 빈곤

□ ゆく え 行方 행방

□ てつ や 徹夜 철야

□ ふく し 福祉 복지

□ よう い 容易 용이

□ でんごん 伝言 전언

□ ふ にん 赴任 부임

□ よっきゅう 欲求 욕구

□ てんねん 天然 천연

□ ぼうがい 妨害 방해

□ ら ち 拉致 납치

□ どうとく 道徳 도덕

□ ほうかい 崩壊 붕괴

□ りょう し 漁師 어부

□ どんよく 貪欲 탐욕

□ ほっ さ 発作 발작

□ りょうよう 療養 요양

□ ないしょ 内緒 비밀

□ ほんしょう 本性 본성

□ ろうえい 漏洩 누설

□ は あく 把握 파악

□ ほん ね 本音 본심

□ わる ぎ 悪気 악의

□ 明かす 밝히다, 털어놓다
□ 赤らむ 붉어지다
□ 欺く 속이다, 기만하다
□ 味わう 맛보다
□ 侮る 깔보다
□ 暴れる 날뛰다
□ 操る 조종하다, 다루다
□ 争う 다투다, 싸우다
□ 慌てる 당황하다
□ 憤る 성내다
□ 悼む 애도하다
□ 労る 위로하다
□ 偽る 속이다
□ 営む 경영하다
□ 挑む 도전하다
□ 戒める 타이르다
□ 植える 심다
□ 埋める 파묻다
□ 訴える 호소하다
□ 恨む 원망하다

□ 潤う 축축해지다
□ 熟れる (과일 등이) 익다
□ 冒す 무릅쓰다
□ 犯す 범하다, 저지르다
□ 拝む 절하다
□ 補う 보충하다
□ 納める 납입하다, 납부하다
□ 抑える 억제하다
□ 襲う 습격하다
□ 教わる 가르침을 받다, 배우다
□ 陥る (나쁜 상태에) 빠지다
□ 脅かす 위협하다
□ 衰える 쇠약해지다
□ 脅かす 위협하다
□ 輝く 빛나다
□ 兼ねる 겸하다
□ 交わす 교환하다
□ 欠ける 결여되다
□ 飾る 장식하다
□ 傾げる 갸웃하다

□ 稼ぐ 돈을 벌다
□ 偏る 치우치다
□ 奏でる 연주하다
□ 構える 꾸미다, 자세를 취하다
□ 乾く 마르다, 건조하다
□ 競う 겨루다, 경쟁하다
□ 鍛える 단련하다
□ 凍える (추위로) 얼다
□ 栄える 번영하다
□ 支える 지지하다, 지탱하다
□ 騒ぐ 떠들다
□ 障る 지장이 있다
□ 慕う 연모하다
□ 記す 기록하다
□ 損なう 파손하다, 해치다
□ 唆す 부추기다
□ 背く 등지다, 배반하다
□ 耕す 경작하다
□ 長ける 뛰어나다
□ 足りる 충분하다

□ 炊く (밥을) 짓다

□ 携わる 종사하다

□ 黙る 침묵하다

□ 誓う 서약하다

□ 費やす 소비하다

□ 司る 관장하다, 담당하다

□ 繕う 꿰매다, 수선하다

□ 培う 재배하다, 배양하다

□ 慎む 삼가다

□ 努める 노력하다

□ 募る 모집하다

□ 貫く 관통하다

□ 照る 비치다

□ 咎める 책망하다

□ 遂げる 이루다, 완수하다

□ 滞る 정체되다, 밀리다

□ 整える 조절하다

□ 唱える 제창하다

□ 伴う 동반하다

□ 捉える 파악하다

□ 慰める 위로하다

□ 握る (손에) 쥐다, 잡다

□ 憎む 미워하다, 증오하다

□ 濁る 흐려지다, 탁해지다

□ 煮る 삶다

□ 担う 짊어지다

□ 妬む 질투하다

□ 練る (생각 · 방안 등을) 짜다, 다듬다

□ 臨む 임하다

□ 覗く 들여다보다, 엿보다

□ 述べる 말하다, 진술하다

□ 化ける 둔갑하다

□ 外れる 빗나가다

□ 阻む 저지하다, 막다

□ 秀でる 뛰어나다

□ 率いる 인솔하다

□ 潜む 숨어 있다, 잠복하다

□ 響く 울리다

□ 防ぐ 막다, 방지하다

□ 施す 베풀다

□ 彫る 새기다

□ 掘る (땅을) 파다

□ 滅びる 멸망하다

□ 混ぜる 뒤섞다

□ 紛れる 헷갈리다

□ 免れる 면[모면]하다

□ 導く 이끌다, 안내하다

□ 実る 열매를 맺다

□ 報いる 보답하다

□ 巡る 둘러싸다

□ 漏らす 누설하다

□ 設ける 설치하다

□ 催す 개최하다

□ 養う 양육하다

□ 譲る 양보하다

□ 緩める 느슨하게 하다

□ 揺れる 흔들리다

□ 装う 치장하다

□ 蘇る 소생하다, 되살아나다

□ 類する 비슷하다

빈출 어휘 · 표현

□ 明け暮れる 세월이 흐르다, 몰두하다
□ 言い付ける 명령하다
□ 受け入れる 받아들이다
□ 打ち明ける 고백하다
□ 打ち切る 중지하다
□ 上回る 웃돌다, 상회하다
□ 押し付ける 밀어붙이다, 떠맡기다
□ 落ち込む (기분이) 침울해지다
□ 追い抜く 앞지르다
□ 押し切る 밀고 나가다, 강행하다
□ 思い余る 생각다 못하다
□ 思い止まる 단념하다
□ 掛け合う 교섭하다
□ 食い違う 일이 어긋나다
□ 込み上げる 복받치다
□ 差し掛ける (우산 등을) 받쳐 주다
□ 差し支える 지장이 있다
□ 差し引く 빼다, 공제하다
□ 仕組む 연구하여 만들다
□ 仕向ける (~하게) 만들다

□ 座り込む 농성하다, 버티고 앉다
□ 立ち竦む 우뚝 선 채 꼼짝 않다
□ 立ち直る 회복하다
□ 立ち退く 떠나다, 물러나다
□ 立て替える 대신 지불하다
□ 立て込む 붐비다, 혼잡하다
□ 付け加える 덧붙이다
□ 途絶える 두절되다, 끊어지다
□ 取り組む 몰두하다
□ 取り消す 취소하다
□ 取り締まる 단속하다
□ 取り立てる 특별히 내세우다
□ 取り付ける 설치하다
□ 取り寄せる 주문해서 가져오게 하다
□ 長引く 오래 끌다, 지연되다
□ 似合う 어울리다
□ 飲み込む 이해하다, 납득하다
□ 乗り越える 극복하다
□ 乗り出す 착수하다
□ 張り合う 경쟁하다

□ 払い込む 불입하다
□ 張り切る 힘이 넘치다, 긴장하다
□ 引き付ける (마음을) 끌다
□ 引き取る 인수하다, 맡다
□ 開き直る 정색하다
□ 踏み切る 단행하다
□ 巻き込む 말려들게 하다
□ 待ち兼ねる 학수고대하다
□ 見合う 균형이 잡히다
□ 見合わせる 보류하다
□ 見入る 넋을 잃고 보다
□ 見落とす 간과하다
□ 見直す 다시 보다, 재검토하다
□ 見計らう 가늠하다
□ 見舞う (재난 등을) 만나다
□ 目指す 목표로 하다, 지향하다
□ 持ち越す 넘기다, 미루다
□ 寄り掛かる 기대다
□ 割り切る 딱 잘라 결론을 내다
□ 割り込む 끼어들다, 새치기하다

□ 相変わらず 여전히, 변함없이

□ いつの間にか 어느 샌가

□ 殊に 특히

□ 敢えて 감히, 굳이

□ 今にも 당장이라도

□ 殊の外 예상 외로, 의외로

□ あくまでも 어디까지나

□ 未だに 아직도, 아직까지도

□ さぞ 아마, 필시

□ 挙げて 모두, 전부, 전적으로

□ 今更 이제 와서

□ さっさと 재빠르게, 빨리, 냉큼

□ 強ち 반드시, 꼭

□ 今や 이제는, 바야흐로

□ さっぱり 전혀, 도무지

□ 予め 미리, 사전에

□ うっかり 무심코, 깜빡

□ さほど 그다지

□ 改めて 재차, 다시

□ 押し並べて 모두, 한결같이

□ さも 자못, 아주, 정말로

□ 案の定 생각했던 대로, 아니나 다를까

□ 折り入って 각별히, 긴히

□ 強いて 굳이, 억지로

□ 案外 의외로, 예상 외로

□ 恐らく 아마, 필시

□ 直に 곧, 바로

□ いかに 아무리, 어떻게

□ 主に 주로

□ 次第に 점차, 차츰

□ いくぶん 어느 정도

□ 却って 도리어, 오히려

□ 徐々に 서서히

□ いざ 막상, 정작

□ 仮に 가령, 만일

□ 所詮 결국, 어차피

□ いずれ 머지않아

□ かれこれ 그럭저럭

□ すっかり 완전히

□ 至って 매우, 몹시

□ 元来 원래, 본시

□ 既に 벌써, 이미

□ 一応 우선

□ きっかり 꼭, 딱, 정확히

□ ずばり 정확히, 정통으로

□ 一気に 단숨에

□ ぎっしり 가득, 잔뜩

□ せっせと 부지런히, 열심히

□ 一向に 전혀

□ ぐっすり 푹

□ せめて 하다 못해

□ 一散に 쏜살같이, 부리나케

□ くれぐれも 아무쪼록, 부디

□ 続々 속속(히), 잇달아

□ 一斉に 일제히

□ 現に 실제로, 눈앞에

□ そのうち 가까운 시일 안에, 곧

□ いっそ 차라리, 도리어

□ 挙って 모두, 빠짐없이

□ そもそも 애초에

□ 大して 그다지
□ 大分 꽤, 상당히
□ 絶えず 끊임없이, 언제나
□ 直ちに 당장, 즉시
□ 立ち所に 즉각, 당장
□ たちまち 금방, 순식간에, 갑자기
□ たっぷり 듬뿍, 가득
□ 度々 자주, 종종
□ 遂に 드디어
□ 通じて 통틀어, 대체로
□ 努めて 애써, 되도록
□ 常に 늘, 항상
□ つゆほども 조금도
□ できるだけ 가능한 한
□ てっきり 틀림없이
□ 到底 도저히
□ どうか 부디, 아무쪼록
□ どうやら 아무래도
□ 時折 때때로, 가끔
□ とっくに 훨씬 전에, 진작에

□ とっさに 순간적으로
□ どっと 우르르, 왈칵, 한꺼번에
□ 取り敢えず 우선, 일단
□ 取り分け 특히, 유난히
□ なにしろ 어쨌든, 하여간
□ なまじに 어설프게, 어중간하게
□ ぬっくり 불쑥, 벌떡
□ 果たして 과연
□ 晴れて 떳떳하게, 거리낌 없이
□ ひたすら 오로지, 한결같이
□ 独りでに 저절로, 자연히
□ 不意に 돌연, 갑자기
□ ふらり 훌쩍, 불쑥
□ べたりと 철떡, 털썩
□ ほどなく 이윽고, 머지않아
□ ぼやっと 멍청히, 멍하니
□ 前もって 미리, 사전에
□ 正しく 틀림없이, 확실히
□ 正に 정말로
□ まして 하물며, 더구나

□ ますます 점점, 더욱더
□ 満更 그다지, 그리
□ みっしり 가득히, 꽉, 꼬박
□ みるみる 금세, 순식간에
□ むかっと 울컥
□ 無性に 무턱대고
□ むしろ 오히려
□ 滅多に 좀처럼
□ 毛頭 조금도
□ 専ら 오로지
□ 求めて 사서, 굳이, 자진해서
□ やけに 몹시, 무척, 마구
□ やたらに 무턱대고
□ やにわに 그 자리에서, 즉석에서, 갑자기
□ やや 약간, 다소
□ 喜んで 기꺼이
□ ろくに 제대로, 변변히
□ わざと 고의로, 일부러
□ わずかに 겨우, 간신히
□ 割と 비교적

326

☐ アイスクリーム 아이스크림
☐ アイディア 아이디어
☐ アイドル 아이돌, 우상
☐ アイロン 다리미
☐ アクセサリー 액세서리
☐ アプローチ 어프로치, 접근
☐ アルバイト 아르바이트
☐ アルバム 앨범
☐ アレルギー 알레르기
☐ アンケート 앙케트
☐ アンテナ 안테나
☐ イコール 같음
☐ イメージ 이미지
☐ インタビュー 인터뷰
☐ インテリ 인텔리, 지식인
☐ ウイルス 바이러스
☐ ウール 울, 모직
☐ エスカレーター 에스컬레이터
☐ エチケット 에티켓
☐ エプロン 앞치마

☐ エレガント 우아함
☐ エレベーター 엘리베이터
☐ エンジン 엔진
☐ オーダー 주문
☐ オフィス 오피스
☐ オリンピック 올림픽
☐ ガソリン 가솔린
☐ カテゴリー 카테고리, 범주
☐ カバー 커버
☐ カロリー 칼로리
☐ キャプテン 캡틴
☐ キャンセル 캔슬, 취소
☐ グラフ 그래프
☐ クリーニング 드라이클리닝
☐ クリーム 크림
☐ コック 요리사
☐ コミュニケーション 커뮤니케이션
☐ コレクション 컬렉션, 수집
☐ コントロール 컨트롤
☐ サービス 서비스

☐ サイレン 사이렌
☐ サンプル 샘플
☐ ジャーナリスト 저널리스트
☐ シャッター 셔터
☐ ジレンマ 딜레마
☐ スカート 스커트, 치마
☐ スカーフ 스카프
☐ スケジュール 스케줄
☐ ステージ 스테이지
☐ ストレス 스트레스
☐ スピーカー 스피커
☐ スピード 스피드, 속도
☐ スプーン 스푼
☐ スムーズ 순조로움
☐ スライド 슬라이드
☐ セクハラ 성희롱
☐ セット 세트
☐ ゼミ 세미나
☐ ターゲット 타깃, 표적
☐ ダイヤ 철도의 운행 시각표

327

☐ **タオル** 타월, 수건

☐ **ダンス** 댄스, 춤

☐ **チェンジ** 체인지

☐ **チャンス** 기회

☐ **テーブル** 테이블

☐ **テーマ** 테마, 주제

☐ **デモ** 데모, 시위

☐ **ドライブ** 드라이브

☐ **トラウマ** 트라우마, 정신적 외상

☐ **トレーニング** 트레이닝, 훈련

☐ **トンネル** 터널

☐ **ナンセンス** 넌센스

☐ **ニーズ** 니즈, 필요성, 요구

☐ **ニュアンス** 뉘앙스

☐ **ネックレス** 목걸이

☐ **ハイキング** 하이킹

☐ **パイプ** 파이프

☐ **パスポート** 여권

☐ **パターン** 패턴, 유형

☐ **パトカー** 경찰차

☐ **パニック** 패닉, 공황상태

☐ **パフォーマンス** 퍼포먼스, 공연

☐ **バランス** 밸런스, 균형

☐ **ハンサム** 핸섬, 미남

☐ **ハンドル** 핸들

☐ **ビール** 맥주

☐ **ピクニック** 피크닉, 소풍

☐ **ビニール** 비닐

☐ **フィクション** 픽션, 허구

☐ **フィルム** 필름

☐ **プール** 수영장

☐ **フライパン** 프라이팬

☐ **プラス** 플러스

☐ **プリント** 프린트

☐ **プログラム** 프로그램

☐ **ペット** 애완동물

☐ **ベテラン** 베테랑

☐ **ベル** 벨

☐ **ペンキ** 페인트

☐ **ポイント** 포인트

☐ **ボーナス** 보너스

☐ **ポスター** 포스터

☐ **マーケット** 마켓, 시장

☐ **マラソン** 마라톤

☐ **メディア** 미디어

☐ **メニュー** 메뉴

☐ **モデル** 모델

☐ **ユーモア** 유머

☐ **ラケット** 라켓

☐ **ラッシュアワー** 러시아워

☐ **ランチ** 런치, 점심(식사)

☐ **リスク** 리스크, 위험

☐ **リズム** 리듬

☐ **リボン** 리본

☐ **リラックス** 릴랙스, 긴장을 풂

☐ **ルーズ** 느슨함

☐ **レジャー** 레저, 여가

☐ **レポート** 보고서

☐ **ロッカー** 로커

☐ **ロマンチック** 로맨틱

□ 青臭い_{あおくさ} 미숙하다, 유치하다	□ 勇ましい_{いさ} 용감하다	□ 思いがけない_{おも} 뜻밖이다

□ 青臭い (あおくさ) 미숙하다, 유치하다　　□ 勇ましい (いさ) 용감하다　　□ 思いがけない (おも) 뜻밖이다

□ 青白い (あおじろ) 창백하다　　□ 忙しい (いそが) 바쁘다　　□ 重たい (おも) 무겁다

□ 明るい (あか) 밝다　　□ 痛ましい (いた) 가엾다, 애처롭다　　□ 面白い (おもしろ) 재미있다

□ あくどい 지독하다, 악랄하다　　□ 労しい (いたわ) 측은하다, 애처롭다　　□ 賢い (かしこ) 현명하다, 영리하다

□ 浅ましい (あさ) 비참하다, 비열하다　　□ 著しい (いちじる) 현저하다　　□ 堅い (かた) 딱딱하다

□ 暖かい (あたた) 따뜻하다　　□ 愛しい (いと) 사랑스럽다　　□ かゆい 가렵다

□ 新しい (あたら) 새롭다　　□ 卑しい (いや) 천하다, 비열하다　　□ 辛い (から) 맵다

□ 暑い (あつ) 덥다　　□ 後ろめたい (うし) 뒤가 켕기다　　□ ぎこちない 어색하다

□ 熱い (あつ) 뜨겁다　　□ 薄暗い (うすぐら) 어두컴컴하다　　□ きつい 심하다, 꽉 끼다

□ 厚い (あつ) 두껍다　　□ 疑わしい (うたが) 의심스럽다　　□ 厳しい (きび) 엄하다

□ 厚かましい (あつ) 뻔뻔스럽다, 염치없다　　□ 疎い (うと) (물정에) 어둡다　　□ 清い (きよ) 맑다, 깨끗하다

□ 危ない (あぶ) 위험하다　　□ 恭しい (うやうや) 공손하다, 정중하다　　□ くすぐったい 간지럽다

□ 危なっかしい (あぶ) 위태롭다　　□ 恨めしい (うら) 원망스럽다　　□ くだらない 시시하다

□ 危うい (あや) 위태롭다, 위험하다　　□ 羨ましい (うらや) 부럽다, 샘이 나다　　□ 悔しい (くや) 분하다, 속상하다

□ 怪しい (あや) 수상하다　　□ 偉い (えら) 위대하다　　□ 苦しい (くる) 힘들다, 괴롭다

□ 粗い (あら) 엉성하다, 조잡하다　　□ 惜しい (お) 아깝다, 애석하다　　□ 詳しい (くわ) 자세하다, 상세하다

□ 荒い (あら) 거칠다　　□ 奥床しい (おくゆか) 그윽하고 고상하다, 우아하다　　□ 煙たい (けむ) 냅다

□ 淡い (あわ) 엷다, 희미하다　　□ 幼い (おさな) 어리다, 유치하다　　□ 険しい (けわ) 험하다, 험악하다

□ 息苦しい (いきぐる) 숨막히다　　□ 恐ろしい (おそ) 무섭다, 두렵다　　□ 恋しい (こい) 그립다

□ 潔い (いさぎよ) 맑고 깨끗하다, 미련없다　　□ 大人しい (おとな) 얌전하다　　□ 心細い (こころぼそ) 마음이 불안하다

□ 快い (こころよ) 상쾌하다

□ 好ましい (この) 바람직하다

□ 寂しい (さび) 쓸쓸하다

□ 騒がしい (さわ) 시끄럽다

□ 塩辛い (しおから) 짜다

□ 親しい (した) 친하다

□ しつこい 끈질기다

□ 渋い (しぶ) 떫다, 떨떠름하다

□ 湿っぽい (しめ) 눅눅하다, 축축하다

□ 図々しい (ずうずう) 뻔뻔스럽다, 낯 두껍다

□ 清々しい (すがすが) 상쾌하다, 시원하다

□ 涼しい (すず) 시원하다

□ 素早い (すばや) 재빠르다, 날쌔다

□ ずるい 교활하다

□ 鋭い (するど) 날카롭다, 예리하다

□ 切ない (せつ) 애달프다, 안타깝다

□ 騒々しい (そうぞう) 시끄럽다

□ 正しい (ただ) 올바르다

□ 頼もしい (たの) 믿음직하다

□ だるい 나른하다

□ 力強い (ちからづよ) 마음 든든하다

□ 手厚い (てあつ) 극진하다

□ 手荒い (てあら) 난폭하다, 거칠다

□ 手強い (てごわ) (상대하기에) 힘겹다, 벅차다

□ 尊い (とうと) 고귀하다, 소중하다

□ 乏しい (とぼ) 모자라다, 부족하다

□ 情けない (なさ) 한심하다

□ 情け深い (なさ ぶか) 인정이 많다

□ 懐かしい (なつ) 그립다

□ 何気ない (なに げ) 아무렇지도 않다

□ 生臭い (なまぐさ) 비린내가 나다

□ 悩ましい (なや) 괴롭다, 고민스럽다

□ 苦い (にが) 쓰다

□ 憎い (にく) 밉다

□ 鈍い (にぶ) 둔하다

□ 温い (ぬる) 미지근하다

□ 根強い (ね づよ) 끈질기다

□ 眠い (ねむ) 졸리다

□ 望ましい (のぞ) 바람직하다

□ はしたない 상스럽다

□ 甚だしい (はなは) 정도가 심하다

□ 華々しい (はなばな) 화려하다

□ 等しい (ひと) 같다, 마찬가지이다

□ 相応しい (ふさわ) 어울리다, 걸맞다

□ 古い (ふる) 오래되다, 낡다

□ 貧しい (まず) 가난하다

□ まずい 맛없다

□ 紛らわしい (まぎ) 헷갈리기 쉽다

□ 待ち遠しい (ま どお) 몹시 기다려지다

□ 眩しい (まぶ) 눈부시다

□ みっともない 꼴불견이다

□ 蒸し暑い (む あつ) 무덥다

□ 空しい (むな) 공허하다, 헛되다

□ 珍しい (めずら) 드물다, 진귀하다

□ 面倒くさい (めんどう) (아주) 귀찮다

□ 勿体ない (もったい) 아깝다

□ 易しい (やさ) 쉽다

□ 緩い (ゆる) 느슨하다

□ 若い (わか) 젊다

□ 煩わしい (わずら) 번거롭다, 성가시다

☐ 当たり前だ 당연하다	☐ 肝心だ 중요하다	☐ 残念だ 유감스럽다
☐ 曖昧だ 애매하다	☐ 簡素だ 간소하다	☐ 幸せだ 행복하다
☐ 鮮やかだ 선명하다, 뚜렷하다	☐ 完璧だ 완벽하다	☐ 淑やかだ 정숙하다, 우아하다
☐ 新ただ 새롭다	☐ 貴重だ 귀중하다	☐ 地味だ 수수하다
☐ 安易だ 안이하다	☐ 強烈だ 강렬하다	☐ 柔軟だ 유연하다
☐ 異常だ 이상하다	☐ 極端だ 극단적이다	☐ 純粋だ 순수하다
☐ 意地悪だ 심술궂다	☐ 清らかだ 맑다, 깨끗하다	☐ 順調だ 순조롭다
☐ 円滑だ 원활하다	☐ 勤勉だ 근면하다	☐ 消極的だ 소극적이다
☐ 円満だ 원만하다	☐ 軽率だ 경솔하다	☐ 正直だ 정직하다
☐ 旺盛だ 왕성하다	☐ 下品だ 품위가 없다	☐ 上品だ 고상하다, 품위가 있다
☐ 大幅だ 대폭적이다	☐ 堅実だ 견실하다	☐ 真剣だ 진지하다
☐ お洒落だ 멋지다, 세련되다	☐ 厳重だ 엄중하다	☐ 深刻だ 심각하다
☐ 穏やかだ 온화하다	☐ 健全だ 건전하다	☐ 神聖だ 신성하다
☐ 主だ 주되다	☐ 謙遜だ 겸손하다	☐ 新鮮だ 신선하다
☐ 快適だ 쾌적하다	☐ 厳密だ 엄밀하다	☐ 健やかだ 건강하다, 튼튼하다
☐ 格別だ 각별하다	☐ 豪華だ 호화롭다	☐ 素的だ 멋지다
☐ 過剰だ 과잉되다	☐ 公平だ 공평하다	☐ 素直だ 솔직하다
☐ 画期的だ 획기적이다	☐ 困難だ 곤란하다	☐ 清潔だ 청결하다
☐ 活発だ 활발하다	☐ 爽やかだ 상쾌하다	☐ 盛大だ 성대하다
☐ 頑固だ 완고하다, 고집스럽다	☐ 残酷だ 잔혹하다	☐ 贅沢だ 사치스럽다

빈출 어휘·표현

□ 正当だ 정당하다
□ 積極的だ 적극적이다
□ 切実だ 절실하다
□ 絶大だ 지대하다, 아주 크다
□ 素朴だ 소박하다
□ 大胆だ 대담하다
□ 多角的だ 다각적이다
□ 確かだ 확실하다
□ 駄目だ 안 되다, 소용없다
□ 単純だ 단순하다
□ 手薄だ (수중에 가진 것이) 적다, 부족하다
□ 適切だ 적절하다
□ 適当だ 적당하다
□ 手頃だ 알맞다, 적당하다
□ 当然だ 당연하다
□ 透明だ 투명하다
□ 特殊だ 특수하다
□ 独特だ 독특하다
□ 鈍感だ 둔감하다
□ 和やかだ 부드럽다, 온화하다

□ 生意気だ 건방지다
□ 苦手だ 서투르다, 잘 못하다
□ 熱心だ 열심이다
□ 莫大だ 막대하다
□ 派手だ 화려하다
□ 華やかだ 화려하다
□ 暇だ 한가하다
□ 平等だ 평등하다
□ 敏感だ 민감하다
□ 貧弱だ 빈약하다
□ 頻繁だ 빈번하다
□ 不規則だ 불규칙하다
□ 複雑だ 복잡하다
□ 不幸だ 불행하다
□ 無事だ 무사하다
□ 平気だ 태연하다
□ 平和だ 평화롭다
□ 膨大だ 방대하다
□ 豊富だ 풍부하다
□ 真面目だ 성실하다

□ 見事だ 훌륭하다, 멋지다
□ 未熟だ 미숙하다
□ 無口だ 과묵하다
□ 無邪気だ 천진난만하다
□ 無駄だ 쓸데없다
□ 明確だ 명확하다
□ 有益だ 유익하다
□ 勇敢だ 용감하다
□ 有効だ 유효하다
□ 優秀だ 우수하다
□ 愉快だ 유쾌하다
□ 豊かだ 풍부하다
□ 陽気だ 명랑하다
□ 幼稚だ 유치하다
□ 楽だ 편안하다, 수월하다
□ 乱暴だ 난폭하다
□ 立派だ 훌륭하다
□ 冷酷だ 냉혹하다
□ 冷淡だ 냉담하다
□ 露骨だ 노골적이다

빈출 의성어·의태어 60

□ いらいら 안절부절　□ ころころ 대굴대굴　□ にこにこ 싱글벙글

□ うじうじ 우물쭈물　□ ざらざら 까칠까칠　□ ねとねと 끈적끈적

□ うずうず 근질근질　□ しとしと 부슬부슬　□ ねばねば 끈적끈적

□ うとうと 꾸벅꾸벅　□ じわじわ 서서히　□ のろのろ 느릿느릿

□ うろうろ 어슬렁어슬렁　□ ずきずき 욱신욱신　□ はらはら 조마조마

□ うんざり 지긋지긋하게, 지겹게　□ すくすく 무럭무럭　□ ばらばら 뿔뿔이, (비 등이) 후드득

□ おずおず 머뭇머뭇　□ すやすや 새근새근　□ びくびく 벌벌, 흠칫

□ おどおど 주저주저　□ すらすら 술술　□ ひそひそ 소곤소곤

□ がやがや 와글와글, 왁자지껄　□ ずるずる 질질　□ ぶるぶる 벌벌, 부들부들

□ からから 바싹, 텅텅　□ ぞくぞく 오싹오싹　□ ぺこぺこ 굽실굽실

□ ぎしぎし 삐걱삐걱　□ だぶだぶ 헐렁헐렁　□ ぺらぺら 술술, 줄줄

□ くすくす 킥킥, 낄낄　□ だらだら 줄줄　□ ほかほか 따끈따끈

□ ぐずぐず 꾸물꾸물, 우물쭈물　□ つべこべ 이러쿵저러쿵　□ ぼろぼろ (옷이) 너덜너덜

□ くよくよ 끙끙　□ つやつや 반들반들　□ まごまご 우물쭈물

□ くらくら 어질어질　□ てかてか 반들반들, 번들번들　□ むかむか 메슥메슥

□ ぐらぐら 흔들흔들　□ てきぱき 척척　□ むらむら 뭉게뭉게

□ ぐるぐる 빙글빙글　□ でこぼこ 울퉁불퉁　□ ゆらゆら 흔들흔들

□ ごくごく 벌컥벌컥　□ どさどさ 털썩털썩, 우르르　□ よちよち 아장아장

□ こそこそ 소곤소곤　□ どたばた 쿵쾅쿵쾅　□ よろよろ 비틀비틀, 휘청휘청

□ こりごり 지긋지긋　□ どやどや 우르르　□ わくわく (가슴이) 두근두근

□ い형용사의 어간+**くなる** ~게 되다, ~해지다

□ **~かどうか** ~일지 어떨지, ~인지 어떤지

□ **~が好きだ** ~을 좋아하다

□ **~が得意だ** ~을 잘하다, ~이 자신 있다

□ **~が苦手だ** ~을 잘 못하다, ~이 서투르다

□ **~かもしれない** ~일지도 모른다

□ 보통형+**ことにする** ~하기로 하다

□ 보통형+**ことになる** ~하게 되다

□ **~しかない** ~할 수밖에 없다

□ **たとえ~ても** 설령 ~라도

□ **~たり~たりする** ~하거나 ~하거나 하다, ~하기도 하고 ~하기도 하다

□ た형+**ことがある** ~한 적이 있다

□ た형+**ばかりだ** 막 ~한 참이다

□ た형+**方がいい** ~하는 편[쪽]이 좋다

□ 보통형+**つもりだ** ~할 생각[작정]이다

□ **~てはいけない** ~해서는 안 된다

□ **~てばかりいる** ~하고만 있다, ~하기만 하다

□ **~てほしい** ~해 주었으면 하다, ~하길 바라다

□ **~てもかまわない** ~해도 상관없다

□ 명사+**通り** ~대로

□ 기본형+**ところだ** ~하려던 참이다

□ **~とは** ~라고 하는 것은, ~란

□ **~ないで** ~하지 않고, ~하지 말고

□ **~ないでください** ~하지 말아 주십시오, ~하지 마세요

□ **なかなか~ない** 좀처럼 ~하지 않다

□ **~なくて** ~하지 않아서

□ **~なければならない** ~하지 않으면 안 된다, ~해야 한다

□ な형용사의 어간+**になる** ~게 되다, ~해지다

□ **~(の)おかげで** ~덕분에

□ **~(の)代わりに** ~대신에

□ **~(の)せいで** ~탓에

□ 기본형+**のに** ~하는 데에, ~하기에

□ **~ばかりか** ~뿐만 아니라

□ **~ば良かった** ~했으면 좋았을 텐데

□ **~ほど~(は)ない** ~만큼 ~하지(는) 않다

□ 기본형+**前に** ~하기 전에

□ **ます**형+**にくい** ~하기 어렵다[힘들다]

□ **ます**형+**やすい** ~하기 쉽다[편하다]

□ 동작성 명사·**ます**형+**に** ~하러(목적)

□ **~ませんか** ~하지 않겠습니까?(권유)

□ **～あまり** ～한 나머지

□ **い**형용사의 어간+**げ** ～스러움

□ **～一方(で)** ～하는 한편

□ 기본형+**一方だ** ～할 뿐이다, ～하기만 하다

□ **～上に** ～인 데다가, ～에 더해

□ **～上は** ～한 이상은

□ **～恐れがある** ～할 우려가 있다

□ **～か～ないかのうちに** ～하자마자

□ **～限り** ～하는 한

□ **～から～にかけて** ～부터 ～에 걸쳐서

□ **～からして** ～부터가, ～을 첫 번째 예로써

□ 가격+**からする** ～나 하는

□ **～からすると** ～로 보면

□ **～からといって** ～라고 해서

□ **～からには** ～하는[한] 이상은

□ **～気味** ～기미, ～기색, ～기운

□ **～くせに** ～인 주제에, ～이면서도

□ **～ことか** ～던가(감탄)

□ 기본형+**ことだ** ～해야 한다(충고·명령·주장)

□ **～ことに** ～하게도(감탄·놀람)

□ 보통형+**ことになっている** ～하게 되어 있다

□ **～最中** 한창 ～중

□ **～さえ～ば** ～만 ～하면

□ 명사+**次第だ** ～에 달려 있다, ～나름이다

□ **～始末だ** ～형편[꼴]이다(비꼬는 투)

□ **～ずにはいられない** ～하지 않고는 못 배기다

□ **～だけあって** ～인 만큼

□ 기본형+**度に** ～할 때마다

□ **～だらけ** ～투성이

□ **た**형+**あげく** ～한 끝에

□ **た**형+**上で** ～한 후에, ～한 다음에

□ **た**형+**きりだ** ～한 채이다, ～했을 뿐이다, ～후이다

□ **た**형+**末に** ～한 끝에

□ **た**형+**とたん** ～하자마자

□ **～ついでに** ～하는 김에

□ **～っけ** ～던가

□ **～以来** ～한 이래

□ **～てからでないと** ～한 후가 아니면, ～하지 않고서는

□ **～て仕方ない** 너무 ～하다

□ **～てたまらない** ～해서 견딜 수 없다, 너무 ～하다

- □ ～てならない 너무 ～하다
- □ ～ということだ ～라고 한다(전문)
- □ ～どころか ～은커녕
- □ ～どころではない ～할 상황이 아니다
- □ ～と共に ～와 함께
- □ ～ないことには ～하지 않고서는, ～하지 않으면
- □ ない형+ざるを得ない ～하지 않을 수 없다
- □ ～に当たって ～에 즈음해서
- □ ～において ～에 있어서, ～에서
- □ ～に応じて ～에 응해, ～에 따라, ～에 적합하게
- □ ～にかかわらず ～에 관계없이
- □ ～に限らず ～뿐만 아니라
- □ ～に限る ～이 제일이다[최고다]
- □ ～にかけては ～에 관해서는, ～에 관한 한(분야)
- □ ～に関して ～에 관해서
- □ ～に決まっている 분명 ～일 것이다, ～임에 틀림없다
- □ ～に比べて ～에 비해서
- □ ～に加えて ～에 더해
- □ ～に応えて ～에 부응해서
- □ ～に際して ～에 즈음해서

- □ ～に先立って ～에 앞서
- □ ～に従って ～함에 따라서
- □ ～にしては ～치고는
- □ ～にしろ ～라고 해도, ～더라도
- □ ～に過ぎない ～에 지나지 않다
- □ ～に沿って ～을 따라(방침·기준)
- □ ～に相違ない ～임에 틀림없다
- □ ～に違いない ～임에 틀림없다
- □ ～に連れて ～함에 따라서
- □ ～につき ～당, ～때문에
- □ 기본형+につけ ～할 때마다
- □ ～にとって ～에게 있어서
- □ ～に伴って ～에 동반해서
- □ ～に反して ～에 반해서
- □ ～にほかならない 바로[다름 아닌] ～이다
- □ ～にもかかわらず ～임에도 불구하고
- □ ～に基づいて ～에 근거해서
- □ ～にわたって ～에 걸쳐서(기간)
- □ 사람+のことだから ～니까
- □ ～の際は ～할 때는

336

□ 〜のみならず 〜뿐만 아니라

□ 〜の下で 〜하에서, 〜슬하에서

□ 〜ば〜ほど 〜하면 〜할수록

□ 〜はともかく 〜은 어찌 되었던 (간에)

□ 〜はもとより 〜은 물론이고

□ 〜まい 〜하지 않겠다, 〜하지 않을 것이다

□ ます형+っこない 〜할 턱이 없다

□ ます형+得る 〜할 수 있다

□ ます형+かけの 〜하다 만, 〜하는 도중의

□ ます형+がたい 〜하기 힘들다

□ ます형+がちだ (자칫) 〜하기 쉽다, 자주 〜하다

□ ます형+かねない 〜할지도 모른다

□ ます형+かねる 〜하기 어렵다, 〜할 수 없다

□ ます형+切る 완전히[끝까지] 〜하다

□ ます형+次第 〜하자마자, 〜하는 대로

□ ます형+つつ 〜하면서, 〜이면서도

□ ます형+つつある 〜하고 있다

□ ます형+抜く 끝까지 〜해내다

□ ます형+ようがない 〜할 수가[방법이] 없다

□ 〜向き 〜에 적합함

□ 〜向け 〜대상, 〜용

□ 〜も〜ば〜も 〜도 〜하고[하거니와] 〜도

□ 〜ものか 〜할까 보냐

□ 〜ものだ 〜인 것[법]이다 (상식·진리·본성)

□ 〜ものだから 〜이기 때문에(변명·일반적 이유)

□ 〜ものの 〜이지만

□ 〜(よ)うではないか 〜해야 하지 않겠는가, 〜하자

□ 〜よりほかない 〜할 수밖에 없다

□ 〜わけがない 〜일 리가 없다

□ 〜わけではない (전부) 〜하는 것은 아니다

□ 〜わけにはいかない (그렇게 간단히) 〜할 수는 없다

□ 〜割には 〜에 비해서(는), 〜치고는

□ 〜を契機に 〜을 계기로

□ 〜を込めて 〜을 담아

□ 〜を通じて 〜을 통해서

□ 〜を問わず 〜을 불문하고

□ 〜を抜きにして 〜을 빼고[제외하고]

□ 〜をはじめ 〜을 비롯해

□ 〜を巡って 〜을 둘러싸고

□ 〜を基にして 〜을 바탕으로[근거로] 해서

빈출 어휘·표현

337

빈출 문법표현 120 (JLPT N1 수준)

□ ～あっての ～이 있어야 성립하는

□ ～いかん ～여하

□ ～いかんによらず ～여하에 따르지 않고

□ 否応(いやおう)なしに 마지못해, 좋든 싫든

□ ～限(かぎ)りだ ～일 따름이다

□ ～かたがた 일단 ～할 겸, ～을 겸해

□ ～かたわら ～하는 한편

□ ～がてら ～하는 김에, ～을 겸해

□ 기본형+が早(はや)いか ～하자마자

□ 의지형+が～まいが ～하든지 말든지, ～하든 안 하든

□ ～がゆえ ～이기 때문에

□ 크기・길이・무게+からある ～나 되는

□ ～かれ～かれ ～이든 ～이든

□ ～きらいがある ～인 (나쁜) 경향이 있다

□ ～極(きわ)まりない ～하기 짝이 없다, 정말 ～하다

□ ～ごとく ～같이, ～처럼

□ ～こととて ～라서, ～이기 때문에

□ ～ことなしに ～하는 일 없이, ～하지 않고

□ ～ずくめ ～뿐, ～일색

□ ～ずにはおかない (자연히) ～하게 되다

□ ～ずにはすまない ～하지 않고는 끝나지 않는다

□ 기본형+術(すべ)がない ～할 방법이 없다, ～할 수가 없다

□ ～すら ～조차

□ ～そばから ～하자마자 바로 (반복적이고 규칙적인 일)

□ ～だけましだ ～만으로도 다행이다

□ ただ～のみ 단지 ～일 뿐

□ ただ～のみならず 단지 ～뿐만 아니라

□ ～だに ～조차

□ 주로 숫자 1+たりとも 단 ～라도

□ 직업명+たる ～인, ～된

□ た형+が最後(さいご) 일단 ～했다 하면

□ た형+ところで ～해 봤자, ～한들

□ ～つ～つ ～하기도 하고 ～하기도 하고

□ ～であれ (설령) ～이라 할지라도, ～이라 해도

□ ～てからというもの ～하고 나서부터 (쭉)

□ ～でなくてなんだろう ～이 아니고 무엇이겠는가

□ ～ではあるまいし ～은 아닐테고, ～도 아니고

□ ～手前(てまえ) ～이기 때문에

□ ～てやまない ～해 마지않다

□ ～と相(あい)まって ～와 함께, ～와 어울려

- [ ] **～とあって** ～라서, ～이기 때문에
- [ ] **～とあれば** ～라고 하면, ～라서
- [ ] **～といい～といい** ～도 (그렇고) ～도 (그렇고)
- [ ] **～というところだ** 기껏해야[고작] ～정도이다
- [ ] **～といえども** ～라고 해도
- [ ] **～といったらない** ～하기 짝이 없다, 정말 ～하다
- [ ] **～と思^{おも}いきや** ～라고 생각했으나 (실은…)
- [ ] **～ときたら** ～로 말하자면
- [ ] **～ところを** ～한 것을
- [ ] **～とは** ～라고는, ～하다니
- [ ] **～とはいえ** ～라고 해도
- [ ] **～とばかりに** ～라는 듯이
- [ ] **～ともなく** 특별히 ～할 생각도 없이
- [ ] **～ともなると** ～정도[쯤] 되면
- [ ] **～ないではおかない** 반드시 ～하다
- [ ] **～ないではすまない** ～하지 않고는 끝나지 않는다
- [ ] **～ないまでも** ～하지 않더라도
- [ ] **～ないものでもない** ～못할 것도 없다
- [ ] **ない형+んがため** ～하기 위해
- [ ] **ない형+んばかりだ** 금방이라도 ～할 것 같다

- [ ] **～ながらに** ～그대로, ～채로
- [ ] **～ながらも** ～이지만, ～이면서도
- [ ] **～なくしては** ～없이는
- [ ] **～なしに** ～없이
- [ ] **～ならでは(の)** ～만의, ～이 아니고는 할 수 없는
- [ ] **～ならまだしも** ～라면 또 모르겠지만
- [ ] **기본형+なり** ～하자마자
- [ ] **～なり～なり** ～든 ～든
- [ ] **명사+なりとも** ～만이라도, ～나마
- [ ] **명사+なりに** ～나름대로
- [ ] **～に(は)あたらない** ～할 것은[필요는] 없다
- [ ] **～にあって** ～에서, ～에서는
- [ ] **～に至^{いた}って** ～에 이르러
- [ ] **～にかかわる** ～에 관계된, ～이 달린
- [ ] **명사+にかこつけて** ～을 핑계 삼아[구실로]
- [ ] **～にかたくない** ～하기에 어렵지 않다
- [ ] **명사+にかまけて** ～에 얽매여서, ～에 매달려서
- [ ] **～に越^こしたことはない** ～이 제일이다
- [ ] **～にしたところで** ～로 해 봤자
- [ ] **～にして** ～이면서, ～이자

□ ～に即(そく)して ～에 입각해서

□ ～に足(た)る ～하기에 충분하다, ～할 만하다

□ ～にたえない 차마 ～할 수 없다, ～해 마지않다

□ ～にたえる ～할 만하다

□ ～にとどまらず ～에 그치지 않고, ～뿐만 아니라

□ 기본형+には及(およ)ばない ～할 것까지는 없다

□ ～にひきかえ ～와는 달리, ～와는 반대로

□ 의지형+にも～ない ～하려고 해도 ～할 수 없다

□ ～にもまして ～보다 더, ～이상으로

□ ～の至(いた)り ～의 극치, 정말 ～함

□ ～の極(きわ)み ～의 극치

□ ～はいざ知(し)らず ～은 어떨지 모르지만

□ ～はおろか ～은커녕

□ ～ばこそ ～이기에, ～때문에

□ た형+弾(はず)みに ～한 찰나[순간]

□ ～ばそれまでだ ～하면 그것으로 끝이다

□ い형용사의 어간·명사+びる ～처럼 보이다, ～의 상태를 띠다

□ ～べからざる ～해서는 안 될(개인적 의견)

□ ～べからず ～해서는 안 된다

□ ～べく ～하기 위해, ～할 목적으로

□ ～まじき ～해서는 안 될(상식)

□ ます형+っぱなし ～한 채로, ～상태로

□ ～までのことだ ～하면 그만이다

□ ～までもない ～할 것까지도 없다

□ ～まみれ ～투성이, ～범벅

□ 명사+めく ～다워지다

□ ～もさることながら ～은[도] 물론이거니와

□ ～ものを ～했을 것을, ～했을 텐데(후회·유감)

□ 기본형+や否(いな)や ～하자마자, ～하기가 무섭게

□ ～(よ)うが ～하든, ～하더라도

□ ～(よ)うにも～ない ～하려 해도 ～할 수 없다

□ ～をおいて ～을 제외하고

□ ～を限(かぎ)りに ～을 끝으로

□ ～を皮切(かわき)りに ～을 시작으로

□ ～を禁(きん)じ得(え)ない ～을 금할 수 없다

□ ～を踏(ふ)まえて ～을 토대로, ～에 입각해서

□ ～をもって ～로써

□ ～をものともせず ～을 아랑곳하지 않고

□ ～を余儀(よぎ)なくされる 어쩔 수 없이 ～하게 되다

□ ～をよそに ～을 아랑곳하지 않고

13

빈출 표현 및 관용표현 300

<table>
<tr><td>□ 開いた口が塞がらない</td><td>기가 막혀 말이 안 나오다</td><td>□ 油を売る</td><td>잡담으로 시간을 보내다</td></tr>
<tr><td>□ 愛敬を振り撒く</td><td>아양을 떨다</td><td>□ 油を搾る</td><td>(잘못 등을) 호되게 책망하다</td></tr>
<tr><td>□ 愛想が尽きる</td><td>정나미가 떨어지다</td><td>□ ありがた迷惑</td><td>달갑지 않은 친절</td></tr>
<tr><td>□ 相槌を打つ</td><td>맞장구를 치다</td><td>□ 息が切れる</td><td>벅차다, 숨이 차다</td></tr>
<tr><td>□ アイロンをかける</td><td>다림질을 하다</td><td>□ 息が詰まる</td><td>숨이 막히다</td></tr>
<tr><td>□ 赤恥をかく</td><td>개망신을 당하다</td><td>□ 息を凝らす</td><td>(공포에 질려서) 숨을 죽이다</td></tr>
<tr><td>□ 明らかになる</td><td>밝혀지다</td><td>□ 息を抜く</td><td>잠시 쉬다, 휴식을 취하다</td></tr>
<tr><td>□ 顎を出す</td><td>녹초가 되다</td><td>□ 息を呑む</td><td>(놀람 등으로) 숨을 삼키다</td></tr>
<tr><td>□ 足が奪われる</td><td>발이 묶이다, 오도 가도 못하게 되다</td><td>□ 居心地がいい</td><td>(어떤 장소에 있을 때의) 느낌이 좋다</td></tr>
<tr><td>□ 足が遠退く</td><td>발길이 뜸해지다</td><td>□ 意地を張る</td><td>고집을 부리다</td></tr>
<tr><td>□ 足が棒になる</td><td>(오래 걷거나 서 있어서) 다리가 뻣뻣해지다</td><td>□ 一目置く</td><td>상대가 고수임을 인정하다</td></tr>
<tr><td>□ 足を洗う</td><td>나쁜 일에서 손을 떼다</td><td>□ 居眠りをする</td><td>앉아서 졸다</td></tr>
<tr><td>□ 足下を見られる</td><td>약점을 잡히다</td><td>□ 芋を洗うようだ</td><td>북적거리다</td></tr>
<tr><td>□ 足下を見る</td><td>약점을 간파하다</td><td>□ 嫌気がさす</td><td>싫증이 나다</td></tr>
<tr><td>□ 汗をかく</td><td>땀을 흘리다</td><td>□ 後ろ指を指される</td><td>손가락질을 받다</td></tr>
<tr><td>□ 唖然とする</td><td>아연실색하다</td><td>□ 有頂天になる</td><td>기뻐서 어찌할 줄 모르다</td></tr>
<tr><td>□ 頭が固い</td><td>융통성이 없다</td><td>□ 腕が上がる</td><td>솜씨가 늘다</td></tr>
<tr><td>□ 頭が切れる</td><td>두뇌 회전이 빠르다</td><td>□ 腕が鳴る</td><td>좀이 쑤시다</td></tr>
<tr><td>□ 呆気に取られる</td><td>어안이 벙벙하다</td><td>□ 腕を揮るう</td><td>솜씨를 발휘하다</td></tr>
<tr><td>□ 後回しにする</td><td>뒷전으로 미루다</td><td>□ 馬が合う</td><td>호흡이 맞다</td></tr>
</table>

빈출 어휘·표현

□ 恨みを晴らす 원한을 풀다

□ うわ言を言う 헛소리를 하다

□ 大きなお世話 쓸데없는 참견[간섭]

□ 大きな顔をする 잘난 체하다

□ 大船に乗る (큰 배에 탄 듯) 안심이 되다

□ 大風呂敷を広げる 허풍을 떨다

□ 大目に見る (부족한 점이 있어도) 너그럽게 봐주다

□ 大目玉を食らう 심한 꾸지람을 듣다

□ お金を崩す 잔돈을 바꾸다

□ 悪寒がする 오한이 나다

□ 後れを取る 남보다 뒤지다

□ お節介を焼く 쓸데없이 참견하다

□ お茶を入れる 차를 끓이다

□ お茶を濁す 어물어물 넘기다, 얼버무리다

□ お腹が空く 배가 고프다

□ 汚名を濯ぐ 오명을 씻다

□ お湯を沸かす 물을 끓이다

□ 恩に着る 은혜를 입다

□ 顔が広い 발이 넓다

□ 顔が歪む 얼굴이 일그러지다

□ 顔から火が出る 부끄러워서 얼굴이 화끈거리다

□ 顔に泥を塗る 얼굴에 먹칠을 하다

□ 肩が凝る 어깨가 결리다

□ 肩を落とす 낙담하다

□ 肩を並べる 어깨를 나란히 하다, 어깨를 겨루다

□ 肩を持つ 편을 들다

□ 仇を討つ 원수를 갚다

□ 固唾を呑む (긴장해서) 마른 침을 삼키다

□ 肩身が狭い 기가 죽다, 주눅이 들다

□ 角が立つ 모가 나다

□ 兜を脱ぐ 항복하다

□ 考えを翻す 생각을 고쳐먹다

□ 勘違いをする 착각을 하다

□ 決まりが悪い 쑥스럽다

□ 気が合う 마음이 맞다

□ 気が多い 변덕스럽다

□ 気が重い 마음이 무겁다

□ 気が気でない 제정신이 아니다

□ 気が済む 마음이 후련하다

□ 気が付く 깨닫다, 알아차리다

□ 気が遠くなる 정신이 아찔해지다

□ 気が抜ける 맥이 빠지다

□ 気が速い 성급하다

□ 気が塞がる 기분이 우울하다

□ 気が滅入る 풀이 죽다

□ 気に入る 마음에 들다

□ 気に食わない 마음에 들지 않다

□ 気に障る 신경에 거슬리다

□ 気にする 신경을 쓰다, 걱정하다

□ 気を落とす 실망하다

□ 気を配る 배려하다

□ 気を取られる 딴 곳에 마음을 빼앗기다

□ 気を取り直す 기운을 다시 내다

□ 気を取り戻す 기운을 되찾다

□ 気を抜く 긴장을 늦추다

□ 気を呑まれる 기세에 압도당하다

□ 気を揉む 애를 태우다

□ 機嫌を取る 비위를 맞추다

□ 踵を返す 발길을 되돌리다

□ 気前がいい 통이 크다

□ 肝が太い 대담하다

□ 脚光を浴びる 각광을 받다

□ 牛耳を取る 주도권을 잡다

□ 急用ができる 급한 일이 생기다

□ 釘を刺す 다짐을 해 두다, 못을 박다

□ 口がうまい 말솜씨가 좋다

□ 口が重い 말수가 적다

□ 口が堅い 입이 무겁다

□ 口が軽い 입이 가볍다

□ 口が過ぎる 말이 지나치다

□ 口に乗る 감언이설에 넘어가다, 속다

□ 口を漱ぐ 입을 가시다, 양치질하다

□ 口を添える (얘기가 잘 되도록) 말을 거들다

□ 口を出す 말참견을 하다

□ 口を慎む 말을 삼가다

□ 口を挟む 남의 말에 끼어들다, 말참견을 하다

□ 口を割る 자백을 하다

□ 愚痴をこぼす 푸념을 늘어놓다

□ 口数が少ない 말수가 적다

□ くちばしを入れる 말참견을 하다

□ 口火を切る 도화선에 불을 댕기다, 시작하다

□ 首を長くする 학수고대하다

□ 首を捻る 고개를 갸웃하다, 의아해하다

□ 工夫を凝らす 머리를[생각을] 짜내다

□ ぐるになる 한통속이 되다

□ 軍配が上がる 승부에서 이기다

□ けじめを付ける 구분을 짓다

□ 化粧が濃い 화장이 짙다

□ 化粧を落とす 화장을 지우다

□ 化粧を直す 화장을 고치다

□ 気配がする 인기척이 나다

□ 仮病を使う 꾀병을 부리다

□ 喧嘩を売る 싸움을 걸다

□ 強情を張る 고집을 부리다

□ 声がかれる 목이 쉬다

□ 声を上げて泣く 목 놓아 울다

□ 声を呑む (감동·긴장한 나머지) 목소리가 안 나오다

□ 心が弾む 마음이 설레다

□ 心を込める 마음[정성]을 담다

□ 腰が重い 행동이 굼뜨다

□ 腰が低い 겸손하다

□ 腰を下ろす 걸터앉다, 앉다

□ 腰を抜かす 깜짝 놀라다

□ 胡麻をする 아첨을 하다

□ 小耳に挟む 언뜻 듣다

□ 最善を尽くす 최선을 다하다

□ 匙を投げる 포기하다

□ 時間をつぶす 시간을 때우다

□ 舌が回る 막힘없이 잘 말하다

□ 舌を巻く 혀를 내두르다, 감탄하다

□ 地団太を踏む 분해서 발을 동동 구르다

□ 尻尾を巻く 꽁무니를 빼다

□ しのぎを削る 극심하게 경쟁하다

□ 癪に障る 부아가 나다

□ 写真写りがいい 사진이 잘 받다

□ シャワーを浴びる 샤워를 하다

□ 授業をサボる 수업을 빼먹다

□ 常識に欠ける 상식이 없다

□ 白を切る 시치미를 떼다

□ 尻が重い 동작이 굼뜨다

☐ 尻馬に乗る 덩달아 행동하다

☐ 尻込みをする 꽁무니를 빼다

☐ 尻餅をつく 엉덩방아를 찧다

☐ 白い目で見る 경멸하는 눈초리로 보다

☐ しわを寄せる 주름살을 짓다

☐ 診察を受ける 진찰을 받다

☐ 図に乗る 생각대로 되어 우쭐거리다

☐ 捨て鉢になる 자포자기하다

☐ 好き嫌いが激しい 좋고 싫음이 심하다

☐ 涼しい顔をする 시치미를 떼다

☐ ストレスが溜まる 스트레스가 쌓이다

☐ ストレスが取れる 스트레스가 풀리다

☐ 是非を正す 시비를 가리다

☐ 世話を焼く (수고를 아끼지 않고) 보살펴 주다

☐ 先手を打つ 선수를 치다

☐ 相談に乗る 상담에 응하다

☐ そっぽを向く 외면하다

☐ 溜め息を吐く 한숨을 쉬다

☐ 駄々をこねる 떼를 쓰다

☐ 旅に出る 여행을 떠나다

☐ 単位を取る 학점을 따다

☐ 注射を打つ 주사를 놓다

☐ 注目を浴びる 주목을 받다

☐ 朝食を抜く 아침을 거르다

☐ ついている 재수가[운이] 좋다

☐ 杖を突く 지팡이를 짚다

☐ 爪に火を灯す 아주 인색하다

☐ 手が込む 세공이 치밀하다

☐ 手が塞がる 딴 일에 손댈 수 없다

☐ 手に余る 힘에 부치다, 힘겹다

☐ 手も足も出ない 손도 못대다

☐ 手を切る 관계를 끊다

☐ 手を加える 손을 보다, 수정하다

☐ 手をこまぬく 수수방관하다

☐ 手を出す 손을 대다

☐ 手垢が付く 손때가 묻다

☐ 手加減を加える (적당히) 조절하다

☐ 手先が器用だ 손이 야무지다

☐ 手間がかかる 수고가[품이] 들다

☐ 手前味噌を並べる 자화자찬을 늘어놓다

□ 電源が切れる 전원이 끊어지다[꺼지다]

□ 点数が甘い 점수가 후하다

□ 電池が切れる 전지가 다 되다

□ 電話をかける 전화를 걸다

□ 取るに足りない 하찮다

□ 胴上げをする 헹가래를 치다

□ 度胸がある 배짱이 있다

□ 読書に耽る 독서에 빠지다

□ 時計が進んでいる 시계가 빠르다

□ 床につく 잠자리에 들다

□ 年を取る 나이를 먹다

□ 戸締まりをする 문단속을 하다

□ 止めを刺す 최후의 일격을 가하다

□ 鳥肌が立つ 소름이 끼치다

□ 泣きべそをかく 울상을 짓다

□ 長い目で見る 긴 안목으로 보다

□ 長居をする 오랫동안 머물다

□ 仲間外れにされる 따돌림을 당하다

□ 名残を惜しむ 작별을 아쉬워하다

□ なす術がない 어찌할 도리가 없다, 속수무책이다

□ 涙を押さえる 눈물을 참다

□ 涙を飲む 눈물을 머금다

□ 二の足を踏む 주저하다, 망설이다

□ 日記を付ける 일기를 쓰다

□ 二枚舌を使う 일구이언하다

□ 根に持つ 앙심을 품다

□ 猫の額 아주 좁음

□ 猫を被る 내숭을 떨다

□ 寝言を言う 잠꼬대를 하다

□ 寝相が悪い 험하게 자다

□ 眠りが浅い 잠이 얕다[설다]

□ 眠気がさす 졸음이 오다

□ 念頭に置く 염두에 두다

□ 飲み込みが早い 이해가 빠르다

□ 喉が渇く 목이 마르다

□ 歯が浮く 경박한 언행을 보고 역겹다

□ 歯をきしる 이를 갈다

□ 吐き気がする 구역질이 나다

□ 拍車をかける 박차를 가하다

□ 恥をかく 창피를 당하다

□ 歯止めをかける 제동을 걸다

□ 鼻であしらう 콧방귀를 뀌다

□ 鼻にかける 내세우다, 자랑하다

□ 鼻を折る 콧대를 꺾다

□ 話が逸れる 이야기가 옆길로 새다

□ 話に花が咲く 이야기꽃이 피다

□ 話の腰を折る 말허리를 끊다

□ 波紋を呼ぶ 파문을 일으키다

□ 腹が黒い 뱃속이 검다, 엉큼하다

□ 腹が据わる 각오가 되어 있다

□ 腹に据えかねる 화를 참을 수 없다

□ 腹の虫が治まらない 화가 가라앉지 않다

□ 腹を割る 본심을 털어놓다

□ 引っ込み思案だ 소극적이다

□ 火に油を注ぐ 불에 기름을 붓다, 선동하다

□ びくともしない 꿈쩍도 하지 않다

□ 膝を崩す 편히 앉다

□ ひどい目に遭う 좋지 않은 일을 겪다, 혼나다

□ ひびが入る 금이 가다

□ ひんしゅくを買う 빈축을 사다

□ 踏み台にする 발판으로 삼다

□ 不意を突く 허를 찌르다

□ 減らず口を叩く 억지소리를 하다

□ へそを曲げる 토라져서 심통을 부리다

□ 骨が折れる 몹시 힘들다

□ 骨身に応える 뼈에 사무치다

□ ほらを吹く 허풍을 떨다

□ ぼろを出す 결점을 드러내다, 실패하다

□ 本腰を入れる 진지한 자세로 임하다

□ 本音を吐く 본심을 털어놓다

□ 間が悪い 타이밍이 좋지 않다

□ 待ち合わせをする (약속하여) 만나기로 하다

□ 待ちぼうけを食う 기다리다가 허탕 치다, 바람맞다

□ 真に受ける 곧이듣다

□ 見る影もない 초췌해지다

□ 見るに見かねる 차마 볼 수 없다

□ 身に余る 과분하다

□ 身に染みる 뼈저리게 느끼다

□ 身を粉にする 분골쇄신하다

□ 見栄を張る 허세를 부리다

□ 道草を食う 도중에 딴전을 피우다

□ 耳を澄ます 귀를 기울이다

□ 向きになる (사소한 일에) 정색하고 대들다

□ 虫が知らせる 불길한 예감이 들다

□ 虫が好かない 주는 것 없이 밉다

□ 虫の居所が悪い 기분이 언짢다

□ 胸を撫で下ろす 가슴을 쓸어내리다, 안도하다

□ 目が肥える 보는 눈이 있다, 안목이 있다

□ 目を逸らす 시선을 딴 데로 돌리다, 외면하다

□ 目を通す 훑어보다

□ 目を細める 눈을 가늘게 뜨다, 즐거워서 싱글벙글하다

□ 面倒を見る 돌보다, 보살피다

□ 焼きもちを焼く 질투하다

□ 八つ当たりする 화풀이를 하다

□ 役に立つ 도움이 되다

□ やけくそになる 자포자기하다

□ 融通が利く 융통성이 있다

□ 弱音を吐く 나약한 말을 하다, 우는 소리를 하다

□ 理屈を付ける 핑계를 대다

□ わき目を振る 한눈을 팔다

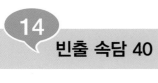

빈출 속담 40

□ 悪事千里を走る 나쁜 일은 금세 알려진다

□ 後の祭り 소 잃고 외양간 고친다

□ 井の中の蛙 우물 안 개구리

□ 医者の不養生 언행이 일치하지 않다

□ 急がば回れ 급하면 돌아가라

□ 一寸の虫にも五分の魂 지렁이도 밟으면 꿈틀한다

□ 噂をすれば影がさす 호랑이도 제 말하면 온다

□ 鬼に金棒 범에게 날개

□ 蛙の子は蛙 부전자전

□ 壁に耳あり障子に目あり 낮말은 새가 듣고 밤말은 쥐가 듣는다

□ 犬猿の仲 견원지간

□ 光陰矢の如し 세월은 화살과 같다

□ 知らぬが仏 모르는 게 약

□ 住めば都 정들면 고향

□ 雀の涙 새발의 피

□ 青雲の志 청운의 뜻

□ 善は急げ 좋은 일은 서둘러라

□ 備えあれば憂い無し 유비무환

□ 高嶺の花 그림의 떡

□ 棚からぼたもち 굴러들어온 호박

□ 塵も積もれば山となる 티끌 모아 태산

□ 月とすっぽん 하늘과 땅 차이

□ 灯台下暗し 등잔 밑이 어둡다

□ どんぐりの背競べ 도토리 키재기

□ 無くて七癖 누구라도 버릇이 없는 사람은 없다

□ 泣き面に蜂 우는 얼굴에 벌침, 설상가상

□ 情けは人のためならず 남에게 잘하면 곧 나에게 돌아온다

□ 二階から目薬 전혀 효과가 없음

□ 濡れ手で粟 수고도 없이 손쉽게 이득을 보다

□ 猫に小判 돼지 목에 진주

□ 寝耳に水 아닌 밤중에 홍두깨

□ のれんに腕押し 아무런 효과가 없음

□ 馬耳東風 마이동풍, 쇠귀에 경 읽기

□ 花より団子 금강산도 식후경

□ 百聞は一見に如かず 백문이 불여일견

□ 仏の顔も三度 참는 데도 한계가 있다

□ 身から出た錆 자업자득

□ 三日坊主 작심삼일

□ 焼け石に水 언 발에 오줌누기

□ 安物買いの銭失い 싼 게 비지떡

MEMO

MEMO